KB090192

동기파악

Edward Burkley, Melissa Burkley 지음

신현정 옮김

Σ 시그마프레스

동기과학

발행일 | 2019년 2월 10일 1쇄 발행

저　자 | Edward Burkley, Melissa Burkley
역　자 | 신현정
발행인 | 강학경
발행처 | Σ **시그마프레스**
디자인 | 차인선
편　집 | 김문선

등록번호 | 제10-2642호
주소 | 서울특별시 영등포구 양평로 22길 21 선유도코오롱디지털타워 A401~403호
전자우편 | sigma@spress.co.kr
홈페이지 | http://www.sigmapress.co.kr
전화 | (02)323-4845, (02)2062-5184~8
팩스 | (02)323-4197

ISBN | 979-11-6226-097-5

Motivation Science

* 책값은 책 뒤표지에 있습니다.

* 이 도서의 국립중앙도서관 출판예정도서목록(CIP)은 서지정보유통지원시스템 홈페이지(http://seoji.nl.go.kr)와 국가자료공동목록시스템(http://www.nl.go.kr/kolisnet)에서 이용하실 수 있습니다.(CIP제어번호 : CIP2019001164)

역자 서문

동기과학이라! 역자가 출판사의 요청으로 이 책을 처음 받아 보았을 때, 꽤나 쑥스럽게도 신선함과 당혹감을 느꼈다. 인지심리학자로서 학생들을 가르칠 때마다 '심리과학', '인지과학', '인지신경과학' 등의 표현을 밥먹듯이 해오고 있으면서도, 그 하위 분야인 '동기과학'이 낯설게 느껴졌다. 늘 '동기심리학'이라는 표현에 익숙하였기 때문이다. 습관이라는 것이 참으로 무섭다는 생각이 새삼스럽다.

이 책은 여러 가지 면에서 기존 동기과학 교과서와 차별되는 자질을 가지고 있다. 저자가 서문에서 소개한 "시도해보라", "여러분 자신을 동기화시켜라", "나만의 프로젝트" 외에도, 모든 장(chapter)에는 7~8차례에 걸친 글쓰기 과제가 포함되어 있다. 공부한 내용과 관련하여 동기 교과목 수강생은 물론이고 일반 독자들이 자신의 생각을 간략하게나마 글로 정리할 수 있는 기회를 제공하고 있다. 역자는 어느 자질보다도 이 글쓰기 과제가 한국 대학생들에게 상당한 도움을 줄 것이라는 확신을 가지고 있다. 비록 객관적 증거는 아직 없지만 말이다. 자기 생각의 말 표현과 글 표현은 공통점도 있지만 상당한 차이점도 있는데, 한국 학생들은 특히 글 표현이 서툴다. 학생들이 제출한 보고서나 시험 답안지를 보면, 오자는 말할 것도 없거니와 비문(非文)투성이인 경우가 너무나 많다. 이 책을 읽는 독자는 반드시 모든 글쓰기 과제가 나올 때마다 자신의 생각을 글로 표현해볼 것을 적극 권장한다. 요즘 표현으로 '강추'다.

독자에게 양해를 구할 사항이 있다. 이 책의 원저서는 전통적인 종이책과 함께 피어슨 출판사가 개발한 교육공학 시스템인 'REVEL'을 함께 사용하도록 구성되어 있다. 'REVEL'이란 컴퓨터나 스마트폰을 사용하여 종이책에 들어있지 않은 부가적인 내용을 디지털 방식으로 검색함으로써, (출판사가 주장하는 바에 따르면) 학생들이 수업에 깊이 있게 몰입하며 효과적으로 학습하고 수행할 수 있도록 만들어주는 테크놀로지 기법이다. 문제는 이것이 미국에서만 사용 가능하다는 점이다. 어쩔 수 없이 역자는 종이책에 들어있지 않은 부분을 원저서 내용과 무관하게 첨가하여 한국어판을 만들 수밖에 없었다. 원저서 내용을 최대한 반영하고자 노력하였으나, 그 과정에서 혹시나 원저서가 의도한 내용을 포함하지 못하였거나 아니면 의도하지 않은 내용을 포함하였을 수 있다. 만일 그렇다면, 그것은 모두 역자 책임이다. 독자의 해량(海諒)이 있기를 바랄 뿐이다.

한국어판을 만들면서, 가능한 한 저자들이 의도하는 바를 정확하게 반영하면서도 한국어답게 표현하고자 공을 들였다. 영어에서 많이 사용하는 수동 표현은 꼭 필요한 경우가 아닌 한 능동 표현으로 바꾸고자 노력하였다. 그리고 가독성(可讀性)을 높이기 위하여 군더더기라고 판단한 접속사나 부사 그리고 어조사 '적(的)'과 조사 '의' 등의 사용을 가급적 제한하였다. '…에 대한', '…에 관한', '…에 의한' 등의 표현도 절제하였다. 혹 그 과정에서 오히려 가독성이 떨어지거나 이해가 쉽지 않은 부분이 있을 수 있다. 이것도 모두 역자 책임이다. 독자들께서 그런 부분을 지적해주시기를 간곡하게 부탁드린다.

역자가 현직 교수로 재직하고 있으면서 한국의 심리학 전공생들을 위해 만든 마지막 책이 되고 말았다. 인간 동기에 관심을 가지고 있는 심리학과 학생을 비롯한 모든 독자에게 조금이나마 도움이 되었으면 좋겠다는 소망을 가져본다.

마지막으로 이 책의 한국어판을 제작할 수 있는 기회를 제공해준 시그마프레스 강학경 사장과 부산지사 문정현 부장을 비롯한 모든 관계자 분들에게 감사드린다.

금정산 기슭에서 신현정

저자 서문

사람들이 지금 하고 있는 일을 하는 이유는 무엇인가? 이 물음은 심리학에서 풍부한 역사를 가지고 있는 주제인 동기 연구의 토대를 이룬다. 그리고 동기 연구의 역사에서 동기에 관한 강의를 수강하기에 지금보다 더 적합한 시기는 결코 없었다. 20년 전만 해도 동기 연구는 정체되어 있었다. 그렇지만 최근에 동기과학 분야에서 새로운 연구 활동이 꽃을 피워왔으며, 이 분야가 부활하고 있다는 많은 징표들이 존재한다(Ryan, 2007, 2012). 새롭고도 혁신적인 연구결과들이 최상위 심리학 저널에 매달 소개되고 있으며, 뉴스와 대중매체는 많은 결과들을 보도하고 있다. 그리고 최근에는 동기에 관하여 새롭게 편집한 수많은 교재들이 출판되고 있는데, 몇 가지 예를 들면 옥스퍼드 인간 동기 핸드북(*The Oxford Handbook of Human Motivation*, 2012), 동기과학 핸드북(*Handbook of Motivation Science*, 2007), 목표심리학(*The Psychology of Goals*, 2009), 자기조절 핸드북(*Handbook of Self-Regulation*, 2013) 등이 있다. 이렇게 폭발적인 관심과 활동은 사람들이 성공하도록 만들어주는 요인, 사람들이 반복적으로 목표를 달성하지 못하는 이유, 그리고 삶의 질을 증진시키는 방법 등에 관한 풍부하고도 새로운 지식을 제공하고 있다.

이 책의 개관

이 책은 무엇보다도 심리학과에서 개설하는 동기심리학 교과목을 수강하는 학부생을 위한 것이다. 그렇지만 다른 목적을 위해서도 적절하게 사용할 수 있도록 집필되었다. 특히 자기조절이나 목표에 관한 전문적인 심리학 강좌에 적합하다. 또한 저자들은 심리학 영역을 넘어서서 예컨대 경영학, 교육학, 스포츠과학, 사회복지학 등을 포함하는 많은 영역에서도 동기가 관심주제라는 사실을 인식하고 있다. 저자들은 이 사실을 염두에 두고, 심리학

경험이 별로 없는 독자들도 쉽게 이해할 수 있을 뿐만 아니라 상당한 심리학적 배경을 가지고 있는 독자들에게도 여전히 흥미진진하도록 이 책을 설계하였다. 마지막으로 이 책은 동기나 자기조절에 관한 대학원 수준의 강의에서도 훌륭한 보충교재로 사용할 수 있다. 그러한 용도로 사용할 수 있도록 책 말미에 더 읽어보아야 할 문헌의 목록을 첨가함으로써 대학원이나 학부의 고급 과정을 담당하는 교수들이 수업자료를 심도 있게 탐색할 때 사용할 수 있게 하였다.

이 책의 목표는 동기 연구의 고전적 접근과 현대적 접근 모두를 포착하고, 그 정보를 재미있고 역동적이며 사람들의 삶과 관련된 방식으로 전달하는 것이다. 이 목표를 달성하기 위하여 저자들은 여러 가지 원리를 염두에 두고 이 책을 집필하였다.

동기과학은 끊임없이 진화한다

과거에 심리학자들은 행동을 1차적으로 생물적 동기(예컨대, 본능, 추동 등)와 행동주의적 영향 요인(예컨대, 조건형성)이 주도하는 것으로 기술하였다. 이러한 고전적 접근에 발맞추어, 오늘날 가용한 많은 동기 교과서는 대부분 1970년대 이전에 다루었던 생물학 원리와 행동주의 원리에 초점을 맞추었으며, 보다 현대적인 이론들에 대해서는 부분적으로만 언급을 하고 있다. 그렇지만 오늘날의 동기 분야는 과거의 것과 비교해서 근본적으로 다르며 훨씬 더 복잡해졌다. 그렇기 때문에 이 책은 생물적 동기를 넘어서서 인지, 정서, 목표, 신경과학적 특성과 무의식적 과정의 종합적 영향을 강조하고 있다. 또한 이 책은 심리학뿐만 아니라 교육학, 보건학, 경영학, 스포츠과학 등에서 이루어온 통찰을 포괄함으로써 이 분야의 학제적 본질을 강조하고 있다.

그렇다고 해서 이 책이 동기에 관한 고전적인 생물적 접근과

행동주의 접근을 무시한다는 뜻은 아니다. 저자들은 이러한 토대 이론들이 받아야 할 마땅한 경의를 표하고 있다. 그렇지만 동기 분야가 과거에 어떤 위치에 있었는지를 논의하는 것에 덧붙여서, 현재에는 어떤 위상을 점하고 있으며 미래에는 어느 곳을 향해 나아가야 할 것인지도 강조하고 있다. 그렇기 때문에 동기에 관하여 가장 최근에 출판된 교과서와 저널 논문들에서 볼 수 있는 최첨단 내용을 포괄하도록 이 책의 목차를 구성하였다. 이렇게 독특한 접근방식이 의미하는 바는 이 책이 현재 가용한 교과서에서는 보기 어려운 여러 장(chapter)을 포함하고 있다는 것이다. 예컨대, 저자들은 목표 설정하기, 목표 계획세우기, 목표 추구하기에 관하여 개별적인 장을 마련함으로써 목표 성취 과정에 3개의 장을 할애하고 있는데, 오늘날 동기 분야에서 목표가 가장 핵심적인 개념의 하나로 부상하였다는 사실(Aarts & Elliot, 2012; Kruglanski & Kopetz, 2009; Moskowitz & Grant, 2009)을 강조하기 위한 것이다. 한 걸음 더 나아가서, 저자들은 자동적이고 무의식적인 동기에 관하여 새롭게 부상하고 있는 연구에 한 장을 통째로 할애하고 있다. 이러한 장들을 첨가하는 것이 이 책을 현재 가용한 동기 교과서들과 차별화시키는 것이기도 하지만, 오늘날 동기 분야의 위상과 더욱 일맥상통하게 만들어주고 있다.

인간 동기는 생물적 동인과 심리적 동인 모두가 주도한다

동기의 고전적 접근은 1차적으로 갈증, 기아, 성 등과 같이 동물과 인간이 공유하는 생물적 동인에 초점을 맞춘다. 인간도 생존하기 위하여 물을 마시고 음식을 먹으며 생식 행동을 해야 한다는 사실을 부정하는 것은 아니지만, 대부분의 이러한 동인은 현대사회에서 신속하고도 용이하게 충족된다. 우리는 점심이나 저녁식사를 먹기 전에 음식을 구하는 방법에 관하여 30분을 소비할 수도 있지만, 깨어있는 나머지 대부분의 시간은 학교와 직장에서 더 성공적일 수 있는 방법, 대인관계를 유지하고 강화하는 방법, 심리적으로나 신체적으로 더 건강해지는 방법 등과 같은 상위 수준 관심사에 할애한다(Toates, 2005). 인간 동기가 동물 동기로부터 발달한 것은 확실하겠지만, 인간 동기는 동물 동기보다 더 발전하고 차별적인 것으로 만들어주는 방식으로 성장하였다(Higgins & Pittman, 2008). 동기의 새로운 접근은 이러한 사실을 인식함으로써, 동물과 인간이 공유하는 동인의 고찰을 넘어서서 인간 동기를 독특한 것으로 만들어주는 놀랍고도 매혹적인 자질에도 초점을 맞추는 방향으로 이동하고 있다.

동기 분야의 현 상태를 반영하기 위하여 이 책은 인간 행동에 영향을 미치는 광범위한 영역의 심리적, 사회적, 생물적 동인에 초점을 맞추고 있다. 그렇다고 해서 동물 연구에 관한 논의를 배제한다는 것이 아니라, 그러한 연구가 인간 역동성에 관하여 무엇을 알려주는 것인지에 초점을 맞춘다는 말이다. 또한 저자들은 대부분의 인간 동기를 주도하는 것으로 생각되는 1차 동인에 4개의 장을 할애하였다. 만일 갈증, 기아, 성 이상의 것이 인간 행동을 주도한다면, 도대체 어떤 동인이 인간 행동을 이끌어가는 것인가? 4개의 장은 자율성, 유능성, 소속감 동인에 관한 풍부한 연구들을 논의하는 것으로 이 물음을 다루고 있다.

동기과학은 삶의 질을 개선시킬 수 있다

저자들이 동기를 가르친 여러 해에 걸쳐서 학생들은 목표를 달성하는 데 그토록 자주 실패하는 이유에 대한 통찰을 얻을 뿐만 아니라 장차 목표 추구를 개선해줄 기법을 배울 것이라고 기대하기 때문에 동기 교과목을 수강한다는 사실이 명백해졌다. 학생들은 이 과목을 수강함으로써 자기 삶의 모든 측면에서 보다 행복하고 건강하며 성공적일 수 있는 방법에 대한 현실적인 조언을 얻을 수 있기를 희망한다. 감히 주장하건대, 대학생들에게 그러한 현실적인 조언을 해주는 데 있어서 동기 교과목보다 더 적합한 교과목은 없다. 그렇지만 이러한 기대는 충족되지 않은 채 끝나는 경우가 너무나 잦다. 학생과 교수 모두 현재 가용한 교재들을 통해서 현실적이고 일상적인 조언을 끌어모으기 위해서는 무척이나 애를 써야만 하기 십상이다. 따라서 학생들은 동기과학이 자신들의 일상 삶과 어떻게 관련되어 있는지에 관한 통찰을 전혀 경험하지 못한 채 수강을 포기함으로써, 실망하고 동기 분야의 관심을 접어버리는 경우가 흔하다. 사태가 이 지경이 되어야만 할 이유는 전혀 없다. 동기는 강의실 안팎에서 대학생들의 삶과 긴밀하게 연관되어 있으며 쉽게 적용할 수 있는 통찰을 수반하고 있는 흥미진진한 주제인 것이다.

저자들은 동기과학 분야에서 이루어진 발견의 효용성을 학생들에게 명확하게 전달할 수 있는 여러 가지 기법을 채택하였다. 이 책은 동기 분야에서 찾아볼 수 있는 복잡하기 십상인 이론들을 논의하는 데 있어서 단순하고 명백하며 매력적인 언어 표현을 사용하고 있다. 또한 최근의 신문 머리기사나 대중문화에서 발췌한 생생한 실세계 사례(예컨대, 랜스 암스트롱, 조앤 롤링, 마크 저커버그, 체중 감량 리얼리티 프로그램인 〈도전! FAT 제로〉 등)를 가지고 각 장을 시작하고 있다. 각 장의 첫머리를 이렇게 시작하는 목적은 주제에 대한 학생들의 흥미를 유발하고 강의 자료를 실세계 사건과 관련시키도록 돕기 위한 것이다. 실세계 사례의 사용은 또한 각 장의 첫머리를 넘어서서 확장된다. 책 전반에 걸쳐서 수강생들의 주의를 집중시키고 핵심 개념들을 예시하기 위하여 대학생에게 적합한 일상 사례들을 사용하고 있다. 한 걸음 더 나아가서, 교과목에서 사용하는 개념들과 학생 자신의 일상생활 간의 관련성을 찾아보도록 부추기고 자신의 목표에 도달하는 방법에 관한 현실적인 조언을 제공하기 위하여 여러 가지 새로운 교육적 도구(다음 절에서 기술한다)를 포함하였다. 마지막으로 오늘날 동기과학에서 얻은 결과를 건강과 경제적 부와 관련된 일상문제를 해결하는 데 적용할 수 있는 방법을 명시적으로 논의하고 있는 2개의 장으로 이 책을 마무리 짓고 있다.

이 책의 차별적 자질

저자들은 이 책이 학생들로 하여금 동기과학에 대해서 비판적으로 사고하고 이 주제에 관한 연구를 자신의 삶에 적용하도록 부추기도록 만들어주는 여러 가지 교육적 자질을 채택하였다. 첫째, 선행 연구들이 학생들에게 매우 유용하다는 사실을 보여준 여러 가지 표준적인 교육적 자질(Marek, Griggs, & Christopher, 1999)을 사용하였다. 여기에는 각 장을 시작하는 학습목표, 핵심 용어를 굵은 활자체로 표현한 반복적인 용어 설명, 각 장 말미의 요약 등이 포함된다. 또한 저자들은 그래프를 이용한 예시와 데이터 그래프에도 크게 의존하였다. 모든 데이터 그래프는 학생들이 핵심 관심변인들을 용이하게 확인하고 결과를 해석할 수 있도록 주석을 달았다.

이러한 표준적인 자질에 덧붙여서, 저자들은 다른 동기 교과서에서 볼 수 없는 여러 가지 독특한 자질들을 포함시켰다. 여러 해에 걸쳐 동기를 가르치는 과정에서, 저자들은 강의에서 좋아하거나 좋아하지 않는 측면에 관해 학생들이 제공한 피드백을 신중하게 경청해왔다. 새로운 교육 자질들은 이러한 피드백의 직접적인 결과이다. 강의실에서 이 모든 자질과 활동을 검증하였으며, 학습을 증진시키고 동기는 학생의 일상 삶과 밀접하게 관련되어 있다는 저자들의 생각을 강화하는 것으로 나타났다. 그 자질들의 요약은 다음과 같다.

시도해보라

각 장은 여러 가지 "시도해보라" 자질을 포함하고 있는데, 이 자질은 학생이 강의재료에 몰입하도록 도와주는 간단한 활동을 수반한다. 예컨대, 성격 특질을 논의할 때의 "시도해보라"는 그 특질을 측정하는 짧은 질문지를 포함하고 있어서 학생들이 자신의 유형(예컨대, 자기제어 특질)을 평가해볼 수 있다. 다른 경우에 "시도해보라"는 제임스-랑게 정서이론으로부터 도출한 얼굴 피드백 가설을 검증해보기 위하여 학생들에게 위아래 입술이나 치아로 펜을 물고 있도록 요구하는 것과 같이, 특정 개념에 대한 간략한 시범을 포함하고 있다.

여러분 자신을 동기화시켜라

또한 각 장은 학생들에게 자신의 삶을 개선하고 목표를 달성하기 위한 유용하고도 현실적인 조언을 제공하는 여러 가지 "여러분 자신을 동기화시켜라" 자질을 포함하고 있다. 학생들은 마치 체중을 감량하고 공부 습관을 개선하는 방법에서부터 최저임금을 받으면서 백만장자로 은퇴하는 방법에 이르기까지 모든 것에 조언을 해주는 개인 트레이너를 고용한 것처럼 느끼게 될 것이다. 학생들이 잡지나 대중심리학 교재에서 얻기 십상인 자조(自助)적 조언과는 달리, 저자들이 제공하는 조언은 엄격한 과학 연구에서 얻은 결과에 근거하고 있다. 각 조언은 최근의 동기 문헌에 나와있는 결과에 근거하며, 관련된 강의재료를 보강하는 역할을 한다. 예컨대, 자기제어 주제를 다룰 때, 저자들은 손가락에 힘을 주고 주먹을 쥐는 것이나 올바른 자세를 취하는 것이 어떻게 의지력을 고양시킬 수 있었는지를 논의한다. 그리고 정서의 주제를 다룰 때, 저자들은 부정 정서를 기술하는 것이 어떻게 사람들로 하여금 정서반응에 브레이크를 걸게 해주는 것인지를 보여주는 신경과학 연구를 논의한다.

나만의 프로젝트

흔히 교수가 가지고 있는 핵심 목표는 학생들로 하여금 강의재료를 자신의 일상 삶과 직접적으로 관련짓도록 부추기려는 것이다. 자기참조 효과에 따르면, 이 방법의 한 가지 이점은 자기와 관런된 강의재료를 보다 효율적으로 처리하고 파지한다는 것이다 (Kuiper & Rogers, 1979). "나만의 프로젝트" 활동은 학생들에게 동기 과정을 효과적으로 살펴보는 방법에 관한 직접적인 경험을 제공함으로써 이 목표를 달성한다. "나만의 프로젝트"는 학기가 진행되는 동안에 학생이 추구할 목표를 선정하도록 만든 다음에, 이 책 전반에 걸쳐서 소개하고 있는 활동 중에서 수업시간에 배운 강의재료를 자신의 개인 목표에 적용할 것을 요구하는 활동을 부과하는 것이다. 동기를 가르치는 많은 교수들이 자기들 나름대로 이러한 유형의 활동을 시도하고 있다는 일화 증거들이 있다.

"나만의 프로젝트" 도구의 이점은 교수들이 공식적으로든 비공식적으로든 자신의 수업에 이러한 유형의 프로젝트를 용이하게 포함시킬 수 있도록 해준다는 점이다. "나만의 프로젝트" 활동은 학생들로 하여금 자신의 일상 삶에서 강의재료의 적절성을 파악할 수 있도록 부추김으로써, 강의재료에 대한 흥미를 고조시키고 동기과학을 올바르게 인식하도록 만들어준다. 저자들은 여러 해에 걸쳐 자신의 강의에서 "나만의 프로젝트" 과제를 사용하였기 때문에 동기 교과목을 강의하는 교수들은 이러한 활동의 효과가 실질적으로 검증되었다고 확신해도 좋다. 학생과 교수 모두 단지 몇 달에 걸쳐 이러한 "나만의 프로젝트" 과제를 사용하는 것이 달성할 수 있는 것에 대해 놀라고 말 것이다. 매 학기 저자들이 가르치는 학생들은 모두 합쳐서 최소한 45kg을 감량하고, 학점이 유의하게 높아지며, 예산을 고수함으로써 수천 달러를 절약한다. 그리고 저자들은 학생들에게 한 편의 완벽한 소설을 쓰거나 새로운 악기 연주를 배우거나 아니면 물도 끓이지 못하던 학생을 기숙사 룸메이트가 더 많은 요리를 만들어주기를 간청하는 훌륭한 요리사가 되도록 만들어왔다. 이러한 활동을 하는 학생은 강의재료를 더 잘 학습할 뿐만 아니라 자신의 삶을 더 낫게 변화시키는 정보로 무장한 채, 더 행복하고 건강하게 수업을 마무리 짓게 된다. 그렇기 때문에 저자들이 가르치는 학생들은 하나같이 "나만의 프로젝트"가 수업에서 가장 즐거운 일이었다고 보고하며, 많은 학생들은 그 경험이 자신의 삶을 영원히 변화시켰다고 주장한다.

우선 저자들은 제1장 말미에서 "나만의 프로젝트" 개념을 독자에게 소개하고 있다. 학생들에게 이 학기가 진행되는 동안 달성하고 싶은 한 가지 목표를 선택하도록 요구하면서 이 과제를 위하여 가장 적절한 목표를 선택하는 방법에 관한 조언을 제공한

다. 그런 다음에 각 장은 학생들에게 강의에서 소개하는 개념을 개인적 목표 추구에 적용하도록 요구하는 여러 가지 "나만의 프로젝트" 활동을 소개한다. 어떤 활동은 단순히 학생들로 하여금 자신의 목표가 어떻게 강의에서 소개하는 개념과 관련되는지를 생각해보도록 요구한다. 예컨대, 정서적 대처를 논의할 때, 학생들에게 자신의 "나만의 프로젝트" 목표를 방해하는 부정 정서에 대해서 생각하고 장차 이 정서에 대처하는 전략을 찾아보도록 요구한다. 다른 "나만의 프로젝트" 활동은 학생들에게 특정한 행동에 몰입하도록 지시한다. 예컨대, 구현 의도에 관하여 논의할 때, "나만의 프로젝트" 활동은 학생들에게 매주 언제, 어디서, 얼마나 오랫동안 목표를 추구할 것인지를 확인해보도록 함으로써(예컨대, "나는 월요일부터 목요일 오후에 도서관에서 매일 2시간씩 수업을 위한 공부를 하겠다."), 자신의 목표를 위한 구현 의도를 생성하도록 요구한다.

교수는 "나만의 프로젝트"를 단지 학생들이 자신의 페이스대로 활동하도록 부추기는 방식으로 비공식적으로 포함시키거나, 아니면 이러한 활동을 과제로 전환시켜 공식적으로 포함시킬 수도 있다. 저자들은 후자의 방법을 채택한다. 구체적으로 저자들은 학기를 1개월 단위로 분할하여, 각 단위가 끝나는 시점에 그 달에 다룬 장들에 포함된 모든 "나만의 프로젝트" 활동을 포함한 보고서를 과제로 부여한다. 이렇게 단위별 과제에 덧붙여서, 학생들이 지난달에 수행한 정도에 대한 '진도보고서'를 작성하는 과제도 부여한다. 구체적으로 학생들에게 (1) 자신의 목표 진도를 기술하고, (2) A~F에 이르는 학점 표기방식을 사용하여 그 달의 전반적 진도를 평가하며, (3) 지난달에 가장 효과적이었고 가장 형편없었던 기법이 무엇이었는지를 지적하도록 요구한다. 마지막으로 학기 말에는 수업시간을 이용하여 모든 학생의 "나만의 프로젝트" 목표 경험을 논의하는 기회를 갖는다. 이것은 학생들로 하여금 자신의 목표 성공담과 어려움을 급우들과 공유하고, 다른 급우들이 달성하고자 노력하였던 목표를 경청하며, 가장 잘 작동하였던 동기 기법을 논의할 수 있게 해준다. 학생들이 이러한 집단 토의를 즐기는 까닭은 자신의 성공담을 자랑하고 각자의 경험에서 무엇인가를 배울 수 있게 해주기 때문이다. 저자들이 수업에서 사용해온 "나만의 프로젝트" 활동은 이것이지만, 이 활동은 교수들이 원하는 방식대로 사용할 수 있도록 융통성 있게 설계되어 있다.

요약 차례

차례

제4장 핵심 인간 동기

제5장 자율성

제6장 유능성

제 **7** 장 소속감

제 **8** 장 목표 설정하기

제**9**장 목표 계획세우기

제**10**장 목표 추구하기

제 **14** 장 상황의 영향

제 **15** 장 동기과학을 건강 문제에 적용하기

제 16 장 동기과학을 경제적 부에 적용하기

1

동기과학

학습목표

1.1 동기의 특성을 분석한다.

1.2 자기제어가 동기에 어떤 긍정적 영향을 미치는지 설명한다.

조앤 롤링 이야기

1990년에 조앤이라는 이름의 젊은 여자가 기차를 타고 귀가하는 중에 불현듯 이례적인 마음의 상처와 거역할 수 없는 운명을 가지고 태어난 한 고아 소년 이야기에 관한 아이디어가 떠올랐다. 그 당시에는 알지 못하였지만, 그녀의 소소한 아이디어가 결국에는 역사상 가장 유명한 판타지 소설 시리즈 중 하나가 되었다. 그 아이디어는 그녀를 첫 번째 억만장자 작가로 만들었을 뿐만 아니라 누구나 다 아는 이름의 소유자로 만들어주었다. 그녀는 물론 조앤 롤링(Joan K. Rowling)이며, 소년 마법사에 관한 이야기는 베스트셀러가 된 해리 포터 시리즈의 토대가 되었다.

대부분의 사람은 조앤 롤링의 성공적인 책 시리즈에 관하여 알고 있지만, 그녀가 개인사에서 가장 격동적인 시기에 최초의 해리 포터 책을 집필하기 시작하였다는 사실을 아는 사람은 드물다. 짧기만 하였던 몇 해 동안에, 비서직을 가지고 있던 20세를 갓 넘은 그녀는 다발성 경화증으로 돌아가신 어머니 임종을 지켜보아야 하였으며, 딸을 낳았고, 결혼이 결국 이혼으로 귀결되는 것을 목격해야만 하였다. 다시 새로운 출발을 시작할 준비가 되었을 때, 그녀는 딸을 데리고 스코틀랜드 에든버러로 이사를 갔지만, 역경은 더욱 심해지기만 하였다. 그녀는 낯선 이국에서 살아가는 미혼모로, 생계를 유지하기조차 어려웠다. 노숙을 해야 할 형편이 될 정도로 생활은 불안정하였으며, 심한 우울증에 시달려 자살을 생각하기까지 하였다. 조앤은 그 당시 가진 것이 많지 않았다. 남편도 없었으며, 청구서를 결제할 돈도 넉넉지 않았고, 언제 자신과 딸이 집에서 쫓겨나 길거리에 나앉을지 모르는 상황이었다. 아무튼 그녀가 가지고 있었던 것은 녹이 슬 정도로 낡은 타자기와 대단한 아이디어뿐이었다.

비록 조앤이 정서적 어려움과 재정 난관에 시달리고 있기는 하였지만, 그럭저럭 글을 쓰는 시간을 낼 수는 있었다. 미혼모이자 하루 종일 근무해야 하는 전임교사이기는 하였지만, 그녀는 가능하다면 어디서나 자투리 시간을 찾아 활용하였다. 글을 쓰기 위하여 밤에는 딸이 잠들기만을 기다린 다음,

유모차에 태우고 좁은 자갈길을 따라 가장 가까운 카페로 달려가곤 하였다. 그녀는 매일 저녁 이러한 반복적인 의식을 치르면서 밤늦도록 글을 썼다. 5년에 걸친 확고한 결단력 덕분에 그녀는 마침내 완성한 원고를 손에 쥐게 되었다.

조앤은 1년 이상 여러 출판사를 전전하면서 원고를 제안하였지만, 되돌아오는 피드백은 별로 신통치 않았다. 12개 출판사가 성공적인 시리즈물이 되기에는 '상업적 가치'가 충분하지 않다는 이유로 출판을 거절하였다. 13번째 제안은 성공적이었지만, 출판사는 여전히 출판을 미루었다. 그녀의 대리인은 아동용 책의 저자로는 돈을 벌 수 없다고 주의를 환기시켰기에 수년간의 집필 작업에도 불구하고 그녀는 여전히 좌절 상태에 빠져있었다. 설상가상으로 출판사가 사내아이들은 여자가 쓴 책을 읽는 데 흥미를 갖지 않을 것을 염려하였기 때문에, 그녀에게 성별을 알기 어려운 중성적 이름을 사용할 것을 강요하였다(그래서 오늘날 유명한 J. K.가 되었다). 도대체 출판사는 얼마나 엉터리였는가?

조앤 이야기는 성공이 쉽게 오는 것이 아니라는 사실을 보여준다. 아무리 그녀가 경험한 것과 같은 위대한 성공이라 하더라도 말이다. 때로는 책을 쓴다는 생각 자체가 불가능한 것처럼 보였다. 그녀는 때때로 포기하고 싶었지만 그렇게 하지 않았다. 그렇기 때문에 오늘날 우리가 그녀의 이름을 알고 있는 것이다. 조앤은 돈도 없고, 시간도 없으며, 안락한 생활이나 마음의 평화도 없었지만, 그녀가 가지고 있던 것은 오직 동기뿐이었다. 그녀의 가슴 속에 글을 쓰도록 밀어붙이는 불꽃이 타오르고 있었던 것이다. 그녀는 건강하든 아프든, 아니면 건강하거나 아프다고 느끼든 관계없이 글을 썼다. 글쓰기는 더 이상 선택의 문제가 아니었다. 무조건적으로 행하는 일이었다. 그렇다면 조앤의 끈질긴 동기의 열쇠는 무엇이었으며, 사람들은 동기를 어떻게 얻을 수 있는 것인가? 이 물음이 바로 이 책의 핵심이다. 즉, 무엇이 사람들로 하여금 목표를 설정하고, 그 목표를 추구하며, 달성할 때까지 결코 포기

하지 않도록 동기화시키는 것인지를 알아보고자 하는 것이다. 각자의 동기 추구방식은 서로 조금씩 다르다고 하더라도, 조앤 이야기에서 찾아볼 수 있는 몇 가지 기본 원리가 있다. 조앤은 스스로 글을 써서 한 권의 책을 완성한다는 명백하고도 현실적인 목표를 설정하였다. 만일 세상에서 가장 성공적인 일곱 권의 시리즈물을 한꺼번에 집필하겠다는 목표를 가지고 출발하였더라면, 아마도 잠자리에서 일어나지도 못하였을 것이다. 또한 조앤은 확신감, 또는 동기 연구자들이 '자기 효능감'이라고 부르는 것을 가지고 있었다. 그녀는 자신이 쓴 글이 성공할 것이라는 사실을 알고 있었다. 비록 그 사실을 볼 수 있는 사람은 오직 그녀 자신뿐이었다고 하더라도 말이다.

조앤 성공의 또 다른 열쇠는 그녀가 글쓰기를 습관으로 만들었다는 사실이었다. 습관이란 사람들이 특정 상황에서 반복적으로 행함으로써 자동화하기 십상인 행동이다(Neal, Wood, & Quinn, 2006). 그러한 특정 상황에 처하는 것 자체가 습관반응을 자동적으로 활성화하기에 충분하게 된다. 조앤의 경우에는 하루 일과가 끝난 저녁시간에 글을 쓰기 위하여 매일 밤 잠든 딸아이를 유모차에 태우고는 에든버러에 있는 엘리펀트 하우스 카페로 달려갔다. 무자비할 정도로 자신의 목표를 추구함으로써 글쓰기가 습관이 되었던 것이다. 모든 사람은 그녀로부터 배울 것이 있으며, 스스로 자신의 목표를 무자비할 정도로 추구할 수 있다.

마지막이자 가장 중요한 열쇠는 실패한다는 것이 어떤 것인지를 그녀는 알고 있었다는 점이다. 사람들은 흔히 성공하는 사람은 실패를 경험하지 않는다고 생각하지만, 결코 그렇지 않다. 실패는 (죽음과 세금과 함께) 삶에서 가장 확실하게 보장된 경험 중의 하나이다. 모든 사람은 장해물을 경험하지만, 성공하는 사람을 그렇지 못한 사람과 구분하게 해주는 것은 그 장해물을 다루는 방법이다. 조앤이 하버드대학교 연설에서 언급한 것처럼, "여러분이 전혀 살아있지 않은 것처럼 매우 조심스럽게 살아가지 않는 한, 무엇인가를 실패하지 않은 채 살아가기는 불가능합니다."

이 책의 목적은 여러분에게 인간 동기의 심리학 원리들을 알려주려는 것이다. 모든 사람은 삶에서 어떤 인물이 되고자 하는 꿈과 소망 그리고 바람을 가지고 있지만, 동기에서 어려움을 겪는다. 예컨대, 우수한 학생이 되려는 동기, 건강한 음식을 섭취하고 규칙적으로 운동하려는 동기, 잠자리에서 일어나서 이를 닦고 하루 일과를 시작하려는 동기 등 말이다. 그런데 만일 여러분의 동기를 증진시키는 방법을 배울 수 있다면 어떻겠는가? 여러분이 삶에서 원하는 모든 것을 달성하도록 과학자와 연구자들이 이미 발견해놓은 동기 원리들을 사용할 수 있다면 어떻겠는가 말이다.

이 책을 모두 마칠 시점이 되면, 여러분은 삶을 더욱 행복하고 건강하며 전반적으로 만족스러운 것으로 만들어줄 모든 유형의 조언과 현실적이면서도 과학적으로 지지받는 충고를 학습하였을 것이다. 이러한 지식으로 무장하게 되면, 여러분도 조앤이 해리 포터 시리즈를 마무리 지으면서 사용하고자 결정한 다음의 세 영어단어로 여러분의 삶을 기술할 수 있게 될 것이다. "All is well."(모든 것이 괜찮아.)

1.1 동기란 무엇인가

학습목표 : 동기의 특성을 분석한다.

어른들은 어린 아동에게 이다음에 커서 어떤 사람이 되고 싶은지 묻기를 좋아한다. 심각한 대답을 기대해서가 아니라 이 물음에 대한 아동의 반응 유형이 무척이나 재미있고 터무니없기 때문이다. 어린 아동은 먼 미래를 상상하는 능력이 떨어지기 때문에

어렸을 때 여러분은 어른이 되어서 어떤 사람이 되고 싶었는가? 우주인? 발레리나? 슈퍼맨과 같은 영웅? 아니면 사탕 제조업자? 이제 성장하여 대학생이 되어서도 여전히 똑같은 꿈을 추구하고 있는가? 그렇지 않은가? 슈퍼영웅학이나 사탕제조학을 전공하고 있지 않다는 말인가? 그렇다면 그 이유는 무엇인가? 도대체 아동기부터 지금까지 일어난 어떤 일이 어렸을 때 되고 싶었던 인물에 대해서 생각을 바꾸게 만들었는가?

이러한 물음에 답할 준비가 되어있지 못하다. 그렇지만 손을 내저으면서 "몰라요!"라고 말하는 대신에, 상황 판단이 빠른 어린 정치인처럼 답할 수 없는 물음을 무시하고 답할 수 있는 물음, 즉 지금 당장 되고 싶은 것이 무엇이냐는 물음에 반응한다. 어렸을 때는 자신의 경력 결정에 영향을 미칠 수 있는 모든 요인을 예측할 수 없었다. 예컨대, 당시의 경제 상황, 특별한 재능, 원하는 결과를 달성할 가능성, 재정 안정성, 테크놀로지 발전, 주변 사람들이 전공하고 있는 분야 등등 말이다. 그렇지만 이제는 어른으로서 자신의 생각을 미래로 확장시킬 수 있는 능력을 훨씬 잘 갖추고 있다. 10년 후에 어떤 공학 분야와 영문학 분야가 어떤 모습으로 변할지 예측할 수 있으며, 그에 따라서 경력 계획을 조절할 수

있다. 사람들은 미래를 많이 생각하기 때문에 그 미래를 당연한 것으로 받아들이지만, 앞으로 다가올 일을 예측하는 능력은 인간 두뇌에서 가장 중요한 자질 중의 하나이다.

많은 심리학자의 궁극적인 목표는 다음 질문에 답하는 것이다. 즉, 인간을 다른 동물과 차별화하는 것은 무엇인가? 많은 심리학자가 이 물음에 답하고자 시도해왔지만, 결국에는 자신이 완전히 얼빠진 짓을 하였다는 사실을 발견하는 것으로 끝나버린다. 사람만이 언어를 사용하는 유일한 동물이라고 천명한 사람은 침팬지가 수화를 사용하여 소통할 수 있다는 사실을 발견한 후에 그 사실을 며칠 동안 연구실에 감추어두었을 것임에 틀림없다. 사람만이 자신을 인식할 수 있는 유일한 동물이라고 주장한 사람은 고든 갤럽 주니어(Gordon Gallop, Jr.)가 침팬지 이마에 빨간색 스티커를 붙이고 거울 앞에 세우자, 그 침팬지가 거울 속의 자신을 알아채고는 스티커를 제거하려 손을 (거울이 아니라) 이마로 가져가는 것을 관찰하였을 때 매우 실망하였을 것임에 틀림없다. 그렇지만 우리 두 저자는 위험을 무릅쓰면서, 우리가 아는 한에 있어서 사람만이 미래를 예측할 수 있는 유일한 동물이라고 주장하고자 한다(Gilbert, 2006).

혹시나 여러분은 집에서 키우고 있는 금붕어가 먹이 줄 때를 알고 있는 것처럼 보이거나 강아지가 산보 나갈 때를 알고 있는 것처럼 보인다는 생각을 하면서, 우리 주장에 이미 동의하지 않을는지도 모르겠다. 그렇지만 동물이 마치 미래를 알고 있는 것처럼 행동한다는 것이 실제로 그렇다는 것을 의미하는 것은 아니다. 동물은 단지 곧바로 뒤따르는 미래에 일어날 사건을 예측할 수 있을 뿐이며, 그렇게 할 수 있는 까닭은 두뇌가 상상하기 때문이 아니라 단지 특정 촉발자극을 특정 반응과 연합시키는 것을 학습하였기 때문이다. 금붕어는 여러분이 먹이통으로 어항을 두드릴 때면 그 소리가 먹이의 도래를 의미한다는 사실을 학습하였다. 강아지는 여러분이 운동화를 신거나 목줄을 보관해둔 방의 문을 열 때면 산보가 시작된다는 사실을 학습하였다. 그렇지만 금붕어와 강아지는 지금부터 일주일 후나 1개월 후에 일어날 일을 예측할 수 없다. 어느 날 여러분이 휴가여행을 떠나면서 자신을 애완동물 보호자에게 맡길 수도 있다는 사실을 예측할 수 없으며, 극단적으로는 어느 날 이후 자신이 더 이상 존재할 수 없다는 사실을 예측할 수 없다. 그리고 자신의 삶과는 다른 삶을 영위하는 것이 어떤 것일지 그리고 현재의 자신과 다른 존재가 되는 것은 어떤 것일지 상상할 수 없는 것이 확실하다. 아동용 만화영화가 보여주는 것과는 달리, 여러분은 강아지가 미래에 고양이에게 복수하고자 음모를 꾸미거나 아니면 새가 된다면 어떨는지에 대해서 백일몽을 꾸는 등의 모습을 결코 포착할 수 없다.

> 오직 사람만이 먼 미래를 예측하고 지금까지 경험하였던 것과는 극단적으로 다른 경험을 상상할 수 있을 뿐이다(Becker, 1971; Toates, 2006; Tulving, 2005).

사람은 자신의 마음을 미래에 투영함으로써, 다른 동물과 달리 '현재에만 얽매이는 압박'으로부터 자유로울 수 있는 능력을 갖추고 있다(Edelman, 1989).

그렇지만 마음을 미래에 투영하는 능력을 가지고 태어나는 것은 아니다. 아동기를 통해 발달하는 것이다. 어린 아동이 성장하여 어떤 인물이 되고 싶은지를 말할 수 없는 이유가 바로 이것이다(Gilbert, 2006). 어린 시절에는 미래 계획세우기를 담당하는 두뇌영역이 아직 충분하게 발달하지 못한다. 성숙함에 따라 미래를 상상하고 계획하는 능력도 함께 증가한다. 어른은 상상하기 어려운 것도 머리에 그려볼 수 있다. 예컨대, 존재하거나 존재하지 않을 수 있는 다른 세상, 마치 실제인 것처럼 느끼는 문학작품 속의 인물, 수백만 년에 걸쳐 일어날 지구 변화, 심지어는 자신의 죽음 등도 상상할 수 있다. 이제 여러분은 미래를 계획하는 인간의 독특한 능력을 담고 있는 두뇌영역이 정확하게 어디인지 궁금해할지도 모르겠다. 역설적이게도 이 물음에 답하는 과학의 발견은 전두엽 절제술이라고 하는 과학적 잔혹행위에서 나왔다.

▼ **이 절이 끝날 무렵에 여러분은 다음에 답할 수 있을 것이다.**

1.1.1 어떻게 동기가 미래지향적인지 설명한다.

1.1.2 동기를 정의한다.

1.1.3 목표와 동기의 관계를 기술한다.

1.1.1 동기는 미래지향적이다

학습목표 : 어떻게 동기가 미래지향적인지 설명한다.

전두엽 절제술(lobotomy)은 전전두피질로 이어지는 신경회로를 절단하는 신경외과 시술을 지칭한다. 여러분은 교육용 비디오나 영화에서 이 시술을 본 적이 있을지도 모르겠다. 이 시술에서는 의사가 눈구멍을 통해서 두뇌 앞부분에 기다란 금속 스파이크를 집어넣은 다음, 두뇌에 손상을 가하기 위하여 그 스파이크를 앞뒤로 움직인다. 전두엽 절제술은 심리장애 환자의 행동을 진정시키는 효과가 있기 때문에 조현병과 양극성 장애를 포함한 심각한 심리장애 치료법으로 주로 1940년대와 1950년대에 사용하였다. 절제술을 받은 환자는 더 이상 불안하거나 걱정하지 않게 되었다.

절제술 주창자들은 이러한 유형의 두뇌 손상이 환자의 심적 능력에 악영향을 미치지 않는다고 주장하였으며, 데이터는 이 주장을 지지하는 것처럼 보였다. 절제술 환자는 표준 지능검사와 기억검사에서 절제술을 받지 않은 환자 못지않은 수행을 보였다. 그렇지만 절제술 환자가 심각한 손상을 나타내는 한 가지 검사가 있었는데, 그것은 바로 계획력 검사였다. 절제술 환자는 한두 단계 앞을 내다볼 것을 요구하는 단순한 미로과제를 해결할 수 없

었다. 또한 "오늘 늦은 오후에 무엇을 할 예정입니까?"와 같은 단순한 미래지향 물음에도 답할 수 없었다.

이에 덧붙여서 절제술 환자는 목표를 고수할 능력도 없는 것처럼 보였다. **목표**(goal)란 각자가 접근하거나 회피하고자 몰두하는 미래 결과의 인지 표상이다(Austin & Vancouver, 1996; Elliot & Fryer, 2008; Kruglanski & Kopetz, 2009). 목표(예컨대, 체중 감량)를 달성하려면 소망하는 미래 결과로부터 이탈하도록 이끌어가는 유혹(예컨대, 패스트푸드와 디저트)에 저항해야만 하는 경우가 많다. 그런데 절제술 환자는 그러한 유혹의 미끼에 저항할 능력이 없는 것으로 보였다. 많은 환자들은 배가 고프든 아니든, 가용한 음식을 마구 먹음으로써 과체중이 되었다. 몇몇 환자는 가능할 때라면 언제나 즉각적인 성적 만족을 추구하느라 성적으로 문란해졌다. 마치 미래를 계획하는 인간의 독특한 능력을 상실함으로써 쾌락만을 추구하는 동물과 같은 존재로 퇴화한 것처

전두엽 절제술의 효과
전두엽 절제술이 불안을 감소시킬 뿐만 아니라 목표를 고수하는 능력도 손상시킨다는 사실은 두뇌 전두엽, 즉 눈 바로 위쪽 머리 앞부분에 자리 잡고 있는 두뇌영역이 미래를 예측하는 능력의 장소임을 알려준다.

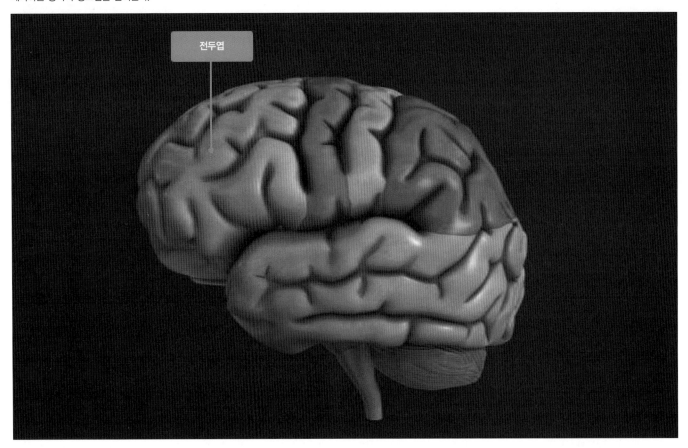
전두엽

럼 보였다. 실제로 절제술 환자는 미래를 예측하는 능력이 아직 발달하지 않은 어린 아동처럼 행동하였다.

전전두엽은 미래를 예측하고 계획하며 그에 따라서 목표를 설정하는 능력이라고 하는 인간 종의 표지에 해당하는 영역이다(Posner, 1993). 전전두엽이 없다면, 우리는 '영원한 현재' 속에서 살아가는 절제술 환자와 같아서 미래를 상상할 수도, 그에 따라서 미래를 준비할 수도 없게 될 것이다(Fuster, 1997).

> **여러분은 영원한 현재 속에서만 살아가는 것이 어떤 것일지 상상할 수 있겠는가?**

이것은 현재라는 감옥에 갇혀서 어떤 것도 미리 내다볼 수 없으며 무엇이 뒤따르게 될 것인지 결코 예측할 수 없는 것과 마찬가지이다. 이러한 상황의 생각 자체가 불가능한 것처럼 보이기도 하지만, 실제 지구상에 존재하는 생명체를 보면 영원한 현재 속에서 살아가는 것이 보편 규칙이며 인간은 희귀한 예외에 해당한다(Gilbert, 2006). 많은 측면에서 인간 동기 연구는 본질적으로 미래를 계획하는 인간의 독특한 능력에 대한 연구이다.

1.1.2 동기의 정의

학습목표 : 동기를 정의한다.

애초에 동기라는 용어는 **동인**(motive)이라는 단어에서 유래한 것이며, 동인은 '움직이다'를 의미하는 라틴어 단어 *motus*에서 유래한 것이다. *motus*라는 용어는 로마의 웅변가인 마르쿠스 툴리우스 키케로가 **투스쿨룸 대화**(*Tusculan Disputations*, 45 B.C., 1927)라고 명명한 자신의 저서에서 처음 사용한 것으로 알려져 있는데, 이 책에서 키케로는 영혼의 운동이나 발생을 *motus animi*로 표현하고 있다. 따라서 인간 동기 연구는 문자 그대로 보면 사람들을 움직이게 하는 것 또는 사람들을 행위로 이끌어가는 것에 관한 연구가 된다. 고대 어원이 어디에 있든지 간에, '동기'라고 하는 실제 용어는 아르투어 쇼펜하우어(1903)가 자신의 **충분근거율에 대한 네 가지 뿌리에 대하여**(*On the Fourfold Root of the Principle of Sufficient Reason*)라는 제목의 1813년 박사학위 논문에서 이 용어를 처음 소개할 때까지 수 세기에 걸쳐 나타나지 않았다. 쇼펜하우어는 인간(그리고 동물) 행동의 내적 원인을 지칭하는 데 이 용어를 사용하였다. 원래의 생각 그리고 그 이후 연구자들의 생각에 발맞추어, 우리는 **동기**(motivation)를 행동에 에너지와 방향을 제공해주는 기저 과정으로 정의한다(Bargh, Gollwitzer, & Oettingen, 2010; Kleinginna & Kleinginna, 1981). 이 정의의 에너지 측면은 행동이 **개시**(initiation), **강도**(intensity), **지속성**(persistence) 측면에서 차이를 보일 수 있다는 사실을 시사한다(Geen, 1995).

동기의 에너지에 관해서 생각해보면 개시, 강도, 지속성이라는 세 가지 측면이 일상적으로 '동기'라는 용어를 사용하는 방식과 정확하게 들어맞는다. 개시는 어떤 행동의 시작을 지칭한다. 만일 누군가가 여러분에게 비열한 말을 한다면, "저 친구가 나한테 저따위 말을 하도록 동기화시킨 게 뭐지?"라고 물을 수 있다. 이 맥락에서 여러분은 동기의 '개시' 특성을 들먹이기 위해서 동기화라는 용어를 사용하고 있는 것이다. 그리고 비열한 표현은 점잖은 표현에서부터 욕설에 이르기까지 강도에서 차이를 보일 수 있으며, 얼마나 집요하게 그 표현을 해대느냐에 따라서 지속성에서도 차이를 보일 수 있다.

그렇지만 에너지 측면만이 동기의 유일한 자질은 아니다. 사람들은 갈증이 날 때 음료수를 한 모금만 마시거나 벌컥벌컥 마실 수도 있지만(즉, 강도에서의 차이), 선택하는 음료수와 그것을 선택하는 이유도 또 다른 중요한 측면이다(즉, 방향성에서의 차이). 따라서 동기 정의의 두 번째 측면은 **방향성**(direction)이며, 이 측면은 행동이 목표를 가지고 있으며 특정 목표를 달성하려는 것이라는 사실을 시사한다. 갈증이 나기 때문에 마시려는 동기를 가지고 있다면, 여러분은 물을 찾을 가능성이 높다. 그렇지만 슬픔을 걷어내기 위해서 마시려는 동기를 가지고 있다면, 술을 찾을 가능성이 높다. 이에 덧붙여서 동기의 방향성 측면은 여러분이 특별히 소망하는 결과에 접근하거나 바람직하지 않은 결과를 회피하려는 동기를 가지고 있을 수 있다는 사실을 나타낸다. 예컨대, 어떤 사람은 신선한 과일과 채소를 먹으려는 동기를 가지고 있는 반면, 다른 사람은 패스트푸드를 회피하려는 동기를 가질 수 있다. 두 사람 모두 건강한 음식을 먹고자 원하지만, 전자의 동기는 소망하는 반응을 향하고 있으며 후자의 동기는 바람직하지 않은 반응으로부터 멀어지려는 것이다.

동기를 에너지와 방향성의 함수로 정의하고는 있지만, 동기의 정의가 역사적으로 크게 변모해왔다는 사실을 지적하는 것이 중요하겠다. 어떤 이론가는 동기가 전혀 존재하지 않는다고 주장해왔으며, 다른 이론가는 여러분이 생각할 수 있는 거의 모든 행동을 지칭하는 데 이 용어를 사용해왔다(Kleinginna & Kleinginna, 1981). 여러 후속 장에서 보게 되겠지만, 동기의 정의가 다양한 범위에 걸쳐 존재한다는 사실은 인간 행동을 주도하는 기저 과정이 생물, 환경, 정서, 사회, 인지와 같이 다양한 출처로부터 유래함을 반영하고 있다.

1.1.3 목표와 동기

학습목표 : 목표와 동기의 관계를 기술한다.

쇼펜하우어가 동기라는 용어를 만들었다는 사실이 이 주제에 관하여 언급한 최초의 인물이 그였음을 의미하는 것은 아니다. 인류는 지구상에 출현할 때부터 어떤 일이든 사람들이 무엇인가를 수행하는 기저 이유에 물음을 던지고 분석해왔다. 동기라는 용어를 사용하기 전부터, 미셸 드 몽테뉴(Michel de Montaigne, 1580/1943), 프랜시스 허치슨(Francis Hutcheson, 1725), 제임스 마티노(James Martineau, 1885), 제러미 벤담(Jeremy Bentham, 1815/1817), 데이비드 흄(David Hume, 1748/1894)과 같은 철학자 그리고 윌리엄 제임스(William James, 1890)와 윌리엄 맥두걸(William McDougall, 1908)과 같은 심리학자들이 행동을 촉발하는 요인들을 논의하기 위하여 '인간 행동의 스프링'과 같은 기발한 용어를 사용하였다. 손목시계나 벽시계의 스프링이 시간에 맞추어 시곗바늘을 앞으로 움직이게 만드는 것처럼, 인간 행위의 스프링이 행동을 이끌어간다는 것이다(McReynolds, 1980). 시대에 따라서 연구자들은 인간 행위의 동기 또는 스프링을 지칭하기 위하여 다양한 용어를 사용하였다. 예컨대, 정념(passion), 식욕(appetite), 필요(want), 갈망(desire), 소망(wish), 욕구(need), 정조(sentiment), 성향(propensity), 에르그(erg) 등이다. 이렇게 동기라는 주제가 주목받았음에도 불구하고, 20세기에 접어들 때까지는 심리학 분야에서 공식적으로 응집성 있는 과학 연구로 자리잡지 못하였다(그림 1.1).

그림 1.1에 나와있는 세 단계 과정은 동기에서 통합적인 것이기 때문에, 사람들이 항상 목표를 의식적으로 정의하고 달성하기 위해서 분투하는 것처럼 들릴 수 있다. 여러분은 항상 그렇지는 않다는 사실을 공부하게 된다. 목표는 의식적일 수도 무의식적일 수도 있으며, 의식적이거나 무의식적인 방식으로 추구할 수 있다. 이에 덧붙여서 동기의 세 단계 과정에 영향을 미칠 수 있는 많은 부가적 요인들이 존재한다. 이러한 요인들은 개인 내부에서나 외부 상황에서 유래할 수 있다.

그림 1.1 목표를 달성하기 위한 세 단계 과정

어떤 목표를 달성하려면 우선 목표를 설정해야 하며(단계 1), 설정한 목표를 달성하기 위한 구체적인 행위 계획을 세우고(단계 2), 그 행위를 시작하고 지속적으로 수행해야만 한다(단계 3). 그렇지만 동기에 대한 오늘날의 견해는 에너지와 방향성이 복잡한 과정으로 결합되는 방식을 탐구한다(Geen, 1995).

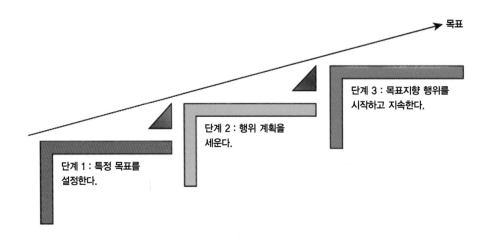

단계 4 : 목표를 달성한다.

단계 1, 2, 3을 따르는 것은 예컨대 학생이 좋은 학점을 유지하고 우등으로 졸업하도록 이끌어간다.

우리는 여러분이 무엇을 염두에 두고 있든지 간에 성공적이기 위해서 필요한 모든 기술을 제공할 것이다.

이에 앞서 동기의 과학 연구를 공부해야 하는 이유를 생각해 보자. 종합적으로 생각해볼 때 동기가 매우 높은 사람은 자신이 무엇을 원하는지 알고, 그것을 얻으려는 행동에 착수하며, 전심 전력하고, 그것을 얻을 때까지 결코 포기하지 않는 사람이다. 동기가 결여된 사람이란 자신이 원하는 것이 무엇인지에 대한 단서를 잡지 못하거나, 원하는 것을 알고 있지만 그것을 얻을 수 있는 방법에 대해 단서를 잡지 못하거나, 원하는 것도 알고 얻을 수 있는 방법도 알지만 많은 노력을 기울이지 않거나 끈기 있게 매달리지 못하는 사람이다. 만일 여러분이 높은 동기를 유지하고 동기가 결여된 사람의 패턴에 빠지고 싶지 않다면, 사람들이 목표를 달성하게 만드는 요인과 실패하게 만드는 요인을 이해할 필요가 있다. 이 책의 목표가 바로 이것이다. 즉, 여러분 자신의 행동과 주변 사람들의 행동을 보다 잘 이해할 수 있게 만들겠다는 희망을 가지고 여러분에게 인간 동기를 가르치겠다는 것이다.

그렇다면 무엇이 여러분 자신과 주변 사람들의 행동을 주도하는가? 인간은 한없이 매혹적인 생명체이다. 술집에서 추파를 던지는 사람이나 텔레비전 리얼리티 프로그램에서 상대방을 때려눕히는 절친이나 음주운전 때문에 자신의 경력을 포기하는 떠오르는 스타 등을 관찰하게 되면, 여러분은 "도대체 저 사람들 왜 저러지?" 하면서 궁금증을 나타낼 수 있다. 인간은 천부적인 사람 관찰자이다. 사람들이 유튜브와 페이스북 그리고 리얼리티 프로그램을 그토록 좋아하는 이유도 그 때문이다. 그리고 사람 관찰을 좋아하는 핵심 이유 중의 하나는 사람들이 그렇게 행동하도록 만든 것을 알고 싶어 하기 때문이다. 사람들을 동기화시키는 것이 무엇인지, 그것이 자신을 동기화시키는 것과 어떻게 유사하거나 상이한지 알고 싶어 한다. 인간 동기에 관한 과학 연구를 공부함으로써 여러분은 다른 사람의 결정과 반응을 주도하는 요인들뿐만 아니라 여러분 자신의 행동을 주도하는 것이 무엇인지에 관한 통찰을 얻게 될 것이다.

글쓰기 과제 1.1

실패한 결심

과거에 새해 첫날이 되었다거나 여러분이 달성하고 싶은 목표가 있었기 때문에 스스로 선택한 결심을 되돌아보라. 그 결심을 달성하였는가? 만일 달성하였다면, 성공하기 위하여 무엇을 하였는가? 달성하지 못하였다면, 그 결심을 달성하는 데 실패한 이유가 무엇이라고 생각하는가? 가장 큰 장해물은 무엇이었다고 생각하는가?

1.2 동기가 중요한 이유는 무엇인가

학습목표 : 자기제어가 동기에 어떤 긍정적 영향을 미치는지 설명한다.

인간이 미래 계획을 세울 능력을 가지고 있다고 해서 반드시 모든 사람이 그 과제를 수행하는 동일한 능력을 가지고 있음을 의미하는 것은 아니다. 어떤 사람은 다른 사람보다 목표를 설정하고 추구하는 데 있어서 더 유능하다. 그렇다면 삶의 성공을 위한 동기 수준은 얼마나 중요한 것인가?

현대사회는 삶의 성공을 보장한다고 생각하는 특성에 강박적으로 매달려왔다. 그러한 한 가지 특성이 지능이다. 과학자와 일반인 모두는 지능을 높이도록 설계된 정교한 '두뇌 훈련' 프로그램이나 유아를 어린 아인슈타인으로 바꾸어줄 것을 약속하는 '베이비 지니어스'나 '베이비 모차르트' 같은 제품을 통해서 지능을 개선시킬 수 있다는 생각에 얼빠진 채 열중하고 있다. 또 다른 특성이 자존감이다. 1980년대부터 교육자, 저널리스트, 토크쇼 진행자, 심리학자들은 행복한 사회의 열쇠가 바로 높은 자존감이라고 확신해왔다. 사람들이 자신을 충분히 사랑하지 않기 때문에 범죄, 마약, 조직폭력, 10대 임신, 집단따돌림 등과 같은 행위에 빠져든다고 생각하였다. 만일 아동이 자신에 대해서 더 좋은 감정을 느끼도록 만들 수 있다면, 세상 문제들을 해결할 수 있다는 것이었다. 그렇지만 30년이 지난 후에도 자존감 운동은 별로 해낸 것이 없다. 미국과 다른 서구사회에서 자존감 저하가 급격하게 확산된 흔적은 없는 것으로 나타나고 있다. 따라서 자존감 운동이 해낸 것이라고는 한 세대의 아동에게서 건강한 수준의 자존감을 박탈하고는 건강하지 않은 자기애(narcissism) 성향만을 제공한 것이었다. 오늘날 미국에서는 자기애 수준이 어느 때보다도 높다. 모든 사람이 자신만의 유튜브나 리얼리티 프로그램을 가질 자격이 있으며 최근에 먹었던 음식을 인스타그램에 게시할 가치가 있다고 생각한다. 총체적으로 높은 자존감 운동은 완전한 실패작이었다.

이러한 요인에 강박적으로 매달리는 대신에 사람들이 정말로 초점을 맞추어야 하는 것은 바로 동기이다. 구체적으로 동기의 특정 측면, 즉 자기제어를 강조해야만 한다. 사람들이 흔히 의지력(willpower)이라고 부르는 **자기제어**(self-control)는 자신의 사고, 정서, 행동을 조절하고 변화시키는 능력을 말한다. 자기제어는 현재의 자신이 아니라 장차 되기를 원하는 사람이 될 수 있도록 해주는 요인이다. 자기제어 능력이 높은 사람은 자신의 목표를 보다 잘 고수할 수 있으며 유혹으로 인해서 쉽게 궤도를 이탈하지 않는다.

역으로 자기제어 능력이 모자라는 사람은 충동의 노예가 된다. 형편없는 자기제어는 세리나 윌리엄스와 같이 좌절한 테니스 스타로 하여금 U.S. 오픈에서 신성모독적인 짜증을 부리게 만들거나, 데이비드 퍼트레이어스와 같은 4성 장군으로 하여금 자신의 전기 작가와의 염문으로 인해서 중앙정보부(CIA) 부장의 지위를 상실하게 만들거나, 아니면 찰리 쉰, 린지 로언, 저스틴 비버와 같은 할리우드 스타로 하여금 반복적으로 교도소를 들락거리게 만든다. 그리고 이러한 행동들은 신문 1면을 장식한다. 음식, 흡연, 직장, 학교, 돈, 성, 술, 마약 등과의 일상적인 갈등은 모두 손상된 자기제어와 연계되어 있다. 자기제어 능력이 낮은 사람은 폭력, 범죄, 난잡한 성관계, 정신건강 장애, 섭식장애, 학업 실패, 인간관계 실패, 알코올 중독, 비만, 약물 의존성 등과 같은 문제에 시달릴 가능성이 높다(Friese & Hofmann, 2009 참조). 거의 모든 사회문제는 형편없는 자기제어와 연계되어 있는 것으로 보인다.

자기제어 능력이 높은 사람은 삶의 거의 모든 측면에서 성공적인 것으로 보인다. 그렇기 때문에 많은 심리학자는 다음과 같

시도해보라 : 여러분의 자기제어는 얼마나 높은가?

여러분의 자기제어 능력은 얼마나 높은가? 이를 알아보려면 자기제어 척도(Maloney, Grawtich, & Barber, 2012; Tangney, Baumeister, & Boone, 2004)에서 발췌한 다음 항목들에 답해보라. 다음의 평정 척도를 사용하라.

1 = 전혀 동의하지 않음, 2 = 동의하지 않음, 3 = 중립적, 4= 동의함, 5 = 적극 동의함

	1	2	3	4	5
1. 나는 유혹을 억제하는 데 능숙하다.	○	○	○	○	○
2. 나는 나쁜 습관을 깨뜨리는 데 어려움을 겪고 있다.	○	○	○	○	○
3. 나는 재미있기만 하다면, 나에게 나쁜 것이 확실한 행위도 한다.	○	○	○	○	○
4. 나는 더 많은 자기수양을 소망한다.	○	○	○	○	○
5. 사람들은 내가 철저하게 자기수양이 되어있다고 말한다.	○	○	○	○	○
6. 때때로 나는 쾌와 즐거움 때문에 일을 마무리 짓지 못한다.	○	○	○	○	○
7. 때때로 나는 잘못되었다는 사실을 알고 있음에도 어떤 일을 중지할 수가 없다.	○	○	○	○	○
8. 나는 모든 대안을 따져보지도 않은 채 행동하기 십상이다.	○	○	○	○	○

출처 : Maloney, Grawtich, & Barber, 2012; Tangeny, Baumeister, & Boone, 2004

은 주장에 동의하고 있다. "만일 거의 무한한 수의 잠재 능력 중에서 한 가지를 누군가에게 부여할 권한이 여러분에게 주어진다면, 자기제어 능력이 가치 있는 후보가 될 것이다"(Friese & Hofmann, 2009, 795쪽).

▼ **이 절이 끝날 무렵에 여러분은 다음에 답할 수 있을 것이다.**

1.2.1 유혹과 자기제어의 관계를 파악한다.
1.2.2 나만의 프로젝트 목표를 설정한다.

1.2.1 자기제어의 중요성

학습목표 : 유혹과 자기제어의 관계를 파악한다.

훌륭한 자기제어가 그토록 중요한 까닭은 유혹이 고갈될 틈은 결코 없기 때문이다. 사람들은 먹는 것, 배우자, 세금 등에서 속임수를 쓰려는 변명에 끊임없이 압도당하고 있다. 유혹이 얼마나 넘쳐나는지를 알아보기 위해서 한 연구는 200명의 사람들에게 일주일 동안 삐삐를 차고 다니도록 요구하였다(Hofmann et al., 2012). 삐삐는 7일 동안 하루에 일곱 번 무작위 간격으로 꺼지도록 프로그램되었다. 삐삐가 꺼질 때마다 참가자들은 그 순간 어떤 소망이나 갈망을 느끼고 있었는지 아니면 직전에 그런 갈망을 느꼈는지 표현해야만 하였다. 만일 어떤 갈망을 느꼈다면 그 갈망이 얼마나 강력하였는지, 그 갈망이 다른 목표와 갈등을 일으켰는지(예컨대, 과자에 대한 갈망과 건강 식단 목표 간의 갈등), 그리고 그 갈망에 굴복하였는지 아니면 저항하였는지를 나타내야 하였다. 결과는 놀라운 것이었다. 유혹은 예외가 아니라 규범인 것으로 나타났다. 어느 전형적인 하루 중에 사람들은 어떤 갈망의 유혹을 느끼면서 8시간을 보냈다. 즉, 깨어있는 시간의 절반 동안 유혹의 꾐을 받고 있었던 것이다.

물론 모든 유혹이 등가적인 것은 아니다. 가장 빈번하게 보고한 유혹은 무엇인가를 먹고 탄산음료를 마시며 잠을 자려는 것이었다. 이것들은 모두 생존에 필요한 것이기 때문에 특별히 놀라운 것이 아니다. 그렇지만 사람들은 여가 활동, 사회 교류, 대중매체 이용 등과 같이 생존과 무관한 욕구의 유혹도 받았다. 강도 측면에서 참가자들이 가장 강력하게 느꼈던 유혹은 성, 수면, 운동, 그리고 사회 교류 등이었다. 놀랍게도 담배와 술의 갈망은 가장 낮은 강도로 평가하였다. 목표 갈등의 측면에서 이미 가지고 있던 목표와 갈등을 일으킬 가능성이 가장 높은 갈망은 수면, 여가 활동, 그리고 돈쓰기였다.

또한 이 연구결과는 사람들이 얼마나 자주 자기제어를 동원하는지도 보여주었다. 전형적인 하루 24시간 중에서 참가자들은 유혹에 저항하고자 의지력을 발휘하는 데 3시간을 소비하였다. 가장 자주 저항해야만 하였던 소망은 수면, 성, 여가, 돈쓰기, 그리고 먹기였다. 사회 교류와 음주에 대한 저항률은 훨씬 낮았다. 이에 덧붙여서 유혹에 저항하려는 모든 시도가 성공적이었던 것은 아니었다. 참가자들은 하루에 평균 30분 정도 자기제어 실패를 경험하였다. 전자매체를 사용하고 싶다는 소망(예컨대, 이메일, 소셜 네트워킹, 인터넷, 텔레비전 등)에 저항하고자 할 때 이러한 실패가 일어날 가능성이 매우 높았다. 실제로 매체 사용에 저항하였던 사람들은 42%의 실패를 나타냈다.

이 연구는 유혹이 도처에 편재한다는 사실을 명백하게 일깨워주고 있다. 따라서 만일 진정으로 더 좋은 삶을 원한다면, 그러한 유혹에 성공적으로 대처하는 방법을 이해할 필요가 있다. 다행스럽게도 동기 연구자들은 유혹에 저항하고 목표를 달성하는 데 도움을 주는 원리들을 찾아내려는 작업을 수 세기에 걸쳐 수행하고 있다.

1.2.2 나만의 프로젝트 목표

학습목표 : 나만의 프로젝트 목표를 설정한다.

나만의 프로젝트의 목적은 수강생으로서 수업에서 배우는 이론과 연구결과를 여러분과 관련된 구체적 상황에 적용해보는 과제를 제공하기 위한 것이다. 학기가 진행되는 동안, 여러분은 계속적으로 진행되는 동기 프로젝트를 수행하게 된다. 이 프로젝트는 집단이 아니라 개별적으로 수행하는 것이다. 이 프로젝트를 수행하려면 여러분이 삶에서 달성하기를 원하는 한 가지 목표(예컨대, 체중 감량, 지역사회 봉사, 운동을 통한 다이어트, 욕지거리 안 하기 등)를 찾아야 한다. 거의 모든 목표에 효과가 있지만, 다음의 몇 가지 규칙을 준수해야만 한다.

- 여러분에게 의미 있고 중요한 목표를 선택하라. 중요한 목표일수록 더 열심히 프로젝트에 매달릴 것이며 성공할 가능성도 더 크다.
- 일주일 단위로 작업할 수 있고 모니터링할 수 있는 목표를 선택하라. 여러분이 그렇게 하는 것을 돕기 위하여 목표를 일주일 단위로 분할하는 방법을 다음 쪽에 기술하였다.

- 목표는 이 수업 전체 기간, 즉 한 학기를 할애하여야만 달성할 수 있는 것이어야 한다. 학기말에 목표를 달성할 수 있어야 하기 때문에, 현실적이어야 한다. 다시 말해서 너무 용이하거나 학기말이 되기도 전에 달성할 수 있는 목표(예컨대, 학기가 시작한 지 단 2개월 후에 있을 마라톤 대회를 위한 연습)를 선택하지 말라. 반면에 너무 어렵거나 마무리 짓기 위해서는 한 학기 이상의 기간이 필요한 목표를 선택하지 말라. 예컨대, 체중을 감량하고 싶다면 2~5kg 사이의 체중을 감량하도록 시도해야 한다. 몇 달 동안에 그 이상의 감량은 어렵기도 하거니와 달성하더라도 건강에 좋지 않다. 이미 시작한 목표(예컨대, 체중 감량)를 선택하는 것도 괜찮지만, 한 학기 동안에 달성할 수 있는 구체적인 목표를 설정해야만 한다(예컨대, 이번 학기에 부가적으로 2kg을 감량한다).
- 여러분의 목표가 공개될 수 있다는 사실을 명심하라. 교수가 수업을 구성하는 방식에 따라서 여러분은 나만의 프로젝트 목표를 교수와 다른 학우들과 공유해야 할 수도 있다. 따라서 여러분을 당황스럽게 만들 수도 있는 목표(예컨대, 사람들 앞에서 코 후비기를 그만두기)를 선택하기를 원치 않을 수도 있다.
- 말할 필요도 없이 여러분의 목표가 불법적이거나 비도덕적이어서는 안 된다.
- 마지막으로 여러분의 목표가 단지 이 동기 교과목 수업을 잘 해낼 수 있는 것이어서는 안 된다.

나만의 프로젝트 1.1
여러분의 목표를 확인하라

지시사항
혼글 또는 WORD의 빈 문서 파일을 열고 이 학기가 진행되는 동안 여러분이 달성하려는 목표를 적어 넣어라.

과제
목표를 달성하려면, 목표를 향한 진척을 매주 객관적이고 정량적인 방식으로 측정할 수 있어야만 한다. 예컨대, 여러분의 목표가 학기말에 매주 20km를 달리는 것이라면, 그 목표를 만족시키기 위하여 여러분이 매주 달린 거리를 측정할 수 있어야 한다.

여러분의 나만의 프로젝트 목표가 이 기준에 맞는지를 확인하려면, 1차 과제는 (1) 매달, (2) 매주, (3) 매일의 하위목표를 설정함으로써 그 목표를 보다 구체적인 단위로 분할하는 것이다.

예컨대, 여러분의 목표가 학기말까지 체중을 8kg 감량하는 것이라면, 매달 2kg 감량을 시도하겠다고 진술할 수 있으며, 이것은 다시 매주 0.5kg을 감량하는 것이 된다. 그렇지만 여러분은 매주 3,500칼로리를 덜 먹겠다고 진술함으로써(왜냐하면 0.5kg은 대략 4,000칼로리에 해당하기 때문이다) 이 진술을 더 작은 단위로 분할할 수도 있다. 이 말은 매일의 식사에서 500칼로리를 줄인다는 것을 의미하거나, 아니면 식사에서 250칼로리를 줄이고 운동을 통해 250칼로리를 태워버린다는 것을 의미하게 된다. 여러분의 목표가 무엇이든 관계없이, 매일 아침 일어날 때마다 "나만의 프로젝트 목표에 근접하기 위해 오늘 무엇을 해야 하는가?"를 자문해보아야 한다. 이렇게 작은 하루 목표를 시도하는 것은 먼 미래의 큰 목표를 추구하는 것보다 더 쉽고 대처 가능한 것으로 보인다. 여러분이 이러한 하루 목표와 매주 목표를 작성하여 끊임없이 생각할 수 있도록 매일같이 볼 수 있는 곳(예컨대, 화장실 거울, 냉장고 문, 휴대전화 바탕화면 등)에 게시할 것을 권장한다.

글쓰기 과제 1.2

나만의 프로젝트 목표
여러분 스스로 나만의 프로젝트 목표를 작성해보라.

요약 : 동기과학

1.1 동기란 무엇인가

- 미래를 상상하고 계획을 세우는 능력은 인간만의 독특한 자질이다.

- 두뇌 전전두엽이 계획 능력을 담당한다. 이 영역을 제거한 전두엽 절제술 환자는 미래 계획세우기 검사에서 형편없는 수행을 보인다.

- 목표는 사람들이 접근하거나 회피하려는 미래 결과의 인지 표상이다.

- 인간 동기 연구는 근본적으로 미래를 위한 계획을 세우는 인간 능력에 관한 연구이다.

- 동기(motivation)라는 용어는 동인(motive)이라는 단어에서 유래하였으며, '움직이다'를 의미한다.

- 동기는 행동에 에너지와 방향성을 제공하는 기저 과정으로 정의한다. 에너지 측면은 행동이 개시, 강도, 지속성에서 변할 수 있다는 사실을 시사한다. 방향성 측면은 행동이 특정 결과를 지향한다는 사실을 시사한다.

- 인간 동기를 주도하는 기저 과정은 생물, 환경, 정서, 사회, 인지 등 다양한 출처에서 유래한다.

1.2 동기가 중요한 이유는 무엇인가

- 자기제어(즉, 의지력)는 자신의 사고, 정서, 행동을 조절하고 변화하는 능력을 말한다. 자기제어 능력이 높은 사람은 자신의 목표를 고수하고 유혹에 의해서 궤도를 벗어나지 않는 반면, 자기제어 능력이 낮은 사람은 충동의 노예가 된다.

- 낮은 자기제어는 개인과 사회를 오염시키는 거의 모든 병폐(예컨대, 범죄, 성적 문란, 정신건강, 알코올 중독, 비만 등)와 연관되어 있다.

- 한 종단연구(Moffitt et al., 2011)는 3세일 때의 자기제어가 32세일 때의 건강, 경제적 부, 범죄를 예측한다는 사실을 밝혔다.

동기의 철학적 기원

∨ 학습목표

2.1 인간 동기를 설명하고자 시도한 초기 철학 이론들을 분석한다.

2.2 인간 동기를 설명하고자 시도한 중세기와 르네상스 후기 철학을 대비시킨다.

2.3 계몽주의 시대에 동기에 관한 철학적 설명에서 획기적 변혁이 일어난 원인을 평가한다.

오르페우스 이야기

고대 그리스인은 자신을 둘러싼 물리적 환경과 사회적 환경을 설명하는 데 신화를 자주 언급하였다. 그러한 한 가지 신화가 오르페우스 신화인데, 이 신화는 인간의 열정과 나약함을 이야기하고 있다. 올림포스 신 아폴론의 아들인 오르페우스는 음악 재능과 매력으로 유명하였다. 젊은 시절 그는 자신의 매력을 이용하여 에우리디케라는 이름의 뛰어난 미모를 갖춘 한 여인에게 구혼한 끝에 결혼하였다. 그렇지만 모든 위대한 신화가 그렇듯이, 이들의 사랑 이야기는 결국 행복한 결말로 끝나지 않았다. 결혼식을 마친 직후 한 사나이가 신부를 보고 그 미모에 홀리자마자 그녀는 들판을 방황하게 되었다. 그 사나이는 에우리디케를 쫓아갔고, 그녀는 도망가다가 뱀 소굴에 빠져 독사에게 발꿈치를 물리고 말았다. 오르페우스가 그녀의 시체를 발견하고는 비탄에 빠져 너무나도 슬픈 노래를 불렀기에 모든 인간과 신이 눈물을 흘리게 되었다.

사랑하는 사람을 도저히 포기할 수 없었던 오르페우스는 신에게 죽은 사람들이 갇혀있는 장소인 지하세계로 여행을 떠나게 해달라고 간청하였다. 음악 재능으로 무장한 그는 가까스로 죽음의 세계에 도달한 후, 에우리디케를 소생시켜 자신과 함께 삶의 세계로 되돌아갈 수 있게 해달라고 지하세계의 신 하데스를 설득하였다. 하데스는 그녀를 되돌려 보내는 대신 한 가지 조건을 내걸었다. 오르페우스가 먼저 지하세계에서 올라가고, 에우리디케가 뒤따라야만 한다는 조건이었다. 그리고 하데스에 대한 그의 신뢰감을 입증하려면 두 사람이 모두 지상세계에 도달할 때까지 그녀를 뒤돌아보아서는 안 되었다.

오르페우스는 지상세계로의 먼 여정에서 에우리디케가 어둠 속에서 자기 바로 뒤에 있다고 굳게 믿고, 뒤돌아 확인하고 싶은 충동을 억누르면서 지시

를 따랐다. 오르페우스가 지하세계 입구를 막 벗어나 밝은 빛을 본 순간, 공포와 흥분을 감추지 못하고는 뒤를 돌아보고 말았다. 그렇지만 뒤돌아보는 순간이 너무 빨랐다. 에우리디케는 아직 동굴을 벗어나지 못하였던 것이다. 어두운 불빛 속에서 그녀의 형체를 보고는 그녀를 잡으려고 손을 뻗었으나, 마지막 순간에 그녀는 누군가가 낚아채듯 어둠 속으로 되돌아가고 말았다. 이 마지막 순간에 사랑하는 사람에게 남긴 마지막 말은 "안녕"이었다. 또다시 지하세계로 되돌아갈 수 없게 된 오르페우스는 완전한 절망 속에서 살아갈 수밖에 없었다.

오르페우스 신화는 인간 동기에 내재하는 어려움을 예증한다. 오르페우스는 자신과 에우리디케가 지하세계에서 완전히 벗어날 때까지는 돌아보는 것이 허용되지 않는다는 사실을 알고 있었지만, 결국에는 유혹이 너무 강하였던 것이다. 이러한 면에서 현대 인간도 오르페우스와 별반 다르지 않다. 여러분이 해야 할 일(예컨대, 건강 식단, 운동, 스트레스 경감 등)을 아는 것과 그것을 행하는 것은 별개의 문제이다. 희망하는 진로에서 벗어나게 만드는 유혹은 모든 시점에서 무궁무진하며, 그러한 유혹에 저항하려면 엄청난 동기와 자기제어가 필요하다.

이 신화는 인간이 우주와 그 우주 속에 존재하는 자신에 관한 물음을 던졌던 것처럼, "사람들이 지금 하고 있는 일을 하는 이유가 무엇인가?"라는 물음을 끊임없이 던져왔다는 사실도 예증하고 있다. 오랜 세월 동안 사람들은 이 물음에 답하려는 이론들을 발전시켜 왔다. 고대 그리스인에게 있어서 이러한 신화를 들먹이는 것은 인간 동기를 증진시키거나 위협하는 요인들을 설명하고자 시도한 한 가지 방법이었다.

이 장에서는 동기 연구가 어디에서 유래하였는지를 보면 동기과학의 현 상황을 더욱 충실하게 이해할 수 있으리라는 생각에서, 인간 동기를 설명하고자 시도한 초기의 몇몇 철학 이론을 살펴본다.

2.1 고대 그리스 철학자

학습목표 : 인간 동기를 설명하고자 시도한 초기 철학 이론들을 분석한다.

심리학자 헤르만 에빙하우스(Hermann Ebbinghaus, 1908)는 다음과 같이 천명한 바 있다.

> "심리학은 오랜 과거와 짧은 역사를 가지고 있다."

동기에 관해서도 동일한 표현을 할 수 있다. 동기 연구가 꽤나 새로운 것이기는 하더라도, 철학적 뿌리는 고대 그리스까지 거슬러 올라간다.

고대 그리스인이 동기를 어떻게 조망하였는지 이해하기 위해서 다음 물음을 생각해보자. 만일 세상이 오늘 밤에 종말을 고한다는 사실을 알고 있다면, 여러분은 오늘 남은 시간에 무엇을 하겠는가? 좋아하는 음식을 먹겠는가? 친구들과 술을 마시면서 즐기겠는가? 사랑하는 연인과 친밀한 시간을 보내겠는가? 이제 여러분 자신에게 다음 물음을 던져보라. 여러분은 실제로 오늘 이러한 행동을 하였는가? 그렇게 하지 않았을 가능성이 높다. 그렇지만 고대 그리스인에 따르면, 여러분은 그렇게 행동하여야만 하였다. 인간이 쾌를 추구하고 고통을 회피하려는 동기를 가지고 있다는 생각을 **쾌락주의**(hedonism)라고 부르며, 이 생각은 동기에 대한 초기의 공식 이론을 대표한다. 아리스티푸스(435~356 B.C.), 소크라테스(470~399 B.C.), 소크라테스의 제자인 플라톤(423~347 B.C.)과 같은 위대한 고대 철학자는 쾌락주의가 인간을 동기화한다고 믿었다. 즉, 사람들은 사랑하는 연인과의 접촉이 가져다주는 따뜻함이나 좋은 와인의 맛과 같이 좋은 느낌을 주는 행위와 경험을 추구하며, 악어와 함께 수영하는 것처럼 기분 나쁘거나 신체 고통을 야기하는 행위와 경험을 회피한다는 것이다.

▼ **이 절이 끝날 무렵에 여러분은 다음에 답할 수 있을 것이다.**

2.1.1 플라톤이 인간 동기를 어떻게 설명하였는지를 기술한다.
2.1.2 동기에 관한 아리스토텔레스 이론의 성분을 설명한다.
2.1.3 스토아학파의 동기 철학을 기술한다.

2.1.1 플라톤

학습목표 : 플라톤이 인간 동기를 어떻게 설명하였는지를 기술한다.

현대에 와서 사람들은 쾌락주의라는 용어를 고대 그리스인들과는 다른 방식으로 사용한다. 오늘날 쾌락주의는 성, 음식, 술과 같이 순전히 신체적 즐거움을 추구하는 것을 지칭한다. 그렇지만 고대 그리스에서는 영혼의 즐거움이 세 가지 출처에서 유래할 수 있다고 가정하였는데, 플라톤은 이러한 생각을 그의 유명한 저서 국가론(*Republic*)에서 개관하였다(그림 2.1 참조).

플라톤은 이러한 영혼의 세 출처가 상호 간에 끊임없는 갈등을 겪는다고 믿었으며, 세 출처를 경주용 마차를 끄는 두 마리의 말과 그 마차를 조정하는 기사에 비유하였다. 그의 은유에서 보면, 흉측한 검은 말은 영혼의 욕구적 측면을 나타내며, 영혼의 정신적 측면을 나타내는 고상한 흰 말의 관리 · 감독을 받는다. 마지막으로 경주용 마차의 기사는 갈등하는 두 말을 관조하는 영혼의 합리적 측면을 나타낸다. (만일 여러분이 지그문트 프로이트의 주장에 친숙하다면, 그의 원초아, 자아, 초자아 개념이 각각 플라톤의 욕구적, 정신적, 합리적 측면과 어떻게 대응되고 있는지를 알아차렸을 것이다.)

영혼은 다양한 출처로부터 쾌를 얻을 수 있기 때문에, 쾌락주의에 대한 플라톤의 접근은 순전히 신체적 갈망에서 유래한 쾌가 지식과의 통합을 추구하는 것과 같은 상위 수준 갈망에서 유래하는 쾌에 비해 윤리적으로나 도덕적으로 열등하다고 보았다. 따라서 지적인 서적에 몰두함으로써 얻는 쾌는 술집에 가서 술을 마심으로써 얻는 쾌보다 더 크다고 가정하였다. 이에 덧붙여서 플라톤은 사람들이 논리적으로 각 행동 선택지의 장단점을 평가한 후에 가장 큰 쾌를 제공하는 선택지를 선택한다는 의미에서 인간 행동이 대체로 합리적이라고 주장하였다(Cooper, 1984; Kahn, 1987; Singpurwalla, 2010). 따라서 플라톤이라면 학생은 항상 밤에 외출하여 술을 마시는 것보다는 지적인 서적을 선택할 것이라고 예측하였을 것이다. 후자가 전자보다 더 큰 쾌를 가져오기 때

그림 2.1 **동기에 대한 플라톤의 삼원이론**

플라톤의 동기 삼원이론(Plato's Tripartite Theory of Motivation)에 따르면, 갈망의 가장 원초적인 출처는 **욕구적**(appetitive) 출처이며, 그 뒤를 **정신적**(spirited) 출처와 **합리적**(rational) 출처가 뒤따른다.

플라톤에 따르면, 합리적 출처에서 이성이 생성되고, 정신적 출처에서 정서가 생성되며, 욕구적 출처에서 충동이 생성된다. 영혼의 세 부분, 즉 이성과 정서 그리고 충동이 각자 자기에게 할당된 합당한 역할을 수행함으로써 올바른 관계를 유지하게 된다. 합당한 역할이란 이성의 경우에는 올바르게 사고하는 것이고, 정서의 경우에는 올바르게 반응하는 것이며, 충동의 경우에는 삶을 적절한 방식으로 규정하는 것이다. 플라톤은 정서와 충동이 이성의 지배를 통해서만 제대로 기능할 수 있다고 보았다는 점에서 이성 우선적인 입장을 취하였으며, 인간을 이성적인 존재로 파악하는 서양 전통의 초석을 놓았다.

문이다. 여러분은 만일 플라톤이 오늘날 라스베이거스를 보았더라면 무슨 생각을 하였을지 상상해볼 수 있겠는가?

여러분 자신을 동기화시켜라

여러분 내부의 쾌락주의자를 기꺼이 받아들여라

쾌락적 갈망은 사람들을 게으르게 만들거나 과식하게 만들거나 충동적으로 돈을 낭비하게 만들어 곤란한 지경에 빠뜨리기 십상이다. 그런데 자신의 목표 달성을 돕기 위하여 그러한 쾌락 충동을 구속할 수 있다면 어떻겠는가? 한 가지 가능성은 목표가 가져다주는 보상을 사용하는 것이다. 한 연구는 체중 감량에 대해 금전적 보상을 제안받은 사람이 그렇지 않은 사람보다 다이어트 목표를 달성할 가능성이 거의 5배나 높다는 결과를 얻었다(Volpp et al., 2008). 체중 감량에 대해서 여러분에게 금전적 보상을 줄 사람이 있다면 좋지 않겠는가?

실제로 www.healthywage.com과 같이 그런 일을 대신 해주는 여러 온라인 프로그램들이 존재한다. 그리고 여러분에게 보상을 줄 누군가에게 의존하는 대신에 여러분 자신만의 보상 시스템을 마련하는 것을 고려해보라. 한 꾸러미의 동전과 그릇을 마련하고, 여러분이 목표 관련 행위를 마칠 때마다(예컨대, 매일 다이어트 음식을 고수할 때마다, 매일 체육관에 갈 때마다, 아니면 매일 숙제를 할 때마다) 그릇에 동전을 넣는다. 그릇에 예정된 만큼의 동전이 쌓이면(예컨대, 동전 30개는 목표를 달성한 1개월을 나타낸다), 미리 정해놓은 인센티브로 여러분 자신에게 보상을 준다. 새로운 비디오게임이나 새로운 운동화 또는 동네 과자가게에 가는 것 등으로 스스로에게 보상을 줄 수 있다. 여러분 자신의 보상 시스템을 설정함으로써 쾌락주의의 위력을 구속하고 여러분에게 이점으로 작용하도록 사용할 수 있다.

2.1.2 아리스토텔레스

학습목표 : 동기에 관한 아리스토텔레스 이론의 성분을 설명한다.

플라톤만이 쾌락주의를 동기 원리로 논의한 유일한 그리스 철학자는 아니었다. 데모크리토스(460~370 B.C.), 에피쿠로스(341~270 B.C.), 그리고 누구보다도 아리스토텔레스(384~322 B.C.)도 쾌락주의를 논의하였지만, 이들의 접근은 달랐다. 플라톤은 어떤 쾌가 다른 쾌보다 더 좋은 것이라고 믿었지만, 아리스토텔레스를 비롯한 다른 그리스 철학자는 신체 갈망이 본질적으로 나쁜 것이 아니며 지적 추구가 본질적으로 좋은 것도 아니라고 주장하였다. 각각의 추구는 자체적인 대가를 치르게 된다. 술자리에 가는 것이 그 순간에는 즐겁겠지만, 나중에 극심한 숙취라는 대가를 치르게 된다. 이 철학자들은 지나친 탐닉의 고통이 처음의 즐거운 경험을 손상시키기 때문에, 현명한 사람이라면 항상 적당한 쾌를 추구할 것이라고 주장하였다. 그리고 사람들은 그러한 결과를 예측할 수 있기 때문에, 초래되는 고통이 순간적인 즐거움보다 더 클 것이라고 예측할 때에는 특정 소망을 포기할 것이라고 생각하였다. 아리스토텔레스는 모든 것은 중도를 지킬 때 최선이라고 주장하는 자신의 **중용**(golden mean) 원리에서 이를 공식적으로 천명하였다(Aristotle, 1984a). 여기서 서양 사상만

이 중용을 주장하는 유일한 접근이 아니라는 사실을 지적할 필요가 있겠다. 동양 철학자들도 '중용(doctrine of the mean)'과 '중도(middle path)'의 개념에서 동일한 주장을 하였다.

아리스토텔레스의 4대 원인 아리스토텔레스가 동기 연구에 공헌한 또 다른 방식은 자신의 **4대 원인론**(theory of four causes; Aristotle, 1966)을 통한 것이었는데, 여기에는 **작용인**(efficient cause), **질료인**(material cause), **형상인**(formal cause), 그리고 **목적인**(final cause)이 포함된다. 아리스토텔레스에 따르면, "한 대상의 존재 이유, 즉 원인을 파악해야만 비로소 그 대상에 대한 지식을 갖게 되는 것이다."

각 원인이 무엇이며 이 원인들이 어떻게 함께 작동하는 것인지를 이해하기 위해서, 여러분이 마구 몰아세우거나 공격적인 언사를 사용하면서 연인과 논쟁을 벌이고 있다고 상상해보라. 이 상황에서 각 원인을 생각해보자. 작용인이란 어떤 대상이 변하거나 움직이게 만든 초점 표적(여러분)과는 분리된 어떤 것을 지칭한다. 본질적으로 여러분으로 하여금 연인에게 쌀쌀맞게 행동하도록 만든 촉발자극이다. 이것은 연인이 말한 것일 수 있다. 아니면 여러분이 점심을 걸러서 '배고픔'을 느끼고 있기 때문일 수도 있다. 이러한 의미에서 작용인은 여러분이 행동을 개시하게 만든 내적 동기나 외적 유인자극을 지칭한다. 질료인이란 대상 자체의 질료 속성에서 그 원인을 찾는 것을 지칭한다. 거친 논쟁의 원인을 여러분의 생득적인 공격성에서 찾는다면 질료인을 중심으로 그 행동을 설명하려는 것이다. 형상인이란 대상들 간의 관계 구조에서 그 원인을 찾는 것을 지칭한다. 만일 제3의 인물과의 삼각관계로 인해서 언쟁이 벌어진 것으로 받아들인다면, 형상인으로 그 행동을 설명하는 것이 된다. 목적인이란 행위가 지향하는 미래의 목적에서 원인을 찾는 것이다. 만일 상대방을 압도하여 우위에 서기 위해 공격적인 언사를 사용하고 있는 것이라고 받아들인다면, 목적인으로 그 행동을 설명하는 것이 된다.

글쓰기 과제 2.1

중요한 삶의 결정에 대한 4대 원인

과거에 여러분이 내렸던 중대한 삶의 결정에 관해 생각해보라. 결혼거나, 오랜 연인과 헤어지거나, 우정을 깨뜨리거나, 삶의 진로를 바꾸거나, 대학에 진학하는 등의 결정이었을 수 있다. 여러분의 결정이 어떤 것이었든지, 아리스토텔레스의 4대 원인을 사용하여 여러분의 결정을 분석해보라.

아리스토텔레스의 정념 아리스토텔레스가 동기 주제에 제공한 세 번째 공헌은 정서가 인간 행동에 미치는 강력한 영향에 관한 논의인데, 그 당시 선호하는 용어는 '정념'이었다. **정념**(passion)이라는 단어는 고대 그리스어 단어 *pathos*에서 유래한 것인데, 문자 그대로의 의미는 '고통받다'이다(따라서 가톨릭 교리에 들어있는 'Passions of the Christ'라는 표현은 십자가에 매달리기 전에 예수가 겪은 고통을 사순절에 언급하는 것이다).

아리스토텔레스는 정서가 사람들에게 영향을 미칠 수 있다는 사실을 인식하였지만, 잘못된 맥락에서 지나치게 많거나 적은 정서는 나쁘다고 보았다(즉, 중용 원리이다). 지도자가 되는 것과 같은 경우에는 여러분이 많은 정서(예컨대, 분노)를 표현할 필요가 있을 수 있다. 친구들과 수다를 떠는 것과 같은 다른 경우에는 온건한 태도를 보이고 싶을 수 있다. 궁극적으로 아리스토텔레스는 사람들이 행위를 시작할 때에는 정서에 의존할 수 있지만 대부분의 경우에는 이성적 마음이 주도하게 된다고 제안하였다. 아리스토텔레스의 생각은 이러한 방식으로 정서와 인지 간의 논쟁에 중요한 공헌을 하였지만, 결코 그 논쟁을 해소하지는 못하였다. 이 책의 뒷부분에서 공부하게 되겠지만, 심리학자들은 정서와 인지 그리고 행동 간의 인과관계에 관하여 계속해서 논쟁을 벌이고 있다.

유사 이래로, 철학자와 과학자들은 인지('이성') 또는 정서('정념')가 행동의 1차 원인인지에 관하여 논쟁을 벌여왔다. 아리스토텔레스는 자신의 저서 수사학(*Rhetoric*)에서 사람의 이성적 마음은 때때로 정서로 인해 손상될 수 있다고 천명함으로써 이 논쟁에 관여하였다. 아리스토텔레스는 이 논의 과정에서 **신체적 정념**(somatic passion)과 **정신적 정념**(psychic passion)이라는 두 가지 유목의 정서를 제안하였다.

아리스토텔레스의 두 가지 행복 유형 동기에 대한 논의에서 아리스토텔레스는 인간의 궁극적 목표, 즉 행복에 관해서도 상당히 많은 지면을 할애하였다. 그렇지만 행복에 대한 그의 정의는 오늘날의 정의와는 사뭇 다르다. 대부분의 사람이 행복을 언급할 때에는 일반적으로 **쾌락적 행복**(hedonic happiness)을 말하는 것이며, 이것은 긍정 정서의 획득과 부정 정서의 부재를 의미한다. 따라서 쾌락적 개념화는 결과에 초점을 맞춘다.

반대로 아리스토텔레스(1984a)의 정의는 **자기실현적 행복**(eudaimonic happiness; *eudaimonia*는 '행복'을 나타내는 고대 그리스어 단어이다)으로 더 잘 표현할 수 있겠는데, 이것은 의미가 충만하며 여러분이 최선의 자기로 발전할 수 있게 해주는 삶을 살아가는 것을 의미한다. 행복의 이러한 정의는 소크라테스와 플라톤이 상위 수준 갈망을 추구함으로써 더 큰 쾌를 얻게 된다고 주장할 때 의미한 것과 유사하다.

자기실현적 행복의 목표는 기분 좋음이 아니라 여러분이 수행하는 모든 것에서 수월성을 추구하는 것이다. 이것은 미군의 오래된 슬로건인 "Be all that you can be!"(여러분이 원하는 것이 무엇이든 그렇게 되라!)에 비유할 수 있다. 자기실현적 행복은 결과에 초점을 맞추는 대신에 삶의 내용 그리고 의미 있는 삶을 살아가는 과정에 초점을 맞춘다(Ryan, Huta, & Deci, 2008). 나중에 자기실현적 행복을 보다 상세하게 논의하겠지만, 이 개념에 대한 현대적 검증은 이것이 전형적인 쾌락적 행복보다 더 건강하고 지속적인 형태의 행복임을 보여준다는 사실을 지적할 필요가 있겠다(Huta & Ryan, 2010).

2.1.3 스토아학파 철학자

학습목표 : 스토아학파의 동기 철학을 기술한다.

플라톤과 아리스토텔레스의 저술에 덧붙여서, 이 시대의 또 다른 영향력 있는 목소리는 스토아학파의 몫이었다. 스토아학파는 3세기에 아테네에서 설립한 학파였다. 아리스토텔레스와 같은 과거 그리스 철학자들은 정서가 좋은 삶에 필수적이라고 믿었지만, 스토아학파는 보다 극단적인 견지를 취하여 정서가 파괴적인 동기적 힘이라고 주장하였다. 스토아학파의 가르침에 따르면, 동기는 사람들의 주의를 끌기 때문에 반응할 것을 요구하는 환경 속의 어떤 대상에 대한 반응으로 일어나는 것이다. 이 대상의 존재는 소유하고픈 갈망(orexies)이나 그것에 대한 혐오(ekklisis)를 촉발할 수 있으며, 이것이 다시 자극에 접근하려는 동인(horme)이나 그 자극을 회피하려는 동인(ahorme)을 초래한다.

예컨대, 사람은 자신의 생존을 촉진하는 대상(예컨대, 먹이)에 접근하고 생존을 위협하는 대상(예컨대, 포식자)을 회피하려는 동기를 가지고 있으며, 이러한 성향은 완벽하게 합리적이고 논리적인 것으로 보인다. 스토아학파에 따르면, 문제는 사람들이 이성에 복종하지 않는 지나치게 과도한 동기를 가지고 있을 때 발생한다. 스토아학파가 정서(pathe)라는 표지를 붙이는 것이 바로 이렇게 지나치게 과도한 반응이다. 예컨대, 주삿바늘의 통증을

표 2.1 스토아학파의 네 가지 정서 유형

처음 두 정서는 미래에 좋거나 나쁜 것에 관한 것이다. 마지막 두 정서는 현재 좋거나 나쁜 것에 관한 것이다.

정서	내용
소망(epithumia)	소망은 미래에 좋은 어떤 것을 향한 것이다.
공포(phobos)	공포는 미래에 나쁜 어떤 것을 향한 것이다.
쾌(hedone)	쾌는 현재 원하는 것을 얻고 두려워하는 것을 회피할 때 경험한다.
고통(lupe)	고통은 현재 원하는 것을 얻는 데 실패하고 두려워하는 것에 굴복할 때 경험한다.

싫어하는 것은 합리적이지만, 주삿바늘의 공포가 증폭되는 것은 비합리적인 것이 된다. 왜냐하면 그러한 공포반응은 합리적 결정을 내리는 능력을 손상시킬 가능성을 열어놓기 때문이다(예컨대, 독감 예방주사를 회피하는 행동).

스토아학파는 그 당시 자신들을 앞서거나 뒤따른 많은 학자들과 마찬가지로 자신들의 정서 분류체계를 발전시켰다. 이 분류체계는 접근 또는 회피 특성에 따라서 구분되는 네 가지 유형의 정서로 구성되었다(표 2.1 참조).

스토아학파는 이러한 네 가지 근본 정서로부터 다른 모든 정서가 유래하는 것으로 생각하였다. 그렇지만 정서를 강조하였음에도 불구하고, 합리성을 유지하고 이러한 정서에 현혹되지 않는 능력이야말로 어른을 아동이나 동물과 구분 짓게 만드는 것이라고 믿었다(Gill, 2010; Solomon, 2008). 오르페우스가 자신의 정서에 굴복하여 에우리디케를 뒤돌아봄으로써 몰락하였던 것과 마찬가지로, 스토아학파는 정서에 굴복하는 것이 인간을 모든 재앙으로 이끌어간다고 믿었다.

글쓰기 과제 2.2

고대 그리스 철학자들

플라톤, 아리스토텔레스, 스토아학파는 인간의 기본 소망과 정서를 통해서 인간 동기에 관한 중차대한 통찰을 제공하였다. 이러한 고대 그리스 철학이 동기의 이해와 어떻게 연계되며 어떤 공헌을 하였는지를 간략하게 요약해보라.

2.2 중세기와 르네상스 후기 철학자

학습목표 : 인간 동기를 설명하고자 시도한 중세기와 르네상스 후기 철학을 대비시킨다.

유사 이래로 고대 그리스 철학자들만이 인간 동기에 관하여 사유한 것은 아니다. 중세기와 르네상스 후기에도 학자들은 인간 행동에 영향을 미치는 요인을 계속해서 논의하였으며, 특히 정서의 역할을 강조하였다. 흔히 이러한 논의는 도덕성과 죄악이라는 큰 틀의 논의 속에서 다루어졌으며, 정서가 부정적 영향을 미친다는 스토아학파의 입장이 이 시기에도 활발하였다. 그렇지만 앞으로 보듯이 중세기 학자들이 스토아학파의 모든 주장에 동의한 것은 아니었다.

▼ **이 절이 끝날 무렵에 여러분은 다음에 답할 수 있을 것이다.**

2.2.1 성 아우구스티누스의 동기 철학을 설명한다.

2.2.2 동기에 대한 성 토마스 아퀴나스의 조망을 기술한다.

2.2.3 르네 데카르트의 정념이 어떻게 그의 동기 철학과 관련되는지 기술한다.

2.2.4 사고와 정서 간의 관계에 대한 토머스 홉스 이론이 어떻게 동기 철학과 대응되는지 설명한다.

2.2.5 존 로크가 동기 철학에 어떤 공헌을 하였는지 설명한다.

2.2.6 데이비드 흄의 동기 철학을 기술한다.

2.2.1 성 아우구스티누스

학습목표 : 성 아우구스티누스의 동기 철학을 설명한다.

정서에 대한 스토아학파의 생각에 동의하지 않은 주목할만한 이론가가 성 아우구스티누스(354~430)였다. 성 아우구스티누스는 자신의 책 하나님의 도성(*The City of God*, 1972)에서 정서를 집중적으로 다루었다. 그는 정서가 이성과는 상반적으로 작동하기 십상이라는 스토아학파의 주장에 동의하였지만, 모든 정서가 비난받아야 한다는 주장에는 반대하였다. 오히려 아우구스티누스는 모든 정서가 하나의 선택이거나 의지라고 주장하였다. 정서는 본질적으로 선하거나 악한 것이 아니다. 이러한 구분은 사람들이 끌리는 정서를 느끼는 대상을 선택한다는 사실에 자리 잡고 있다(King, 2010). 예컨대, 신에게 사랑을 느끼는 것은 고결한 것으로 지각하는 반면, 자신을 향한 동일한 사랑(즉, 자부심)은 비뚤어진 것으로 지각한다.

2.2.2 성 토마스 아퀴나스

학습목표 : 동기에 대한 성 토마스 아퀴나스의 조망을 기술한다.

성 아우구스티누스의 정서 이론으로부터 수 세기가 지난 후에, 성 토마스 아퀴나스(1225~1274)가 동기 연구에 공헌하게 되었다. 그는 정서가 신체와 불가분하게 연계되어 있다고 주장하였다. 아퀴나스는 정념(즉, 정서)이 신체 또는 그가 **질료**(matter)라고 부른 것에서 일어나며, 그가 **형상**(form)이라고 부른 마음에 영향을 줄 수 있다고 믿었는데, 이것은 아리스토텔레스의 4대 원인을 생각나게 만든다.

예컨대, 그는 심장 주변의 혈액에 염증이 생김으로써 신체에서 분노를 느끼게 되며, 마음에서는 복수하려는 갈망을 느끼게 된다고 믿었다. 따라서 아퀴나스는 본질적으로 정념이 신체와 마음에 동시적으로 영향을 미치는 심리생리적 상태라고 주장하였다. 어떤 면에서 아퀴나스의 질료와 형상 이론은 플라톤의 삼원 이론을 받아들여서 신체와 마음이라는 두 가지 성분으로 축소시킨 것이다.

한편으로는 배고픔과 성과 같은 생리적 욕구(즉, 질료)에서 유래하는 생물적이면서 비이성적이기 십상인 정념이 인간 행동을 주도한다. 다른 한편으로는 신체적 욕구(즉, 형상)의 제약을 받지 않는 비물질적이고 지적이며 이성적인 마음이 인간 행동을 주도하기도 한다. 마음과 신체가 경쟁을 벌인다는 이러한 생각이 선과 악 또는 정념과 이성의 대비를 포함하여 아퀴나스 시대에 존재하였던 많은 동기의 이분법을 풍미하였다.

예컨대, 연인을 향해 느끼는 사랑은 욕망적 정념을 반영한다. 어떤 장애물이 이러한 사랑을 차단하고 있지만 그 장애물을 극복할 수 있다면, 사람들은 희망을 느낀다. 욕망적 정념과 분노적 정념이라는 구분을 통해서 아퀴나스는 인간 행동의 1차적 동기를 찾아내고자 시도하였는데, 이러한 시도가 그의 정념 이론을 주목할만한 것으로 만들었다.

아퀴나스는 존 블런드[영혼에 대한 논고(*Treatise on the Soul*, 1210)]와 장 로셀[영혼에 대한 요약 논고(*Summary Treatise on the Soul*, 1235)]에 근거하여, 정념을 **욕망적 정념**(concupiscible passion)과 **분노적 정념**(irascible passion)이라는 두 가지 유형으로 분할함으로써 정념 개념에 공헌하였다. 욕망적 정념(욕구로 가득 찬 정념)이란 좋은 것을 추구하고 나쁜 것을 회피하려는 기본 소망을 반영한다. 아퀴나스는 사랑/증오, 환희/슬픔, 갈망/혐오의 세 쌍으로 묶은 6개의 욕망적 정념을 제안하였다. 분노적 정념이란 자신이 추구하는 것을 방해하고 해를 끼치려는 대상의 공격에 저항하려는 정서를 지칭한다. 다시 말해서 희망, 절망, 자부심, 공포, 분노 등과 같이 어떤 장애물이 인간의 욕망적 정념을 차단할 때 발생한다.

여러분 자신을 동기화시켜라

중세기 왕처럼 아침식사를 하라

여러분은 "아침식사는 왕처럼, 점심식사는 왕자처럼, 그리고 저녁식사는 거지처럼 하라."라는 이야기를 들어보았는지 모르겠다. 이 속담은 참인 것으로 드러나고 있다. 한 연구에서는 다이어트를 하고 있는 비만인 집단에 단백질과 탄수화물 함량이 높은 600칼로리 아침식사를 하도록 요구하였다(Jakubowicz, Froy, Wainstein, & Boaz, 2012). 놀랍게도 이들의 엄청난 아침식사 메뉴는 케이크 한 조각, 과자 또는 도넛과 같은 디저트도 포함하였다. 또 다른 비만인 집단에는 불행하게도 디저트가 포함되지 않은 수수한 300칼로리 아침식사를 하도록 요구하였다. 두 집단이 하루에 섭취하는 칼로리 양에서는 동일하였음에도 불구하고, 아침식사 때 더 많은 칼로리를 섭취한 첫 번째 집단이 16주에 걸친 다이어트를 더 잘 고수하고 체중 감량을 할 수 있었다. 아침식사를 많이 함으로써 하루 종일 포만감을 더 많이 느끼며 먹고자 하는 유혹을 덜 받는다. 따라서 만일 여러분이 약간의 체중을 줄이고자 시도하고 있다면, 언제 가장 많이 먹을 것인지를 다시 한 번 생각해볼 필요가 있다.

2.2.3 르네 데카르트

학습목표 : 르네 데카르트의 정념이 어떻게 그의 동기 철학과 관련되는지 기술한다.

질료 대 형상이라는 아퀴나스의 생각은 15세기와 16세기 르네상스 시대에 그의 뒤를 이은 수많은 이원론자를 위한 토대를 마련해주었다. 그러한 이원론자 중의 한 사람이 르네 데카르트 (1596~1650)였다. 아퀴나스와 마찬가지로 데카르트는 마음과 육체를 분리된 실체로 간주하였다. 그렇지만 이렇게 분리된 실체를 최초로 체계적으로 설명하여 소위 **심신이원론**(mind-body dualism)을 구성한 공헌은 데카르트에게 돌려야 한다. 심신이원론은 마음이 신체와는 차별되는 비물리적 실체라고 천명한다. 데카르트는 모든 행위와 대상이 상위목표를 가지고 있다는 아리스토텔레스의 전제에 이의를 제기하였다.

데카르트는 물리 현상의 경우에는 철저하게 역학적으로 설명할 수 있다고 믿었다. 예컨대, 그는 태양계를 물리법칙이 주도하는 거대한 시계와 같은 것으로 생각하였다. 따라서 행성들이 원운동을 하고 싶기 때문이라든가 어떤 상위목표를 추구하기 때문이라는 등의 심성적 자질을 부여하는 것은 어리석은 짓이라는 것이다. 마찬가지로 데카르트는 동물을 이성적 영혼이 결여된 존재로 생각하였다. 따라서 동물의 행동도 오직 물리법칙이 주도한다는 것이었다. 다람쥐는 먹이가 결핍되었기 때문에 먹는다. 초파리는 유전자를 전달해야 하기 때문에 짝짓기를 한다. 이렇듯이 동물 행동은 순전히 신체 기능일 뿐이라는 것이다.

그렇지만 데카르트에 따르면, 인간은 행성이나 동물과 다르다. 인간은 마음, 즉 그가 때때로 '이성적 영혼'이라고 지칭하였던 것을 가지고 있으며, 인간 행동을 동물 행동과 차별화시키는 것이 바로 이렇게 독특한 자질이다. 따라서 아리스토텔레스는 모든 물체(생명체와 무생명체)가 그가 명명한 목적인(final cause)을 가지고 있다고 생각한 반면에, 데카르트는 오직 인간 행동만이 목표가 주도한다고 생각하였다. 인간 마음이 특별하다는 사실을 증명하기 위하여 데카르트는 유명한 "나는 생각한다, 고로 나는 존재한다(Cogito ergo sum)."라는 표현을 들먹였던 것이다. 데카르트처럼 누구나 자신의 존재 여부를 숙고할 수 있다는 사실이 '나'라는 존재는 생각하기 위하여 존재한다는 사실을 입증한다는 것이다.

중요한 사실은 데카르트가 마음은 신체와 완전히 분리되어 있다고 믿었다는 점이다. 그렇지만 그렇게 믿음으로써, 데카르트는 심신 문제(mind-body problem)라고 부르는 역설을 만들어내고 말았다.

> **만일 마음과 신체가 분리된 실체라면 어떻게 둘이 공존할 수 있는 것인가?**

그의 해결책은 마음과 신체가 두뇌를 통해서 상호작용한다고 천명하는 것이었다. (구체적으로 두뇌 송과선에서 연결이 이루어지고 있다고 주장하였지만, 생리학자들은 이 생각이 잘못되었음을 즉각적으로 입증하였다.) 데카르트는 고대 그리스 철학자들과는 달리 마음이 항상 신체를 제어하고 있다고 생각하지 않았다. 오히려 마음이 신체에 영향을 미치고, 신체가 마음에 영향을 미친다고 보았다. 사람들은 다이어트를 계속하고자 결심하고 때때로 디저트를 주문하는 것에 저항할 수 있지만, 다른 경우에는 디저트 메뉴가 촉발하는 배고픔이 이성적 성향을 압도할 만큼 강력히디. 따라서 때로는 선장이 배를 조종하지만 때로는 배가 선장을 조종하기도 한다. 데카르트는 비록 인간이 이성적 마음을 가지고 있다고 하더라도, 그 이성적 마음이 항상 제어를 발휘하는 주체는 아니라는 사실을 인정하였다. 때때로 근원적인 동물적 충동이 인간 행동을 주도한다는 것이다. 이 이론은 심오한 것이어서 나중에 본능(instinct)이라는 용어가 발전하는 초석을 마련하였다.

데카르트의 정념 데카르트의 두 번째 공헌은 **영혼의 정념**(*The Passions of the Souls*, 1649/1824)이라고 명명한 책에서 다룬 정념에 관한 논의에 들어있다. 토마스 아퀴나스[1265~1274년에 집필한 신학대전(*Summa Theologiae*)], 토머스 라이트[마음의 정념(*The Passions of the Minde*, 1601)], 니콜라스 쾨페토[인간 정념 목록(*A Table of Humane Passions*, 1621)], 에드워드 레이놀즈[인간 영혼의 정념과 재능에 관한 논고(*A Treatise of the Passions and Faculties of the Soul of Man*, 1640)] 등의 선행 연구를 이어받은

데카르트는 정념의 분류체계(그림 2.2)를 마련함으로써 정서를 가장 먼저 집중적으로 다룬 연구를 수행하였는데, 이 분류체계는 신체 원인과 결과에 대한 기술 그리고 그러한 정념을 조절하는데 어떻게 사람의 의지(또는 '덕목 규범')를 사용할 수 있는지에 관한 설명이었다.

데카르트가 정념을 다룬 방식은 욕망적 정념과 분노적 정념 간의 구분을 거부하였다는 점에서 아퀴나스의 입장과 차이를 보인다. 그는 정념이 상호 간에 대립한다고 믿지 않았기 때문이다. 데카르트에게 있어서 정념은 삼원색처럼 혼합하여 희망이나 공포와 같은 복잡한 정서를 형성할 수 있는 것이었다. 마찬가지로 한 정서는 다른 정서를 촉발시켜서 '정념의 흐름'을 만들어낼 수 있다. 예컨대, 감정들이 상보적인지에 따라서 소망은 사랑으로 이끌어갈 수 있고, 사랑은 다시 환희나 슬픔을 초래할 수 있다. 중요한 점은 데카르트의 정념 이론이 동기에서 정서가 맡고 있는 중요한 역할을 가장 먼저 인식하고 있다는 사실이다.

그림 2.2 여섯 가지 1차 정서
데카르트에 따르면, 여섯 가지 1차 정념 또는 정서가 존재한다. 각 정서는 사람을 특정 대상으로 향하거나 그 대상으로부터 멀어지게 만드는 동기적 힘으로 규정할 수 있다.

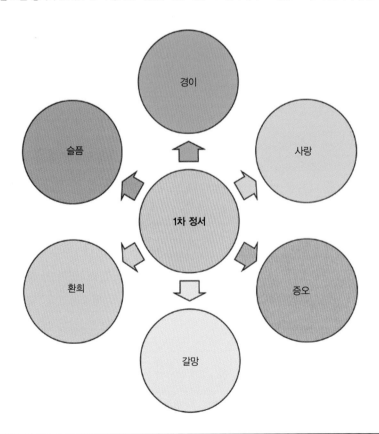

2.2.4 토머스 홉스

학습목표 : 사고와 정서 간의 관계에 대한 토머스 홉스 이론이 어떻게 동기 철학과 대응되는지 설명한다.

토머스 홉스(Thomas Hobbes, 1588~1679)는 동기를 역학 용어로 설명하려는 데카르트의 개념에 바탕을 둔 또 다른 중요한 르네상스 철학자였다. 홉스[리바이어던(*Leviathan*, 1651/1994)]에 따르면, 인간 행동을 포함한 모든 행동은 자연법칙을 따르는 역학 반응으로 설명할 수 있다. 어떤 의미에서 홉스는 데카르트의 마음 영역을 포기하고 오직 신체에만 초점을 맞추고 있다. 그의 조망에 따르면, 인간 신체, 인간 행동, 심지어 시민사회 전체가 모두 동일한 동인에 의해 주도된다.

물질주의(materialism)라고 부르는 이 접근방식은 모든 인간 행동이 환경자극에 대한 맹목적이고 자동적인 반작용으로 구성된다고 제안한다. 물질주의는 모든 삶이 단지 쾌를 추구하고 고통을 회피하려는 것이라고 주장함으로써 쾌락주의 원리에 크게 의존하고 있다. 홉스는 그 당시 인간이 동물과 전혀 다르지 않다고 주장함으로써 극단적인 견해를 취하고 있었다. 그의 조망에 따르면, 합리주의, 의지력 또는 마음이라는 생각은 단지 환상에 불과하다. 그저 인간 행동이 실제보다 더 높은 목표를 위한 것이라고 생각하는 자기기만을 하도록 꿈꾸는 개념들만이 있을 뿐이라는 것이다.

홉스에게 있어서 쾌락주의는 단순한 동기 원리가 아니다. 유일무이한 동기 원리인 것이다. 따라서 인류의 본성이 본질적으로 선한 것인지 아니면 악한 것인지에 대한 과거의 철학 논쟁은 부질없는 것이 되어버린다. 그의 추리에서 인간은 쾌락적인 존재이기 때문이다. 쥐가 마룻바닥에 떨어진 음식조각을 먹기 때문에 생래적으로 사악하다고 말할 수 없는 것과 마찬가지로, 인간이 삶의 쾌를 추구한다고 해서 사악하다고 말해서는 안 된다는 것이다. 이러한 주장을 피력하는 과정에서 홉스는 오랜 세월 동안 쾌락주의를 오염시켰던 윤리적 딜레마와 도덕적 딜레마를 걷어내고 있다. 홉스는 인간 본성에 대해서 그토록 황량한 그림을 그린다는 이유로 동료들로부터 심하게 비판받았다. 그 당시에는 자신이 그토록 극단적인 견해를 견지한다는 사실을 알지 못하였지만, 100년이 지난 후에 심리학자들이 그의 극단적 견해를 찾아내어 수십 년 동안 심리학을 주도하였던 행동주의 접근의 토대를 쌓게 되었다.

사고와 정서의 관계에 대한 홉스의 이론 또한 홉스는 사고와 정서의 관계에 관한 논쟁에도 공헌하였다. 홉스에 따르면, 모든 행위는 특정 결과에 대한 사람들의 갈망(정서 성분)과 그 결과를 달성할 수 있다는 기대(인지 성분)를 가지고 설명할 수 있다. 그렇지만 중요한 사실은 홉스가 기대만으로는 행위를 초래하기에 충분하지 않으며 갈망도 가지고 있어야만 한다고 주장하였다는 점이다. 예컨대, 학생이 특정 과목에서 A학점을 받을 것이라고 기대하지만 A학점을 갈망하지 않는다면, 그 학점을 얻기 위해 분투하지 않을 것이다. 따라서 홉스는 갈망이 동기의 1차 원인이며, 사고가 아니라 정념이 인간 행동을 주도한다고 믿었다. 사고는 단지 정념을 달성하는 최선이거나 가장 용이한 길을 찾는 방법으로만 작용한다. 홉스가 그의 책 리바이어던에서 언급한 바와 같이, "사고는 척후병과 스파이로서 갈망을 위한 것이며, 범위를 넓게 포괄하여 갈망하는 대상을 향한 길을 찾으려는 것이다." 여러 세기가 지난 후에 심리학자들은 **기대성 가치 이론**(expectancy-value theory)의 형태로 이 생각을 되살리고 있다.

2.2.5 존 로크

학습목표 : 존 로크가 동기 철학에 어떤 공헌을 하였는지 설명한다.

홉스가 사람은 모두 쾌락적 갈망을 추구하도록 태어난다고 주장하고 있던 거의 동일한 시대에 존 로크(John Locke, 1632~1704)는 전혀 다른 주장을 하고 있었다. 앞선 다른 철학자(예컨대, 데카르트)와 마찬가지로, 로크는 인간 마음이 **빈 서판**(blank slate, tabula rasa)이라고 주장하였는데, 이것은 인간이 모두 생득적 아이디어나 충동 또는 지식 없이 태어난다는 것을 의미한다. 오히려 사람들은 경험을 통해서 사고와 갈망을 발달시킨다는 것이다. 아동은 불이 뜨겁다거나 아이스크림이 맛있다는 사실을 본능적으로는 알지 못한다. 시행착오를 통해서 이 사실을 학습한다. 따라서 홉스가 인간 행동은 오직 선천적으로 동기화된다고 주장한 반면에, 로크는 인간 행동이 후천성(즉, 환경)에 의해서만 동기화된다고 주장하였다.

로크(1690)에 따르면, 모든 인간 행동은 환경이 초래하는 어떤 '불편함'에 의해서 촉발되며, 가장 시급한 불편함이 행위를 개시하게 만든다. 예컨대, 아침식사를 거르는 것은 불편함을 야기하고 음식을 찾는 행동을 촉발한다. 로크는 이러한 방식으로 앞서

간 철학자들과 마찬가지로 쾌락주의 원리에 의존하고 있다. 그렇지만 사람들이 쾌락추구적이라고 해서 항상 유혹에 굴복하는 것은 아니다. 로크에 따르면, '군자(virtuous man)'는 선택한 행위와 다른 대안 행위의 결과를 숙고할 수 있으며, **궁극적으로 가장 많은 쾌를 초래하는 행위를 선택할 수 있다.** 심리학자는 장기적인 큰 즐거움을 위해 단기적인 작은 즐거움을 참아내는 이러한 현상을 **만족 지연**(delay of gratification)이라고 부르며, 후속 장들에서 상세하게 논의한다.

따라서 로크의 견지에서 보면, 군자는 장기적 보상을 예측할 수 있기 때문에 단기적 즐거움을 무시할 수 있다. 많은 측면에서 로크는 오늘날 자기제어 또는 의지력이라고 지칭하는 현상을 예측하고 있었다. 반대로 소인배는 미래를 예측하지 못하고 즉각적인 충동에 빠져들게 된다. 이러한 소인배는 심적 근시안으로 고통받으며 즉각적인 충동에 빠짐으로써 치러야 하는 대가를 예측하지 못한다. 로크가 예리하게 지적한 바와 같이, 숙취가 먼저 나타난다면 술을 마실 사람은 거의 없다.

로크의 부가적 공헌 인간 동기에 관한 로크의 생각이 동기 영역을 벗어난 다른 영역에도 커다란 영향을 미쳤다는 사실을 언급할 가치가 있다. 예컨대, 경험은 지식을 획득하는 유일한 방법이라는 그의 주장은 **경험주의**(empiricism)라고 알려져 있으며, 과학적 연구방법의 토대를 이룬다. 따라서 어떤 것이 과학적이기 위해서는 하나 이상의 감각을 통해서 그것을 경험할 수 있어야만 한다. 그러한 감각 경험이 없다면, 어떤 것도 과학적으로 검증할 수 없다. 그렇기 때문에 존 로크는 영국의 경험주의 운동을 창시한 인물로 간주되며, 그의 아이디어는 조지 버클리(George Berkeley, 1685~1753)와 데이비드 흄(1711~1776)을 포함한 여러 유명 철학자들에게 계속해서 영향을 미쳤다.

이에 덧붙여서 로크는 과학적 연구방법의 토대를 마련한 선구자라는 공헌을 인정받고 있을 뿐만 아니라 그의 아이디어는 미국 독립선언서 작성자들도 고취시켰다. 이들이 모든 인류는 빈 서판으로 태어난다는 로크의 주장에 동의하였기 때문에 모든 사람은 평등하게 창조되었다고 추론한 것으로 보인다. 이 말은 어느 누구도 다른 사람보다 더 똑똑하거나 뛰어나게 태어나는 것은 아니며, 그렇기 때문에 어느 누구도(예컨대, 왕조차도) 다른 사람을 통제해서는 안 된다는 사실을 의미한다. 이러한 방식으로 미국 건국의 아버지들은 독립을 주장하고 새로운 정부구조를 세우

는 데 로크의 아이디어를 사용하였다. 또한 로크는 교회와 국가를 분리하는 것과 정부조직을 견제와 균형 시스템으로 작동하는 여러 하위기관으로 분리할 것도 주장하였는데, 오늘날에도 미국을 비롯한 민주주의 국가의 정부구조에서 이러한 분리를 여전히 볼 수 있다.

> **여러분은 인간 동기에 대한 한 철학자의 이론이 어떻게 정부의 목표와 구조에 대한 그(그녀)의 신념에 녹아들어있는지 볼 수 있는가?**

여러분은 로크처럼 인간이 평등하게 태어난다고 믿는가? 만일 그렇다면, 여러분은 특정인이 나머지 사람들을 지배할 권리를 가지게 되는 전체주의 정부 개념을 부정할 가능성이 높다. 인간은 생래적으로 이기적이라는 홉스의 주장에 대해서는 어떠한가? 만일 여러분이 이 주장에 동의한다면, 홉스처럼 여러분도 사회는 사람들이 동조하도록 만들 전체주의 정부나 독재자가 필요하다고 주장할 가능성이 높다. 이러한 이유로 인해서 홉스는 로크에 반대하고 사람들은 안전이 보장되는 대가로 자신의 기본권을 정부에 이양해야 한다고 주장하였다. 이제 여러분은 미국 건국의 아버지들이 동기에 대해서 홉스보다는 로크의 입장을 선호하였다는 사실이 기쁘지 않은가?

2.2.6 데이비드 흄

학습목표 : 데이비드 흄의 동기 철학을 기술한다.

르네상스 후기 시대에 중요한 공헌을 하였던 마지막 학자는 데이비드 흄(David Hume, 1711~1776)이다. 홉스와 마찬가지로 흄도 동기가 신념 성분뿐만 아니라 기저의 갈망도 포함한다고 믿었다. 이러한 갈망이 없다면 동기나 행위는 없다는 것이다. 이성적 마음은 이러한 방식으로 '정념의 노예(slave of the passion)'가 된다. 그렇지만 흄은 정서의 형성과 경험에서 신념이 중요한 역할을 담당한다고 믿었다.

정서에서 신념이 수행하는 역할을 밝히기 위하여 흄은 그의 **인성론**(A Treatise of Human Nature, 1739/1874)에서 직접적 정념과 간접적 정념 간의 중요한 구분을 하였다. **직접적 정념**(direct passion)은 즐거움과 고통으로부터 즉각적으로 발생하며, 갈망,

혐오, 비탄, 환희, 희망, 공포, 절망, 안전감 등을 포함한다. 간접적 정념(indirect passion)도 즐거움과 고통을 통해서 경험하지만 즐거움이나 고통을 만들어내고 있는 대상과 연합된 신념이 부가된다. 그의 간접적 정념 목록은 자부심, 겸손, 야망, 허영, 사랑, 증오, 시기, 연민, 적의, 자비심 등을 포함한다. 예컨대, 만일 사랑하는 배우자가 여러분을 위해 선물을 산다면, 그 선물은 즐거움을 유발하고 이것은 다시 환희(직접적 정념)를 야기한다. 그렇지만 만일 여러분이 그 선물을 여러분에 대한 배우자 애정의 징표로 해석한다면, 선물이 유발한 즐거움은 다시 사랑의 감정(간접적 정념)을 야기한다. 따라서 흄은 신념(또는 인지)이 경험하는 정서 유형을 변화시킬 수 있다고 주장하였다. 이렇게 독특한 주장은 이 책의 뒷부분에서 논의할 정서에 대한 인지적 설명이 발달할 조짐을 나타낸다.

글쓰기 과제 2.3

동기는 선천성이 주도하는가, 아니면 후천성이 주도하는가?

홉스는 인간 행동이 오직 생물적 욕구(즉, 선천성)에 의해 주도된다고 주장하였다. 반대로 로크는 인간 행동이 오직 주변 환경(즉, 후천성)에 의해서만 주도된다고 주장하였다. 여러분 자신의 삶과 행동을 되돌아볼 때, 여러분은 어느 주장에 더 동의하며 그 이유는 무엇인가? 아니면 홉스와 로크가 나름대로는 모두 옳다는 사례를 내놓을 수 있겠는가?

2.3 계몽주의 시대

학습목표 : 계몽주의 시대에 동기에 관한 철학적 설명에서 획기적 변혁이 일어난 원인을 평가한다.

서구사회는 중세기와 르네상스 후기 시대를 거쳐 '계몽주의'(17세기와 18세기)라고 알려진 시대로 접어든다. 이 시기에 철학자들은 자유, 이성, 지식, 그리고 과학을 이용한 세계의 이해에 점차적으로 관심을 기울이기 시작하였다. 철학적 설명의 이러한 획기적 변혁은 동기에 대한 설명에도 중차대한 영향을 미쳤다. 중세기와 르네상스 후기 시대의 동기 이론이 거의 전적으로 정서에 초점을 맞춘 반면에, 계몽주의 시대의 동기 이론은 의지력, 자유의지, 도덕성 등을 포함한 광범위한 영역의 주제를 다루었다. 이에 덧붙여서, 제러미 벤담과 같은 철학자는 고대 그리스의 쾌락주의 개념을 재발견하여 근대 시대에 맞도록 재정의하였다.

이 절이 끝날 무렵에 여러분은 다음에 답할 수 있을 것이다.

2.3.1 계몽주의 시대의 다른 동기 이론들과의 관계에서 벤담의 동기 철학을 분석한다.

2.3.2 계몽주의 시대의 다른 동기 이론들과의 관계에서 칸트의 동기 철학을 분석한다.

2.3.3 계몽주의 시대의 다른 동기 이론들과의 관계에서 쇼펜하우어의 동기 철학을 분석한다.

2.3.1 제러미 벤담

학습목표 : 계몽주의 시대의 다른 동기 이론들과의 관계에서 벤담의 동기 철학을 분석한다.

계몽주의 시대에 발전한 가장 주목할만한 동기 이론 중의 하나가 제러미 벤담(Jeremy Bentham, 1748~1832)의 공리주의 이론이다. 데이비드 흄과 프랜시스 허치슨(Francis Hutcheson, 1694~1747)의 글에 고취된 벤담은 동기와 도덕성 연구에서 공리주의적 접근을 주장하였다. 여러 가지 측면에서 공리주의(utilitarianism)는 단순히 쾌락주의를 재언급한 것이며, 특정 행위의 효용성은 그 행위가 얼마나 행복(즐거움)을 극대화시키고 괴로움(고통)을 감소시키는지에 의해 결정된다고 주장한다. 그렇지만 벤담 이론은 여러 가지 측면에서 과거 쾌락주의 이론가들의 주장을 넘어선다.

첫째, 벤담은 어떤 행위가 즐거움을 초래하는지 아니면 고통을 초래하는지는 동기에 영향을 미치는 많은 요소 중의 하나일 뿐이라고 주장한다. 즐거움의 강도(intensity, 얼마나 강력한 것인가?), 지속기간(duration, 얼마나 오래 지속하는가?), 확실성(certainty, 일어날 가능성이 얼마나 되는가?), 근접성(propinquity, 얼마나 일찍 발생하는가?), 다산성(fecundity, 다시 발생할 것인가?), 순수성(purity, 상반된 결과도 초래할 것인가?), 규모(extent, 다른 사람에게 영향을 미칠 것인가?) 등도 고려해야만 한다는 것이다.

벤담은 즐거움의 이러한 차원을 밝혀냄으로써 강도, 지속기간, 확실성 등을 포함한 특정 동기 자질의 중요성을 강조한 최초의 인물이다. 나중에 심리학자들이 동기를 연구하기 시작하였을 때, 벤담이 최초로 밝혀낸 이러한 자질의 중요성을 재발견하게 되었다.

둘째, 행위에 단지 '즐겁다 또는 고통스럽다', '옳다 또는 그르다' 등의 표지를 붙이는 데 그쳤던 과거 쾌락주의자들과는 달리,

벤담은 특정 행위의 효용성을 계산할 수 있는 **행복계산법**(felicific calculus)이라고 부르는 수학 알고리즘을 실제로 만들었다. 벤담의 계산법과 불꽃놀이의 사례를 사용하여 특정 행동을 분석해보자.

벤담의 계산법에 따르면, 우선 불꽃놀이를 통해 경험하는 즉각적인 즐거움(예컨대, 불꽃놀이를 볼 때의 흥분) 목록을 작성해야만 한다. 그다음에는 불꽃놀이를 통해 경험하는 즉각적인 고통(예컨대, 다칠지도 모르는 위협) 목록을 작성해야 한다. 그런 다음에 이러한 즐거움이나 고통이 재발할 가능성(예컨대, 며칠 후에 불꽃놀이를 회상할 때 기분이 좋은 것)의 목록을 작성한다. 마지막으로 여러분의 행위로 인해 영향을 받을 다른 사람에게 발생할 즐거움과 고통(예컨대, 여러분의 불꽃놀이를 목격한 어떤 아이의 환희, 여러분의 불꽃놀이가 구경꾼에게 해를 입힐 위험)의 측면에서 위의 과정을 반복한다. 목록을 모두 작성한 후에는 모든 즐거움 단위[벤담은 이것을 헤돈(hedon)이라고 명명하였다]를 합하고 고통 단위[벤담은 이것을 돌러(dolor)라고 명명하였다]의 합과 비교한다. 오직 헤돈의 수가 돌러의 수를 압도할 때에만 그 행위는 도덕적으로 정당한 것이 된다. 물론 모든 행위의 헤돈과 돌러를 정확한 수치로 정량화하는 것은 불가능하겠지만, 그것이 벤담 행복계산법의 핵심은 아니다. 요점은 그가 도덕적 딜레마와 연합된 장단점들을 생각하고 어떤 행위의 즉각적 결과뿐만 아니라 장기적 결과와 다른 사람에게 영향을 미치는 방식을 고려하도록 부추기고 있다는 점이다.

쾌락주의에 대해서 벤담이 달성한 세 번째 확장은 고통과 즐거움 목록을 작성하는 것이었다. 동기의 14가지 출처라는 그의 목록은 인간의 핵심 동기들, 즉 그가 '인간 행위의 용수철(springs of human action)'이라고 멋들어지게 표현한 것들을 찾아내려는 최초의 시도 중 하나로 자리매김하고 있다. 이 목록은 음식, 성, 호기심, 자부심, 종교적 헌신, 우정, 자기보존[이 용어들 중에서 가장 흥미를 끄는 것은 'toad-eating(아첨하기)'으로 오늘날에는 'brown-nosing(아부하기)'이라고 표현할 수 있다] 동기 등을 포함하고 있다. 동기를 기술하면서 '인간 행위의 용수철'이라는 용어를 벤담이 최초로 사용한 것은 아니다. 그렇지만 벤담(1815)이 자신의 저서에 **행위 용수철 목록**(*A Table of the Springs of Action*)이라는 제목을 붙였다는 사실은 1800년대 초기에 이 구절이 인간 동기에 대한 의미 있는 용어로 모든 언어에 스며들었음을 알려준다. 이 책에 주목해야 하는 또 다른 이유는 전적으로 동기라는 주제만을 다룬 최초의 책이라는 점이다.

글쓰기 과제 2.4

벤담의 행복계산법 적용하기
여러분이 국경일에 불꽃놀이를 해야 할 것인지를 놓고 논쟁을 벌이고 있다고 가정해보라. 여러분은 어떤 결정에 도달하였는가? 무엇을 고려하였는가? (힌트 : 이 행위의 장단점에 대해서 생각해보라.)

2.3.2 이마누엘 칸트

학습목표 : 계몽주의 시대의 다른 동기 이론들과의 관계에서 칸트의 동기 철학을 분석한다.

이마누엘 칸트(Immanuel Kant, 1724~1804)는 계몽주의 시대에 중요한 철학자이며, 현대 철학의 발전에서 중차대한 역할을 수행한 인물이다. 칸트는 실용적 관점에서 본 인간학(*Anthropologie in Pragmatischer Hinsicht*, 1789/2007)에서 스토아학파를 생각나게 하는 주장을 피력하였는데, 이성만이 소중한 것이고 이성을 와해시키는 것은 어떤 것이라도 나쁘다는 주장이다. 따라서 그가 정서를 다루는 방식은 이성에 대한 영향을 최소화시키려는 것이다. 그렇지만 칸트는 정서를 감정(affect)과 정념(passion)이라는 두 가지 중요한 유형으로 구분한다. 감정은 신속하게 만들어지고 일시적으로 이성을 마비시키지만, 그 감정이 가라앉으면 다시 이성적 사고를 완벽하게 제어할 수 있게 된다. 반면에 정념은 서서히 만들어지며 이성을 조정하여 목표를 달성하도록 한다. 예컨대, 분노(감정)와 증오(정념) 간의 차이를 생각해보자. 만일 누군가 화가 나서 여러분에게 고함을 지르고 있다면, 여러분은 그(그녀)를 진정시키고 다시 이성을 되찾게 할 수 있다. 그렇지만 누군가 여러분을 증오하고 있다면, 이것은 질병과 같은 것이어서 여러분이 그(그녀)를 설득하거나 진정시킬 수 없다. 실제로 이 사람은 자신의 이성적 마음을 사용하여 자신의 증오를 정당화하는 이유에 도달할 수도 있다. 이와 같은 방식으로 증오는 이성과 공존하며, 그렇기 때문에 분노의 일시적인 영향보다 더 위험하다. 이 사실을 다음과 같이 생각해보라. 감정은 술을 마시는 것과 같아서 괴로운 숙취와 같이 여러분의 판단을 일시적으로 흐리게 만들지만, 결국에는 마음의 평정을 되찾는다. 정념은 독약을 마시는 것과 같아서 결코 회복할 수 없는 방식으로 내부에서부터 여러분을 소진시킨다. 따라서 칸트는 감정과 정념 모두가 이성의 자주권을 앗아가기 때문에 '마음의 질병'이라고 믿었다. 감정은 치료하기 용이한 질병인 반면, 정념은 돌이킬 수 없는 마지막 진단과 같은 것이다.

2.3.3 아르투어 쇼펜하우어

학습목표 : 계몽주의 시대의 다른 동기 이론들과의 관계에서 쇼펜하우어의 동기 철학을 분석한다.

계몽주의 시대의 또 다른 위대한 현자가 아르투어 쇼펜하우어(Arthur Schopenhauer, 1788~1869)였다. 무엇보다도 쇼펜하우어는 1813년 자신의 박사학위 논문에서 '동기'라는 용어를 역사상 처음으로 사용한 인물이었다. 이에 덧붙여서 쇼펜하우어는 그의 유명한 저서 의지와 **표상**으로서의 세계(*Die Welt als Wille und Vorstellung*, 1818/1819)에서, 의지(will)가 자연과 우주 그리고 인류의 범접할 수 없는 능동적 힘이라고 주장하였다.

쇼펜하우어가 '의지'라는 단어를 사용하고 있지만, 이 용어에 대한 그의 정의는 오늘날 심리학자들이 정의하고 사용하는 방식과는 대조적이라는 사실을 지적할 필요가 있다. 일반적으로 사람들은 의지(또는 의지력)를 내적 소망과 충동을 극복하는 인간의 능력으로 생각한다(아래에서 이 내용을 상세하게 논의한다). 그렇지만 쇼펜하우어는 의지를 맹목적이고 무심하며 목표가 없고 비합리적인 충동으로서, 인간 행위를 대체로 이기적인 노력으로 이끌어가는 것으로 간주한다. 그가 표현한 바와 같이, "인간은 자신이 원하는 것을 실제로 행할 수는 있지만, 의도할 수는 없다." 그의 관점에서 볼 때, 의지는 사람들이 자신의 행위를 제어하고 있다는 주관적 지각이지만, 그렇다고 해서 실제로 자신의 행위를 제어하고 있다는 사실을 의미하는 것은 아니다.

이 생각이 아무리 어리석은 것처럼 보인다고 하더라도, 두뇌 전기활동 측정치를 사용한 오늘날의 연구는 손가락을 움직이기 위해 필요한 두뇌활동이 그 손가락을 움직이려는 의도를 자각하기 400밀리초(0.04초) 앞서서 일어난다는 사실을 밝혀왔다(Libet, 1985). 마찬가지로 오늘날 심리학자들은 사람들이 실제로 자유의지를 가지고 무엇인가를 하지 않음에도 불구하고 그렇게 하고 있다고 생각하도록 속임수를 쓰는 것이 얼마나 용이한지를 보여주는 수많은 연구를 수행하였다(Wegner & Wheatley, 1999). 실제로 모든 사람은 삶의 어느 시점에선가 자유의지의 속임수를 경험해왔다. 이러한 속임수가 마술, 미신, 위자보드(심령술에서 사용하는 점괘판) 등과 같은 것을 믿도록 만든다는 점에서 그렇다.

> 따라서 만일 우리가 자유의지를 가지고 있지 않다면, 도대체 우리 행동을 주도하는 것은 무엇인가?

쇼펜하우어에 따르면, 동물적 충동과 본능이 주도한다. 본능(instinct)이라는 용어를 사용하지는 않았지만, 의지에 대한 그의 정의는 실제로 본능 개념과 일치한다.

쇼펜하우어는 모든 인간 행위가(그리고 동물 행위도) '생득적이고 변경 불가능한 특성'에 따라서 발생한다고 믿는다. 인류에게는 불행한 일이지만, 이렇게 생득적인 특성은 본질적으로 이기적이기 때문에 모든 사람을 '모두를 향한 모두의 전쟁'으로 끊임없이 이끌어간다. 이러한 주장은 인간성을 황량하게 채색하고 있다.

쇼펜하우어는 인간이 항상 더 많은 것을 원하기 때문에 서로 투쟁할 수밖에 없는 운명에 처해있다고 믿는다. 의지에 대한 그의 조망은 사람들의 맹목적인 충동에는 끝이 없으며 궁극적으로는 삶이 아무런 의미를 갖지 못한다는 것을 의미한다. 그렇지만 쇼펜하우어의 글에는 일말의 희망이 들어있다. 비록 인간이 대부분의 경우에 이기적이지만, 때로는 사리사욕에서 벗어나 더욱 보편적이고 덜 개인적인 마음 상태에 관심의 초점을 맞추도록 이끌어가는 경우가 있다는 것이다. 적어도 일시적이나마 그렇게 할 수 있는 한 가지 방법이 예술의 음미를 통하는 것이라고 그는 주장한다. 교향악의 음표나 미술작품의 화법(畵法)에 빠져드는 것은 잠시나마 이기적 생각을 뛰어넘어 더욱 평온하고 자애로운 마음 상태를 초래하게 만들어준다는 것이다.

글쓰기 과제 2.5

의사결정과 자유의지

여러분이 오늘 내렸던 간단한 결정을 생각해보라. 먹을 음식을 선택한 것, 입을 옷을 선택한 것, (이 책을 읽는 것과 같이) 할 일을 선택한 것 등이었을 수 있다. 이제 여러분의 결정에서 자유의지가 작동한 정도를 생각해보라. 여러분의 결정 100%를 자유의지에 따라 선택하였다고 말할 수 있겠는가? 이제 여러분의 결정이 부분적으로 생물적 본능이나 환경 영향 등과 같은 다른 요인의 영향을 받았는지 생각해보라. 각 요인들을 확인하고 그것이 여러분의 결정에 얼마나 영향을 미쳤을 것인지를 설명해보라.

요약 : 동기의 철학적 기원

2.1 고대 그리스 철학자

● 최초의 동기 이론은 쾌락주의로서, 인간은 쾌를 추구하고 고통을 회피하도록 동기화된다고 천명한다.

● 플라톤의 동기 삼원이론은 영혼의 세 측면이 인간 동기에 기여한다고 주장한다. 욕구적 출처는 가장 낮은 수준의 욕망(갈증, 배고픔, 성 등)을 수반한다. 정신적 출처는 사회에 기반한 욕망(명예, 승리, 시기심 등)을 수반한다. 합리적 출처는 최상 수준의 욕망(진리, 지혜, 논리 등)을 수반한다.

● 아리스토텔레스의 중용은 모든 것이 중도를 지킬 때 최선이라고 주장한다.

● 아리스토텔레스는 어떤 대상이나 행동도 네 가지 원인을 갖는다고 주장하였다. 작용인은 대상과는 분리되어 있으면서 그 대상을 변화시키거나 운동하게 만드는 어떤 것을 지칭한다. 질료인은 그 대상을 구성하는 물질을 지칭한다. 형상인은 동일 범주의 다른 구성원들과 공유하는 기능적 조직화를 지칭한다. 목적인은 그 대상이 지향하는 목표나 목적을 지칭한다.

● 아리스토텔레스는 쾌락적 행복(긍정 정서의 획득과 부정 정서의 부재)과 자기실현적 행복(의미 있는 삶을 영위하는 것)을 구분하였다.

● 스토아학파는 정서가 파괴적인 동기적 힘이라고 주장하였으며, 정서를 네 가지 유형으로 분류하였다.

2.2 중세기와 르네상스 후기 철학자

● 성 아우구스티누스는 정서가 본질적으로 좋거나 나쁜 것은 아니라고 생각하였다. 오히려 정서의 본질은 선한 표적을 향한 것인지 아니면 악한 표적을 향한 것인지에 의해서 정의된다고 보았다.

● 성 토마스 아퀴나스는 두 가지 정념을 확인하였다. 욕망적 정념(또는 욕정적 정념)은 좋은 것을 추구하고 나쁜 것을 회피하려는 기본 욕망을 반영한다(사랑, 증오, 환희, 슬픔, 욕망, 혐오 등). 분노적 정념(또는 성마른 정염)은 어떤 장애물이 인간의 욕망적 정념을 차단할 때 발생한다(희망, 절망, 자부심, 공포, 분노 등).

● 르네 데카르트의 심신이원론은 동물 행동이 순전히 신체 기능인 반면, 인간 행동은 신체의 충동과 이성적 마음의 기능이라고 주장한다.

● 토머스 홉스는 물질주의를 주장하였는데, 모든 인간 행동은 환경자극에 대한 맹목적이고 자동적인 반작용으로 구성된다는 것이다.

● 존 로크는 인간의 마음이 빈 서판으로서 경험을 통해서 만들어지고 발달한다고 믿었다.

● 데이비드 흄은 인지가 경험하는 정서의 유형을 변화시킬 수 있다고 믿었다.

2.3 계몽주의 시대

● 제러미 벤담은 공리주의를 내세웠으며, 특정 행위의 효용성은 행복(쾌)을 극대화하고 고난(고통)을 감소시키는 정도에 의해 결정된다고 주장한다. 벤담은 쾌의 단위를 헤돈 그리고 고통의 단위를 돌러라고 불렀다.

● 칸트는 정서를 감정(쉽게 만들어지고 일시적으로 이성을 마비시킨다)과 정념(서서히 만들어지고 이성을 지배한다)으로 구분하였다.

● 쇼펜하우어는 1813년 자신의 박사학위 논문에서 '동기'라는 용어를 역사상 처음으로 사용한 인물이다.

● 쇼펜하우어는 의지란 사람들이 자신의 행동을 실제로는 제어하고 있지 못함에도 불구하고 제어하고 있다고 생각하는 주관적 환상이라고 믿었다. 오히려 사람들의 행동은 동물적 충동과 본능에 의해 주도된다는 것이다.

글쓰기 과제 2.6

동기와 쾌락주의

이 장에서 논의한 많은 철학 이론에 걸쳐 나타나는 핵심 주제는 쾌락주의인데, 인간(그리고 동물)은 쾌를 초래하는 대상을 추구하며 고통을 초래하는 대상을 회피한다고 진술한다. 우선 여러분이 행한 최근의 결정이나 행동 하나를 선택하고 그 결정이나 행동을 설명하는 데 쾌락주의를 어떻게 사용할 수 있는지를 알아보라. 그런 다음에 쾌락주의와 배치되는 행동을 하였던 때를 생각해보라(예컨대, 고통스러운 것임에도 어떤 일을 하였다든가 즐거운 것일 수도 있음에도 어떤 일을 회피하였던 경우). 만일 쾌락주의가 이 행동을 동기화시키지 않았다면, 무엇이 여러분을 동기화시켰다고 생각하는가?

동기의 심리학적 기원

학습목표

3.1 동기의 심리학적 기원으로서 의지를 평가한다.

3.2 본능 개념이 동기를 이해하는 데 있어서 어떤 역할을 하였는지 분석한다.

3.3 동기와 관련된 개념으로서 추동 개념의 측면들을 분석한다.

3.4 동기에서의 성격 차이에 대한 심리학 이론들을 대비시킨다.

3.5 동기 측면에서 유인자극의 역할을 설명한다.

3.6 행동을 설명하는 데 있어서 사고 또는 인지가 어떤 핵심 역할을 담당하는지를 평가한다.

3.7 동기과학을 널리 퍼뜨리게 만든 원인들을 분석한다.

베르타 파펜하임 이야기

베르타 파펜하임에게 있어서 1800년대 후기와 1900년대 초기의 삶은 고난이었다. 오스트리아인 아버지와 유대인 어머니 사이에서 태어난 그녀는 페미니즘(남녀평등주의)이라는 이상적 생각이 진귀하던 시대에 여성의 권리를 야심 차게 주장한 인물이었다. 그렇지만 베르타가 21세가 되었을 때 삶은 더욱 피폐해졌다. 아버지는 폐질환으로 중병을 앓게 되었고, 그녀가 아버지 간호를 책임질 수밖에 없었다. 설상가상으로 곧이어 그녀도 병을 앓기 시작하였다. 처음에는 지속적인 기침으로 출발하였으나, 주치의는 그녀의 증상을 설명할 수 있는 신체 질병을 찾아낼 수 없었다. 그런데 아버지가 종내 돌아가시자, 베르타의 증상은 며칠 동안 말을 못하고 안면 통증, 사지 마비, 불안, 기억상실 등을 보이며 더욱 심각해지고 말았다.

그녀의 증상에 당황한 주치의는 친구인 지그문트 프로이트에게 자문을 구하였다. 여러분도 알다시피 프로이트는 정신분석의 창시자이지만, 그 당시 프로이트는 막 자신의 아이디어를 발전시키기 시작하였으며 아직 자신의 치료기법을 사용하여 환자를 치료한 경험이 없었다. 비록 프로이트가 베르타를 공식적으로 치료한 적은 없었지만, 그녀의 경험을 정신분석 이론의 형성 기반으로 사용하였으며, 조셉 브로이어와 함께 그녀의 질병에 대한 설명을

히스테리 연구(*Studies in Hysteria*, 1895)라는 제목으로 발표하였다. 두 저자는 그녀의 사생활을 보호하기 위하여, 저서에서 베르타를 안나 오(Anna O 또는 A.O.)라고 불렀다. 이 가명을 만들기 위하여 저자들은 그녀 이름의 첫 글자(B와 P)를 각각 앞으로 하나씩 이동시켰다. 프로이트의 조언으로 무장한 그녀의 주치의는 베르타의 증상을 아버지의 사망에 대처할 능력이 결여됨으로써 초래된 히스테리로 진단하였으며, 정신분석 치료법을 사용하여 그녀를 치료하기 시작하였다.

베르타 이야기가 중요한 까닭은 동기 설명이 시대에 따라서 얼마나 현저하게 변할 수 있는지를 집중 조명해주기 때문이다. 베르타가 살던 시대에 히스테리는 보편적인 진단이었으며, 정신분석은 이제 막 출현하고 있었다. 따라서 그녀의 주치의는 베르타의 행동을 주도한 것은 아버지 죽음이 초래한 고통스러운 기억의 억압이라고 가정하였다. 그렇지만 만일 오늘날의 의사가 베르타의 증상을 살펴보았더라면 전혀 다른 진단에 도달하였을 가능성이 크다. 그녀의 증상에 기초하여 많은 전문가들은 베르타가 뇌전증이나 뇌염과 같은 신경학적 질병을 앓고 있다고 생각하였을 것이다(Orr-Andrawes, 1987).

이 장에서는 인간 행동에 대한 심리학적 동기 이론이 시대를 거치면서 어떻게 변모해왔는지를 탐구한다.

3.1 의지

학습목표 : 동기의 심리학적 기원으로서 의지를 평가한다.

심리학 분야는 1800년대 후반에 철학과 생물학의 영향으로부터 출현하기 시작하였다. 심리학이 꽃을 피우기 시작함에 따라서 동기에 관한 과학적 연구도 시작되었다. 심리학이 출발할 무렵에 출현한 중요한 동기 개념 중의 하나가 의지 개념이었다.

초기 심리학자들이 의지 개념을 재도입하기 시작한 1차 주요 원인은 그 당시의 사회가 동일한 작업을 하고 있었기 때문이었다. 종교개혁과 계몽주의 시대는 교회의 설명력을 약화시켰다. 중세기의 엄격한 도덕 강령은 약화되고 있었기 때문에 빅토리아 시대의 사람들은 도덕성과 사회질서를 유지하기 위하여 세속적인 이유를 모색하기 시작하였다. 이들은 의지 개념에서 답을 찾았다. 자신의 운명을 결정하는 외부의 하나님 대신에 자신을 정의의 길에 남아있게 해주는 내부의 힘으로 시야를 돌렸던 것이다. 이들은 의지력이 내부 에너지라는 느낌을 촉발하였기 때문에 이 용어를 채택하기 시작하였다. 증기가 운동 에너지를 제공하는 것처럼 의지력은 인간이라는 기계에 에너지를 제공한다. 순식간에 의지력의 중요성을 내세우고 사람들이 자신의 내부 에너지를 증가시킬 수 있는 방법을 제안하는 책들이 곳곳에서 쏟아져 나왔다. 예컨대, 작가 새뮤얼 스마일스(Samuel Smiles, 1859)는 그 당시 자조(自助) 서적의 유행을 시작하게 만든 책을 집필하였는데, 제목도 안성맞춤으로 자조(Self-Help)라고 붙였다. 이 책에서 그는 역경에 직면하였을 때 고결한 품성, 검소함, 그리고 끈기의 중요성을 설명하였는데, 이것들은 모두 의지력에 해당한다. 이 책은 너무나도 인기가 있어서 많은 사람들은 빅토리아 시대의 '바이블'로 간주하고 있다(Cohen & Major, 2004).

의지(will)는 선택을 제약으로부터 자유롭게 만들어주는 행위자의 능력으로 정의한다. 다양한 이름으로 논의해온 의지를 때때로 의지력(willpower)이나 자유의지(free will)라고 부르기도 한다. 플라톤은 경주용 마차의 기사가 두 마리 말의 경쟁 충동을 제어한다는 유추를 사용함으로써 의지라는 생각을 내비쳤다. 마찬가지로 성 아퀴나스와 성 아우구스티누스와 같은 중세기 신학자들은 사악한 죄를 극복하고 '신의 섭리'에 충실하게 매달림에 있어서 자유의지의 중요성을 강조하였다.

당대의 일반인과 현자들이 의지 개념을 재발견함에 따라서, 막 싹트기 시작한 심리학도 이에 가세하였다(Bain, 1859; Day, 1838; McCosh, 1887; Münsterberg, 1888; Tappan, 1840; Upham, 1834). 이 시기에 많은 심리학 교과서는 특별히 의지 개념을 다룬 장(chapter)들을 포함하고 있었다(Rauch, 1840; Spencer, 1855; Upham, 1827). 의지에 대한 초기의 철학적 설명은 순전히 현상을 기술하는 수준에 머무른 반면, 심리학자들은 객관적인 방식으로 용어를 명백하게 규정하고 그 원인과 결과를 확인해내고자 애를 썼다. 의지라는 주제에 접근한 최초 심리학자 중의 한 사람이 실험심리학 창시자인 빌헬름 분트(Wilhelm Wundt)였다(Danziger, 2001). 분트(1883)는 의지를 요구하지 않는 비자발적 행위(즉, 습관)도 처음에는 항상 상당한 의지를 필요로 하는 자발적 행위로부터 출발한다고 믿었다. 여러분도 어렸을 때에는 매일 밤 이를 닦는 데 상당한 집중력이 필요하였을 것이다(때로는 부모님으로부터 엄한 벌을 받았을지도 모르겠다). 그렇지만 이 행동을 반복할수록, 생각할 필요가 점점 줄어들었다. 여러분 삶에서 지금쯤은 잠자리에 들기 전에 자동적으로 이를 닦을 것을 희망해본다. 분트는 모든 행위가 이렇게 자발적으로 시작한다고 생각하였기 때문에, 의지력을 발휘하는 의식적인 주관적 느낌을 수반한다고 주장하였다. 분트는 이러한 주관적 느낌을 신경감응 감각(sensation of innervation)이라고 불렀다. 따라서 여러분이 습관적으로 이를 닦고 있다 하더라도, 여전히 이를 닦으려는 의지가 있다는 사실을 자각한다. 이것은 입에 칫솔을 물고 있으면서 꿈을 꾸는 상태에서 깨어나 "내가 뭘 하고 있는 거지?"라고 자문하는 것과는 다르다. 분트에 따르면 어떤 행동도 그토록 자동적이지는 못하다.

여러분 자신을 동기화시켜라
주먹을 쥐라

여러분의 의지력을 강력하게 충전시키는 신속한 방법을 알고 싶은가?

주먹을 쥐어보라. 많은 연구는 주먹을 쥐든, 이두박근을 굽히든, 손으로 펜을 단단히 쥐든, 근육에 힘을 줄 때 유혹에 저항하는 능력이 증진되고 자기제어 능력을 발휘하게 된다는 사실을 밝혀였다(Hung & Labroo, 2011). 한 연구에서 참가자들은 자신의 이두박근에 힘을 주고 있을 때 다이어트를 고수하면서 초콜릿 케이크 조각에 더 잘 저항할 수 있었다. 다른 연구에서는 참가자들이 발꿈치를 들고 종아리 근육을 단단하게 고정시켰을 때 맛은 이상하지만 건강에 좋은 강장제라고 생각하는 음료수(실제로는 물에다 식초를 섞은 것이었다)를 더 많이 마실 수 있었다. 따라서 다음에 갓 구운 과자의 냄새나 술의 유혹을 느낀다면, 손가락을 말아서 주먹을 쥐어보도록 하라.

∨ **이 절이 끝날 무렵에 여러분은 다음에 답할 수 있을 것이다.**

3.1.1 의지 연구에 대한 윌리엄 제임스의 공헌을 설명한다.

3.1.2 의지 연구에 대한 루트비히 랑게와 나르지스 아흐의 공헌을 평가한다.

3.1.1 의지 연구에 대한 윌리엄 제임스의 공헌

학습목표 : 의지 연구에 대한 윌리엄 제임스의 공헌을 설명한다.

만일 윌리엄 제임스(William James)라는 이름이 친숙하게 들린다면, 그럴 수밖에 없다. 그는 현대 심리학의 창시자로 간주되는 인물이기 때문이다. 제임스는 심리학 원리(*Principles of Psychology*, 1890)라고 이름 붙인 책에서, 의지 개념에 한 장(章)을 몽땅 할애하고 있다(지나는 길에 한마디 덧붙이자면, 'Will'이라는 애칭을 가진 사나이가 'will'을 연구하였다는 것이 재미있지 않은가?).

그 당시 의지를 연구한 모든 심리학자 중에서 윌리엄 제임스(1888, 1890)보다 이 주제에 더 많은 공헌을 한 인물은 없다. 의지 개념에 대한 제임스의 공헌은 다음과 같은 세 가지로 요약할 수 있다. 첫 번째 공헌은 숙고(deliberation)와 결심(decision)의 구분이다. 제임스에게 있어서 '숙고한다'는 것은 주의를 기울여야 할 대상이 여럿 존재하는 상황에서 모든 대상 그리고 그 대상들과 관련된 모든 동기가 벌이는 갈등을 의식함으로써 어느 것 하나를 선택하지 못하는 미결심(indecision) 상태에 놓여있는 것을 말한다. 이 과정에서 주의가 계속해서 동요하기 때문에, 어느 순간에는 특정 대상이 전경으로 부상하고 다른 순간에는 또 다른 대상이 부각되기도 한다. '결심한다'는 것은 마침내 어떤 대상이 우세하게 되어 그 대상에 대한 행위가 일어나게 되는 것을 말한다. 제임스는 결심을 다섯 가지 유형으로 구분하고 있는데, 그중에서 가장 대표적인 것이 합리적 유형이다. 이 유형은 "특정 결심 과정을 지지하거나 반대하는 주장이 … 점차적으로 마음에 정착되어 … 노력이나 제약 없이 특정 대안을 채택하는 결심 유형이다"(James, Vol. 2, 1890, 531쪽).

제임스의 두 번째 공헌은 의지(will)와 노력(effort)의 구분에 있

다. 의지는 단지 특정 방식으로 행동하겠다는 개인적 약속이며, 독단적으로는 원하는 결과를 달성하기에 충분하지 않다. 조앤 롤링은 베스트셀러 소설을 집필하겠다는 의지를 가지고 있었을 수 있지만, 바로 직후에는 소파에 앉아서 과자그릇 만드는 작업을 마무리 지을 수도 있었다. 글을 쓰기 위해서 매일 밤 카페로 달려가는 실제의 노력을 통해서 자신과의 약속을 지켰기 때문에 마침내 자신의 목표를 달성할 수 있었던 것이다. 그렇지만 지속적인 노력을 경주하기 위해서는 끊임없이 목표를 염두에 두고 사라지지 않게 해야 한다. 제임스에 따르면, 진정으로 자기제어를 요구하는 것이 바로 이것이다. 사람들은 과자 접시가 눈앞에 있는 경우에도 건강식을 하겠다는 목표를 마음에 간직하고 있어야만 한다. 따라서 "의지가 강한 사람이란 아무리 작은 이성의 소리라도 굴하지 않고 듣는 사람이며, 죽음을 초래할 수도 있는 고려사항일지라도 그에 항거하여 그 고려사항을 마음으로부터 몰아낼만한 수많은 흥분된 심상을 가지고 있음에도 불구하고, 그 고려사항과 정면으로 맞부딪히고 그 존재를 인정하며 그에 매달리고 그것을 긍정하며 그것을 단단히 잡는 사람이다"(James, Vol. 2, 1890, 564쪽). 이러한 방식으로 의지를 노력과 구분함으로써 제임스는 의지가 마음에서 배타적으로 존재하는 것이라고 주장하였다.

제임스의 세 번째 공헌은 의지를 수행의지(volition)와 기피의지(nolition)로 구분한 것이다. 사람은 무엇인가 원하는 목표를 추구하려는 강한 의지를 가지고 있다. 인지 과정이 좋은 것으로 파악한 대상을 향해서는 의식적으로 다가가려는 경향이 있는 반면, 인지 과정이 나쁜 것으로 파악한 대상으로부터는 의식적으로 멀어지려는 경향이 있다. 제임스에 따르면, 전자는 수행의지를 반영하는 것인 반면, 후자는 기피의지를 나타내는 것이다.

3.1.2 다른 선구자들의 공헌

학습목표 : 의지 연구에 대한 루트비히 랑게와 나르지스 아흐의 공헌을 평가한다.

윌리엄 제임스가 의지에 대해 사색하고 있었던 거의 같은 시기에 여러 독일 과학자도 의지에 관한 실험을 수행하기 시작하였다. 여기에는 대표적으로 나르지스 아흐(Narziss Ach, 1905, 1910), 오스발트 퀼페(Oswald Külpe, 1893), 루트비히 랑게(Ludwig Lange, 1888), 에른스트 모이만(Ernst Meumann, 1908/1913), 휴

고 뮌스터베르크(Hugo Münsterberg, 1888) 등이 포함된다. 놀라울 것도 없이 이러한 초기 선구자 대부분은 새롭게 건립한 뷔르츠부르크대학교에서 활동하고 있던 빌헬름 분트의 제자들이었다. 이러한 대부분의 실험과학자는 수행의지의 선행사건을 확인해내는 데 관심이 있었으며, 혹자는 그 선행사건이 인지적이라고 주장하였고(Meumann, 1908/1913), 다른 사람은 감각적이거나 근육과 관련된 것이라고 주장하였다(Külpe, 1893; Münsterberg, 1888).

루트비히 랑게(1888) 선구자 중에서 루트비히 랑게는 동기 연구에서 공식적으로 최초의 실험을 수행한 인물이었다. 비록 그 당시에는 랑게도 그 사실을 몰랐지만 말이다. 랑게는 반응시간을 정확하게 측정하기 위하여 '제어 망치(control hammer)'라고 부르는 도구를 사용하여, 사람들이 자극에 대한 예상반응에 주의를 기울일 때보다 자극 자체에 주의를 기울일 때(예컨대, 벨소리에 초점을 맞출 때) 반응이 느려진다는 사실을 찾아냈다. 참가자가 어떤 자극에 주의를 기울이도록 강제한다는 사실은 주의에 의지력을 강제한다는 것을 의미한다.

나르지스 아흐(1905, 1910) 많은 사람들은 랑게가 최초의 동기 실험을 수행하였다고 생각하지만, 진정으로 의지에 대한 실험연구를 수행한 인물은 나르지스 아흐이다. 그의 연구 목적은 의지의 강도를 정량화하려는 것이었다. 예컨대, 한 연구에서 아흐는 처음으로 참가자로 하여금 무의미철자 쌍(예컨대, 'ug'를 'duh'와 짝짓는 것)을 기억하도록 하였다. 몇몇 철자 쌍은 여러 차례 제시하여 강력한 습관반응을 야기할 수 있도록 하였으며, 다른 철자 쌍은 몇 차례만 제시하였다. 그런 다음에 참가자에게 상이한 쌍을 수반한 목록(예컨대, 이제는 'ug'가 'scr'과 그리고 'duh'가 'puz'와 짝을 이루고 있다)을 기억하도록 지시함으로써 이미 기억하고 있는 철자 쌍을 버리도록 강제하였다. 참가자가 새로운 지시에 따르기 위해서는 앞서 형성한 습관 쌍을 버리고자 자신의 의지를 사용해야만 하였다. 참가자들이 제대로 반응하기 위해서 시간이 얼마나 걸리는지를 분석하였을 때, 아흐는 첫 번째 과제에서 자극 쌍을 더 자주 제시하였을수록 두 번째 과제에서 올바르게 반응하는 데 시간이 더 오래 걸린다는 결과를 얻었다. 따라서 두 번째 과제를 성공적으로 완수하기 위해서는 의지 강도가 습관 강도보다 더 강력한 것이어야 하였다.

아흐는 이러한 결과를 의지의 **연합적 등가물**(associative equi-valent)이라고 칭하였다. 두 번째 과제에서 생성한 연합이 첫 번째 과제에서 생성한 연합만큼 강력하거나 그보다 더 강력한 것이어야만 하기 때문이었다. 독자에게 친숙한 사례로, 여러분이 매일같이 점심식사를 할 때 쿠키도 함께 사 먹는 것이 습관이 되어있다고 해보자. 그런데 이제 여러분이 체중 감량을 시도하고 있으며, 쿠키를 건너뛰기로 맹세한다. 아흐의 연구에 따르면, 여러분이 다이어트를 고수하기 위해서는 의지력이 과자에 대한 습관반응보다 더 강력한 것이어야 한다. 만일 점심거리를 선택하는 시점에 습관이 의지력보다 강력하다면, 여러분은 쿠키에 굴복하고 다이어트에 실패하게 된다. 비록 아흐가 심리학사 책에서 배제되기 십상이지만, 그의 연구는 어떻게 목표가 습관과 경쟁을 벌이게 되는 것인지에 대한 최초의 경험적 접근이며, 1990년대 후반에 이르러서야 비로소 심리학자들이 재발견하게 된 주제이다.

또한 아흐는 여러 제자들을 배출함으로써 의지 연구에 공헌하였는데, 이들은 계속해서 새로운 발견을 이어나갔다(Düker, 1931; Hillgruber, 1912). 가장 주목할 연구는 **동기의 난이도 법칙**(difficulty law of motivation)을 정립한 안드레아스 힐그루버(Andreas Hillgruber, 1912)의 것이다. 이 법칙에 따르면, 과제 난이도를 높이면 사람들이 그 과제에 투입하는 노력의 양이 자동적으로 증가한다. 예컨대, 매일 3,000단어를 쓰기로 약속한 사람은 2,000단어를 쓰겠다고 약속한 사람보다 그 목표를 달성하기 위하여 더 열심히 글쓰기를 하게 된다.

지극히 자명한 것처럼 들릴 수도 있겠지만, 그렇다면 사람들이 쉬운 목표와 어려운 목표 중에서 어느 것을 달성할 가능성이 높겠는가?

논리적으로만 따지자면 쉬운 목표는 그것이 쉽기 때문에 달성할 가능성이 더 높다. 그렇지만 동기의 난이도 법칙을 적용하면, 반드시 그렇지만은 않다는 사실을 보게 된다. 만일 사람들이 어려운 목표를 더 열심히 추구하고 쉬운 목표를 태만히 한다면, 어려운 목표를 달성할 가능성이 더 높을 수도 있다. 목표에 투여하는 노력과 달성에 미치는 목표 난이도의 다소 역설적인 효과는 중요한 것이며, 후속 장에서 다시 보게 될 것이다.

의지 개념의 쇠퇴 사회는 변덕스러운 아동과 많이 닮았다. 사회는 깜짝 등장한 새로운 유행에 금방 싫증을 보이고는 또 다른 것으로 옮겨간다. 주트 슈트(1930~40년대 초에 유행했던 어깨폭이 넓고 길이가 긴 느슨한 재킷과 주름바지를 짝 맞춘 신사복 스타일), 나팔 청바지, 강남스타일 댄스 열풍 등이 결국 맞이한 운명도 마찬가지이다.

심리학자와 일반 대중 모두가 의지력 개념에 실망하게 된 원인은 명확하지 않지만, 여러 가지 가능성이 존재한다. 가장 1차적인 원인은 전쟁의 영향이다. 1914~1918년 사이에 일어난 제1차 세계대전 중에 900만 명이 사망하였다. 많은 사람들은 이 사망자 숫자가 도덕적 책무를 따르고 그 책무에 충실함으로써 올바른 일을 하려고 했던 것이 치른 대가라고 생각하였다. 전쟁이 종식된 후에 세상은 보다 편안하고 안락한 삶으로 되돌아가기를 원하였으며, 그 과정에서 서구에서는 의지라는 생각이 대화에서 사라지게 되었다. 대부분의 유럽 국가들이 그러하였지만, 독일은 의지 개념에 집착하였으며, 이것은 나치당이 출현하는 초석이 되었다. 아돌프 히틀러에 따르면, 만일 나치정권이 기존 사회질서를 뛰어넘으려면 그 질서를 굳건한 결심과 불굴의 의지력과 관련지어야 한다. 이러한 생각은 다음과 같은 히틀러의 인용문에서 명확하게 드러난다. "만일 자유를 위한 무기가 모자라다면, 의지력으로 벌충해야 한다." 이러한 표현이 의지에 먹칠하기에 충분하지 않다는 듯이, 1934년에 발표되어 오늘날 악명이 자자한 나치 선전용 영화의 제목은 〈의지의 승리(Triumph of Will)〉였다. 만일 여러분이 미국에서 어떤 추세를 끝장내고 싶다면, 아돌프 히틀러의 인정을 받는 것보다 더 좋은 방법은 없다.

또 다른 가능한 원인은 다음 절에서 소개할 진화론의 대두와 확산이다. 19세기 중엽 찰스 다윈이 변이와 자연선택이라는 개념으로 무장한 진화론을 제안한 이래, 생명과학과 사회과학에는 엄청난 지적 혁명이 초래되었다. 생명과학의 발전은 동기 연구에도 영향을 미쳐, 인간을 포함한 모든 동물종의 동기에 영향을 미치는 생물적 특성을 동기의 이론적 구성체로 제안하려는 시도가 확산되었다.

글쓰기 과제 3.1

의지의 부활

의지 개념은 최근에 부활한 것으로 보인다. 물론 오늘날에는 그것을 '의지력'이나 '자기제어'로 지칭하는 경우가 많다. 여러분은 의지 개념이 동기 구성체로 부활한 이유가 무엇이라고 생각하는가?

3.2 본능

학습목표 : 본능 개념이 동기를 이해하는 데 있어서 어떤 역할을 하였는지 분석한다.

본능이라는 아이디어는 비록 그 모습이 시대에 따라 변해왔지만, 동기에 대한 관심이 존재하는 한에 있어서 함께 공존해왔다. 아퀴나스, 데카르트, 홉스와 같은 초기 철학자들은 기본적인 동물적 충동이 인간 행동을 주도하기 십상이라는 사실을 인식하였다. 인간 행동을 포함한 모든 사건이 이미 존재하는 원인에 의해 결정된다는 이러한 믿음은 **결정론**(determinism)이라고 알려진 철학 사조를 형성하였다. 결정론의 핵심에는 예정된 원인에 대한 믿음이 자리 잡고 있지만, 그 예정된 원인이 무엇인지는 철학자에 따라 다르다. 어떤 철학자는 그것이 하나님이나 원죄라고 생각하였고, 다른 철학자는 원자, 또 다른 철학자는 자연법칙이라고 생각하였다. **본능**(instinct)은 그것이 특정한 결과에 접근하거나 그 결과를 회피하려는 생득적 소인을 나타낸다는 의미에서 그러한 결정론의 한 가지 형태를 대표한다. 따라서 비록 본능 개념이 오랫동안 존재하였다고 하더라도, 찰스 다윈이 자신의 저서 종의 기원 (*On the Origin of the Species*, 1859)에서 진화론을 주장함에 따라 비로소 인간 동기의 공식적 설명으로 자리 잡게 되었다.

▽ 이 절이 끝날 무렵에 여러분은 다음에 답할 수 있을 것이다.

3.2.1 본능 연구에서 다윈의 공헌을 설명한다.

3.2.2 본능 연구에서 제임스의 공헌을 설명한다.

3.2.3 본능 연구에서 맥두걸의 공헌을 설명한다.

3.2.4 본능에 대한 대안적 조망을 기술한다.

3.2.5 동기의 기저 개념으로서 본능이 쇠퇴한 이유를 설명한다.

3.2.1 본능 연구에서 찰스 다윈의 공헌

학습목표 : 본능 연구에서 다윈의 공헌을 설명한다.

대부분의 사람은 인간이 동물에서 진화했다고 주장한 최초의 인물이 다윈이라고 생각한다. 그렇지만 이것은 사실이 아니다. 한 종이 다른 종에서 진화한다는 아이디어는 고대 그리스 이전부터 있어왔다(예컨대, 아낙시만드로스와 엠페도클레스의 글에도 나와있다). 그리고 다윈 시대 이전의 과학자들도 이미 선택교배를 사용하여 특정한 특성을 가지고 있는 동물을 만들어낼 수 있다는 사실을 언급해왔다. 실제로 개 사육자들은 수 세기에 걸쳐 선택교배를 실시해왔다. 이러한 선구사적 이론에서 빠진 것은 한 종에서 다른 종으로 진화가 이루어지게 만드는 기저 원인이었다. 개 사육의 경우에는 예컨대, 털북숭이 푸들을 점잖은 래브라도와 교배시켜 래브라두들이라는 귀여운 이름을 가진 개를 만들어내기로 결정한 것은 바로 인간이었다. 그렇다면 자연세계에서는 누가 또는 무엇이 그러한 결정을 하는 것인가? 다윈이 전설적인 명성을 얻은 것이 바로 이 물음에 대한 답이다. 그는 조물주라는 신성한 힘처럼 보이는 것이 실제로는 단지 우연한 행운이었다고 주장하였다. 다음 예를 보자.

> 두 마리 새가 조그만 섬에 태어나서는 무선변이로 인해 한 마리가 다른 녀석보다 약간 긴 부리를 갖게 된다.
>
> 이제 지독히도 성가신 풍뎅이 무리가 이 새들의 주요 먹이 원천인 섬의 나무들을 공격하여, 섬에 먹을 것이라고는 꽃이 제공하는 달콤한 꿀밖에 없다고 가정해보자. 무선변이로 인해서 약간 긴 부리를 갖게 된 새는 꽃 속의 꿀에 다다를 수 있지만 짧은 부리의 새는 꿀을 꺼내 먹을 수 없다. 세월이 흐르면서 짧은 부리의 새들은 이 섬에서 사라지는 반면에, 긴 부리의 새들은 살아남아 자신의 변이를 후손에게 전파함으로써 부리가 긴 새로운 종을 만들어낸다.

다윈은 종을 만들어내는 이러한 동기적 힘을 **자연선택**(natural selection)이라고 부른다. 자연선택 덕분에 자연은 거대 계획이나 목표를 가질 필요가 없다. 한 종의 생존이나 멸종에 필요한 유일한 기준은 그 종이 생존을 조장하는지 여부이다. 이 사실로부터 자연선택이 어떻게 동기 연구에 적용될 수 있는지를 볼 수 있다. 긴 부리가 새의 생존을 조장하였던 것처럼, 만일 한 행동이 생존을 조장한다면, 그 행동은 살아남는다. 만일 행동이 생존을 조장하지 않는다면, 그 행동은 사라진다. 다윈이 이례적인 핵심을 포착한 곳이 바로 여기다. 그는 동물에게 작동하는 것이 인간에게도 작동한다고 주장한다. 만일 무선변이와 자연선택이 지구상에 존재하는 동물종의 엄청난 다양성을 설명할 수 있다면, 인간을 포함한 모든 생명체의 진화를 설명할 수 있어야만 한다. 따라서 동물과 인간의 행동을 주도하는 동기 원리는 동일할 수밖에 없다 (Darwin, 1872).

다윈의 아이디어는 동기 분야에서 본능 이론이 출현하는 초석을 놓았다. 그의 연구 이전에는 본능이 정념, 소망, 정서 등의 개념과 중복되는 모호한 것이었다. 그렇지만 다윈이 동물 행동과 생존가치를 강조함으로써 본능의 정의에 초점을 부여하였다. 또

한 그의 연구는 동기 연구자들로 하여금 지능이나 의지와 같은 내적 요인보다는 행동을 조성하는 외부 환경의 힘에 초점을 맞추게 하였다. 다윈 이전에는 인간 행동이 환경의 영향과는 독립적으로 일어나는 것이라고 생각하였다. 그런데 갑자기 동물과 인간의 행동을 모두 자극–반응 연합이라는 단순한 생각으로 설명할 수 있게 된 것이다. 따라서 동기 연구는 철학에서 벗어나 생물과학의 중심부로 이동하게 되었다. 사고의 이러한 변혁은 동기 이론을 새롭고도 흥미진진한 방향으로 이끌어갔다.

3.2.2 본능 연구에서 윌리엄 제임스의 공헌

학습목표 : 본능 연구에서 제임스의 공헌을 설명한다.

다윈 이론은 거의 모든 생명과학과 사회과학에 스며든 지적 혁명을 초래하였다. 심리학 분야에서는 윌리엄 제임스가 비록 본능을 정의하는 데 있어서는 불성실하였지만, 본능 아이디어를 널리 퍼뜨린 최초의 인물이었다. 제임스(1890)는 본능을 "목표를 예견하지도 않고 어떤 행동에 대한 사전 교육도 없이 그 목표를 달성하는 행동 능력"이라고 정의하였다. 또한 그는 경쟁, 사냥, 공포, 놀이 본능을 포함한 본능 목록을 개발하였다. 여러분이 이 장 앞부분에서 공부하였던 제임스의 많은 아이디어는 실제로 본능 개념이 영감을 제공한 것이었다. 예컨대, 그의 관념운동 행위 개념은 주로 본능에 근거한 것이다. 그의 유추 하나를 사용해보면, 어미닭은 본능 때문에 알을 품는다. 어미는 알을 보면 자동적으로 품을 수밖에 없다. 따라서 자극을 그저 보는 것만으로도 목표지향 행동을 활성화시키기에 충분하다. 제임스는 인간의 경우에도 마찬가지라고 주장하였다. 숲을 걷다가 무시무시한 곰을 만난다면, 여러분은 어떻게 대처해야 할 것인지를 숙고하지 않는다. 그저 달아난다. 제임스가 지적하는 바와 같이, "본능이 이끌고 지능은 단지 뒤따를 뿐이다." 그렇지만 아무리 본능의 역할을 강조하였다고 하더라도, 윌리엄 제임스는 여전히 본능이 다른 많은 동기적 힘의 하나일 뿐이라고 주장하였다는 사실을 명심하기 바란다.

3.2.3 본능 연구에서 윌리엄 맥두걸의 공헌

학습목표 : 본능 연구에서 맥두걸의 공헌을 설명한다.

본능 개념을 심리학과 동기 연구에 소개하는 1차적 책임을 맡았던 인물이 윌리엄 맥두걸(William McDougall)이다. 맥두걸은 제임스와 달리, 본능이 인간 행동을 책임지는 유일한 동기적 힘이라고 주장하였다. 그는 만일 본능이 없다면 인간은 연료가 떨어진 자동차처럼 주저앉을 수밖에 없다고 믿었다. 따라서 맥두걸에 따르면, 사람들은 목표를 향해 달려가는 것이 아니라 본능적 힘에 의해서 목표로 떠밀려가는 것이다.

맥두걸에 따르면, 본능은 학습된 것이 아니며 획일적으로 발현되고 모든 동물 종에서 보편적이어야 하며, 인지와 행동 그리고 정서로 구성되어 있다. 따라서 그 정확한 유형이 무엇이든지 간에, 본능은 다음과 같은 방식으로 우리 행동에 영향을 미친다고 생각하였다. 우선 본능은 특정 대상을 향해 선택적으로 주의를 집중시킴으로써 인지에 영향을 미친다. 예컨대, 도망가기 본능이 점화되면, 사람들은 선택적으로 위협적인 대상에 주의를 기울인다. 생식 본능이 점화되면, 생식 기회를 신호해줄 수 있는 대상에 선택적으로 주의를 기울인다. 위협적인 것이든 생식 기회를 제공하는 것이든 주의를 기울여 탐색하게 되면, 자동적으로 도망가거나 접근하는 행동을 나타내게 되고, 그 행동에 수반된 정서를 경험하게 된다.

본능 개념을 열렬히 받아들인 맥두걸은 인간 행동을 주도하는 1차 본능 목록을 작성하는 작업에 착수하였다. 우선 도망가기, 혐오감, 호기심, 호전성, 자기비하, 자기주장, 양육, 생식, 획득, 구성 본능을 포함한 10가지 본능을 확인하였다[그는 나중에 이것들을 '성향(propensity)'이라고 부르기를 선호하였다](McDougall, 1908). 1932년에는 그의 목록이 18개 본능으로 확대되었으며, 먹이 찾기, 수면, 신체 욕구 등과 같이 보다 기본적인 본능을 포함하였다.

글쓰기 과제 3.2

데이트할 때의 본능

여러분이 소개팅을 하고 있다고 상상해보라. 이제 맥두걸의 10가지 본능 목록에서 하나를 확인하고 그 본능이 소개팅을 하고 있는 동안 여러분의 (1) 인지, (2) 행동, (3) 정서에 어떤 영향을 미칠 것인지를 기술해보라.

3.2.4 본능에 대한 대안적 조망

학습목표 : 본능에 대한 대안적 조망을 기술한다.

당대의 이론가 대부분이 본능이라는 용어를 사용하였지만, 본능이 무엇인지에 대해서 모두가 동의하였던 것은 아니라는 사실을 지적할 필요가 있다. 한 이론가 집단은 본능을 오늘날 사람들이 정의하는 것과 매우 동일한 방식으로 정의하였다. 이 조망에 따르면, 본능은 특정 자극에 대한 반응으로 나타나는 비자발적이고 거의 즉각적인 움직임인 **반사**(reflex)와 다르지 않다. 모든 사람은 특정한 생리적 반사들로 무장한 채 태어난다. 예컨대, 만일 신생아와 함께 시간을 보낸 적이 있다면, 여러분은 신생아가 파악 반사를 가지고 있어서 손가락에 닿는 것이면 무엇이든 쥐게 만든다는 사실을 알고 있을 것이다. 어떤 동기 이론가들은 본능을 그러한 반사와 거의 동일한 것으로 간주하며, 특히 동물 본능을 언급할 때 그렇다(예컨대, Dunlap, 1919; Lorenz, 1966; Thorndike, 1911; Tinbergen, 1951).

그렇지만 맥두걸이 속한 다른 집단의 이론가들은 본능을 정서적이고 목표지향적(또는 '목적론적') 용어로 정의하였다(Link, 1921; McDougall, 1908). 이 조망에 따르면, 환경의 특정 단서가 본능을 유발하고, 이것이 다시 행동으로 이끌어가는 정서를 유발한다. 이 과정이 초래하는 몇몇 실제 반응은 생득적인 것이지만, 다른 것들은 학습할 수 있다. 구체적으로 맥두걸은 본능의 정서 성분은 생득적이지만, 인지 성분과 행동 성분은 삶의 경험이 영향을 미칠 수 있다고 생각하였다. 따라서 모든 사람이 포악한 동물과 직면할 때 생득적으로 공포(정서)를 경험할 수 있지만, 삶의 경험에 근거하여 어떤 사람은 도망가지만 다른 사람은 그대로 버티고 서있을 수도 있다(행동). 대부분의 동기 이론가는 맥두걸을 한물간 본능 연구자로 치부하지만, 그는 동기의 인지, 정서, 행동 측면을 밝혀냄으로써 반세기가 지난 후에 부활한 목표 이론가들의 선구자 역할을 하였다.

3.2.5 본능의 쇠퇴

학습목표 : 동기의 기저 개념으로서 본능이 쇠퇴한 이유를 설명한다.

20세기 전반부에는 본능이 급속하게 사회과학에서 유행하게 되었다. 그런데 역설적으로 본능이 결국에는 쇄락의 길을 걷게 만든 것도 바로 이러한 유행이었다(Fletcher, 1966). 거의 모든 인간 행동을 어떤 생득적 본능 탓으로 돌리는 것이 보편화되었으며, 특히 정치학과 사회학 등과 같은 심리학 이외의 분야에서 그러하였다. 이 시기에 인간 본능 목록은 6,000개 이상으로 치솟았으며, 과학자들은 본능이 도대체 설명력을 가지고 있는지 아니면 단지 이름 붙이기에 불과한 것인지를 의심하기 시작하였다(Bernard, 1924; Dunlap, 1919, 1925; Kantor, 1923; Kuo, 1921). 그 당시 연구자들의 좌절감을 극명하게 보여주는 증거로, 홀트(Holt, 1931, 428쪽)는 다음과 같이 진술하였다. "만일 누군가 엄지를 빙빙 돌리면, 그것은 '엄지 돌리기 본능'이다. 만일 엄지를 돌리지 않는다면, 그것은 '엄지 돌리지 않기 본능'이다."

본능 개념은 여러 가지 문제점을 가지고 있다. 그중 하나는 무엇이 본능이거나 아닌지를 결정할 명확한 기준이 확립되지 못하였다는 점이었다(Tolman, 1923). 또한 이현령비현령 식으로 상호 모순되어 공존할 수 없는 본능들이 제기되었으며, 어떤 행동을 나타내기 때문에 그것이 본능이며 동시에 본능이기 때문에 그 행동을 나타낸다는 식으로 순환논리에서 벗어나지 못한다.

이러저러한 이유로 본능이라는 용어의 사용은 과거에 의지라는 용어의 사용이 그러하였던 것처럼 금기가 되었다. 이에 대한 반작용으로 심리학자들은 다시 한 번 동기의 대체물을 찾아 나섰다.

글쓰기 과제 3.3

생식 본능
많은 과학자는 생식 본능이 인간의 많은 행동을 주도한다고 주장한다. 여러분은 어느 정도나 이 주장에 동의하거나 동의하지 않는가? 여러분의 주장을 지지할 어떤 증거를 제시할 수 있겠는가?

3.3 추동

학습목표 : 동기와 관련된 개념으로서 추동 개념의 측면들을 분석한다.

본능을 대체하기 위해 제기된 동기 개념이 **추동**(drive)이다. 추동이란 생물적 욕구가 박탈되었을 때마다 발생하는 각성이나 에너지의 한 형태를 말한다(Dashiell, 1928). 추동은 배고픔, 갈증, 성, 고통이라는 네 가지 주요 원천에서 발생하는 것으로 가정하였다. 따라서 유기체가 먹이, 물, 성을 박탈당하거나 고통에 노출될 때에는 언제나 추동의 증가를 경험하게 된다.

추동은 혐오적인 것이라고 가정하였기 때문에 동기적인 것이

다. 추동이 높을 때에는 기분이 좋지 않은 것이며, 증가하기 시작할 때에는 언제나 그 추동을 감소시키려는 행위를 하게 된다. 추동을 감소시키는 대상이나 사건을 **1차 강화물**(primary reinforcer)이라고 부르며, 먹이, 물, 성행위, 고통 회피 등을 포함한다. 추동이 강할수록 이러한 1차 강화물을 향한 유기체 행동은 강력해진다. 따라서 만일 유기체에게 먹이를 24시간 박탈하면, 높은 수준의 추동을 경험하게 된다. 이렇게 높은 추동은 유기체 내에서 형성되어 추동을 감소시키고자 먹이를 찾아 나서도록 동기화시킨다. 먹이를 박탈한 쥐와 박탈하지 않은 쥐를 도착지점에 먹이가 놓여있는 미로에 집어넣으면, 추동의 차이로 인해서 먹이가 박탈된 쥐가 미로를 더 빠르게 달려가게 된다. 추동 이론가는 모든 행동이 추동을 감소시키는 방식으로 나타난다고 가정한다.

종합하건대, 추동에는 다음과 같은 여러 가지 중요한 자질이 존재한다.

1. 욕구 박탈이 추동을 일으킨다.
2. 추동은 혐오적이기 때문에 유기체는 항상 추동을 감소시키고자 애쓴다.
3. 모든 행동은 추동을 감소시키려는 시도로 간주할 수 있다.
4. 추동 감소를 수반하는 행동은 강화됨으로써, 추동을 학습을 위한 필요조건으로 만들어준다.

마지막 자질이 의미하는 바는 먹이 박탈 쥐는 그렇지 않은 쥐보다 미로를 빨리 달릴 뿐만 아니라 미로를 더 신속하게 학습하고 기억해낸다는 것이다.

왓슨과 모건(Watson & Morgan, 1917)이 동기 측면에서 추동이라는 개념을 처음으로 환기시킨 인물임에는 틀림없지만, 오늘날 이해하고 있는 바와 같이 그 개념을 정의한 장본인은 로버트 우드워스(Robert S. Woodworth, 1918)였다. 그 당시 많은 이론가들이 추동이론이나 에너지이론을 제안하였지만(예컨대, Lorenz, 1937; Tinbergen, 1951), 우리는 지그문트 프로이트와 클라크 헐이 제안한 두 가지 가장 유명한 추동이론에 초점을 맞추고자 한다.

▽ 이 절이 끝날 무렵에 여러분은 다음에 답할 수 있을 것이다.

3.3.1 추동 개념에서 프로이트의 공헌을 요약한다.
3.3.2 추동 개념에서 클라크 헐의 공헌을 기술한다.
3.3.3 동기와 관련된 개념으로서 본능과 추동을 대비시킨다.

3.3.1 추동 개념에서 지그문트 프로이트의 공헌

학습목표 : 추동 개념에서 프로이트의 공헌을 요약한다.

프로이트를 생각할 때, 사람들은 본능이라는 용어를 생각하기 십상이다. 따라서 지금 이 순간 여러분은 어째서 앞선 본능 절에서 프로이트를 논의하지 않았는지 의아하게 생각할지도 모른다. 여기에는 두 가지 이유가 있다.

• 많은 연구자는 프로이트의 글을 번역하는 과정에서 '본능(instinct)'이라는 용어를 사용한 것이 오역이라고 생각한다(Frank, 2003; Mills, 2004). 프로이트는 모든 저서를 독일어로 집필하였다는 사실을 명심해야 한다. 따라서 프로이트에 대해서 영어권이 알고 있는 것은 누군가의 번역에 의존하고 있다. 모든 사람이 알고 있는 바와 같이, 사람은 실수를 저지른다. 프로이트가 자신의 아이디어에 관한 글을 쓸 때 *trieb*라는 독일어 단어를 사용하였는데, 번역자가 이것을 'instinct'라고 번역하였던 것이다. 그렇지만 번역자의 주석을 읽어보면, 다른 사람들은 *trieb*를 'drive(추동)'로 번역하였다는 사실을 알 수 있다. 번역자는 당시에 'drive'라는 단어가 옥스퍼드 사전에 등재되어 있지 않아서 'instinct'라는 단어를 선택하였다고 진술하고 있다. 이에 덧붙여서, 프로이트는 생물적 구성체를 논의할 때 간간이 *instinkt*(본능)라는 단어를 사용하였다. 이 사실은 프로이트가 *trieb*를 'instinct'와 동일한 의미로 생각하지 않았음을 시사한다.

• 만일 사용한 실제 단어를 무시하고 프로이트 이론의 성분을 분석한다면, 그가 언급하고 있는 것이 본능보다는 추동에 가깝다는 사실이 명백해진다.

프로이트(1915, 1920)에 따르면, 모든 행동은 인간의 생물적 기본 욕구를 만족시키고자 동기화된다. 음식이나 성적 욕구와 같은 가장 기본적인 충동은 신경계 내에 에너지가 형성되도록 만든다(프로이트가 생리학자로 훈련받았다는 사실을 기억하라). 프로이트는 이러한 내적 에너지를 리비도(libido)라고 불렀으며, 리비도가 높을 때 불안의 형태를 취하는 심리적 불편함이 야기된다고 주장하였다. 만일 리비도가 검열받지 않은 채 계속 증가하게 되면, 정신건강을 위협할 수 있다. 따라서 이 에너지를 방출하여 편안한 상태로 되돌아가는 유일한 길은 생물적 충동을 만족시키는 행동을 수행하는 것이다. 그런데 충동은 잠시 휴지기를 가질 뿐

결코 식을 줄을 모르기 때문에 어떤 만족도 그저 일시적일 뿐이다. 불안은 추동이 지나치게 높으며 회복할 수 없는 심리적 손상을 야기할 정도로 위협적이라는 사실을 알려주는 적응적 경고 시스템으로 작동한다.

프로이트의 추동 개념은 많은 측면에서 댐에 물이 차오르는 것과 같다. 상류는 끊임없이 댐에 물을 공급하며, 물의 흐름은 결코 그치지 않을 것이기에 댐은 하류로 물을 서서히 방출하는 시스템을 갖추어야 한다. 만일 댐이 정기적으로 물을 방류하지 않는다면, 물이 차올라 댐이 넘쳐 하류지역에 홍수를 일으킬 위험이 있다. 그리고 수위가 높아질수록 위험도 커진다. 수위가 지나치게 높아지지 않게 만드는 한 가지 방법은 수위를 점검하여 수위가 댐 꼭대기까지 차오르는 것을 경고해주는 시스템을 설치하는 것이다. 이 유추에서 물은 리비도이며 경고 시스템은 불안이다.

프로이트는 행동을 동기화시키는 세 가지 유형의 추동을 제안하였다. 첫째가 **삶 추동**(life drive 또는 성 추동)이다. 삶 추동은 프로이트에게 있어 가장 유명한 추동이다. 이 추동은 음식과 물 그리고 성적 생식과 같은 기본적인 생존과 쾌락주의적 즐거움을 반영한다. 삶 추동은 자신의 삶을 유지시키며 그 삶을 후속 세대에 전달하는 기능을 갖는다. 리비도란 삶 추동이 생성하는 에너지를 말한다. 둘째는 **죽음 추동**(death drive)이다. 삶 추동만을 가지고는 인간의 모든 행동을 설명할 수 없다고 생각한 프로이트는 1920년에 출판한 책 쾌원리를 넘어서(*Beyond the Pleasure Principle*)에서 죽음 추동을 첨가하게 되었다. 전쟁이나 천재지변과 같은 외상 사건을 경험하는 사람은 그 경험을 의식에서 되새기기 십상이라는 사실에 주목한 프로이트는 사람들이 죽고자 하는 무의식적 소망을 가지고 있으나 평상시에는 삶 추동이 이러한 소망을 가라앉힌다고 결론 내렸다. 그는 죽음 추동이 생성하는 에너지를 **타나토스**(thanatos)라고 부른다. 마지막이 **자기보존 추동**(self-preservation drive)이다. 사람들은 자신의 존재를 보존하기 위한 일련의 행동을 수행하는데, 프로이트는 이러한 행동을 삶 추동과 연관시켰다. 그렇지만 삶 추동이 종의 생존을 보장하는 것인 반면, 자기보존 추동은 개체의 생존을 보장하는 것이라는 점에서 차이가 있다.

프로이트는 정신건강과 신체건강의 열쇠가 이러한 세 가지 추동을 규칙적으로 만족시키는 것이라고 믿었다. 그런데 거기에 문

제점이 도사리고 있다. 사람들은 그저 돌아다니면서 먹고 싶은 것이라면 무엇이든지 먹을 수는 없으며, 원하는 사람이라면 누구든지 성관계를 가질 수 없고, 모욕하는 사람이라고 누구든지 때려눕힐 수는 없는 것이다. 그렇다고 걱정할 필요는 없다. 프로이트는 충동을 표출함으로써 추동을 감소시킬 수 있으면서도 덜 무모한 다른 방법을 찾을 수 있다고 말한다. 예컨대, 유머를 이러한 방식으로 사용할 수 있다. 다음의 농담을 생각해보자.

> 한 사제가 죽음을 맞이하고 있는 사내를 위한 마지막 의식을 준비하면서, 몸을 기울여 사내의 귀에 대고 이렇게 속삭인다. "악마를 비난하세요! 당신이 악마를 얼마나 하찮게 생각하는지 알게 해주세요."
>
> 죽어가는 사내는 아무 말도 하지 않는다.
>
> 사제는 명령을 반복하지만, 사내는 여전히 묵묵부답이다.
>
> 사제가 묻는다. "어째서 악마를 비난하기를 거부합니까?"
>
> 죽어가는 사내가 응답한다. "내가 어디로 갈 것인지를 알기 전에는 누구의 심기도 건드려서는 안 된다고 생각해요."

여러분은 다 읽고 나서 미소를 지었는가?

이 농담에 미소 짓거나 웃음을 터뜨림으로써 사람들은 부분적이나마 죽음 추동을 만족시킬 수 있다. 이것이 누군가를 두들겨 패거나 살인을 저지르는 것보다 훨씬 좋은 선택이라고 생각하지 않는가? 마찬가지로 성적 농담에 웃음을 터뜨림으로써 잠시나마 성 추동을 만족시킬 수 있다. 농담에 덧붙여서, 오락 매체(예컨대, 영화, 텔레비전, 비디오게임 등)도 내적 압박을 해소하는 또 다른 방법이다. 대부분의 오락 프로그램이 그토록 성적이고 폭력적인 이유가 바로 이것이다. 마지막으로 프로이트는 꿈의 분석으로 유명한데, 그 이유는 꿈이 사람들의 내적 추동을 표출하는 또 다른 방법이기 때문이다. 예컨대, 모자, 우산, 칼, 배, 상자 등과 같은 상징은 생식기관을 나타내며, 사다리나 계단을 오르는 행위는 성관계를 나타내는 것이라고 생각한다(Freud, 1920). 꿈의 진정한 의미가 사람들을 속이고 있을지라도, 프로이트는 그러한 꿈이 성적 만족감을 여전히 느끼게 해준다고 믿었다(Freud, 1915).

3.3.2 추동 개념에서 클라크 헐의 공헌

학습목표 : 추동 개념에서 클라크 헐의 공헌을 기술한다.

추동에 의존한 두 번째 주요 동기이론은 클라크 헐(Clark Hull, 1943)이 제안하였다. 나중에 훨씬 더 상세하게 헐의 추동이론을

논의할 것이며, 지금은 간략하게 소개한다. 이미 헐이 추동이론의 토대를 마련한 많은 핵심 원리들을 언급한 바 있다. 즉, 추동은 생물적 욕구가 활성화시키며 유기체는 추동을 감소시키는 행동을 하고자 동기화된다는 것이다.

헐의 추동이론(Hull's drive theory)은 유기체 행동의 강도를 추동과 습관의 곱(행동 = 추동 × 습관)이 결정한다고 주장한다. 따라서 그의 이론은 다음과 같은 두 가지 성분으로 구성되어 있다. 하나는 **불특정 각성**(nonspecific arousal)이다. 헐은 추동이 불특정 각성의 형태를 취한다고 주장하였다. 이 말은 생물적 욕구(예컨대, 배고픔, 갈증 등)가 동일한 일반화된 각성을 촉발하며, 이러한 일반화된 각성은 다시 모든 행동에 에너지를 공급하는 것이지 단지 박탈된 욕구와 관련된 행동에만 국한되지 않는다는 사실을 의미한다. 따라서 먹이가 박탈된 고양이는 더욱 적극적으로 먹이를 찾을 뿐만 아니라 더욱 적극적으로 물도 찾으며 고통에 반응하기도 한다. 다른 하나는 **습관**(habit)이다. 헐은 추동 감소가 학습과 행동의 핵심 요인이라고 생각하였다. 반복적으로 발생하는 추동에 의한 불편함을 감소시키기 위하여 유기체는 그 추동을 감소시켜 주는 보상이나 유인자극을 얻게 해주는 행위를 반복적으로 수행하게 된다. 특정 행위의 반복적인 수행을 통해서 유기체는 보상을 얻는 방식에 영향을 미치는 습관을 형성하게 된다. 예컨대, 배가 고픈 강아지에게 두 발로 설 때마다 먹이를 주게 되면, 배가 고플 때마다 먹이를 요구하는 방법으로써 두 발로 서게 될 것이다. 여기서 중요한 사실은 추동이나 습관 하나만으로는 행동이 나타나지 않는다는 점이다. 추동이 발생하였지만 습관이 형성되지 않았거나, 습관은 형성되어 있지만 추동이 발생하지 않는다면 행동은 나타나지 않는다. 헐의 '행동 = 추동 × 습관' 등식은 이 사실을 반영하고 있는 것이다.

3.3.3 본능 대 추동

학습목표 : 동기와 관련된 개념으로서 본능과 추동을 대비시킨다.

이 시점에서 여러분은 추동이 실제로 본능과 어떻게 다른지를 궁금해할는지도 모르겠다. 여러분만 그런 것은 아니다. 기능 측면에서 추동은 선행 개념인 본능과 거의 다르지 않다. 둘 모두는 대체로 자동적으로 유기체를 특정 목표로 이끌어간다. 그렇지만 본능은 생득적이고 생물적으로 주도되는 것으로 엄격하게 정의되

는 반면, 추동은 그러한 제약이 없다는 점에서 차이를 보인다. 추동을 생물적 욕구로 표현하더라도, 학습된 반응도 수반한다. 유기체는 어떤 행동이 추동을 감소시키고 어떤 행동이 그렇지 않은지를 학습해야만 하기 때문이다.

이제 추동이 본능과 어떻게 다른지를 알았다면, 도대체 동기를 설명하는 데 있어서 추동을 본능보다 더 좋은 것으로 간주하는 이유는 무엇인가? 추동이 본능보다 우위에 서는 한 가지 중요한 이점은 실험실에서 추동의 선행 요인들에는 처치를 가할 수 있는 반면에, 본능에 대해서는 그렇게 할 수 없다는 점이다. 이 말은 추동이 경험연구에 더욱 개방적이라는 사실을 의미한다. 예컨대, 여러분이 퇴근하여 집으로 돌아왔을 때 고양이가 값비싼 금붕어를 잡아먹으려고 앞발을 어항에 집어넣고 있는 것을 목격했다고 가정해보자. 본능 이론가라면 이 행동이 고양이의 '포식자 본능'을 나타내는 증거라고 말할 수 있겠지만, 그 주장이 옳은지 그른지를 검증할 방법이 없다. 추동 이론가라면 고양이가 오랫동안 먹이를 박탈당하였을 가능성이 높고, 그렇기 때문에 추동을 증가시켜 먹이를 찾게 만들었다고 말할 수 있다. 이제 여기 검증 가능한 아이디어가 하나 있다. 고양이 두 마리를 실험실로 데려와서, 한 마리는 하루 종일 굶기고 다른 한 마리에게는 먹이를 준 다음에, 굶긴 고양이가 먹이를 찾아 나설 가능성이 더 큰지를 살펴볼 수 있다. 고양이의 추동에 직접 처치를 가할 수는 없지만, 생물적 욕구를 만족시킬지 여부에는 처치를 가할 수 있으며, 그렇게 함으로써 추동의 선행 요인에 처치를 가할 수 있는 것이다.

추동이 본능보다 우위에 있는 것으로 간주하더라도, 자체적으로 몇 가지 단점을 가지고 있다. 첫 번째 비판은 일반화 가능성(generalizability)과 관련된 것이다. 추동이론을 배고픔이나 갈증과 같은 생물적 욕구에 대한 먹이나 물과 같은 1차 강화물에는 잘 적용할 수 있지만, 칭찬이나 돈과 같은 2차 강화물(조건강화물)에는 적용할 수 없다. 예컨대, 돈은 음식과 물과 같은 1차 강화물을 구입하는 데 사용할 수 있는 강력한 2차 강화물이지만, 돈 자체가 사람들의 추동을 감소시킬 수는 없다. 또 다른 비판은 학습이 일어나는 데 추동 감소가 항상 필요한 것은 아니라는 점이다. 한 연구에서 보면, 단맛이 나지만 영양가는 없는 보상(즉, 인공감미료)을 받은 쥐가 설탕을 보상으로 받은 쥐 못지않게 미로를 신속하게 달리는 것을 학습하였다(Sheffield & Roby, 1950). 이에 덧붙여서 할로우(Harlow, 1953)는 정반대되는 효과, 즉 추동의 증

가가 학습을 촉진시킬 수 있다는 사실도 보여주었다. 이러저러한 이유로 인해서 추동이론은 결국 주도적인 동기 설명에서 탈락하고 말았다.

글쓰기 과제 3.4

동물 연구 대 인간 연구
추동에 대한 많은 연구는 사람 대신에 동물을 대상으로 수행하였다. 여러분은 동물을 대상으로 수행한 동기 연구를 어느 정도나 인간에게도 적용할 수 있다고 생각하는가?

3.4 성격

학습목표 : 동기에서의 성격 차이에 대한 심리학 이론들을 대비시킨다.

클라크 헐이 자신의 추동이론을 제안하던 거의 동일한 시기에, 다른 연구자들은 동기에서의 성격 차이로 관심을 돌리기 시작하였다. 제13장에서 이 주제를 상세하게 다룰 것이기 때문에, 여기서는 몇 가지 연구만을 잠시 훑어보기로 한다.

20세기 초엽에 심리학자들은 동기에 영향을 미치는 개인차 요인 목록을 만들기 시작하였는데, 여기에는 2개의 추동(Freud, 1920), 4개의 소망(Thomas & Znaniecki, 1918), 18개의 성향(McDougall, 1932), 24개의 욕구(Murray, 1938) 등이 포함되었다. 이 시기에 동기를 엄격한 성격 조망에서 살펴보려는 최초의 연구자 중의 한 사람이 나타났다. 다윈, 맥두걸, 프로이트의 연구에 고취된 심리학자 헨리 머레이(Henry Murray)는 인간이 경험하는 모든 주요 '욕구'의 목록을 개발하는 작업에 착수하였다. 머레이(1938)는 욕구를 "특정 상황에서 특정 방식으로 반응할 잠재성이나 준비성"으로 기술하였다. 몇몇 욕구는 본능 이론가와 추동 이론가들이 이미 확인하였던 것과 동일한 생물적 욕구였다(예컨대, 먹이, 물, 산소 등). 그렇지만 다른 욕구는 독립성, 권력, 야망 욕구를 포함한 심리적인 것들이었다. 머레이는 여기서 그치지 않았다. 24개의 '심리적 욕구' 목록을 개발한 다음에, 한 개인 내에서 특정 욕구가 얼마나 강력한 것인지를 평가하기 위하여 **주제통각검사**(Thematic Apperception Test, TAT)라고 부르는 척도를 개발하였다. 매클러랜드와 애트킨슨과 같은 다른 성격 연구자들과 함께, 머레이는 특정 욕구(예컨대, 유친 욕구)가 높은 사람은 그 욕구를 충족시키는 행동(예컨대, 파티에 가는 행동)을 나타낼

그림 3.1 **매슬로우의 욕구 위계**
매슬로우의 욕구 위계는 보다 근원적인 욕구를 피라미드 아래쪽에 배치하고 있다.

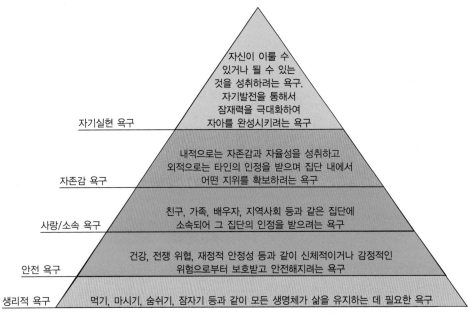

자기실현 욕구 — 자신이 이룰 수 있거나 될 수 있는 것을 성취하려는 욕구. 자기발전을 통해서 잠재력을 극대화하여 자아를 완성시키려는 욕구

자존감 욕구 — 내적으로는 자존감과 자율성을 성취하고 외적으로는 타인의 인정을 받으며 집단 내에서 어떤 지위를 확보하려는 욕구

사랑/소속 욕구 — 친구, 가족, 배우자, 지역사회 등과 같은 집단에 소속되어 그 집단의 인정을 받으려는 욕구

안전 욕구 — 건강, 전쟁 위협, 재정적 안정성 등과 같이 신체적이거나 감정적인 위험으로부터 보호받고 안전해지려는 욕구

생리적 욕구 — 먹기, 마시기, 숨쉬기, 잠자기 등과 같이 모든 생명체가 삶을 유지하는 데 필요한 욕구

매슬로우의 욕구 위계가 처음에는 그림에서 보는 바와 같이 다섯 가지 욕구로 출발하였으나, 나중에는 자존감 욕구와 자기실현 욕구 사이에 인지적 욕구와 심미적 욕구를 첨가하고, 자기실현 욕구 위에는 자기초월 욕구를 첨가하여 8단계 모형으로 확장되었다.

가능성이 더 높다는 사실을 입증하였다.

마찬가지로 에이브러햄 매슬로우(Abraham Maslow, 1943)도 인간 욕구 목록을 작성하였다. 그렇지만 앞선 연구자들과는 달리, 그는 욕구를 위계적으로 배열하였다(그림 3.1)

매슬로우는 욕구 위계에서 더 낮은 수준의 욕구를 충족시키지 않은 채 더 높은 수준의 욕구로 올라갈 수는 없다고 주장하였다. 따라서 노숙을 하며 다음 끼니를 어디서 때워야 할지 모르는 아동이 자존감 욕구를 걱정하는 사치를 부릴 수 없다. 그렇지만 모든 생리적 욕구, 안전 욕구, 사랑/소속 욕구를 만족시킨 건강하고 행복한 가정에서 살고 있는 아동은 자신의 자존감 욕구를 걱정하는 사치를 부릴 수 있는 것이다.

욕구를 위계적으로 체제화하는 것에 덧붙여, 매슬로우 이론을 그 당시의 다른 이론들과 차별화시키는 다른 요인이 그의 자기실현 욕구 범주였다. 매슬로우는 최상위 수준 욕구는 각자가 도달하려는 최선의 인물이 되려는 욕구를 나타내는 것이라고 주장하였다. 흥미롭게도 이 개념은 2,000년 전에 아리스토텔레스가 제안한 자기실현적 행복이라는 생각과 거의 동일하다.

글쓰기 과제 3.5

매슬로우의 욕구 위계 평가하기

여러분이 생각하기에 인간 동기를 주도하는 모든 생물적 욕구와 심리적 욕구의 목록을 만들어보라. 이제 여러분의 목록을 그림 3.1에 나와있는 매슬로우의 목록과 비교해보라. 여러분은 매슬로우가 빠뜨린 중요한 욕구가 있다고 생각하는가? 여러분이 포함시키지 않은 욕구를 매슬로우는 포함시키고 있는가?

3.5 유인자극

학습목표 : 동기 측면에서 유인자극의 역할을 설명한다.

이 시기에 많은 심리학자들은 마음의 추상적인 내적 상태(예컨대, 정서, 본능, 추동, 성격 등)에 의존하는 것에 좌절감을 느끼기 시작하였으며, 동기에 대하여 보다 객관적이고 과학적으로 타당한 설명을 추구하게 되었다. 이들의 해결책은 동기의 관찰 가능한 측면, 즉 행동에 초점을 맞추는 것이었다. 만일 누군가가 어떤 사람을 손바닥으로 찰싹 때리는 것을 목격한다면, 때리는 사람이 죽음 추동을 가지고 있기 때문이거나 분노를 느끼고 있기 때문에 그런 행동을 하였다고 생각할 수 있지만, 실제로 알 수 있는 것이라고는 한 사람이 다른 사람을 때렸다는 사실뿐이다. 그 사람이 화났을 수도 있지만, 친구가 웃기는 농담을 하였기에 때리는 시늉을 하였을 수도 있고, 아니면 단지 파리를 잡으려고 한 것일 수도 있다. 이 시기에 새로 출현한 학파는 이러한 사실을 인식하고, 연구자는 단지 사람들의 행동을 정확하게 관찰할 수 있을 뿐이지 그 행동의 내적 원인을 관찰할 수 있는 것은 아니라고 주장하였다. 오직 행동 연구에만 초점을 맞추었기 때문에, 새로운 학파를 **행동주의**(behaviorism)라고 불렀다. 행동주의자는 사람들이 자동판매기를 대하듯 인간을 조망한다(Tolman, 1920). 기계에 동전을 넣고 버튼을 누르면 원하는 물건을 얻게 되는데, 그 기계가 물건을 내놓기에 앞서 자신의 반응에 대해 '생각하였다'거나 '기분이 좋아서' 물건을 제공하였다고 가정할 필요가 없다는 것이다.

행동주의(또는 연합주의) 접근에서 핵심적인 동기 성분 중 하나가 유인자극 개념이다. **유인자극**(incentive)이란 유기체로 하여금 특정 행동을 수행하도록 동기화시키는 외부 자극을 지칭한다(Spence, 1956). 예컨대, 아동에게 구구단을 외우면 과자를 주겠다고 약속한다면, 그 과자는 아동으로 하여금 원하는 행동을 하도록 만들었기 때문에 유인자극으로 작용하는 것이다. 추동이론은 배고픔이 아동으로 하여금 원하는 행동을 하도록 **밀어붙였다**고 주장하는 반면, 유인자극 이론은 과자의 유인가치가 아동으로 하여금 그 행동을 하도록 **끌어들였다**고 주장한다. 중요한 사실은 유인자극이 생득적이지 않고 학습된 것이기 때문에, 바람직한 것

으로 경험하게 되는 한에 있어서 실제적으로 어느 것이든 유인자극으로 사용할 수 있다는 점이다. 과자를 주는 대신에 칭찬을 해준다면, 비록 생물적 욕구를 충족시키지는 않는다고 하더라고 유인자극으로 작용할 수 있다. 만일 과거에 아동이 나무로 만든 동전이 무엇인가 즐거운 것과 연합되었다는 사실을 학습할 기회가 있었다면, 아동에게 그 나무 동전을 주는 것과 같이 명확하지 않은 것도 보상으로 사용할 수 있다.

유인자극의 중요성 유인자극이 동기 연구에서 중요한 한 가지 이유는 학습 과정에서 통합적 역할을 담당하기 때문이다. 손다이크의 **효과의 법칙**(law of effect)에 따르면, 특정 상황에서 나타낸 여러 반응 중에서, 유인자극이 즉각 뒤따르는 반응이 다른 반응들보다 그 상황과 연합될 가능성이 크다(Thorndike, 1905). 유기체가 동일한 상황에 다시 처하게 될 때, 그 반응은 다시 일어날 가능성이 커지게 된다. 따라서 신문을 가져옴으로써 유인자극을 받은 강아지는 장차 이 행동을 계속할 가능성이 크다. 물론 그렇게 하도록 학습하였기 때문이다.

고전에 해당하는 연구 하나를 보자(Tolman & Honzik, 1930). 이 연구는 학습에서 유인자극의 중요성을 입증한 초기 연구 중의 하나이다. 쥐들이 동일한 미로를 10회 달렸다. 어떤 쥐는 미로를 달린 대가로 매번 유인자극(예컨대, 먹이)을 받았으며, 다른 쥐는 그렇지 않았다. 이제 11번째 시행에서 모든 쥐가 미로를 한 번

그림 3.2 미로 학습에서 유인자극의 효과

쥐들이 다양한 유인자극 조건에서 미로를 달렸다(Tolman & Honzik, 1930). 모든 시행에서 유인자극(즉, 먹이)을 받지 못한 쥐가 마지막 시행에서 가장 많은 오류를 범하였다. 11번째 시행에서 갑자기 유인자극이 제거된 쥐가 마지막 시행에서 더 많은 오류를 범한 반면, 11번째 시행에서 갑자기 유인자극을 받은 쥐는 마지막 시행에서 오류를 더 적게 범하였다.

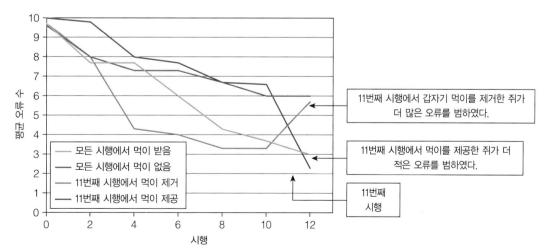

너 달렸다. 앞서와 마찬가지로 절반의 쥐는 먹이를 받았고 나머지 절반의 쥐는 그렇지 못하였지만, 앞선 10회 시행의 유인자극 조건을 교차시켰다. 따라서 어떤 쥐는 11회 시행 모두에서 먹이를 받았으며, 다른 쥐는 한 번도 먹이를 받지 못하였다. 또 다른 쥐들은 처음 10회 시행에서는 먹이를 받았지만 11번째 시행에서 받지 못하거나, 처음 10회 시행에서는 먹이를 받지 못하였지만 11번째 시행에서 갑자기 먹이를 받았다. 결과는 쥐가 미로를 학습하는 데 유인자극이 얼마나 강력하게 작용하는지를 명확하게 보여주었다(그림 3.2).

여러분도 예상하였겠지만, 11회 시행 모두에서 먹이를 받았던 쥐가 모든 시행에서 먹이를 받지 못하였던 쥐보다 오류를 덜 범하였다. 그렇지만 유인자극의 유무가 뒤바뀐 두 집단이 보여준 행동이 더욱 흥미진진한 것이었다. 11번째 시행에서 갑자기 먹이를 제공받지 못한 쥐의 수행이 더 나빠졌다. 반대로 11번째 시행에서 갑자기 먹이를 제공받은 쥐의 수행이 더 좋았다. 따라서 유인자극이 변함에 따라서 수행도 변한 것이다. 이 결과가 대단한 것처럼 보이지 않을지도 모르겠지만, 수 세기에 걸쳐 어떤 요인이 행동을 동기화시키거나 시키지 않는지에 대해 의견 일치를 보지 못한 끝에, 드디어 유인자극의 변화가 동기 행동의 변화를 초래한다는 사실을 의심의 여지없이 보여준 과학 연구를 수행한 것이다.

∨ 이 절이 끝날 무렵에 여러분은 다음에 답할 수 있을 것이다.

3.5.1 유인자극 개념에서 톨먼의 공헌을 기술한다.

3.5.1 유인자극에서 에드워드 톨먼의 공헌

학습목표 : 유인자극 개념에서 톨먼의 공헌을 기술한다.

톨먼의 초기 연구가 행동주의 기준에 잘 들어맞는 것이기는 하지만, 인간과 동물의 심적 과정이 동기에서 통합적 역할을 담당한다고 주장함으로써 그는 당시의 엄격한 행동주의에서 벗어났다. 엄격한 행동주의자는 관찰 가능한 행동에만 초점을 맞추었기 때문에 사고와 같은 내적 상태에 대해서는 언급하지 않았다는 사실을 기억하기 바란다. 그렇지만 톨먼(Tolman, 1932)은 자신의 연구에 참여한 쥐들이 무엇인가를 생각하고 기억해내는 것처럼 행동한다는 사실을 인식하기 시작하였다. 예컨대, 한 연구에서 톨먼은 쥐가 먹이를 충분히 먹은 후에 미로를 탐색하도록 하

였는데, 이것은 미로의 도착지점에 있는 먹이의 유인가치가 그렇게 높지 않다는 사실을 의미하였다(Tolman, Ritchie, & Kalish, 1946a, 1946b). 행동주의의 기본 원리에 따르면, 이 경우에는 학습이 이루어지지 않아야만 한다. 시간이 경과한 후 이번에는 쥐가 배고픈 상태에서 미로를 다시 달리도록 하였을 때, 톨먼은 쥐가 오류 없이 완벽하게 달린다는 사실을 발견하였으며, 이 결과는 쥐가 초기 시행에서 미로를 학습하였음을 시사하는 것이었다.

이러한 결과에 근거하여 톨먼은 잠재학습 개념을 제안하였다. **잠재학습**(latent learning)이란 명백한 유인자극 없이 일어나기 때문에 즉각적으로 표현되지 않는 학습이다. 톨먼이 소개한 두 번째 개념은 **기대성**(expectancy), 즉 행동이 성공적일 것이라고 지각하는 가능성이다. 톨먼은 만일 맛있는 먹이 보상을 사용하여 쥐가 미로를 달리도록 훈련시킨 다음에 맛없는 보상으로 교체하면, 쥐가 혐오 신호를 나타낸다는 사실에 주목하였다. 톨먼의 해석은 쥐가 맛있는 보상을 기대하게 되었으며 그 기대가 충족되지 못할 때 실망하게 된다는 것이었다.

기대성 개념을 초기 유인자극 연구와 결합함으로써, 톨먼은 오늘날에도 여전히 사용하고 있는 강력한 이론을 개발하였다. 구체적으로 톨먼(1955)은 **기대성 가치 이론**(expectancy-value theory)의 토대를 마련한 아이디어를 제안하였으며, 이 이론은 행동이 기대성과 **가치**(value, 즉 결과의 바람직한 정도에 대한 지각)의 상호 기능에서 초래된다고 주장한다. 이 이론에 따르면, 사람들은 기대성과 가치가 높을 때 더 많이 동기화되며 기대성과 가치가 낮을 때 덜 동기화된다. 예컨대, 마라톤 선수가 성공에 대한 높은 기대성을 가지고 있으며(완주할 가능성이 높다) 결과에 높은 가치를 부여한다면(완주한다는 것은 정말로 기분 좋은 일이다), 그렇지 않은 선수보다 달리고자 하는 동기가 더 높을 것이다.

오늘날에는 인지가 인간 행동을 설명하는 통합적 요인이기 때문에 톨먼 연구가 신기원을 이룩한 획기적인 작업처럼 보이지 않을지도 모른다. 그렇지만 톨먼이 활동하던 시대에는 결코 쉬운 일이 아니었다. 쥐는 접어둔다고 하더라도, 생각을 하는 인간이라는 아이디어가 그 당시에는 일종의 금기였다(Tolman, 1952). 톨먼은 비록 그 사실을 깨닫지는 못하였지만, 심리학의 전체 모습을 완전히 뒤바꾸어버린 인지혁명의 불씨를 제공하였던 것이다.

동기 교과목의 기대성과 가치

이 동기 교과목을 잘 해내겠다는 여러분의 목표를 생각해보라. 이 교과목에서 여러분이 A학점을 받을 가능성이 얼마나 된다고 생각하는지를 5점 척도(1 : 가능성이 전혀 없다, 5 : 가능성이 매우 높다)에서 평정해봄으로써 그 목표를 달성하려는 여러분의 기대성을 추정해보라. 그리고 이 교과목에서 A학점을 받는 것이 얼마나 이로운 것인지를 5점 척도(1 : 전혀 도움이 되지 않는다, 5 : 매우 도움이 된다)에서 평정해봄으로써 목표 달성의 가치를 추정해보라. 이제 여러분이 그러한 기대성과 가치에 어떻게 도달하게 되었는지를 생각해보라. 다시 말해서 어떤 정보에 의존하여 그렇게 추정하였는가? 두 추정치 중에서 어느 것이 여러분의 행동을 동기화시키는 데 더 중요하다고 생각하는가? 그리고 그 이유는 무엇인가?

3.6 인지

학습목표 : 행동을 설명하는 데 있어서 사고 또는 인지가 어떤 핵심 역할을 담당하는지를 평가한다.

행동주의가 주도하던 시대에 소수의 용기 있는 연구자가 학습과 유인자극이 모든 행동을 설명한다는 주장에 의문을 제기하기 시작하였다. 이 연구자들은 사고나 인지도 행동을 설명하는 데 있어서 핵심 역할을 담당한다고 주장하였다(Neisser, 1963; Simon, 1967; Taylor, 1960). 이러한 초기 인지이론가들은 자신의 아이디어를 검증하기 위하여 행동의 학습 설명과 인지 설명을 직접 대비시키는 연구를 수행하였다. 이러한 유형의 연구를 대표하는 한 가지 사례가 앞에서 보았던 기대성에 관한 톨먼 연구이다. 또 다른 사례가 인지도에 관한 톨먼(1948)의 연구이다. 쥐로 하여금 그림 3.3과 같은 미로를 달리도록 한다고 해보자.

그림 3.3 인지도 연구에 사용한 미로

쥐가 상자 A에서 출발하는 미로를 달리는데, 상자 B에 먹이 유인자극이 놓여있으며, 연구자는 쥐가 상자 A에서 상자 B까지 가는 데 걸리는 시간을 측정한다. 이제 쥐가 다시 미로를 달리는데, 이번에는 상자 C에서 출발한다. 만일 쥐가 앞에서 우회전하는 것을 학습하였다면, 상자 D에 도달하게 될 것이다. 그렇지만 만일 인지도를 형성하였다면, 쥐가 상자 B에 도달하기 위해서는 좌회전해야 한다는 사실을 알고 있을 것이다.

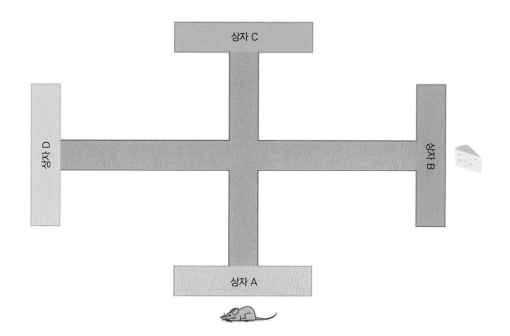

첫 번째 실험 국면에서는 쥐를 상자 A에서 출발시키고 상자 B에 유인자극(즉, 먹이)을 놓아둔 뒤 쥐가 상자 B를 찾아가는 데 걸리는 시간을 측정한다. 시행을 여러 차례 반복하면, 쥐는 안정적으로 상자 B를 찾아가게 된다.

이제 두 번째 국면에서 쥐를 상자 C에서 출발하게 한다. 만일 첫 번째 국면에서 쥐가 교차로에서 우회전하는 행동을 학습하였다면(학습 설명), 우회전하여 상자 D에 도달할 것이다. 반면에 미로의 인지도를 형성하였다면(인지 설명), 여전히 상자 B에 도달할 것이다.

결과는 어떠하였겠는가? 본문을 참조하라.

행동주의자에 따르면, 쥐가 학습한 것은 출발상자를 떠난 후 '우회전' 반응이 먹이 보상을 얻게 만든다는 것이다. 그렇지만 톨먼은 쥐가 미로의 **인지도**(cognitive map) 또는 심적 표상을 형성하면, 보상을 찾기 위하여 그 지도를 사용한다고 주장하였다. 실제로 톨먼은 미로를 이미 학습한 소수의 똑똑한 쥐가 출발상자 A의 칸막이를 기어 올라가 상자 B의 꼭대기로 직접 달려간 후에, 칸막이를 내려와서 먹이를 먹는 장면을 관찰한 후 이러한 아이디어에 도달하게 되었다. 마치 쥐가 미로 바깥에 있을 때조차도 먹이를 찾아내는 방법을 알고 있는 것처럼 보였던 것이다! 그런데 문제는 우회전 설명과 인지도 설명이 모두 쥐의 미로학습을 똑같이 잘 설명하고 있다는 점이었다. 그렇지만 바로 이것이 인지이론가들의 현명함을 보여준 시점이었다. 톨먼의 후계자들은 인지도 아이디어를 검증할 간단한 연구를 고안하였다. 우선 쥐를 상자 A에서 출발시키고 상자 B에 먹이를 두는 방식으로 미로를 달리게 하였다. 쥐가 적절한 반응을 학습한 후에 또 다른 시행을 실시하였는데, 이번에는 쥐를 상자 C에서 출발하게 하였다. 만일 쥐가 '우회전'만을 학습하였다면, 상자 D에 도달하게 된다. 그렇지만 만일 쥐가 마음에 인지도를 형성하였다면, 상자 A가 아니라 C에서 출발하였다는 사실을 알고 있을 것이기에 먹이를 찾기 위해서는 우회전이 아니라 좌회전을 해야 한다는 사실도 알고 있을 것이다. 쥐가 어떻게 반응하였겠는가? 여러분도 추측하였겠지만, 대부분의 쥐는 좌회전해서 상자 B로 달려감으로써 톨먼의 인지도 개념을 지지하였다.

▼ **이 절이 끝날 무렵에 여러분은 다음에 답할 수 있을 것이다.**

3.6.1 동기 연구에서 인지혁명을 분석한다.

3.6.1 동기 연구에서 인지혁명

학습목표 : 동기 연구에서 인지혁명을 분석한다.

톨먼을 비롯한 초기 선구자들이 찾아낸 인지에 대한 증거는 누적되기 시작하여 1970년대에는 결정적인 순간에 도달하게 되었다. 이것은 동기 분야를 포함하여 많은 심리학 분야에 스며든 소위 '인지혁명'의 출발이 되었다(D'Amato, 1974; Dember, 1974; Gardner, 1985; Heckhausen & Weiner, 1972). 이 당시 동기 설명은 분명하게 심성적인 것이었으며, 목표, 귀인, 기대성, 계획, 자기신념, 자기개념 등과 같은 아이디어를 포함하고 있었다(예

컨대, Bandura, 1977; Heckhausen, 1973; Markus, 1977; Miller, Galanter, & Pribram, 1960; Weiner, 1972a). 동기 연구자들은 쥐에게서 먹이를 박탈하고 미로를 달리게 하는 대신에, 사람들에게 특정 목표를 부여하거나 목표에 대한 긍정적이거나 부정적 피드백을 제공하고는 그 사람들의 과제 수행을 분석하였다(Weiner, 1990). 연구의 초점은 동물과 인간이 유사한 측면에서 벗어나 인간만의 독특한 측면에 맞추어졌다.

이러한 인지혁명은 다음과 같은 두 가지 방식으로 동기 연구에 영향을 미쳤다.

- 한편으로 1970년대에 처음으로 발전하기 시작한 이론들이 오늘날 동기를 조망하는 방식의 기틀을 마련하였다. 여러분은 이 책에서 이러한 많은 이론을 공부하게 될 것인데, 몇 가지 이론을 소개하면 내재적 동기와 외재적 동기(Deci, 1975), 몰입(Csikszentmihalyi, 1975), 기대성-가치 이론(Vroom, 1964), 목표 설정 이론(Locke & Latham, 1990) 등이다. 만일 인지혁명이 일어나지 않았더라면, 오늘날 동기 연구는 꽤나 다른 모양새를 나타내고 있었을 것이다(Hassin, 2008; Higgins & Sorrentino, 1990; Sorrentino & Higgins, 1986).

- 다른 한편으로, 심리학은 인지혁명 시기에 인지에 지나치게 초점을 맞추었기 때문에 인간 행동에 대한 동기적 설명, 의지적 설명, 정서적 설명 등을 고려하지 못하게 되었다. 이제 동기는 더 이상 학교 운동장에서 가장 인기 있는 아이와 같은 존재가 아니었으며, 운동장의 어두운 구석으로 쫓겨난 신세가 되고 말았다. 여러 가지 측면에서 이 시기의 동기 연구는 와해되었고 10여 년 동안 그 신세를 면치 못하였다. 그렇다고 해서 동기 이론가들이 완전히 사라졌다는 뜻은 아니다. 이들은 이 위기 상황을 극복하고 적응하기 위한 한 가지 방편으로 심리학의 다른 하위 분야들로 끼어들기를 시도하였다. 심리학에서 더 이상 핵심 분야의 위치를 갖기 못하게 된 동기는 산산조각이 난 채 바람에 실려 사회심리학, 교육심리학, 성격심리학, 발달심리학 등과 같은 분야에 도달하게 되었다. 같은 시기에 응용연구자들은 폭식, 작업 생산성, 학업 성취 등과 같은 구체적 문제의 측면에서 동기를 살펴보고 있었다(예컨대, Locke & Latham, 1984; Polivy & Herman, 1985; Weiner, 1975). 따라서 동기는 어느 분야에도 존재하고 있으면서 동시에 어디에도 존재하지 않는 신세가 되고 말았다.

이 시기에는 동기를 흔히 '사회 동기'라는 표현 속에서 논의하기 십상이었는데, 이것은 동기 연구에 대한 사회심리학의 점증하는 영향력을 반영하는 것이었다(Berkowitz, 1969; Brody, 1980; Cooper & McGaugh, 1963; DeCharms & Muir, 1978; Geen, 1991; Murphy, 1954; Pittman & Heller, 1987; Reykowski, 1982). 이 시기에 동기가 사회심리학 속에 자리 잡게 되었다는 사실은 맥두걸(1908)이 거의 80년 전에 자신의 첫 번째 사회심리학 교과서에서 한 장(chapter) 전체를 동기에 할애하였다는 사실을 떠올리게 만든다. 오늘날에도 많은 유명한 사회심리학 핸드북이 동기라는 주제에 몽땅 할애한 장을 포함하고 있다(예컨대, Pittman, 1998; Bargh, Gollwitzer, & Oettingen, 2010).

글쓰기 과제 3.7

인지혁명 이후

여러분이 생각하기에 심리학에서 인지혁명이 초래한 모든 장단점을 나열해보라. 전반적으로 볼 때 장점이 단점을 능가한다고 생각하는가, 아니면 그 반대라고 생각하는가? 여러분이 생각하기에 심리학에 극적인 영향을 미칠 것이며 새로운 혁명을 초래할 새로운 것은 무엇이겠는가?

3.7 동기과학의 흥망성쇠

학습목표 : 동기과학을 널리 퍼뜨리게 만든 원인들을 분석한다.

역사적 개관을 통해서 볼 수 있는 바와 같이, 동기에 대한 관심은 시대를 거치면서 흥망성쇠를 거듭하였다. 사람들은 동기에 관한 물음을 항상 던져왔지만, 1920년대에 들어와서야 비로소 동기가 심리학 내에서 독자적인 분야로 자리 잡게 되었다. 그 당시 심리학의 주도적 접근으로 출현한 행동주의 이론에 불만을 품은 소수의 동기 연구자들이 심리학에서 새로운 분야를 주창하고 나섰다. 혹자는 이것을 '역동심리학(dynamic psychology)'이라 부르자고 제안하였다(English, 1921; Wells, 1913, 1916; Woodworth, 1918, 1926, 1930). 다른 연구자는 '목적심리학(purposive psychology)' 이라 부르자고 제안하였다(Tolman, 1928; McDougall, 1924). 어떤 의미에서 역동심리학과 목적심리학은 모두 동기 분야를 기술하는 상이한 표지에 불과하다(Boring, 1950). 희망사항은 동기가 심리학 분야에서 핵심 역할을 담당하게 만들려는 것이었다. 심리학 저널은 동기라는 주제에만 집중적으로 초점을 맞출 수 있었다. 학생들은 대학원에 진학하여 동기심리학으로 박사학위를 받을 수 있었다. 총체적으로 볼 때, 동기가 심리학 분야에서 대표는

아니라고 하더라도 하나의 주도적인 세력으로 자리 잡을 것처럼 보였다.

그렇지만 이러한 비전이 결코 열매를 맺지는 못하였다. 1950년대와 1960년대에 행동주의와 인지주의라는 주도적 세력이 동기를 엄습하여 산산조각 내버렸다(Bolles, 1967; Cofer & Appley, 1964; Harber, 1966; Stevens, 1951, 1988). 1970년대에는 많은 주도적인 심리학자들이 동기 분야는 곧 사라지고 말 것이라고 생각하였다(Ryan, 2007; Sorrentino & Higgins, 1986). 그 증거로 네브래스카 동기 심포지엄(Nebraska Symposium on Motivation)은 동기라는 주제를 포기하고 대신에 매년 심포지엄을 규정하는 상이한 주제를 채택함으로써 1979년에 25년 동안의 전통에 종지부를 찍었다. 이야기는 거기서 막을 내릴 수도 있었다. 1970년이라는 날짜가 하단에 새겨진 비석에서 "여기 동기 이론이 조용히 잠들다. 그는 좋은 친구였다."라고 적힌 비유적인 비문을 읽을 수도 있었다. 그렇지만 다행스럽게도 이야기가 이렇게 종료된 것은 아니다. 동기 분야가 사망한 것처럼 보이기는 하였지만, 정말로 소멸한 것은 아니었다. 실제로는 수면 아래에서 부글부글 끓고 있었던 것이다. 그리고 동기 연구는 1980년대가 시작됨과 동시에 수면을 뚫고 나와서는 많은 사람들이 '새로운 조망(New Look)'이라고 칭하는 것을 형성하게 되었다.

▼ 이 절이 끝날 무렵에 여러분은 다음에 답할 수 있을 것이다.

3.7.1 현대시기의 동기를 기술한다.
3.7.2 동기과학이 전면에 재등장하게 된 이유를 설명한다.
3.7.3 동기에 대한 새로운 조망을 기술한다.

3.7.1 현대시기의 동기

학습목표 : 현대시기의 동기를 기술한다.

동기 분야는 부활을 경험하고 있다(Ryan, 2012). 그리고 여러 가지 측면에서 동기 연구자에게 지금보다 더 좋은 시기는 결코 없었다. 심리학의 주요 영문 저널들을 훑어보라(예 : *Psychological Science, Psychological Review, Journal of Personality and Social Psychology* 등). 그러면 동기 주제에 관한 수많은 논문들을 보게 될 것이다. 동기학회(Society for the Study of Motivation)가 수행한 최근 조사에 따르면, 2010년도에 최상위 심리학 저널에 발표한 논문의 43%가 제목에 동기와 관련된 핵심단어를 포함하고 있

었다(Kruglanski et al., 2012).

이에 덧붙여서, 저널 *Motivation and Emotion*은 지난 30년에 걸쳐 영향력이 증대되어 왔으며, 동기에 관한 기초연구와 응용연구 논문들을 계속해서 발표하고 있다. 그리고 1990년에 네브래스카 동기 심포지엄 조직위원회는 동기라는 주제로 되돌아가기로 결정하고, 앨버트 반두라, 캐럴 드웨크, 버나드 와이너, 에드워드 드시, 리처드 라이언 등과 같이 동기심리학 분야에서 가장 유명한 학자들을 초대하여 글을 실었다. 여러분이 지금은 이러한 이름을 알아보지 못할 수도 있겠지만, 이 책을 마무리할 즈음에는 그 이름이 매우 친숙하게 들리게 될 것이다. 동기 분야의 위상을 염려한 조직위원회는 이러한 유명 심리학자들에게 **심포지엄**이 다시 동기라는 주제에만 전적으로 초점을 맞출 수 있을 만큼 동기 분야가 강력해지고 성숙하였는지를 물었다. 그 반응은 압도적으로 '그렇다'는 것이었다. 마침내 2014년에는 동기과학의 진보(*Advances in Motivation Science*)라는 제목이 붙은 여러 권의 책이 새로운 시리즈로 출판되었으며(Elliot, 2014), 동기 분야에서 국제적으로 인정받고 있는 전문가들의 최첨단 연구들을 소개하고 있다.

동기가 단지 과학자와 연구자들 사이에서만 인기를 끌게 된 것은 아니다. 사회도 동기라는 주제를 재발견하고 있다. 자조 서적들은 사람들이 다이어트를 지속하거나, 의지력을 재점화하거나, 심리학자들이 실험실에서 검증한 동기 원리를 사용하여 백만장자가 되도록 도와줄 수 있다는 사실을 보여주고 있다. 대중 매체들도 댄 길버트와 로이 바움에이스터 등과 같은 동기심리학자들이 자신의 연구가 어떻게 사람들의 일상 삶에 영향을 미치며 그 삶을 개선시킬 수 있는지를 논의하는 특집기사와 프로그램을 자주 만들고 있다. 동기 연구의 역사 전체를 통틀어서 동기 분야가 지금처럼 흥미진진하고 가능성으로 충만한 적은 결코 없었다.

요컨대, 동기에 대한 관심사가 증가한 것과 연관된 여러 가지 이유가 있었다. 한 가지 이유는 진화심리학과 비교문화심리학의 인기가 증가한 것과 관련이 있다(Ryan, 2007, 2012). 얼핏 보면 두 접근은 상호 양극단의 대척점에 위치하고 있는 것처럼 보인다. 전자는 모든 인간이 공유하는 공통성에 초점을 맞추고, 후자는 인간문화 간의 차이점에 초점을 맞추고 있는 것처럼 보인다. 그렇지만 두 접근은 모두 행동을 주도하는 데 있어서 동기와 가치 그리고 정서의 중요성에 초점을 맞추고 있다. 신경심리학과 심리신경학 테크놀로지의 발전도 동기에 대한 관심사가 증가

하는 데 일익을 담당하였다. 20세기 후반부터 의공학 분야가 발전하면서, 살아있으면서 활동하고 있는 두뇌의 영상을 직접 들여다볼 수 있게 되었다. 예컨대, 컴퓨터 단층촬영법(CT), 혈관촬영법(angiography), 자기공명 영상법(MRI), 양전자 단층 촬영법(PET), 경두개 자기자극법(TMS), 뇌자도(MEG) 등을 비롯하여, 최근에는 기능성 경두개 토플러 초음파 검사법(fTCD)이나 근적외선 분광법(NIRS) 등이 개발되어 활동하고 있는 두뇌의 구조와 기능을 들여다볼 수 있게 되었다. 이에 따라 동기와 정서 과정과 관련된 두뇌영역이나 신경회로에 대한 관심사가 점증하고 있다. 앞 문단에서 언급한 동기의 실제적 적용에 대한 인식도 동기에 대한 관심이 증가하게 된 이유라고 할 수 있다.

3.7.2 동기 연구가 부활한 이유

학습목표 : 동기과학이 전면에 재등장하게 된 이유를 설명한다.

동기가 부활하여 인기를 끌게 된 이유는 무엇인가? 아마도 현대의 동기 연구가 다음과 같은 특징들을 가지고 있기 때문일 것이다. 가장 중요한 이유는 동기 연구의 학제적 특징이겠다. 현대의 동기 분야는 독자적인 분야로 홀로 존재한다기보다는 사회심리학, 발달심리학, 교육심리학, 인지심리학, 임상심리학, 성격심리학, 산업/조직심리학 등을 포함한 다른 심리학 분야들과의 연대에 의존하고 있다. 나아가서 동기는 심리학의 경계를 넘어 확장되어 왔으며, 정치학, 마케팅, 의학, 법학, 경영학, 교육학, 기업가 정신 등과 같은 다른 응용분야에 스며들었다. 그렇지만 동기에 대한 핵심적 기초연구 대부분은 사회심리학 분야에 자리 잡고 있다. 동기 연구의 학제적 특징은 융합이나 통섭을 강조하는 오늘날의 시대정신과 잘 맞아떨어진다.

두 번째로는 동기의 복잡성에 대한 인식이다. 동기는 단순히 본능이나 추동 또는 유인자극에 국한되는 것이 아니라 생리적 특성, 정서, 의지, 인지 등을 수반하는 복잡한 과정이라는 인식이 심리학에서 보편화됨으로써, 밝혀낼 새로운 도전거리로 부상하게 되었다. 세 번째로는 동기의 복잡성을 인식함에 따라 연구자들은 경험과학이 다루기 어려운 거대 담론에서 벗어나고자 시도하게 되었다. 따라서 특정 유형의 행동을 설명하는 다양한 요인을 살피는 이론, 즉 중범위 이론에 초점을 맞추고, 동기 연구를 다시 심리학 실험실로 되돌릴 수 있게 되었다. 네 번째로는 목표

를 접근하거나 회피하려는 미래 결과의 인지 표상으로 정의하고, 사람들의 삶에서 목표의 설정, 그 목표를 달성하려는 계획의 수립, 계획의 실제 수행 등이 무엇보다도 중요하다는 사실을 인식하고 강조하게 되었다. 마지막으로, 행동주의가 출현하고 부상함에 따라서 심리학 분야에서 사라졌던 의지 개념이 인지혁명과 함께 부활하게 되었다. 동기 연구자들은 의지를 조작적으로 정의하고, 실험실에서 인간 행동에 미치는 의지력의 영향을 밝히려는 연구를 수행하고 있다.

3.7.3 동기에 대한 새로운 조망

학습목표 : 동기에 대한 새로운 조망을 기술한다.

현대의 동기 분야는 50년 전과 지극히 다른 모습을 갖추고 있으며, 심지어 20년 전과도 큰 차이를 보이고 있다. 이러한 사실은 많은 연구자들로 하여금 동기에 대한 새로운 접근을 '새로운 조망(New Look)'으로 기술하도록 이끌어왔다(Dember, 1965; Ryan, 2007). 동기 연구에서 이러한 새로운 조망은 여러분이 이 장에서 공부한 낡은 접근들과 차별화시키는 여러 가지 특징을 가지고 있다. 여러분은 후속하는 여러 장에서 새로운 조망에 따른 동기 연구의 매혹적인 내용들을 접하게 될 것이다.

동기 연구가 부활한 근본적 이유

현대의 동기 연구가 제자리를 찾게 된 다섯 가지 원인을 제시하였다. 이것들 중에서 여러분이 생각하기에 동기의 부활에 가장 중요한 역할을 한 원인 하나를 선정하고 그 이유를 설명해보라.

요약 : 동기의 심리학적 기원

3.1 의지

- 의지는 행위자가 제약을 받지 않으면서 선택하는 능력으로 정의한다.
- 빌헬름 분트는 의지를 필요로 하지 않는 비자발적 행위(습관)는 항상 처음에 상당한 의지를 요구하는 자발적 행위로부터 진화한다고 믿었다.
- 윌리엄 제임스는 행동이 때로는 관념운동성 행위의 함수라고 주장하였다. 개인의 움직임(운동)은 그 운동에 대한 사고(관념)에 의해서 자동적으로 만들어진다는 것이다. 그러한 행동은 자동적으로 일어나며 의지를 필요로 하지 않는다. 다른 경우에 행동은 자발적이다. 자발적 행동은 2개의 경쟁적인 생각 간에 갈등이 일어날 때 발생한다. 이 상황에서 개인은 우선 행동 대안들에 관하여 생각해야 하며(숙고 단계), 그런 다음에 어느 대안을 따를 것인지를 결정하게 된다(결심 단계).
- 제임스는 두 가지 유형의 의지를 구분하였다. 수행의지는 긍정적 결과를 추구하는 것인 반면, 기피의지는 부정적 결과를 회피하는 것이다. 수행의지가 지나치게 높고 기피의지가 충분하지 않은 사람(즉, 충동적인 사람)은 폭발적 의지의 어려움을 겪는다. 기피의지가 지나치게 높고 수행의지가 낮은 사람은 제약적 의지의 어려움을 겪는다.

- 루트비히 랑게는 동기 연구에서 최초의 실험을 수행하였다. 그는 사람들이 어떤 자극(예 : 벨소리)에 대한 예상반응에 주의를 기울일 때보다 그 자극 자체에 주의를 기울일 때 반응이 느리다는 사실을 찾아냈다.
- 나르지스 아흐는 의지에 관한 실험연구를 정립하였다. 그는 어떤 습관을 극복하려면 의지의 강도가 습관의 강도보다 강력해야만 한다는 사실을 밝혔다. 아흐는 이 원리를 연합적 등가물이라고 지칭하였다.
- 안드레아스 힐그루버는 동기의 난이도 법칙을 정립하였다. 과제 난이도의 증가는 자동적으로 사람들이 그 과제에 투여하는 노력의 양을 증가시킨다는 것이다.

3.2 본능

- 결정론은 이미 결정되어 있는 어떤 원인이 (인간 행동을 포함한) 모든 것을 결정한다고 주장한다. 본능은 그러한 결정론의 한 가지 형태를 대표하며, 행동은 특정 결과에 접근하거나 그 결과를 회피하려는 생득적 성향에 의해 동기화된다고 주장한다.
- 윌리엄 제임스는 심리학에서 본능을 유행시킨 최초의 연구자였으며, 본능 목록(예 : 경쟁, 사냥, 공포, 놀이 등)도 작성하

였다.

- 윌리엄 맥두걸은 모든 인간 행동이 특정 반응으로 이끌어가는 기본적인 동물 충동의 결과라고 주장하였다. 맥두걸은 18가지 본능 목록(예 : 호기심, 호전성, 먹이 찾기 등)을 개발하였다.
- 맥두걸은 본능이 특정 대상에 주의를 선택적으로 집중하게 만드는 방식으로 인지에 영향을 미치며, 특정 행위를 위한 에너지와 방향성을 제공함으로써 행동에 영향을 미치고, 정서에도 영향을 미친다고 주장하였다. 모든 본능 각각에는 상응하는 정서가 있다고 생각하였다(예 : 도망가기는 공포를 촉발한다).

3.3 추동

- 추동은 생물적 욕구가 박탈되었을 때, 다시 말해서 먹이, 물, 성적 자극 등이 박탈되거나 고통에 노출되었을 때, 유기체에게 일어나는 일종의 각성이나 에너지로 정의한다.
- 추동은 여러 가지 중요한 자질을 가지고 있다. (1) 추동은 욕구 박탈로 시작된다. (2) 높은 수준의 추동은 혐오적이기 때문에 유기체는 항상 추동을 감소하고자 노력한다. (3) 모든 행동은 추동을 감소하려는 시도로 해석할 수 있다. (4) 추동 감소를 수반하는 행동은 강화되기 때문에 추동을 학습의 필요조건으로 만든다.
- 지그문트 프로이트는 행동을 동기화시키는 세 가지 추동을 제안하였다. 삶 추동(리비도)은 기본적인 생존 욕구, 먹이와 물 그리고 생식과 같은 쾌락적 즐거움을 반영한다. 죽음 추동(타나토스)은 자신의 필연적인 죽음을 자각함으로써 작동하며, 공격성과 폭력과 같은 자기파괴 행동을 반영한다. 자기보존 추동(자아)은 신체적 위협과 심리적 위협으로부터 자신을 보호하려는 욕망을 반영한다.
- 클라크 헐의 추동 이론은 두 가지 독특한 측면을 도입하였다. 첫째, 추동이 불특정 각성이라고 주장하였다. 어떤 생물적 욕구(예 : 배고픔, 갈증 등)이든 간에 (단지 박탈된 욕구와 관련된 행동뿐만 아니라) 모든 행동에 에너지를 공급하는 동일한 일반화된 각성을 촉발시킨다는 것이다. 둘째, 유기체 행동의 강도는 추동과 습관의 곱이 결정한다고 주장한다(행동 = 추동 × 습관). 습관은 과거에 보상을 받았기 때문에 앞으로 일어날 가능성이 높은 행동으로 정의한다. 따라서 추동은 습관 행동에 에너지를 공급한다.

3.4 성격

- 헨리 머레이는 독립성, 권력, 야망과 같은 심리적 욕구를 포함하여 사람들이 차이를 보일 수 있는 24개 욕구의 목록을 개발하였다. 그런 다음에 욕구 강도에서 개인차를 측정하기 위하여 주제통각검사를 개발하였다.
- 에이브러햄 매슬로우는 욕구 위계를 개발하였다. 위계의 최하층에는 가장 기본적인 생리적 욕구(먹이와 성)가 자리 잡고 있으며, 안전 욕구(신체적, 재정적 안전), 사랑/소속 욕구(우정과 낭만적 친밀감), 자존감 욕구(존중과 신뢰) 그리고 자기실현 욕구(창의성, 도덕성, 논리성)가 단계적으로 존재한다. 어느 누구도 낮은 수준의 욕구를 충족시키지 못한 채 상위 수준으로 올라갈 수는 없다.

3.5 유인자극

- 행동주의 심리학자들은 동기에서 유인자극(유기체가 특정 행동을 수행하도록 동기화시키는 외부 자극)이 수행하는 역할을 살핀다.
- 손다이크의 효과의 법칙은 특정 상황에서 나타난 여러 반응 중에서, 유인자극이 즉각적으로 뒤따르는 반응이 그렇지 않은 반응보다 그 상황과 더 강하게 연합된다고 주장한다. 그리고 그러한 반응은 유기체가 동일한 상황에 다시 처하게 될 때 다시 발생할 가능성이 더 높다.
- 톨먼은 잠재학습 개념을 제안하였다. 잠재학습이란 명확한 강화물 없이 일어나기 때문에 즉각적으로 표현되지 않는 학습을 지칭한다.
- 또한 톨먼은 기대성-가치 이론의 초석이 된 아이디어도 제안하였다. 즉, 행동은 기대성(행동이 성공적일 것이라고 지각하는 가능성)과 가치(결과가 바람직하다고 지각하는 정도)의 상호 기능이 초래한다는 것이다.

3.6 인지

- 인지혁명은 두 가지 방식으로 동기 연구에 영향을 미쳤다. 첫째, 1970년대 이후에 개발한 많은 동기 이론은 행동에 대한 명백한 인지적 설명을 수반하였다. 둘째, 심리학이 지나치게 인지에 초점을 맞추는 바람에 행동에 대한 동기적 설명, 의지적 설명, 정서적 설명을 간과하게 되었다.

3.7 동기과학의 흥망성쇠

● 심리학 내에서뿐만 아니라 사회 전반에 걸쳐서 동기는 그 어느 때보다도 유행하고 있다. 한 가지 이유는 심리학에서 진화적 접근과 비교문화적 접근 모두의 영향이다. 두 번째 이유는 신경심리학과 심리신경학에서 테크놀로지의 발전이다. 세 번째 이유는 동기를 현실에 적용할 수 있다는 사실을 인식하게 된 것이다.

● 많은 연구자는 이러한 현대의 접근에 '새로운 조망(New Look)'이라는 이름을 붙였으며, 새로운 조망은 (1) 학제적 접근, (2) 동기는 생리, 정서, 의지, 인지 등을 수반하는 복잡한 과정이라는 인식, (3) 중범위 이론(즉, 특정 유형의 행동을 설명하는 다양한 요인들을 살피는 이론)들에 초점을 맞춘 것, (4) 목표(접근하거나 회피하려는 미래 결과의 인지 표상으로 정의한다)의 강조, 그리고 (5) 의지의 부활이라는 특징을 가지고 있다.

글쓰기 과제 3.9

동기의 심리학적 기원

대학원에 진학하려는 여러분의 동기를 생각해보라. 여러분이 생각하기에 이 장에서 논의한 동기 구성체(의지, 본능, 추동, 성격, 유인자극, 인지) 중에서 어느 것이 여러분의 행동을 가장 잘 설명하고 있는가? 그리고 그 이유는 무엇인가?

4

핵심 인간 동기

학습목표

4.1 인간 행동을 주도하는 핵심 동기를 분류한다.

4.2 핵심 인간 동기가 되기 위한 기준을 확인한다.

4.3 핵심 인간 동기에 대한 자기결정 이론을 평가한다.

4.4 내재적 동기와 외재적 동기를 구분한다.

헤더 애벗 이야기

헤더 애벗에게 있어서 2013년 4월 15일은 대단한 하루로 시작되었다. 연례적 전통의 일환으로, 그녀는 친구들과 보스턴 레드삭스의 홈경기를 관람하였으며, 경기가 끝난 후에는 저녁식사를 위해 보스턴 마라톤대회 결승선 바로 근처에 있는 포럼 식당으로 향하였다. 헤더가 식당으로 방향을 트는 바로 그 순간에 대단한 하루는 최악의 하루가 되고 말았다. 그녀는 갑자기 커다란 폭발음을 들었으며, 눈앞에서 피어오르는 연기를 목격하였다. 자세히 살펴보려고 몸을 틀자, 그녀 바로 옆에서 두 번째 폭발물이 터졌다. 두 번째 폭발의 위력은 너무나도 강력한 것이어서 그녀를 열려있는 식당문 안으로 내동댕이쳐 의식을 잃게 만들었다. 의식을 회복하였을 때, 그녀는 피범벅이 되어있었고 마치 불 속에 있는 것처럼 왼쪽 다리에서 엄청난 통증을 느꼈다. 그때까지 깨닫지 못하였지만, 그녀의 다리는 테러분자의 사제폭탄 파편에 맞아 치료 불가능할 정도로 상해를 입었다. 일어설 수 없던 그녀는 도와달라고 소리쳤다. 다행스럽게도 그녀 곁에 있던 에린 채텀이라는 이름의 낯선 이가 헤더의 애원을 듣고는 남편과 함께 그녀를 안전한 곳으로 옮겼다.

나흘에 걸친 세 차례의 수술을 마친 후에, 헤더는 담당의사로부터 왼쪽 다리의 무릎 아래쪽을 절단해야 된다는 이야기를 들었다. 이렇게 삶을 바꾸는 중차대한 결정을 내리는 데에는 다른 절단 환자들과의 교류가 도움을 주었다. 또한 그녀는 운명의 날에 자신을 구해준 에린 채텀과도 친밀한 관계를 맺게 되었다. 새롭게 얻은 친구들이 다리를 절단해야 된다는 고통스러운 결정을 내리는 데 도움을 주었으며, 그녀가 회복하는 데 필수불가결한 지원시스템 역할도 하였다. 그녀가 퇴원한 후에 직면한 중차대한 도전거리 중의 하나는 장애인으로서 자율성과 독립성을 유지하는 방안을 찾는 것이었다. 한 인터뷰에서 헤더는 이렇게 말하였다. "저는 식료품 가게에서 물건을 사고, 내 가방을 스스로 들고 혼자 여행을 하고 싶었습니다"(Hilmantel, 2014). 이

목표를 달성하기 위해서 헤더는 의족으로 걷는 방법을 배워야만 하였는데, 이것은 참을성을 견지하면서 엄청난 통증을 극복할 것을 요구하였다. 아무튼 그녀는 자기 자신뿐만 아니라 자신을 지원해주는 사람들을 위해서 견뎌냈다. 그녀는 이렇게 말하였다. "기부금이 이 다리(의족)를 구하는 데 도움을 주었어요… 저의 회복에 관심을 가져준 사람들이 그토록 많은데 잘 해내야지요"(Hilmantel, 2014). 불과 몇 개월 만에 헤더는 패들보드 타기와 하이힐 신기를 포함하여 그녀가 좋아하는 몇몇 활동을 재개할 수 있게 되었다.

그렇지만 헤더 이야기는 여기서 끝나지 않는다. 1년이 지나고 2014년 보스턴 마라톤대회 개최 일자가 다가오자, 헤더의 새로운 친구인 에린이 자신과 함께 마지막 800m를 달려보자고 설득하였다. 오른발에는 밝은색 운동화를 신고 왼발에는 기증받은 의족을 단 채, 결승선을 통과하면서 헤더는 두 팔을 하늘 높이 들어 올렸다. 그렇게 함으로써 그녀는 자신의 삶에서 가장 고통스럽고 삶을 뒤바꾼 한 해에 종지부를 찍었던 것이다.

헤더 애벗 이야기는 희귀하고도 도전적인 경험을 극복한 여성의 이야기지만, 무엇이 사람들을 일상의 삶에서 동기화시키는지에 관해서도 많은 것을 알려주고 있다. 부상을 극복하고 독자적인 삶으로 되돌아가겠다는 목표는 그녀가 삶의 자율성에 대한 강력한 소망을 가지고 있다는 사실을 보여준다. 의족을 차고 패들보드를 타거나 결승선을 통과하는 것과 같이, 새로운 도전거리에 맞서겠다는 목표는 그녀가 새로운 삶에서 성취감을 느끼겠다는 강력한 소망을 가지고 있음을 알려준다. 마지막으로 다른 절단환자에게서 지원 시스템을 찾으며 나중에는 다른 사람들을 위한 영감을 제공하겠다는 목표는 그녀가 다른 사람들과의 연대감을 느끼겠다는 강력한 소망을 가지고 있다는 사실을 알려준다.

이 장에서는 자율성, 유능감, 그리고 사회적 유대라는 소망이 어떻게 헤더의 행동뿐만 아니라 모든 사람의 행동을 이끌어가는 '핵심 동기'로 작용하는 것인지를 살펴본다.

4.1 핵심 동기가 인간 행동을 이끌어간다

학습목표 : 인간 행동을 주도하는 핵심 동기를 분류한다.

사람들은 무엇을 원하는가? 얼핏 보기에 이 물음에는 사람 수만큼 많은 답이 있는 것처럼 보인다. 사람들은 서로 다른 것을 원하지 않는가? 여러분이 죽기 전에 달성하고 싶은 모든 것을 적는 '버킷 리스트'(죽기 전에 해보고 싶은 일을 적은 목록)를 작성한다면 어떻겠는가? 다른 수강생의 버킷 리스트에 여러분의 것과 동일한 것이 들어있을 가능성은 얼마나 되겠는가? 달성하고 싶은 것에 대한 사람들의 목록에서 상당한 다양성을 볼 가능성이 큰 것은 사실이지만, 아마 상당한 유사성도 보게 될 것이다.

이 과목 수강생들은 추구하고 싶은 경력 유형에서 다양한 면모를 보이겠지만, 어떤 경력은 모든 사람이 추구하고자 한다. 자신이 원하는 사회생활 유형에서도 차이를 보일 것이다. 어떤 학생은 결혼하여 대가족을 이루기를 원하고, 다른 학생은 독신으로 남아 친구들과 떠나는 세계여행을 원할 수 있다. 그렇지만 모든 사람은 다른 사람들과의 유대를 경험하고자 한다. 사람의 행동을 이끌어가는 상당히 다양한 동기가 존재하지만, 사람들이 원하는 것의 대부분은 몇 가지 기본 범주로 묶을 수 있다는 것이 핵심이다. 이렇게 기본적인 범주를 **핵심 인간 동기**(core human motive)라고 부른다.

그렇다면 마땅히 던져야 할 다음 물음은 대부분의 인간 행동을 주도하는 핵심 동기는 무엇이냐는 것이겠다. 이것은 수십 년 동안 심리학자들을 괴롭혀온 물음이다. 과거에 많은 심리학자가 자신의 핵심 동기 목록을 개발하였다. 어떤 목록은 단 하나의 동기만을 포함하였지만, 다른 목록은 그 숫자가 20개까지 올라가기도 한다(Baumeister & Leary, 1995; Deci & Ryan, 2012; Fiske, 2009; Freud, 1920; Maslow, 1943; McDougall, 1932; Murray, 1938; Thomas & Znaniecki, 1918). 많은 연구자들은 이러한 동기가 단지 유기체가 원하는 것을 나타내는 것이 아니라 생존하여 성장하고 발달하기 위해 **필요한** 것을 나타내는 것이라고 주장하였다. 그러한 **욕구**(need)는 사람들로 하여금 특정 목표를 설정하

도록 밀어붙이는 압력의 내적 원천을 지칭한다.

욕구는 특정 유형의 동기이며, 사람들의 안녕감에 필수불가결하다. 식물이 생존하고 성장하기 위해서는 물과 햇빛이 필요한 것과 마찬가지로, 인간도 생존하고 번성하기 위해서는 특정한 것들이 필요하다. 기본 욕구를 충족시키지 못하면 신체질병이나 정신질환이 초래될 수 있으며, 극단적으로는 사망에 이를 수도 있다.

▽ 이 절이 끝날 무렵에 여러분은 다음에 답할 수 있을 것이다.

4.1.1 생리적 욕구 개념을 기술한다.
4.1.2 심리적 욕구 개념을 기술한다.

4.1.1 생리적 욕구

학습목표 : 생리적 욕구 개념을 기술한다.

사람들이 생존하기 위해서 필요한 것은 **생리적 욕구**(physiological need)라고 부르는 기본적인 생물적 요구사항에 바탕을 둔다. 동물과 마찬가지로 사람도 숨쉬며, 먹고, 마시며, 잠자고, 생존하여 후손을 퍼뜨리고자 원한다면 짝짓기를 해야 할 필요가 있다(Maslow, 1943; Kenrick, Griskevicius, Neuberg, & Schaller, 2010).

생리적 욕구는 결핍 상태가 주도한다. 예컨대, 오랫동안 먹지 못하였다면, 여러분의 신체는 먹을 것을 찾으려는 욕구를 점화시키는 영양부족 상태가 된다(Lowe & Butryn, 2007). 거의 모든 생리적 욕구는 **항상성**(homeostasis) 원리에 의존하는데, 이 원리는 안정적인 내적 환경을 조절하고 유지하려는 신체 시스템을 지칭한다(Cannon, 1929). 항상성은 물, 음식, 잠, 체온 등과 같은 조건에 대한 신체 조절을 책임진다. 예컨대, 체온이 너무 높게 올라가면, 신체는 몸을 식히기 위하여 땀을 흘리기 시작하고 정상 체온으로 되돌아가게 된다.

사람과 동물은 먹을 것과 물과 같은 특정한 생리적 조건에 대한 욕구를 공유한다. 그렇지만 인간은 다른 동물과 달리 자신을 훨씬 더 복잡하게 만드는 방식으로 진화하고 발달해왔다. 이 사실을 전제로 할 때, 비록 인간의 많은 동기가 생리적 욕구에 의존하며 동물과 공유한다고 하더라도, 다른 동기들은 인간 종에게만 독특할 수 있다고 가정하는 것이 논리적으로 적절해 보인다(Higgins & Pittman, 2008). 따라서 생리적 욕구가 인간 동기에서 중요하지만, 그것만이 행동을 주도하는 유일한 욕구는 아니다.

4.1.2 심리적 욕구

학습목표 : 심리적 욕구 개념을 기술한다.

생리적 욕구를 넘어선 동기의 중요성을 공식적으로 인정한 초기 심리학자 중의 한 사람이 에이브러햄 매슬로우(1984)이며, 그는 인간 행동을 주도하는 욕구 위계를 만들어냈다(그림 3.1 참조). 그는 위계의 최하단에 갈증과 배고픔과 같은 생리적 욕구를 배치하였다. 그는 기본적인 생리적 욕구를 만족해야만 더 복잡한 상위 수준 욕구로 올라갈 수 있다고 생각하였다.

오늘날에는 논쟁을 벌일만한 아이디어가 아닌 것처럼 보일 수 있지만, 매슬로우 시대에는 꽤나 급진적인 것이었다. 1940년대와 1950년대에는 생리적 욕구가 인간(그리고 동물) 행동의 유일한 1차 동기를 대표한다고 가정하였다. 존재하는 다른 동기는 어떤 것이든 1차 생리적 동기와 연합되었기 때문에 발달하는 것으로 간주하였다.

예컨대, 양육 과정에서 유아는 먹을 것에 대한 욕구를 충족시켜 주기 때문에 어머니를 우선적으로 찾는다고 주장하였다. 시간이 경과하면서 유아는 어머니를 먹을 것과 연합시키기 때문에 사회적 상호작용이 배고픔을 해소하는 만족감으로 이끌어간다는 사실을 학습한다는 것이었다. 그렇지만 매슬로우는 이러한 아이디어를 부정하였다. 그는 어머니에 대한 유아의 소망을 배고픔 이상의 것이 주도한다고 믿었다. 그는 애정과 사회적 유대감 욕구가 주도한다고 주장하였다.

Fotolia Image ID: 85860318

애정 욕구는 심리학자들이 **심리적 욕구**(psychological need)라고 부르는 것의 한 사례이다. 이러한 두 번째 유형의 인간 욕구는 특정한 심리사회적 경험을 추구하는 진화된 경향성을 지칭한다(Prentice, Halusic, & Sheldon, 2014; Sheldon, 2011). 심리적 욕구가 생물적 생존에 필요한 것은 아니지만, 정신건강, 개인적 성숙, 전반적인 안녕감 등에는 필요하다(Ryan & Deci, 2000a). 예

컨대, 사람들이 때로는 배가 고파서 먹기도 하지만, 기분이 좋아지기 위해서나 기념일이나 성취한 것을 축하하기 위해서, 아니면 다른 사람들과 사귀기 위해서도 음식을 먹는다(Exline, Zell, Bratslavsky, Hamilton, & Swenson, 2012; Lowe & Butryn, 2007). 따라서 사람들이 오직 생리적 욕구에 의해서만 먹는다고 말하는 것은 정확한 표현이 아니다.

심리적 욕구가 생리적 욕구와 어떻게 다른지를 이해하기 위해서 다음 사례를 살펴보도록 하자.

식물이 생존하려면, 물과 양분을 받아들여야 한다. 그렇지만 식물이 크게 잘 자라려면, 질소와 마그네슘과 같은 양분도 필요하다. 정원에 비료를 뿌리고 영양제를 제공하는 이유가 바로 이것이다. 마찬가지로 사람도 생존하려면 음식과 물이 필요하지만, 번성하고 행복한 삶을 영위하려면, 이렇게 기본적인 요구사항 이상의 것이 필요하다. 사람은 성취감을 느끼고, 자기 삶에 대한 개인적 제어감도 느끼며, 주변 사람들의 사랑도 느낄 필요가 있다. 어떤 면에서는 이러한 심리적 욕구가 사람들에게 정신적으로 건강한 삶을 영위하는 데 필요한 영양제를 제공하는 '심리적 비료'와 같은 것이다(Deci & Ryan, 2012; Sheldon, 2011). 음식과 물과 같은 생리적 욕구는 생명을 유지시켜 주지만, 심리적 영양제와 같은 심리적 욕구는 최적의 수행과 행복 그리고 건강을 촉진시킨다(Maslow, 1943; Sheldon, Cheng, & Hilpert, 2011). 다시 말해서, 심리적 욕구를 충족시키지 못한다고 해서 죽지는 않겠지만, 심리적 고통과 심지어는 신체적 고통도 경험하게 된다는 말이다(Maslow, 1943; Sheldon, 2011).

생리적 욕구는 동물과 사람의 동기 모두에 중요하지만(Deckers, 2005; Reeve, 2009), 현대 동기 연구는 점차적으로 인간에게 독특한 동기에 초점을 맞추어가고 있다. 그렇기 때문에, 우리도 이 책 전반에 걸쳐서 생리적 욕구보다는 심리적 욕구에 더 많은 비중을 두고 있는 것이다.

글쓰기 과제 4.1

유아의 생리적 욕구와 심리적 욕구

생후 6개월 유아의 욕구를 생각해보자. 그 유아는 어떤 생리적 욕구를 가지고 있는가? 만일 이러한 생리적 욕구를 만족시키지 않으면 유아에게 어떤 일이 일어나겠는가? 유아는 어떤 심리적 욕구를 가지고 있는가? 만일 이러한 심리적 욕구를 만족시키지 않으면 유아에게 어떤 일이 일어나겠는가?

4.2 핵심 동기의 기준

학습목표 : 핵심 인간 동기가 되기 위한 기준을 확인한다.

사람은 심리적 욕구에 토대를 두고 있는 소수의 핵심 동기를 가지고 있다는 사실을 받아들인다면, 그다음 물음은 무엇이 핵심 동기인지를 묻는 것이 된다. 이것은 오랫동안 심리학자들을 괴롭혀온 물음이었다. 문제는 모든 이론가가 핵심 동기에 관한 자신만의 목록을 가지고 있으며, 이론가들 간에 합의가 거의 이루어지지 않는다는 데 있다(Sheldon, 2011).

이 딜레마를 해소하려면, 어떤 동기가 실제로 '핵심적'인지를 객관적으로 확인할 수 있게 해주는 일련의 기준을 설정할 필요가 있다. 첫째, 핵심 동기는 그 동기를 만족하도록 설계된 목표지향 행동을 유발해야 한다(Baumeister & Leary, 1955; Fiske, 2009; Sheldon, 2011). 어떤 동기를 핵심적인 것으로 만들어주는 것이 바로 이 자질이다. 배고픔이 먹을 것을 찾도록 동기화시키는 것처럼, 핵심 동기도 심리적 욕구를 충족시키는 방법을 찾아 나서도록 동기화시켜야 한다. 이 기준의 한 가지 함의는 이러한 심리적 동기의 결손이 사람들로 하여금 그 결손을 해소하는 방법을 찾아 나서도록 동기화시켜야 한다는 것이다(Baumeister & Leary, 1995). 예컨대, 헤더 애벗이 어쩔 수 없이 다리를 절단해야만 하였을 때, 그것이 자신의 과거 삶과 오래된 친구들과의 유대감이 줄어드는 느낌을 갖게 만들었을 가능성이 높다. 사회적 유대감을 회복하기 위하여, 그녀는 다른 절단환자들이라는 새로운 지지집단을 찾아 나섰던 것이다. 이러한 첫 번째 기준의 또 다른 함의는 핵심 동기가 광범위한 행동을 동기화시키고 광범위한 상황에서 작동해야 한다는 것이다(Baumeister & Leary, 1995). 매우 구체적인 반응을 요구하는 동기는 핵심 동기의 정의를 만족시키지 못한다. 따라서 사람들이 격투기를 즐기려는 욕구를 가지고 있다고 말하는 것은 그 동기를 핵심적인 것으로 간주하기에는 지나치게 협의적으로 정의하는 것이다. 그렇지만 사람들이 다른 사람과 경쟁하려는 욕구를 가지고 있다고 말하는 것은 그 동기가 핵심적인 것이라는 강력한 주장을 제공하는 것이다. 이 욕구는 스포츠뿐만 아니라 다른 활동을 통해서도 충족시킬 수 있기 때문이다.

둘째, 핵심 동기는 적응적이고 이점을 가지고 있어야 한다. 그 동기가 높은 사람은 그렇지 않은 사람에 비해서 특정 상황이나 환경에 더 잘 적응하며, 외부에서 부여한 것이든 아니면 스스로 설정한 것이든 특정 목표를 더 잘 달성할 수 있어야 한다. 예컨대, 핵심 동기를 충족시키는 목표를 추구하는 사람은 그렇지 않은 목표를 추구하는 사람보다 높은 자존감과 안녕감 그리고 낮은 우울과 불안을 나타내야 한다(Ryan et al., 1999).

마지막으로 세 번째 기준은 핵심 동기가 보편적이어야 한다는 점이다. 핵심 동기는 사람들이 어떤 목표를 설정하고 그 목표를 달성하기 위해 어떤 계획을 수립하고 어떤 행위를 수행하든지 간에, 모든 문화에 걸쳐 행동에 에너지와 방향성을 제공하는 것이어야 한다. 만일 어떤 문화에서는 작동하지만 다른 문화에서는 작동하지 않는다면, 그 동기는 핵심적인 것일 수 없다.

글쓰기 과제 4.2

핵심 동기의 세 가지 기준

여러분이 방금 읽은 내용에 따르면, 핵심 동기는 동기를 부여하고, 이로우며, 보편적이어야만 한다. 그런데 모든 동기 연구자들이 이러한 세 가지 기준에 동의하는 것은 아니다. 여러분은 어떻게 생각하는가? 어떤 동기를 핵심적인 것으로 간주하려면 이 세 가지 기준을 모두 만족시켜야만 한다는 데 동의하는가? 이외에도 만족시켜야만 한다고 생각하는 부가적인 기준이 있는가? 만일 있다면 무엇인가?

4.3 자기결정 이론

학습목표 : 핵심 인간 동기에 대한 자기결정 이론을 평가한다.

이제 여러분은 연구자들이 핵심 동기를 확인하는 방법을 알게 되었으므로, 다음 단계는 어떤 잠재적 동기가 이러한 기준을 만족함으로써 '핵심 동기'라는 표지를 받을 자격이 있는지 살펴보는 것이다. 수많은 상이한 동기들을 제안해왔지만, 오직 소수만이 앞서 기술한 세 가지 기준을 모두 만족한다는 광범위한 지지를 받아왔다. 그 동기에는 자율성 욕구, 유능성 욕구, 그리고 소속감 욕구가 포함된다(Baumeister & Leary, 1995; Deci & Ryan, 2012; Fiske, 2009; Sheldon, Elliot, Kim, & Kasser, 2001; Maslow, 1943; Murray, 1938).

이러한 세 가지 욕구를 가장 직접적으로 1차적인 핵심 동기로 설정한 이론이 드시와 라이언의 **자기결정 이론**(self-determination theory, SDT)이다(Deci & Ryan, 2012; Ryan & Deci, 2000a). 이 이론은 **자율성**(autonomy), **유능성**(competence), 그리고 **소속감**(belonging) 욕구가 인간의 발달과 안녕에 필수적이기 때문에 목표를 추구하는 '정당한 이유'를 대표한다고 주장한다(Ryan & Deci, 2000a; Vallerand, 1997).

4.3.1 자기결정 이론과 목표

학습목표 : 자기결정 이론(SDT)과 목표의 관계를 기술한다.

SDT에 따르면, 모든 목표가 동등하지는 않다. 자율성, 유능성, 그리고 소속감 욕구가 주도하는 목표를 추구하는 사람은 다른 동기(예컨대, 명성, 부유함 등)가 주도하는 목표를 추구하는 사람보다 더 큰 긍정적 결과를 경험할 것으로 예상할 수 있다. 이 가정을 검증하기 위하여 한 연구에서는 참가자들에게 지난달을 되돌아보면서 자신이 경험하였던 '개인적으로 가장 만족스러웠던 사건 하나'를 기술하도록 요구하였다(Sheldon et al., 2001). 사람들이 기술한 사건은 가족, 성, 성취, 종교 등을 수반한 것들을 포함하여 다양하기 그지없었다. 그런 다음에 참가자에게 10가지 가능한 동기 목록을 주고 그 사건을 경험하는 동안 각 동기가 영향을 미쳤다고 느끼는 정도를 평정하도록 요구하였다. 연구자들은 자율성, 유능성, 소속감에 덧붙여서 신체적 성장, 안전, 자존감, 자기실현, 쾌, 금전, 인기 동기 등도 첨가하였다. 만족스러운 경험과 관련하여 가장 높은 평가를 받은 다섯 가지 동기는 다음과 같았다.

1. 자율성
2. 유능성
3. 소속감
4. 자존감(혹자는 이것을 유능성의 한 성분으로 간주한다)
5. 쾌(즉, 쾌락주의)

중요한 사실은 이러한 결과가 한국 참가자 표본에서도 반복되었다는 점이다. 그리고 유사한 후속 연구에서는 상대방에게 자율성, 유능성, 소속감을 경험하게 할 때에는 참가자들이 성관계조차도 더 좋았던 것으로 기술한다는 사실을 발견하였다(Smith, 2007)! 종합적으로 볼 때, 이 연구들은 경험이 이러한 세 가지 핵심 동기를 충족시켜 줄 때 그 경험을 더 많이 즐긴다는 사실을 지적하고 있다.

이 동기들이 더 즐거운 것이기에, 사람들이 행복을 성취하고 유지하는 것을 도와준다. 한 종단연구에서는 지역사회 성인들을 네 집단에 무선할당하였다(Sheldon et al., 2010). 각 집단에는 다음과 같이 6개월에 걸친 목표를 채택하도록 지시하였다.

1. 첫 번째 집단에는 자율성 욕구를 보다 잘 만족시킬 수 있으며 삶에서 '스스로 결정하고 선택할 수 있도록 해주는' 목표를 채택하도록 지시하였다.
2. 두 번째 집단에는 유능성 욕구를 보다 잘 만족시킬 수 있으며 삶에서 '효율적이고 능력 있다고 느끼게 해주는' 목표를 채택하도록 지시하였다.
3. 세 번째 집단에는 소속감 욕구를 보다 잘 만족시킬 수 있으며 삶에서 '중요한 타인들과 유대감을 느끼게 해주는' 목표를 채택하도록 지시하였다.
4. 마지막으로 네 번째 집단에는 이사를 하거나 외모를 바꾸거나 아니면 소유물을 교체하는 것과 같이, 삶에서 '몇몇 중요한 상황을 변화시킬 수 있게 해주는' 목표를 채택하도록 지시하였다.

앞의 세 집단은 핵심 동기 중의 하나를 충족시키도록 계획된 목표를 채택한 반면, 마지막 집단은 그렇지 않다는 사실에 주목하라. 6개월이 경과한 후에, 연구자들은 연구의 시작 시점과 종료 시점에서 참가자들의 행복 정도가 얼마나 많이 변화하였는지를 측정하였다(그림 4.1 참조).

결과의 전반적인 패턴은 핵심 동기와 맞물린 목표는 좋든 나쁘든 행복감에 강력한 영향을 미친다는 사실을 보여준다. 그러한 목표에서 긍정적인 진전이 있을 때에는 행복감이 증가하며, 진전이 없을 때에는 행복감이 줄어든다. 그렇다면 이러한 핵심 동기와 무관한 목표를 추구할 때(즉, 이 연구에서 네 번째 집단)에는 어떤 일이 일어나는가? 이 집단의 경우에는 행복감이 별로 변하지 않았다. 따라서 목표 달성에 성공한다고 하더라도 그 목표가 세 가지 핵심 동기 중의 하나를 충족시키지 않는다면 더 행복해지지 않는다. 이제 이러한 지식으로 무장한 여러분은 반드시 자율성, 유능성, 그리고 소속감 욕구를 충족시키는 삶의 목표를 선택해야만 하겠다.

그림 4.1 핵심 동기를 목표 진전과 비교하기
자신의 목표를 세 가지 핵심 동기 중의 하나에 바탕을 두고 진전을 보인 사람은 시간이 경과함에 따라서 행복감의 증가를 보여주었다. 반면에 핵심 동기에 바탕을 두지 않은 목표를 추구한 사람은 상당한 진전이 있었음에도 불구하고 행복감의 변화를 보이지 않았다.

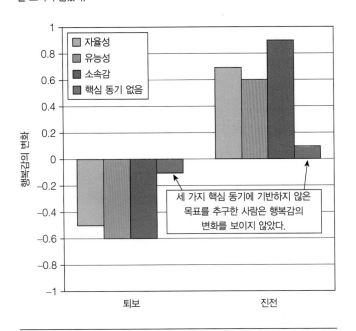

본 연구자들은 사람들이 각 동기를 충족시켰다고 느끼는지 여부뿐만 아니라 세 동기에 걸쳐 충족 정도가 얼마나 균형을 유지하고 있는지도 볼 수 있었다. 예컨대, 자율성과 유능성에서 매우 높은 점수를 받았지만 기업을 운영하느라 가족과 친구와 함께 보내는 시간을 희생할 수밖에 없어서 소속감에서 낮은 점수를 받은 성공적인 기업가를 상상해보라. 이 사람의 전반적인 욕구 충족도는 높겠지만(두 가지 욕구에서 높은 점수를 받았기 때문이다), 욕구 충족도가 세 욕구에 걸쳐서 균형을 이루지 못하고 있다.

사람들의 욕구 충족도를 평가한 결과, 세 가지 욕구에 걸쳐 균형 잡힌 충족도가 전반적인 안녕감에 중요한 결정인자라는 사실이 밝혀졌다(Sheldon & Niemiec, 2006). 따라서 위의 사례보다는 조금 덜 자율적이고 덜 유능하지만 다른 사람과의 유대감을 더 많이 느끼는 또 다른 기업가가 더 높은 안녕감을 가질 수 있다고 상상해볼 수 있다. 이 사실은 비록 높은 수준의 욕구 충족이 중요하다고 하더라도, 단지 한두 개가 아니라 세 가지 욕구 모두를 어느 정도 충족시키는 것도 중요함을 알려준다(그림 4.2 참조).

4.3.2 세 가지 동기가 모두 필요한 것인가

학습목표 : 세 가지 동기 모두의 필요성을 설명한다.

SDT 연구자들이 살펴본 한 가지 흥미진진한 물음은 사람들이 행복감과 안녕을 경험하기 위해서는 정말로 세 가지 동기 모두가 필요한 것인지 아니면 하나 또는 2개의 동기를 만족시키는 것으로 충분한 것인지 여부였다. 만일 세 가지 모두가 차별적인 핵심 동기를 대표하는 것이라면, 최적의 기능을 위해서는 세 가지 모두가 필요할 것이라고 예상할 수 있다. 식물이 성장하고 번성하기 위해서는 물과 햇빛 그리고 양분이 풍부한 흙의 조합이 필요한 것처럼, 사람도 자율성과 유능성 그리고 소속감의 조합이 필수적이다. 세 가지 중에서 어느 것 하나라도 박탈하면, 부정적인 결과가 초래될 수밖에 없다.

이 아이디어를 검증하기 위하여 한 연구에서는 사람들이 자율성, 유능성, 소속감 욕구를 얼마나 충족시켰다고 느끼는지를 측정하였다(Sheldon & Niemiec, 2006). 예컨대, 소속감 욕구 충족이 높은 사람은 "나는 다른 사람들과 밀접한 유대를 형성하고 있다고 느낀다."라는 진술에 동의할 것이다. 사람들의 반응을 살펴

여러분 자신을 동기화시켜라

욕구를 충족시켜라

여러분의 자존감을 고양하는 지름길을 원하는가?
최근의 한 연구에서 연구자들은 일상적으로 사람들의 자존감이 오르내리는 것을 추적하여, 자존감은 사람들이 자율성, 유능성, 소속감 욕구를 충족시켰다고 느끼는 날에 가장 높다는 결과를 얻었다(Heppner et al., 2008). 따라서 만일 여러분이 자신에 대해서 기분 좋게 느끼고자 원한다면, 세 가지 동기를 동시에 충족시킬 수 있는 방법을 생각해보기 바란다. 예컨대, 스포츠 팀이나 북클럽에 가입하는 것은 여러분이 자신의 삶을 제어하고 있으며 새로운 기술을 숙달하고 주변의 다른 사람들과 연결되어 있다는 느낌을 갖는 데 도움을 줄 수 있다.

4.3.3 자기결정 이론의 비판

학습목표 : 자기결정 이론의 비판을 분석한다.

자율성, 유능성, 소속감이 최적의 정신건강과 신체건강에 필요한 보편적으로 인정받는 동기라는 아이디어를 지지하는 풍부한 연구들이 있다. 그렇지만 과학의 주요 이론들이 늘 그러하듯이, SDT도 비판을 받고 있다.

비판의 한 가지 출처는 인간 행동을 주도하는 동기가 동물 행동을 주도하는 동기와 근본적으로 다르지 않다고 주장한다.

그림 4.2 자기결정 이론 적용하기
동기의 양 또는 크기(즉, 여러분은 이 목표를 얼마나 열심히 추구하는가?)에 초점을 맞춘 대부분의 동기 이론과 달리, 자기결정 이론(SDT)은 동기의 '질'(즉, 여러분이 이 목표를 추구하는 이유는 무엇인가?)에 초점을 맞춘다. SDT에 따르면, 질은 양 못지않게 중요하거나 때로는 더 중요하다. 다시 말해서 올바른 이유에 근거하여 자신의 목표를 달성하려는 사람은 엉뚱한 이유로 그 목표를 달성하려는 사람보다 더 우수한 결과를 초래할 수 있다는 것이다(Ryan & Deci, 2000a).

출처: Deci, E. L. (1971). Effects of externally mediated rewards on intrinsic motivation. *Journal of Personality and Social Psychology, 18*, 105-115.

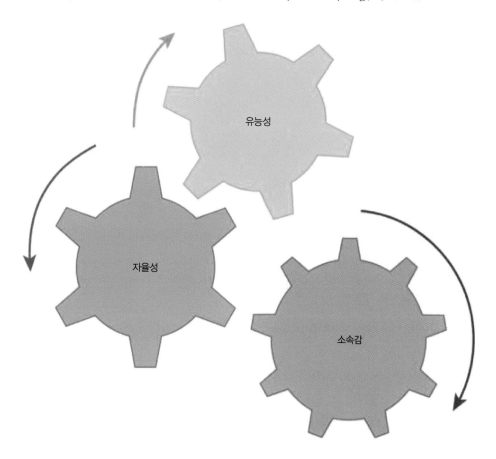

자율성과 유능성 그리고 소속감 욕구는 마치 맞물려 돌아가는 톱니바퀴와 같아서, 세 가지 동기가 조화를 이루는 것이 중요하다. 만일 어느 톱니바퀴 하나가 제대로 작동하지 않는다면, 나머지 둘에 문제가 없다고 하더라도 기계는 온전하게 작동할 수 없다. 사람에게 있어서도 마찬가지이다. 특정 동기를 만족시키지 못한다면, 다른 동기가 아무리 충분하게 만족되더라도 균형이 깨짐으로써 행복감을 느낄 수 없는 것이다.

켄리크와 동료들(Kenrick, Griskevicius, Neuberg, & Schaller, 2010)은 매슬로우(1943)의 욕구 위계에 근거하여 자신들의 욕구 목록을 작성하였으며, 그 목록에서 인간 행동을 주도하는 상위 세 가지 욕구는 배우자 획득, 배우자 유지, 그리고 양육이라고 주장하였다. 따라서 이 연구자들은 대부분의 인간 행동을 자신의 유전자 전달이라는 진화적 욕구로 설명할 수 있다고 주장한다. 따라서 이들은 유능성이나 자율성에 대한 관심사가 인간에게는 별다른 관심사가 되지 못한다고 믿고 있다. 그렇지만 다른 연구자들은 이러한 조망에 동의하지 않는다. 이들은 이렇게 생물학적 특성에 근거한 주장이 성이나 생

식이 아닌 다른 활동을 추구하는 이유를 설명하지 못하며, 어떤 사람들은 자식을 낳지 않겠다고 자유롭게 선택하는 이유를 설명하지 못한다고 주장한다(Kesebir, Graham, & Oishi, 2010; Peterson & Park, 2010).

또 다른 비판은 자기결정이라는 개념의 모호성에 초점을 맞추고 있다. 철학적인 관점에서, 만일 자유의지가 존재한다고 믿지 않는다면, 자기결정의 가정도 타당한 것일 수 없다. 경험과학 관점의 비판도 존재한다. 드시와 라이언으로 대표되는 자기결정 이론 주창자들은 자율성과 유능성 그리고 소속감이라는 세 가지 심리적 욕구를 상정하고 있지만, 핵심 동기를 이 세 가지로 국한해

야 하는 근거가 명확하지 않다는 것이다. 이보다 더 많은 핵심 동기를 제안하거나(예컨대, 머레이나 매슬로우 등. 글쓰기 과제 4.3 참조), 핵심 인간 동기에는 오직 쾌락 동기 하나만이 존재하며 나머지 동기는 모두 쾌락 동기에서 유도된 2차 동기에 불과할 뿐이라는 주장도 만만치 않게 제기되어 왔다. 보편적이고 생득적인 핵심 동기에는 세 가지가 있을 뿐이라는 가정을 검증하기 위해서는 더 많은 비교문화 연구가 필요하다.

인간의 1차 동기로서의 생식

생식을 통해서 유전자를 전달하려는 욕구가 인간의 가장 중요한 동기라는 주장이 있다(Kenrick et al., 2010). 여러분은 이 주장에 동의하는가, 아니면 동의하지 않는가? 여러분의 입장을 지지하기 위하여 어떤 증거를 제시하겠는가?

4.4 내재적 동기와 외재적 동기

학습목표 : 내재적 동기와 외재적 동기를 구분한다.

이 책을 읽고 있는 이 시점에서 여러분은 사람들이 자율성, 유능성, 소속감 욕구를 충족시키려는 목표를 추구할 때 긍정적인 결과를 경험한다는 사실을 배웠다. 그렇다면 그 이유는 무엇인가? 구체적으로 더 나은 정신적 결과와 신체적 결과를 초래하는 욕구 충족이란 무엇이란 말인가? 과학자들이 이러한 물음을 던질 때에는 언제나 이미 확립된 관계 사이에 들어있거나 그 관계를 '매개하는' 변인들을 확인해내고자 시도하고 있는 것이다. 그렇기 때문에 과학자들은 이러한 '중간' 변인을 **매개변인**(mediating variable, mediator)이라고 부른다. 다음과 같이 생각해보자. 고속도로 중앙분리대를 언급할 때에는 상하차선 중간에 있는 잔디밭이나 콘크리트 구조물을 언급하고 있는 것이다. 마찬가지로 과학자들이 매개변인을 언급할 때에는 관심의 대상인 두 변인 사이에서 발생하는 변인이나 과정을 언급한다. 지금의 주제를 놓고 보면, 우리는 욕구 충족 변인과 긍정적 결과 변인 간에 어떤 매개변인이 존재하는지를 묻고 있다. 즉, 다음 등식에서 '?'를 찾아내고자 시도하고 있는 것이다.

$$\text{욕구 충족} \rightarrow ? \rightarrow \text{긍정적 결과}$$

욕구 충족과 긍정적 결과 간의 관계를 설명해주는 것으로 나타난 한 가지 매개변인이 내재적 동기이다.

▼ 이 절이 끝날 무렵에 여러분은 다음에 답할 수 있을 것이다.

4.4.1 내재적 동기를 기술한다.
4.4.2 외재적 동기를 기술한다.

4.4.1 내재적 동기

학습목표 : 내재적 동기를 기술한다.

내재적 동기(intrinsic motivation)는 생래적으로 흥미롭거나 즐겁기 때문에 어떤 행동을 하는 것으로 정의한다(Carbonneau, Vallerand, & Lafrenière, 2012; Deci & Ryan, 2012; Woodworth, 1918; Vallerand, 1997). 때때로 사람들은 즐겁기 때문에 어떤 행동을 한다. 예컨대, 여러분은 짧은 글을 쓰거나 악기를 연주하거나 등산하는 것을 즐길지 모르겠다. 만일 그렇다면, 여러분은 그 행동을 통해서 무엇인가(예 : 돈)를 얻을 것이라고 기대하기 때문이 아니라 즐겁기 때문에 그 행동을 하는 것이다. 그러한 행동은 내재적 동기가 주도한다. 내재적 동기를 경험할 때에는 행동 자체가 목적이다. 돈을 받기 위해서나 사회적 인정을 얻기 위해서 그 행동을 하고 있는 것이 아니다. 그 행위가 생래적으로 즐겁기 때문에 하고 있는 것이다.

테일러 스위프트(미국의 유명한 싱어송라이터)에게 그녀가 하고 있는 일을 하는 이유를 물었을 때, 그녀는 "저는 글쓰기를 사랑합니다. 작가가 되는 것을 저는 사랑하지요."라고 대답하였다. 마찬가지로 작가인 존 어빙(스토리텔링의 대가로 꼽히는 미국의 소설가)은 언젠가 "제가 글쓰기에 그토록 열심히 매달리는 이유는 이것이 나에게는 일거리가 아니기 때문이지요… 글쓰기가 나에게는 즐거움입니다."라고 말하였다.

테일러 스위프트와 존 어빙의 진술이 산뜻하게 요약하고 있는 바와 같이, 사람들이 내재적으로 동기화될 때에는 언제나 일거리를 더 이상 일거리로 느끼지 않는다. 내재적 동기는 사람들이 자진해서 어떤 행동을 하고 있다는 것을 의미한다. 몇몇 연구자는 내재적으로 동기화된 사람을 언급할 때 '자기결정'이라는 용어를 사용한다(그렇기 때문에 자기결정 이론이다).

연구문헌에는 내재적 동기가 욕구 충족과 긍정적 결과 간의 관계를 매개할 수 있음을 시사하는 결과들이 있다. 첫째, 욕구 충족이 내재적 동기로 이끌어간다는 증거가 있다. 자기결정 이론에 따르면, 자율성, 유능성, 소속감을 촉진하는 행동은 어느 것이나 내재적 동기를 촉발시킨다(Deci & Ryan, 2000, 2012; Ryan & Deci, 2000a). 마찬가지로 밸러랜드(Vallerand, 1997, 2000)의 동기 위계 모형도 유사한 인과적 연속을 시사한다. 이 이론에 따르면, 자율성, 유능성, 소속감을 증가시키는 환경 요인(흔히 사회적 요인이다)들은 내재적 동기를 촉발시키고, 이것이 다시 계속해서 긍정적인 심리적 결과와 신체적 결과를 초래한다. 따라서 두 이론은 모두 내재적 동기를 욕구 충족과 긍정적 결과 간에 존재하는 매개변인으로 간주하고 있다.

둘째, 내재적 동기는 과제 몰입, 창의성, 활력, 자존감, 안녕감 등을 포함한 긍정적 결과로 이끌어간다(Kasser & Ryan, 1999; Kruglanski, Friedman, & Zeevi, 1971; Williams, Cox, Hedberg, & Deci, 2000). 그렇기 때문에 내재적 동기를 부양하도록 설계된 교육 프로그램과 건강 중재 프로그램은 학생들의 학습을 개선하고(Ryan & Deci, 2000c), 운동, 체중 감량, 금연 등과 같은 영역에서 신체 건강을 개선하는 데 상당히 성공적이다(Ng et al., 2012).

이러한 연구 영역들을 종합한 결과는 내재적 동기가 욕구 충족과 긍정적 결과 간의 연계를 매개한다는 사실을 시사한다. 이러한 주장을 공식적으로 검증해보기 위하여, 참가자들에게 다양한 환경 조건에서 숨은 단어 찾기 과제를 부여하였다(Grouzet, Vallerand, Thill, & Provencher, 2004). 그 결과를 보면, 개인적 선택과 같은 요인들이 욕구 충족감을 증가시키고, 이것이 다시 참가자들의 내재적 동기를 증가시키며, 이것은 다시 높은 과제 집중력, 긍정 정서, 그리고 미래에 그 과제를 지속할 의도를 초래하였다.

시도해보라 : 학생들의 내재적 동기를 부추기기

교사가 학생들의 내재적 동기를 부추기기 위한 다섯 가지 방법을 생각해보라.

4.4.2 외재적 동기

학습목표 : 외재적 동기를 기술한다.

여러분도 잘 알고 있는 것처럼, 사람들이 항상 즐겁기 때문에 어떤 일을 하는 것은 아니다. 월급을 받기 위해서 직장에서 일을 한

다. 좋은 학점을 얻기 위해서 이 책, 즉 동기심리학 교과서를 읽는다. 과속 벌금딱지를 원치 않기 때문에 제한속도로 운전한다. 이러한 사례에서 행동은 무엇인가 다른 목적을 위한 수단으로 간주할 수 있다. 이러한 행동은 **외재적 동기**(extrinsic motivation)가 주도하며, 이 동기는 어떤 외부적 이유로 행동을 나타내는 것으로 정의한다(Deci & Ryan, 2012; Woodworth, 1918; Vallerand, 1997).

외재적 동기는 사람들이 보상(예컨대, 돈, 좋은 학점, 칭찬, 트로피 등)을 얻거나 처벌(예컨대, 과속 벌금딱지, 비판, 사회적 배척 등)을 피하기 위해서 무엇인가를 할 때마다 작동한다. 따라서 내재적 동기는 자율성, 유능성, 소속감이라는 목표와 연합된 반면, 외재적 동기는 경제적 성공, 이미지 개선, 인기 고양, 다른 사람들의 행동에 동조하기 등을 포함한 다른 목표와 연합된다(Grouzet et al., 2005).

내재적-외재적 동기의 연속성 지금까지의 논의는 내재적 동기와 외재적 동기가 두 가지 독립적인 범주를 나타내는 것처럼 보이게 만든다. 그렇지만 실제는 이것보다 훨씬 복잡하다. 두 동기를 분리된 유형으로 간주하기보다는 철저하게 내재적인 것에서부터 철저하게 외재적인 것에 이르는 연속선상에서의 양극단으로 간주할 수 있다. 이러한 연속선 접근이 좋은 까닭은 한 가지 중요한 난제를 해결하는 데 도움을 주기 때문이다. 어릴 때는 주로 외재적 요인(예컨대, 보상과 처벌)이 행동을 주도한다. 그렇지만 성인이 되면 내재적 동기의 영향을 더 많이 받는다. 그렇다면 사람들은 어떻게 내재적으로 동기화되는 것을 학습하는 것인가?

이 물음에 대한 답은 **내면화**(internalization)이며, 내면화란 사람들이 외적인 사회규칙과 요구사항을 개인적으로 부여한 가치로 변환시키는 과정을 말한다(Deci & Ryan, 2000). 올포트(G. Allport, 1937)는 자신이 제안한 **동기의 기능적 자율성**(functional autonomy of motive)이라는 개념에서 이 사실을 처음으로 인식하였다. 이 개념에 따르면 어떤 행동을 시작하게 만든 동기가 시간이 경과하면서 실제 행동과 분리될 수 있다. 예컨대, 아동은 자신의 부모가 자랑스러워하도록 자전거 타기를 학습하지만, 시간이 지나면서 이러한 자부심을 내면화하게 되고 결국에는 순수한 즐거움으로 자전거를 타기도 한다. 이 사례는 사람들이 발달함에 따라서 보상이나 규칙을 내면화하여 자신의 것으로 만들 가능성이 높다는 사실을 시사한다(Chandler & Connell, 1987). 따라서

그림 4.3 PLOC 내면화 연속선

PLOC에 따르면, 동기를 '동기 없음'에서부터 '내재적 동기'에 이르는 연속선상에 도착할 수 있다.

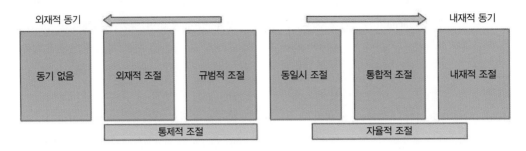

맨 왼쪽의 '동기 없음'은 동기를 완전히 결여하고 있음을 의미한다. 외재적 조절(external regulation)은 어떤 다른 목적을 달성하려는 동기로, 철저하게 보상과 처벌에 근거한다. 규범적 조절(introjected regulation)은 사회적 규범에 어긋남으로써 발생하는 죄책감을 피하려는 동기이다. 동일시 조절(identified regulation)은 부모를 비롯한 보호자와의 동일시를 통하여 무엇인가 가치 있는 행동을 하려는 동기이다. 통합적 조절(integrated regulation)은 자기 정체성을 확립한 후, 그 정체성에 근거하여 형성된 동기이다.

내면화는 사람들이 과거에는 외재적 동기였던 것을 내재적 동기로 전환시키는 수단이다.

이러한 연속성 개념을 포착하기 위하여 라이언과 코넬(Ryan & Connell, 1989)은 동기를 연속선상에 도착하는 **PLOC 내면화 연속선**(PLOC internalization continuum)을 개발하였다. 여기서 PLOC란 지각한 인과성 소재(Perceived Locus Of Causality)의 약자이다. 이에 덧붙여서 PLOC 연속선은 외재적 동기에는 '철저하게 외재적'인 것에서부터 '거의 내재적이지만 완벽하지는 않은' 것에 이르는 네 가지 상이한 유형이 존재한다고 주장한다(그림 4.3).

나만의 프로젝트 4.1

내재적 또는 외재적 동기

어떤 유형의 조절이 여러분의 나만의 프로젝트 목표에 대한 동기를 특징 짓고 있는지 확인해보라.

여러분은 목표를 달성하기 위하여 내재적으로 동기화되어 있는가? 아니면 외재적 동기의 연속선상에 있는 어떤 한 범주에 빠져있는가? 만일 여러분이 나만의 프로젝트 목표를 주도하는 다양한 유형의 동기를 가지고 있다면, 각 동기에 대한 사례를 제시해보라.

요약 : 핵심 인간 동기

4.1 핵심 동기가 인간 행동을 이끌어간다.

- 사람들이 원하는 것 대부분은 소수의 핵심 동기로 체제화할 수 있다.
- 욕구란 사람들이 특정 목표를 채택하도록 밀어붙이는 압박의 내적 원천을 지칭한다.
- 욕구는 생리적(예컨대, 음식을 먹으려는 욕구)이거나 심리적(예컨대, 타인에게 인정받으려는 욕구)일 수 있다. 생리적 욕구는 생물적 생존에 필요하다. 심리적 욕구는 생존에 필수적이지는 않지만 정신건강과 안녕에 필요하다.

4.2 핵심 동기의 기준

- 인간의 핵심 동기가 되기 위해서는 그 동기가 (1) 그 동기를 만족시키는 목표지향 행동을 유발하고, (2) 적응적이며 이로울 뿐만 아니라, (3) 보편적이어야만 한다.

4.3 자기결정 이론

- 자기결정 이론(SDT)에 따르면, 자율성과 유능성 그리고 소속감이 인간의 세 가지 핵심 동기이다.
- 사람들은 이러한 세 가지 동기 중의 하나를 충족시켜 주는 목표를 선택할 가능성이 높다.

- 사람들은 이러한 동기가 주도하는 사건에 더 만족한다.
- 사람들이 세 가지 동기를 모두 균형 있게 충족시킬 때 안녕감은 최고조에 이른다.
- SDT에 대한 한 가지 비판은 인간 행동을 주도하는 동기는 동물 행동을 주도하는 동기(예컨대, 생식 욕구)와 다르지 않다는 것이다.
- SDT에 대한 또 다른 비판은 이러한 세 가지 동기 이상의 것이 인간 행동을 주도한다는 것이다.

4.4 내재적 동기와 외재적 동기

- 사람들은 내재적이거나 외재적인 이유로 동기화될 수 있다.
- 내재적으로 동기화된 사람은 과제 수행을 통해서 얻는 즐거움 때문에 행동한다.
- 외재적으로 동기화된 사람은 과제 수행을 통해서 얻을 것이라고 기대하는 외적 보상 때문에 행동한다.
- 외재적 조절(어떤 다른 목적을 달성하려는 동기), 규범적 조절(죄책감을 피하려는 동기), 동일시 조절(가치 있는 무엇인가를 하려는 동기), 그리고 통합적 조절(자기 정체성의 한 부분인 동기) 등 네 가지 유형의 외재적 동기가 존재한다.

글쓰기 과제 4.4

셋보다 더 많은 핵심 동기가 존재하는가?

어떤 연구자는 인간 행동을 자율성과 유능성 그리고 소속감 욕구 이상의 것이 주도한다고 주장한다. 여러분의 행위 이면에 숨어있는 동기를 확인해봄으로써 세 가지 핵심 동기 이상의 것이 그 행위를 주도하였던 간단한 사례를 제시하고, 이 동기가 인간의 핵심 동기의 기준을 만족시키는 이유를 제시해보라.

자율성

학습목표

5.1 핵심 동기로서 자율성 개념을 분석한다.

5.2 귀인 이론을 분석한다.

5.3 동기와 관련하여 과잉정당화 효과를 평가한다.

5.4 제어 착각의 긍정적 효과를 분석한다.

5.5 마술적 사고의 상이한 측면들을 대비시킨다.

5.6 자율성 상실이 어떻게 동기에 영향을 미칠 수 있는지를 분석한다.

5.7 사람들이 제어력 상실을 갈망할 수도 있는 잠재적 이유들을 대비시킨다.

테일러 스위프트 이야기

매년 전국에서 청운의 뜻을 품은 미국 컨트리 음악가들이 거물이 되겠다는 희망을 안고 자신의 소지품을 싸들고 테네시 내슈빌로 몰려든다. 많은 사람이 이렇게 거창한 목표를 달성하고자 시도하지만 성공하는 사람은 거의 없다. 14세의 어린 나이에 목표를 달성할 수 있는 사람은 더더욱 없다. 그렇지만 가수 겸 작곡가인 테일러 스위프트가 해낸 것이 바로 이것이다. 이 사실 자체만으로도 획기적인 것이지만, 테일러 이야기를 더욱 독특한 것으로 만들어주는 것은 그녀가 자신의 목표를 달성하고 RCA 레코드사와 정식 계약을 맺을 수 있었던 순간에 스스로 포기하였다는 사실이다. 일생의 꿈을 달성하는 순간에 접어든 젊은 예술가가 그토록 위험한 결정을 내린 이유는 무엇이었겠는가? 그 답은 자율성과 관련이 있다.

어린 소녀시절 이래로, 테일러 스위프트는 가수가 되고 싶다는 사실을 알고 있었다. 펜실베이니아의 작은 크리스마스트리 농장에서 성장한 테일러는 온갖 방법으로 노래하고 싶다는 열정을 충족시키고자 애썼다. 동네 행사장에서 공연하고, 길거리 식당과 커피숍에서 노래 부르며, 지역의 재능 경연대회에도 참가하였다. 그렇지만 컨트리 음악가인 페이스 힐의 일화를 접하였을 때, 그녀는 그 자리에서 테네시 내슈빌이야말로 자신이 있어야 할 곳이라고 마음먹었다. 겨우 11세였던 그녀는 부모를 설득하여 내슈빌까지 1,300km를 여행한 끝에 악명 높은 '뮤직 로우(music row)' 지역에 늘어선 음반회사들에 자신의 데모 테이프를 전달할 수 있었다.

줄줄이 퇴짜를 맞은 후에, 테일러는 경쟁이 치열하다는 사실을 즉시 알아차렸다. 집으로 되돌아와서는 한 컴퓨터 수리공에게 기타를 가지고 세 가지 화음을 연주하는 방법을 가르쳐달라고 떼를 썼다. 그녀의 부모는 열두 살짜리의 손이 일반 기타를 연주하기에는 너무 작다는 사실을 설득하고자 애를 썼지만, 그 사실이 테일러의 마음을 더욱 굳게 만들었다. 그녀의 어머니는 이렇게 말하였다. "테일러에게 '결코 아니야'라든가 '할 수 없어'라고 말하지 마세요. 우리 아이는 하루에 여러 시간 기타를 치기 시작했고, 주말에는 여섯 시간이나 쳤지요. 손가락에 굳은살이 생기고 갈라져 피가 나서 테이프를 붙여주면 계속해서 기타를 쳤어요"(Willman, 2008). 곧이어 테일러는 새롭게 발견한 기타 사랑을 그녀의 또 다른 열정, 즉 시(詩)와 결합시키고 있었다. 테일러는 10세 때부터 시를 써왔으며 전국 시 경연대회에서 수상도 하였기에, 기타를 배우면서 자신의 몇몇 시를 음악으로 만들 수 있었다. 드디어 작곡가가 탄생한 것이다. 몇 년이 지난 후에, 테일러는 자신이 작곡한 음악이 수록된 데모 테이프를 들고 내슈빌로 되돌아왔다. 이번에는 뮤직 로우의 사람들이 주목하기 시작하였다. 깊은 인상을 받은 RCA 레코드사는 중학교 2학년생에 불과한 그녀와 가수 개발 계약(artist development deal)을 맺었다.

그렇지만 모든 것이 테일러의 계획대로 진행되지는 않았다. RCA 간부들은 테일러가 노련한 작곡가들의 음악을 노래하고 그녀 자신의 첫 번째 앨범을 출시하려면 18세가 될 때까지 기다릴 것을 요구하였다. 테일러는 그것이 잘못된 접근방식이라고 확신하였다. 비록 15세에 불과하였지만, 그녀는 자신의 가수 경력이 어떤 것이어야 할 것인지에 대해서 명확한 비전을 가지고 있었으며, 그 비전에는 다른 사람의 노래를 부르는 것이 포함되어 있지 않았다. 따라서 테일러는 음악계에서 아무도 그렇게 할 용기가 없는 일을 하였다. 즉, 계약을 파기하였던 것이다. 다른 사람들이 원하는 유형의 음악가가 되기보다 음악가로서 자신의 비전을 견지하겠다는 위험한 선택을 하였던 것이다. 그녀는 새롭게 문을 연 소규모 독립 회사와 음반 계약을 맺었다. 그 도박은 성공적이어서, 그녀의 첫 번째 앨범은 엄청난 성공을 거두었다.

테일러가 음반 제작 계약을 파기함으로써 자신의 음악을 작사 · 작곡하여 연주할 수 있었다는 사실은 이 젊은 음악가에게 있어서 자율성과 독립성이 얼마나 중요한 것인지를 보여준다. 그녀의 용감한 행보는 엄청난 성공을 가져다주었다. 테일러는 일곱 차례의 그래미상을 비롯하여 수많은 컨트리음악상을 수상하였으며, 작곡가 명예의 전당에 헌액되었다. 그렇지만 자율성을 향한 그녀의 욕망이 RCA에서 나오겠다는 결정에서 끝난 것은 아니다. 자신의 경력에 관한 거의 모든 결정을 그녀 스스로 내렸다. 부모도 매니저도 음반 제작자도 아니었다. 그렇기 때문에 테일러 스위프트는 당대에 성공적인 음악가 중에서 가장 독특한 인물 중의 한 사람이다. 언젠가 테일러는 이렇게 말하였다. "저는 제가 신뢰하지 않는 어떤 이미지, 다른 누군가가 조합해놓은 이미지가 되고 싶은 적이 결코 없었지요. 그런 생각은 실패한다는 생각보다도 정말로 저를 두렵게 만들었습니다"(Ferguson, 2009).

자신의 경력과 브랜드를 완벽하게 스스로 제어하기 위하여, 그녀는 매니저를 고용하는 것도 거부하고 거의 모든 결정을 스스로 내린다. 테일러는 한 인터뷰에서 이렇게 말하였다. "비즈니스 측면은 음악 경력에 있어서 가장 중요한 일 중의 하나입니다. 비즈니스 회의에서 내리는 모든 결정이 지금부터 1년 반 동안의 삶에 영향을 주기 때문이지요"(Roland, 2011). 그리고 그녀는 자율성과 독립성을 자신의 삶에서만 구현하는 것이 아니다. 자신의 팬들에게도 자율성과 독립성을 부추긴다. 그녀의 많은 노래가사는 그녀의 말 한 마디에도 일희일비하는 어린 소년과 소녀들에게 자율성을 고취시킨다. 그녀가 옛 애인에게 매달리지 말라고 노래하든("We Are Never Ever Getting Back Together") 아니면 깡패에게 맞서라고 노래하든("Mean"), 그녀의 노래는 어린 청취자들에게 진실하고 용감하며 홀로 설 수 있도록 고취시킨다.

테일러 스위프트 이야기는 인간 본성에 관한 중요한 원리 하나를 알려준다. 그녀와 마찬가지로, 모든 사람은 자신의 배에서 선장이 되기를 원한다. 독립심을 느끼고 자신의 운명을 제어할 수 있기를 원한다. 그런데 제어 욕구가 정말로 돈과 명성 욕구보다 강한 것인가? 테일러 스위프트에게 있어서는 그러하였다. 그녀가 다른 사람의 노래를 부르는 것을 거부하였을 때 음반 계약의 기회를 놓칠 위험을 감수하였던 것이다. 그녀는 결코 혼자가 아니다.

이 장에서는 어째서 모든 사람이 제어감을 느끼려는 기본 욕구를 가지고 있는지를 논의하며, 그러한 제어감이 결여되어 있다고 느낄 때 초래되는 대단히 파괴적인 결말을 살펴볼 것이다.

5.1 자율성 욕구

학습목표 : 핵심 동기로서 자율성 개념을 분석한다.

여러분이 통각 인내심 연구에 참여하고 있다고 상상해보라. 실험자가 여러분의 손을 일련의 전도체에 연결하고는 기계가 여러분 신체에 고통스러운 쇼크를 전달할 것이라고 알려준다. 이제 실험자가 다음과 같은 두 가지 선택지를 제시한다고 상상해보라.

선택지 A : 과제에는 총 5번의 쇼크를 받는 것이 포함되어 있는데, 각각 1분 동안 주어지며 그 시작시점은 컴퓨터가 무선 결정한다. 컴퓨터는 언제 쇼크가 시작될지를 결정하며, 여러분이 그 시작시점을 예측할 수 있는 방법은 없다.

선택지 B : 선택지 A와 동일한 횟수와 기간의 쇼크를 받는다. 차이점은 쇼크가 조금 더 고통스럽지만, 여러분이 쇼크의 시작시점을 제어할 수 있다. 버튼이 주어질 것이며, 준비가 되었다고 결정하였을 때 쇼크를 시작하는 버튼을 누르기만 하면 된다.

여러분이라면 어느 선택지를 선호하겠는가? 쇼크가 약간 덜 고통스럽지만 시작시점이 무선 결정되는 선택지 A인가, 아니면 여러분이 제어할 수 있는 약간 더 고통스러운 선택지 B인가?

만일 여러분이 다른 사람들과 다르지 않다면, 선택지 B를 선택하였을 것이다. 그 이유는 무엇인가? 더 고통스러운 선택지가 아니던가? 비록 선택지 B가 더 고통스럽기는 하지만, 한 가지 매우 긍정적인 측면, 즉 제어를 제안하고 있다. 대부분의 사람들이 선택지 A가 아니라 B를 선택하였다는 사실은 제어 욕구가 얼마나 중요한 것인지를 입증해준다. 제어 욕구는 매우 중요하기 때문에 사람들은 상황 제어감을 얻기 위하여 가장 싫어하는 경험 중의 하나인 신체 고통을 기꺼이 감내하는 것이다. 사람들이 선택지 B를 선호하는 이유는 이것뿐이 아니다. 실제로 참가자들을 이 상황에 집어넣고 강제로 쇼크를 참아내도록 할 때에도, 제어 가능성이 주어지면 그 고통에 보다 잘 대처할 수 있다. 한 연구에서는 쇼크의 출현을 제어할 수 있게 해준 참가자들이 이러한 제어가 박탈된 참가자들보다 더 높은 수준의 쇼크를 참아낼 수 있었다(Staub, Tursky, & Schwartz, 1971).

이러한 결과는 사람들이 자유, 개인적 제어감, 자유로운 선택 등으로 정의하는 기본적인 **자율성 욕구**(need for autonomy)를 가지고 있음을 예증한다(deCharms, 1968; Deci & Ryan, 2000; Leotti, Iyenger, & Ochsner, 2010). 자율성 욕구는 너무나도 기본적인 것이어서, 만일 이 욕구가 없다면 인간은 덜 인간적으로 보이고 동물이나 사물처럼 보이게 될 것이다. 언젠가 토머스 제퍼슨은 다음과 같이 언급한 바 있다. "선택 가능성이 없다면, 그리고 선택을 행사할 수 없다면, 인간은 인간이 아니라 단지 생물의 일원이거나 도구이거나 사물일 뿐이다." 따라서 제퍼슨에 따르면, 우리를 인간으로 만들어주는 것은 바로 자율성이다.

> ### 시도해보라 : 여러분의 친구는 어느 선택지를 선택하겠는가?
>
> 여러분의 친구에게 선택지 A와 B 중에서 어느 것을 선호할지 물어보거나, 아니면 페이스북 등에 이 물음을 게시하고 대부분의 사람이 어느 것을 선호하는 경향이 있는지 알아보라. 그런 다음에 그들에게 자신의 선택에 대한 이유를 물어보라. 그들의 반응이 자율성 욕구와 관련이 있는지를 살펴보라.

▽ 이 절이 끝날 무렵에 여러분은 다음에 답할 수 있을 것이다.

5.1.1 비상버튼 효과를 기술한다.

5.1.2 제어와 금전의 관계를 설명한다.

5.1.3 자율성이 어떤 행동을 유발하는지를 분석한다.

5.1.4 자율성이 어떤 긍정적 결과를 초래하는지를 설명한다.

5.1.5 자율성의 보편성을 기술한다.

5.1.1 비상버튼 효과

학습목표 : 비상버튼 효과를 기술한다.

사람들이 강력한 개인적 제어 욕구를 가지고 있는 것이 중요하다는 사실은 명백하다. 더욱 흥미를 끄는 발견은 제어 욕구의 이점을 획득하기 위해서 실제로 제어를 수행할 필요는 없다는 점이다. 쇼크를 제어하고 있다고 생각하는 사람은 실제로는 전혀 제어하지 못하고 있는 경우라도 스트레스를 덜 받는다! **비상버튼 효과**(panic button effect)라고 이름 붙인 이러한 경향성은 글래스 등(Glass, Singer, & Friedman, 1969)의 연구에서 처음으로 밝혀졌다.

참가자들이 퍼즐 과제를 해결하고자 시도하고 있는 동안, 고통스러운 쇼크에 노출시키는 대신에 강한 소음을 들려주었다. 제어감에 처치를 가하기 위하여 모든 참가자가 앉아있는 책상 위에는 버튼이 놓여있었으며, 연구자는 절반의 참가자들에게만 그 버튼을 누르면 소음이 즉시 중지된다고 알려주었다. 만일 소음을 참을 수 없게 되면, 그 소음을 중지시키기 위해서 버튼을 누를 수 있지만, 그렇게 되면 실험은 무효가 되므로 가능한 한 누르지 말아야 한다고 알려주었던 것이다. 연구의 전체 과정에 걸쳐서 어떤 참가자도 실제로 버튼을 누르지 않았지만, 버튼에 관한 지시를 주지 않았던 참가자들에 비해서 '비상버튼' 선택지를 주었던 참가자들이 스트레스를 덜 나타내고 퍼즐 과제에서도 더 좋은 수행을 보였다.

이 참가자들은 비상버튼을 결코 사용하지 않았지만, 그러한 버튼이 있다는 사실을 아는 것만으로도 상황을 제어할 수 있는 것처럼 느꼈으며, 이러한 생각은 그들에게 상당한 안도감을 제공하였던 것이다. 이 연구가 중요한 까닭은 제어감 지각이 제어 자체보다 더 중요할 수 있다는 사실을 보여주기 때문이다. 이 장의 뒷부분에서 제어 착각을 논의할 때 이 사실을 다시 보게 될 것이다.

5.1.2 제어가 금전보다 더 바람직한 것인가

학습목표 : 제어와 금전의 관계를 기술한다.

지금까지 논의한 연구들은 제어가 고통 회피보다 더 중요하다는 사실을 지적한다. 그렇다면 또 다른 상당한 동기 유발자극인 돈의 경우는 어떻겠는가? 제어가 돈보다 더 중요한가?(그림 5.1 참조). 테일러 스위프트 이야기는 사람들이 개인적 선택과 자유의 대가로 금전을 포기하는 경우가 있음을 시사한다. 그렇지만 테일러의 경우는 극단적인 것이기에, 조금 더 정곡을 찌르는 사례를

그림 5.1 동기 : 금전 대 제어

살펴보도록 하자.

동기 강의를 담당하고 있는 교수를 생각해보자. 아니면 심리학을 가르치는 어떤 교수이든 관계없다. 그 교수는 심리학 박사학위를 가지고 있을 가능성이 크다. 이 말은 그 교수가 교수직을 얻기 위하여 여러 해 동안 대학원을 다녔다는 것을 의미한다. 최근의 미국심리학회(APA) 통계에 따르면, 심리학과 대학원생이 박사학위를 취득하는 데에는 대체로 5~6년이 걸린다. 그리고 오늘날에는 박사학위를 받은 후, 평생직장을 구하기 전에 2년에 걸친 임상 인턴 훈련이나 박사 후 과정을 거치는 경우도 흔하다. 이 기간을 학사학위 취득에 필요한 최소 4년과 합치게 되면, 대부분의 심리학 교수는 대학교육에 12년 이상을 투자한 것이다. 이것은 초등학교부터 고등학교 과정까지를 다시 한 번 마치는 꼴이다! 도대체 무엇이 직업을 구하기 위하여 그토록 긴 세월을 희생하도록 강제하였단 말인가? 그 세월을 돈 버는 데 쓰는 게 옳지 않겠는가?

성급하게 결론 내리지 말라. 일반적으로 심리학 박사학위 소지자가 학사학위 소지자보다 돈을 더 많이 버는 것이 사실이겠지만, 그렇게 많은 것은 아니다. 실제로 여러분의 심리학 교수는 경영학이나 마케팅과 같은 다른 분야에서 2년의 석사학위를 받은 사람들보다 수입이 훨씬 적을 가능성이 높다. 최근의 APA 통계에 따르면, 미국에서 새롭게 임명된 심리학 교수의 평균 연봉은 63,000달러(대략 7,500만 원)이다. 학부생에게는 이 액수가 상당한 것처럼 들릴 수 있겠지만, 경영학 석사학위 보유자가 절반의 시간만을 대학원 교육에 투자함으로써 이 액수보다 3배 이상의 수입을 올린다는 사실을 생각하면, 여러분은 그토록 비논리적인 결정을 내리는 이유가 궁금할지도 모르겠다. 그 답은 아마도 자율성 문제일 것이다. 교수는 다른 직업을 가진 사람들만큼 많은 수입을 올리지는 못하겠지만, 훨씬 더 많은 자율성을 가지고 있다. 대부분의 경우, 교수는 자신이 가르칠 교과목, 학기, 강의방법 등을 스스로 선택한다. 이외에 출근시간, 점심시간, 퇴근시간 등도 스스로 결정한다. 심지어는 집에서 작업을 할 것인지, 여름방학에 휴가여행을 떠날 것인지, 아니면 가욋돈을 벌기 위하여 계절학기 강의를 맡을 것인지, 한 학기 이상의 안식년을 취할 것인지 등도 선택할 수 있다. 그렇다고 해서 교수가 다른 분야 사람들보다 열심히 일하지 않는다는 말은 아니다. 완전히 정반대이다. 대부분의 교수는 일주일에 40시간 이상을 일한다. 단지 차이점은 언제 그 일을 할 것인지를 스스로 선택한다는 점이다. 따라

서 교수는 금전적인 손해를 보는 대신에, 개인적 제어감을 얻는 것이다. 실제로 포브스(Forbes, 미국의 격주간 경제 잡지)가 2013년 사설에서 대학교수를 가장 스트레스를 적게 받는 직업으로 선정한 이유를 설명해주는 것도 바로 이렇게 높은 수준의 자율성이다(Adams, 2013). 이 사실은 대부분의 경우 교수가 되기를 선택한 사람은 금전보다 자율성에 가치를 부여하는 사람일 가능성이 높다는 것을 의미한다. 교수에게 있어서 자율성은 황금덩어리보다 더 큰 가치가 있는 것이다!

자율성 이점을 돈보다 중시하는 사람이 교수뿐만은 아니다. 실제로 거의 50만 명을 대상으로 수행한 63개 연구의 데이터를 개관한 최근의 한 **메타분석**(meta-analysis)의 결과도 동일한 결론에 도달하였다(Fischer & Boer, 2011). 그 결과를 보면, 높은 자율성이 높은 안녕감과 강력하게 연합되어 있음을 알 수 있다. 그렇지만 경제적 부는 안녕감과 직접적으로 연합되지 않았다. 다시 말해서 부자가 가난한 사람보다 더 행복하지는 않았지만, 자율성이 높은 사람은 자율성이 낮은 사람보다 훨씬 더 행복하였다. 실제로 경제적 부가 어떤 방식으로든 행복과 연계되는 유일한 원인은 사람들로 하여금 자신의 삶을 더 많이 제어한다고 느끼게 만들어주기 때문이라는 것이 연구자들이 얻은 결과이다. 따라서 이 결과는 만일 여러분에게 자율성과 돈 간의 선택이 주어진다면, 자율성을 선택해야 한다는 사실을 시사한다.

나만의 프로젝트 5.1
자율성 욕구

여러분의 나만의 프로젝트 목표가 자율성 욕구를 충족시키는 세 가지 방법을 기술하라. 만일 여러분의 목표를 달성한다면, 자율성 욕구가 삶에서 더 높은 제어감을 가지고 있다고 느끼도록 만들어주겠는가?

5.1.3 자율성은 행동을 유발한다

학습목표 : 자율성이 어떤 행동을 유발하는지를 분석한다.

자기결정 이론(self-determination theory; Deci & Ryan, 1991, 2012)에 따르면, 자율성은 행동을 주도하는 세 가지 '핵심 인간 동기' 중의 하나이다. 만일 그렇다면, 자율성은 **핵심 인간 동기**(core human motive)의 기준을 만족시켜야 한다. 첫 번째 기준은 핵심 동기가 바로 그 동기를 만족시키도록 계획된 행동을 유발해야만 한다는 것임을 회상해보라. 물의 결핍이 갈증을 유발하고, 이것이

다시 물을 찾는 행동을 동기화시키는 것과 마찬가지로, 자율성 결핍은 자율성을 찾는 행동을 유발해야만 한다.

자율성의 맥락에서 이러한 가능성을 살펴보기 위하여 한 연구에서는 대학생들에게 지난주에 얼마나 자율적이었다고 느꼈는지를 생각해보도록 요구하였다(예컨대, "나는 견딜 수 없을 만큼 상당한 압박감을 느꼈다.")(Sheldon & Gunz, 2009). 그런 다음에 학생들에게 활동 목록을 주고, 어떤 활동을 하고 싶은지 지적하도록 요구하였다. 어떤 활동은 자율성 욕구를 충족시키도록 설계된 것이고(예컨대, "나는 다른 사람들이 더 이상 압박을 가하지 않고 내가 선택한 것이라면 어느 것이든 자유롭게 할 수 있는 생활방식을 만들고 싶다."), 다른 활동은 그렇지 않은 것이었다(예컨대, "나는 마음이 통하는 이성 친구를 찾고 싶다."). 그 결과를 보면, 자율성이 결여되어 있다고 느낀 학생이 자율성을 회복할 수 있는 활동을 추구하는 데 더 많은 관심을 보였다. 이 결과는 연구자들이 수행한 다른 연구의 결과와 함께, 자율성이 갈증과 같은 생리적 욕구와 유사한 방식으로 작동하는 결손 지향 욕구라는 사실을 시사한다.

5.1.4 자율성은 긍정적 결과를 초래한다

학습목표 : 자율성이 어떤 긍정적 결과를 초래하는지를 설명한다.

핵심 동기의 두 번째 기준은 그 동기의 충족이 생존을 촉진하는 긍정적 결과를 초래하며, 충족 실패는 생존을 위협하는 부정적 결과를 초래해야만 한다는 것이다. 사람들이 자율성을 경험할 때 초래되는 이점을 입증해온 수많은 연구가 이 기준을 지지한다(Ryan & Deci, 2006).

첫째, 자율성 욕구를 충족시키는 목표를 추구하는 사람은 부나 명성이나 지위와 같은 목표를 추구하는 사람보다 높은 자존감과 안녕감 그리고 낮은 우울과 불안을 나타낸다(Kasser & Ryan, 1993, 1996; Reis, Sheldon, Gable, Roscoe, & Ryan, 2000; Ryan et al., 1999). 그리고 개인적 선택(예컨대, 방의 벽지를 선택하는 것)을 통해서 자율성을 지원하는 요양원 거주자가 자율성을 지원하지 않는 요양원 거주자보다 높은 안녕감을 나타낸다(Kasser & Ryan, 2001).

둘째, 사람들이 자율성을 경험할 때 목표 달성이 우수하다. 학생들의 경우, 자율성 동기는 강의내용을 개념적으로 더 잘 이해하고, 학업과 스포츠 활동에 더 오랫동안 참여하며, 더 좋은 성적을 받고, 더 창의적인 수행을 보이는 것과 연계되어 왔다(Bar-Tal & Bar-Zohar, 1977; Black & Deci, 2000; DiCintio & Gee, 1999; Grolnick & Ryan, 1987; Koestner, Ryan, Bernieri, & Holt, 1984; Vallerand & Bissonette, 1992). 마찬가지로, 직장인의 자율성 동기는 더 높은 직업 만족도, 작업 몰입도, 직장에서 잘 해내려는 동기, 수행평가 등과 연계되어 왔다(Baard, Deci, & Ryan, 2004; Deci, Connell, & Ryan, 1989; Harrison & Liska, 1994). 중요한 사실은 자율성의 이러한 이점이 러시아와 일본과 같이 독립 지향성이 낮은 문화에서도 나타난다는 점이다(Deci et al., 2001; Chirkov, Ryan, Kim, & Kaplan, 2003; Chirkov, Ryan, & Willness, 2005).

그렇다면 자율성이 목표 달성을 증진시키는 이유는 무엇인가? 한 가지 가능성 있는 설명을 최근의 신경과학 연구에서 찾아볼 수 있다. 이 연구는 자율성이 실패에 대한 두뇌 민감도를 증가시키며, 이것은 다시 더 우수한 목표 달성으로 이끌어간다는 결과를 보여주었다(Legault & Inzlicht, 2012).

자율성이 그토록 많은 이점을 초래한다는 사실을 감안할 때, 자율성의 제거가 부도덕하거나 불법적인 행위를 한 사람을 처벌하는 대표적인 방법 중 하나라는 사실은 이해할만하다. 수감자는 생활하는 장소, 먹는 음식, 방문자, 소일거리 등을 선택할 수 없다. 덜 극단적인 사례를 들면, 부모는 자녀가 나쁜 행동을 할 때 "이제 끝!"(time out)을 사용하여 처벌하기 십상이다. "이제 끝!"이 효과적인 까닭은 적어도 일시적이나마 자녀의 자율성을 강제로 제약하기 때문이다.

자율적인 목표의 이점을 확보할 수 있는 한 가지 방법은 '올바른' 목표를 추구하고 있다는 사실을 확실하게 보여주는 것이다. '올바른' 목표를 추구하는 한 가지 방법은 자신의 정체감과 일치하는 목표(즉, 자기부합적 목표)를 선택하는 것이다. **자기부합성**(self-concordance)이란 목표가 자기감에 들어맞는다는 것을 의미한다(Sheldon, 2008; Sheldon & Elliot, 1999). 따라서 목표가 자신의 정체감과 들어맞을수록, 자기부합적인 것으로 간주하게 되고, 더욱 많은 자율성을 초래하게 된다(Sheldon & Elliot, 1999). 이 말은 사람들이 자신의 성격과 가치관과 일치하는 목표를 선택할 때 자율성의 이점을 끌어모으며 충분한 잠재성을 달성할 가능성이 가장 높다는 사실을 의미한다. 예컨대, 사람을 좋아하고 외향적인 여자가 직업으로 도서관 사서직을 선택하면 성공적이지 않을 가능성이 높다. 마찬가지로 수줍어하고 내성적인 여자가 파티 플래너를 직업으로 선택할 때에도 성공적이지 않을 가능성이 높다. 자기부합 목표를 선택하는 것은 긍정 정서, 삶의 만족, 활력감, 목표 달성 등과 같이 자율성과 연합된 이점도 초래하는 것으로 나타났다(Gaudreau, 2012; Sheldon & Elliot, 2000; Sheldon & Kasser, 1995). 그렇기 때문에 자기부합 목표를 선택하는 것은 긍정적 변화를 향한 '상승 나선(upward spiral)'을 만들어내는 것으로 생각된다(Sheldon & Houser-Marko, 2001).

나만의 프로젝트 5.2

자기부합성

여러분의 나만의 프로젝트 목표가 자기부합적인지 아닌지를 생각해보라. 즉, 여러분의 목표는 여러분의 성격과 가치관과 잘 대응되는가, 아니면 잘 대응되지 않는가?

5.1.5 자율성은 보편적이다

학습목표 : 자율성의 보편성을 기술한다.

핵심 동기의 세 번째 기준은 자율성이 상이한 문화에 걸쳐 나타나는 보편적 동기여야 한다는 것이다. 자율성에 관한 대부분의 연구가 미국인 참가자들을 대상으로 수행되었지만, 다른 많은 연구는 자율성 욕구가 다른 문화에도 존재하는지를 검증해왔다. 예컨대, 라이언과 동료들(Ryan et al., 1999)은 자율성 목표를 강조하는 사람들이 부나 명성이나 지위와 같은 다른 목표를 추구하는 사람들보다 높은 안녕감을 나타낸다는 결과를 보여준 여러 선행연구를 반복하고, 러시아인 표본에서도 동일한 결과를 얻었다. 불가리아인 표본을 대상으로 수행한 다른 연구에서도 자율성을 조장하는 작업 환경이 직장에서 더 높은 작업 동기와 심리적 적응력을 초래한다는 결과를 반복하였다(Deci et al., 2001). 불가리아는 전체주의 정치체계와 집단주의 가치체계를 가지고 있다는 점에서 미국과는 극단적으로 차이 나는 경제체계를 가지고 있음에도 불구하고, 이 연구는 불가리아인 표본과 미국인 표본에서 유사한 결과를 얻었다. 마지막으로 많은 연구는 참가자들이 미국, 러시아, 터키, 한국, 브라질, 캐나다 등 어느 국가의 국민인지와는 무관하게, 높은 자율성이 높은 안녕감과 연합되어 있다는 사실을 밝혔다(Chirkov et al., 2003; Chirkov et al., 2005). 따라서

자율성이 핵심 동기를 대표한다는 주장은 동서양 문화 모두에서 지지받아 왔다.

글쓰기 과제 5.1

자율성과 중대한 삶의 결정

여러분이 과거에 내린 중차대한 삶의 결정 하나를 생각해보라. 여러분의 결정은 어느 정도나 자율성 욕구와 관련되었는가? 어느 정도나 여러분의 자율성을 증가시키거나 감소시키는 결과를 초래하였는가?

5.2 귀인 이론

학습목표 : 귀인 이론을 분석한다.

앞서 언급한 바와 같이, 자율성 개념은 개인적 제어에 유추할 수 있다. 여러분의 삶에 대해서 더 많은 제어감을 느낄수록, 더 많은 자율성 욕구를 충족시키고 있는 것이다. 수많은 동기 이론이 외적 제어와 내적 제어 간의 차이에 바탕을 두고 있지만, 이러한 구분과 가장 부합하는 이론 중 하나가 귀인 이론이다.

귀인 이론을 이해하기 위하여 다음을 생각해보자.

고속도로에서 차를 운전하다가 길가의 사고를 목격할 때, 여러분의 머리를 스치는 첫 번째 생각은 어떤 것인가? 첫 번째 생각은 '무슨 일이 일어났지?'일 가능성이 높다. 사고 잔해를 보느라 목을 길게 빼면서, 여러분은 자동적으로 사고 원인에 대해 생각하기 시작한다. 날씨 때문인가? 운전자가 주의를 기울이지 않았는가? 머릿속에서 사고를 재구성하려는 이러한 경향성이 다소 병적인 것처럼 보일 수도 있지만, 그러한 재구성은 자신과 타인 행동의 원인을 이해하려고 시도하는 자연스러운 인간의 경향성에 근거한다. 이러한 경향성은 동기심리학자들만이 행동의 원인을 이해하고자 애쓰는 것이 아니라는 사실을 알려준다. 모든 사람이 그렇게 한다. 그렇다면 그 이유는 무엇인가?

하이더(Fritz Heider, 1958)에 따르면, 사람들은 이러한 방식으로 정보를 추구함으로써 미래에 일어날 일을 예측하고 그 일이 재발하지 않도록 상황을 제어할 수 있다. 만일 교통사고의 원인이 위험한 교차로 때문이라고 결정한다면, 여러분의 미래를 제어하는 한 가지 방법으로 그 교차로를 다시 통과하지 않을 가능성이 높다. 이러한 방식으로 행동의 원인을 결정하는 것은 그것이 자신의 행동이든 아니면 다른 사람의 행동이든, 사람들을 보다 자율적이게 도와준다. 행동이나 결과의 원인에 관한 이러한 신념을 **귀인**(attribution)이라고 부른다. 따라서 자신이나 타인 행동의

원인을 확인하려고 시도할 때마다, 사람들은 귀인을 생성하고 있는 것이다.

와이너(Bernard Weiner)의 귀인 이론에 따르면, 결과가 (1) 뜻밖이고, (2) 중요하며, (3) 부정적일 때, 사람들이 인과 귀인을 찾을 가능성이 가장 높다(Weiner, 1972b, 2006). 교통사고 사례는 명확히 뜻밖이고 부정적인 것으로 간주된다. 마찬가지로 시험에서 예상보다 낮은 점수를 받거나 애인에게 차이게 되면, 사람들은 즉각적으로 결과의 원인을 결정하기 위하여 귀인 사고에 빠져들게 된다. 그러한 상황에서 사람들은 마치 매사가 자신의 제어를 벗어난 것처럼, 다시 말해서 자율성을 상실한 것처럼 느끼기 때문에, 어느 정도 제어감을 다시 획득하는 방법으로 귀인 사고에 몰입하게 되는 것이다.

▼ **이 절이 끝날 무렵에 여러분은 다음에 답할 수 있을 것이다.**

5.2.1 귀인 유형을 기술한다.
5.2.2 귀인에 영향을 미치는 요인들을 분석한다.

5.2.1 귀인 유형

학습목표 : 귀인 유형을 기술한다.

이제 귀인이 일어나는 상황을 알게 되었으므로, 논리적으로 뒤따르는 다음 물음은 사람들이 어떤 유형의 귀인을 하느냐는 것이다. 와이너의 개념화에 따르면, 대부분의 귀인은 소재와 안정성이라는 두 가지 차원에 위치한다(그림 5.2 참조).

소재(locus)는 귀인의 원인을 지칭한다. **내적 귀인**(internal attri-bution)은 개인 내에 자리하며, **외적 귀인**(external attribution)은 상황에 자리한다. 화학 시험에서 낙제한 학생을 상상해보라. 자신의 형편없는 성적이 강의내용을 제대로 이해하지 못하였기 때

문이라고 결론 내린다면, 내적 귀인을 하고 있는 것이다. 교수가 시험문제를 너무 어렵게 출제하였기 때문이라고 결론 내린다면, 외적 귀인을 하고 있는 것이다.

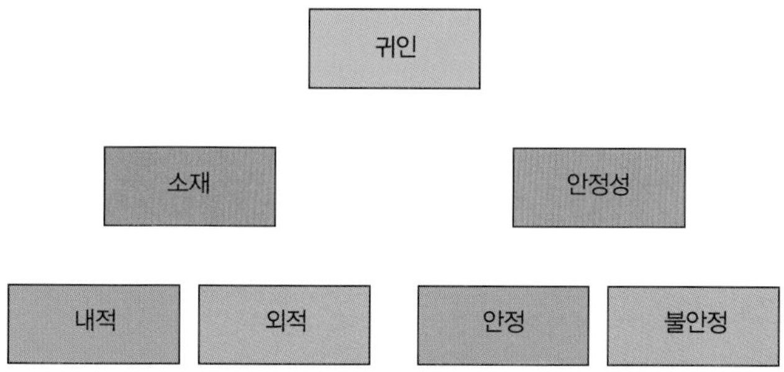

안정성(stability)은 귀인의 일관성을 지칭한다. **안정 귀인**(stable attribution)은 규칙적으로 일어나며, **불안정 귀인**(unstable attribution)은 산발적으로 발생한다. 자신은 항상 화학 시험에서 실패할 것이라고 결론 내리는 학생은 안정 귀인을 하고 있는 반면, 이번은 실수일 뿐이며 다시는 그런 일이 일어나지 않을 것이라고 결론 내리는 학생은 불안정 귀인을 하고 있는 것이다. 그림 5.3을 참조하라.

대부분의 귀인을 이러한 두 차원에 따라 범주화할 수 있지만, 후속 연구자들은 부가적인 차원들도 일익을 담당한다고 제안함으로써 와이너 이론을 확장하였다. 그러한 부가적 차원에는 의도성/비의도성 차원과 총체성/세부성 차원 등이 포함된다(Abramson, Seligman, & Teasdale, 1978; Rheinberg, 1975).

여러분도 예상할 수 있는 바와 같이, 사람들이 자기 자신의 결과에 부과하는 귀인 유형은 미래 행동에 지대한 영향을 미친다. 자율성 주제와 가장 관련이 깊은 귀인 차원(내적 제어 소재 대 외적 제어 소재)에 초점을 맞추어보면, 사람들이 자신의 결과에 내적 귀인을 많이 할수록, 자율성을 더 많이 느끼게 된다. 자신의 형편없는 시험 성적을 능력이나 노력의 부족에 귀인하는 학생은 앞으로 성적을 올릴 수 있다고 느끼는 반면, 불운이나 고압적인 교수에 귀인하는 학생은 자신의 미래 성적에 제어감을 느끼지 못

그림 5.2 귀인의 두 차원 : 소재와 안정성

```
              ┌───────┐
              │  귀인  │
              └───────┘
      ┌───────┐           ┌───────┐
      │  소재  │           │ 안정성 │
      └───────┘           └───────┘
  ┌──────┐ ┌──────┐   ┌──────┐ ┌──────┐
  │ 내적 │ │ 외적 │   │ 안정 │ │불안정│
  └──────┘ └──────┘   └──────┘ └──────┘
```

그림 5.3 귀인의 네 가지 가능성
소재와 안정성이라는 두 차원을 조합하면, 네 가지 가능성이 나타난다.

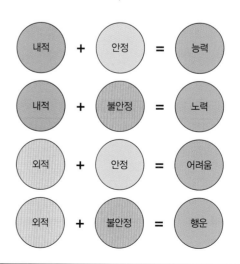

한다. 따라서 자신의 행동에 내적 귀인을 많이 할수록, 자율성 욕구를 충족하고 있다고 더 많이 느끼게 된다.

5.2.2 귀인에 영향을 미치는 요인

학습목표 : 귀인에 영향을 미치는 요인들을 분석한다.

혹자는 다른 사람들보다 자신의 내적 제어 소재가 더 높다고 믿는다. 로터(Julian B. Rotter, 1954)는 제어 소재(locus of control)라고 부르는 자신의 성격 이론에서 이러한 주장을 펼쳤다. 이 이론에 따르면, **내적 제어 소재**(internal locus of control)가 높은 사람은 자신이 '자기 운명의 지배자'라고 믿으며, 자신의 행위와 선택이 삶의 결과를 초래한다고 믿는다. 반면에 **외적 제어 소재**(external locus of control)가 높은 사람은 자신의 제어를 넘어서는 요인들이 자신의 삶을 주도한다고 믿는다. 이러한 요인들에는 운, 우연, 신 또는 권력자의 영향 등을 포함한 다양한 외적 원인들이 포함된다. 따라서 내적 제어 소재가 높은 사람은 내적 귀인을 할 가능성이 높으며, 그렇기 때문에 자신의 성공과 실패를 제어하고 있다는 느낌을 더 많이 갖는다. 외적 제어 소재가 높은 사람은 외적 귀인을 할 가능성이 높으며, 그렇기 때문에 자신의 성공과 실패를 제어하고 있다는 느낌을 덜 갖게 된다.

지각하는 제어감에서 개인차가 있을 뿐만 아니라 상황 차이도 존재한다. 즉, 어떤 상황은 다른 상황보다 더 많은 개인적 제어감을 제공한다. 예컨대, 강의실에서 학생의 자율성에 상당한 영향을 미치는 요인은 선생님이다(Assor, Kaplan, & Roth, 2002; Deci, Nezlek, & Sheinman, 1981; Patall, Dent, Oyer, & Wynn, 2013; Reeve & Jang, 2006). 지배적인 접근방식을 취하는 선생님은 자신의 임무가 학생들이 가르쳐준 대로 정확하게 행동하는지를 확인하는 것이라고 믿는다. 반면에 자율적인 접근방식을 취하는 선생님은 자신의 임무가 학생들이 스스로 문제를 해결하고 자신의 실수로부터 무엇인가를 배우도록 부추기는 것이라고 믿는다.

선생님들의 이러한 차이가 학생들에게 어떤 영향을 미치는지를 살펴보기 위하여, 한 연구에서는 초등학교 선생님들이 새로운 학년을 시작할 때 어떤 접근방식을 채택하는지를 평가하였다(Deci, Nezlek, & Sheinman, 1981). 2개월이 지난 후에, 학생들의 내재적 동기, 학교에서 지각하는 유능성, 자존감 등을 측정하였다. 그 결과를 보면, 지배적인 선생님 교실보다 자율성을 지지하는 선생님 교실의 학생들이 자신의 공부에 내재적 동기를 더 많

이 가지고 있으며, 자신의 학업에 더 유능감을 느끼고, 더 높은 자존감을 가지고 있었다. 법대생과 의대생을 대상으로 수행한 연구에서도 유사한 효과가 나타났다. 대학생들이 교수로부터 자율성 지지를 더 많이 경험할수록 학점이 높았으며, 변호사나 의사 자격시험을 통과할 가능성이 더 높았다(Sheldon & Krieger, 2007; Williams, Saizow, Ross, & Deci, 1997).

글쓰기 과제 5.2

최근 언쟁에 대한 귀인

누군가가 여러분을 속상하게 만든 행동(예컨대, 애인이나 친구와 벌였던 최근 언쟁)을 하였던 최근 상황을 떠올려보라. 그 당시에 여러분을 속상하게 만든 행동을 하였던 사람에 대해서 어떤 귀인을 하였는가? 되돌아볼 때, 그렇게 속상하지 않았을 수도 있었던 그 행동에 대해서 다른 귀인을 하였을 수도 있었겠는가?

언쟁을 벌이는 동안 여러분의 행동에 대해서는 어떻게 하였는가? 그 당시 여러분의 행동에 대해서 어떤 귀인을 하였는가? 그 언쟁을 되돌아볼 수 있는 지금은 그 귀인이 변하였는가?

5.3 과잉정당화 효과

학습목표 : 동기와 관련하여 과잉정당화 효과를 평가한다.

선생님이나 직장상사가 학생이나 직원들을 동기화시키기 위해서 시도하는 상용수법은 보상과 유인자극을 제공하는 것이다. 선생님은 시험에서 최고 점수를 받은 학생에게 금별을 달아주고, 상사는 최고 판매실적을 올린 직원에게 상여금을 줄 수 있다. 마찬가지로 부모는 자녀가 학교생활을 잘하거나 채소를 먹거나 방청소를 하도록 동기화시키기 위해서 칭찬을 하거나 맛있는 간식을 주거나 새로운 장난감을 약속하기 십상이다. 그런데 이러한 접근방식이 정말로 작동하는 것인가? 이 물음에 답하기 위하여 **내재적 동기**(intrinsic motivation)와 **외재적 동기**(extrinsic motivation) 과정을 살펴보도록 하자.

만일 학생이 금별을 얻기 위하여 좋은 성적을 얻거나 자녀가 디저트를 얻어먹기 위하여 채소를 먹는다면, 이들의 동기가 내재적이거나 외재적이라고 말할 수 있겠는가?

내재적 동기가 외재적 동기보다 더 효과적이다. 그런데 두 가지 유형의 동기를 결합하면 어떻겠는가? 자녀가 어떤 과제를 수행하고자 이미 내재적으로 동기화되어 있는데 여러분이 그것에 더하여 외재적 보상을 준다는 약속을 첨가하면 어떻겠는가? 동기를 배가시키기 때문에 과제를 잘 수행하고자 더 많이 동기화되

지 않겠는가? 이 물음을 던지면, 대부분의 사람들은 부가적 보상이 동기를 증가시킬 것이라 생각한다고 말한다(Hom, 1994). 그리고 대부분의 동기 연구자들도 상당한 영향력을 발휘하는 연구가 출현하여 이러한 가정에 의문을 던질 때까지 그렇게 믿어왔다.

이미 고전이 되어버린 드시(Edward L. Deci, 1971)가 수행한 연구에서, 대학생들에게 일련의 플라스틱 조각을 짜 맞추는 퍼즐 게임을 제시하였는데, 조각들을 다양한 방식으로 짜 맞추어 다양한 모양을 만들 수 있는 것이었다. 모든 사람이 동일한 수의 퍼즐을 완성하였지만, 절반은 과제 수행에 보상을 받았으며(외재적 조건), 다른 절반은 보상을 받지 않았다. 그런 다음에 모든 참가자에게 '자유 시간'이 주어졌다. 실험자는 잠시 나갔다 올 텐데, 자기가 자리를 비운 동안 (보상을 받지 않으면서) 계속해서 퍼즐 과제를 수행하거나 원하는 다른 일을 해도 좋다고 알려주었다. 실험이 진행된 방에는 퍼즐 이외에도 우연을 가장하여 뉴요커, 타임, 심지어는 플레이보이의 최근호를 포함하여 여러 잡지를 비치해두었다. 자유 시간 동안 참가자들이 퍼즐 과제를 수행한 시간이 내재적 동기의 측정치였다. 수행할 필요가 없거나 보상을 받지 않음에도 불구하고 참가자들이 퍼즐을 즐겼다는 것을 의미하기 때문이었다. 그렇다면 누가 자유 시간에 퍼즐 과제를 가장 오랫동안 수행하였겠는가? 그림 5.4를 살펴보자.

이 연구결과는 흔히 **과잉정당화 효과**(overjustification effect)라고 부르는 현상을 입증하고 있다. 과잉정당화 효과란 사람들에게 이미 내재적 동기를 가지고 있는 어떤 일을 하는 데 외재적 보상을 주었을 때 발생하는 동기의 감소를 지칭한다(Deci, 1971; deCharms, 1968). 이런 일이 일어날 때, 외재적 보상은 내재적 흥미를 약화시키거나 심지어는 파괴시키기도 하며 좋내는 동기를 감소시키게 된다. 이 효과는 광범위한 과제에 걸친 128개 연구에서 입증되었다(Deci, Koestner, & Ryan, 1999). 이 효과는 심지어 생후 20개월 유아에게서도 나타났다(Warneken & Tomasello, 2008).

▽ **이 절이 끝날 무렵에 여러분은 다음에 답할 수 있을 것이다.**

5.3.1 과잉정당화 효과의 사례를 기술한다.
5.3.2 과잉정당화 효과의 원인을 분석한다.

5.3.1 과잉정당화 효과의 사례

학습목표 : 과잉정당화 효과의 사례를 기술한다.

불행하게도 과잉정당화 효과는 단지 즐겁기 때문에 하였던 일에 대해서 갑자기 터무니없을 정도의 많은 액수의 돈을 받는 배우, 음악가, 연예인, 운동선수 등에게 너무나 공통적으로 나타난다. 예컨대, 코미디언 데이비드 샤펠은 2005년에 코미디 센트럴(미국 코미디 방송국의 하나)의 인기 만점인 프로그램에 출연하는 대가로 5,500만 달러(대략 660억 원)를 받는 계약을 파기한 것으로 유명하다. 계약을 파기한 까닭은 자신이 출연하는 프로그램의 성공이 코미디에 대한 애정을 갉아먹고 자율성을 훼손하기 시작하였다고 느꼈기 때문이었다. 나중에 조명도 어둡고 담배연기로 가득 찬 술집에서 코미디 연기를 시작하였을 때 비로소 코미디에 대한 자신의 내재적 애정이 되살아났다고 느끼게 되었다(Itzkoff, 2005). 마찬가지로 보스턴 셀틱스의 농구선수였던 빌 러셀은 이렇게 말하였다. "제가 돈을 벌기 위해 농구를 하는 것을 심각하게 생각하게 되자 농구가 마법 같은 자질을 잃어버렸습니다." 이러한 과잉정당화는 테일러 스위프트가 자신의 음악과 경력에 대한 제어를 유지하고자 그토록 애를 쓴 한 가지 이유일 가능성이 크다. 그렇게 함으로써 그녀는 단지 돈을 벌기 위하여 작곡하거나 공연한다고 결코 느끼지 않은 것이다.

학비를 지원하는 방식으로 부모가 자식의 학업수행에 보상을 주는 미국 대학생에게서도 과잉정당화 효과를 찾아볼 수 있다. 부모는 학비를 지원하는 것이 자녀의 재정 걱정을 덜어주고 공부에만 전념하도록 만들어줌으로써 좋은 성적을 초래할 것이라고

그림 5.4 과잉정당화 효과

실험의 첫 번째 단계에서 보상을 받았던 참가자의 경우에는 보상이 중지된 후에 퍼즐에 대한 관심이 급격하게 줄어들었다. 반대로 퍼즐 완성에 보상을 받지 않았던 참가자는 계속해서 관심을 기울였다.

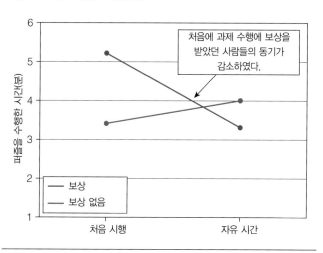

처음에 과제 수행에 보상을 받았던 사람들의 동기가 감소하였다.

보상
보상 없음

처음 시행　　　　자유 시간

생각한다. 그렇지만 과잉정당화 효과는 그렇지 않을 수도 있음을 시사한다. 실제로 연구결과를 보면, 부모가 자녀의 대학교육을 위해 재정 지원을 많이 할수록 성적은 낮아진다는 사실을 알 수 있다(Hamilton, 2013). 이토록 놀라운 효과는 사립대학과 국공립대학을 막론한 다양한 대학에서 얻은 실제 데이터에서 나타났으며, 심지어 연구자들이 부모의 사회경제적 지위를 통계적으로 통제하였을 때조차도 나타났다.

도대체 여기서 무슨 일이 일어나고 있는 것인가? 대학생들이 자신의 등록금을 스스로 마련할 때, 자율성을 더 많이 느끼며 수업에 참가하고 공부하며 잘 해내야 한다는 개인적 책임감을 더 많이 느낄 가능성이 높아 보인다. 부모가 자신의 교육비를 지불하는 것처럼 느끼는 학생은 개인적으로 자신의 교육에 덜 투자하는 것으로 느낄 수 있으며, 그렇기 때문에 수업을 빼먹고 졸업을 위한 최소한의 노력만을 기울일 가능성이 더 높다. 그렇다고 해서 부모는 자녀 교육을 재정적으로 지원해서는 안 된다는 말은 결코 아니다. 단지 교육비를 지원하는 부모는 자녀가 자신의 공부에 개인적으로 책임감을 느끼게 만드는 다른 방도를 강구해야 한다는 것을 의미할 뿐이다. 결국 대학은 단지 학점을 따거나 학위를 받으려는 것이 아니다. 대학교육은 좋은 직업을 구하고 삶에서 성공하는 데 필요한 기술을 개발하려는 것이다. 모쪼록 학생들은 항상 이 사실을 명심하고자 애를 쓰기 바란다.

5.3.2 과잉정당화 효과가 발생하는 이유

학습목표 : 과잉정당화 효과의 원인을 분석한다.

그렇다면 과잉정당화 효과가 발생하는 이유는 무엇인가? 물론 그 답은 자율성과 관련이 있다. 그저 즐겁기 때문에 어떤 과제를 수행하거나 운동을 할 때, 사람들은 상당한 자율성을 느낀다. 그렇지만 보상을 받기 위해서 동일한 행동을 할 때에는 갑자기 제어감을 더 이상 느끼지 못한다. 그렇게 느끼지 않는다고 하더라도, 아무튼 경기에 출전하거나 과제를 수행해야만 돈을 벌 수 있기 때문에 그렇게 할 수밖에 없다.

그렇다고 해서 돈이나 보상이 동기를 유발하지 않는다는 말은 아니다. 그림 5.4를 다시 들여다보면, 여러분은 퍼즐을 완성함으로써 보상을 받는 사람은 처음 시행 동안에는 과제에 더 많은 시간을 들였다는 것을 알아차렸을 것이다. 이 사실은 적어도 단기적으로는 외재적 동기가 수행을 증진시키는 효과적인 방법일 수 있

음을 알려준다. 그렇지만 보상을 더 이상 받지 못하는 자유 시간 동안 일어났던 사건도 중요하다. 여기서 외재적 보상의 부정적 효과를 보게 된다. 이 결과는 외재적 보상이 단기적으로는 이점이 있지만 장기적으로는 손실이라는 사실을 알려준다. 상을 주겠다는 약속, 장난감을 사주겠다는 약속, 처벌 위협 등을 포함한 다른 유형의 외재적 유인자극에서도 유사한 효과가 찾아졌다(Deci, 1971; Deci & Casio, 1972; Lepper & Greene, 1975; Lepper, Greene, & Nisbett, 1973).

따라서 만일 여러분이 자녀가 채소를 먹도록 부추기고 싶다면, '브로콜리를 먹으면 디저트를 먹을 수 있다'는 낡은 접근방식을 피하라. 그렇게 하는 것은 자녀의 자율성을 훼손시키기 때문이다. 양육 전문가는 "오늘은 당근, 브로콜리, 그린빈(긴 콩깍지를 그대로 익힌 것) 중에서 선택할 수 있어."와 같이, 자녀에게 여러 가지 선택지를 제공한 다음에 자신의 것을 선택할 수 있도록 해야 한다고 제안한다(Bredekamp & Copple, 1996). 또 다른 선택지는 자녀가 당근껍질을 깎거나 그린빈의 꼭지를 떼어내도록 함으로써 식사 준비에 참여하도록 만드는 것이다. 두 경우 모두 자녀의 자율성을 촉진시킴으로써 앞으로 채소를 먹을 가능성을 높여준다.

수많은 연구가 과잉정당화 효과를 지지하고 있기는 하지만, 다른 연구는 지지 증거를 찾지 못함으로써 그 효과의 타당성을 의심하게 만든다(Cameron, Banko, & Pierce, 2001; Eisenberger & Cameron, 1996). 이러한 과학적 회의론을 초래한 연구들은 과잉정당화 효과가 일어나기 위해서는 다음과 같은 특정 조건을 필요로 한다는 점을 지적하고 있다.

한 가지 요인은 과제가 그 자체로 흥미로운 것이어야 한다는 점이다. 즉, 과잉정당화 효과가 일어나기 위해서는 과제가 최소한 내재적 동기를 유발할 잠재력을 가지고 있어야만 한다. 과제가 본질적으로 지겹거나 매력적이지 않다면(예컨대, 쿠폰 오리기, 변기 청소하기 등), 갉아먹을 내재적 동기가 없기 때문에 외재적 보상의 도입은 성과를 증진시키게 된다(Cameron et al., 2001).

두 번째 요인은 보상을 예상해야만 한다는 것이다. 즉, 뒤따를 보상이 있다는 사실을 알고 있으면서 행동을 해야만 한다. 보상을 예상할 때, 그 보상이 자율성과 내재적 동기를 훼손할 가능성이 높다. 그렇지만 보상을 예상하지 않을 때에는 내재적 동기에 영향을 미치지 않는다(Cameron et al., 2001; Greene & Lepper, 1974; Orlick & Mosher, 1978; Warneken & Tomasello, 2008).

세 번째 요인은 보상이 언어적인 것이 아니라 물질적인 것이어야만 한다는 것이다. 물질 보상(돈, 트로피, 음식 등)의 제안은 내재적 동기를 감소시킬 가능성이 있지만, 칭찬은 그렇지 않다(Blanck, Reis, & Jackson, 1984; Cameron & Pierce, 1994; Deci, 1971).

따라서 (1) 과제가 흥미로운 것이며, (2) 보상을 예상할 수 있고, (3) 그 보상이 물질적인 것일 때에만 과잉정당화 효과가 일어날 가능성이 있다(Cameron et al., 2001).

여러분 자신을 동기화시켜라

동기를 배가시키기

자신의 삶과 행동을 더 많이 제어할수록 더욱 좋다. 그런데 만일 자동적으로 제어감을 배가할 수 있다면 어떻겠는가? 보스와 동료들(Vohs, Finkenauer, & Baumeister, 2011)의 연구를 보면, 친구, 데이트 상대자, 배우자 등이 가지고 있는 자기제어 수준이 사람들의 삶에 지대한 영향을 미칠 수 있다는 사실을 알 수 있다. 연구자들은 두 사람의 제어 수준을 결합한 값이 클수록 관계가 좋다는 사실을 발견하였다. 따라서 여러분 자신의 삶의 만족도를 북돋우는 한 가지 방법은 높은 수준의 자기제어력을 가지고 있는 친구나 애인을 찾는 것이다. 그러한 사람은 자신의 파트너에게 더 잘 부응하고 문제가 발생할 때 소통도 잘한다. 의지력이 높은 파트너를 갖는 것도 사람들이 미적거릴 때 건강식을 하거나 운동을 하도록 '밀어붙이도록' 조장함으로써 모자라는 의지력을 보충하게 해줄 수 있다.

글쓰기 과제 5.3

과잉정당화 효과가 지속되는 이유

이제 과잉정당화 효과에 대해서 공부하였다는 것을 전제로, 여러분은 사람들이 외재적 보상을 사용하여 다른 사람들을 동기화시키고자 계속해서 시도하는 이유가 무엇이라고 생각하는가? 외재적 보상이 더욱 이로울 수 있는 특정 상황이나 행동이 있다고 생각하는가? 덜 이로운 경우는 어떤 것인가?

5.4 제어 착각

학습목표 : 제어 착각의 긍정적 효과를 분석한다.

이 장 앞부분에서 사람들이 실제로는 제어하지 못하고 있지만 제어하고 있다고 생각하도록 속임수를 쓰는 경우에도(예컨대, 비상 버튼 효과) 자율성의 이점을 거둘 수 있다고 말한 것을 회상해보라. 이 사실은 제어하고 있다는 지각이 실제로 제어하는 것보다 더 중요함을 알려준다. 여러분은 이러한 현상이 얼마나 자주 일어나는지, 즉 사람들이 실제로는 제어하지 못하고 있을 때 제어

하고 있다고 생각하도록 속는 경우가 얼마나 많은지 궁금해할지도 모르겠다. 그 답은 '빈번하다'이다. 적어도 여러분이 정신적으로 건강한 사람과 다르지 않다면 말이다.

대부분의 사람은 평균적으로 자신의 삶에서 자율성 정도를 과대 추정하는 경향이 있으며, 이 현상을 **제어 착각**(illusion of control)이라고 부른다(Langer, 1975; Stefan & David, 2013; Taylor & Brown, 1988). 오랜 세월 동안 정신건강의 한 가지 핵심 요소가 자기와 환경의 정확한 지각이라고 생각해왔다. 그렇지만 테일러와 브라운(Taylor & Brown, 1988)이 정신적으로 건강한 사람은 **긍정 착각**(positive illusion)을 견지하고 있다고 주장함으로써, 이러한 생각은 도전거리에 직면하였다. 다시 말해서 정신적으로 건강한 사람은 정신질환을 앓고 있는 사람보다 자신을 비현실적일 만큼 긍정적으로 표현하며, 실제보다 환경을 더 많이 제어하고 있다고 믿는다는 것이다. 반대로 우울증을 앓고 있는 사람은 실제로 자신의 능력과 환경에 대한 제어력을 더 정확하게 지각하는데, 이것을 **우울 현실주의**(depressive realism)라고 부른다(Dobson & Franche, 1989).

얼핏 보기에 우울한 사람이 더 정확한 자기관을 가지고 있다는 생각이 직관에 어긋나는 것처럼 보이겠지만, 다음의 사례를 살펴보도록 하자.

여러분이 라스베이거스에 있으며 방금 결혼식을 마치고 교회에서 나오고 있는 신혼부부에게 접근하고 있다고 가정해보라. 만일 여러분이 이들을 멈추게 하고는 "이 결혼이 이혼으로 막을 내릴 가능성은 얼마나 되겠습니까?"라고 묻는다면 어떤 답을 얻겠는가? 만일 여러분이 최근 통계를 알고 있다면, 미국에서 첫 번째 결혼이 이혼으로 막을 내릴 가능성은 대략 50%이다. 따라서 이 젊은 부부가 가능성을 정확하게 평가한다면, "내 생각에 이혼할 가능성은 50 대 50입니다."라고 반응할 것이다. 그렇지만 도대체 누가 그렇게 말을 하겠는가? 대부분의 사람은 50%의 이혼율에도 불구하고, 자신의 관계는 다른 사람의 관계보다 좋다고 믿을 가능성이 높다. 따라서 자신의 관계는 대부분의 부부가 빠지고 마는 함정을 피할 수 있다고 생각한다.

이 사례가 예증하는 바와 같이, 지나치게 긍정적인 견해를 갖는 것이 사람들에게 좋고 관계에도 좋을 가능성이 크다. 심지어 몇몇 연구자는 제어 착각이 인간 생존에 적응적이기 때문에 그러한 견해를 갖도록 진화되었다고 주장하기도 한다(Thompson & Schlehofer, 2008). 제어의 지각을 과대 추정할수록, 사람들이 새

로운 경험을 시도하고, 더 크고 더 좋은 것을 추구하며, 자신의 유전자를 후속 세대로 전달하는 데 필요한 자원을 제어할 가능성이 높다.

▽ **이 절이 끝날 무렵에 여러분은 다음에 답할 수 있을 것이다.**

5.4.1 선택이 어떻게 제어 착각에 영향을 미치는지를 설명한다.

5.4.2 결과의 발생순서가 어떻게 제어 착각에 영향을 미치는지를 설명한다.

5.4.1 선택이 제어 착각에 영향을 미친다

학습목표 : 선택이 어떻게 제어 착각에 영향을 미치는지를 설명한다.

기본적인 자율성 욕구가 제어 착각을 주도하는 것은 명확하다. 그렇기 때문에 환경에서 자율성을 부각시키는 자질은 어느 것이든 제어 착각을 활성화시키게 된다. 한 가지 그러한 환경 자질이 선택이다. 사람들에게 선택권을 부여하게 되면, 주어진 과제와 관련된 선택이 아닌 경우조차도 과제에 대한 자율성이 증가한다(Bailey, Perlmuter, Karsh, & Monty, 1978; Chan, Karbowski, Monty, & Perlmuter, 1986). 선택권을 많이 가질수록 자율성을 더 많이 느끼며, 그렇기 때문에 다른 상황에서도 자신의 제어력을 과대 추정할 가능성이 높아진다.

선택을 다룬 한 연구에서는 참가자에게 주사위를 굴려서 나올 숫자에 돈을 걸도록 요구하였다(Dunn & Wilson, 1990). 굴리기 전에 숫자를 선택할 기회("3이 나올 것 같아.")가 주어진 참가자들이 실험자가 숫자를 부여한 참가자들보다 더 많은 돈을 걸었다(이 사실은 결과에 대한 제어력을 더 많이 가지고 있다고 생각한다는 것을 시사한다).

유사한 선택 효과는 로또를 사는 사람에게서도 찾아볼 수 있다. 일반적으로 로또를 사는 사람은 무작위로 선택된 숫자를 사용할 때보다 스스로 숫자를 선택할 때 당첨 가능성이 높다고 생각한다. 숫자를 스스로 선택한 사람이 무작위로 선택한 사람보다 로또를 되팔 때 더 높은 금액을 요구한다는 사실이 이러한 신념을 예증한다(Langer, 1975). 스스로 숫자를 선택한 사람은 자신의 로또를 다른 로또와 교환하려고도 하지 않는데, 심지어는 새로운 로또의 당첨 확률이 높다고 말해주는 경우조차도 그렇다(Langer, 1975). 역설적이게도 만일 여러분이 로또를 조금이라도 알고 있다면, 당첨된 대부분의 사람은 컴퓨터가 생성한 숫자를 사용한다

는 사실을 알고 있을 것이다. 사람들이 스스로 숫자를 선택할 때에는 날짜(예컨대, 생일, 결혼기념일 등)에 근거하여 숫자를 선택하는 경향이 있는데, 이렇게 하면 31 이하의 숫자에 국한되게 된다. 그렇지만 컴퓨터는 가능한 전체 숫자 범위를 사용함으로써, 당첨 번호를 선택할 가능성이 증가한다. 따라서 로또의 경우에는 지나치게 많은 자율성이 실제로는 당첨 가능성을 떨어뜨리고 만다.

5.4.2 결과의 발생순서가 제어 착각에 영향을 미친다

학습목표 : 결과의 발생순서가 어떻게 제어 착각에 영향을 미치는지를 설명한다.

제어 착각을 강화하는 두 번째 환경 요인은 긍정적 결과의 순서이다. 연승을 경험하는 사람은 연패를 경험하는 사람보다 과제를 제어하고 있다고 생각할 가능성이 더 높다. 이러한 영향력의 한 가지 좋은 사례는 스포츠에서의 '뜨거운 손'(hot hand, 발바닥에 땀나기) 개념에서 볼 수 있다(Gilovich, Vallone, & Tversky, 1985).

그렇지만 연승의 시점도 중요하다. 이 아이디어를 검증한 연구에서는 사람들이 30시행의 동전 던지기 게임에 참가하였다(Langer & Roth, 1975). 한 집단은 초기에 연승을 경험하지만, 끝에 가서 자주 패하도록(즉, 성과가 점차 감소하도록) 게임을 조작하였다. 반대로 두 번째 집단은 초기에 자주 패하지만 끝에 가서 연승을 경험하였다(즉, 성과가 점차 증가하였다). 세 번째 집단은

그림 5.5 연승 시점이 제어력 지각에 미치는 영향

보는 바와 같이, 게임 초기에 연승을 경험한 참가자는 후반부에 연승을 경험한 참가자보다 과제를 상당한 정도로 제어하고 있다고 지각하였다.

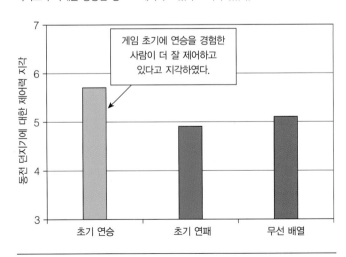

동일한 수의 승과 패를 경험하였지만, 게임 전반에 걸쳐서 무작위로 배열되었다. 이 연구의 결과가 그림 5.5에 나와있다.

나만의 프로젝트 5.3

제어 착각

때때로 제어 착각이 사람들의 목표 달성을 실패로 이끌어가는 까닭은 자신의 제어를 벗어난 목표 달성을 방해하는 요인들(예컨대, 나쁜 날씨, 질병, 직업 전망을 해치는 나쁜 경제 상황 등)을 모두 고려하지 못하기 때문이다. 과거에 어떻게 제어 착각이 여러분의 목표 달성을 방해하였는지를 기술해보라.

글쓰기 과제 5.4

여러분 삶에서의 제어 착각

여러분 삶에서 상당한 제어력을 가지고 있다고 느끼는 어떤 것을 생각해보라. 몇 가지만 들어보면, 경력을 쌓아가는 경로, 학교 성적, 체중, 재정 상태, 우정 등이 될 수 있다. 이제 그 맥락에서 제어 착각이 작동하는 정도를 생각해보라. 여러분이 생각하기에, 처음에 깨달았던 것보다 여러분의 제어를 더 많이 벗어난 측면들이 있는가?

이제 여러분이 제어 착각에 대한 지식으로 무장하였다는 사실이 이러한 삶의 측면을 계속해서 추구하는 방식에 변화를 초래하겠는가?

5.5 마술적 사고

학습목표 : 마술적 사고의 상이한 측면들을 대비시킨다.

무작위적이거나 외부적으로 결정된 사건에 대해 가지고 있는 자율성과 제어력을 과대 추정하는 경향성은 총체적으로 괴상망측한 신념으로 이끌어갈 수 있다. 운동선수들은 시합 날에 항상 동일한 양말을 신거나 항상 왼쪽 신발부터 신는 등 미신행동을 고수하는 것으로 유명하다. 그 미신행동이 성과를 증진시키기를 희망하면서 말이다. 마찬가지로 노름꾼은 주사위를 판 위에 던지기 직전에 입김을 불어넣기 십상이다. 그리고 토크쇼 진행자인 레이철 레이가 음식 조리에서 소금을 사용할 때에는 행운을 불러오기 위하여 약간의 소금을 어깨 너머로 뿌린다. 미신적 신념 이외에도, 〈고스트 헌터(Ghost Hunters, 퇴마사)〉와 〈셀러브리티 고스트 스토리(Celebrity Ghost Stories, 명사의 귀신 이야기)〉와 같은 텔레비전 프로그램의 인기는 초자연 현상의 믿음이 어느 때 못지 않게 강력하다는 사실을 나타낸다.

심리학자들은 미신행위, 내세, 초심리 현상 등에 대한 믿음을 **마술적 사고**(magical thinking)라고 부른다. 이러한 주제는 과학 영역을 벗어난 것으로 간주하였지만, 최근에 심리학자들은 이렇게 이례적인 주제에 주의를 돌리고 있다. 그렇지만 현대 연구자들은 그 신념이 옳은지를 궁금해하는 것이 아니라, 우리 사회가 교육과 테크놀로지에서 엄청난 발전을 이룩하였음에도 불구하고 어째서 그토록 비이성적 신념이 잔존하는지를 묻고 있는 것이다.

이 물음에 대한 한 가지 가능성 있는 답은 마술적 사고가 어떤 사건에 대한 제어력을 실제보다 더 많이 가지고 있는 것처럼 느끼게 해줌으로써, 자율성 동기를 충족시킨다는 것이다. 자율성 욕구가 높은 사람은 '행운을 빌(knock on wood)' 가능성이 높지만, 단지 개인적 제어감이 위협받을 때에만 그렇다는 결과는 이러한 주장과 잘 어울린다(Keinan, 2002). 마찬가지로 또 다른 연구는 제어 착각 측정치에서 높은 점수를 받는 대학생들이 미신과 예지력(사건이 일어나기 전에 그 사건의 발생을 미리 아는 능력)을 믿을 가능성이 더 크다는 결과를 얻었다(Rudski, 2004). 그렇지만 이 학생들이 사악한 목적의 마술과 같이 제어와 무관한 마술적 사고를 받아들일 가능성은 높지 않았다. 종합적으로 볼 때, 이 연구들은 자율성 욕구가 마술적 사고를 받아들일 가능성을 높이지만, 그 마술적 사고가 사람들의 삶과 미래에 대한 더 높은 제어감을 제공할 때에만 그렇다는 사실을 알려준다. 미신은 이러한 방식으로 우리의 1차적인 제어 방법이 위축된다고 느낄 때 부차적인 제어 방법으로 작동할 수 있다(Rothbaum, Weisz, & Snyder, 1982).

▽ 이 절이 끝날 무렵에 여러분은 다음에 답할 수 있을 것이다.

5.5.1 시험하는 운명 개념을 설명한다.
5.5.2 마인드 컨트롤 개념을 설명한다.

5.5.1 시험하는 운명

학습목표 : 시험하는 운명 개념을 설명한다.

미신적 사고에 덧붙여서, 제어 착각에서 유래하는 두 번째 유형의 마술적 사고는 **시험하는 운명**(tempting fate)이라는 믿음이다. 대부분의 사람이 운명을 반드시 믿는 것은 아니지만, 운명을 시험에 들게 하면 나쁜 일이 일어날 것이라는 육감을 가지고 있다(Risen & Gilovich, 2008). 대부분의 학생이 선다형 문제에서 답을 고치려고 하지 않거나 예습을 하지 않으면 강의 중에 호명을 당할 가능성이 높다고 생각하는 이유가 바로 이것이다. 대부분의 사람이 '불길한 일'이 일어날 것이라는 두려움에 연승에 대해서 언급하기를 주저하는 이유도 바로 이것이다(Ferm, 1989). 논리적으로는 이해할 수 없다고 하더라도, 만일 운명을 시험에 들게 하면 무엇인가 나쁜 일이 일어날 것이라는 육감이 존재하는 것이다(Kruger, Wirtz, & Miller, 2005).

운명을 시험에 들지 않게 하려는 이러한 주저를 제어 착각이 주도하는 것은 확실하다(Swirsky, Fernbach, & Sloman, 2011). 사람들은 답을 고친다거나 연승에 대해 언급하는 것과 같은 하찮은 행동이 자신의 미래 운명을 제어한다고 비합리적으로 생각하기 때문에, 그런 행동을 주저하는 것이다.

5.5.2 마인드 컨트롤

학습목표 : 마인드 컨트롤 개념을 설명한다.

또 다른 유형의 마술적 사고인 **마인드 컨트롤**(mind control)은 단지 생각하는 것만으로 다른 사람이 특정 방식으로 행동하도록 만드는 능력을 말한다. 여러분이 해리 포터와 같은 마법에 관한 책을 즐겨 읽거나 초능력에 관한 텔레비전 프로그램을 즐겨 시청할는지 모르지만, 대부분의 사람들은 자신이 마인드 컨트롤을 믿는다는 사실을 받아들이기를 꺼린다. 그렇지만 연구결과는 사람들이 마인드 컨트롤을 인정하든 않든 간에, 실제로는 그것을 믿고 있다는 사실을 보여주고 있다.

프로닌과 동료들(Pronin, Wegner, McCarthy, & Rodriguez, 2006)은 마인드 컨트롤에 대한 사람들의 믿음을 경험적으로 검증하기 위하여 부두교 인형을 사용한 정말로 독특한 연구를 수행하였다. 참가자들은 친절하거나 모욕을 주는 다른 학생과 상호작용하였다(실제로 이 학생은 연구자와 공모한 실험협조자였다).

프로닌과 동료들은 마인드 컨트롤에 대한 참가자들의 믿음을 검증하기 위하여 부두교 인형을 사용하였다.

이렇게 상호작용한 후에, 참가자에게 부두교 인형을 주고는 자신은 부두교 '주술사'의 역할을 맡고 다른 학생은 '희생자' 역할을 맡는다고 가정해보라고 알려주었다. 이제 참가자에게 여러 개의 바늘을 넘겨주고는 희생자를 나타낸다고 가정한 부두교 인형의 머리에 바늘을 꽂으라고 지시하였다.

참가자들이 그 학생(실험협조자)과 다시 한 번 상호작용할 때, 그 학생이 자신에게 심한 두통이 생겼다고 말하는 것을 우연히 어깨너머로 들었다. 나중에 참가자에게 자신이 어떤 방식으로든 그 학생의 두통을 야기하였다고 느꼈는지 나타내보도록 요구하였다.

결과를 보면, 희생자가 모욕적인 행동을 하였을 때 참가자는 그 희생자에 대해서 더욱 부정적인 생각을 가졌으며, 그렇기 때문에 부두교 인형을 통해서 희생자의 두통을 야기하였다고 믿을 가능성이 더 높았다는 사실을 알 수 있다. 이 결과는 사람들이 마인드 컨트롤을 항상 믿는 것은 아니라는 사실을 나타낸다. 그렇지만 사람들의 생각("나는 저 친구가 정말 싫다.")이 부정적인 결과("그는 지금 고통을 받고 있다.")와 일치할 때에는 자신이 결과의 발생을 초래하였다고 잘못 생각하게 된다.

마인드 컨트롤에 대한 이러한 믿음은 사람들을 해치기보다 도와주는 역할도 한다. 프로닌과 동료들(2006)은 또 다른 연구를 수행하였는데, 자유투를 성공시키는 농구선수의 심상을 형성한 사람들이 그 선수의 성공적인 슈팅에 도움을 주었다고 생각할 가능성이 더 높았다.

여러분 자신을 동기화시켜라

운명과 우연

나쁜 일이 발생하였을 때, 여러분은 그 일이 우연히 일어났다고 생각하는가? 운명이라고 생각하는가? 아니면 여러분의 잘못이고 오직 여러분의 책임이라고 생각하는가? 우연과 운명을 믿는 사람은 삶의 사건을 외적 요인이 초래한다고 믿는다. 대부분의 경우에는 내적 접근을 취하는 것이 더 좋지만, 외적 접근을 택하는 것이 더 건강할 때도 있다. 특히 나쁜 일이 여러분에게 일어났을 경우에 그렇다. 한 연구(Specht, Egloff, & Schmukle, 2011)에서는 외적 제어 접근을 채택한 미망인(자신의 삶을 운이나 운명이 결정한다고 믿었다)이 내적 제어 접근을 채택한 미망인(자신이 삶의 과정을 결정한다고 믿었다)보다 배우자의 죽음에 더 잘 대처하였다. 따라서 여러분 삶에서 대단히 파괴적인 사건이 일어날 때에는 자신을 비난하는 대신 그 사건을 초래하였을 수도 있는 외적 상황에 초점을 맞추도록 애를 쓰라.

자신의 마술적 사고를 분석해보라.

삶에서 여러분이 가지고 있는 마술적 사고의 유형 하나를 찾아보라. 좋아하는 스포츠 팀에 대해서 가지고 있는 미신이거나 시험을 보기 전에 치르는 의식과 같은 것일지 모르겠다. 아니면 귀신이나 좀비 대재앙에 대해서 가지고 있는 비합리적인 공포일 수도 있다. 그것이 무엇이든지 간에, 여러분처럼 똑똑한 사람이 그토록 비논리적인 믿음을 계속해서 가지고 있는 이유가 무엇인지 생각해보라.

만일 마술적 사고를 가지고 있는 것의 이점이 있다면, 그것은 무엇인가? 만일 치러야 할 비용이 있다면, 그것은 무엇인가?

5.6 자율성 상실에 대한 반작용

학습목표 : 자율성 상실이 어떻게 동기에 영향을 미칠 수 있는지를 분석한다.

제어력을 갖는 것이 사람들의 안녕감에 결정적으로 중요하다는 사실은 명백하다. 그렇다면 제어력 상실을 느낄 때 어떤 일이 일어나는가? 가장 당황스러운 삶의 사건은 자율성을 위협하는 것이기 십상이다. 직장을 잃거나, 질병에 걸리거나, 애인과 헤어질 때 어떤 일이 일어나는가? 이러한 사건 각각은 상이한 원인과 결과를 수반하지만, 모든 사건이 공유하는 것은 삶이 자신의 제어력을 벗어나고 있다고 느끼게 만드는 것이다.

자율성 욕구는 삶에서 이처럼 중요한 역할을 담당하기 때문에, 연구자들은 사람들이 개인적 제어를 감소시키는 상황에 대처하는 방식을 고찰해왔다. 일반적으로 사람들은 제어력 상실에 다음과 같은 두 가지 중에서 한 가지 방식으로 반응하는 경향이 있다. 첫째는 저항이다. **심리적 저항**(psychological reactance) 개념은 사람들이 자유를 박탈당하는 것처럼 느낄 때, 요구하는 것과 정반대되는 행동을 함으로써 자율성을 회복하기 십상이라고 천명한다(Brehm, 1966; Chadee, 2011; Rains, 2013; Shoham, Trost, & Rohrbaugh, 2004). 예컨대, 2세 아동에게 특정 장난감을 가지고 놀 수 없다고 말하면, 갑자기 그 인형이 더욱 매력적으로 보이게 되고 아무도 보고 있지 않다고 생각할 때 몰래 다가가서 그 인형을 가지고 놀려고 한다(Brehm & Brehm, 1981). 따라서 저항은 사람들이 제어력을 위협받을 때 그 제어력을 되찾으려고 시도하는 한 가지 방법이다.

그러나 때로는 저항만으로 충분하지 않다. 때때로 사람들이 제어력을 되찾으려 시도하지만, 작동하지 않는 경우가 있다. 그런 경우에 사람들은 처음 시도하였을 때보다도 더 제어력을 상실

하였다고 느끼게 된다. 갓난쟁이는 부모가 자기 행동을 제어하려고 할 때 심통을 부릴 수 있다. 그렇지만 부모가 단호하다면, 그 심통은 처벌이나 타임아웃 형태의 더 큰 구속력으로 귀결될 뿐이다. 따라서 사람들이 제어력을 되찾고자 시도하다가 실패할 때 어떤 일이 일어나겠는가? **학습된 무기력**(learned helplessness)이 그 답이다. 본질적으로 사람들은 자신의 결과에 아무런 제어를 행사할 수 없다는 사실을 알게 되고, 예상할 수 있는 바와 같이 이러한 깨달음은 우울과 무기력감으로 이끌어간다.

5.6.1 저항 개념을 기술한다.
5.6.2 학습된 무기력 개념을 설명한다.

5.6.1 저항

학습목표 : 저항 개념을 기술한다.

여러분이 10대였을 때를 생각해보라. 그저 부모님이 하지 말라고 말하였기 때문에 어떤 행동을 한 적이 있는가? 아마도 여러분은 부모가 허락하지 않은 데이트를 즐기거나, 입장이 허락되지 않는 성인용 영화관에 몰래 들어가려고 하였을 것이다. 흔히 그러한 행동을 '반항하는 10대'라고 치부하기 십상이지만, 실제로 명령받은 것과 정반대되는 행동을 하려는 이러한 경향성은 저항이라는 기본적인 심리학 원리를 반영하는 것이다.

저항은 갓난쟁이와 10대에게서만 관찰할 수 있는 것이 아니다. 성인조차도 저항을 경험한다. 한 연구에서 대학생들에게 5개의 포스터 중에서 하나를 선택하도록 허락하였지만, 뒤이어서 선택지 중의 하나가 매진이 되어 더 이상 가용하지 않다고 알려주었다(Cherulnik & Citrin, 1974). 매진된 포스터가 가장 선호하는 것이 아닐 때조차도(대체로 선호도가 3위였다), 갑자기 그 포스터를 가장 좋아한다고 보고하였다. "가질 수 없는 것을 원한다."라는 옛말이 하나도 틀리지 않는다.

저항 이론은 사람들이 좋지 않은 것에 빠져드는 것처럼 보이는 이유를 설명하는 데 도움이 된다. 언젠가 마크 트웨인이 설파한 것처럼, "어떤 것이든 금지하면 할수록, 더욱 인기를 얻게 된다." 이러한 '금단의 열매'라는 주장을 검증한 부시먼(Brad J. Bushman, 2006)의 연구에서는 어떻게 폭력적 TV 프로그램에 대한 경고 표지가 역효과를 내기 십상인지를 다루었다. 다양한 연

그림 5.6 **경고 표지가 폭력성 TV 프로그램에 대한 흥미에 미치는 영향**

사람들이 경고 표지가 붙어있거나, 프로그램 내용 표지가 붙어있거나, 아무런 표지도 붙어있지 않은 폭력성 TV 프로그램에 대한 설명을 읽었다(Bushman, 2006). 경고 표지를 읽은 참가자가 폭력성 프로그램 시청에 가장 높은 흥미를 나타냈다.

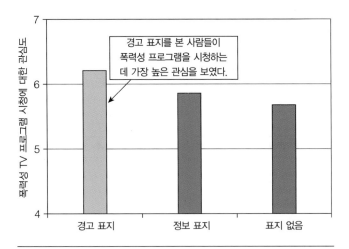

경고 표지를 본 사람들이 폭력성 프로그램을 시청하는 데 가장 높은 관심을 보였다.

령의 참가자가 경고 표지가 붙어있거나, 프로그램 내용 표지가 붙어있거나, 아무런 표지도 붙어있지 않은 폭력성 TV 프로그램에 대한 설명을 읽었다. 그림 5.6에서 볼 수 있는 바와 같이, 결과는 저항 이론에 근거하여 예상할 수 있는 것과 정확하게 일치하였다.

경고 표지에 노출된 참가자가 폭력성 프로그램 시청에 가장 많은 흥미를 나타냈다. 이 결과는 외설이나 폭력 내용을 담고 있는 영화, 비디오게임, 음악 등을 구매하지 않도록 소비자를 설득시키려는 경고 표지가 상반된 효과를 갖는다는 사실을 시사한다. '청개구리 이야기'와 마찬가지로, 저항 이론은 만일 누군가 어떤 행동을 하도록 만들고 싶거든 그렇게 행동하지 말라고 말해주어야 한다는 사실을 알려주고 있다.

여러분 자신을 동기화시켜라

비싸게 굴어라

설득 전문가는 저항을 알고 있으며, 흔히 자신의 제품을 사거나 자기가 속한 조직에 기부하도록 사람들을 끌어들이기 위하여 저항을 사용하기 십상이다. 총체적으로 이것을 '희귀성 기법(scarcity technique)'이라고 부르는 까닭은 부족하여 구하기 어려운 것을 가지고 싶어 하는 사람들의 욕망을 이용하기 때문이다. 어떤 제품이 제한된 시간 동안만 가용하거나 공급이 제한되어 있을 때, 저항을 유발하여 사람들이 더 많이 원하게 된다. 예컨대, 한 연구에서 참가자들은 과자가 10개 들어있는 통보다는 2개만 들

어있는 통에서 꺼낸 과자를 더 좋아한다고 평가하였다(Worchel, Lee, & Adewole, 1975).

이러한 희귀성 기법은 제품뿐만 아니라 사람에게도 적용할 수 있다. 잠재적 데이트 상대나 입사 후보자가 비싸게 굴면, 희귀성 원리를 활성화시켜 다른 사람들보다 그 사람을 더 바람직하게 보이도록 만든다(Jonason & Norman, 2013). 앞으로 여러분이 구직을 시도하거나 잠재적 데이트 상대를 만날 때 이러한 희귀성 기법을 사용해볼 것을 생각해보라.

5.6.2 학습된 무기력

학습목표 : 학습된 무기력 개념을 설명한다.

자율성 상실을 느낄 때, 사람들의 처음 반응은 저항 이론이 기술한 방식처럼 반항하는 것이다. 만일 급우가 여러분을 바닥에 눕히고 꼼짝 못하게 한다면, 여러분의 최초 반응은 자율성을 행사해서 벗어나기 위하여 발버둥치고 비명을 지르면서 몸부림치는 것일 가능성이 높다. 그런데 온갖 발버둥과 비명이 효과가 없다면 어떻게 되겠는가? 제어력을 회복하려는 헛된 투쟁을 하느라 몇 분 또는 몇 시간이든 낭비한 후에는 무슨 일이 일어나겠는가? 여러분의 다음 반응은 무기력일 가능성이 높다. 이 상황에서는 급우가 우세하며 여러분이 할 수 있는 것이란 항복하고 그의 권위에 굴복할 수밖에 없다는 사실을 인정하게 될 것이다. 그러한 반응은 정상적인 것이며, 실제로 정신적으로도 건강한 것이다. 그렇지만 이러한 무력감은 어두운 측면을 가지고 있다. 바로 그 상황을 넘어서서 일반화되기 십상이라는 점이다. 연구자들이 '학습된' 무기력이라고 지칭하는 이유가 바로 이러한 일반화에 있다. 유기체는 한 상황에서의 무기력이 모든 상황에 적용된다는 사실을 학습하기 때문이다.

글쓰기 과제 5.6

인간의 학습된 무기력

몇몇 연구자는 인간도 동물의 경우와 동일한 방식으로 학습된 무기력을 경험한다는 사실을 시사하는 충분한 증거가 없다고 주장한다. 여러분은 어떻게 생각하는가? 인간도 동물과 동일한 방식으로 학습된 무력감을 경험하는가?

만일 그렇다면, 여러분의 주장을 지지하기 위하여 어떤 증거를 제시할 수 있는가?

만일 그렇지 않다면, 인간이 동물보다 학습된 무기력에 덜 취약하게 만드는 것은 무엇인가?

5.7 제어력 상실 갈망

학습목표 : 사람들이 제어력 상실을 갈망할 수도 있는 잠재적 이유들을 대비시킨다.

대부분의 경우에 사람들은 자신의 삶에 대한 제어력을 선호하지만, 그러한 제어력을 다른 사람에게 기꺼이 이양하려는 경우가 있다. 한 가지 그러한 상황은 좋은 결과를 얻을 가능성과 관련이 있다. 예컨대, 〈백만장자가 되고 싶어요?(Who Wants to Be a Millionaire)〉라는 게임 프로그램에서 출연자가 가지고 있는 한 가지 선택지는 답이 무엇이라고 생각하는지를 청중들에게 물어보는 것이다. 언젠가 이 프로그램의 진행자인 레지스 필빈은 청중의 답이 95%의 경우에 옳기 때문에 출연자가 자신의 결정을 청중에게 맡기는 것이 타당하다고 말한 적이 있다. 이 사례가 예증하는 바와 같이, 다른 사람들이 자신보다 더 해박하거나 재능이 있거나 운이 좋을 것임을 인정할 때에는 그들이 자신보다 원하는 결과를 얻을 가능성이 더 크다고 결론 내릴 수 있다. 만일 그렇다면, 사람들은 기꺼이 자신의 자율성을 그들에게 건네줄 수 있다.

이러한 주장에 발맞추어, 버거와 동료들(Burger, McWard, & LaTorre, 1989)은 학생들이 채혈할 때 자신의 제어를 기꺼이 포기하고 다른 사람에 맡기지만, 다만 그 사람이 이 과제에서 자기보다 더 유능하다고 믿을 때에만 그렇다는 결과를 얻었다. 보다 최근에는 어떤 사람이 매우 운이 좋다고 믿을 때, 사람들은 그 사람에게 로또를 뽑거나 룰렛을 돌리도록 기꺼이 양보한다는 연구결과도 있다(Wohl & Enzle, 2009). 이러한 연구는 다른 사람이 원하는 목표를 달성할 가능성이 더 높다고 믿을 때 사람들이 개인적 제어를 포기할 수도 있다는 사실을 지적한다. 그렇지만 이러한 사례들은 제어를 포기한다기보다는 한 가지 형태의 제어를 다른 것으로 교환하는 것에 불과하다고 주장할 수도 있다. 한 가지 형태의 제어(스스로 과제를 수행하는 것)를 포기하고 더 유능한 사람이 그 과제를 수행하도록 양보함으로써, 자신의 안녕감을 제어하고 있다는 더욱 보편적인 제어감을 얻는다는 것이다.

▼ **이 절이 끝날 무렵에 여러분은 다음에 답할 수 있을 것이다.**

5.7.1 선택이 어떻게 동기에 영향을 미칠 수 있는지를 설명한다.

5.7.1 과도하게 많거나 적은 선택

학습목표 : 선택이 어떻게 동기에 영향을 미칠 수 있는지를 설명한다.

강력한 자율성 욕구에도 불구하고, 사람들이 진정으로 제어를 원치 않을 경우가 있다. 여러분은 이국적인 식당에 가서 발음할 수도 없는 여러 음식 이름이 나열되어 있는 기나긴 메뉴판을 들여다본 후에 '햄버거나 먹을 걸…'이라고 생각한 적은 없는가? 이 상황에서 여러분에게는 다양한 선택지 중에서 고를 수 있는 선택권이 있다. 이 말은 몇 안 되는 선택지만을 가지고 있는 식당에 갔을 때보다 여러분의 자율성이 훨씬 크다는 것을 의미한다. 그렇지만 많은 선택권에 대해서 행복감을 느끼기보다는 압도된다고 느낀다. 오늘날의 세상은 선택지가 끊임없이 확장되는 세상이다. 커피 한 잔을 사려고 한다고 해보자. 30년 전에 여러분의 부모는 일반 커피인지 아니면 무카페인 커피인지만을 선택하면 되었다. 그렇지만 오늘날 여러분은 라떼, 모카, 카푸치노, 마끼아또, 또는 에스프레소를 원하는지 선택해야만 한다. 뜨거운 커피인가, 아니면 아이스커피인가? 연한 커피인가, 아니면 진한 커피인가? 커피 위에 휘핑 크림이 있는가, 아니면 캐러멜 시럽을 뿌리는가? 여러분은 아침시간의 그로기 상태와 씨름하고 있는 상황에서 이 모든 결정을 내려야만 한다. 오늘날 커피 한 잔을 주문하기 위한 각성 상태를 유지하기 위해서는 커피 한 잔이 필요할 지경이 되고 말았다!

이 장에서 논의한 모든 내용에 따르면, 이토록 다양한 선택은 여러분 세대가 지난 세대보다 더 행복하고 정신적으로도 더 건강하다는 것을 의미해야만 한다. 이렇게 많은 선택이 여러분에게 상당한 자율성을 제공하기 때문이다. 그런데 이것은 참인가? 연구결과는 그렇지 않다는 사실을 시사한다. 우울은 세대를 거치면서 증가하는 것으로 보인다. 몇몇 추정치는 오늘날의 사람들이 이전 세기 사람들보다 10배는 더 우울할 가능성이 있음을 보여주고 있다(Schwartz, 2000). 아마도 지나치게 많은 선택이 지나치게 적은 선택 못지않게 나쁜 것이겠다.

이 아이디어를 검증하기 위하여, 참가자들이 소수의 선택지나 수많은 선택지 중에서 선택해야 하는 일련의 연구를 수행하였다(Iyengar & Lepper, 2000). 예컨대, 한 연구에서는 사회심리학 교과목 수강생에게 가산점을 받기 위하여 〈12명의 성난 사람들(Twelve Angry Men)〉이라는 영화에 대한 글을 쓰는 과제를 주었다. 각 학생에게는 글을 쓰기 위한 가능한 주제 목록을 주었다. 그런데 이 목록에는 두 가지 버전이 있다는 사실을 학생들은 알지 못하였다. 어떤 학생은 6개의 가능한 주제가 담긴 목록을 받았으며, 다른 학생은 30개의 가능한 주제가 담긴 목록을 받았다. 연구자들은 일주일 후에 가산점 과제를 수행한 학생들이 제출한 글의 자질을 평가하였다. 연구자들이 우선적으로 주목한 결과는 가산점 과제를 수행할 가능성이 긴 목록을 받은 학생들(60%)보다 짧은 목록을 받은 학생들(74%)에게서 더 높다는 것이었다. 연구자들이 찾아낸 두 번째 결과는 짧은 목록 학생이 제출한 글의 자질이 긴 목록 학생의 것보다 우수하다는 것이었다. 직관과는 상반되지만, 이 연구결과가 시사하는 바는 많은 선택지가 무엇인가를 하려는 동기, 나아가서는 잘하려는 동기를 약화시킨다는 것이다.

일반적으로 자율성은 좋은 것이지만, 좋은 것도 너무 많으면 때때로 해가 될 수 있다(Iyengar & Lepper, 2002). 과유불급(過猶不及)인 것이다. 아리스토텔레스가 중용 개념에서 직관적으로 설파하였던 것처럼, 설탕이든 카페인이든 아니면 자율성이든지 간에, 적당량이 최선이다.

그렇다면 지나치게 많은 선택이 해로운 까닭은 무엇인가?

이 효과에 대한 한 가지 설명은 선택지가 많을수록 각 선택에 관하여 더 많은 정보를 수집해야 한다는 것이다. 소수의 선택지만 있을 때에는 정보 수집이 상대적으로 쉽고 고통스럽지 않다. 그렇지만 30개나 되는 선택지가 있을 때에는 모든 필요한 정보를 수집하는 것이 거의 불가능해지며 사람들은 압도당하게 된다. 지나치게 적은 선택지는 구속감을 느끼게 만들지만, 지나치게 많은 선택지는 마비된다고 느끼게 만드는 것이다.

삶에서 이러한 긴장감을 어떻게 해소할 수 있는가? 슈워츠(Barry Schwartz, 2000)에 따르면, 사람들에게는 '언제 선택할지를 선택할' 필요가 있는데, 이 말은 때때로 신속한 결정을 내리면서 삶을 영위하는 것도 괜찮다는 사실을 학습할 필요가 있다는 것을 의미한다. 행복해지고자 한다면, 때로는 극대화 추구자(maximizer, 항상 최선의 결정을 내리기를 원하는 사람)보다는 만족화 추구자(satisficer, 어느 정도 적당한 선택을 받아들이는 사람)가 되고자 시도하는 것이 더 좋다. 따라서 여러분의 대학 전공분야를 결정하거나 결혼 상대자를 결정할 때에는 모든 선택지를 고려하고 싶겠지만, 어떤 셔츠나 커피를 살지 결정하는 데에는 너무나 많은 에너지를 투여할 필요는 없는 것이다.

글쓰기 과제 5.7

삶에서 지나치게 많은 선택지

여러분이 많은 선택지에 근거하여 결정을 내려야 하였던 때를 생각해보라. 몇 가지 예를 들자면, 그 결정은 어떤 물건을 구입하는 것, 휴가여행을 떠나는 것, 잠재적 애인을 쫓아다니는 것, 지원할 대학을 선택하는 것 등이었을 수 있다. 이 상황에서 많은 선택지를 갖는 것이 좋은 일이었던 정도를 생각해보라. 많은 선택지를 가짐으로써 어떤 이점을 얻었는가?

이제 이 상황에서 많은 선택지가 나쁜 일이었던 정도를 생각해보라. 많은 선택지를 가짐으로써 어떤 대가를 치렀는가?

마지막으로 만일 여러분이 더 많거나 더 적은 선택지를 가졌더라면 결정이 더 용이하였거나 좋았을 것이라고 생각하는가?

요약 : 자율성

5.1 자율성 욕구

- 자율성 욕구는 개인적 제어라는 기본 욕망을 나타낸다.
- 비상버튼 효과가 예증하는 바와 같이, 여러분이 제어하지 못하는 경우조차도 제어하고 있다고 믿는 것이 이로울 수 있다. 제어하고 있다고 생각하는 사람은 스트레스를 덜 받으며 어려운 과제에 더 오랫동안 매달릴 수 있다.
- 메타분석 결과를 보면, 자율성은 돈보다 안녕감의 강력한 예측자이다.
- 자율성을 상실하였다고 느끼는 사람은 자율성을 회복시켜 줄 활동을 추구하는 데 더 많은 관심을 기울인다. 이 사실은 자율성이 그 자율성을 충족시키는 행동을 유발하는 욕구임을 시사한다.
- 자율성과 관련된 목표를 추구하는 사람이 다른 유형의 목표를 추구하는 사람보다 더 높은 안녕감과 목표 수행을 나타낸다.
- 자기부합성이란 자기감과 맞아떨어지는 목표를 지칭한다. 자기부합 목표를 추구하는 것은 삶에 도움을 주며 자율성을 증가시킨다.
- 자율성은 동서양 문화 모두에서 찾아볼 수 있는 보편적 목표이다.

5.2 귀인 이론

- 귀인이란 특정 결과의 원인에 대한 사람들의 신념을 지칭한다.
- 귀인은 (1) 내적이거나 외적일 수 있으며, (2) 안정적이거나 불안정할 수 있다.
- 내적 귀인이 외적 귀인보다 이로운 까닭은 자율성 욕구를 촉진시키기 때문이다.
- 내적 제어 소재가 높은 사람은 내적 귀인을 할 가능성이 더 높고, 외적 제어 소재가 높은 사람은 외적 귀인을 할 가능성이 높다.
- 자율성을 지지하는 선생님이 높은 안녕감과 학점의 학생들을 만든다.

5.3 과잉정당화 효과

- 과잉정당화 효과는 사람들이 이미 내재적 동기를 가지고 있는 어떤 일을 하는 것에 외재적 보상을 줄 때 동기가 감소한다는 사실을 입증한다.
- 과잉정당화 효과는 지나치게 많은 연봉을 지급할 때 연예인과 운동선수들이 동기를 상실하는 이유를 설명해준다. 또한 부모가 교육비를 제공하는 대학생들이 낮은 성적을 받는 이유도 설명해준다.
- 과잉정당화 효과가 일어나는 까닭은 자율성을 감소시키기 때문이다.
- 과잉정당화 효과는 과제가 (1) 흥미진진하고, (2) 외재적 보상이 예상되며, (3) 그 보상이 언어적인 것일 때보다 물질적인 것일 때 일어날 가능성이 가장 높다.

5.4 제어 착각

- 제어 착각이란 대부분의 사람이 자신의 삶에서 자율성의 정도를 과대 추정한다는 사실을 지칭한다.
- 제어 착각은 정신건강에 이롭다. 건강한 사람은 제어의 정도를 과대 추정하는 반면, 우울한 사람은 보다 정확하게 평가한다.
- 제어 착각은 사람들이 (1) 자신의 선택지를 자유롭게 선택하며, (2) 경험의 연속에서 초기에 연승을 경험할 때 더 높다.

- 제어 착각으로 인해서 사람들은 자신이 우연 사건을 제어하거나 예측할 수 있다고 생각한다.
- 제어 착각은 사람들에게 선택권을 줄 때, 앞에서 일련의 긍정적 결과나 나타났을 때 그리고 예비지식이 있을 때 더 강력하다.

5.5 마술적 사고

- 제어 착각은 시험하는 운명과 마인드 컨트롤에 대한 믿음과 같은 마술적 사고를 초래한다.
- 한 가지 유형의 마술적 사고가 시험하는 운명이다. 사람들은 운명을 시험에 들게 하는 것은 부정적 결과를 초래할 것이라고 생각하기 때문에 운명 시험하기를 주저한다.
- 또 다른 유형의 마술적 사고가 마인드 컨트롤이다. 사람들은 자신의 생각(예컨대, 다른 사람에 대한 부정적 사고)이 결과(예컨대, 그 사람이 고통에 빠져있다)와 일치할 때, 자신의 생각으로 결과를 제어하였다고 생각할 가능성이 있다.

5.6 자율성 상실에 대한 반작용

- 사람들은 자유를 빼앗겼다고 느낄 때, 요구받은 행동과는 정반대되는 행동을 함으로써 자신의 자율성을 주장하기 십상이다.
- 제어감 상실이 지속될 때, 사람들은 학습된 무기력을 경험하기 십상이며, 이러한 학습된 무기력은 사람들이 무력감을 일반화하고 실제로 제어할 수 있는 상황에서도 제어력이 없다고 생각할 때 발생한다.

5.7 제어력 상실 갈망

- 대부분의 경우에는 높은 수준의 제어력을 갖는 것이 최선이다. 그렇지만 때로는 지나치게 많은 제어력이 해롭기도 하다.
- 지나치게 많은 선택지를 갖는 것은 무엇인가를 하며 나아가서 잘 해내고자 하는 사람들의 동기를 약화시킨다.
- 만족화 추구자는 어느 정도 적당한 선택을 받아들이는 사람이며, 극대화 추구자는 항상 최선의 결정을 내리기를 원하는 사람이다. 만족화 추구자가 되는 것이 극대화 추구자가 되는 것보다 더 많은 이득을 얻을 수 있다.

글쓰기 과제 5.8

삶에서 자율성의 상실

과거에 여러분이 제어감을 상실하였다고 느끼게 만들었던 사건 하나를 선택하라. 자율성 위협의 결과로 여러분은 어떤 정서를 경험하였는가?

그 결과로 여러분은 어떤 행동을 취하였는가? 제어감을 느낄 수 있는 다른 방법을 찾아 나섰는가?(즉, 저항) 아니면 모든 것을 포기하였는가?(즉, 학습된 무기력)

이 장에서 학습한 내용에 근거하여, 앞으로 여러분이 제어력을 상실하였다고 느낄 때 지금까지와는 다른 어떤 행동을 하겠는가?

6

유능성

학습목표

6.1 핵심 동기로서 유능성 개념을 분석한다.

6.2 사람들이 유능성을 표현하는 방식을 분석한다.

6.3 자기가 동기에 어떤 영향을 미치는지를 평가한다.

6.4 자기평가 동기를 구분한다.

6.5 유능성 상실이 어떻게 동기에 영향을 미칠 수 있는지를 분석한다.

마크 저커버그 이야기

대학 수학능력시험에서 만점을 받는다는 것은 인상적인 성취이다. 그런데 여러분이 다른 학생들도 모두 만점을 받은 엘리트 대학교에 입학한다면 어떻겠는가? 여러분은 자신을 주변 학생들과 어떻게 차별화할 수 있겠는가? 마크 저커버그가 하버드대 학생일 때 스스로 자문하였던 물음이 바로 이것이다. 그의 답은 페이스북을 개발하는 것이었다. 여러분은 페이스북(또는 이것과 유사한 웹사이트)을 매일 아니면 심지어는 시간 단위로 사용하고 있을 가능성이 높다. 페이스북 가입자는 남극을 포함하여 모든 대륙의 170여 개국가에 걸쳐 전 세계적으로 10억 명 이상으로 증가하였다. 이 말은 만일 페이스북이 국가라면 지구에서 세 번째로 큰 나라가 되었을 것임을 의미한다! 그렇다면 무엇이 마크 저커버그와 같은 사람으로 하여금 그토록 막강하고 필수불가결한 인터넷 도구를 개발하도록 이끌어가는가? 유명해지기 위해서인가? 돈을 벌기 위해서인가? 아니면 그의 성공에 기저하는 보다 근본적인 핵심 동기가 있었던 것인가?

페이스북을 개발할 당시 겨우 19세였지만, 마크는 중학생일 때부터 컴퓨터 소프트웨어를 제작해왔다. 고등학교 시절에 그는 대학원생 수준의 컴퓨터 프로그래밍 강의를 수강하였다. 그 나이의 청소년 대부분이 컴퓨터 게임을 즐긴 반면, 그는 게임을 만들고 있었던 것이다. 마크가 하버드대학교에서의 생활을 시작하면서, 엄청나게 뛰어난 동료 학생들과 자신을 차별화시킬 수 있는 방법을 찾을 필요가 있다고 결정하고는, 새로운 컴퓨터 프로그램을 개발할 방법을 찾는 일에 착수하였다. 이 시기에 마크는 자신의 컴퓨터 재능을 극한까지 몰고 가는 것을 즐기고 있었으며, 단 하루나 이틀 만에 새로운 프로그램을 개발하기 위하여 밤늦도록 작업하였다. 마크는 언젠가 인터뷰에서 이렇게 말하였다. "한밤중에 정말로 좋은 무엇인가를 만들어낼 수 있는 아이디어 … 이것이야말로 제 성격의 정수이지요."

마크는 대학 1학년생일 때 어느 정도 성공적인 여러 프로그램을 개발하였다. 그렇지만 2학년이 되면서 새로운 목표, 즉 인터넷에서 정보를 공유하는 새롭고도 더 좋은 방법을 제공할 프로그램을 개발한다는 목표를 세웠다. 그는 새로운 프로그램이 끊임없이 변하고, 더욱 획기적이며, 더 우수한 것으로 진화하는 프로그램이기를 원하였다. 이러한 목표로부터 페이스북이 탄생한 것이다.

항상 나아지고 싶다는 마크 저커버그의 추동, 주변 사람들보다 낫고 심지어는 현재의 자신보다도 더욱 나아지고 싶다는 추동이 그가 위대한 성공을 이룩한 이유일 가능성이 높다. 23세의 나이로 자수성가한 억만장자가 되었을 뿐만 아니라, 이 시대의 위대한 기업가이자 선지자 중의 한 사람으로 간주되고 있다. 실제로 *배니티 페어*(Vanity Fair, 미국에서 발행되는 대중문화 잡지)는 2010년에 발표한 '정보화 시대에 가장 영향력 있는 인물 100인' 목록에서 그를 1위에 올려놓았다. 최고가 되겠다는 마크 저커버그의 소망은 유능성이라는 인간의 핵심 동기를 반영한다. 그가 유명해지거나 억만장자가 되기 위하여 페이스북을 개발한 것이 아님은 명백하다. 자신의 글에서 언명한 바와 같이, "우리가 돈을 벌겠다는 1차적 목표를 가지고 아침에 일어나는 것은 아니다." 하버드대학교에 입학하기 전부터, 마크는 자신이 개발한 소프트웨어를 구입하는 데 관심이 있었던 마이크로소프트와 AOL(America Online, 인터넷 서비스 사업을 하는 미국 기업)이 제안한 고소득직 제안을 거부하였다. 마크를 1차적으로 동기화시킨 요인은 돈이 아니라 남들보다 앞서가고 또래 학생 누구도 달성하지 못한 무엇인가를 성취하려는 것이었다.

비록 마크 이야기가 유능성 욕구의 극단적 사례이기는 하지만, 이 동기에서 그만이 독특한 것은 아니다. 모든 사람은 똑똑하고 기량이 뛰어나며 성공적이기를 원하는 것이다.

이 장에서는 사람들이 유능감을 느끼려는 기본 욕구를 가지고 있는 이유를 논의하고, 이러한 목표에 미치지 못할 때 발생하는 대단히 파괴적인 결말을 살펴본다.

6.1 유능성 욕구

학습목표 : 핵심 동기로서 유능성 개념을 분석한다.

> **유능성 욕구**(need for competence)란 효과성, 능력, 성공을 향한 기본 갈망을 지칭한다(Elliot & Dweck, 2005).

이러한 요소들이 어떻게 함께 작동하는 것인지에 관한 예시를 보려면 그림 6.1을 참조하라.

사람들은 교육, 경력, 결혼, 우정, 취미 등을 포함하여, 삶의 모든 측면에서 능력 있고 성공적이라고 느끼고 싶어 한다. 케이크를 굽는 것이든 아니면 퓰리처상 수상작가가 되려는 것이든, 사람들은 최선을 다하고자 한다.

여러분도 추측하였겠지만, 유능성 욕구는 사람들이 새로운 기술을 개발하고, 새로운 재능을 계발하며, 새로운 도전에 맞서도록 동기화시키는 것이다. 무엇인가 획기적인 것을 개발하고 자신의 새로운 한계까지 밀어붙이려는 소망이 마크 저커버그와 같은 많은 발명가와 기업가들을 주도한다.

그림 6.1 **유능성은 능력, 성공, 그리고 효과성의 욕망을 수반한다.**

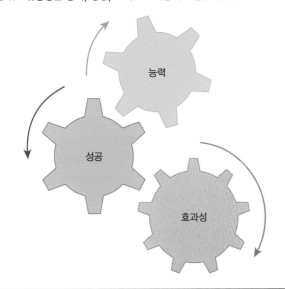

6.1.1 유능성은 행동을 유발한다

학습목표 : 유능성이 어떤 행동을 유발하는지를 분석한다.

유능성에 관한 한, 인간은 태어나는 순간부터 이러한 핵심 동기를 만족시키고자 시도하는 것이 확실하다. 유아는 새로운 사물을 향한 자연스러운 호기심과 주위 환경을 탐색하고 놀이를 하려는 갈망을 나타낸다. 성장함에 따라 이러한 근원적 욕구가 성숙한 심리적 동기로 발달한다. 새로운 정보를 찾고, 추상적 목표를 설정하여 추구하며, 유능성을 느끼지 못하는 상황의 회피를 학습한다. 유능성 욕구는 일찍부터 출현하기 때문에, 많은 심리학자는 인간이 학습하고 발달하며 환경에 적응하는 것을 조장하는 진화적 역할을 유능성이 담당한다고 믿고 있다(Deci & Ryan, 1990; Elliot & Dweck, 2005).

사람들이 깨닫고 있든 아니든 간에, 유능하려는 소망과 무능에 대한 공포가 대부분의 일상 삶을 동기화시키고 주도한다(Elliot & Dweck, 2005). 이를 닦는 것과 같이 단순한 행동에서부터 대학에서 학위를 취득하는 것과 같이 복잡한 행동에 이르기까지, 사람들은 끊임없이 자신을 개선하는 방법을 추구하고 있다. 미국의 기타리스트인 쳇 앳킨스는 이렇게 말한다. "지금까지 내가 했던 모든 것은 진부하다는 공포에서 나온 것이다." 쳇 앳킨스와 마찬가지로, 대부분의 사람은 평균 이상이 되겠다는 욕망이 주도하며, 특히 유능감이 위협을 받을 때 그렇다.

유능성 욕구가 그 욕구를 충족시키기 위한 반응을 유발하는지를 살펴보기 위하여, 한 연구에서는 대학생들에게 성격검사를 실시한 다음 일부 학생에게 유능성에 문제가 있음을 시사하는 피드백을 주었다(Sheldon & Gunz, 2009). 구체적으로 검사 결과가 '지리멸렬한 성격'을 가지고 있음을 나타내며 이런 유형의 사람은 학교와 직장에서 수행이 형편없기 십상이라고 알려주었다. 다른 학생들은 유능성과 무관한 다른 영역에 대한 피드백을 받았다. 이러한 피드백을 받은 후에 학생들은 유능성 동기의 강도를 평가하는 척도에 응답하였다(예컨대, "나는 나에게 중요한 어떤 활동에서 매우 유능해지고 싶다."). 예상한 바와 같이, 유능감이 손상된 사람은 다른 피드백을 받은 사람보다 더 높은 유능성 욕구를 보고하였다. 영양실조 상태일 때 음식을 찾아 나설 가능성이 더 높은 것처럼, 유능감 결핍을 느끼도록 만들었을 때, 사람들이 유능성을 입증할 방법을 찾아 나설 가능성이 더 높은 것이다.

6.1.2 유능성은 긍정적 결과를 초래한다

학습목표 : 유능성이 어떤 긍정적 결과를 초래하는지 설명한다.

수많은 연구들은 유능성 욕구의 충족이 긍정적 결과를 초래하며, 이것은 핵심 동기의 기준 하나를 만족시키는 것이라는 사실을 보여주었다. 높은 유능감을 느끼는 사람은 신체건강도 증진시켜 왔다. 덜 유능하다고 느끼는 사람들보다 운동을 더 많이 하고, 건강식을 하며, 치아 관리도 잘하고, 흡연도 적게 한다(Halvari, Halvari, Bjørnebekk, & Deci, 2010; Ryan, Patrick, Deci, & Williams, 2008). 유능성 욕구의 충족은 더 좋은 정신건강도 초래한다. 삶에서 유능하고 성공적이라고 느끼는 사람은 더 높은 행복감, 활력, 내재적 동기, 우수한 삶의 질 등을 보고하며, 불안과 우울을 덜 느낀다고 보고한다(Edmunds, Ntoumanis, & Duda, 2007; Elliot & Dweck, 2005; Ng et al., 2012).

한 걸음 더 나아가서, 한 종단연구는 무능감을 느끼는 날보다 유능감을 느끼는 날에 사람들이 긍정적인 기분을 더 많이 보고하고 신체 증상을 덜 보고한다는 결과를 보여주었다(Sheldon, Ryan, & Reis, 1996). 마찬가지로 6개월에 걸쳐 유능성 목표(예컨대, 어떤 재능을 증진시키려는 목표)를 채택하도록 훈련받은 사람이 유능성과 무관한 목표를 채택한 사람과 비교할 때 행복감의 더 많은 증가를 보여준다는 연구결과도 있다(Sheldon et al., 2010). 따라서 유능성 욕구의 충족은 신체건강과 정신적 안녕감의 필수불가결한 성분인 것으로 보인다.

그렇지만 유능성이 초래하는 이점은 사람들이 강력한 자율성도 느끼고 있을 때에만 발생한다(Fisher, 1978; Ryan, 1982). 자율성이 유능성에 영향을 미치는 까닭을 이해하기 위해, 여러분이 카지노를 즐기기 위해서 라스베이거스로 여행을 간다고 상상해보라. 능력이나 노력에 의존하기 때문에 여러분이 제어할 수 있는 도박게임(예컨대, 블랙잭)에서 좋은 성과를 냈다고 가정해보라. 이 경우에 여러분은 돈을 땀으로써 유능감을 얻게 될 것이다. 그런 다음에 완전하게 우연이 주도하는 도박게임(예컨대, 룰렛)

에서 좋은 성과를 냈다고 가정해보라. 이 경우에는 돈을 땄다고 해도 유능감을 거의 얻지 못하게 된다. 이러한 성과에 대해 개인적 책임감을 느끼지 못하기 때문이다.

이 사례는 유능성이 개인적 제어와 자율성과 결합될 때에만 의미 있는 이점을 초래한다는 사실을 시사한다.

이러한 아이디어를 검증하기 위하여 한 연구에서는 대학생들에게 문자 행렬에서 단어들을 수직적으로나 수평적으로 위치시켜야 하는 단어 찾기 퍼즐을 해결하도록 요구하였다(Fisher, 1978). 절반의 참가자에게는 중간 수준의 난이도를 가지고 있는 일련의 퍼즐로 구성된 과제, 즉 퍼즐 과제의 자율성 버전을 제시하였다. 노력을 기울인 참가자는 잘 수행하며 노력을 기울이지 않은 참가자는 잘 해내지 못할 것이기 때문에, 이들의 수행은 대체로 과제에 투여한 노력의 양과 연계되었다. 다른 절반의 참가자에게는 매우 어려운 일련의 퍼즐로 구성된 비자율성 버전을 제시하였다. 이렇게 어려운 퍼즐은 도전적인 것이어서 수행은 대체로 능력과 연계되었으며 노력과는 거의 관련이 없었다. 퍼즐 과제를 모두 마친 후에, 참가자들은 그 퍼즐 과제에 관해서 자신이 얼마나 유능하다고 느꼈는지 그리고 그 퍼즐 과제를 다시 시도하고픈 동기가 얼마나 높은지를 평가하였다.

그 결과를 보면, 과제가 자율적이지 않을 때에는 유능성과 동기 사이에 관계가 없었다. 과제가 자율적일 때에는 강력한 정적 관계가 있었으며, 유능성의 증가는 동기의 증가와 상관이 있었다. 따라서 유능성이 이점을 갖고 있기는 하지만, 최선의 결과를 초래하는 것은 자율성과 유능성의 조합이라고 할 수 있다.

6.1.3 유능성은 보편적이다

학습목표 : 유능성의 보편성을 기술한다.

서양 문화(예컨대, 미국과 유럽)는 동양 문화(예컨대, 한국, 일본, 중국)보다 '최고가 되는 것'에 더 초점을 기울이는 것처럼 보이기 십상이다. 따라서 유능성은 서양 문화의 사람에게만 중요한 동기라고 생각할 수 있다. 그렇지만 만일 유능성이 진정한 핵심 동기라면, 문화와 관계없이 모든 인간에게 존재해야 한다. 수많은 연구가 유능성은 서양 문화와 동양 문화 모두에서 가치를 부여하는 자질이라는 사실을 밝힘으로써 이러한 주장을 지지하고 있다(Chang, Wong, & Teo, 2000; Li, 2003; Van de Vliert & Janssen, 2002). 이에 덧붙여서, 유능성 충족이 신체건강과 정신건강에 제공하는 이점(즉, 핵심 동기는 적응적이고 이로운 것이어야 한다는 두 번째 기준)은 서양 문화와 동양 문화 모두에서 반복적으로 나타났으며, 이러한 결과는 유능성 욕구가 보편적이라는 주장을 지지하고 있다(Deci et al., 2001; Chirkov, Ryan, Kim, & Kaplan, 2003, 2005).

그렇다고 해서 모든 문화가 유능하다는 것의 의미나 사람들이 유능성을 추구하는 방식에 대해서 동의하고 있다는 말은 아니다. 동양 문화는 서양 문화에 비해서 집단에 토대를 두는 영역에서의 유능성에 가치를 부여하고, 유능하기 위한 의무나 책임감을 강조하며, 유능성을 재능의 수행보다는 재능의 개선 측면에서 정의할 가능성이 더 높다(Fuligni, Tseng, & Lam, 1999; Heine et al., 2001). 따라서 성공의 정확한 정의는 여러분이 지구 어느 곳에서 성장하였는지에 따라 차이를 보일 수 있지만, 성공과 유능성에 대한 욕망은 거의 모든 문화에서 명확하게 드러난다.

글쓰기 과제 6.1

정말로 유능성은 보편적인가?
유능성은 어느 국가 출신인지에 관계없이 모든 인간에게 보편적인 욕망이라는 데 동의하는가? 만일 그렇다면, 왜 그렇다고 생각하는가? 어떤 증거나 사례가 여러분의 주장을 지지할 것이라고 생각하는가?
만일 그렇지 않다면, 왜 유능성이 보편적이지 않다고 생각하는가? 어떤 증거나 사례가 여러분의 주장을 지지할 것이라고 생각하는가?

6.2 유능성 표현의 변산성

학습목표 : 사람들이 유능성을 표현하는 방식을 분석한다.

유능성 욕구의 표현과 충족에는 문화 차이에 덧붙여서 개인차도 존재한다. 예컨대, 어떤 학생은 시험공부나 집단 프로젝트에 지나치게 많은 시간을 투자하는 반면, 다른 학생은 주변을 맴돌며 요구하는 최소한의 노력만을 기울인다.

어떤 학생이 다른 학생보다 학습하고 자신을 계발하려는 동기를 더 많이 가지고 있는 이유는 무엇인가?

심리학자들은 수 세기에 걸쳐 이 물음에 답하고자 애를 써왔다. 답을 찾는 과정에서 연구자들은 사람들이 유능성에 접근하는 방식에서 차이를 보이는 수많은 방법을 밝혀왔다.

• **성취동기.** 어떤 사람은 다른 사람보다 단지 자신의 유능성 욕구를 충족시키고자 애를 쓰는 것일 수 있다. 흔히 **성취동기**

(achievement motivation)라고 부르는 이 개념은 초기 동기 연구에서 탐구한 개인차의 하나를 반영한다. 그렇기 때문에 자세한 논의는 동기의 개인차에 관한 후속 장으로 넘긴다.

• **목표 유형.** 어떤 사람은 자신의 유능성을 증진시키려는 목표(학습 목표)를 채택하는 반면, 다른 사람은 자신의 유능성을 증명하려는 목표(수행 목표)를 채택한다. 학습 목표 대 수행 목표에 관한 논의에서 이 아이디어를 다룬다.

• **유능성 출처에 관한 신념.** 고정 신념 대 점증 신념을 논의할 때 공부하게 되겠지만, 자신의 유능성이 타고난 것이라고 생각하는 사람은 유능성을 성취하기 위하여 노력을 기울여야 한다고 생각하는 사람과는 전혀 다르게 반응한다.

• **유능성 수준의 지각.** 자신이 특정 영역에서 유능하다고 지각하는 사람은 유능하지 않다고 지각하는 사람과는 상이하게 행동한다는 사실을 논의한다. 6.2.3절에서 자기효능감에 관하여 논의할 때, 이 사실을 세부적으로 탐색한다.

▼ **이 절이 끝날 무렵에 여러분은 다음에 답할 수 있을 것이다.**

6.2.1 학습 목표와 수행 목표를 대비시킨다.
6.2.2 고정 신념과 점증 신념을 대비시킨다.
6.2.3 자기효능감 개념을 설명한다.
6.2.4 몰입감 개념을 설명한다.

6.2.1 학습 목표 대 수행 목표

학습목표 : 학습 목표와 수행 목표를 대비시킨다.

모든 사람은 유능하다고 느낄 필요가 있지만, 이 욕구를 충족시키기 위해서 상이한 유형의 **목표**(goal)를 채택하기도 한다.

학습 목표가 여러분에게 좋은 것은 확실하지만, 그렇다고 해서 수행 목표는 반드시 나쁜 것이라는 사실을 의미하는가? 수행 목표에 관한 연구결과를 살펴보면, 상황은 다소 모호해진다. 몇몇 연구는 수행 목표가 부정적 결과와 연합되어 있음을 보여주지만(Ames, 1992; Urdan, 1997), 다른 연구는 정반대 패턴을 보여주고 있다(Koestner, Zuckerman, & Koestner, 1987; Sansone, Sachau, & Weir, 1989). 이러한 비일관성을 해소하고자 시도하는 과정에서, 두 가지 상이한 설명이 출현하였다.

첫 번째 설명은 대부분의 연구자들이 학습 목표와 수행 목표를 동일 차원의 양극단인 것처럼 취급하지만, 두 목표를 상호 독립적인 목표 유형으로 취급해야만 한다고 주장한다(Barron & Harackiewicz, 2001; Harackiewicz, Barron, Carter, Lehto, & Elliot, 1997). 어떤 사람은 두 가지 목표가 모두 높거나, 모두 낮거나, 아니면 하나는 높고 다른 하나는 낮을 수 있기 때문에 다음과 같은 네 가지 목표 조합을 초래한다는 것이다.

- 높은 학습 목표/높은 수행 목표
- 높은 학습 목표/낮은 수행 목표
- 낮은 학습 목표/높은 수행 목표
- 낮은 학습 목표/낮은 수행 목표(Bouffard, Boisvert, Vezeau, & Larouche, 1995).

예컨대, 부퍼드(Bouffard)와 동료들(1995)은 유능성을 개선시키고자 원할 뿐만 아니라(학습 목표) 자신의 유능성을 다른 사람에게 증명해 보이는 것도 원하는 학생들이 가장 성공적이라는 결과를 얻었다. 두 목표를 모두 채택함으로써 이 학생들은 최선의 결과를 얻었던 것이다.

두 번째 설명은 두 가지 유형의 수행 목표가 존재한다고 제안하는데, 하나는 좋은 것이고 다른 하나는 나쁜 것이다. 엘리엇과 동료들(Cury, Elliot, Da Fonseca, & Moller, 2006; Elliot, 1999, 2006)은 목표가 학습 대 수행에 관한 것일 뿐만 아니라 접근 대 회피에 관한 것일 수도 있다고 주장한다.

접근 목표(approach goal)는 성공에 접근하려는 욕망("나는 이 교과목에서 A학점을 얻고 싶다.")에 초점을 맞추는 반면, **회피 목표**(avoidance goal)는 실패를 회피하려는 욕망("나는 이 교과목에서 낙제하고 싶지 않다.")에 초점을 맞춘다(Atkinson, 1957; Elliot & Harackiewicz, 1996). 엘리엇은 두 차원을 조합함으로써 네 가지 유형의 목표 지향성을 나타내는 **2×2 목표 유목**(2×2 goal taxonomy)을 구성하였다. 즉, 수행–접근 목표, 수행–회피 목표, 학습–접근 목표, 학습–회피 목표가 그것이다(그림 6.2 참조).

이러한 유목을 탐구하는 과정에서 엘리엇과 맥그리거(Elliot & McGregor, 2001)는 학습–접근 목표가 가장 이롭다는 사실을 찾아냈다. 반면에 수행–회피 목표가 가장 이롭지 않았다. 학습–회피 목표와 수행–접근 목표에는 좋은 결과와 나쁜 결과가 뒤섞여 있었다. 따라서 만일 여러분이 가장 많은 이득을 얻고자 원한다면, 강의실 내에서든 밖에서든 학습–접근 목표를 채택하고자 노력해야만 한다.

그림 6.2 **2 × 2 목표 유목**

이 그림은 (1) 학습 대 수행 그리고 (2) 접근 대 회피의 함수로 변하는 목표들을 표현하고 있다.

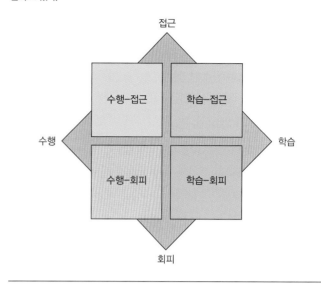

6.2.2 고정 신념 대 점증 신념

학습목표 : 고정 신념과 점증 신념을 대비시킨다.

여러분은 사람의 지능이 고정되어 있다고, 즉 가지고 있거나 가지고 있지 않은 것이라고 믿는가? 다시 말해서 똑똑하게 태어난 사람은 평생 똑똑한 채로 남아있고 멍청하게 태어난 사람은 멍청한 채로 남아있는 것인가?

아니면 지능은 가변적인 것이라고 믿는가? 즉, 교육과 각고의 노력을 통해서 유의하게 변하고 배양하며 개선할 수 있는 것인가?

만일 지능은 고정되었다는 데 동의한다면, 여러분은 자신의 능력을 적성이나 유전자와 같이 안정적 요인이 결정한다고 생각할 가능성이 높다. 그렇지만 지능은 가변적이라는 데 동의한다면, 여러분은 자신의 능력을 노력이나 인내심과 같은 가변적 요인이 결정한다고 생각할 가능성이 높다. 유능성(예컨대, 지능)을 고정된 것으로 보는지 아니면 가변적인 것으로 보는지는 중요한 구분이며, 드웨크의 암묵적 신념 이론에서 핵심 역할을 담당한다(Dweck & Grant, 2008; Dweck & Leggett, 1988; Licht & Dweck, 1984). 암묵적 신념 이론에 따르면, **실체 이론가**(entity theorist)인 사람은 특질과 능력이 고정되어 있으며 평생에 걸쳐 거의 변하지 않는다고 믿는다. 반면에 **점증 이론가**(incremental theorist)인 사람은 특질과 능력이 가변적이며 시간이 경과하면서 변할 수 있고 실제로도 변한다고 믿는다. (여러분이 어느 유형인지를 알고 싶다면, "시도해보라" 글상자에서 확인하라.) 예컨대, 언젠가 마크 저커버그는 컴퓨터 프로그래밍에 대한 자신의 해커 접근에 대해서 이렇게 언급하였다. "해커 방식이란 연속적인 개선과 반복을 수반하는 구축 과정에 접근하는 것이다. 해커는 무엇이든 항상 더 좋아질 수 있으며 완성된 것은 결코 없다고 믿는다. 해커는 그저 개선할 뿐이며, 불가능하다고 말하는 사람의 면전에서 그렇게 행동하기 십상이다"(Debow, 2012). 컴퓨터 재능에 관한 한, 마크 저커버그는 점증 이론가인 것으로 보인다.

이러한 신념 차이를 동기와 유능성의 차이로 변환할 수 있겠는가? 수많은 연구들은 그렇다는 사실을 시사한다. 첫째, 실체 이론가와 점증 이론가는 유능성 정의에서 일치하지 않는다. 실체 이론가에게 있어서 무엇인가에 유능하다는 것은 곧바로 수행할 수 있으며 많은 노력을 기울일 필요가 없다는 것을 의미한다(Butler, 2000). 점증 이론가에게 있어서 유능하다는 것은 열심히 노력하면 시간이 경과하면서 증진을 보인다는 것을 의미한다. 따라서 실체 이론가가 새로운 과제에서 나쁜 수행을 보일 때에는 무능성의 신호로 간주하는 반면, 점증 이론가는 단지 더 열심히 노력해야 한다는 신호로 간주한다. 둘째, 실체 이론가와 점증 이론가는 목표 채택에서 차이를 보인다. 실체 이론가는 자신의 유능성을 보여줄 수 있는 수행 목표를 채택할 가능성이 높은 반면, 점증 이론가는 자신의 유능성을 개발할 수 있는 학습 목표를 채택할 가능성이 높다. 세 번째 차이점은 실패 후에 경주하는 노력에서 나타난다. 실체 이론가는 어떤 과제에서 실패하였다고 해서 그 과제에 더 많은 노력을 경주하지 않는다. 실패는 노력 때문이 아니라 능력 때문이라고 판단하기 때문이다. 반면에 점증 이론가는 실패가 노력 부족 때문이라고 판단할 가능성이 높기 때문에, 실패 후에는 그 과제에 더 많은 노력을 경주하게 된다.

글쓰기 과제 6.2

여러분은 실체 이론가인가, 아니면 점증 이론가인가?

여러분 자신의 조망을 생각해보라. 여러분은 실체 이론가(능력은 안정적이며 실제로 크게 변화시킬 수 없다고 믿는 사람)인가, 아니면 점증 이론가(능력은 변화 가능하며 노력과 끈기로 개선시킬 수 있다고 믿는 사람)인가? 이제 여러분이 어떤 유형의 이론가인지 알았다면, 과거에 이러한 믿음이 여러분에게 어떤 영향을 미쳤는지를 생각해보라. 어떤 것에 유능하다는 의미를 정의하는 방식에 어떤 영향을 미쳤는가? 목표를 채택하는 방식에 어떤 영향을 미쳤는가? 과거에 실패에 대해서 반응하였던 방식에 어떤 영향을 미쳤는가?

고정 신념과 점증 신념의 차별적 결과 대규모 표본에게 지능과 같은 유능성이 고정된 것인지 아니면 가변적인 것인지 물으면, 40%는 고정 신념을 지지하고, 40%는 점증 신념을 지지하며, 나머지 20%는 무응답으로 분할되는 경향이 있다(Dweck & Molden, 2005).

점증 신념과 연합된 이로운 결과를 감안할 때, 실체 이론가가 자신의 신념을 바꾸어 점증 이론가가 될 수 있다는 사실을 아는 것이 좋겠다. 사람들에게 설득력 있는 논문을 제시하거나 어떻게 두뇌가 끊임없이 변화하고 있는지에 초점을 맞춘 개입 프로그램을 제공하는 것은 모두 사람들로 하여금 점증적 마음갖춤새를 채택하도록 부추기는 효과적인 방법이다(Aronson, Fried, & Good, 2002; Blackwell, Trzesniewski, & Dweck, 2007; Burkley et al., 2014; Good, Aronson, & Inzlicht, 2003; Niiya, Crocker, & Bartness, 2004).

칭찬이 고정 신념과 점증 신념에 미치는 영향 이 시점에서 여러분은 점증 신념과 고정 신념이 어디에서 유래하는 것인지를 궁금해할지도 모르겠다. 다양한 출처가 있을 가능성이 있지만, 한 가지 답은 여러분을 놀라게 만들 수 있다. 수많은 학생들은 칭찬이 그러한 믿음의 1차 원천임을 보여주었다(Mueller & Dweck, 1998). 대부분의 부모는 자녀를 '엄청나게 똑똑하다'든가 '천부적인 장타자'라고 칭찬해줄 때, 더 잘하고 싶다는 아동의 동기를 증가시킨다고 생각한다. 그렇지만 과학연구는 이러한 생각이 철저하게 잘못된 것임을 시사한다.

어떻게 칭찬이 아동의 동기와 성과를 갉아먹을 수 있는지를 평가하기 위하여, 한 연구에서는 초등학교 5학년생을 대상으로 삼았다(Mueller & Dweck, 1998). 우선 모든 아동이 일련의 분석 과제를 수행하고, "너는 정말로 높은 점수를 받았다."라는 이야기를 들었다. 한 집단에서는 이러한 진술 뒤에 아동의 능력에 대한 칭찬이 뒤따랐다("너는 이 문제에 뛰어난 아이임에 틀림없다."). 두 번째 집단에서는 아동의 노력에 대한 칭찬이 뒤따랐다("너는 이 문제를 정말로 열심히 한 것이 틀림없다."). 세 번째 집단은 통제집단이었으며 아무런 칭찬도 받지 않았다. 그런 다음에 모든 아동의 암묵적 신념을 측정하였다. 예상한 바와 같이, 능력을 칭찬해준 아동은 고정 신념에서 점수가 높은 반면에, 노력을 칭찬해준 아동은 점증 신념에서 점수가 높았다. 따라서 어떤 유형의 칭찬을 받는지가 아동이 자기 능력을 생각하는 방식을 변화시켰던 것이다.

연구자들은 이러한 신념을 측정한 후에 아동이 두 번째 분석 과제에서 학습 목표를 채택하는지 아니면 수행 목표를 채택하는지를 평가하였다. 이러한 목표 선택을 측정하기 위하여 아동에게 두 검사 중에서 하나를 선택할 수 있는 기회를 주었다. 수행 목표 검사는 '대부분의 사람들이 잘 수행할 수 있는 꽤나 쉬운 항목들로' 구성된 검사라는 틀을 사용하였다. 학습 목표 검사는 '모든 항목에 정답을 내지는 못하겠지만 많은 것을 배울 수 있는' 항목들로 구성된 검사라는 틀을 사용하였다. 예상한 바와 같이, 능력을 칭찬받은 아동은 수행 목표 검사를 선택할 가능성이 더 높은 반면, 노력을 칭찬받은 아동은 이 검사를 선택할 가능성이 매우 낮았다. 따라서 칭찬 유형이 선택하는 목표 유형에 영향을 미친 것이다.

마지막으로 아동이 실패에 반응하는 방식에 칭찬이 어떻게 영향을 미치는 것인지 평가하기 위하여, 연구자들은 모든 아동에게 두 번째 검사에서의 성과에 관하여 부정적인 피드백을 주었다. 이러한 실패를 경험한 후에, 아동들에게 마지막 분석력 검사를 실시하였다. 실패 후의 동기를 평가하기 위하여, 연구자들은 아동이 마지막 검사에 얼마나 많은 시간을 할애하는지를 측정하였다(그림 6.3 참조).

그림 6.3 칭찬이 과제에 대한 끈기에 미치는 효과
지능이나 노력에 대해 아동을 칭찬하거나, 아무런 칭찬도 해주지 않았다(Mueller & Dweck, 1998).

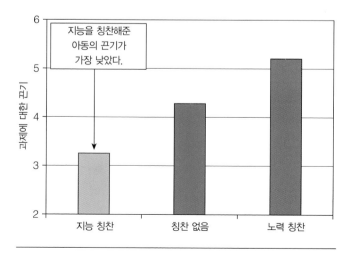

6.2.3 자기효능감

학습목표 : 자기효능감 개념을 설명한다.

이 장의 앞부분에서 살펴본 바와 같이, 유능성 욕구를 충족시키는 한 가지 방법은 학습 목표를 채택함으로써 능력을 증진시키는 것이다. 그렇지만 능력 증진만이 유능성 욕구를 충족시키는 유일한 방법은 아니다. 유능성의 실제 수준 못지않게 중요한(아니면 더 중요할 수도 있는) 것이 지각한 유능성 수준이다.

> **자기효능감**(self-efficacy)이란 특정 과제를 수행하는 능력에 대한 지각이나 신념을 지칭한다(Bandura, 1977, 1986; Maddux & Gosselin, 2012). 자기효능감이 높을수록 어떤 것을 성공적으로 수행하는 데 필요한 재능을 가지고 있다고 믿을 가능성이 높다.

동화 할 수 있는 작은 기관차(The Little Engine That Could)[1]를 생각해보자. 길게 연결된 객차들이 오도 가도 못하게 되어서, 높은 산꼭대기로 끌어 올리려면 강력한 기관차가 필요하다. 여러 큰 기관차에게 도와달라고 간청하지만 화물이 너무 무겁다고 말하면서 그 요청을 무시한다. 마지막으로 절망에 빠진 객차가 작은 꼬마 기관차에게 도움을 요청한다. 왜소한 크기에도 불구하고 꼬마 기관차는 동의한다. 꼬마 기관차가 통통거리며 산을 올라가려고 애를 태우면서 "나는 할 수 있어, 나는 할 수 있어!"라고 주문을 끊임없이 되뇌며 포기하기를 거부한 끝에, 마침내 가파른 경사를 오르는 데 성공한다. 이 이야기는 대단한 자기효능감을 가지고 있는 꼬마 기관차에 관한 것이며, 목표를 달성할 수 있는 능력을 가지고 있다고 믿는 것이 얼마나 중요한 것인지를 예증하고 있다.

자기효능감 신념은 총체적 신념이 아니라는 사실을 명심하라. 특정 과제에 국한된다. 예컨대, 여러분이 탁구에서는 상대방을 물리칠 수 있는 높은 자기효능감을 가지고 있지만, 수학 시험에

---

[1] 역주 : 1930년 워티 파이퍼(Watty Piper)가 집필한 동화책의 제목으로, 미국에서 가장 인기 있는 동화책 중의 하나이다. 말 그대로 '할 수 있는 작은 기관차'라는 뜻인데, 풀어보자면 '불가능해 보이는 일을 할 수 있는 꼬마 기관차'가 되겠다.

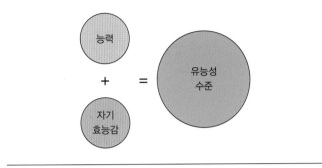

그림 6.4 능력과 지각한 유능성(자기효능감) 모두가 유능성 수준을 결정한다.

서는 낮은 자기효능감을 가지고 있을 수 있다.

자기효능감은 실제 능력과 동일하지 않다는 사실을 깨닫는 것도 중요하다. 한 영역에서 유능하기 위해서는 필요한 재능을 보유해야 할 뿐만 아니라 그 재능을 성공적인 수행으로 변환하는 능력도 필요하다(그림 6.4). 과제가 도전적이거나 이상적이지 않은 상황에서 발생할 때 특히 그렇다. 따라서 여러분은 하임리히 요법(약물·음식 등이 목에 걸려 질식 상태에 빠졌을 때 실시하는 응급처치 방법)을 실시하는 방법을 훈련받을 필요가 있지만, 저녁 식사를 같이 하던 상대방이 갑자기 질식했을 때 여러분이 곧바로 행위를 취할 수 있을 것이라고 보장할 수는 없다. 따라서 유능성 수준은 능력 그리고 필요할 때 그 능력을 적용할 수 있는 힘 모두가 결정한다. 그렇기 때문에 목표를 성취하는 데 있어서는 사람들이 재능을 적용할 수 있다고 믿는 정도가 실제 재능 수준 못지않게 중요한 것이다(Bandura, 1986; Schunk & Pajares, 2005).

능력과 자기효능감의 이러한 역동적 관계를 살펴보기 위해서, 한 연구는 수학 자기효능감이 낮거나 높은 아동에게 수학검사를 실시하였다(Collins, 1982; Schunk & Pajares, 2005에서 인용). 첫 번째 검사에 근거하여 연구자는 수학 능력이 낮거나 중간이거나 높은 아동들을 구분하였다. 그다음에 모든 아동에게 그 검사에서 틀린 문제로 되돌아가 복습할 수 있는 기회를 주고, 다시 두 번째 수학검사를 실시하였다. 여러분도 예상할 수 있는 바와 같이, 수학 능력이 높은 아동은 두 번째 수학검사에서도 좋은 수행을 보였다. 그렇지만 수학 능력과는 무관하게, 수학 자기효능감이 높은 아동도 두 번째 수학검사에서 좋은 수행을 보였으며, 첫 번째 검사에서 틀렸던 문항을 복습할 가능성도 높았다. 이러한 결과는 능력과 자기효능감이 수행에 대한 독자적인 영향 요인임을 보여준다(Pajares & Kranzler, 1995).

수학 연구가 시사하는 바와 같이, 자기효능감은 수많은 동기 결과에 영향을 미친다. 특정 목표의 측면에서 높은 자기효능감을 가지고 있을 때에는 사람들이 그 목표를 선택하고, 그 목표에 끈기 있는 노력을 경주하며, 목표를 추구하는 과정에서 정서적 스트레스를 덜 경험하고, 궁극적으로는 그 목표를 달성한다(Schunk & Pajares, 2005). 그렇기 때문에 학업이 부진한 아동의 자기효능감 신념을 증진시키면, 도전적인 과제에 끈기 있게 매달리고 그 과제를 보다 잘 수행할 가능성이 높아진다(Schunk, 1984).

다른 영역들에서도 자기효능감과 수행 간에 유사한 효과가 나타났다(Bauermeister, Hickok, Meadowbrooke, Veinot, & Loveluck, 2013; Berndt et al., 2013; Byrne, Barry, & Petry, 2012; Celik & Yesilyurt, 2013; Clark, 2013; Komarraju & Nadler, 2013; Ozer & Bandura, 1990; Sweet, Fortier, Strachan, & Blanchard, 2012). 그 영역들은 다음과 같다.

- 운동
- 음악
- 학업
- 호신술
- 컴퓨터 사용
- 안전한 성행위
- 다이어트
- 금연

실제로 100개가 넘는 자기효능감 연구에 대한 **메타분석**(meta-analysis)은 자기효능감이 과제 수행의 거의 30%를 설명해준다는 결과를 얻었다(Stajkovic & Luthans, 1998). 따라서 "나는 할 수 있어."라고 스스로에게 말할수록, 실제로 그 일을 해낼 가능성이 높아진다.

나만의 프로젝트 6.1

여러분의 자기효능감을 평가해보라

여러분의 나만의 프로젝트 목표와 관련된 자기효능감을 어떻게 평가하겠는가? 유능하다고 생각하는가? 아니면 스스로를 의심하고 있다고 생각하는가? 이 목표와 관련하여 여러분의 자기효능감 수준을 초래한 요인은 무엇이라고 생각하는가?

귀인과 자기효능감 자기효능감 신념은 어디에서 유래한다고 생각하는가? 만일 '자신의 경험'이라고 답한다면, 부분적으로 옳은 것이다. 초기의 성공과 실패 경험은 특정 영역에서 꽤나 안정적인 자기효능감 신념을 발달시키도록 이끌어간다(Bandura, 1986, 1997). 수학 수업에서 계속해서 좋은 성과를 보인 아동은 실패를 경험하는 아동에 비해서 아마도 높은 수학 자기효능감을 발달시킬 것이다. 그렇지만 위의 문장에서 '아마도'라는 부사를 사용한 것에 주목하라.

그 이유는 성공이 항상 높은 자기효능감으로 이끌어가는 것도 아니고, 실패가 항상 낮은 자기효능감으로 이끌어가는 것도 아니기 때문이다. 여러분은 살아오는 동안 재능은 뛰어나지만 의구심으로 좌절하기 십상인 사람 또는 재능은 보통이지만 지나칠 정도로 자신감이 넘치는 사람을 보았을 가능성이 높다. 이러한 사람들은 경험만이 자기효능감을 결정하는 유일한 요인이 아님을 보여준다. 사람들이 어떻게 그 경험을 해석하는지도 이에 못지않게 중요한 것이다. 특히 성공이나 실패의 원인에 관하여 귀인하는 방식은 그 성공이나 실패가 자기효능감에 영향을 미칠지 여부를 결정한다.

앞에서는 귀인이 내적이거나 외적일 수 있으며, 안정적이거나 불안정적일 수 있다고 언급하였다. 성공이나 실패를 내적/외적 출처와 안정적/불안정적 출처에 귀인하는 것은 자기효능감 신념에 극적인 효과를 초래할 수 있다. 예컨대, 첫 번째 생물학 시험에서 A 학점을 받은 학생은 그 성공을 내적 이유("나는 생물학을 잘한다.")나 외적 이유("교수가 문제를 쉽게 출제하였다."), 그리고 안정적 이유("교수는 모든 시험문제를 쉽게 출제할 것이다.")나 불안정적 이유("다음 시험에서는 교수가 문제를 어렵게 출제할 것이다.")에 귀인할 수 있다. 요점은 정확하게 동일한 사건의 원인을 어디에 귀인하는지에 따라서 전혀 다른 반응을 초래할 수 있다는 것이다.

성공에 있어서는 내적 귀인이 자부심과 성취감을 증가시키고, 안정적 귀인은 미래에도 좋은 성과를 나타낼 것이라는 희망을 증가시킨다(Weiner, 1985). 실패에 있어서는 내적 귀인이 죄의식과 수치심을 증가시키고, 안정적 귀인은 희망을 감소시킨다. 종합적으로 볼 때, 이러한 귀인 모형은 사건을 내적/안정적 원인(즉, 능력)에 귀인할 때, 자기효능감 신념에 영향을 미친다고 제안한다. 내적/안정적 원인에 귀인하는 성공은 자기효능감을 증가시키고, 이러한 원인에 귀인하는 실패는 자기효능감을 감소시킨다. 그렇지만 외적/불안정적 원인(예컨대, 행운과 수면 부족 등)에 귀인하는 사건은 자기효능감 신념에 영향을 거의 미치지 않는다.

여러 연구는 사람들의 자기효능감 신념이 귀인의 영향을 크게 받는다는 주장을 지지하고 있다. 한 연구에서는 교사들이 담임을 맡는 학급에서 학업에 어려움을 겪고 있는 9세 아동들을 찾아냈다(Schunk & Gunn, 1986). 그런 다음에 그 아동들은 학업 자기효능감 척도에 응답하였다. 마지막으로 아동들에게 과거의 학업 성공에 대한 가능한 귀인 목록을 제시하였다. 몇몇 선택지는 능력 귀인을 포함하거나(내적/안정적 : "나는 이것에 유능하다."), 노력 귀인을 포함하거나(내적/불안정적 : "나는 열심히 노력하였다."), 아니면 행운 귀인을 포함하였다(외적/불안정적 : "나는 단지 운이 좋다."). 결과를 보면, 성공을 능력에 귀인한 아동이 가장 높은 자기효능감을 보인 반면, 성공을 운에 귀인한 아동이 가장 낮은 자기효능감을 보였다. 이 연구를 비롯한 여러 유사 연구에 근거하여, 몇몇 연구자는 교사들에게 내적/안정적 귀인을 강조하는 피드백을 학생들에게 제공하는 방법을 훈련시키는 개입 프로그램을 개발하였다(Dweck, 1999; Försterling, 1985; Pintrich & Schunk, 2002).

시도해보라 : 귀인을 확인하라.

잭은 대학 2학년생이며 심리학과 대학원에 진학할 것을 고려하고 있다. 잭은 대학원에 들어가려면 GRE에서 우수한 성적을 내야 한다는 사실을 알고 있기 때문에 온라인으로 모의시험을 쳐보기로 결정한다. 모의시험 성적을 확인하고는 입학 허가를 받기에 점수가 너무 낮다는 사실을 알게 된다. 잭은 중차대한 갈림길에 서있다는 사실을 깨닫는다. 대학원을 계속해서 추구하고자 GRE 점수를 높이기 위해 열심히 공부하거나 아니면 대학원에 대한 관심을 접고 진로를 바꿀 수도 있다. 그의 결정은 모의시험에서의 낮은 GRE 점수에 대한 귀인의 영향을 받을 가능성이 높다. 다음의 진술 각각에 대해서 잭의 귀인이 (1) 내적인지 외적인지 그리고 (2) 안정적인지 불안정적인지 확인해보라. 그리고 각 진술에 대한 귀인에 근거하여, 여러분이 생각하기에 잭이 대학원 진학을 계속해서 도모할 것인지 아닌지를 지적해보라.

1. 잭은 모의시험을 집에서 보았으며, 시험을 보는 동안 텔레비전이 켜져 있었기 때문에 혼란스러웠다고 결론 내렸다.

2. 잭은 자신이 GRE에 대해서 지나치게 자만하였으며, 모의시험에 대비하여 충분하게 공부하지 않았다고 결론 내렸다.

3. 잭은 표준화 검사에서 좋은 성과를 올리는 데 필요한 재능을 가지고 있지 않다고 결론 내렸다.

4. 잭은 GRE 모의시험을 본 것이 처음이기 때문에 검사 불안으로 어려움을 겪었다고 결론 내렸다.

6.2.4 몰입감

학습목표 : 몰입감 개념을 설명한다.

여러분은 무엇인가를 하면서 그것에 빠져들어 무아지경을 경험한 적이 있는가? 여러분은 속도가 빠른 음악에 완벽하게 발맞추어 러닝머신에서 달리기를 하고 있었을 수 있다. 아니면 그림에 물감을 칠하면서 붓놀림에 흠뻑 빠져들어 있었을 수도 있다. 삶의 어느 시점엔가 여러분은 수행하고 있는 과제에 너무나 집중하여 그 속에 함몰되고 마치 시간이 정지된 것과 같은 감각을 경험하였을 가능성이 높다. 심리학자들은 이 경험을 **몰입감**(flow)이라고 부르며, 사람들이 어떤 활동에 철저하게 몰두하고 집중하고 있다는 느낌의 주관적 상태로 정의한다(Csikszentmihalyi, Abuhamdeh, & Nakamura, 2005).

심리학자 칙센트미하이가 몰입감 이론을 처음으로 개발하였다(Csikszentmihalyi, 1982, 1990a; Csikszentmihalyi et al., 2005). 그는 사람들이 힘들고 시간도 많이 걸리며 외적 보상을 받지도 못하는 활동을 몇 시간 동안이나 수행하는 이유를 이해하고자 시도하였다. 따라서 그는 운동선수, 화가, 무용가, 암벽타기 선수, 체스 챔피언 등을 포함하여 자기 전문영역을 즐기는 것으로 보이는 사람들을 인터뷰하고, 그들이 과제에 완전히 빠져들었을 때 최상의 즐거움을 느끼기 십상이라는 사실에 주목하였다. 인터뷰한 많은 사람이 이 경험을 마치 힘들지 않고 과제를 따라서 자신을 끌고 가는 강물이 있는 것처럼 기술하였기 때문에 칙센트미하이는 (물의 흐름이라는 뜻을 감안하여) 이 경험에 'flow'라는 이름을 붙이기로 결정하였다.

사람들이 몰입감 상태에 있을 때에는 모든 관심사, 불안, 약속, 심지어는 시간 감각조차도 사라져버린다. 다양한 전문영역에서 이 경험을 표현하는 구절이 존재한다. 미국의 경우 운동선수들은 'being in the zone', 달리기 선수는 'runner's high', 스케이트보드 선수는 'gleaming the cube'라고 표현한다. 그렇지만 몰입감이 운동선수에게서만 일어나는 것은 아니다. 누구든지 거의 모든 활동에서 몰입을 경험할 수 있다. 그렇기는 하지만 몰입감은 규칙이라기보다는 예외인 경향이 있다. 사람들에게 "어떤 것에 너무나 깊이 빠져들어서 다른 어떤 것도 중요하지 않은 것처럼 보이고 시간 흐름을 잃어버리는 적이 있습니까?"라고 물었을 때, 23%만이 '자주 그렇다'라고 답하며 12%는 그런 경험을 결코 해본 적이 없다고 답한다(Csikszentmihalyi, 1997).

무엇이 몰입감을 초래하는가 만일 몰입감이 그토록 드문 현상이라면, 정확하게 무엇이 몰입감을 초래하는 것인가? 연구결과는 지각한 유능성 수준(즉, 자기효능감)이 과제가 요구하는 유능성과 대응할 때 몰입감이 발생할 가능성이 가장 높다는 사실을 보여준다(Csikszentmihalyi et al., 2005). 어떻게 지각한 유능성 수준과 과제의 요구가 결합하여 몰입감을 초래하는지를 이해하기 위해 그림 6.5를 살펴보도록 하자.

수평축은 과제를 성공적으로 완료하기 위해서 필요한 재능 수준을 나타낸다. 예컨대, 평지에서 1km 걷기는 낮은 과제 요구를 수반하지만, 가파른 지역에서 20km 등반은 높은 과제 요구를 수반한다. 수직축은 사람들이 가지고 있다고 지각하는 재능 수준

그림 6.5 몰입감을 결정하는 요인

이 그림은 지각한 유능성 수준과 과제 요구가 대응하거나 대응하지 않을 때 일어나는 결과를 보여준다. 과제가 높은 수준의 재능을 요구하며 과제 수행자가 높은 수준의 재능을 가지고 있다고 지각할 때 몰입감이 일어난다.

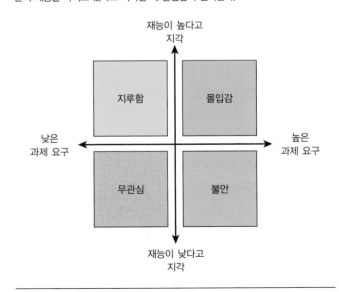

(즉, 자기효능감)을 나타낸다. 초보 등산가는 자신이 낮은 재능을 가지고 있다고 지각하는 반면, 노련한 등산가는 상당한 재능을 가지고 있다고 지각한다.

두 요인을 서로 교차시키면, 네 가지 결과가 가능하다는 사실을 보게 된다. 과제가 지나치게 힘들 때(높은 과제 요구/낮은 재능), 사람들은 압도당하는 느낌을 받으며 과제를 수행하는 데 필요한 재능을 가지고 있지 못하다고 염려하게 된다. 초보 등산가가 갑자기 로키산맥 종주에 도전하겠다고 결정할 때, 이런 일이 일어나게 된다. 반대로 과제가 별로 힘들지 않을 때(낮은 과제 요구/높은 재능), 사람들은 지루함을 느끼며 과제를 그만둘 가능성이 높다. 노련한 등산가에게 1km를 산보하도록 요구할 때 이런 일이 일어나게 된다. 두 상황 모두에서, 지각한 재능 수준이 과제의 요구사항과 대응하지 않는다. 이럴 때 사람들은 부정 정서를 경험하고 과제를 포기할 가능성이 높아지게 된다.

그렇다면 지각한 재능 수준이 과제 요구와 대응될 때에는 어떻겠는가? 이 경우에는 과제가 사람들에게 도전거리를 제시하는지 여부에 달려있다. 그림 6.5에서 볼 수 있는 바와 같이, 과제 요구와 지각한 재능 수준이 모두 낮을 때에는 사람들이 무관심을 경험한다. 실제로 네 가지 가능한 결과 중에서 이 경우가 가장 낮은 수준의 동기를 초래한다는 의미에서 최악이다. 따라서 재능과 과제 요구가 대응함에도 불구하고, 사람들은 그저 과제에 관심을 보이지 않는다. 중요한 사실은 대응이 몰입감을 초래하는 충분조건은 아니라는 것이다. 과제 요구와 재능이 모두 비교적 높은 최적 대응(optimal match)이어야만 한다. 높은 수준의 재능이 높은 수준의 과제 요구와 결합될 때 몰입감이 발생하기 때문에, 사람들이 적극적으로 작업할 때 몰입감이 발생할 가능성이 더 높다. 예컨대, 대학생이나 직업인은 어려운 과제를 수행하거나 자신의 직무를 수행할 때 몰입감을 경험할 가능성이 있지만, 텔레비전을 시청할 때에는 그렇지 않다(Csikszentmihalyi & Rathunde, 1993). 일반적으로 사람들은 여가 활동을 할 때보다는 직무를 수행할 때 몰입감 경험을 더 많이 보고한다(Csikszentmihalyi & LeFevre, 1989). 따라서 몰입감은 여러분이 자신의 유능성을 극한까지 밀어붙이고 있다고 느낄 때 발생할 가능성이 가장 크다.

나만의 프로젝트 6.2
몰입감

여러분의 나만의 프로젝트 목표라는 맥락에서 어떻게 몰입감이 발생할 수 있는지를 생각해보라. 여러분에게 도전거리가 되기에 충분할 정도로 어렵지만 압도할 정도로 어렵지는 않는 목표에 도움이 될 과제를 하나 선정하라. 예컨대, 만일 여러분이 악기 연주를 배우고 있다면, 처음부터 끝까지 막히지 않은 채 연주할 수 있는 적당히 어려운 음악 한 곡을 연주하도록 시도해볼 수 있겠다.

몰입감의 이점 여러분도 예상할 수 있듯이, 몰입감 경험은 다양한 동기적 이점과 관련되어 있다. 한 가지 이점은 우수한 과제 수행이며, 학업(Csikszentmihalyi et al., 2005), 스포츠(Jackson & Eklund, 2012; Kawabata & Mallett, 2011), 창의적 글쓰기(Paton, 2012), 음악(Sawyer, 1992), 교수법(Beard & Hoy, 2010), 컴퓨터 게임(Faiola, Newlon, Pfaff, & Smyslova, 2012) 등을 포함한 광범위하고도 다양한 영역에 걸쳐 입증되어 왔다. 예컨대, 한 연구에서는 어떤 재능(예컨대, 음악, 무용, 미술 등)을 배우고 있는 14세 학생들에게 몰입감 경험을 보고하도록 요구하였다(Csikszentmihalyi, Rathunde, & Whalen, 1993). 3년이 지난 후에, 연구자들은 이 학생들을 추적하여 여전히 그 재능을 훈련하고 있는지 알아보았다. 14세에 몰입감을 경험하였던 학생은 17세가 되어서도 여전히 그 재능을 훈련하고 있을 가능성이 더 높은 반면, 14세에 몰입감을 경험하지 못하였던 학생은 훈련을 포기하였을 가능성이 더 높았다.

몰입감의 이점에 관한 더욱 강력한 증거는 몰입감 경험을 유도한(단순히 측정만 한 것이 아니다) 실험에서 볼 수 있다. 이 연구에서는 대학생들이 테트리스라는 비디오게임을 하였는데, 이 게임의 과제는 화면 상단에서 내려오는 대상들을 정렬하여 화면 바탕에서부터 빈 공간 없이 채워 넣는 것이다. 학생들의 재능 수준이 게임의 요구와 대응하는 정도에 처치를 가하기 위하여, 다음과 같은 세 가지 조건을 만들었다.

- **지루함 조건**에서는 대상들이 천천히 내려오며, 게임을 하는 사람이 그 속도를 높일 수 있는 방법이 없었다.
- **몰입감 조건**에서는 내려오는 대상들의 속도를 게임하는 사람의 수행에 연계시켰다. 30개 대상을 사용하여 화면 바탕에 다섯 줄을 성공적으로 채울 때마다, 대상들의 운동 속도를 한 단

셰씩 증가시켰다. 3개 이하의 줄만을 성공적으로 채웠을 때에
는 속도를 한 단계씩 줄였다. 따라서 과제 요구를 계속해서 게
임하는 사람의 재능 수준에 맞추어 재조정하였다.

- 마지막으로 불안 조건에서는 대상들이 빠르게 내려오며, 게임
  하는 사람이 다섯 줄을 성공적으로 채울 때마다 무조건 속도
  가 한 단계씩 증가하였다.

게임의 세 가지 버전 중 하나를 수행한 후에, 참가자들은 시간
경과에 대한 지각과 게임에 몰입한 정도를 보고하였다. 그 결과
를 보면, 몰입감 버전을 수행한 참가자는 다른 두 버전을 수행한
참가자보다 시간이 빠르게 지나갔다고 느꼈으며, 더 몰입하였다
고 느꼈고, 수행성과도 우수하였다. 따라서 몰입감은 과제 요구
가 재능 수준과 대응할 때 일어날 가능성이 가장 높았다.

후속 연구에서 게임의 몰입감 버전을 수행한 참가자가 지루
함 버전이나 불안 버전을 수행한 참가자보다 심장박동에서도 낮
은 변산성을 보이는 것으로 나타났다(Keller, Bless, Blomann, &
Kleinböhl, 2011). 중요한 사실은 이 결과가 몰입감이 심리적 경
험일 뿐만 아니라 신체적 경험이기도 하다는 점을 보여주었다는
것이다.

글쓰기 과제 6.3

몰입감은 어두운 측면을 가지고 있는가?

몰입감이 이점을 가지고 있는 것은 확실하다. 그렇다면 여러분은 몰입감이 부
정적 결과를 초래할 가능성을 생각해볼 수 있겠는가? 지나치게 높은 몰입감을
경험할 가능성이 있는가? 몰입감에 중독될 가능성이 있는가? 이러한 물음을
따져보고 여러분의 응답을 지지할 사례를 제시해보라.

6.3 자기의 역할

학습목표 : 자기가 동기에 어떤 영향을 미치는지를 평가한다.

사람들의 자기감은 심리학자들이 **자기 개념**(self-concept)이라고
부르는 것에서 유래하며, 자기 개념이란 자신에 관한 지식의 집
합체를 지칭한다. 자기 개념은 자신에 대해서 스스로 생각하는
특성으로 구성되며, 동기의 핵심 원천으로 작동하는 자신에 관
한 지식의 집합체이다. 만일 여러분이 수학을 잘한다고 생각한
다면, 수학을 전공할 가능성이 있다. 만일 여러분이 생태계 친화
적인 사람이라고 생각한다면, 쓰레기 재활용을 시행할 가능성이
있다.

이 사례는 우수하든 열등하든, 사람들의 유능성이 스스로 생
각하는 자신(즉, 자기)의 토대를 구축한다는 사실을 보여준다. 사
람들은 자신이 어떤 활동에서 우수하거나 열등한지를 아는 것으
로 자신이 어떤 사람인지를 안다. 유능성은 자기의 토대를 형성
할 뿐만 아니라 장차 되고 싶은 자기의 바탕이 되기도 한다. 사람
들에게 목표 목록을 작성해보도록 요구하면, 일반적으로 특정 영
역(예컨대, 그림 공부를 하는 것, 성적을 올리는 것, 체력을 증진
시키는 것 등)에서 유능성을 증가시키는 것에 초점을 맞춘 목표
들을 기술한다(Rhodewalt & Vohs, 2005). 종합적으로 볼 때, 이
러한 통찰은 유능성이 어떻게 자기감의 토대를 구축하는지를 보
여준다.

▽ 이 절이 끝날 무렵에 여러분은 다음에 답할 수 있을 것이다.

6.3.1 목표 융합이 어떻게 동기에 영향을 미칠 수 있는지를 분석한다.
6.3.2 자존감이 어떻게 동기에 영향을 미칠 수 있는지를 분석한다.

6.3.1 목표 융합

**학습목표 : 목표 융합이 어떻게 동기에 영향을 미칠 수 있는지
를 분석한다.**

모든 사람은 자기 개념의 토대를 구축하는 목표와 재능을 가지
고 있다. 그렇지만 어떤 목표와 재능은 다른 것보다 자기 개념 속
에 더욱 내면화되어 있다. 사람들이 어떤 목표를 자기 개념 속
에 통합되어 있는 것으로 지각하는 정도를 **목표 융합**(goal fusion)
이라고 부른다(Burkley, Curtis, Burkely, & Hatvany, 2015). 융합
의 정도가 높을 때, 사람들은 그 목표와 하나가 되는 것으로 느낀
다. 목표가 단지 가지고 있는 어떤 것이 아니라 바로 자기 자신이
되는 것이다. 예컨대, 그저 조깅을 하는 사람이 있는가 하면(낮은
목표 융합), 자신을 조깅하는 사람으로 간주하는 사람들이 있다
(높은 목표 융합).

목표가 내면화될수록, 그 목표를 달성하고자 동기화될 가능
성이 높다. 이 아이디어를 검증하기 위하여 버클리와 동료들
(Burkley, Curtis, Burkely, & Hatvany, 2015)은 사람들이 자신의
목표가 자기 개념의 일부라고 느끼는 정도를 포착하는 단일 항목
측정도구를 개발하였다(그림 6.6).

그런 다음에 연구자들은 목표 융합에서의 차이가 동기에서 어
떤 차이로 이끌어가는지를 살펴보았다. 이들의 결과는 목표 융합

그림 6.6 **목표 융합의 측정**

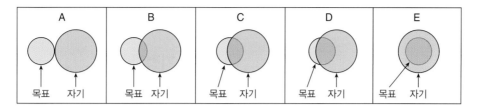

이 높은 사람들이 목표를 향한 노력을 경주할 가능성이 높으며, 그렇기 때문에 1개월 후에 목표를 실제로 달성할 가능성도 더 높다는 사실을 보여주었다. 이에 덧붙여서, 연구자들은 목표 융합이 높은 사람들이 긍정적 목표 피드백을 받을 때에는 정체감이 강화되는 반면, 부정적 목표 피드백을 받을 때에는 정체감이 훼손된다는 사실을 찾아냈다.

종합컨대, 이 연구들은 목표와 자기 개념 간의 관계가 중요하다는 사실을 알려준다. 목표와 특별히 융합되었다고 느끼지 않을 때에는 그 목표의 성공과 실패가 별 영향을 미치지 않는다. 그러나 목표와 융합되었다고 느낄수록, 성공의 환희뿐만 아니라 실패의 아픔도 더 많이 느끼게 되는 것이다.

6.3.2 자존감

학습목표 : 자존감이 어떻게 동기에 영향을 미칠 수 있는지를 분석한다.

자기에 대한 생각(자기 개념)을 가지고 있는 것과 마찬가지로, 사람들은 자기에 대한 감정(자존감)도 가지고 있다.

> **자존감**(self-esteem)이란 사람들이 자신을 호의적이거나 호의적이지 않게 평가하는 정도를 지칭한다(Baumeister & Bushman, 2013).

동기 연구자들은 자존감에 관하여 수많은 물음을 던져왔다. 한 가지는 자존감이 동기에서 어떤 역할을 담당하는지를 묻는 것이었다. 이 장의 뒷부분에서 공부하게 되겠지만, 많은 연구자는 자존감을 인간 행동의 유일한 동기는 아닐지라도, 핵심 동기의 하나로 간주한다.

또한 동기 연구자들은 어떤 요인이 자존감을 결정하는 것인지도 물어왔다. 얼핏 보기에 이 물음의 답은 단순해 보일 수 있다. 매우 유능한 사람은 유능하지 않은 사람보다 더 높은 자존감을 가지고 있다는 것이다. 그렇지만 실제에 있어서 자존감의 결정 요인은 훨씬 더 복잡하다. 모든 성공과 실패가 동일한 방식으로 사람들에게 영향을 미치는 것은 아니다. 마크 저커버그와 같은 사람에게 있어서는 컴퓨터 지식을 요구하는 과제에서의 실패가 치명적인 것일 수 있다. 다른 사람은 컴퓨터 과제를 실패하는 것에 개의치 않는다. 어떤 대학생에게 있어서는 C학점을 받는 것이 치명적이다. 다른 학생은 친구를 사귀거나 대학생활을 즐기는 것에 더 많은 관심을 기울인다. 요점은 사람들이 스스로 가치를 부여하는 영역에서 상당히 선택적이라는 것이다(James, 1890). 이러한 생각을 설명하기 위하여 크로커와 동료들(Crocker, Luhtanen, Cooper, & Bouvrette, 2003; Crocker & Park, 2012; Crocker & Wolfe, 2001)은 **자기가치 유관성**(contingencies of self-worth) 모형을 개발하였다.

이 모형에 따르면, 한 사건이 자존감에 미치는 영향은 그 사건이 자기가치 유관성과 관련된 정도에 달려있다. 자존감을 특정 영역(예컨대, 수학, 운동, 외모 등)에 근거하는 정도가 클수록, 자기가치는 그 영역과 유관적이다. 이러한 유관성은 그 영역에서의 성공과 실패가 자존감에 강력한 영향을 미친다는 것을 의미한다. 반면에 유관적이지 않은 영역에서의 성공과 실패는 자존감에 아무런 영향을 미치지 않는다. 따라서 전반적인 유능감을 느끼는 것보다는 개인적으로 중요하다고 생각하는 영역에서 유능감을 느끼는 것이 더 중요하다.

자기가치 유관성이 어떻게 대학생들의 자존감이 오르내리는 것을 결정하는지 살펴보기 위해서, 한 연구에서는 2개월에 걸쳐 대학원에 진학하고자 지원한 4학년생들을 조사하였다(Crocker, Sommers, & Luhtanen, 2002). 이 학생들은 우선 학문, 외모, 가족 등을 포함한 다양한 영역에 걸쳐 자기가치 유관성 측정도구에 응답하였다(Crocker, Karpinski, Quinn, & Chase, 2003). 예컨대, 자기가치를 학문적 유능성에 두고 있는 학생은 "나는 시험에서 좋은 성적을 얻을 때, 자존감이 고양된다." 문항에 동의하게 된다. 마찬가지로 자기가치를 외모에 두고 있는 학생은 "나는 내가 매력적으로 보일 때 나 자신에 대해서 기분이 좋다." 문항에 동의하게 된다. 연구의 다음 단계에서는 학생들에게 대학원 입학 허가서를 받았거나 불합격 통지서를 받은 날 느꼈던 자존감을 보고하도록 요구하였다. 그 결과를 보면, 자기가치를 학업에 두고 있는 학생의 경우에는 대학원에서 아무런 소식도 받지 않은 날과 비교할 때 입학허가서를 받은 날에 자존감이 증가하고 불합격 통지서를 받은 날에 감소하였다. 그렇지만 자기가치를 다른 영역에 두고 있는 학생은 동일한 패턴을 나타내지 않았다. 외모에 자기가치를 두고 있는 학생은 입학허가서를 받은 날에 자존감이 증가되지 않았고 불합격 통지서를 받은 날에도 자존감이 감소하지 않았다. 이러한 결과는 성공과 실패가 자기가치를 부여하고 있는 영역에서 일어날 때에만 자존감에 영향을 미칠 가능성이 있음을 시사한다.

여러분 자신을 동기화시켜라

똑바로 앉아라!

여러분의 자존감을 신속하고도 용이하게 북돋우고 싶은가? 그렇다면 똑바로 앉으려고 애를 써라. 한 연구에 따르면, 가슴을 내밀고 똑바로 앉도록 요구한 대학생들이 구부정한 자세를 취하도록 요구한 학생들보다 자신을 더 우수한 구직자로 평가하였다(Briñol, Petty, & Wagner, 2009). 아마도 똑바로 앉는 것이 자기확신감을 더 많이 느끼게 만들었기 때문일 수 있다. 따라서 여러분이 앞으로 구직 면접을 보거나 교수와의 만남을 가질 때에는 반드시 좋은 자세를 취하도록 하라. 다른 사람이 여러분을 자신 있는 사람으로 생각하게 만들 뿐만 아니라 여러분 스스로도 자신감을 더 많이 느끼게 만들어준다!

글쓰기 과제 6.4

여러분 자신의 자기가치 유관성을 확인해보라.

여러분에게 매우 중요한 과제 영역 하나를 선택하라. 수학, 스포츠, 미술, 글쓰기, 기타 연주를 비롯하여 여러분이 잘할 수 있기를 소망하는 어떤 것일 수 있다. 이 영역에서 심각한 실패를 경험하였다고 상상해보라. 그 실패는 여러분 자신에 대해서 어떻게 느끼도록 만들겠는가? 자존감에 어떤 영향을 미치겠는가? 이제 별로 관심을 두지 않는 과제 영역 하나를 생각해보라(위에 열거한 것 중 하나일 수도 있다). 이 영역에서의 실패를 경험할 때 여러분 자신에 대

해서 어떻게 느끼겠는가? 만일 모든 사람이 유능하기를 원하고 어느 누구도 실패하기를 원하지 않는다면, 이러한 두 가지 실패 경험에 반응하는 방식에서 차이가 있을 것이라고 생각하는 이유는 무엇인가?

6.4 자기평가 동기

학습목표 : 자기평가 동기를 구분한다.

자신에 대해서 생각하는 것(자기 개념)과 느끼는 것(자존감)이 유능성 욕구의 영향을 크게 받는다는 사실은 명확하다. 그렇지만 자신이 누구이며 자신에 대해서 어떻게 느끼는지를 알기 위해서는 자기지식을 획득해야만 한다. 그렇다면 이러한 자기지식은 어디에서 유래하는가? 여러분이 이례적으로 뛰어난 학생인지 아니면 평범한 학생인지, 우수한 농구선수인지 아니면 형편없는 선수인지, 매력적인지 아니면 매력적이지 못한지를 어떻게 아는 것인가?

유능성과 능력을 포함하여 자기 개념의 측면들을 평가하고자 시도할 때마다, 사람들은 **자기평가**(self-evaluation)를 하고 있는 것이다(Sedikides, 1993; Sedikides & Strube, 1997; Taylor, Neter, & Wayment, 1995). 재능을 진단하는 객관적 검사(예컨대, 운전 능력을 평가하는 운전 시험)가 있을 때에는 그러한 판단이 꽤나 직접적이다. 그렇지만 삶의 많은 영역에는 사람들이 유능한지를 알려주는 이러한 유형의 검사가 존재하지 않는다. 그렇다면 명확한 검사가 존재하지 않을 때에는 어떻게 자기지식을 획득하는 것인가? 사람들이 자기에 관한 정보를 얻기 위하여 다양한 전략을 사용할 수 있겠지만, 특히 객관적 검사가 존재하지 않을 때 가장 보편적으로 사용하는 전략은 자신의 재능을 주변 사람들의 재능과 비교하는 것이다. 심리학자들은 이러한 경향성을 사회비교라고 부른다.

▼ 이 절이 끝날 무렵에 여러분은 다음에 답할 수 있을 것이다.

6.4.1 사회비교 이론을 기술한다.

6.4.2 자기진단 개념을 설명한다.

6.4.3 자기검증 개념을 설명한다.

6.4.4 자기고양 개념을 설명한다.

6.4.5 자기개선 개념을 설명한다.

6.4.6 자기평가 동기를 어떻게 사용하는 것인지를 기술한다.

6.4.1 사회비교 이론

학습목표 : 사회비교 이론을 기술한다.

페스팅거(Leon Festinger, 1954)는 사람들이 자신을 타인과 비교함으로써 자신의 능력을 평가한다는 아이디어를 공식적으로 주장한 최초의 심리학자이다. 그의 **사회비교 이론**(social comparison theory)에 따르면, 사람들은 자신을 타인과 비교함으로써 자신이 어떤 사람이며 무엇을 할 수 있는지를 알 수 있게 된다. 대부분의 다른 학생보다 이 수업을 잘 따라가기 때문에 자신이 똑똑하다는 사실을 안다. 농구경기에서 상대보다 슈팅을 덜 성공시키기 때문에 자신이 형편없는 선수라는 사실을 안다. 이러한 의미에서 사람들은 자신의 유능성 수준을 평가할 때 다른 사람을 비교 기준으로 사용하는 것이다.

페스팅거는 자신의 원래 이론에서 사람들은 자신의 능력과 견해를 **정확하게** 평가하려는 생래적 욕구를 가지고 있다고 주장하였다. 이 말은 객관적인 검사가 가용하지 않을 때 사람들은 타인을 살핀다는 것을 의미한다. 만일 자신의 수행성과가 대부분의 다른 사람보다 우수하다면, 자신이 그 영역에서 매우 유능하다고 결론짓는다. 페스팅거는 객관적 검사가 없을 때에만 타인(특히 유사한 타인)을 살핀다고 언급하였으나, 후속 심리학자들은 그러한 검사가 존재할 때조차도 타인의 점수가 어떠한지를 모를 때에는 자신의 점수가 아무런 의미를 갖지 못한다고 주장하였다(Suls & Wheeler, 2012). 여러분이 수업시간에 시험 점수를 피드백받았을 때를 생각해보라. 우선적으로 알고자 하는 것은 자신의 점수이지만, 점수를 알고 난 직후에는 즉각적으로 평균 점수를 알고 싶어 한다. 만일 여러분이 77점을 받았고, 평균이 55점이라면, 여러분의 점수는 정말로 좋아 보인다. 그러나 여러분이 77점을 받았고, 평균이 88점이라면, 이제 여러분의 점수는 형편없어 보인다. 이 사례에서 여러분의 실제 점수는 결코 변하지 않았음에도 불구하고, 주변 사람들의 점수와 어떻게 비교되는 것인지에 주목하기 바란다. 이 사례는 사회비교가 자신의 유능성을 평가하는 데 있어서 얼마나 강력한 것인지를 예증하고 있다.

페스팅거는 애초에 사회비교 경향성을 정확성 욕구가 주도한다고 주장하였지만, 후속 이론가들은 다양한 동기가 자기평가를 주도할 수 있는 경우를 제시하였다. 때때로 사람들은 자신의 능력에 대한 정확한 평가를 원하지만, 다른 경우에는 자신의 재능을 증진시키기를 원할 수 있다. 아니면 단지 자신에 대해서 더 기분

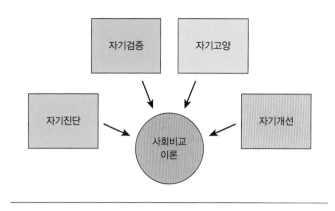

그림 6.7 자신의 유능성을 평가하려는 동기

좋게 느끼기를 원할 수도 있다. 실제로 연구자들은 사람들의 행동을 주도하는 네 가지 자기평가 동기를 확인해왔다(Sedikides & Strube, 1995; Taylor et al., 1995). 다음 절에서는 어떻게 이러한 네 가지 동기가 자신의 유능성을 평가하는 방식을 주도하는지를 다룬다(그림 6.7 참조).

1. 자기진단
2. 자기검증
3. 자기고양
4. 자기개선

6.4.2 자기진단 : 너 자신의 자기에 충실하라

학습목표 : 자기진단 개념을 설명한다.

셰익스피어의 햄릿에서 폴로니어스는 자기 아들 라에르테스에게 다음과 같은 충고를 한다. "무엇보다도 이것을 명심해라. 즉, 네 자신의 자기에 충실하라." 폴로니어스가 아들에게 하고 있는 말은 삶에서 가장 중요한 것은 자신에게 충실한 것이며 자신이 아닌 다른 어떤 것을 가장하지 않는 것이라는 점이다. 이 인용문을 동기라는 렌즈를 통해서 해석한다면, 폴로니어스는 정확한 자기평가를 하도록 아들을 부추기고 있다고 결론짓는 것이겠다.

> **자기진단**(self-assessment)이란 자신의 능력과 유능성에 대한 정확한 평가를 얻으려는 동기를 지칭한다(Sedikides & Strube, 1995; Trope, 1986).

페스팅거가 자신의 사회비교 이론에서 처음으로 주장하였던 것처럼, 사람들은 자신이 진정으로 얼마나 유능한지를 확인하고 자신의 재능 수준에 관한 불확실성을 감소시키기 위한 진단 정보를 원한다는 것이 기본 가정이다. 그렇기 때문에 자기진단 동기를 가지고 있는 사람은 진단 정보가 긍정적 함의를 갖고 있든 아니면 부정적 함의를 갖고 있든 관계없이, 정확한 자기정보를 추구하게 된다.

그렇다면 자기진단이 어떻게 사람들을 동기화시키는가? 한 가지 행동결과는 진단 과제를 선호하는 것이다. **진단 과제** (diagnostic task)란 능력 수준에 관한 정확한 정보를 제공하고 불확실성을 감소시키는 과제를 말한다(Trope, 1980). 일반적으로 사람들이 오늘의 운세를 읽거나 성격 퀴즈에 답하기를 즐기는 까닭은 자신에 대해서 아는 것을 즐기기 때문이다. 그러한 진단 정보를 추구하는 것은 사람들이 자기진단 동기를 충족시키는 한 가지 방법이 된다.

6.4.3 자기검증 : 너 자신의 자기를 확신하라
학습목표 : 자기검증 개념을 설명한다.

셰익스피어는 모든 사람이 정확한 자기평가를 추구해야 한다고 말하였다는 점에서 옳았을 수 있지만, 사람들이 항상 이러한 충고를 따르는 것은 아니다. 때때로 자기평가는 평가와 정확성의 욕구가 아닌 다른 어떤 것에 의해서 동기화된다. 예컨대, 사람들이 어떤 행동을 하는 까닭이 때로는 그 행동에서 유능한지를 알기 위해서가 아니라 유능하다는 사실을 **증명**하기 위한 것이다. 따라서 어떤 것에 유능하다는(때로는 무능하다는) 사실을 이미 알고 있는 상황에 접근하여 단지 그 사실을 확인하기 위해 행동을 나타내기도 한다. 그러한 경우에 사람들은 정확한 정보를 찾는 것보다는 일관성 있는 정보를 찾는 데 더 많은 관심을 기울인다.

> **자기검증**(self-verification)이란 자기 개념과 새로운 정보 간의 일관성을 유지하려는 동기를 지칭한다(Swann, 1983, 2012 ; Swann, Rentfrow, & Guinn, 2003). 이 동기에 따르면, 사람들은 자신에 대해서 이미 믿고 있는 것을 확인(또는 '검증')하는 피드백을 원한다.

그렇다면 자기검증은 어떻게 사람들을 동기화시키는 것인가? 한 가지 행동결과는 이 동기를 가지고 있는 사람은 자신의 자기조망을 검증하는 정보를 적극적으로 찾는다는 것이다. 자기검증에 따르면, 만일 긍정적인 자기조망을 견지하고 있다면 사람들이 자신의 긍정성을 확증하는 정보를 찾아야 하는 반면에, 부정적인 자기조망을 견지하고 있다면 자신의 부정성을 확증하는 정보를 찾아야한다. 그림 6.8을 참조하라.

실제로 기슬러와 동료들(Giesler, Josephs, & Swann, 1996)이 밝혀낸 것이 바로 이것이다. 참가자들이 긍정적인 자기조망(높은 자존감)을 가지고 있을 때에는 단지 25%만이 부정적 프로파일을 선택하였다. 그러나 부정적 자기조망(낮은 자존감)을 가지고 있을 때에는 64%가 부정적 프로파일을 선택하였다. 그리고 참가자가 극단적으로 부정적인 자기조망(임상적으로 우울증 환자)을 가지고 있을 때에는 82%가 부정적 프로파일을 선택하였다.

또한 자기검증은 사람들로 하여금 자기조망을 검증하는 타인 집단을 찾아 나서도록 동기화시킨다. 한 연구에서 긍정적이거나 부정적인 자기조망을 가지고 있는 사람에게 자신에 대해서 긍정적인 인상을 가지고 있는 사람과 부정적인 인상을 가지고 있는 사람 중에서 한 사람을 대화 상대자로 선택하도록 요구하였다(Swann, Stein-Seroussi, & Giesler, 1992). 그 결과를 보면, 긍정적 자기조망을 가지고 있는 사람은 대부분 호의적인 상대를 선택한 반면(72%), 부정적 자기조망을 가지고 있는 사람은 대부분 호의적이지 않은 상대를 선택하였다(78%).

이에 덧붙여서, 배우자가 자신을 지나치게 호의적으로 지각하고 있다고 생각할 때 사람들은 그 배우자와 이혼할 가능성이 더 높으며(Cast & Burke, 2002), 학생들은 자신을 지나치게 호의적으로 지각하는 기숙사 룸메이트를 거부할 가능성이 더 높고(Swann & Pelham, 2002), 우울한 사람은 자신을 막 대하는 친구나 배우자에게 매달릴 가능성이 더 높다(Swann & Predmore, 1985 ; Swann, Wenzlaff, & Tafarodi, 1992). 이 모든 행동이 다소 낯설게 보일 수도 있지만, 만일 부정적 자기조망을 가지고 있는 사람이 자기 주변을 자신과 견해를 공유하는 사람들로 채우기를 원한다고 가정하면, 완벽하게 이해할 수 있다.

자기검증의 또 다른 행동결과는 다른 사람들이 자신의 자기조망과 일관성을 유지하게끔 자신을 대하도록 부추기는 방식으로 스스로를 노출시킨다는 것이다. **상징적 자기완성 이론**(symbolic

그림 6.8 여러분은 어떤 프로파일을 선택하겠는가?
여러분이 방금 일련의 진단검사들을 마쳤으며, 2명의 전문가가 여러분의 점수를 평가하여 유능성 프로파일을 만들어줄 것이라는 이야기를 들었다고 상상해보라. 한 프로파일은 부정적이고 다른 프로파일은 긍정적이지만, 시간 제약으로 인해서 여러분은 하나의 프로파일만을 볼 수 있다. 어떤 프로파일을 선택하겠는가?

self completion theory)에 따르면, 사람들은 흔히 주변 사람들에게 자신이 어떤 사람인지를 알려주는 의상을 선택하거나 상징물을 부착한다(Swann, 1983; Wicklund & Gollwitzer, 1982). 만일 여러분이 유능한 운동선수라는 사실을 급우들이 알아주고 그렇게 대우해주기를 원한다면, 강의실에 소속팀 유니폼을 입고 나타날 수 있다. 만일 여러분이 유방암을 이겨낸 사람이라는 사실을 다른 사람이 알아주길 바란다면, 유방암 인식 주간에 셔츠에 분홍 리본을 달고 다닐 수 있다. 따라서 복장은 단지 자기조망을 표현할 뿐만 아니라, 다른 사람들이 그러한 자기조망과 일치하는 방식으로 자신을 대하도록 부추기기도 하는 것이다.

나만의 프로젝트 6.3

자기검증

여러분의 목표가 자신을 일관성 있는 방식으로 바라보려는 자기검증 소망을 얼마나 충족시키고 있는지 생각해보라. 만일 여러분이 나만의 프로젝트 목표에서 성공적이라면, 그러한 성공이 이미 알고 있다고 생각하는 여러분 자신에 대해 무엇인가 긍정적인 것을 어떻게 검증해주겠는가?

6.4.4 자기고양 : 너 자신의 자기에 만족하라
학습목표 : 자기고양 개념을 설명한다.

자기평가가 정확하고 일관성 있기를 원하는 것 못지않게, 때때로 사람들은 자신에 대해서 기분이 좋기를 원한다.

자기고양(self-enhancement)이란 자기 개념의 긍정적 측면을 증진시키고 부정적 측면을 감소시키려는 동기를 지칭한다(Alicke & Sedikides, 2011; Sedikides & Gregg, 2008; Sedikides & Strube, 1995).

요컨대, 사람들은 자신의 밝은 면을 보고자 원하며, 이를 달성하기 위하여 가능한 한 많은 영역에서 자신이 유능하다고 지각하기를 원한다. 그렇다면 자기고양은 어떻게 사람들을 동기화시키는 것인가? 여러 가지 가능성을 생각해볼 수 있다. 한 가지는 이 동기를 가지고 있는 사람이 (자신의 자기조망과는 무관하게) **긍정적 피드백**(positive feedback)을 추구한다는 것이다. 따라서 자기고양으로 동기화된 학생은 쉬운 수학 과목을 수강 신청할 가능성이 있다. 쉬운 과목을 선택함으로써, 성공을 확신하고 자신의 수학능력에 만족감을 느끼게 된다. 자기검증과 자기고양이 긍정적 자기조망을 가지고 있는 사람에게 있어서는 동일한 행동을 예측하지만, 부정적 자기조망을 가지고 있는 사람의 행동을 예측하는 데 있어서는 차이를 보인다는 점에 주목하라.

둘째, 자기고양은 **긍정 착각**(positive illusion)을 통해서 사람들을 동기화시킬 수 있다. 긍정 착각이란 자신이나 자신과 가까운 사람에 대한 비현실적으로 호의적인 태도를 말한다. 긍정 착각은 적어도 단기적으로는 자존감을 유지시키고 불편감을 피하게 만들어주는 일종의 자기기만이나 자기고양의 형태라고 할 수 있다. 자신의 능력을 과대평가하고, 미래를 비현실적으로 낙관하며, 제어하고 있다는 착각을 불러일으킨다(Taylor & Brown, 1988). 긍정 착각의 대표적인 현상 중 하나가 **평균 이상 효과**(better-than-average effect) 또는 **워비건 호수 효과**(Lake Wobegon effect, 미국의 풍자작가 개리슨 케일러의 라디오 드라마에 나오는 가상의 마을인 워비건 호수 사람들이 모두 스스로 평균보다 더 잘생기고, 힘이 세고, 똑똑하다고 믿는다고 해서 이러한 이름이 붙었다)이다. 이 효과는 특수한 유형의 사회비교라고 할 수 있는데, 사람들이 자신의 특질이나 능력을 자신이 속한 집단의 평균과 비교하는 것이다. 이 경우에 객관적으로는 평균 이하인 사람이 50%가 되어야 함에도 불구하고, 대부분의 사람들은 자신이 그 평균보다 뛰어나다고 생각한다(Alicke & Govorun, 2005).

셋째, 사람들은 **하향 사회비교**(downward social comparison)를 통해서 자신을 고양할 수 있다. 하향 사회비교란 자신보다 더 열악한 사람과 비교하는 것을 말하며, 때때로 사람들은 이러한 비교를 통해서 자신에 대해서 더 좋게 느끼려고 시도한다. 주관적 안녕감이 낮을 때, 기분을 좋게 만들기 위하여 하향 사회비교를 시도하기 십상이며, 특히 우울하거나 자존감이 낮은 사람들이 자기고양 욕구로 인해서 자주 사용한다(Wills, 1981).

넷째, 사람들은 자기 개념의 한 부분이 위협을 받을 때, 자기 개념의 다른 가치 있는 부분을 생각함으로써 자기감을 회복하고자 시도하기도 한다. 스틸(Steele, 1988, 1999)의 **자기확증 이론**(self-affirmation theory)에 따르면, 자신에게 개인적으로 적합한 가치를 생각할 때에는 사람들이 자기 개념과 모순되거나 자기 개념을 위협하는 정보와 직면하더라도 스트레스를 덜 경험하며 방어적으로 반응할 가능성이 떨어진다. 다시 말해서 자기확증은 위협이나 스트레스에 대처하는 데 도움을 줌으로써 사람들이 학업 성과나 정신건강을 증진시키고 방어적인 태도를 낮추는 데 도움을 줄 수 있다는 것이다.

글쓰기 과제 6.5

비교

여러분보다 열악한 삶을 살고 있는 사람에게 자신을 비교하였던 때를 생각할 수 있는가? 그 당시 여러분의 삶에서 그러한 비교를 원하도록 만들었던 사건이 무엇인지를 기술해보라. 그리고 그러한 비교 후에 어떤 느낌이 들었는지 기술하라.

6.4.5 자기개선 : 너 자신의 자기를 개선하라

학습목표 : 자기개선 개념을 설명한다.

자기개선(self-improvement)이란 자신의 특질, 능력, 안녕감을 개선하려는 동기를 지칭한다 (Sedikides & Hepper, 2009; Taylor et al., 1995).

삶의 많은 과제는 특정 재능을 증진시키려는 갈망을 수반한다. 여러분이 대학에 진학한 이유 중 하나도 이것이 아니겠는가? 지식을 획득하기 위하여 비판적 사고 재능을 연마하면, 좋은 직업을 얻을 가능성이 증가하게 된다. 그렇지만 사람들이 자기개선 동기를 표출하는 유일한 장소가 학교만은 아니다. 직업, 취미, 개인적 관계 등에서도 개선을 추구한다. 긍정적 자기조망에 관심을 갖는다는 점에서 자기개선 동기는 자기고양 동기와 유사하게 보일 수 있지만, 유능하다고 느끼는 것(자기고양)과 실제로 유능해지는 것(자기개선)에는 중요한 차이가 있다. 이에 덧붙여서, 자기개선의 첫 단계는 여러분이 원하는 것만큼 유능하지 않다는 사실을 깨닫는 것이며, 이것이 자기결함을 도드라지게 만들기 때문에 실제로 자기고양과 대비되는 것이다.

그렇다면 어떻게 자기개선이 사람들을 동기화시키는 것인가? 가장 많은 연구를 수행한 행동결과는 이 동기를 가지고 있는 사람들이 자신보다 우월한 사람과 비교하는 **상향 사회비교**(upward social comparison)를 시도한다는 것이다(Major, Testa, & Blysma, 1991; Gibbons & Gerrard, 1989; Smith, 2000; Taylor et al., 1995). 자신의 재능을 상대적으로 우월한 사람의 재능과 비교함으로써, 사람들은 특정 영역에서 더욱 유능해지고자 고취되고 재능을 증진시키는 데 필요한 조치에 대한 통찰을 획득하게 된다(Buunk, Collins, Taylor, Van Yperen, & Dakif, 1990; Gibbons, Blanton, Gerrard, Buunk, & Eggleston, 2000). 예컨대, 블랜튼과 동료들(Blanton, Buunk, Gibbons, & Kuyper, 1999)은 자신을 더 우수한 급우와 비교하는 학생은 그렇지 않은 학생보다 학업성과가 계속해서 우수해진다는 사실을 찾아냈다.

상향 사회비교가 자기개선 동기를 충족시키는 효과적인 방법을 제공해주기는 하지만, 본질적인 위험도 내포하고 있다. 다른 사람이 자신보다 우수하다는 사실을 인정하는 것은 절망감, 무능감, 시기심, 낮은 자존감 등으로 이끌어갈 수 있다(Marsh & Hau, 2003; Wheeler & Miyake, 1992). 그렇다면 사람들은 어떻게 상향 사회비교가 위협적이기보다는 고무적인 때를 아는 것인가? 첫째, 사람들은 비교를 통한 성공 가능성을 따져볼 수 있다(Lockwood & Kunda, 1997). 만일 역할 모델의 성공이 여러분도 달성할 수 있는 것이라면, 그 비교는 흥분과 영감을 촉발한다. 그렇지만 만일 역할 모델의 성공이 여러분은 결코 달성할 수 없는 것처럼 보인다면, 그 비교는 낙담과 좌절을 촉발하게 된다.

나아가서 비교하는 영역도 따져보아야 한다. 다른 사람이 중요하지 않은 영역에서 자신보다 우위를 점하고 있을 때보다 자존감이 달려있어 자신에게 너무나 소중한 영역에서 다른 사람이 우위에 있을 때 위협을 느낄 가능성이 더 높다(Lockwood & Kunda, 1997; Tesser, 1988, 1999). 여러분이 청운의 뜻을 품고 있는 음악가이며, 음반회사에 데모 테이프를 소개하느라 4년을 허송세월

하였는데, 여러분의 동료가 방금 음반 계약을 체결하였다는 사실을 알게 되었다고 상상해보라. 아마도 그 소식은 여러분을 가까운 곳에 있는 티슈 상자로 달려가게 만들지 모르겠다. 이제 여러분이 전혀 관심을 기울이지 않았던 다른 영역(예컨대, 의과대학의 입학 허가를 받은 것)에서 동료가 성공하였다고 상상해보라. 음악가의 꿈을 가지고 있는 여러분은 동료의 좋은 소식으로 전혀 위협을 느끼지 않을 것이다.

6.4.6 너무나 많은 동기, 너무나 모자라는 시간

학습목표 : 자기평가 동기를 어떻게 사용하는 것인지를 기술한다.

지금까지 유능감에 영향을 미치며 행동을 주도하는 네 가지 상이한 자기평가 동기를 논의하였다. 그렇다면 사람들은 언제 특정 동기가 다른 동기보다 우선권을 갖는 것인지를 어떻게 아는 것인가?

어떤 사람들은 생래적으로 다른 동기에 앞서서 특정 동기를 채택할 가능성이 높다(Gregg, Hepper, & Sedikides, 2011; Hepper, Gramzow, & Sedikides, 2010; Leonardelli, Lakin, & Arkin, 2007; Roney & Sorrentino, 1995). 자존감이 높은 사람은 자신이 지각하는 유능성을 유지하는 방법으로 자기고양을 시도할 가능성이 높다(Baumeister, Campbell, Krueger, & Vohs, 2003; Steele, Spencer, & Lynch, 1993). 반대로 매우 불안한 사람은 자신의 유능성에 대한 불확실성을 완화시키는 방법으로 자기진단과 자기개선을 시도할 가능성이 높다(Gregg et al., 2011).

나아가서 상황의 특정 자질도 특정 동기를 활성화시킬 수 있다. 한 가지 그러한 상황 자질이 부정적 피드백(즉, 자기위협)이다(Sedikides, 2012). 사람들은 부정적 피드백을 받을 때 자기고양 동기를 채택할 가능성이 더 높다. 예컨대, 지능검사에서 낮은 점수를 받았다고 알려준 참가자들은 자신이 비교집단 못지않게 똑똑하다고 판단하지만(즉, 자기고양 판단), 중립적 피드백을 받은 참가자는 그렇지 않았다(Beauregard & Dunning, 1998).

불확실성도 상이한 상황에서 상이한 동기를 활성화시킬 수 있다. 사람들은 자신의 유능성을 확신하지 못할 때 자기진단을 시도할 가능성이 높은 반면, 확신할 때에는 자기검증을 시도할 가능성이 높다(Sedikides, 1993).

또 다른 상황 요인은 인지 자원의 가용성이다. 신경과학 연구를 보면, 자기고양은 감소된 두뇌활동과 상관이 있다(Beer & Hughes, 2010; Beer, Lombardo, & Bhanji, 2010; Blackwood, Bentall,

Simmons, Murray, & Howard, 2003; Somerville, Kelley, & Heatherton, 2010). 이에 덧붙여서, 인지 자원이 부족할 때에는 자기고양을 시도할 가능성이 더 높은 반면, 자원이 충분할 때에는 자기진단을 시도할 가능성이 더 높아진다(Swann, Hixon, Stein-Seroussi, & Gilbert, 1990). 종합적으로 볼 때, 자동적이고 많은 생각을 하지 않은 채 사용한다는 점에서 자기고양이 인간의 기본 동기인 것으로 보인다(Jussim, Yen, & Aiello, 1995; Sedikides & Strube, 1995; Swann & Schroeder, 1995).

그렇지만 몇몇 연구자는 자기고양이 기본 동기라는 생각에 이의를 제기해왔다(Heine, 2003; Heine & Hamamura, 2007; Heine & Lehman, 1999). 이들의 주장에 따르면, 자기고양은 서양문화(미국과 유럽)에서 기본 동기일 가능성이 있다. 서양문화는 개인주의와 자기의존성을 강조하기 때문이다(Markus & Kitayama, 1991). 그렇지만 집단주의 문화(동양과 라틴아메리카)에서는 기본 동기가 아닐 가능성이 있다. 집단주의 문화는 사회집단에의 소속감을 강조하기 때문이다. 예컨대, 일본인이 미국인보다 더 자기비판적인 것으로 보인다는 사실은 이 주장을 지지한다(Heine, 2005; Heine & Hamamura, 2007). 그렇지만 두 유형의 문화에 속한 사람들이 모두 자기고양을 시도하며, 단지 상이한 영역에서 그럴 가능성이 있다(Brown & Kobayashi, 2002, 2003). 일본과 미국 참가자는 똑같이 자신의 문화가 높은 가치를 부여하는 특질에서 자신이 또래들보다 더 우수하다고 주장하였다(Brown & Kobayashi, 2002). 일본에서 높은 가치를 부여하는 특질에는 남들에게 호감을 주는 것이 포함된 반면, 미국에서는 책임감을 갖는 것이 포함된다. 이러한 연구결과에 근거하여, 많은 연구자들은 자기고양이 범문화적 성향이라고 믿고 있다(Brown & Kobayashi, 2003; Gaertner, Sedikides, & Chang, 2008; Kurman, 2003; Sedikides, Gaertner, & Toguchi, 2003).

여러분 자신을 동기화시켜라

여러분의 파트너를 장밋빛 안경을 쓰고 보라

앞에서 여러분은 자신을 긍정적으로 바라보는 것이 정신건강에 좋다는 사실을 보았다. 관계를 맺고 있는 파트너의 경우에도 마찬가지이다. 파트너를 명백히 긍정적으로 바라보는 사람은 그렇지 않은 사람보다 관계에 더 만족하며 그 관계를 더 오랫동안 유지하는 경향이 있다. 서로가 이러한 긍정 착각을 만들어내는 한 가지 방법은 상대방의 단점을 미덕으로 바꾸는 것이다(Murray & Holmes, 1993). 미래 계획을 세우지 않는 상대의 경향성을 단점으로 간주하는 대신에, '즉흥적인 사람'이라는 증거로 해석할 수 있다. 상대의 고집스러움을 부정적 특질로 간주하는 대신에, '진실하고 자신의 믿음에 충실하다'는 증거로 해석할 수 있다. 그렇다고 해서 무조건 열광해야 한다고 말하는 것은 아니다. 상대방을 이상화하는 것이 정신건강에 도움을 주지만, 지나치면 위험할 수 있다. 가능한 한 상대방을 긍정적으로 바라보고자 애쓰라는 말이다.

글쓰기 과제 6.6

자기고양이 주도적 동기인가?

어떤 전문가는 자기고양이 주도적인 자기평가 동기라고 믿는 반면, 다른 전문가는 이에 동의하지 않는다. 여러분은 어떻게 생각하는가? 이 물음에 답하면서, 여러분의 주장에 대한 증거를 제공하는 구체적 사례들을 생각해보라.

6.5 유능성 상실에 대한 반작용

학습목표 : 유능성 상실이 어떻게 동기에 영향을 미칠 수 있는지를 분석한다.

만일 자기고양이 주도적 동기라면, 사람들은 대부분의 경우 실제보다 더 똑똑하고 더 매력적이며 더 우수하다고 생각하면서 살아갈 것이다. 그런데 현실은 이러한 거짓 생각을 끊임없이 산산조각 내고 있지 않은가? 인간 마음에서 한 가지 기이한 사실은 풍부한 자기방어 전략 레퍼토리가 상반된 증거에 직면할 때조차 계속해서 긍정 착각을 유지할 수 있도록 해준다는 점이다(Rhodewalt & Vohs, 2005). 이러한 자기방어 전략은 정보가 자신의 유능감을 위협할 때 그 정보를 외현화할 수 있게 해준다. 여기서는 세 가지 전략만을 논의한다(그림 6.9 참조).

그림 6.9 **자기방어 전략**

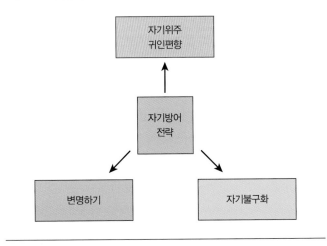

6.5.1 자기위주 귀인편향 개념을 설명한다.

6.5.2 자기불구화 개념을 설명한다.

6.5.3 변명하기 개념을 설명한다.

6.5.1 자기위주 귀인편향

학습목표 : 자기위주 귀인편향 개념을 설명한다.

사람들은 내적 귀인과 외적 귀인을 전략적으로 사용함으로써 상반된 증거에 직면해서도 매우 긍정적인 자기평가를 유지할 수 있다. **자기위주 귀인편향**(self-serving attributional bias)에 따르면, 사람들은 성공의 공적은 받아들이지만 실패의 비난은 부정하는 경향이 있다(Campbell & Sedikides, 1999; Heider, 1976; Mezulis, Abramson, Hyde, & Hankin, 2004; Miller & Ross, 1975). 다르게 표현하면, 사람들이 자신의 성공에는 내적 귀인을, 그리고 실패에는 외적 귀인을 하는 경향이 있다. 어떤 학생이 시험에서 좋은 성적을 받을 때에는 "내가 똑똑하기 때문에 A학점을 받았다."라고 말하는 반면, 나쁜 성적을 받을 때에는 "교수가 나를 싫어해서 D학점을 주었다."라고 말할 수 있다. 성공을 내적 귀인하고 실패를 외적 귀인함으로써, 유능감에 영향을 미치는 정보를 선택할 수 있다. 만일 사람들이 긍정 정보만을 선택적으로 받아들인다면, 부정적 피드백을 받는 경우에도 유능감을 유지하거나 심지어는 증가시킬 수도 있는 것이다.

이런 유형의 사고가 다소 망상처럼 들릴 수도 있지만, 모두가 매달리고 있는 것이며 이점도 가지고 있다. 예컨대, 자신의 해고를 외적 이유 탓으로 돌리는 실직자는 해고를 재능의 결여와 같은 내적 이유 탓으로 돌리는 실직자보다 다른 직업을 찾는 데 더 많은 노력을 기울이며, 새로운 직업을 얻을 가능성도 더 큰 것으로 나타났다(Schaufeli, 1988). 자기위주 귀인편향이 이롭다는 사실을 전제할 때, 이 편향이 서양과 동양문화 모두에 존재한다는 사실은 놀라운 것이 아니다(Mazulis et al., 2004).

6.5.2 자기불구화

학습목표 : 자기불구화 개념을 설명한다.

사람들이 자신의 실패를 외현화하는 또 다른 흥미로운 방법은 **자기불구화**(self-handicapping)를 사용하는 것인데, 이것은 자신의

수행을 방해하는 외부 장해물을 만들어내는 경향성이다(Jones & Berglas, 1978; Rhodewalt & Tragakis, 2002). 실패를 어쩔 수 없었던 것으로 만들어주는 장해물을 설정함으로써, 사람들은 형편없는 결과를 이러한 외적 원인 탓으로 돌려 자신에 대한 비난을 회피할 수 있다. 이러한 자기불구화는 중요한 시험을 앞두고 밤새도록 파티에 매달리는 학생, 중요한 시합을 앞두고 여러 날 연습을 빼먹는 운동선수, 자신의 거창한 컴백을 위한 리허설을 펑크 내는 가수를 설명해준다. 이 사람들은 자기파괴 행동을 미리 함으로써, 형편없는 성과에 대해서 자신의 능력 부족을 비난하는 대신에 외적 이유를 탓할 수 있다. 그렇기 때문에 가까운 미래에 실패를 예견할 때 자기불구화가 일어날 가능성이 가장 크다(McCrea & Flamm, 2012).

자기불구화는 극단적인 조치인 것처럼 보이지만, 많은 연구들은 사람들이 잠재적 실패를 예상하고 있을 때 이 전략에 의지한다는 사실을 보여주었다. 한 가지 고전적 연구(Berglas & Jones, 1978)에서는 남자 대학생들이 쉽거나 어려운 지능검사를 받았으며, 검사 결과를 공개하거나 본인에게만 알려주었다.

그런 다음에 연구자들은 학생들에게 일시적으로 인지 기능에 영향을 미치는 두 가지 새로운 '실험적' 약물을 검증하고 있다고 말하였다. 한 약물인 '악타빌'은 일시적으로 사람들을 똑똑하게 만들며, 다른 약물인 '팬도르신'은 일시적으로 사람들을 멍청하게 만든다고 알려주었다. 그런 다음에 두 번째 지능검사를 실시하였는데, 검사 실시에 앞서 학생들에게 두 약물 중 하나를 선택할 기회를 주었다. 어떤 상황에서든 자신을 멍청하게 만드는 약물을 선택할 사람이 있겠는가? 그렇지만 놀랍게도 어려운 지능검사를 받았던 사람들이 그런 선택을 하였던 것이다(그림 6.10 참조)!

이 학생들은 사전 경험으로 인해서 두 번째 검사도 어려울 것이라고 예상하였으며, 이것은 자신이 실패할 가능성이 높다는 것을 의미하였다. 이 학생들은 지능을 저하시키는 약물을 선택함으로써, 필연적인 실패를 약물 탓으로 돌리고 자신이 똑똑하지 않아서 실패하였다는 사실을 받아들이지 않을 수 있었던 것이다. 반면에 먼저 쉬운 검사를 받았던 학생들은 지능을 증진시키는 약물을 선택하였다. 사전 경험으로 인해서 미래의 실패를 예상하지 않았기 때문에 자기불구화를 시도할 필요가 없었던 것이다. 약물 선택은 검사 결과를 공개하는지 여부에 영향을 받지 않는 것으로

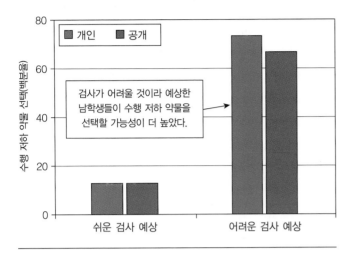

그림 6.10 약물 선택을 통해 표현한 자기불구화
남자 대학생들이 쉽거나 어려운 지능검사를 받았으며, 그 결과를 공개하거나 본인에게만 알려주었다(Berglas & Jones, 1978). 그런 다음에 두 번째 지능검사를 실시하기 전에 수행 증진 약물과 수행 저하 약물 중에서 하나를 선택할 기회를 주었다.

보였다는 사실을 지적하는 것이 중요하겠다. 이것이 중요한 까닭은 참가자들이 다른 사람들 눈에 유능하게 보이기 위해서가 아니라 자신의 눈에 유능하게 보이기 위해서 자기불구화를 시도하는 것이기 때문이다.

자기불구화가 실패에 직면하여 유능감을 유지하도록 도와주기는 하지만(Rhodewalt, Morf, Hazlett, & Fairfield, 1991; Rhodewalt & Hill, 1995), 대가도 치러야 한다(Feick & Rhodewalt, 1997; Zuckerman & Tsai, 2005). 어려운 과제를 예상하고 자기불구화를 시도하는 사람은 과제 준비에 노력과 시간을 덜 들이고 연습을 게을리한다(McCrea & Hirt, 2001; Rhodewalt et al., 1991; Rhodewalt, Saltzman, & Wittmer, 1984). 또한 이들은 자기불구화를 시도하지 않은 사람들과 비교할 때 다른 사람들로부터 더욱 부정적인 평가를 받는다(Levesque, Lowe, & Mendenhall, 2001; Luginbuhl & Palmer, 1991; Rhodewalt, Sanbonmatsu, Tschanz, Feick, & Waller, 1995; Smith & Strube, 1991). 따라서 장기적으로는 자기불구화가 이롭기보다는 해로운 것으로 보인다.

6.5.3 변명하기

학습목표 : 변명하기 개념을 설명한다.

사람들은 변명하는 것으로도 자신의 실패를 외현화하기 십상이다. **변명하기**(excuse making)는 부정적 결과에 대한 귀인을 내적 원

인으로부터 외적 원인으로 변경하려는 시도를 반영한다(Higgins & Snyder, 1991; Schlenker, Britt, Pennington, Murphy, & Doherty, 1994; Snyder & Higgins, 1988). 예컨대, 사람들은 자신의 형편없는 검사 수행을 밖에서 들려오는 공사장 소음이나 불편한 실내온도 탓으로 돌릴 수 있다. 이 말이 자기불구화와 매우 유사하게 들리는 까닭은 실제로 매우 유사하기 때문이다. 두 전략은 모두 개인적 비난을 모면하기 위하여 실패를 외적 원인 탓으로 돌리는 귀인을 수반한다. 두 전략 간의 차이점은 자기불구화가 다가오는 실패에 앞서 실행하는 행동 전략인 반면에, 변명하기는 실패 후에 실행하는 인지 전략이라는 점이다. 자기불구화를 사용하여 실패를 예견하는 장해물을 만든다. 실패가 이미 일어난 후에는 변명하기를 사용하여 다른 원인을 비난한다.

여러분도 예상하였을 것인데, 변명하기는 장점과 단점을 모두 가지고 있다(Schlenker, Pontari, & Christopher, 2001). 장점의 측면에서 보면, 변명하기는 자존감을 보호하고, 불안과 우울을 낮추며, 심지어는 건강과 면역기능을 증진시키기도 하는 것으로 나타났다(개관을 보려면 Snyder & Higgins, 1988을 참조). 그렇지만 이러한 단기적인 이득은 동기 감소를 포함한 장기적인 대가를 치르게 만든다(Baumeister & Scher, 1988; Bell & Burkley, 2014; Shepperd & Kwavnick, 1999; Tyler & Feldman, 2007).

나만의 프로젝트 6.4

자기방어 전략

여러분이 과거에 사용하였으며 어떤 목표를 달성하는 것을 방해하였던 자기방어 전략 하나를 확인해보라.

글쓰기 과제 6.7

언제 여러분의 행동에 변명을 하였는가?

과거에 변명을 하였던 때를 생각해보라. 변명의 내용과 이유를 기술하라(즉, 어떤 행동을 변명하고자 애를 썼는가?). 이제 그 변명이 어떻게 행동의 원인을 외현화하려는 시도였는지 분석해보라. 마지막으로 그 변명이 초래한 긍정적 결과와 부정적 결과를 기술해보라. 그 결과는 정서적이거나 동기적이거나 아니면 행동적인 것이었을 수 있겠다.

요약 : 유능성

6.1 유능성 욕구

- 유능성 욕구는 효과성, 능력 또는 성공을 바라는 사람들의 기본 욕망을 지칭하는 핵심 동기이다.

- 유능성을 위협받는 사람은 유능성에 대한 높은 갈망을 보이는데, 이 사실은 유능성이 그 욕구를 충족시키는 행동을 유발하는 욕구임을 시사한다.

- 유능성과 관련된 목표를 추구하는 사람이 다른 유형의 목표를 추구하는 사람보다 더 행복하고 건강하다. 이러한 긍정적 결과는 사람들이 강력한 자율성도 가지고 있을 때에만 자주 발생한다.

- 유능성은 동서양문화 모두에서 볼 수 있는 보편적 목표이다.

6.2 유능성 표현의 변산성

- 사람들은 자신의 유능성 욕구를 표현하고 충족시키는 방식에서 차이를 보인다.

- 학습 목표는 유능성을 증진시킬 기회로 과제의 틀을 만든다. 수행 목표는 자신의 유능성을 입증할 기회로 과제의 틀을 만든다. 학습 목표는 긍정적 결과를 초래하며 학습을 촉진시킨다.

- 2 × 2 목표 유목은 수행–접근 목표, 수행–회피 목표, 학습–접근 목표, 학습–회피 목표라는 네 가지 유형의 목표를 구성한다. 학습–접근 목표가 최상의 결과를 초래한다.

- 실체 이론가는 특질과 능력이 고정되어 있다고 믿는다. 점증 이론가는 이것들이 변할 수 있으며 시간이 경과하면서 증가한다고 믿는다.

- 점증 이론가에 비해서 실체 이론가는 (1) 유능성을 여러분이 곧바로 잘 해낼 수 있는 것으로 정의하고, (2) 학습 목표보다는 수행 목표를 채택하며, (3) 실패 후에 노력을 덜 경주하고, (4) 시간이 경과하면서 성과의 감소를 나타낼 가능성이 더 높다.

- 능력에 대한 칭찬보다 노력에 대한 칭찬이 더 좋은 까닭은 이것이 점증 신념을 부추기기 때문이다.

- 자기효능감은 자신의 능력에 대해 견지하고 있는 신념을 지칭한다. 자기효능감이 높은 사람이 더 높은 자신감을 나타낸다.

- 내적/안정적 원인에 귀인하는 실패가 자기효능감을 감소시킨다. 외적/불안정적 원인에 귀인하는 실패는 자기효능감에 영향을 거의 미치지 않는다.

- 몰입감은 사람들이 집중 상태에 놓여있으며, 특정 행위에 완전히 빠져들 때 발생한다. 지각한 유능성이 과제 요구와 대응할 때 몰입감이 발생한다.

- 몰입감은 사람들이 과제를 계속하도록 동기화시키며, 보다 우수한 성과로 이끌어간다.

6.3 자기의 역할

- 자기 개념은 한 개인이 가지고 있는 자기 지식의 집합체를 지칭한다.

- 목표 융합은 목표가 자기 개념과 통합되어 있다고 지각하는 정도를 지칭한다.

- 목표와 깊게 융합된 사람이 그렇지 않은 사람보다 목표를 달성할 가능성이 더 높고 목표 피드백의 영향을 더 많이 받는다.

- 자존감은 사람들이 자신을 호의적이거나 비호의적으로 평가하는 정도를 지칭한다.

- 자기가치 유관성에 따르면, 사람들이 특정 영역에 자기가치를 더 많이 부여할수록, 그 영역에서 피드백의 영향을 더 많이 받는다.

6.4 자기평가 동기

- 자기평가는 사람들이 유능성과 능력을 포함하여 자기 개념의 측면들을 평가하려는 시도를 지칭한다.

- 사회비교 이론은 사람들이 유사한 타인의 능력과 비교함으로써 자신의 능력을 평가한다고 주장한다.

- 자기진단이란 사람들이 자신의 능력에 대한 정확한 평가를 얻으려는 동기를 가지고 있다는 것이다. 이 동기는 사람들이 진단 과제와 정확한 피드백을 선호하도록 이끌어간다.

- 자기검증이란 사람들이 자기 개념과 새로운 정보 간에 일관성을 유지하려는 동기를 가지고 있다는 것이다. 이 동기는 사람들이 자기 개념을 확증해주는 과제와 사람을 찾도록 이끌어간다.

- 자기고양이란 사람들이 자기 개념의 긍정적 측면을 고양시키고 부정적 측면을 낮추려는 동기를 가지고 있다는 것이다. 이 동기는 사람들이 자신을 좋게 보이도록 만들어주는 과제와 사람을 찾도록 이끌어간다.

- 긍정 착각은 지나치게 긍정적인 자기 지각이다.

- 평균 이상 효과란 대부분의 사람들이 광범위한 특질과 능력에서 자신이 평균보다 뛰어나다고 생각하는 것을 말한다.
- 하향 사회비교는 자신의 재능을 상대적으로 열등한 사람의 재능과 비교하는 것을 수반한다.
- 자기확증 이론은 만일 사람들이 자기 개념의 한 측면에 위협을 받으면, 다른 가치 있는 측면에 주의를 기울일 수 있다고 주장한다.
- 자기개선이란 사람들이 자신의 능력을 개선하려는 동기를 가지고 있다는 것이다. 이 동기는 사람들이 어려운 과제를 추구하도록 이끌어간다.
- 상향 사회비교는 자신의 능력을 상대적으로 더 우수한 사람의 재능과 비교하는 것을 수반한다.
- 자기고양이 주도적 동기인 것으로 보이며, 특히 자기위협과

불확실성이 존재하고 인지자원이 모자랄 때 그렇다.

6.5 유능성 상실에 대한 반작용

- 자기위주 귀인은 성공에 대한 내적 귀인과 실패에 대한 외적 귀인을 수반한다.
- 자기불구화는 실패를 예상하고 있는 사람이 자신의 성공을 방해하는 장해물을 고의적으로 만들어낼 때 발생한다. 자기불구화는 자존감을 보호해주지만, 미래의 노력을 감소시키고 다른 사람으로부터의 부정적 평가를 증가시킨다.
- 변명하기는 부정적 결과를 내적 원인으로부터 외적 원인으로 전환시키려는 시도이다. 자존감을 보호하고 실패에 대해서 다른 사람이 자신을 비난할 가능성을 낮추어주지만, 미래의 노력을 감소시키게 된다.

글쓰기 과제 6.8

자기방어 전략

사람들이 유능성의 위협을 느낄 때에는 여러 가지 자기방어 전략(예컨대, 자기위주 귀인, 자기불구화, 변명하기 등)을 동원하기 십상이다. 논의한 세 가지 전략 중에서, 여러분은 자신에 대해 더 좋은 느낌을 갖게 만드는 데 가장 효과적인 전략은 어느 것이라고 생각하는가? 그것이 다른 것보다 더 효과적이라고 생각하는 이유는 무엇인가?

소속감

학습목표

7.1 핵심 동기로서 소속감 개념을 분석한다.

7.2 사회관계 측정이론이 어떻게 동기와 관련되는지를 기술한다.

7.3 사람들이 소속감을 획득하고 유지하는 방법을 분석한다.

7.4 집단이 소속감 욕구를 충족하는 데 도움을 주는 방식을 다룬 이론들을 분석한다.

7.5 사이버공간에서의 소속감과 실세계 상호작용에서의 소속감의 심리적 결과를 비교한다.

7.6 소속감 상실이 어떻게 동기에 영향을 미칠 수 있는지를 분석한다.

포이베 프린스 이야기

포이베 프린스는 미국 매사추세츠 사우스해들리에서 '새로 전학 온 여학생'으로 고등학교 생활을 시작하였다. 포이베는 아일랜드에서 태어났으며, 최근에 가족이 보스턴 지역으로 옮겨 왔다. 자신을 좋게 보이고 함께 어울리는 것이 가장 중요한 일이라고 생각하였던 포이베는 갑자기 새로운 학교, 새로운 나라에서 새로운 문화를 이해하고 그 문화에 적응하고자 애쓰고 있는 자신을 발견하게 되었다. '이방인'이었기 때문에, 학교에서 인기 있는 여학생들은 그녀를 좋아하지 않았다. 이들의 집단따돌림은 화장실에서 기분 나쁘게 째려보고 뒷담화를 하는 것으로 시작되었으나, 포이베가 션이라는 이름의 졸업반 미식축구 선수와 성관계를 가졌을 때, 사태는 크게 악화되고 말았다. 인기 여학생들은 그녀가 자신의 위치를 제대로 파악하지 못하였기 때문에 버르장머리를 고쳐놓아야겠다고 느꼈다.

'난잡한 아일랜드 계집'에 관한 농지거리가 학교 전역에 퍼지기 시작하였다. 포이베에 관한 소문을 퍼뜨리고 페이스북과 트위터에 그녀에 대한 욕설을 올려놓았다. 누군가는 교실에 걸려있는 학급 사진에서 그녀 얼굴에 낙서를 하였다. 다른 학생은 도서관 출입신청서에 있는 포이베 이름 옆에 욕설을 적어놓기도 하였다. 면전에서든 온라인에서든, 이러한 집단따돌림은 3개월에 걸쳐 끊임없이 계속되었으며, 매일같이 욕설과 신체적 위협을 포함하고 있었다. 포이베는 어머니에게 그 사실을 털어놓았으며, 어머니가 학교에 알렸으나 아무것도 끊임없는 공격을 막지 못하였다. 포이베에게 최후의 결정타가 2010년 1월 14일 일어나고 말았다. 방과 후 집으로 걸어가고 있는데, 학생들이 가득 탄 차가 그녀를 쫓아왔다. 차가 그녀의 뒤를 바짝 다가서

자 한 녀석이 몸을 창밖으로 내밀고 포이베 머리를 향해 찌그러뜨린 음료수 캔을 집어던졌고, 나머지 녀석들은 "이 창녀야!"라고 소리 질렀다. 남자친구였던 녀석도 이러한 집단따돌림 행동을 용납한다는 사실을 알게 된 포이베는 감정을 주체할 수 없게 되었고, "이것을 묵과한 션이야말로 나의 관에 마지막 못질을 하는 거야."라는 문자를 보냈다. 배척당하고 완전히 고립무원이라고 느낀 포이베는 집에 돌아와서 친구에게 "더 이상 참을 수가 없다."는 문자를 보냈다. 그런 다음에 동생이 크리스마스에 선물한 스카프로 아파트 계단에서 목을 맴으로써 생을 마감하였다.

이 사례가 무척 놀라운 것일지라도, 이것은 젊은이들이 죽음으로 떠밀려가는 최근의 수많은 집단따돌림의 한 가지 사례일 뿐이다. 집단따돌림은 항상 아동과 젊은이에게 심각한 문제였지만, 오늘날 인터넷과 소셜 네트워크 웹사이트는 집단따돌림을 가혹하고 광범위하며 피할 수 없는 것으로 만들고 있다. 이것은 더 이상 화장실 벽에 욕설을 적는 것이나 다른 학교로 전학 가는 문제가 아니다. 그렇기 때문에 현재 미국의 50개 주 모두 괴롭히는 자에게 책임을 묻는 반집단따돌림법을 제정하였다.

포이베 프린스 이야기가 강하게 와 닿는 까닭은 사람들이 사회적 배척을 벗어나고자 시도하는 기간을 보여주고 있기 때문이다. 포이베의 경우에 소속되어 있다거나 용인되고 있다고 느끼지 못하는 삶을 계속해서 살아가는 대신에 죽음을 선택하였다. 그렇다면 배척이 그토록 고통스러운 까닭은 무엇인가? 사람들이 자신을 받아들이는 것에 그토록 신경 쓰는 이유는 무엇인가? 사회적 배척은 정말로 죽음보다 더 나쁜 운명인가?

이 장에서는 다른 사람들이 자신을 좋아하고 받아들인다고 느끼려는 기본 욕구를 가지고 있는 이유를 다루며, 주변 사람들로부터 배척당한다고 느낄 때 발생하는 대단히 파괴적인 결과를 살펴본다.

7.1 소속감 욕구

학습목표 : 핵심 동기로서 소속감 개념을 분석한다.

다른 사람들이 여러분을 받아들이지 않는다고 느껴본 적이 있는가? 아마도 여러분은 고등학교 시절 패거리에게 놀림을 당하였거나, 애인이 더 이상 여러분을 사랑하지 않는다고 말함으로써 가슴이 찢어지거나, 아니면 누군가 온라인에다가 여러분에 관하여 비열한 내용을 올려놓았던 경험을 하였을지도 모르겠다. 언제 어떤 일이 일어났든지 간에, 여러분을 당황스럽게 느끼도록 만들었을 것이다. 지금도 그 생각을 하면 당황스러울 수 있다. 불행하게도 그러한 배척은 일상 삶의 한 부분이다. 미국 학생의 71%가 집단따돌림을 현재 진행 중인 문제로 보고하고 있으며, 10%는 집단따돌림 때문에 학교를 그만두거나 전학을 갔다. 더군다나 42%의 아동은 온라인이나 휴대전화를 통해서 집단따돌림을 당하거나 위협을 받은 적이 있다고 보고하고 있다(www. bullyingstatistics.org). 매년 집단따돌림의 수많은 사례들이 보고되지 않은 채 넘어가기 때문에, 이 수치는 지극히 보수적인 추정치일 가능성이 높다. 그런데 학교 집단따돌림만이 삶에서 경험하는 배척의 유형은 아니다. 배척은 어떤 연령, 출처, 장면에서도 일어날 수 있는 것이다.

배척이 그토록 치명적인 까닭은 무엇인가? 어째서 우리는 다른 사람의 생각에 그토록 신경 쓰는 것인가?

이 물음에 대한 답은 인간이 근본적인 **소속감 욕구**(need to belong)를 가지고 있다는 사실에 들어있으며, 이 욕구는 지속적이고 긍정적인 대인관계를 형성하고 유지하려는 강력한 추동(때로는 유친 욕구 또는 관계 욕구라고도 칭한다)으로 정의한다(Baumeister & Leary, 1995, 2000; Deci & Ryan, 2012; Murray, 1938; Sokolowski, Schmalt, Langens, & Puca, 2000).

누가 무엇이라고 말하든, 모든 사람은 다른 사람들로부터 인정받는다고 느낄 필요가 있다. 그리고 이 욕구는 너무나 기본적이어서 많은 심리학자는 이 욕구가 사람에게 생득적으로 내장되어 있다고 믿는다(Ainsworth, 1989; Bowlby, 1969; Leary, 2010).

생각해보면, 여러분은 면대면 상호작용이든 온라인 네트워킹이든, 아니면 인물에 관한 글을 읽거나 텔레비전을 시청하든, 사람들과 상호작용하는 데 삶의 대부분을 사용하고 있을 것이다. 잠을 자고 있는 동안에도 다른 사람들이 등장하는 꿈을 꾸지 않는가! 인간의 삶은 끊임없는 사회적 경험인 것이다.

그렇다고 해서 인간만이 지구상에서 유일한 사회적 존재라는 말은 아니다. 다른 동물들도 어떤 형태로든지 사회적 성향을 표출하지만, 인간과 같은 유형의 선택적 친애와 관계적 상호작용을 나타내는 종은 결코 없다(Insel, 1997). 예컨대, 남녀 쌍의 결속이 인간의 경우에는 규범과 같은 것이지만, 포유류의 3%만이 이러한 행동을 나타낸다(Insel, 2000). 따라서 사회적 상호작용에 관한 한, 명백하게 인간이 정점에 위치하고 있다. 마찬가지로 인간과 동물은 모두 집단생활을 하며 동종 구성원들과 정기적으로 상호작용하지만, 인간은 주변 사람들로부터 인정받으려는 강력한 욕구도 가지고 있다. 단지 다른 사람들과 어울리는 것만을 원하는 것이 아니다. 그들이 나를 좋아하기를 간절하게 원하고 있는 것이다.

대부분의 사람이 다른 사람들로부터 인정받는다고 느끼기를 원하는 것은 확실하지만, 여러분은 이것이 모든 사람에게 해당하는 것인지를 궁금해할 수 있다. 혼자 있기를 좋아하는 사람은 어떤가? 은둔자는? 이 사람들은 소속감 욕구가 모든 인간이 공유하는 욕구라는 생각에 반기를 들고 있지 않은가? 아마도 외로움 전문가인 워런 존스(Warren Jones, 1989)가 다음과 같이 말함으로써 이 물음을 가장 깔끔하게 처리하고 있겠다. "친구가 없다고 말하는 많은 사람들을 만났습니다. 그렇지만 어떤 친구도 원치 않는다고 말하는 사람은 결코 만난 적이 없습니다." 진실은 오직 홀로 살아가고 있다고 말하는 사람과 은둔자조차도 친구나 가족과 지속적인 접촉을 하고 있다는 것이다(Leary & Cox, 2008). 그리고 실제로 외롭게 살아가거나 사회적 연계가 없는 사람들에 관한 연구는 이것이 일반적으로 스스로 선택한 결과가 아님을 지적한다. 그러한 사람들에게 물어보면, 더 많은 사회적 접촉과 친밀한 관계를 원한다고 말한다(Caldwell & Peplau, 1982; Leary, 2010). 따라서 홀로 사는 사람을 포함하여 모든 사람은 기본적인 소속감 욕구를 가지고 있는 것으로 보인다.

유아는 태어난 지 36시간도 되지 않아서 이미 인간 얼굴에 대한 선호도를 나타내며, 그 얼굴이 자신을 들여다보고 있을 때 특히 그렇다(Bushnell, Sai, & Mullin, 1989). 그리고 생후 4일이 지날 때쯤이면, 어른이 자신과 상호작용을 중지할 때 혼란에 빠지게 된다(Nagy, 2008). 이러한 사회적 성향은 유아기를 넘어서서 확장된다.

▽ **이 절이 끝날 무렵에 여러분은 다음에 답할 수 있을 것이다.**

7.1.1 소속감이 어떻게 행동을 유발하는지를 분석한다.

7.1.2 소속감이 어떻게 긍정적 결과를 초래하는지를 설명한다.

7.1.3 소속감의 보편성을 기술한다.

7.1.1 소속감은 행동을 유발한다

학습목표 : 소속감이 어떻게 행동을 유발하는지를 분석한다.

만일 소속감 욕구가 인간의 핵심 동기라면, 그 욕구는 이 동기를 만족시키려는 행동을 유발해야만 한다. 이 사실은 보호자, 집단 구성원, 친지 등과의 유대를 신속하고도 용이하게 형성하는 경향성에서 볼 수 있다(Billig & Tajfel, 1973; Bowlby, 1969). 이 욕구가 인간 행동에 미치는 영향의 강도를 보여주는 특히 생생한 사례는 톰 행크스가 출연한 영화 〈캐스트어웨이(Castaway)〉에서 볼 수 있다. 이 영화에서 주인공 척은 무인도에서 완전히 고립무원이며, 결국에는 그가 윌슨이라고 부른 배구공과 우정을 쌓는다. 윌슨을 만들어냄으로써 척은 고립무원 상태에서 소속감 욕구를 충족시킬 수 있었다(Gardner, Pickett, & Knowles, 2005). 인정받는다고 느끼기 위해서 가짜 친구를 만들어낸다는 아이디어가 어처구니없는 것처럼 보일 수도 있지만, 이 영화의 작가는 줄거리가 고립되었다가 살아남은 사람들의 개인적 이야기에 근거하고 있다고 주장한다.

소속감 욕구는 사람들이 부추기지 않아도 새로 만나는 사람들과 그토록 신속하게 관계를 시작하는 경향성에서 볼 수 있다. 예컨대, 수많은 연구를 보면, 단지 물리적으로 누군가와 가까이 있다는 것(즉, 근접성)이 우정 발달과 대인 매력의 주요 결정 인자임을 알 수 있다(Back, Schmukle, & Egloff, 2008; Festinger, Schachter, & Back, 1950; Tsai, 2006). 일단 친구나 연인과 유대를 형성하게 되면, 그 관계를 끊기 몹시 주저하게 된다. 심지어 그 관계가 파괴적이거나 모욕적인 경우조차도 그렇다(Baumeister & Leary, 1995; Hazen & Shaver, 1994; Strube, 1988).

또한 관계가 종료될 때에도 소속감 욕구를 만족시키는 행동의 증거를 볼 수 있다. 사람들은 관계 종료가 남긴 빈자리를 또 다른 관계로 메우고자 시도하기 십상인데, 이것은 소속감을 회복하려는 하나의 방편이다. 예컨대, 최근에 연인과의 이별을 경험한 사람은 '리바운드' 관계(실연의 아픔을 또 다른 연인관계를 통해서 잊으려고 시도하는 것)를 통해서 만회할 가능성이 있다. 마찬가지로 어쩔 수 없이 친구나 가족과의 접촉이 차단된 재소자는 교도소 내에서 새로운 친교를 쉽게 형성한다(Larson & Nelson, 1984; Toch, 1977). 따라서 소속감 욕구가 충족되지 않을 때, 다른 사람과의 친애관계를 추구하려는 동기가 증가한다. 이 아이디어를 실험을 통해서 검증하기 위하여 참가자들에게 성격검사를 실시하고, 자율성이나 유능성 또는 소속감이 결여되어 있음을 시사하는 엉터리 피드백을 제공하였다(Sheldon & Gunz, 2009). 예컨대, 한 집단에는 '사회기피 성격'을 가지고 있으며, 이런 유형의 사람은 형편없는 사회적 관계를 가지고 있어서 홀로 남기 십상이라고 알려주었다. 각 집단은 검사 피드백을 받은 후, 소속 동기의 강도를 평가하는 척도에 응답하였다(예컨대, "나는 완벽한 연인관계를 찾아서 마침내 나의 '영원한 배우자'를 만났다는 느낌을 갖고 싶다."). 예상한 바와 같이, 소속감을 위협받은 사람이 가장 높은 소속 동기를 보고하였다. 배가 고플 때 음식을 찾을 가능성이 높은 것과 마찬가지로, 소속감을 상실할 때 사회적 연계를 찾아 나설 가능성이 더 높은 것이다(O'Connor & Rosenblood, 1996).

배고픔을 잠시 유보하기 위해서 간식을 먹는 것처럼, 충족되지 않은 소속감 욕구를 유보하기 위해서도 '사회적 간식'을 먹을 수 있다. 친구와 떠났던 여행에서 가져온 기념품을 만져보거나, 연인에게서 받은 이메일이나 편지를 반복해서 읽거나, 오래된 사진첩이나 자녀의 어릴 적 동화책을 넘겨볼 수도 있다. 아니면 연

사회적 간식(social snacking)을 통해서도 소속감 욕구를 충족시킬 수 있다. 사회적 간식은 현재 또는 과거의 사회적 유대를 생각나게 하는 상징물을 찾아보는 것을 수반한다(Gardner et al., 2005).

인의 사진을 지갑에 넣고 다니거나 책상 위에 올려놓고 있을 수 있다(실제로 85%가 그렇게 한다)(Gardner et al., 2005). 그런데 이러한 사회적 간식이 일시적이나마 실제로 소속감 욕구를 충족시키는 데 도움이 되는가? 하루 종일 혼자 있다고 상상해보도록 강제한 사람들이 더 높은 사회적 간식 경향성을 나타냈다는 결과는 이 아이디어를 지지한다(Gardner et al., 2005). 그러한 상징물은 사람들이 물리적으로 함께 있지 않을 때조차도 소속감 욕구를 충족할 수 있게 해준다.

7.1.2 소속감은 긍정적 결과를 초래한다

학습목표 : 소속감이 어떻게 긍정적 결과를 초래하는지를 설명한다.

이제 소속감이 생존을 촉진하는 긍정적 결과를 초래하는지를 살펴보자. 인간의 진화 과정에 관한 한, 사회적 연대를 형성하고 유지하려는 욕구가 얼마나 적응적인지를 쉽게 볼 수 있다. 우리 조상은 사회집단을 형성함으로써 모자라는 빠르기, 용맹성, 힘을 보완하였다(Ainsworth, 1989; Kameda & Tindale, 2006; Leary & Cox, 2008). 홀로 있는 개인과 비교할 때, 집단은 큰 동물을 사냥하고, 먹이를 나누며, 포식자와 침입자를 방어하고, 후손을 돌보는 데 있어서 우위를 점할 수 있다. 따라서 강력한 소속감 욕구를 발달시킨 사람들은 생존하여 후손을 퍼뜨릴 가능성이 더 높은 반면, 그 욕구가 약한 사람은 유전자를 후손에 전달하는 데 실패하고 말았던 환경에서 우리 조상은 진화해왔던 것이다.

> **시도해보라 : 소속감과 생존**
>
> 우리 조상은 생존하기 위하여 다른 사람들이 필요하였겠지만, 지금도 크게 변한 것이 없다. 여러분이 오늘 달성하였거나 아직도 달성할 필요가 있는 모든 과제의 목록을 작성해보라. 이제 목록을 들여다보면서 얼마나 많은 과제가 다른 사람의 도움을 필요로 하는 것인지 생각해보라. 여러분은 수업에 들어갈 필요가 있을지도 모르겠지만, 수업은 교수가 나타나서 강의를 할 것도 요구한다. 점심을 먹을 필요가 있을지도 모르겠지만, 누군가 여러분을 위해서 음식을 만들 것을 요구한다. 집에서 식사한다면 어떻겠는가? 그 음식재료를 식료품 가게로 가져오는 데 얼마나 많은 사람이 관여하였을지를 생각해보라. 현대의 산업화 사회에서도 생존하는 데 여전히 다른 사람이 필요하다.

강력한 사회적 유대를 갖는 것이 진화 과정에서 건강과 생존을 촉진한 것은 틀림없지만, 오늘날에도 여전히 그렇겠는가? 사회적 유대가 여전히 사람들의 건강과 안녕감에 필요한 이득을 제공하는가? 그 답은 명백히 '그렇다'이다.

포이베 프린스 사례가 입증하는 바와 같이, 소속감은 정신건강과 안녕감에 필요한 것이다. 인구의 15~30%에 해당하는 사람들이 만성적으로 외로움을 느낀다고 보고하며, 이러한 외로움으로 인해서 우울증, 성격장애, 자살생각이나 자살행동의 비율이 증가해왔다(Cacioppo & Hawkley, 2009; Hawkley & Cacioppo, 2010; Stravynski & Boyer, 2001; Vander Weele, Hawkley, Thisted, & Cacioppo, 2011). 또한 많은 연구는 알츠하이머병을 포함한 치매 장애와 외로움 간에 강력한 상관이 있음을 보여준다(Cacioppo & Patrick, 2008; Wilson et al., 2007). 반면에 소속감을 느끼는 사람은 심리질환으로 고통받을 가능성이 낮으며, 높은 삶의 질과 활력, 높은 안녕감과 행복감을 보고할 가능성이 더 크다(Baard, Deci, & Ryan, 2004; Ng et al., 2012; Sheldon & Schüler, 2011; Sheldon et al., 2010).

소속감은 신체건강에도 필요한 것으로 밝혀져 왔다. 소속감 욕구를 충족하는 사람은 그렇지 못한 사람보다 운동을 더 많이 하고, 더 활동적이며, 건강식을 하고, 치아 건강상태도 더 좋다(Ng et al., 2012). 반대로 소속감 욕구가 결핍된 사람은 광범위한 영역의 건강문제로 어려움을 겪을 가능성이 더 높다. 예컨대, 고혈압(Hawkley & Cacioppo, 2010; Norman, Hawkley, Ball, Bertnson, & Cacioppo, 2013), 흡연(Lauder, Mummery, Jones, & Caperchione, 2006), 신체활동 저하(Hawkley, Thisted, & Cacioppo, 2009), 비만(Lauder et al., 2006) 등에서 그렇다. 한 종단연구에서는 아동의 사회적 고립감과 외로움을 측정한 다음에, 26세가 되었을 때 다시 확인해보았다(Caspi, Harrington, Moffitt, Milne, & Poulton, 2006). 그 결과를 보면, 외로운 아동이 비만, 높은 콜레스테롤, 고혈압 등을 포함하여 중차대한 건강문제를 가지고 있는 성인으로 성장하였음을 알 수 있다.

소속감과 신체건강 간의 이러한 관계를 놓고 볼 때, 외로움이 높은 사망률과 상관이 있다는 사실은 놀라울 것도 없다(Luo, Hawkley, Waite, & Cacioppo, 2012; Lynch, 1979; Penninx et al., 1997; Sugisawa, Liang, & Liu, 1994). 예컨대, 루오(Luo)와 동료들(2012)은 미국에서 50세가 넘은 성인의 대표표본을 대상으로 종단연구를 수행하였다. 연구자들은 연구를 시작할 때 참가자들의 외로움을 평가한 다음에, 국민사망지수를 사용하여 6년에 걸쳐 외로움 정도와 사망률의 관계를 살펴보았다. 그 결과를 보면, 연구를 진행한 6년 동안 외로움이 가장 높은 사람들이 사망한 경우가 외로움이 가장 낮은 사람들보다 거의 2배나 많았다. 배척과 사망의 이러한 관계는 고대로부터 시행한 처벌인 **추방**(exile)의 효과를 설명하는 데 도움이 된다. 고대 문화(예컨대, 고대 그리스)에서 범죄를 저지른 시민은 그 도시에서 쫓겨나 강제로 도시 성벽 바깥으로 이주할 수밖에 없었다. 그 당시에 모든 사회적 연계로부터 추방된다는 것은 죽음보다도 더 무서운 운명으로 간주되었다. 그리고 극단적인 사회적 배척에서 벗어나기 위하여 자살한 포이베 프린스와 같은 사람에게 있어서도 여전히 그렇다.

7.1.3 소속감은 보편적이다

학습목표 : 소속감의 보편성을 기술한다.

소속감 욕구에 관한 한, 인류학자들은 지구의 모든 사회에서 사람들이 개인적으로 면대면 상호작용을 수반하는 소집단에 소속되어 있다는 사실을 계속해서 찾아왔다(Mann, 1980). 그리고 사람들은 어떤 문화나 국가에 속해있든지 간에 소속감의 도움을 받

고 있다. 높은 소속감은 동서양문화 모두에서 사람들의 전반적인 안녕감을 증가시키는 것으로 나타났다(Deci et al., 2001; Ryan et al., 1999).

두뇌에서의 소속감 소속감 욕구가 보편적이라는 사실은 이 동기가 생물적 특성에 뿌리를 두고 있음을 시사한다. 따라서 연구자들은 소속감 욕구를 담당하고 있는 신경생리적 과정을 밝혀내고자 시도해왔다(Leary & Cox, 2008). 한 가지 생리적 요인이 바로 두뇌이다. 오늘날 많은 전문가는 동물이 인간으로 진화한 것과 마찬가지로, 사회적 정보를 모니터링하고 그 정보에 반응하는 새로운 두뇌체계가 만들어졌다고 믿고 있다(Baumeister, 2012; Leary, 2010; Panksepp, 2005). 그렇지만 진화는 효율적이어서, 몇몇 이론가는 진화가 완전히 새로운 두뇌영역을 만드는 대신에 고통과 쾌를 처리하는 기존 구조에 사회적 정보를 처리하는 구조를 덧붙였다고 생각하고 있다(Anderson, 2010; MacDonald & Jensen-Campbell, 2011; Panksepp, 1998, 2005).

얼핏 보기에, 신체의 즐거움과 고통을 모니터링하는 두뇌영역이 사회적 연계를 모니터링하는 역할도 담당한다는 것이 이상해 보일 수도 있지만, 일단 사회적 연계가 생래적으로 즐겁고 보상을 주는 것인 반면, 사회적 배척은 생래적으로 고통스러운 것이라는 사실을 생각해보면 충분히 이해할만한 것이다(Sears, 1983). 실제로 여러 두뇌영상 연구를 보면, 다른 사람에 대해 생각할 때 보상에 대해 생각할 때와 동일한 두뇌영역(전측대상피질)이 활성화된다는 사실을 알 수 있다(Harris, McClure, van den Bos, Cohen, & Fiske, 2007; van den Bos, McClure, Harris, Fiske, & Cohen, 2007). 동일한 두뇌영역이 사회적 연계와 신체감각 모두를 책임지고 있다는 사실은 사회적 배척이 신체 고통과 동일한 효과를 초래한다는 흥미진진한 가능성을 제기한다. 이 장 말미에서 이 아이디어를 다시 다루기로 한다.

소속감 욕구는 보편적이지만, 그렇다고 해서 이 동기를 표현하는 방식에 변산성이 없다는 말은 아니다. 첫째, 문화적 차이가 존재한다(Fiske & Yamamoto, 2005; Keller, 2012). 서양문화 구성원은 다양한 영역에서 느슨한 관계를 추구하는 경향이 있는 반면에, 동양문화 구성원은 안전하고 확고한 관계를 추구하며 사회적 조화에 대한 상당한 욕구를 갖는 경향이 있다(Fiske & Yamamoto, 2005). 둘째, 개인차도 존재한다. 대부분의 심리학자가 소속감 욕구의 보편성에 동의하고 있지만(예컨대, Baumeister & Leary,

1995, 2000), 몇몇 심리학자들은 소속감 욕구에는 개인차도 존재한다고 제안해왔다. 에이브러햄 매슬로우의 욕구 위계에 따르면, 생리적 욕구와 안전 욕구가 충족되지 못하면, 소속감 욕구를 추구할 수 없다. 따라서 두 가지 기본 욕구의 충족에서 차이가 존재하는 한 소속감 욕구에서도 개인차가 나타날 수밖에 없다. 그리고 소속감 욕구가 지나치게 강한 사람은 자신의 현재 사회관계에 만족하는 정도가 낮기 때문에 상대적으로 외로움을 더 많이 느끼는 경향이 있다. 상품을 구매하는 경우에도 제품과 서비스에 관한 다른 사람의 의견을 찾을 뿐만 아니라 다른 사람의 의견에 영향을 미치려는 경향도 나타낸다.

여러분 자신을 동기화시켜라

동반자를 대동하라!

운동할 때에는 동반자를 대동하라. 한 연구에서 344명의 남녀가 2년에 걸친 운동 프로그램에 참가하였다(Kumanyika et al., 2009). 절반의 참가자는 혼자 프로그램을 마쳤으며, 다른 절반은 한두 명의 가족이나 친구와 프로그램을 마쳤다. 친구나 가족과 운동한 사람들이 체중을 더 많이 줄였다. 혼자 운동한 사람보다 거의 2배나 감량하였던 것이다! 따라서 다음에 조깅을 하거나 체육관을 찾을 때에는 친구에게 전화하라. 함께 갈 친구가 없는가? 걱정하지 말라. 펠츠와 동료들(Feltz, Kerr, & Irwin, 2011)이 수행한 연구에서는 많은 운동 비디오게임에 공통적으로 출연하는 가상의 운동 동반자도 충분히 효과적이라는 사실을 밝혔다.

소속감과 옥시토신 옥시토신(oxytocin)은 동물과 인간 모두에게서 사회적 친애와 암수결합에 작동하는 신경화학물질이다. 예컨대, 산모가 유아에게 모유를 먹일 때, 두 사람 간의 유대를 촉진하는 옥시토신이 순환계에 분비된다(Carter, 1998). 남녀가 오르가슴에 도달할 때에도 성적 파트너 간의 유대를 촉진시키기 위하여 옥시토신이 분비된다(Riley, 1988). 그렇기 때문에 흔히 옥시토신은 '사랑 호르몬' 또는 '포옹 물질'이라고 알려져 있다.

그렇지만 옥시토신의 기능은 산모와 아이 간의 유대나 짝짓기하는 암수 간의 유대를 뛰어넘어 확장된다. 예컨대, 옥시토신은 자폐 스펙트럼 장애와 같은 사회적 장애를 치료하는 데 효과가 있는 것으로 알려져 왔다(Panksepp, 1993). 자폐 장애로 어려움을 겪는 사람은 사회성 결손을 보이며 다른 사람과 의미 있는 관계를 형성하기 어렵다. 자폐증 환자의 사회적 정보처리 결손은 옥시토신의 비효율적인 처리와 관련되어 왔다(Panksepp, 1993). 자폐증 환자의 코에 옥시토신을 뿌려주면, 사회적 정보와 얼굴 재인을 처리하는 두뇌영역의 활동이 증가한다(Domes et al., 2013). 조만간에 옥시토신은 자폐증을 비롯한 사회적 장애의 고정적인 치료제가 될지도 모른다.

옥시토신은 그러한 장애가 없는 사람도 더욱 사회적이게 만들어준다. 23개 연구에 대한 메타분석은 옥시토신이 얼굴을 회상하는 능력을 신뢰롭게 증가시키며 타인에 대한 신뢰감도 증가시킨다는 사실을 확인하였다(Van IJzendoorn & Bakermans-Kranenburg, 2012). 예컨대, 한 연구에서는 참가자들이 연구자로부터 이미 돈을 제공받은 파트너와 신뢰 게임 놀이를 하였다(Kosfeld, Heinrichs, Zak, Fischbacher, & Fehr, 2005). 만일 파트너가 신뢰로운 사람이고 돈을 참가자와 공유한다면, 참가자와 파트너 모두가 이득을 얻도록 게임을 설정하였다. 만일 파트너가 탐욕스럽고 돈을 공유하지 않는다면, 파트너는 돈을 획득하며 참가자는 돈을 얻을 수 없었다. 따라서 이 게임에서 참가자가 어떻게 반응할지는 대체로 상대방을 얼마나 신뢰하는지에 달려있었다. 참가자가 중립 조건에서 이 게임을 할 때에는 단지 21%만이 상대방에 대한 신뢰감을 나타냈다. 반면에 참가자의 코에 옥시토신을 뿌려주었을 때에는 45%가 신뢰감을 나타냈다. 이 연구를 비롯한 유사 연구들에 근거하여, 오늘날 제약회사들은 '리퀴드 트러스트(liquid trust)'라고 이름 붙인 옥시토신 스프레이를 판매하고 있는데, 냄새를 맡기만 하여도 여러분에 대한 타인의 신뢰를 증진시켜 준다고 선전하고 있다.

글쓰기 과제 7.1

소속감은 근본적으로 선천적인 것인가, 아니면 후천적인 것인가?

우선 소속감 욕구가 생물적 특성에 근거하며 선천성이 주도하는 정도를 생각해보라. 옥시토신 연구 이외에 여러분의 주장을 지지하는 사례를 제시할 수 있는가? 둘째, 소속감 욕구가 사회문화적 바탕을 가지고 있으며 후천성이 주도하는 정도를 생각해보라. 이 주장을 지지하는 사례를 제시할 수 있는가? 마지막으로 여러분은 소속감 욕구를 선천성이 주도한다고 생각하는가, 아니면 후천성이 주도한다고 생각하는가? 여러분의 주장을 지지하는 어떤 증거나 사례를 제시할 수 있는가?

7.2 사회관계 측정이론

학습목표 : 사회관계 측정이론이 어떻게 동기와 관련되는지를 기술한다.

방금 살펴본 것처럼, 소속감 욕구는 사람들로 하여금 타인의 수용을 촉진하고 배척 가능성을 차단하는 다양한 행동을 나타내도록 밀어붙인다. 수용을 극대화하고 배척을 극소화하려는 이러한 시도는 **관계 가치**(relational value)를 유지하고 높이려는 노력으로 개념화할 수 있다. 관계 가치란 다른 사람이 자신과 상호작용하고 관계를 맺는 것에 가치를 부여하는 정도를 반영한다(Baumeister & Leary, 1995; Leary, 2001). 관계 가치가 높다고 느낄 때에는 수용되고 있다고 느낀다. 그렇지만 관계 가치가 낮다고 느낄 때에는 배척되고 있을지도 모른다는 걱정을 하게 됨으로써 관계 가치를 높이려는 행동을 나타내게 된다.

과제에 열심히 매달리는 것, 성관계를 가질 때 콘돔을 사용하는 것, 도움이 필요한 사람을 도와주는 것, 공격적으로 행동하는 것, 성형수술을 받는 것, 섭식장애로 고통받는 것 등은 모두 타인 눈에 비친 자신의 관계 가치를 증대시키려는 노력과 관련이 있다(Baumeister, 1982; Culos-Reed, Brawley, Martin, & Leary, 2002; Moulton, Moulton, & Roach, 1998; St. Lawrence et al., 1998; Stein, Newcomb, & Bentler, 1987). 이 목록이 긍정적 행동(예컨대, 열심히 일하는 것)과 부정적 행동(예컨대, 공격성)을 모두 포함하고 있다는 사실에 주목하라. 이 사실은 사람들이 단지 타인을 감동시키고 자신의 관계 가치를 증대시키기 위하여 해롭거나 위험한 행위를 나타내기 십상임을 알려준다. 예컨대, 10대와 대학생은 폭음을 하고, 마약을 사용하며, 위험하게 운전하고, 지나친 선탠이나 다이어트를 실시하며, 과시하기 위하여 위험한 곡예행동을 하고, 운동하다가 부상을 당한 후에도 의사를

찾지 않는 등 무모한 행동을 함으로써 타인의 인정을 받고자 시도한다(Ginis & Leary, 2004; Hingson & Howland, 1993; Leary, Tchividjian, & Kraxberger, 1994; Martin & Leary, 1999, 2001). 타인의 인정을 받기 위하여 기꺼이 자신에게 해를 가한다는 사실은 소속의 유혹이 얼마나 강력한 것일 수 있는지를 알려준다.

그렇다면 관계 가치가 높거나 낮다는 것을 어떻게 알 수 있는가?

사회관계 측정이론(sociometer theory)(Leary & Baumeister, 2000; Leary, Tambor, Terdal, & Downs, 1995; Leary, 2010)에 따르면, 이 물음의 답은 자존감이다. 대체로 유능감이 자존감을 주도한다. 그렇지만 사회관계 측정이론은 자존감이 소속감의 영향을 더 많이 받는다고 주장한다.

이 이론에 따르면, 자존감은 관계의 질을 모니터링하는 심리적 계측기로 작동한다. 관계 가치가 높고 타인으로부터 용인받고 있다고 느낄 때에는 자존감도 높다. 관계 가치가 낮고 타인으로부터 배척받고 있다고 느낄 때에는 자존감도 낮다. 자동차의 연료 측정기가 남아있는 연료의 양을 모니터링한 뒤 연료통이 바닥날 위험성이 있을 때 경고신호를 주는 것과 동일한 방식으로, 사회관계 계측기는 사회적 관계를 모니터링하면서 여러분이 배척될 위험에 처했을 때 (낮은 자존감을 통하여) 경고신호를 준다.

사회관계 측정이론에 따르면, 자존감은 계측기처럼 작동한다. 관계 가치가 높고 타인으로부터 용인받고 있다고 느낄 때에는 자존감도 높다. 관계 가치가 낮고 타인으로부터 배척되고 있다고 느낄 때에는 자존감도 낮다.

따라서 이 이론에 따르면, 자존감은 그 자체가 목적이 아니라 목적을 위한 수단이다. 연료 유추를 다시 한 번 사용한다면, 사람들이 연료 계측기의 바늘을 위로 올려놓고자 원하기 때문에 연료통을 채우는 것은 아니다. 정말로 원하는 것은 연료통을 가득 채우는 것이며, 연료통이 가득 찼다는 사실을 아는 유일한 방법은 연료 계측기 바늘이 올라가는 것을 보는 것이다. 동일한 이론을 자존감에 적용할 수 있다. 자신에 대해서 기분 좋게 느끼고자 원하기 때문에 사람들이 높은 자존감을 추구하는 것이 아니다. 높은 자존감은 다른 사람의 용인을 성취하였다는 사실을 알려주기 때문에 추구하는 것이다.

▽ **이 절이 끝날 무렵에 여러분은 다음에 답할 수 있을 것이다.**

7.2.1 자존감에 영향을 미치는 개념들을 설명한다.

7.2.1 수용은 자존감을 고양하고 배척은 자존감을 떨어뜨리는가

학습목표 : 자존감에 영향을 미치는 개념들을 설명한다.

수많은 연구는 수용이 자존감을 고양하고 배척이 자존감을 떨어뜨린다는 사실을 입증해왔으며, 이 결과는 사회관계 측정이론을 지지한다(Leary, Cottrell, & Phillips, 2001; Williams et al., 2002; Zadro, Williams, & Richardson, 2005). 예컨대, 한 연구에서는 참가자들을 5명으로 구성된 집단에 배치시키고 자신에 관한 상세한 내용을 집단과 공유하도록 부추겼다(Leary et al., 1995). 그런 다음에 참가자에게 어떤 사람은 집단으로 과제를 수행할 것이며, 다른 사람은 개별적으로 과제를 수행하게 될 것이라고 알려주었다. 절반의 참가자에게는 집단에 포함되었다고 알려준 반면, 다른 절반에게는 집단에서 배제되어 혼자 작업할 수밖에 없다고 알려주었다. 그렇지만 이러한 결정이 이루어진 방법에 관해서 상이한 이야기를 들려주었다. 어떤 참가자에게는 집단에 포함되거나 포함되지 못하는 결정이 무작위로 이루어진 것이라고 알려준 반면, 다른 참가자에게는 다른 집단 구성원들이 그러한 결정을 내린 것이라고 알려주었다. 다시 말해서, 어떤 참가자는 다른 집단 구성원들이 자신을 원하지 않았다고 믿도록 만들었다. 마지막으로 모든 참가자가 자존감 척도에 응답하였다.

여러분은 실험이 끝났을 때 누구의 자존감이 가장 낮았을 것이라고 생각하는가? 결과는 사회관계 측정이론의 주장과 일치하

그림 7.1 집단에서의 배제가 자존감에 미치는 영향

사람들을 집단에 포함시키거나 배제시켰는데, 그 결정은 무작위로 이루어졌거나 다른 집단 구성원들에 의해서 이루어졌다(Leary et al., 1995). 집단에서 배제되고 그 결정이 다른 집단 구성원들에 의해서 이루어졌을 때 자존감이 가장 낮았다.

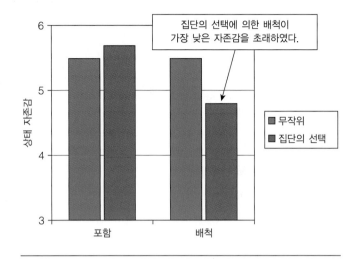

였다(그림 7.1).

집단에서의 배제가 자존감을 낮추었지만, 그것이 다른 집단 구성원들의 반대를 반영할 때에만 그러하였다. 집단에서의 배제가 무작위로 결정되었기 때문에 집단의 거부를 반영하지 않을 때에는 참가자의 자존감이 온전하게 유지되었다. 이 사실은 배제가 자존감을 낮추는 데 충분하지 않음을 나타낸다. 오직 그 배제가 타인의 반대와 배척 때문이라고 지각할 때에만 자존감이 감소한다.

후속 연구를 보면, 낯선 사람, 자신이 경멸하는 사람, 아니면 분별력이 없는 사람에 의해서 배척될 때조차도 사람들의 자존감이 낮아진다. 자신이 속한 정당의 구성원, 경쟁 정당의 구성원, 아니면 경멸하는 집단이 배척할 때에도 사람들은 그 배척으로 인해 상당한 괴로움을 겪는다(Gonsalkorale & Williams, 2007). 마찬가지로 배척이 실제 사람이 아니라 컴퓨터에서 나온 것이 명백할 때조차도 자존감은 감소한다(Zadro et al., 2005). 따라서 소속감 욕구는 너무나도 근원적인 것이어서, 누가(또는 무엇이) 배척을 하는지에 관계없이 그 배척은 자존감을 떨어뜨린다.

나만의 프로젝트 7.1

관계 가치

나만의 프로젝트 목표를 달성하는 것이 여러분의 관계 가치를 증대시키는 (즉, 다른 사람의 눈에 여러분을 더 바람직한 사람으로 보이게 만드는) 세 가지 방법을 기술해보라. 여러분의 목표가 여러분을 전반적으로 바람직하게 만드는 방법을 논의하거나, 아니면 여러분 삶에서 특정인의 눈에 더 바람직하게 보이도록 만드는 방법을 논의해도 된다. 여러분이 목표에서 벗어났다고 느낄 때에는 목록으로 되돌아가서 다른 사람의 용인이나 인정을 경험하는 것이 어떤 느낌일지를 되새겨보라.

글쓰기 과제 7.2

사회관계 측정이론 평가하기

사회관계 측정이론에 따르면, 사람들이 높은 자존감을 추구하는 까닭은 자신에 대해서 기분 좋게 느끼고자 원하기 때문이 아니라 타인의 용인을 달성하였다는 사실을 알려주기 때문이다. 따라서 이 이론은 자존감이 자신에 대한 본인의 생각보다는 다른 사람들의 생각에 관한 것이라고 제안한다. 여러분은 자존감의 본질에 관한 이러한 진술에 동의하는가, 아니면 동의하지 않는가? 여러분의 주장을 지지하는 증거나 사례를 제시해보라.

7.3 소속감을 획득하고 유지하는 방법

학습목표 : 사람들이 소속감을 획득하고 유지하는 방법을 분석한다.

소속감은 양방통행로와 같다. 이 욕구를 충족시키려면, 다른 사람들과의 관계를 시도해야 할 뿐만 아니라 그 사람들이 자신과 관계 맺기를 원하도록 만들 필요가 있다(Baumeister & Leary, 1995).

> 그렇다면 사람들은 어떻게 용인을 획득하는 것인가? 그리고 일단 획득한 후에는 어떻게 유지하는 것인가? 간단하게 말해서, 자신이 좋은 친구, 좋은 연인, 좋은 집단 구성원이 될 수 있는 (즉, 관계 가치를 증가시키는) 자질을 가지고 있다고 다른 사람들을 설득시켜야만 한다.

심리학자들은 다른 사람에게 긍정적이고 바람직한 사회적 인상을 남기려는 이러한 시도를 **자기제시**(self-presentation, 인상관리

라고도 부른다)라고 부른다(Baumeister, 1982; Schlenker, 2012). 성공적인 자기제시가 중요한 까닭은 좋은 인상을 만드는 것이 사회관계를 시작하는 데 수반되는 가장 중요한 과제 중 하나이기 때문이다. 예컨대, 만일 여러분이 구직 면접을 받으면서 좋은 인상을 남기고자 원한다면, 가장 바람직한 이미지를 전달하기 위하여 복장, 말투, 심지어는 성격까지도 바꾸려고 할 수 있다.

따라서 자기제시는 사람들이 어떻게 특정한 인상을 만들어내는지를 설명해준다. 그렇다면 다음 물음은 사람들이 어떤 유형의 인상을 만들어내고자 시도하느냐는 것이 될 것이다. 사람들이 관계 가치를 증대시키기 위해서 나타내는 행동에 대해 장문의 목록을 만들 수도 있겠지만, 일반적으로 관계를 획득하고 유지하기 위하여 보여주고자 시도하는 몇 가지 구체적인 유형의 특질들이 있다. 다음 절에서는 그중에서 호감도와 유능성이라는 두 가지 특질을 다룬다.

▽ 이 절이 끝날 무렵에 여러분은 다음에 답할 수 있을 것이다.

7.3.1 호감도와 소속감의 관계를 설명한다.
7.3.2 유능성과 소속감의 관계를 설명한다.

7.3.1 호감도

학습목표 : 호감도와 소속감의 관계를 설명한다.

다른 모든 것이 동일하다면, 사람들은 호감이 가지 않는 사람보다 호감이 가는 사람에게 더 높은 가치를 부여하고 더 잘 받아들인다. 그렇기 때문에, 사람들은 자신이 쾌활하고 다정하며 호의적임을 나타내는 방식으로 자신을 보여주고자 시도하기 십상이다. 실제로 대학생들에게 어떤 유형의 인상을 다른 사람들에게 남기기를 원하는지 물었을 때, 호감도의 지표가 되는 특질들을 일관성 있게 제시하였다(Leary et al., 1995).

그렇다면 다른 사람의 눈에 여러분에 대한 호감도를 증대시키기 위해서 무엇을 할 수 있는가? 연구결과를 보면, 호감을 사는 1차 요인은 여러분과 상대방 간에 존재한다고 지각하는 유사성의 정도이다(AhYun, 2002; Montoya, Horton, & Kirchner, 2008). 여러분과 유사할수록, 상대방을 더 좋아하게 된다(AhYun, 2002; Byrne, London, & Reeves, 1968; Lutz-Zois, Bradley, Mihalik, & Moorman-Eavers, 2006; Montoya et al., 2008). 이 사실은 많은 온라인 중매 서비스기관이 관심사와 성격의 유사성에 근거하

여 짝을 지어주는 이유를 설명해준다. 사람들은 신체 매력에서 조차도 유사성을 찾는다. 연구문헌에서는 이 효과를 **대응가설**(matching hypothesis)이라고 부른다(Berscheid, Dion, Walster, & Walster, 1971; Kalick & Hamilton, 1986). 매우 매력적인 사람은 또 다른 매우 매력적인 사람과 결혼하는 경향이 있으며, 마찬가지로 적당히 매력적인 사람은 적당히 매력적인 어떤 사람과 결혼하는 경향이 있다.

유사성과 호감도 간의 관계를 전제할 때, 여러분의 관계 가치를 증대시키는 한 가지 손쉬운 방법은 유사성을 강조하는 것이다. 다시 말해서 여러분이 상대방과 공유하는 유사성을 강조하거나 상대방이 좋아하고 싫어하는 것에 동조하는 것이다(Kacmar, Carlson, & Bratton, 2004). 어떤 사람을 처음 만났을 때, 사람들은 공통점을 보여주는 대화 주제(예 : 날씨, 최신 영화 등)를 찾으려고 애쓰기 십상이다. 그렇게 할 때, 사람들은 단지 그 사람에 대해서 더 많은 것을 알게 되는 것에만 관심이 있는 것이 아니라 잠재적 관계의 토대를 형성할 어떤 유사성을 찾고 있는 것이다.

호감도를 증진시키는 또 다른 방법은 **아부**(ingratiation)를 활용하는 것이다. 여기서 아부란 일상 표현에서 함축하고 있는 부정적 의미와는 달리, 상대방에게 더 매력적이거나 호의적으로 보임으로써 상대방에게 더 큰 영향을 미치려는 심리적 기법으로, 사회심리학자 에드워드 존스(E. E. Jones, 1964)가 처음으로 사용한 개념이다. 구체적인 아부 방법으로는 상대방을 칭찬하는 것, 상대방 의견에 동조하는 것, 상대방의 눈에 긍정적으로 보일 수 있는 자신의 태도를 표명하는 것, 상대방의 개인 정보를 찾아 인정받는 데 그 정보를 사용하는 것, 상대방에게 도움이 되는 부탁을 들어주는 것, 상대방이 즐길만한 유머를 활용하는 것 등이 있다.

여러분 자신을 동기화시켜라

도움의 손길을 내밀어라

호감도를 증진시키는 것으로 알려진 한 가지 아부 기법이 너그러움이다. 사람들은 도움을 주는 사람을 좋아한다. 한 연구에서 보면, 동료의 부탁을 자주 들어주는 사람이 그렇지 않은 사람보다 사회적 지위와 작업 생산성이 더 높았다(Flynn & Brockner, 2003). 따라서 만일 여러분이 동료나 교수 또는 급우의 호감을 받고자 원한다면, 도움의 손길을 내밀 것을 고려하라. 여러분이 제공한 것을 얻게 될 가능성이 높다.

7.3.2 유능성

학습목표 : 유능성과 소속감의 관계를 설명한다.

지금까지 인간은 유능하고 성공적이라고 느끼려는 기본 욕구를 가지고 있다고 제안해왔다. 이것은 명백한 사실이지만, 사람들은 성공 자체를 위해서라기보다는 다른 사람의 인정을 초래하기 때문에 성공을 추구하는 경우가 많다(Baumeister, 1982; Miller, Greene, Montalvo, Ravindran, & Nichols, 1996; Urdan & Mestas, 2006). 유능한 사람이 높은 관계 가치를 갖는다. 어떤 모임에 가입할 것을 요청받을 가능성이 더 높고, 친구를 끌어들일 가능성이나 애인이 되어주기를 원할 가능성도 더 높다. 이러한 생각의 증거가 될 수 있는 한 연구를 보자. 고등학교 3학년생 집단에 학교에서 뛰어나기 위하여 열심히 노력하는 이유를 대보라고 요구하였다(Urdan & Mestas, 2006). 학생들이 내놓은 297개 진술 중에서, 51%가 수용 욕구를 1차적 이유로 내세웠다. 몇 가지 사례를 보자. "나는 사람들이 내가 어리석다고 생각하기를 원치 않는다.", "나는 사람들이 '우와! 네가 그렇게 좋은 성적을 받을지 정말 몰랐다.'와 같이 충격받기를 원한다.", "나는 내가 할 수 있다는 사실을 엄마에게 증명하여 입을 다물게 하고 싶다." 등이다.

글쓰기 과제 7.3

유능성 욕구가 실제로는 소속감 욕구인 것인가?

지금까지는 사람들이 유능감을 느끼려는 기본 욕구를 가지고 있다고 제안해왔다. 그렇지만 몇몇 연구자는 단지 다른 사람들이 자신을 유능하다고 지각할 때 자신을 받아들일 가능성이 높기 때문에 유능해지려고 하는 것이라고 주장한다. 이 연구자들은 유능성 욕구가 실제로는 소속감 욕구에 뿌리를 두고 있다고 믿는다. 즉, 유능성 욕구는 스스로를 유능하다고 생각하기 위한 것이 아니라 다른 사람이 자신을 유능하다고 생각하기를 원하는 것이라고 생각한다. 여러분은 이러한 조망에 동의하는가, 아니면 동의하지 않는가? 여러분의 주장을 지지할 증거나 사례를 제시해보라.

나만의 프로젝트 7.2

여러분의 성취를 공유하라

어떤 성취를 달성할 때마다, 사람들이 원하기 십상인 첫 번째 일은 그 소식을 다른 사람들과 공유하는 것이다. 이러한 유형의 공유는 두 가지 이점을 가지고 있다(Reis et al., 2010). 첫째, 좋은 소식을 공유하는 것은 사건의 지각된 가치를 증대시키는데, 특히 다른 사람이 열광적인 반응을 보일 때 그렇다. 목표 달성은 여러분이 다른 사람과 그 사실을 공유할 때

> 훨씬 더 중요하게 느껴진다. 둘째, 좋은 소식을 다른 사람과 공유하는 것은 신뢰감을 증진시키고 관계를 강화시켜 준다. 따라서 여러분의 삶에서 누군가와 친밀해지기를 원한다면, 여러분의 성취를 알리고, 상대방도 그렇게 하도록 부추겨라.

7.4 집단에서 소속감 욕구를 충족하기

학습목표 : 집단이 소속감 욕구를 충족하는 데 도움을 주는 방식을 다룬 이론들을 분석한다.

지금까지의 논의는 대부분 친밀한 우정이나 낭만적 관계를 형성함으로써 소속감 욕구를 충족시키는 데 초점을 맞추었으나, 두 사람이 짝을 이루는 것만이 이 욕구를 충족시키는 유일한 방법은 아니다. 큰 집단에 소속함으로써 용인을 획득하기도 한다. 낯선 사람이나 지인과 신속하고도 용이하게 관계를 형성하는 것과 마찬가지로, 사람들은 집단과도 꽤나 용이하게 관계를 형성한다.

일반적으로는 사람들이 인종, 성별, 종교, 좋아하는 스포츠 팀, 동창 등과 같이 중요한 유사성에 근거하여 집단을 형성한다고 생각한다. 그렇지만 실험실 연구를 보면, 집단은 용이하게 형성되며, 지극히 임의적이고 무의미한 연결을 통해서도 만들어질 수 있다. 이러한 연구에서 사용하는 절차를 **최소 집단 패러다임**(minimal group paradigm)이라고 부르는데, 그 까닭은 집단이 최소한의 조건에서도 만들어진다는 사실을 입증하기 때문이다(Pinter & Greenwald, 2011; Tajfel, 2010; Van Bavel, Packer, & Cunningham, 2008). 이러한 실험에서는 동전 던지기나 집단 색깔(즉, 백팀 대 청팀)과 같은 임의적인 정의를 사용하여 집단을 만든다. 일단 이러한 최소 집단이 만들어지면, 사람들은 내집단을 향한 선호와 외집단을 향한 적대적이거나 편견적인 태도를 보이기 시작하는데, 이 패턴을 **내집단 편애**(in-group favoritism)라고 부른다(DeSteno, Dasgupta, Barlett, & Cajdric, 2004; Locksley, Ortiz, & Hepburn, 1980; Navarrete et al., 2012).

사람들이 그토록 기꺼이 집단을 형성하는 까닭은 무엇인가? 다음 절에서는 이 물음에 대한 세 가지 가능한 답을 논의한다.

▽ 이 절이 끝날 무렵에 여러분은 다음에 답할 수 있을 것이다.

7.4.1 사회정체성 이론을 기술한다.
7.4.2 공포관리 이론을 기술한다.
7.4.3 적정 독특성 이론을 기술한다.

7.4.1 사회정체성 이론

학습목표 : 사회정체성 이론을 기술한다.

사회정체성 이론(social identity theory, SIT)은 집단이 자존감의 주요 원천을 대표하기 때문에 사람들이 집단을 신속하게 형성하고 내집단 편애를 나타낸다고 제안한다(Ellemers & Haslam, 2012; Tajfel & Tuner, 1979, 1986). SIT는 사람들이 자동적으로 다른 사람들을 내집단(우리)과 외집단(그들)으로 범주화하며, 일단 그렇게 범주화하면 경쟁심과 이기려는 욕망을 야기하게 된다고 주장한다. 사람들은 어떤 집단에 소속하기를 원할 뿐만 아니라, 더 **좋은** 집단에 소속하기를 원한다. 이러한 소망이 (앞에서 기술한 최소 집단 패러다임 연구에서 보았던 것처럼) 신속하게 내집단을 형성하도록 만들며, 즉각적으로 내집단 구성원에 대한 선호를 나타낸다(즉, 내집단 편애).

SIT는 사람들이 집단 구성원 자격에서 자존감도 얻는다고 주장한다(Abrams & Hogg, 1988; Rubin & Hewstone, 1998). 자신의 집단이 잘 해내면, 자존감이 배가된다. 자신의 집단이 제대로 해내지 못하면, 자존감 하락을 경험하게 된다.

SIT의 한 가지 함의는 내집단 구성원들과 연대감을 더 많이 느끼고, 이들로부터 인정받고 있다고 느낄수록 외집단 구성원보다 이들에게 더 호의적이게 된다는 것이다(Hinkle & Brown, 1990). 집단 정체성을 배가시키는 다양한 방법들이 존재하지만, 한 가지 흥미로운 방법은 옥시토신을 사용하는 것이라고 생각할 수 있다. 옥시토신이 유대감과 신뢰감을 증가시킨다고 하더라도, 아무하고나 유대감을 초래하겠는가? 아니면 단지 내집단 구성원들과의 유대만을 초래하겠는가?

이 물음에 답하기 위하여 한 연구에서는 네덜란드 참가자들에게 도덕 딜레마를 제시하였다(De Dreu et al., 2011). 참가자들에게 제동장치가 풀린 전차 한 대가 5명을 향해 질주하고 있는데, 단 한 사람만이 서있는 선로로 전차를 유도하는 스위치를 누르지 않으면 5명이 모두 사망하게 된다고 알려주었다. 참가자에게 5명의 목숨을 구하기 위해 한 사람을 희생시키겠는지 물었다. 그런데 여기에 예상 밖의 상황이 추가되었다. 어떤 참가자에게는 혼자 있는 사람이 내집단 구성원(네덜란드인)이라고, 그리고 다른 참가자에게는 외집단 구성원(아랍인)이라고 알려주었다. 중립 조건에서는 참가자들이 희생자의 국적에 관계없이, 한 사람을 희생시켜 다섯 사람을 구하는 논리적 선택을 하였다. 그러나 참가자

코에 옥시토신을 뿌렸을 때에는 선호도가 역전되었다. 네덜란드인 1명을 구하기 위하여 아랍인 5명을 희생시키는 데 아무런 문제가 없었다. 옥시토신이 참가자의 내집단 편애를 신장시켰던 것이다.

후속 연구를 보면, 옥시토신은 사람들로 하여금 내집단에 동조하고, 내집단 구성원과 협력하며, 위협적인 외집단 구성원과 협력하지 않을 가능성도 높았다(De Dreu, 2012). 옥시토신을 '사랑 호르몬'이라고 부르기보다는 '내집단 사랑 호르몬'이라고 불러야 마땅하겠다.

7.4.2 공포관리 이론

학습목표 : 공포관리 이론을 설명한다.

인간은 미래를 상상할 수 있는 독특한 능력을 보유하고 있지만(Becker, 1971; Deacon, 1997; Donald, 1991; Langer, 1975), 그 능력은 사람들이 미래에 있을 위협(예컨대, 질병, 지구온난화, 테러 등)을 상상할 수 있다는 사실도 의미한다. 그리고 그러한 위협을 피하기 위하여 아무리 노력한다 하더라도, 머지않은 미래에 사람들은 모두 삶을 마감한다는 사실도 인식해야만 한다. 많은 연구자들은 자신의 죽음을 인식하는 능력이 인간의 진화에서 엄청난 변화로 작용하였음에 틀림없다고 주장한다(Greenberg, Solomon, & Arndt, 2008; Langer, 1975).

인간은 자신의 죽음을 자각하고 있기 때문에, 이러한 자각이 초래하는 강력한 불안에 대처하는 방법을 발전시켜 왔다. 제안된 한 가지 대처 기제는 공유하는 집단 세계관을 발전시키는 것이다(Becker, 1971; Greenberg et al., 2008; Shaver & Mikulincer, 2012). 집단(즉, 문화)은 공유하는 현실, 의미, 궁극적으로는 불멸감을 제공해준다(Greenberg, Solomon, & Pyszczynski, 1997). 특정 종교집단에 속하는 것이 내세를 약속하는 것과 마찬가지로, 때때로 사람들이 속한 집단은 문자 그대로 불멸을 약속해준다(Kelley, 2010; Soenke, Landau, & Greenberg, 2013). 그리고 또 다른 경우에는 사람들이 죽은 후에도 그 집단이 자신의 공적을 기리고 기억해준다는 의미에서 상징적 불멸성을 약속해준다(Greenberg, Kosloff, Solomon, Cohen, & Landau, 2010; Martin, 1999). 오래전에 사망한 음악가, 작가, 배우, 과학자 등의 업적은 신체가 소멸된 후에도 오랫동안 그 유산이 계속될 수 있다는 사실을 보여준다. 따라서 집단에 속하려는 욕구를 가지고 있는 핵심 이유는 죽은 후에도 그 집단이 자신의 유산을 계속해서 이어주기 때문이다.

집단이 죽음의 공포로부터 사람들을 보호해준다는 통찰이 **공포관리 이론**(terror management theory)의 초석으로 작용한다. 이 이론에 따르면, 사람들은 자신이 속한 집단과 조직을 고취하고 방어함으로써 자신의 죽음이라는 생래적 공포(또는 '테러')에 대처한다(Greenberg & Arndt, 2012; Greenberg et al., 1997). 만일 집단과 문화가 불멸과 삶의 목적을 제공해준다면, 사람들에게 필연적인 죽음을 생각나게 하는 것은 자신의 내집단에 '매달리고' 외집단으로부터 내집단을 보호하려는 동기를 유발할 수밖에 없다.

공포관리 이론의 증거 이러한 주장을 검증하기 위하여 연구자들은 사람들에게 필연적인 죽음을 생각나게 하는 다양한 **죽음 현저성**(mortality salience) 기법을 사용한다. 예컨대, 홀로코스트 다큐멘터리를 시청하거나(Tomohiro & Ken-Ichi, 2003), 장례식장이나 묘소 앞에서 질문에 답하는 것(Gailliot, Stillman, Schmeichel, Maner, & Plant, 2008; Jonas, Fritsche, & Greenberg, 2005; Jonas, Schimel, Greenberg, & Pyszczynski, 2002; Pyszczynski et al., 1996) 등이다. 그렇지만 가장 보편적인 기법은 학생들에게 자신이 죽었을 때 신체에 어떤 일이 일어날 것인지를 상세하게 기술하는 글을 쓰게 하는 것이다(Rosenblatt, Greenberg, Solomon, Pyszczynski, & Lyon, 1989; Wiseman & Koole, 2003; Vess & Arndt, 2008).

잠시 다음을 생각해보자. 여러분이 필연적으로 죽었을 때 신체에 어떤 일이 일어날 것인지를 상상해볼 수 있는가? 손가락 피부가 손톱에서부터 오그라들고, 안구가 쪼글쪼글해지며, 몸에서 흘러나오는 체액이 관 바닥을 적시는 장면이 보이는가? 지극히 불편한 모습이지 않은가? 불편한 까닭은 자신의 죽음에 대해서 생각하는 것을 좋아하지 않기 때문이다. 공포관리 이론이라는 제목이 시사하는 바와 같이, 자신의 죽음에 대해서 생각하는 것은 공포를 유발하게 된다.

일반적으로 참가자들은 이렇게 섬뜩한 생각을 떠올린 후에 내집단 편애를 평가하는 과제를 수행한다. 예컨대, 미국 대학생을 대상으로 한 연구에서 한 집단은 위에서 기술한 것과 같은 죽음에 관한 글을 쓴 반면, 다른 집단은 중립적 경험(예컨대, 음식 먹기)에 관한 글을 썼다(Greenberg et al., 1990). 그런 다음에 모든 참가자는 조국에 호의적이거나 호의적이지 않은 작가의 글을 읽

그림 7.2 공포관리 이론
자신의 죽음에 대한 글을 쓴 미국 대학생(죽음 현저성 집단)이 미국을 지지하는 작가를 좋아하고 미국을 비판하는 작가를 싫어하였다(Greenberg et al., 1990). 음식에 대한 글을 쓴 학생(통제집단)은 이러한 선호를 나타내지 않았다.

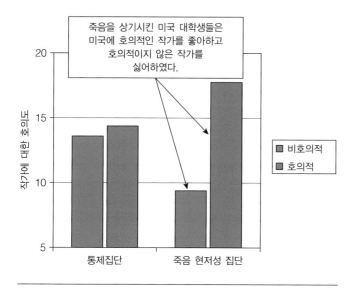

이 연구는 자신의 죽음을 생각하는 것이 자신의 집단을 방어하게 만들 가능성을 증가시킨다는 사실을 보여준다. 실제로 죽음 현저성을 사용한 277개 연구에 대한 메타분석은 죽음을 생각나게 하는 것이 이러한 방식으로 내집단 방어와 편애를 증가시킨다는 일관성 있는 증거를 찾아냈다(Burke, Martens, & Faucher, 2010).

죽음 현저성은 다양한 방식으로 사회적 연결을 증대시키도록 사람들을 동기화시키는 것으로 나타났다. 예컨대, 집단 규범에 동조하는 것(Jonas, Martens, Johns, Greenberg, & Reiss, 2007), 자신의 성별이나 인종과 동일시하는 것(Arndt, Greenberg, Schimel, Pyszczynski, & Solomon, 2002), 외집단 구성원에 대한 부정적 고정관념을 형성하는 것(Schimel et al., 1999) 등이다. 이에 덧붙여서, 죽음을 생각하는 것은 배우자를 향한 헌신, 친밀감, 애정 등을 증가시키는 경향이 있다(Florian, Mikulincer, & Hirschberger, 2002; Mikulincer, Florian, & Hirschberger, 2003). 이 모든 반응은 집단 내에서든 두 사람 간에서든 용인과 소속감을 증가시키는 데 초점을 맞추고 있다는 사실에 주목하기 바란다.

이러한 연구가 공포관리 이론을 지지하고 있기는 하지만, 이 이론은 상당한 비판을 받아왔다(Buss, 1997; Heine, Proulx, &

Vohs, 2006; Leary, Schreindorfer, 1997; McGregor, Zanna, & Holmes, 2001; Muraven & Baumeister, 1997; Navarrete & Fessler, 2005; Pelham, 1997; Vallacher, 1997). 그 비판은 다음과 같은 것들이다.

- 이 이론은 진화론과 일치하지 않는다.
- 자살과 같은 특정 행동을 설명할 수 없다.
- 동일한 반응을 불확실성이나 의미와 같이 죽음과는 무관한 염려가 주도할 수 있다.
- 사람들이 자신의 죽음에 관해 생각할 때 실제로 '공포'를 경험한다는 증거가 없다.

그렇지만 다른 연구자들은 이 이론이 사회적 연계에 대한 소망, 편견을 감소시키려는 소망, 세계 평화를 증진시키려는 소망 등을 이해하는 데 있어서 중요한 함의를 제공하고 있다고 주장한다(Cox et al., 2008; Greenberg & Kosloff, 2008; Niesta, Fritsche, & Jonas, 2008).

7.4.3 적정 독특성 이론

학습목표 : 적정 독특성 이론을 기술한다.

집단 구성원 자격이 양날의 검인 까닭은 이것이 여러 측면에서 소속감 욕구를 **자율성**(autonomy)과 **유능성**(competence) 욕구와 대치되도록 만들기 때문이다. 한편으로 사람들은 주변 사람들과 유사하게 느끼고 집단의 인정을 받고자 한다. 그러나 다른 한편으로는 자신이 독특하고, 스스로의 운명을 제어하며, 집단에 차별적 공헌을 하는 것처럼 느끼기를 원한다. 그렇다면 사람들은 집단과 일체가 되기를 원하는가, 아니면 집단에서 돋보이기를 원하는가?

이 물음에 대한 답은 '두 가지 모두' 옳다는 것이다. **적정 독특성 이론**(optimal distinctiveness theory, ODT)에 따르면, 사람들은 두 가지 대립적인 소망의 갈등을 경험한다(Brewer, 1991, 2012). **동화**(assimilation) 소망은 사람들이 다른 사람과 유사하다고 느끼기를 원한다는 것을 의미하며, 소속감 욕구가 주도한다. 반대로 **분화**(differentiation) 소망은 사람들이 특별하다고 느끼기를 원한다는 것을 의미하며, 자율성과 유능성 욕구가 주도한다(Becker et al., 2012). 문제는 집단 상황에서 이러한 두 가지 소망이 대치하고 있는 것이다. 하나를 만족하면, 다른 것의 결손을 느낀다

그림 7.3 사람은 끊임없이 동화와 분화 욕구 간의 긴장을 경험한다.

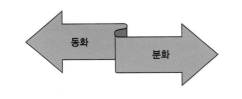

(Dimmock, 2009; Hornsey & Jetten, 2004). 유사하다고 느끼기 시작하면, 돋보이고 독특하기를 더 많이 원하게 된다. 독특하다고 느낄수록, 집단과 유사하고 동화되기를 더 많이 원하게 된다.

만일 사람들이 끊임없이 집단에 맞추려는 소망과 돋보이려는 소망 간의 줄다리기 게임에 매달려있다면(그림 7.3), 어떻게 이 긴장을 해소하는 것인가?

ODT에 따르면, 사람들이 동화와 분화 간의 적정한 균형을 유지하도록 도와주는 집단을 추구함으로써 이 딜레마를 해소한다(Brewer, 1991, 2012; Hornsey & Jetten, 2004; Pickett, Silver, & Brewer, 2002). 즉, 독특하지만 지나치게 독특하지 않은 집단에 속하고자 원한다. 예컨대, 학생들은 자신을 단지 '특정 대학의 학생' 이상의 어떤 존재로 간주한다. 캠퍼스에는 수많은 유사한 집단 구성원들이 있기 때문이다(Hornsey & Hogg, 1999). 오히려 학생들은 자신의 전공(예컨대, "나는 수학을 전공한다."), 취미(예컨대, "나는 영화광이다.") 또는 동아리 활동(예컨대, "나는 수화 동아리 회원이다.") 등에 근거하여 자신을 정의하기 십상이다. 자신의 정체성을 이렇게 정의함으로써, 사람들은 자신이 수용적이면서도 선택적인 집단에 속해있다고 느낄 수 있으며, 동시에 동화와 분화 소망을 모두 만족시킨다.

글쓰기 과제 7.4

어떤 한 가지 소망이 더 주도적인가?

적정 독특성 이론은 모든 사람이 다른 사람들과 유사하면서도(동화) 차별적이라고(분화) 느끼기를 원한다고 주장한다. 그렇다면 여러분은 모든 사람이 두 욕구를 동등하게 느낀다고 생각하는가, 아니면 하나를 다른 것보다 더 강력하게 느낀다고 생각하는가? 어떤 문화는 두 욕구를 동등하게 느끼지만 다른 문화는 하나를 다른 것보다 더 강력하게 느낀다고 생각하는가? 여러분의 주장을 지지하는 증거나 사례를 제시해보라.

7.5 사이버공간에서 소속감 욕구를 충족하기

학습목표 : 사이버공간에서의 소속감과 실세계 상호작용에서의 소속감의 심리적 결과를 비교한다.

예전에는 사람들이 소통할 수 있는 유일한 방법이 면대면으로 만나거나 전화를 하거나 아니면 편지를 쓰는 것뿐이었다. 아, 시대가 얼마나 변하였는가! 인터넷의 도입은 소통의 지형을 극적으로 변모시켰다. 오늘날 사람들은 이메일, 채팅방, 문자 보내기, 트위터, 블로그 등 정말로 다양한 소통수단을 가지고 있다. 페이스북, 트위터, 스냅챗, 링크드인, 핀터레스트, 레딧 등과 같은 소셜 네트워킹 웹사이트들을 도입함으로써, 인간관계도 엄청난 영향을 받았다. 물론 여러분에게는 이것이 뉴스거리도 아니다. 대학생들이 이러한 소셜 네트워크의 최대 사용자이다(Pempek, Yermolayeva, & Calvert, 2009). 한 조사에 따르면, 95% 이상의 대학생들이 페이스북 페이지를 가지고 있고, 78%가 하루에 적어도 두 번은 페이스북에 접속한다(Sheldon, Abad, & Hinsch, 2011). 소셜 네트워킹 웹사이트의 사용이 거의 전염병처럼 퍼지고 있기 때문에, 심리학자들은 무엇이 사람들로 하여금 이러한 웹사이트를 사용하도록 동기화시키는지 그리고 웹사이트 사용은 어떤 결과를 초래하는지를 연구하는 데 더욱 관심을 기울이고 있다.

▼ **이 절이 끝날 무렵에 여러분은 다음에 답할 수 있을 것이다.**

7.5.1 사이버공간이 어떻게 소속감에 영향을 미치는지를 설명한다.
7.5.2 사이버공간과 면대면 접촉의 관계를 설명한다.

7.5.1 사이버공간은 소속감에 이로운가, 아니면 해로운가

학습목표 : 사이버공간이 어떻게 소속감에 영향을 미치는지를 설명한다.

사이버공간에 관한 한 가지 중요 관심사는 이것이 소속감 욕구에 이로운지 아니면 해로운지에 관한 것이다. 몇몇 연구는 인터넷과 소셜 네트워킹 사용이 소속감 저하, 안녕감 감소, 우울과 외로움 증가 등을 포함하여 수많은 부정적인 심리적 결과와 관련된다는 사실을 지적한다(Kim, LaRose, & Peng, 2009; Sampasa-Kanyinga & Lewis, 2015; Satici & Uysal, 2015; Steers, Wickham, & Acitelli, 2014; Steers, 2016; Stepanikova, Nie, & He, 2010).

그렇지만 많은 연구는 사이버공간이 소속감 욕구를 충족시키는 좋은 방법임을 시사하고 있다. 예컨대, 셸던과 동료들(Sheldon, Abad, Hinsch, 2011)이 수행한 일련의 연구에서는 대학생들이 페이스북을 사용하는 이유와 그 결과를 살펴보았다. 첫 번째 연구에서는 학생들에게 지난주에 비해서 다른 사람들과 얼마나 연결되어 있다고 느끼는지(예컨대, "나는 나에게 중요한 사람들과 밀접하게 연결되어 있다고 느꼈다.") 그리고 얼마나 단절되어 있다고 느끼는지(예컨대, "나는 내가 어울리고 있는 사람들과 불협화음이나 갈등을 겪었다.") 물었다. 흥미롭게도 연구자들은 두 측정치가 아주 미약하게만 관련되어 있다는 사실을 발견하였다. 이 결과는 연결감이 높은 사람은 자동적으로 단절감이 낮은 것이 아니며, 그 반대도 마찬가지라는 사실을 의미한다. 그런 다음에 학생들은 페이스북에 얼마나 자주 접속하는지에 대해 '전혀 안 한다'에서부터 '하루에 두 번 이상'에 이르는 척도에서 응답하였다.

페이스북 사용과 보고한 연결감이나 단절감 간의 상관관계를 분석한 결과, 둘 모두에서 정적 상관이 나타났다. 이 결과는 다소 역설적인 것이다.

> ## 어떻게 페이스북은 높은 소속감과 낮은 소속감 모두와 동시에 연합될 수 있는 것인가?

수수께끼 같은 이러한 물음에 답하기 위하여, 연구자들은 몇 가지 후속 연구를 수행하였다. 후속 연구 결과는 소속감이 페이스북 사용의 원인이면서 동시에 결과이기 때문에 이러한 모순이 발생하였음을 보여주었다. 사회적 관계에서 단절감을 느끼는 사람은 페이스북을 사용하려는 동기가 높아졌다. 따라서 단절은 소셜 네트워킹 웹사이트 사용의 주요 원인이다. 그런데 페이스북을 실제로 사용함으로써, 사회적 관계에서 더 많이 연결되어 있다고 느끼게 된다. 연결의 증가는 이러한 웹사이트를 사용한 결과이다. 학생들에게 48시간 동안 페이스북 사용을 완전히 중지하도록 강제하면 연결감이 감소한다는 사실(그러나 단절감이 증가하지는 않았다)은 이러한 주장을 지지한다. 그렇지만 학생들이 동일한 48시간 동안 페이스북 강제 중단과는 무관한 이유로 단절감을 더 많이 느꼈을수록, 그 48시간이 지난 후에 페이스북을 찾을 가능성이 더 컸다. 이 연구가 전달하는 메시지는 무엇인가? 대부분의 사람에게 있어서 페이스북 사용은 적어도 일시적이나마 보상적이며 소속감 욕구를 충족시키는 데 도움을 주는 것으로 보인다. 그렇지만 실세계에서 단절감을 느끼는 사람에게는 페이스북에 매달리는 것이 외로움과 고독감을 해소하는 데 도움이 되지 않는다.

7.5.2 사이버공간은 면대면 접촉을 감소시키는가
학습목표 : 사이버공간과 면대면 접촉의 관계를 설명한다.

사이버공간에 관한 두 번째 주요 걱정거리는 사람들이 면대면 상호작용을 온라인 관계로 대치함으로써 풍부하고도 깊이 있게 형성하는 사회적 유대의 훼손을 초래하는지 여부이다. 좋은 소식은 이 주제를 다룬 대부분의 연구가 이러한 걱정이 근거 없는 것임을 시사한다는 점이다(Bargh & McKenna, 2004; Heo, Chun, Lee, Lee, & Kim, 2015; Neubaum & Krämer, 2015; Sum, Mathews, Pourghasem, & Hughes, 2009). 대부분의 사람에게 있어서 온라인 도구는 관계를 촉진하고 면대면 상호작용을 풍요롭게 만들어주는 역할을 한다(Manago, Taylor, & Greenfield, 2012). 예컨대, 크라우트와 동료들(Kraut, Kiesler, Boneva, Cummings, Helgeson, & Crawford, 2002)은 1990년대 중반에 집에 컴퓨터가 없는 208명의 피츠버그 지역주민을 선정하여 인터넷에 접속할 수 있는 컴퓨터를 제공하였다. 3년이 지난 후에, 연구자들은 참가자들이 인터넷을 사용한 시간이 많을수록 가족이나 친구들과 면대면 접촉을 하는 데 더 많은 시간을 보냈다는 결과를 얻었다.

다른 연구들은 대부분의 사람이 인터넷이나 이메일을 면대면 접촉이나 전화통화의 대치물로 사용하지 않는다는 사실을 밝히고 있다. 오히려 멀리 떨어져 있어서 만나고 싶어도 면대면으로 볼 수 없는 사람들과의 연결을 유지하는 데 이러한 온라인 도구를 사용하는 경향이 있다(Billedo, Kerkhof, & Finkenauer, 2015). 이에 덧붙여서, 온라인으로 관계를 발전시키는 대부분의 사람(66%)이 결국에는 면대면 관계로 이동한다(Smith & Anderson, 2015). 따라서 사이버공간은 친구와 가족들과 친밀한 관계를 유지하도록 도와줄 뿐만 아니라 새로운 관계의 형성도 지원하고 있다.

사이버공간을 사용하여 소속감 욕구를 충족하게 되는 한 가지 열쇠가 있다면, 그것은 사람들이 궁극적으로 온라인 관계를 면대면 상호작용의 실세계로 끌어들여야만 한다는 것이다. 그런데 좋은 소식은 사람들이 그렇게 할 때, 과거의 방식으로 형성한 관계와 전혀 다르지 않은 친밀하고 의미 있는 관계로 발전할 가능성이 높다는 점이다. 실제로 온라인에서 시작한 관계가 전통적인 관계보다 더 우수할 수 있다. 여러 실험실 연구는 서로 알지 못하는 남녀 쌍이 처음 만나게 되는 방식에 처치를 가하였다. 어떤 쌍은 개별적으로 만났으며, 어떤 쌍은 온라인 채팅방에서 만났다(Bargh, McKenna, & Fitzsimons, 2002; McKenna, Greene, & Gleason, 2002). 이 연구의 결과는 온라인에서 만난 사람들이 개별적으로 만난 사람보다 상대방을 더 좋아하는 경향이 있음을 보여준다. 심지어 참가자들은 알지 못하였지만, 온라인에서 만난 사람이 개별적으로 만난 바로 그 사람일 때조차도 그러하였다! 그렇다면 그 이유는 무엇인가? 사람들은 온라인에서 '진정한 자기'를 더 잘 표현할 수 있다고 느끼고, 이것이 다시 처음 만났을 때 상대방과 더 연결되어 있다고 느끼게 만들 수 있다(Bargh et al., 2002). 오늘날에는 낯선 사람에게 다가가서 대화를 시작하도록 부추기는 상황이 거의 없다. 그런데 사이버공간의 한 가지 근본적인 목적은 낯선 사람과 대화를 하고, 공유하는 선호도와 경험(예컨대, 채팅방)에 근거하여 새로운 만남을 시작하는 것이다. 따라서 사이버공간은 인간의 오래된 소속감 욕구를 충족시키는 현대판 도구를 제공한다.

글쓰기 과제 7.5

사이버공간이 소속감에 제공하는 이득이 비용을 압도하는가?

인터넷이 사회적 관계를 증진시키는지 아니면 손상시키는지는 열띤 논쟁을 불러일으키는 주제이다. 여러분은 어떻게 생각하는가? 소속감 욕구에 대한 사이버공간의 이득이 비용을 압도하는가? 답을 작성할 때, 삶에서 여러분의 주장을 지지하는 사례를 포함시켜 보라.

7.6 소속감 상실에 대한 반작용

학습목표 : 소속감 상실이 어떻게 동기에 영향을 미칠 수 있는지를 분석한다.

사람들이 그토록 강력한 소속감 욕구를 가지고 있다면, 그 욕구가 위협받을 때 어떤 일이 일어나겠는가? 이 물음에 답하기 위하여, 여러분이 어느 멋진 여름날 공원을 산책하고 있는데, 갑자기 프리스비 하나가 발 앞에 떨어진다고 상상해보라. 그것을 집어들고 어디에서 날아왔는지 두리번거리는데, 어떤 두 사람이 여러분 앞에서 손을 흔들고 있는 것을 본다. 여러분은 그들에게 프리스비를 던져준다. 한 사람이 잡아채서는 동반자에게 날려 보내는데, 이 사람이 다시 프리스비를 여러분에게 날려 보낸다. 잠시 동안 여러분을 포함한 세 사람이 프리스비 놀이를 하게 되었는데, 갑자기 아무런 경고신호도 없이 여러분에게 날려 보내기를 중지하고는 여러분을 무시해버린다. 이 상황에서 여러분은 어떻게 느끼겠는가? 슬프겠는가? 화가 나겠는가? 바로 이러한 경험이 킵 윌리엄스(Kip Williams)에게 일어났는데, 그를 보통 사람과 다르게 만들었던 것은 그가 사회심리학자라는 사실이었다. 몇 년이 지난 후 연구를 수행하던 중에, 그는 프리스비 사건을 기억해내고는 그 낯선 사람들이 집단에서 자신을 배척하였을 때 얼마나 마음의 상처를 느꼈었는지를 회상해보았다. 그 이후 그는 누군가 배척되거나 거부당했을 때 어떤 일이 일어나는지를 밝히는 데 진력하였다.

모든 사람은 삶의 어느 시점에서 배척당하거나 무시당한 경험을 가지고 있다. 스쿨버스에 앉아있는데 아무도 말을 걸지 않았을 수 있다. 운동 팀을 가르는데, 제일 마지막에 가서야 뽑혔을 수 있다. 누군가에게 데이트 신청을 하였는데, 딱지 맞았을 수 있다. 이 모든 경험은 **추방**(ostracism)의 사례들이며, 추방은 개인이나 집단이 누군가를 무시하거나 거부하거나 배척할 때 일어난다(Williams, 2001). 추방을 생각할 때에는 포이베 프린스가 나쁜 녀석들로부터 당했던 것과 같은 뻔뻔한 사례를 생각하기 십상이다. 그렇지만 추방은 관계를 완전히 박탈하는 것(예컨대, 유배, 독방 감금, 애인과의 이별 등)에서부터 미묘한 무시(예컨대, 여러분의 전화에 즉시 응답하지 않는 것, 시선을 마주치지 않는 것, 질문에 답하지 않는 것 등)에 이르기까지 광범위한 것일 수 있다(Williams & Zadro, 2001).

거의 모든 사람이 어떤 형태이든지 추방을 경험하였음에도 불구하고, 놀랍게도 최근까지 이 주제에 관한 연구가 거의 이루어지지 않았다. 이 주제에 관한 가장 초기의 연구는 1950년대와 1960년대에 이루어졌으며, 대부분은 (심리적 고립보다는) 신체적 고립에 초점을 맞춘 것이었다(Schachter, 1959). 그렇지만 1990년대 중반부터 심리학자들이 초점을 심리적 고립으로 이동시키기 시작하였다.

추방 연구가 폭발적으로 증가한 데에는 여러 가지 요인이 있겠지만, 한 가지 설명은 최근에 집단따돌림, 사이버공간에서의 집단따돌림, 그리고 학교폭력 사건의 증가와 관련이 있다. 실제로 2011년에는 당시 미국 대통령인 버락 오바마와 영부인 미셸 오바마가 집단따돌림 예방에 관한 최초의 백악관 학술회의를 개최하기도 하였다. 이 학술회의에서 오바마 대통령은 미국 중고등학생의 1/3이 지난해에 집단따돌림을 당했다고 보고하였으며, 300만 명의 학생이 침 뱉기를 당하거나, 밀쳐 고꾸라지거나 엎어지는 경험을 당하였다는 사실을 발표하였다. 이러한 사실에 대한 자각이 증가함에 따라서, 심리학자들은 추방과 관련된 주요 원인과 결과를 밝히는 데 관심을 기울여왔다.

▽ 이 절이 끝날 무렵에 여러분은 다음에 답할 수 있을 것이다.

7.6.1 연구자들이 추방을 연구하는 방법을 기술한다.

7.6.2 배척에 대한 내적 반작용이 어떻게 동기에 영향을 미칠 수 있는지를 설명한다.

7.6.3 배척에 대한 행동 반작용이 어떻게 동기에 영향을 미칠 수 있는지를 설명한다.

7.6.4 배척에 대한 장기적 반작용이 어떻게 동기에 영향을 미칠 수 있는지를 설명한다.

7.6.1 추방 연구방법

학습목표 : 연구자들이 추방을 연구하는 방법을 기술한다.

추방 연구의 결과를 논의하기에 앞서, 연구자들이 추방을 연구하는 방법을 논의하는 것이 중요하다. 연구자들은 실세계에서 전개되는 사건을 단순히 기록할 수도 있다. 예컨대, 한 연구에서는 지역사회 성인들로 하여금 2주에 걸쳐 일기를 쓰면서 추방당했다고 느꼈던 때를 기록하도록 요구하였다(Nezlek, Wesselmann, Wheeler, & Williams, 2012). 이 사람들은 평균적으로 11일에 걸쳐 35회의 추방 사건을 경험하였다고 보고하였다. 대부분의 추방 사건은 낯선 사람(32%)이거나 지인(30%)이 초래하였지만, 거의 1/3(38%)은 친구나 친척 또는 연인이 초래하였다. 대부분의 추방 사건은 면대면으로 발생하였지만(71%), 이메일이나 채팅방과 같은 사이버공간에서도 꽤나 많이 발생하였다(19%).

연구자들이 추방을 살펴보는 대표적인 방법은 실험실에서 그 상황을 재현하는 것이다. 이러한 접근의 이점은 연구자로 하여금 체계적으로 추방의 원인과 결과를 분리시킬 수 있게 해준다는 것이다. 현실 세계에서는 이러한 원인과 결과를 분리하는 것이 거

의 불가능하다. 그렇기 때문에 심리학자들은 실험실 맥락에서 사람들이 배척당하였다고 느끼게 만드는 수많은 독창적인 방법을 개발해왔다. 그러한 한 가지 기법이 '고독한 삶(life alone)' 기법으로, 예컨대 참가자들에게 성격검사를 실시한 다음에 그들이 '말년에 홀로 남게 될 유형의 사람'이라는 피드백을 준다(Twenge, Baumeister, Tice, & Stucke, 2001). 이 기법을 사용하는 연구자는 농담조로 '아무도 당신을 사랑하지 않을 거야' 처치라고 부르기도 한다. 에구머니나!

두 번째 기법은 '친숙해지기(get acquainted)' 기법으로, 킵 윌리엄스의 프리스비 사건을 실험실 상황으로 이동시킨 것이다. 어떤 이유에서든 동일 집단에 속하게 된 참가자들이 상호 간에 신상정보를 교환함으로써 서로 친숙해진 후에, 특정인을 집단의 나머지 사람들이(물론 실험협조자들이다) 공동 작업에서 배제시킴으로써 추방을 경험하게 만든다.

또 다른 기법이 '사이버볼(cyberball)' 패러다임으로, 추방 조건과 용인 조건의 참가자들은 동성의 다른 두 사람과 사이버볼 게임을 하고 있다고 믿고 있지만, 실제로는 컴퓨터가 생성한 사이버 실험협조자들이다. 사이버볼은 원래 속도와 크기 그리고 실력에서 차이를 보이는 로봇 아바타가 등장하는 아타리사에서 출시한 7인용 미식축구 비디오게임이다. 이 게임을 하는 동안 추방 조건 참가자는 2명의 사이버 실험협조자들이 자신을 추방하는 경험을 하게 되며, 용인 조건 참가자는 자신을 받아들이는 경험을 하게 된다.

시도해보라 : 사이버볼

여러분이 직접 사이버볼을 시도해보고 싶다면, 킵 윌리엄스의 다음 웹사이트 http://www1.psych.purdue.edu/~willia55/Announce/cyberball.htm에 접속해보라. 사이버볼 게임의 무료 버전을 다운로드할 수 있다.

그림 7.4 배척의 결과
일단 연구자가 추방 경험을 측정하거나 처치할 수 있다면, 다음 단계는 이 경험이 사람들의 반응에 어떤 영향을 미치는지 알아보는 것이다. 이 장의 나머지 부분에서는 사람들이 사회적으로 배척당할 때 발생하는 부정적 결과를 살펴본다. 우선 추방당할 때 발생하는 내적 변화에 초점을 맞춘다. 그런 다음에 추방의 결과로 발생하는 외현적 행동 변화로 초점을 이동할 것이다.

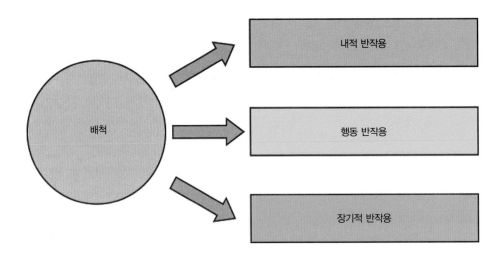

7.6.2 배척에 대한 내적 반작용

학습목표 : 배척에 대한 내적 반작용이 어떻게 동기에 영향을 미칠 수 있는지를 설명한다.

누군가 여러분을 배척하였던 때를 생각해보라. 여러분이 느끼거나 생각하는 방식에 어떤 영향을 미쳤는가? 연구결과를 보면, 배척은 수많은 내적 결과를 초래한다. 여기서는 상처받은 느낌, 무감각, 인지적 손상이라는 세 가지에 초점을 맞춘다.

상처받은 느낌 배척당할 때 다른 부정 정서(예컨대, 슬픔, 분노, 공포, 외로움 등)도 발생할 수 있지만, 가장 보편적인 정서는 상처받은 느낌이다(Leary, Koch, & Hechenbleikner, 2001 ; Leary & Leder, 2009). 리어리(Leary)와 동료들(2001, 2009)에 따르면, **상처받은 느낌**(hurt feeling)은 관계 가치가 떨어진다고 느낄 때 언제나 발생한다.

　이 주장을 검증하기 위하여 연구자들은 사람들에게 '누군가 여러분의 감정에 상처를 주는 말을 하였거나 어떤 행동을 하였던 구체적인 경우를 생각해보도록' 요구하였다. 거의 모든 사건들이 여섯 범주에 포함되었다(그림 7.5 참조).

　여섯 범주를 살펴보면, 여러분은 모든 사건이 어떤 형태로든 저하된 관계 가치를 수반하고 있다는 사실을 알아차리게 될 것이

그림 7.5 상처받은 느낌을 야기하는 여섯 가지 경험

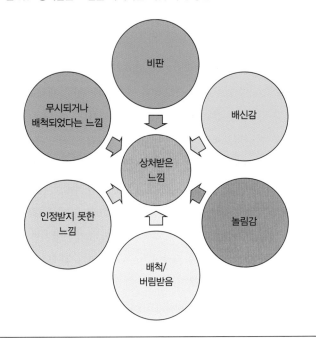

다. 연인 관계(Feeney, 2005)와 부모-자식 관계(Mills, Nazar, & Farrell, 2002)에서도 유사한 결과를 찾아볼 수 있다. 어떤 사건을 상대방이 자신에게나 자신과의 관계에 가치를 부여하지 않음을

나타내는 것으로 지각할수록, 사람들은 더 많은 상처를 받는다고 느낀다(Vangelisti, Young, Carpenter-Theune, & Alexander, 2005). 따라서 상처받은 느낌은 소속감이 위협을 받거나 충족되지 않았다고 느낄 때에는 언제나 발생하는 차별적인 정서 경험인 것으로 보인다(Leary et al., 2001).

그렇다면 사회적 배척이 다른 부정적 사건과는 다른 방식으로 '상처'를 주는 이유는 무엇인가? 한 가지 흥미를 끄는 답은 사회적 고통이나 신체적 고통과 관련된 두뇌 과정이 동일하기 때문이라는 것이다(Lieberman & Eisenberger, 2009). 진화가 완전히 새로운 두뇌영역을 만들어내기보다는 고통과 쾌를 처리하기 위하여 이미 존재하는 구조에 사회적 정보를 처리하는 구조를 덧붙였다는 주장을 회상해보기 바란다(Panksepp, 1998). 다시 말해서, 신체적 쾌와 고통을 탐지하는 역할을 담당하는 두뇌영역이 사회적 쾌(용인)와 고통(배척)을 탐지하는 역할도 담당한다는 것이다(Kross, Berman, Mischel, Smith, & Wager, 2011; MacDonald & Jensen-Campbell, 2011; MacDonald & Leary, 2005).

이 가능성을 검증하기 위하여, 한 연구에서는 참가자들이 fMRI 기계에 들어가 있는 동안 사이버볼 게임을 하도록 처치하였다(Eisenberger, Lieberman, & Williams, 2003). 참가자들은 다음과 같은 세 가지 조건, 즉 (1) 단지 다른 두 경기자의 게임을 관전하는 조건, (2) 제3의 경기자로 받아들여지는 조건, (3) 제3의 경기자로 게임에 참가하려 했으나 배척당하는 조건에서 게임을 하였다. 세 조건에 걸쳐 두뇌영상 사진을 비교함으로써, 연구자들은 어떤 시나리오에서 어떤 두뇌영역이 활동하는지를 확인할 수 있었다. 그 결과를 보면, 용인될 때보다 배척될 때 신체 고통 탐지에 관여하는 두뇌영역, 즉 전측 대상회(ACC)가 더 많이 활동하였다. 그리고 배척을 경험할 때 ACC가 활성화될수록, 사람들은 더 많은 사회적 고통을 경험하였다고 보고하였다. 마찬가지로 헤어진 연인의 사진을 들여다보는 사람은 팔에 데일 만큼 뜨거운 자극을 가할 때와 유사한 ACC 활동을 나타냈다(Kross et al., 2011). 따라서 신체가 계속해서 손상을 받을 때 두뇌가 경고신호를 내보내는 것과 마찬가지로, 사회적 관계가 계속해서 손상을 받을 때에도 동일한 두뇌영역이 경고신호를 내보내는 것이다. '사랑의 상처'라는 표현에는 진실이 깃들어 있다.

> 만일 사회적 배척이 초래하는 상처받은 느낌이 신체 고통과 관련된 두뇌영역을 활성화시킨다면, 신체 고통을 위협하는 것이 사회적 배척의 고통도 위협할 수 있겠는가?

이러한 가능성을 검증하고자 설계한 실험에서는 참가자들을 다음과 같은 두 집단에 무선할당하였다(DeWall et al., 2010). 즉, 3주에 걸쳐 아침과 저녁시간에 각각 500mg의 아세트아미노펜(예컨대, 타이레놀)을 복용한 집단과 가짜약을 복용한 집단이다. 참가자들은 3주 동안 매일같이 사회적 배척을 느꼈는지를 보고하였다(예컨대, "오늘, 놀림을 당해서 감정에 상처를 받았다."). 그 결과를 보면, 아세트아미노펜을 복용한 참가자의 경우에는 3주에 걸쳐 배척의 느낌이 감소한 반면, 가짜약을 복용한 참가자는 그렇지 않았다. 흥미롭게도, 아세트아미노펜이 배척과 무관한 부정 정서는 완화시키지 않았다.

후속 연구에서 연구자들은 fMRI를 사용하여 3주에 걸친 아세트아미노펜 투여가 사회적 배척과 연합된 신경반응도 감소시킨다는 사실도 보여주었다. 비록 이 결과가 확정적인 것은 아닐지라도, 신체 고통을 치료하기 위한 약물이 친구나 연인과의 갈등을 완화시키는 데에도 유용할 수 있음을 시사하고 있다.

여러분 자신을 동기화시켜라

인간의 절친

아마도 여러분은 반려동물이 신체적 이점을 제공한다는 사실을 알고 있을 것이다. 예컨대, 강아지와 함께 생활하는 사람은 그렇지 않은 사람보다 매일 운동을 30분 이상 더 많이 하는데, 강아지를 산보시키는 시간을 참작할 때에도 그렇다(Reeves, Rafferty, Miller, & Lyon-Callo, 2011). 그런데 반려동물이 정서적 이점과 심리적 이점도 제공한다는 사실을 알고 있었는가? 최근의 한 실험실 연구는 단지 반려동물을 생각하는 것만으로도 사회적 배척의 부정적 효과를 피하기에 충분하다는 사실을 발견하였다(McConnell, Brown, Shoda, Stayton, & Martin, 2011). 따라서 슬프거나 배척당하였다고 느낄 때는 여러분의 반려동물과 시간을 보내라. 반려동물이 없다면, 친구의 것을 빌려도 된다! 자신의 것이 아닌 강아지가 존재하는 상황에서 배척당한 사람은 혼자 있으면서 배척당한 사람보다 부정적 증상을 나타낼 가능성이 낮다(Aydin et al., 2012).

정서적 무감각 방금 살펴본 바와 같이, 대부분의 연구를 보면 배척이 상처받은 느낌을 증가시킨다. 그렇지만 모든 연구가 이러한 패턴을 지지하는 것은 아니다. 몇몇 연구는 배척이 '정서적 무감각'을 초래한다는 사실을 보여준다(Baumeister & DeWall, 2005; Baumeister, DeWall, Ciarocco, & Twenge, 2005; Bernstein & Claypool, 2012; Blackhart, Nelson, Knowles, & Baumeister, 2009; Twenge, Catanese, & Baumeister, 2002, 2003). 신체가 사소한 손상을 경험할 때(예컨대, 발가락 부딪침), 자연스러운 반응은 통증을 느끼는 것이다. 그런데 신체가 심각한 손상을 경험할 때에는(예컨대, 팔다리의 절단), 쇼크에 함몰되어 적어도 일시적으로는 통증에 덜 민감하게 된다. 경기 중에 뼈를 다친 운동선수가 게임이 끝난 후에야 비로소 그 사실을 깨닫게 되는 이유가 바로 이것이다. 만일 사회적 배척이 신체 손상과 연합된 바로 그 두뇌영역을 활성화시킨다면, 어떤 유형의 사회적 배척은 실제로 정서시스템을 '쇼크에 함몰시켜' 일시적으로 작동하지 못하게 만든다는 사실을 이해할 수 있다.

이 아이디어를 검증하도록 설계한 연구에서는 앞서 언급하였던 '고독한 삶' 기법을 사용하였다. 이 기법에서는 참가자들에게 성격검사를 실시하고, 건강한 사회적 관계를 갖게 될 유형의 사람이라거나 홀로 외롭게 남게 될 유형의 사람이라는 피드백을 준다(Twenge, Baumeister, DeWall, Ciarocco, & Bartels, 2007). 배척 피드백이 연구결과를 초래한 것이지 단지 부정적 피드백을 주었기 때문이 아니라는 사실을 확실하게 보여주기 위해서, 연구자들은 통제집단으로 작용하는 세 번째 조건을 도입하였다. 구체적으로 통제집단에는 많은 부상과 사고를 당할 유형의 사람이라는 피드백을 주었다. 그런 다음에 참가자들은 정서적 공감 척도에 응답하였다. 즉, 누군가 손으로 직접 쓴 가슴을 찢어지게 만드는 연인과의 이별에 관한 글을 읽고, 그 이야기 주인공에게 얼마나 공감하는지를 보고하도록 요구하였다. 결과를 보면, 배척조건 참가자들이 주인공에게 가장 낮은 공감을 느꼈다. 이 결과는 이들의 정서체계가 작동하지 않았다는 사실을 시사하는 것이었다.

연구가 마무리되는 시점에서 참가자들에게 실험 참가의 대가로 받은 돈의 일부를 가난한 학생들을 돕는 자선사업에 기부할 의향이 있는지 물었다. 배척 조건 참가자들의 기부 의향이 가장 낮았으며, 기부하는 경우에도 다른 두 조건의 참가자보다 액수가 적었다. 종합적으로 볼 때, 이 결과는 배척이 사람들을 정서적으로 무감각하게 만들며, 그렇기 때문에 도움이 필요한 사람을 도울 가능성도 낮아진다는 사실을 시사한다.

만일 배척이 정서적 무감각을 초래한다면, 신체적 무감각도 초래하겠는가?

논리 비약으로 보일 수도 있지만, 사회적 고통과 정서적 고통이 동일한 두뇌영역을 공유한다는 사실을 전제하면, 이 물음도 이해할만한 것이 된다. 실제로 동물을 연구대상으로 사용한 연구들의 개관을 보면, 동물도 집단에서 사회적으로 배척당할 때 높은 통각 역치를 나타낸다는 사실을 알 수 있다(MacDonald & Leary, 2005). 이 정보로 무장한 드월과 바움에이스터(DeWall & Baumeister, 2006)는 유사한 효과가 사람에게서도 나타나는지를 검증하였다. 이 연구에서 참가자는 배척을 경험한 후, 신체 통각 검사를 받았다. 이 연구에서는 참가자 손에 강한 압박을 가하는 장치인 압통각계(pressure algometer)를 사용하였다. 참가자에게는 처음으로 통증의 기미를 느낄 때(즉, 통각 역치) '지금'이라고 말하고, 통증이 지나치게 불편하게 될 때(즉, 통각 내성) '그만'이라고 말하도록 알려주었다. 예상한 바와 같이, 배척당한 참가자가 더 높은 통각 역치와 통각 내성을 모두 나타냈다. 예컨대, 통증의 기미를 탐지하는 데 있어서 배척조건 참가자는 용인조건이나 통제조건 참가자보다 4배나 높은 압박을 견디어냈다. 따라서 사회적 배척은 정서적 무감각과 신체적 무감각 모두로 이끌어가는 것으로 보인다.

손상된 인지기능 배척은 사람들을 무감각하게 만들 뿐만 아니라 멍청하게도 만든다. 배척은 감각을 무디게 만들기 때문에, 사람들의 사고 능력도 손상시키는 것으로 나타났다(Baumeister et al., 2005; Krusemark, Campbell, McDowell, & Clementz, 2011). 예컨대, 노인 참가자들의 외로움은 형편없는 인지기능 그리고 4년 후의 기억력과 연관되었다(Shankar, Hamer, McMunn, & Steptoe, 2013). 그렇지만 더욱 결정적인 증거는 바움에이스터와 동료들(Baumeister, Twenge, & Nuss, 2002)이 수행한 일련의 실험에서 나타났다. 한 실험에서는 추방을 유도하기 위하여 '고독한 삶' 기법을 사용한 다음에, 참가자들에게 지능검사를 실시하였다. 용인조건 참가자와 비교할 때 배척조건 참가자는 더 적은

그림 7.6 검사 수행에서 배척의 효과

참가자는 항상 외롭게 될 것임을 암시하거나(즉, 배척), 삶에서 항상 다른 사람과 함께할 것임을 암시하거나(즉, 소속감), 아니면 항상 불행할 가능성이 있음을 암시하는 피드백을 받았다(Baumeister et al., 2002). 그런 다음에 어렵거나 쉬운 표준화 검사(즉, GRE)를 받았다. 배척감을 느낀 참가자가 어려운 검사에서 수행이 가장 낮았다. 이 결과는 배척이 인지기능을 손상시켰음을 나타낸다.

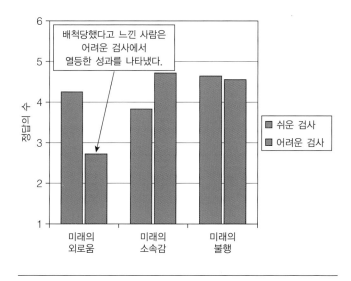

수의 문항에만 반응하였으며 오류를 더 많이 범하였다. 또 다른 실험에서는 어려운 독해검사에서 배척조건 참가자가 용인조건 참가자나 불행조건(통제조건) 참가자보다 낮은 수행을 보였다(그렇지만 쉬운 독해검사에서는 차이가 없었다)(그림 7.6 참조).

불행조건에서는 인지 손상의 증거가 없다는 사실이 중요하다. 이 결과는 불행으로 가득 찬 부정적 미래를 생각하는 것이 반드시 인지기능을 손상시키지는 않지만, 외로운 미래를 생각하는 것은 항상 그렇다는 사실을 알려준다. 종합적으로 볼 때, 이 연구들은 집단따돌림을 당하거나 배척당한다고 느끼는 사람은 지적으로 합리적인 결정을 내릴 능력이 떨어진다는 사실을 알려준다.

7.6.3 배척에 대한 행동 반작용

학습목표 : 배척에 대한 행동 반작용이 어떻게 동기에 영향을 미칠 수 있는지를 설명한다.

지금까지 배척이 정서와 사고를 포함한 내적 경험에 영향을 미치는 방식을 논의하였다. 그렇지만 배척은 중요한 측면에서 사람들의 행동에도 영향을 미친다. 여기서는 공격성과 손상된 자기조절이라는 두 가지 행동 결과에 초점을 맞춘다.

공격성 콜로라도 콜럼바인, 코네티컷 뉴타운, 버지니아 블랙스버그 등에서 발생한 것과 같은 학교 총기 난사사건은 모두 미국에서 흔하게 일어나는 불행한 사건이 되어버렸다. 각 폭력 행위의 세부사항은 다르지만, 많은 학교 총기 난사범이 공통으로 가지고 있는 것은 바로 추방 경험이다. 이러한 총기 난사범들의 행동 프로파일을 보면, 대부분이 학교에서 배척당했다고 느꼈거나, 집단따돌림이나 부당한 괴롭힘을 당하였으며, 또래들로부터 '괴짜'나 '멍청이'라는 비아냥거림을 받았다(McGee & DeBernardo, 1999). 이에 덧붙여서, 1995~2001년 사이에 미국에서 일어났던 15건의 학교 총기사건에 대한 체계적 분석에 따르면, 15명의 난사범 중에서 13명이 또래의 고통스러운 오랜 배척을 참아왔던 젊은이들이었다(Leary, Kowalski, Smith, & Phillips, 2003). 이러한 패턴은 미국에서 벌어진 학교 총기사건의 2/3가 집단따돌림과 추방을 수반한다는 미국 첩보기관의 분석과 일치한다(Vossekuil, Reddy, Fein, Borum, & Modzeleski, 2000). 물론 배척 자체가 누군가를 집단살인마로 변모시키기에 충분하지 않은 것은 사실이겠지만, 살해 행위의 중차대한 요인으로 작용하는 것은 틀림없다. 그 이유는 무감각에 관한 앞선 논의에 비추어보면 더 잘 이해할 수 있다. 배척의 반복 경험은 점차적으로 신체 고통과 처벌 공포에 무감각하게 만든다. 그러한 공포가 없는 사람은 공격성과 집단 폭력을 포함한 극단적인 반사회적 행동을 나타낼 가능성이 크다(Gaertner & Iuzzini, 2005).

많은 연구들은 배척이 공격성과 폭력의 증가와 관련되어 있다는 주장을 지지하고 있다(Asher, Rose, & Gabriel, 2001 ; Leary, Twenge, & Quinlivan, 2006 ; McDougall, Hymel, Vaillancourt, & Mercer, 2001 ; Parker & Asher, 1987). 예컨대, 초등학교 3학년생이 중학교 2학년이 될 때까지 4년에 걸친 종단연구를 보면, 친구의 배척과 집단의 배척을 경험한 아동이 공격적으로 행동하고 범법 행위를 저지를 가능성이 더 컸다(Kupersmidt, Burchinal, & Patterson, 1995). 설상가상으로, 배척 효과는 누적적이어서 아동이 4년에 걸쳐 배척되었다고 더 많이 느낄수록, 더욱 공격적으로 변모하였다. 그렇지만 또래만이 폭력으로 이끌어가는 배척의 유일한 원천은 아니다. 부모에게서 배척당했다고 느끼는 아동도 폭력 위험성이 상당히 높았다(Ehrlich, Dykas, & Cassidy, 2012 ; Pemberton & Benady, 1973). 이에 덧붙여서, 연인관계 맥락에서의 배척(즉, 짝사랑)이 가정폭력의 주범이다(Baumeister,

Wotman, & Stillwell, 1993; Gelles & Straus, 1988; Pinker, 1997; Tangney & Salovey, 1999).

배척이 공격성을 직접적으로 초래하는지를 알아보기 위해서 트웬지와 동료들(Twenge, Baumeistser, Tice, & Stucke, 2001)은 대학생들을 집단으로 묶고는 서로 인사를 나누도록 하였다. 나중에 배척 조건의 참가자에게는 "이 말을 전하기는 싫지만, 아무도 당신을 함께 작업하고 싶은 사람으로 선택하지 않았습니다."라고 알려주었다. 그런 다음에 참가자들은 자신들이 별로 똑똑하지 않다고 말함으로써 자신들에게 모욕을 준 새로운 사람(실험협조자)을 상대로 컴퓨터 반응시간 게임을 하였다. 그 게임은 가능한 한 빨리 버튼을 누르는 것이었으며, 반응이 가장 느린 사람에게 경쟁자가 헤드폰을 통해서 강력한 소음을 전달하는 것이었다. 참가자들은 소음 강도를 조절할 수 있었기 때문에, 어떤 의미에서 상대방에게 얼마나 큰 고통을 가할 것인지를 제어할 수 있었다. 참가자들은 알지 못하였지만, 자신을 모욕했던 상대방에게 고통을 가할 기회가 주어지도록 전체 게임을 구성하였다. 그런 다음에 참가자들이 가하는 소음이 얼마나 강한 것인지를 측정하였다. 결과를 보면, 사전에 집단으로부터 배척당했던 참가자가 용인되었던 참가자보다 2배나 강한 소음을 가하였다.

그렇지만 배척당한 사람은 자신을 모욕하지 않은 사람에게조차도 공격적이라는 결과를 얻은 후속 연구가 더욱 관심을 끈다(Twenge, Baumeister, Tice, & Stucke, 2001). 따라서 배척은 자신을 배척한 사람에게만 공격적이게 만드는 것이 아니라, 무고한 방관자에게도 더욱 공격적이게 만든다. 그렇게 되는 이유는 무엇인가?

배척은 사람들을 배척 정보에 더욱 민감하게 만들며(Romero-Canyas, Anderson, Reddy, & Downey, 2009), 무해한 정보를 적대적인 것으로 지각할 가능성을 높이는 것으로 보인다(DeWall, Twenge, Gitter, & Baumeister, 2009). 배척당한 사람은 철자가 빠진 단어(예컨대, 'R_PE')를 중립적 단어(RIPE)보다는 공격적 단어(RAPE)로 완성할 가능성이 더 크며, 모호한 행동(예컨대, 외판원과 이야기 나누기를 거절하는 것)을 적대적인 것으로 지각할 가능성이 높다는 사실은 이러한 생각과 궤를 같이한다(DeWall et al., 2009).

그렇지만 모든 것이 나쁜 소식은 아니다. 사람들이 배척-공격성 연계를 압도하는 방식으로 소속감을 벌충할 수 있는 방법들이 있다. 예컨대, 한 연구를 보면, 실험자와의 짧막하지만 친근한 상호작용은 사회적 배척 후에 나타나는 공격성을 완화시키기에 충분하다(Twenge et al., 2007). 이러한 긍정적 접촉이 공격성을 감소시켜 주는 타인에 대한 신뢰감을 회복시킨 것이다. 그렇지만 이 연구는 행복한 영화를 관람하는 것이 배척-공격성 연계를 깨뜨리지 못한다는 결과도 얻었다. 따라서 긍정적 활동에 참여하는 것이 배척에 따른 공격성을 완화시키기에 충분한 것은 아니다. 사람들이 긍정적인 사회 활동에 참여해야만 한다. 배척당한 사람이 자신의 삶에서 의지할 수 있는 누군가를 가지고 있는 한에 있어서는 배척의 부정적 효과를 예방할 수 있다.

여러분 자신을 동기화시켜라

친구의 소소한 도움

다음에 배척당한다고 느낄 때에는 친구를 생각하라. 트웬지와 동료들(Twenge, Baumeister, DeWall, Ciarocco, & Bartels, 2007)의 연구를 보면, 단지 친구를 생각하는 것만으로도 사회적 배척에 따른 공격성을 완화시키기에 충분하였다. 가족을 생각하는 것이나 심지어는 열광하는 유명 인사를 떠올리는 것조차도 효과를 발휘하였다!

손상된 자기조절 영화에서는 주인공들이 일반적으로 이별에 어떻게 대처하는가? 사례들을 보면, 다음과 같은 두 가지 방법 중 한 가지로 반응하는 것으로 보인다. 술집으로 달려가서는 슬픔을 알코올에 빠뜨려버리거나, 부엌으로 달려가서는 아이스크림통이나 과자상자에 슬픔을 파묻어버린다.

> 이것이 정말로 사람들이 관계 파탄에 대처하는 방법인가? 만일 그렇다면, 그 이유는 무엇인가?

이 물음의 답은 자기조절 개념에 근거한다.

자기조절(self-regulation)이란 자신의 반응을 변경시킬 수 있는 능력을 말한다(Baumeister & Vohs, 2004, 2007; Boekaerts, Pintrich, & Zeidner, 2000). 사람들이 사고, 정서, 충동 행동을 제어하고자 시도할 때에는 언제나 자기조절 능력에 의존하고 있는 것이다. 뒤에서 자기조절을 상세하게 논의할 것이기에, 여기서는 어떤 목표를 달성하기 위해서는 성공적인 자기조절이 필요하다는 사실만을 알고 넘어가자. 자기조절이 약화되면, 목표를 포기하고 유혹에 굴복할 가능성이 더 커진다(Baumeister & Vohs, 2007; Muraven, 2012). 예컨대, 다이어트를 그만두거나, 값비싼 온라인 상품을 구매하거나, 시험공부를 하지 않고 파티에 참석하거나, 배우자를 속이고 바람을 피우는 것 등이다.

배척이 행동을 성공적으로 조절하는 능력에 영향을 미치는 한 가지 요인이다. 추방을 당하면, 자기조절이 손상되기 때문에 다양한 자기파괴 행동을 나타내게 된다(Baumeister et al., 2005; Baumeister et al., 2002; DeWall, Baumeister, & Vohs, 2008; Tice, Bratslavsky, & Baumeister, 2001; Twenge et al., 2002; Van Dellen et al., 2012). 배척당한 사람은 용인받은 사람보다 시험공부를 뒤로 미루고 즐거움을 주는 활동에 참여하고, 어리석은 위험을 감수하며, 마약을 시도하고, 건강하지 않은 음식을 먹으며, 돈을 낭비할 가능성이 더 높다(Mead, Baumeister, Stillman, Rawn, & Vohs, 2011; Tice et al., 2001; Twenge et al., 2002).

예컨대, 한 연구에서는 배척당하거나 용인된 대학생 참가자에게 과자 시식회에 참석하도록 요청하였다(Tice et al., 2001). 참가자를 과자접시 앞에 혼자 남겨두고 과자의 맛과 향 그리고 질감을 평가하기 위해서 필요한 만큼 먹어보도록 요구하였다. 배척당한 참가자(평균 9개)는 용인된 참가자(평균 4개)보다 2배나 많은 과자를 먹었다. 흥미로운 사실은 배척당한 참가자가 더 맛있다고 말한 것이 아니라, 단지 먹는 것을 멈출 수가 없었다는 점이다. 한 걸음 더 나아가서 신경영상 연구를 보면, 배척은 자기조절을 조절하는 것으로 알려진 두뇌영역의 활동을 감소시키며, 배척당한 사람이 두뇌활동의 이러한 감소를 더 많이 보일수록 자기조절 과제에서의 수행이 저조하였다(Campbell et al., 2006). 종합적으로 볼 때, 이 연구들은 배척당한 사람일수록 유혹에 저항할 의지나 능력이 떨어진다는 사실을 시사한다. 이러한 통찰은 저조한 사회적 연계와 신체건강 간의 관계에 관한 앞선 논의를 설명하는 데 도움을 준다.

7.6.4 배척에 대한 장기적 반작용

학습목표 : 배척에 대한 장기적 반작용이 어떻게 동기에 영향을 미칠 수 있는지를 설명한다.

대부분의 사람에게 있어서 배척은 일시적인 것이다. 배척의 일화는 수많은 부정적 결과를 초래하지만, 그러한 일화는 전형적으로 단기적으로만 지속된다. 그리고 사람들이 손상된 관계를 회복하

거나 그 관계를 대체할 수 있는 다른 연계를 추구할 수 있는 한, 고통은 단지 일시적일 뿐이다(Leary, 2010). 그렇지만 어떤 사람에게 있어서는 배척이 만성적이다. 배척되었다고 느끼면서 평생을 살아간다. 그러한 사람은 고정관념 집단에 속해있거나, 장애를 가지고 있거나 사회적 재능이 결여될 수 있다(Goffman, 1963; Leary, 2010). 더군다나 이 장의 서두에서 소개한 포이베 프린스 이야기에서처럼, 어떤 사람은 끊임없이 집단따돌림의 표적이 되기도 한다.

지금까지 다루었던 대부분의 연구는 단지 몇 분 동안 지속되는 단기적 배척 일화에 초점을 맞추었다.

> 만일 실험실에서 몇 분 동안의 배척이 그토록 해로운 결과를 초래할 수 있다면, 장기적으로 배척을 경험할 때 어떤 일이 일어나겠는가?

장기적인 놀림, 집단따돌림, 추방 등을 경험하는 사람은 수치심, 창피, 낮은 자존감, 우울 등을 포함한 수많은 부정적인 심리적 지표가 높은 경향이 있다(Kowalski, 2004; Leary, 2010; Williams & Zadro, 2001). 더군다나 만성적으로 배척당하거나 사회적으로 고립된 사람은 섭식장애, 반사회적 행동, 범법행위, 학교 자퇴 등을 포함한 수많은 자기파괴 성향을 발전시킨다(French & Conrad, 2001; Trentacosta & Shaw, 2009; Williams & Nida, 2011; Williams & Zadro, 2001). 포이베 프린스의 경우와 같이, 만성적인 소속감 결여를 경험하는 사람은 고통을 피하는 수단으로 자살을 시도할 가능성도 더 높다(Joiner et al., 2009; Marano, 1998; Rigby, 1996; Williams & Zadro, 2001).

미국 대학생 10명 중 1명 그리고 고등학생 4명 중 1명이 자살을 생각해본 적이 있다고 보고한다(CDC, 2013). 오늘날 자살은 대학생 사망원인에서는 두 번째 자리를 그리고 청소년의 경우에는 세 번째 자리를 차지하고 있다(CDC, 2013). 더욱 염려스러운 점은 지난 30년에 걸쳐서 10~14세 아동의 자살률이 128%나 급증하였다는 사실이다!

젊은이들의 자살 생각과 시도가 이렇게 가파르게 증가하는 것에 대한 한 가지 설명은 포이베 프린스가 경험한 것과 같은 집단따돌림, 사이버따돌림, 추방 등이 만연하기 때문이라는 것이다.

실제로 많은 전문가는 만성적인 소속감 결여를 연령에 관계없이 사람들이 자살을 생각하고 시도하는 첫 번째 이유로 간주하고 있다(Joiner et al., 2009; Stellrecht et al., 2006; Van Orden et al., 2010).

낮은 소속감과 자살 간의 이러한 연계는 청소년, 대학생, 그리고 노인에게서 일어나는 것으로 밝혀져 왔다(Bonner & Rich, 1987; Conner, Britton, Sworts, & Joiner, 2007; Osgood & Brant, 1990; Prinstein, Boergers, Spirito, Little, & Grapentine, 2000; Roberts, Roberts, & Chen, 1998). 그리고 이러한 연계는 사회적 배척, 고립된 삶, 사망이나 이혼에 따른 배우자 상실, 교도소 독방 투옥 등을 포함한 수많은 유형의 소속감 결여에 걸쳐 반복 검증되어 왔다(Van Orden et al., 2010). 600명 이상의 자살 기록을 분석하여 이례적으로 많은 정보를 제공한 한 연구는 43%가 구체적으로 소속감의 결여를 언급하고 있다는 사실을 찾아냈다(Lester & Gunn, 2012).

이와 반대로, 결혼, 자녀 또는 많은 수의 가족이나 친구의 형태를 취하는 높은 소속감은 자살 위험에 대한 강력한 보호 요인이다(Van Orden et al., 2010). 실제로 무엇인가를 축하하기 위해서나(Joiner, Hollar, & Van Orden, 2006), 국가적 비극(예컨대, 케네디 대통령 암살)(Biller, 1977)으로 인해서 가족과 지역사회가 모여있는 동안에는 자살률이 감소한다. 따라서 어떤 사회이든 자살을 예방하려면 사람들, 특히 젊은이들의 소속감과 사회적 연계감을 조성하는 데 초점을 맞출 필요가 있다.

글쓰기 과제 7.6

집단따돌림

만일 집단따돌림이 자살의 1차 원인이라면, 어떤 사회이든지 따돌림을 감소시키는 방법을 찾고자 원할 것이다. 여러분은 집단따돌림을 감소시키기 위하여 부모, 교사, 사회가 전체적으로 어떤 일을 할 수 있다고 생각하는가? 어떤 기법이 집단따돌림을 감소시키는 데 더 좋은 기법이라고 생각하는가? 그 이유는 무엇인가?

요약 : 소속감

7.1 소속감 욕구

- 인간은 근본적인 소속감 욕구를 가지고 있으며, 이 욕구는 지속적이고 긍정적인 관계를 형성하고 유지하려는 강력한 추동을 말한다.
- 이러한 소속감 욕구는 사람들로 하여금 사회적 연계를 추구하고, 신속하고도 용이하게 사회적 유대를 형성하며, 일단 형성한 유대를 깨뜨리는 것을 주저하도록 동기화시킨다.
- 소속감 욕구가 충족된 사람은 그렇지 않은 사람보다 더 좋은 정신건강과 신체건강을 가지고 있다.
- 소속감 욕구는 생존에 도움을 준다. 강력한 소속감 욕구를 발달시킨 사람이 생존하고 후손을 퍼뜨릴 가능성이 더 높다.
- 모든 사회와 문화의 구성원들이 소속감 욕구를 나타낸다.
- 옥시토신은 사회적 유대와 관련된 신경화학물질이다.
- 소속감 욕구가 보편적이라고 하더라도, 욕구를 표현하고 충족하는 방식에는 문화 차이와 개인차가 있다.

7.2 사회관계 측정이론

- 한 개인의 관계 가치는 다른 사람이 그 개인과의 관계에 가치를 부여하는 정도를 반영한다. 관계 가치가 높을수록, 용인 가능성도 높다.
- 사회관계 측정이론에 따르면, 자존감은 일종의 계측기와 같이 작동한다. 높은 자존감은 다른 사람이 자신을 받아들인다는 사실을 나타낸다. 낮은 자존감은 타인으로부터 배척당할 위험에 처해있다는 사실을 경고해준다.
- 다른 사람의 배척을 자각하게 되면, 상태 자존감이 저하된다.

7.3 소속감을 획득하고 유지하는 방법

- 자기제시란 긍정적인 사회적 인상을 주려는 시도를 지칭한다.
- 사람들은 상대방과의 유사성을 강조하거나 아부 기법을 사용함으로써 자신을 호의적으로 보여주고자 애쓴다.
- 사람들은 또한 자신을 유능한 사람으로 보여주고자 애쓴다.

7.4 집단에서 소속감 욕구를 충족하기

- 집단 구성원 자격은 소속감 욕구를 충족시키는 한 가지 방법이다.
- 최소 집단 패러다임을 사용한 연구는 사람들이 신속하고도 용이하게 유대를 형성한다는 사실을 보여준다.

- 일단 집단을 형성하면, 사람들은 외집단 구성원보다 내집단 구성원을 선호함으로써 내집단 편애를 나타낸다.
- 사회정체성 이론에 따르면, 사람들은 자동적으로 내집단과 외집단 범주를 형성한다. 또한 내집단을 외집단에 비교함으로써 자존감도 획득한다.
- 공포관리 이론에 따르면, 집단은 불멸을 약속함으로써 죽음 공포로부터 사람들을 보호해준다. 사람들에게 죽음에 관하여 생각해보도록 강제하면, 더욱 강력한 소속감 욕구, 내집단 편애, 그리고 외집단을 향한 적대감을 나타낸다.
- 적정 독특성 이론에 따르면, 사람들은 두 가지 대립적인 소망 간의 균형을 유지하고자 애쓴다. 동화 욕구란 사람들이 서로 유사하게 느끼려고 원하는 것이다. 분화 욕구란 사람들이 독특하고자 원하는 것이다.
- 지나치게 독특하다고 느낄 때에는 동화 욕구가 활성화되고, 사람들은 집단에 맞추는 방법을 찾는다.
- 지나치게 유사하다고 느낄 때에는 분화 욕구가 활성화되고, 사람들은 돋보이는 방법을 찾는다.
- 사람들은 차별적이지만 지나치게 차별적이지는 않은 집단을 찾음으로써 이러한 대립적 소망의 균형을 유지한다.

7.5 사이버공간에서 소속감 욕구를 충족하기

- 사람들은 인터넷, 이메일, 채팅방, 페이스북과 같은 소셜 네트워킹 웹사이트를 사용함으로써 소속감 욕구를 충족시키기 십상이다.

- 타인과의 연계가 끊어졌다고 느끼는 사람이 페이스북을 사용할 가능성이 더 크다. 페이스북의 사용은 사람들로 하여금 다른 사람들과 연계되어 있다는 느낌을 더 많이 갖게 만든다.
- 온라인에서 관계를 발전시킨 대부분의 사람은 면대면 세계로 옮겨간다.
- 온라인에서 출발한 관계는 면대면으로 출발한 관계에 못지않거나 더 우수하다.

7.6 소속감 상실에 대한 반작용

- 추방은 다른 사람들이 한 개인을 무시하거나 배척하거나 소외시킬 때 발생한다.
- 연구자들은 배척이 실세계에서 전개되는 방식을 살펴보거나, 실험실에서 그 상황을 재생하는 방식으로 추방의 효과를 연구한다. 실험실에서는 집단 과제에서 배척당하거나 사이버볼이라고 부르는 컴퓨터 프로그램을 통해서 참가자가 여생 동안 고독할 유형임을 시사하는 피드백을 사용한다.
- 추방은 상처받은 느낌, 정서적 무감각과 신체적 무감각, 손상된 인지기능을 포함한 수많은 내적 반작용을 초래한다.
- 추방은 공격성과 열등한 자기조절을 포함한 수많은 행동 반작용을 초래한다.
- 장기적 추방은 자기파괴 행동이나 자살과 관련이 있다.

글쓰기 과제 7.7

소속감 욕구는 진화 측면에서 적응적인가?

우선 소속감 욕구가 이득을 주며 진화 측면에서 인간 생존에 적응적인 방법을 생각해보라. 둘째, 소속감 욕구가 해로운 결과를 초래하며 인간 생존에 위협을 주는 방법을 생각해보라. 마지막으로 두 가지 대립적인 주장을 따져보고 여러분의 개인 견해를 피력해보라. 즉, 여러분은 소속감 욕구가 전반적으로 인간의 진화에 도움을 준다고 생각하는가, 아니면 해롭다고 생각하는가? 그 이유는 무엇인가?

목표 설정하기

조던 로메로 이야기

여러분이 13세일 때를 생각해보라. 여러분은 그 나이에 무엇을 하고 있었는가? 어떤 목표를 스스로 세웠는가? 만일 여러분이 대부분의 13세 아동과 다르지 않았다면, 아마도 중학교 2학년을 시작하고 있었을 것이며, 삶의 중차대한 목표는 친구를 사귀고, 즐거움을 찾아 나서며, 학업에 충실하여 부모에게 혼나지 않는 것이었을 게다. 조던 로메로는 13세이었을 때, 에베레스트 정상을 정복한 최연소 등반가의 기록을 깨뜨렸다.

에베레스트는 가장 유능한 등반가에게조차 도전거리이며, 많은 등반가가 정복하고자 시도하는 과정에서 중상을 입거나 사망하였다. 실제로 140명 이상의 산악인이 이 산을 정복하고자 시도하다가 사망하였다. 그렇기 때문에 에베레스트 정복은 가장 위험한 신체적 도전거리이자 심리적 도전거리의 하나로 간주된다. 이같이 도전적인 목표를 달성하는 것은 일생의 목표가 되기에 충분한 것이었지만, 조던은 거기서 멈추지 않았다. 그의 목표는 에베레스트보다도 훨씬 더 큰 것이었다. 그는 16번째 생일을 맞이하기 전에 악명 높은 7대륙 최고봉(Seven Summits)[1]을 모두 정복하고자 하였다. 7대륙 최고봉이란 7개 대륙 각각에서 가장 높은 산을 나타낸다. 2010년에 에베레스트

정상을 정복했을 때, 조던은 이미 5개를 정복하였다. 에베레스트 정복을 마친 직후에 조던은 일곱 번째이자 마지막 산(남극대륙의 빈슨산)의 정복을 준비하기 시작하였다. 2011년 크리스마스이브에 조던이 빈슨 산괴의 정상에 도달함으로써 6년에 걸친 목표를 완성하였으며, 7대륙 최고봉을 모두 정복한 최연소 산악인이라는 명예를 거머쥐었다. 현재 그는 전 세계 어린이들에게 '자신의 에베레스트를 찾도록' 부추기고 있다.

대부분의 아이들이 비디오게임을 즐기거나 수학 시험을 걱정하고 있을 나이에, 조던은 자신의 포부를 달성하기 위하여 목숨을 건 위험을 감수하고 있었다. 그렇다면 도대체 무엇이 어린 소년으로 하여금 그토록 거창한 목표를 설정하도록 만들었는가? 한 가지 이유는 아마도 그의 아버지도 산악인이라는 것이겠다. 즉, 조던은 외국의 위험한 산을 정복하는 것이 뒷마당의 바비큐 파티만큼이나 일상적인 가정에서 성장하였다. 또한 신체적으로나 심리적으로나 등반여행 중에 필연적으로 경험할 수밖에 없는 장해물과 도전거리를 견디어내도록 올바르게 훈련시켜 줄 수 있는 사람도 가까이 있었다. 그의 아버지에 따르면, 조던이 처음으로 7대륙 최고봉을 등산하고 싶다고 말하였을 때, 아버지는 '배낭을 짊어지고 길고도 힘들며 지저분하기 짝이 없고, 재미라고는 눈곱만치도 없는 시간과 나날들 그리고 길고도 잔인하기 이를 데 없는 여정'을 수반한 엄격한 훈련 프로그램을 설계하였다. 그렇지만 조던은 이렇게 잔인한 훈련 기간을 포기하지 않았으며, 곧 첫 번째 산에 도전할 준비를 마쳤다.

이 장에서는 목표가 무엇인지, 목표는 왜 중요한지, 그리고 사람들이 특정 목표를 선택하는 이유를 논의한다. 여러분이 이 장에서 발견하게 될 한 가지

---

[1] 역주 : 7대륙 최고봉에는 여러 가지 버전이 존재하지만, 일반적으로는 북아메리카 알래스카의 매킨리(Mckinley), 남아메리카의 아콩카과(Aconcagua), 오세아니아의 칼스텐즈(Carstensz), 아시아의 에베레스트(Everest), 아프리카의 킬리만자로(Kilimanjaro), 유럽 대륙의 엘브루즈(Elbrus), 남극 대륙의 빈슨 매시프(Vinson Massif) 등 각 대륙에서 최고의 높이를 가진 7개의 산을 말한다.

사실은 모든 목표가 등가적이지 않다는 것이다. 어떤 목표는 다른 목표보다 선택하고 성취할 가능성이 더 높다.

조던 로메로 이야기는 이러한 자질에 대한 몇 가지 단서를 제공해준다. 한 가지만을 예로 들자면, 조던이 자신의 목표를 달성할 가능성이 얼마나 되는지를 생각해보자. 대부분의 사람에게 있어서는 지구에 존재하는 7대 최고봉을 정복하는 것은 접어놓고라도, 하나의 산을 오르는 것조차 생각하기 어려운 것처럼 보인다. 그렇지만 조던의 아버지가 등반가였기 때문에, 그 목표는 달성 가능한 것으로 보였다. 조던에게 있어서 이 목표를 달성할 가능성은 아마도 매우 높았을 것이다.

이 장의 뒷부분에서 여러분은 성공 가능성의 추정치(즉, 기대성)가 특정 목표를 선택하는 데 영향을 미치는 한 요인임을 알게 될 것이다. 목표 선택 가능성을 증가시키는 요인을 이해함으로써, 여러분은 장차 우수한 목표를 선택하는 결정을 보다 잘 해낼 수 있을 것이다.

8.1 목표

학습목표 : 목표의 성분을 분석한다.

대부분의 사람은 목표(goal)가 무엇을 의미하는지에 대하여 전반적인 이해를 가지고 있다. 스포츠에서 볼이 네트에 꽂히거나 엔드존을 넘어설 때를 지칭할 때 이 용어를 자주 사용하는 것을 본다. 또한 사람들이 삶에서 달성하려는 어떤 것을 지칭할 때도 이 용어를 자주 사용한다. 여러분은 이 동기 과목을 잘 해내고, 수업 활동을 마무리하여 학위를 취득하고, 졸업 후 좋은 직장을 얻겠다는 목표를 가지고 있을 가능성이 높다. 학교 밖에서는 건강하고, 규칙적으로 운동하며, 새로운 언어를 배우고, 악기를 연주하며, 심지어는 소설을 집필하려는 목표를 가지고 있을 수도 있다.

그렇지만 여러분이 목표가 무엇인지를 알고 있는 것처럼 느끼고 있다고 하더라도, 여전히 남아있는 중요한 물음들이 있다. 목표의 정확한 정의는 무엇인가? 목표는 소망이나 환상과 어떻게 다른가? 사람들이 다른 목표 대신에 특정 목표를 추구하고자 선택하는 이유는 무엇인가? 목표는 동기 과정에서 어떤 역할을 담당하는가?

▽ **이 절이 끝날 무렵에 여러분은 다음에 답할 수 있을 것이다.**

8.1.1 목표라는 용어를 정의한다.
8.1.2 목표가 중요한 이유를 설명한다.
8.1.3 목표를 초래하는 원인을 설명한다.
8.1.4 목표가 어떻게 구조화되는지를 설명한다.

8.1.1 목표란 무엇인가

학습목표 : 목표라는 용어를 정의한다.

오랫동안 목표를 동기의 통합적 성분으로 간주해왔지만, 때로는 다음의 것들을 포함한 상이한 이름으로 지칭해오기도 하였다(Cantor & Kihlstrom, 1987; Emmons, 1986; Klinger, 1975; Little, 1989).

- 현재 관심사
- 개인적 추구
- 삶의 과제
- 개인적 프로젝트

여러분이 공부한 것처럼, 목표는 개인이 접근하거나 회피하려는 미래 결과의 인지 표상이다(Austin & Vancouver, 1996; Elliot & Fryer, 2008; Kruglanski & Kopetz, 2009). 만일 목표에 대한 이와 같은 공식 정의가 다소 복잡하고 번거롭게 들린다면, 이 정의가 목표라는 구성체에 대하여 다음과 같은 네 가지 개별적인 정보를 포함하고 있기 때문이다. 첫째, 목표는 인지 표상(cognitive representation)이다. 이 말은 단지 목표가 실제로 마음에 자리 잡고 있는 하나의 생각임을 의미한다(Moskowitz, 2012; Kruglanski & Kopetz, 2009). 이러한 통찰은 비록 당연한 것처럼 보일지라도, 동기 연구에 중요한 함의를 갖는다. 인지 표상이 가능한 두뇌를 가지고 있는 살아있는 유기체만이 목표를 가질 수 있다. 무생물체(예컨대, 컴퓨터)와 덜 발달한 두뇌를 가지고 있는 살아있는 유기체(예컨대, 물고기, 곤충 등)는 목표를 가지고 있을 능력이 없다. 이에 덧붙여서 목표는 다른 유형의 인지 표상과 유사하게 작동해야만 한다. 예컨대, 두뇌는 사고를 위계적으로 체제화하기 때문에, 목표도 이러한 방식으로 체제화할 것이라고 기대하게 된다(Kruglanski et al., 2002). 마지막으로 사고는 의식적 자각을 넘어서서 자동적으로 접속할 수 있기 때문에, 목표도 자동적으로 활성화될 수 있어야 한다(Bargh, 1990).

둘째, 목표는 미래에 **초점**을 맞춘다. 목표란 사람들이 미래 어느 시점까지 달성하고자 원하는 어떤 결과이다. 따라서 목표는 상대적으로 장기적이나 중기적이거나 단기적인 것일 수 있다. 예컨대, 오늘 귀갓길에 식료품점에 들러 저녁거리를 사는 것이거나, 이번 학기에 좋은 성적을 올리는 것이거나, 내후년 졸업 후에 원하는 직업을 구하는 것일 수도 있다.

셋째, 사람들은 자신의 목표에 몰입하여야만 한다. 목표는 잠자리에 들기 전에 이를 닦는다는 간단한 것에서부터 이 책의 내용을 충분히 이해하여 자신의 여생에 도움이 되도록 활용한다는 복잡한 것에 이르기까지 다양하다. 정도의 차이는 있을지언정, 어떤 목표이든 달성하려면 주의를 기울이고 지속적인 노력을 경주해야 한다. 물론 복잡하고 어려운 목표일수록 더 많은 주의와 노력을 요구하겠지만 말이다.

마지막으로 넷째, 목표는 접근에 근거하거나 회피에 근거할 수 있다. 목표에는 보상적이고 바람직한 최종상태에 초점을 맞춘 것과 처벌적이고 바람직하지 않은 최종상태에 초점을 맞춘 것이 있다. 전자의 목표는 그 최종상태에 접근하려는 것이고, 후자는 최종상태에 도달하지 않도록 회피하려는 것이다. 예컨대, 금연의 목표가 건강해지거나 기대수명을 늘리기 위한 것이라면 접근 목표가 되겠지만, 폐암 가족력이 있는 사람이 폐암에 걸리지 않기 위한 것이라면 회피 목표가 된다.

여러분 자신을 동기화시켜라

개인적인 것으로 만들어라

사람들은 자기와 관련된 것들을 더 잘 기억하는 경향이 있으며, 이 현상을 '자기참조 효과(self-reference effect)'라고 부른다(Rogers, Kuiper, & Kirker, 1977). 따라서 만일 여러분이 목표를 달성하고자 원한다면, 그 목표를 개인적인 것으로 만들도록 하라. 어떤 건강식품을 규칙적으로 먹을 것인지를 결정하려면 다양한 건강식품을 시도해보라. 헬스클럽에서는 에어로빅, 스피닝, 킥복싱, 줌바 등과 같은 다양한 클래스에 참여해보라. 여러분의 목표를 개인적 호오(好惡)에 맞출수록, 그 목표에 매달릴 가능성이 더 높다.

8.1.2 목표가 중요한 이유는 무엇인가

학습목표 : 목표가 중요한 이유를 설명한다.

목표 설정은 여러 가지 이유로 이로울 수 있기 때문에, 동기 연구자들은 목표 설정에 관심을 갖는다. 목표의 1차적 이점은 수행을

증진시키는 경향이 있다는 것이다(Burton & Naylor, 2002). 일반적으로 목표를 설정한 사람은 그렇지 못한 사람보다 수행이 뛰어나다. 광범위한 영역의 목표에 걸친 수많은 연구는 이것이 사실임을 보여주었다. 과제를 시작하기에 앞서 목표를 설정한 사람은 그렇지 않은 사람보다 예컨대 적은 칼로리를 섭취하고, 복근운동을 더 많이 하며, 철자 순서를 바꾸어 단어를 만드는 애너그램 과제를 더 많이 해결하고, 고통을 더 잘 견디어내며, 비디오게임을 더 잘 수행하고, 시험공부를 더 많이 한다(Locke & Latham, 1990). 예컨대, 한 연구(Latham & Saari, 1982)에서는 하루 운행 횟수를 늘린다는 목표를 설정한 트럭 운전자가 그러한 목표를 설정하지 않은 운전자와 비교할 때, 생산성을 크게 증가시켰다. 실제로 18주에 걸쳐 목표 설정이 초래한 생산성의 이러한 증가는 트럭 회사로 하여금 무려 270만 달러(대략 32억 원)를 절약하게 만들었던 것이다!

그렇다면 목표가 성과를 증진시키는 이유는 무엇인가?

한 가지 이유는 주의 효과와 관련이 있다(Locke & Latham, 2002; Vogt, De Houwer, & Crombez, 2011). 목표는 주의를 목표 관련 정보와 행위로 이끌어가며 목표와 무관한 정보와 행위로부터 멀어지게 만든다(Simons & Chabris, 1999). 예컨대, 한 연구에서는 고등학생들이 교과서의 한 단락을 읽었다(Rothkopf & Billington, 1979). 어떤 학생에게는 특정한 학습목표(예컨대, "직접적으로 제1차 세계대전으로 이끌어간 일련의 사건들을 결정하라.")를 설정하도록 지시한 반면, 다른 학생은 목표를 설정하지 않았다. 그런 다음에 학생들이 단락을 읽을 때 안구운동을 추적

목표를 설정한 사람은 그렇지 않은 사람보다 우수한 수행을 나타낸다.
Fotolia #89766214

하면서, 학습목표와 관련되거나 무관한 내용을 읽는 데 소요하는 시간을 측정하였다. 그 결과를 보면, 학습목표를 설정한 학생은 목표 관련 부분에 더 많은 주의를 기울였으며, 목표와 무관한 부분보다 그 정보를 더 잘 기억해냈다. 다시 말해서, 목표를 설정하는 것은 그 목표를 촉진하는 것에 초점을 맞추고 목표를 방해하는 것을 무시하도록 도움을 준다.

목표는 심리적 이점도 초래한다. 목표를 가지고 있는 사람은 그렇지 않은 사람보다 더 높은 긍정적인 심리기능과 삶의 만족도를 나타냈다(Emmons, 1986; Little, 1989; Omodei & Wearing, 1990). 그리고 목표를 가지고 있을 뿐만 아니라 그 목표를 달성하는 데 필요한 자원도 가지고 있는 사람이 목표가 없는 사람보다 더 행복하였다(Diener, Suh, Lucas, & Smith, 1999). 흥미로운 사실은 목표와 심리적 안녕감의 이러한 연계가 목표를 실제로 달성하였는지 여부와는 무관하게 나타난다는 점이다(Emmons, 1986). 때때로 사람들은 목표를 실제로 달성했을 때보다 그 목표를 향한 진전을 보이고 있을 때 더 행복하게 느낀다(Carver, Lawrence, & Scheier, 1996; Csikszentmihalyi, 1990b). 여행 과정이 실제로 목적지에 도달한 것보다 더 즐거울 수 있다는 의미에서, 목표는 장거리 자동차 여행과 상당히 닮았다.

8.1.3 목표는 어디에서 유래하는가

학습목표 : 목표를 초래하는 원인을 설명한다.

여러분이 스스로 설정한 목표를 생각해본 다음에, 그러한 특정 목표를 추구하고자 선택한 이유가 무엇이었는지 자문해보라. 가능한 목표라는 점에서 보면 선택할 수 있는 무한한 선택지가 있지만, 대부분의 사람은 한 번에 단지 소수의 목표만을 추구하는 경향이 있다. 실제로 보통 사람은 일반적으로 특정 시점에 대략 15가지 목표를 가지고 있다(Little, 1989). 그렇다면 무엇이 가능한 모든 선택지 중에서 그러한 15가지 목표를 선택하도록 만드는가?

세 가지 요인, 즉 내적 원인을 대표하는 욕구 그리고 외적 원인을 반영하는 요구사항과 문화가 특정 목표를 설정하는 결정에 영향을 미치는 경향이 있다. 저명한 성격심리학자 헨리 머레이에 따르면, 사람들이 특정 목표를 채택하는 중요 이유 중의 하나가 욕구이다. **욕구**(needs)는 사람들로 하여금 목표를 설정하도록 밀어붙이는 압력의 내적 원천을 말한다(Deci & Ryan, 1991). 욕구는 생리적이거나 심리적일 수 있다는 사실을 회상해보라. 욕구가 점화되면, 사람들은 그 욕구를 충족시키려는 목표를 채택할 가능성이 있다. 예컨대, 아침식사를 걸렀다면 여러분 신체는 영양분 유지 욕구를 갖게 되고, 이것이 음식을 찾으려는 목표를 채택하게 만들 가능성이 있다. 마찬가지로 만일 애인이 여러분을 차버린다면, 그 배척은 소속감을 무력화시키게 되고, 이것이 다른 사람과의 연계를 찾아 나서도록 만들 가능성이 있다. 인간 행동의 측면에서 볼 때, 사람들이 채택하는 대다수 목표는 앞선 장들에서 논의하였던 자율성 욕구, 유능성 욕구, 소속감 욕구가 주도한다. 따라서 이러한 세 가지 심리적 욕구는 사람들이 특정한 목표를 채택하게 되는 주요한 내적 원천으로 작용한다(Ryan, Sheldon, Kasser, & Deci, 1996). 예컨대, 프랑스어를 배운다는 목표는 해외여행을 할 때 제어감을 느끼려는 욕구(자율성), 똑똑하고 출중하다고 느끼려는 욕구(유능성) 또는 프랑스어 수업에서 누군가와 친밀해지려는 욕구(소속감)가 주도할 수 있다.

목표를 설정하는 데 영향을 미치는 두 번째 요인으로는 환경이 사람들에게 부여하는 요구사항을 들 수 있다. 인간은 생래적으로 사회적 동물이기에 핵심 욕구의 하나로 강력한 소속감 욕구를 가지고 있다. 따라서 모든 사람은 가족, 친구관계를 비롯하여 다양한 집단에 소속되어 있으며, 그 집단은 개인에게 특정 목표를 부과할 수 있다.

문화도 목표 설정에 영향을 미친다. 서구의 개인주의 문화는 개인적 갈망이나 욕구를 반영하는 목표를 추구하는 경향이 있는 반면, 동양의 집단주의 문화는 내집단 구성원의 갈망과 욕구를 반영하는 상호 의존적 목표를 추구하는 경향이 있다(Triandis, 1995). 문화가 처방하는 목표를 달성하거나 문화적으로 적절한 행동을 수행하는 것은 누구에게나 기분 좋은 일이다. 따라서 독립성을 강조하는 개인주의 문화에서는 차별성과 자부심을 제공하는 목표가 선호되는 반면, 상호 의존성을 강조하는 집단주의 문화에서는 조화로운 관계와 연계감을 제공하는 목표가 선호된다(Markus & Kitayama, 1994).

글쓰기 과제 8.1

목표 선택의 내적 원인 대 외적 원인

욕구는 목표를 선택하는 내적 원인을 대표하는 반면, 요구사항과 문화는 외적 원인을 반영한다. 어느 것이 여러분 자신의 목표 선택에 더 강력한 영향을 미친다고 생각하는가? 그렇게 생각하는 이유는 무엇인가?

8.1.4 목표는 어떻게 구조화되는가

학습목표 : 목표가 어떻게 구조화되는지를 설명한다.

두뇌는 사고를 범주로 묶어 위계 구조로 체제화한다는 사실을 진작 언급한 바 있다. 이러한 기초적인 인지 원리를 예증하기 위하여, 여러분의 두뇌를 컴퓨터처럼 생각해보라. 여러분은 컴퓨터 하드드라이브에 수많은 정보를 저장하였으며, 그 정보를 제대로 관리하기 위하여 위계적 폴더로 체제화하였을 가능성이 있다. 예컨대, 여러분은 '강의'라고 이름 붙인 폴더를 가지고 있으며, 그 폴더 속에 숙제, 강의계획표, 강의자료 등을 저장한 '동기'라고 이름 붙인 하위폴더를 가지고 있을 수 있다.

두뇌도 유사한 체제화 구조를 사용한다. 예컨대, 새에 관하여 가지고 있는 심적 표상을 생각해보라. 여러분은 두뇌에 '새'라는 표지를 붙인 은유적 폴더를 가지고 있으며, 그 속에 '날아다니는 새'라는 표지의 하위폴더와 '날지 못하는 새' 하위폴더를 가지고 있을 수 있다. '날지 못하는 새' 폴더 속에는 다시 열대에 사는 새(예컨대, 타조) 하위폴더와 한대에 사는 새(예컨대, 펭귄) 하위폴더가 포함되어 있을 수 있다. 컴퓨터의 모든 파일들이 여기저기 흩어져있지 않은 것과 마찬가지로, 새에 관한 여러분의 지식도 두뇌 여기저기에 흩어져있지 않다. 오히려 스키마(schema, Piaget, 1952)라고 부르기 십상인 범주들로 묶여있으며 그 범주들은 어떤 개념이 다른 개념에 내포되는 위계로 체제화된다.

정의가 시사하는 바와 같이, 만일 목표가 인지 표상이라면, 목표도 위계로 체제화되어 있을 것이라고 예상할 수 있다(Klein, 1989; Kruglanski et al., 2002; Lord & Hanges, 1987; Srull & Wyer, 1986; Vallacher & Wegner, 2012).

목표 위계 목표 위계(goal hierarchy)란 목표가 광의적이고 추상적인 목표로부터 구체적인 목표 행위에 이르기까지 체제화되어 있는 방식을 지칭한다(Kruglanski et al., 2002; 그림 8.1).

나만의 프로젝트 8.1

목표 위계 만들기

여러분의 나만의 프로젝트 목표를 위한 목표 위계를 만들어보라. 여러분이 나만의 프로젝트 목표를 마무리하였을 때 달성하려는 상위목표는 무엇인가?

그림 8.1

목표 위계에는 세 가지 수준이 있으며, 목표의 근접 측면은 피라미드의 하단에 그리고 목표의 원격 측면은 상단에 위치한다.

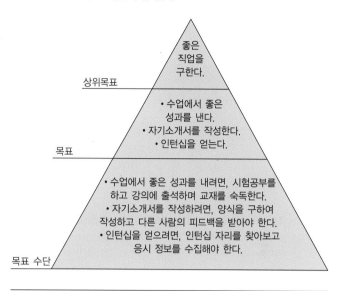

목표 체계 이론 중간 수준의 목표 하나에 초점을 맞추고 있을 때에는 목표 위계를 생성하는 것이 상당히 용이하다. 그렇지만 앞서 언급한 바와 같이, 사람들은 여러 가지 목표를 동시에 추구하기 십상이며, 이러한 다중 목표가 항상 상호 독립적인 것은 아니다. **목표 체계 이론**(goal systems theory, Shah & Kruglanski, 2000; Kruglanski et al., 2002)에 따르면, 여러 목표는 하나의 거대 체계 내에서 상호 연계되어 있기 십상이다(그림 8.2).

다중 목표가 동일한 상위목표에 포함되어있을 때에는 그 목표들이 상호 연결되어 있어서 한 가지 목표의 생각은 다른 목표의 생각으로 이끌어갈 것이라고 예상할 수 있다. 목표 간의 이러한 연결은 그림 8.2에서 목표들을 상호 연결하고 있는 화살표에서 볼 수 있다. 이 사례에서 신체 활동을 증가시킨다는 목표의 생각은 체중 감량이라는 목표의 생각도 활성화시킨다. 두 목표가 건강해지겠다는 동일한 상위목표에 자리 잡고 있기 때문이다.

마찬가지로 동일한 목표에 포함된 여러 수단들도 연결되어 있으며, 그림 8.2에서는 목표 수단들 간의 양방향 화살표로 나타냈다. 예컨대, 체중 감량이 요구하는 행위(예컨대, 헬스클럽 가기)의 생각은 다른 건강 목표를 달성하는 데 요구되는 행위(예컨대, 독감 예방주사 맞기)의 생각도 활성화시킨다. 어떤 목표는 다중 수단을 가지고 있는 반면(예컨대, 목표 2는 세 가지 수단을 가지

그림 8.2 **목표 체계 이론**
여러 목표가 커다란 목표 체계 내에서 상호 연결되어 있다. 목표들 간의 관계는 상호 연결하고 있는 화살표에서 볼 수 있다.

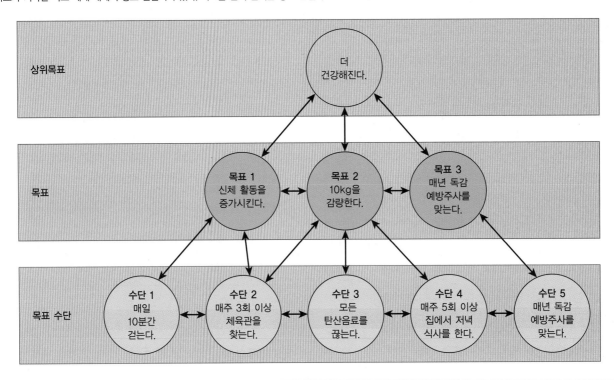

고 있다), 다른 목표는 단 하나의 수단만을 가지고 있다(예컨대, 목표 3).

목표가 달성할 수 있는 방법(즉, 수단)의 수에서 차이를 보인다는 사실을 **등종국성**(equifinality)이라고 부른다(Shah & Kruglanski, 2000; Kruglanski et al., 2002). 어떤 목표가 다중 수단을 가지고 있다는 말은 그 목표를 다양한 방법으로 달성할 수 있음을 의미한다. 예컨대, 체중 감량 목표는 다이어트나 운동량의 변화를 통해서(아니면 심지어 위장 우회수술과 같은 대안을 통해서도) 달성할 수 있다. 따라서 이런 유형의 목표는 등종국성이 높은 목표로 범주화할 수 있다. 반면에 수단이 매우 적거나 한 가지 수단만을 가지고 있는 목표는 등종국성이 낮은 목표로 범주화할 수 있다. 독감 예방주사를 맞거나 마라톤 경기에서 완주한다는 목표는 실제로 그 행동을 통해서만 달성할 수 있다. 따라서 등종국성이 낮은 것이다.

논리적으로 등종국성이 높은 목표는 낮은 목표보다 성취 경로를 더 많이 가지고 있기 때문에, 성공할 가능성이 더 높다. 등종국성이 높은 목표가 더 유연하기 때문이다(Kruglanski et al.,

2002; Mahler, 1933). 만일 여러분이 체중 감량을 시도하고 있는데 발목을 삐었다면, 이 목표를 위한 운동이라는 수단은 더 이상 선택할 수 있는 대안이 되지 못한다. 그렇지만 이 목표를 달성할 수 있는 다른 수단들이 있기 때문에(예컨대, 다이어트), 계속해서 그 목표를 추구할 수 있다. 따라서 목표의 등종국성이 높은 한에 있어서는 특정 수단이 차단될 때 다른 수단으로 대치할 수 있다. 반면에 등종국성이 낮아 그 목표를 달성할 수 있는 방법이 단 하나밖에 없을 때, 그 수단이 차단되면 목표를 추구할 방법이 없게 된다. 만일 여러분이 마라톤 완주를 시도하고 있는데 발목을 삐었다면, 적어도 완치될 때까지는 그 목표를 포기할 수밖에 없다. 따라서 등종국성이 높은 목표는 사람들에게 상당한 유연성을 제공하며, 특히 차질이 발생할 때 그렇다.

비록 등종국성이 높은 목표가 달성 가능성이 더 크다 하더라도, 이 목표는 새로운 딜레마를 야기한다. 목표 추구 방법이 여러 가지라는 말은 사람들이 다양한 수단 중에서 어떤 것을 선택해야만 한다는 것을 의미한다. 그렇다면 어떻게 선택하는 것인가? 목표 체계 이론에 따르면, 다중종국성 원리가 여기에서 작동한다.

다중종국성(multifinality)이란 수단이 적용할 수 있는 목표의 수에서 차이가 있음을 의미한다(Kruglanski et al., 2013). 만일 어떤 수단이 한 번에 하나의 목표에만 적용된다면, 다중종국성이 낮은 것이다. 그림 8.2에서 수단 5는 오직 한 목표에만 적용된다. 반면에, 만일 한 수단이 동시에 다중 목표에 적용된다면, 다중종국성이 높은 것이다. 그림 8.2에서 수단 2는 동시에 두 가지 목표에 적용된다. 따라서 만일 수단 1(하나의 목표에만 적용된다)이나 수단 2(동시에 두 목표에 적용된다) 중에서 선택해야 한다면, 사람들은 수단 2를 선택할 가능성이 높다. 잘 알고 있는 사자성어처럼, '일석이조(一石二鳥)'가 아니겠는가? 다중 목표를 동시에 추구하고 있는 사람은 일반적으로 다중종국성이 높은 수단을 선호한다는 사실을 보여주는 연구들은 이러한 주장과 맥을 같이하고 있다(Huang & Zhang, 2013; Köpetz, Faber, Fishbach, & Kruglanski, 2011).

글쓰기 과제 8.2

낮은 등종국성에도 이점이 있는가?

연구들은 등종국성이 높은 목표(즉, 달성할 수 있는 수단이나 방법이 많이 있는 목표)가 이점을 더 많이 가지고 있음을 보여준다. 그렇다면 여러분은 다양한 방식으로 달성할 수 있는 목표를 갖는 것이 불리할 때도 있다고 생각하는가? 오직 한 가지 방법으로만 달성할 수 있는 목표를 가지고 있는 것이 더 좋은 때나 상황이 있을 수 있겠는가? 이 물음에 답하는 과정에서 여러분은 등종국성이 항상 좋다고 생각하는지를 지적하고, 여러분의 주장을 지지하는 증거나 개인적 사례를 제시하라.

8.2 목표 자질

학습목표 : 목표의 자질을 분석한다.

목표가 동기 과정에서 중요한 역할을 담당하는 것은 명확하다. 그렇지만 목표를 설정하는 것이 자동적으로 그 성취를 보장하지는 않는다. 모든 목표가 등가적이지 않기 때문이다. 그렇지만 여러분이 채택하는 목표 유형이 성공과 실패 여부를 상당 부분 결정할 수 있다. 따라서 목표의 특정 자질은 달성 가능성에 꽤나 영향을 미치게 된다.

∨ 이 절이 끝날 무렵에 여러분은 다음에 답할 수 있을 것이다.

8.2.1 목표 측면에서 기대성 개념과 가치 개념을 설명한다.

8.2.2 목표 측면에서 난이도 개념을 설명한다.

8.2.3 목표 측면에서 명세성 개념을 설명한다.

8.2.4 난이도와 명세성의 결합효과를 기술한다.

8.2.5 목표 측면에서 근접성 개념을 설명한다.

8.2.6 접근 목표와 회피 목표를 대비시킨다.

8.2.7 동기 이외의 요인이 어떻게 수행에 영향을 미치는지를 설명한다.

8.2.1 기대성과 가치

학습목표 : 목표 측면에서 기대성 개념과 가치 개념을 설명한다.

기대성-가치 이론(expectancy-value theory)은 기대성과 가치라는 두 요인의 상호 기능이 행동을 초래한다고 주장한다(Atkinson, 1957; Edwards, 1954; Feather, 1959; Lewin, Dembo, Festinger, & Sears, 1944; Tolman, 1932; Vroom, 1964). 조던 로메로의 경우, 그가 받은 훈련 그리고 아버지가 산악인이라는 사실이 7대륙 최고봉 정복이라는 목표를 달성할 수 있다는 높은 기대성을 제공하였다. 경험이 적거나 역할 모델이 없는 사람은 훨씬 낮은 기대성을 가질 가능성이 높다. 이에 덧붙여서 조던은 7대 최고봉을 오른 최연소자가 되겠다는 목표에 지극히 높은 가치를 부여하였다. 대부분의 사람에게 있어서는 이 목표가 그렇게 가치 있는 것이 아닐 수 있으며, 목숨을 걸 만큼 중요하지는 않을 것이 틀림없다. 따라서 조던의 목표는 기대성과 가치 모두에서 매우 높은 것이었다.

이 이론에 따르면, 사람들은 기대성과 가치가 높은 목표를 추구할 가능성이 크며, 기대성과 가치가 낮은 목표를 추구할 가능성은 낮다. 한 걸음 더 나아가서, 이러한 두 요소는 다음과 같이 곱의 방식으로 결합하는 효과를 나타내는 것으로 보인다.

$$행동 = 기대성 \times 가치$$

이 등식에는 곱셈 기호가 들어있기 때문에, 만일 기대성이나 가치가 0이라면, 행동도 0이 되며 어떤 행동도 나타나지 않게 된다. 예컨대, 만일 어떤 대학생이 특정 과목에서 학점을 받고 통과할 가능성이 없다고 믿는다면(기대성 = 0), 아무리 가치 있는 강의라도 수강신청하지 않을 것이다. 그리고 학위 취득에 도움이 되지 않거나 가치 있는 지식을 제공하지 않는다고 생각한다면(가치 = 0), 아무리 통과할 가능성이 높은 강의라도 수강신청하지 않을 것이다.

기대성과 가치가 모두 높을 때 동기가 최고조에 이른다는 사실을 보여주는 많은 연구들이 이러한 주장과 맥을 같이한다

(Förster, Liberman, & Higgins, 2005; Liberman & Förster, 2012). 기대성과 가치는 모두 **주관적** 평가이며, 그 평가는 개인에 따라 달라질 수 있다는 사실을 명심하는 것이 중요하다. 예컨대, 어떤 학생은 4.0의 평점을 받을 가능성을 높게 지각하는 반면, 다른 학생은 그 가능성을 낮게 판단할 수 있다. 이러한 주관적 본질로 인해서, 연구자들은 사람들의 기대성과 가치 추정을 증가시키거나 감소시키는 요인들을 확인해내고자 시도해왔다.

기대성 추정치 측면에서, 연구들은 다음과 같은 다양한 출처가 영향을 미친다고 제안하고 있다.

1. 목표지향 행동을 수행할 능력에 대한 지각(즉, 자기효능감)
2. 그 행동이 목표 달성을 초래할 것이라는 믿음(즉, 결과 기대성, Bandura, 1997) 또는 좋은 결과가 발생할 것이라는 보편적 믿음(즉, 낙관성, Scheier & Carver, 1985)

가치 추정치 측면에서는 그 답이 더욱 직접적이다. 목표 달성의 이득이 목표 추구의 비용을 압도할 때, 가치를 높게 판단한다(Heckhausen, 1977).

여러분 자신을 동기화시켜라

돈을 걸어도 좋다

사람들은 돈이 걸려있을 때 더 열심히 노력한다(Levitt, List, Neckerman, & Sadoff, 2011). 따라서 목표 달성을 보장하는 한 가지 방법은 그 목표에 돈을 거는 것이다. 여러분은 몇 명의 친구에게 각자 특정 기한까지 달성할 개인 목표를 설정하고, 진 사람이 이긴 사람에게 돈을 주거나 밥을 사도록 제안할 수 있다. 그런데 여러분의 제안에 기꺼이 응할 친구가 없을 때 어떻게 해야 하는가? 다행스럽게도 www.stickk.com과 같은 웹사이트가 문제를 해결해준다. 여러분의 목표와 신용카드를 등록만 하면 된다. 만일 기한 내에 목표를 달성하지 못하면, 여러분의 돈은 제3자에게 가게 되는데, 그 사람은 친구일 수도 있고 적대자일 수도 있고 여러분이 선택한 자선단체일 수도 있다. 여러분의 성공을 정말로 확신하고 싶은가? stickk.com은 여러분의 가치와 '배치되는 자선단체'를 위해 등록할 수도 있게 해준다(예컨대, 보수적 자선단체를 선택하는 진보주의자). 이렇게 하면 목표를 달성하려는 동기를 정말로 불러일으키지 않겠는가!

8.2.2 난이도

학습목표 : 목표 측면에서 난이도 개념을 설명한다.

사람들이 스스로 설정하는 목표가 난이도 수준에서 얼마나 광범위할 것인지 생각해보라. 한 사람은 매일 1km를 달린다는 목표를 설정하는 반면, 다른 사람은 5km 달리기를 추구할 수 있다. 한 학생은 단지 학점 취득만을 원하는 반면, 다른 학생은 A학점을 얻고자 애를 쓸 수 있다. **목표 난이도**(goal difficulty)란 목표를 달성하는 데 요구되는 지식과 재능의 수준을 말한다(Locke, Shaw, Saari, & Latham, 1981).

수많은 연구가 목표 달성에서 목표 난이도의 역할을 검증해왔다. 이 연구들로부터 다음과 같은 두 가지 물음이 도출된다. 첫 번째 물음은 "사람들은 스스로 쉬운 목표를 설정할 가능성이 높은가, 아니면 어려운 목표를 설정할 가능성이 높은가?"이다. 이 물음의 답은 설정하는 목표 유형과 개인 특성에 달려있다. 제6장에서 보았던 바와 같이, 자신의 능력을 증진시키려는 학습 목표를 채택하는 사람은 상대적으로 어려운 목표를 설정할 가능성이 높은 반면, 자신의 능력을 과시하려는 수행 목표를 채택하는 사람은 쉬운 목표를 설정한 가능성이 높다(6.2.1절 참조). 개인의 성격 특질로서 성취동기도 영향을 미친다. 성취동기가 높은 사람은 자신의 유능성을 증진시켜 줄 수 있는 목표를 선호하는데, 그 목표는 가장 쉬운 것이거나 가장 어려운 것이 아니기 십상이다. 목표가 너무 쉬우면, 이미 숙달한 재능에 의존하게 된다. 목표가 너무 어려우면, 자신의 재능을 훌쩍 뛰어넘어 숙달하기가 불가능할 가능성이 있다. 따라서 성취동기가 높은 사람은 적당하게 어려운 목표에 대한 선호를 나타내게 된다(13.2.2절 참조).

두 번째 물음은 "사람들은 쉬운 목표를 달성할 가능성이 높은가, 아니면 어려운 목표를 달성할 가능성이 높은가?"이다. 얼핏 보기에 이 물음에 대한 답은 자명한 것처럼 보인다. 정의상 쉬운 목표를 달성하기 쉽기 때문에, 달성할 가능성도 높아야 한다. 그렇지만 경험적 증거는 상이한 결과를 보여주고 있다. 어려운 목표가 도달하기 더 어렵다고 하더라도, 일반적으로는 더 우수한 성과와 관련되어 있다(Locke & Latham, 1990).

이 사실을 예증하는 한 가지 사례를 살펴보자. 집을 팔려는 2명의 부동산업자가 있다고 가정하자. 업자 A는 매달 12채를 팔겠다는 어려운 목표를 설정한 반면, 업자 B는 매달 2채만을 팔겠다는 쉬운 목표를 설정한다. 업자 B가 먼저 목표에 도달하겠지만, 그 목표를 달성하고자 많은 노력을 경주하지 않을 것이며, 일단 할당량에 도달하면 그만두기 십상이다. 반면에 업자 A는 자신의 목표에 상당한 에너지를 투자할 가능성이 높다. 그리고 비록 목표의 50%만을 달성하였다고 하더라도(즉, 매달 6채 판매), 업자 A의 성과는 업자 B의 성과보다 여전히 3배나 높은 것이다!

사람들은 쉬운 목표보다 어려운 목표를 달성하는 것이 더 큰 이득을 가져온다고 가정하는 경향도 있다(Brehm, Wright, Solomon, Silka, & Greenberg, 1983; Mento, Locke, & Klien, 1992). 따라서 목표가 어려울수록, 목표 추구에 더 많은 에너지와 노력을 경주하게 된다. 만일 어려운 목표가 더 좋은 것이라면, 어떻게 그 목표가 어렵기는 하지만 성공을 담보할 만큼만 어렵다는 것을 확신할 수 있는 것인가? 한 가지 쉬운 방법은 달성 기한을 짧게 하는 것이다. 과학자, 공학자, 사무직 등을 대상으로 수행한 연구들은 모두 짧은 시간제한이 긴 시간제한보다 빠른 작업속도를 초래한다는 사실을 찾아냈다(Andrews & Farris, 1972; Bassett, 1979).

여러분 자신을 동기화시켜라

지나친 욕심을 부리지 말라

여러분은 방금 어려운 목표를 설정하는 사람이 쉬운 목표를 설정하는 사람보다 더 성공적이라는 사실을 보았다. 그렇지만 목표 난이도 효과에는 한계가 있다. 목표가 도전적이어야 하지만, 가능성을 넘어서서는 안 된다. 기대성-가치 이론은 성공에 대하여 높은 기대성을 가질 필요가 있다고 주장한다는 사실을 기억하라. 만일 비현실적으로 높은 목표를 설정하여 자신의 능력을 벗어나게 되면, 실패할 수밖에 없다(Baumeister, Heatherton, & Tice, 1993). 예컨대, 한 연구는 많은 돈(매달 300만 원)을 저축하겠다는 목표를 가진 사람이 적은 액수(매달 30만 원)를 저축한다는 목표를 가진 사람보다 실제로는 시간이 지나면서 더 적은 돈을 저축한다는 결과를 얻었다. 핵심은 중용을 지키는 것이다. 어렵지만 여러분의 실제 능력을 넘어서지 않는 목표를 설정하라(Locke & Latham, 2002).

글쓰기 과제 8.3

쉬운 목표를 선호하는 사람들이 있는가?

포부 수준의 역설에 따르면, 사람들은 계속해서 더 어려운 목표를 설정하는 경향이 있다. 여러분은 모든 사람이 똑같이 이렇게 한다고 생각하는가? 아니면 어떤 사람은 점차적으로 도전거리가 증가하는 목표를 선호하는 반면, 다른 사람은 쉬운 목표를 채택하는 것을 선호한다고 생각하는가? 만일 후자가 옳다고 생각한다면, 어떤 성격 특질이나 개인차가 어렵거나 쉬운 목표를 채택하는 경향성을 설명할 수 있겠는가?

8.2.3 명세성

학습목표 : 목표 측면에서 명세성 개념을 설명한다.

사람들이 목표에 실패하는 한 가지 중요 원인은 먼저 자신의 목표가 무엇인지를 명세화하지 않기 때문이다. 예컨대, 사람들은 새해 결심을 "나는 체중을 좀 줄이고 싶다.", "나는 작가가 되고 싶다.", "나는 더 좋은 성적을 받고 싶다." 등과 같이 추상적으로 진술하기 십상이다. 이러한 진술은 목표를 구체적인 용어로 정의하지 않고 있다. 즉, 목표를 명확하게 정의하는 정도를 나타내는 **목표 명세성**(goal specificity)을 결여하고 있다. 세부 목표는 특정 맥락에서 나타내는 특정 행동이 달성하게 되는 구체적이고 가시적인 보상을 상세하게 기술하는 것이다(예컨대, "신체활동을 늘리기 위해서 매일 20분씩 걷는다."). 반면에 모호한 목표는 세부 행동이나 맥락을 넘어선 추상적이고 보편적인 목표를 반영한다(예컨대, "더 많이 걷는다."). 표 8.1을 참조하라.

한 연구(Earley, Wojnaroski, & Prest, 1987)는 목표 명세성의 중요성을 입증하고 있다. 학생들에게 여러 제품을 광고하는 방법을 결정한 후, 자신의 결정을 정당화하는 진술을 내놓도록 요구하였다. 절반에게는 모호한 목표(즉, "최선을 다하라.")를, 그리고 다른 절반에게는 세부 목표(즉, "각 제품에 대해서 적어도 네 가지 주장을 제시하라.")를 제시하였다. 그 결과를 보면, 세부 목표를 받은 학생들이 모호한 목표를 받은 학생들보다 계획세우기에 더 많은 시간을 할애하고 과제 수행에 더 많은 노력을 경주하였다.

그렇다면 어째서 세부 목표가 목표 달성을 촉진하는 것인가? 다양한 이유가 존재하는 것으로 보인다. 첫째, 효율적인 주의 할당을 가능하게 해준다. 세부적으로 정의한 목표는 수행할 필요가 있는 것에 주의를 기울이게 만들 가능성이 더 높다. 목표를 구체적으로 진술함으로써, 자신이 정말로 달성하고자 원하는 것에 주의를 기울일 수 있다. 둘째, 심리적 자원과 재정적 자원 그리고 시간을 적절하게 사용할 수 있게 해준다. 사람들이 가지고 있는 자원은 무한한 것이 아니기 때문에, 세부 목표는 목표의 우선순위를 결정하는 데 도움을 주며, 정말로 원하는 행위에 자원을 투자할 수 있게 해준다. 셋째, 목표 달성 과정에서 직면하는 다양한 의사결정에 도움을 줄 수 있다. 무엇을 하려는 것인지를 알게 됨으로써, 특정 행위가 목표에 근접하게 만들어줄 것인지를 용이하게 판단할 수 있게 된다. 넷째, 세부 목표의 설정은 그 목표를 향하여 얼마나 효과적으로 다가서고 있는지를 객관적으로 측정할

표 8.1 모호한 목표 대 세부 목표

세부 목표가 모호한 목표보다 우수하다는 사실을 전제할 때, 여러분은 목표가 구체적인 용어로 정의되었다는 사실을 어떻게 확인할 수 있는지 궁금해할 수 있다. 모호한 목표를 세부 목표를 변환시키는 한 가지 가장 쉬운 방법은 목표를 수치로 재진술하는 것이다.

모호한 목표	세부 목표
소설을 쓴다.	매일 2,000단어 분량의 글을 적는다.
	매일 2시간 동안 글쓰기를 한다.
성적을 올린다.	B_0인 평균평점을 B^+로 올린다.
	매일 공부시간을 2시간에서 3시간으로 늘린다.
더 건강해진다.	매일 운동시간을 30분에서 1시간으로 늘린다.
	매일 저녁식사 육류 섭취량을 절반으로 줄이는 대신에 채소 섭취량을 2배로 늘린다.
더 많은 돈을 저축한다.	매일 일과 시작 전에 지갑에서 10,000원을 빼놓고, 월말에 은행에 저금한다.

수 있게 해준다. 다섯째, 세부 목표는 다른 사람과의 소통을 용이하게 만들어준다. 자신이 시도하고 있는 목표를 다른 사람에게 명확하게 전달함으로써, 정말로 필요한 도움을 받을 수 있다.

8.2.4 난이도와 명세성의 결합효과

학습목표 : 난이도와 명세성의 결합효과를 기술한다.

목표 난이도와 명세성은 자체적으로 목표 달성 과정에 영향을 미칠 수 있지만, 둘이 결합되면 목표 달성 가능성을 유의하게 증가시키는 강력한 힘을 발휘한다. 수많은 연구는 어렵고/세부적인 목표가 동기와 수행을 증진시키는 반면, 쉽고/모호한 목표가 동기와 수행을 감소시킨다는 사실을 보여준다. 그리고 어렵고/세부적인 목표는 결과의 양뿐만 아니라 질도 증진시킨다(Latham & Lee, 1986).

목표 난이도와 명세성의 결합효과에 관한 한 가지 사례로 다음 연구를 보도록 하자. 학생들에게 자신이 속한 학과를 개선할 수 있는 많은 방법들을 기술하도록 요구하면서, 쉬운 것에서부터 어려운 것에 이르는 그리고 모호한 것에서부터 세부적인 것이 이르는 목표를 함께 주었다(Locke, Chah, Harrison, & Lustgarten, 1989). 쉽고/모호한 조건의 참가자에게는 '몇 가지 개선책을 적도록' 지시한 반면, 쉽고/세부적 조건의 참가자에게는 '딱 두 가지 개선책만을 적도록' 지시하였다. 마찬가지로 어렵고/모호한 조건의 참가자에게는 '많은 수의 개선책을 적도록' 지시한 반면, 어렵고/세부적 조건의 참가자에게는 '딱 네 가지 개선책을 적도록' 지시하였다. 결과를 보면, 목표가 세부적일 때 난이도 수준이

수행에 가장 큰 영향을 미쳤다(그림 8.3).

목표가 세부적일 때(그림 8.3의 맨 오른쪽 그래프), 목표 난이도의 증가는 목표 수행의 증가를 초래하였다. 따라서 목표 난이도와 명세성은 둘이 결합될 때 수행에 가장 큰 효과를 나타낸다.

이러한 두 가지 이론적 구성체가 어떻게 서로 협응하면서 작동하는 것인지를 이해하기 위해서, 여러분이 자동차 여행을 하고 있으며 목표는 가능한 한 빨리 목적지에 도착하는 것이라고 상상해보라. 수행을 증진하는 한 가지 자질이 자동차 속도이다. 차가

그림 8.3 목표 난이도와 명세성

학생들에게 자신이 속한 학과를 개선할 수 있는 방안을 기술하도록 요구하면서, 과제를 쉽거나 어렵게 만들며 동시에 모호하거나 세부적인 지시를 주었다(Locke et al., 1989). 목표의 명세성이 높을 때 목표 난이도가 가장 일관성 있는 영향을 미쳤다.

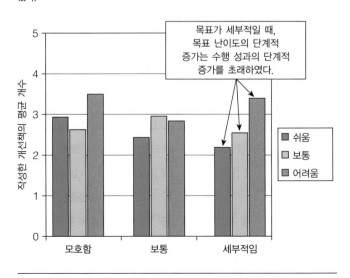

빨리 달릴수록, 목적지에 빨리 도착하게 된다(물론 속도제한 범위 내로 달리는 한에 있어서 그렇다는 말이다). 그렇지만 만일 여러분이 경유지를 확인할 수 있는 좋은 지도를 가지고 있지 않다면, 속도 증가는 전혀 도움이 되지 않을 것이다. 내비게이션을 장착한 자동차를 운전해본 사람은 경유하는 도로를 확인하고 명확한 방향을 선택하는 것이 운전 거리를 크게 줄여준다는 사실을 알고 있다. 따라서 목적지에 신속하게 도달하려면 속도와 방향의 조합이 필요하다. 여러분의 목표를 달성하고자 시도할 때도 마찬가지이다. 어려운 목표는 그 목표를 추구하는 에너지와 노력을 증가시킨다는 점에서 자동차 속도에 비유할 수 있다. 세부 목표는 명확한 방향을 제공한다는 점에서 교통지도나 내비게이션에 비유할 수 있다. 둘이 결합될 때, 목표의 어려움은 행동에 에너지를 공급하며 목표의 명세성은 그 에너지를 올바른 방향으로 이끌어간다.

8.2.5 근접성

학습목표 : 목표 측면에서 근접성 개념을 설명한다.

수수께끼를 풀어보자. 어떻게 하면 코끼리를 먹을 수 있는가?

답은 무엇인가? 한 번에 한 입씩 먹는 것이다.

다시 말해서, 거대하고 불가능한 것처럼 보이는 목표(코끼리를 먹는 것과 같은 목표)를 달성하려면, 더 작고 대처할 수 있는 크기로 쪼개야만 한다. 거대 목표가 사람들을 주눅 들게 만드는 한 가지 이유는 작은 목표보다 달성하는 데 더 많은 시간을 요구하기 때문이다. 50kg의 체중 감량이나 박사학위를 취득하는 것이 특히 어려운 목표인 까닭은 부분적으로 여러 해 동안 노력을 경주하고 몰입할 것을 요구하기 때문이다. 동기 연구문헌에서는 목표를 가까운 미래에 또는 머나먼 미래에나 달성할 수 있다는 아이디어를 **목표 근접성**(goal proximity)이라고 부른다. 먼 미래에나 달성하는 장기 목표를 **원격 목표**(distal goal)라고 부른다. 가까운 미래에 달성하는 단기 목표를 **근접 목표**(proximal goal)라고 부른다(그림 8.4).

목표가 근접해있을수록 그 목표를 달성하려는 동기가 높다는 사실을 입증한 초기 연구자 중 한 사람이 클라크 헐(Clark Hull, 1932)이다. 예컨대, 헐(1932)은 미로를 달리는 배고픈 쥐가 치즈 조각이 놓여있는 목표지점에 접근할수록 달리는 속도를 높인다는 결과를 얻었다. 헐은 목표가 가까워질수록 노력을 증가시키

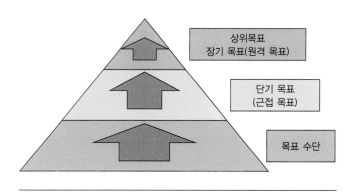

그림 8.4 **원격 목표와 근접 목표**
원격 목표는 먼 미래에 달성하는 목표이며, 근접 목표는 가까운 미래에 달성하는 목표이다.

는 유기체의 이러한 경향성을 지칭하기 위하여 **목표 기울기 가설**(goal-gradient hypothesis)이라는 용어를 사용하였다.

만일 근접 목표가 원격 목표보다 더 많은 동기를 유발한다면, 동기를 증대시키는 한 가지 방법은 커다란 원격 목표(예컨대, 4.0의 평점을 받고 졸업하는 것)를 더 작은 근접 목표(예컨대, 첫 번째 학기에 A학점을 받는 것)로 분해하는 것이다. 예컨대, 조던 로메로가 처음에 7대륙 최고봉을 등반한다는 목표를 선택하였을 때에는 위협적인 것으로 보였을 수 있다. 이렇게 거대하고 먼 미래의 목표를 향한 발걸음을 시작하기 위해서 조던은 보다 작은 목표들로 분해해야만 하였다. 자신의 목표를 분해하는 첫 번째 방법은 한 번에 하나의 산에만 초점을 맞추는 것이었다. 어디에 선가 시작해야 하지 않았겠는가? 조던은 아프리카 킬리만자로부터 시작하였다. 이 산은 해발 5,895m이며, 그의 목록에 들어있는 가장 높은 산(에베레스트)보다 3,000m가 낮았다. 그렇지만 킬리만자로를 등반한다는 목표조차도 더 작은 단위로 분해해야만 하였다. 첫 번째 등반을 준비하기 위하여 모든 등산장비로 가득 채운 배낭을 짊어지고 집 근처 산을 등반하였다. 이렇게 중간 수준의 근접 목표를 하나씩 달성할 때마다 자신의 성취에 만족하였으며, 이러한 긍정적 느낌은 궁극적인 원격 목표에 조금씩 다가설 수 있게 만들어주었다.

연구결과는 목표를 향한 이러한 '코끼리 한 입씩 먹기' 접근을 지지하는 경향이 있다. 작은 근접 목표를 설정하는 사람은 거대한 원격 목표를 설정한 사람보다 더 동기화되며 더 우수한 성과를 나타내는 경향이 있다(Bandura & Schunk, 1981; Latham &

Seijts, 1999; Morgan, 1985).

한 연구에서는 심각한 수학 장애를 보이는 아동들이 7주에 걸친 교육 프로그램에 참여하였다(Bandura & Schunk, 1981). 원격 목표 조건의 아동에게는 7주 동안 42쪽에 걸친 수학문제를 푸는 목표를 채택하도록 지시하였다. 근접 목표 조건의 아동에게는 7주에 걸쳐 매주 6쪽의 수학문제를 푸는 목표를 채택하도록 지시하였다. 세 번째 집단에는 아무런 목표 지시를 주지 않았다. 수학 능력이 얼마나 증진되었는지를 알아보기 위하여 교육 프로그램 실시 전과 후에 모든 아동에게 수학검사를 실시하였다. 그림 8.5에서 볼 수 있는 바와 같이, 근접 목표 조건 아동이 다른 두 조건 아동보다 더 많은 증진을 나타냈다.

또한 근접 목표 조건 아동은 수학 과제에 더 많은 즐거움과 자신의 수학 능력에 더 큰 자신감을 보고하였다. 이러한 결과는 근접 목표가 수행을 주도하는 즉각적인 유인자극을 제공하기 때문에 이점을 갖는다는 사실을 시사한다. 작지만 근접한 목표를 하나씩 달성할 때마다 사람들은 자신의 능력에 만족감과 자신감을 느끼며, 이러한 긍정 정서가 추진력을 발휘하는 것이다.

트로프와 리버먼(Trope & Liberman, 2003)은 목표 근접성이라는 아이디어를 자신들의 **해석 수준 이론**(construal level theory)에서 더욱 확장하였다. 이 이론에 따르면, 원격 목표는 추상적이고 형체가 없는 용어로 생각하는 반면, 근접 목표는 구체적이고

그림 8.5 근접 목표 대 원격 목표
아동들이 수학 능력을 증진시키기 위한 원격 목표나 근접 목표를 채택하거나, 아무런 목표도 세우지 않았다(Bandura & Schunk, 1981). 근접 목표를 채택한 아동이 수학 능력에서 가장 많은 증진을 나타냈다.

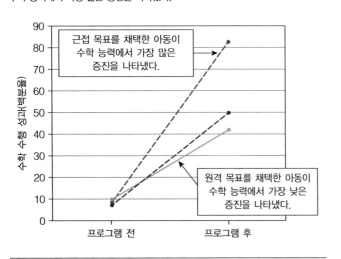

관찰 가능한 용어로 생각하기 십상이다. 예컨대, 7대륙 최고봉을 모두 등정한다는 조던의 원격 목표는 매우 모호한 반면, 모든 등산장비를 짊어지고 인근의 산을 정복한다는 근접 목표는 훨씬 더 세부적이다.

이 주장을 검증하기 위하여, 리버먼과 트로프(1998)는 사람들에게 내일(근접) 또는 내년(원격)에 어떤 행위를 하고 있는 자신의 모습을 상상해보도록 요구하였다. 그 결과를 보면, 근접 행위의 경우에는 사람들이 구체적인 용어로 기술하였다. 그렇지만 원격 행위의 경우에는 추상적인 용어로 기술하였다. 예컨대, '내일 책을 읽는' 행위를 기술할 때에는 "페이지를 넘긴다."와 같은 관찰 가능한 방식으로 기술하였다. 그러나 '내년에 책을 읽는' 행위를 기술할 때에는 "나의 식견을 넓히기 위해 책을 읽는다."와 같이 추상적인 방식으로 기술하였다.

8.2.6 접근 목표 대 회피 목표

학습목표 : 접근 목표와 회피 목표를 대비시킨다.

목표를 생각할 때, 일반적으로 사람들은 어떤 바람직한 결과를 달성하는 것으로 생각한다. 예컨대, 건강해지거나, 저축을 하거나, 아니면 기대수명을 늘리기 위하여 금연하고자 할 수 있다. 그렇지만 접근 목표와 회피 목표 간에 차이가 있다는 사실을 기억하기 바란다. 예컨대, 폐암 가족력이 있는 사람은 폐암에 걸리지 않기 위하여 금연하고자 할 수 있다. 접근 목표와 회피 목표 간의 구분이 유용한 것이기는 하지만, 금연 사례는 많은 목표가 접근(예컨대, 장수)이나 회피(폐암에 걸리지 않는다)의 틀을 가질 수 있다는 사실을 명확하게 보여준다.

접근 목표와 회피 목표는 모두 상당한 동기를 유발할 수 있지만, 상이한 방식으로 행동에 영향을 미친다. 접근 목표는 원하는 결과로 직접 이끌어가는 목표 수단에 초점을 맞추게 하는 경향이 있다. 따라서 목표에 다가가는 행동만을 조장한다. 그렇지만 회피 목표는 원하지 않는 결과로부터 멀어지게 하는 것이라면 어떤 행동에라도 초점을 맞추게 하는 경향이 있다. 따라서 회피 목표는 접근 목표보다 더 혼란스럽고 예측 가능하지 않은 행동을 초래한다(Fujita & MacGregor, 2012; Miller, 1944).

예컨대, 공부를 잘하고 싶은(접근 목표) 학생은 좋은 성적을 얻는 데 필요한 행동(예컨대, 강의에 출석하기, 필기하기, 시험공부하기 등)을 나타낸다(Fujita & MacGregor, 2012; Jones & Berglas,

1978). 반면에 낙제를 피하려는(회피 목표) 학생은 때때로 좋은 행동도 나타내지만 다른 경우에는 비생산적인 행동(예컨대, 강의를 빼먹고 노력을 경주하지 않는 행동)도 나타낸다. 따라서 회피 목표를 채택하는 학생은 접근 목표를 채택하는 학생보다 더 부적응적인 공부 전략을 채택하고 학업 수행도 떨어지게 된다(Elliot, McGregor, & Gable, 1999).

접근 목표와 회피 목표가 상이한 행동을 초래하는 한 가지 이유는 두 목표가 상이한 두뇌 시스템에 의존한다는 사실과 관계가 있다. 그레이(Jeffrey Gray, 1982)에 따르면, 두 가지 대립적인 신경심리 시스템이 정서와 행동을 조절한다. **행동 활성 시스템**(behavioral activation system, BAS)은 전두엽 좌측에 자리하면서 보상에 대한 유기체의 민감도를 조절하는 것으로 보인다(Davidson, 1992). 녹색 신호등과 마찬가지로, BAS는 언제 다가가야 하는지를 알려준다. 따라서 맛있는 디저트가 앞에 있거나 소개팅에서 매우 매력적인 사람을 만날 때, BAS가 활성화된다.

대립적인 힘인 **행동 억제 시스템**(behavioral inhibition system, BIS)은 전두엽 우측에 자리하면서 처벌에 대한 유기체의 민감도를 조절하는 것으로 보인다(Davidson, 1992). 빨간 신호등과 마찬가지로, BIS는 언제 정지해야 하는지를 알려준다. 따라서 개가 으르렁거리는 소리를 듣거나 낭떠러지 앞에 섰을 때, BIS가 활성화된다.

이러한 두 가지 두뇌 시스템은 함께 작동하여 유기체를 생존과 안녕에 필요한 자극(예컨대, 음식과 생식)으로 이끌어가고 생존과 안녕을 위협하는 자극(예컨대, 고통과 죽음)에서 멀어지도록 만든다. 따라서 BAS는 접근 목표와 관련된 반면, BIS는 회피 목표와 관련된 것으로 보인다.

BAS와 BIS 논의를 마무리하기에 앞서, 지적해야 할 두 가지 중요 사안이 있다.

- 첫째, 처음에는 BAS를 보상에 민감한 것으로 그리고 BIS를 처벌에 민감한 것으로 정의하였지만(Gray, 1970), 최근 접근은 이러한 시스템들을 약간 다르게 정의하고 있다. 최근에는 일반적으로 BAS를 긍정 자극에 민감한 시스템으로 그리고 BIS를 부정 자극에 민감한 것으로 받아들이고 있다(Elliot & Thrash, 2010; Harmon-Jones, 2003).

- 둘째, 사람들은 모두 BAS와 BIS를 가지고 있지만, 두 시스템의 강도에 있어서 차이를 보인다(Smits & Boeck, 2006). 어떤 사람은 접근 목표에 민감한 반면, 다른 사람은 회피 목표에 더 민감하다.

BAS와 BIS를 개관하려면 표 8.2를 참조하라.

8.2.7 비동기적 요인

학습목표 : 동기 이외의 요인이 어떻게 수행에 영향을 미치는지를 설명한다.

지금까지는 동기를 증가시킴으로써 목표 달성 가능성을 높이는 여러 가지 목표 자질을 살펴보았다. 그렇지만 수행은 동기에만 의존하는 것이 아니다. 재능 수준, 훈련, 개인교습, 자원 등을 포함하여 여러 가지 다른 자질들도 과제 수행에 영향을 미친다(Csikszentmihalyi, 1982; Locke & Latham, 1984). 다시 말해서 목표를 달성하려는 동기를 가지고 있다고 해서, 반드시 그 목표를 달성하는 것은 아니다.

예컨대, 여러분 친구가 프로 농구선수가 되고 싶어 한다고 상상해보라. 동기가 아무리 높다고 하더라도, 이 목표를 달성하기 위한 그의 능력은 부분적으로 신장, 운동재능, 좋은 코치의 존재

표 8.2 **BAS와 BIS 개관**

	행동 활성 시스템(BAS)	행동 억제 시스템(BIS)
자극 민감도	긍정 자극에 민감하다.	부정 자극에 민감하다.
목표 방향	원하는 것을 향한 행동을 수반하는 목표가 주도한다.	원하지 않는 것으로부터 멀어지는 행동을 수반하는 목표가 주도한다.
사례	후식으로 보상받을 때 채소를 먹을 가능성이 높은 아동	A학점을 받았을 때 부모의 자부심을 즐기는 것보다는 D학점을 받았을 때 부모의 실망에 대한 두려움으로 동기화되는 학생

등에 달려있다. 그렇지만 만일 두 사람이 상응할만한 재능과 훈련 그리고 자원을 가지고 있다고 가정한다면, 어렵지만 세부적인 근접 목표를 설정한 사람이 이러한 목표 자질을 결여하고 있는 사람을 압도할 가능성이 높다.

어떤 목표 자질이 가장 중요한가?

이 절에서 여러분은 동기와 수행을 결정하는 데 있어서 목표 기대성, 가치, 난이도, 명세성, 근접성 등의 중요성을 공부하였다. 여러분은 이 모든 것 중에서 어느 것이 가장 영향력 있는 자질이라고 생각하는가? 이 물음에 답할 때, 여러분이 과거에 성공적이었던 목표 하나를 생각하고, 성공이 그 자질과 얼마나 관련되었는지를 나타내보라.

8.3 목표 몰입

학습목표 : 동기에서 목표 몰입의 중요성을 설명한다.

목표의 정의에는 사람들이 달성하고자 몰입한 결과라는 의미가 포함되어 있음을 기억하라. 그렇지만 모든 사람은 목표를 설정하였지만 많은 노력을 경주하지 않았던 적이 있음을 증언할 수 있다. 새해 결심을 세웠지만 한 달도 지나지 않아서 포기하였거나, 다이어트를 시도하였지만 일주일도 계속하지 못하였을 수 있다. 이러한 경험은 목표 몰입이 어려울 수 있다는 사실을 알려준다. 어떤 사람은 목표에 깊이 몰입하는 반면, 다른 사람은 그렇지 못하다. 심지어는 동일인도 목표에 따라서 가변성을 보이며, 어떤 목표에는 더 많이 몰입하기도 한다.

목표 몰입(goal commitment)이란 목표를 추구하려는 의도를 형성하는 과정을 지칭한다(Burkley, Anderson, Curtis, & Burkley, 2013; Sheeran & Webb, 2012). 높은 수준의 몰입은 사람들이 목표를 추구하는 데 자원(시간, 노력, 경비 등)을 기꺼이 투자하고, 그 목표를 달성할 때까지 포기하지 않는 것을 함축하고 있다(Burkley et al., 2013; Fishbach & Dhar, 2005; Jostmann & Koole, 2009; McCaul, Hinsz, & McCaul, 1987; Oettingen et al., 2009; Shah & Higgins, 1997; Zeigarnik, 1938). 몰입은 목표 정의의 한 부분이기 때문에, 어떤 것을 목표라고 생각하려면 최소한의 몰입 수준이 필요하다(Heckhausen & Gollwitzer, 1987; Gollwitzer, 2012). 그렇다고 해서 모든 사람이 자신의 목표에 똑같이 몰입한다는 것을 함축하지는 않는다. 사람들은 목표 몰입에서 상당한 차이를 보일 수 있다. 그렇지만 여러분도 예상하는 바와 같이,

목표에 몰입할수록 그 목표를 달성할 가능성이 높아진다(Klein, Wesson, Holenbeck, & Alge, 1999; Sheeran, 2002).

▼ 이 절이 끝날 무렵에 여러분은 다음에 답할 수 있을 것이다.

8.3.1. 목표 몰입의 원인과 결과를 분석한다.

8.3.2. 목표 몰입을 부양하는 데 사용하는 심적 전략을 설명한다.

8.3.3. 진행 중인 목표에 몰입하게 만드는 요인들을 기술한다.

8.3.1 목표 몰입의 원인과 결과

학습목표 : 목표 몰입의 원인과 결과를 분석한다.

대부분의 목표 몰입 연구는 다음 두 가지 물음의 답을 추구해 왔다.

1. 어떤 요인이 목표 몰입을 증가시키는가?
2. 목표 몰입은 목표 추구 과정에 어떤 효과를 미치는가?

원인에 관한 첫 번째 물음과 관련하여, 목표 몰입 수준에 영향을 미치는 것으로 밝혀진 여러 요인들이 있다. 여러분은 이 장에서 이미 기대성과 가치(Shah & Higgins, 1997) 그리고 등종국성(Kruglanski, Pierro, & Sheveland, 2011) 등을 포함한 여러 가지 요인을 공부하였다.

예컨대, 한 연구(Kruglanski et al., 2011)는 등종국성이 목표 몰입에 어떤 영향을 미치는지를 살펴보았다. 참가자들은 두 가지 작업 관련 목표(예컨대, 컴퓨터 지식을 증가시키고, 과제를 제시간에 마무리하는 것)를 설정하였다. 그런 다음에 한 목표에 대해서는 한 가지 수단을 적고, 다른 목표에 대해서는 적어도 세 가지 수단을 적도록 요구하였다. 결과를 보면, 참가자들이 단 한 가지 수단보다는 여러 가지 수단을 기술하였던 목표에 더 몰입하였다. 따라서 목표를 달성할 수 있는 여러 가지 방법이 있다고 느낄 때, 기대성이 높으며 더 몰입하게 된다.

결과에 관한 두 번째 물음과 관련하여, 몰입 수준이 높은 사람은 다음과 같은 특성을 보일 가능성이 더 높다.

1. 어려운 목표의 수행이 우수하다(Klein et al., 1999).
2. 목표를 향한 노력을 경주한다(McCaul, Hinsz, & McCaul, 1987).
3. 역경이나 실패에 직면하더라도 목표를 계속 추구한다(Klinger, 1975; Zeigarnik, 1938).

4. 목표 부합 행위를 지속한다(Fishbach & Dhar, 2005).
5. 유혹에 저항한다(Fishbach, Friedman, & Kruglanski, 2003).
6. 목표를 달성한다(Wofford, Goodwin, & Premack, 1992).

나만의 프로젝트 8.2
여러분의 몰입을 증가시켜라
여러분 목표의 등종국성이 높을수록(즉, 더 많은 수단을 가지고 있을수록), 그 목표에 몰입할 가능성이 더 높다. 여러분이 나만의 프로젝트 목표를 달성할 수 있는 모든 방법(즉, 수단)을 기술해보라. 가능한 한 많은 수단을 기술해보라. 수단을 많이 기술할수록, 그 목표에 더 몰입하게 될 것이다.

8.3.2 목표 몰입을 고양하는 심적 전략

학습목표 : 목표 몰입을 부양하는 데 사용하는 심적 전략을 설명한다.

이러한 목표 자질에 덧붙여서, 특정 심적 전략을 사용함으로써 목표 몰입을 부양할 수 있다. 심리학 연구는 목표 추구 과정에 수반된 세 가지 심적 전략, 즉 공상하기, 현실 따져보기, 그리고 심적 대비하기를 확인해왔다. 어떤 전략은 다른 전략보다 목표 몰입에 더 많은 도움을 준다.

삶에서 원하는 것을 생각할 때, 사람들은 어떤 긍정적인 미래에 관하여 공상하기 십상이다. 예컨대, 로또의 엄청난 당첨액수가 뉴스거리로 등장할 때마다 사람들은 자신이 당첨되면 어떨지, 그 돈을 모두 어디에 쓸 것인지 또는 지금의 직업을 그만두게 될 것인지 등에 대해 백일몽을 꿀 가능성이 있다. 긍정적 미래에 대한 이러한 심적 정교화를 **공상하기**(indulging)라고 부른다(Oettingen, Mayer, Thorpe, Janetzke, & Lorenz, 2005). 사람들은 공상하기를 좋아하지만, 문제는 그러한 공상하기가 사람들로 하여금 공상하는 미래를 마음속에서 즐기도록 유혹함으로써, 공상한 내용을 어떻게든 제대로 엮은 목표로 전환해야겠다는 생각을 적게 갖도록 만든다는 것이다. 이러한 이유로 인해서 공상하기는 목표 몰입을 증가시키는 것이 아니라 감소시키는 것으로 보인다.

현실 따져보기(dwelling)는 공상하기와 반대로 현재의 부정적 측면들을 꼼꼼하게 살펴보고 따져보는 것이다. 예컨대, 로또에 당첨될 확률은 벼락에 맞아 사망할 확률보다도 낮기 때문에 당첨될 가능성이 거의 없다는 것을 인식할 수 있다. 로또에 당첨된 사

람들이 겪은 엄청난 후유증 일화가 떠오를 수 있다. 친척과 친구들의 막무가내 도움 요청, 정체를 알 수 없는 단체나 기관의 무리한 요구, 절도범의 침입 위험성, 당첨금을 흥청망청 사용한 끝에 패가망신한 사례 등 말이다. 그 결과, 현실 따져보기도 공상하기와 마찬가지로 목표 몰입을 증가시키는 것이 아니라 감소시키는 것으로 보인다.

요컨대, 단지 바람직한 미래만을 공상하거나 아니면 현재의 부정적 측면만을 생각하는 것은 목표 몰입에 별 도움을 주지 못한다. 그렇지만 **심적 대비하기**(mental contrasting), 즉 바람직한 미래를 상상한 다음에 부정적인 현재도 생각해보는 것은 중요한 목표에의 몰입을 부양할 수 있다. 다시 말해서 희망과 꿈을 현실로 전환하는 데 도움을 줄 수 있다. 심적 대비하기 전략을 사용하게 되면, 부정적 현재를 미래 소망의 걸림돌로 간주하게 되는데, 만일 그 장애물을 극복할 수 있는 것으로 평가하게 되면 목표를 향한 행위를 위한 에너지가 충만하게 된다. 반면에 그 장애물을 극복할 수 없는 것으로 평가하게 되면, 시간과 노력의 낭비가 될 가능성이 높은 그 목표를 단념하게 된다.

이러한 세 가지 심적 전략 중에서, 어느 것이 가장 잘 작동하는가? 공상 실현 이론(Oettingen, Mayer, Thorpe, Janetzke, & Lorenz, 2005)에 따르면, 심적 대비하기가 몰입을 증가시키는 최선의 전략이며, 수많은 연구가 이 주장을 지지하고 있다.

예컨대, 초등학생에게 2주에 걸쳐 15개 단어의 정의를 기억하도록 요구하면서, 잘 해내면 사탕 한 봉지를 받게 될 것이라고 알려주었다(Gollwitzer, Oettingen, Kirby, & Duckworth, 2011). 모든 아동에게 자신이 기억 검사를 잘 해내서 상을 받는 최선의 장면을 적어보도록 요구하였다(즉, 공상하기). 그런 다음에 절반의 아동에게는 검사를 잘 수행해내는 두 번째로 멋진 장면을 적어보도록 요구한 반면(즉, 다시 공상하기), 다른 절반에게는 검사를 잘 수행하고 상을 받는 것을 방해하는 행동을 적어보도록 요구하였다(즉, 현실 따져보기). 다시 말해서 첫 번째 집단은 공상하기만 두 번 반복한 반면, 두 번째 집단은 심적 대비하기(즉, 공상하기와 현실 따져보기)를 수행하였다.

심적 대비하기를 수행한 아동이 좋은 수행에 대한 높은 기대성을 보고하였으며, 실제로 공상하기만 반복하였던 아동보다 수행이 35% 더 우수하였다. 다른 연구들은 심적 대비하기를 수행한 사람이 수학을 잘 해내겠다는 목표, 외국어를 배운다는 목표

표 8.3 목표 몰입을 부양하는 심적 전략의 개관

심적 전략	수반된 내용	사례
공상하기	긍정적인 미래를 상상한다.	만일 10kg을 감량하면 얼마나 행복할지를 상상한다.
현실 따져보기	현재의 부정적 측면을 자각한다.	체중을 감량할 수 없는 모든 이유에 주의를 기울인다.
심적 대비하기	긍정적인 미래를 상상한 후에, 그러한 미래에 도달하는 데 방해가 되는 현실의 문제를 생각한다.	우선 10kg을 감량하면 얼마나 행복할지를 상상한 후에, 현재 체중 감량 목표를 방해하는 요인들에 초점을 맞춘다.

또는 대인관계 문제를 해소한다는 목표를 포함하여 다양한 유형의 목표에 걸쳐서 더 깊은 목표 몰입을 보여준다는 사실을 보여주었다(Oettingen & Gollwitzer, 2001; Oettingen, Hönig, & Gollwitzer, 2000).

심적 대비하기가 목표 몰입을 증가시키는 이유는 무엇인가? 심적 대비하기가 사람들을 신명 나게 만들고 목표에 투여할 에너지를 공급해줄 수 있기 때문이다. 일련의 연구에서 심적 대비하기를 수행한 사람들이 에너지가 더 충만하다고 보고하였으며, 실제로도 혈압 증가와 같이 더 높은 생리적 각성을 나타냈다(Oettingen et al., 2009). 중요한 사실은 심적 대비하기에 따른 에너지 증가가 나중에 목표를 달성하는 데 일익을 담당하는 것으로 나타났다는 점이다. 그렇지만 심적 대비하기가 쉽게 나타나지 않는다는 사실을 지적할 필요가 있다. 공상한 긍정적 내용을 현재의 장해물과 대비시키는 데에는 노력이 필요하다. 실제로 뇌자도(MEG) 등을 사용하여 두뇌 활동을 측정한 연구는 공상하기와 비교할 때, 심적 대비하기가 문제해결과 관련된 두뇌영역의 높은 활성화를 초래한다는 결과를 얻었다(Achtziger, Fehr, Oettingen, Gollwitzer, & Rockstroh, 2009). 소파에 앉아 긍정적 미래를 공상해보는 것은 쉬운 일이다. 그렇지만 어떻게 하면 공상한 미래에 도달할 수 있을지를 따져보는 데에는 상당한 심적 에너지가 필요한 것이다.

표 8.3은 목표 몰입을 부양하는 심적 전략을 개관하고 있다.

8.3.3 진행 중인 목표에의 몰입

학습목표 : 진행 중인 목표에 몰입하게 만드는 요인들을 기술한다.

지금까지 언급한 모든 요인들이 목표 몰입에 영향을 미치는 까닭은 목표에 몰입하겠다는 최초의 결정에 영향을 미치기 때문이

다. 그러나 최근 연구자들은 몰입이 어떤 단일 시점에서만 일어나는 것이 아니라고 주장한다(Burkley et al., 2013; Novaceck & Lazarus, 1990; Shah, Friedman, & Kruglanski, 2002). 오히려 몰입을 전체 목표 경험에 걸쳐 오르내리는 역동적인 동기 과정으로 볼 수 있다는 것이다. 여러분이 처음에 목표를 추구하기 시작할 때 깊게 몰입했다는 사실이 몇 달이 지난 후에도 여전히 몰입하고 있을 것을 보장해주지는 않는다. 만일 이러한 주장이 사실이라면, 진행 중인 목표에 대한 몰입에 영향을 미치는 부가적인 요인들이 있을 가능성이 있다.

이 주제를 다루기 위하여 버클리와 동료들(Burkley, Anderson, Curtis, & Burkley, 2013)은 새로운 목표 몰입 모형을 제안하였는데, 이 모형은 관계 몰입 모형으로부터 개념들을 도입하여 목표 몰입에 확장시킨 것이다. 이 모형에 따르면, 세 가지 요인, 즉 목표 만족도, 목표 투자량, 그리고 대안 목표가 사람들이 목표에 몰입하는 정도에 영향을 미친다.

목표 만족도(goal satisfaction)란 목표 추구와 관련된 긍정 정서를 지칭한다. 만족도는 전반적인 목표 진행 과정에 대한 사람들의 평가를 나타낸 것으로 생각할 수 있다. 사람들이 목표를 향하여 좋은 진전을 보이고 있다고 느낄 때 만족도가 높으며, 좋은 진전을 보이지 못하고 있다고 느낄 때 만족도가 낮다. 다시 말해서 쾌와 긍정 정서라는 측면에서 자신의 목표에 만족할수록, 목표 몰입은 증가하게 된다.

목표 투자량(goal investment)이란 사람들이 자신의 목표를 추구하는 데 할당한 자원(예컨대, 시간, 에너지, 노력, 비용 등)의 양을 말한다. 예컨대, 특정 행위에 이미 많은 비용을 투자한 사람은 그 투자가 낭비한 것이 아님을 입증하기 위하여 그 행위를 계속할 가능성이 높은 것(매몰비용 효과)과 마찬가지로, 자신의 목표에 이미 많은 자원을 투자하였을수록, 사람들은 자신의 시간과

에너지가 헛된 것이 아니었음을 확신하는 수단으로 목표에 더욱 몰입하게 된다.

대안 목표(goal alternative)란 현재의 목표를 간섭하는 갈등적 목표의 존재를 말한다(Shah, Friedman, & Kruglanski, 2002). 사람들은 어느 한 시점에도 다양한 목표를 추구하고 있기 십상이기 때문에, 제한된 자원을 어느 것에 투여할 것인지를 결정할 때 다중 목표 사이에서 균형을 유지해야만 한다(Muraven, Shmueli, & Burkley, 2006). 만일 현재 추구하고 있는 목표가 동시에 추구하고 있는 또 다른 목표의 달성을 방해하게 되면, 목표 갈등이 발생한다(Emmons, King, & Sheldon, 1993). 성공적인 목표 추구는 대안 목표에 대처하는 방식에 달려있으며, 목표 몰입이 높은 사람들이 더 적절하게 대처하는 것으로 보인다. 그렇지만 일반적으로는 대안 목표가 많을수록 그리고 자원을 많이 요구할수록 현재 목표에의 몰입은 방해를 받게 된다.

글쓰기 과제 8.5

만족도, 투자, 그리고 과거 실패에 대한 대안

여러분이 과거에 달성하는 데 실패한 목표 하나를 생각해보라. 체중 감량을 시도했다가 실패하였을 수 있다. 새로운 취미나 외국어 또는 운동이나 악기를 배우고자 시도하였다가 포기하였을 수도 있다. 목표가 무엇이었든지 간에, 만일 여러분이 그 목표를 달성하는 데 더 몰입하였더라면 더욱 성공적이었을 가능성이 있었다. 그렇다면 만족도, 투자, 대안이라는 세 가지 요인 중에서 어느 것이 과거 목표에 몰입하는 것을 가장 많이 방해하였겠는가? 이 물음에 답하면서, 여러분의 분석을 지지하는 구체적인 사례를 제시해보라.

나만의 프로젝트 8.3

만족도, 투자, 대안

버클리와 동료들(2013)의 모형 원리를 나만의 프로젝트 목표에 적용해보자.

1. 잠시 시간을 내서 지금까지 여러분의 나만의 프로젝트 목표에서 얼마나 진전이 있었는지를 생각해보라. 지금까지의 진척에 얼마나 만족하는지를 10점 척도(1 : 전혀 아니다, 10 : 상당한 진척이 있었다)에 나타내보라.
2. 여러분은 나만의 프로젝트에 얼마나 많은 자원을 투자하였는가? 투자량을 10점 척도(1 : 전혀 투자하지 않았다, 10 : 상당한 투자를 하였다)에 나타내보라.
3. 나만의 프로젝트에 몰입하는 데 방해를 주는 대안 목표들이 존재하는가? 그 대안 목표들과 갈등을 일으킨 정도를 10점 척도(1 : 방해가 전혀 없었다, 10 : 상당한 방해가 있었다)에 나타내보라.
4. 이제 세 가지 진단에 근거할 때, 여러분은 진행 중인 나만의 프로젝트에 얼마나 몰입하고 있다고 생각하는가?

8.4 동기 과정

학습목표 : 동기 과정의 국면을 분석한다.

이제 여러분이 (앞에서 언급한 목표 자질들에 기반하여) 올바른 목표를 채택하였으며, 그 목표를 달성하고자 완전히 몰입하고 있다고 가정해보자. 그다음에는 무슨 일이 일어나겠는가?

목표를 채택하고 나면, 여러분을 목표 충족으로 나아가는 길로 이끌어가는 복잡한 동기 과정이 시작된다. 많은 점에서 동기 과학은 목표의 선택과 수행 사이에서 일어나는 과정을 밝히는 것이다. 이러한 복잡한 과정을 보다 잘 이해하기 위하여 몇몇 연구자는 그 과정을 몇 개의 동기 국면으로 분해해왔다.

▼ **이 절이 끝날 무렵에 여러분은 다음에 답할 수 있을 것이다.**

8.4.1 동기의 네 가지 국면을 기술한다.
8.4.2 두 가지 유형의 목표 마음자세를 기술한다.

8.4.1 동기의 네 가지 국면

학습목표 : 동기의 네 가지 국면을 기술한다.

동기 과정을 분해하는 한 가지 방법은 루비콘 모형(Rubicon model)의 네 가지 특징적 국면(phase)으로 분해하는 것이다(Gollwitzer, 1990, 2012; 그림 8.6). '루비콘 모형'이라는 이름은 잘 알려진 바와 같이 시저가 되돌아갈 수 없는 지점인 루비콘강을 건넜다는 이야기에서 따온 것이다.

루비콘 모형은 동기 과정과 자발적 행위 과정 그리고 평가 과정을 구분한다. 동기 국면과 행위 국면 그리고 평가 국면 간에 명확한 경계가 존재한다는 것이다. 첫 번째 경계는 결정 이전 국면의 동기 과정을 결정 이후 국면의 자발적 행위 과정과 분리한다. 또 다른 경계는 행위의 시작과 마무리 간에 그리고 행위 후 결과의 평가 간에 존재한다. 이 모형은 다음과 같은 네 가지 물음을 다루고 있다(Achtziger & Gollwitzer, 2010).

1. 사람들은 어떻게 목표를 설정하는가?
2. 사람들은 목표 수행을 어떻게 계획하는가?
3. 사람들은 목표를 어떻게 추구하는가?
4. 사람들은 특정 목표를 달성하기 위한 자신의 노력을 어떻게 평가하는가?

루비콘 모형은 각 물음에 해당하는 네 가지 국면을 설정하

그림 8.6 루비콘 모형
'루비콘'은 목표 과정에서 되돌아갈 수 없는 시점을 나타낸다.

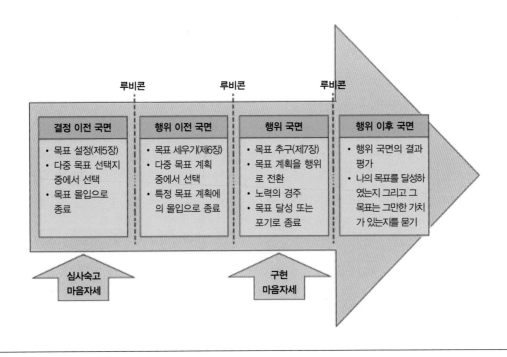

고 있으며, 일단 특정 국면을 벗어나면 다시는 앞선 국면으로 되돌아갈 수 없다고 주장한다. 첫 번째 단계가 결정 이전 국면(predecisional phase)이다. 사람들은 헤아릴 수 없이 많은 소망, 공상, 욕망을 가지고 있기 십상이지만, 현실적으로 이 모든 것들을 목표로 채택할 수는 없다. 따라서 가능한 목표들 중에서 추구할 목표를 선택해야만 한다. 두 번째 국면으로 넘어가기 위해서는 결정 이전(또는 목표 설정) 국면에서 목표 선택의 문제를 해결해야만 한다. 선행 절에서 언급한 바와 같이, 기대성, 가치, 난이도, 명세성, 근접성 등과 같은 자질이 높은 목표를 이 국면에서 선택하는 것이 최선이다. 두 번째 단계가 행위 이전 국면(preactional phase)이다. 선택한 목표를 달성하기 위한 행위를 수행하기에 앞서, 목표에 대한 계획을 세워야 한다. 아무런 계획도 없이 무작정 목표를 달성하고자 시도하는 것은 사상누각이 될 수밖에 없다. 세 번째 단계는 행위 국면(actional phase)이다. 이제 계획에 근거하여 목표를 효율적으로 달성할 수 있는 자발적 행위를 수행하는 것이다. 목표에 몰입하여 시간과 노력을 비롯한 가용한 자원을 투자해야 한다. 마지막으로 네 번째 단계가 행위 이후 국면(postactional phase)이다. 여기서는 실제로 목표를 달성하였는지

그리고 그 목표는 그만한 가치가 있는 것인지 등에 근거하여 행위 국면의 결과를 평가한다.

8.4.2 목표 마음자세

학습목표 : 두 가지 유형의 목표 마음자세를 기술한다.

골위처(Peter M. Gollwitzer, 1990)는 상이한 국면이 상이한 사고방식을 필요로 한다고 제안함으로써, 국면의 개념을 더욱 확장하였다. 그는 이러한 보편적인 인지 지향성을 마음자세(mindset)라고 지칭하였으며, 동기 과정에서 작동하는 두 가지 유형의 마음자세가 존재한다고 주장하였다.

각 마음자세는 특정 국면에서 출현하며, 그 국면에 필요한 행동을 촉진하는 자질들을 가지고 있는 것으로 간주한다. 사람들이 해당 국면에 상응하는 마음자세를 가지고 있을 때, 수행은 촉진되며 목표를 완수할 가능성도 더 높아진다.

심사숙고 마음자세 심사숙고 마음자세(deliberative mindset)는 결정 이전 국면과 상응하며(그림 8.6 참조), 열린 마음이라는 특징을 나타낸다(그림 8.7).

그림 8.7 심사숙고 마음자세 대 구현 마음자세

심사숙고 마음자세	구현 마음자세

• 열린 마음
• 각 목표의 장단점에 대한
  현실적 분석
• 자기에 관한 정확한 견지
• 결정 이전 국면(목표 설정)에
  서 이상적
	• 닫힌 마음
	• 선택한 목표에 대한 명백한
	  낙관적 견해
	• 자기에 관한 지나친 낙관적
	  견지
	• 행위 국면(목표 추구)에서
	  이상적

결정 이전 국면은 추구할 목표의 결정을 수반하기 때문에, 충분한 정보에 근거한 결정을 내리는 데 도움을 주는 인지적 접근이 필요하다. 최대의 정보를 얻기 위해서는 열린 마음을 유지하면서 하나의 목표를 결정하기에 앞서 다양한 목표를 고려해보아야만 한다. 또한 현실적이고 객관적으로 각 목표 선택의 장단점을 따져보는 것도 중요하다.

어떤 경력을 추구할 것인지를 결정하고자 시도하는 학생을 생각해보자. 좋은 선택을 담보하기 위해서는 다음과 같아야만 한다.

1. 여러 가지 상이한 경력 선택지를 고려해야 한다.
2. 각 경력 선택의 장단점을 모두 찾아보아야 한다.
3. 자신이 할 수 있는 것과 할 수 없는 것에 대한 현실감각을 가지고 있어야 한다.

예컨대, 공학과 의학 분야 경력을 고려하고 있으며 의학 분야가 더 많이 성장할 것을 알고 있다면, 그 정보는 좋은 결정을 내리는 데 도움을 줄 것이다. 마찬가지로 만일 학구적인 인물이 아니라면, 박사학위를 필요로 하는 경력의 추구를 피해야 한다. 만일 피가 흐르는 장면이 비위에 거슬린다면, 의학 분야의 추구를 피해야만 한다. 경력 선택과 자기 능력의 장단점에 대한 현실감각을 갖는 것이 이러한 심사숙고 마음자세에서 핵심을 이룬다.

이러한 심사숙고 마음자세를 취하는 것이 꽤나 용이한 것처럼 보일지 모르겠으나, 자신에 대해서 객관적 견지를 취하는 것은 어렵기 십상이다. 사람들은 자신의 능력을 지나치게 긍정적으로 바라보는 경향이 있기 때문에(즉, 긍정 착각), 결정 이전 국면에서 이러한 경향성을 억제하고 자신의 능력에 대해 솔직하고 현실적이어야만 한다.

구현 마음자세 구현 마음자세(implemental mindset)는 행위 국면과 상응하며(그림 8.6 참조), 닫힌 마음의 특징을 보인다(그림 8.7 참조). 동기 과정의 이 국면에서는 이미 목표를 선택하였기 때문에 목표지향 행동의 시작을 촉진하는 인지적 접근이 필요하다. 열린 마음 접근을 계속해서 사용하는 것은 선택한 행위 과정에서 벗어나게 만들 수 있기 때문에 닫힌 마음 접근이 필요한 것이다.

앞에서 기술한 학생이 마케팅에서 경력을 추구하기로 결정하였다고 가정해보자. 일단 이 목표를 선택하고 마케팅 학위를 위한 강의를 수강하기 시작하였다면, 자신의 결정에 의문을 제기하는 것은 상처만을 남길 뿐이다. 경력 목표 달성을 담보하기 위해서는 다음과 같이 해야만 한다.

1. 앞에서 고려하였던 다른 모든 경력 선택지를 잊어버려야 한다.
2. 부정적 정보를 피하고 자신의 경력 선택에 관하여 긍정적 정보만을 추구해야 한다.
3. 그 경력 목표를 달성할 자신의 능력에 대해 지나칠 만큼 낙관적이어야 한다.

닫힌 마음자세를 취하면서 지나칠 만큼 긍정적인 접근을 채택하는 것은 자신이 결정한 행위에 계속 매달리면서 목표를 달성할 가능성을 증가시키게 된다.

만일 두 마음자세 간의 차이가 여전히 불명확하다면, 데이트하는 시나리오 맥락에서 이것을 생각해보도록 하자.

한 여자가 우연히 여러 남자와 데이트를 하게 되었는데, 장기적인 관계를 위해서 어떤 남자가 최선의 선택인지를 결정해야만 한다고 상상해보라. 이러한 결정 이전 단계에서는 모든 남자를 체크하면서, 각자의 좋고 나쁜 자질에 관한 정보를 찾으며 각자와의 장기적 관계가 성공할 가능성에 대해서 현실적이어야 한다. 따라서 미래의 배우자를 선택할 때에는 열린 마음을 가지고 심사숙고 마음자세를 취해야만 한다.

그런데 이제 그녀가 선택을 하였고 한 남자와의 관계를 약속한 상태(행위 국면)에 접어든다고 가정해보자. 자신의 선택에 여지를 남겨놓기 위해서 다른 남자와의 데이트를 계속해야겠는가? 현재 파트너의 단점을 계속해서 찾아보아야겠는가, 아니면 좋은 자질에만 초점을 맞추려고 시도해야겠는가? 나머지 관계는 모두 막을 내렸다고 공개적으로 인정해야겠는가, 아니면 명백히 낙관적인 전망을 하면서 나머지 사람들도 기회가 있다고 확신해야겠는가?

만일 목표가 자신의 파트너와 약속한 관계를 유지하는 것이라면, 구현 마음자세로 전환하는 것이 최선일 것이다(그림 8.7). 다시 말해 자신의 삶에서 다른 가능한 연인 관계에 대해 닫힌 마음의 자세가 되어 현재의 파트너에게만 초점을 맞추어야 한다.

8.5 목표 갈등

학습목표 : 목표 갈등 개념을 분석한다.

지금까지 논의한 동기 과정은 사람들이 특정 목표를 선택할 때 처음부터 끝까지 일어나는 일들을 기술한 것이다. 그런데 실생활에서 한 번에 하나의 목표만을 추구하는 사람은 거의 없다. 다시 말해서 목표는 거의 항상 다른 목표의 맥락 속에서 발생한다. 이 사실을 인식하는 것이 중요한 까닭은 다중 목표가 때때로 갈등을 일으킨다는 사실을 의미하기 때문이다.

목표 갈등(goal conflict)은 사람들이 두 가지 경쟁적이거나 상호 배타적인 목표를 가지고 있을 때 언제나 발생한다(Cavallo & Fitzsimons, 2012; Dashiell, 1928; Emmons, King, & Sheldon, 1993; Guthrie, 1938; Lewin, 1935; Miller, 1944). 따라서 초점을 맞추고 있는 목표를 간섭하는 대안 목표를 가지고 있을 때에는 언제나 목표 갈등이 발생한다. 심리학과 법학 중에서 어느 것을 전공할 것인지, 졸업하고 직장을 구할 것인지 아니면 대학원에 진학할 것인지, 현재 파트너와 평생을 같이할 것인지 아니면 다른 이성과 계속해서 놀아날 것인지 등등 두 가지 잠재 목표 간에 선택을 강요당할 때에는 언제나 목표 갈등 상황에 놓여있는 것이다. 여러분도 예상하겠지만, 심각한 목표 갈등을 경험하는 사람은 그러한 갈등을 겪지 않는 사람보다 훨씬 심한 스트레스, 우울, 불안을 보고한다(Boudreaux & Ozer, 2012). 또한 높은 목표 갈등을 경험하는 사람은 목표를 달성할 가능성도 낮은데, 자신이 달성하는 데 실패한 목표가 갈등을 일으키고 있는 목표 중의 하나가 아닌 경우조차도 그렇다(Boudreaux & Ozer, 2012).

> ▼ **이 절이 끝날 무렵에 여러분은 다음에 답할 수 있을 것이다.**
>
> **8.5.1** 네 가지 유형의 목표 갈등을 확인한다.
> **8.5.2** 목표 보호하기 개념을 설명한다.

8.5.1 목표 갈등 유형

학습목표 : 네 가지 유형의 목표 갈등을 확인한다.

목표가 바람직하지 않은 자질이나 바람직한 자질 아니면 두 자질을 모두 가지고 있는지에 따라서, 상이한 유형의 목표 갈등이 발생할 수 있다. 이미 오래 전에 쿠르트 레빈(Kurt Lewin, 1935)은 다음과 같이 네 가지 유형의 목표 갈등을 제안하였다. 첫째는 **접근-접근 갈등**(approach-approach conflict)이다. 이는 두 가지 매력적인 목표 사이에서 하나를 결정할 필요가 있을 때 경험하는 갈등이다. 휴가 여행을 떠나고자 하는데, 북적거리지 않는 해변을 찾아서 일광욕을 즐기고 미루어두었던 독서를 하면서 휴식을 취한다는 목표와 유명 관광지를 찾아서 명소를 둘러보면서 다른 관광객들과 낯선 문화를 만끽한다는 목표 사이에서 결정을 해야 한다면, 상대적으로 즐거운 갈등상태에 빠진 것이다. 이 경우에는 하나의 목표를 향한 의도적 행위를 함으로써 갈등을 해소하게 된다.

둘째는 **회피-회피 갈등**(avoidance-avoidance conflict)이다. 이는 두 가지 바람직하지 않은 선택 사이에서 결정을 내려야 할 때 경험하는 갈등이다. 예컨대, 지겨운 숙제를 회피하려니 힘든 집안일을 해야만 하고, 집안일을 회피하려니 숙제를 해야만 하는 상황이다. 늑대를 피하니 호랑이가 나타나고, 호랑이를 피하니 곰이 나타나는 꼴이다. 이러한 유형의 갈등은 일반적으로 두 가지 선택의 상대적 중요성(위험성)을 평가함으로써 해소된다.

셋째는 **접근-회피 갈등**(approach-avoidance conflict)이다. 이는 하나의 목표가 동시에 매력적이고 매력적이지 않게 만드는 긍정적 특성과 부정적 특성을 모두 가지고 있을 때 발생한다. 예컨대, 결혼은 자녀, 유대감, 공유하는 기억 등의 긍정적 측면과 부부싸움, 친척과의 갈등 등과 같은 부정적 측면을 모두 가지고 있다. 따라서 결혼에 접근하고자 시도할 때에는 부정적 측면이 부각되고, 회피할 때에는 긍정적 측면이 부각됨으로써 갈등을 일으키게 된다.

마지막으로 넷째는 **이중 접근-회피 갈등**(double approach-avoidance conflict)이다. 이는 각각 좋은 측면과 나쁜 측면을 모두 가지고 있는 두 목표 사이의 선택을 수반한다. 레빈의 원래 목록에는 이 갈등이 포함되지 않았지만, 후속 연구자들은 또 다른 형태의 갈등으로 이것을 첨가하였다. 졸업하자마자 두 가지 상이한 직장을 제안받았다고 상상해보라. 직장 A는 봉급이 상당하지만 여러분이 살고 싶지 않은 지역에 위치하고 있다. 직장 B는 여러분이 살고 싶은 지역에 위치하지만, 봉급은 기대하는 것보다 적다. 두 선택지는 모두 좋은 측면과 나쁜 측면을 가지고 있으며, 어느 것도 완벽하지 않다는 점에 주목하라.

시도해보라 : 목표 갈등

이 동기 수업에서 잘 해내겠다는 여러분의 목표와 갈등을 일으키고 있는 다른 모든 목표를 나열해보라. 각 목표 갈등에 대해서 그것이 접근-접근 갈등, 회피-회피 갈등, 접근-회피 갈등, 아니면 이중 접근-회피 갈등을 나타내는지 지적해보라.

8.5.2 목표 보호하기

학습목표 : 목표 보호하기 개념을 설명한다.

목표 갈등을 피할 수는 없겠지만, 핵심 목표를 간섭하는 다른 목표들로부터 보호할 수는 있다. 동기 연구자들은 이 기법을 **목표 보호하기**(goal shielding)라고 부르며, 핵심 목표와 갈등을 벌이거나 경쟁하는 다른 목표를 억제함으로써 그 핵심 목표를 보호하는 것을 일컫는다(Kuhl, 1992; Shah, Friedman, & Kruglanski, 2002). 그렇다면 어떻게 사람들은 다중 목표를 성공적으로 추구하면서 자신의 핵심 목표를 갈등적인 다른 목표로부터 보호하는 것인가?

다중 목표 추구의 한 가지 열쇠가 **우선순위 매기기**(prioritization)이다(Vogt, De Houwer, & Crombez, 2011). 대학원에 진학하기를 원하지만 세계 일주여행도 원하는 학생은 두 목표 중 하나에 우선권을 부여할 가능성이 있다. 만일 대학원 진학 목표가 우선순위에서 더 높다면, 대부분의 시간을 이 목표에 할애할 것이다. 그렇다고 해서 여행 목표를 완전히 포기하였다는 의미는 아니다. 대학원을 마치고 여행 가방을 챙길 수 있을 때까지 기다리기로 한 것일 수도 있다. 이렇게 목표로부터 일시적으로 철수하는 것을 영어로는 'tabling'이라고 부르며, '연기한다'는 뜻을 가지고 있다(Ford, 1992).

초점 목표(대학원)의 우선순위가 낮아질 때까지는(졸업) 2차 목표가 충족되지 않는다는 점에 주목하기 바란다. 연구자들은 우선순위가 가장 높은 목표를 일관성 있게 선택하는 이러한 경향

성을 **집중조명하기**(highlighting)라고 부른다(Fishbach, Dhar, & Zhang, 2006; Fishbach & Zhang, 2008). 그렇지만 대안적 접근도 있다. 대학원이 더 이상 우선순위를 갖지 않을 때까지 기다리는 대신에, 두 가지 목표를 교대로 추구할 수도 있다. 학기 중에는 대학원 목표를 추구하고, 여름방학이나 겨울방학에는 짬을 내서 여행을 할 수 있다. 물론 그렇게 하는 것은 방학 중에도 집에 머물면서 공부하는 다른 대학원생만큼 학업을 많이 수행하지는 못한다는 것을 의미하지만, 이러한 선택지는 두 가지 목표를 모두 동시에 충족시킬 수 있게 해준다. 연구자들은 다중 목표 사이를 왔다 갔다 하는 이러한 경향성을 **균형잡기**(balancing)라고 부른다. 그렇다면 어떻게 사람들은 집중조명하기와 균형잡기 중에서 결정하는 것인가?

한 가지 결정 요인은 목표에 대해서 가지고 있는 열정의 유형과 관련이 있다. 밸러랜드(Robert J. Vallerand, 2010)에 따르면, **조화 열정**(harmonious passion)을 경험하는 사람은 필요할 때 자신의 목표를 추구하지만, 또 다른 행위나 목표로 쉽게 전환할 수도 있다(Vallerand et al., 2003). 자신의 직무에 열정적이지만 자녀와 함께 시간을 보내거나 배우자와 저녁식사를 할 때 자신의 직무를 내려놓는 사람은 조화 열정을 나타내고 있는 것이다.

조화 열정을 경험하는 사람은 다중 목표 사이에서 효과적으로 균형을 잡을 수 있으며, 하나의 목표가 다른 목표와 갈등을 일으키지 않게 할 수 있다. 그렇지만 이러한 사람은 다른 목표에 의해서 쉽게 산만해질 수도 있다. 그렇기 때문에 각 목표에 대한 이들의 수행은 때때로 한 목표에만 전적으로 매달리는 사람만큼 성공적이지 않을 수도 있다(Bélanger, Lanfrenière, Vallerand, & Kruglanski, 2013).

반면에, **강박 열정**(obsessive passion)을 경험하는 사람은 자신의 목표를 추구해야 한다는 제어할 수 없는 충동을 느끼며, 다른 행위나 목표에 초점을 맞추고 싶을 때에도 쉽게 전환할 수 없다. 사무실을 떠난 후에도 오랫동안 직무에 대해서 생각하며 자녀와 함께 시간을 보내거나 배우자와 저녁식사를 할 때에도 직무 생각을 떨쳐버릴 수 없는 사람은 강박 열정을 보이고 있는 것이다. 강박 열정을 경험하는 사람은 다중 목표 사이에서 효과적으로 균형을 잡을 수 없으며, 다른 목표는 모두 제쳐놓고 한 가지 목표에만 집중하기를 선호한다. 그렇기 때문에 대안 목표의 영향을 받을 가능성이 낮고 초점 목표에 보다 잘 몰두할 수 있다(Bélanger et al.,

2013).

집중조명하기나 균형잡기를 선택하는 경향성에 영향을 미치는 또 다른 요인은 다중 목표를 상호 경쟁적인 것으로 지각하는지 아니면 상호 보완적인 것으로 지각하는지 여부이다. 목표들을 상호 경쟁적인 것으로 지각할 때에는 사람들이 집중조명하기 접근을 채택할 가능성이 더 높다(Fishbach & Zhang, 2008). 그렇지만 목표를 상호 보완적인 것으로 지각할 때에는 균형잡기 접근을 채택할 가능성이 더 높다. 따라서 만일 여러분이 다중 목표 사이를 교대하고자 원한다면, 다중 목표를 보완적인 것으로 조망하도록 시도하라(예컨대, "나는 대학원생이면서도 여전히 여행할 수 있는 방법을 찾아낼 수 있다."). 그렇지만 만일 다른 목표보다 한 목표에 우선순위를 두고자 한다면, 목표를 독립적인 선택지로 지각하는 것이 좋다(예컨대, "여행은 내 공부를 산만하게 만들기 때문에, 지금은 대학원 공부에만 초점을 맞추겠다.").

글쓰기 과제 8.6

집중조명하기 대 균형잡기

여러분의 삶에서 목표 갈등을 해소하는 방식에 관하여, 여러분은 집중조명하는 경향이 있는가(가장 중요한 목표에 모든 에너지를 투여한다) 아니면 균형을 잡는 경향이 있는가?(다중 목표 사이에 에너지를 배분한다). 여러분의 접근방식이 잘 작동해왔다고 생각하는가, 아니면 잘 작동하지 않았다고 생각하는가? 잘 작동하였다면, 그 이유는 무엇인가? 잘 작동하지 않았다면, 그 이유는 무엇이며 만일 대안 접근을 채택하였다면 어떤 변화가 있었겠는가?

요약 : 목표 설정하기

8.1 목표

- 목표는 사람들이 접근하거나 회피하겠다고 다짐한 미래 결과의 인지 표상이다.
- 목표는 위계적으로 체제화되어 있으며 자동적으로 활성화될 수 있다는 의미에서 다른 사고와 유사하다.
- 목표는 미래의 어떤 것에 대한 이미지를 나타낸다.
- 목표가 공상하기나 소망과 다른 까닭은 몰입 수준을 함축하고 있다는 점이다.
- 사람들은 긍정적 목표에 접근하고 부정적 목표를 회피하려는 동기를 가지고 있다.
- 목표는 수행을 증진시킨다.
- 목표는 목표 관련 정보에 대한 주의를 증가시킨다.
- 목표는 높은 삶의 만족도와 안녕감을 포함하여 심리적으로 긍정적인 이점을 가지고 있다.
- 욕구는 사람들로 하여금 목표를 채택하도록 밀어붙이는 압력의 내적 원천을 지칭하는 반면, 요구사항은 그 압력의 외적 원천을 지칭한다.
- 할당된 목표는 다른 사람이 부과한 목표인 반면, 자기설정 목표는 스스로 선택한 목표이다.
- 목표는 친구, 가족, 문화 등을 비롯하여 사회 환경에 포함된 사람들의 영향을 받는다.

- 목표는 세 수준 위계로 체제화된다. 상부에는 장기적인 상위 목표가 존재한다. 중간부에는 단기적인 목표가 위치하며, 흔히 이것을 목표라고 부른다. 하단부에는 목표 수단이 존재하며, 중간 수준 목표를 달성하기 위해서 수행해야만 하는 세부 행위들이다.
- 목표 체계 이론에 따르면, 다중 목표는 더 큰 체계 속에서 상호 간에 연결되어 있다.
- 등종국성은 목표들이 수단의 수에서 차이를 보인다는 사실을 지칭한다. 등종국성이 낮은 목표는 그 목표를 달성하는 방법이 적다. 등종국성이 높은 목표는 그 목표를 달성하는 다양한 방법을 가지고 있다.
- 다중종국성은 단일 수단이 동시에 여러 목표를 위해 작동할 수 있다는 사실을 지칭한다.

8.2 목표 자질

- 기대성–가치 이론은 사람들이 성공에 대한 기대 가능성이 높고 지각한 가치가 높은 목표를 선택한다고 주장한다. 기대성과 가치가 곱의 관계로 관련되어 있다고 생각하는 까닭은 둘 중의 하나라도 0의 값을 가지면, 행동도 0의 값을 갖게 되기 때문이다.
- 사람들은 쉬운 목표보다는 어려운 목표를 설정할 가능성이 더 높다. 어려운 목표를 달성할 때 다른 사람의 칭찬을 받을 가능

성이 더 높기 때문이다.

- 사람들은 난이도가 높은 목표를 선택할 때 더 성공적이다.
- 사람들은 세부 목표를 선택할 때 더 성공적이다.
- 목표 난이도와 명세성은 상호작용하기 때문에, 사람들은 어렵고/세부적인 목표를 선택할 때 가장 성공적이다.
- 근접 목표는 단기 목표이다. 원격 목표는 장기 목표이다. 사람들은 여러 가지 근접 목표를 설정할 때 더 성공적이다.
- 해석 수준 이론에 따르면, 근접 목표는 구체적이며 원격 목표는 추상적이다. 또한 이 이론은 사람들이 근접 목표를 추구할 때에는 기대성 정보에 초점을 맞추는 반면, 원격 목표를 추구할 때에는 가치 정보에 초점을 맞춘다고 주장한다.
- 접근 목표는 긍정적 결과를 달성하는 데 초점을 맞춘다. 회피 목표는 부정적 결과를 회피하는 데 초점을 맞춘다. 행동 활성 시스템(BAS)은 접근 목표와 관련이 있으며 행동 억제 시스템(BIS)는 회피 목표와 관련이 있다.
- 재능 수준이 목표 달성에서 중요한 역할을 담당한다.

9.3 목표 몰입

- 목표 몰입은 사람들이 목표를 추구하려는 의도를 갖게 되는 과정을 지칭한다. 높은 수준의 몰입은 사람들이 목표에 자원을 기꺼이 투자한다는 사실을 함축한다.
- 높은 수준의 몰입은 더 우수한 목표 수행이나 끈기와 관련되어 있다.
- 기대성과 가치 수준이 높고 등종국성이 높을 때 몰입 수준이 높다.
- 마음속에서 긍정적 미래를 정교화시키는 것을 공상하기라 부르며, 부정적인 현재에 대해서 그렇게 하는 것을 현실 따져보기라 부른다. 두 가지의 결합은 심적 대비하기를 초래하는데, 이것은 우선 원하는 긍정적 미래를 상상한 다음에 부정적 현재를 따져보는 것을 의미한다. 이러한 심적 대비하기는 목표 몰입을 증가시킨다.
- 진행 중인 목표에의 몰입은 목표 만족도가 높고, 목표 투자량도 많으며, 대안 목표의 수가 적을 때 가장 높다.
- 목표 만족도는 사람들이 목표를 향하여 좋은 진전을 보이고 있다고 느낄 때 높아진다.

- 목표 투자량은 사람들이 목표에 상당한 자원을 투자하고 있다고 느낄 때 많아진다.
- 대안 목표의 수는 초점 목표와 갈등을 일으키는 다른 목표를 추구하고 있지 않을 때 적어진다.

8.4 동기 과정

- 루비콘 모형에 따르면, 동기 과정은 네 가지 국면, 즉 결정 이전 국면, 행위 이전(결정 이후) 국면, 행위 국면, 행위 이후 국면으로 분할할 수 있다.
- 결정 이전 국면에서 사람들은 다양한 목표 선택지 중에서 하나의 목표를 선택한다.
- 행위 이전(결정 이후) 국면에서는 목표 계획을 수립한다.
- 행위 국면에서는 목표지향 행동을 나타낸다.
- 행위 이후 국면에서는 목표 추구 과정의 결과를 평가한다.
- 심사숙고 마음자세는 열린 마음과 객관성의 특성을 나타낸다. 이 마음자세는 결정 이전 국면에서 가장 이롭다.
- 구현 마음자세는 닫힌 마음과 긍정 편향의 특성을 나타낸다. 이 마음자세는 행위 국면에서 가장 이롭다.

8.5 목표 갈등

- 목표 갈등은 두 가지 이상 경쟁적인 목표를 가지고 있을 때에는 언제나 발생한다.
- 목표 갈등은 접근–접근, 회피–회피, 접근–회피, 이중 접근–회피의 형태를 취할 수 있다.
- 목표 보호하기는 사람들이 초점 목표와 갈등적이거나 경쟁하는 대안 목표들을 억제함으로써 그 초점 목표를 보호할 때 발생한다.
- 목표가 갈등을 일으킬 때, 사람들은 우선순위가 높은 목표를 강조하거나 갈등적 목표들 사이에서 균형을 잡을 수 있다.
- 조화 열정을 경험하는 사람은 필요할 때 자신의 목표를 추구할 수 있지만 다른 목표로도 쉽게 전환할 수 있다.
- 강박 열정을 경험하는 사람은 자신의 목표를 추구해야 한다는 제어할 수 없는 충동을 느끼며, 다른 목표에 초점을 맞추고 싶은 경우조차도 그렇게 전환할 수 없다.

글쓰기 과제 8.7

미래 목표를 선택하기

이 장에서 공부한 내용에 근거하여, 여러분이 미래에 추구할 목표를 선택할 때 지금과는 다르게 행동할 한 가지는 무엇인가? 이 물음에 답할 때, 그러한 변화가 이 장에서 논의한 개념 중의 하나와 어떻게 연관되는지 그리고 그 변화를 시도하는 것이 어째서 여러분의 목표 달성 가능성을 증가시킬 것인지를 적시하라.

9

목표 계획세우기

학습목표

9.1 동기 과정에서 목표 계획세우기가 갖는 효과를 분석한다.

9.2 의도-행동 괴리의 감소에 수반된 과정을 기술한다.

9.3 구현 의도에 영향을 미치는 요인을 분석한다.

9.4 목표 계획의 달성 가능성을 증가시키는 요인을 기술한다.

9.5 목표 계획을 세울 때 범하는 보편적 실수를 기술한다.

9.6 목표 계획이 실패할 때 사람들이 반응하는 방식을 분석한다.

시드니 오페라하우스 이야기

1950년대 초반, 호주 시드니 당국은 대규모 극장 공연에 적합한 건물이 필요하다고 결정하였다. 이 필요성을 충족시키기 위하여 시정부는 건물을 설계하고 엄청난 건축비가 들어가는 프로젝트를 감독할 건축가를 경쟁을 통해서 선정한다는 모집공고를 냈다. 32개 국가에서 총 233명의 건축가가 자신의 건물 설계도를 가지고 이 경쟁에 참가하였다. 선정위원회가 최종 결정을 내렸을 때, 사람들은 수많은 유명 건축가들을 제치고 요른 웃손(Jørn Utzon)이라는 이름을 가진 무명의 젊은 덴마크 건축가가 선정된 것에 경악을 금치 못하였다. 이 결정이 더욱 경악스러웠던 까닭은 웃손의 설계도는 몇 가지 예비적인 건물 스케치로만 구성되었으며, 애초부터 배제 파일에 들어 있었기 때문이었다. 그렇지만 위원 한 명이 배제 파일에서 웃손의 설계도를 되살려서는 재평가할 것을 요구하였던 것이다. 마침내 웃손의 성공적인 설계도는 위원회를 통과하여 건설을 추진하게 되었다. 웃손이 설계한 건물은 건축하는 데 4년이 걸리며 700만 달러(대략 82억 원)가 소요될 것으로 추정되었다.

여론이 엄청난 프로젝트에 반기를 들 것을 염려한 시드니 당국은 웃손이 아직 최종 설계도를 마무리하지 못하였음에도 불구하고 즉각적으로 프로젝트를 시작하도록 밀어붙였다. 설상가상으로, 그의 설계가 가지고 있는 독특한 복잡성으로 인해서 아직 해결하지 못한 중대한 구조적 난제가 있었다. 이러한 염려에도 불구하고, 시드니 오페라하우스는 1959년 3월에 착공하였다. 즉각적으로 문제점이 발생하기 시작하였다. 구조물의 지붕을 지지하도록 설계된 기둥이 너무 약해서 무너뜨리고 다시 세워야만 하였다. 웃손의 설계는 일련의 중첩된 조가비 모양의 외형을 요구하였는데, 처음의 설계는 이러한 조가비 외형이 어떤 기학학적 모습을 갖추어야 할 것이지를 명확하게 상

세화하지 못하였다. 사각형이어야겠는가? 타원형이어야겠는가? 어느 누구도 어떤 모양이 적합할지 확신하지 못하였다. 실제로 설계팀은 이 문제에 6년을 낭비하였으며, 웃손이 일련의 구형체를 제안함으로써 딜레마를 해결할 때까지 최소한 12차례나 시공을 반복하게 되었다.

이러한 설계 문제에 덧붙여서, 이례적으로 강력한 폭풍과 정부조직의 변화를 포함하여 이 프로젝트를 어렵게 만든 수많은 예상치 못한 난국이 있었다. 이러한 문제를 비롯한 또 다른 문제들이 결국 1966년에 웃손을 사퇴하게 만들고 말았다. 그리고 1973년이 되어서야 비로소 시드니 오페라하우스가 완공되었다. 결국 건물 공사는 예정보다 10년 이상 더 소요되었으며, 경비도 처음에 예상하였던 것보다 14배나 더 많이 들었던 것이다!

만일 여러분이 건축에 관한 지식이 있다면, 애초에 예상하였던 것보다 더 많은 경비와 시간이 소요된 건물이 시드니 오페라하우스만은 아니라는 사실을 알고 있을 것이다. 미국 덴버국제공항은 16개월 늦게 개장하였으며, 예상보다 20억 달러(대략 2조 4,000억 원)가 더 소요되었다. 유로파이터 타이푼(여러 유럽 국가가 공동으로 제작한 방어용 전투기)은 54개월 늦게 공급되었으며, 120억 파운드(대략 17조 4,000억 원)의 예산이 더 소요되었다. 유사한 시간과 예산 문제가 미국 뉴욕시의 그라운드 제로(2001년 9·11 테러로 무너진 세계무역센터 쌍둥이 빌딩이 위치하던 지역)에 위치한 국립 9·11 테러 메모리얼 박물관 건설에도 영향을 미쳤다.

이러한 건설 프로젝트의 경비와 완공시점을 추정할 때 어떻게 그토록 많은 사람들이 실수를 저지르게 되는 것인가? 프로젝트를 완수하는 데 걸리는 시간과 경비를 과소 추정하는 이러한 경향성은 모든 사람이 자신의 목표를 계획할 때 저지르는 경향이 있는 보편적인 실수이다.

이 장에서는 이러한 '계획세우기 오류'를 상세하게 논의한다. 그렇지만 지금은 여러분이 이러한 오류를 건축가와 공사 담당자만 저지르는 것은 아니라는 사실을 아는 것으로 충분하겠다. 여러분의 목표가 무엇이든지 간에, 시작하기에 앞서 좋은 계획을 세울 필요가 있다. 문제는 사람들이 계획세우기에 특히 유능하지 않다는 점이며, 이러한 예측력 결여는 달성하기도 전에 목표를 포기하도록 만들기 십상이다.

시도해보라 : 시간 추정하기

여러분이 어떤 과제를 마무리하는 데 걸리는 시간을 추정할 때 얼마나 정확한지를 알아보기 위해, 이 장을 읽는 데 시간이 얼마나 걸릴 것인지 추정해보라. 일단 이 장을 끝마친 후에, 실제로 얼마나 많은 시간이 걸렸는지 확인하고 애초의 추정치와 비교해보라. 여러분의 추정치는 정확하였는가?

9.1 동기에서 목표 계획세우기 단계

학습목표 : 동기 과정에서 목표 계획세우기가 갖는 효과를 분석한다.

일단 자신의 목표가 어떤 것인지를 결정하게 되면(즉, 목표 설정), 그 목표를 어떻게 추구할 것인지를 결정해야만 한다(즉, 목표 계획). 동기 과정의 세 단계(목표 설정하기, 계획세우기, 추구하기) 중에서 두 번째 단계, 즉 목표 계획세우기가 가장 간과되는 단계이다. 너무나도 자주 사람들은 자신의 목표를 정의한 다음에 계획을 세우지도 않은 채 즉각적으로 그 목표를 달성하고자 시도한다. 이러한 목표 계획세우기의 결여가 사람들이 새해 결심을 달성하지 못하는 또 다른 핵심 원인이다.

예컨대, 친구인 조가 새해 결심으로 건강식을 하겠다는 목표를 세웠다고 해보자. 만일 그가 여타 다른 사람과 다르지 않다면, 아마도 정월 초하루 잠자리에서 일어날 때까지 이 목표에 대해서 생각조차 하지 않았을 것이다. 미리 계획을 세운 것이 아니기 때문에, 냉장고와 찬장은 여전히 건강에 좋지 않은 식재료와 연말에 즐기다 남은 먹거리로 가득 차있을 것이다. 조는 정월 초하루에 앞서 부엌을 정리하고 건강식 재료로 채워 넣음으로써 미리 계획을 세웠어야만 하였다. 그렇게 했어야만 새해가 시작되는 순간

부터 자신의 목표를 향한 준비가 되었을 것이다. 윈스틴 처칠이 지적한 바와 같이, "계획을 세우는 데 실패한 사람은 실패할 계획을 세우고 있는 것이다."

글쓰기 과제 9.1

계획세우기 단계를 간과하기

방금 지적한 바와 같이, 사람들은 동기의 목표 계획세우기 단계를 무시하기 십상이다. 너무나도 자주 목표를 선택한 다음에(목표 설정하기) 즉각적으로 목표를 향한 행동을 나타낸다(목표 추구하기). 여러분은 왜 그렇다고 생각하는가? 어째서 사람들은 사전에 계획세우는 것을 주저하는 것인가? 계획세우기를 주저하는 것이 목표 달성 가능성에 어떤 영향을 미친다고 생각하는가?

9.2 의도에서 행위로의 전환

학습목표 : 의도-행동 괴리의 감소에 수반된 과정을 기술한다.

동기 과정의 첫 번째 단계는 전형적으로 사람들이 특정 목표를 추구할 의도를 형성할 때 끝난다. 계획행동 이론(Ajzen, 1985)은 의도가 실제 행동의 1차 결정 요인이라고 주장한다. 강력한 의도로 무장한 사람("나는 기타 연주법을 배우려는 강력한 의도를 가지고 있다.")은 약한 의도를 가진 사람("나는 기타 연주법을 배웠으면 좋겠다.")보다 목표를 추구하고 달성할 가능성이 더 크다(Ajzen, 1991, 2012). 그렇다면 여러분이 무엇인가를 하려는 의도를 가지고 있었지만 실제로는 행동하지 않았던 때를 생각해볼 수 있는가? 퇴근 후에 아파트를 청소할 의도가 있었지만, 집에 도착한 후에는 피곤해서 그냥 넘어갔을 수 있다. 아니면 이번 학기에 공부하는 데 더 많은 시간을 투자할 의도가 있었지만, 실제로 책상 앞에 앉아 교재를 읽거나 숙제를 해야 할 시간이 되었을 때, 텔레비전을 시청하거나 인터넷을 둘러보는 것을 선택하였을 수 있다. 의도가 행위와 연계되어 있다고 해서, 전자가 후자를 보장해주는 것은 아니다. 이 사실은 "지옥으로 가는 길은 선의로 포장되어 있다(실제 행동으로 옮기지 않는 선의는 의미가 없다)."라는 속담을 설명해준다.

대부분의 연구를 보면, 의도와 실제 행동 간의 상관은 꽤나 미약해서, 의도는 행동의 단지 20~30%만을 설명해준다(Fife-Schaw, Sheeran, & Norman, 2007; Webb & Sheeran, 2006). 실제로 의도보다는 과거 행동이 미래 행동의 훨씬 우수한 예측자인 것으로 보인다. 따라서 만일 여러분의 과거 행동이 형편없는 공부습관이나 건강하지 않은 섭식과 같이 바람직하지 않은 것이었

다면, 여러분에게 적합하도록 행동을 바꾸어가야만 한다.

연구자들은 사람들이 의도하는 것과 실제로 행하는 것 간의 미약한 관계를 '의도–행동 괴리'라고 부른다(Sheeran, 2002; Webb & Sheeran, 2006). 목표 의도를 갖는 것이 여러분을 목표 달성으로 향한 길로 이끌어가는 데 필요한 첫 번째 단계라고 하더라도, 이것만이 유일한 단계는 아니다. 강력한 목표 의도를 가지고 있는 사람이라도 잘못된 목표에 대한 강력한 의도를 형성하기 때문에 계속해서 목표 달성에 실패할 수 있다. 어렵고 세부적이며 근접한 목표를 채택한 사람이 성공할 가능성이 더 높다. 따라서 이러한 자질을 갖춘 목표를 채택하는 것이 의도–행동 괴리를 감소시키는 한 가지 방법이다. 그렇지만 이러한 방식으로 목표 의도의 자질을 극대화시킬 때조차도, 여전히 목표 달성에 실패할 수 있다.

한 연구에서는 30가지 상이한 목표 유형에 걸쳐 수백 명의 반응을 분석하였다(Fife-Schaw, Sheeran, & Norman, 2007). 연구자들은 통계 시뮬레이션 기법을 사용하여 사람들이 가지고 있는 목표 의도의 자질(강도가 아니다)을 극대화할 때 어떤 일이 일어나는지를 살펴보았다. 결과를 보면, 좋은 자질의 목표 의도를 가지고 있는 사람이 나쁜 자질의 목표 의도를 가지고 있는 사람보다 수행이 우수하였지만, 전자의 거의 1/3은 여전히 목표 달성에 실패하였다. 따라서 좋은 자질의 목표 의도를 갖추는 것이 중요하다고 하더라도, 이 단계만으로는 목표 달성이 보장되지 않는다.

의도–행동 괴리를 감소시키는 다른 방법들이 존재하는가? 동네 서점에서 자조 서적들이 꽂혀있는 서가를 훑어보면, 목표 달성의 가능성을 높이려면 원하는 결과를 달성하는 모습을 마음에 떠올릴 필요가 있다고 알려줄 것이다. 긍정적 사고방식(*The Power of Positive Thinking*, 노먼 빈센트 필 목사가 1952년도에 출판한 자기계발서), 생각하라! 그러면 부자가 되리라(*Think and Grow Rich*, 세계적인 성공학 연구자인 나폴레온 힐이 1937년에 출판한 자기계발서), 시크릿(*The Secret*, 호주의 전직 텔레비전 프로듀서였던 론다 번이 2006년도에 출판한 자기계발서) 등과 같은 책은 모두 목표를 이미 달성한 모습의 심상을 그려보는 것이 동기를 증가시키고 현재 목표에 계속해서 초점을 맞추게 해준다고 주장한다. 5kg의 체중을 감량하고 싶은가? 그렇다면 꽉 조이는 드레스나 작은 사이즈의 청바지를 입은 자신의 모습을 상상하라. 더 많은 돈을 원하는가? 그렇다면 엄청난 부자가 된 자신의 모습

을 상상하라. 홈런을 치거나 터치다운을 하고 싶은가? 그렇다면 코치가 선수들에게 자주 권하는 동작을 하면서 여러분이 공을 야구장 밖으로 넘겨버리거나 터치다운을 이루어내는 장면을 떠올려라. 그런데 이렇게 하는 것이 정말로 효과가 있는 것인가? 결과를 머리에 그려보는 것이 목표 의도와 목표 행동 간의 연계를 증가시키는가?

▽ **이 절이 끝날 무렵에 여러분은 다음에 답할 수 있을 것이다.**

9.2.1 심적 시뮬레이션 유형과 각 유형의 이점을 대비시킨다.

9.2.1 심적 시뮬레이션

학습목표 : 심적 시뮬레이션 유형과 각 유형의 이점을 대비시킨다.

동기 문헌에서는 그러한 시각화 기법을 **심적 시뮬레이션**(mental simulation)이라고 부른다. 마음속에서 목표의 어떤 측면을 시뮬레이션하는 것을 요구하기 때문이다(그림 9.1).

그림 9.1 심적 시뮬레이션의 두 유형
심적 시뮬레이션은 초점을 맞추고자 선택한 목표 경험의 측면에 따라 달라질 수 있다.

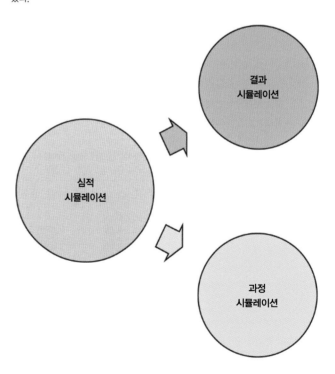

이러한 두 가지 시뮬레이션이 어떻게 다른 것인지를 이해하기 위하여, 시드니 오페라하우스를 설계한 건축가의 사례를 다시 생각해보자. 만일 그 건축가가 편안히 앉은 채, 완성하였을 때 그 건물이 얼마나 아름다울 것이며 자신은 얼마나 유명해질 것인지를 상상하면서 이 프로젝트를 시작하였다면, 결과 시뮬레이션을 사용하고 있는 것이 된다. 반면에 만일 건물 설계도를 마무리하고, 필요한 허가를 취득하며, 건축자재를 구입하고, 도급업자와 목수를 고용하는 것 등을 비롯하여 시드니 오페라하우스를 건설하는 데 필요한 모든 단계를 상상하면서 프로젝트를 시작하였다면, 과정 시뮬레이션을 사용하고 있는 것이다.

결과 시뮬레이션은 이점이 있는가 자조 서적은 결과 시뮬레이션이 목표를 달성할 가능성이 더 높다고 제안하지만, 심리학 연구가 알려주는 것은 무엇인가? 어느 시뮬레이션이 더 효과적인지 검증하기 위하여 테일러와 동료들(Taylor, Pham, Rivkin, & Armor, 1998)은 중간고사를 눈앞에 두고 있는 학생들을 세 집단에 무선할당하고, 각 집단에 상이한 시각화 기법을 부여하였다.

한 집단에는 결과 시뮬레이션을 사용하도록 지시하였다. 이 집단의 학생은 교수로부터 중간고사 답안지를 돌려받고는 상단에 크게 적힌 A를 확인하고 학점에 만족하는 장면을 상상하였을 수 있다.

두 번째 집단에는 과정 시뮬레이션을 사용하도록 지시하였다.

이 집단의 학생은 도서관에서 공부하면서 교재를 읽고 강의노트를 개관하며, 시험 전날 밤의 파티에 불참함으로써 잠을 충분히 자는 장면을 상상하였을 수 있다.

세 번째 집단은 아무런 지시도 받지 않은 통제집단이었다. 결과를 보려면 그림 9.2를 참조하라.

그림 9.2의 좌측 그래프에서 볼 수 있는 바와 같이, 과정에 초점을 맞춘 학생은 시험공부하는 데 대부분의 시간을 사용하였다. 흥미롭게도 결과에 초점을 맞춘 학생은 공부하는 데 가장 적은 시간을 사용하였다. 이제 그림 9.2의 우측 그래프를 보자. 과정에 초점을 맞춘 학생이 중간고사에서 가장 좋은 학점을 받은 반면, 결과에 초점을 맞춘 학생이 가장 나쁜 학점을 받았다.

심적 시뮬레이션에 관한 또 다른 연구에서는 체중 감량을 시도하고 있는 여성에게 체중 감량 목표에 관한 결과 시뮬레이션이나 과정 시뮬레이션을 해보도록 요구하였다(Lukaszewski & Jarczewska-Gerc, 2012). 결과 시뮬레이션을 하는 여성은 작은 사이즈의 새 옷을 입어보거나 꽉 조이는 빨간 드레스를 입고 파티에 참석하는 것을 포함한 다양한 행위를 하고 있는 날씬한 자신의 모습을 상상하였다. 과정 시뮬레이션을 하는 여성은 저칼로리 음식을 구입하고, 신체활동에 매진하며, 파티에서 케이크 조각을 덜어내는 것을 포함하여 체중 감량에 필요한 행위를 상상하였다. 마지막으로 세 번째 집단은 아무런 지시도 받지 않았다. 5주가 지난 후에, 과정 시뮬레이션을 하였던 여성(3.9kg 감량)이 결

그림 9.2 결과 시뮬레이션 대 과정 시뮬레이션
중간고사를 준비하고 있는 학생들에게 목표의 결과나 과정에 초점을 맞추도록 지시하거나 아무런 지시도 주지 않았다(Taylor, Pham, Rivkin, & Armor, 1998).

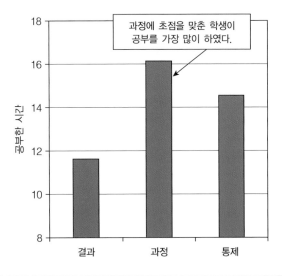

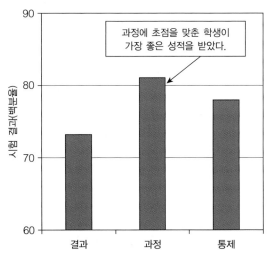

과 시뮬레이션을 하였던 여성(1.7kg 감량)이나 아무런 지시도 받지 않은 여성(1.4kg 감량)보다 체중을 2배 이상 감량하였다.

중요한 사실은 이 연구가 현실적 함의를 가지고 있다는 점이다. 체중 감량을 원하는 사람은 자신의 이상적인 몸매에 걸맞은 작은 검정색 드레스나 날렵한 정장을 구입하거나 아니면 거울이나 게시판에 이상적인 몸매 사진을 붙여놓음으로써, 스스로를 동기화시키기 십상이다. 이러한 기법이 보편적이기 때문에 체중 감량 제품은 광고에서 이 기법을 활용하기 십상이다. 그렇지만 이 연구의 결과는 그것이 효과적이지 못한 기법임을 시사하고 있다. 오히려 체중 감량을 원하는 사람은 목표 결과보다는 목표 과정을 묘사하는 사진(예컨대, 헬스클럽의 운동도구, 달리기하는 사람 등)을 붙여놓을 것을 고려해보아야 한다.

이러한 연구들은 성공을 시각화하라는 자조 서적의 공통적인 제안이 형편없는 충고라는 강력한 증거를 제공하고 있다. 체중 감량 연구에서 보면, 결과 시뮬레이션을 사용한 여성이 아무런 계획도 없던 여성과 거의 같은 정도의 체중을 감량하였다. 심지어 중간고사 연구에서는 결과 시뮬레이션을 사용한 학생이 통제 집단보다도 공부를 적게 하고 성적도 최악이었다. 이러한 결과는 최종결과를 시각화하는 것이 아무것도 시각화하지 않는 것보다도 오히려 해롭다는 사실을 의미하는 것이다!

과정 시뮬레이션이 의도-행동 괴리를 감소시키는 효과적인 방법임이 확실하다. 그렇지만 과정 시뮬레이션의 효과를 더욱 증진시키기 위해서 할 수 있는 한 가지 방법이 더 있다. 한 연구에서는 참가자들에게 치실로 이를 닦는 한 여성의 비디오를 보여준 후에, 자신도 치실질을 하고 있는 모습을 상상하도록 함으로써 과정 시뮬레이션을 요구하였다(Sherman, Gangi, & White, 2010). 그런데 절반의 참가자는 과정 시뮬레이션을 하는 동안 치실을 직접 만지게 하였다. 일주일 후에, 치실을 만졌던 참가자들이 그렇지 않은 참가자보다 치실질을 더 많이 하였다고 보고하였다. 이 연구자들의 또 다른 실험에서는 걸으면서 체중 감량 목표에 대한 과정 시뮬레이션을 시도한 참가자가 앉아있으면서 과정 시뮬레이션을 시도하였던 참가자보다 일주일 동안 운동을 더 많이 하였다. 따라서 과정 시뮬레이션을 목표를 생각나게 만드는 것과 결합함으로써, 의도-행동 괴리를 더 많이 감소시킬 수 있다.

과정 시뮬레이션이 더 우수한 이유는 무엇인가 과정 시뮬레이션이

그러한 이점을 갖는 이유가 정확히 무엇인가? 테일러(Taylor)와 동료들(1998)은 이 물음에 답하기 위하여 자신들의 중간고사 실험에 다른 여러 가지 측정치를 포함시킨 결과, 몇 가지 흥미로운 패턴을 발견하였다.

첫째, 과정을 시각화한 학생은 다른 두 조건의 학생보다 검사 불안이 낮았다. 사전에 과정의 모든 단계를 상상함으로써, 다가올 사건에 대해서 보다 잘 준비하였다고 느꼈다. 둘째, 과정을 시각화한 학생은 강제로라도 잠재적 장해물과 혼란에 보다 잘 대처할 수 있는 계획을 세우게 되었다. 사전에 문제점들(예컨대, 시험 전날 파티에 초대받는 것 등)을 예상하고는 목표를 향한 궤도를 유지시켜 주는 해결책을 찾아낼 수밖에 없었다(예컨대, 충분한 잠을 위해서 파티를 건너뛰는 것 등). 따라서 필연적인 장해물이 발생하였을 때, 이러한 문제해결 전략을 세워놓지 않은 학생보다 그 장해물에 대처할 준비가 되어있었다. 따라서 과정 시뮬레이션을 채택한 학생은 강제로라도 목표 계획을 수립하였으며, 이것이 더 우수한 목표 수행으로 이끌어갔다.

이러한 계획세우기는 다양한 이유로 동기에 상당한 이점을 제공한다. 계획세우기는 목표를 달성할 수 있는 방법에 주의를 집중하게 만들고, 목표를 추구할 수 있는 방법의 세부 지침을 제공하며, 사전에 장해물을 예측할 수 있게 해준다. 놀라울 것도 없이, 목표 계획을 수립한 사람은 목표를 설정하였지만 계획을 수립하지 않은 사람보다 동기가 더 높으며 목표 추진을 시작하는 것에 대해서 더 열광적이다(Gollwitzer, 1996). 그렇지만 모든 계획이 등가적인 것은 아니다. 휴가여행이나 결혼식과 같은 중차대한 사건을 계획해보았던 사람이라면 누구나 좋은 계획과 나쁜 계획이 있다는 사실을 알고 있다. 그렇다면 목표 계획이 훌륭한 것이라는 사실을 어떻게 확인할 수 있는 것인가? 이 물음에 대한 답은 구현 의도에 관한 연구에서 찾아볼 수 있다.

글쓰기 과제 9.2

결과 시뮬레이션을 권장하는 이유는 무엇인가?

과학 문헌은 목표의 과정에 초점을 맞추는 것이 결과에 초점을 맞추는 것보다 훨씬 더 좋다는 사실을 시사한다. 그럼에도 불구하고 많은 자조 서적은 원하는 결과를 달성하는 것이 어떤 것일지를 상상해볼 것을 권장한다. 만일 그러한 결과 시뮬레이션이 도움을 주지 않는다면(심지어 연구결과는 목표 달성을 위협할 수도 있음을 시사한다) 이것을 여전히 권장하고 있는 이유가 무엇이라고 생각하는가? 이러한 결과 시뮬레이션은 어떤 매력을 가지고 있으며 자조 서적 집필자들이 자신의 책을 판매하는 데 어떤 도움을 주는 것인가?

9.3 구현 의도

학습목표 : 구현 의도에 영향을 미치는 요인을 분석한다.

좋은 계획은 언제, 어디서, 어떻게 그리고 얼마나 오랫동안 목표를 향한 작업을 수행할 것인지를 명세하여야 한다. 예컨대, 만일 체중 감량을 시도하고 있다면, 운동을 더 많이 하겠다고 의도하는 것만으로는 충분하지 않다. 언제 운동할 것인지("매주 월, 수, 금요일 오전 8시에 운동한다."), 어디에서 운동할 것인지("학교 체육관에서 운동한다."), 어떻게 운동할 것인지("운동시간의 절반은 러닝머신에서 달리기를 하고, 절반은 근력운동을 한다."), 그리고 얼마나 오랫동안 운동할 것인지("매일 1시간씩 운동한다.")를 명확하게 규정한 계획을 세울 필요가 있다. 또한 여러분의 목표 계획을 방해하는 일이 발생하는 경우를 대비한 대안도 수립할 필요가 있다("중간고사 기간 중에는 1시간을 운동에 할애할 수 없다면, 체육관에 가는 대신에 주변을 잠시 산보한다.").

이것이 바로 **구현 의도**(implementation intention)에 수반된 것이며, 구현 의도란 특정 상황에서 수행할 정확한 행동을 규정한 '만일-그렇다면' 계획을 지칭한다(Gollwitzer & Sheeran, 2006). 구현 의도를 '만일-그렇다면' 진술이라고 말하는 까닭은 "만일 상황 Y가 발생하면, 그렇다면 나는 행동 X를 한다."라는 진술 형태를 취하기 때문이다. 따라서 위의 경우에 여러분은 "만일 월요일 아침 8시라면, 그렇다면 나는 체육관에 간다. 그리고 만일 나의 스케줄이 너무나 빡빡하여 운동할 충분한 시간이 없다면, 그렇다면 주변을 잠시 산책한다."로 진술할 수 있다.

이러한 방식으로 구현 의도는 언제, 어디서, 어떻게 목표를 달성

표 9.1 구현 의도는 '언제, 어디서, 어떻게' 목표를 달성할 것인지를 명확하게 규정한다.

계획 세부사항	목표 : 소설을 쓴다.
언제	매주 토요일과 일요일 아침 8시에 글을 쓴다.
어디서	집에서 방해받지 않기 위해서, 인근 커피숍에서 글을 쓴다.
어떻게	처음 1시간은 새로운 내용을 쓰는 데 사용하고, 나머지 1시간은 쓴 내용을 수정하는 데 사용한다.
지속시간	매 회기 2시간 동안 글을 쓴다.
대안	주말 이틀 모두 글을 쓸 수 없다면, 일요일 밤을 글쓰기를 위해 남겨놓는다.

할 것인지를 명확하게 명세하는 것이다. 이 의도가 목표 의도(예컨대, "운동을 더 많이 해야겠다.")와 얼마나 다른지에 주목하기 바란다. 목표 의도는 단지 목표 과정의 결말이 무엇인지만을 명세한다.

목표 의도와 구현 의도 간의 차이를 살펴보기 위하여, 한 연구에서는 여성들에게 종양 가능성을 확인하기 위해 매달 유방검진을 받을 계획을 세우게 하였다(Orbell, Hodgkins, & Sheeran, 1997). 이 목표를 달성하겠다는 의도만을 가졌던 여성의 경우에는 단지 53%만이 다음 달에 검사를 받았다. 그렇지만 언제 어디서 검사를 받을 것인지를 명확하게 적어놓았을 때에는 100%가 다음 달에 검사를 받았다. 후속 연구들은 비타민 복용하기, 운동하기, 저지방음식 먹기, 쓰레기 재활용 등을 포함한 다른 목표에서도 유사한 효과를 찾아냈다(Armitage, 2004; Holland, Aarts, & Landendam, 2006; Milne, Orbell, & Sheeran, 2002; Sheeran & Orbell, 1999).

이에 덧붙여서, 구현 의도는 목표 의도의 효과를 훨씬 뛰어넘어 의도-행동 괴리를 좁히는 데 상당한 공헌을 한다. 8,000명 이상의 참가자를 대상으로 수행한 94개 연구에 대한 메타분석에서는 구현 의도를 갖는 것이 목표 달성에 상당한 영향을 미치며, 목표 의도만을 갖는 것의 효과를 배제한 후에도 그렇다는 사실을 찾아냈다(Gollwitzer & Sheeran, 2006). 따라서 강력한 목표 의도와 구현 의도를 모두 보유한 사람은 두 의도 중 하나만을 갖고 있는 사람보다 목표를 달성할 가능성이 더 크다(Sheeran, Webb, & Gollwitzer, 2005).

구현 의도를 갖기 위해서는 다음과 같은 작업이 필수적이다.

1. 목표 달성을 조장하는 행동반응을 확인해야 한다.
2. 그 행동반응을 상황단서와 연계시켜야 한다.

따라서 운동을 더 많이 하고 싶은 사람은 "만일 어떤 건물에 들어가서 엘리베이터(상황단서)를 보게 되면, 그렇다면 엘리베이터 대신에 계단을 이용한다(행동반응)."라고 천명할 수 있다.

이러한 구현 의도가 어떻게 목표지향 행동(계단 이용하기)을 특정 상황단서(엘리베이터를 보는 것)와 연계시키는지에 주목하기 바란다. 행동과 상황 간에 강력한 심적 연계를 형성함으로써, 다음에 그러한 상황(엘리베이터를 보는 것)에 놓이게 되면, 자동적으로 연계된 행동(계단 이용하기)을 생각하게 되는 것이다(Brandstätter, Lengfelder, & Gollwitzer, 2001; Gilbert, Gollwitzer,

Cohen, Oettingen, & Burgess, 2009; Wieber & Sassenberg, 2006). 이렇게 특정한 구현 의도를 형성하지 않은 사람은 무심코 엘리베이터를 타고는 목적한 층에 도달할 때까지 계단을 이용하는 것이 더 건강한 선택지였다는 사실을 깨닫지 못할 수 있다.

▽ **이 절이 끝날 무렵에 여러분은 다음에 답할 수 있을 것이다.**

9.3.1 구현 의도의 이점을 기술한다.

9.3.2 구현 의도의 대가를 기술한다.

9.3.3 구현 의도를 강화하는 요인을 기술한다.

9.3.1 구현 의도의 이점

학습목표 : 구현 의도의 이점을 기술한다.

사람들은 새로운 목표를 추구할 때마다 극복해야만 하는 수많은 걸림돌에 직면하게 된다. 목표 추구를 시작하고, 장해물에도 불구하고 목표에 매달리며, 나쁜 습관을 극복하고, 내적 정서와 충동을 제어할 동기와 능력을 찾아내는 것은 모두 사람들이 극복해야만 하는 장해물이다(그림 9.3 참조).

구현 의도는 목표 추구를 시작하는 데 도움을 준다 새로운 목표를 추구할 때의 첫 번째 도전거리는 바로 시작하는 것이 된다. 갑자기

지금까지 해오던 방식을 바꿀 것을 기대하게 되는데, 강력하게 자리 잡고 있는 습관(예컨대, 흡연과 충동적인 먹기)을 바꾸려고 시도할 때 이러한 변화가 특히 어렵다. 목표 달성의 궤도에서 이러한 첫 번째 단계를 시작하는 데에는 상당한 에너지가 필요하며, 사람들은 시작하기도 전에 비틀거리기 십상이다. 얼마나 많은 사람들이 새해가 시작되기 전날 밤에 앞으로는 건강식을 하겠다고 선언하지만, 새해 첫날이 되면 과거의 섭식 패턴으로 바로 되돌아가는지를 생각해보라.

오래전부터 구현 의도를 형성하는 것이 목표 추구를 시작할 가능성을 증가시키며, 특히 시작이 어려울 때 그렇다는 사실을 밝혀왔다. 구현 의도의 초기 연구에서는 대학생에게 겨울방학 동안 달성하고 싶은 두 가지 목표를 제시하도록 요구하였다(Gollwitzer & Brandstätter, 1997). 한 가지 목표는 구현하기 어려운 것을, 다른 하나는 쉬운 것을 선택하도록 하였다. 학생들은 논문을 쓰는 것, 책을 읽는 것, 가족 갈등을 해소하는 것 등과 같이 다양한 목표를 제시하였다. 학생들은 각 목표에 대해서 언제 어디서 그 목표 추구를 시작할 것인지를 적시함으로써 이미 구현 의도를 형성하였는지를 나타냈다(그림 9.4).

다른 연구들은 구현 의도가 사람들로 하여금 처음에는 불쾌

그림 9.3 구현 의도의 효과

다행스럽게도 구현 의도는 이러한 도전거리들을 극복하도록 도와줄 수 있으며, 이 사실은 구현 의도를 동기 과정에 특히 유익하게 만들어준다. 그렇지만 구현 의도도 이점뿐만 아니라 대가도 치러야 하는 경우가 있다. 구현 의도의 이점과 대가의 자세한 내용은 본문을 참조하라.

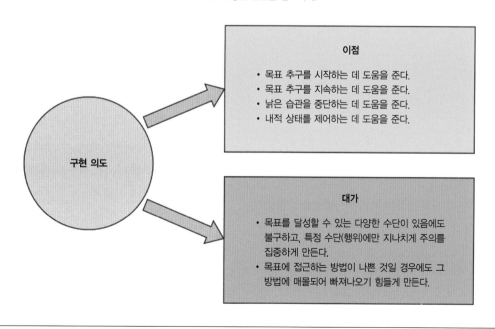

이점
- 목표 추구를 시작하는 데 도움을 준다.
- 목표 추구를 지속하는 데 도움을 준다.
- 낡은 습관을 중단하는 데 도움을 준다.
- 내적 상태를 제어하는 데 도움을 준다.

구현 의도

대가
- 목표를 달성할 수 있는 다양한 수단이 있음에도 불구하고, 특정 수단(행위)에만 지나치게 주의를 집중하게 만든다.
- 목표에 접근하는 방법이 나쁜 것일 경우에도 그 방법에 매몰되어 빠져나오기 힘들게 만든다.

그림 9.4 구현의 시작과 목표 달성
겨울방학이 지난 후 연구자들은 목표를 성공적으로 달성하였는지를 확인하기 위하여 학생들을 다시 접촉하였다(Gollwitzer & Brandstätter, 1997). 시작하기 쉬운 목표에 있어서는 구현 의도가 아무런 영향도 미치지 않았다. 그렇지만 시작하기 어려운 목표에 있어서는 구현 의도가 상당한 영향을 미쳤다.

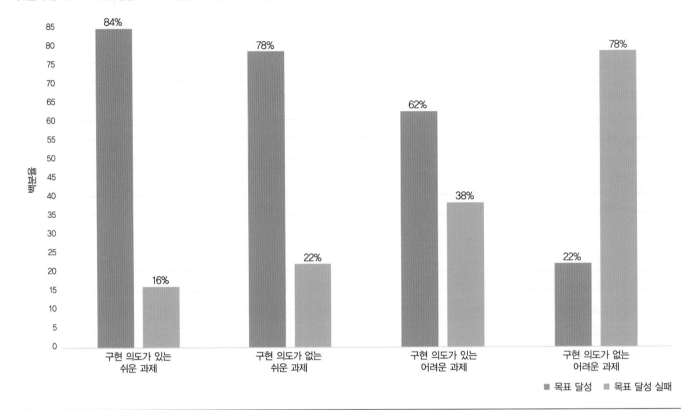

하거나 고통스러울 수도 있는 목표(예컨대, 관절수술 후에 물리치료를 받고 재활훈련을 하는 것)를 시작하는 것을 도와주며(Orbell & Sheeran, 2000; Sheeran, Aubrey, & Kellett, 2007), 사람들이 쉽게 잊어버리는 목표(예컨대, 비타민 복용하기, 콘돔 사용하기, 암검사를 받으러 병원 가기 등)를 시작하는 것도 도와준다는 사실을 입증하고 있다(Martin, Sheeran, Slade, Wright, & Dibble, 2011; Sheeran & Orbell, 1999, 2000). 따라서 구현 의도는 가장 어려운 목표조차도 시작하도록 만들 가능성이 더 크다.

구현 의도는 목표 추구를 지속하는 데 도움을 준다 사람들이 목표 추구를 시작한 후에 직면하는 다음 도전거리는 달성할 때까지 그 목표에 매달려있는 것이다. 새해 결심을 하였던 사람들을 조사한 결과를 보면, 45%가 한 달 이내에 목표를 포기하였으며, 60%가 6개월 내에 포기하였다(Norcross, Ratzin, & Payne, 1989). 2년이 지난 후에는 단지 19%만이 여전히 성공적으로 그 목표를 유지하고 있었다.

사람들이 목표 추구를 지속할 수 없는 한 가지 이유는 다른 방해자극이 발목을 잡기 때문이다. 어떤 이상적인 하루에, 사람들은 아침에 일찍 일어나서 건강식 아침식사를 하며, 체육관에 들르고, 건강식 점심식사를 하며, 모든 숙제를 마무리하고는 제시간에 귀가하여 강아지를 산책시킬 수 있다. 그렇지만 현실의 삶에는 방해자극이 가득하다. 밤늦도록 비디오게임을 즐김으로써 자명종이 울려도 일어나지 못해 운동시간을 놓치고 만다. 학교 구내식당에서 줄을 서있는 동안 맛있는 냄새를 풍기는 과자가 유혹의 손길을 내민다. 어머니가 함께 귀가하자고 전화를 하여 갑자기 1시간이 흘러가고 말았는데, 아직 숙제를 시작조차 하지 못하였다. 이러한 방해자극은 필연적이지만, 구현 의도가 도움을 줄 수 있다(그림 9.3 참조; Gollwitzer & Schaal, 1998; Parks-Stamm, Gollwitzer, & Oettingen, 2010).

한 연구에서는 참가자들을 컴퓨터 앞에 앉히고는 일련의 복잡한 수학문제를 풀도록 요구하였다(Gollwitzer & Schaal, 1998에서 인용). 참가자들이 수학문제를 풀고 있는 동안 옆에 있는 모니터에 방해하는 비디오클립이 무작위로 나타났다. 그 비디오클립은 실제로 상을 받은 광고로, 화려하고 재미있으며 흥미진진한 음악도 담고 있었다. 과제에 앞서 어떤 참가자는 방해 비디오를 회피하려는 구현 의도를 형성한 반면("비디오클립이 시작하면, 즉시 그것을 무시하고 수학문제에 주의를 집중한다."), 다른 참가자는 단지 목표 의도만을 형성하였다("방해받지 말자."). 결과를 보면, 구현 의도를 형성한 참가자가 그렇지 않은 참가자보다 더 많은 수학문제를 정확하게 풀었다. 구현 의도의 이점이 없었던 통제집단 참가자는 비디오클립에 의해서 쉽게 방해받았으며, 과제로 주의를 되돌리는 데 어려움을 겪었다.

사람들이 목표를 지속할 수 없는 또 다른 이유는 목표 행동이 와해될 때 목표로 되돌아오는 데 어려움을 겪기 때문이다. 누구나 과거에 그런 경험을 하였다. 목표 달성을 위하여 한두 달 동안 하루도 빠지지 않고 노력하다가, 병이 나거나 부상을 당하거나 집안에 비상사태가 발생함으로써 며칠도 되지 않아 다시 옛날 습관으로 슬그머니 되돌아가버린다. 그렇지만 여기서도 구현 의도가 구원투수로 등장할 수 있다(그림 9.3 참조; Martijn et al., 2008). 한 연구에서는 아동에게 커다란 페그보드에서 여러 가지 꽂이용 막대들을 분류하는 지겨운 과제를 하도록 요구하였다(Patterson & Mischel, 1976). 페그보드 옆에는 장난감으로 가득 찬 화려한 상자가 있었는데, 이것은 연구자가 방해자극으로 제시한 것이었다. 보편적인 목표 의도("장난감을 가지고 놀지 않는다.")를 형성한 아동은 구현 의도("만일 장난감을 보면, 그렇다면 막대 분류 과제로 주의를 되돌린다.")를 형성한 아동에 비해서 장난감에 저항하는 능력이 떨어졌다. 따라서 아동이 작업을 중지하고 장난감을 잠시 들여다보거나 가지고 노는 경우에도, 구현 의도는 이들의 주의를 제자리로 되돌리고 목표를 향하여 계속해서 작업하는 것을 도와주었다.

나만의 프로젝트 9.1

구현 의도 형성하기

매주 '언제 어디서 어떻게' 여러분의 목표를 위해 매진할 것인지를 언급함으로써 그 목표를 위한 구현 의도를 형성해보라.

구현 의도는 낡은 습관을 중단하는 데 도움을 준다 동기 과정에서 사람들이 직면하기 십상인 또 다른 도전거리는 어떤 목표나 행동에

몰입하려면 기존의 다른 행동을 중지해야만 한다는 것이다. 건강해지기 위해서는 좋은 음식을 먹어야 하지만 나쁜 음식 먹는 것도 중지해야만 한다. 저축하기 위해서는 더 많은 돈을 저금해야 할 뿐만 아니라, 쓸데없는 물건에 돈을 지출하는 것도 중지해야만 한다. 문제는 낡은 행동을 중지하는 것이 새로운 행동을 시작하는 것 못지않게 어렵다는 점이다(심지어는 더 어렵기도 하다). 이 경우에도 구현 의도가 도움을 줄 수 있다(그림 9.3 참조).

구현 의도를 형성함으로써, 낡고 나쁜 습관을 새롭고 좋은 습관으로 대치할 수 있다(Adriaanse, Gollwitzer, De Ridder, de Wit, & Kroese, 2011; Webb, Sheeran, & Luszczynska, 2009). 이것이 어떻게 작동하는지를 이해하기 위해서, 거미 공포증을 가지고 있는 사람들을 대상으로 수행한 연구를 보자(Schweiger et al., 2006). 거미 공포증 환자를 모집하여 다양한 거미 사진을 보여주었다. 정상 조건에서 거미 사진을 보여주면, 부정 정서를 경험한다(예컨대, 불안과 각성). 이러한 낡은 습관반응을 극복하기 위해서는 부정 정서가 출현하는 것을 차단하고 대신에 차분함과 이완을 느끼도록 훈련받을 필요가 있었다. 이 연구에서 한 집단의 참가자는 목표 의도("나는 놀라지 않을 것이다.")를 형성하였으며, 두 번째 집단은 구현 의도("만일 거미를 보면, 그렇다면 차분함을 유지한다.")를 형성하였고, 세 번째 통제집단은 아무것도 하지 않았다. 그런 다음에 모든 참가자에게 일련의 거미 사진을 보여주면서, 각 사진에 대해서 얼마나 불안하고 각성되었다고 느끼는지를 보고하도록 하였다(그림 9.5).

그림 9.5에서 보는 바와 같이, 구현 의도를 형성한 참가자는 목표 의도 집단이나 통제집단보다 거미 사진에 대해서 불안감과 각성을 덜 느꼈다. 놀라운 사실은 이들의 반응이 거미공포증이 없는 사람의 반응과 거의 동일하게 보였다는 점이다(맨 우측 그래프).

또 다른 연구에서는 구현 의도가 사람들이 원하지 않는 또 다른 반응인 고정관념을 억압하는 것에 도움이 되는지를 살펴보았다(Devine, 1989). 연구결과를 보면, 사람들의 편견이 낮을 때조차도 고정관념은 자동적으로 활성화되기 십상이다. 따라서 노인을 보면 사람들은 자동적으로 그 사람이 느린 운전자라고 가정하게 된다. 긴 턱수염과 터번을 두른 무슬림 남자를 보면, 자동적으로 그가 테러리스트라고 생각할 수 있다. 문제는 이러한 고정관념이 신속하게 튀어나오기 때문에 제어할 수 없기 십상이며, 그 결과로 타인을 향해 행동하는 방식에 영향을 미칠 수 있다

그림 9.5 **구현 의도와 거미공포증**
거미공포증 환자들이 자신의 공포를 제어하기 위하여 목표 의도나 구현 의도를 형성하거나 아무 의도도 형성하지 않았다(Schweiger et al., 2006).

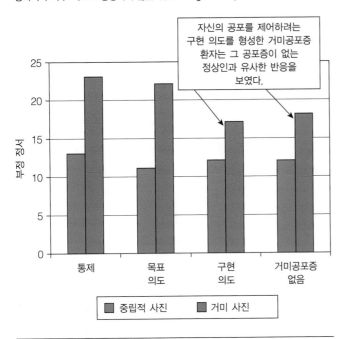

> 자신의 공포를 제어하려는 구현 의도를 형성한 거미공포증 환자는 그 공포증이 없는 정상인과 유사한 반응을 보였다.

는 점이다. 고정관념은 나쁜 습관과 상당히 유사하지만, 수많은 연구는 고정관념이 자동적으로 활성화되는 것을 차단하는 데 구현 의도가 도움을 줄 수 있다는 사실을 입증하고 있다(Mendoza, Gollwitzer, & Amodio, 2010; Moskowitz, Gollwitzer, Wasel, & Schaal, 1999; Webb, Sheeran, & Pepper, 2012).

예컨대, 한 연구에서는 흑인이 아닌 참가자가 비디오게임을 하는데, 총을 들고 있는 등장인물에게는 총을 쏘고 총이 아닌 다른 물건을 들고 있는 등장인물에게는 쏘지 말라는 지시를 주었다. 선행 연구들은 등장인물이 흑인일 때는 무장하지 않았음에도 총을 쏘는 실수를 범할 가능성이 더 높다는 사실을 밝혀냄으로써, 흑인 고정관념의 영향을 입증하였다. 비디오게임을 하는 참가자의 절반에게는 부정적 고정관념의 영향을 예방하는 구현 의도("만일 등장인물을 보면, 그렇다면 그의 인종을 무시한다.")를 형성하도록 지시하였으며, 다른 절반은 구현 의도를 형성하지 않았다. 결과를 보면, 구현 의도를 형성하지 않은 참가자가 무장하지 않은 흑인 등장인물에게 실수로 총을 쏠 가능성이 구현 의도를 형성한 참가자보다 2배나 높았다. 이 결과는 구현 의도가 원치 않는 자동반응을 제어하는 데 도움을 준다는 사실을 시사한다.

여러분 자신을 동기화시켜라

'계획적인 사람'이 되라

창의적인 사람은 흔히 자신의 재능을 발휘할 시간의 스케줄을 짤 수가 없다고 주장한다. 영감이 떠오를 때까지 기다려야 한다는 것이다. 예컨대, 작가는 영감이 떠오를 때만 글을 쓸 수 있다고 주장하거나 아니면 기분이 내키지 않을 때는 쓰는 것이 아무 소용도 없다고 주장하기도 한다(Silvia, 2007). 그렇지만 이러한 진술은 단지 변명에 불과하다는 사실을 보여주는 연구도 있다(Boice, 1990). 이 연구에서는 대학교수를 세 집단으로 나누었다. 첫 번째 집단은 글쓰기를 완전히 금지하였다. 두 번째 집단은 영감을 느낄 때만 글을 쓰도록 지시하였다. 세 번째 집단은 50회기의 글쓰기 계획을 세우도록 강제하고, 마음이 내키는지 여부에 관계없이 그 회기 중에 글을 쓰도록 요구하였다. 결과를 보면, 세 번째 집단, 즉 기분에 관계없이 회기 중에 글을 쓴 집단이 다른 두 집단보다 상당히 많은 분량의 글을 썼다. 실제로 영감 집단보다 3.5배나 많은 분량의 글을 썼다. 반면에 영감 집단은 글쓰기를 금지시킨 집단보다 단지 약간만 더 많은 분량의 글을 썼을 뿐이다. 그렇다면 글의 자질은 어떠한가? 강제로 글을 쓰게 하였기에 많은 예술가와 작가가 주장하는 것처럼 창의성이 훼손되었는가? 결과를 보면 그렇지 않다. 창의적 아이디어가 평균적으로 금지 집단의 경우에는 닷새에 한 번, 영감 집단은 이틀에 한 번, 그리고 계획 집단은 하루에 한 번 나타났다. 따라서 계획 집단은 더 많은 분량을 집필하였을 뿐만 아니라 더 많은 창의적 아이디어도 가지고 있었던 것이다! 이 결과가 어떤 사람에게는 놀라운 것일 수도 있겠지만, 지극히 성공적인 많은 작가들은 이미 이 사실을 알고 있었다. 예컨대, 오늘날 작품 활동이 가장 왕성한 미국 작가 중의 한 사람인 스티븐 킹은 매일 아침 일어나서 정오가 될 때까지 글을 쓴다(King, 2000). 그는 하루도 빠지지 않고 이 작업을 하며, 심지어는 크리스마스에도 마찬가지다. 따라서 여러분의 목표가 예술성과 창의성을 요구하는 것이라고 할지라도, 여전히 계획이 필요하다. 어느 작가가 간명하게 표현하였듯이, "(작가에게는) 정례적 루틴이 영감보다 더 좋은 친구이다"(Silvia, 2007, 49쪽).

구현 의도는 내적 상태를 제어하는 데 도움을 준다 목표 추구의 마지막 도전거리는 너무나도 자주 사람들을 혼란에 빠뜨리는 내적 상태를 제어하는 작업을 수반한다. 제어할 수 없는 식탐, 부정 정서, 수행 불안, 침투적 사고 등은 모두 목표로부터 멀어지게 만든다. 여기서도 구현 의도가 구원투수로 등장한다.

한 연구에서 보면, 자신이 좋아하는 간식거리에 관한 구현 의도("만일 내가 좋아하는 간식 생각이 떠오른다면, 그렇다면 그 생각을 무시하겠다.")를 형성한 다이어트 시행자가 그러한 구현 의도를 형성하지 않은 사람보다 일주일에 걸쳐서 그 간식거리를 더 적게 먹었다(Achtziger, Gollwitzer, & Sheeran, 2008). 또 다른 연구에서는 경쟁을 벌여야 하는 테니스 선수들에게 수행을 방해하는 대표적인 내적 상태(예컨대, 스트레스, 분노, 탈진, 산만 등)를 보고하도록 요구하였다. 자신에게 문제가 되는 내적 상태에 관한 구현 의도(예컨대, "만일 스트레스를 느낀다면, 그렇다면 진정을 하면서 '나는 이길 수 있어.'를 되뇐다.")를 형성한 선수가 그렇지 않은 선수보다 다음번 시합에서 더 좋은 성적을 냈다(Achtziger et al., 2008). 후속 연구들은 구현 의도가 부정적 기분의 영향을 제어하고(Bayer, Gollwitzer, & Achtziger, 2010; Webb et al., 2012), 불안의 영향을 제어하는 데(Vaely, Webb, & Sheeran, 2011) 효과적임을 보여주고 있다.

9.3.2 구현 의도의 대가

학습목표 : 구현 의도의 대가를 기술한다.

구현 의도가 이로운 것은 명백하다. 그렇지만 삶의 대부분이 그렇듯이, 구현 의도도 어두운 면을 가지고 있다. 때로는 구현 의도를 형성하는 것이 역효과를 내서 목표 달성을 방해할 수도 있다.

구현 의도가 역효과를 내는 한 가지 이유는 특정 행위에만 지나치게 주의를 집중시킬 수 있기 때문이다(그림 9.3 참조). 목표를 한 가지 방식으로만 추구할 때에는 이러한 주의집중이 이롭지만, 많은 경우에 사람들은 하나의 목표를 추구하면서 다양한 행위를 나타낸다(즉, 목표 등종국성). 예컨대, 체중 감량을 위해서 운동도 하고 다이어트도 한다. 저축하기 위해서 외식을 적게 하고 식료품점에서 쿠폰을 사용한다. 건강식을 위하여 가공식품과 설탕 사용을 줄인다.

구현 의도는 한 상황과 한 행동 간의 자동적 연합을 강화시키기 때문에, 한 가지 성취 수단에만 주의를 집중하게 만든다. 그렇기 때문에 특정 상황에서 활성화될 수도 있는 다른 수단에는 주의를 기울이기 어렵게 만든다. 예컨대, 여러분의 목표가 더 많은 채소를 먹는 것인데, 브로콜리를 제일 좋아하기 때문에 다음과 같은 구현 의도를 형성한다고 가정해보자. "만일 식당 메뉴에서 브로콜리를 보게 되면, 그렇다면 그것을 주문한다." 이 구현 의도가 브로콜리의 섭취는 증가시키겠지만, 당근이나 그린빈 또는 각종 채소를 먹을 다른 기회를 박탈하게 된다(Masicampo & Baumeister, 2012; Parks-Stamm & Gollwitzer, 2009; Parks-Stamm, Gollwitzer, & Oettingen, 2007). 목표를 달성하는 한 가지 방법에만 주의를 집중함으로써, 동일한 상황에서 목표를 달성할 수 있는 다른 방법(더 가치 있을 수도 있는 방법)을 놓칠 수 있는 것이다.

구현 의도에 관한 또 다른 염려는 목표 계획의 자질과 관련이 있다(그림 9.3 참조). 모든 목표는 그 목표에 접근하는 좋은 방법과 나쁜 방법을 모두 가지고 있다. 예컨대, 체중 감량을 시도하고 있는 사람은 아침식사를 거르기 십상이지만, 연구들은 이 방식이 역효과를 내서 하루 종일 건강하지 않은 음식을 먹게 만든다는 사실을 보여주고 있다(Keski-Rahkonen, Kaprio, Rissanen, Virkkunen, & Rose, 2003). 그럼에도 만일 매일 아침식사를 거르겠다는 구현 의도를 형성하였다면, 그 의도가 잘못된 전략에서 벗어나지 못하게 만들게 된다.

이러한 가능성을 검증하기 위한 연구(Jaudas et al., 2006; Parks-Stamm & Gollwitzer, 2009에서 인용)에서는 학생들에게 잘못된 계획을 제공하고는 그 계획이 나쁜 것임을 깨닫고 포기하는 데 시간이 얼마나 걸리는지를 알아보았다. 구체적으로 이 연구의 참가자들은 미로를 빠져나와야 하였는데, 특정 교차로에 나타나는 녹색 화살표가 지름길을 알려주는 것이라는 이야기를 들었다. 실제로는 녹색 화살표를 따라가는 것이 지름길로 이끌어가는 경우는 단지 30%에 불과하였기 때문에, 사용하기에 특별히 좋은 전략이 아니었다. 미로를 출발하기에 앞서, 절반의 참가자는 목표 의도("빨리 미로를 빠져나온다.")를 형성한 반면, 다른 절반은 녹색 화살표에 관한 구현 의도("만일 녹색 화살표를 보면, 그렇다면 그 길을 선택한다.")를 형성하였다. 결과를 보면, 구현 의도를 가지고 있는 참가자는 녹색 화살표 사용을 포기하지 않으려고 함으로써 목표 의도를 가지고 있는 참가자보다 미로를 빠져나오는 데 더 많은 시간이 걸렸다. 그렇지만 이러한 대가는 참가자에게 미로 수행에 대한 명시적 피드백을 주지 않았을 때에만 나타났다. 다시 말해서 참가자가 계획의 효율성을 스스로 평가해야만 할 때에는 그 계획에서 문제점 찾기를 주저하고 고집스럽게 그 계획에 매달렸다. 참가자에게 미로 수행에 관한 명백한 피드백을 줄 때에는 구현 의도를 가지고 있는 참가자조차도 잘못된 계획을 기꺼이 포기하였다.

9.3.3 구현 의도를 강화하는 요인

학습목표 : 구현 의도를 강화하는 요인을 기술한다.

구현 의도가 이점을 가지고 있지만, 그 의도가 어떤 사람에게서는 더욱 잘 작동할 수도 있다. 다시 말해서 구현 의도와 목표 달성 간의 관계는 다른 변인들의 영향을 받을 수 있다. 과학에서는 두 변인 간의 관계에 영향을 미치는 변인을 **조정자**(moderator) 또는 **조절변인**(moderating variable)이라고 부른다. 다음과 같이 생각해보자. 이혼과 같은 법적 상황에서 '조정자'를 언급할 때에는 이혼하려는 부부가 자신들의 문제를 원만하게 마무리 짓도록 도와주려는 제3자를 언급하는 것이다. 따라서 이러한 제3자는 다른 두 사람 간의 관계를 강화시키거나 개선시키고자 시도하고 있다. 마찬가지로 과학자가 조절변인을 언급할 때에는 관심을 가지고 있는 다른 두 변인 간의 관계를 강화시키는(또는 약화시키는) 변인을 지칭하는 것이다. 구현 의도의 경우, 연구자들은 구현 의도와 목표 달성 간의 관계를 강화시키거나 약화시키는 조절변인을 찾아내는 데 관심이 있다.

조절변인을 매개변인과 혼동하지 않는 것이 중요하다(그림 9.6).

매개변인은 (고속도로 중앙분리대와 같이) 다른 두 변인 간에 존재하는 변인이다. 즉, 변인 X의 변화는 매개변인의 변화를 초래하고, 이것이 다시 변인 Y의 변화를 초래한다. 예컨대, 비디오게임에 관한 연구는 비디오게임의 폭력 수준(변인 X)이 폭력에 대한 무감각(매개변인)을 초래하고, 이것이 다시 더 심각한 공격행동(변인 Y)을 초래한다는 사실을 밝혀왔다(Carnagey, Anderson, & Bushman, 2007).

반면에 조절변인은 두 변인 사이에 존재하는 것이 아니며, 변인 X의 변화가 영향을 미치지 않는다. 변인 X와 Y의 관계 밖에 존재

그림 9.6 매개 대 조절

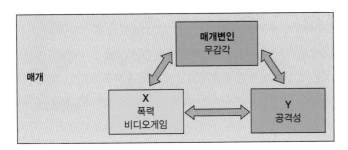

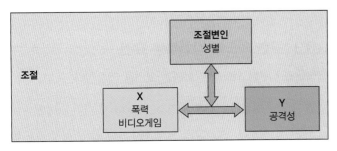

하지만, 조절변인의 상이한 수준에서 그 관계가 약화되거나 강화됨으로써 관계에 영향을 미친다. 비디오게임 사례로 되돌아가 보면, 연구들은 폭력 비디오게임(변인 X)이 공격성(변인 Y)에 미치는 효과는 여성보다 남성에게서(조절변인 = 성별) 더 강하다는 사실을 보여주고 있다(Bartholow & Anderson, 2002). 이 사례가 시사하는 바와 같이, 조절변인은 개인차 변인(예컨대, 성별과 성격 등)이기 십상이지만, 상황 차이가 될 수도 있다. 예컨대, 폭력 비디오게임은 공격성 기질을 가지고 있는 사람에게서 더 많은 폭력을 초래하지만(개인차 조절변인 = 공격성 특질; Anderson & Carnagey, 2009), 비디오게임이 폭력장면에서 낭자한 피를 묘사할 때 더 많은 폭력을 유발하기도 한다(상황차이 조절변인 = 피의 존재; Barlett, Harris, & Bruey, 2008).

구현 의도를 조절하는 개인차 구현 의도 연구는 여러 가지 개인차 특성이 목표 달성에서 구현 의도가 가지고 있는 효과를 조절한다는 사실을 입증하고 있다. 구현 의도의 효율성을 조절하는 대표적인 개인차 변인에는 개인의 목표 몰입, 자기효능감, 자기제어 등이 있다.

목표 몰입 수준이 높을수록, 구현 의도를 형성하는 이점이 더 크다. 여러분이 유기화학 시험을 잘 치르겠다는 목표에 특별히 몰입하지 않고 있다고 해보자. 이러한 경우에는 시험공부를 하겠다는 구현 의도를 형성하는 것이 특별히 도움을 주지 않을 것이다. 그렇지만 여러분이 동기 시험을 잘 치르겠다는 의지가 높다고 해보자. 이 경우에는 시험공부를 하겠다는 구현 의도를 형성하는 것이 상당한 이점이 된다. 실제로 시험공부 의지가 낮거나 높은 대학생에게서 바로 이러한 패턴이 나타났다(Sheeran, Webb, & Gollwitzer, 2005). 그리고 앞에서 논의하였던 여성의 유방암 검사 연구에서도 유사한 패턴이 나타났다(Orbell et al., 1997). 이 연구에서 유방암 검사를 받겠다는 의지가 강한 여성은 구현 의도를 형성한 후에 검사를 받을 가능성이 더 높았다. 그렇지만 이 목표에 대한 의지가 높지 않았던 여성의 경우에는 구현 의도 형성이 아무런 도움도 주지 않았다.

자기효능감도 구현 의도의 조절변인으로 작용한다. 제6장에서 보았던 바와 같이, 자기효능감이란 특정 과제를 수행하는 능력에 대한 지각이나 신념을 지칭한다(Bandura, 1977, 1986; Maddux & Gosselin, 2012). 자기효능감이 높을수록 어떤 것을 성공적으로 수행하는 데 필요한 재능을 가지고 있다고 믿을 가능성

이 높다. 따라서 다가오는 시험에 대비하여 공부를 하겠다는 구현 의도를 형성하는 것이 자기효능감이 높은 학생의 경우에는 상당한 이점으로 작용하지만, 자기효능감이 낮은 학생의 경우에는 구현 의도의 효과가 나타나지 않는다.

자기제어 능력도 조절효과를 나타낸다. 그렇지만 자기제어는 목표 몰입이나 자기효능감과는 반대방향의 효과를 나타낸다. 제1장에서 본 바와 같이, 자기제어는 자신의 사고, 정서, 행동을 조절하고 변화시키는 능력을 말한다. 자기제어 능력이 높은 사람은 자신의 목표를 보다 잘 고수할 수 있으며 유혹으로 인해서 쉽게 궤도를 이탈하지 않는다. 반면에 자기제어 능력이 모자라는 사람은 충동의 노예가 된다. 따라서 자기제어 능력이 뛰어난 학생은 시험공부를 하겠다는 세부 구현 의도를 형성하지 않았을 경우에도 다른 유혹에 빠져들 가능성이 매우 낮지만, 자기제어 능력이 형편없는 학생의 경우에는 구현 의도를 형성한다고 하더라도, 스스로를 제어하지 못함으로써 쉽게 다른 유혹에 빠져들기 십상이다.

글쓰기 과제 9.3

구현 의도와 결손 극복하기

여러분은 구현 의도가 자기제어력이 낮은 사람들이 부족한 부분을 극복하는 것을 도와줄 수 있다는 사실을 공부하였다. 여러분은 구현 의도를 사용함으로써 개선할 수도 있는 특정 결손이나 장애를 가지고 있는 집단이나 유형의 사람을 생각해볼 수 있는가? 답을 작성할 때에는 여러분의 주장을 지지하는 증거나 사례를 사용하라.

구현 의도 효과를 조절하는 상황차이   구현 의도 효과를 조절하는 대부분의 상황차이는 선택한 목표의 자질과 관련이 있다. 목표가 어려울 때에는 구현 의도의 이점이 더욱 명백하다(Gollwitzer & Brandstätter, 1997). 매일 아침 이를 닦는 것과 같이 쉬운 목표를 달성하려는 구현 의도를 형성하는 것이 스노보드 국가대표 선수가 되는 것처럼 어려운 목표를 달성하려는 구현 의도를 형성하는 것만큼 도움이 되지는 않을 것이다.

구현 의도의 이점은 내재적 동기가 주도하는 목표에서도 더욱 명백하다. 사람을 돕는 것이 정말로 즐겁기 때문에(내재적 동기) 의과대학에 진학하려는 학생에게는 구현 의도 형성이 의과대학 진학에 도움을 줄 것이다. 그렇지만 많은 돈을 벌기 위해서이거나 부모의 인정을 받기 위해서(외재적 동기) 의과대학에 진학하려는 학생에게는 구현 의도 형성이 별로 도움이 되지 않을 것이

다. 예컨대, 한 연구에서 보면, 구현 의도를 형성하는 데 쉽고 즐거울 수 있는 계획을 자유롭게 선택할 수 있다는 사실을 상기시켜 준(내재적 동기) 학생이 매사를 올바르게 해야만 한다는 사실을 상기시켜 준(외재적 동기) 학생보다 자신의 목표를 더 성공적으로 달성하였다(Koestner et al., 2006).

글쓰기 과제 9.4

강의실에서의 구현 의도

많은 이점을 감안할 때, 어떻게 선생님은 강의실에 구현 의도를 도입하여 학생들이 공부하고 시험성적을 올리는 것을 도와줄 수 있겠는가? 여러분은 이러한 접근에서 특히 이득을 얻을 수 있는 특정 유형의 학생들이 있다고 생각하는가?

9.4 목표 계획의 증진 요인

학습목표 : 목표 계획의 달성 가능성을 증가시키는 요인을 기술한다.

구현 의도가 매우 이로운 까닭은 사람들을 목표 계획에 매달리도록 도와주기 때문이다. 그렇지만 만일 그 목표 계획이 나쁜 것이라면, 구현 의도는 목표 달성을 향하기보다는 엉뚱한 곳을 향한 길로 이끌어갈 수도 있다. 따라서 어떤 계획에 매달리기에 앞서, 그것이 좋은 계획임을 확신할 필요가 있다. **유연성**(flexibility)과 **책무성**(accountability)이라는 두 요인이 목표 계획의 자질을 증진시키는 것으로 밝혀져 왔다.

▽ 이 절이 끝날 무렵에 여러분은 다음에 답할 수 있을 것이다.

9.4.1 목표 계획 측면에서 유연성 개념을 설명한다.
9.4.2 목표 계획 측면에서 책무성 개념을 설명한다.

9.4.1 유연성

학습목표 : 목표 계획 측면에서 유연성 개념을 설명한다.

세부적인 목표가 모호하게 정의한 목표보다 달성 가능성이 높지만, 이것은 목표 계획에서도 참이다. 세부 목표 계획은 모호한 목표 계획보다 수행하기 용이하다. 그렇지만 목표가 너무나도 세부적이어서 융통성이 없을 만큼 정의하지 않도록 조심할 필요도 있다. 따라서 좋은 목표 계획은 어느 정도의 유연성을 수반한다.

목표 유연성에 관한 한 연구는 다가오는 시험에 대비하여 공부한다는 목표를 가지고 있는 대학생들을 조사하였다. 어

떤 학생은 매일같이 상세한 계획을 세웠고, 다른 학생은 월간 계획을 세웠으며, 또 다른 학생은 아무 계획도 세우지 않았다(Kirschenbaum, Tomarken, & Ordman, 1982). 연구자들은 일일 계획이 가장 많은 성공을 초래할 것이라고 예상하였지만, 그 예상은 빗나갔다. 월간계획을 세운 학생들이 시험에서 가장 큰 향상성을 보였다. 상세성에서는 일일계획이 높았지만 유연성이 낮았으며, 일일계획 학생들은 엄격한 요구사항을 준수하느라 쩔쩔 맸다. 반면에 월간계획은 적절한 수준의 상세성을 가지고 있었으며(즉, 무계획보다는 세부적이었다), 이것이 학생에게 어느 정도의 유연성을 제공함으로써 계획을 준수하기 쉽게 만들어주었다.

이 연구에서 대부분의 학생이 월간계획을 가지고 있을 때 잘 해냈지만, 매우 학구적인 학생은 일일계획을 가지고 있을 때 실제로 최선을 다하였다는 사실을 지적할 필요가 있다. 그 이유는 무엇인가?

한 가지 가능성은 벼락치기 공부와 관계가 있다. 일일계획 학생이 실제로 월간계획 학생보다 공부하는 데 더 많은 시간을 투자하였지만, 주로 시험을 며칠 앞둔 기간 동안에 공부시간을 증가시켰다. 따라서 일일계획 학생은 시험 직전에 벼락치기로 공부할 가능성이 높은 반면, 월간계획 학생은 공부시간을 분산시켰을 가능성이 높다. 선행 연구는 벼락치기 공부가 비효과적인 전략이며, 일반적으로 시험성적과 상관이 없다는 사실을 보여주어 왔다(McIntyre & Munson, 2008; Schuman, Walsh, Olson, & Etheridge, 2001). 벼락치기는 비효과적인 전략이기 때문에, 이미 학업 재능을 가지고 있는 학생에게만 유용할 수 있다. 학업에 뛰어난 학생이 일일계획에서 가장 많은 이득을 얻는 이유가 바로 이것이다. 영재는 엄격한 계획을 가지고 잘 해낼 수 있지만, 대부분의 사람에게는 유연성이 필요하다.

엄격하고 지나치게 상세한 계획이 대부분의 사람에게 비효과적인 까닭은 무엇인가? 한 가지 이유는 그러한 계획이 매우 적은 보상에도 상당한 노력을 요구하기 때문에 대부분의 사람에게는 지나치게 피곤한 작업이 된다는 점이다.

지나치게 엄격한 계획은 자율감도 훼손시킨다. 사람들은 자신의 삶을 제어하고 있다고 느끼려는 강한 욕구를 가지고 있는데, 목표 계획이 엄격할수록 일상 행위에서 선택의 자유가 적다고 느끼게 된다. 수많은 음식을 금지하며 먹는 것을 일일이 감시·감독할 것을 요구하는 다이어트 식이요법(예컨대, 무탄수화물, 무

지방 음식)은 일주일도 지나기 전에 포기하기 십상이다. 반대로 유연한 계획은 세부적인 목표지향 행동을 명세하지만, 어느 정도의 선택도 허용한다. 어느 정도 선택을 허용하는 식이요법(예컨대, "점심으로 샐러드를 먹는다면, 저녁식사 후에 약간의 디저트를 먹을 수 있다.")이야말로 여러분이 계속해서 매달릴 가능성이 높은 처방이다. 이 사실은 사람들에게 매일 사용할 수 있는 '음식 점수'를 제공하지만, 그 점수를 어느 음식에 사용할지를 선택할 수 있게 해주는 웨이트 워처스(Weight Watchers)와 같은 체중 감량 프로그램이 성공적인 이유를 설명해준다.

부가적으로 사람들은 자신의 목표에 실무율적 접근을 시도하는 경향이 있다. 즉, 실수를 하면 목표 계획 전체를 포기하는 경향이 있다. 연구자들은 이것을 **나몰라 효과**(what-the-hell effect)라고 부르며, 사람들이 한 번의 실수를 목표 자체를 완전히 포기하게 만드는 보증서로 간주하는 경향을 말한다(Cochran & Tesser, 1996). 이 용어는 예컨대, "나는 방금 아이스크림 한 주걱을 먹어서 다이어트를 망쳤어요. 난 몰래! 한 통을 몽땅 먹어버릴까 보다." 또는 "벌써 예산을 2만 원이나 초과하고 말았어요. 난 몰래! 10만 원을 더 써버릴까 보다."라고 말하는 사람들의 경향성을 반영한다. 속임수를 써서 점심에 과식하였다고 생각하도록 만든 다이어트 실행자가 그렇게 생각하지 않는 실행자보다 식사 후에 과자를 먹을 가능성이 더 높다는 연구결과는 이 효과를 지지한다(Polivy & Herman, 1985). 흥미로운 사실은 다이어트를 하지 않는 사람에게서는 정반대의 패턴이 일어난다는 점이다. 다이어트를 하지 않은 사람이 과식하였다고 생각하도록 속임수를 쓰면, 식사 후에 과자를 적게 먹는다. 이 사실은 다이어트 실행자가 나몰라 효과를 보일 가능성이 더 큼을 시사한다. 만일 다이어트를 망쳐버렸다면 그 다이어트를 더 잘 고수할 수도 있었다고 느끼기 때문이다.

여러분 자신을 동기화시켜라

속임수를 쓰라

개인 훈련사, 영양사, 피트니스 전문가는 일주일에 하루 정도는 다이어트나 운동 프로그램으로부터 잠시 벗어나 원래대로 생활할 것을 권장하기 십상이다(Marion, 2008). 목표 계획에 이렇게 약간의 휴식을 첨가하는 것은 그 계획을 유연하게 만들어주며, 강력한 자율감을 제공해준다. 그리고 다이어트를 하는 경우에는 정상 식사를 하는 하루(아니면 적어도 정상적으로 먹는 한 끼)가 생리적 이점도 가지고 있다. 연구문헌을 개관해 보면, 다이어트하는 날과 그렇지 않은 날을 교대하는 사람이 매일같이 다

이어트하는 사람 못지않게 체중과 지방을 감량한다는 사실을 알 수 있다 (Varady, 2011). 그렇지만 이러한 유형의 속임수는 매끄러운 미끄럼틀과 마찬가지이다. 주말 내내 소파에 파묻혀서 무엇이든 원하는 것을 먹어서는 안 된다. 일주일에 한 번 정도 약간의 음식 사치를 부리는 것에 초점을 맞추어라. 더 좋은 방법은 사치를 부리기 며칠 전이나 몇 끼의 식사 전부터 칼로리를 줄임으로써 이러한 사치에 대한 계획을 세워라. 그렇게 함으로써 여러분에게 할당된 칼로리 요구사항을 맞출 수 있다.

9.4.2 책무성

학습목표 : 목표 계획 측면에서 책무성 개념을 설명한다.

목표 계획을 세울 때에는 자신의 행위에 스스로 책임질 수 있게 하는 것이 중요하다(Davis, Mero, & Goodman, 2007). 계획에 책임이 있을수록, 언제 기대 충족에 실패하고 있으며 노력을 배가할 필요가 있는지를 알아채기 쉽다.

책무성을 증가시키는 한 가지 전략은 목표 계획을 기록해두는 것이다. 기록은 목표가 더욱 실제적인 것처럼 보이게 만들고, 목표를 더욱 자각하고 선명한 것으로 만들며, 우선순위를 조정하는 것에 도움을 주고, 목표를 달성하는 데 필요한 과정에 초점을 맞추도록 도와준다(Briñol, Gascó, Petty, & Horcajo, 2013; King, 2001). 단순해 보이지만, 연구결과는 이것이 효과가 있다는 사실을 보여준다. 한 연구에서는 한 집단의 대학 신입생이 대학생활을 시작하는 스트레스에 어떻게 대처할 것인지에 관한 계획을 적었으며 다른 집단은 무관한 주제에 관하여 적었다(Cameron & Nicholls, 1998). 학기 말에, 대처 계획을 적었던 학생들이 다른 주제에 관하여 적었던 학생보다 질병으로 인해 학교 보건소를 방문한 횟수가 적었다. 흥미로운 사실은 목표 계획을 적는 것의 이점이 인지-행동 치료에서 경험하는 것과 꽤나 유사하다는 점이다. 그러니 더 이상 머뭇거리지 말라. 지금 당장 백지를 가져다놓고 여러분 삶의 목표를 달성하기 위한 계획을 적어라.

누군가에게 자신의 목표를 말함으로써 책무성을 증가시킬 수도 있다. 인간은 다른 사람으로부터 인정받는다고 느끼고 싶은 강력한 욕구(즉, 소속감 욕구)를 가지고 있기 때문에, 다른 사람이 자신을 긍정적으로 바라본다는 사실을 확인하기 위해 무진 애를 쓴다. 여러분이 고등학교 친구에게 이다음에 어른이 되면 파리에서 활동하는 유명한 예술가가 될 것이라 말하였다고 상상해보라. 만일 여러분이 파리에 가보지도 않았거나 그림을 한 점도 그리지 않은 채 졸업 10주년 동창회에 나타난다면 얼마나 당황

스럽겠는가? 일단 다른 사람에게 자신의 계획을 공개적으로 천명한 후에는 그렇게 당혹스러운 상황을 피하기 위해서 목표를 향한 노력을 더 많이 경주하기 십상이다. 예컨대, 에너지 낭비를 줄인다는 목표를 공개적으로 천명한 집주인은 개인적으로만 그러한 목표를 가지고 있는 집주인보다 에너지 사용을 줄이는 작업을 더 잘 해낸다(Pallak & Cummings, 1976). 마찬가지로 아동들도 수행에 앞서 자신의 수행에 대한 기대치를 다른 사람에게 말하였을 때 해결할 수 없는 과제에 더 오랫동안 매달린다(Dweck & Gilliard, 1975). 학기를 시작할 때 급우와 학점 목표를 공유한 학생이 자신의 목표를 공개하지 않은 학생보다 학점평점에서 더 큰 개선을 보였다(Hollenbeck, Williams, & Klein, 1989). 그렇지만 이러한 이점을 얻기 위해서 여러분의 목표를 누군가에게 반드시 면대면으로 말할 필요는 없다. 페이스북과 트위터와 같은 소셜 미디어는 이러한 유형의 책무성을 위해서 완벽하게 설계되어 있다. 자신의 체중 감량 목표와 달성 정도를 게시하기 위하여 트위터를 사용한 사람들이 그렇지 않은 사람들보다 체중을 더 많이 감량하였다(McGrievy & Tate, 2013).

그렇다면 목표를 공개적으로 천명하는 것이 목표 달성을 증가시키는 이유는 무엇인가? 목표 몰입과 관련이 있을 수 있다. 앞서 언급한 연구(Hollenbeck et al., 1989)에서는 대학생들에게 그 학기에 기대하는 학점 목표를 설정하도록 요구하였다. 절반의 경우에는 그들의 이름과 학점 목표를 종이에 기입하여 전체 학생들에게 나누어주었다. 다른 절반의 경우에는 개인적으로만 학점 목표를 가지고 있었다. 4주가 지나고 중간고사가 시작되기 직전에 학생들의 학점 목표에 대한 몰입 정도를 평가한 결과, 목표를 공개적으로 천명한 학생들이 그 목표를 개인적으로만 가지고 있는 학생보다 목표 몰입 수준이 더 높다는 결과를 얻었다.

일단 누군가에게 자신의 목표를 이야기하겠다고 결정하고 나면, 다음 단계는 누구에게 말할 것인지를 결정하는 것이다. 이상적으로는 여러분이 자신의 행동에 책임을 질 수 있게 해주는 사람, 정기적으로 접촉하는 사람, 여러분이 뒤처지기 시작하면 곧바로 잔소리를 해댈 수 있는 사람을 선택하고 싶을 것이다. 우리가 가르친 동기 수업 수강생들에게 있어서는, 한 사람이 다른 누구보다도 이 역할에 잘 들어맞는 것처럼 보인다. 그 사람이 누구인지 추측할 수 있겠는가? 만일 어머니라고 말하였다면, 바로 정답이다. 대부분의 사람에게 있어서 자신이 죄책감을 느끼게 만드는 일을 어머니보다 더 잘 해낼 수 있는 사람은 없다. 실제로 연

구들을 보면, 어머니의 이름을 보거나 듣는 것만으로도 목표 몰입을 증가시키기에 충분하다(Shah, 2003a). 그렇지만 여러분이 어머니와 가깝고 어머니가 여러분의 목표 추구를 지원하고 있다고 느낄 때에만 그렇다. 아무튼 어머니이든 형제이든 아니면 절친이든, 삶에서 여러분을 격려하고 책임감 있는 사람으로 만들어주는 사람을 선택하라.

글쓰기 과제 9.5

목표 계획의 어느 자질이 더 중요한가?

여러분 자신의 목표 계획에 있어서, 유연성과 책무성 중에서 어느 자질이 여러분을 목표에 매달려있게 만들 가능성이 더 크다고 생각하는가? 그렇게 생각하는 이유는 무엇인가? 특정 유형의 사람이나 성격에는 유연성이 더 중요한 반면, 다른 유형에는 책무성이 더 중요할 가능성이 있겠는가? 만일 그렇다면, 자질의 중요성을 결정하는 특징이나 성격 특질은 무엇이겠는가?

나만의 프로젝트 9.2

여러분의 목표를 누군가에게 말하라

나만의 프로젝트 목표에 대한 몰입을 증가시키고자 원하는가? 여러분이 할 수 있는 것은 누군가에게 그 목표를 '말하는' 것이다. 첫째, 반드시 여러분의 삶에서 규칙적으로 만나거나 이야기함으로써 여러분의 진행 과정을 감시해줄 수 있는 사람을 선택하도록 하라. 둘째, 선택한 사람이 반드시 여러분에게 목표에 대한 책임을 물을 수 있는지 확인하라. 절친일 수도, 배우자일 수도, 형제일 수도 있지만, 우리 경험에 따르면 대부분의 학생에게 있어서 어머니가 최선의 선택인 것으로 보인다. 그렇지만 반드시 어머니여야 하는 것은 아니다. 여러분이 약속한 것에 책임을 물을 가능성이 가장 큰 사람을 선택하라.

9.5 목표 계획세우기의 보편적 실수

학습목표 : 목표 계획을 세울 때 범하는 보편적 실수를 기술한다.

목표 계획을 증진시키기 위하여 유연성과 책무성과 같은 자질을 첨가하는 것 이외에도, 목표를 세울 때 피하고자 시도할 수 있는 수많은 보편적 실수들이 존재한다. 여기에는 계획세우기 오류, 지각한 전문성의 영향, 손실 혐오 등이 포함된다.

▽ **이 절이 끝날 무렵에 여러분은 다음에 답할 수 있을 것이다.**

9.5.1 계획세우기 오류를 설명한다.

9.5.2 지각한 전문성 개념을 설명한다.

9.5.3 손실 혐오 개념을 설명한다.

9.5.1 계획세우기 오류

학습목표 : 계획세우기 오류를 설명한다.

솔직해지자. 과제 보고서를 몇 시간이면 끝낼 수 있다고 생각하였으나, 결국에는 제출시간에 맞추어 보고서를 마무리하느라 밤샘을 하고 있는 자신을 발견한 적이 얼마나 있었는가? 이런 경험이 대학생에게는 지극히 보편적인 것이지만, 어떤 과제를 마무리하는 데 걸리는 시간을 과소 추정하는 사람이 대학생뿐만은 아니다. 이 장을 시작하였던 시드니 오페라하우스의 사례는 건축가와 하도급업자들이 건물을 완공하는 데 필요한 시간과 경비를 엄청나게 과소 추정한다는 사실을 드러내고 있다. 여러분의 교수조차도 강의재료를 만들거나 연구계획서를 작성하는 데 얼마나 시간이 걸릴지를 과소 추정한다. 이러한 사례들은 **계획세우기 오류**(planning fallacy)라고 부르는 보편적인 인지 오류를 입증하며, 이 오류는 사람들이 과제를 완성하는 데 필요한 경비와 시간 그리고 노력의 양을 과소 추정함으로써 지극히 낙관적인 계획을 세우는 경향성을 지칭한다(Buehler, Griffin, & Peetz, 2010; Kahneman & Tversky, 1979).

이 오류에 관한 최초 연구 중의 하나에서는 우등생으로 졸업하기 위한 논문 작업을 하고 있는 학부생 집단에 자신의 프로젝트를 마무리하는 데 얼마나 시간이 걸릴 것인지를 추정해보도록 요구하였다(Buehler, Griffin, & Ross, 1994). 그런 다음에 그 추정치를 실제로 논문을 마무리하는 데 걸린 시간과 비교해보았다. 결과를 보면, 단지 30%만이 추정 시간 내에 프로젝트를 완성하였다(그림 9.7).

다시 말해서 2/3 이상의 학생이 예상하였던 것보다 더 오래 걸렸으며, 이 결과는 대부분의 경우에 사람들은 자신의 목표에 도달할 때까지 얼마나 시간이 걸릴 것인지를 제대로 고려하지 못한다는 사실을 보여준다. 이러한 사실을 전제로 할 때, 계획을 보다 정확하게 세우기 위해 할 수 있는 일이 있겠는가? 차질이 일어날 가능성을 고려해보도록 요구하면 사람들이 더 정확해질 수 있는지를 알아보기 위해, 동일한 학생들에게 만일 모든 것이 최악의 상태일 때 프로젝트를 마무리하려면 시간이 얼마나 걸릴지도 추정해보도록 요구하였다(Buehler et al., 1994). 어떤 의미에서는 이 학생들에게 머피의 법칙(잘못될 수 있는 것은 어느 것이든 잘못되고 만다는 통속적 신념)을 고려하도록 지시한 것이었다. 놀랍게도 단지 49%만이 최악의 시나리오 추정치 내에 프로젝트를

그림 9.7 학생의 논문 완성 추정치에서 계획세우기 오류
대학생들이 우선 자신의 논문을 완성하는 데 시간이 얼마나 걸릴 것인지를 추정하였다(최초 추정치). 그런 다음에 모든 일이 어그러졌다고 가정할 때 얼마나 걸릴지를 추정하도록 요구하였다(최악의 상황 추정치). 어느 경우를 추정하였는지에 관계없이 대다수 학생은 자신이 추정한 시간 내에 논문을 완성하지 못하였다(Buehler et al., 1994).

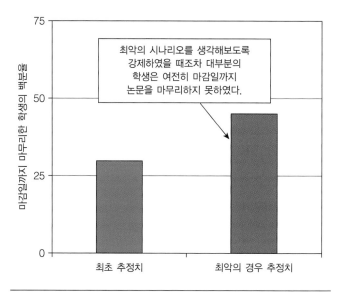

마무리하였다(그림 9.7 참조). 목표를 추구하는 데 있어서 잘못될 가능성이 있는 모든 것을 예상하도록 강제하는 경우조차도, 사람들의 목표는 여전히 지나치게 낙관적이다(Newby-Clark, Ross, Buehler, Koehler, & Griffin, 2000).

무엇이 계획세우기 오류를 초래하는가 인간은 그저 계획세우기에 무능한 것인가, 아니면 자신의 행동 계획을 세우는 데 있어서 맹점을 가지고 있는 것인가? 한 연구는 참가자에게 과거에 마감시한을 맞추지 못하였던 때를 떠올리고 그 이유를 물었다(Buehler et al., 1994). 또한 자신이 알고 있는 누군가 마감시한을 맞추지 못하였던 때도 생각해보고 그런 일이 일어난 이유를 물었다. 연구자들이 찾아낸 사실은 사람들이 자신의 예측 실패를 외부적이며 불안정한 원인에 귀인할 가능성이 높다는 것이다("내 프로젝트가 오래 걸린 까닭은 나쁜 날씨 때문이고, 내 잘못은 아니며 다시는 이런 일이 일어나지 않을 것이다."). 그렇지만 다른 사람의 예측 실패는 내부적이고 안정적인 원인에 귀인하는 경향이 있다("그들의 프로젝트가 오래 걸린 까닭은 장해물을 예측하지 못하였기 때문이며, 그런 일이 다시 일어날 가능성이 있다."). 다시 말해서 사람들은 자신의 계획세우기 실패에 책임을 느끼지 못하기

때문에, 장차 계획세우기 실수를 반복할 가능성이 높다.

모든 계획세우기에 관한 한, 사람들이 지나치게 낙관적인 것만은 아니다. 자신의 행동을 계획세울 때에만 지나치게 낙관적인 것이다. 계획세우기 오류는 제5장에서 논의하였던 긍정 착각의 확장일 뿐이다. 그렇지만 이러한 사실은 계획세우기 오류를 제거할 수 있는 중요한 방법을 시사하고 있다. 한 가지 좋은 방법은 다른 사람의 추정치에 의존하는 것이다. 뷜러(Buehler)와 동료들(1994)의 연구에서 보면, 다른 사람의 마무리 날짜를 추정한 사람은 자신의 마무리 날짜를 추정한 사람보다 더 정확하게 추정하였으며, 장해물을 예측할 가능성이 5배나 높았다. 따라서 여러분이 장차 어떤 프로젝트를 수행할 때, 여러분을 알고 있는(그리고 과거 유사한 상황에서 여러분이 어떻게 행동하였는지를 알고 있는) 사람에게 여러분이 그 프로젝트를 마무리하는 데 시간이 얼마나 걸릴 것인지를 추정하도록 요구하는 것이 좋겠다. 만일 여러분은 기말보고서를 3일 안에 쓸 수 있다고 생각하지만 룸메이트는 일주일이 걸릴 것이라고 생각한다면, 룸메이트의 추정치가 더 정확할 가능성이 높다.

또 다른 방법은 자신의 목표가 다른 사람의 것이라고 상상해보는 것이다. 그렇게 함으로써 발생할 수도 있는 많은 장해물들을 고려할 수 있다. 앞서 언급한 바와 같이, 다른 사람의 목표 달성 가능성을 예측할 때에는 외부적이고 불안정한 장해물뿐만 아니라 내부적이고 안정적인 장해물도 함께 고려할 수 있게 된다.

과거에 달성하는 데 실패하였거나 예측보다 더 많은 시간이 걸렸던 경험을 떠올려보는 것도 도움이 된다. 과거에 예상치 못하게 직면하였던 장해물들을 상기해봄으로써 지나친 낙관적 예측을 미연에 방지할 수 있다.

구현 의도를 사용하는 것도 도움을 준다. 좋은 계획이란 언제, 어디서, 어떻게 그리고 얼마나 오랫동안 목표를 향한 작업을 수행할 것인지를 명세한 계획이다. 이 경우에 여러분의 목표 계획을 방해하는 일이 발생하는 경우를 대비한 대안도 수립함으로써 지나치게 낙관적인 예측에서 벗어날 수 있다.

마지막으로 한 번에 한 단계씩만을 수행한다는 계획을 세우는 것이 좋다. 사람의 정보처리 능력은 무한한 것이 아니며, 특히 주의자원은 상당히 제한되어 있다. 따라서 목표를 달성하기 위하여 거쳐야만 하는 여러 단계를 동시에 수행하고자 시도하게 되면, 오류를 범할 가능성이 기하급수적으로 증가할 수밖에 없다. 따라

서 아무리 용이해 보이는 단계라고 하더라도, 일단 그 단계를 마무리한 다음에 다음 단계로 넘어간다는 계획을 수립하는 것이 필요하다.

여러분 자신을 동기화시켜라
다른 조망을 취해보라

해결할 수 없을 것처럼 보이는 어려운 문제에 직면한 적이 있는가? 만일 여러분이 그 문제를 해결하고자 시도하고 있는 다른 사람이라고 상상하게 되면, 해결책에 가까이 접근한 자신을 발견할 수도 있다. 한 연구(Polman & Emich, 2011)에서는 참가자에게 높은 탑에 갇혀있으며 밧줄이 탈출을 도와줄 수 있는 유일한 도구라고 상상하도록 요구하였다. 그런데 밧줄은 너무 짧아서 바닥까지 닿지는 않는다. 절반의 참가자는 이 시나리오의 갇힌 사람이 자신이라고 상상한 반면, 다른 절반은 낯선 사람이라고 상상하였다. 그 결과를 보면, 낯선 사람이라고 상상한 참가자가 해결책에 도달할 가능성(66%)이 자신이라고 상상한 참가자(48%)보다 높았다. 따라서 다음번에 해결할 수 없을 것처럼 보이는 문제에 직면하게 되면, 여러분이 다른 사람인 것처럼 가장해보라. 자신으로부터 한 걸음 벗어남으로써, 해결하기 매우 어려운 진퇴양난인 상황에서 독특한 연계를 형성하여 보다 창의적인 해결책을 생성할 수도 있다. 이 문제에 대한 해결책은 밧줄을 풀어 절반으로 나눈 뒤, 둘을 묶어 길게 만드는 것이다!

9.5.2 지각한 전문성

학습목표 : 지각한 전문성 개념을 설명한다.

여러분은 특정 영역의 전문가가 비전문가보다 우수한 계획 수립자일 것이라고 생각하지 않는가? 예컨대, 만일 여러분이 2주에 걸친 아프리카 여행을 계획하고 있다면, 그 지역 전문가에게 계획 수립에 관하여 도움받기를 원하지 않겠는가? 하지만 전문가라고 주장하는 사람들이 생각만큼 도움이 되지 않는 것으로 보인다.

한 연구(Radecki & Jaccard, 1995)에서는 학생들이 영양에 관하여 자신이 얼마나 해박하다고 생각하는지를 보고하였다. 참가자들은 실제로 영양 지식 검사를 받았는데, 이 검사는 친숙한 영양소(예컨대, 단백질과 탄수화물 등)에 관한 질문을 포함하고 있었다. 그런 다음에 두 번째 영양 지식 검사를 받을 것이지만, 검사를 받기 전에 공부할 기회를 가질 수 있다고 알려주었다. 연구자들은 이 연구에서 답을 찾고자 하는 다음과 같은 두 가지 물음을 가지고 있었다.

1. 자신이 영양 전문가라고 생각하는 사람이 전문가라고 생각하지 않는 사람보다 실제로 영양에 관하여 더 많은 것을 알고 있는가?

2. 자신이 영양 전문가라고 생각하는 사람이 공부할 기회가 주어질 때 더 많은 정보를 찾고자 노력하는가?

놀랍게도, 참가자들이 지각한 지식 수준은 실제 지식과 전혀 관계가 없었다. 자신이 영양 전문가라고 생각한 사람들이 비전문가라고 생각한 사람보다 영양에 관하여 더 해박하지 않았다. 더욱 황당한 사실은 스스로 전문가라고 지각한 사람의 잘못된 신념이 실제로 유해하였다는 점이다. 자신이 전문가라고 지각한 사람은 그렇게 지각하지 않은 사람보다 학습 회기 동안 정보를 덜 수집하였다. 이 결과는 전문가라고 자칭하는 사람들이 목표 계획을 개선시키기는커녕 악화시킬 가능성이 높다는 사실을 시사한다. 따라서 특정 주제에 관하여 스스로를 전문가라고 칭하기에 앞서, 재평가를 해보아야 한다. 더 좋은 방법은 여러분이 스스로를 전문가라고 생각하든 아니든 간에, 개선의 여지는 항상 있다는 사실을 깨닫고, 여러분의 장차 계획세우기를 개선시킬 수 있는 새로운 정보를 학습할 모든 기회를 활용하는 것이다.

여러분 자신을 동기화시켜라
미리 계획을 세워라

체중 감량을 시도하고 있는가? 놀라운 사실은 식사하기 전에 먹고 마시는 것이 식사하는 동안 먹는 것 못지않게 중요할 수 있다는 점이다. 한 가지 권장사항은 식사 직전에 물을 한 잔 마신다는 계획을 세우는 것이다. 한 연구는 이렇게 물을 마신 다이어트 시행자가 그렇지 않은 다이어트 시행자보다 3개월에 걸쳐 2.5kg 이상을 더 감량하였음을 보여주었다(Dennis et al., 2010). 또 다른 권장사항은 파티에 가야 한다면, 무엇이든 먹고 가라는 것이다. 이 말은 직관에 어긋나는 것처럼 들리지만, 파티장소로 향하기 전에 건강에 좋은 간식거리(예컨대, 땅콩버터 한 숟가락과 사과 한 조각, 치즈와 통밀 크래커 한 조각 등)를 먹게 되면, 파티 음식에 빠져들 가능성이 낮아지게 된다. 마지막으로 수프 한 그릇으로 식사를 시작하는 것을 고려하라. 한 연구에서 보면, 점심식사 전에 수프를 먹은 사람이 그렇지 않은 사람보다 식사 중에 20%를 적게 먹고 마셨다(Flood & Rolls, 2007). 다만 칼로리가 많은 크림스프는 제쳐두고 건강에 좋은 야채스프를 고집해야 한다.

9.5.3 손실 혐오

학습목표 : 손실 혐오 개념을 설명한다.

인간 행동에서 기본 원리 중의 하나는 나쁜 것이 좋은 것보다 강하다는 점이다(Baumeister, Bratslavsky, Finkenauer, & Vohs,

2001). 즉, 하나의 나쁜 사건이나 정보가 전체를 망치기에 충분하다는 말이다. 단 하루 비가 와서 즐거운 여행 전체가 망가질 수 있다. 많은 긍정 자질(똑똑하다, 매력적이다, 재미있다 등)을 가지고 있는 적당한 배필감도 한 가지 부정 자질(사람들 앞에서 코를 후빈다)을 관찰하는 순간 평판을 잃을 수 있다. 10만 원을 딸 때의 즐거움은 10만 원을 잃을 때의 고통에 비하면 아무것도 아니다.

나쁜 것이 좋은 것보다 판단과 행동에 강력한 영향을 미치기 때문에, 미래 계획에 관한 한 사람들은 **손실 혐오**(loss aversion)를 나타낼 가능성이 크다. 즉, 가능한 이득을 획득하는 것보다 가능한 손실을 회피하는 데 더 많은 관심을 표명한다(Kahneman, 2011; Kahneman & Tversky, 1979). 실제로 어떤 연구자는 심리적인 측면에서 손실은 이득보다 2배나 강력하다고 제안한다(Kahneman & Tversky, 1979). 따라서 10만 원을 잃을 때 경험하는 고통은 20만 원을 딸 때의 즐거움에 상응한다.

손실 혐오에 대한 간단한 시범을 보도록 하자. 여러분이 영화관에 가고 있으며 지갑에 5만 원권 지폐가 두 장 있다고 상상해보라. 그런데 극장에 도착해서 보니, 오는 도중에 지폐 한 장을 잃어버렸다는 사실을 발견한다. 여러분은 표를 사기 위하여 남은 5만 원을 지출하겠는가?

시도해보라 : 여러분은 위험을 혐오하는가?

이 물음에 답하기 위하여, 일반 위험 혐오 척도(Mandrik & Bao, 2005)에 들어있는 다음 문항들에 답해보라. 다음의 척도를 사용하라.

1 = 강력하게 반대, 2 = 반대, 3 = 중립, 4 = 찬성, 5 = 강력하게 찬성

	강력하게 반대	반대	중립	찬성	강력하게 찬성
1. 나는 모험하는 것을 편안하게 느끼지 않는다.	○	○	○	○	○
2. 나는 예측 가능한 결과를 내놓는 상황을 선호한다.	○	○	○	○	○
3. 나는 결정을 내리기 전에, 어떤 결과가 나타날 것인지를 절대적으로 확신하고자 한다.	○	○	○	○	○
4. 나는 결과가 불확실한 상황을 피한다.	○	○	○	○	○
5. 나는 새로운 상황에서 즉흥적으로 반응하는 것을 편안하게 느낀다.	○	○	○	○	○
6. 나는 불확실한 상황에서 결정을 내려야 할 때 긴장감을 느낀다.	○	○	○	○	○

출처 : Mandrik, C. A., & Bao, Y. (2005). Exploring the concept and measurement of general risk aversion. *Advances in Consumer Research*, 32, 531–539.

극장표 사례는 사람들이 의사결정을 할 때 비합리적이기 십상임을 예증하고 있다. 실제로 2002년도에 카네먼과 트버스키로 하여금 노벨 경제학상을 수상하게 만든 것도 바로 이러한 사실의 깨달음이었다(노벨상은 살아있는 사람에게만 수여하는데, 2002년 당시 트버스키는 진즉에 사망하였기 때문에 카네먼만이 노벨상을 수상하였다). 상품의 생산과 소비를 연구하는 경제학자들은 오랫동안 사람들이 합리적 사고에 바탕을 두고 상품을 구입하거나 돈을 절약하는 결정을 내린다고 생각하였다. 따라서 기본 가정은 사람들이 내기를 할 것인지 결정할 때 이길 확률과 질 확률을 논리적으로 따지고, 만일 전자가 후자보다 크다면 내기를 한다는 것이었다. 그렇지만 계획세우기 오류와 손실 혐오를 비롯한 여러 인지 편향에 관한 카네먼과 트버스키의 연구는 사람들이 의사결정에 대한 논리적 접근에 매우 취약하다는 사실을 입증하였다.

이 모든 것이 어떻게 목표 계획세우기와 관련되는 것인가? 이것은 미래 사건을 합리적으로 계획하는 사람들의 능력에는 결함이 있으며, 이것이 잘못된 길로 이끌어갈 수 있음을 의미한다. 예컨대, 사람들이 은퇴와 같은 삶의 중차대한 목표를 어떻게 계획하는지 생각해보자. 여러분 나이에서는 아마도 경력을 시작하느라 바쁠 것이기에 은퇴에 대해서 별로 생각해보지도 않았을 것이다. 이해할 수 있는 일이기는 하지만, 지금부터 은퇴 계획을 세우기 시작하여도 결코 빠르다고 할 수는 없다.

여러분이 은퇴에 대비하여 일정액을 저축하는 일을 시작하고자 하고 있으며, 그 돈을 어디에 투자해야 할지 확신하지 못하고 있다고 가정해보자. 주식에 투자할 것인가, 저축예금 계좌에 넣어둘 것인가, 아니면 매트리스 밑에 숨겨놓을 것인가? 대부분의 재무전문가는 만약 돈을 적어도 10년 이상 묵혀둘 계획이라면, 주식시장이 가장 논리적인 선택이라고 말할 것이다. 그렇지만 지난 10년간 주식시장의 등락을 놓고 볼 때, 여러분은 이것을 선택하는 데 주저할 수 있다. 주식시장은 상당한 손실 위험성을 수반한 것으로 느껴지며, 여러분이 방금 공부한 것처럼, 사람들은 일반적으로 손실을 혐오한다. 따라서 주식시장에 투자하는 것이 가장 합리적인 선택이라고 할지라도, 강력한 손실 혐오 때문에 주식시장을 기피할 수도 있다. 은퇴 계획만이 삶에서 내려야 하는 위험한 결정은 아니다. 금전 문제를 다루는지에 관계없이 모든 목표 계획은 결국 무엇인가를 상실할 위험을 수반한다. 대학교육에 4년을 투자하고 나서 직업을 구할 수 없다면 어떻겠는가? 프

로 운동선수로서의 경력을 추구하는데, 심각한 부상을 당한다면 어떻겠는가? 한 달 내내 다이어트와 운동을 하는데 체중을 감량하지 못한다면 어떻겠는가? 손실 혐오는 스스로를 손실이 가능한 상황으로 이끌어가는 것을 주저하게 만든다. 그렇기 때문에 사람들은 잘못된 목표 계획을 세울 수 있다. 목표 계획세우기에 관해서 사람들은 이러한 공포를 옆으로 제쳐놓고 잠재적 손실에서부터 도망가려는 선천적 성향을 극복할 수 있어야만 한다. 이득을 얻고 싶다면, 기꺼이 손실을 감수할 수도 있어야만 한다.

글쓰기 과제 9.6

여러분 자신의 목표 계획세우기 실수

과거에 달성하는 데 실패하였던 목표 하나를 생각해보라. 여러분의 실패가 어느 정도나 목표 계획세우기에서 범하는 보편적 실수(즉, 계획세우기 오류, 비전문가에게 의존하기, 손실 혐오 등)에 의한 것이었는지 따져보라. 구체적인 사례를 사용하여 그 실수를 입증하라. 그런 다음에 장차 어떤 목표를 추구할 때 동일한 실수를 저지르지 않기 위하여 어떻게 행동할 것인지를 따져보라.

9.6 계획이 실패할 때

학습목표 : 목표 계획이 실패할 때 사람들이 반응하는 방식을 분석한다.

사람들의 목표 계획은 지나치게 낙관적이기 십상이기 때문에, 어느 시점에선가 그 목표가 실패할 가능성이 높다. 최선을 다해 세운 계획을 방해하는 장해물에 직면할 때, 사람들은 어쩔 수 없이 미래 계획을 어떻게 조정할 것인지를 따져보게 된다. 그렇지만 실패가 목표 계획의 조정을 보장해주지는 않는다. 그 실패를 필연적인 것으로 생각하는지 아니면 쉽게 피할 수 있는 것으로 생각하는지도 이에 못지않게 중요하다. 그 이유를 이해하기 위하여 다음의 사례를 생각해보자.

두 사람이 공항으로 가고 있는데, 교통체증으로 인해서 늦게 도착한다. 첫 번째 사람이 공항에 도착하였을 때, 비행기는 정시에 출발하여 30분을 늦고 말았음을 알게 된다. 두 번째 사람이 공항에 도착하였을 때에는 비행기가 25분 늦게 출발하여 단지 5분 늦게 도착하였음을 알게 된다. 여러분은 두 사람이 비행기를 놓친 것에 대해서 똑같이 실망하고 속상할 것이라고 생각하는가? 만일 아니라면, 누가 더 속상할 것이라고 생각하는가?

카네먼과 트버스키(1979)가 이 물음을 던졌을 때, 참가자의 96%는 두 번째 사람이 더 속상할 것이라고 진술하였다. 그렇다

면 그 이유는 무엇인가?

두 경우 모두 비행기를 탄다는 목표를 달성하는 데 실패하였기 때문에, 두 사람이 똑같이 실망해야만 한다. 문제는 이 시나리오를 마음속에서 돌려볼 때, 두 번째 사람이 비행기 시간에 맞출 수도 있었던 경우를 생각해보는 것이 더 쉽다는 데 있다. 자명종의 스누즈 버튼을 누르지만 않았더라면, 주차장으로 가면서 자동차 열쇠만 두고 나오지 않았더라면, 고속도로에 진입하기 전에 스타벅스에만 들리지 않았더라면…. 반대로 첫 번째 사람이 30분을 단축시킬 수 있었던 방법을 생각하기는 훨씬 더 어렵다. 따라서 어떤 사건이 다른 결말을 나타냈을 수도 있었던 방법들을 생각해내기 쉬울수록, 속상한 정도가 더 크다.

비행기 추락사고 생존자에 대한 연구를 보면, 가장 후회를 많이 하는 사람은 마지막 순간에 사고 비행기로 옮겨 탔다가 구사일생으로 살아남은 사람들이었으며, 이 결과는 위의 주장과 일맥상통한다(Gilovich, Griffin, & Kahneman, 2002). 이들의 경우 자신들이 추락한 비행기를 타지 않았을 수도 있었던 방법을 쉽게 생각할 수 있다. 따라서 추락사고가 일어났을 때 더욱 충격적인 것처럼 느껴졌다. 비행기를 옮겨 타지 않은 생존자의 경우에는 추락사고가 피할 수 없었던 것처럼 보이기 때문에 후회도 덜 느끼는 것이다.

이 절이 끝날 무렵에 여러분은 다음에 답할 수 있을 것이다.

9.6.1 어떻게 시뮬레이션 발견법을 사용하는 것인지를 설명한다.

9.6.1 시뮬레이션 발견법

학습목표 : 어떻게 시뮬레이션 발견법을 사용하는 것인지를 설명한다.

어떤 사건을 마음속에서 얼마나 쉽게 상상하거나 시뮬레이션할 수 있는지에 근거하여 그 사건의 가능성을 판단하는 경향성을 **시뮬레이션 발견법**(simulation heuristic)이라고 부른다(Gilovich et al., 2002; Kahneman, 2011). 이 발견법은 목표 계획세우기 과정에서 중요한 역할을 담당함에도 간과하기 십상이다. 한 학생이 수강하고 있는 과목 중 하나에서 고전을 면치 못하고 있지만, 그의 목표는 4.0의 평점을 받는 것이기에 다음 시험에서 부정행위를 고려하고 있다. 이렇게 위험한 수단을 고려하는 동안 발각된다면 어떤 일이 일어날지를 마음속에서 시뮬레이션해본다. 교수

가 재시험을 치도록 하거나, 0점 처리를 하거나, 그 과목에서 F학점을 주거나, 대학 당국에 보고하여 퇴학 처분을 내릴 수도 있다. 이 모든 가능한 결과를 놓고 볼 때, 그는 어느 가능성이 가장 높다고 생각하겠는가? 시뮬레이션 발견법에 근거하여 마음에 가장 쉽게 떠오르는 결과가 일어날 가능성이 가장 크다고 생각하는 것이 될 것이다. 만일 그 학생이 최근에 다른 대학의 한 학생이 부정행위로 퇴학당한 뉴스를 시청하였다면, 그 가능성이 자신에게도 일어날 가능성이 있다고 결론 내릴 것이다. 그렇지만 방금 전에 부정행위를 하고도 무사히 넘어간 학생에 관한 영화를 시청하였다면, 이 결과가 일어날 가능성이 가장 높다고 생각할 수도 있다. 자신의 목표 계획을 세우는 데 있어서, 교수가 부정행위자를 다루었던 과거 방식이나 부정행위에 대한 학교의 용인 수준 등과 같은 정확한 정보를 사용하기보다는 불완전하고 편향된 정보에 의존하게 된다.

시뮬레이션 발견법은 전형적으로 "만일 내가 사고 비행기로 옮겨 타지만 않았더라면 얼마나 좋았을까." 또는 "공항 가는 길에 스타벅스에 들리지만 않았더라면 얼마나 좋았을까."와 같은 '만일 …이었더라면'의 진술 형태를 취한다. 이러한 '만일 … 이었더라면' 진술을 일반적으로 **반사실적 사고**(counterfactual thinking)라고 부르며, 어떤 것이 발생하였을 수도 있는 대안의 상상을 수반한다(Epstude & Roese, 2008). 이러한 반사실적 사고는 다음과 같은 두 가지 형태를 취할 수 있다.

- **상향 반사실적 사고**(upward counterfactual)는 사건이 더 좋은 방향으로 나타났을 수도 있었던 방법에 대한 생각을 수반한다. 시험시간에 맞추어 도착하려고 계획하였지만 실수로 늦잠을 잔 학생은 "만일 내가 자명종 스누즈 버튼을 누르지만 않았더라면, 제시간에 시험장에 갈 수도 있었을 텐데."라고 생각할 수 있다.

- **하향 반사실적 사고**(downward counterfactual)는 사건이 더 나쁜 방향으로 나타났을 수도 있었던 방법에 대한 생각을 수반한다. 시험에서 A학점을 받아 놀란 학생은 "2시간만 시험공부를 덜하였더라면, 내 점수가 훨씬 나빴을 텐데."라고 생각할 수 있다.

상향 반사실적 사고는 예상치 못한 실패에서 일어날 가능성이 더 높은 반면, 하향 반사실적 사고는 예상치 못한 성공에서 일어날 가능성이 더 높다. 다시 말해서 예상과는 달리 목표 계획이

실패하였을 때, 상향 반사실적 사고가 일어날 가능성이 더 크다(Epstude & Roese, 2011). 실제로 사람들이 가지고 있는 대부분의 반사실적 사고는 자신의 목표 계획이 실패한 경험을 중심으로 몰려있게 된다(Epstude & Roese, 2008).

계획이 의도한 대로 작동하지 않을 때, 사람들은 '만일 내가 … 하였더라면'이라고 생각하며, 이러한 반사실적 문장을 완성시키는 방식은 미래 목표에 접근하고 계획을 세우는 방식에 상당한 영향을 미칠 수 있다. 예컨대, 한 연구에서는 학생들에게 최근에 실망스러웠던 학업수행에 대해서 생각해보도록 요구하였다(Roese, 1994). 자신의 성과가 더 좋았을 수도 있었던 세 가지 가능성(상향 반사실적 사고)이나 더 나쁠 수도 있었던 세 가지 가능성(하향 반사실적 사고)을 생각해보도록 요구하거나, 아무런 지시도 주지 않았다(통제조건). 그런 다음에 학생들에게 장차 학업 목표를 얼마나 추구할 것인지를 물었다. 그 결과, 상향 반사실적 사고를 생성하였던 학생이 다른 두 조건의 학생보다 자신의 목표에 더 충실하겠다고 응답하였다. 따라서 목표 계획이 실패할 때조차도, 미래 계획이 더 좋아질 수 있는 방법을 상상하면 더 높은 목표 몰입감을 느낀다. 반사실적 사고가 초래하는 이러한 몰입감의 증가는 미래의 목표 달성 가능성을 높이게 된다(Roese, 1994).

시도해보라 : 반사실적 사고를 생성해보라

여러분 삶에서 일어났던 부정적 사건 하나를 생각해보라. 그 사건이 더 좋은 결과를 초래하였을 수도 있었던 한 가지 가능성(즉, 상향 반사실적 사고)을 적어보라. 그런 다음에 여러분 삶에서 일어났던 긍정적 사건 하나를 생각하고, 그 사건이 더 나쁜 결과를 초래하였을 수도 있었던 한 가지 가능성(즉, 하향 반사실적 사고)을 적어보라. 이 사건들이 달라질 수도 있었던 가능성을 생각해보는 것이 어떻게 느껴지는지를 따져보라. 더 좋게 느껴지는가, 아니면 더 나쁘게 느껴지는가? 미래의 닥칠 수도 있는 장해물에 어느 정도 준비되어 있다고 느끼는가?

글쓰기 과제 9.7

반사실적 사고는 적응적인가?

진화적 관점에서 볼 때, 만일 반사실적 사고가 존재한다면 인간 생존에 적응적이어야만 한다. 첫째, 상향 반사실적 사고의 적응 이점을 생각해보라. 사람들이 이러한 사고를 하는 이유는 무엇인가? 어떤 목적을 가지고 있는 것인가? 그런 다음에 하향 반사실적 사고의 적응 이점을 생각해보라. 이러한 사고를 하는 이유는 무엇인가? 어떤 목적을 가지고 있는 것인가?

요약 : 목표 계획세우기

9.1 동기에서 목표 계획세우기 단계

- 목표 계획세우기 단계에서 사람들은 계획한 목표를 어떻게 추구할 것인지를 정의해야만 한다.
- 이 단계는 대부분의 경우에 간과하기 십상이다.

9.2 의도에서 행위로의 전환

- 사람들의 의도와 실제 행동 간에는 단지 미약한 관계만이 존재한다. 의도만으로는 목표 성공에 충분하지 않다.
- 심적 시뮬레이션이란 마음속에서 목표의 측면을 상상해보려는 사람들의 시도를 말한다. 결과 시뮬레이션은 원하는 최종 상태에 주의를 집중한다. 과정 시뮬레이션은 목표를 달성하는 데 필요한 단계에 주의를 집중한다.
- 연구는 과정 시뮬레이션이 목표 시뮬레이션보다 더 효과적임을 보여준다. 수행 불안을 감소시키고 사람으로 하여금 방해

자극과 혼란에 어떻게 대처할 것인지를 생각하게 만들어주기 때문일 가능성이 높다.

9.3 구현 의도

- 구현 의도란 사람들이 특정 상황에서 수행할 정확한 행동을 상세하게 규정한 '만일-그렇다면' 계획이다. 언제, 어디서, 어떻게 목표를 달성할 것인지를 명확하게 진술한다.
- 구현 의도를 형성하는 것은 이점을 가지고 있다. 목표 추구를 시작하고, 혼란에도 불구하고 계속해서 목표에 매달리며, 낡은 습관을 새로운 것으로 대체하고, 목표 추구를 엉뚱한 곳으로 이끌어갈 수 있는 내적 사고와 정서를 제어할 가능성을 증가시킨다.
- 구현 의도는 대가도 가지고 있다. 목표 달성을 도와줄 수도 있는 다른 목표지향 행동으로부터 주의를 다른 곳으로 이끌어간

다. 또한 잘못된 목표 계획에 얽매이게 만들기도 한다.

- 조절변인이란 다른 두 변인 간의 관계에 영향을 미치는 변인이다. 구현 의도와 목표 달성 간의 관계를 강화시킬 수도 있고 약화시킬 수도 있다.

- 여러 가지 개인차가 구현 의도 효과를 조절한다. 목표 몰입과 자기효능감이 높고 자기제어가 낮은 사람이 구현 의도를 형성함으로써 이득을 볼 가능성이 가장 높다.

- 상황차이도 구현 의도 효과를 조절한다. 구현 의도를 형성함으로써 어렵거나 내재적 동기가 주도하는 목표가 이득을 볼 가능성이 매우 높다.

9.4 목표 계획의 증진 요인

- 유연한(그렇지만 지나치게 상세하지 않은) 계획이 더 효과적이다.

- 나몰라 효과란 한 가지 실수를 저지른 사람이 그 실수를 목표의 완전 포기 증명서처럼 간주하는 경향성을 말한다.

- 사람들로 하여금 자신의 행동에 책임지게 만드는 계획이 더 효과적이다. 이것은 자신의 목표를 적어놓거나 다른 사람에게 말하는 것이 목표 달성을 증가시키는 이유를 설명해준다.

9.5 목표 계획세우기의 보편적 실수

- 계획세우기 오류란 사람들로 하여금 과제 수행에 필요한 자금, 시간, 노력의 양을 과소 추정함으로써 지나치게 낙관적인 계획을 수립하게 만드는 경향성을 말한다.

- 사람들은 자신의 행동을 추정할 때에만 계획세우기 오류를 나타내며, 다른 사람의 행동을 추정할 때에는 그러한 오류를 나타내지 않는다.

- 사람들은 다른 사람의 추정치에 의존하고, 목표가 다른 사람에게 해당하는 것으로 상상하며, 과대 추정하였던 다른 유사한 경험을 생각해보고, 구현 의도를 사용하며, 전체 계획이 아니라 목표 계획의 각 하위부분에 필요한 시간을 추정함으로써 계획세우기 오류로부터 자신을 보호할 수 있다.

- 전문가라고 주장하는 사람들이 비전문가보다 지식이 더 해박한 것은 아니며, 학습할 기회가 주어질 때에도 정보를 적극적으로 찾을 가능성이 낮다.

- 손실 혐오란 가능한 이득을 획득하기보다는 가능한 손실을 회피하려는 사람들의 경향성을 말한다. 손실 혐오는 위험한 상황이나 목표 계획을 회피하도록 만든다.

9.6 계획이 실패할 때

- 시뮬레이션 발견법이란 어떤 사건을 마음속에서 얼마나 쉽게 상상하거나 시뮬레이션할 수 있는지에 따라 그 사건의 가능성을 판단하는 사람들의 경향성을 말한다.

- 반사실적 사고란 어떤 것이 발생하였을 수도 있는 대안적 가능성들을 상상하는 사람들의 경향성을 말한다. 상향 반사실적 사고는 사건이 더 좋았을 수도 있었던 가능성을 고려하는 것이고, 하향 반사실적 사고는 사건이 더 나빴을 수도 있었던 가능성을 고려하는 것이다.

글쓰기 과제 9.8

미래 목표 계획하기

이 장에서 공부한 모든 것에 근거할 때, 여러분이 장차 목표 계획을 수립할 때 지금까지와는 상이하게 행동할 한 가지는 무엇인가? 이 물음에 답할 때, 그러한 변화가 이 장에서 논의한 개념 하나와 어떻게 관련되는지 그리고 여러분의 목표 계획에서 그러한 변화를 주는 것이 어째서 목표 달성 가능성을 증가시키게 되는지를 기술해보라.

목표 추구하기

에릭 쇼팬 이야기

여기 수수께끼가 하나 있다. 다이어트와 운동을 통해서 100kg을 감량하는 것보다 더 어려운 것은 무엇인가? 두 번 감량하는 것은 어떤가? 미국 NBC의 〈도전! FAT 제로〉 시즌 3의 우승자인 에릭 쇼팬이 해낸 것이 바로 이것이다. 여러분은 이 프로그램에 친숙하지 않을지도 모르겠으나, 〈도전! FAT 제로〉는 비만인들이 여러 달에 걸쳐 외딴 목장에서 생활하면서 체중 감량을 시도하는 리얼리티 쇼이다. 출연자들은 하루 24시간 체육관을 사용하고, 개인 지도자의 지도를 받을 수 있으며, 적절한 다이어트와 영양에 관한 심도 있는 교육을 받을 수 있다. 최종적으로 마지막까지 남아서 가장 많은 체중을 감량한 출연자가 승자의 영광을 얻는다.

〈도전! FAT 제로〉의 2006년 시즌 출연자 중의 한 사람이 에릭 쇼팬으로, 출연 당시 36세의 뉴욕 가공식품가게 주인이었으며 위험스럽게도 체중이 184kg이나 나갔다. 에릭이 쇼에 출연할 당시, 당뇨병, 수면 호흡 불능증, 지나치게 높은 콜레스테롤 등을 포함하여 여러 가지 생명을 위협하는 질병을 앓고 있었으며, 자신의 딸들이 결혼식을 올릴 때 딸과 함께 식장을 걸어 들어갈 수 있을 만큼 오래 살지 못할 것을 염려하고 있었다. 8개월에 걸친 각고의 노력과 운동 그리고 다이어트 덕분에 마지막 출연에서 에릭은 체중 87kg을 기록함으로써 무려 97kg을 감량하였던 것이다! 원래 체중의 절반 이상을 감량하였다는 말이다! 시즌 3의 승자가 되었을 뿐만 아니라 그 당시 체중 감량 신기록도 수립하였다. 에릭의 성공은 하룻밤 사이에 그를 유명인사로 만들어버렸다. 토크쇼와 아침 뉴스 프로그램에 출연하게 되었으며, 강연료를 받으면서 자신의 인상적인 성공에 관한 강연을 하는 전국 순회공연

을 시작하였다.

자신에 관한 관심이 사그라지고 다시 예전의 삶으로 되돌아오게 되자, 에릭은 체중을 유지한다는 새로운 목표를 갖게 되었다. 그렇지만 이 목표를 견지하면서 체중을 유지하는 것이 생각보다 어려운 것으로 나타났다. 자신을 날씬한 상태로 유지하도록 압박을 가하는 대중매체의 관심이 사라지면서, 에릭은 예전 습관으로 다시 빠져들고 말았다. 운동을 빼먹고 정크푸드를 먹기 시작하였다. 체중이 다시 불었다는 사실은 알고 있었지만, 집 체중계가 망가졌기 때문에 얼마나 체중이 늘어났는지는 깨닫지 못하고 있었다. 소셜 네트워크 웹사이트에 예전 사진을 사용함으로써, 친구들에게 자신의 체중 증가를 숨기고자 시도하였다. 그러던 어느 날 〈오프라 윈프리 쇼〉를 시청하다가 그녀(오프라 윈프리)가 자신의 체중 감량 투쟁을 공개적으로 이야기하는 솔직함에 충격을 받았다. 감명을 받은 그는 2009년에 〈Confessions of a Reality Show Loser〉라고 부르는 쇼에 출연하여 진실을 고백하고 자신의 체중 증가를 공개적으로 인정하는 데 동의하였다. 그렇지만 출연은 쇼의 프로듀서가 그에게 체중계를 구입할 것을 강제하여 체중이 얼마나 다시 불었는지 알고 난 이후에 비로소 이루어졌다. 에릭은 자신의 체중이 167kg이나 나간다는 사실을 알고는 충격을 받았다. 이 체중은 원래의 체중보다 겨우 17kg 적은 것이었다. 이 쇼에 출연한 직후에 에릭의 원래 개인 지도자였던 밥 하퍼는 〈도전! FAT 제로〉 시즌 9의 마지막 회에 출연하여 체중을 다시 줄여보자는 새로운 도전거리를 제시하여 그를 놀라게 만들었다. 하퍼는 "목표를 가지고 있는 것을 좋아한다고 말한 사람이 바로 당신이지요. 바로

저기에 당신이 애타게 원하는 당근이 있잖아요."라고 말하였다. 에릭은 그의 제안에 동의하였으며, 또다시 체중 감량을 시도하는 일에 착수하여, 시즌 9의 마지막 회까지 68kg을 감량하였다.

에릭의 투쟁은 목표 추구 과정에 대해서 무엇을 알려줄 수 있는가? 에릭은 영양, 운동, 신체 단련 분야에서 세계적인 전문가로부터 교육을 받았다. 또한 자신의 체중을 유지하는 방법에 관한 체계적인 계획, 즉 과거에 이미 작동하였던 계획도 가지고 있었다. 그가 해야만 하였던 것은 쇼가 끝난 후에도 자신이 하고 있던 것을 계속하는 것이었으며, 그렇게 하였더라면 체중을 계속해서 유지하는 데 성공하였을 것이다. 그렇지만 이러한 모든 정보와 경험에도 불구하고, 에릭은 여전히 자신의 목표를 달성하여 건강한 체중을 유지하기 위해서 악전고투하였다. 에릭의 경험은 잘 정의된 목표, 심지어는 잘 설계된 목표 계획을 갖는 것도 충분하지 않다는 사실을 알려준다. 목표에 대한 생각을 행위로 전환하고 목표를 향하여 계속해서 분투하는 노력이 필요하다. 장기간에 걸쳐 목표를 계속해서 추구하거나 유지해야만 하는 경우에 특히 그렇다.

이 장에서는 사람들이 목표를 추구할 때 어떻게 생각을 행위로 전환시키는지를 논의한다. 목표에 도달하고자 시도할 때 사람들이 굴복하게 되는 많은 함정도 논의하며, 이러한 장해물을 극복하는 것을 도와주는 전략들도 제시한다.

10.1 동기에서 목표 추구 단계

학습목표 : 목표 추구하기 국면에서 행위의 중요성을 평가한다.

지금까지의 목표 과정이 꽤나 용이한 것처럼 보였던 까닭은 행위 부분을 논의하지 않았기 때문이다. 지금까지 다루었던 개념들, 즉 목표를 정의하고 목표 계획을 설계하는 것은 모두 개인의 마음속에서 일어나는 것이다. 그렇지만 다음 단계가 목표 과정에서 가장 어려운 단계라고 할 수 있다.

동기 과정의 목표 추구 단계는 목표 달성을 향한 행위(action)라는 특징을 갖는다. 일단 이 국면에 접어들게 되면, 목표에 도달하기 위한 의도적 행위를 수행하여야만 한다. 그렇지만 이 장에서 공부하게 되겠지만, 생각을 행위로 전환시키는 데에는 엄청난 노력이 필요하다.

글쓰기 과제 10.1

행위가 그토록 어려운 까닭은 무엇인가?

목표 설정하기와 계획하기 국면은 사람들로 하여금 목표에 대해서 생각할 것을 요구하지만, 목표 추구하기 국면은 그 목표를 위한 행위를 요구한다. 행위가 생각보다 그토록 훨씬 어려운 까닭은 무엇인가? 어떤 사람이 생각을 행위로 전환하는 데 우수하거나 열등하도록 만드는 특성이나 성격 특질은 무엇인가?

10.2 자기조절

학습목표 : 목표 추구하기 국면에서 자기조절이 중요한 이유를 설명한다.

사람들이 지나치게 많이 먹거나, 배우자를 속이거나, 안전하지 않은 성관계를 갖거나, 공격적으로 행동하거나, 재정 파탄을 일으키는 까닭은 무엇인가? 이도록 광범위한 영역에 걸친 물음은 자기조절(self-regulation)에 관한 궁금증을 불러일으키며, 자기조절이란 생각, 정서, 충동, 행동을 제어하고자 시도할 때처럼 자신의 반응을 변경시킬 수 있는 능력을 말한다.

그러한 자기조절은 목표가 작동하는 데 필요하며, 목표 추구 국면에서 결정적이다. 에릭 쇼팬의 사례가 예증하는 바와 같이, 변화를 원하는 것만으로는 충분하지 않다. 목표를 유지하고 달성하기 위해서는 끊임없이 행동과 사고 그리고 정서를 조절해야만 한다. 예컨대, 체중 감량을 원한다면, 음식 섭취와 신체 활동을

그림 10.1 **자기조절의 기본 요소**

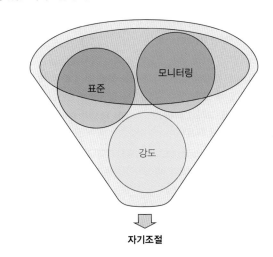

조절할 필요가 있다. 만일 체중 문제가 감정적인 먹기 때문이라면, 슬픔을 아이스크림 통에 쏟아붓는 대신에 정서를 효과적으로 제어할 필요도 있다. 여러분의 목표가 무엇이든지 간에, 효과적인 자기조절이 필요한 것이다. 그런데 효과적으로 조절하고 있다는 것을 어떻게 확신할 수 있는가? 동기 연구자들에 따르면, 성공적인 조절은 세 가지 기본 요소, 즉 표준, 모니터링, 그리고 강도에 달려있다(그림 10.1).

글쓰기 과제 10.2

과거의 자기조절 실패

과거에 달성하는 데 실패하였던 목표 하나를 생각해보라. 그 실패는 어느 정도나 형편없는 자기조절 때문이었는가? 이 물음에 답할 때, 여러분의 목표 실패가 생각, 정서, 충동, 행동 중에서 어느 것을 제어하지 못한 결과였는지를 따져보라.

10.3 표준

학습목표 : 목표 추구하기 국면에서 표준의 중요성을 분석한다.

모든 사람은 어떤 인물이 되고 싶은지에 관한 생각을 가지고 있다. 여러분은 건강하거나 부자가 되거나 아니면 심리학 박사가 되기를 원할 수 있다. 목표가 무엇이든지 간에, 여러분은 우선 어떤 인물이 되고 싶은지에 대한 아이디어를 가지고 있을 필요가 있다. 미래에 되고 싶은 인물의 이미지는 **표준**(standard)을 나타내며, 표준이란 판단을 내릴 때 사용하는 대상들이 어찌해야 할 것인지에 관한 아이디어를 말한다. 사람들은 아름다운 건물(예컨대, 타지마할)이란 어떤 모습이어야 하는지, 천재(예컨대, 아인슈타인)라고 부르기 위해서는 얼마나 똑똑해야 하는지, 음악의 걸작(예컨대, 베토벤의 합창교향곡)은 어떻게 들려야 하는지 등에 관하여 알려주는 표준을 가지고 있다. 무생물체와 다른 사람에 대한 표준뿐만 아니라 자신에 관한 표준도 가지고 있다. 이러한 **자기표준**(self-standard)은 자신이 어떻게 행동하고 무엇을 추구해야 하는지를 알려준다.

예컨대, 여러분이 미래 건강을 위하여 매주 충분한 양의 신체활동을 하고 있음을 확신하고 싶다고 가정해보자. 여러분은 무엇을 표준으로 사용할 수 있는가? 한 가지 선택지는 여러분 연령대를 위해서 미국 정부가 설정한 지침을 들여다보는 것이다. 2008년도에 설정한 표준에 따르면, 18~65세 사이의 성인은 주당 2.5시간의 적절한 신체활동을 수행해야만 한다. 또 다른 선택지는

주변 사람들을 살펴보고 그들이 얼마나 많은 시간을 신체활동에 투자하는지를 추정해보는 것이다. 이러한 표준이 유용한 까닭은 여러분이 어떻게 삶을 영위해야 할 것인지에 대한 지침을 제공해주기 때문이다.

표준이 동기 과정에서 중요한 역할을 담당하는 까닭은 비교 수단으로 작동하기 때문이다. **실제 자기**(actual self), 즉 여러분이 현재의 모습이라고 믿고 있는 인물을 표준과 비교함으로써, 마땅히 살아가야 하는 방식대로 살아가고 있는지 아니면 무엇인가 모자라는 삶을 영위하고 있는지를 가늠해볼 수 있다(Higgins, 1987; Scheier & Carver, 1988). 예컨대, 미국 정부의 지침과 비교할 때 여러분의 운동습관은 어떠한가? 만일 주당 2.5시간이라는 권장 표준에 뒤처져있다면, 이 장을 공부하기 전보다 덜 건강하다고 느낄 가능성이 있다. 그로 인해서 여러분의 건강을 증진시킨다는 새로운 목표를 채택해야겠다는 압박감을 느낄 수 있다. 따라서 사람들이 자신의 실제 자기가 표준과 상응하지 않는다고 느낄 때, 변화를 시도할 동기가 유발된다(Scheier & Carver, 1988).

▽ **이 절이 끝날 무렵에 여러분은 다음에 답할 수 있을 것이다.**

10.3.1 가능한 자기 이론을 설명한다.

10.3.2 자기 불일치 이론을 설명한다.

10.3.3 조절 초점 이론을 설명한다.

10.3.4 자기인식 이론을 설명한다.

10.3.1 가능한 자기

학습목표 : 가능한 자기 이론을 설명한다.

사람들이 행동을 주도하는 데 사용하는 한 가지 유형의 자기표준이 **가능한 자기**(possible self)이며, 이는 자기에 대해 상상한 미래 버전이다(Markus & Nurius, 1986; vanDellen & Hoyle, 2008). 가능한 자기란 장차 될지도 모르는 자기, 되고 싶은 자기, 될까 봐 두려운 자기 등에 대한 사람들의 아이디어를 나타낸다. 따라서 사람들은 현재의 자기(실제 자기)뿐만 아니라 미래의 자기(가능한 자기)에 대한 생각도 가지고 있다.

여러 가지 유형의 가능한 자기가 존재하지만, 연구의 관심을 가장 많이 받아온 것은 **이상적 자기**(ideal self)이며, 이는 사람들의 소망과 포부를 나타내는 것이다(Higgins, 1987; Markus & Nurius, 1986; Rogers, 1951). 이상적 자기는 사람들이 개인적으로 장차 되고 싶은 자기이다. 예컨대, 대학원생은 마침내 박사

학위를 취득하고 학생들이 '박사님'이라고 부르는 것이 어떤 모습일지에 대해서 자주 공상해볼 수 있다. 사람들은 자신의 이상적 자기에 다가서려는 동기를 가지고 있다. 그렇기 때문에 이상적 자기의 모습을 머릿속에 그려보는 것은 그 목표를 달성하려는 동기를 유발하기 십상이다. 예컨대, 한 연구에서는 운동을 자주 하지 않는 참가자에게 10년 후에 '거의 매일 운동을 하는 건강하고 활동적이며 규칙적인 사람'으로 자신을 상상해보도록 지시하였다. 2개월 후에, 이러한 이상적 자기를 형성한 참가자가 그렇지 않은 통제집단 참가자보다 운동을 더 많이 하였다(Murru & Ginis, 2010).

이상적 자기가 긍정적인 자기상을 나타내지만, 사람들은 미래의 부정적인 자기상도 가지고 있을 수 있다. **바라지 않는 자기**(undesired self)는 사람들이 가지고 있는 자신에 대한 가장 큰 공포를 나타낸다. 최악의 자기상이며, 그렇게 될까 봐 두려워하는 자기이다(Carver, Lawrence, & Scheier, 1999; Markus & Nurius, 1986; Ogilvie, 1987). 바라지 않는 자기의 완벽한 사례는 찰스 디킨스의 작품 크리스마스 캐럴에서 볼 수 있다. 이 소설에서는 미래를 보여주는 크리스마스 유령이 스크루지에게 자신의 미래, 즉 자신이 죽었지만 사랑하는 사람들이 전혀 애석해하지 않는 세상을 보여준다. 요컨대, 유령은 스크루지에게 바라지 않는 자기의 모습을 보여주었으며, 이렇게 가능한 미래에 직면하도록 강제하였을 때 그는 그러한 결말을 피하기 위하여 즉각적으로 행동을 변화시킨다. 스크루지 사례가 보여주는 것처럼, 바라지 않는 자기는 동기의 강력한(그렇지만 간과하기 십상인) 원천이다(Ogilvie, 1987). 이상적 자기는 실제에 바탕을 두지 않는 공상이기 십상인 반면, 바라지 않는 자기는 보다 구체적이고 과거 경험에 바탕을 두기 십상이기 때문이다(Oettingen, Mayer, Thorpe, Janetzke, & Lorenz, 2005).

바라지 않는 자기가 동기를 유발하는 힘이라는 증거로, 앞에서 언급하였던 운동을 자주 하지 않는 사람에 관한 연구(Murru & Ginis, 2010)를 다시 생각해보자. 실제로는 이 연구가 10년 후에 '규칙적으로 운동하는 데 실패한 건강하지 않고 소극적인 사람'으로 자신을 상상해보도록 지시한 세 번째 집단을 포함하였다. 2개월 후에, 이렇게 바라지 않는 자기를 형성한 참가자도 통제집단 참가자보다 더 많은 시간을 운동에 할애하였다.

이 연구의 결과가 시사하는 바와 같이, 긍정적 자기상과 부정적 자기상 모두가 사람들을 동기화시킬 수 있지만, 방식에서는 차이를 보인다. 목표가 접근이나 회피의 형태를 취할 수 있다는 사실을 회상해보라. 이상적 자기가 강력한 접근 목표로 작동하는 까닭은 사람들이 그것을 달성하려는 동기를 가지고 있기 때문인 반면, 바라지 않는 자기가 강력한 회피 목표로 작동하는 까닭은 사람들이 그것을 회피하려는 동기를 가지고 있기 때문이다(Elliot, 2008). 그렇다면 삶의 만족도에 관해서는 어느 가능한 자기가 더욱 강력할 것이라고 생각하는가? 즉, 행복한 사람은 최선을 추구하기 때문에 행복한 것인가, 아니면 최악으로부터 멀어짐으로써 행복한 것인가? 바라지 않는 자기가 덜 추상적이기 때문에, 혹자는 바라지 않는 자기와의 비교가 이상적 자기와의 비교보다 삶의 만족도에 대한 더 좋은 지표로 작용한다고 제안한다(Mora, Musumeci-Szabo, Popan, Beamon, & Leventhal, 2012; Ogilvie, 1987). 다시 말해서, 행복한 사람은 자신의 삶이 완벽하기 때문에 행복하게 느끼는 것이 아니라, 최악의 공포를 피하고 있다고 느끼기 때문에 행복하다는 것이다. 따라서 부자가 되려면 얼마나 멀었는지에 초점을 맞추기보다는 가난한 삶에서 얼마나 멀리 떨어져 있는지에 초점을 맞추는 것이 더 좋은 접근이라는 것이다.

10.3.2 자기 불일치 이론

학습목표 : 자기 불일치 이론을 설명한다.

자기 불일치 이론(self-discrepancy theory)에 따르면, 실제 자기가 가능한 자기와 얼마나 가깝게 살아가고 있다고 느끼는지가 상이한 정서를 초래할 수 있다(Higgins, 1987, 1989). 에드워드 토리 히긴스(Edward T. Higgins)는 이 이론에서 두 가지 가능한 자기, 즉 이상적 자기와 당위적 자기 간의 대비에 초점을 맞추었다. 이상적 자기는 사람들의 소망과 포부를 나타내며, 자신의 최대 장점을 배양하는 데 초점을 맞추기 때문에 혹자가 배양 욕구(nurturance need)라고 부르는 것을 충족시킨다는 사실을 회상해보라. 반면에 **당위적 자기**(ought self)는 책무와 당위성을 나타낸다. 안전을 확보하고 당위적인 삶을 영위하는 것에 초점을 맞추기 때문에 혹자가 보장 욕구(security need)라고 부르는 것을 충족시킨다. 이상적 자기가 미래에 되고 싶은 인물을 나타내는 반면, 당위적 자기는 다른 사람들이 자신에게 바란다고 느끼는 인물을 나타낸다. 당위적 자기는 이상적 자기와 동일할 수도 있고 동일하지 않을 수도 있다.

자기 불일치 이론에 따르면, 사람들이 자신의 실제 자기가 이상적 자기나 당위적 자기와 멀리 떨어져 있을 때 불일치가 발생한다(그림 10.2).

불일치를 탐지하게 되면, 사람들은 부정 정서를 느낀다. 불일치가 클수록, 정서의 강도가 크다(Higgins, 1989). 일단 불일치를 탐지하면, 그 불일치를 감소시키려는 동기가 유발되어 그러한 부정 정서를 낮출 수 있다. 그렇지만 경험하는 부정 정서의 유형은 어떤 유형의 자기표준과 비교하는지에 달려있다. 실제 자기와 이상적 자기 간에 큰 불일치가 존재할 때, 사람들은 수치심, 실망, 우울 등을 포함한 **낙담 정서**(dejection emotion)를 경험한다(Higgins, Bond, Klein, & Strauman, 1986; Moretti & Higgins, 1990; Strauman & Higgins, 1987). 그렇지만 실제 자기와 당위적 자기 간에 큰 불일치가 존재할 때에는 불안과 죄책감 등을 포함한 **동요 정서**(agitation emotion)를 경험한다(Phillips & Silvia, 2010; 그림 10.2).

히긴스의 원래 이론은 바라지 않는 자기를 포함하고 있지 않았지만, 나중에 후속 연구자들이 부정적 자기도 포함하도록 자기 불일치 개념을 확장하였다. 예컨대, 카버와 동료들(Carver, Lawrence, & Scheier, 1999)은 실제 자기와 바라지 않는 자기 간에 작은 불일치가 있는 사람, 다시 말해서 최악의 자기에 가까이 접근해있다고 느끼는 사람도 동요 정서를 나타낸다는 사실을 찾아냈다. 실제로 이 연구자들은 실제 자기와 바라지 않은 자기 간의 불일치가 실제 자기와 당위성 자기 간의 불일치보다 동요 정서와 더 강력하게 관련되어 있다는 사실을 찾아냈다.

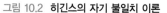

그림 10.2 **히긴스의 자기 불일치 이론**

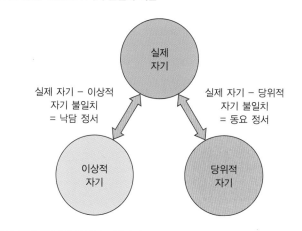

10.3.3 조절 초점

학습목표 : 조절 초점 이론을 설명한다.

자기 불일치 이론을 읽은 후에, 이상적 자기와 당위적 자기 중에서 어느 유형의 표준이 사람들의 목표지향 행동에 더 강력한 영향을 미치는지를 생각해보라. 이 책에서 논의하는 다른 많은 이론들과 마찬가지로, 이것은 개인의 특성에 달려있다.

사람들은 목표를 이상적인 형태의 틀로 만들거나 당위적인 형태의 틀로 만드는 경향성, 즉 **조절 초점**(regulatory focus)이라고 알려진 성격 특성에서 차이를 보인다(Higgins, 2012; Higgins et al., 2001; Higgins, Shah, & Friedman, 1997). **촉진 지향적**(promotion-oriented)인 사람은 이상적 자기에 초점을 맞추고 포부와 성취라는 배양 욕구에 관심을 기울인다(Carver & White, 1994; Higgins et al., 1997; Lockwood, Jordan, & Kunda, 2002). 체중을 감량하고 싶은 촉진 지향적인 사람은 증가된 활력과 장수 등과 같이, 체중 감량을 통해서 달성할 수 있는 모든 성취에 초점을 맞춘다. 이러한 방식으로 건강한 사람이라는 이상적 자기상에 접근하도록 동기화된다.

반면에 **예방 지향적**(prevention-oriented)인 사람은 안전과 보호 그리고 부정적 결과의 예방을 충족시키기 때문에 목표를 달성하고자 원한다. 예컨대, 예방 지향적인 사람이 체중 감량을 원하는 까닭은 건강을 상실하지 않고 질병을 예방하기 위해서이다. 따라서 건강을 해치지 않기 위한 세부사항에 주목하고 모든 절차를 따르는 데 주의를 기울이는 경계상태를 유지하는 접근방식을 취한다.

두 형태의 조절 지향성은 모두 목표를 충족시키도록 작동할 수 있지만, 어떤 지향성을 선택하는지는 개인적 선호와 특성에 달려있다. 자신의 조절 지향성과 맞아떨어지는 목표를 추구할 때, 사람들은 그 목표에 더욱 열정적으로 몰입하게 된다.

얼핏 보기에, 접근/회피 목표와 촉진/예방 지향성을 구분하기 어려울 수도 있다. 개념들이 서로 매우 유사하기 때문이다. 그렇지만 이것들이 동일한 것은 아니다. 예컨대, 두 학생이 모두 학업을 잘 해내겠다는 목표(즉, 접근 목표)를 채택하지만, 한 학생은 학점을 올리겠다는 목표(촉진)를 달성하고자 원하며 다른 학생은 장학금을 놓치지 않겠다는 목표(예방)를 달성하고자 원할 수 있다. 두 학생 모두의 동기는 F학점을 맞지 않겠다는 회피 목표를 채택한 제3의 학생과는 다르다(Molden, Lee, & Higgins, 2008).

사람들은 자신의 접근 목표에 대해서 촉진 지향성이나 예방 지향성을 채택할 수 있으며, 회피 목표에 대해서도 촉진이나 예방 지향성을 채택할 수 있다.

시도해보라 : 예방 대 촉진

여러분이 독감 예방 프로그램을 지원하는 질병통제센터(CDC)에 고용되었다고 상상해보라. 센터는 여러분이 규칙적으로 손을 씻도록 사람들을 부추기는 전단지를 만들기를 원한다. 만일 CDC가 촉진 지향적 전단지를 원한다면 어떤 정보를 포함시키고자 하겠는가? 만일 CDC가 예방 지향적 전단지를 원한다면 어떤 정보를 포함시키고자 하겠는가?

조절 초점의 결과 여러분도 예상할 수 있는 바와 같이, 조절 초점의 차이는 다양한 목표 관련 결과의 차이로 이끌어간다(Higgins, 2012).

1. **목표 정의에서의 차이.** 촉진 지향적인 사람은 자신의 목표를 이상적인 것으로 정의하는 경향이 있는 반면(예컨대, "나는 학업을 잘 해내고 싶다."), 예방 지향적인 사람은 동일한 목표를 당위성으로 정의한다(예컨대, "나는 학업을 잘 해내야 한다.").

2. **목표 추구 전략에서의 차이.** 촉진 지향적인 사람은 **열망 전략**(eager strategy)을 사용하여 자신의 목표를 추구하는 경향이 있다. 즉, 진보의 수단을 모색하며 성공을 위한 기회를 무산시키지 않고자 조심한다(Cesario, Higgins, & Scholer, 2008). 반면에 예방 지향적인 사람은 **경계 전략**(vigilant strategy)을 사용하여 목표를 추구하는 경향이 있다. 즉, 실수를 피하고자 조심함으로써 부정적 결과가 나타나지 않도록 애를 쓴다. 따라서 촉진 지향적인 구직자는 성공, 진보, 번성의 분위기를 제공하는 회사를 선호하는 반면, 예방 지향적인 구직자는 안정, 보장, 안도감의 분위기를 선호한다.

3. **목표 초점에서의 차이.** 촉진 지향적인 사람은 반응의 양(quantity)에 더 많은 주의를 기울이는 경향이 있는 반면, 예방 지향적인 사람은 반응의 질(quality)에 초점을 맞춘다. 한 연구에서 촉진 지향적 참가자와 예방 지향적 참가자가 주어진 시간 내에 여러 개의 점묘화를 완성해야 하는 게임을 하였

다(Förster, Higgins, & Bianco, 2003). 촉진 지향적인 참가자가 주어진 시간에 더 많은 그림을 완성하였지만, 예방 지향적인 참가자는 과제에서 더 적은 오류를 범하였다.

사람들이 예방 지향적인지 아니면 촉진 지향적인지에서 차이를 보일 수 있는 것과 마찬가지로, 상황도 그러한 차이를 보일 수 있다. 이득을 강조하는 상황은 촉진 지향성을 촉발하는 반면, 손실을 강조하는 상황은 예방 지향성을 촉발한다. 예컨대, 어떤 검사가 주어진 시간 내에 가능한 한 많은 물음에 답하는 것을 강조하거나(즉, 이득의 획득), 가능한 한 적은 오류를 강조할 수 있다(즉, 손실의 회피).

조절 초점이 상황이나 과제의 초점과 '대응'할 때에는 사람들이 과제를 더 잘 수행한다. 이 원리를 **조절 적합성**(regulatory fit)이라고 부르며, 목표 추구 방식이 조절 초점과 대응할 때에는 언제나 발생한다(Higgins, 2000, 2005, 2009). 조절 적합성이 발생할 때에는 목표 추구가 제대로 진행되고 있다고 느끼게 만들며, 더 높은 과제 몰입과 수행성과를 초래한다(Higgins, Cesario, Hagiwara, Spiegel, & Pittman, 2010). 따라서 촉진 지향적인 학생은 이득 획득을 강조하는 검사에서 우수한 성과를 보이는 반면, 예방 지향적인 학생은 손실 회피를 강조하는 검사에서 더 우수한 성과를 보이게 된다. 조절 적합성이 학업성취(Grimm, Markman, & Maddox, 2012), 골프 수행(Kutzner, Förderer, & Plessner, 2012), 직업 만족도(Kruglanski, Pierro, & Higgins, 2007), 투표 의도(Dolinski & Drogosz, 2011), 운동 비디오 게임을 실시한 후의 다이어트 의사(Jin, 2012) 등에 영향을 미치는 것으로 나타난 것은 이러한 생각과 일맥상통한다.

지금까지는 사람들이 어떻게 조절 초점에서 차이를 보이는 것인지를 논의하였지만, 문화도 차이를 보인다는 사실을 지적하는 것도 흥미로운 일이다. 일반적으로 서양문화(예컨대, 미국) 사람들은 촉진 지향성을 채택하는 경향이 있는 반면, 동양 문화(예컨대, 한국) 사람들은 예방 지향성을 채택하는 경향이 있다(Elliot, Chirkov, Kim, & Sheldon, 2001).

나만의 프로젝트 10.1
가능한 자기

여러분의 나만의 프로젝트 목표는 어떻게 이상적 자기에 접근하고 바라지 않는 자기를 회피하도록 도움을 주는가? 여러분의 현재 목표와 관련하여 바람직한 미래 자기와 바람직하지 않은 미래 자기를 모두 기술해보라.

출처 : Higgins, E. T., Friedman, R. S., Harlow, R. E., Idson, L. C., Ayduk, O. N., & Taylor, A. (2001). Achievement orientations from subjective histories of success: Promotion pride versus prevention pride. *European Journal of Social Psychology, 31*, 3–23.

시도해보라 : 여러분은 촉진 지향적인가, 아니면 예방 지향적인가?

여러분은 촉진 지향적인가, 아니면 예방 지향적인가? 알아보고 싶다면, 다음의 조절 초점 질문지(Higgins et al., 2001) 문항에 답해보라. 이 문항들은 여러분 삶에서 특정 사건이 얼마나 자주 발생하였는지를 묻고 있다. 따라서 다음의 척도를 사용하라.

1 = 전혀 아니거나 드물다, 2 = 가끔, 3 = 매우 자주

	1	2	3
1. 대부분의 사람과 비교할 때, 여러분은 삶에서 원하는 것을 얻을 능력이 없는가?	○	○	○
2. 여러분은 더욱 열심히 일하도록 고취시키는 것을 얼마나 자주 달성하였는가?	○	○	○
3. 여러분은 시도하는 다양한 것들을 잘 해내기 십상인가?	○	○	○
4. 성장하면서 부모님이 허용하지 않는 것을 함으로써 '금지선을 넘어선' 적이 있는가?	○	○	○
5. 여러분은 부모님이 설정한 규칙과 규제를 얼마나 자주 준수하였는가?	○	○	○
6. 때때로 신중하지 못하여 어려움에 처하곤 하였다.	○	○	○

10.3.4 자기인식 이론

학습목표 : 자기인식 이론을 설명한다.

실제 자기가 표준에 부응하지 못하고 있다고 느낄 때에는 그러한 불일치를 감소시키려는 동기가 발생한다. 그렇지만 불일치 감소 과정의 첫 단계는 실제 자기와 표준 간의 비교를 실시하는 것이다. 사람들이 이러한 비교를 시도할 가능성을 증가시키는 한 가지 요인이 **객관적 자기인식**(objective self-awareness) 수준이며, 주의와 의식을 내부로 돌림으로써 자신에게 초점을 맞추는 것으로

정의한다(Duval & Wicklund, 1972). 사람들은 대부분의 시간을 마음 밖의 세상, 즉 환경, 주변 사람들, 달성하려는 과제 등에 초점을 맞추고 삶을 영위한다. 그렇지만 때로는 상황이 사람들로 하여금 주의를 내부로 돌리고 자신의 사고와 감정을 살펴보도록 야기함으로써 자기인식을 촉발한다. 상황이 주의를 자기를 향하도록 이끌 때마다, 자기인식이 증가하고 자신이 가지고 있는 표준과 가치관에 현재 행동을 비교할 가능성이 증가한다(Silvia & Duval, 2001; Duval & Wicklund, 1972).

여러분은 사람들이 자신에게 초점을 맞출 가능성을 높여주는 상황을 생각해볼 수 있는가?

연구자들은 거울 앞에 앉아있는 것, 청중 앞에 서는 것 또는 비디오 촬영을 하는 것 등을 포함하여 객관적 자기인식을 유도하는 여러 가지 독창적인 방법을 개발해왔다. 예컨대, 거울 앞에 앉을 때 사람들은 거울상의 지각 이상의 것을 한다. 마음속으로 "나는 매력적인가?", "나는 좋은 사람인가?", "오늘 어째서 내 머리 스타일이 형편없어 보일까?" 등을 자문하면서, 자동적으로 자신을 평가하기 시작한다. 이러한 생각이 어떻게 실제 자기가 표준에 얼마나 잘 부응하는지에 대한 관심사를 나타내는 것인지에 주목하라. 실제 자기와 이상적 자기 간의 불일치는 사람들이 거울 앞에 앉아있을 때에만 반응에 영향을 미친다는 결과(Phillips & Silvia, 2005)는 이러한 생각과 일맥상통한다.

자기인식이 일어날 때에는 부정 정서를 유발하기 십상이다(Phillips & Silvia, 2005). 높은 자기인식(즉, 자기 불일치가 크다는 생각)은 자신이 표준에 미치지 못하고 있음을 신호 해주기 십상이며, 이러한 사실이 나쁜 감정을 불러일으키기 때문이다. 자기인식이 촉발한 부정 정서에 대처하는 첫 번째 방법은 불일치가 감소하도록 행동을 변화시키는 것이다. 즉, 실제 자기가 표준에 근접하도록 행동을 변화시키고자 시도할 수 있다. 거울 앞에서 머리를 매만지는 것처럼 간단한 것일 수도 있지만, 체중을 감량하거나 학점을 올리고자 시도하는 것처럼 상당한 노력이 필요한 변화를 수반하기 십상이다.

그렇기 때문에 사람들은 자기인식을 경험할 때 자신의 표준과 가치관에 맞추어 행동할 가능성이 높다. 한 연구에서는 참가자들이 언어 과제를 수행하는 데 벨이 울리면 중지하라는 지시를 받았다(Diener & Wallbom, 1976). 거울 앞에서 과제를 수행한 참가자의 경우에는 10% 미만만이 벨이 울린 후에도 반응을 계속하는 부정행위를 하였다. 그렇지만 거울 앞에 있지 않던 참가자의 경우에는 거의 75%가 부정행위를 하였다. 대부분의 학생이 부정행위는 나쁘다고 생각하고 있지만, 자기인식 상태에 있을 때 그런 신념에 따라 행동할 가능성이 더 크다. 마찬가지로 자기를 인식하도록 만든 사람이 다이어트를 준수할 가능성이 더 높고, 다른 사람을 도와줄 가능성도 더 높았으며, 덜 공

격적이었다(Froming, Nasby, & McManus, 1998; Heatherton, Polivy, Herman, & Baumeister, 1993; Scheier, Fenigstein, & Buss, 1974).

또한 사람들은 자기인식 경험에서 완전히 벗어남으로써 자기인식이 촉발한 부정 정서에 대처하기도 한다. 한 연구에서는 학생들이 자신의 가치관과 상충하거나 상충하지 않는 진술을 큰 소리로 읽었다(Greenberg & Musham, 1981). 예컨대, 전통적인 여성관을 강조하는 진술을 읽은 진보적 학생은 자신의 개인적 가치관과 상충하는 방식으로 행동하였다고 느끼게 되었다(그렇게 함으로써 실제 자기와 가치 표준 간의 불일치를 만들었다). 그런 다음에 참가자들을 대기실로 데리고 갔는데, 그곳에 있는 의자의 절반은 거울을 바라보고 있었으며, 다른 절반은 거울에서 멀리 떨어져 있었다. 자신의 가치관과 상충하는 방식으로 행동한 학생은 거울을 바라보는 의자를 선택할 가능성이 낮았다. 아마도 자신이 방금 행동한 것을 떠올리고 싶지 않았기 때문일 것이다.

그렇지만 거울을 기피하는 것만이 자기인식을 회피하는 유일한 방법은 아니다. 사람들이 폭음과 같은 파괴적 행동에 몰입하는 중요한 이유 중의 하나는 자기인식을 회피하고자 시도하기 때문이다. 술은 주의를 자기로부터 멀어지게 만드는 경향이 있으며, 그렇기 때문에 자기인식을 낮춘다(Wilson, 1983; Wolfe & Maisto, 2007). 술을 마신 사람은 '나', '나 자신' 등과 같은 일인칭 표현을 사용할 가능성이 떨어진다는 결과는 이러한 주장을 지지한다(Hull, Levenson, Young, & Sher, 1983). 음주에 덧붙여, 사람들은 자신이 표준보다 뒤떨어졌다는 생각에서 벗어나려는 방법으로 폭식을 하거나, 자해를 하거나, 심지어는 자살을 시도하기도 한다(Baumeister, 1990).

여러분 자신을 동기화시켜라

거울, 벽거울

한 연구에서는 슈퍼마켓에서 손님에게 고지방 마가린과 저지방 마가린을 무료로 시식할 수 있는 기회를 제공하였다(Sentyrz & Bushman, 1998). 시식대 앞에 거울이 있을 때에는 사람들이 고지방 마가린 앞으로 갈 가능성이 낮았다. 마찬가지로 고지방 치즈와 저지방 치즈를 시식하는 학생들도 거울 앞에서 시식할 때 고지방 제품을 회피하였다. 따라서 만일 여러분이 건강식을 시도하고 있다면, 다음번에 식당에서 식사할 때에는 벽거울을 마주 보고 있는 자리를 선택하라. 아니면 여러분 식탁에 거울 설치를 고려해보라. 그리고 운동하는 방에도 거울을 붙여놓아라. 또 다른 연구에서는 거울 앞에서 운동하는 여성이 거울 없이 운동하는 여성보다 더 높

은 자기효능감을 나타냈다(Katula & McAuley, 2001). 그리고 거울이 초래한 높은 효능감은 운동한 후에만 높아졌다. 따라서 운동하는 공간에 거울을 설치하라. 운동하기 위해서 헬스장에 간다면, 맨 앞줄에 서라.

조절 초점의 원인

방금 살펴본 바와 같이, 어떤 사람은 촉진 지향적이고 다른 사람은 예방 지향적이다. 여러분은 무엇이 이러한 개인차를 초래한다고 생각하는가? 이 물음에 답할 때, 생물적/유전적 설명(즉, 선천성)과 사회적/문화적 설명(즉, 후천성)을 모두 고려하라. 이러한 가능성을 고려한 후에는 선천성과 후천성 중에서 어느 것이 조절 초점을 결정하는 데 있어서 더 중요한 역할을 담당한다고 생각하는지를 지적해보라.

10.4 모니터링

학습목표 : 목표 추구하기 국면에서 모니터링의 중요성을 분석한다.

모니터링(monitoring)이란 조절하고자 원하는 행동을 추적 · 감시하는 것을 말한다. 자신의 행동을 표준과 어떻게 비교하고 있는지를 모니터링하지 않는다면, 표준은 아무런 쓸모가 없다. 여러분이 먹는 것을 모니터링하지 않는다면 다이어트를 고수하고 있는지를 어떻게 알 수 있겠는가? 어디에 돈을 지출하였는지 기록해놓지 않는다면 여러분이 절약하고 있는지를 어떻게 알 수 있겠는가? 그렇기 때문에 혹자는 자기인식의 주요 목적은 사람들로 하여금 자신을 모니터링하도록 부추겨서 자신의 행동 변화가 목표에 근접하고 있는지를 판단할 수 있게 해주는 것이라고 제안한다(Carver & Scheier, 1981, 1982).

사람들이 목표 관련 행동의 모니터링에서 실패하게 되면, 목표를 달성하거나 유지하는 데 실패하기 십상이다. 모니터링이 목표를 달성하는 데 있어서 얼마나 중요한지를 이해하기 위하여 에릭 쇼팬의 사례로 되돌아가보자.

에릭 쇼팬이 〈도전! FAT 제로〉 목장을 떠난 후에 체중이 다시 불었던 한 가지 이유는 그가 행동 모니터링을 중지하였기 때문이었다. 쇼에 출연하고 있을 때에는 매일의 칼로리 섭취를 기록하고, 한 주가 끝날 때마다 체중을 재보아야만 하였다. 이것이 자신의 행동을 적절하게 감시하도록 만들었다. 만일 치즈버거나 아이스크림선디를 먹는 실수를 저질렀다면, 매주 실시하는 체중 재기를 통해서 즉각적으로 그 행위의 부정적 결과를 볼 수 있었다. 그렇지만 에릭이 집에 돌아왔을 때에는 더 이상 매주 체중

을 재볼 필요가 없었으며, 체중계가 망가졌을 때 새것으로 교체하지도 않았음을 인정하였다. 더 이상 자신의 행동을 면밀하게 모니터링하지 않았기 때문에, 실제로 얼마나 체중이 다시 불어났는지를 인식하지 못하였던 것이다.

에릭 이야기는 목표를 달성하는 것뿐만 아니라 장기적으로 그 목표를 유지하는 데 있어서 행동을 모니터링하는 것이 얼마나 중요한지를 알려준다.

▽ 이 절이 끝날 무렵에 여러분은 다음에 답할 수 있을 것이다.

10.4.1 정적 피드백 고리와 부적 피드백 고리 간의 차이를 기술한다.

10.4.2 TOTE 모형을 설명한다.

10.4.3 모니터링의 이점을 기술한다.

10.4.4 모니터링의 어려움을 기술한다.

10.4.1 인공두뇌학 기제

학습목표 : 정적 피드백 고리와 부적 피드백 고리 간의 차이를 기술한다.

사람들은 자신의 행동을 얼마나 정확하게 모니터링하는가? 조절적 모니터링을 설명하기 위하여, 심리학자들은 공학 분야에서 인공두뇌학 기제라고 부르는 아이디어를 빌려 왔다.

이 절에서는 인공두뇌학 시스템에 의존하는 기계가 어떻게 작동하는지를 논의한다. 그리고 다음 절에서는 어떻게 심리학자들이 이러한 공학 개념을 사용하여 인간 동기를 설명하는지를 보여준다.

인공두뇌학 기제는 입력과 출력을 조절하는 내적 감시자이다(Carver & Scheier, 2012a, 2012b). 인공두뇌학 기제에는 **피드백 고리**(feedback loop)라고 부르는 것이 내재하고 있는데, 이것은 일반적으로 불일치를 증가시키거나 감소시키기 위해서 출력을 다시 입력으로 집어넣는 시스템을 말한다(표 10.1). 피드백 고리에 의존하는 기계에는 사전에 조율된 것으로부터의 이탈을 탐지하는 감지기가 장착되어 있다. 이탈을 탐지하게 되면, 기계는 이러한 이탈을 변경시키려는 특정 기제를 작동시킨다. 집에 있는 자동 온도조절장치(thermostat)가 피드백 고리에 의존하는 기계의 좋은 사례이다. 겨울이고 온도조절장치가 섭씨 24도에 맞추어져 있다고 가정해보자. 온도조절장치는 하루 종일 방의 온도를 확인하여 원하는 온도인 24도와 비교한다. 만일 현재 온도와 원하는 온도 간에 상당한 편차가 있다면(즉, 방이 너무 춥다면), 온도조

표 10.1 **피드백 고리의 유형**

부적 피드백 고리	정적 피드백 고리
현재 상태와 원하는 상태 간의 불일치를 감소하거나 제거한다.	현재 상태와 원하지 않는 상태 간의 불일치를 증가시킨다.
사례 : 방 온도를 원하는 수준으로 유지하도록 설계한 자동 온도조절장치	사례 : 특정 위험 수준 이상으로 어떤 공간의 압력을 유지하고자 설계한 기계

절장치는 원하는 온도만큼 올리도록 보일러를 가동시킨다. 온도조절장치가 편차를 제거하는 데 성공하게 되면(즉, 방이 이제 24도가 되면), 보일러 가동을 중지시킨다. 만일 편차가 제거되지 않고 방이 여전히 춥다면, 원하는 온도에 도달할 때까지 보일러는 계속해서 작동한다.

피드백 고리는 부적이거나 정적일 수 있다.

10.4.2 TOTE 모형

학습목표 : TOTE 모형을 설명한다.

몇몇 연구자는 사람들이 온도조절장치와 매우 유사한 피드백 고리를 통해서 목표를 모니터링한다고 제안한다. 그들은 이러한 설명을 **TOTE 모형**(TOTE model)이라고 부른다(그림 10.3; Carver & Scheier, 1981, 1982; Craik, 1947; Miller, Galanter, & Pribram, 1960).

TOTE 모형을 주도하는 비교 과정은 대체로 주관적이라는 사실을 지적할 필요가 있다. 훌륭한 진전에 대한 한 사람의 정의는 다른 사람의 정의와 동일하지 않을 수 있다. 이러한 판단은 주관적이기 때문에, 외적 요인의 영향을 받을 수 있다. 이 모형이 어떻게 작동하는지를 이해하기 위하여 다음 연구(Fishbach & Dhar, 2005)를 보도록 하자.

그림 10.3 **TOTE(Test-Operate-Test-Exit) 모형**
TOTE 모형은 인공두뇌학 기제를 흉내 내는 네 단계, 즉 검증(Test)-작동(Operate)-검증(Test)-종료(Exit)에 바탕을 두고 있다.

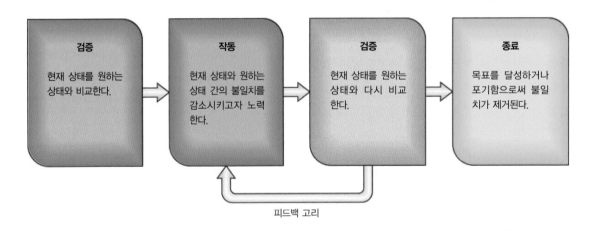

검증
현재 상태를 원하는 상태와 비교한다.

작동
현재 상태와 원하는 상태 간의 불일치를 감소시키고자 노력한다.

검증
현재 상태를 원하는 상태와 다시 비교한다.

종료
목표를 달성하거나 포기함으로써 불일치가 제거된다.

피드백 고리

1. 검증
첫 번째 단계에서는 현재 상태를 원하는 상태와 비교한다. 평점 4.0이라는 목표를 설정한 학생은 자신이 목표에서 얼마나 멀리 떨어져 있는지를 평가하기 위하여 자동적으로 현재의 평점을 원하는 상태(즉, 표준)와 비교하게 된다. 현재 상태와 원하는 상태 간의 불일치를 탐지하지 못한다면, 달성할 것이 아무것도 없기에 시스템을 종료한다. 그러나 대부분의 경우에는 현재 상태와 원하는 상태 간에 불일치를 탐지하게 된다. 이러한 일이 일어나면, 두 번째 단계로 넘어가게 된다.

2. 작동
두 번째 단계에서는 탐지한 불일치를 해소하고자 시도한다. 목표 평점에 도달하기 위하여 수업에 들어가기 전에 예습을 하면서 질문거리를 만들고, 시험에 대비한 공부시간을 늘리는 등의 행동을 수행한다.

3. 검증
두 번째 단계가 효과적이었는지를 확인하기 위하여 다시 현재 상태와 원하는 상태를 비교한다. 중간고사와 강의 중의 퀴즈 등의 결과가 목표와 일치하는지를 확인한다. 만일 원하는 목표에 도달하지 못하였다면, 다시 두 번째 단계로 되돌아간다. 만일 원하는 목표에 도달하였다면, 네 번째 단계로 넘어간다.

4. 종료
이제 원하는 상태와 현재 상태가 일치하기에, 모든 과정을 종료한다.

이 연구에서는 여성 다이어트 시행자에게 자신이 이상적인 체중에서부터 얼마나 떨어져 있는지를 나타내도록 요구하였다. 한 집단은 −12kg에서부터 +12kg에 이르는 넓은 영역대의 평정척도를 사용하여 반응하였다. 다른 집단은 −2.5kg에서부터 +2.5kg에 이르는 좁은 영역대의 평정척도를 사용하여 반응하였다. 두 집단이 본질적으로 동일한 양의 체중을 감량하였음에도 불구하고, 넓은 영역대 척도를 사용한 참가자가 좁은 영역대 척도를 사용한 참가자보다 더 많은 진전을 이룬 것처럼 느꼈다. 넓은 영역대 척도에서 반응할 때 실제 체중과 이상적 체중 간의 불일치가 작아 보이기 때문이다. 예컨대, 만일 여러분이 이상적 체중으로부터 2kg 떨어져 있다고 생각하였다면, 넓은 영역대 척도에서는 2kg이 단지 16%에 불과하지만, 좁은 영역대 척도에서는 80%에 해당하는 것이다.

이 연구자들이 수행한 또 다른 연구에서는 하루에 단지 30분만 공부한다고 보고한 다른 학생의 반응을 관찰할 때 대학생 참가자들이 자신은 더 큰 학업 진보를 이루고 있다고 지각하였다. 그렇지만 다른 학생이 하루에 5시간씩 공부한다고 보고할 때에는 자신의 학업 진보가 더디다고 지각하였다. 따라서 이 연구의 결과는 진보의 지각이 지극히 주관적이며, 사용하는 평정척도나 주변 사람들의 행동과 같은 상황 자질의 영향을 쉽게 받는다는 사실을 알려준다.

여러분 자신을 동기화시켜라

중요한 체중 논쟁

만일 여러분이 체중 감량을 시도하고 있다면, 얼마나 자주 체중을 재보아야 하겠는가? 연구는 체중의 빈번한 모니터링이 성공적인 체중 감량과 관련이 있음을 보여준다. 한 연구는 체중을 빈번히(매주 또는 매일) 측정해 보는 사람이 그렇지 않은 사람보다 더 많은 체중 감량을 경험한다는 사실을 찾아냈다(Linde, Jeffery, French, Pronk, & Boyle, 2005). 그렇지만 몇몇 전문가는 체중이라는 것이 하루에도 오르내리는 것이기 때문에, 매일같이 체중계에 올라가는 것은 좌절을 초래할 수 있다고 주장한다. 따라서 대부분의 전문가는 일주일에 한 번씩 체중을 재보는 것이 최선이라고 제안한다. 체중은 시시각각 오르내리기 때문에, 항상 동일한 시간(예컨대, 아침 기상시간)에 체중계에 올라가보는 것이 좋다. 그리고 전문가들은 체중뿐만 아니라 체지방 비율도 모니터링할 수 있는 체중계를 사용할 것을 권장한다.

10.4.3 모니터링의 이점

학습목표 : 모니터링의 이점을 기술한다.

모니터링은 동기에 많은 이점을 초래하는 것으로 밝혀져 왔다.

1. **목표에 대한 주의의 증가**. 모니터링은 목표에 주의를 집중시키며 목표와 무관한 정보의 방해를 덜 받게 만든다(Locke & Latham, 2002; Schunk & Ertmer, 2000).

2. **목표 전략의 조정**. 적절한 모니터링은 목표 전략이 비효과적인지를 신속하게 결정하고, 만일 비효과적이라면 그에 따라서 조정할 수 있게 해준다(Matsui, Okada, & Inoshita, 1983). 만일 자신의 행동을 적절하게 모니터링하지 않는다면, 사람들은 전략의 문제점을 확인하고 새로운 전략이 필요하다는 사실을 결코 알지 못하게 된다.

3. **수행 피드백의 제공**. 모니터링은 자신이 하고 있는 것에 대한 피드백을 받을 수 있게 해준다. 피드백을 받을 때, 사람들은 자신의 행동을 더 잘 모니터링하고 더 잘 수행할 수 있다(Bandura & Schunk, 1981; Kulik & Kulik, 1988; Fishbach & Finkelstein, 2012; Vancouver & Kendall, 2006). 피드백의 중요성을 이해하려면, 학기 말에 성적을 게시할 때까지 교수가 시험이나 과제의 성과를 알려주지 않을 때 수업을 따라가기가 얼마나 어려울 것인지를 상상해보라.

모니터링은 이점을 제공하기 때문에, 여러분의 목표를 용이하게 모니터링하도록 만들어주는 행동은 어느 것이든지 목표 달성 가능성을 증가시켜 준다. 예컨대, 사람들은 규칙적으로 체중을 재볼 때(Linde et al., 2005) 그리고 자신이 먹은 것을 기록하는 음식 일기를 작성할 때(Hollis et al., 2008), 체중을 감량할 가능성이 더 높다. 마찬가지로 사람들은 재정 지출을 기록하는 가계부를 작성할 때 소비를 덜하고 절약을 더 많이 한다(Oaten & Cheng, 2007).

다행스럽게도 현대 테크놀로지는 사람들이 자신의 행동을 모니터링하는 것을 계속해서 용이하게 만들어주고 있다. 인터넷은 하루에 얼마나 많은 칼로리를 섭취해야 하는지를 결정하거나, 운동량을 기록하거나, 예산을 맞추거나, 채식생활을 하거나, 100일 내에 소설을 쓰는 등의 작업을 도와주는 다양한 앱과 웹사이트를 제공한다. 그리고 심박측정기, 만보계, 활동측정기 등을 포함하여 모니터링 능력을 증진시켜 주는 기기들을 끊임없이 개발하고 있다. 심지어는 하루에 물을 여덟 잔 마시도록 보장해주는 전자 물병까지 존재한다! 여러분의 목표가 무엇이든지 간에, 진보를 모니터링하는 것을 도와주는 기기나 앱이 존재할 가능성이 높다.

10.4.4 모니터링의 어려움

학습목표 : 모니터링의 어려움을 기술한다.

현대 테크놀로지의 도움을 받고서도, 행동을 적절하게 모니터링하는 것은 어렵기 십상이다. 상황 요인이 주의를 다른 곳으로 돌리게 만들어서 자기인식을 떨어뜨릴 수 있다. 예컨대, 텔레비전을 시청하면서 음식을 먹을 때에는 주의가 분산되어 칼로리 섭취를 적절하게 모니터링할 가능성이 떨어지게 된다(Leon & Chamberlain, 1973). 마찬가지로 사람들이 파티에서 더 많은 음식을 먹는 까닭은 주의가 음식 섭취보다는 주변 사람들에게 집중되기 때문이다.

음주도 목표 모니터링의 감소와 관련이 있는데, 사람들이 취했을 때 과식하고 돈을 낭비하며, 성적으로 문란해지고, 공격적으로 행동하며, 흡연하고, 도박하며, 불법 행위를 나타낼 가능성이 커진다(Baumeister, Heatherton, & Tice, 1994; Steele & Southwick, 1985).

설상가상으로 술 취한 사람은 자신이 얼마나 마셨는지를 모니터링하는 능력이 떨어지기 때문에, 취할수록 계속해서 술을 마실 가능성이 더 크다(Marlett, Demming, & Reid, 1973). 모니터링의 어려움은 목표 자체의 자질에서 초래될 수도 있다. 구체성이 떨어지고 최종 상태가 모호한 목표는 적절한 모니터링이 어렵다(Earley, Wojnaroski, & Prest, 1987; Locke, Chah, Harrison, & Lustgarten, 1989). 이 사실은 세부적이며 구체적으로 정의한 목표가 추상적이며 모호하게 정의한 목표보다 달성 가능성이 더 높은 이유를 설명해준다. 마찬가지로 명확한 마감시간이 없는 목표는 모니터링이 어렵다(Locke et al., 1989). '기타 배우기'와 '연말까지 기타 배우기' 간의 차이를 생각해보자. 후자는 명확한 마감시간을 규정하고 있으며, 마감시간이 다가옴에 따라 자신의 진전을 용이하게 모니터링하도록 만들어준다.

글쓰기 과제 10.4

모니터링도 어두운 측면을 가지고 있는가?

모니터링은 목표 달성에 매우 이롭다. 그렇지만 과유불급(過猶不及)인 경우도 많다. '지나친 모니터링'이 해로울 수 있는 정도를 생각해보라. 답을 작성할 때에는 신체적이든 아니면 심리적이든 지나친 모니터링이 어떻게 부정적 결과를 초래하는 것인지를 예증하는 구체적인 사례를 제시해보라.

10.5 자기제어 강도

학습목표 : 자기제어의 영향을 분석한다.

사람들이 명확하게 정의한 표준을 채택하고 자신의 행동을 적절하게 모니터링하는 경우조차도, 여전히 목표 달성에 실패할 수 있다. 에릭 쇼팬은 체중 감량과 운동에 관해 세계적인 전문가의 훈련을 받았지만, 절제력을 잃고 말았다. 이런 일이 일어나면, 사람들은 이것이 전형적으로 의지력 또는 동기심리학자들이 자기제어라고 부르는 것의 결여와 관련이 있다고 생각한다. 목표를 추구하고자 시도할 때마다, 목표를 촉진시키는 행동을 수행하며 목표를 방해하는 행동을 억제하기 위한 자기제어를 사용해야만 한다. 불행하게도 자기제어는 쉽게 이루어지는 것이 아니다.

▽ 이 절이 끝날 무렵에 여러분은 다음에 답할 수 있을 것이다.

10.5.1 만족 지연 개념을 설명한다.
10.5.2 자기제어의 제한된 자원 모형을 기술한다.
10.5.3 자기제어 실패를 예방하는 방법을 기술한다.
10.5.4 자기제어를 부양하는 방법을 기술한다.

10.5.1 만족 지연

학습목표 : 만족 지연 개념을 설명한다.

인기 있는 아동용 도서 시리즈인 호기심 많은 조지(Curious George)에서는 조지라는 이름의 원숭이가 호기심 때문에 곤란한 상황에 처하기 십상이다. 시리즈 중의 하나인 호기심 많은 조지가 병원에 가다(Curious George Goes to the Hospital)에서 조지는 책상 위에 있는 상자를 발견하고는 그 속에 무엇이 들어있는지 궁금해한다(Rey & Rey, 1966). 조지는 노랑 모자를 쓰고 있는 그의 친구가 돌아와서 상자를 열 때까지 기다려야만 한다는 사실을 알고 있지만, 참을 수가 없다. 책에는 이렇게 적혀있다. "무엇이 들어있을까요? 조지는 참을 수가 없었어요. 그러니 열어볼 수밖에 없었지요."

이 이야기에서 조지가 직면한 딜레마, 즉 지금 상자를 열어볼 것인지 아니면 친구가 돌아와서 열 때까지 기다릴 것인지는 호기심 많은 어린 원숭이뿐만 아니라 인간에게도 보편적으로 발생한다. 그리고 특히 목표를 추구할 때 이러한 문제에 직면하기 십상이다. 목표 추구는 현재보다는 미래를 강조할 것을 요구하기 때문이다. 장기적 보상을 위해 단기적 보상을 희생하는 이러한 능력을 **만족 지연**(delay of gratification)이라고 부른다(Mischel & Ayduk, 2011). 만족 지연의 사례로, 대학에 진학하려는 여러분의 결정을 생각해보자.

만일 여러분이 지금 대학을 다니고 있지 않다면, 아마도 돈을 벌고 있을 것이며, 좋은 집을 살 수 있고, 좋은 차를 사며, 좋은 옷을 입고, 심지어는 비싼 휴가여행도 다녀올 수 있을 것이다. 그렇지만 여러분은 이러한 단기적 보상을 지연시키는 것을 선택하였다. 장기적으로 대학교육이 여러분으로 하여금 더 많은 돈을 벌 수 있게 해줄 것이라고 생각하기 때문이다. 좋은 소식은 여러분의 생각이 옳다는 것이다. 미국 통계국에 따르면, 대학 졸업자는 고등학교만을 졸업한 사람보다 4배나 많은 연봉을 받는다. 30년 경력에 걸쳐서 보면, 대학에 진학하지 않기로 결정한 사람보다 거의 200만 달러(대략 24억 원)나 많은 것이다! 비록 대학을 다니는 것이 현재는 어느 정도 희생을 요구하지만, 장차 더 좋은 삶을 영위할 것을 보장하고 있다.

여러분이 참을성 없는 대학생이든 아니면 호기심 많은 원숭이든지 간에, 이러한 만족 지연은 어렵다. 혹자는 미래의 불확실성 때문에 동물과 인간은 즉각적인 보상을 선호하도록 선천적으로 배선되어 있다고 믿고 있다.

다음 주에 바나나 2개를 준다는 약속보다는 오늘 바나나 1개를 선호하는 원숭이는 똑똑한 결정을 내린 것일 수 있다. 장기적 보상을 얻을 만큼 오래 살아있을지 아무도 모르기 때문이다(Long & Platt, 2005). 남미산 타마린 원숭이에게 작은 보상과 큰 보상을 제시하면, 그 원숭이는 변함없이 큰 보상을 선택한다. 그렇지만 원숭이에게 지금 당장 작은 보상과 나중의 큰 보상을 제시하면, 즉각적인 작은 보상을 선호하기 시작하며, 이러한 선호는 큰 보상을 주는 시간 지연이 길어질수록 더욱 명확해진다(Stevens, Hallinan, & Hauser, 2005). 따라서 이 원숭이는 더 큰 보상을 위하여 기다는 데 필요한 참을성을 결여하고 있다. 유사한 효과가 비둘기(Rodriguez & Logue, 1988), 북미산 큰어치

(Stephens & Anderson, 2001), 쥐(Mazur, 2007)를 포함한 다양한 동물 종에서도 나타났다. 따라서 '참을성이 미덕'이라고 하더라도, 인간과 동물 모두가 구현하기에 애를 먹는 미덕인 것이다.

어떤 사람은 만족 지연을 더 잘하는가 만족 지연이 어렵기는 하지만, 어떤 사람은 선천적으로 다른 사람보다 더 잘 해낸다. 1970년대 초에 월터 미셸(Walter Mischel)은 아동의 만족 지연 능력을 측정하는 독창적인 방법을 고안해냈다(Mischel & Ebbesen, 1970; Mischel, Ebbesen, & Zeiss, 1972). 이 절차에서 어린이집에 다니는 4세 아동이 다음과 같은 자기제어 딜레마에 직면하였다.

아동에게 마시멜로와 같은 간식거리를 주고는 실험자가 잠시 다른 곳을 다녀올 것이라고 알려주었다. 실험자는 아동에게 만일 실험자가 돌아올 때까지 간식거리를 먹지 않고 기다릴 수 있다면, 더 많은 간식거리(예컨대, 1개가 아니라 3개의 마시멜로)를 받을 것이라고 설명해주었다. 그렇지만 실험자가 돌아올 때까지 기다릴 수 없어서 벨을 누르면 실험자가 돌아올 것이고, 그러면 적은 양의 간식거리를 먹을 수 있었다고 알려주었다. 그런 다음에 실험자가 방을 떠나고 아동은 어쩔 수 없이 앉아 참을 수 있는 한에 있어서 적은 양의 간식거리를 응시할 수밖에 없었다. 만일 아동이 벨 누르는 것을 억제할 수 있다면, 실험자는 최대 15분 후에 돌아왔다. 결과를 보면 단지 30%의 아동만이 만족 지연을 하고 더 큰 보상을 위해 끝까지 기다릴 수 있었다.

이제 여러분이 4세였을 때로 되돌아가보자. 여러분은 더 큰 보상을 얻기 위하여 15분을 기다릴 수 있었을 것이라고 생각하는가? 4세 아동의 경우 이 15분은 한평생과 같은 것일 수도 있는데 말이다. 아니면 대부분의 아동이 그랬던 것처럼 몇 분 지나지 않아서 마시멜로를 한입 덥석 물었겠는가? 놀랍게도 여러분의 대답은 현재 삶의 상황과 상당히 밀접한 관계가 있다.

여러 연구는 아동이 4세일 때 기다릴 수 있었던 시간의 양이 10대와 젊은 성인기에 얼마나 성공적일 것인지를 유의하게 예측한다는 사실을 밝혀냈다. 더 큰 보상을 위하여 기다릴 수 있었던 아동은 성장하여 마약을 사용하거나 과체중이 되거나 공격적이거나 심리장애를 겪거나 이혼할 가능성이 낮았으며, 친구나 가족과 더 좋은 관계를 유지하고, 스트레스와 학업성취에 대처하는 더 좋은 방법을 가지고 있었다(Ayduk, Rodriguez, Mischel, Shoda, & Wright, 2007; Ayduk, Zayas, Downey, Cold, Shoda, & Mischel, 2008; Mischel, Shoda, & Peake, 1988; Mischel et al.,

2011; Rodriguez, Mischel, & Shoda, 1989; Schlam, Wilson, Shoda, Mischel, & Ayduk, 2012; Shoda, Mischel, & Peake, 1990). 예컨대, 한 연구는 15분을 온전히 기다릴 수 있었던 아동이 30초만을 기다릴 수 있었던 아동보다 성장한 후 SAT 점수가 평균 210점이나 높다는 사실을 발견하였다. 놀랍게도 SAT 점수의 이러한 증가는 지능지수가 높은 아동과 낮은 아동을 비교할 때 볼 수 있는 증가보다도 더 큰 것이다. 이 사실은 만족 지연 능력이 지능보다도 더 우수한 학업성취 예측자임을 시사한다!

그렇다면 4세 아동이 어떻게 유혹적인 마시멜로에 저항하면서 끝까지 기다릴 수 있었던 것인가? 이 아동들은 만족 지연 능력을 증진시키는 특정한 주의제어 전략을 사용하였던 것으로 밝혀졌다. 첫째는 눈으로 보지 않음으로써 마음에서도 멀어지게 만드는 전략이다. 성공적인 아동은 간식거리를 쳐다보는 것이 욕구를 증가시킨다는 사실을 알아차린 것으로 보인다. 따라서 이러한 유혹을 피하기 위하여 간식거리를 쳐다보지 않았다(Mischel, Ebbesen, & Zeiss, 1972; Mischel, Shoda, & Rodriguez, 1989). 어떤 아이는 눈을 감았고, 어떤 아이는 의자를 다른 곳으로 돌렸으며, 심지어 어떤 아이는 기다리는 동안 낮잠을 잤다. 중요한 사실은 여러분도 이 전략을 사용하여 먹기를 중지하고 싶을 때 음식 접시 위에 냅킨을 덮어놓거나 캔디 통을 눈에 보이지 않는 곳으로 치워버림으로써 목표를 달성하는 데 도움을 받을 수 있다는 점이다. 둘째는 흥분을 가라앉히는 전략이다. 좋아하는 간식거리가 주어지면 자동적으로 입에 침이 고이며 먹고 싶은 충동에 정서적으로 흥분하게 마련이다. 이러한 경우 자신의 신체 상태나 정서보다는 냉정하게 그 충동의 인지적 측면에 초점을 맞춤으로써 흥분을 가라앉힐 수 있다.

중요한 사실은 만족 지연을 하지 못하는 아동에게 지연 전략을 사용하도록 지시하였더니 전보다 2배나 오래 기다릴 수 있었다는 점이다(Mischel et al., 1972; Mischel & Ayduk, 2011). 이것이 중요한 발견인 까닭은 만족 지연도 학습할 수 있다는 사실을 시사하기 때문이다.

나만의 프로젝트 10.2

만족 지연

여러분이 나만의 프로젝트 목표를 추구하기 위하여 포기해야만 하는 단기적 보상을 기술해보라. 그 단기적 보상을 포기하기 위하여 여러분이 사용한 전략은 무엇인가? 그 전략은 효과가 있었는가, 아니면 효과가 없었는가? 만일 효과가 있었다면 그 이유는 무엇인가? 만일 효과가 없었다면 그 이유는 무엇인가?

10.5.2 제한된 자원 모형

학습목표 : 자기제어의 제한된 자원 모형을 기술한다.

미셸과 동료들의 연구는 자기제어를 실행하는 데 있어서 어떤 사람은 선천적으로 다른 사람보다 우수하다는 사실을 시사하지만, 뛰어난 자기제어 능력을 보유한 사람조차도 때로는 유혹에 휩쓸리기도 한다. 이러한 일이 일어나는 이유에 대한 한 가지 설명은 사람들의 의지력이 쉽게 고갈될 수 있다는 것이다.

이 사실을 깨달았던 초기 심리학자 중의 한 사람이 윌리엄 제임스(1890)였으며, 그는 "많은 사람들은 저장된 예비적인 뇌 능력, 즉 뇌 속성 중에서 가장 귀중한 능력을 매우 적게 가지고 있어서 그 능력이 곧 소진되어 자기제어 능력을 상실하는 것을 보게 된다."(540쪽)라고 언급하였다.

제한된 자원 모형(limited resource model)에 따르면, 사람들의 자기제어 능력은 제한적인 범용 자원에 근거한다(Baumeister, Bratslavsky, Muraven, & Tice, 1998; Muraven, 2012).

1. 사람들은 단지 제한된 자원 내에서만 자기제어를 할 수 있으며, 일단 자원이 사라지면(즉, 고갈되면), 아무것도 남는 것이 없다(James, 1907).
2. 이 자원은 행동과 사고 그리고 정서의 억제를 포함하여 수많은 상이한 유형의 반응이 모두 사용하는 범용 자원이다.

이러한 두 가지 자질을 결합해보면, 한 영역에서 자기제어를 시도하는 것은 다른 무관한 영역에서 자기제어를 할 수 있는 능력을 손상시키고 감소시킨다는 사실을 시사한다(Baumeister et al., 1998; Hagger, Wood, Stiff, & Chatzisarantis, 2010; Muraven, 2012). 윌리엄 제임스(1890, 540쪽)는 사람들을 충동적이고 공격적이게 만들기 때문에 이 경험을 억제적 광증(inhibitory insanity)이라고 불렀다.

오늘날 연구자들은 자기제어를 실행하는 것이 뒤따르는 자기제어 실행을 손상시키는 경향성을 지칭하는 데 **자아 고갈**(ego depletion)이라는 용어를 사용한다(Baumeister et al., 1998; Inzlicht & Schmeichel, 2012; Muraven, 2012). 이러한 자아 고갈 효과로 인해서, 혹자는 자기제어가 근육처럼 작동한다고 주장한다. 즉, 사용하면 할수록 피로해져서 결국에는 충분한 능력을 되찾을 때까지 휴식을 필요로 한다는 것이다.

자아 고갈의 증거 연구는 다양한 행동이 이러한 제한된 자기제어 자원에 의존한다는 사실을 입증하고 있다. 실제로 한 메타분석은 다양한 범위의 행동에 관해 수행한 130개 이상의 연구에서 자아 고갈 효과의 증거를 찾아냈다(Hagger et al., 2010).

자아 고갈은 내적 충동에 저항하는 능력을 떨어뜨린다. 자기제어 자원을 고갈시키게 되면, 사람들은 정서, 섭식과 음주, 낭비, 공격성, 편견, 연인 폭력 등을 제어하는 능력이 떨어지게 된다(DeWall, Baumeister, Stillman, & Gailliot, 2007; Finkel, DeWall, Slotter, Oaten, & Foshee, 2009; Gordijn, Hindriks, Koomen, Dijksterhuis, & Van Knippenberg, 2004; Kahan, Polivy, & Herman, 2003; Muraven, Collins, & Neinhaus, 2002; Muraven, Tice, & Baumeister, 1999; Richeson & Trawalter, 2005; Vohs & Faber, 2004). 흥미로운 사실은 개도 유사한 패턴을 보여주었다는 점이다. 예컨대, 10분 동안 일정하게 앉은 자세를 유지해야만 하는 개는 자신의 집에 앉아서 자기제어를 실행하지 않은 개에 비해서 해결할 수 없는 장난감을 더 빨리 포기하고 더 공격적이었다(Miller, DeWall, Pattison, Molet, & Zentall, 2012; Miller, Pattison, DeWall, Rayburn-Reeves, & Zentall, 2010).

자아 고갈은 타인의 강요에 저항하는 능력도 떨어뜨린다. 자기제어 자원을 고갈시키게 되면, 사람들은 다른 사람에 동조하고 설득될 가능성이 높아진다(Burkley, 2008; Burkley, Anderson, & Curtis, 2011; DeBono, Shmueli, & Muraven, 2011; Fennis, Janssen, & Vohs, 2009; Jacobson, Mortensen, & Cialdini, 2011; Janssen, Fennis, Pruyn, & Vohs, 2009). 이러한 사실은 어떤 목표에 자기제어를 실행할 때마다, 다른 사람의 설득적인 영향력에 이끌리기 쉽게 된다는 사실을 깨달을 필요가 있음을 알려준다.

예컨대, 한 연구(Burkley, 2008)에서 어떤 대학생들에게는 자신의 생각을 억압하도록 만들어서 자기제어를 고갈시킨 반면, 다른 대학생들은 자기제어를 고갈시키지 않는 과제를 수행하였다. 그런 다음에 모든 졸업예정자는 의무적인 시험을 통과해야만 한다고 주장하는 설득 메시지를 그 학생들에게 주었다. 어떤 학생은 시험을 의무화하는 것에 대한 약한 주장을 담고 있는 글(예컨대, "우리 어머니는 이것이 좋은 생각이라고 생각하신다.")을 읽은 반면, 다른 학생은 강력한 주장을 읽었다(예컨대, "전국적으로

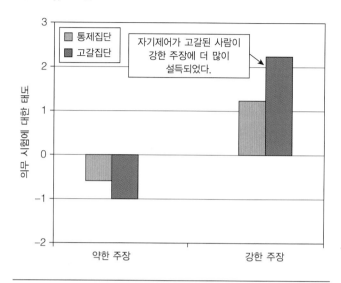

그림 10.4 **자기제어와 피설득성**
대학생들이 자기제어를 실행하거나 실행하지 않은 후에 졸업예정자의 의무 시험을 제도화하는 것에 관한 약한 주장이나 강력한 주장을 담고 있는 설득 메시지를 읽었다(Burkley, 2008).

우수한 대학은 이미 의무 시험을 실시하고 있다."). 기본 가정은 약한 메시지에 저항하는 것은 용이하고 많은 자기제어를 요구하지 않는 반면, 강한 메시지에 저항하는 것은 상당히 힘이 든다는 것이었다. 마지막으로 모든 참가자는 의무 시험에 대한 개인적 태도를 표명하였다(그림 10.4).

참가자가 약한 메시지를 읽을 때에는 사전에 자기제어를 실행한 것이 태도에 아무런 영향을 미치지 않았다. 그러나 강한 메시지를 읽을 때에는 사전 과제에서 자기제어를 실행하였을 때 더 많이 설득되었다. 따라서 사고 억제 과제에 의지력을 쏟아부은 참가자는 강력한 설득 메시지에 저항하는 데 사용할 수 있는 의지력이 모자랐던 것이다.

사전에 자기제어를 실행하는 것만이 수행을 손상시키는 것이 아니라, 미래에 자기제어를 실행할 것이라고 예상하는 것도 이에 못지않게 소모적이었다. 한 연구에서 다가올 자기제어 과제를 기대한 참가자가 그러한 기대를 가지고 있지 않은 참가자보다 현재 수행하고 있는 과제에서 성과가 떨어졌다. 그렇지만 다가오는 과제를 수행할 시간이 되었을 때, 그 과제를 위한 자원을 비축한 참가자가 과제를 예측하지 않았던 참가자보다 우수한 수행을 나타냈다. 이 결과는 사람들이 가장 필요할 때를 대비하여 자기제어력을 효과적으로 비축할 수 있음을 알려준다.

그렇다면 자아 고갈이 일어나는 이유는 정확하게 무엇인가? 자아 고갈 효과에 대한 생리적 토대를 찾고 있는 연구자들은 자기제어 행위가 글루코스를 소진하는데, 글루코스는 두뇌의 1차적인 에너지원이기 때문에 이 효과가 일어난다고 주장한다(Gailliot, 2012; Gailliot & Baumeister, 2007; Gailliot et al., 2007). 연구자들은 자기제어 실행이 글루코스를 감소시키며 글루코스 섭취는 자기제어 수행을 부양시킨다는 증거를 찾아냈다(Gailliot & Baumeister, 2007; Gailliot et al., 2007). 그렇지만 모든 연구가 이러한 글루코스 효과를 반복적으로 입증하지는 못함으로써 자기제어에 대한 글루코스 효과에 관해 뜨거운 논쟁으로 이끌어갔다(Beedie & Lane, 2012; Hagger & Chatzisarantis, 2013; Kurzban, 2010; Molden et al., 2012). 흥미로운 사실은 글루코스 용액으로 입을 헹군 다음에 뱉어버리는 것조차도 자기제어를 부양하는 것으로 나타났다는 점이다. 두뇌의 동기 영역으로 신호를 전달하는 구강 수용기를 활성화시키기 때문일 가능성이 높다(Hagger & Chatzisarantis, 2013; Sanders, Shirk, Burgin, & Martin, 2012). 다시 말해서 칼로리를 섭취하지 않은 채 글루코스가 가지고 있는 모든 자기제어 이점을 얻을 수 있다!

10.5.3 자기제어 실패 예방하기

학습목표 : 자기제어 실패를 예방하는 방법을 기술한다.

자기제어 연구는 여러분이 장차 어떻게 자기제어 실패를 예방할 수 있을지에 대한 현실적인 시사점을 제공하고 있다. 여기 자기제어 실패를 예방할 수 있는 네 가지 핵심적인 방법이 있다. 첫째는 마음을 비운 채 하루 계획을 세우는 것이다. 여러분의 자기제어 강도는 하루 일과를 수행하는 동안 감소하게 되어있다. 따라서 의지력을 재충전하는 짧은 휴식시간을 계획에 집어넣으라. 그리고 여러분이 가장 취약한 시점인 하루 일과가 끝날 때의 유혹을 피하라. 만일 여러분이 '아침형 인간'이라면 특히 그렇다. 아침형 인간은 일과가 끝나는 저녁 늦은 시간에 자기제어 실패로 어려움을 겪기 때문이다(Curtis, Burkley, & Burkley, 2014). 계획 세우기 기법에 의존함으로써 자기제어 실패가 일어나기 전에 예방할 수 있다(Webb & Sheeran, 2003).

둘째는 한 번에 너무 많은 목표에 매달리는 것을 피하는 것이다. 자기제어는 에너지와 같이 작동하는 제한된 심적 자원에 의존하는데, 만일 특정 시점에 여러 가지 목표를 동시에 추구하게

되면, 급격한 자원 고갈을 경험하게 된다. 물론 정상적인 삶을 영위하기 위해서는 동시에 여러 목표를 추구할 수밖에 없는 경우가 많지만, 이 경우에도 우선순위를 정하고 자원이 고갈되지 않도록 충전을 위한 휴식을 취하면서 중용을 지키는 것이 중요하다.

셋째는 계획 수행의 많은 부분을 습관으로 만들어 자기제어의 요구를 낮추는 것이다. 소소한 자기제어 행위를 규칙적으로 훈련하여 습관으로 만들게 되면, 자기제어 능력을 증진시킬 수 있다. 즉 기분, 충동, 사고, 감정 등을 억제하는 소소한 행위를 규칙적으로 연습하는 것이다. 어떤 자기제어 과제를 가지고 훈련하는지는 중요하지 않다. 이러한 훈련은 자기제어를 요구하는 모든 과제에 일반화되기 십상이기 때문이다(Muraven & Baumeister, 2000).

넷째는 총력을 기울여야만 하는 금지를 피하는 것이다. 예컨대, 특정 상품을 구입하려는 거역하기 어려운 충동을 이겨내려면 전심전력하여 자기제어를 해야만 한다. 많은 경우에 사람들은 심적 자원의 고갈로 인해 그러한 충동에 굴복하고 말거나, 비록 그 충동을 이겨냈다고 하더라도 후속 충동에 무너지고 만다. 따라서 그러한 충동을 유발하는 상황과 일정한 거리를 유지하는 것이 필요하다.

10.5.4 자기제어 부양하기

학습목표 : 자기제어를 부양하는 방법을 기술한다.

지금까지는 자기제어가 고갈되거나 피로해졌을 때 어떻게 동기와 수행이 손상되는지를 논의하였다. 그렇다면 만일 자기제어를 부양할 수 있다면 어떻겠는가?

다행스럽게도 연구자들은 자기제어를 증가시키는 데 사용할 수 있는 몇 가지 기법을 개발해왔다. 첫째는 자기제어 근육을 키우는 것이다. 만일 자기제어가 근육처럼 작동하는 것이라면, 근육 운동을 하는 것과 동일한 방식으로 자기제어 운동을 함으로써 강화시킬 수 있어야 한다. 2주에 걸쳐서 똑바로 앉고 비속어를 쓰지 않으면서 완전한 문장으로 말하는 등 다양한 자기제어 운동을 수행한 사람이 그러한 운동을 하지 않은 사람들보다 자기제어 능력에서 점진적인 증진을 보였다는 연구결과는 이러한 주장과 일치한다(Finkel et al., 2009; Hui et al., 2009; Muraven, 2010; Muraven, Baumeister, & Tice, 1999). 자기제어 운동의 유사한 이점은 사람들이 재정 예산을 고수하거나 규칙적인 운동습관을 유

지하거나 학업에 충실하거나 아니면 금연하도록 도와주는 데에서도 나타났다(Muraven, 2012; Oaten & Cheng, 2006a, 2006b, 2007). 따라서 자기제어 실행이 단기적으로는 목표 행동을 손상시키지만, 장기적으로는 촉진하는 것으로 보인다(Berkman, Graham, & Fisher, 2012; Gailliot, Plant, Butz, & Baumeister, 2007; Hui et al., 2009).

둘째는 여러분의 두뇌를 재훈련시키는 것이다. 사람들은 목표 달성을 위협하는 행위를 억제해야만 하는데, 두뇌에서는 전전두피질(PFC)이 1차적인 역할을 담당한다. PFC는 사고와 정서 그리고 행동의 제어에 관여하며, 손상되면 자기조절과 억제에서 심각한 문제가 초래된다. PFC 외에도 배전측 대상피질(dACC)과 하전두회(IFG) 등이 억제 및 자기제어와 밀접하게 관련되어 있다. 이러한 사실에 근거하여 배전측 대상피질과 하전두회의 활동을 증가시킴으로써 자기제어 능력을 부양하도록 설계한 개입 프로그램들을 개발하고 있다(10.7.3절 참조).

셋째는 목표 추구 과정에서 짬짬이 휴식을 취하는 것이다. 목표 추구에 몰입하게 되면, 자기제어에 필요한 심적 자원을 고갈시키게 된다. 따라서 운동 후에 휴식이 필요한 것과 마찬가지로, 목표를 추구하느라 고갈된 자원을 재충전할 수 있는 휴식을 취하는 것이 절대적으로 필요하다.

넷째는 자율성을 추구하는 것이다. 제5장에서 보았던 바와 같이, 자율성 욕구는 인간의 핵심 동기 중의 하나이며 자유, 개인적 제어감, 자유로운 선택 등을 의미한다. 높은 자율성은 높은 안녕감과 강력하게 연합되어 있으며, 자신의 삶을 더 많이 제어한다고 느끼게 만들어준다. 자율성은 목표지향 행동을 유발하며, 생존을 촉진하는 긍정적 결과를 초래한다. 따라서 자율성을 추구함으로써 자기제어를 부양할 수 있다.

마지막으로 다섯째는 여러분 자신의 능력을 신뢰하는 것이다. 제6장에서 보았던 것처럼, 자신이 유능하다고 느끼는 사람은 신체건강은 물론이고 더 높은 행복감, 활력, 내재적 동기, 우수한 삶의 질 등을 보고하며, 불안과 우울을 덜 느낀다. 따라서 자신의 능력을 신뢰하게 되면, 스스로를 제어할 수 있는 능력을 부양하게 된다.

여러분 자신을 동기화시켜라
주변에서 일어나는 일을 파악하라

누군가 하품하는 것을 보면, 여러분도 갑자기 하품하게 된다는 사실을 알고 있는가? 하품은 사회적으로 전염되기 때문이다. 새로운 연구는 자기제어도 전염력이 있다는 사실을 시사한다. 최근의 한 연구는 다른 사람이 쿠키 대신에 당근을 선택하는 것을 관찰한 사람이 나중에 자기제어 과제에서 더 우수한 수행을 보인다는 결과를 얻었다(vanDellen & Hoyle, 2010). 그리고 또 다른 연구는 맛있는 음식 먹기를 거부한 웨이터에 관한 이야기를 읽는 것만으로도 독자의 자기제어를 부양하기에 충분하다는 결과를 얻었다(Ackerman, Goldstein, Shapiro, & Bargh, 2009). 이 연구들이 알려주는 사실은 주변 사람들이 자신의 목표 추구에 상당한 영향을 미친다는 점이다. 만일 여러분이 운동보다는 쇼핑을 좋아하는 사람 또는 항상 칼로리가 넘쳐나는 디저트를 주문하는 사람과 어울리게 되면, 여러분의 목표에 매달리기가 훨씬 더 어려워질 것이다. 따라서 주변에 자신의 목표를 달성한 사람들을 두어라. 특히 여러분이 자신의 목표를 향하여 노력하고 있는 날에는 더욱 그렇다.

나만의 프로젝트 10.3
유혹에 저항하기

여러분의 나만의 프로젝트 목표를 잠재적으로 위협하는 가장 강력한 유혹을 찾아보라.

그 유혹에 저항하기 위하여 여러분은 어떤 전략을 사용하였는가?

그 전략은 지금까지 성공적이었는가, 아니면 실패하고 말았는가? 그 이유는 무엇이라고 생각하는가?

글쓰기 과제 10.5

자아 고갈의 대안적 설명

많은 증거가 제한된 자원 모형을 지지하고 있지만, 몇몇 연구자는 연속적으로 사용한 후에 자기제어가 감소한다고 해서 사람들이 자기제어를 실행하는 실제 능력이 손상되는 것은 아니라고 믿고 있다. 자아 고갈 효과는 사람들이 연속적으로 사용한 후에 자기제어를 실행할 수 없게 되거나(제한된 자원 모형의 주장이다), 단지 연속적으로 사용한 후에 자기제어를 실행할 의사가 없는 것이거나(보다 동기적 설명이다), 아니면 능력과 동기 설명이 모두 참일 수 있다는 사실을 반영할 수 있다는 것이다. 능력 결손이 아니라 동기 결손이 어느 정도나 앞에서 논의한 자아 고갈 연구에서 보았던 효과를 초래할 수 있겠는가? 이 물음에 답할 때, 사전에 실행한 자기제어가 어째서 후속 시행에서 자기제어를 실행할 의도에 영향을 미칠 수 있는 것인지를 따져보라.

10.6 목표 이탈

학습목표 : 목표 이탈의 장단점을 분석한다.

고대 그리스의 시지프스 신화는 바위를 산 위로 굴려 올리지만, 매번 제자리로 굴러 내려옴으로써 영원히 이 작업을 해야 하는 형벌을 받은 사나이를 기술하고 있다. 그렇기 때문에 끝이 보이지 않거나 헛된 것처럼 보이는 과제를 흔히 시지프스 과제라고 표현한다. 대부분의 사람은 목표에 매달리고 포기하지 않으면 삶이 더 나아질 것이라고 생각한다. 그렇지만 시지프스 신화는 때로는 달성할 수 없는 결과를 얻기 위하여 끊임없이 추구하기보다는 포기하는 것이 더 좋은 명백한 사례를 제공하고 있다. 연구자들은 목표의 포기를 지칭하기 위하여 **목표 이탈**(goal disengagement)이라는 용어를 사용한다(Brandstätter & Schüler, 2012; Fishbach & Finkelstein, 2012; Wrosch, Scheier, Miller, Schulz, & Carver, 2003).

대부분의 동기 연구는 사람들을 목표 이탈로부터 보호하는 방법을 추구하지만, 새롭게 떠오르는 연구는 때때로 목표 이탈이 이로울 수 있다고 제안한다. 다음과 같은 경우에 특히 그럴 가능성이 있다.

1. 달성할 수 없는 비현실적인 목표를 채택하였을 때
2. 상황이 변하여 목표를 달성할 가능성이 낮아졌을 때

예컨대, 최근 경제 불황과 증가하는 실업은 대학생들의 경력 계획을 비현실적인 것으로 만들 수 있다. 이러한 상황에 직면할 때, 달성 불가능한 목표에서 이탈하는 것(예컨대, 경력 계획을 변경하는 것)은 부정적이기보다는 긍정적인 결과를 초래할 수 있다.

목표 이탈의 이점을 검증하기 위하여, 대학생들에게 지난 5년에 걸쳐 포기하였던 목표들을 기술하고, 포기한 목표로부터 노력을 거두어들이는 것이 얼마나 어려웠는지를 보고하도록 요구하였다(Wrosch et al., 2003). 그 결과, 달성할 수 없는 목표에서 쉽게 이탈하고 새로운 목표에 몰입할 수 있었던 학생은 이탈하는 데 어려움을 겪었던 학생보다 더 높은 수준의 주관적 안녕감을 나타냈다. 후속 연구는 달성할 수 없는 목표에서 이탈하는 능력이 더 나은 정신건강, 신체건강, 의사결정, 재정이득 등과 관련이 있다는 결과를 얻었다(Brockner, 1992; Gilovich, 1983; Miller & Wrosch, 2007; Wrosch & Heckhausen, 1999; Wrosch & Miller,

2009; Wrosch, Miller, Scheier, & de Pontet, 2007). 여러분은 언제 좋은 목표에 매달려야 하는지를 알아야 하지만, 언제 나쁜 목표를 포기해야 하는지도 알아야 할 필요가 있는 것이다.

▽ **이 절이 끝날 무렵에 여러분은 다음에 답할 수 있을 것이다.**

10.6.1 사람들이 목표 이탈에 실패하는 이유를 설명한다.
10.6.2 어떻게 목표 이탈을 촉진할 수 있는지를 설명한다.

10.6.1 사람들이 목표 이탈에 실패하는 이유

학습목표 : 사람들이 목표 이탈에 실패하는 이유를 설명한다.

나쁜 목표에 계속 매달리는 것이 비논리적으로 보일 수도 있지만, 이례적인 것만은 아니다. 사람들이 달성할 수 없는 목표에서 이탈하는 데 실패하는 한 가지 이유는 다른 사람들이 자신을 어떻게 지각할 것인지를 걱정하기 때문이다. 여러 연구는 자존감이 위협받을 때 사람들은 실패하고 있는 목표를 포기하지 않으려고 한다는 결과를 보여주고 있으며, 이러한 결과는 이 사실을 지지하고 있다(Zhang & Baumeister, 2006).

또한 사람들은 목표 추구 과정에 이미 투자한 자원을 포기하기 싫어서 이탈에 실패하기도 한다(Burkley, Andrade, Stermer, & Bell, 2013). 특정 분야의 학위를 취득하기 위하여 여러 해를 투자하고 많은 돈을 지출한 학생은 미래 직업 전망이 불투명한 경우조차도 전공을 바꾸려고 하지 않을 수 있다. 돈과 시간 그리고 노력을 이미 투자하였기에 목표에 계속해서 매달리려는 경향성을 **매몰비용 효과**(sunk cost effect)라고 부른다(Arkes & Blumer, 1985; Molden & Hui, 2011; Staw, 1976, 1997). 장차 목표를 달성할 확률보다는 과거의 투자에 초점을 맞추며, 그렇기 때문에 달성할 수 없는 목표에 자원을 계속해서 투자하는 것이다. 만일 여러분이 이러한 상황에 처해있는 자신의 모습을 발견한다면, 자수성가한 억만장자 워런 버핏의 다음 충고를 고려해보라. "자신이 구덩이 속에 빠져있는 것을 알았을 때, 여러분이 할 수 있는 최선은 땅파기를 중지하는 것이다."

10.6.2 목표 이탈 촉진하기

학습목표 : 어떻게 목표 이탈을 촉진할 수 있는지를 설명한다.

달성할 수 없는 목표에서 이탈하는 것이 쉬운 일은 아니지만, 동기 연구자들은 이를 도와줄 수 있는 여러 가지 전략을 밝혀

왔다(Henderson, Gollwitzer, & Oettingen, 2007; Vohs, Park, & Schmeichel, 2013). 역설적으로 몇몇 전략은 좋은 목표에 매달리는 것을 도와주는 전략과 동일하지만, 약간의 차이가 있다.

예컨대, 목표 이탈을 촉진하는 한 가지 전략은 구현 의도이다. 구현 의도는 사람들이 목표를 달성하는 데 도움을 주기 때문에, 목표가 어떤 목표를 포기하는 것(즉, 목표 이탈)일 때조차도 효과적이다. 한 연구에서는 사람들에게 어떤 검사를 실시하였는데, 검사를 실시하기 전에 사람들은 세 가지 가능한 수검 전략 중에서 하나를 선택할 수 있었다(Henderson et al., 2007). 세 가지 전략은 다음과 같다.

1. 화면에 한 번에 한 문항만을 볼 수 있으며, 각 문항은 3점에 해당한다.
2. 한 번에 두 문항을 볼 수 있으며, 각 문항은 1.5점에 해당한다.
3. 한 번에 세 문항을 볼 수 있으며, 각 문항은 1점에 해당한다.

그런 다음에 참가자들에게 만일 검사에서 부정적인 피드백을 받으면 어떻게 할 것인지를 생각해보도록 요구하였다. 한 집단에는 자신의 결정을 반영하는 구현 의도를 형성하도록 지시하였다("만일 실망스러운 피드백을 받는다면, 그렇다면 내 전략을 가지고 일이 어떻게 진행되었는지를 생각할 것이다."). 두 번째 집단에는 자신의 결정을 변경하는 구현 의도를 형성하도록 지시하였다("만일 실망스러운 피드백을 받는다면, 그렇다면 내 전략을 변경할 것이다."). 세 번째 집단에는 부가적인 지시를 주지 않았다. 그런 다음에 참가자들은 검사의 전반부에 응답하고 수행에 관한 부정적인 피드백을 받았다.

검사 후반부를 시작하기 전에, 모든 참가자에게 전략을 변경할 기회를 주었다. 결과를 보면, 구현 의도를 형성하지 않은 사람(세 번째 집단)은 실패한 전략을 포기할 가능성이 낮았다(단지 39%만이 그렇게 하였다). 그렇지만 자신의 전략을 뒤돌아보는 구현 의도를 형성한 사람의 70% 그리고 결정을 변경할 구현 의도를 형성한 사람의 58%가 실패한 전략을 포기하였다.

글쓰기 과제 10.6

경력 목표에서의 이탈

여러분의 친구가 프로 축구선수의 꿈을 가지고 있다고 상상해보라. 그는 축구선수로서 대학 장학금을 받았으며, 심각한 부상이 진로를 차단할 때까지 자신의 목표를 달성하고자 매진하고 있었다. 이제 그는 물리치료사의 경력을 추구

하고자 결정하였지만, 여전히 텔레비전에서 축구경기를 볼 때마다 우울해지고 경기장에 서고 싶다고 느낀다. 그 친구가 실패한 경력 목표에서 이탈하도록 도와주려면, 우선 그가 사용할 수 있는 구현 의도를 만들어보라. 그런 다음에 그 구현 의도가 어떤 이점을 가지고 있는지를 설명해보라.

10.7 동기 과정의 신경과학

학습목표 : 동기 과정과 관련된 신경과학 성분을 분석한다.

이제 여러분은 목표를 달성하려면 목표 설정에서부터 목표 계획 세우기와 목표 추구하기로 진행되는 복잡한 경로를 통과해야만 한다는 사실을 알게 되었다. 동기 연구자들이 던지기 시작한 한 가지 중요한 물음은 어떤 두뇌 기제가 사람들로 하여금 동기 과정의 세 단계를 거치도록 만들어주느냐는 것이다. 이 절에서는 목표 추구 과정에서 핵심적인 몇몇 두뇌영역을 간략하게 조망한다. 이 절에서 논의한 모든 두뇌영역을 보려면, 그림 10.5를 참조하라.

동기에 관한 신경과학 접근은 아직 걸음마 수준이라는 사실을 명심하는 것이 중요하다. 그렇기 때문에 많은 신경과학자가 연구하고 있는 동기 과정은 대부분의 사람이 일상 삶에서 추구하는 장기적이고 추상적인 목표라기보다는 전형적으로 덜 복잡한 것들(예컨대, 배고픔, 쾌, 보상 등)이다(Berkman & Lieberman, 2009; Reeve & Lee, 2012).

두뇌 해부학에 관한 몇몇 용어들을 이해하는 것이 도움을 준

그림 10.5 동기 과정에 관여하는 핵심 두뇌영역
목표 추구 과정에 관여하는 많은 두뇌영역들이 존재한다. 그 영역과 기능을 개관해보라.

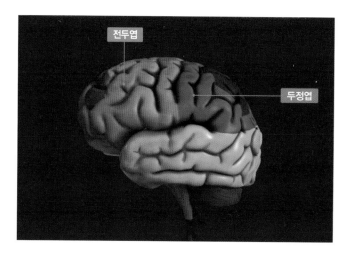

다. 아마 여러분도 알고 있겠지만, 신경과학자들은 두뇌 특정 영역에 특정 이름을 부여해왔다(예컨대, 전전두피질과 전측대상피질 등). 그렇지만 여러분이 알지 못할 수도 있는 것은 신경과학자들이 이 영역들의 특정 부위를 지칭하는 데 방향 용어도 사용한다는 사실이다. 지도에서 사용하는 것과 같은 방향(예컨대, 동서남북) 대신에, 해부학 분야에서 보편적으로 사용하는 다음과 같은 용어를 사용하고 있다.

- **앞쪽과 뒤쪽.** 신경과학자들은 두뇌영역의 앞쪽을 전측(anterior) 그리고 뒤쪽을 후측(posterior)이라고 부른다.
- **위쪽과 아래쪽.** 신경과학자들은 두뇌영역의 위쪽을 배측(dorsal) 그리고 아래쪽을 복측(ventral)이라고 부른다.
- **안쪽과 바깥쪽.** 신경과학자들은 두뇌영역의 안쪽을 내측(medial) 그리고 바깥쪽을 외측(lateral)이라고 부른다.

▼ **이 절이 끝날 무렵에 여러분은 다음에 답할 수 있을 것이다.**

10.7.1 목표 설정하기와 관련된 두뇌영역을 결정한다.

10.7.2 목표 계획세우기와 관련된 두뇌영역을 결정한다.

10.7.3 목표 추구하기와 관련된 두뇌영역을 결정한다.

10.7.1 목표 설정하기의 신경과학

학습목표 : 목표 설정하기와 관련된 두뇌영역을 결정한다.

목표를 성공적으로 설정하려면, 그 목표를 생각나게 해주는 외적 자극이 없는 경우라도 목표를 마음에 유지할 수 있어야만 한다. 만일 여러분의 목표가 건강식을 하는 것이라면, 음식이 여러분 앞에 놓여있을 때뿐만 아니라 일일 스케줄을 계획하고 있거나 구입할 식품 목록을 작성하고 있을 때나 식당을 예약하고 있을 때에도, 그 목표를 기억할 필요가 있다. 도대체 그 목표를 추구하고 있다는 사실을 망각한다면, 어떻게 달성할 수 있겠는가?

연구들은 외측 전전두피질(lateral prefrontal cortex)이 마음에 목표를 유지하는 책임을 맡은 두뇌영역이라는 사실을 보여주고 있다. **전전두피질**(prefrontal cortex, PFC)이 모든 동기 과정에서 핵심 역할을 담당하고 있는 까닭은 모든 다섯 가지 감각으로부터 입력을 받아들이는 유일한 두뇌영역이기 때문이다. 다시 말해서 전전두피질에서 내부세계로부터의 정보와 외부세계로부터의 정보가 교차한다. 그렇기 때문에 전전두피질을 흔히 두뇌의 '대표 집행자'라고 부른다(Goldberg, 2001). 상당한 시간 동안 마음에

정보를 유지해야 하는 경우에는 전두엽의 외측 영역(외측 전전두피질, lPFC)이 중요한 역할을 담당하는 것으로 보인다.

많은 연구는 lPFC가 다양한 시간에 걸쳐 정보를 마음에 유지하는 책임을 맡고 있으며, 그 정보를 생각나게 해주는 외부 자극이 제거되었을 때조차도 그렇다는 사실을 보여주었다(Satpute, Ochsner, & Badre, 2012). 예컨대, 정보를 제시한 후 제거하였을 때에도 사람들이 적절한 반응을 할 때까지 lPFC는 활성화된 채로 남아있다(Funahashi, Bruce, & Goldman-Rakic, 1989; Fuster, 1973). 이에 덧붙여서 lPFC 손상이 반응을 손상시키지만, 자극 제시와 요구되는 반응 간에 시간 지연이 있을 때에만 그렇다. 이 결과는 lPFC가 손상된 사람은 지연시간 동안 마음에 목표를 유지하기 어려움을 시사하고 있다(Funahashi, Bruce, & Goldman-Rakic, 1993).

그렇지만 이러한 계통의 연구에서 한 가지 쟁점은 항상 다른 사람이 '목표'를 부여한다는 점이다. 목표를 스스로 설정할 수도 있으며, 다른 사람이 부여할 수도 있다는 사실을 명심하라. 따라서 부여된 목표에서는 lPFC가 중요한 역할을 담당하는 것으로 보일지라도, 스스로 설정한 목표에서도 어떤 역할을 담당하는 것인지는 명확하지 않다(Berkman & Lieberman, 2009).

스스로 설정한 목표와 부여된 목표를 직접적으로 비교한 신경과학 연구는 없지만, 스스로 설정한 목표를 책임질 가능성이 가장 높은 영역은 전전두피질의 내측 영역(medial prefrontal cortex, mPFC)임을 시사하는 증거가 있다. 예컨대, 사람들이 자신의 판단을 회고할 때에는("나는 이 그림을 좋아하는가?") mPFC가 활성화되지만, 자신의 판단과 무관한 것을 생각할 때에는("이것은 범선의 그림인가?") 그렇지 않았다(Ochsner & Gross, 2005; Lieberman, Jarcho, & Satpute, 2004). 그리고 사람들이 자신의 개인적 희망과 포부(이상적 자기) 그리고 책무와 도리(당위적 자기)에 대해서 생각할 때에도 mPFC가 활성화되었지만, 자신의 판단과 무관한 생각을 할 때에는 활성화되지 않았다(Johnson et al., 2006).

따라서 연구결과들은 스스로 설정한 목표는 전전두피질 내측에 표상되는 반면, 부여된 목표는 외측에 표상됨을 시사하고 있다(Berkman & Lieberman, 2009).

10.7.2 목표 계획세우기의 신경과학

학습목표 : 목표 계획세우기와 관련된 두뇌영역을 결정한다.

일단 목표를 결정하고 나면, 어떻게 그 목표를 추구할 것인지를 결정해야만 한다. 사람들이 목표를 추구하는 데 어려움을 겪기 십상인 까닭은 **목표** 자체에만 초점을 맞추었지 어떻게 달성할지에는 주의를 충분하게 기울이지 않기 때문이다. 목표의 내용과 **방법** 간의 해리에 대한 한 가지 가능한 설명은 두뇌의 서로 다른 영역이 둘을 제어하기 때문이라는 것이다.

이 가능성을 탐구하기 위하여 한 연구는 참가자들을 **기능적 자기공명 영상**(functional magnetic resonance imaging, fMRI) 장치에 집어넣었다(Spunt et al., 2010). 이 장치는 두뇌에서 혈류 변화를 탐지함으로써 두뇌 활동을 측정한다. 만일 특정 두뇌영역에 혈류가 증가한다면, 주어진 과제를 수행하는 데 있어서 그 두뇌영역이 활동하고 있다는 사실을 시사한다. 장치 속에 들어있는 동안 참가자에게 다이어트 실행이나 인터넷 탐색하기 등과 같이 사람들이 수행할 수 있는 다양한 활동의 목록을 제시하였다. 어떤 시행에서는 참가자에게 어떤 목표가 그 행동에 기저하고 있는지를 지적하도록 요구하였다.

예컨대, 다이어트 실행은 체중을 감량하려는 목표를 위한 것이고 인터넷 탐색하기는 정보를 얻으려는 목표를 위한 것이다. 또 다른 시행에서는 사람들이 그 목표를 달성하는 **방법**을 지적하도록 요구하였다. 다이어트를 하려면 적게 먹어야 한다. 인터넷을 탐색하려면 컴퓨터를 사용하여야 한다. 결과를 보면, 목표가 무엇인지에 초점을 맞출 때에는 심적 상태와 행위주체의 표상과 관련된 두뇌영역(예컨대, mPFC)이 활성화되었다. 반면에 목표를 달성하는 방법에 초점을 맞출 때는 전운동피질(premotor cortex, pMC)을 포함하여 행동 수행과 관련된 두뇌영역이 활성화되었다. 따라서 목표를 추구하는 방법을 생각할 때에는 신체 행동을 통해서 목표를 실제로 추구할 때 활성화되는 바로 그 두뇌영역이 활성화되었다.

이 fMRI 연구가 중요성을 갖는 데에는 두 가지 이유가 있다. 첫째, 목표 계획세우기가 그토록 이점을 갖는 한 가지 이유는 두뇌 운동영역을 점화하여 실제로 목표 추구를 시작할 준비를 갖추게 해주기 때문임을 시사한다. 둘째, 목표를 설정할 때 수행하는 사고는 목표 계획을 세울 때 수행하는 사고가 의존하는 두뇌영역과는 다른 두뇌영역에 의존함을 시사한다(Spunt, Falk, & Lieberman, 2010; Spunt, Satpute, & Lieberman, 2011). 사람들이 목표 설정하기에서부터 목표 계획세우기로 전환하는 데 그토록 어려움을 겪는 이유가 바로 이것이다.

10.7.3 목표 추구하기의 신경과학

학습목표 : 목표 추구하기와 관련된 두뇌영역을 결정한다.

목표를 추구하는 동안 사람들은 목표 추구를 시작하고 유지하는 행위를 수행해야만 한다. 앞서 논의한 바와 같이, 목표 추구를 시작하게 만드는 한 가지 요인은 현재 상태와 원하는 상태 간의 불일치를 탐색하는 것이다(예컨대, TOTE 모형에서 첫 번째 검증). 두뇌에 있어서 그러한 불일치 탐지를 책임질 가능성이 가장 높은 영역은 전측대상피질이다.

전측대상피질(anterior cingulate cortex, ACC)은 전두엽의 내측 영역에 위치하고 있으며, 인지 과정과 관련된 영역(예컨대, PFC), 정서처리와 관련된 영역(예컨대, 편도체), 운동 제어와 관련된 영역(예컨대, 1차 운동피질) 등과 연결되어 있다(Bush, Luu, & Posner, 2000). 그렇기 때문에 ACC를 다른 두뇌영역에 대한 제어를 처리하고 할당하는 핵심 중추로 간주하고 있다.

ACC는 다시 배측 성분(dACC)과 복측 성분(vACC)으로 분할할 수 있으며, 여러 연구는 dACC가 인지처리를 책임지는 반면 vACC는 정서처리를 책임지고 있음을 보여주었다. 마지막으로 ACC는 많은 방추세포를 가지고 있다는 점에서도 독특하다. 방추세포는 인간과 다른 소수의 동물종(예컨대, 대형 유인원, 해양 포유류 등)에만 존재하는 특수 뉴런이다(Allman, Hakeem, Nimchinshy, & Hof, 2006). 이 사실은 ACC가 진화에서 최근에 발달한 구조이며, 복잡한 인간의 정보처리에서 핵심 역할을 담당함을 시사한다.

정서의 신경과학과 vACC의 역할은 제12장에서 논의한다. 여기서는 dACC의 역할에 초점을 맞춘다. 많은 연구를 보면, 사람들이 실수를 저질렀을 때 dACC가 특히 활성화된다(Botvinick, Braver, Barch, Carter, & Cohen, 2001; Bush et al., 2000). 그렇기 때문에 dACC를 부정확한 반응과 바람직하거나 올바른 반응 간의 불일치가 존재할 때를 신호해주는 '비상경보장치'로 간주한다(Berkman & Lieberman, 2009).

따라서 dACC가 실제 상태와 원하는 상태 간의 불일치를 탐색하는 역할을 담당하고 있을 가능성이 있다. 또한 여러 가지 반응

간에 갈등이 있을 때에도 dACC가 활성화된다는 사실은 사람들이 다른 갈등적인 목표와 관련하여 현재의 목표를 모니터링하는 데 있어서도 어떤 역할을 담당하고 있음을 시사한다(Carter et al., 1998; Gehring & Fencsik, 2001; MacDonald, Cohen, Stenger, & Carter, 2000).

일단 불일치를 탐지하게 되면, 목표 행위를 시작해야만 한다. 직접적인 운동 제어를 가장 책임지고 있는 두뇌영역은 전운동피질(pMC), 1차 운동피질(MC), 그리고 기저신경절(BG)이다(Kandel, Schwartz, & Jessell, 1995; Schmahmann & Pandya, 1997). 이 영역들 각각은 상이한 목적을 위해서 작용하지만, 집단적으로는 목표 추구를 촉진하는 행위를 시작하고 조절하는 데 필수적이다(Graybiel, Aosaki, Flaherty, & Kimura, 1994).

이에 덧붙여서, 사람들은 목표를 위협하는 행위를 억제해야만 하는데, 전전두피질(PFC)의 도움을 받아 그렇게 한다. PFC는 '의식이 자리 잡고 있는 곳'으로 생각되며, 사고와 정서 그리고 행동의 제어에 관여한다(Banfield, Wyland, Macrae, Münte, & Heatherton, 2004). 그렇기 때문에, PFC의 손상은 자기조절과 억제에서 심각한 문제를 초래하기 십상이다(Shallice, 1988; Stuss, Gow, & Hetherington, 1992). 나아가서 만성적 억제 문제를 가지고 있는 사람(예컨대, 충동성이 높은 사람)은 이러한 문제가 없는 사람과 비교할 때 PFC 영역의 활동이 감소한다(Brown, Manuck, Flory, & Hariri, 2006).

dACC가 억제와 관련된 또 다른 두뇌영역이다(Inzlicht & Gutsell, 2007; Mitchell et al., 2007). dACC의 중요성에 대한 명백한 사례를 보자. 범죄를 저질러 투옥되었던 남자들에게 fMRI 기기 속에서 억제 과제를 수행하도록 요구하였다(Aharoni et al., 2013). 이 과제를 수행하는 동안 몇몇 사람들은 dACC의 강력한 활동을 나타냈는데, 이것은 자신의 반응을 억제하는 상당한 능력을 가지고 있음을 시사하는 것이었다. 반면에 다른 사람들은 dACC의 미약한 활동을 보였는데, 이것은 그들이 약한 억제 능력을 가지고 있음을 나타내는 것이었다. 흥미로운 사실은 과제를 수행하는 동안 약한 dACC 활동을 보였던 사람들은 강한 dACC 활동을 보인 사람들과 비교할 때, 석방된 후 4년 이내에 범죄를 저질러 재투옥될 가능성이 2배나 높았다는 점이다. 미국에서 재소자의 향후 재범률이 40%라는 사실을 감안하여, 혹자는 가석방을 결정할 때 범죄를 다시 저지를 위험이 있는 사람을 결정하는 데 dACC 활동을 사용할 수 있다고 제안하고 있다(예컨대, Siddique, 2013). 2002년도 영화 〈마이너리티 리포트(Minority Report)〉처럼, 언젠가는 범죄를 저지르기도 전에 누가 범죄를 저지를 가능성이 있는지를 예측할 수 있을지도 모르겠다!

억제나 자기제어와 관련된 세 번째 두뇌영역이 하전두회(inferior frontal gyrus, IFG)이다. IFG는 생각 억압하기(Mitchell et al., 2007), 부정 정서 감소시키기(Kim & Hamann, 2007; Ochsner et al., 2004), 방해자극 극복하기(Dolcos & McCarthy, 2006) 등을 포함한 광범위한 자기제어 행동을 수행할 때 활동하는 것으로 나타났다. 나아가서 여러 연구는 사람들이 습관적 반응을 극복하고자 시도할 때 IFG가 활성화된다는 사실을 보여주었다(Berkman, Burklund, & Lieberman, 2009; Leung & Cai, 2007).

IFG가 자기제어에서 얼마나 핵심적인지를 검증하기 위하여, 앞에서 기술한 마시멜로 패러다임을 사용하여 만족 지연 능력이 높거나 낮은 4세 아동을 찾아냈다(Casey et al., 2011). 40년이 지난 후에, 성인이 된 이들이 유혹하는 이미지(예컨대, 미소 짓는 얼굴)를 쳐다보는 것을 억제하는 능력을 검사하였다. 그 결과, 만족 지연을 할 수 있었던 4세 아동은 억제 과제에서 더욱 성공적인 성인으로 성장하였다. 그러나 더욱 중요한 사실은 이렇게 성공적인 성인이 4세일 때 만족 지연을 할 수 없었던 성인보다 억제 과제를 수행하는 동안 IFG의 활동이 더 높았다는 점이다. 이러한 결과에 근거하여 연구자들은 IFG 영역의 활동을 증가시킴으로써 자기조절을 부양하도록 설계한 개입 프로그램을 개발하고 있다(Berkman, Graham, & Fisher, 2012). 미국 필라델피아에서 실시하고 있는 지식은 힘이다 프로그램(Knowledge Is Power Program, KIPP)은 저소득층 아동에게 다양한 자기제어 기법을 가르치며, 심지어는 "마시멜로를 먹지 말라!"라는 표어가 붙은 티셔츠를 나누어주기도 한다(Duhigg, 2012). 아마도 가까운 미래에 모든 아동은 읽기, 쓰기, 산수 그리고 저항 교과목을 배우게 되는지도 모르겠다!

글쓰기 과제 10.7

실세계 문제를 해결하는 데 신경과학을 사용하기

앞에서 혹자는 누가 장차 범죄를 다시 저지를 가능성이 더 큰지를 결정하기 위하여 재소자들의 두뇌영상을 살펴보아야 한다고 생각한다는 사실을 언급한 바 있다. 이러한 제안에 덧붙여, 실세계 문제를 해결하는 데 동기와 자기제어에 관여하는 두뇌영역에 관한 정보를 사용할 수 있는 다른 방법은 무엇이겠는가? 이 물음에 답할 때, 이 지식을 사용할 수 있는 방법을 최소한 두 가지 적고, 세상의 실제 문제를 해결하는 데 이 지식을 사용하는 각 방법에 대한 사례를 제시해보라.

요약 : 목표 추구하기

10.1 동기에서 목표 추구하기 단계

- 목표 추구하기 단계는 목표 달성을 향한 행위라는 특징을 가지고 있다.

10.2 자기조절

- 자기조절이란 자신의 반응을 변화시킬 수 있는 능력을 지칭한다. 사고, 정서, 충동, 행동을 제어하고자 시도할 때에는 언제나 자기조절이 수반된다.
- 성공적인 조절은 표준, 모니터링, 자기제어 강도라는 세 가지 기본 요소를 필요로 한다.

10.3 표준

- 표준이란 대상들이 어찌해야 할 것인지에 관한 아이디어를 말한다.
- 실제 자기란 현재 자기에 대한 지각을 말한다. 동기 과정에서 사람들은 자신이 목표에 도달하고 있는지 결정하기 위하여 실제 자기를 표준에 비교한다.
- 가능한 자기가 자기의 표준이다. 가능한 자기는 상상한 미래의 자기 버전을 나타낸다.
- 이상적 자기는 가능한 자기의 한 유형으로, 사람들이 장차 되고자 희망하는 인물을 나타낸다. 바라지 않는 자기는 장차 될까 봐 두려워하는 인물을 나타낸다. 사람들은 이상적 자기에 접근하고 바라지 않는 자기를 피하려는 동기를 가지고 있다.
- 자기 불일치 이론은 실제 자기와 가능한 자기 간의 비교가 상이한 정서를 유발한다고 주장한다. 실제 자기와 이상적 자기 간의 큰 불일치는 낙담 정서(수치심과 우울)를 초래한다. 실제 자기와 당위적 자기 간의 큰 불일치는 동요 정서(불안과 죄책감)를 초래한다.
- 사람들은 조절 초점에서 차이를 보인다. 촉진 지향적인 사람은 이상적 자기에 초점을 맞추고 진전에 관심을 갖는다. 자신의 목표를 이상적인 것으로 정의하고, 열망 전략을 추구하며, 반응의 양에 초점을 맞출 가능성이 더 높다. 예방 지향적인 사람은 당위적 자기에 초점을 맞추고, 보장에 관심을 갖는다. 목표를 당위적인 것으로 정의하고, 경계 전략을 추구하며, 반응의 질에 초점을 맞출 가능성이 높다.

- 목표 추구 방식이 개인적 지향성과 일치할 때에는 조절 적합성을 경험한다. 이 경험은 목표 추구가 올바르다고 느끼게 만들며 과제 몰입을 증가시킨다.
- 자기 자신에게 초점을 맞출 때 객관적 자기인식이 발생한다. 자기인식은 거울 앞에 있거나 다른 사람의 평가를 받을 때 증가한다. 자기를 인식할 때, 사람들은 표준에 맞추어 행동할 가능성이 더 크다.

10.4 모니터링

- 모니터링이란 행동을 추적하는 것을 말한다. 행동 감시의 실패는 목표 달성과 유지의 실패를 초래하기 십상이다.
- 인공두뇌학 기제는 피드백 고리에 의존한다. 부적 피드백 고리는 불일치를 감소시킨다. 정적 피드백 고리는 불일치를 증가시킨다.
- TOTE 모형이란 검증-작동-검증-종료의 조절적 피드백 고리를 말한다. 이 모형은 사람들이 (1) 현재 상태와 바람직한 목표 상태 간의 불일치를 검증하고, (2) 그 불일치를 감소시키는 행위를 수행하며, (3) 수행이 불일치를 감소시켰는지를 알아보기 위해서 다시 검증하며, 만일 불일치가 제거되었다면, (4) 시스템을 종료한다고 주장한다. 만일 단계 3이 여전히 불일치가 존재함을 나타낸다면, 목표를 달성하거나 포기할 때까지 단계 2와 3을 반복한다.
- 모니터링이 이점을 갖는 까닭은 목표를 향한 주의를 증가시키고, 잘못된 목표 전략을 용이하게 확인하여 조정할 수 있게 주며, 더 우수한 목표 수행으로 이끌어가기 때문이다.
- 주의를 자기로부터 멀어지게 만드는(그래서 자기인식을 감소시키는) 상황(예컨대, TV의 방해자극이나 음주 등)은 모니터링을 약화시킨다.
- 모호하게 정의하였거나 명확한 마감시간이 결여된 목표는 모니터링이 더 어렵다.

10.5 자기제어 강도

- 사람들은 자기제어를 사용하여 목표를 촉진시키는 행동을 수행하며 목표를 방해하는 행동을 억제한다.
- 만족 지연은 사람들이 장기적 보상을 위하여 단기적 보상을

희생할 때 발생한다. 만족을 지연시킬 수 있는 아동이 성공적인 성인으로 성장한다.

- 만족을 성공적으로 지연시키는 아동은 시각적 유혹을 제거하거나 유혹의 열정적이고 감정적인 측면보다는 냉정한 인지적 측면에 초점을 맞춤으로써 그렇게 한다.

- 자기제어는 제한적인(가용한 범위에서만 사용) 범용(다양한 행동이 동일한 자원을 사용) 자원에 의존한다.

- 자아 고갈이란 앞선 자기제어 실행이 뒤따르는 자기제어 실행을 손상시키는 경향성을 말한다. 자아 고갈은 사람들을 내적 충동에 굴복하고 다른 사람의 설득 시도에 취약하게 만든다.

- 마음을 비운 상태에서 일일계획을 세우고, 동시에 너무나 많은 목표를 설정하지 않으며, 목표 행동을 습관으로 전환시키고, 전력을 다해야 하는 금지를 피함으로써 자기제어 실패를 피할 수 있다.

- 자기제어 훈련, 두뇌반응 훈련, 휴식 취하기, 긍정적 기분, 자율 동기, 무한한 자기제어에 대한 개인적 신념 등을 통해서 자기제어를 증가시킬 수 있다.

10.6 목표 이탈

- 목표 이탈이란 목표의 포기를 말한다.

- 비현실적 목표의 이탈에 실패하면 부정적인 심리적 결과와 신체적 결과가 초래된다.

- 사람들이 나쁜 목표에서 이탈하는 데 실패하는 까닭은 다른 사람들이 자신을 나약하게 생각하는 것을 원치 않거나 이미 목표에 많은 자원을 투자하였기 때문이다.

- 일단 돈과 시간 그리고 노력을 투자한 후에 그 목표에 계속해서 매달리는 경향성을 매몰비용 효과라고 부른다.

- 구현 의도가 사람들로 하여금 달성할 수 없는 목표로부터 이탈하도록 도와줄 수 있다.

10.7 동기 과정의 신경과학

- 전전두피질의 바깥쪽 영역(IPFC)은 목표를 지속적으로 마음에 유지할 수 있게 해준다.

- 내측 전전두피질(mPFC)은 사람들이 자신의 개인적 목표를 되돌아볼 때 활성화된다.

- 전운동피질(pMC)은 목표 계획세우기에서 일익을 담당한다.

- 배전측 대상피질(dACC)는 실제 상태와 원하는 상태 간의 불일치를 탐지하고, 다른 갈등 반응과의 관계에서 현재의 목표를 모니터링하는 데 일익을 담당한다.

- 일단 불일치를 탐지하면, 전운동피질(pMC), 1차 운동피질(MC), 기저신경절(BG)이 모두 목표지향 행동의 조절에 도움을 준다.

- 전전두피질(PFC)과 하전두대상회(IFG)는 사람들이 자기제어를 실행하고 목표를 방해할 수 있는 바람직하지 않은 반응을 억제할 수 있게 해준다.

글쓰기 과제 10.8

미래 목표 추구하기

이 장에서 공부한 것에 근거하여, 여러분이 장차 어떤 목표를 추구할 때 지금과는 다르게 행동할 한 가지는 무엇인가? 이 물음에 답할 때, 그러한 변화가 이 장에서 논의한 개념 하나와 어떻게 관련되는지 그리고 목표 추구하기에서 그러한 변화를 시도하는 것이 목표 달성 가능성을 증가시키는 이유를 기술하라.

11

자동적 동기

학습목표

11.1 근본적 귀인 오류가 어떻게 사람들로 하여금 동기에 영향을 미치는 상황의 위력을 무시하게 만드는지를 설명한다.

11.2 심적 체계의 유형을 대비시킨다.

11.3 자동–동기 모형의 두 단계를 기술한다.

11.4 자동적 목표 추구를 촉발하는 현상을 분석한다.

11.5 자동적 목표 추구의 결과를 분석한다.

11.6 구현 의도가 어떻게 목표를 자동화시키는지를 설명한다.

2명의 켈리 힐데브란트 이야기

2009년 어느 날 저녁에 켈리 힐데브란트라는 이름을 가진 20세가량의 여대생이 지루한 상태로 컴퓨터 앞에 앉아있었다. 그리고 그녀 또래의 많은 사람들이 시간을 보내기 위해서 하는 짓거리를 하였다. 그녀는 페이스북에 나와있는 사람들을 살펴보기 시작하였다. 다양한 사진과 프로파일을 훑어보던 중에, 한 사나이가 그녀의 주의를 끌었다. 그의 프로파일을 클릭하고는 그 내용을 좋아하게 되었다. 그는 그녀 또래이고 꽤나 매력적이었지만, 불행하게도 그녀가 살고 있는 플로리다로부터 꽤나 멀리 떨어져 있는 텍사스에 거주하고 있었다.

그럼에도 불구하고 순간적인 뻔뻔스러움으로 그녀는 그에게 단지 '안녕하세요!'라며 사이버 안부 인사를 보냈다. 잠시 후에 그가 응답하자, 그녀는 더욱 흥미를 갖게 되었다. 둘은 여러 주에 걸쳐 온라인으로 시시덕거리다, 마침내 그가 자신의 신념을 믿고는 즉흥적으로 켈리를 만나기 위하여 플로리다행 비행기에 올랐다. 그는 나중에 자신의 결정에 대해서 이렇게 말하였다. "나는 행동하는 유형의 사람이기 때문에 가족들도 놀라지 않았어요. 그리고 일단 가족들이 그녀를 만나자 이해해주었습니다." 물론 켈리의 가족은 그의 방문을 조금 더 미심쩍어하였으며, 특히 인터넷을 통해 만나 상대방에게 해를 끼친 사람에 관한 뉴스에서 볼 수 있는 모든 끔찍한 경험담으로 인해서 더욱 그러하였다. 따라서 그녀의 어머니는 켈리가 공항으로 그를 마중 나갈 때 함께 가야 한다고 다짐하였다.

어떤 온라인 관계는 첫 번째 면대면 만남 이후로 지속되지 못하기도 하지만, 켈리의 경우에는 그렇지 않았다. 그녀는 즉각적으로 이 사내와의 유대감을 느꼈으며, 둘의 관계는 급속하게 뜨거워졌다. 오래지 않아서 이 사내는 자신이 근무하는 금융회사에 전근 신청을 하여 켈리가 대학을 졸업할 시점에 플로리다로 옮겨올 수 있었다. 그렇게 되자 결혼식이 즉시 뒤따랐다. 이 이야기가 마음을 따뜻하게 만드는 것은 확실하지만, 온라인에서 만남을 시작한 다른 수많은 쌍들과 그렇게 다른 것은 아니다. 아무튼 이 이야기를 정말로 독특한 것으로 만들어주는 것은 그 사내의 이름이다. 지금까지 남자의 이름을 언급하지 않았다는 사실을 알아차렸는가? 그 이유는 남자의 이름도 켈리 힐데브란트이었기 때문이다.

아니, 이것은 타이핑 실수가 아니다. 이 이야기 속의 남녀가 정확하게 동일한 성과 이름을 가졌던 것이다! 이들의 결혼 서약을 상상해볼 수 있겠는가? "신랑 켈리 힐데브란트는 신부 켈리 힐데브란트를 부인으로 맞이하여… 맹세합니까?" 그런데 이 힐데브란트 부부만이 동일한 이름의 배우자를 선호하는 것은 아니다. 대중매체에는 톰 크루즈와 페넬로페 크루즈의 3년 동거관계, 패리스 힐튼과 패리스 랫시스의 짧은 약혼, 테일러 스위프트와 테일러 로트너 간의 10대 연애 등을 포함하여 이러한 틀에 들어맞는 많은 쌍들이 있었다. 심지어 2명의 미국 대통령(프랭클린 루스벨트, 잭 케네디)은 성이나 이름이 자신의 것과 유사한 여성과 결혼하였다(엘리너 루스벨트, 재키 부비에).

성과 이름이 모두 동일한 두 사람이 결혼한 사례가 드물기는 하지만, 켈리 힐데브란트 부부 이야기는 사람들이 생각하는 것보다 더 자주 발생하는 기본적인 심리 과정을 반영하고 있다. 이 심리 과정은 이름이든 생년월일이든 아니면 민트향의 아이스크림을 좋아하는 것이든, 사람들이 자신과 유사한 사람에게 자동적으로 끌린다는 사실에 근거한 것이다. 유사한 타인에 대한 자동적 끌림은 의식적 자각을 벗어난 요인이 사람들의 행동을 강력하게 주도하기 십상이라는 사실을 보여주는 한 사례에 불과하다.

이 장에서는 사람들의 행동이 의식적 자각이나 제어 없이 발생하는 동기에 의해서 주도되는 여러 가지 방법을 탐색한다.

11.1 무의식적 영향

학습목표: 근본적 귀인 오류가 어떻게 사람들로 하여금 동기에 영향을 미치는 상황의 위력을 무시하게 만드는지를 설명한다.

파티에 참석하여 어떤 사람과 대화를 나누고 있는데 갑자기 파티장의 반대편에 있는 누군가가 여러분 이름을 들먹이는 것을 들었던 적이 있는가? 갑자기 여러분의 주의가 떠다니면서 누가 여러분을 들먹이고 있는지를 찾게 된다. 그런데 반대편 쪽에서 여러분 이름을 들먹이는 것을 어떻게 명확하게 듣는 것인가? 특히 현재의 대화에 완전히 몰입하고 있을 때 말이다.

그 답은 여러분 두뇌의 한 부분인 의식적 마음이 대화에 대처하고 있지만, 다른 부분인 무의식적 마음은 끊임없이 주변 환경을 모니터링하고 있다는 데 있다. 이러한 무의식적 마음이 다른 모든 사람의 말소리를 모니터링하면서, 유용하다고 생각하는 정보를 선택적으로 받아들이고 나머지를 폐기처분한다. 물론 여러분은 무의식적 마음이 그 일을 하고 있다는 사실을 전혀 자각하지 못한다. 무의식적 마음이 중요하다고 판단한 정보의 파편(즉, 여러분의 이름)을 선택하여 의식적 마음에 전달할 때까지 말이다.

주의를 한 가지 대화에 기울이는 동시에 주변 대화를 걸러내고 처리하는 이러한 경향성을 **칵테일파티 효과**(cocktail party effect)라고 부른다(Cherry, 1953; Moray, 1959; Wood & Cowan, 1995). 이 효과는 사람들의 행동을 이끌어가도록 의식적 마음과 무의식적 마음이 합심하여 작동하는 많은 방식의 한 가지 사례일 뿐이다. 실제로 인간의 많은 행동은 자각을 넘어서서 일어나는 과정이 주도하며, 동기심리학자들은 이제 막 그러한 처리 과정이 목표에 영향을 미치는 방식을 이해하기 시작하였다.

세부사항으로 접어들기 전에, 독자들에게 이 장의 내용에 관한 한 가지 '경고 표지'를 제시하고자 한다. 대부분의 사람은 인간의 자유의지 능력을 신봉하고 있다. 만일 여러분이 의사나 교수 아니면 택시 운전사로 성장한다면, 여러분이 그렇게 선택하였기 때문이라는 것이다. 친숙한 구절 하나를 사용한다면, 사람들은 자신이 자신의 운명을 쓰고 있는 작가라고 믿고 있다. 이러한 사고방식은 미국과 같은 서구문화에서 특히 보편적이다. 그렇지

만 이러한 주장에는 한 가지 문제가 있다. 상황의 위력을 무시하고 있는 것이다. 부모가 모두 의사이고, 조부모도 모두 의사이며, 형제들도 모두 의사인 집안에서 성장하였다면, 여러분의 경력 선택은 지극히 제한적일 수 있다. 마찬가지로 어떤 사람이 노숙자라고 해서 그가 그렇게 되기를 자유롭게 선택했다는 의미는 아니다. 상황은 삶에 강력한 영향을 미치지만, 사람들은 일반적으로 그 사실을 고려하지 못한다. 다른 사람의 행동을 설명할 때 성격과 같은 내적 영향력의 힘을 과대 추정하고 외적 영향력의 위력을 과소 추정하는 이러한 경향성은 인간 본성에 근본적인 것이어서 심리학자들은 이것을 **근본적 귀인 오류**(fundamental attribution error)라고 부른다(Jones & Harris, 1967; Ross, 1977).

인간이 자유의지를 가지고 있지 않다고 말하는 것이 아니다. 그와는 정반대이다. 자유의지와 자기제어를 실행하는 사람들의 능력은 동기 과정의 목표 설정하기, 계획세우기, 추구하기 국면에 엄청난 영향을 미친다. 여기서 말하고자 하는 것은 때때로 외부 힘이 사람들의 선택을 주도함에도 불구하고 그 사실을 자각할 수 없기 십상이라는 점이다. 사람들은 이러한 외부 영향을 무시하거나 낮추어 보려는 경향성이 있지만, 그 외부 힘은 여전히 행동과 결정에 강력한 위력을 발휘한다.

이 장에서 공부하게 되겠지만, 자동적 동기의 작동은 바로 이러한 외부 힘의 위력을 통한 것이다.

학교나 직장에서 차를 몰고 귀가하는데, 해야 할 필요가 있는 모든 일들을 생각하느라 마음이 산란하다가 갑자기 집 주차장으로 차를 몰고 들어가고 있는 자신을 발견하고는 어떻게 그곳까지 왔는지 전혀 기억할 수 없었던 때가 있었는가? 누구나 그런 경험을 가지고 있다. 어떤 일을 동일한 방식으로 반복해서 하고 있는 상황(예컨대, 매일같이 동일한 길을 이용해서 귀가하는 상황)에서는 두뇌가 자동항법장치로 전환하기 때문이다. 자동적이고 무의식적인 두뇌가 운전이라는 일상 과제를 제어하고, 의식적 두뇌로 하여금 저녁식사를 장만하는 것이나 소개팅에서 입을 옷 등과 같이 보다 중요한 문제에 초점을 맞추게 해준다. 행동이 자동적 동기 과정의 영향을 받을 가능성이 가장 큰 순간이 바로 이렇게 '자동항법장치가 작동하는 순간'이다.

여러분이 강력한 자유의지 신봉자인지와는 무관하게, 이 장을 읽을 때에는 열린 마음을 유지하기 바란다. 인간은 자신의 삶을 스스로 주도한다고 믿도록 선천적으로 배선되어 있으며, 그것이 항상 100% 참은 아닐 수도 있다고 생각하는 것은 다소 겁나는

일이다. 자각할 수 없는 힘이 자신의 행동을 주도하며, 의식적으로 선택하지 않은 길로 자신을 이끌어간다는 사실을 인정하는 것이 겁난다는 말이다. 그렇지만 이 장에서 논의하는 연구는 의식적 자각을 넘어선 동기가 인간 삶의 여러 측면을 제어하고 있다는 사실을 일관성 있게 보여주고 있다.

▽ **이 절이 끝날 무렵에 여러분은 다음에 답할 수 있을 것이다.**

11.1.1 자동적 동기의 역사를 기술한다.

11.1.1 자동적 동기의 역사

학습목표 : 자동적 동기의 역사를 기술한다.

무의식적 마음은 심리학 분야에서 길고도 굴곡진 역사를 가지고 있다. 대부분의 심리학도는 '무의식적 마음'이라는 용어를 들을 때, 즉각적으로 지그문트 프로이트를 생각한다. 프로이트가 가장 상세하지는 않더라도 가장 먼저 무의식적 마음의 치료를 심리학에 제공하였기 때문이다. 프로이트는 무의식적 마음이 본질적으로 동기적이며, 의식적 자각을 넘어서서 발생하는 깊은 곳에 자리 잡은 욕구가 대부분의 인간 행동을 주도한다고 믿었다.

프로이트의 정신분석 이론에 따르면, 인간 행동은 대체로 생존하고 생식하려는 생물적 힘에 의해서 동기화된다(Freud, 1901/1914). 애초에 의사로 훈련받은 프로이트는 **본능**(instinct)이라고 부르는 이러한 신체 추동이 행동을 동기화하고 주도하는 에너지로 작동한다고 믿었다. 그렇지만 프로이트가 차별적인 것은 이러한 본능이 본질적으로 무의식적 마음에 자리하며, 간접적인 방식으로 행동에 영향력을 행사한다고 믿었다는 점이다. 그렇기 때문에 그는 무의식을 들여다보고 진정한 동기를 발견하는 유일한 방법은 최면, 꿈과 말실수 분석, 투사법 검사 등과 같은 간접적인 수단을 사용하는 것이라고 믿었다(Freud, 1900/1913). 그런데 문제는 이러한 간접적인 검사가 객관적인 과학 기준을 쉽게 통과하지 못하였다는 점이다. 만일 심리학자들이 무의식적 마음이라는 개념을 이론 영역에서 꺼내 경험연구 영역으로 옮겨놓고자 하였다면, 그 깊은 곳을 들여다보는 다른 방법들을 개발해야만 하였을 것이다.

이러한 딜레마에 대한 답은 1960년대 '인지혁명'이 일어나면서 출현하였다. 이 시기에 인지심리학자들은 어떻게 두뇌가 주의를 다양한 자극에 할당하는지를 연구하기 시작하였다. 브로드벤트(D. Broadbent, 1958), 트리스먼(A. Triesman, 1964), 도이치와 도이치(Deutsch & Deutsch, 1963)를 비롯한 여러 연구자들은 곧바로 인간의 주의 능력이 제한되어 있다는 사실을 발견하였다. 즉, 사람은 모든 감각입력에 동시에 의식적으로 주의를 기울일 수 없다. 예컨대, 여러분이 이 문단을 읽고 있는 중에도 여러분 두뇌가 처리하고 있는 모든 유형의 감각 정보들이 존재한다(소음, 냄새, 신체감각 등). 이 모든 것에 의식적으로 주의를 기울이면서도 여전히 책 읽기에 집중할 수 있는 방법은 없기 때문에, 두뇌는 선택적일 수밖에 없다. 두뇌는 어떤 정보에 주의를 기울이고 어떤 정보를 무시할 것인지를 선택해야 한다. 이러한 깨달음에서 개발한 과학 모형을 **주의 병목 모형**(bottleneck model of attention)이라고 부르며, 이 모형은 의식적 주의가 제한적이기 때문에 한 번에 제한된 정보만을 처리할 수 있다고 주장하였다. 이 모형에 병목이라는 이름을 붙인 까닭은 병목처럼 일부 정보만이 한 번에 통과할 수 있기 때문이다(Broadbent, 1957; Deutsch & Deutsch, 1963; Norman, 1968; Treisman, 1960).

만일 두뇌가 어떤 정보에 주의를 기울이고 어떤 정보를 무시할 것인지를 결정해야 한다면, 어떻게 이러한 결정을 내리는 것인가?

두뇌는 무의식적으로 그러한 결정을 내린다. 무의식적 마음은 환경 자극을 조사하고 사람들이 의식적으로 자각하기에 앞서 그 의미를 분석해야 한다. 이것은 앞서 기술한 칵테일파티 효과와 무척 닮았다. 즉, 파티에서 무의식적 마음이 다른 사람의 대화를 모니터링하면서 누군가 여러분 이름을 들먹일 때에만 의식적 마음을 환기시킨다. 주의와 지각이 무의식적으로 진행된다는 깨달음은 획기적인 것이었으며, 동기도 무의식적으로 발생할 수 있다고 주장한 이론가들이 새로운 길을 여는 데 도움을 주었다.

글쓰기 과제 11.1

자유의지는 환상인가?

몇몇 과학자는 거의 모든 인간 행동이 자동적이고 무의식적인 반작용에 근거하며, 자유의지를 가지고 무엇인가를 수행하기 위해 선택하는 지각이란 환상에 불과하다고 믿고 있다. 다른 과학자들은 비록 몇몇 행동이 자동적일 수 있겠지만, 대부분의 인간 행동은 의식적인 자유의지가 주도한다고 믿고 있다. 여러분의 입장은 이러한 두 가지 대립적인 조망에서 어디에 위치하는가? 이 물음에 답할 때, 여러분의 주장을 지지하는 증거나 사례를 제시해보라.

11.2 마음의 의식체계 대 무의식체계

학습목표 : 심적 체계의 유형을 대비시킨다.

매년 거의 500만 명이 그랜드캐니언을 방문하기 위해 애리조나로 여행하며, 캐니언 아래쪽을 가보고 싶은 사람에게는 다음과 같은 두 가지 선택지가 있다.

1. 40km의 왕복 트래킹을 한다. 우리의 개인적 경험에 비추어 볼 때, 이 선택은 험하고 힘이 든다. 특히 그랜드캐니언을 내려가는 것보다 다시 올라오는 것이 훨씬 어렵기 때문이다.

2. 노새를 타고 내려간다. 여러분 입장에서는 걷기를 많이 요구하지 않기 때문에 이 선택지가 덜 힘들겠지만, 위험하지 않은 것은 아니다. 노새가 등산로 바깥쪽 끝을 따라 가파르고 위험한 길을 걸을 때, 노새 발굽은 바위투성이의 절벽에서 불과 몇 센티미터 떨어지지 않는다. 노새가 발걸음을 옮길 때, 발굽이 허술한 바위 위에서 미끄러져서 노새와 그 노새를 타고 있는 기수가 위험천만하게 높은 비탈길에서 굴러떨어질 위험성이 있다. 이토록 긴장된 순간에 기수는 노새가 가장자리에서 멀어지도록 제어하고자 노력하기 십상이지만, 이러한 노력에도 불구하고, 노새는 말을 듣지 않는다.

두 번째 선택지를 택한 사람은 어째서 그랜드캐니언 여행에 말 대신에 노새를 사용하는지를 묻기 십상이다. 일반적으로 말은 타고 있는 사람, 즉 기수가 원하는 대로 행동하지만, 노새는 자신이 하고 싶은 대로 행동하기 때문이다. 노새의 고집스러움이 부정적 특질처럼 들릴 수도 있지만, 1800년대 광부들은 곧바로 노새가 캐니언의 위험한 길을 더 잘 다닐 수 있음을 알게 되었다. 노새는 기수의 잘못된 지시에 따르기보다는 자신의 안전을 유지하는 데 더 관심이 있기 때문이다. 이러한 특성이 노새를 무의식적 마음에 대한 완벽한 유추가 되도록 만들어준다.

▽ **이 절이 끝날 무렵에 여러분은 다음에 답할 수 있을 것이다.**

11.2.1 이중과정 마음이라는 아이디어를 설명한다.

11.2.1 이중과정 마음

학습목표 : 이중과정 마음이라는 아이디어를 설명한다.

심리학의 최근 발전은 인간 마음을 2개의 분리된 과정이 제어한다는 사실을 드러냈다.

이러한 **이중과정 마음**(dual-process mind) 접근에 따르면, 사람들은 자동(무의식적) 체계와 통제(의식적) 체계를 모두 가지고 있다(Bargh & Huang, 2009; Chaiken & Trope, 1999; Evans & Frankish, 2009; Posner & Snyder, 1975; Shiffrin & Schneider, 1977).

자동체계(automatic system)는 의식적 자각을 넘어서서 작동하며, 본질적으로 모든 귀찮은 작업을 처리하여 삶을 보다 쉽게 만들어주는 마음의 부분이다. 폭격하듯 끊임없이 두뇌를 강타하는 모든 소리와 장면 그리고 냄새를 살피고, 정보를 해석하고 조직한 다음에, 폐기처분해야 할 것인지 아니면 심층적인 처리를 요구할 것인지를 결정한다. 자동체계는 이러한 방식으로 자각이나 주의 없이 수많은 정보를 처리함으로써 앞서 기술한 병목을 우회할 수 있다. 비록 프로이트는 마음의 무의식적 부분이 위험하며 사람들로 하여금 가장 깊은 곳에 숨어있는 충동을 분출하게 만든다고 가정하였지만, 오늘날 심리학자들은 무의식적 마음을 매우 유용한 것으로 받아들인다. 무의식적 마음이 없다면, 두뇌는 모든 정보를 하나씩 처리해야만 한다. 만일 두뇌가 이러한 방식으로 작동하여 직면하는 모든 자극을 하나씩 처리한다면, 어떤 것도 해낼 수 없을 것이다!

통제체계(controlled system)는 진화적으로 보다 최근에 나타난 체계이며, 인간을 비롯한 고등동물에게만 존재한다. 의식 수준에서 한 번에 하나씩 계열적으로 정보를 처리한다. 어떤 과제를 수행하기 위해서 주의를 기울여야만 할 때, 통제체계가 그것을 의식적으로 자각하고 제어하게 된다. 칵테일파티 효과에서 보았던 것처럼, 자동체계가 중요한 정보를 포착하여 통제체계에 전달하게 되면, 통제체계는 심층 처리를 위해 상황에 대해 생각하고 정보를 평가하고 판단하기 위하여 상당한 노력을 경주하게 된다. 상당한 양의 심적 자원을 요구하기 때문에 통제체계의 작동 속도는 느릴 수밖에 없으며, 제한된 심적 자원으로 인해서 여러 과제를 동시에 수행하기 어렵다. 예컨대, 자동차를 운전하면서 전화 통화를 한다거나 문자를 주고받는 등의 행위를 하는 것은 제한된 심적 자원으로 인해 통제체계가 정상적으로 작동하지 못함으로써 교통사고가 발생할 가능성이 높게 된다.

자동체계와 통제체계의 측면에서 인지(cognition)란 두 체계가 협응하여 환경정보를 처리하고 그 정보를 가지고 무엇을 어떻게 할 것인지를 결정하는 심적 활동이라고 할 수 있다. 찻길 건너기 사례는 어떻게 자동체계와 통제체계가 함께 작동하여 상당한 노력과 주의를 요하는 행동을 자동적 습관으로 전환시키는지를 예증한다. 자동적 습관은 사람들이 동일한 상황에서 동일한 행동을 계속해서 반복할 때 형성된다(Aarts & Dijksterhuis, 2000; Sheeran et al., 2005; Wood & Neal 2007). 시간이 경과하면서, 상황 단서의 활성화가 자동적으로 습관반응을 촉발하게 될 정도로 그 단서가 행동반응과 연계된다. 예컨대, 여러분이 어렸을 때는 부모님이 길을 건너기 전에 양쪽을 모두 살피라고 주의를 주었을 것이다. 이렇게 반복적으로 상기시킨 결과, 여러분은 상황 단서(거리)와 행동반응(양방향 주시) 간의 심적 연합을 형성하게 되었다. 그 결과로 인해서, 상황 단서는 자동적으로 행동을 활성화시키며, 여러분은 그렇게 하는지조차 깨닫지 못한 채 양방향을 주시한다. 동기 연구자들이 습관을 매우 유익한 것으로 간주하는 까닭은 사람과 동물이 많은 노력이나 주의를 기울이지 않은 채 과제를 수행할 수 있게 해줌으로써 나머지 자원을 주의를 요하는 다른 과제에 사용할 수 있게 해주기 때문이다(Wood & Neal, 2007).

그랜드캐니언 노새 이야기는 어떻게 자동체계와 통제체계가 함께 작동하는지도 잘 보여주고 있다. 이 유추에서 노새는 자동체계를 나타내는 반면, 기수는 통제체계를 나타내고 있다. 노새는 특정한 오솔길을 수도 없이 다녔기 때문에 습관이 되었다. 노새에게 있어서는 오솔길을 걷는 것이 자동화되어서, 아마도 눈을 감고도 해낼 수 있을 것이다(물론 여러분은 이 사실을 검증하는 장본인이기를 원치 않겠지만 말이다).

습관을 형성하는 것이 의식적 마음을 자유롭게 만들어서 다른 과제에 집중할 수 있게 해주며, 이것이 그랜드캐니언 노새에게도 그대로 적용된다는 사실을 기억하기 바란다. 노새에게 어려운 작업을 맡김으로써, 기수는 아름다운 경관을 감상하거나, 사진을 찍거나, 심지어 트래킹 중에 친구에게 전화를 걸 수도 있다. 노새가 없다면, 이러한 과제는 거의 불가능할 것이다. 안전한 여행에 필요한 다양한 과제(발걸음을 조심하고, 바위에서 미끄러지지 않으며, 낭떠러지에 너무 가까이 가지 않는 것 등)에 주의를 기울일 수밖에 없을 것이기 때문이다. 이와 같은 상황에서 '내부의 노새'가 과제를 수행할 수 있게 할 수 있다면 가장 좋다. 예컨대, 여러분은 누군가에게 자전거 타기와 같은 자동적 과제를 가르치고자 시도하면서, 전체 과정을 분해하여(전방 주시, 균형 잡기, 앞으로 나아가기, 페달 굴리기 등) 가르치려다가 갑자기 본인조차 자전거를 잘 탈 수 없었던 적이 있었는가? 때로는 자동체계가 주도권을 쥐게 내버려두었을 때 수행이 가장 우수하다.

자동체계와 통제체계는 어떻게 다른가 자동체계와 통제체계는 상이하게 기능한다. 따라서 여러 가지 차별적 특징을 가지고 있다. 첫째, 두 체계가 상이하게 기능하는 까닭은 부분적으로 둘이 상이한 두뇌영역에 자리 잡고 있기 때문이다. 자동적이고 습관적인 체계는 기저신경절과 같이 두뇌 깊은 곳에 위치한 영역에 자리 잡고 있는 반면, 통제체계는 전전두피질과 같이 두뇌 바깥쪽에 자리 잡고 있는 것으로 보인다(Coutureau & Killcross, 2003; Yin, Knowlton, & Balleine, 2004, 2005). 둘째, 자동체계의 처리용량은 상당히 큰 반면에(그렇기 때문에 다양한 감각기관을 통해 밀려 들어오는 엄청난 양의 정보를 모니터링할 수 있다), 통제체계의 처리용량은 상당히 제한적이다. 조지 밀러(G. A. Miller, 1956)의 유명한 '마법의 수 7(magical number 7, plus or minus 2)'은 통제체계 처리용량의 한계를 멋들어지게 표현하고 있는 것이다. 셋째, 두 체계는 사용하는 심적 자원의 양에서 상당한 차이를 보인다. 자동체계는 주의를 요구하지 않는다는 점에서 심적 자원을 거의 사용하지 않는다. 반면에 통제체계가 작동하기 위해서는 주의를 기울여야만 하기 때문에 상당한 심적 자원을 사용할 수밖에 없다.

이 모든 차별적 특징을 놓고 볼 때, 자동체계가 더 좋은 것처럼 들리지 않는가? 그러나 만일 그렇다면, 인간은 의식적 마음을 아예 발달시키지도 않았을 것이다(Evans & Frankish, 2009).

그렇다면 통제체계를 갖는 것의 장점은 무엇인가?

무엇보다도 통제체계는 유연하며, 새로운 자극을 더 잘 다룰 수 있다(Evans, 2003; Evans & Frankish, 2009). 자동체계는 로봇처럼 단순하고 친숙한 과제를 처리하지만, 무엇인가 새로운 것에 직면할 때에는 어떻게 반응해야 할지 알지 못한다. 반면에 통제체계는 새로운 자극이 위험한지 아닌지를 잘 결정하도록 구축되어 있으며, 그에 따라 행동하게 된다.

통제체계는 정보를 복잡한 방식으로 처리하는 데에도 능숙하다. 자동체계는 컴퓨터와 같다. 일련의 규정된 규칙을 따를 수 있지만, 그 규칙으로부터 크게 벗어날 수가 없다. 영혼을 고취시키는 시를 쓰거나 숨이 막히는 경관을 그릴 수 없다. 이렇게 복잡하고 높은 수준의 반응은 정보를 새롭고도 흥미진진한 방식으로 짜맞추는 의식적 능력을 필요로 한다. 통제체계만이 이러한 작업을 수행할 수 있다.

중요한 사실은 자동체계와 통제체계가 독자적으로 작동하지 않는다는 점이다. 둘은 함께 협력하면서 작동한다. 때로는 칵테일파티 효과에서처럼 둘이 조화를 이룰 수 있다. 칵테일파티에서는 자동적 마음이 주의를 자유롭게 해주어 참여하고 있는 대화에 집중할 수 있게 해준다. 그렇지만 둘 사이가 항상 좋은 것은 아니다. 때로는 서로 상충되기도 한다. 특히 통제체계를 사용하여 자동체계를 중단시켜야만 하는 상황에 처할 때 명확하게 드러난다. 노새가 물을 마시거나 풀을 뜯어먹고자 마음먹었을 때, 그렇게 못하도록 시도해보라. 정말로 어렵다. 노새는 고집불통으로 악명이 자자하기 때문에, 여러분이 고삐를 아무리 단단하게 쥔다고 하더라도 노새는 여러분 명령에 따르기를 거부할 것이다. 그렇다고 해서 기수가 노새 행동을 중지시키는 것이 불가능하다는 말은 아니다. 단지 그렇게 하는 것이 엄청난 양의 에너지를 요구한다는 것이다. 사람들이 자동체계를 중지시키고자 시도할 때에도 마찬가지이다. 여러분이 방금 금연을 결심하였다고 해보자. 여러분의 자동체계는 매일 점심식사 후에 담배 한 대를 피우는 것에 익숙하지만, 통제체계는 그러한 유혹에 더 이상 넘어가지 않겠다고 결정하였다. 여러분 목표가 성공하려면, 통제체계가 흡연하려는 자동적 경향성을 중지시켜야만 한다. 이렇게 자동체계를 중지시키는 능력이야말로 목표주도 행동에서 결정적인 측면이다.

그런데 항상 자동체계를 성공적으로 중지시키지는 못할 수 있다. 충동을 극복하고 유혹에 저항하려면 상당한 자기제어가 필요하다. 따라서 만일 여러분이 가용한 자기제어 자원을 가지고 있다면, 금연하겠다는 시도에서 성공할 가능성이 있다. 자기제어 자원이 적을 때에는 고집스러운 자동체계가 추악한 고개를 들게 되고, 충동을 제지하기 어렵게 된다.

통제체계가 자동체계의 작동을 제어하기 어렵다는 사실을 극명하게 보여주는 대표적인 실험실 과제가 스트룹 과제(Stroop task)이다. '빨강', '파랑', '노랑' 등의 색깔 이름을 상이한 색깔로 적어놓고(예컨대, '빨강'이라는 이름을 노란색으로 적는다), 단어를 읽는 대신에 그 단어를 적은 색깔이 무엇인지를 말하도록 하면(이 경우에 '노랑'이라고 말해야 한다), 반응시간이 느려지고 오류를 범하는 등 상당한 어려움을 겪게 된다. 단어를 읽는 것은 자동체계가 하는 일이고 단어를 의도적으로 무시하고 색깔만을 말하는 것은 통제체계가 하는 일인데, 자동체계가 막무가내로 우선 작동하며 통제체계가 이것을 제어하기 어렵기 때문이다.

표 11.1 자동체계 대 통제체계
다음 표는 자동체계와 통제체계 간의 차이점을 요약한 것이다.

자동체계는 무의식적이고 빠르며 습관적이고 동시에 다중 과제를 처리할 수 있다.
통제체계는 의식적이고 느리며 자원을 필요로 하고 한 번에 한 과제만을 처리할 수 있다.
자동체계는 두뇌 안쪽에 자리한다(예컨대, 기저신경절).
통제체계는 두뇌 바깥쪽에 자리한다(예컨대, 전전두피질).
자동체계는 단순하고 친숙한 과제를 처리하지만, 새로운 자극에는 잘 대처하지 못한다.
통제체계는 상위 수준의 반응과 결정에 더 적합하다.

글쓰기 과제 11.2

자동체계와 통제체계에 이상적인 상황

이제 자동체계와 통제체계의 차이점에 관해 공부한 것에 근거하여, 여러분이 처했던 상황 중에서 자동체계가 더 효율적이었을 것이라고 생각하는 상황 하나를 기술하고 그 이유를 설명해보라. 그런 다음에 여러분이 처했던 상황 중에서 통제체계가 더 효율적이었을 것이라고 생각하는 상황 하나를 기술하고 그 이유를 설명해보라.

11.3 자동-동기 모형

학습목표 : 자동-동기 모형의 두 단계를 기술한다.

이 책에서 논의하는 대부분의 연구는 성공적인 목표 달성이 의식적 관여를 필요로 한다고 가정한다. 즉, 의식적으로 목표를 선택하고, 목표 계획을 설계한 다음에, 달성할 때까지 그 목표를 적극적이고 의식적으로 추구한다는 것이다.

목표를 이러한 방식으로 달성하는 것이 확실하다고 하더라도, 이러한 의식적 과정만이 목표를 달성하는 유일한 방법은 아니다. 목표는 의식적 자각을 넘어서서도 활성화되고 추구할 수 있다(Chartrand & Bargh, 2002). 앞에서 언급한 바와 같이, 1960년대 연구자들은 지각과 주의가 의식적으로 주도하지 않은 채 일어날 수 있음을 깨달았지만, 이 생각을 목표 연구로 확장시키는 데에는 또 다른 30년이 걸렸다(Aarts & Dijksterhuis, 2000; Bargh, 1990; Bargh & Chartrand, 1999; Fishbach & Shah, 2006; Kruglanski, 1996). 자동적 동기 연구에서 선구적인 이론 중의 하나는 존 바그(John Bargh, 1990)가 제안한 것이다. **자동-동기 모형**(auto-motive model)이라고 부르는 그의 이론은 사람들의 사고,

감정, 행위가 무의식적(또는 자동적) 목표 추구의 영향을 받을 수 있다고 주장한다. 이 이론에 따르면, 자동적 동기는 다음과 같은 두 단계를 요구한다.

- 첫째, 목표가 개인의 자각을 넘어서서 활성화된다.
- 둘째, 일단 활성화된 무의식적 목표는 목표 달성을 보장하는 방식으로 처리되어야만 한다.

이 절에서는 이 모형의 각 단계를 지지하는 연구를 살펴본다.

▽ **이 절이 끝날 무렵에 여러분은 다음에 답할 수 있을 것이다.**

11.3.1 자동-동기 모형의 자동적 목표 활성화 단계를 설명한다.
11.3.2 자동-동기 모형의 자동적 목표 관리 단계를 설명한다.

11.3.1 자동적 목표 활성화

학습목표 : 자동-동기 모형의 자동적 목표 활성화 단계를 설명한다.

아마도 여러분은 1950년대 영화관에서 사용하던 역치하 광고에 관한 이야기를 들었을 것이다. 주장인즉슨, 영화 예고편 중간에 팝콘 이미지를 짧게(1/3,000초) 비추어준 영화관의 팝콘 매상이 2배 이상으로 증가하였다는 것이다(Packard, 1961). 그 이미지는 너무나 짧게 제시되기 때문에, 사람들의 의식적 두뇌는 무엇을 보았는지 알아차리지 못하였고, 단지 스크린이 깜빡하는 것처럼 보였다. 그렇지만 자동처리를 담당하는 두뇌 부위, 즉 환경의 모든 자극을 모니터링하고 걸러내는 부위가 이미지를 알아채고는 갑자기 팝콘을 먹고 싶게 만들었다는 것이다. 역치하 광고에 대한 이러한 처음 주장이 의문시되어 왔지만, 그 이래로 많은 심리학자는 유사한 기법을 사용하여 자동체계를 연구해왔다. 이러한 기법을 이해하려면 우선 두뇌가 어떻게 정보를 조직하는지를 이해하여야만 한다.

두뇌는 컴퓨터가 폴더를 사용하여 파일을 조직하는 것과 아주 유사한 방식으로 사고를 범주로 체제화한다. 인지심리학 분야에서는 이러한 아이디어를 **의미망 모형**(semantic network model)이라고 부르며, 이 모형은 의미적으로 관련된 개념들을 기억에서 함께 묶는다고 주장한다(Anderson, 1983; Bechtel, 1985; McClelland & Rumelhart, 1981). 예컨대, 그림 11.1은 두뇌가 '새'라는 단어와 연합된 개념들을 체제화하는 방식을 보여준다.

그림 11.1 의미망 모형

의미망 모형에 따르면, 의미적으로 관련된 개념들(예컨대, 새와 깃털)은 무관한 개념들(예컨대, 새와 사자)보다 기억에서 함께 묶여있다.

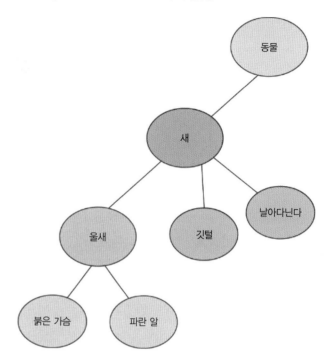

새와 관련 정도가 높은 개념들(예컨대, 깃털, 울새)이 가깝게 위치하는 것에 주목하라.

심리학에서는 두뇌에서 어떤 아이디어를 이렇게 '뽑아내는' 것을 **점화**(priming)라고 부르며, 환경 자극에 의해서 심적 표상이 수동적으로 활성화되는 것을 의미한다(Bargh & Huang, 2009). 점화는 무의식적으로 영향력을 행사하며, 전형적으로 역치하 형태나 역치상 형태로 나타난다(Bargh, 1994).

역치하 점화 대 역치상 점화 역치하 점화(subliminal priming)란 점화자극(환경자극)이 의식적 자각을 넘어서 출현하는 것을 의미한다(Aarts, Custers, & Marien, 2008). 만일 체육관 이미지를 컴퓨터 화면에 1/3,000초 동안 반짝하고 제시하면, 여러분이 의식적으로 자각할 수는 없지만 무의식적 마음은 처리할 수 있으며, 그 이미지는 여러분 마음을 운동 이미지로 점화하게 된다. 갑자기 운동 생각을 하고 있는 자신을 발견하게 되지만, 그 이유는 알지 못한다.

역치상 점화(supraliminal priming)란 사람들이 점화자극을 의식적으로 자각하지만 그 자극이 어떻게 자신의 반응에 영향을 미치는지는 깨닫지 못하는 것을 의미한다(Capa, Cleeremans, Bustin, Boquet, & Hansenne, 2011).

예컨대, 여러분에게 단어의 시작 부분을 제시하고 단어를 완성하는 과제를 하도록 요구한다면 어떤 일이 벌어지겠는가?

TR로 시작하는 다섯 문자로 구성된 영어단어('TR___')를 완성해보라.

이 단어를 완성할 수 있는 여러 가지 방법이 있지만(예컨대, TREAT, TRUCK, TRAIN 등), 여러분이 벽에 나무 사진이 걸려 있는 방에서 이 과제를 수행하고 있다면 어떻겠는가? 'TREES'로 단어를 완성할 가능성이 높을 것이다. 만일 여러분이 어째서 그 단어를 사용하게 되었는지를 말해야만 한다면, 그 단어를 선택하게 된 이유를 모를 것이며, 그저 마음에 떠오른 것처럼 보일 것이다. 따라서 여러분이 사진을 의식적으로 자각하고 있다고 하더라도, 그 사진이 어떻게 여러분의 반응에 영향을 미쳤는지는 자각하지 못한다. 그렇기 때문에 사진을 역치상 점화로 간주하는 것이다.

행동에 대한 점화효과 점화가 특정 생각을 마음에 떠오르게 한다고 말하는 것과 그러한 점화가 실제로 행동에 영향을 미칠 수 있다고 제안하는 것은 전혀 별개의 문제이다. 영화관에서 팝콘의 역치하 이미지가 두뇌로 하여금 팝콘을 생각하도록 만든다고 해서, 이것이 실제로 자리에서 일어나 팝콘을 사오게 만들 수 있는 것인가? 자동적으로 점화된 생각이 실제 행동에 영향을 미칠 수 있는지를 검증하기 위하여, 바그와 동료들(Bargh, Chen, & Burrows, 1996)은 고정관념의 역치상 점화에 초점을 맞춘 독창적인 연구를 수행하였다. 연구자들은 고정관념의 점화가 그 고정관념과 일치하는 방식으로 행동에 영향을 미치는지를 알아보고자 하였다. 대학생들에게 다섯 단어 목록 제시하고, 그중에서 네 단어를 사용하여 문장을 만들도록 요구하는 문장 완성 검사를 실시하였다. 예컨대, 다섯 단어 목록의 두 가지 예는 다음과 같다.

- sunlight, makes, temperatures, wrinkle, raisins
- sky, the, seamless, gray, is

이제 자세히 들여다보자. 여러분은 이 단어 목록에서 무엇인가 미심쩍은 것을 알아차렸는가? 참가자들은 알지 못하였지만, 몇몇 단어가 노인과 연합된 것이었다(예컨대, wrinkle과 gray). 과제를 모두 마친 참가자에게 감사의 말과 함께 실험이 끝났으니 이제 가도 된다고 알려주었는데, 참가자가 건물을 빠져나가려면

긴 복도를 따라 걸어가야만 하였다. 참가자들은 알지 못하였지만, 연구자들은 각 참가자가 긴 복도를 걸어가는 데 얼마나 시간이 걸렸는지를 측정하였다. 예상한 바와 같이, 노인과 관련된 단어로 점화한 학생들이 중립적 단어에 노출된 학생들보다 더 느리게 걸었다. 두뇌에서 '노인' 개념을 활성화시킨 것이 마치 자신이 늙은 것처럼 행동하게 만들었던 것이다!

만일 자동적으로 활성화된 고정관념이 행동에 영향을 미칠 수 있다면, 자동적으로 활성화된 목표에서도 똑같은 일이 일어날 수 있겠는가? 예컨대, 어떤 과제에서 성공하겠다는 목표를 생각해보자. 일반적으로 사람들은 의식적으로 목표를 선택한다고 생각한다. 뛰어난 학생은 수강하는 과목에서 A학점을 받는 목표를 세운다. 농구선수는 3점슛을 성공시키는 목표를 세운다. 그런데 자신이 그렇게 하고자 시도하고 있다는 사실을 자각하지 않은 채 이러한 목표를 무의식적으로 활성화시키고 성공할 수 있겠는가?

바그와 동료들(Bargh, Gollwitzer, Lee-Chai, Barndollar, & Trötschel, 2001)이 역치상 점화 기법을 사용하여 검증하고자 착수한 것이 바로 이것이었다. 한 연구에서는 참가자들이 단어 탐색 퍼즐을 수행하였다. 절반의 참가자는 중립 단어(예컨대, 거북이, 램프, 식물)를 포함한 단어 탐색 퍼즐을 수행하였고, 다른 절반의 참가자는 성공하려는 목표와 관련된 단어(예컨대, 승리, 경쟁, 성취)를 포함한 퍼즐을 수행하였다. 그런 다음에 모든 참가자들은 오직 중립 단어들만을 포함한 퍼즐을 수행하였으며, 그 수행결과를 분석하였다.

결과를 보면, 첫 번째 과제에서 성공하려는 목표로 점화된 참가자가 그렇지 않은 참가자보다 두 번째 과제에서 더 우수한 수행을 나타냈다. 역치하 점화를 사용하였을 때에도 유사한 결과가 나타났다. 예컨대, 열심히 일한다는 목표와 연합된 단어들(예컨대, 노력)로 역치하 점화된 사람이 그렇게 점화되지 않은 사람보다 악력계를 더 강하게 오랫동안 누르고 있었다(Aarts et al., 2008). 문자 A로 역치하 점화된 학생이 문자 F로 점화된 학생보다 시험에서 더 좋은 성과를 나타냈다(Ciani & Sheldon, 2010).

캐파와 동료들(Capa, Cleeremans, Bustin, Bouquet, & Hansenne, 2011)은 역치하 점화가 생리적 반응에 어떤 영향을 미치는지를 살펴보는 것으로 이 연구를 확장하였다. 학습 과제를 수행하기에 앞서 공부한다는 목표와 연합된 단어(예컨대, 공부, 기억하기)로 학생들을 점화하였다. 과제를 수행하는 동안 연구자

들은 심전도(ECG)를 사용하여 학생들의 심혈관계가 얼마나 강력하게 작동하고 있는지를 측정하였다. 결과를 보면, 공부한다는 목표로 점화한 학생이 학습과제를 수행하는 동안 더 강한 심혈관계 활동을 나타냈다. 이 결과는 점화하지 않은 학생보다 이 학생들이 더 열심히 과제에 임하였다는 생리적 증거를 제공해준다.

화면에 단어를 역치하로 제시하는 것은 목표를 점화시키는 꽤나 직접적인 방법이지만, 연구자들은 목표를 점화시키기 위하여 외부 환경의 자질을 미묘하게 변화시키는 다른 기법들도 탐색해왔다. 그림을 보는 것이 특정 목표를 점화시킬 수 있다. 예컨대, 도서관 이미지를 보는 것은 사람들로 하여금 조용하게 말하도록 만든다(Aarts & Dijkserhuis, 2003). 마찬가지로 고급 식당 사진을 보는 것은 사람들로 하여금 바스러지는 과자를 먹은 후에 더 깨끗하게 정리하게 만들었는데, 특히 고급 식당과 좋은 매너를 보이는 것 간에 강력한 연합을 형성한 사람의 경우에 더욱 그러하였다(Aarts & Dijkserhuis, 2003). 그림이 목표를 점화시키는 효과를 갖는다면, 대상 자체나 대상의 색깔도 점화효과를 보일 것은 당연지사라고 할 수 있다. 냄새도 상당히 강력한 목표 점화효과를 나타낸다. 냄새는 사람들이 세상을 이해하는 가장 원초적이면서도 자동적인 자극이다. 갓 구워낸 빵의 맛있는 냄새는 다이어트 시행자에게 치명적일 수 있다. 향기 마케팅은 냄새가 선택, 사고와 정서, 기억에 강력한 효과를 발휘한다는 사실에 근거한 것이다. 기분 좋은 향기는 사람들을 가게로 끌어들이고, 그곳에 더 오랫동안 머물게 하며, 충동구매까지 유발하기도 한다. 예컨대, 카지노의 은은한 향기는 사람들로 하여금 힘들여 번 돈을 슬롯머신에 더 많이 쏟아붓게 만든다.

자동적 목표 활성화의 함의와 제한점 목표가 역치하 점화를 통해서든 아니면 역치상 점화를 통해서든, 일단 무의식적으로 활성화되면, 의식적으로 활성화된 목표와 아주 동일한 방식으로 목표 관련 사고와 행동을 주도한다(그림 11.2).

이 사실은 여러분 자신의 목표 추구하기에 어떤 함의를 갖는 것인가?

자동적 목표 활성화에 대한 이해는 여러분이 특정 목표를 달성하고자 애를 먹고 있는 이유를 확인하는 데 도움을 줄 수 있다. 만일 여러분의 바람직하지 않은 행동이 상황 단서와 강력하게 연계되어 있다면, 그러한 특정 상황에 처할 때마다 힘든 싸움을 벌이고 있는 것이다. 예컨대, 만일 여러분이 전형적으로 텔레비전을 시청하는 동안에 무엇인가를 먹는다면, 텔레비전을 켜는 것

그림 11.2 자동적 목표 추구
일단 목표가 (점화를 통해서) 자동적으로 활성화되면, 의식적으로 활성화된 목표와 아주 동일한 방식으로 목표에 대한 생각과 행동을 주도한다.

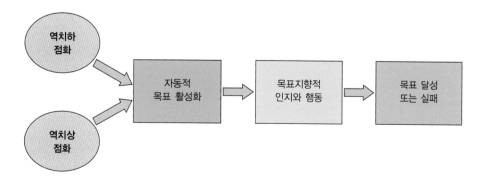

자체가 먹으려는 갈망을 촉발하게 된다. 이러한 자동적 연계를 깨뜨리려면 식탁에서만 먹고자 시도하라.

자동적 목표 활성화 연구는 목표 추구를 쉽게 만드는 해결책도 제공하고 있다. 여러분이 어떤 행동을 특정 상황 단서와 자동적으로 연계할수록, 생각하지도 않은 채 그 행동을 수행하기가 용이해진다. 여러분의 목표지향 행동을 특정 상황 단서와 연합시킬 수 있는 방법을 생각해보라. 예컨대, 매일 아침식사로 바나나 먹는 것을 잊지 않으려면, 매일같이 자동차 열쇠 옆에 바나나를 놓아두도록 하라. 시간이 경과하면서, 열쇠를 보는 것 자체가 바나나 생각을 점화하게 될 것이다.

그렇다면 연구자들은 이러한 연구의 참가자들이 점화된 목표를 정말로 자각하지 못하고 있다는 사실을 어떻게 확신할 수 있는 것인가? 흔히 연구자들은 참가자에게 반짝하고 제시하는 단어나 이미지를 확인할 것을 요구한다. 예컨대, 심혈관계 활동에 관하여 앞에서 언급한 연구에서, 어느 참가자도 역치하로 점화된 단어를 보았다고 보고하지 않았다(Capa et al., 2011). 그리고 참가자에게 어느 단어가 제시되었는지를 추측하도록 하기 위해 점화된 단어를 포함하고 있는 단어 쌍에서 하나를 선택하도록 요구하였을 때, 그 추측은 우연 수준에서 기대할 수 있는 것(즉, 50%)보다 더 정확하지 않았다. 심지어는 역치상 점화를 사용하고 참가자들이 점화를 자각하고 있는 경우조차도, 여전히 그 점화자극이 자신의 행동에 영향을 미쳤다는 사실을 부정한다(Bargh, Gollwitzer, Lee-Chai, Barndollar, & Trötschel, 2001). 만일 여러분에게 문장 완성 과제가 자신을 느리게 걷도록 만들 수 있는지 아니면 서류가방이 자신을 이기적인 사람으로 바꿀 수 있는지를 물어보면, 아마도 여러분은 회의적일 것이다!

여러분 자신을 동기화시켜라

패스트푸드를 치워버려라

여러분의 패스트푸드 중독을 끊을 또 다른 이유를 원하는가? 사람들은 누구나 패스트푸드가 뱃살에 좋지 않다는 사실을 알고 있지만, 최근 연구에서는 패스트푸드가 목표에 매달리는 능력도 손상시킨다는 사실을 보여주고 있다. 심지어 그 목표가 체중 감량과 아무런 관계가 없는 경우에도 그렇다. 사람들은 패스트푸드를 신속함과 즉각적 만족과 연합시킨다. 한 연구에서는 패스트푸드 로고로 역치하 점화된 참가자들이 중립적 로고로 점화된 참가자보다 참을성이 떨어졌고 만족 지연 의지가 약해졌다(Zhong & DeVoe, 2010). 따라서 여러분의 목표가 무엇이든지 간에, 성공하고자 원한다면 패스트푸드점에 가지 않도록 하라.

다음 주제로 넘어가기에 앞서, 자동적 목표 활성화에는 몇 가지 특징적인 제한점이 있다는 사실에 주목할 필요가 있다. 목표 개념을 자동적으로 활성화시키기 위해서는 마음속에 그 개념이 이미 존재해야만 한다(Aarts & Dijksterhuis, 2003). 만일 과거에 파도타기를 해본 적이 전혀 없다면, 서핑보드 이미지를 순간적으로 제시하는 것만으로 파도타기 목표가 자동적으로 활성화되는 것은 불가능하다. 그렇지만 만일 여러분이 파도타기에 열광하고 있다면, 자각하지도 않은 채 이 목표를 점화시킬 수 있다. 그리고 목표 개념을 자동적으로 활성화시키기 위해서는 그 사람이 목표를 시행할 수 있는 상태에 있어야만 한다. 건강을 위하여 채소 중심의 식단을 꾸려야겠다고 다짐하고 있는 사람에게는 브로콜리의 순간적 제시가 건강 식단을 마련하는 행위를 촉진시킨다. 그렇지만 그러한 의도를 가지고 있지 않은 사람에게는 별 영향을 미치지 않을 수 있다.

11.3.2 자동적 목표 관리

학습목표 : 자동-동기 모형의 자동적 목표 관리 단계를 설명한다.

만일 여러분이 특정 목표(예컨대, 시험에서 A학점을 받는다)를 달성하고자 원한다면, 이는 목표로부터 멀어지게 만들 수 있는 다른 유혹(예컨대, 잠을 자거나 공부하는 대신 파티에 가는 것 등)을 억제하거나 압도해야 한다는 것을 의미한다. 사람들은 유혹으로부터 주의를 다른 곳으로 돌리거나 그 유혹을 폄하하는 것과 같은 전략을 사용하기 십상이다. 그런데 이러한 전략의 한 가지 문제점은 상당한 노력과 자기제어를 요구하기 때문에 실행하기가 어렵다는 점이며, 특히 자기제어 자원이 고갈되었을 때 그렇다.

만일 유혹을 자동적으로 억제할 수 있다면 얼마나 좋겠는가? **반작용 제어 이론**(counteractive control theory)에 따르면, 유혹도 자동적이고 무의식적인 방식으로 억제할 수 있다(Trope & Fishbach, 2000; Fishbach & Trope, 2008; Shah, Friedman, & Kruglanski, 2002). 이 이론은 유혹에의 노출은 두 가지 대립적인 힘을 촉발한다고 주장한다. 유혹이 핵심 목표에서 멀어지게 만드는 것은 확실하다. 그렇지만 그와 동시에, 유혹의 가치를 자동적으로 감소시키는 반작용 제어 전략을 촉발함으로써 핵심 목표로 다가가도록 해준다.

예컨대, 디저트 메뉴를 들여다보는 것은 다이어트 실행자가 자신의 목표를 포기하도록 유혹하기도 하지만, 동시에 자신의 다이어트 목표를 생각나게 해주는 역할도 한다. 만일 그러한 연합이 존재한다면, 유혹(예컨대, 디저트)으로 사람들을 점화하는 것은 자동적으로 자신의 핵심 목표(예컨대, 다이어트)도 활성화시키게 된다.

이 생각을 검증하기 위하여, 한 연구에서는 참가자들에게 핵심 목표를 기술한 다음에 그 목표를 방해하는 유혹을 기술하도록 요구하였다(Fishbach et al., 2003). 그렇게 하는 과정에서 참가자들은 자신의 개인적인 목표-유혹 쌍을 생성하였다(예컨대, 공부-농구하기, 순결-성관계, 다이어트-초콜릿 등). 그런 다음에 참가자들에게 목표와 관련된 표적단어를 보여주고는 가능한 한 빠르게 그 단어가 무엇인지를 확인하도록 요구하였다. 그렇지만 참가자들이 알아채지 못한 사실은 그 표적단어가 나타나기 바로 직전에 다른 단어로 역치하 점화되었다는 점이었다. 때때로 그 점화단어는 목표와 관련된 유혹이었으며(예컨대, 다이어트 실행과 관련된 '초콜릿') 다른 경우에는 유혹과는 무관한 것이었다(예컨대, '농구'는 다이어트 실행과 무관하다).

결과를 보면, 관련된 유혹 단어로 점화하였을 때 참가자들이 목표 관련 단어를 재인하는 속도가 빨랐다. '디저트'라는 단어를 보았던 다이어트 실행자는 '디저트'로 역치하 점화되었을 때 '의자'로 역치하 점화되었을 때보다 '다이어트'라는 표적단어를 더 빨리 확인해냈다. 그렇지만 그 역은 참이 아니었다. 즉, 사람들을 목표 단어로 점화하는 것이 유혹에 대한 생각을 자동적으로 활성화시키지는 않았다. 따라서 '디저트'로 점화하는 것은 '다이어트' 목표를 활성화시키지만, '다이어트'로 점화하는 것은 '디저트'를 자동적으로 활성화시키지 않았다. 이 결과는 사람들이 유혹에 직면할 때에는 자동적으로 목표가 활성화되며, 이것이 다시 목표 성공 가능성을 증가시킨다는 사실을 나타낸다. 다시 말해서 적어도 어느 정도의 자기제어 딜레마는 의도적 계획세우기와 노력을 기울인 실행이 필요하지 않은 채 무의식적으로 해소될 수 있다.

그렇지만 모든 사람이 똑같이 이러한 방식으로 자신의 목표를 유혹으로부터 자동적으로 보호할 수 있는 것처럼 보이지는 않는다. 만일 그랬다면, 어느 누구도 유혹받는다고 느끼지 않을 것이다. 그렇다면 어떤 요인이 자신의 목표를 자동적으로 관리할 수 있는 능력을 결정하는 것인가? 유혹으로 점화될 때 자동적으로 목표를 생각하는 경향성을 강화시키는 다음과 같은 세 가지 요인이 있다.

1. **자기효능감**. 자신의 특정 목표에 자신감이 있고 성공적이라고 느낄수록, 사람들이 유혹으로 점화된 후에 목표를 생각할 가능성이 더 크다(Fishbach, Friedman, & Kruglanski, 2003).

2. **목표 중요성**. 목표를 중요하게 지각할수록, 사람들이 유혹으로 점화된 후에 목표를 생각할 가능성이 더 크다(Fishbach et al., 2003).

3. **목표 몰입**. 목표에 몰입할수록, 유혹적인 대안으로부터 그 목표를 자동적으로 보호할 가능성이 더 크다(Shah et al., 2002).

글쓰기 과제 11.3

점화를 장점으로 사용하기

이제 점화가 여러분의 목표를 촉진시킬 수 있는 모든 방법에 대해서 알게 되었으니, 여러분의 학업 증진을 위하여 이러한 통찰을 어떻게 사용할 것인지를 생각해보라. 학업을 잘 수행하겠다는 목표를 점화하기 위해서 여러분이 할 수 있는 일을 상세하게 기술해보라. 그 점화기법은 역치하 점화나 역치상 점화에 의존할 수 있으며, 단어나 이미지 아니면 여러분 방에 놓여있는 사물을 점화자극으로 사용할 수 있다.

11.4 자동적 목표 추구의 돌발적 촉발자극

학습목표 : 자동적 목표 추구를 촉발하는 현상을 분석한다.

지금까지 논의한 대부분의 연구는 적절한 목표를 점화하기 위하여 단어나 이미지를 사용하였다. 그렇지만 연구자들은 환경이 목표를 촉발시킬 수 있는 몇 가지 뜻밖의 방법들도 찾아냈다. 이 절에서는 목표가 자동적으로 활성화되는 흥미롭지만 관례적이지 않은 몇 가지 방식을 다룬다.

▽ 이 절이 끝날 무렵에 여러분은 다음에 답할 수 있을 것이다.

11.4.1 암묵적 이기주의 현상을 설명한다.

11.4.2 목표 추구와 관련하여 의인화 현상을 설명한다.

11.4.3 체화 인지 유형을 기술한다.

11.4.4 다른 사람이 어떻게 자동적 목표 추구에 영향을 미칠 수 있는지를 설명한다.

11.4.1 암묵적 이기주의

학습목표 : 암묵적 이기주의 현상을 설명한다.

이 장을 시작하였던 이야기를 회상해보라. 힐데브란트 이야기가 이례적이기는 하지만, 두 사람이 서로 느꼈던 즉각적인 연대감은 모든 사람에게 영향을 미치는 기본적인 심리 과정을 반영하고 있다. 일반적으로 사람들은 누구나 자신을 생각나게 하는 사람, 장소, 대상 등에 끌리는데, 이것이 **암묵적 이기주의**(implicit egotism)라고 부르는 효과이다(Pelham, Carvallo, & Jones, 2005; Pelham, Mirenberg, & Jones, 2002). 기본 생각은 지나치게 긍정적인 자기지각이 자동적으로 흘러넘쳐서 어떤 면에서든 자신을 닮은 사람, 장소, 대상에 자연스럽게 끌리도록 만든다는 것이다.

상당한 관심을 끌어왔던 한 가지 연구영역은 어떻게 암묵적 이기주의가 매력에 영향을 미치는지에 관한 것이다. 힐데브란트 사례가 시사하는 바와 같이, 사람들은 이름이 같거나 아니면 단지 이름의 몇 문자만을 공유하는 사람에게 끌린다.

예컨대, 존스와 동료들(Jones, Pelham, Carvallo, & Mirenberg, 2004)은 일련의 기록 연구에서 사람들이 이름을 공유하는 사람과 결혼할 가능성이 더 높은지 알아보기 위하여 가계도 웹사이트, 출생 기록, 전화번호부를 조사하였다. 다양한 출처에 걸쳐서, 암묵적 이기주의가 사람들의 결혼 결정에 기름을 부었다는 일관성 있는 증거가 있었다. 사람들은 성의 첫 문자가 같은 사람(예컨대, Jerry Barlett과 Susan Brook), 성이 같은 사람(예컨대, Jerry Brown과 Susan Brown), 그리고 이름의 첫 문자가 같은 사람(예컨대, Frank와 Frances)과 결혼할 가능성이 더 높았다. 따라서 다음 번에 온라인에서 누군가의 프로파일을 확인하면서 순간적인 매력을 느낀다면, 그 이름을 확인해보라. 이름이 즉각적인 끌림의 원천일 가능성이 있을 것이다!

보다 엄격한 실험을 통해서 암묵적 이기주의와 매력 간의 연계를 살펴보기 위해 존스(Jones)와 동료들(2004)은 남자와 여자가 운동복을 입고 있는 매력적인 여성의 사진을 보는 실험실 실험을 수행하였다. 절반의 참가자의 경우에는 운동복 배번이 16이었으며, 다른 절반의 경우에는 24이었다. 사진을 보기에 앞서서, 참가자들은 컴퓨터에서 의사결정 과제를 수행하였다. 참가자들이 깨닫지 못한 것은 이 과제가 실제로는 자신의 이름과 숫자 16 또는 24 사이의 자동적인 연합을 형성하도록 조건형성시키는 것이었다는 사실이었다. 이것은 참가자의 이름을 두 숫자 중의 하나와 역치하에서 30차례 짝지음으로써 이루어졌다. 연구의 가정은 과제가 끝났을 때, 참가자들이 할당된 조건에 따라 자동적으로 숫자 16이나 24를 자신의 이름과 연합시킨다는 것이다. 그렇다면 이 참가자들이 운동복을 입은 여성을 평가할 때 어떤 일이 일어났겠는가? 남자와 여자 참가자 모두 운동복 배번이 자신의 이름

과 연합되었던 숫자일 때 그녀를 더 좋아하고 더 긍정적으로 **평**가하였다.

암묵적 이기주의는 매력뿐만 아니라 수많은 다른 반응에도 영향을 미치는 것으로 밝혀져 왔다. 다른 조건이 동일한 경우에, 사람들은 자신의 이름과 유사한 지역으로 이사하며, 자신의 이름과 유사한 직업을 선택하고, 자신의 이름에 들어있는 문자를 공유한 목표를 추구하며, 자신의 이름과 유사한 브랜드의 제품을 선호하고, 자신을 닮은 대통령 후보자에게 투표하는 경향을 나타낸다(Pelham, Mirenberg, & Jones, 2002).

암묵적 이기주의는 정의상 암묵적으로(즉, 무의식적으로) 일어난다는 사실을 명심할 필요가 있다. 따라서 유사한 사람과 대상의 선호는 자각을 넘어서서 발생한다. '치경'이라는 이름을 가진 사람이 단지 자신의 이름과 발음이 유사하기 때문에 치과의사가 되겠다고 의식적으로 결정하는 것과는 다르다. 치경이가 몇 가지 직업 선택지 중에서 선택하고 있는데, 치과의사도 그 선택지 중에 하나여서 치과의사가 자신에게 맞는 직업이라는 육감을 가진 것뿐이다.

암묵적 이기주의가 경험적 지지증거를 누적해왔다고 하더라도, 비판이 없는 것은 아니다. 몇몇 연구자는 암묵적 이기주의에 관한 많은 기록 연구가 데이터를 제대로 대표하지 않거나 잘못 해석하고 있다고 주장한다(McCullough & McWilliams, 2011; Simonsohn, 2011; Smith, 2012). 과학에서 매우 흥미진진한 아이디어가 늘 그렇듯이, 이 주제에 대해서도 상반된 견해가 존재한다. 그렇지만 암묵적 이기주의를 지지하는 증거와 반대하는 증거가 풍부하다는 사실은 이것이 후속 연구를 계속해서 자극하는 흥미진진한 아이디어라는 사실을 대변하고 있다.

시도해보라 : 좋아하는 글자

한글 자모 중에서 여러분이 좋아하는 문자 3개를 빨리 적어보라. 이제 그 문자를 들여다보라. 만일 여러분이 다른 사람들과 다르지 않다면, 아마도 여러분 성과 이름의 첫 문자를 적었을 것이다. 이것이 암묵적 이기주의의 증거이다. 사람들은 자신의 이름과 연합된 문자를 좋아하는데, 이것이 이름-문자 선호라고 알려진 효과이다. 이러한 선호는 암묵적 이기주의의 한 가지 사례일 뿐이다(Hoorens, Nuttin, Herman, & Pavakanun, 1990).

카멜레온 효과   암묵적 이기주의의 흥미로운 함의 하나는 무의식적 수준에서 다른 사람과 유사하게 보이도록 만들수록, 다른 사람도 자신을 더 좋아할 것이라는 점이다. 유사하게 보이도록 만드는 한 가지 방법은 자세, 태도, 얼굴 표정 등을 포함하여 상호작용하고 있는 상대방의 행동을 은연중에 흉내 내는 것이다. 그러한 흉내 내기를 **카멜레온 효과**(chameleon effect)라고 부른다 (Chartrand & Bargh, 1999; Dalton, Chartrand, & Finkel, 2010).

카멜레온이 자신의 피부를 주변과 일치하도록 스스로 변화시키는 것처럼, 사람들도 자신의 행동을 상대방 행동과 일치하도록 변화시킨다. 예컨대, 여러분이 파티에 참석하여 '애나'라는 여성을 소개받았다고 상상해보라. 대화를 나누기 시작하자, 그녀는 손가락으로 잔을 두드리기 시작한다. 그 사실을 깨닫지도 못한 채, 여러분도 자동적으로 들고 있는 잔을 손가락으로 두드리기 시작한다. 그렇게 하는 이유를 깨닫지 못하고 있지만, 연구결과는 이렇게 흉내 냄으로써 그녀가 여러분을 더 좋아할 가능성이 있다는 사실을 시사하고 있다.

그러한 흉내 내기가 호감을 증가시키는지 알아보기 위하여, 연구자들은 실험협조자에게 상호작용하고 있는 참가자의 움직임과 자세를 흉내 내거나 흉내 내지 않도록 지시하였다(Chartrand & Bargh, 1999). 상호작용이 끝난 후에, 실험협조자가 흉내 냈던 참가자가 그렇지 않았던 참가자에 비해서 실험협조자를 더 호감이 가는 사람으로 그리고 상호작용이 더 부드러웠다고 평가하였다.

흉내 내기는 호감에 덧붙여서 수많은 다른 방식으로도 사회적 상호작용을 촉진하는 것으로 나타났다(Ashton-James, van Baaren, Chartrand, & Decety, 2007; Dijksterhuis & Bargh, 2001; Kouzakova, van Baaren, & van Knippenberg, 2010; Maddux, Mullen, & Galinsky, 2008; Leander, Chartrand, & Wood, 2011; van Baaren, Holland, Kawakami, & van Knippenberg, 2004). 여기에는 다음과 같은 것들이 포함된다.

- 상대방에 대한 증가된 신뢰도
- 친밀감
- 동조
- 도움 행동
- 감소된 스트레스(스트레스호르몬 코르티솔 수준이 낮았다)

만일 흉내 내기가 그토록 이로운 것이라면, 인간만이 흉내를 내는 종은 아니라는 주장이 이치에 맞는다. "원숭이는 보는 대로 행동한다."라는 표현에는 진실이 담겨있는가? 그 답은 '그렇다'인 것으로 보인다. 한 연구는 인간을 대상으로 수행한 카멜레온 연구를 반복하였지만 이번에는 카푸친 원숭이(꼬리감는원숭이)가 그 대상이었다(Paukner et al., 2009). 연구자들은 원숭이에게 두 사람을 소개하고, 셋이서 상호작용하는 동안 가지고 놀도록 똑같은 공을 주었다. 한 사람은 원숭이가 공을 가지고 하는 일거수일투족을 흉내 낸 반면에 다른 사람은 원숭이와는 무관하게 혼자서만 공을 가지고 놀았다. 마침내 원숭이는 자신을 흉내 낸 사람 곁에 앉고 더 많이 상호작용하였다. 이 결과는 원숭이도 자신을 흉내 내는 사람과 더 강력한 사회적 유대감을 느낀다는 사실을 시사한다. 영장류와 인간과 같이 고도로 진화한 사회적 동물이 흉내 내기를 수행할 가능성이 더 높다면, 이 능력은 어떻게 진화한 것일까?

한 가지 힌트는 **거울뉴런**(mirror neuron)의 발견에서 나온다. 거울뉴런이란 유기체가 어떤 행동을 수행할 때뿐만 아니라 누군가 동일한 행동을 수행하는 것을 관찰할 때에도 활동하는 두뇌 뉴런이다(Keysers, 2010; Rizzolatti & Craighero, 2004). 예컨대, 전운동피질과 운동피질에 있는 거울뉴런은 여러분이 주먹을 쥘 때 활동하지만, 누군가 주먹 쥐는 것을 여러분이 관찰할 때에도 활동한다. 이 사실은 누군가 하품하는 것을 관찰하는 것이 자신도 하품하게 만드는 이유를 설명하는 데 도움을 준다. 아니면 누군가 레몬을 한 입 베어 무는 것을 관찰할 때 자신의 입이 오므라드는 이유도 설명할 수 있다. 거울뉴런은 조류, 포유류, 그리고 물론 인간을 포함하여 고도로 진화한 여러 사회적 동물 종에서 발견되었다.

과학자들은 이 거울뉴런이 정확하게 어떤 목적을 수행하는지를 알아내고자 여전히 애를 쓰고 있지만, 혹자는 모방을 통해서 새로운 기술을 학습하는 것, 심적 상태를 자신과 타인에게 귀인하는 능력(즉, 마음이론), 다른 사람이 행동하는 이유를 결정하는 능력(즉, 귀인), 언어 발달, 정서와 공감 발달을 촉진한다고 생각하고 있다(Keysers & Fadiga, 2008; Rozzolatti & Fabbri-Destro, 2009). 그렇지만 대부분은 아직 사변적인 수준에 머물러있으며, 동물과 인간의 흉내 내기에서 그 역할을 확인해내려면 거울뉴런에 관한 많은 연구가 필요하다(Hickok, 2009). 거울뉴런이 흉내 내기의 토대인지 여부에 관계없이, 흉내 내기가 사람들을 함께 묶어주는 '사회적 접착제'와 같이 작동하는 것은 명확하다(Lakin, Jefferis, Cheng, & Chartrand, 2003).

11.4.2 의인화

학습목표 : 목표 추구와 관련하여 의인화 현상을 설명한다.

테크놀로지 세상이 마치 살아 움직이는 것처럼 보였던 때가 있었는가? 컴퓨터가 여러분의 명령에 따르기를 거부하면, 우선 복종하도록 달랜 후에 커서를 움직임으로써 그 컴퓨터와 협상할 수밖에 없을 것이라고 느꼈을지도 모르겠다. 아니면 스마트폰이 여러분보다 더 스마트하다고 느꼈을 수도 있겠다. 만일 그렇다면 여러분만 그런 것은 아니다. 대부분의 사람은 어느 시점에선가 테크놀로지 도구들이 스스로 마음을 가지고 있다고 느꼈다(Kim & Sundar, 2012). 인간이 아닌 대상에 인간과 같은 특성을 부여하려는 이러한 경향성을 **의인화**(anthropomorphism)라고 부른다(Tam, Lee, & Chao, 2013; Waytz, 2013; Waytz et al., 2010).

의인화 경향성은 오늘날의 현상이 아니다. 고대 그리스 철학자 크세노파네스가 이 용어를 처음 사용하였던 기원전 6세기까지 거슬러 올라간다. 그리고 의인화 성향은 테크놀로지 도구를 넘어 확장된다. 사람들은 기계와 천체로부터 태풍과 애완동물에 이르기까지 모든 것을 의인화해왔다. 의인화로 인해서 사람들은 특정 대상에 특정 성격 특질을 자동적으로 연합시킨다. 앞에서 사람들을 어떤 개념(예컨대, 노인)으로 점화시키는 것이 어떻게 그 사람들을 무의식적으로 고정관념(예컨대, 느린 걸음)과 상응하는 방식으로 동기화시킬 수 있는지를 언급한 바 있다. 보다 최근에는 연구자들이 의인화한 대상으로 사람들을 점화시키면 동일한 동기 원리가 작동하는지를 다루어왔다.

개와 고양이 중에서 어느 것이 더 충성스러운 동물로 간주되는가? 여러분이 다른 사람과 다르지 않다면, 아마도 개가 고양이보다 더 충직하다고 생각할 것이다. 소설가 메리 블라이가 말한 것처럼, "개는 부르면 달려온다. 고양이는 메시지를 받고 돌려보낸다." 이러한 보편적 생각에 근거할 때, 만일 사람들을 개로 점화하면, 보다 충직하게 행동하도록 동기화될 것인가? 이 생각을 검증하기 위하여 참가자에게 시험공부를 하고 있지만 시험 유형이 다른 수의과 대학생에 관한 이야기를 읽도록 하였다(Chartrand et al., 2008). 한 집단은 시험이 개에 관한 것이라는 글을 읽었고, 다른 집단은 고양이에 관한 것이라는 글을 읽었으며, 세 번째 집단은 카나리아(중립적 동물)에 관한 것이라는 글을 읽었다. 나중에 이 참가자들에게 사람들이 연인과의 심각한 불화를 겪고 있는 자기 친구에 관해서 입방아를 찧고 있을 때 그 친구를 변호하거나 아니면 내버려두는 것과 같은 행동을 취할 가능성이 얼마나 되는지를 묻는 충성도 질문지를 실시하였다. 예상한 바와 같이, 개로 점화한 사람들이 충성도에서 가장 높은 점수를 받은 반면, 고양이로 점화한 사람들의 점수가 가장 낮았다. 개와 고양이는 마치 사람인 것처럼 다루기 십상이어서, 사람들이 그들을 의인화한다는 사실을 알았다고 해도 놀라운 일은 아닐 것이다.

그렇다면 컴퓨터는 어떠한가? 상이한 유형의 컴퓨터는 자체적인 성격을 가지고 있다고 생각하는가?

얼핏 보기에는 이상한 생각인 것처럼 보이지만, "나는 맥입니다. 나는 PC입니다."라는 문구를 사용하는 애플사의 널리 알려진 광고를 생각해보라. 이 광고에 따르면, 애플 컴퓨터는 멋지고 혁신적이며 '고정관념에서 벗어난' 컴퓨터인 반면에 PC는 고루하고 지겨운 것이다. 이러한 연합이 사람들의 행동을 동기화시키는지 알아보기 위하여 참가자들을 애플사 로고 또는 PC 로고(IBM)를 가지고 역치하로 점화시켰다. 그리고 세 번째의 통제집단은 점화자극을 받지 않았다(Fitzsimons, Chartrand, & Fitzsimons, 2008).

나중에 참가자들에게 무엇을 보았는지 물었을 때, 아무도 제시하였던 이미지를 확인해낼 수 없었다. 이 사실은 참가자들이 점화자극을 자각하지 못함을 보여주는 것이었다. 그런 다음에 참가자에게 창의성 검사를 실시하였는데, 여기서는 벽돌을 이례적으로 사용할 수 있는 방법을 가능한 한 많이 생성하도록 요구하는 것이었다. 보다 많은 용도를 생성할수록, 창의성이 높은 것이었다. 결과를 보면, 애플사 로고로 점화한 참가자가 가장 많은 용도를 생성한 반면, PC 로고로 점화한 참가자가 가장 적은 용도를 생성하였다(그림 11.3).

애플사 로고 집단이 통제집단보다 더 많은 용도를 기술하였다는 사실은 애플사 로고가 실제로 사람들을 더 창의적이게 만들었음을 보여주는 것이다. 어떤 의미에서는 창의성 목표를 채택하도록 동기화시킨 것이다. PC 집단이 통제집단보다 더 적은 용도를 기술하였다는 사실은 PC 로고가 실제로 창의성을 감소시켰음을 보여준다. 고정관념에서 벗어난 생각을 할 수 없게 만들었던 것이다. 따라서 만일 여러분이 창의적으로 생각할 필요가 있는 상황에 처할 때에는 아이패드, 아이폰, 매킨토시 노트북을 꺼내놓고, 모든 PC 로고를 치워버려라!

그림 11.3 **컴퓨터 브랜드로 점화하는 것과 창의성**
사람들을 애플사 로고나 IBM 로고로 역치하 점화하거나 아무런 점화도 시키지 않은 후에, 창의성 과제를 수행하도록 요구하였다(Fitzsimons et al., 2008). 애플사 로고로 점화하는 것은 창의성을 증가시킨 반면, IBM 로고로 점화하는 것은 창의성을 감소시켰다.

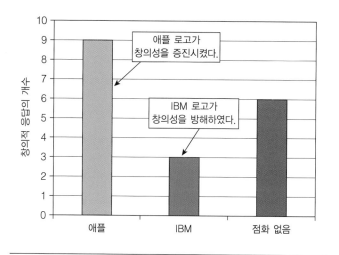

11.4.3 체화 인지

학습목표 : 체화 인지 유형을 기술한다.

목표를 자동적으로 촉발시키는 또 다른 보편적 방법은 신체 변화를 통하는 것이다. 대부분의 경우 심리학 분야는 마음과 신체 간의 관계를 일방향적인 것으로 간주한다. 즉, 마음이 신체에 영향을 미치지만, 신체는 마음에 영향을 미치지 않는 것으로 생각한다. 따라서 두뇌는 손가락을 움직이도록 명령할 수 있지만, 움직이는 손가락은 두뇌에게 생각하는 방법을 알려주지 않는다는 것이다. 그렇지만 최근 연구는 이러한 생각에 도전장을 내밀고 있다.

운동체계의 변화가 인지체계의 변화를 초래할 수 있다는 아이디어를 일반적으로 **체화 인지**(embodied cognition)라고 부른다(Balcetis & Cole, 2009; Davis & Markman, 2012; Meier, Schnall, Schwarz, & Bargh, 2012; Reimann et al., 2012). 즉, 신체 변화가 마음이 생각하는 방식의 변화를 촉발할 수 있다는 것이다. 이렇게 신체는 수많은 무의식적 목표에 대한 자동적 촉발자로 기능한다.

체화 인지와 온도 여러분이 어느 건물 로비에 도착해서, 여러분을 엘리베이터로 안내해주는 여성 실험자의 안내를 받고 있다고 상

상해보라. 그녀와 함께 엘리베이터를 타고 올라가는 동안, 그녀가 한 손에는 따뜻한 커피를 들고 다른 손으로는 지저분한 종이뭉치를 가지고 저글링을 하는 모습을 본다. 그녀가 종이뭉치를 놓치려는 순간, 그 종이뭉치를 정리할 수 있도록 커피를 들어줄 수 있겠느냐고 요청한다. 여러분은 친절한 사람이기에, 기꺼이 동의하고 그녀에게서 커피를 건네받는다. 예정된 층에 도착하자, 그녀가 커피를 돌려받고는 여러분을 회의실로 안내하는데, 그곳에서 한 구직자를 소개받는다. 그녀는 이 연구에서 여러분 과제가 모의 구직 인터뷰를 실시하고 그 사람을 채용할 것인지를 결정하는 것이라고 알려준다.

이제 이 시나리오를 다시 상상해보는데, 이번에는 딱 한 가지가 달라진다. 엘리베이터에서 그녀가 냉커피를 들고 있는 것이다. 그녀가 들고 있는 커피의 온도가 여러분이 나중에 구직자를 평가하는 데 어떤 영향을 미칠 것이라고 생각하는가?

절묘하게 설계한 연구(Williams & Bargh, 2008)에 따르면, 놀랍게도 그 답은 '그렇다'이다. 연구자들은 방금 기술하였던 것처럼, 구직자를 평가하기 전에 절반의 참가자는 뜨거운 커피를 들고 있었고 다른 절반은 차가운 커피를 들고 있는 연구를 수행하였다. 뜨거운 커피 조건의 참가자가 차가운 커피 조건의 참가자와 비교해서 구직자를 더 호의적으로 평가하고 채용을 권고할 가능성이 더 컸던 것이다. 그렇다면 어떻게 음료수 온도가 그토록 극적인 효과를 발휘할 수 있는 것인가? 사람들이 온도와 친절 간에 강력한 연합을 형성하고 있기 때문이다. 사람들은 호의적인 사람을 '따뜻하다'거나 '밝다'고 기술하는 반면, 호의적이지 않은 사람을 '쌀쌀맞다'거나 '차갑다'고 기술하기 십상이다. 따라서 체온이 따뜻할 때에는 자동적으로 마음에 따뜻한 생각이 활성화되며, 구직자를 판단할 때 그 사람을 따뜻하고 친근하게 지각한다. 그러나 체온이 떨어질 때에는 자동적으로 냉담한 생각이 활성화되며 구직자를 냉담하고 친근하지 않은 것으로 지각하는 것이다.

체화 인지와 몸짓 성공적인 목표 달성은 언제 목표를 위해 좋은 것에 접근하고(예컨대, 채소를 먹는 것) 나쁜 것을 피해야 하는지(예컨대, 치즈케이크를 건너뛰는 것)를 알 것을 요구한다. 접근 상황과 회피 상황을 보다 잘 구분할수록, 목표를 달성할 가능성이 높다. 그렇다면 체화 인지 원리는 어떻게 사람들이 그러한 구분을 해내는 것을 도와줄 수 있는 것인가?

한 가지 방법은 몸짓 사용을 통하는 것이다. 여러분이 거리 한 쪽에 서있으며, 친구는 다른 쪽에 서있다고 상상해보라. 만일 친구가 건너오기를 원한다면, 여러분은 어떤 수신호를 사용하겠는가? 만일 친구가 그대로 서있기를 원한다면, 어떤 수신호를 사용하겠는가? 친구가 길을 건너오게 하려면, 아마도 여러분은 손가락이나 손을 여러분 쪽으로 잡아당기는 동작을 할 것이다. 그렇지만 친구를 그대로 서있게 하려면, 아마도 손을 평평하게 펴서는 여러분으로부터 밀어내는 동작을 할 것이다. 따라서 몸짓 방향은 암묵적으로 어떤 것이 다가오거나(즉, 당긴다) 회피하는 것(즉, 민다)을 나타낸다.

연구자들은 어떻게 이러한 유형의 몸짓이 목표지향 행동에 영향을 미치는지에 관심을 기울여왔다. 예컨대, 한 연구에서는 참가자들이 조이스틱을 밀거나 잡아당기면서 표적 인물의 사진을 보았다(Kawakami, Phills, Steele, & Dovidio, 2007). 결과를 보면, 참가자들이 조이스틱을 밀 때보다 당길 때 표적 인물을 더 긍정적으로 평가하였다. 또 다른 연구에서는 사람들이 어떤 제품을 평가하는 동안 팔을 안쪽으로 구부렸을 때 더 호의적으로 판단하였으며, 팔을 바깥쪽으로 뻗었을 때 더 부정적으로 판단하였다(Förster, 2004).

마지막으로, 스피드 데이트(독신 남녀들이 배우자를 찾을 수 있도록 여러 사람들을 돌아가며 잠깐씩 만나보게 하는 행사) 연구는 잠재적 배우자를 향해 걸어갔던 사람이 그대로 앉아있으면서 상대방이 접근하도록 하였던 사람보다 나중에 더 큰 매력을 보고하였다(Finkel & Eastwick, 2008). 종합적으로 볼 때, 이 연구들은 접근 행동과 연합된 신체 운동은 자동적으로 접근 동기를 활성화시킨다는 사실을 보여주고 있다.

그렇다면 몸짓에 관한 이 정보를 목표 달성을 돕는 데 사용할 수 있겠는가? 이 생각을 검증하기 위한 연구에서는 사람들이 건강한 음식 선택지의 이미지(예컨대, 요구르트와 사과)나 건강하지 않은 음식 선택지의 이미지(예컨대, 과자와 감자튀김)를 보는 동안 조이스틱을 당기거나 밀도록 훈련시켰다(Fishbach & Shah, 2006). 훈련이 끝난 후에, 건강식에 대해서는 잡아당기고 비건강식에 대해서는 밀어제치는 훈련을 받았던 사람들이 더 건강한 결정을 내렸다. 이 결과는 사람들의 자동적 연합을 이로운 방식으로 재구성하는 데 체화 인지를 사용할 수 있음을 시사한다.

여러분 자신을 동기화시켜라

창의성을 시도해보라

더 창의적이고 싶은가? 체화 인지가 도와줄 수 있다. 창의성과 신선함은 미래와 연계되는 반면, 전통과 친숙성은 과거와 연계되기 십상이다. 한 연구에서는 시간 진행을 나타내는 움직임(시계방향)이 시간 되돌림을 나타내는 움직임(시계반대방향)보다 창의성과 새로운 자극에 대한 욕구를 더 많이 부추기는지 알아보고자 하였다(Topolinski & Sparenberg, 2012). 이들은 사람들에게 실린더를 시계방향이나 시계반대방향으로 돌리게 한 다음에 경험에 대한 개방성 척도를 실시하였다. 실린더를 시계방향으로 돌린 사람이 시계반대방향으로 돌린 사람보다 개방성 척도에서 더 높은 점수를 받았다. 또 다른 연구에서는 참가자에게 맛있는 젤리빈(겉은 딱딱하고 속은 젤리로 된 콩 모양 과자)이 들어있는 회전판 접시를 제공하였다. 회전판 접시가 시계반대방향으로 돌아갈 때보다 시계방향으로 돌아갈 때 사람들이 독특한 맛이 나는 젤리빈을 선택할 가능성이 44%나 높았다. 따라서 다음에 창의성을 부양시킬 필요가 있을 때에는 손을 시계방향으로 움직이거나 종이 위에 시계방향으로 낙서를 하도록 해보라.

체화 인지와 물리적 경험 방의 밝기나 천장의 높이와 같은 다른 다양한 물리적 경험도 사람들이 생각하고 행동하는 방식을 변화시키는 것으로 밝혀져 왔다.

조명의 측면에서 볼 때, 사람들은 어둠 속에 숨어있을 때 이기적으로 행동할 가능성이 더 크다. 한 연구를 보면, 흐릿한 조명의 방에서 시험을 볼 때, 사람들이 부정행위를 할 가능성이 더 높았다(Zhong, Bohns, & Gino, 2010). 그리고 또 다른 연구에서는 사람들이 선글라스를 썼을 때 더 탐욕스럽게 행동한다는 결과를 얻었다(Zhong et al., 2010).

높이도 창의성에 영향을 미치는 것으로 나타났다. 사람들은 천장이 높은 방에 있을 때 더욱 창의적이다(Meyers-Levy & Zhu, 2007). 그리고 무게는 사람들이 평가하는 방식을 변화시키는 것으로 나타났다. 구체적으로, 평가하는 동안 무거운 클립보드를 들고 있을 때 대상을 중요하거나 가치 있는 것으로 판단할 가능성이 더 높다(Jostmann, Lakens, & Schubert, 2009; Scheider, Rutjens, Jostmann, & Lakens, 2011).

근육 긴장도가 사람들의 자기제어를 변화시키는 것으로 나타났다. 자기제어를 실행하고자 시도할 때, 사람들은 이를 악물거나 주먹을 쥐거나 근육에 힘을 주기 십상이다. 그 역도 참인가? 다시 말해서 근육에 힘을 주는 것이 자기제어를 부양시킬 수 있는가? 이 물음을 검증하기 위한 연구는 이 주장을 지지하는 증거를 찾아냈다(Hung & Labroo, 2011). 예컨대, 한 연구에서는 참가자들이 발뒤꿈치를 들고 앉음으로써 종아리 근육을 긴장시켰을 때 식초를 넣어서 역겨운 맛이 나는 음료수를 더 많이 마실 수 있었다. 또 다른 연구에서는 참가자들이 왼손을 꽉 주먹 쥐고 있을 때 오른손을 차가운 얼음물에 더 오랫동안 집어넣고 있을 수 있었다. 따라서 다음에 의지력을 부양할 필요가 있을 때에는 주먹을 꽉 쥐도록 해보라.

나만의 프로젝트 11.1

체화 인지

이 과제를 위해 여러분의 삶에서 체화 인지 원리를 어떻게 사용할 수 있었는지를 생각해보기 바란다. 여러분의 나만의 프로젝트 목표를 촉진하기 위하여 사용할 수 있었던 체화 인지 기법 하나를 기술해보라.

그 기법이 효과적이라고 생각하는가, 아니면 효과가 없다고 생각하는가? 그 이유는 무엇인가?

11.4.4 다른 사람의 영향

학습목표 : 다른 사람이 어떻게 자동적 목표 추구에 영향을 미칠 수 있는지를 설명한다.

사람은 생래적으로 사회적 존재이기 때문에 사회적 상황이 자동적으로 활성화된 목표의 주요 촉발자로 작용한다는 사실은 이해할만하다. 낯선 사람이든 절친한 친구이든지 간에, 주변 사람들은 동기에 극적인 영향을 미칠 수 있다. 우선 중요한 타인이 어떻게 무의식적 목표를 촉발할 수 있는지를 살펴본다. 그런 다음에 보편적으로 다른 사람이 미치는 영향으로 주의를 돌려보도록 한다.

중요한 타인 배우자나 절친한 친구가 여러분의 체중 감량 목표나 직업 목표에 지지적일수록, 여러분이 성공할 가능성이 더 크다는 사실은 꽤나 자명하다. 그렇지만 새로운 연구들은 중요한 타인이 여러분의 목표 달성을 자동적인 방식으로도 도와준다는 사실을 보여주고 있다(Chartrand, Dalton, & Fitzsimons, 2007; Kraus & Chen, 2009; Rusbult, Finkel, & Kumashiro, 2009; Shah, 2003a, 2003b). 중요한 타인이 여러분의 동기에 영향을 미치는 첫 번째 방식은 연합을 통한 것이다. 자신의 목표를 삶에 존재하는 누군가와 연합시키게 되면, 그 사람을 생각하는 것만으로도 자동적으로 그 목표를 촉발시킬 수 있다.

그렇다면 어떻게 이러한 연합을 형성하는 것인가?

한 가지 방법은 무엇보다도 목표를 추구하는 이유와 관련이 있다. 인정하든 안 하든지 간에, 사람들이 목표를 추구하는 까닭은 소속감 욕구 그리고 다른 사람이 자신을 좋아하게 만들려는 욕구 때문이다. 예컨대, 학생들은 부모가 자랑스럽게 생각하게 만들기 위해서 공부를 잘하고 싶다고 말하기 십상이다(Urdan & Mestas, 2006). 누군가를 즐겁게 하려는 목표를 추구할 때에는 언제나 그 사람을 목표와 연합시키게 된다. 이러한 심적 연계는 시간이 경과하면서 강력해져, 그 사람을 생각하면 자동적으로 목표가 생각나게 된다.

중요한 타인을 생각하는 것이 사람들의 목표지향 행동을 증가시키기에 충분하다는 결과(Fitzsimons & Bargh, 2003)는 이러한 아이디어를 지지해준다. 학기가 시작될 때, '어머니가 자랑스럽게 생각할 수 있도록' 공부를 잘하고 싶거나 그렇지 않은 대학생들을 확인하였다. 몇 달이 지난 후에, 이 학생들이 실험실에 다시 와서 학업성취검사를 받았다. 검사를 받기 전에, 절반의 참가자에게는 어머니 모습을 기술해보도록 요구함으로써, 어머니 생각을 점화하였다. 다른 절반은 어머니와 무관한 것을 기술하였다(즉, 등교할 때 지나가는 길의 모습). 결과를 보면, 어머니 생각으로 점화한 학생이 중립적 사고로 점화한 학생보다 학업성취검사에서 더 우수한 성과를 나타냈지만, 이 효과는 어머니 때문에 공부를 잘하고 싶었던 학생에게서만 나타났다(그림 11.4).

중요한 타인은 또한 그 타인이 여러분에 대해서 가지고 있는 목표를 활성화시킴으로써 동기에 영향을 미칠 수 있다. 앞의 예에서는 다른 사람이 여러분 자신이 가지고 있는 목표를 활성화시켰다. 그렇지만 지금 상황에서는 다른 사람이 여러분에 대해서 가지고 있는 목표를 활성화시키는 것이다. 중요한 타인은 여러분을 위한 목표를 가지고 있기 십상이다. 어머니는 여러분이 좋은 매너를 갖기를 원한다. 아버지는 여러분이 강해지고 홀로 서기를 원하며, 국어 선생님은 여러분이 위대한 소설을 쓰기 원한다. 비록 여러분 자신이 그러한 목표를 가지고 있지 않더라도, 중요한 타인을 생각하는 것은 일시적이나마 여러분이 그 목표를 추구하도록 만들기에 충분하다(Chartrand et al., 2007).

이러한 주장을 검증하기 위하여 참가자에게 언어 유창성 검사를 실시하였다(Shah, 2003a). 검사를 실시하기에 앞서, 참가자에게 이 검사에서 자신이 좋은 성과를 보이기를 원하는 중요한 타인(즉, 친구나 가족)의 이름과 그러한 목표를 가지고 있지 않은 다른 사람의 이름을 제시하도록 요구하였다. 나중에 두 이름 중

그림 11.4 어머니 생각이 점화하는 목표
학업성취검사를 받기 전에 어머니가 자랑스럽게 생각할 수 있도록 만들기 위해서 공부를 잘하고 싶거나 그렇지 않은 대학생들을 어머니 생각이나 중립적 생각으로 점화하였다(Fitzsimons & Bargh, 2003). 어머니 생각으로 점화한 학생들이 더 우수한 성과를 보였지만, 어머니가 자랑스럽게 생각하도록 만들려는 목표를 가지고 있을 때에만 그러하였다.

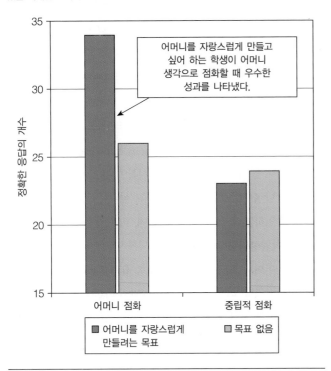

의 하나를 가지고 참가자들을 역치하로 점화하였다. 결과를 보면, 자신이 좋은 성과를 보이기를 원하는 중요한 타인의 이름으로 점화하였을 때 참가자들의 수행이 우수하였다. 후속 연구는 참가자와 그 중요한 타인 간의 친밀성이 그 효과를 조절한다는 사실을 보여주었다(Shah, 2003a). 참가자가 자신이 잘 해내기를 원하는 중요한 타인과 밀접하다고 느낄수록, 그 사람의 이름으로 점화하였을 때 검사 수행이 우수하였다.

목표 전염성 중요한 타인만이 여러분의 목표를 자동적으로 촉발하는 사람은 아니다. **목표 전염성**(goal contagion) 원리에 따르면, 사람들은 다른 사람의 행동을 관찰할 때 그 행동을 자신의 목표에 따라서 해석하는 경향이 있다. 그렇기 때문에 그 목표가 마음속에서 활성화되어 행동을 주도하게 된다(Aarts, Dijksterhuis, & Dik, 2008; Aarts, Gollwitzer, & Hassin, 2004; Dik & Aarts, 2007; Loersch, Aarts, Payne, & Jefferis, 2008). 낯선 사람이 어떤 행동을 수행하는 것을 보는 것만으로도 그 사람의 목표를 마음속에서 자동적으로 활성화시키기에 충분하다.

예컨대, 한 연구에서는 참가자가 휴가를 떠나고 있는 사람에 관한 이야기를 읽었다(Aarts et al., 2004). 절반의 참가자는 농장에 일손을 빌려주기 위하여 휴가를 떠나는 이야기를 읽었던 반면, 다른 절반은 지역사회기관에서 자원봉사하는 이야기를 읽었다. 비록 그 이야기가 돈을 번다는 목표를 명시적으로 언급하지는 않았지만, 참가자들은 첫 번째 시나리오(농장)의 행동을 돈을 벌기 위한 것으로 해석하였다. 그런 다음에 참가자들은 컴퓨터 과제를 수행하였는데, 그 과제를 일찍 끝내면 자유 시간을 활용하여 돈을 벌 수 있는 복권 게임에 참가할 수 있다고 알려주었다. 따라서 컴퓨터 과제를 빨리 마칠수록, 돈을 벌겠다는 동기가 강한 것이었다.

결과를 보면, 다른 사람이 돈을 벌고자 하는 것에 관한 이야기(즉, 농장 시나리오)를 읽은 참가자가 컴퓨터 과제를 더 신속하게 마쳤다. 즉, 돈을 벌겠다는 목표를 가지고 있는 타인을 관찰하는 것이 스스로도 그러한 목표를 채택할 가능성을 증가시켰다. 중요한 사실은 참가자의 실제 재정 상황이 이 효과를 조절하였다는 점이다. 재정적 여유가 있는 참가자는 재정적 결핍상태에 있는 참가자보다 목표 전염성 증거를 보일 가능성이 더 낮았다. 다시 말해서 감기를 옮기듯이 한 사람이 다른 사람에게 목표를 전염시킬 수 있지만, 그 목표가 그 사람의 마음속에 이미 원하는 상태로 존재할 때에만 전염되는 것이다. 따라서 〈배철러(The Bachelor)〉(다수의 여성이 한 남자를 차지하려는 황당무계한 미국 ABC에서 방영한 리얼리티 프로그램)를 시청하는 것이 자동적으로 배우자를 찾아 나서게 만들지 않으며, 〈어프랜티스(The Apprentice)〉(현 미국 대통령인 도널드 트럼프가 진행한 리얼리티 프로그램)를 시청하는 것이 자동적으로 여러분을 탐욕스럽게 만들지는 않는다. 그렇지만 만일 여러분이 이러한 목표를 이미 가지고 있다면, 프로그램 시청이 그 목표를 위해 행동할 가능성을 증가시킬 수 있다.

글쓰기 과제 11.4

실세계에서의 돌발적 촉발자극
지금까지 목표를 자동적으로 촉발할 수 있는 네 가지 방법, 즉 암묵적 이기주의, 카멜레온 효과, 의인화, 그리고 체화 인지를 논의하였다. 이 중에서 하나를 선택하여, 여러분의 삶에서든 뉴스에서든 대중문화(예컨대, 영화, 텔레비전, 책 등)에서든, 그 촉발자극을 예시하는 사례 하나를 제시해보라. 글을 쓸 때에는 그 사례를 기술한 다음에 어떻게 그 사례가 자동적 촉발자극의 하나에 대한 예증을 제공하는지를 기술하라.

11.5 자동적 목표 추구의 결과

학습목표 : 자동적 목표 추구의 결과를 분석한다.

지금까지는 의식적 목표 추구와 무의식적 목표 추구 간에 아무런 차이가 없는 것처럼 보인다. (의식적이든 무의식적이든) 일단 목표가 활성화되면, 원하는 최종 상태로 사람들의 행동을 이끌어간다는 점에서 동일하게 작동하는 것처럼 보인다. 예컨대, 자동적으로 활성화된 목표는 의식적으로 추구하는 목표와 마찬가지로, 장해물과 방해에 직면하는 경우에도 목표 달성에 매달릴 가능성을 증가시킨다(Bargh et al., 2001). 대다수 연구가 의식적 목표와 무의식적 목표는 동일한 방식으로 작동한다는 사실을 시사하고 있지만, 몇 가지 지적할만한 예외도 존재한다(Gollwitzer, Parks-Stamm, & Oettingen, 2009).

▽ **이 절이 끝날 무렵에 여러분은 다음에 답할 수 있을 것이다.**

11.5.1 무의식적 목표의 정서 효과를 설명한다.
11.5.2 무의식적 목표의 자기제어 효과를 설명한다.
11.5.3 무의식적 목표의 수행 효과를 설명한다.

11.5.1. 무의식적 목표의 정서 효과

학습목표 : 무의식적 목표의 정서 효과를 설명한다.

전형적으로 사람들은 성공할 때 긍정 정서를 경험하고 실패할 때 부정 정서를 경험한다. 그렇다면 추구하고 있는지조차 알지 못하였던 목표에 성공하거나 실패할 때에는 어떤 일이 일어나겠는가? 여전히 동일한 정서적 오르내림을 경험하겠는가? 아니면 마치 목표를 추구하지도 않았던 것처럼 느끼겠는가?

무의식적 목표가 정서에 영향을 미치는지를 검증하기 위하여, 한 연구에서는 우선 절반의 참가자를 성취 목표로 점화시킨 다음에, 모든 참가자에게 영문자들을 재배열하여 단어를 만들어야 하는 애너그램 과제(예컨대, BBYA를 BABY로 재배열한다)를 실시하였다(Chartrand & Bargh, 2002). 절반의 참가자는 과제에서 성공하였다고 느끼기에 충분한 쉬운 과제 목록을 받았다. 다른 절반은 과제에서 실패하였다고 느끼기에 충분한 어려운 과제 목록을 받았다. 최종적으로 모든 참가자는 자신의 기분을 보고하였다.

결과를 보면, 성취 목표로 점화한 참가자는 어려운 조건보다는 쉬운 조건에서 기분이 더 좋았다. 점화하지 않은 참가자는 두 조건에서 기분의 차이를 보이지 않았다. 이 결과는 무의식적으로 목표를 추구하는 경우에도 성공할 때 기분이 좋고 실패할 때 기분이 나쁘다는 사실을 시사한다.

무의식적 목표 추구가 초래하는 기분이 독특한 까닭은 사람들이 그 기분을 경험할 때 왜 그런 것인지 이유를 알지 못하기 때문이다. 정상적으로는 성공할 때 기분이 좋으며, 좋은 기분을 성공적인 수행에 귀인한다(예컨대, "나는 체중을 1kg 감량하였기에 기분이 좋다."). 그렇지만 추구하고 있다는 사실을 알지 못하는 목표에 성공할 때에는 기분이 좋기는 하지만 그 이유를 알지 못한다.

기분 출처에 관한 모호성은 그러한 기분을 종종 **불가사의 기분**(mystery mood)이라고 부르는 까닭을 설명해준다(Chartrand, Cheng, Dalton, & Tesser, 2010; Leander, Moore, & Chartrand, 2009). 갑자기 기분이 좋거나 나쁜 이유를 확신할 수 없기 때문에, 그 불가사의 기분의 원인을 엉뚱한 다른 출처에 잘못 귀인할 가능성이 크다.

(정서와 같은) 특정 경험의 원인을 엉뚱하게 다른 출처 탓으로 돌리는 이러한 경향성을 **오귀인**(misattribution)이라고 부른다. 따라서 자신의 정서를 오귀인할 때, 사람들은 실제 원인이 아닌 다른 어떤 것이 자신을 행복하거나 슬프게 만들었다고 잘못 생각하게 된다(Schachter & Singer, 1962). 다시 말해서, 사람들이 무의식적 목표에 성공할 때, 자신의 긍정적인 불가사의 기분을 예컨대 함께 너스레를 떨고 있는 섹시한 바텐더나 라디오에서 흘러나오는 새로운 노래와 같은 다른 어떤 것에 귀인할 가능성이 있다. 그리고 무의식적 목표에 실패할 때에는 부정적인 불가사의 기분을 성가시게 구는 실험협조자나 다가오는 수학 시험 탓으로 돌릴 가능성이 있다.

11.5.2 무의식적 목표의 자기제어 효과

학습목표 : 무의식적 목표의 자기제어 효과를 설명한다.

목표 추구는 상당한 자기제어를 요구하는데, 자기제어 자원은 제한되어 있기 때문에 쉽게 고갈되고 성과는 떨어지게 된다(Baumeister, Bratslavsky, Muraven, & Tice, 1998; Muraven, 2012). 이러한 고갈 효과가 의식적 목표에서 발생하는 것으로 밝혀졌다고 하더라도, 목표 추구가 무의식적일 때에는 어떤 일이 일어나겠는가?

이 물음에 답하기 위하여 연구자들은 참가자에게 혐오적인 비디오를 시청하게 한 후에, 다음과 같은 처치를 가하였다.

1. 자신의 정서를 억누르도록 명시적으로 지시하였다(의식적 목표 집단).
2. 정서 억압의 개념으로 역치하 점화하였다(무의식적 목표 집단).
3. 아무런 지시도 주지 않았다(통제집단).

그런 다음에 모든 참가자는 자기제어 척도에 응답하였다. 정서를 억압하도록 명시적으로 지시한 집단이 아무런 지시도 주지 않은 통제집단보다 자기제어 수행이 저조하였다는 결과는 고갈 효과와 일치하는 것이었다(Vohs, 2007; Chartrand, Dalton, & Cheng, 2008에서 인용). 혐오적인 비디오를 시청하는 동안 정서를 의식적으로 억압하고자 시도하는 과정에서 자기제어 자원을 많이 사용하였기에 두 번째 과제에 가용한 자원이 거의 남아있지 않았기 때문이다.

그렇다면 무의식적 목표 집단의 경우는 어떠한가?

흥미롭게도, 이들의 수행은 다른 두 집단의 중간 수준이었다. 즉, 의식적 목표 집단보다는 우수하였지만 통제집단보다는 열등하였다. 이 결과는 무의식적 목표를 추구하는 것이 자기제어 자원을 필요로 하지만, 의식적 목표를 추구할 때만큼 많은 자원을 요구하는 것은 아니라는 사실을 시사한다.

다른 연구에서는 무의식적 목표가 실제로 자기제어 체계를 강제 동원하여 의식적 목표보다도 더 많은 자원을 사용할 수 있다는 결과를 찾아냈다(Marien, Custers, Hassin, & Aarts, 2012). 따라서 여러분이 유달리 피곤하다고 느끼는 날에는 무의식적 목표가 활성화되어 그 목표를 달성하기 위해 에너지를 몰래 사용하고 있기 때문일 수도 있다.

11.5.3 무의식적 목표의 수행 효과

학습목표 : 무의식적 목표의 수행 효과를 설명한다.

앞서 주의 병목 모형의 논의에서 여러분은 의식적 마음이 한 번에 오직 적은 양의 정보만을 처리할 수 있다는 사실을 공부하였다. 그렇지만 무의식적 마음은 상당한 양의 정보를 처리할 수 있다(칵테일파티 효과가 보여주는 것처럼 말이다). 목표가 단지 몇 가지 선택지나 속성에만 주의를 집중할 것을 요구할 때에는 의식적 마음이 그 과제를 수행하기에 적합하다. 그렇지만 목표가 수많은 선택지나 속성에 주의를 요구할 때에는 무의식적 마음이 더 잘 해낼 수 있다.

의식적 마음과 무의식적 마음 중에서 어느 것이 선택지가 많은 과제에 더 적합한지를 알아보기 위하여 많은 연구를 수행하였다. 예컨대, 네 대의 자동차 중에서 하나를 선택하는 상황을 생각해보자. 참가자에게 네 대의 가상적인 차를 제시하는데, 각각의 차는 네 가지 속성(연비, 승차감, 트렁크 크기, 음향 시스템)에서 차이를 보인다(Dijksterhuis, Bos, Nordgren, & van Baaren, 2006).

- 한 대는 오직 한 가지 긍정적 속성만을 가지고 있다(예컨대, 나쁜 연비, 나쁜 승차감, 작은 트렁크, 좋은 음향 시스템. 25%의 긍정적 속성).
- 두 대는 두 가지 긍정적 속성을 가지고 있다(50%의 긍정적 속성).
- 나머지 한 대는 세 가지 긍정적 속성을 가지고 있다(예컨대, 좋은 연비, 좋은 승차감, 작은 트렁크, 좋은 음향 시스템. 75%의 긍정적 속성).

마지막 선택지가 나머지보다 우수한 것은 명백하기 때문에, 연구자들은 사람들이 올바른 선택지를 확인해내는 데 얼마나 유능한지를 알아보고자 하였다. 의식적 사고 조건에서는 참가자에게 몇 분 동안 선택지에 대해서 생각해본 다음에 선호하는 것을 선택하도록 요구하였다. 무의식적 사고 조건에서는 몇 분 동안 다른 과제(예컨대, 애너그램 과제)를 수행한 다음에 선택하였다. 결과를 보면, 의식적 사고 조건 참가자들(55%)이 무의식적 사고 조건 참가자들(40%)보다 정확한 선택지를 선택할 가능성이 더 높았다. 따라서 의식적 사고는 사람들이 더 좋은 결정을 하도록 도와준다. 그렇지 않은가?

이제 한 대는 25%, 두 대는 50%, 나머지 한 대는 75%의 긍정적 속성을 가지고 있다는 점에서는 동일하지만, 고려해야 할 속성이 4가지에서 12가지로 증가하였다고 해보자. 선택 상황이 복잡해진 것이다. 결과를 보면, 의식적 사고 조건 참가자들이 정확한 선택지를 선택할 가능성은 20%를 약간 상회하는 반면, 무의식적 사고 조건 참가자들의 정확도는 60%에 달하였다. 선택 상황이 단순할 때에는 의식적으로 따져보는 것이 우수한 선택으로 이끌어간 반면, 상황이 복잡해지면 의식적 사고가 오히려 방해가 된 것이다.

한 대의 자동차를 선택하는 것이 아니라 각 자동차에 대한 태도의 경우는 어떨까? 태도의 경우에도 결과는 마찬가지이다. 단순 상황에서는 의식적 사고 조건 참가자가 각 자동차의 자질을 더 정확하게 평가하였지만, 복잡 상황에서는 무의식적 사고 조건 참가자의 평가가 훨씬 더 우수하였다.

사람들이 실제로 상점에서 제품을 구매하는 경우 그 제품에 대한 만족도에서도 동일한 결과가 나타났다. 가구와 같이 복잡한 제품을 선택할 때에는 의식적으로 많은 속성들을 따져보고자 할수록 그 제품에 만족하지 못하는 반면, 주방용품이나 화장실 용품과 같이 단순한 제품을 선택할 때에는 의식적으로 따져볼수록 그 제품에 만족하였다. 요컨대, 단순한 제품의 경우에는 의식적 사고자가 더 좋은 선택을 하는 반면에, 제품이 복잡한 것일수록 무의식적 사고자가 더 좋은 선택을 하게 된다.

이 연구들은 때때로 무의식적 마음에 의존해서 육감에 따라 판단하는 것이 더 좋으며, 특히 복잡한 결정에 직면할 때 그렇다는 사실을 알려준다(Dijksterhuis, 2004). 따라서 어려운 결정사항이 있을 때에는 지나치게 생각하지 말라. 오히려 잠을 청하거나, 다른 일을 하면서 여유를 가질 것을 고려하라. 그렇게 함으로써 무의식적 마음을 자유롭게 만들어서 더 좋은 결정을 하도록 만들 수 있다. 프로이트가 다음과 같이 말한 것은 옳았던 것 같다.

"나는 중요성이 떨어지는 결정을 할 때에는 모든 장점과 단점을 고려하는 것이 이롭다는 사실을 언제나 발견하였다. 그렇지만 배우자나 직업을 선택하는 것과 같은 중요한 문제에서는 자신의 내부 어디에선가 무의식적으로 결정을 내려야만 하였다"(Reik, 1948).

글쓰기 과제 11.5

언제 무의식적 마음이 우월한 것인가?

지금까지 선택지가 많을 때에는 어떻게 무의식적 마음이 우수한 결정으로 이끌어가는 것인지를 보여주는 연구들을 논의하였다. 무의식적 마음이 의식적 마음보다 더 우수한 선택이나 수행으로 이끌어갈 수도 있는 다른 상황에는 어떤 것이 있겠는가? 이 물음에 답할 때, 그러한 경우가 될 것이라고 생각하는 상황을 적어도 한 가지 제시하고, 무의식적 마음이 더 우수한 결과를 초래하는 이유를 입증하는 구체적인 사례를 하나 제시해보라.

11.6 목표를 자동화하기

학습목표 : 구현 의도가 어떻게 목표를 자동화시키는지를 설명한다.

목표를 무의식적인 것으로 만들면 확실하게 이점이 있다. 그렇기 때문에 동기 연구자들은 목표를 자동화시킬 수 있는 방법들을 찾아내고자 시도하고 있다. 그러한 한 가지 전략은 적절한 상황에 처할 때 그 목표를 자동적으로 활성화시키는 구현 의도를 형성하는 것이다(Gilbert, Gollwitzer, Cohen, Oettingen, & Burgess, 2009; Gollwitzer & Sheeran, 1996).

구현 의도를 형성하는 것이 사람들로 하여금 자동적으로 목표에 매달리고 유혹을 피하도록 도와주는지를 검증하기 위하여 라이든과 동료들(Lydon, Menzies-Toman, Burton, & Bell, 2008)은 그러한 구현 의도가 남자들로 하여금 자동적으로 배우자에게 더 충실하도록 만들어줄 수 있는지 살펴보았다. 이 실험을 이해하기 위하여, 우선 다음 시나리오를 상상해보라. 행복한 결혼생활을 영위하는 남자 제러미가 어느 날 저녁에 술집에 있는데, 눈부시게 아름다운 여성이 다가와서 추파를 던지기 시작한다. 제러미는 자신이 예기치 않은 상황에 처했음을 알아차린다. 그는 부인을 사랑하며 그녀에게 충실하고자 원하지만, 동시에 지금 마주하고 있는 유혹이 꽤나 강력하다. 제러미가 자신의 결혼생활을 보호하고 그러한 유혹에 저항할 가능성을 증가시키기 위하여 할 수 있는 일이 있는가? 믿기 어렵겠지만, 사전에 구현 의도를 형성하는 것과 같이 간단한 작업이 제러미로 하여금 그러한 위협으로부터 부부관계를 보호하도록 도와줄 수 있다.

라이든과 동료들(2008)은 실험협조자, 심적 시뮬레이션, 가상현실 등의 방법을 사용하여 매력적인 이성과 새로운 관계를 형성할 가능성이 현재 부부관계에 대한 생각과 의도에 미치는 효과를 검증하였다. 그 결과, 남성은 매력적인 이성과의 관계 가능성을 현저하게 만들면 부인의 일탈행위에 대한 관용성이 감소하는 반면, 여성은 관용성이 오히려 증가하였다. 남성은 매력적인 이성에 직면할 때 현재의 관계를 방어하고 보호하려는 동기가 약한 반면, 여성은 매력적인 이성의 접근을 현재 관계에 대한 위협으로 받아들여 현재 관계를 방어하고 보호하려는 의지가 증가하게 된다. 다시 말해서 여성의 경우에는 매력적인 이성의 등장이 위험하다는 생각과 현재 관계에 충실해야겠다는 생각을 활성화시키지만, 남성의 경우에는 그렇지 않다는 것이다. 그렇지만 남성도 다양한 문장완성과제를 수행함으로써 "만일 현재 관계가 위협받는다면, 그렇다면 그 관계를 보호한다."라는 구현 의도를 점화하게 되면, 여성과 마찬가지로 매력적인 이성의 등장을 관계 위협으로 받아들이고, 현재 관계를 보호하려는 행동을 나타내게 된다.

글쓰기 과제 11.6

목표를 자동화하기

구현 의도를 형성하는 것이 목표를 자동화하는 한 가지 방법이지만, 여러분이 사용할 수 있는 다른 전략들이 있을 수 있다. 신체적으로 더욱 활동적이 되려는 목표를 생각해보라. 이 목표를 가지고 있는 누군가가 자신의 목표를 더욱 자동적인 것으로 만들기 위해서 할 수 있는 두세 가지 작업을 기술하고, 이 전략이 어째서 목표 달성에 이로울 수 있다고 생각하는지를 설명해보라.

나만의 프로젝트 11.2

여러분의 목표를 자동화하라

믿기 어렵겠지만, 사람들이 자신의 목표에 실패하는 핵심 이유 중의 하나는 무엇보다도 시작해야 한다는 사실을 망각하는 것이다. 예컨대, 한 연구는 유방암 자가검사를 받겠다고 의도하였지만 실패하였던 여성의 70%가 그 사실을 망각하였기 때문이라고 진술한다는 사실을 찾아냈다(Milne, Orbell, & Sheeran, 2002). 나만의 프로젝트 목표의 수행을 망각하지 않기 위해서, 여러분의 목표를 보다 자동적인 것으로 만들 수 있는 세 가지 방법을 기술해보라. 여러분이 자신의 환경에 배치할 수 있으며, 목표를 자동적으로 점화시키는 대상들을 생각해보라(예컨대, 화장실 거울에 적어 놓은 메모).

요약 : 자동적 동기

11.1 무의식적 영향

- 칵테일파티 효과란 사람들이 특정 대화에 주의를 집중하면서 동시에 배경 대화를 걸러내고 처리하는 경향성을 말한다. 이 효과는 마음이 어떻게 의식적 정보처리와 무의식적 정보처리를 모두 사용하는 것인지를 예증한다.

- 근본적 귀인 오류에 따르면, 사람들은 어떤 사람의 행동을 설명할 때, 그 사람의 힘을 과대 추정하며 상황의 힘을 과소 추정하는 경향성을 가지고 있다. 이러한 경향성으로 인해서, 사람들은 어떻게 상황이 자동적으로 자신의 동기에 영향을 미치는 것인지를 깨닫지 못하기 십상이다.

- 프로이트는 무의식적 마음을 공식적으로 연구한 최초의 심리학자였다.

- 주의 병목 모형에 따르면, 의식적 마음은 한 번에 소량의 정보만을 처리할 수 있다.

11.2 마음의 의식체계 대 무의식체계

- 이중과정 마음 접근에 따르면, 인간 마음은 두 가지 심적 체계로 구분된다. 자동체계는 무의식적이며, 빠르고, 습관적이며, 동시에 다중 과제에 대처할 수 있다. 통제체계는 의식적이며 느리고, 자원을 필요로 하며, 한 번에 한 과제만을 처리할 수 있다. 그렇지만 통제체계는 유연하며, 새롭거나 복잡한 과제에 대처할 수 있도록 구조화되어 있다.

- 자동체계는 두뇌 안쪽에 자리하는 반면(예컨대, 기저신경절), 통제체계는 바깥쪽 영역에 자리한다(예컨대, 전전두피질).

- 자동체계는 동시에 다중 과제를 처리하도록 구조화되어 있다.

- 자동체계는 통제체계보다 심적 자원을 덜 사용한다.

- 통제체계는 새로운 자극에 대처할 수 있도록 유연하게 구조화되어 있다.

- 통제체계는 상위 수준 반응과 결정에 더 적합하게 구조화되어 있다.

11.3 자동-동기 모형

- 자동-동기 모형에 따르면, 목표는 자동적으로 활성화될 수 있으며, 일단 활성화되면 목표를 달성할 때까지 사람들의 행동을 무의식적으로 주도할 수 있다.

- 의미망 모형은 사람들의 사고가 연결되어 있어서, 두뇌에서 한 개념의 활성화가 다른 관련된 개념들도 활성화시키게 된다고 주장한다.

- 점화란 환경자극에 의한 심적 표상의 수동적 활성화를 의미한다.

- 점화는 역치하일 수도 있고(즉, 점화가 의식적 자각을 넘어서서 일어난다) 역치상일 수도 있다(즉, 사람들이 점화자극을 의식적으로 자각하지만 반응에 대한 그 영향력을 자각하지 못한다).

- 한 행동을 상황 단서에 자동적으로 연계시킬수록, 그 행동을 무의식적으로 수행하기가 용이해진다.

- 자동적 목표 활성화가 일어나려면, 목표가 마음에 이미 존재해야만 하며, 그 목표를 적용 가능한 것으로 만들어주는 상태에 놓여있어야만 한다.
- 반작용 제어 이론은 유혹이 그 유혹의 가치를 자동적으로 낮추는 반작용 전략을 촉발시킴으로써 핵심 목표를 향해 나아가려는 동기를 유지시킨다고 주장한다.
- 이러한 제어 전략은 (1) 자기효능감이 높은 사람, (2) 중요한 목표, 그리고 (3) 목표에 깊이 몰입하고 있는 사람에게서 발생할 가능성이 더 높다.

11.4 자동적 목표 추구의 돌발적 촉발자극

- 암묵적 이기주의란 자신을 생각나게 만드는 사람, 장소, 대상 등을 무의식적으로 좋아하는 경향성을 말한다. 연구결과를 보면, 사람들은 자신의 이름과 유사한 이름을 가지고 있는 사람과 데이트하거나, 직업을 선택하거나, 지역으로 이사할 가능성이 더 높다.
- 카멜레온 효과란 상호작용하고 있는 상대방의 행동을 미묘하고도 무의식적으로 흉내 내는 경향성을 말한다. 연구결과를 보면, 사람들은 자신의 행동을 흉내 내는 사람과 어울리기를 좋아한다.
- 거울뉴런은 유기체가 어떤 행동을 할 때뿐만 아니라 다른 유기체가 동일한 행위를 수행하는 것을 관찰할 때에도 활동하는 두뇌 뉴런이다. 거울뉴런은 카멜레온 효과가 어떻게 진화했는지를 설명하는 데 도움을 준다.
- 의인화는 인간과 같은 특징을 인간이 아닌 대상에게 부여하는 경향성을 말한다. 의인화로 인해서 동물과 무생물이 자동적으로 무의식적 목표를 활성화시킬 수 있다.
- 체화 인지란 신체 변화가 마음의 변화를 초래하는 경향성을 말한다.

- 체온이 따뜻할 때에는 자동적으로 마음에서 따뜻한 생각을 활성화시키며, 그에 따라서 다른 사람을 따뜻하고 친절한 것으로 지각한다.
- 접근 행동과 연합된 신체 움직임(예컨대, 잡아당기기)을 수행하는 것은 자동적으로 접근 동기를 활성화시키는 반면, 회피와 연합된 움직임(예컨대, 밀기)은 자동적으로 회피 동기를 활성화시킨다.
- 조명, 천장 높이, 근육 수축은 모두 체화 인지를 통해서 사람들의 반응에 영향을 미치는 것으로 밝혀졌다.
- 목표를 삶에서 중요한 타인과 연합시키게 되면, 그 사람을 생각만 해도 자동적으로 그 목표를 촉발시킬 수 있다.
- 목표 전염성에 따르면, 누군가의 목표지향 행동을 관찰하는 것이 관찰자 내에서도 동일한 목표를 활성화시킬 수 있다.

11.5 자동적 목표 추구의 결과

- 대부분의 경우에 자동적 목표는 의식적 목표와 같이 작동하지만, 몇 가지 예외가 존재한다.
- 자동적 목표를 달성하거나 실패할 때, 사람들은 그 정서의 출처를 확신하지 못한다. 이러한 불가사의 기분은 자동적 목표가 초래하는 정서를 엉뚱한 출처로 잘못 귀인할 가능성을 증가시킨다.
- 무의식적 목표도 자기제어 자원에 의존하지만, 의식적으로 추구하는 목표보다 더 적은 자원을 요구한다.
- 과제가 상당히 많은 선택지를 수반할 때 무의식적 처리가 더 우수한 성과로 이끌어간다.

11.6 목표를 자동화하기

- 구현 의도를 형성하는 것은 사람들이 적절한 상황에 처하게 될 때, 목표를 자동적으로 활성화시킬 가능성을 높여준다.

글쓰기 과제 11.7

무의식적 마음에 관한 연구를 평가하기

프로이트 시대 이래로, 과학자들은 무의식적 마음을 연구하는 데 신중을 기해왔다. 도대체 사람들이 자각하지 못한다고 생각하는 것을 어떻게 연구하겠는가? 그렇지만 이 장이 예증하고 있는 바와 같이, 지난 수십 년에 걸쳐 무의식 연구에서 커다란 진보가 이루어졌다. 여러분이 공부한 것에 근거할 때, 과학자들이 엄격하고도 객관적인 방식으로 무의식적 마음을 적절하게 연구할 수 있다고 생각하는가? 아니면 무의식적 마음은 너무나 추상적이어서 엄격한 실험적 검증의 대상이 될 수 없다고 생각하는가? 이 물음에 답할 때, 여러분의 주장을 지지하는 증거나 사례를 반드시 제시하도록 하라.

12 정서

리사 노와크 이야기

리사 노와크는 여섯 살이었을 때, 아폴로 11호가 달에 착륙하는 장면을 텔레비전에서 목격하고는 이다음에 커서 우주인이 되겠다고 결심하였다. 수많은 어린이가 이다음에 크면 우주인이 되겠다고 다짐하지만, 리사는 실제로 우주인이 되었다. 29세가 되었을 때, 그녀는 항공공학 석사학위를 가지고 있었으며 해군 비행장교였다. 4년 후에 리사는 로봇공학 우주선 탑승 운용 기술자로 NASA(미국항공우주국)에 합류하였다. 43세가 되었을 때, 리사는 국제 우주정거장 승무원으로 스페이스 셔틀 디스커버리에 탑승함으로써 자신의 꿈을 완벽하게 달성하였다. 그렇지만 모든 업적에도 불구하고, 리사 노와크가 우주인으로 활동하였기 때문에 유명한 것은 아니다. 사람들이 그녀 이름을 기억하는 것은 2007년 2월 5일 발생한 불행한 사건 때문이다.

그 당시 기혼자였던 리사는 동료 우주인 윌리엄 외펠리엔과 2년 동안 바람을 피웠다. 그런데 2006년 말에 윌리엄은 관계를 끊어버렸고, 남편도 그녀와 이혼해버렸다. 설상가상으로 헤어진 지 몇 주가 지나기도 전에 윌리엄은 플로리다 공군기지에서 근무하는 엔지니어 콜린 시프먼이라는 새로운 여자와 데이트를 시작하였다. 삶에서 그녀가 많은 것을 성취하도록 이끌어왔던 경쟁적이고 완벽주의적인 기질이 갑자기 그녀를 제어할 수 없는 소용돌이로 몰아넣었다. 질투심과 분노에 휩싸인 그녀는 콜린을 제거하고 윌리엄을 되찾겠다는 위험천만한 계획을 세웠다. 2007년 2월 5일 밤, 리사는 고무장갑, 권총, 20cm 칼, 최루액 분사기, 망치, 플라스틱 쓰레기봉투,

가발과 트렌치코트를 가방에 챙겨 넣고는 텍사스 휴스턴에서 플로리다까지 1,500km를 운전하였다. 심지어 그녀는 운전하는 동안 화장실에 가기 위해 정차하는 시간을 아끼려고 성인용 기저귀까지 착용하였다.

플로리다에 도착하였을 때, 그녀는 콜린 시프먼이 윌리엄을 만난 후 되돌아올 것으로 알고 있는 비행장으로 갔다. 그녀는 수하물 수취장소에서부터 주차장까지 뒤쫓아 가서, 콜린이 자동차에 타려고 하는 순간 뒤에서 달려들어 낚아채려고 하였다. 그렇지만 콜린도 빨랐다. 차로 뛰어 들어가서는 즉시 자동차문을 잠갔다. 광분한 리사는 울면서 자신이 위험에 처했으며 차편이 필요하다고 말하면서, 창문을 두드리기 시작하였다. 걱정이 된 콜린이 창문을 조금 내렸지만, 리사는 최루액 분사기를 준비하고 있었다. 차 안으로 스프레이를 뿌려댔지만, 콜린은 자동차 기어를 올리고는 입구 근처의 주차장 관리실까지 내달았다. 관리인이 즉각 경찰을 불렀고, 잠시 후 경찰이 도착하여 가까운 쓰레기통에 공구가방을 집어던진 리사를 체포하였다. 마침내 리사는 유괴와 폭행을 시도한 죄명으로 체포되었다. 리사가 처음에는 무죄 탄원서를 제출하였지만, 결국에는 다소 경미한 범죄가 인정되어 복역한 후에 2009년 풀려나왔다.

꽤나 목표지향적이며 자신의 전문직에서 성공한 여성이 어떻게 개인 삶에서는 그토록 비이성적일 수 있었는가? 문자 그대로 하늘로 비상하였던 사람이 어떻게 광기의 심연으로 추락할 수 있는 것인가? 많은 요인들이 리사의

행동을 이끌어갈 수 있었겠지만, 1차 요인은 그녀의 정서였다. 리사는 항상 경쟁적이고 야심 찬 사람이었다. 그녀를 해군사관학교에서 선두에 서게 만들고 나중에 미국 우주 프로그램에서 몇 안 되는 여성 우주인의 한 사람으로 NASA에 합류하게 만들어준 것도 바로 이것이었다. 그렇지만 자신의 욕망을 다시 채울 수 없게 되었을 때에는 항상 1등이 되겠다는 욕구가 위험천만

한 광분상태로 몰아가고 말았던 것이다. 이렇듯 리사 노와크 이야기는 정서가 동기의 강력한 원천이 될 수 있음을 알려준다. 항상 나쁜 것은 아니라고 하더라도, 정서는 자신과 주변 사람에게 해로운 행동을 하도록 이끌어갈 수 있는 것이다.

이 장에서는 정서란 무엇인지, 동기에 그토록 강력한 영향을 미치는 이유는 무엇인지, 그리고 정서가 사람들을 올바른 길로 이끌어간다고 어떻게 확신할 수 있는지를 살펴본다.

12.1 정서란 무엇인가

학습목표 : 정서, 감정, 기분을 구분한다.

정서는 불가분하게 동기와 연계되어 있다. 실제로 'emotion(정서)'이라는 용어는 애초에 라틴어 *emovere*에서 유래한 것으로, '밖으로 나가다' 또는 (마음을) 뒤젓는다는 의미를 가지고 있다. 이러한 움직임이나 행위는 'motion'이라는 단어가 'emotion'에 포함되어 있는 이유를 설명해준다. 용어의 선택은 정서가 사람을 움직이게 하거나 행동하도록 이끌어간다는 사실을 시사한다. 아무튼 정서는 동기와 오래되고도 격동적인 관계를 가지고 있다 (Bain, 1859; James, 1884; McCosh, 1880).

그렇지만 정서의 모든 측면이 의식적으로 경험되는 것은 아니다. 특정 대상이나 사건을 향한 무의식적인 평가 행위를 기술하는 데에는 **감정**(affect)이라는 용어를 더 자주 사용한다(Baumeister, Vohs, DeWall, & Zhang, 2007; Russell & Carroll, 1999). 감정과 정서의 기본 차이는 감정이 신속하게 일어나는 반면에 정서는 시

간이 걸린다는 점이다. 여러분이 무엇인가를 접할 때, 그것을 좋아하거나 좋아하지 않은 어떤 것으로 범주화하여 긍정적이거나 부정적인 감정을 초래하는 데에는 단지 몇 밀리초(1/1000초)가 필요할 뿐이다(Goleman, 1995).

이 시점에서 여러분은 "그렇다면 기분은 어떤 것인가?" 하고 궁금해할 수 있다. 대화를 할 때, 사람들은 자신의 '기분이 좋거나 나쁘다'고 말하기 십상이며, 기분은 정서나 감정과 몇 가지 자질을 공유한다. 그렇지만 많은 연구자는 기분을 별도의 구성체로 간주한다. 기분을 정서나 감정과 분리시키는 기본 차이점은 **기분**(mood)이 특정 사물이나 사건과 명백하게 연계되지 않은 일반적인 감정 상태라는 점이다(표 12.1). 사람들이 특정 표적에 대해서는 정서나 감정을 느끼는 반면에("나는 우리 집 개를 사랑해." 또는 "나는 브로콜리를 싫어해."), 기분이 좋거나 나쁜 이유는 실제로 모르기 십상이다. 아무런 이유도 없이 그저 기분이 나쁘거나 좋은 것이다.

동기 연구자들이 연구하는 주제 중에서, 아마도 정서가 상당한 의견 불일치를 초래한 대표적인 주제일 것이다. 그 이유가 무엇이겠는가? 이러한 불일치에 대한 1차적 이유는 정서를 기술하는 데 사용하는 언어표현과 관계가 있다. 역사적으로 철학자, 연구자, 심리학자들은 오늘날 정서라고 부르는 것을 기술하는 데

표 12.1 정서, 감정, 기분 간의 차이점

다음 표는 정서, 감정, 기분 간의 차이점을 요약한 것이다.

용어	설명	사례
정서	특정 대상이나 사건에 대한 의식적인 평가적 반작용	대리언은 부팀장 직에 응모한 세 후보자를 면접하고 있다. 처음 2명은 인상적이지 않았지만, 마지막 후보자를 만났을 때, 그가 똑똑하고 전문적이며 친근한 사람이어서 즉각적으로 좋아하게 되었다.
감정	특정 대상이나 사건에 대한 무의식적인 평가적 반작용	제이슨이 소개팅에서 애슐리를 만났을 때, 즉각적으로 그녀를 좋아하지 않았다. 그 이유를 설명할 수는 없지만, 그녀가 자신에게 어울리지 않는다는 느낌을 받았다.
기분	특정 대상이나 사건과 명확하게 연계되지 않는 일반화된 감정 상태	마티나가 점심시간에 친구를 만났을 때, 즉각적으로 쏘아붙였다. 그 친구가 공격적인 어떤 행동을 한 것은 아니었지만, 마티나는 하루 종일 짜증이 났다.

다양한 용어들을 사용해왔다. 예컨대, 17세기에는 '정념(passion)'이라는 용어를 선호하였지만, 18세기에는 '정조(sentiment)'라는 용어를 선호하였다(Shand, 1907). 사태를 더욱 복잡하게 만든 것은 때때로 정조와 정념을 상호 교환적으로 사용하였지만, 다른 때에는 원초적이고 폭력적인 정서(예컨대, 격노)를 기술하는 데 정념을 사용한 반면, 차분하고 회고적인 정서(예컨대, 호기심)를 기술하는 데에는 정조를 사용한 것이다. 용어 사용이 명확하지 않음으로 인해서 정서 이론가들 사이에서 극심한 혼란과 적대감이 초래되었다.

또 다른 이유는 정서를 정의하기가 쉽지 않다는 데 있다. 굳이 정의를 내린다면, 정서란 강력한 심적 활동과 상당한 정도의 쾌나 불쾌의 특징을 나타내는 의식적 경험이라고 할 수 있다. 그런데 정서는 기분, 기질, 성격 특질, 성향, 동기 등과 뒤얽혀 있기 십상이며, 인지도 정서의 중요한 측면이다. 정서를 유발하는 사건을 해석하기 위해서는 심정 과정이 필수적이기 때문이다. 또한 정서는 사람들의 행동에 영향을 미치는 신체 변화와 심리 변화를 초래하는 감정 상태로, 주관적 경험, 인지 과정, 표출행동, 심리생리적 변화 등을 포함한 복잡한 구성체이다. 연구자에 따라서 어느 측면을 강조하는지에 따라 정서를 상이하게 정의해왔다. 예컨대, 윌리엄 제임스는 정서를 주관적 경험으로, 행동주의자는 조작행동으로, 생리심리학자들은 심리생리적 변화로 정의하기도 하였다. 오늘날에는 정서가 이 모든 성분을 포함하는 것으로 간주하는 것이 보편적이기는 하지만, 여전히 연구자마다 상이한 정의에 의존하고 있는 것이 현실이다. 모든 입장을 아우를 수 있는 보편적 정의를 내린다면, 정서란 '특정 패턴의 생리적 활동을 수반한 긍정적이거나 부정적인 경험'이라고 할 수 있겠다.

글쓰기 과제 12.1

정서를 과학적으로 연구할 수 있는가?

몇몇 과학자는 정서가 추상적이고 주관적이기 때문에 과학적으로 연구할 수 없다고 믿고 있다. 다른 과학자들은 이에 동의하지 않는다. 그렇다면 여러분은 어떻게 생각하는가? 정서는 너무나도 주관적인가? 즉, 행복이나 슬픔과 같은 정서 경험은 사람마다 다른 것인가? 아니면 정서에는 상당한 객관적인 유사성이 있어서 과학적으로 연구할 수 있는 것인가? 답을 작성할 때에는 여러분의 주장을 지지하는 증거나 구체적인 사례를 제시해보라.

12.2 무엇이 정서를 야기하는가

학습목표 : 사고, 정서, 행동 간의 관계를 설명한다.

이제 정서가 무엇인지를 알게 되었으니, 무엇이 정서를 촉발하는지를 논의해보자. 얼핏 보기에 이것은 간단한 물음인 것처럼 보일 수 있다. 좋은 것(예컨대, 캔디)은 좋은 정서를 촉발하고, 나쁜 것(예컨대, 뱀)은 나쁜 정서를 촉발한다. 그렇지만 답은 이것보다 훨씬 복잡하다. 뱀과 같이 무서운 어떤 대상에 직면할 때, 정확하게 어디에서 그 공포가 유래하는 것인가? 두뇌에서 시작하여 여러분의 마음에 뱀에 관해서 학습한 모든 부정적 생각이 스쳐 지나가는 것인가? 아니면 신체에서 시작하여 심장이 고동치고 근육은 경직되며 위장이 조여오는 것인가?

정서가 마음에서 유래하는지 아니면 신체에서 유래하는지에 대한 물음은 오랜 세월 동안 연구자들을 괴롭혀왔으며, 정서에 관하여 수많은 상이한 이론들을 초래하였다.

이렇게 상이한 이론들을 살펴보기에 앞서, 정서의 원인에 관해서 상식이 알려주는 것부터 살펴보도록 하자. 그림 12.1을 들여다보라.

상식적 접근은 다음과 같이 주장한다.

1. 사고가 정서를 야기하며,
2. 정서가 행동을 야기한다.

사건의 이러한 연속은 리사 노와크 이야기에 잘 들어맞는 것처럼 보인다. 그녀는 애인이 다른 여자로 인해 자신을 차버렸다는 사실을 깨달아서 분노를 느꼈고, 이 분노가 복수를 꾀하도록 이끌어갔다. 그렇지만 여러분도 알고 있듯이, 과학자들은 무엇이 정서를 초래하는지에 대해서 상식에 의존하지 않는다. 따라서 많은 이론가는 이러한 상식적 접근에서 벗어난 정서의 인과적 연속을 주장하며, 그러한 주장을 지지하는 많은 증거들도 존재한다.

그림 12.1 **상식 이론**

등산을 하고 있는데 모퉁이를 돌자 이빨을 드러내고 으르렁거리고 있는 곰과 마주치게 되었다고 상상해보라. 아래 그림에서 보는 바와 같이, 상식은 여러분이 자극(곰)과 맞닥뜨릴 때 마음은 그것이 위험한 것인지를 평가하며, 정서가 그에 따라서 행동하도록 만든다고 제안한다.

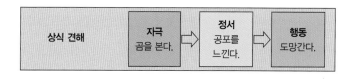

글쓰기 과제 12.2

정서-행동 연속을 재배열하기

여러분은 그림 12.1에서 묘사한 상식적인 방식 이외에, 세 가지 성분(자극, 정서, 행동)이 연결되는 다른 방식을 생각해볼 수 있는가? 예컨대, 몇몇 개념의 순서를 바꾸거나 화살표를 다른 방향으로 변경하면, 어떤 일이 일어나겠는가? 아니면 이 개념들이 결코 인과적으로 관련되지 않을 수는 없겠는가? 일단 여러분이 대안적 배열을 개발한다면, 그러한 역동적 관계에 적합해 보이는 구체적인 실세계 사례를 제시해보라.

12.3 생물학적 조망

학습목표 : 정서 인과성을 설명하기 위하여 제안된 생물학적 이론을 분석한다.

다윈이 그의 유명한 저서 종의 기원(*On the Origin of Species*)을 출판하고 10년이 지난 후, 정서의 진화에 관한 저서 인간과 동물의 감정 표현(*The Expression of the Emotions in Man and Animals*, 1872)을 출판하였다. 이 책에서 다윈은 정서가 생리학에 바탕을 두고 있다고 주장하였다. 이 주장은 계속해서 여러 이론가들로 하여금 정서에 대한 생물학적 조망을 취하고 정서는 신체나 두뇌의 생리 과정 변화가 초래한다고 주장하도록 고취시켰다.

▼ **이 절이 끝날 무렵에 여러분은 다음에 답할 수 있을 것이다.**

12.3.1 정서 인과성에 대한 제임스–랑게 이론을 설명한다.

12.3.2 정서 인과성에 대한 캐넌–바드 이론을 설명한다.

12.3.1 제임스–랑게 이론

학습목표 : 정서 인과성에 대한 제임스–랑게 이론을 설명한다.

윌리엄 제임스와 칼 랑게는 정서에 관한 최초의 과학 이론을 개발하였다. 이 이론의 제목이 두 사람의 이름을 모두 포함하고 있기는 하지만, 실제로 제임스와 랑게는 결코 함께 작업하지 않았다. 미국 심리학자 제임스(William James, 1884)와 덴마크 심리학자 랑게(Carl Lange, 1887)는 거의 같은 시기에 독자적으로 동일한 아이디어를 떠올리게 되었다. 결과적으로 두 사람 모두에게 이 이론에 대한 영예가 주어졌다. 그림 12.2를 참조하라.

산보하던 사람이 곰과 마주쳤을 때, 그의 신체는 자동적으로 반응을 보인다(심장박동이 증가하고, 근육은 긴장하며, 다리는 내달리기 시작한다). 그런 다음에 마음이 자신의 신체반응에 대한 이유를 이해하고자 시도하며, 그 해석이 대응하는 정서를 초

그림 12.2 제임스–랑게 이론

제임스–랑게 이론(James–Lange theory)은 정서가 자극에 대한 반응으로 자동적으로 일어나는 생리적 변화의 직접적인 결과라고 주장한다.

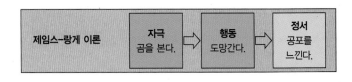

래한다("내가 내달리는 것을 보니 무섭기 때문이 틀림없어.").

그림 12.2에 묘사한 제임스–랑게 이론에서 사건의 연속이 앞서 논의한 상식 접근과 완전히 정반대라는 사실에 주목하기 바란다. 상식은 정서가 행동을 야기한다고 주장하는 반면에, 제임스–랑게 이론은 행동이 자동적 반응이며 그 반응이 정서를 야기한다고 주장한다. 제임스(1884)는 다음과 같이 적고 있다.

"상식은 재산을 잃고 슬퍼서 울며, 곰을 만나 놀라서 달아나며, 경쟁자에게 모욕을 당해서 분노하여 공격한다고 말한다…. 보다 합리적인 진술은 우리가 울기 때문에 슬프며, 공격하기 때문에 화가 나며, 떨기 때문에 무섭다는 것이다"(190쪽).

이 조망에서 정서가 직접적으로 동기 기능을 수행하지 않는 까닭은 정서가 신체의 자동적 반응에 대한 마음의 해석일 뿐이기 때문이다.

제임스–랑게 이론에서 사건의 순서가 어떻게 전개되는지를 이해하기 위해서, 여러분 자신도 경험하였을 사례 하나를 생각해보자.

고속도로에서 여러분 바로 앞에서 도로 중간에 멈춰버린 차 한 대를 갑자기 발견하고는 차의 속도를 줄이고 있다고 상상해보라. 그 차를 피하기 위하여 방향을 바꾸면서 브레이크 페달을 급하게 밟은 다음에, 차를 길섶에 정지시킨다. 차를 정지시킨 후에야 비로소 심각한 사고가 나기 직전이었다는 사실을 깨닫고는 공포가 온몸을 휩싸고 있음을 느낀다. 이 상황에서 여러분의 우선적 반응은 신체적인 것임에 주목하라. 신체반응을 내놓기 위하여 공포를 느낄 때까지 기다려야만 하였다면, 아마도 앞차를 정면으로 들이받고 말았을 것이다. 따라서 제임스–랑게 이론이 제안하는 바와 같이, 신체반응이 먼저 나타나고 정서반응이 뒤따르는 것이다.

여러분 자신을 동기화시켜라

신선한 공기를 들이마셔라

연구결과를 보면, 사람들은 단 5분의 야외활동 후에도 행복감을 느낀다. 예컨대, 11개 이상의 연구에 대한 개관은 자연환경에서 운동하는 것이 에너지 증가, 새로운 활력, 우울과 분노 그리고 혼란과 긴장의 감소와 상관이 있다는 사실을 밝혀냈다(Thompson Coon et al., 2011). 따라서 다음에 정서를 부양시킬 필요가 있을 때에는 공원으로 산책을 나가거나 숲을 거닐어라. 이것은 공짜이지만 효과가 있으며, 여러분을 기분 좋게 만드는 데는 단지 몇 분이면 된다. 실제로 일본에서는 '산림욕' 여행을 하는 것이 보편화되어 있으며, 문자 그대로 숲에서 산보하면서 이완하는 것이다.

자율신경계 정서에 선행하는 신체반응은 **자율신경계**(autonomic nervous system, ANS)에 의해서 일어난다. ANS는 심장박동과 안구확장과 같은 내장반응을 의식적 자각 없이 제어함으로써 **항상성**(homeostasis)을 유지시키는 말초신경계의 한 부분이다(Brodal, 2004; Larsen, Berntson, Poehlmann, Ito, & Cacioppo, 2008). ANS는 항상성을 유지하기 위하여 상보적으로 작동하는 두 신경계로 구성되어 있다(그림 12.3).

• **교감신경계**(sympathetic nervous system, SNS)는 심장박동을 증가시키고 혈압을 올리며 근육을 긴장시키고 소화를 늦추어서 혈류를 가장 필요로 하는 신체 부위(즉, 두뇌와 근육)로 돌림

으로써, 투쟁-도피 상황에서 신체가 행동을 나타낼 수 있도록 준비시킨다.

• **부교감신경계**(parasympathetic nervous system, PNS)는 신체에 에너지를 공급하고 심장박동을 감소시키며 혈압을 낮추고 소화를 촉진함으로써 신체가 안정 상태에 있을 때 기능한다.

제임스-랑게 이론에 따르면, 공포자극의 출현은 자동적으로 교감신경계를 활성화시키고, 이것이 다시 공포 정서를 초래한다. 제임스-랑게 이론이 최초로 이러한 방식으로 신체와 정서를 연계시켰지만, 오늘날 여러 이론가도 신체 변화가 정서를 초래한다는 이러한 조망을 받아들였다(Barrett, 2006; Damasio, 1994).

그런데 만일 신체가 정서를 초래한다면, 어떻게 사람들은 광범위하게 다양한 정서를 경험하게 되는 것인가? 이 물음에 답하기 위하여 제임스-랑게 이론은 ANS의 상이한 생리적 반응이 상이한 정서를 초래한다고 주장하였다. 즉, 신체 특정 부위의 활성화가 특정 정서를 초래한다는 것이다.

오늘날 제임스-랑게 이론의 지지증거 제임스-랑게 이론은 100년도 더 지난 오늘날에도 연구자들에게 계속해서 영감을 제공하고 있다. 오늘날 제임스-랑게 이론에 크게 의존하고 있는 분야 중 하나가 체화 인지 연구이다. 신체 변화는 사람들이 생각하고 행동하는 방식을 변화시킬 수 있다(즉, 체화 인지). 예컨대, 사람들

그림 12.3 **교감신경계와 부교감신경계**

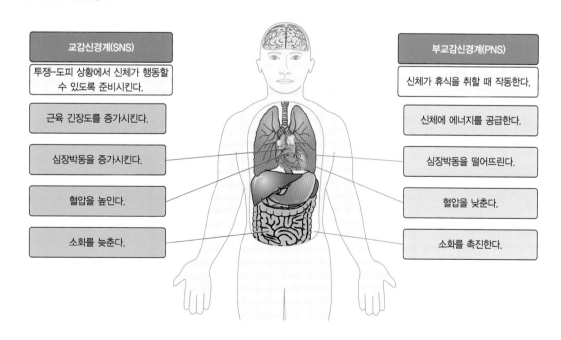

은 어둠을 사악한 행위와 연합시키며, 선글라스를 끼고 있을 때 나쁜 행동을 할 가능성이 더 높다(Zhong, Bohns, & Gino, 2010).

체화 인지를 논의한 제11장에서 언급하지 않았던 사실은 신체 변화가 사람들이 느끼는 방식도 변화시킬 수 있다는 점이다(즉, 체화 정서). 예컨대, 죄악은 '씻어버릴 수 있는 것'이라는 아주 오래된 아이디어를 생각해보자. 기독교와 이슬람교를 포함한 많은 종교는 영혼을 정화하기 위하여 신체를 성수로 씻는 의식을 가지고 있다(예컨대, 세례). 마찬가지로 셰익스피어의 맥베스에서는 살인을 도모한 후에 죄로 더럽혀진 양심을 씻어내는 방법으로 손을 씻는 주인공을 묘사하고 있다. 흥미로운 사실은 최근 연구도 그러한 신체 행위가 실제로 죄의식을 덜 느끼게 만들어줄 수 있음을 시사하고 있다는 점이다.

한 연구는 죄책감을 느끼는 사람들이 보상 행위(예컨대, 자원봉사)를 수행함으로써 자신의 도덕적 순결함을 회복하려는 동기를 갖게 된다는 아이디어에 근거하였다(Zhong & Liljenquist, 2006). 만일 신체를 씻는 것이 어떻게든 죄책감을 덜어준다면, 신체 씻기가 허용된 사람들이 보상 행위를 수행할 가능성이 낮아질 것이다. 이러한 가능성을 검증하기 위하여, 연구자들은 참가자에게 과거에 저질렀던 비윤리적인 행위를 생각해보도록 요구하였다. 그런 다음에 절반의 참가자에게는 일회용 항균 물휴지를 주고는 손을 씻도록 지시한 반면, 다른 절반은 손을 씻지 않았다. 마지막으로 모든 참가자에게 절망에 빠진 한 대학원생을 돕기 위하여 아무런 보상 없이 또 다른 연구에 참가자로 자원할 의향이 있는지 물었다. 결과를 보면, 손을 씻지 않은 조건의 참가자 중에서는 74%가 자원한 반면, 손을 씻었던 조건의 참가자는 41%만이 자원하였다. 다시 말해서 손을 씻는 단순한 행위가 참가자의 자원봉사심을 절반으로 줄였던 것이다! '청결을 숭상하는 것은 경신(敬神) 다음가는 미덕'이라는 격언에는 어느 정도 진실이 담겨 있는 듯하다.

제임스-랑게 이론의 비판 상당한 양의 지지증거를 가지고 있기는 하지만, 제임스-랑게 이론도 몇 가지 거친 비판에 직면해왔다. 최초 비판자 중의 한 사람이 생리학자 월터 캐넌(Walter Cannon, 1929, 1931)이며, 그는 이 이론에 대해서 다음과 같은 몇 가지 논제를 지적하였다.

1. 이 이론이 제시한 것과 같은 생리적 변화는 비교적 느리게 일어나기 때문에, 정서 경험의 즉시성을 설명할 수 없다. 따라

서 만일 누군가 여러분을 비난한다면, 여러분 두뇌의 열기가 상승하거나 근육이 긴장하는 데 걸리는 시간보다 훨씬 더 빠르게 분노를 느끼게 된다.

2. 특정 신체 변화가 특정 정서를 초래한다는 주장을 지지하는 증거가 거의 없다. 대부분의 연구는 생리적 반응이 광범위한 정서에 걸쳐서 꽤나 유사하다는 사실을 보여주고 있다. 예컨대, 이 주제에 관하여 출판된 모든 연구를 망라한 최근 메타분석은 심장박동 증가가 세 가지 상이한 정서(즉, 분노, 슬픔, 공포)와 연관된다는 사실을 찾아냈다(Larsen et al., 2008).

비록 신체 변화가 상이한 정서를 초래함을 시사하는 증거가 거의 없다는 점에서는 캐넌이 옳았다고 하더라도, 얼굴 변화가 상이한 정서를 초래한다는 약간 변형된 주장에 대해서는 강력한 증거가 존재한다. 이 논제를 논의해보자.

얼굴 피드백 가설 제임스-랑게 이론의 현대판 확장을 **얼굴 피드백 가설**(facial feedback hypothesis)이라고 부르며, 이 가설은 상이한 얼굴 움직임이 상이한 정서 경험을 초래한다고 주장한다(Izard, 1971; Tomkins, 1962).

만일 강제로라도 미소를 지으면, 여러분은 행복감을 느끼게 될 것이다. 만일 강제로라도 이마에 깊은 주름을 잡으면, 분노를 느끼게 될 것이다. 이 아이디어가 설득력이 없는 것처럼 보일지라도, 이를 지지하는 증거들이 있다.

스트랙과 동료들(Strack, Martin, & Stepper, 1988)은 얼굴의 특정 근육을 수축시키는 것이 특정 정서를 초래하는지 검증하는 연구를 설계하였다(Laird, 1974도 참조). 참가자에게 연구 목적이 손을 사용할 수 없을 때 사람들이 어떻게 과제를 수행하는지를 알아보려는 것이라고 알려주었다. 그런 다음 참가자에게 펜을 주고 다음과 같은 세 가지 과제 중 하나를 수행하도록 요구하였다.

- 한 집단에는 윗니와 아랫니 사이에다 펜을 물고 있으라고 지시하였다. 괴상망측한 요구인 것처럼 보일 수 있지만, 이빨로 펜을 물고 있는 것은 웃을 때 수축하는 얼굴 근육인 대협골근을 수축시킨다.

- 두 번째 집단에는 두 입술 사이에 펜을 물고 있으라고 지시하였다. 입술로 펜을 물고 있는 것은 찡그릴 때 수축하는 얼굴 근육인 구륜근을 수축시킨다.

- 세 번째 집단(통제집단)에는 펜의 제작용도에 맞게 손으로 쥐고 있으라고 지시하였다.

펜을 물고 있거나 손에 쥐고 있는 동안, 모든 참가자에게 일련의 만화를 제시하고 얼마나 재미있는지를 평가하도록 요구하였다. 예상한 바와 같이, 윗니와 아랫니 사이에 펜을 물고 있는 참가자(거짓 미소)가 가장 재미있다고 판단한 반면, 입술 사이에 펜을 물고 있는 참가자(거짓 찡그림)가 가장 재미없다고 판단하였다. 따라서 만일 여러분이 우울함을 느끼고 있으며 누군가 "행복한 얼굴을 지어보라."라고 말한다면, 이렇게 훌륭한 충고에 귀를 기울이는 것이 좋을 것이다!

보톡스 주사는 얼굴의 주름살을 제거하는 미용효과만 가지고 있는 것이 아니다. 우울증상을 호소하는 사람에게 얼굴을 찡그리게 만드는 근육을 마비시키는 보톡스 주사를 양미간에 놓으면 덜 우울하다고 보고하며, 이 효과는 몇 개월에 걸쳐 상당히 오랫동안 지속되는 것으로 알려져 있다. 나아가서 슬픔이나 분노 관련 문장을 읽는 속도가 느려지며, 정서 관련 두뇌회로의 활동 수준도 낮아진다(Havas, Glenberg, Gutowski, Lucarelli, & Davidson, 2010).

시도해보라 : 얼굴 피드백 가설

펜(깨끗한 것이 좋겠다) 하나와 거울을 마련하여 스트랙(Strack)과 동료들(1988)이 사용한 처치를 시도해보라. 우선 윗니와 아랫니로 펜을 물고 거울 속에 비친 여러분의 모습을 들여다보라. 여러분의 입모양은 미소와 얼마나 닮았는가? 이제 두 입술로 펜을 물어보라. 여전히 미소 짓는 것처럼 보이는가, 아니면 찡그린 것처럼 보이는가?

12.3.2 캐넌-바드 이론

학습목표 : 정서 인과성에 대한 캐넌-바드 이론을 설명한다.

월터 캐넌(Walter Cannon, 1927)은 제임스-랑게 이론에 대한 비판을 제기한 후에, 제자였던 필립 바드(Philip Bard, 1928, 1934)와 함께 자신의 정서 이론을 제안하였다. 제임스-랑게 이론에서 보았던 문제점에 근거하여, 이들은 생리적 변화가 정서를 초래한다는 생각을 거부하였다. 그렇지만 때로는 특정한 생리적 반응이 정서와 함께 출현한다는 사실은 인정하였다(그림 12.4).

이 과정이 어떻게 일어나는 것인지를 상세하게 설명하기 위하여, 캐넌과 바드는 수면과 각성을 조절하며 신경흥분의 스위치판과 같이 작동하는 두뇌영역인 시상의 중요성을 강조하였다. 이

그림 12.4 캐넌-바드 이론

캐넌-바드 이론(Cannon-Bard theory)에 따르면, 신체 변화는 정서를 수반하는 것이지 초래하는 것이 아니다.

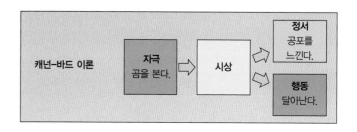

이론에 따르면, 시각 자극(곰의 모습)이 시상을 활성화시킬 때 시상은 신경신호를 분할하여 두 가지 상이한 방향으로 전달한다. 한 신호는 대뇌피질로 전달되어 정서(공포) 경험을 초래하는 반면, 다른 신호는 시상하부와 자율신경계로 전달되어 생리적 반응(심장박동의 증가)을 초래한다.

상식은 정서가 행동을 초래한다고 주장하며 제임스-랑게 이론은 행동이 정서를 초래한다고 주장하는 반면, 캐넌-바드 이론은 그 어느 것도 참이 아니라고 주장한다. 정서와 행동은 동시에 발생하지만 어느 것도 다른 것을 초래하는 것은 아니라는 것이다.

그렇다면 어느 이론이 가장 정확한 것인가? 두 이론은 어느 정도 경험적 지지를 받고 있지만, 대부분의 연구자는 데이터가 제임스-랑게 이론보다는 캐넌-바드 이론과 더 잘 맞아떨어지는 것 같다는 데 동의하고 있다(Tomkins, 1970).

글쓰기 과제 12.3

생물학적 정서 이론 평가하기

제임스-랑게 이론에서 여러분이 좋아하는 측면 한 가지를 선택하고 그 이유를 설명해보라. 그런 다음에 캐넌-바드 이론에서 여러분이 좋아하는 측면 한 가지를 선택하고 그 이유를 설명해보라. 마지막으로 전반적으로 볼 때 어느 이론이 정서의 진정한 원인을 더 정확하게 포착하고 있다고 생각하는지 지적하고 그렇게 선택한 이유를 설명해보라.

12.4 인지적 조망

학습목표 : 정서 인과성을 설명하기 위하여 제기된 인지이론을 분석한다.

지금까지의 논의는 생리적 특성이 정서 출현에서 중요한 역할을 담당한다는 사실을 명확하게 보여주었다. 그렇지만 이에 못지않

게 중요한 것이 인지의 역할이다(혹자는 더 중요하다고 주장하기도 한다). 철학자 니체(1910, 309쪽)가 언급한 바와 같이, "모든 정념은 … 자체적으로 이성의 몫을 보유하고 있다." 그렇기 때문에, 많은 이론가는 정서에 대하여 인지적 조망을 채택하고 사람들의 사고와 평가가 정서를 초래한다고 주장한다.

> **▼ 이 절이 끝날 무렵에 여러분은 다음에 답할 수 있을 것이다.**

12.4.1 샥터-싱어의 인지 표지 이론을 설명한다.
12.4.2 평가 이론을 설명한다.

12.4.1 샥터-싱어의 인지 표지 이론
학습목표 : 샥터-싱어의 인지 표지 이론을 설명한다.

1960년대 초반 심리학 분야에서 '인지혁명'이 일어났다. 심리학자들은 인간을 동물과 유사한 존재로 바라보는 대신에, 인간 두뇌를 컴퓨터와 유사한 존재로 간주하기 시작하였다. 이렇게 패러다임을 변경함에 따라서, 사고와 지각 그리고 정보가 사람들의 의사결정과 행동 그리고 정서를 동기화시키는 방식을 강조하게 되었다. 인지적 설명이라는 새로운 환경 속에서 샥터와 싱어 (Schachter & Singer, 1962)는 정서의 인과성에 대한 인지적 설명을 제안하였다.

샥터-싱어의 인지 표지 이론(Schachter-Singer's cognitive labeling theory)에 따르면, 생리적 각성과 인지적 표지라는 두 성분의 조합이 정서를 야기한다(그림 12.5).

앞서의 생물학 이론가들과 마찬가지로, 샥터와 싱어는 생리적 각성이 정서에서 중요한 역할을 담당한다는 데 동의하였다. 그렇지만 이러한 각성이 상이한 정서에 따라 다르게 작동한다는 주장

에는 동의하지 않았다. 이들의 이론에 따르면, 어떤 정서를 경험하느냐에 관계없이, 활성화는 보편적 패턴의 생리적 각성을 초래한다(예컨대, 심장박동의 증가, 혈압 상승, 땀 흘리기 등). 그렇다면 무엇이 공포나 분노 아니면 즐거움을 결정하는 것인가? 바로 여기에서 두 번째 성분이 작동한다.

이 이론에 따르면, 각성이 증가한다고 느끼기 시작하면, 마음은 환경을 살펴봄으로써 각성의 원인을 결정하고자 시도한다. 만일 여러분이 체육관 러닝머신 위에 있다면, 마음은 그것이 각성의 원인임을 깨닫게 되고 아무런 정서도 느끼지 않는다. 그런데 만일 여러분이 관중 앞에서 연설을 하는 무대 위에 서있다면 어떻겠는가? 이 경우에 마음은 두려움이 각성의 원인이라고 생각함으로써 불안을 느끼게 된다. 여러분이 갓 태어난 아이를 난생 처음 안고 있으면서 각성을 경험한다면 어떻겠는가? 그렇다면 마음은 갓난아기가 원인이라고 생각하고는 즐거움을 느끼게 된다. 따라서 마음이 일반화된 각성에 표지를 붙이는 방식이 어떤 정서를 경험할 것인지를 결정한다는 것이다.

각성의 오귀인 샥터-싱어 이론의 가장 멋들어진 측면 하나는 마음이 각성의 원천에 잘못 표지를 붙여서 특정 정서를 느끼도록 '속임수'를 쓸 수 있는 가능성을 제공한다는 점이다. 주변에 각성에 대한 명백한 설명이 존재하지 않아서 그 각성을 설명할 수 없을 때, 잘못된 표지 붙이기(또는 오귀인)가 발생한다. 이러한 일이 발생할 때, 사람들에게 각성에 대한 특정 인지 표지를 제공함으로써 특정 정서를 느끼도록 처치를 가할 수 있다. 이것이 어떻게 작동하는 것인지를 이해하기 위하여, 여러분이 샥터와 싱어의 고전적 연구 하나에 참여한 참가자라고 상상해보라.

> 실험실에 도착하였을 때, 실험자가 여러분에게 연구의 목적은 슈프록신이라는 비타민 주사가 어떻게 사람들의 시각 재능에 영향을 미치는 것인지를 알아보려는 것이라고 알려준다. 그런 다음에 실험자는 여러분에게 주사를 놓고 사지가 저리거나 가려움 등과 같은 잠재적 부작용에 관한 몇 가지 정보를 제공한다.

그런 다음에 여러분을 다른 참가자와 함께 작업할 방으로 데리고 가는데, 그 참가자는 우연히도 지나치게 즐겁기만 한 인물이다(실제로는 실험협조자이다). 이 사람과 잠시 상호작용한 후에, 여러분은 심장박동이 증가하는 것을 느끼기 시작한다. 이 반응은 실험자가 알려준 부작용에 들어있는 것이 아니기 때문에, 주사 때문이 아니라는 사실을 알고 있다. 따라서 이 사람과 상호

그림 12.5 샥터-싱어의 인지 표지 이론
이 이론에 따르면, 자극이 일반화된 각성을 야기한다. 그렇게 되면 두뇌가 각성의 원인을 탐색하여 인지 표지를 내놓는다("내가 각성된 까닭은…"). 일단 각성에 표지를 붙이게 되면, 특정한 정서를 경험하게 된다.

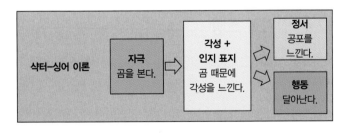

작용한 것이 여러분을 즐겁게 만든 원인일 수밖에 없다.

샥터와 싱어(1962) 연구에서 일어난 일이 바로 이것이다. 연구자들이 말한 것처럼 비타민을 주사한 것이 아니었다. 실제로는 아드레날린(에피네프린)을 주사하였던 것이다. 아드레날린 주사는 생리적 각성을 증가시켜 심장박동의 증가와 떨림과 같은 부작용을 초래한다.

주사를 맞은 후에, 약물의 기대되는 부작용에 관하여 다음과 같이 상이한 정보를 받는 집단에 참가자들을 무선 할당하였다.

- **정보 조건** : 이 집단의 참가자에게는 주사의 예상되는 부작용에 관하여 정확한 정보를 제공하였다(예컨대, 심장박동의 증가와 떨림).
- **오정보 조건** : 이 집단의 참가자에게는 잘못된 정보를 제공하였다(예컨대, 사지 저림과 가려움)
- **무정보 조건** : 이 집단의 참가자에게는 부작용에 관하여 아무것도 알려주지 않았다.

그런 다음에 모든 참가자는 실험협조자이며 행복한 행동을 하도록 지시받은 학생과 20분 동안 같은 방에 남게 되었다. 실험이 끝날 무렵, 참가자에게 다른 학생과 상호작용하는 동안 어떻게 느꼈는지를 평가해보도록 요구하였다(그림 12.6).

그림 12.6 각성 오귀인

사람들에게 각성이 증가하는 약물을 주사하였다. 어떤 사람에게는 약물의 예상되는 부작용에 관하여 정확한 정보를 주었으며(정보 조건), 어떤 사람에게는 잘못된 정보를 주었고(오정보 조건), 또 다른 사람에게는 부작용에 관하여 아무것도 알려주지 않았다(무정보 조건).

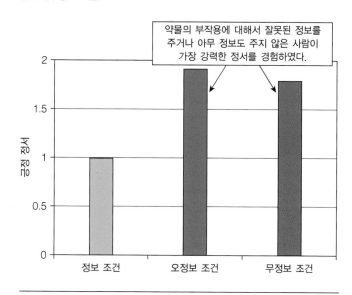

약물의 부작용에 대해서 잘못된 정보를 주거나 아무 정보도 주지 않은 사람이 가장 강력한 정서를 경험하였다.

(세로축) 긍정 정서

(가로축) 정보 조건 / 오정보 조건 / 무정보 조건

부작용에 대해서 잘못된 정보를 제공하거나 아무 정보도 제공하지 않은 참가자가 가장 높은 긍정 정서를 보고하였다. 이 결과는 각성 오귀인 개념에 대한 강력한 증거를 제공한다. 각성 오귀인이란 단지 각성의 출처에 잘못된 표지를 붙이는 것(또는 오귀인하는 것)을 의미한다. 반대로 부작용에 관하여 정확한 정보를 제공받은 참가자가 가장 약한 정서를 나타냈다. 각성을 느끼기 시작하였을 때 주사에다 각성의 출처라는 표지를 정확하게 붙였기 때문이었다.

각성 오귀인이 낭만적 매력을 촉진시킬 수 있는가 각성 오귀인은 참으로 멋들어진 개념이지만, 단지 실험실에서만 일어나는 현상이라고 생각한다면 오산이다. 실제로 삶에서 이 원리를 사용하여 여러분이 원하는 것을 얻을 수도 있다.

그렇다면 어떻게 이 정보를 사용하여 여러분 자신의 연애 작업을 개선시킬 수 있겠는가? 그저 첫 번째 데이트를 흥미진진하고 각성을 유도하는 활동으로 구성하기만 하면 된다. 놀이동산에서 롤러코스터를 탈 수도 있고, 공포영화나 활극이 넘치는 영화를 볼 수도 있으며, 10월에 데이트를 한다면 유령의 집을 찾을 수도 있다. 남녀가 짝을 찾는 리얼리티 쇼가 추구하는 유형의 접근 방식이 바로 이것이다. 리얼리티 쇼는 번지점프나 이국적인 장소에서 뜨거운 열기구를 타는 것과 같은 데이트 활동을 계획한다. 정확하게 어떤 행위를 하는지에 관계없이, 핵심은 데이트 상대가 이러한 각성을 여러분에게 오귀인하기를 희망하면서 각성을 유도하는 상황을 만들어내는 것이다.

그렇지만 데이트 상대와 함께 낙하산을 메고 비행기에서 뛰어내리거나 다리 위에서 번지점프를 시도하기에 앞서, 상대가 두려워하기보다는 흥미진진하게 받아들일 것인지를 확인할 필요가 있겠다. 샥터-싱어 이론은 동일한 각성이 모든 정서에 기저한다고 주장하지만, 후속 연구는 좋은 각성과 나쁜 각성이라는 두 가지 유형의 각성에 대한 증거를 찾아내고 있다.

- **유쾌한 각성**(pleasant arousal)은 즐거운 경험에서 유래하며 행복감과 같은 정서를 부채질한다(Cuthbert, Bradley, & Lang, 1996; Lang, Greenwald, Bradley, & Hamm, 1993).
- **불쾌한 각성**(unpleasant arousal)은 즐겁지 않은 경험에서 유래하며 분노와 공포와 같은 정서를 부채질한다.

따라서 유쾌한 각성은 다양한 긍정 정서에 오귀인하기 용이한 반면, 불쾌한 각성을 긍정 정서에 오귀인하기는 거의 불가능하다. 다시 말해서 번지점프가 재미있는 데이트 상대는 각성을 여러 분을 향한 성적 매력으로 오귀인할 가능성이 있지만, 번지점프가 두려운 데이트 상대가 그렇게 할 가능성은 거의 없다(Marshall & Zimbardo, 1979; Maslach, 1979; Zanna, Higgins, & Taves, 1976).

샥터-싱어 이론이 어떻게 작동하는 것인지를 이해하기 위해 서, 이 이론에 대해 가장 잘 알려져 있는 연구 하나를 보도록 하 자(Dutton & Aron, 1974). 여성 면접자가 공원에서 남자에게 접 근하여 조사에 응할 것을 요청하였다. 모든 남자가 도와줄 것에 동의하였으며, 조사를 마친 후에 면접자는 나중에 연구를 보다 자세하게 설명해줄 수 있으면 좋겠다고 말하면서, 종이를 찢어서 자신의 이름과 전화번호를 적어 건넴으로써 전화 걸기를 부추겼 다. 이 연구의 핵심 물음은 남성 참가자가 면접자에게 전화를 걸 어올지 여부였다. 만일 그녀에게 전화를 걸어온다면, 지겨운 조 사에 관하여 보다 많은 것을 알기 원했기 때문이 아니라 그녀에 게 성적 매력을 느꼈기 때문이라고 가정하는 것이 꽤나 타당하기 때문이었다.

그런데 그 공원에는 2개의 다리가 있는데, 하나는 현수교(흔 들다리)로 협곡의 100m 상공에 걸려있으며, 다른 하나는 철근과 콘크리트로 만든 튼튼한 다리이다. 이 연구의 핵심은 현수교나 튼튼한 다리를 막 건너온 남자들에게 조사 요청을 하였다는 점이 다. 높이 걸려있는 현수교를 막 건너온 사람은 아직도 심장이 두 근거리며 높은 각성상태에 있는 반면(실험집단), 튼튼한 다리를 건너온 사람은 그렇지 않았다(통제집단). 결과를 보면, 여러분도 예상할 수 있는 바와 같이 실험집단이 통제집단보다 나중에 여성 면접자에게 전화를 걸어올 가능성이 훨씬 높았다. 자신의 높은 각성상태를 여성 면접자에게 오귀인할 가능성이 높기 때문이다. 면접자가 남성인 경우에는 두 집단 간에 차이를 보이지 않았다. 자신의 높은 각성상태를 면접자에게 오귀인하기보다는 흔들다리 에 정확하게 귀인할 가능성이 높기 때문이다.

12.4.2 평가 이론

학습목표 : 평가 이론을 설명한다.

샥터-싱어 이론은 한 가지 물음("내 각성의 원인은 무엇인가?") 이 어떤 정서를 경험할 것인지를 결정한다고 주장한다. 다른 연 구자들도 인지가 정서처리에서 중요한 역할을 담당한다는 데 동

의하지만, 이들은 두 가지 핵심 물음(평가)이 정서 경험을 결정한 다고 주장한다. 여기서는 라자루스(Richard S. Lazarus)의 평가 이 론을 살펴보기로 하자.

라자루스의 평가 이론(Lazarus's appraisal theory)에 따르면, 어떤 자극에 직면할 때 사람들이 던지는 첫 번째 물음(1차 평가)은 "이 자극은 나의 안녕감에 좋은 것인가, 나쁜 것인가, 아니면 무관한 것인가?"이다(Lazarus, 2001; Folkman & Lazarus, 1985; Smith & Kirby, 2009). 자극의 의미를 결정한 후에, 사람들은 두 번째 중 요한 물음(2차 평가)으로 넘어간다. "나는 이 사건의 결말에 대처 할 능력을 가지고 있는가?"

1차 평가(primary appraisal)는 자극이 좋은 것인지 아니면 나쁜 것인지를 결정함으로써 그 자극의 의미를 평가하는 것이다. 만일 그 자극이 나쁜 것이라고 생각하면, 사람들은 위협이라는 표지를 붙이고 부정 정서를 경험한다. 정확하게 어떤 부정 정서를 경험 할 것인지는 평가의 본질에 달려있다. 즉각적 위험의 위협은 공 포를 초래하며, 명성의 위협은 분노를 초래하고, 무엇인가를 다 른 사람에게 빼앗길 위협은 질투를 초래한다. 만일 그 자극이 좋 은 것이라고 생각하면, 사람들은 이득이라는 표지를 붙이고 정 적 정서를 경험한다. 마찬가지로 정확하게 어떤 정적 정서를 경 험할 것인지는 평가에 달려있다. 원하는 목표를 향한 진전의 이 득은 행복을 초래하며, 누군가의 애정을 받는 이득은 사랑은 초 래하고, 성취의 이득은 자부심을 초래한다. 여기서 핵심은 사람 들이 자신의 1차 평가에 따라서 동일한 자극을 상이한 방식으로 평가할 수 있으며, 그 결과로 상이한 정서를 경험할 수 있다는 점 이다.

정서는 상황의 2차 평가에도 영향을 받는다. **2차 평가**(secondary appraisal)는 사건에 대처하기 위한 자신의 자원과 선택지의 평가를 수반한다. 2차 평가의 한 가지 측면은 누가 또는 무엇이 현재 상황에 책임을 져야 할 것인지를 따져보는 것이다. 사람들 이 책임 소재를 따져보는 방식이 경험하는 정서에 대처하기 위 해 노력을 경주하는 방식을 결정한다. 2차 평가의 또 다른 측면 은 대처능력이다. 대처능력이란 정서 경험을 다루기 위하여 문제 중심 대처전략이나 정서 중심 대처전략을 사용하는 능력을 말한 다(Smith & Kirby, 2009). 미래 기대성이 경험하는 정서와 사용 하는 대처전략에 영향을 미친다. 미래 기대성이란 자신의 대처능 력과 전략에 의해서 미래가 긍정적이거나 부정적으로 변하게 될 것이라는 믿음을 말한다(Lazarus, 1991). 만일 상황이 자신의 동

기와 조화를 이루지 못하는데 자신이 아닌 다른 사람에게 책임이 있다고 평가하면, 상황에 대한 반응으로 분노를 경험할 가능성이 가장 높게 된다. 반면에 비난할 명백한 사람이나 집단이 없을 때에는 불안을 경험할 가능성이 높다.

라자루스의 평가 이론이 정서처리에서 인지의 역할에 초점을 맞추고 있는 것은 명백하지만, 그렇다고 해서 각성이 중요하지 않다고 생각하는 것은 아니다. 그는 단지 인지가 각성에 선행한다고 믿었다. 라자루스 이론에 따르면, 1차 평가가 먼저 이루어지며, 이것이 생리적 각성이 일어날 것인지를 결정한다. 만일 그 사건이 무관한 것이라고 지각하게 되면, 각성이 일어나지 않으며 따라서 정서도 발생하지 않는다. 그렇지만 만일 좋든 나쁘든, 사건을 관련된 것으로 지각하면 각성이 증가하게 된다. 2차 평가를 촉발하는 것이 바로 각성의 이러한 증가이다. 만일 사건에 성공적으로 대처할 수 있다면, 각성은 감소하고 정서 경험도 종지부를 찍는다. 그렇지만 만일 성공적으로 대처할 수 없다면, 높은 수준의 각성이 남게 되고 정서도 지속된다.

글쓰기 과제 12.4

인지적 정서 이론 평가하기

샥터-싱어의 인지 표지 이론에서 여러분이 좋아하는 측면 한 가지를 선택하고 그 이유를 설명해보라. 그런 다음에 라자루스의 평가 이론에서 여러분이 좋아하는 측면 한 가지를 선택하고 그 이유를 설명해보라. 마지막으로 전반적으로 볼 때 어느 이론이 정서의 진정한 원인을 더 정확하게 포착하고 있다고 생각하는지를 지적하고 그렇게 선택한 이유를 설명해보라.

나만의 프로젝트 12.1

정서적 이점

다음 문장을 완성해보라. "나만의 프로젝트를 수행하는 것이 _____을 느끼게 만든다." 목표를 통해서 얻을 수 있는 정서적 이점을 생각해보는 것은 여러분을 더 열심히 수행하도록 동기화시킬 수 있다. 정서적 이점을 강조하는 문자 메시지(예컨대, "신체활동은 여러분을 더 즐겁게 느끼도록 만들어줄 수 있습니다.")를 매일 받은 여학생이 신체적 이점을 강조하는 메시지(예컨대, "신체활동은 건강한 체중을 유지시켜 줍니다.")를 받은 여학생보다 운동 프로그램에 2시간 더 많이 참여하였다(Sirriyeh et al., 2010). 이 과제에 있어서 여러분의 나만의 프로젝트가 가지고 있는 정서적 이점을 기술해보라. 그런 다음에 몇 주에 걸쳐 이러한 정서적 이점에 초점을 맞추고, 이 기법이 도움이 되었는지를 기술하라.

12.5 인지와 정서 중에서 어느 것이 먼저인가

학습목표 : 인지와 정서 중에서 어느 것이 먼저인지에 관하여 논의한다.

오랜 세월에 걸쳐 논쟁을 벌여온 한 가지 논제는 인지가 정서에 선행해야만 하는가, 아니면 대부분의 경우에 인지가 정서에 선행하는 것인가의 물음이다. 예컨대, 제이온스(Robert Zajonc, 1968)는 인지가 정서에 선행하기 십상이지만, 때로는 생각할 필요도 없이 자동적으로 정서를 느끼기도 한다고 주장하였다. 이러한 가능성을 입증하기 위하여, 제이온스는 **단순노출 효과**(mere-exposure effect)의 증거를 제시하였다. 이 효과는 사람들이 과거에 경험하였던 대상을 자동적으로 선호하는 경향성을 말하는데, 심지어는 이러한 사전 노출이 무의식적으로 일어나는 경우에도 그렇다는 것이다. 예컨대, 여러분은 처음 듣는 노래를 즉각적으로 사랑하게 되었지만, 나중에 그 노래는 영화나 광고에서 들었는데도 단지 기억하지 못한 것이라는 사실을 깨달았던 적이 있는가? 이것이 바로 단순노출 효과이다. 의식적으로는 그 노래를 처음 듣고 있다고 생각하지만, 무의식 수준에서는 여러분이 과거에 경험하였지만 단지 망각한 것이기 때문에 친숙하게 느끼게 된다. 따라서 라자루스는 인지(즉, 평가)가 항상 정서에 선행한다고 주장하는 반면, 제이온스 연구는 때때로 정서가 의식적 인지 없이 일어날 수 있음을 입증하고 있다.

연구자들이 인지와 정서 중에서 어느 것이 우선하는지에 동의할 수 없는 것처럼 보이는 이유에는 다음과 같은 두 가지 가능성이 존재한다. 첫째, 연구자들이 인지와 정서 중에서 어느 것이 우선하는지에 동의할 수 없는 것처럼 보이는 한 가지 이유는 정서의 상이한 정의에 의존하고 있기 때문일 수 있다. 이 장을 시작할 때, 의식적 정서와 무의식적 감정을 구분하였던 것을 회상해보라. 따라서 라자루스(1982)가 자신의 평가 이론에서 정서에 관해 언급할 때에는 의식적 정서의 특정 사례를 언급하고 있었다. 그렇지만 제이온스(1980)가 호감에 대해서 언급할 때에는 보다 자동적이고 무의식적인 감정을 언급하고 있었을 수 있다. 따라서 제이온스와 라자루스는 모두 옳을 수 있으며, 이들의 불일치가 실제로는 정서에 관하여 상이한 정의를 사용하고 있다는 사실에서 유래한 것일 수 있다. 또 다른 이유는 인지와 정서 간의 관계가 선형적이지 않을 수 있기 때문이다. 전통적으로 인지와 정서는 상호 독립적인 체계로 간주해왔다. 두뇌에서 예컨대, 인지는 전전두피질이 담당하며 정서는 편도체를 비롯한 변연계가 담당한다는 것이었다. 그렇지만 최근의 인지과학과 신경과학 연구는 인지와 정서가 독립적이기보다는 상호 의존적인 관계를 가지고 있음을 시사하고 있다. 이러한 통합적 접근에서 보면, 인지와 정서는 어느 것이 선행하거나 뒤따르는 것이라기보다는 하나가 다른 하나에 영향을 미치며 다시 후자가 전자에 영향을 미치는 순환적인 관계를 가지고 있다고 할 수 있다(12.6절 참조).

플러치크(Robert Plutchik)에 따르면, 인지와 생리적 변화가 직접적으로 정서를 초래하는 것이 아니라, 각각이 정서반응에 간접적인 영향을 미친다.

글쓰기 과제 12.5

인지와 정서는 어떻게 관련되는 것인가?

라자루스는 인지가 항상 정서를 초래한다고 주장하였다. 제이온스는 정서가 인지 없이도 일어날 수 있다고 주장하였다. 플러치크는 이러한 구성체가 선형적이기보다는 순환적으로 관련되어 있기 때문에 두 가지 가능성이 모두 존재한다고 주장하였다. 세 가지 주장 중에서 여러분은 어느 것에 가장 동의하며 그 이유는 무엇인가? 글을 작성할 때에는 여러분의 주장을 지지하는 실세계의 정서 사례를 사용하라.

12.6 정서의 신경과학

학습목표 : 정서와 인지의 출처를 이해하기 위하여 신경과학에서 수행한 연구를 개관한다.

신경과학의 최근 진보는 인지와 정서 중에서 어느 것이 먼저인지에 대한 논쟁을 새로운 방식으로 접근할 수 있게 해준다(Cain & LeDoux, 2008; Lindquist, Wager, Kober, Bliss-Moreau, & Barrett, 2012). 1930년대와 1940년대 연구자들은 **변연계**(limbic system)라고 부르는 정서 관련 두뇌영역 집합체를 확인해냈다(Papez,

---

변연계

변연계는 뇌간(목과 머리 뒷부분이 만나는 지점) 상층부에 위치하며, 대뇌피질 속 깊은 곳에 묻혀있고, 편도체와 해마를 포함한 여러 구조로 구성되어 있다.

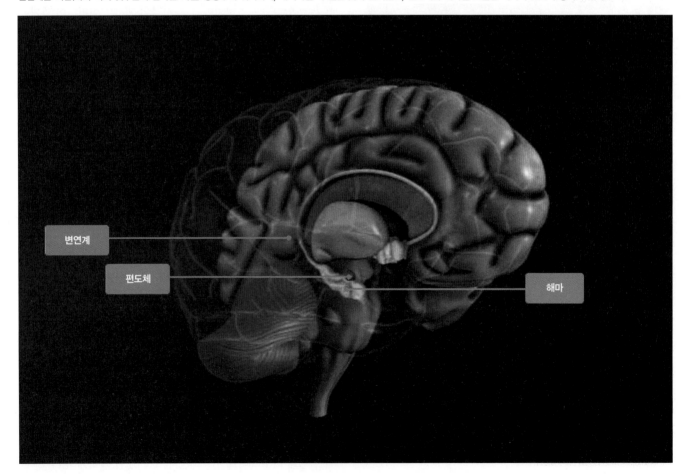

1937; MacLean, 1949).

　오랜 세월 동안 변연계는 정서를 제어하는 반면, 전전두피질 (PFC)은 인지를 제어하는 것으로 생각해왔다. 그렇지만 최근 증 거는 두 처리가 유의하게 중복되어 있으며, 단지 정서나 인지에 만 전적으로 관여하는 두뇌영역을 확인해내는 것은 불가능함을 시사하고 있다(Davidson, Scherer, & Goldsmith, 2003; Lindquist et al., 2012). 따라서 오늘날 신경과학 연구는 정서와 인지가 독 립적이라는 주장을 배제하고 인지와 정서는 복잡하게 얽혀있다 고 주장하는 앞서 논의하였던 인지이론들을 지지하고 있다.

⌄ **이 절이 끝날 무렵에 여러분은 다음에 답할 수 있을 것이다.**

12.6.1 정서와 관련하여 전측대상피질의 기능을 설명한다.
12.6.2 정서와 관련하여 편도체의 기능을 설명한다.

12.6.1 전측대상피질(ACC)

학습목표 : 정서와 관련하여 전측대상피질의 기능을 설명한다.

전적으로 정서에만 관여하는 두뇌영역은 존재하지 않지만, 정서 를 만들어내는 데 핵심적이라고 생각되는 여러 영역들이 있다. 그러한 영역 중의 하나가 **전측대상피질**(anterior cingulate cortex, ACC)이다.

　ACC는 전두엽 안쪽 영역에 위치하고 있으며, 변연계를 포함 한 다른 두뇌영역들과 상호 연결되어 있다(Bush, Luu, & Posner, 2000; Davidson, Pizzagalli, Nitschke, & Kalin, 2003).

　ACC의 역할은 반응들 간의 갈등을 탐지하는 것이며, 특히 원 하는 결과를 달성하는 데 실패하여 발생하는 부적 감정을 제어 해야만 할 때 활성화될 가능성이 높다(Thayer & Lane, 2000). 강 박신경증, 공포증, 외상 후 스트레스 장애와 같은 불안 장애를 겪

전측대상피질
전측대상피질(ACC)은 반응들 간의 갈등을 탐지한다.

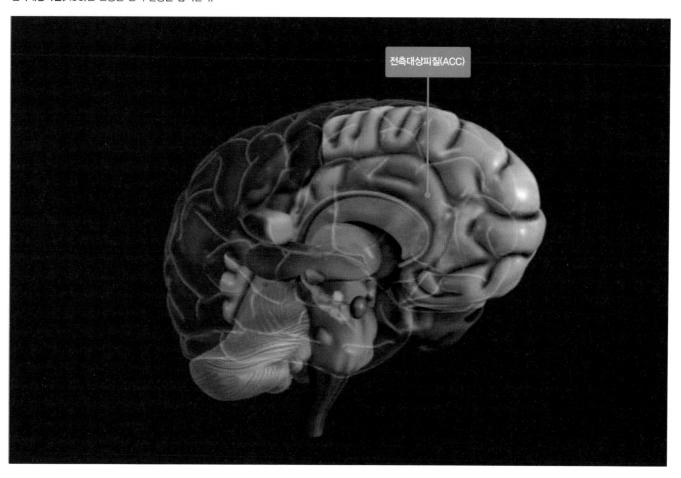

전측대상피질(ACC)

고 있는 사람이 ACC의 높은 활성화를 나타내며, 특히 갈등이 존재할 때 그렇다는 사실은 이러한 생각과 맥을 같이한다(Rauch et al., 1996). 그렇기 때문에 ACC, 특히 ACC의 복측 부분(vACC)이 주의를 가장 필요한 영역으로 돌리기 위해 인지 정보와 정서 정보를 통합하는 것으로 생각하고 있다(Pazzagalli et al., 2001).

12.6.2 편도체

학습목표 : 정서와 관련하여 편도체의 기능을 설명한다.

또 다른 두뇌영역이 정서에서 수행하는 역할을 이해하기 위하여, 찰스 휘트먼의 다음 이야기를 살펴보자.

찰스 휘트먼은 25세의 이글스카우트 단원(21개 이상의 공훈 배지를 받은 보이스카우트 단원)이었으며, 텍사스대학교에서 공학

을 전공하고 있던 전직 해병이었다. 찰스는 1966년 8월 1일에 대학교 첨탑에 올라가서는 그 아래로 지나가고 있던 행인들에게 무차별 총격을 가하였다. 그가 쏜 첫 번째 사람은 임산부였다. 남자친구가 그녀를 돕기 위해서 무릎을 구부리자, 찰스는 그에게도 총을 쏘았다. 탑 아래의 사람들은 도망가려고 애를 썼지만, 그들을 향해 총을 마구 쏘아댔다. 심지어는 희생자들을 돕고자 애를 쓰던 앰뷸런스 운전기사에게도 총질을 하였다. 경찰이 사살할 때까지 그는 광적으로 17명을 죽였으며, 32명에게 부상을 입혔다. 경찰이 단서를 찾기 위해 그의 집을 수색하였을 때, 전날 밤에 작성한 자살 노트를 발견하였다. 찰스는 자살 노트라고 말하기조차 괴상망측한 것을 적어놓았다.

그 노트에서 자신은 제어할 수 없는 격렬한 폭력 충동을 경험해왔기 때문에 자신의 두뇌에 무엇인가 잘못된 것이 있는지 확인해보도록 부검을 실시할 것을 요구하였다. 검시관이 부검을

편도체

편도체(amygdala)는 두뇌 두정엽 아래 깊은 곳에 위치하는 아몬드 모양의 구조이며, 변연계에 포함되어 있다.

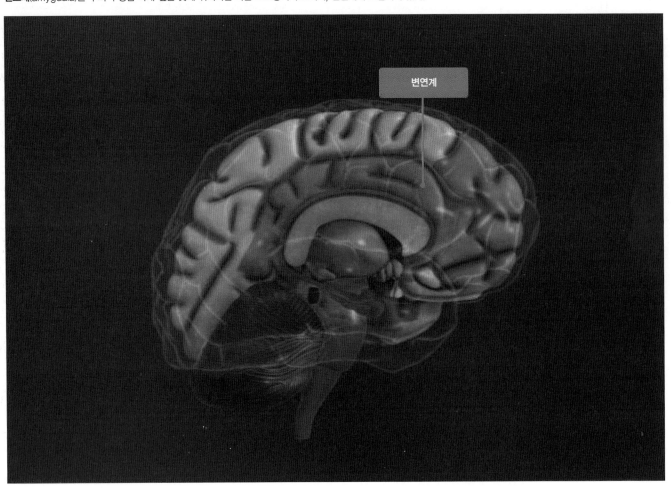

실시하였을 때, 동전만 한 크기의 종양이 찰스의 편도체를 누르고 있는 것을 발견하였다.

일반적으로 동물과 인간 모두에게 있어서 편도체를 '정서 컴퓨터'로 간주하고 있다. 편도체는 정서적으로 현저한 자극에 주의를 기울이게 만드는데, 특히 그 자극이 새롭거나 놀라운 것이거나 불확실한 것일 때 그러하기 때문이다(LeDoux & Phelps, 2008; Quirk & Beer, 2006; Taylor, 1991). 본질적으로 편도체는 자극의 정서적 중요성을 확인한 다음에 그 자극의 기억에 정서를 새겨 넣는 역할을 담당한다. 따라서 오븐에 손을 데어 화가 날 때, 편도체는 이 분노 정서를 뜨거운 오븐에 대한 기억에 도장을 찍듯이 새겨 넣는다. 달콤한 딸기를 처음 맛보면서 즐거움을 느낄 때, 편도체는 이 정서를 딸기에 대한 기억에 새겨 넣는다(LeDoux, 1996). 이 자극들을 다시 접하게 되면, 즉각적으로 해당 정서를 활성화시켜서는 접근할 것인지 아니면 회피할 것인지를 알려준다.

그렇다면 편도체가 손상되었을 때 어떤 일이 일어나는가?

영장류에서 편도체 손상이 발생하면, 그 동물은 과거에 위협적이었던 자극을 더 이상 무서워하지 않으며, 다른 동물종의 구성원과 짝짓기를 시도하고, 바위와 배설물과 같이 먹을 수 없는 것도 먹으려고 시도하게 된다(Klüver & Bucy, 1937; LeDoux & Phelps, 2008). 편도체가 없는 동물은 특정 자극에 적절한 동기 반응을 결정할 수 없다(Weiskrantz, 1956). 회피할 것인지, 접근할 것인지, 암컷 등에 올라탈 것인지, 먹어야 할 것인지 등을 구분할 수가 없는 것이다.

인간의 경우 편도체 손상은 다양한 심리장애와 관련이 있다. 찰스 휘트먼 이야기가 시사하는 바와 같이, 이 영역이 손상된 사람은 폭력적이 되고 더 많은 위험을 감수한다(De Martino, Camerer, & Adolphs, 2010; Pontius & LeMay, 2003). 편도체의 확대와 과잉활동은 우울증과도 상당히 관련되어 있는데, 우울증은 동기 결여라는 특징을 나타내기 십상이다(Bellani, Baiano, & Brambilla, 2011; Mervaala et al., 2000; Tebartz, Elst, Ebert, & Trimble, 2001). 따라서 편도체는 사람들이 정서를 경험하고 그 정서를 의사결정에 사용하는 방식에서 핵심적인 역할을 담당한다.

글쓰기 과제 12.6

정서에 관한 신경과학 연구를 사회문제에 대처하는 데 사용하기

찰스 휘트먼 이야기는 정서가 두뇌 특정 영역과 연결되어 있는 방식에 대한 생생한 사례를 제공한다. 여러분은 실세계 문제를 해결하는 데 이 지식을 어떻게 사용할 수 있다고 생각하는가? 글을 작성할 때, 특정 사회문제(예컨대, 길거리 폭력, 집단따돌림, 테러, 무장하지 않은 혐의자를 향한 경찰의 총격 등)를 하나 선택하고, 그 문제를 다루는 데 있어서 정서에 관한 신경과학 연구를 어떻게 사용할 수 있겠는지 생각해보라.

12.7 어떤 유형의 정서가 존재하는가

학습목표 : 정서 유형을 구분한다.

무엇이 정서를 초래하는지에 관한 물음에 덧붙여서, 연구자들을 괴롭혀온 다른 두 가지 물음은 사람들이 얼마나 많은 정서를 가지고 있느냐는 물음과 그 정서는 무엇이냐는 물음이다. 잠시 멈추고 자신이 사용하는 모국어에는 정서를 나타내는 단어가 얼마나 있겠는지를 자문해보라. 200개? 아니면 500개? 이 물음에는 명백한 답이 존재하지 않는다는 것이 참이다. 그렇지만 드로즈(S. DeRose, 2012)는 800개나 되는 정서 단어가 있다고 추정하고 있다! 그렇기는 하지만, 한 가지 논쟁거리는 각 단어가 정말로 차별적인 정서를 나타내고 있느냐는 것이다. 예컨대, 분노, 격노, 분개, 좌절 간에는 정말로 큰 차이가 존재하는가? 행복, 지복, 기쁨, 즐거움은 어떠한가? 여러분도 볼 수 있는 바와 같이, 정서를 범주화하고 이름 붙이는 것은 까다롭기 그지없는 일이다. 따라서 어떤 이론가는 세 가지 정서만을 추정하는 반면(Gray, 1994), 다른 이론가는 무한한 수의 정서를 주장한다(Frijda, 1988; Shaver, Schwartz, Kirson, & O'Connor, 1987).

이렇게 의견이 불일치하는 한 가지 이유는 정서를 생물적 특성이 초래하는지 아니면 인지가 초래하는지에 대한 애초의 물음으로 되돌아가게 만든다. 생물학 이론가는 정서의 수를 손가락으로 셀 수 있을 정도의 '핵심 정서'로 국한하는 경향이 있다. 신체가 특정 자극에 반응할 수 있는 방법이 제한적이기 때문이다(즉, 제한된 수의 신경회로와 얼굴 움직임 등). 그렇기 때문에 대부분의 생물학 이론가는 정서의 수를 3~10개 사이에 놓는다(Ekman & Davidson, 1994; Gray, 1994; Izard, 1991).

반면에 인지 이론가는 거의 무한한 수의 정서가 존재한다고 믿는다. 사람들이 특정 자극을 지각하고 평가할 수 있는 방법은 무한하기 때문이다. 단순한 핵심 정서(예컨대, 행복, 분노 등)는 그 수가 제한적이라는 데에는 동의하지만, 이러한 핵심 정서가 초래하는 2차 정서들이 더욱 중요한 관심거리라고 주장한다. 따라서 **분노**와 **좌절** 간의 차이가 생물학 이론가에게는 중요하지 않을 수 있지만, 인지 이론가에게는 무엇보다도 중요한 것이다.

상이한 유형의 정서를 확인하기에 앞서, 이해에 도움을 줄 수 있는 한 가지 힌트를 제안하고자 한다. 사람들은 정서가 분리되어 있는 범주인 것처럼 생각하기 십상이지만, 정서를 색깔의 연속과 같은 것으로 다루는 것이 더 좋을지도 모른다.

누구나 삼원색(빨강, 파랑, 노랑)이 존재하며, 둘씩 혼합하여 3개의 이차색(녹색, 주황색, 자주색)을 만들 수 있다는 사실을 알고 있다. 그렇지만 청록색(녹색 + 파랑)이나 보라색(파랑 + 자주색)과 같이 부가적인 혼합색을 만들 수 있기 때문에, 사태는 더욱 복잡해진다. 이러한 색에다가 흰색을 더하면, 분홍(빨강 + 흰색)이나 연파랑(파랑 + 흰색)과 같이 더욱 다양한 변형색을 만들 수 있다. 따라서 색깔을 분절적인 범주로 생각하기보다는 꽤나 모호한 색깔 선택지들의 '가계(family)'를 대표하는 전형적인 사례들이 존재한다고 말하는 것이 더욱 정확한 것이겠다. 색깔의 이와 같은 '가계' 자질이야말로 페인트 제조회사가 전형적으로 색깔을 다루는 방식이다. 건축자재 가게에서 페인트를 진열한 구역에 가보면, 특정 색깔의 변형들을 보여주는 색깔 칩들을 보게 된다. 만일 여러분의 방을 파란색으로 칠하고 싶다면, 그 색깔 칩들은 여러분이 원하는 파란색을 찾아내는 데 도움을 준다. 암청색과 연파랑은 서로 매우 다르게 보이지만, 사람들은 여전히 둘 모두를 '파랑' 가계의 구성원으로 간주한다. 색깔의 또 다른 자질은 사람들이 색깔을 차별적인 범주로 취급하는 경향이 있을 뿐만 아니라 색깔이 연속선상에 존재한다는 사실도 인식하고 있다는 점이다. 연파랑이 점점 밝아져서 언제 흰색이 되는 것인지 또는 암청색이 점점 어두워져서 언제 검은색이 되는 것인지를 정확하게 확인해 내는 것은 지극히 어렵다. 그러한 점에서 정서는 색깔과 매우 유사하다(Shaver, Wu, & Schwartz, 1992).

몇 가지 핵심 정서 '가계'(예컨대, 행복, 슬픔, 공포 등)를 확인하는 것은 용이하지만, 이 정서들은 단지 많은 2차 정서를 수반하는 모호하게 정의된 연속선을 대표할 뿐이라는 사실도 깨달아야만 한다(Ekman & Davidson, 1994). 예컨대, 놀라움(surprise)과 대경실색(startle)은 비교적 유사한 정서이지만, 전자는 긍정적 경험을 나타내며("그것은 멋지도록 놀라운 것이었어."), 후자는 부정적 경험을 나타내는 것으로 보인다("너는 정말로 나를 대경실색하게 만들었어."). 영어에서 'startle party'보다는 'surprise party'라고 표현하는 이유가 바로 이것이다. 따라서 놀라움과 대경실색이 분리된 정서라기보다는 둘 모두가 긍정 성분과 부정 성분을 모두 포함하는 한 가지 정서 가계에 포함된 것일 가능성이 더 크다.

▽ **이 절이 끝날 무렵에 여러분은 다음에 답할 수 있을 것이다.**

12.7.1 핵심 정서에 관한 연구를 대비한다.
12.7.2 긍정 정서에 기저하는 이론을 기술한다.

12.7.1 핵심 정서

학습목표 : 핵심 정서에 관한 연구를 대비한다.

만일 제한된 수의 1차(핵심) 정서가 존재한다면, 어떻게 정의해야 하겠는가? 이것도 연구자가 생물 조망을 가지고 있는지 아니면 인지 조망을 가지고 있는지에 달려있다. 우선 핵심 정서에 대한 생물 조망을 논의한 다음에 인지 조망으로 넘어가도록 하겠다.

생물학 이론가의 경우에 **핵심 정서**(core emotion)는 다음과 같은 것이어야 한다.

1. 후천적이기보다는 생득적인 것이어야 한다.
2. 독특한 방식으로 표현되어야 한다(예컨대, 특정한 얼굴표정).
3. 모든 사람에게 보편적이어야 한다(Ekman & Davidson, 1994).

이 기준을 사용하는 많은 생물학 이론가는 여섯 가지 핵심 정서, 즉 분노, 혐오, 공포, 행복, 슬픔, 놀람이 존재한다는 데 동의하고 있다. 예상한 바와 같이, 이러한 정서는 특정한 얼굴표정과 대응된다.

에크먼의 핵심 정서 연구 많은 인지 이론가가 정서를 연구해왔지만, 얼굴표정에 대한 폴 에크먼(Paul Ekman)의 관심은 그를 오늘날 가장 뛰어난 핵심 정서 연구자로 만들어주었다. 그의 연구 동기는 개인적 비극에서 유래하였을 가능성이 매우 높다. 그가 14세였을 때, 어머니가 자살하였다. 지난날을 되돌아볼 때마다 그는 항상 어머니 얼굴에서 정신질환의 기미를 읽어낼 수 있었더라면 늦기 전에 어머니를 도와줄 수 있었을 것이라고 생각하였다. 심리학자가 된 후에, 에크먼은 얼굴표정의 본질을 이해하는 데 혼신의 노력을 경주하였다. 자신의 발견이 생명을 구하는 데 사용될 수 있을 것이라는 희망을 가지고 말이다.

에크먼의 연구에 앞서, (인류학자 마거릿 미드와 같은) 많은 과학자들은 얼굴표정이 문화적으로 결정된다고 믿었다. 다시 말해서 사람들은 아동기에 부모나 또래로부터 미소나 찡그림이 무엇을 의미하는 것인지 배운다는 것이었다. 만일 이것이 참이고 정서표현은 생득적인 것이 아니라 학습되는 것이라면, 이러한 표정은 문화에 따라서 차이를 보여야 한다. 그렇지만 에크먼은 다르게 생각하였다. 찰스 다윈의 저서 인간과 동물의 감정 표현에서 영감을 받은 그는 정서가 생리적 특성에 뿌리를 두고 있다고 믿었다. 즉, 표정은 다양한 문화에 걸쳐서 보편적이어야 한다는 것이다.

자신의 이론을 검증하기 위하여, 에크먼은 여섯 가지 핵심 정서에 해당하는 일련의 사진을 구성하였다. 이 사진을 사용하여 처음에는 미국인과 유럽인이 얼굴표정을 정확하게 확인해낼 수 있는지를 검증하였다. 그런 다음에 파푸아뉴기니의 외딴 마을을 찾아가서 현대사회와 접촉이 거의 없는 고립된 문화를 영위하며 살아가는 포레족 집단을 만났다(Ekman, Sorenson, & Friesen, 1969; Ekman & Friesen, 1971). 놀랍게도 이렇게 고립된 문화의 구성원들도 동일한 얼굴표정을 신뢰롭게 확인해낼 수 있다는 사실을 발견하였다. 미국으로부터 멀리 떨어져 있는 고립된 부족민이 동일한 6개의 정서표현을 확인해낼 수 있다는 사실은 이러한 핵심 정서가 보편적이며 생물적 특성에 뿌리를 두고 있을 수밖에 없음을 시사하였다(Ekman, 1992). 특정 핵심 정서는 특정 두뇌 영역의 활동과 관련이 있음을 일관성 있게 보여주는 메타분석들도 이러한 주장과 맥을 같이한다. 예컨대, 혐오는 기저신경절의 활동과, 공포는 편도체의 활동과, 슬픔은 ACC의 활동과 상관이 있다(Murphy, Nimmo-Smith, & Lawrence, 2003; Phan, Wager, Taylor, & Liberzon, 2002).

여러분 자신을 동기화시켜라

그 정서에 이름을 붙여라

때로는 감정을 언어로 표현하는 것만으로도 기분을 좋게 만들기에 충분하다. 한 연구에서는 참가자들에게 정서표현 사진을 보여주고, 사진 아래 제시된 두 단어 중 하나를 읽도록 요구하였다(Lieberman et al., 2007). 한 단어는 사진이 묘사하는 정서를 기술한 것이었고, 다른 단어는 그 사람

의 이름이었다. 두뇌영상을 보면, 사람 이름을 읽은 참가자가 두뇌의 정서 영역(즉, 편도체) 활동을 증가시켰다. 그렇지만 정서 이름을 읽은 참가자는 이 영역의 활동을 거의 나타내지 않았다. 정서를 언어로 기술하는 것이 정서반응에 브레이크를 밟도록 허용한 것이다. 따라서 다음에 여러분이 부정 정서를 느끼고 있다면, 그 정서를 친구에게 이야기하거나 일기에 그 정서에 관해서 적어볼 것을 고려하라.

얼굴 움직임 부호화 시스템(FACS) 정서와 얼굴표정의 보편성을 발견한 후에, 에크먼은 **얼굴 움직임 부호화 시스템**(Facial Action Coding System, FACS)을 개발하였는데, 이것은 여섯 가지 핵심 정서 각각을 정의하는 인간의 얼굴표정 종합사전이다(Ekman & Rosenberg, 2005). 예컨대, FACS를 사용하면, 진실한 미소와 사이비 미소 간의 차이를 쉽게 구분할 수 있다. 사람들이 진정으로 미소를 지을 때에는 입으로만 웃는 것이 아니라 눈으로도 웃는다. 구체적으로 입꼬리를 올리며(대협골근을 수축시킨다), 뺨을 위로 올린다(안와근을 수축시킨다). 그렇지만 미소 짓는 척할 때에는 입꼬리만을 올린다. 인간 얼굴표정 전문가이기 때문에, 에크먼은 애니메이션 제작자들이 등장인물에 '인간과 같은' 자질을 부여하는 것을 돕기 위하여 여러 애니메이션 영화(예컨대, 〈토이 스토리〉, 〈아바타〉 등)의 자문역을 맡았으며, 픽사(Pixar) 스튜디오가 정서를 주제로 다룬 애니메이션 영화 〈인사이드 아웃〉도 자문하였다.

에크먼의 FACS에서 한 가지 흥미롭고 매우 유용한 측면은 **미세표정**(microexpression)의 연구였다. 미세표정이란 단지 1/25초에서 1/15초 동안 지속하면서 정서를 나타내는 짧고도 불수의적인 얼굴표정이다. 일반적으로 사람들은 온전한 얼굴표정을 제어할 수 있지만, 미세표정은 거짓으로 나타내거나 숨기기가 극히 어렵다. 따라서 유능한 포커 도박사가 손에 쥔 좋은 패를 내려다볼 때, 미소는 숨길 수 있지만 여전히 입가에는 미세한 얼굴 긴장이 나타난다.

미세표정의 존재를 검증하기 위하여, 한 연구는 여성들에게 유인가(즐거운 장면 대 불쾌한 장면)와 강도(미약함 대 강력함)에서 차이가 나는 사진을 보게 하였다(Cacioppo, Petty, Losch, & Kim, 1986). 예컨대, 바닷가 장면은 약간 즐거운 것인 반면, 기름 바다에 빠진 새의 모습은 강력하게 불쾌한 것이겠다. 참가자들에게는 사진에 대한 얼굴표정을 짓지 말도록 요구하였지만, 입과 이마 그리고 눈 주변에 있는 특정 얼굴근육에 미세전극을 부착하여 미세표정을 측정하였다. 예상한 바와 같이, 미세전극이 탐지

한 미세표정은 사진의 유인가와 강도를 모두 구분해낼 수 있었다. 유인가의 경우, 불쾌한 사진에 대한 눈썹(추미근), 입(대협골근), 눈(안륜근) 주변의 활동이 더 많았다. 강도의 경우, 눈썹 찡그림이 약간 불쾌한 사진보다는 매우 불쾌한 사진에서 더 강력하였다.

만일 누군가 상대방의 미세표정을 정확하게 읽어낼 수 있다면 상당한 이득을 볼 수 있을 것이다. 만일 상대방 얼굴에 나타난 미세표정을 살펴보는 것만으로 그 사람이 얼마나 좋은 패를 쥐고 있는지 판단할 수 있다면, 여러분이 얼마나 훌륭한 포커 도박사일지를 상상해보라! 그렇지만 에크먼은 포커에서 이기는 것보다는 생명을 구하는 일에 더 관심이 있었기 때문에, 전문가들이 미세표정을 읽어내는 데 도움을 줄 수 있는 상세한 훈련 프로그램을 개발하는 데 착수하였다(Ekman, Freisen, & Ancoli, 1980). 그의 프로그램은 정신질환자를 확인해내려는 의료전문가, 잠재적 범죄자를 가려내려는 CIA 요원과 경찰관, 잠재적 테러분자를 찾아내려는 공항 안전요원, 수상한 거래활동을 찾아내려는 포춘지 선정 500대 기업 등이 사용해왔다. 심지어 에크먼의 연구에 근거한 텔레비전 드라마 〈라이 투 미(Lie to Me)〉가 제작되기도 하였다. 이 드라마에서는 심리학자가 미세표정에 대한 지식을 사용하여 거짓말쟁이와 범죄자를 찾아낸다(에크먼은 이 프로그램의 과학 자문역을 맡기도 하였다.).

관심이 있는 사람이라면 50~100달러를 지불하고 에크먼의 웹사이트에서 FACS 온라인 강의를 수강할 수 있다(http://www.paulekman.com).

에크먼에게도 비판자는 있게 마련이다. 많은 과학자는 과학적 증거들이 그의 기법을 굳건하게 지지하지 못한다고 주장한다. FACS가 사람들의 얼굴에서 정서를 읽어내도록 여러분을 훈련시킬 수 있다고 말하는 것과 여러분이 거짓말쟁이나 범죄자 또는 테러범을 탐지해내는 것을 도와줄 수 있다고 말하는 것은 전혀 별개의 문제라는 것이다. 많은 사람은 FACS를 이러한 방식으로 사용하는 것이 가능하다는 사실을 시사하는 경험적 증거가 없다고 주장한다(Hartwig & Bond, 2011; Honts, Hartwig, Kleinman, & Meissner, 2009). 이에 덧붙여서 많은 사람은 이 연구가 빅브라더(조지 오웰의 소설 1984에 나오는 전지전능한 가공의 통치자)를 함축하고 있음을 염려하고 있다. 특히나 오늘날 얼굴표정을 읽어내기 위하여 FACS에 바탕을 둔 컴퓨터 프로그램을 개발하고 있다는 점에서 그렇다.

플러치크의 핵심 정서 연구 핵심 정서 개념을 확장하고 명료하게 만들고자 시도해온 또 다른 연구자가 로버트 플러치크(Robert Plutchik)이다. 에크먼이 얼굴표정을 이용하여 핵심 정서를 확인한 반면에, 플러치크(2003)는 동기를 이용하여 여덟 가지 핵심 정서를 확인하였다(표 12.2). 구체적으로 플러치크는 어떤 것이 핵심 정서이려면 독특한 진화적 동기로 작동해야만 한다고 주장하였다. 예컨대, 무엇인가 해로운 것을 축출하려는 기본 동기는 혐오감이 촉진한다는 것이다.

플러치크(1998)는 또 다른 방식으로도 핵심 동기 연구에 공헌하였다. 그가 정서를 색깔처럼 취급할 때 가장 잘 이해할 수 있다는 데 동의한다는 점에서는 앞선 논의와 일관성을 유지한다. 전통적인 색상환에서 보색(즉, 색상이 정반대인 색깔)은 서로 반대쪽에 위치한다. 따라서 빨강의 보색은 녹색이며(녹색은 빨강이 아닌 두 가지 원색인 파랑과 노랑을 혼합하여 만들기 때문이다), 두 색은 색상환에서 반대편에 위치한다. 색상환에 유추한 플러치크의 정서환(wheel of emotion)에 따르면, 정서도 이와 매우 유사한 방식으로 체제화되어 있다. 플러치크의 여덟 가지 정서는 다음과 같은 네 쌍의 양극단을 대표한다. 이는 즐거움 대 슬픔, 신뢰 대 혐오, 공포 대 분노, 놀라움 대 예견이다.

이에 덧붙여서, 플러치크는 이러한 여덟 가지 핵심 정서가 강도에서 차이를 보일 수 있기 때문에 광범위한 2차 정서를 만들어낼 수 있다고 주장함으로써 색깔 유추를 이어나갔다. 파랑이 암청색에서부터 연파랑에 이르기까지 변할 수 있는 것과 마찬가지로, 슬픔이나 즐거움 또는 분노도 그렇게 변할 수 있다는 것이다. 예컨대, 분노가 낮은 수준의 강도일 때에는 짜증으로 느낄 수 있지만, 매우 높은 수준의 강도에서는 격노로 느낄 수 있다. 원색을 혼합하여 새로운 색상을 얻을 수 있는 것과 마찬가지로, 여덟 가지 1차 정서를 혼합하여 새롭게 변형된 정서를 얻을 수 있다. 이러한 2차 정서는 그가 제시하는 도식의 각 정서 사이에서 발생한다. 혐오와 분노의 혼합은 경멸을 초래하는 반면, 즐거움과 신뢰의 혼합은 사랑을 초래한다.

표 12.2 플러치크의 핵심 정서와 그에 상응하는 진화적 동기

플러치크(1998)는 인간 생존에 필요한 여덟 가지 진화적 동기가 주도하는 여덟 가지 정서를 확인하였다. 플러치크는 유기체가 생존 문제에 직면할 때 정서가 활성화된다고 제안하였다. 그런데 정서는 단순한 어떤 느낌 상태가 아니라 자극으로부터 출발하여 느낌, 심리적 변화, 행동하려는 충동, 구체적인 목표지향적 행동 등을 수반한 느슨하게 연결된 사건들의 복잡한 연속이라는 것이다. 각 핵심 정서와 연관된 자극 사건, 인지, 목표지향 행동 등을 정리하면 다음과 같다(Plutchik, 2001).

핵심 정서	자극 사건	인지	목표지향 행동	효과
공포	위협	위험	도피	안전
분노	장애물	적대자	공격	장해물 제거
즐거움	가치 있는 대상의 획득	소유	유지 또는 반복	자원 획득
슬픔	가치 있는 대상의 상실	포기	울음	상실 대상에의 애착
신뢰	내집단 구성원	친구	돌봄	상호 지원
혐오	불쾌한 대상	독물	구토	독물 제거
예견	새로운 영역	조사	탐색	영역 지식
놀람	예상치 않은 사건	무엇인가?	중지	재정비 시간 확보

12.7.2 긍정 정서

학습목표 : 긍정 정서에 기저하는 이론을 기술한다.

여러분은 지금까지 논의한 대부분의 정서 이론이 긍정 정서(행복)보다는 훨씬 더 많은 부정 정서(분노, 공포, 혐오, 슬픔)를 제안하고 있다는 사실을 알아차렸는지 모르겠다. 마찬가지로 많은 정서 이론은 부정 정서에 적용할 때 더 잘 이해된다. 예컨대, 제임스-랑게 이론이 어떻게 공포를 설명할 수 있는지는 이해하기 용이하지만, 즐거움에 대해서는 덜 그럴듯한 설명인 것처럼 보인다. 따라서 몇몇 연구자는 긍정 정서가 심리학에서 대체로 간과되어 온 주제였다고 주장한다(Fredrickson, 2002).

최근에는 긍정 정서의 본질에 더 많은 주의를 기울여왔으며, 긍정 정서가 부정 정서와 차이를 보이는 다음과 같은 두 가지 중요한 방식을 확인해왔다(Fredrickson, 2002).

1. **특정 반응 대 비특정 반응.** 부정 정서는 특정 반응(specific response)을 초래하는 반면, 긍정 정서는 비특정 반응(nonspecific response)을 초래한다. 공포는 도피하고자 원하게 만들고, 분노는 공격하고자 원하게 만들지만, 행복이나 만족은 무엇을 하게 만드는가? 실제로 긍정 정서는 행위 부재와 연합되기 십상이어서, 사람들은 이완되고 안주하게 된다(Frijda, 1986). 긍정 정서는 특정 행동을 촉발하기보다 어느 순간에 어떤 행위가 필요한지를 탐색하거나 그 행위를 수행하는 것에서

벗어나게 해주는 것으로 보인다(Fredrickson, 2002; Frijda, 1986).

2. **신체반응 대 인지반응.** 부정 정서는 전형적으로 신체반응(physical response)을 내놓는 반면, 긍정 정서는 인지반응(cognitive response)을 내놓는다. 사람들은 무서울 때 도망가고, 화났을 때 주먹을 날린다. 그렇다면 즐겁거나 자랑스러울 때에는 어떤 신체행위를 하는가? 긍정 정서는 특정 행위를 동기화시키기보다는 생각하는 방식을 변화시키는 것으로 보인다.

이러한 두 가지 특징을 조합하면, 부정 정서는 특정 행위반응을 초래하는 반면, 긍정 정서는 비특정 사고반응을 초래한다는 사실을 보여준다.

그렇다면 긍정 정서는 사람들을 구체적으로 어떻게 동기화시키는 것인가? 프레드릭슨(Barbara Fredrickson, 2002)의 **확장-구축 이론**(broaden-and-build theory)에 따르면, 긍정 정서를 경험하는 능력은 인간을 번성하게 만들어주는 핵심 요인이다. 그 이름이 시사하는 바와 같이, 긍정 정서는 주의와 사고를 확장하고 자원을 구축하는 방식으로 사람들에게 도움을 준다. 첫째, 긍정 정서는 주의와 사고를 확장(broaden)시킨다. 무엇인가를 즐길수록, 그것을 탐색하고 배우며 몰입할 가능성이 더 크다. 그렇기 때문에 연구들은 긍정 정서는 주의를 확장시키고(즉, 더 많은 세부사항을 알아챈다), 인지를 증진시키며(즉, 정보처리가 우수하다),

창의성을 부양시킨다(즉, 독특한 해결책을 내놓는다)는 사실을 밝혀왔다(Isen, Johnson, Mertz, & Robinson, 1985). 긍정 정서의 이러한 확장 측면은 주의와 사고를 즉각적인 위협에만 좁게 초점을 맞추게 만드는 부정 정서와 직접적인 대비를 이룬다. 둘째, 긍정 정서는 자원을 구축(build)하도록 도와준다. 즉, 신체적 자원과 지적 자원에서부터 사회적 자원과 심리적 자원에 이르기까지 다양한 자원을 지속적으로 구축할 수 있게 해준다. 이렇게 구축된 자원은 일시적인 긍정 정서보다 지속적이기 때문에, 장차 역경에 따른 상이한 부적 정서 상태에서도 사용할 수 있는 심리적 탄력성을 유지할 수 있게 해준다. 다시 말해서 긍정 정서는 심리적 자원을 구축하도록 만들어줌으로써, 뒤따르는 정서적 안녕감을 고양시켜 준다. 예컨대, 불행 중에도 긍정 정서를 경험하는 사람은 장기적인 계획과 목표를 수립할 가능성이 더 높으며, 이것이 장기적으로 더 높은 심리적 안녕감으로 이끌어간다(Stein, Folkman, Trabasso, & Richards, 1997).

여러분 자신을 동기화시켜라

음악에 대한 두뇌반응

긍정 정서는 사고를 확장시키기 때문에, 실제로 사람들을 더 똑똑하게 만들어줄 수 있다. 이 사실을 입증하는 한 가지 간단한 방법은 음악을 통하는 것이다. 한 연구에서 보면, 활기찬 음악(예컨대, 모차르트)을 듣는 참가자가 중립적이거나 슬픈 음악(예컨대, 〈쉰들러 리스트〉 주제곡)을 듣는 참가자보다 문제를 더 잘 해결하였다(Nadler, Rabi, & Minda, 2010). 행복한 비디오(예컨대, 웃고 있는 아이)와 중립적 비디오(예컨대, 골동품 전시)를 시청한 사람들에게서도 유사한 효과가 나타났다. 따라서 다음에 심리적 부양책이 필요할 때에는 신나는 음악을 듣거나 유튜브에서 웃기는 동영상을 찾아보라.

나만의 프로젝트 12.2

정서

1. 지금까지 나만의 프로젝트를 수행하는 동안 여러분은 어떤 정서를 경험하였는가?
2. 그 정서는 여러분에게 어떤 영향을 미쳤다고 생각하는가? 도움을 주었는가, 아니면 방해가 되었는가? 그 이유는 무엇이라고 생각하는가?
3. 만일 나만의 프로젝트를 위해서 또 다른 정서를 경험하고 싶다면, 그 정서는 어떤 것이며 그 이유는 무엇인가?

글쓰기 과제 12.7

긍정 정서를 간과해온 이유는 무엇인가?

과학자들이 부정 정서는 여러 세기에 걸쳐 연구해왔지만, 긍정 정서는 최근에 들어서야 비로소 탐구하기 시작하였다. 그 이유가 무엇이라고 생각하는가? 어째서 사람들이 긍정 정서보다는 부정 정서를 밝히는 데 초점을 더 많이 맞춘 것인가? 최근 20년에 걸쳐서 긍정 정서에 주의를 기울이도록 변화시킨 것은 무엇이라고 생각하는가?

12.8 정서의 목적은 무엇인가

학습목표 : 정서가 수행하는 목적을 평가한다.

길거리에서 보통 사람을 붙잡고 정서가 사람에게 좋은 것인지 아니면 나쁜 것인지를 묻는다면, 아마도 대부분의 사람은 나쁘다고 말할 것이다. 이 장의 서두에서 소개한 리사 노와크 사례가 시사하는 바와 같이, 정서는 사람들을 파괴적이거나 심지어는 범죄 행위를 저지르도록 이끌어가기 십상이다. 이러한 사실을 놓고 볼 때, 여러분은 만일 정서가 없다면 인간의 삶이 더 좋을지도 모르겠다고 생각할 수도 있다. 〈스타 트렉〉에서부터 성경과 중국 철학자에 이르기까지 수많은 고전 문헌은 정서가 삶에서 파괴적인 힘이라고 말한다. 예컨대, 언젠가 달라이 라마는 이렇게 말하였다. "정서를 우리 내부의 악마로 생각하는 것이 좋습니다. 정서는 악마와 마찬가지로 우리를 괴롭히며 불행만을 초래하기 때문이지요. 그러한 부정 정서와 사고를 뛰어넘고 모든 비애를 넘어서는 상태를 열반이라고 부릅니다." 이 모든 것은 정서가 어떤 목적을 수행하는 것인지 궁금하게 만든다.

정서가 때로는 형편없는 결정을 하거나 위험한 행동을 나타내도록 밀어붙일 수도 있지만, 만일 정서의 이점이 대가를 압도하지 않았다면, 진화 과정에서 사라져버렸을 가능성이 있다. 정서가 오늘날에도 존재한다는 사실은 이것이 어떤 중요한 기능을 수행함을 시사한다(Plutchik, 1998). 그렇다면 그 기능은 어떤 것이겠는가?

▽ 이 절이 끝날 무렵에 여러분은 다음에 답할 수 있을 것이다.

12.8.1 정서가 어떻게 피드백을 제공하는지를 분석한다.

12.8.2 정서가 어떻게 소속감을 조장하는지를 분석한다.

12.8.3 정서가 어떻게 사고를 주도하는지를 분석한다.

12.8.4 정서가 어떻게 행동을 주도하는지를 분석한다.

12.8.1 정서는 피드백을 제공한다

학습목표 : 정서가 어떻게 피드백을 제공하는지를 분석한다.

정서의 한 가지 결정적인 기능은 중요한 피드백을 제공한다는 것이다. 가장 단순한 수준에서 정서는 어떤 것이 좋은지 아니면 나쁜지를 알려준다(LeDoux, 1996). 동기 측면에서, 정서는 사람들이 목표 추구를 얼마나 잘하고 있는지 알려주며, 그에 따라 조정할 수 있게 도와준다.

TOTE 모형에서, 사람들은 현재 행동과 목표 간의 불일치를 감소시키고자(즉, 목표에 접근하고자) 둘을 비교한다. 그렇지만 TOTE 모형을 개발한 연구자들은 무엇인가를 놓치고 있다고 느꼈다. 따라서 목표를 향해 진보하는 속도를 평가하는 **메타모니터링 고리**(meta-monitoring loop)를 첨가하였다(Carver & Scheier, 2008; Carver, Lawrence, & Scheier, 1999). 피드백 고리는 목표에 도달하려면 얼마나 더 가야 하는지를 알려주는 반면(즉, 목표 거리), 메타모니터링 고리는 얼마나 빨리 목표에 도달할 수 있는지를 알려준다(즉, 목표 속도).

이 메타모니터링 고리는 주로 정서에 의존하여 목표 속도에 대한 피드백을 제공해준다. 예상한 것보다 빠르게 목표에 접근하고 있을 때에는 긍정 정서를 경험하며, 이것이 다시 여유를 갖고 노력을 감소시키도록 해준다. 예상한 것보다 느리게 목표에 접근하고 있을 때에는 부정 정서를 경험하며, 이것이 다시 노력을 배가하도록 만들어준다. 이렇게 메타모니터링 고리는 자동차 크루즈 컨트롤처럼 작동한다. 자동차가 언덕을 올라가고 있기 때문에 너무 느리게 달리게 되면, 크루즈 컨트롤은 자동차 속도를 올린다. 언덕을 내려가고 있기 때문에 너무 빠르게 달릴 때에는 속도를 낮춘다.

메타모니터링 고리의 한 가지 함의는 사람들이 좋은 진전을 보이고 있다고 느끼는 한에 있어서, 비록 목표를 아직 달성하지 못하였다 하더라도 기분 좋게 느낄 수 있다는 점이다(Carver & Scheier, 2008). 10kg의 근육을 늘리려는 목표를 가지고 있는 두 명의 보디빌더를 상상해보라. 한 사람은 첫 달에 5kg을 키웠는데, 단지 2.5kg만을 늘릴 수 있을 것이라고 기대하였기 때문에, 그의 목표 속도는 예상보다 빨랐다. 다른 한 사람은 첫 달에 7.5kg을 키웠는데, 10kg을 늘릴 수 있을 것이라고 기대하였기 때문에, 그의 목표 속도는 예상보다 느렸다. 후자가 전자보다 목표에 더 가깝게 접근하였음에도 불구하고, 아마도 자신의 목표에 덜 만족할 것이다. 정서에 관한 한, 목표 달성속도의 지각이 실제의 진전보다도 더 중요하다.

이에 덧붙여서, 메타모니터링 고리는 타성이라는 다소 반직관적인 아이디어를 감안하는데, 타성이란 목표를 향한 진전 후에 노력을 즉각적으로 줄이는 것을 의미한다(Carver & Scheier, 2012b). 보디빌더의 예에서, 자신의 목표 속도가 빠르다고 지각한 사람은 들뜬 마음에 여유를 갖고 근육 늘리기에 태만해질 수 있는 반면, 목표 속도가 느리다고 지각한 사람은 근육 늘리기에 더욱 박차를 기울일 수 있다. 목표 속도가 빠른 것이 긍정 정서에 도움을 주지만, 뒤따르는 목표행동에는 장해물로 작동할 수 있으며, 그 역도 마찬가지이다.

12.8.2 정서는 소속감을 조장한다

학습목표 : 정서가 어떻게 소속감을 조장하는지를 분석한다.

정서의 또 다른 핵심 기능은 소속감을 조장한다는 것이다. 자신의 감정을 다른 사람에게 전달하도록 도와줌으로써 그렇게 할 수 있다(Izard, 1978). 사랑하는 사람은 상대방이 말하지 않아도 언제 행복하거나 슬프거나 불안한지를 알고 있다. 상대방 얼굴과 신체언어에서 그 상태를 볼 수 있기 때문이다. 그러한 비언어 소통은 모든 연령대에서 중요하지만, 유아일 때 가장 중요하다. 유아는 자신의 내적 감정을 언어로 표현하는 방법을 아직 배우지 못하였기 때문이다. 유아는 태어날 때부터 혐오와 관심 그리고 즐거움을 표현할 수 있다. 생후 3개월이 되면 분노와 슬픔을 표현할 수 있으며, 6개월이 되면 공포를 표현할 수 있다(Izard, 1994; Izard & Read, 1986). 유아의 얼굴표정이 어른의 것과 똑같지는 않지만, 꽤나 근사하다. 중요한 사실은 보호자가 유아의 얼굴표정을 정확하게 읽어낼 수 있다는 점이다(Izard, Huebner, Risser, & Dougherty, 1980).

정서는 또한 관계를 형성하고 유지함으로써 소속감을 촉진시킬 수도 있다. 우정이나 낭만적 관계 또는 가족 애착 등을 통해서 강력한 사회적 유대를 형성할 때, 사람들은 긍정 정서를 경험한다(Baumeister & Leary, 1995). 학생들은 배타적인 여학생 동아리나 남학생 동아리에 가입 신청하여 받아들여질 때 기분이 좋다. 그리고 부모는 자신의 아이가 태어났을 때 삶에서 가장 행복하였다고 말하기 십상이다. 이러한 방식으로 긍정 정서는 다른 사람과의 유대를 형성하도록 조장한다. 많은 전문가는 사람들이 행복하기 때문에 미소 짓거나 웃는 것이 아니라 사회적 상호작용을 부드럽게 만들고 싶기 때문이라고 주장한다(Fernández-Dols & Ruiz-Belda, 1995; Provine, 1993). 사람들이 혼자 있을 때보다 다른 사람이 존재할 때 웃을 가능성이 30배나 높은 까닭이 바로 이것이다(Provine, 2001).

만일 긍정 정서가 사회적 유대를 형성하는 데 일익을 담당한다면, 부정 정서는 사회적 유대를 깨뜨리는 데 일익을 담당한다는 사실도 이해할 수 있다(Baumeister & Leary, 1995). 집단따돌림을 당하거나 페이스북에서 '거절당할 때' 사람들은 슬픔을 느낀다. 리사 노와크처럼, 애인이 자신을 버리고 다른 사람을 찾아나설 때 분노와 질투를 느낀다. 그렇기 때문에 사람들은 자신의 부정적 감정의 강도와 지속시간을 그 관계가 얼마나 가치 있는지를 평가하는 잣대로 사용하기 십상이다.

정서는 사회적 상호작용에 중요하기 때문에, 다른 사람으로부터 감기가 전염되는 것과 지극히 동일한 방식으로 그 사람으로부터 정서도 '전염'될 수 있다. 이러한 효과를 **정서적 전염**(emotional contagion)이라고 부르며, 한 사람에게서 다른 사람으로 정서가 전이되는 것을 의미한다(Barsade, 2002; Hatfield, Cacioppo, & Rapson, 1993). 정서 전이는 다음과 같은 이유 때문에 일어나는 것으로 보인다.

1. 누군가의 정서표현을 보는 것이 그 얼굴표정을 흉내 내도록 이끌어간다(예컨대, 카멜레온 효과).
2. 일단 얼굴표정을 지으면, 정서를 느끼게 된다(예컨대, 얼굴 피드백 가설).

따라서 행복한 사람의 미소를 보게 되면, 자동적으로 여러분도 미소 짓게 되며, 그 미소가 여러분도 행복하게 만들어준다. 텔레비전 시트콤이 '관객의 웃음소리'를 녹음하여 실제 청중에게 들려주는 이유도 바로 이것이다. 다른 사람의 웃음소리를 듣는 것은 여러분도 웃을 가능성을 높이며(Provine, 1992), 그래서 프로그램을 더 즐기게 되는 것이다.

여기서의 메시지는 누구와 함께 어울릴 것인지를 유념하라는 것이다. 만일 행복해지고 싶다면, 행복한 사람을 찾아라. 더 분노하고 싶지 않다면, 화난 사람과 어울리는 것을 기피하라.

12.8.3 정서는 사고를 주도한다

학습목표 : 정서가 어떻게 사고를 주도하는지를 분석한다.

이 장의 앞부분에서 인지가 어떻게 정서에 영향을 미치는지에 관해 많은 논의를 하였지만, 그 역도 참이다. 즉, 정서는 인지에 영향을 미친다(Forgas, 1994). 긍정 정서는 창의적으로 사고하는 것을 돕는다는 사실을 이미 언급한 바 있다. 그렇지만 긍정 정서는 사람들을 멍청하게 만들 수도 있다. 긍정 정서가 두뇌에게 모든 것이 순조롭다는 신호를 보내기 때문에, 보다 단순하게 생각하도록 만들어버린다(Clore, Schwarz, & Conway, 1994; Schwarz & Bless, 1991). 예컨대, 행복감을 느끼는 사람은 기억 회상이 형편 없으며, 강력한 주장에도 잘 설득되지 않고, 고정관념으로 다른 사람을 바라볼 가능성도 높다(Bless, Schwarz, & Wieland, 1996; Bless, Bohner, Schwarz, & Strack, 1990; Bodenhausen, Kramer, & Süsser, 1994).

한편, 부정 정서는 두뇌에 모든 것이 순조롭지 않으며 주의를 기울일 필요가 있다는 사실을 신호한다(Clore et al., 1994; Schwarz & Bless, 1991). 따라서 부정 정서는 더욱 세부적인 것에 집중하여 심사숙고하며 현재의 과제에 더 많은 인지 자원을 투여하게 만든다. 부정 정서가 이로운 까닭은 자신의 실수를 깨닫고 교정할 수 있게 도와주기 때문이다. 예컨대, 만일 애인이 여러분과의 관계를 끊어버렸다면, 여러분은 그 애인이 관계를 끊은 이유를 찾아보도록 이끌어가는 일련의 부정 정서를 느끼게 된다. 일단 문제의 원인을 분리해내게 되면(예컨대, 여러분이 일에만 너무 집중하였다), 장차 동일한 실수를 저지르지 않는 방법을 찾아낼 수 있다. 복내측 전전두피질(vmPFC)의 손상으로 인해서 정서를 상실한 사람은 실수로부터 배우지를 못하며 똑같은 형편없는 결정을 계속해서 반복하게 된다는 사실을 보여주는 연구는 이러한 아이디어를 지지해준다(Naqvi, Shiv, & Bechara, 2006).

정보로서의 감정 이론 정서는 어떤 것이 순조로운지 아닌지를 신호해주는 것에 덧붙여서, 의사결정을 내릴 때 의존하는 중요한 정보로도 기능한다. **정보로서의 감정 이론**(feelings-as-information theory)에 따르면, 사람들은 "이것에 대해서 어떻게 느끼는가?" 라고 암묵적으로 자문함으로써 어떤 것에 대한 판단을 내리기 십상이다(Clore, Gasper, & Garvin, 2001; Schwarz, 2012).

만일 두 전공분야를 두고 결정하고자 시도하고 있다면, 각 전공분야의 모든 장단점을 나열하는 대신에, 그저 "각 전공분야에 대해서 어떻게 느끼는가?"라고 자문해볼 수 있다. 만일 문학 강의가 수학 강의보다 여러분을 더 행복하게 만든다면, 문학이 추구할 가능성이 높은 전공분야이다. 비록 문학 학위를 가지고 직업을 구할 가능성이 수학 학위를 가질 때보다 훨씬 낮다고 하더라도 말이다. 많은 삶의 결정을 내리는 데 이러한 정보로서의 감정처리를 사용하겠지만, 그 영향력이 삶의 만족도에 대한 사람들의 판단보다 더 명백하게 드러나는 경우는 없다.

다음 물음을 생각해보라.

> # 여러분은 전반적으로 자신의 삶에 얼마나 만족하는가?

이 물음은 복잡함으로 충만해있다. 이 물음에 답하려면 신체 건강, 현재 재정 상태, 관계 상태, 우정의 자질, 직업 전망, 가족과의 연결성 등을 포함하여 헤아릴 수 없이 많은 정보에 대해서 생각해보아야 한다.

그렇지만 한 연구를 보면, 사람들은 이렇게 장황한 과정을 건너뛰고는 현재의 정서 상태에 근거하여 이 물음에 답하기 십상이다(Schwarz & Clore, 1983). 이 연구에서는 연구자가 화창하고 따듯한 날이나 비가 오는 우중충한 날에 학생들에게 전화를 걸어서 자신의 삶에 얼마나 만족하고 있는지를 물었다. 정보로서의 감정 이론이 주장하는 바와 같이, 학생들은 비 오는 날보다는 화창한 날에 더 높은 삶의 만족도를 보고하였다. 좋은 날씨가 사람들로 하여금 '장밋빛 안경'을 통해서 자신의 삶을 바라보게 만들었던 것이다. 이 결과가 놀라운 까닭은 사람들은 날씨와 같이 일시적인 것이 삶의 만족도에 영향을 미친다고 생각하지 않기 때문이다. 그렇지만 만일 사람들이 단지 "지금 이 순간에 내 삶에 대해서 어떻게 느끼는가?"라고 자문함으로써 자신의 만족도를 평가한다면, 예상할 수 있는 결과가 바로 이것이다.

중요한 사실은 이 연구의 참가자들에게 우선 "지금 밖의 날씨가 어때요?"라고 물었을 때에는 삶의 만족도에 대한 날씨의 영향이 사라졌다는 점이다. 따라서 자신의 긍정 감정이 단지 날씨 때문임을 깨닫도록 만들었을 때에는 그 감정을 삶의 만족에 오귀인하지 않았다. 긍정 정서의 애초 원인에 초점을 맞추지 않는 한에 있어서, 사람들은 어떤 한 가지에 대해서 기분이 좋을 때 모든 것에 대해서 기분이 좋은 경향이 있다.

12.8.4 정서는 행동을 주도한다

학습목표 : 정서가 어떻게 행동을 주도하는지를 분석한다.

만일 공포가 여러분을 도망가게 만들지 않는다면 무슨 소용이 있겠는가? 만일 사랑이 관계를 형성하게 만들어주지 않는다면 무슨 소용이 있겠는가? 그렇기 때문에 많은 이론가는 정서가 행동을 직접적으로 주도하기 때문에 진화하였다고 주장한다(Nesse & Ellsworth, 2009; Plutchik, 2003). 그런데 이 장에서는 이미 정서가 행동을 야기한다는 아이디어에 도전장을 내미는 여러 이론을 논의한 바 있다(예컨대, 제임스-랑게 이론과 캐넌-바드 이론). 더군다나 정서와 행동 간의 연계를 실제로 지지하는 경험적 증거도 거의 없다. 그렇다면 정서는 행동과 무관하다는 말인가? 너무 서두르지 말자. 비록 정서가 행동을 직접적으로 야기하지는 않는다고 하더라도, 행위에 중요한 영향력을 행사하고 있다. 단지 간접적으로 그 영향력을 행사하고 있을 뿐이다.

바움에이스터와 동료들(Baumeister, Vohs, DeWall, & Zhang, 2007)에 따르면, 정서는 행동 이후에 발생하며, 사람들로 하여금 앞선 행동을 재고하고 그 결과를 평가하도록 야기하는 내적 피드백 체계로 작동한다. 이러한 방식으로 정서가 행동에 뒤따를 때에는 언제나 감정 기억을 야기하며, 장차 그에 따른 자동적 연합(즉, 감정)이 행동을 주도하도록 활성화될 수 있다(그림 12.7).

예컨대, 처음으로 식료품점에서 캔디 하나를 훔치는 어린 소년을 상상해보라. 붙잡혀서 부모에게 처벌받을 때, 그 소년은 완전히 의식적인 죄책감 정서를 경험하게 되며, 이 정서가 자신의 행동을 재고하고는 그 행위의 부정적 결과를 깨닫게 만든다. 따라서 소년은 기억 속에 훔치기와 죄책감 간의 자동적 연합을 형성한다. 나중에 다시 훔칠 수 있는 기회가 주어졌을 때, 이러한 자동적 연합이 활성화하게 된다. 이렇게 새로운 상황에서 온전한 죄책감을 경험할 필요는 없지만, 훔치는 것은 나쁘다는 자동적인 육감을 느끼게 됨으로써 훔치는 행위를 저지르지 않게 된다.

입력으로서의 기분 이론 정서가 행동에 영향을 미치는 또 다른 방법은 정서를 해석하는 방식과 관련이 있다. 정서는 동기행동을 증가시키거나 감소시킬 수 있지만, 그 영향력은 어떤 '정지 규칙'을 사용하고 있는지에 달려있다. **정지 규칙**(stop rule)이란 사람들이 어떤 과제나 목표에 대한 작업을 정지할 시점을 결정하는 데 사용하는 인지 규칙이다.

입력으로서의 기분 이론(mood-as-input theory)에 따르면, 사람

그림 12.7 정서가 행동을 간접적으로 주도한다는 모형
바움에이스터와 동료들(2007)은 의식적 정서가 직접적으로 행동을 야기하는 것이 아니라, 감정과 행동 간의 자동적 연합을 형성하여 이러한 감정적 연합이 나중에 행동을 직접적으로 야기할 수 있다고 주장한다.

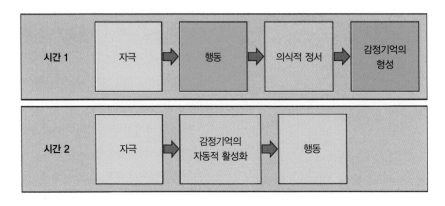

들이 자신의 정서를 해석하는 데 사용하는 두 가지 유형의 정지 규칙이 있다(Martin, 2001; Martin, Abend, Sedikides, & Green, 1997; Martin, Ward, Achee, & Wyer, 1993). **주관적 정지 규칙**(subjective stop rule)은 사람들이 어떤 과제를 더 이상 즐기지 않을 때까지 계속한다는 것이다. 주관적 정지 규칙을 사용하고 있을 때, 긍정 정서는 그 과제를 계속하게 만들고 부정 정서는 그만두게 만든다. 예컨대, 여러분이 숙제를 하고 있으면서 주관적 정지 규칙을 사용하고 있다면("내가 이 과제를 즐기고 있는가?"), 긍정 정서는 '그렇다'는 답을 함축하며 과제를 계속 수행하는 반면, 부정 정서는 '아니다'는 답을 함축하며 과제 수행을 정지하게 된다. **객관적 정지 규칙**(objective stop rule)은 사람들이 과제 수행이 적절하다고 느낄 때까지 작업을 계속한다는 것이다. 이 규칙을 사용하게 되면 긍정 정서를 경험할 때 작업 수행을 중지하며 부정 정서를 경험할 때 작업 수행을 계속하게 된다. 다시 말해서 부정 정서가 행동에 기름을 붓는다.

감정 예측 정서 예측도 행동에 영향을 미칠 수 있다. 흔히 사람들은 현재의 느낌이 아니라 미래에 어떻게 느낄 것이라고 생각하는지에 근거하여 결정을 내린다. 식당에서 사람들은 자신을 가장 행복하게 만들어줄 것이라고 생각하는 디저트를 선택한다. 대학에서의 전공분야를 결정할 때에는 가장 만족하게 만들어줄 것이라고 생각하는 선택지를 고른다. 미래에 어떻게 느낄 것인지를 예측하는 사람들의 능력을 **감정 예측**(affective forecasting)이라고 부른다(Gilbert, Pinel, Wilson, Blumberg, & Wheatley, 1998;

Wilson & Gilbert, 2005).

그런데 연구결과는 사람들이 감정 예측에 있어서 꽤나 형편없는 수행을 나타낸다는 사실을 보여준다. 다음 사례는 감정 예측의 영향을 개관하는 데 도움을 줄 것이다. 여러분이 방금 로또에 당첨되었다는 사실을 알았다고 상상해보라. 얼마나 행복하게 느끼며, 얼마나 오랫동안 그 감정이 지속될 것이라고 생각하는가? 이제 여러분의 집이 화재로 소실되었다고 상상해보라. 얼마나 비통하게 느끼며, 얼마나 오랫동안 그 감정이 지속될 것이라고 생각하는가?

두 경우 모두, 행복이나 슬픔은 여러분이 예측한 것만큼 오래 지속되지 않는다. 사람들은 자신이 경험할 정서의 강도와 유인가는 어느 정도 잘 예측하지만, 그 정서의 지속기간을 지나치게 과대 추정하는 경향, 즉 지속성 편향(durability bias)을 보인다. 감정 예측은 중요하지만 틀리기 십상이다. 중요한 까닭은 사람들의 행동이 암묵적이든 명시적이든 미래 사건의 정서적 효과에 대한 예측에 근거하기 때문이다. 어떤 면에서 감정 예측은 사람들이 삶의 궤적을 계획하고 현재 행동을 이끌어가는 힘이다. 예컨대, 주말여행이 방광염 수술을 받는 것보다 더 즐거울 것이며, 내년이 되면 나이를 한 살 더 먹는 것을 예측하여 친구를 무서워하지는 않는다. 대부분의 사람은 미래 사건이 촉발하는 감정의 유인가와 강도를 비교적 정확하게 예측한다. 그런데 그 감정이 얼마나 오래 지속될 것인지에 대해서는 대단히 무능하다.

사람들이 미래에 어떻게 느낄 것인지를 예측하는 데 그토록 무능한 까닭은 무엇인가? 윌슨과 길버트(Wilson & Gilbert, 2005)의 연구는 사람들이 다음과 같은 두 가지 인지 편향으로 어려움을 겪기 때문에 미래의 정서를 정확하게 예측하는 능력이 손상된다는 사실을 시사한다. 첫째, 초점주의의 편향이 나타난다. **초점주의**(focalism)는 어떤 사건이 자신을 얼마나 행복하게 만들어줄 것인지를 상상하면서, 실제로 그 사건을 경험하는 동안 정서에 영향을 미칠 모든 주변 사건들을 고려하지 못한 채 단일 사건에만 지나치게 초점을 맞출 때 발생한다(Wilson, Wheatley, Meyers, Gilbert, & Axsom, 2000). 예컨대, 로또에 당첨될 때 얼마나 행복할지를 생각해보도록 요구할 때, 사람들은 당첨금으로 구입할 모든 물건들을 상상할 수 있다. 그렇지만 당첨과 함께 찾아올 다른 모든 삶의 요인들, 예컨대 지불해야 할 세금, 도움을 요청하는 친구와 가족, 돈을 갈취하려는 끊임없는 협박 등을 생각하지 못할 수 있다. 또한 관계의 질, 친구, 신체 건강 등 현재 자신을 행복하거나 슬프게 만드는 삶의 일들이 당첨되더라도 계속해서 존재할 것이라는 사실을 깨닫지 못할 수 있다. 따라서 형편없는 관계 때문에 삶이 비참한 사람이 로또에 당첨된다면, 그 돈이 몇 주 정도는 행복감을 부양시키겠지만, 당첨된 후에도 형편없는 관계는 계속될 것이며(더욱 나빠질 수도 있다), 고통은 재발할 것이다.

둘째, **면역 무시**(immune neglect)의 편향이 작동할 수 있다. 일반적으로 사람들은 자신의 성공은 잘 기억해내지만 실패는 간과하거나 합리화하기 십상이다. 프로이트의 자아 방어기제를 비롯하여 긍정 착각이나 자기위주 귀인과 같은 수많은 개념들은 심리학자들이 부정적 사건의 감정 효과에 대처하는 수많은 방법의 사례들이라고 할 수 있다. 생리적 면역체계가 신체를 보호하기 위한 것에 유추하여, 부정 정서의 효과로부터 사람들을 보호하는 기제를 심리적 면역체계라 부른다. 그런데 심리적 면역체계는 자동적으로 작동하기 때문에, 일반적으로 사람들은 그러한 체계가 작동한다는 사실을 의식하거나 자각하지 못함으로써 자신의 부정 정서가 실제보다 훨씬 더 오래 지속될 것이라고 생각한다. 즉, 면역 효과를 무시하는 것이다(Loewenstein & Frederick, 1997).

이 모든 것이 여러분으로 하여금 감정 예측은 일종의 저주라고 생각하게 만들지도 모르겠다. 사람들은 항상 미래 감정을 잘못 예측하는 것처럼 보이기 때문이다. 그렇지만 실제로는 더없는 축복이다. 정확하든 아니면 정확하지 않든 간에, 감정 예측은 동기에 도움을 주는 영향력을 행사한다. 예컨대, 대부분의 사람은 자식을 갖는 것이 자신을 행복하게 만들 것이라고 생각하지만,

데이터는 자녀를 가지고 있는 부부가 무자녀를 선택한 부부보다 덜 행복하다는 사실을 시사한다(Twenge, Campbell, & Foster, 2003). 자녀가 자신들을 행복하게 만들어줄 것이라고 과대 추정하는 경향성이야말로 출산을 촉진하는 1차적 동기 요인이다. 마찬가지로 돈과 성공적인 직업이 자신을 행복하게 만들어줄 것이라는 믿음이 대학에 진학하고 학위를 취득하며 사회에 공헌하는 일원이 되도록 사람들을 동기화시킨다. 비록 이러한 믿음이 잘못된 것이라고 하더라도, 여전히 사람들을 동기화시키며 행동에 도움이 되는 영향력을 행사한다.

글쓰기 과제 12.8

여러분 과거에서의 감정 예측

여러분 삶에서 무엇인가를 정말로 간절히 바라고 있었던 때를 되살려보라. 여러분이 10대였으며 운전면허증을 손에 쥘 날을 손꼽아 기다리던 때일지 모르겠다. 호화로운 휴가가 시작되기만을 학수고대하던 때일 수도 있겠다. 여러분이 기혼자라면, 결혼식 날이었을 수도 있다. 그 사건을 확인하였다면, 마침내 그날이 되었을 때 실제로 얼마나 행복했었는지 생각해보라. 고대하고 있을 때만큼 행복하였던가? 생각하였던 것만큼 그 행복감은 오랫동안 지속되었는가? 마지막으로 초점주의(초점을 맞추고 있는 사건에 지나치게 주의를 집중하여 그 밖의 사건을 무시하는 현상)나 면역 무시(신체적 면역체계에 유추할 수 있는 심리적 면역체계가 부정 정서를 제거하거나 완화하도록 작동하는 것을 무시하는 현상)가 여러분의 감정 예측 오류에서 어느 정도나 역할을 담당하였는지를 분석해보라.

12.9 정서 조절

학습목표 : 정서 조절의 중요성을 논의한다.

정서가 생래적으로 좋거나 나쁜 것이 아니라는 사실은 명백하더라도, 때로는 사람들을 어두운 길로 이끌어갈 수 있다. 그렇기 때문에 자신의 정서를 조절하는 방법을 학습하는 것이 중요하다. **정서 조절**(emotion regulation)이란 언제 어떤 정서를 경험하고, 어떻게 그 정서를 표출할 것인지에 영향력을 행사하려는 시도를 의미한다(Sheppes & Gross, 2013; Gross, 1998, 2008). 대부분의 여성은 애인이 다른 여자와 함께 있는 것을 목격하였을 때 리사 노와크가 느꼈던 것과 같은 배척과 질투를 느낀 적이 있다. 그렇지만 그녀와 달리 그러한 정서를 제어할 수 있으며 건강한 방식으로 그 정서에 대처할 수 있다. 그렇기 때문에 정서를 효과적으로 조절할 수 있는 사람은 조절능력을 결여하고 있는 사람보다 심리장애를 일으킬 가능성이 낮다(Bradley, 1990; Greenspan & Porges, 1984). 본질적으로 정서 조절은 정서가 자신을 제어하도

록 내버려두기보다는 스스로 정서를 조절할 수 있게 해준다.

정서 조절의 형식 모형 사람들이 정서를 조절할 수 있는 많은 방법들이 있다. 그로스와 톰슨(Gross & Thompson, 2007)의 **정서 조절의 형식 모형**(modal model of emotion regulation)에 따르면, 사람들이 자신의 정서를 확인하고 유지하는 데 사용할 수 있는 다섯 가지 유형의 정서 조절 전략이 있다.

첫째, **상황 선택**(situation selection)은 바람직한 정서를 초래할 가능성이 있는 상황을 추구하고 바람직하지 않은 정서를 초래할 가능성이 있는 상황을 회피하는 것을 수반한다. 따라서 정서를 유도하는 상황에 처하기도 전에 정서를 제어하기 시작할 수 있다. 예컨대, 만일 추수감사절에 가족을 방문하는 것이 분노와 한(恨)을 초래할 것이라고 생각한다면, 금년에는 가족 방문을 건너뛰고 싶을 수 있다. 상황이 여러분에게 어떤 영향을 미칠 것인지를 미리 예측해봄으로써, 정서가 출현하기도 전에 중지시킬 수 있다. 물론 이 전략이 효과적으로 작동하기 위해서는 특정 상황이 여러분을 어떻게 느끼도록 만들 것인지를 정확하게 예측할 수 있어야만 하는데, 여러분은 방금 사람들이 이러한 감정 예측에 꽤나 무능하다는 사실을 배웠다. 그렇기 때문에 효과적인 상황 선택은 예측 편향에 취약성을 보이지 않는 다른 사람(예컨대, 친구나 상담가 등)의 조망을 필요로 하는 경우가 많다. 만일 여러분이 그 상황을 완전히 피할 수 없다면, 두 번째 전략을 사용하라.

둘째, **상황 수정**(situation modification)은 말 그대로 정서적 영향을 변화시키기 위해 외부의 물리적 상황을 수정하고자 노력하는 것이다. 예컨대, 상황이나 분위기를 화기애애한 것으로 전환하기 위하여 이야기에 미소나 폭소를 자아낼 수 있는 유머를 첨가하거나, 부정 정서를 유발하는 사람과 거리를 두는 것이다.

셋째, **주의 재배치**(attentional deployment) 전략을 사용한다. 자신의 주의를 의도적으로 긍정 정서 유발 상황에 집중하거나 부정 정서 유발 상황으로부터 멀어지게 하는 것이다. 주의를 재배치하는 여러 가지 구체적인 방법이 존재한다. **주의분산**(distraction)은 주의를 부정 정서 유발 자극으로부터 다른 내용으로 이동시키는 것이다. 사람들은 강력한 부정 정서를 유발하는 자극에 직면할 때 이 방법을 사용하기 십상이다. **반추**(rumination)는 부정 정서의 원인과 효과에 주의를 수동적이면서 반복적으로 집중하는 것인데, 이것은 부적응적인 정서 조절 전략이라고 할 수 있다. **걱정**(worry)은 미래에 일어날 수도 있는 부정적 사건에 관한 생각에

주의를 집중하는 것이다. 걱정이 문제해결에 도움을 주기도 하지만, 끊임없는 걱정은 부적응적인 전략이 된다. **사고 억압**(thought suppression)은 정서 상태를 수정하기 위하여 주의를 특정 생각으로부터 다른 내용으로 전환하고자 노력하는 것이다. 일시적으로는 바람직하지 않은 생각에서 벗어날 수 있게 해주지만, 결국에는 그 생각으로부터 벗어나지 못하게 만든다는 점에서 부적응적인 전략이다.

넷째, **인지적 변화**(cognitive change)를 시도한다. 이 전략은 정서적 의미를 개선하기 위하여 상황을 평가하는 방식을 변경하려는 시도이다. 상황 재평가는 주의분산과 달리 비교적 약한 부정 정서를 유발하는 자극에 직면할 때 사람들이 선호하는 전략이다. 정서 사건을 평가할 때 제3자의 조망을 취하는 거리 두기 그리고 유머 사용도 인지적 변화 방법이다.

다섯째, **반응 조정**(response modulation) 전략을 사용한다. 반응 조정이란 신체행동과 생리적 반응에 직접적으로 영향력을 행사하려는 시도를 말한다. 표현 억제는 정서표현을 억압하는 것인데, 실제로 부정 정서를 낮추는 데 효과적인지는 명확하지 않다. (얼굴 피드백 효과를 참조). 일반적으로 표현 억제는 부적응적인 정서 조절 전략으로 간주되지만, 맥락에 따라서 적응적인 전략일 수도 있다. 알코올을 비롯한 약물의 사용, 운동하기, 수면 취하기 등도 반응 조정의 사례들이라고 할 수 있다.

마지막으로 명심해야 할 사항은 비록 사람들이 제임스 그로스(James Gross, 2008)가 기술한 방식처럼 정서를 의식적으로 조절하기 십상이라고 하더라도, 때로는 무의식적으로도 정서를 조절할 수 있다는 점이다. 한 가지 흥미진진한 연구에서는 정서를 제어하거나 표출하려는 목표를 가지고 참가자를 무의식적으로 점화하였다(Mauss, Cook, & Gross, 2007). 참가자에게 정서 제어 단어(예컨대, 억누르다, 안정성 등)나 정서 표출 단어(예컨대, 충동성, 변덕스러움 등)를 포함한 문장들이 뒤섞여있는 것을 올바르게 배열하도록 요구함으로써, 정서 제어나 표출을 점화하였다. 이 과제가 끝난 후, 참가자들은 짜증 나는 과제를 수행하도록 요구하는 불친절하기 짝이 없는 실험자와 상호작용하였다. 예상할 수 있는 바와 같이, 대부분의 참가자는 과제를 수행하는 동안 화가 났다고 보고하였지만, 제어 단어로 점화한 참가자가 표출 단어로 점화한 참가자보다 더 낮은 분노를 보고하였다. 후속 연구에서는 짜증 나는 경험을 한 후에 제어 단어로 점화한 참가자가 표출 단어로 점화한 참가자보다 낮은 심혈관계 활동을 나타냈다.

따라서 삶의 모든 목표와 마찬가지로, 정서를 효과적으로 조절한다는 목표도 의식적이고 통제적일 수 있으며, 무의식적이고 자동적일 수도 있다.

나만의 프로젝트 12.3

부정 정서 대처하기

1. 여러분의 나만의 프로젝트 목표를 추구하는 동안 부정 정서를 느꼈던 구체적 상황 하나를 기술해보라.
2. 그 부정 정서에 대처하기 위하여 여러분이 사용하였던 전략은 어떤 것이었는가?
3. 그 전략은 효과적이었는가, 아니면 효과가 없었는가? 그 이유는 무엇이라고 생각하는가?

---

4. 이제 정서를 조절하기 위하여 어떤 전략을 사용할 수 있는지, 그리고 그 전략은 언제 효과적인지를 알게 되었다고 전제할 때, 향후 여러분은 부정 정서를 경험할 때 어떤 전략을 사용하여 그 정서를 완화하거나 제거하고자 시도하겠는가?

글쓰기 과제 12.9

감정 조절 전략을 분석하라.

여러분이 방금 학습한 다섯 가지 정서 조절 전략을 분석해보라. 다섯 가지 중에서 어느 것이 사용하기 가장 쉬운 전략이라고 생각하며 그 이유는 무엇인가? 어느 것이 사용하기 가장 어려운 전략이라고 생각하며 그 이유는 무엇인가? 어느 것이 어린 아동을 훈련시키기 가장 쉬운 과제라고 생각하며 그 이유는 무엇인가?

요약 : 정서

12.1 정서란 무엇인가

- 정서란 특정 사건에 대한 의식적인 평가적 반작용을 말한다.
- 감정이란 특정 사건에 대한 무의식적인 평가적 반작용을 말한다.
- 기분이란 특정 사건과 명백하게 연계되지 않은 일반화된 상태이다.

12.2 무엇이 정서를 야기하는가

- 상식 조망은 사고가 정서를 야기하고 정서가 행동을 야기한다고 제안한다.

12.3 생물학적 조망

- 생물학적 조망에 따르면, 정서는 신체나 두뇌의 생리적 과정의 변화에서 발생한다.
- 제임스-랑게 이론에 따르면, 자극에 대한 반응으로 자동적으로 일어나는 생리적 변화가 정서를 초래한다.
- 이러한 생리적 변화는 자율신경계의 교감신경계와 부교감신경계의 활동에 의해서 발생한다.
- 제임스-랑게 이론은 특정 신체 부위에서의 각성이 상이한 정서를 초래한다고 주장한다. 예컨대, 가슴의 긴장은 슬픈 감정을 야기한다.
- 제임스-랑게 이론의 최근 확장판이 체화 인지이다. 체화 인지란 신체 변화(예컨대, 손 씻기)가 정서 변화(예컨대, 죄책감 감소)를 초래할 수 있다는 아이디어를 의미한다.
- 제임스-랑게 이론이 비판받아 온 까닭은 생리적 변화가 너무 느리게 일어나며, 상이한 신체 변화가 상이한 정서를 초래한다는 사실을 지지하는 증거가 거의 없기 때문이다.
- 얼굴 피드백 가설은 상이한 얼굴 움직임(예컨대, 찡그림)이 상이한 정서 경험(예컨대, 분노)을 초래한다고 주장한다.
- 캐넌-바드 이론은 신체 변화가 정서를 수반하는 것이지 초래하는 것이 아니라고 주장한다. 시각 자극이 시상을 활성화시키면, 신경신호를 분리시켜 대뇌피질(정서를 유발한다)과 시상하부(생리적 반응을 유발한다)로 보낸다.

12.4 인지적 조망

- 인지적 조망에 따르면, 인지 변화가 정서를 유발한다.
- 샤터-싱어의 인지 표지 이론에 따르면, 설명할 수 없는 생리적 각성과 인지 표지의 결합이 정서를 초래한다. 따라서 상이한 인지 표지(곰 대 성가시게 구는 사람)가 상이한 정서(공포 대 분노)를 초래할 수 있다.
- 연구결과는 각성이 높은 사람이 그 각성을 잘못된 출처에 오귀인할 때 정서를 느낀다는 사실을 보여준다. 예컨대, 각성을 예쁜 여성에게 오귀인하는 남성은 매력을 경험한다.
- 즐거운 각성은 즐거운 출처에 오귀인하기 쉬우며, 불쾌한 각성은 불쾌한 출처에 오귀인하기 쉽다.
- 라자루스의 평가 이론에 따르면, 사람들이 자극에 직면할 때

1차 평가를 수행하는데, 이 평가에서는 자극이 좋은 것인지 아니면 나쁜 것인지를 묻는다. 그런 다음에 2차 평가를 수행하는데, 여기서는 그 자극에 대처할 능력이 있는지를 묻게 된다.

12.5 인지와 정서 중에서 어느 것이 먼저인가

- 라자루스는 인지가 정서에 선행하여야만 한다고 주장하는 반면, 제이온스는 이에 동의하지 않는다. 단순노출 효과에 관한 제이온스 연구는 사람들이 과거에 경험하였던 대상을 자동적으로 선호하며 심지어는 그러한 사전 노출이 무의식적으로 발생하였을 때조차 그렇다는 사실을 보여주며, 이 결과는 그의 주장을 지지한다.

- 플러치크는 인지와 정서가 사건의 순환적인 연속에서 발생한다고 주장한다.

12.6 정서의 신경과학

- ACC는 인지 정보와 정서 정보를 통합하여 주의를 가장 필요로 하는 곳으로 보낸다.

- 편도체를 '정서 컴퓨터'로 간주하는 까닭은 주의를 정서적으로 현저한 자극으로 보내기 때문이다.

12.7 어떤 유형의 정서가 존재하는가

- 생물학 이론가들이 제한된 수의 핵심 정서가 존재한다고 믿는 까닭은 신체가 자극에 반응할 수 있는 방법이 제한되어 있기 때문이다. 인지 이론가들이 거의 무한한 수의 핵심 정서가 존재한다고 믿는 까닭은 사람들이 자극을 지각할 수 있는 무한한 수의 방법이 있기 때문이다.

- 핵심 정서란 제한된 수의 1차 정서를 의미한다. 핵심 정서는 (1) 후천적이기보다는 선천적이고, (2) 독특한 방식으로 표현되며(예컨대, 특정한 얼굴표정), (3) 모든 인간에게 보편적이다.

- 에크먼은 분노, 혐오, 공포, 행복, 슬픔, 놀람이라는 여섯 가지 핵심 정서를 확인해냈다. 그의 연구는 여섯 가지 정서에 대한 얼굴표정은 문화에 관계없이 보편적으로 재인할 수 있다는 사실을 찾아냈다.

- 얼굴 움직임 부호화 시스템(FACS)은 여섯 가지 핵심 정서 각각을 정의하는 얼굴표정의 종합사전이다.

- 미세표정이란 무의식적으로 일어나는 짧고도 비자발적인 얼굴표정을 의미한다. 온전한 얼굴표정과는 달리, 사람들이 미세표정을 숨기거나 억지로 지어내기는 쉽지 않다.

- 플러치크는 인간의 생존을 증가시키는 다음과 같은 여덟 가지 핵심 정서, 즉 분노, 예측, 혐오, 공포, 즐거움, 슬픔, 놀람, 신뢰를 확인해냈다.

- 부정 정서는 특정 행위반응을 초래하는 반면, 긍정 정서는 비특정 사고반응을 초래한다.

- 프레드릭슨의 확장-구축 이론에 따르면, 긍정 정서가 주의와 사고를 확장시키고(반면에 부정 정서는 축소시킨다), 새로운 기술을 구축하고 새로운 자원을 획득하는 데 도움을 준다.

12.8 정서의 목적은 무엇인가

- 정서는 어떤 것이 좋은 것인지 아니면 나쁜 것인지를 알려주는 피드백을 제공한다.

- 또한 정서는 목표를 향한 진전을 나타내고 있는지 여부도 알려준다. 카버와 샤이어의 모형에 따르면, 메타모니터링 고리는 사람들이 얼마나 빨리 목표를 향한 진전을 이루고 있는지를 알려준다. 예상보다 빨리 목표에 접근할 때에는 사람들이 긍정 정서를 느끼며 노력을 줄인다. 예상보다 느리게 접근할 때에는 부정 정서를 느끼며 노력을 배가한다.

- 정서는 사회관계를 강화시킴으로써 소속감을 조장한다.

- 정서는 전염성이 있어서, 누군가 정서를 표현하고 있는 것을 보면 똑같이 그 정서를 느끼게 된다.

- 정서는 사고를 주도하여, 부정 정서는 실수를 깨닫고 수정하는 것을 도와준다.

- 정보로서의 감정 이론에 따르면, 사람들은 어떻게 느끼는지에 근거하여 결정을 내리기 십상이다.

- 정서는 행동을 직접적으로 주도하지 않는 것처럼 보이지만, 간접적으로 행동에 영향을 미친다. 구체적으로 의식적 정서는 기억에 감정적 도장을 찍어두며, 나중에 그 자극을 다시 경험할 때 자동적으로 접속할 수 있게 된다.

- 입력으로서의 기분 이론에 따르면, 정서가 동기에 영향을 미치지만, 그 영향은 사람들이 어떤 정지 규칙을 사용하고 있느냐에 달려있다. 주관적 정지 규칙을 사용하고 있을 때에는 어떤 일이 더 이상 즐겁지 않을 때까지 그 작업을 계속한다(부정 정서가 행동을 중지시킨다). 반면에 객관적 정지 규칙을 사용하고 있을 때에는 작업을 완료할 때까지 그 작업을 계속한다

(부정 정서가 행동에 기름을 붓는다).

- 감정 예측에 따르면, 사람들은 미래에 어떻게 느낄 것인지를 정확하게 예측할 능력이 없다. 단일 사건에 지나치게 집중하고(초점주의) 그 사건에 심리적으로 어떻게 대처할 것인지를 고려하지 못하기 때문이다(면역 무시).

12.9 정서 조절

- 정서 조절이란 언제 어떤 정서를 경험하고, 어떻게 그 정서를 표현할 것인지에 영향을 미치려는 사람들의 시도를 의미한다.

- 그로스는 사람들이 정서를 조절할 수 있는 다섯 가지 방법을 확인해냈다. 사람들은 상황 선택을 사용하여 부정 정서를 초래하는 상황을 회피할 수 있다. 상황 수정을 사용하여서는 상황을 변경시킴으로써 바람직한 정서 결과를 초래할 수 있다. 주의 재배치를 사용하여서는 자신의 주의를 상황의 정서적 측면으로부터 벗어나게 할 수 있다. 인지 변화를 사용하여서는 상황을 재평가함으로써 정서 의미를 변경할 수 있다. 반응 조정을 사용하여서는 자신의 행동이나 생리적 반응을 변경할 수 있다.

글쓰기 과제 12.10

정서는 목적을 가지고 있는가?

역사적으로 정서의 목적에 대한 상당한 논쟁이 있어왔다. 혹자는 정서가 어떤 목적을 달성해야만 한다고 주장한다. 만일 그렇지 않다면, 어째서 인간이 그토록 복잡한 정서체계와 표현을 진화시켜 왔겠는가? 다른 연구자들은 정서가 별로 많은 목적을 달성하지 않으며, 콧물이 감기의 부작용인 것과 마찬가지로 정서는 실제로도 부산물에 불과하다고 주장한다. 여러분은 어떻게 생각하는가? 정서가 어떤 목적을 가지고 있다고 생각하는가, 아니면 아무 목적도 없다고 생각하는가? 만일 목적이 있다고 생각한다면, 그 목적은 무엇이며 여러분의 주장을 지지하기 위하여 제시할 수 있는 증거는 무엇인가? 만일 없다고 생각한다면, 그 이유는 무엇이며 여러분의 주장을 지지하기 위하여 제시할 수 있는 증거는 무엇인가?

13

개인차

랜스 암스트롱 이야기

다음 이야기는 너무나 좋아서 결코 참일 수 없는 영화의 줄거리처럼 들린다. 전도유망한 젊은 운동선수가 치명적인 질병에 걸려 살아남을 가능성이 40%도 되지 않는 상황에서, 그 질병을 물리칠 뿐만 아니라 경기장으로 돌아와서 경이롭게도 일곱 번이나 우승컵을 들어올린다!

랜스 암스트롱은 선천적으로 경쟁심을 가지고 태어난 이례적으로 동기가 높은 인물이었다. 10대 초반에 지역 수영대회에 참가하여 3종 경기 어린이 철인상을 수상하였으며, 16세에는 이미 프로 3종 경기 선수가 되었다. 그 당시에 랜스는 경쟁을 벌이는 스포츠에 강박적으로 매달려는 고등학교 3학년 과정에서 거의 낙제할 뻔하였다.

25세가 되었을 때 랜스는 세계 랭킹 1위의 사이클 선수가 되었다. 그의 성공으로 인해서 최고의 스폰서 계약을 맺게 되었으며, 결국에는 누구나 아는 유명인사가 되었다. 그러나 랜스가 자신의 스포츠에서 정점에 도달하고 있었을 때, 그만 나락으로 떨어지고 말았다. 1996년 가을, 랜스는 자전거를 타는 동안 통증을 느끼기 시작하였다. 몇 주가 지난 후 병원을 찾았을 때, 그가 고환암 3기에 접어들었다는 사실이 밝혀졌다. 암은 4기까지 진행되기 때문에 랜스가 암을 발견하였을 시점에는 이미 폐, 복부, 두뇌까지 전이된 상태였다. 그가 살아남을 가능성은 40%도 되지 않았다.

그렇지만 랜스는 보통의 젊은이가 아니었다. 진단결과를 들었을 때, 그는 자신의 스포츠 종목에서 최고의 선수가 되기 위하여 그러하였던 것처럼 암을 물리치는 데에도 똑같이 투지를 불살랐다. 고환암에 적용하는 표준 치료법은 불행하게도 폐활량의 심각한 손상을 초래하였는데, 만일 그가 다시 자전거를 타고자 한다면 고려할 수 있는 선택이 아니었다. 따라서 그는 사이클링 경력을 되찾을 가능성이 있는 대안적인 약물 치료법을 선택하였다. 또한 두뇌에서 종양을 제거하는 뇌수술과 화학치료법도 받아야만 했지만, 마침내 그의 암은 차도를 보이게 되었다.

대부분 사람의 경우에는 3기에 접어든 암을 이겨내는 것이 대단한 성과였을 터이지만, 랜스는 보통 사람과는 달랐다. 암으로 인해서 정서적으로나 신체적으로나 상처를 받았지만, 그 어느 것도 자신의 목표를 달성하는 것을 막지 못하게 할 참이었다. 진단을 받은 후 2년도 되지 않아서, 랜스는 파리-니스 자전거 레이스에 참가함으로써 경쟁이 치열한 사이클링 세계에 재도전하였다. 그렇지만 그의 복귀는 시작하기도 전에 막을 내릴 뻔하였다. 춥고 비가 오는 날씨가 레이스를 괴롭혔으며, 랜스는 자신의 본성과는 철저하게 위배되는 결정, 즉 기권을 선택할 수밖에 없었다. 많은 사람은 랜스 암스트롱이 자전거를 타고 있는 모습을 볼 수 있는 마지막 날이라고 생각하였다. 망신창이가 되어버린 랜스는 무대 뒤로 물러났으며, 훗날 그 레이스는 '너무 많은 것을 너무 일찍' 시작한 것이었음을 시인하였다. 1년의 휴식을 취한 후, 곧 자신의 경쟁심이 되돌아온 것을 발견하였다. 따라서 스스로 새로운 목표를 설정하였다. 그는 그저 다시 사이클 선수가 되는 것만을 원치 않았다. 다시 '최고'의 사이클 선수가 되기를 원하였던 것이다. 그리고 그것은 세계에서 가장 유명한 자전거 경주인 투르 드 프랑스에서 우승하는 것을 의미하였다.

암을 극복한 사람이 투르 드 프랑스에 출전하는 것만으로도 대단한 승리가 되었을 것이다. 그렇지만 랜스는 우승을 하였으며, 그 이후 여섯 차례나 더 우승하였다. 이렇게 믿을 수 없는 성취는 타임지의 '가장 영향력 있는 100인' 그리고 AP 통신의 '올해의 남자 선수'에 네 차례나 선정된 것을 비롯하여(아직까지 어떤 선수도 달성하지 못한 성취이다), 수많은 '최고' 리스트에 그의 이름을 올려놓게 만들었다. 그런데 랜스 암스트롱의 성취는 그를 또 다른 중요한 조직의 명단에 올려놓게 만들었는데, 그 조직은 다름 아닌 미국 반도핑국(USADA)이었다.

경기력을 향상시키는 불법 약물을 사용했다는 혐의로, 2012년에 USADA는 랜스가 전국 사이클링 대회에 참가하는 것을 금지시키고 투르 드 프랑스 타이틀을 박탈하였다. 처음에 랜스는 이러한 혐의를 극렬하게 부정하였지만, 2013년에 자신의 성취가 부분적으로 코르티솔, 테스토스테론, 송아지 피 추출액 등과 같이 경기력을 향상시키는 약물을 집중적으로 투여받고 동시에 정기적으로 산소를 증가시키는 수혈 덕분이라는 사실을 인정하였다. 그렇다

면 그가 그러한 부도덕한 행위를 저지르도록 이끌어간 것은 무엇이었는가? 랜스 자신에 따르면, '어떤 대가를 치르고서라도 승리하겠다는 무자비한 욕망'이 속임수를 쓰도록 이끌어갔다. 따라서 도핑 행동에서조차 랜스의 변함없는 동기의 증거를 보게 된다. 비록 이 경우에는 그의 동기가 궁극적으로 자신의 경력을 파괴시켰지만 말이다.

랜스 암스트롱이 도핑을 통해서 자신의 성공을 달성하였다는 사실은 매우 실망스러운 일이지만, 동기가 지극히 높은 인물의 전형을 보여주고 있다는 사실에는 변함이 없다. 그가 불법 약물을 선택한 것은 어떤 대가를 치르더라도 자신의 목표를 달성하겠다는 믿을 수 없을 만큼 강력한 동기가 주도한 것이었다. 그리고 비록 그가 프로스포츠 세계에 어두운 그림자를 드리웠다 하더라도, 도핑 스캔들이 일어나기 전에 그의 이야기는 많은 암 투병자에게 일종의 영감으로 작용하였다는 사실을 부정하기는 어렵다. 이에 덧붙여서 그가 설립한 리브스트롱(LIVESTRONG) 재단은 암의 교육과 치료에 있어서 가장 영향력 있는 조직의 하나가 되었다. 비록 랜스 암스트롱이 더 이상 관여하지는 않지만, 이 재단은 암 치유법을 찾아내겠다는 그의 열정에 대한 증거로 영원히 남아있을 것이다.

이 장에서는 동기에 영향을 미치는 것으로 알려진 다양한 성격 특질과 개인차를 논의한다.

13.1 동기의 개인차

학습목표 : 역사적으로 성격에 영향을 미친다고 생각하였던 네 가지 체액을 기술한다.

랜스 암스트롱의 삶 이야기는 동기에 대해서 무엇을 알려주는가? 다른 여러 장에서 논의한 동기의 몇 가지 핵심 원리(예컨대, 목표 설정하기와 실패 극복하기)를 입증하는 것에 덧붙여서, 그의 이야기는 어떤 사람은 동기를 가지고 있고 다른 사람은 동기를 가지고 있지 않다는 사실을 예증하고 있다. 그의 이야기에서 확실한 것은 랜스가 평범한 인물이 아니라는 점이다. 10대일 때조차 대부분의 성인에게서도 희귀한 경쟁심과 동기를 지나칠 정도로 표출하였다. 그리고 랜스가 사이클링을 하였는지 아니면 암과 투쟁을 벌였는지는 하나도 중요하지 않은 것처럼 보였다. 그는 실패에 직면할 때 항상 가늠하기도 어려울 만큼의 결단력과 집요함을 보여주었다.

랜스 이야기는 동기에서 엄청난 개인차가 존재한다는 사실을 예증한다. 어떤 사람에게 있어서는 목표 성취가 쉽게 다가온다. 다른 사람에게는 엄청난 투쟁이다. 그러한 개인차를 동기와

연계시키려는 최초의 시도 중의 하나를 히포크라테스(460~370 B.C.)가 찾아낸 네 가지 체액에서 볼 수 있다. 그는 사람들의 기질이 네 가지 체액인 혈액, 점액질, 흑담즙, 황담즙이 과도하게 많거나 불충분함으로써 결정된다고 믿었다(표 13.1).

동기에서의 개인차 탐색은 히포크라테스와 갈레노스의 시대로부터 먼 길을 걸어왔다. 그렇기 때문에 이 장에서 동기에 영향을 미칠 수도 있는 모든 성격 특질과 개인적 특성을 다루는 것은 불가능하다. 따라서 이 장에서는 동기 연구자들로부터 가장 많은 관심을 받아온 특성들에 초점을 맞추기로 한다(Hoyle, 2010; Norem, 2012).

표 13.1 체액의 불균형이 초래하는 성격 차이

갈레노스(Galen, 131~200)는 체액의 만성적 불균형이 성격 차이를 초래한다고 주장하였다.

체액	체액의 불균형이 초래하는 성격 차이
혈액	충동성, 군거성, 쾌락 추구로 정의되는 **낙관적**(sanguine) 기질을 초래한다.
점액질	차분함, 나태, 온화함으로 정의되는 **침착한**(phlegmatic) 기질을 초래한다.
흑담즙	내향성과 창의성으로 정의되는 **우울한**(melancholic) 기질을 초래한다.
황담즙	야망과 공격성으로 정의되는 **불같은**(choleric) 기질을 초래한다.

13.2 성취동기

학습목표 : 높은 성취동기의 효과를 분석한다.

동기에 영향을 미치는 모든 성격 차이 중에서, 성취동기야말로 가장 오랫동안 그리고 가장 철저하게 연구해온 특질이다. 헨리 머레이(Henry Murray, 1938)가 최초로 자신의 욕구 목록에 성취동기를 'n-Ach'라는 이름으로 포함시켰다. 그는 이 성취 욕구를 어렵고 멀리 떨어져 있는 목표를 달성하기 위한 강력하고도 지속적인 노력으로 정의하였다. 이 정의는 **성취동기**(achievement motivation)가 높은 사람은 스스로 높은 기준을 설정하고, 장해물을 극복하며, 도전적인 것을 숙달함으로써 의미심장한 성취를 달성하고자 동기화되어 있다는 사실을 나타낸다(Brunstein & Heckhausen, 2008; Cassidy & Lynn, 1989; Heckhausen, 1968; Murray, 1938; McClelland, Atkinson, Clark, & Lowell, 1953). 이러한 설명이 앞선 랜스 암스트롱 이야기와 무서우리만치 유사하다는 점에 주목하기 바란다. 이렇게 성취동기는 유능성 욕구에 유추할 수 있으며, 성취동기가 높은 사람은 낮은 사람보다 더 강력한 유능성 욕구를 나타낸다.

▼ **이 절이 끝날 무렵에 여러분은 다음에 답할 수 있을 것이다.**

13.2.1 성취동기를 어떻게 측정하는 것인지를 설명한다.

13.2.2 성취동기의 효과를 기술한다.

13.2.1. 성취동기 측정하기

학습목표 : 성취동기를 어떻게 측정하는 것인지를 설명한다.

머레이가 성취동기를 정의한 후의 다음 단계는 그 동기를 측정하는 방법을 찾아내는 것이었다. 대부분의 성격심리학자는 응답자에게 일련의 직접적인 질문(예컨대, "나는 항상 최선을 다한다.")을 제시하는 자기보고식 질문지에 의존하였지만, 머레이는 상이한 경로를 선택하였다. 사람들은 자신이 어떤 일을 하고 있는 이유를 자각하지 못하기 십상이기 때문에, 기저 동기를 직접적으로 보고하도록 요구할 수 없다는 것이 그의 생각이었다. 대신에 머레이와 동료들은 **주제통각검사**(Thematic Apperception Test, TAT)라고 부르는 간접적 측정도구를 개발하였는데, 이것은 사람들에게 모호한 장면에 대한 짧은 이야기를 스스로 작성하도록 요청함으로써 동기를 평가한다(Morgan & Murray, 1935). 이 측정도구는 사람들이 모호한 시각 장면이나 상황을 해석할 때 자신의 내적 상태를 '투사'한다는 정신분석 개념으로부터 영감을 받은 것이었다. 따라서 사람들이 TAT 그림에 대해서 생성한 이야기는 숨어있는 욕망과 동기를 반영한다고 생각하였다.

예컨대, TAT 그림 중의 하나는 하얀 실험복을 입고 있는 두 여성을 묘사하고 있다. 그 그림에서 나이 든 여성은 젊은 여성이 과학 도구를 사용하여 용액을 측정하고 있는 것을 바라보고 있다. 이 그림에 근거하여 이야기를 생성하도록 요구하면, 응답자는 두 여성 사이의 우정에 대해서 글을 쓰거나(높은 소속감 욕구를 나타낸다), 두 여성의 지위가 다른 것에 대해서 글을 쓰거나(높은 권력 욕구를 나타낸다), 아니면 두 여성이 수행하고 있는 과학 실험에 대해서 글을 쓰기도 한다(높은 성취 욕구를 나타낸다). 성취동기를 측정할 때에는 응답자가 자신의 이야기 속에 높은 수월성 기준을 가지고 있음을 언급하거나, 이례적으로 높은 수행결과를 언급하거나, 아니면 장기적인 성취 목표를 언급할 때마다 점수를 얻게 된다. 더 많은 점수를 획득할수록, 그 사람을 성취동기가 높은 것으로 간주한다(McClelland et al., 1953; McClelland, Clark, Roby, & Atkinson, 1949).

이러한 투사법 검사는 지나치게 주관적이고 비과학적이라는 비판을 받아왔다(Heckhausen, 1960). 많은 투사법 검사가 이러한 비판에서 자유롭지 못하지만, TAT는 (성취동기를 포함하지만, 이 동기에만 국한되지는 않는) 다양한 동기의 차이를 탐지할 능력이 있다는 사실을 보여주는 수많은 과학 연구의 지지를 받고 있다. 예컨대, 한 연구는 성취에 대한 관심을 증가시키는 것으로 알려진 상황에서 TAT에서의 성취동기 반응이 증가하는지를 살펴보았다(McClelland et al., 1953). 절반의 참가자에게는 대학원생이 TAT를 실시할 것이라고 알려주었는데, 그 대학원생은 검사가 개발 초기 단계에 있으며 반응결과는 검사를 평가하는 데에만 사용할 것이고 개인을 평가하는 것이 아니라고 설명하였다(성취에 대한 낮은 관심). 다른 절반의 참가자에게는 저명한 연구자가 TAT를 실시하며, 이 검사는 타당화 작업을 거친 지능검사이고, 최선을 다해야만 한다고 알려주었다(성취에 대한 높은 관심). 예상한 바와 같이, 두 번째 조건의 참가자가 첫 번째 조건의 참가자보다 성취와 관련된 주제를 더 많이 언급하였다. 후속 연구들은 TAT가 중립적인 조건에서 성취동기가 선천적으로 높거나 낮은 사람들을 효과적으로 변별할 수 있다는 사실을 보여주었다

(Klinger, 1957; Veroff, Atkinson, Feld, & Gurin, 1960).

TAT가 성취동기를 측정하기 위해 사용하는 보편적인 기법이기는 하지만, 유일한 기법은 아니다. 자기보고식 문항(예컨대, "나는 나에게 조금 어려운 과제를 수행할 때 즐거움을 느낀다.")을 사용하여 직접적으로 측정할 수도 있으며, 인지과제를 사용하여 암묵적으로 측정할 수도 있다(Elliot & Sheldon, 1997; Thrash, Elliot, & Schultheiss, 2007; Ziegler, Schmukle, Egloff, & Bühner, 2010).

13.2.2. 성취동기의 효과

학습목표 : 성취동기의 효과를 기술한다.

이제 성취동기를 측정하는 방법을 알았으니, 다음 단계는 그 효과를 분석하는 것이다. 즉, 성취동기가 높은 사람은 성취동기가 낮은 사람과 어떻게 다른 것인가? 이 물음을 다룬 연구자들은 성취동기로 인해서 발생할 수 있는 수많은 중요한 효과를 추정해왔다. 이 절에서는 다음과 같은 세 가지 핵심 물음에 초점을 맞춘다.

1. 성취동기가 높은 사람은 낮은 사람과는 다른 목표를 선택하는가?
2. 성취동기가 높은 사람은 자신의 목표에 대해서 성취동기가 낮은 사람과는 다르게 생각하는가?
3. 성취동기가 높은 사람은 낮은 사람보다 목표를 달성할 가능성이 더 높은가?

목표 선택에서 성취동기의 차이 성취동기가 높은 사람은 효율성에 더 많은 관심을 보인다. 즉, 동일한 과제를 시간과 노력을 적게 들이고도 달성할 수 있는 방법을 끊임없이 찾는다(McClelland, 1987). 그렇기 때문에 성취동기가 높은 사람은 자신의 유능성을 가장 잘 증진시켜 줄 수 있는 목표를 선호하는데, 그 목표는 가장 쉬운 것이거나 가장 어려운 것이 아니기 십상이다(Atkinson & Feather, 1966; Conroy, Elliot, & Thrash, 2009; Murayama, Elliot, & Friedman, 2012). 목표가 너무 쉬우면, 이미 숙달한 재능에 의존하게 된다. 목표가 너무 어려우면, 자신의 재능을 훌쩍 뛰어넘어 숙달하기가 불가능할 가능성이 있다. 따라서 성취동기가 높은 사람은 적당하게 어려운 목표를 선호한다.

이러한 생각을 검증하기 위하여, 한 연구에서는 성취동기가

높거나 낮은 참가자에게 셔플보드 게임을 하도록 요구하였다(Atkinson et al., 1960). 셔플보드 게임이란 경기자가 빗자루같이 생긴 막대를 사용하여 무거운 원반을 좁은 판에서 밀어 표시된 영역에 정지시키는 게임이다(동계 스포츠의 컬링과 유사한 게임이다). 몇 차례 연습시행을 실시한 후에, 참가자에게 다섯 번의 기회가 주어지는데, 원반을 미는 위치를 자유롭게 선택할 수 있지만 거리가 멀수록 성공하였을 때 높은 점수를 받게 된다고 알려주었다.

그림 13.1에서 볼 수 있는 바와 같이, 성취동기가 높은 사람은 중간 거리를 선호한 반면, 성취동기가 낮은 사람은 가까운(쉬운) 거리나 먼(어려운) 거리를 선호하였다.

성취동기가 높은 사람은 스스로 높은 수월성 기준을 설정하기 때문에, 가장 어려운 거리를 선호하지 않는 것이 이상해 보일 수 있다. 그렇지만 가장 어려운 거리를 선택하는 것은 목표 달성을 거의 불가능하게 만든다는 점을 고려하면 이러한 선호도를 이해할 수 있다. 따라서 이들은 너무 쉽지도 너무 어렵지도 않으면서 달성하기에 딱 적당한 목표를 원하는 것이다. 성취동기가 낮은 사람들이 가장 어려운 거리를 선호할 가능성이 높다는 점도 이상

그림 13.1 성취 욕구와 목표 선택

성취동기가 높거나 낮은 사람들이 셔플보드 게임을 하는데, 0.3~1.5m(쉬운 거리), 1.8~3m(중간 거리), 3.3~4.5m(어려운 거리)에서 슈팅을 할 수 있는 선택권을 부여하였다(Atkinson et al., 1960). 성취동기가 높은 사람은 중간 거리를 선호하였는데, 이 사실은 이들이 도전적이지만 현실적인 목표를 선호한다는 사실을 함축하는 것이다.

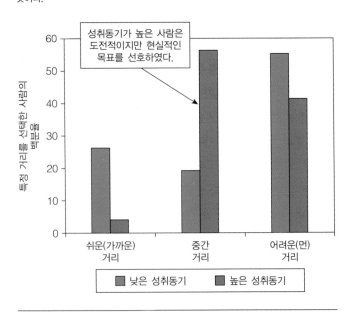

하게 보일 수 있지만, 그 사람들은 자신이 실패하는 것을 별로 개의치 않기 때문이다.

인지에서 성취동기의 차이 일단 목표를 선택하면, 성취동기가 높은 사람은 그 목표에 매달리게 만들어줄 가능성이 높은 인지적 자질을 나타낸다(Atkinson, 1953; Cooper, 1983; Tudor & Holmes, 1973; Weiner, Johnson, & Mehrabian, 1968). 그러한 자질 중 하나가 자이가르니크 효과이다.

여러분이 어떤 과제를 수행하고 있는데, 전화벨 소리에 갑자기 방해받은 적이 있는가? 이러한 상황에서는 과제에 대한 생각을 옆으로 치워놓고 전화 대화에만 집중하기가 어려웠을 가능성이 높다. 그 이유는 **자이가르니크 효과**(Zeigarnik effect) 때문인데, 이 효과는 사람들이 이미 완료한 행위보다는 방해받은 행위를 기억해낼 가능성이 높은 경향성을 의미한다(Zeigarnik, 1938). 어떤 목표를 달성하고자 작업하고 있는 동안에 방해받으면, 그 목표에 대한 생각이 물밀듯이 쇄도하여 마음을 비우기가 어렵게 된다. 이러한 경험이 짜증 나는 것이기는 하지만, 일단 시작한 과제를 마무리하려는 욕구를 만들어주기 때문에 도움이 된다. 그 과제를 마무리해야만 간섭하는 생각을 제거할 수 있는 것이다.

자이가르니크 효과가 이점을 갖는 까닭은 목표를 달성하도록 사람들을 밀어붙이기 때문이다. 그렇지만 모든 사람이 이 효과를 동일한 강도로 경험하는 것은 아니다. 성취동기가 높은 사람이 낮은 사람보다 자이가르니크 효과를 나타낼 가능성이 더 높다.

한 연구에서는 성격심리학을 수강하는 대학생들에게 학기 초에 TAT 검사를 실시하여, 성취동기가 높거나 중간이거나 낮은 집단으로 분류하였다(Weiner et al., 1968). 학기말 시험을 치른 후에, 연구자들은 학생들이 어느 문제에 정확하게 답하였고 어느 문제에 오답을 적었거나 공란 처리를 하였는지 확인하였다. 시험을 치른 직후에, 학생들에게 시험문제를 회상해보도록 요구하였다. 결과를 보면, 성취동기가 낮은 학생은 정답을 적은 문항과 오답을 적거나 공란으로 남겨둔 문항 간에 회상에서 차이를 보이지 않았다. 반면에 성취동기가 높은 학생은 정답을 적은 문항보다 제대로 답하지 못한 문항을 회상할 가능성이 2배나 높았다. 자이가르니크 효과가 시사하는 바와 같이, 성취동기가 높은 학생은 해결하지 못한 문항을 마음에서 지워버릴 수가 없었던 것으로 보인다.

여러분 자신을 동기화시켜라
결승선을 통과하기 전에 중단하라

지루하고 시간이 오래 걸리는 프로젝트를 수행할 때 가장 어려운 일 중의 하나는 날이면 날마다, 달이면 달마다 계속되는 관성을 유지하는 것이다. 사람들은 하루의 일과를 마무리할 '좋은 시점'을 찾기 십상이다. 그렇지만 자이가르니크 효과는 그 시점에 도달하기 전에 일과를 중단하는 것이 더 좋을 수 있음을 시사한다. 예컨대, 위대한 미국 소설가 어니스트 헤밍웨이(노인과 바다, 누구를 위하여 종을 울리나의 작가)는 언젠가 이렇게 말하였다. "글이 잘 진행될 때, 글쓰기를 중지하라." 심지어 그는 문장을 쓰는 도중에 하루의 글쓰기를 중지한 것으로 알려져 있다. 마찬가지로 매우 성공적인 작가인 로앨드 달(찰리와 초콜릿공장, 제임스와 슈퍼 복숭아의 작가)은 한때 이렇게 말하였다. "나는 절대로 빈 페이지로 넘어가지 않는다. 나는 항상 페이지 중간에서 끝낸다…. 스스로 중지하고 글쓰기에서 떠나버려라. 그러면 다음에 무슨 말을 하고 싶은지 알고 있기 때문에 글쓰기로 되돌아올 때까지 기다리기가 어렵게 된다." 이 작가들은 도중에 작업을 강제로 중단함으로써, 의도적으로 자이가르니크 효과를 점화시켰던 것이다. 따라서 다음번에 여러분이 학기말 보고서나 글을 쓰고 있을 때에는 이 작가들의 충고에 따를 것을 고려해보라. 꽉 막혔거나 한 문단을 마무리하였을 때 중단하지 말라. 생각이 자연스럽게 흐를 때까지 기다린 다음에 컴퓨터에서 벗어나 글쓰기에서 떠나버려라. 다음 날 그 프로젝트로 되돌아와야겠다고 느낄 가능성이 높다.

목표 수행에서 성취동기의 차이 성취동기가 높은 사람은 낮은 사람보다 우수한 목표 수행을 나타낸다(Spangler, 1992). 예컨대, 성취동기가 높은 농부는 낮은 농부보다 더 혁신적인 농경방식을 사용하고 품질이 좋은 작물을 수확하는 경향이 있다(Rogers & Svenning, 1969; Singh & Gupta, 1977). 마찬가지로 성취동기가 높은 사람이 운영하는 기업은 성취동기가 낮은 사람의 기업보다 250%나 높은 성장률을 보이는 것으로 나타났다(Wainer & Rubin, 1969).

여러 연구는 높은 성취동기의 시간 경과에 따른 이점도 살펴보았다. 한 연구에서는 31세일 때 성취동기가 높았던 사람이 41세가 되었을 때 직업에서 더 성공적이었으며 수입도 많은 것으로 나타났다(McClelland & Franz, 1992). 또 다른 종단연구는 16세 때 성취동기가 높았던 청소년이 23세 때 더 뛰어난 학업수행을 나타낸다는 결과를 얻었는데, 지능지수와 교육의 질과 같이 학업수행에 영향을 미칠 수 있는 여러 변인들을 통제하였을 때에도 그러하였다(Cassidy & Lynn, 1991). 실제로 이 연구는 성취동기 수준이 학업성취의 거의 40%를 설명한다는 사실을 찾아냈던 것이다!

마지막으로 실험실 실험은 단순 과제(예컨대, 간단한 수학검사)에서도 성취동기가 높은 사람이 낮은 사람을 압도한다는 사실을 입증하고 있다(Biernat, 1989; Lowell, 1952). 그러한 차이는 능력을 거의 요구하지 않으며 단지 노력과 끈기에 의존하는 단순 과제에서 일어날 가능성이 가장 높다. 이 사실은 성취동기가 높은 사람이 반드시 낮은 사람보다 더 많은 재능을 가지고 있을 필요는 없음을 시사한다. 단지 끝낼 때까지 과제를 열심히 수행하며 끈기 있게 매달리려는 의지를 갖추고 있는 것이다(Brunstein & Hoyer, 2002).

글쓰기 과제 13.1

성취동기의 기원

여러분은 성취동기의 이러한 차이가 어디에서 유래한다고 생각하는가? 이 물음에 답할 때, 개인의 아동기나 사회적 환경에서 유래할 수 있는 원인(즉, 후천적 원인)과 개인의 생물적 특성이나 유전적으로 결정된 기질에서 유래할 수 있는 원인(즉, 선천적 원인)을 고려해보라.

13.3 행위 지향성 대 상태 지향성

학습목표 : 행위 지향적인 사람과 상태 지향적인 사람을 구분한다.

목표를 성공적으로 달성하려면, 장해물을 헤쳐나가면서 목표를 향해 나아갈 수 있도록 사고와 정서 그리고 행동을 효과적으로 조절할 수 있어야만 한다. 그런데 (랜스 암스트롱과 같은) 어떤 사람은 바로 이러한 자기조절에서 다른 사람보다 우수하다. 자기조절에서의 이러한 차이를 설명하는 한 가지 성격이론이 행위 제어 이론(action control theory)이다(Kuhl, 1981, 2000).

- **행위 지향적**(action-oriented)인 사람은 목표 달성을 향해 나아갈 수 있도록 자신의 사고와 정서 그리고 행동을 조절할 수 있다(Diefendorff, Hall, Lord, & Strean, 2000; Kuhl, 1994).
- **상태 지향적**(state-oriented)인 사람은 이러한 방식으로 자신을 적절하게 조절할 수 없다.

수많은 연구들은 행위 지향적인 사람이 목표 행동을 시작하고 끝마칠 때까지 그 목표에 끈질기게 매달리는 능력이 더 뛰어남을 밝히고 있다(Kazén, Kaschel, & Kuhl, 2008; Kuhl, 1981; van Putten, Zeelenberg, & Dijk, 2009). 반면에 상태 지향적인 사람은 새로운 목표를 시작하기 어려우며, 그렇기 때문에 수행을

미룰 가능성이 높다(Beswick & Mann, 1994; Kazén et al., 2008; Sokolowski, 1994; van Hooft, Born, Taris, van der Flier, & Blonk, 2005). 또한 새로운 행동을 시작하는 것뿐만 아니라 적절한 시점에 예전 행동을 중지하고 새로운 행위로 전환하는 것도 어렵다. 즉, **행동 이탈**(behavioral disengagement)이라고 알려진 반응으로 전환하기가 어렵다(Jostmann & Koole, 2009). 그렇기 때문에, 상태 지향적인 알코올 중독자와 다이어트 시행자는 행위 지향적인 알코올 중독자와 다이어트 시행자보다 '절제를 잃고' 원래 상태로 되돌아갈 가능성이 훨씬 높다(Palfai, 2002; Palfai, McNally, & Roy, 2002).

그렇다면 행위 지향적인 사람이 목표에서 더 성공적인 이유는 무엇인가? 많은 연구자는 행위 지향성과 상태 지향성을 결정과 관련된 지향성과 실패와 관련된 지향성으로 구분한다(Kuhl, 1994b). 실패 관련 행위 지향성이란 실패나 위협이 유발하는 불안이나 동요 등과 같은 부정 정서를 억제하는 능력을 말한다. 그리고 결정 관련 행위 지향성이란 도전거리에도 불구하고 자신의 의도를 수행하는 데 필요한 긍정 정서를 배양하는 능력을 말한다. 이러한 측면에서 행위 지향적인 사람이 더 성공적인 이유를 다음과 같은 세 가지 점에서 찾아볼 수 있다.

첫째, 행위 지향적인 사람은 **선택 주의**(selective attention)에 몰입할 가능성이 더 높다. 선택 주의는 목표와 관련된 정보에 주의를 집중하고 목표와 무관한 정보를 무시하는 것을 수반한다(Jostmann & Koole, 2006; Stiensmeier-Pelster & Schürmann, 1994). 여러분은 마차를 끄는 말이 쓰고 있는 눈가리개가 눈 어느 쪽에 붙어있는지를 알아챈 적이 있는가? 이 눈가리개의 목적은 말이 전방의 길에만 주의를 집중하고 부산스럽게 스쳐 지나가는 모든 사람과 자동차로부터 방해받지 않게 하려는 것이다. 어떤 의미에서 선택 주의는 두뇌의 눈가리개와 같은 역할을 한다. 사람들이 목표를 향한 진로에만 주의를 기울이고 그 진로로부터 벗어나게 만들려는 모든 유혹으로부터 방해받지 않도록 만들려는 것이다. 행위 지향적인 사람은 선택 주의에 몰입함으로써 계속해서 목표에 초점을 맞출 수 있다. 상태 지향적인 사람은 선택 주의에 몰입하지 못함으로써 목표를 방해하는 끈질긴 생각으로 어려움을 겪는다(Jostmann & Koole, 2007b; Kuhl & Fuhrmann, 1998; Kuhl & Goschke, 1994).

둘째, 행위 지향적인 사람은 목표와 관련된 정보에만 주의를

집중할 뿐만 아니라, **선택 처리**(selective processing)에서도 유능성을 보인다. 즉, 목표 관련 정보를 처리하는 데 심적 자원을 할당하며, 목표와 무관한 정보에는 자원을 투여하지 않는다. 실패나 위협에 직면하더라도 자기감을 유지하고 그 자기감을 자율성과 자기효능감과 연합함으로써 목표에서 벗어나지 않게 된다.

셋째, 행위 지향적인 사람은 **감정 이탈**(affective disengagement)에도 유능하다. 즉, 실패나 위협이 초래하는 부정 정서로부터 쉽고도 즉각적으로 벗어날 수 있다. 반면에 상태 지향적인 사람은 다가오는 실패나 위협에 사로잡혀 목표 지향 행동을 시작하지 못하고 망설이고 있기 십상이다. 감정 이탈은 자동적이기도 하다. 일련의 화난 얼굴을 역치하로 제시하였을 때, 상태 지향적인 사람은 그 얼굴에 부정 정서를 보이는 반면에, 행위 지향적인 사람은 부정 정서의 증가를 보이지 않았다(Jostmann, Koole, van der Wulp, & Fockenberg, 2006). 이러한 결과는 행위 지향적인 사람은 정서 변화의 출처를 모르는 경우에도 부정 정서를 극복할 수 있음을 보여준다.

이 주제를 마무리하기에 앞서, 비록 행위 지향성과 상태 지향성을 고정적인 개인차로 간주하기 십상이기는 하지만, 그 지향성을 변화시킬 수도 있다는 사실을 지적하는 것이 중요하겠다. 지루함, 실패의 공포 또는 외재적 동기를 촉발하는 상황은 상태 지향성을 부추기는 반면, 흥미진진함, 자율성 또는 내재적 동기를 촉발하는 상황은 행위 지향성을 부추긴다(Kuhl, 1992; Stiensmeier-Pelster & Schürmann, 1994).

글쓰기 과제 13.2

상태 지향성에도 이점이 있는가?

지금까지 여러분은 행위 지향성이 가지고 있는 많은 이점에 대해서 공부하였다. 그렇지만 상태 지향성도 어떤 이점을 가질 수 있으며, 특히 특정 상황이나 특정 문화에서는 그러할 가능성이 있을 수 있다. 이 물음에 대해서 행위 지향성보다 상태 지향성이 더 좋을 수 있다고 생각하는 상황이나 사례를 하나 기술하고, 그렇게 생각하는 이유를 상세하게 기술해보라.

13.4 접근 기질 대 회피 기질

학습목표 : 접근 기질과 회피 기질을 비교한다.

접근 목표와 회피 목표가 존재한다. 그렇지만 사람들은 한 가지 유형에만 초점을 맞추는 경향이 있다(Carver & White, 1994; Higgins, Shah, & Friedman, 1997; Lockwood, Jordan, & Kunda,

2002). 그렇기 때문에, 많은 전문가는 사람들이 일반적으로 접근 기질을 가지고 있거나 아니면 회피 기질을 가지고 있다고 믿고 있다(Carver & White, 1994; Elliot & Thrash, 2002, 2010; Gray, 1970, 1994).

- **접근 기질**(approach temperament)은 긍정적이고 보상적인 자극에 대한 보편적 민감성으로 정의한다.
- **회피 기질**(avoidance temperament)은 부정적이고 처벌적인 자극에 대한 보편적 민감성으로 정의한다(Elliot & Thrash, 2010; Gray & McNaughton, 2003).

여러분도 예상하겠지만, 접근 기질을 가지고 있는 사람은 접근 목표를 선택할 가능성이 더 높고, 회피 기질을 가지고 있는 사람은 회피 목표를 선택할 가능성이 더 높다(Elliot & Niesta, 2009).

기질은 목표 선택뿐만 아니라 인지반응과 정서반응에도 영향을 미친다. 접근 기질의 사람은 긍정 자극에 주의를 집중하고 그 자극에 강력한 정서반응을 나타낼 가능성이 높은 반면, 회피 기질의 사람은 부정 자극에 주의를 집중하고 그 자극에 강력한 정서반응을 나타낸다. 따라서 어떤 사람의 기질을 알고 있다면, 그 사람을 더 잘 동기화시킬 수 있다. 접근 기질 학생에게는 우수한 학업수행에 칭찬을 제안하거나 보상을 약속함으로써 잘 해내려는 동기를 불러일으킬 수 있다. 반면에 회피 기질 학생은 열등한 학업수행에 대한 실망이나 처벌 위협을 가지고 더 잘 동기화시킬 수 있다. 따라서 접근 기질의 사람에게는 보상이 동기를 더 많이 유발하지만, 회피 기질의 사람에게는 처벌이 동기를 더 많이 유발한다.

접근 기질과 회피 기질 간의 구분은 신경생리학적 차이에 뿌리를 둔 것으로 간주할 만큼 기본적인 것이다(Corr, DeYoung, & McNaughton, 2013).

모든 사람이 행동 활성 시스템(BAS)과 행동 억제 시스템(BIS)을 가지고 있기는 하지만, 이 시스템의 강도에서 차이를 보일 수 있으며, 이것이 다시 기질 차이를 초래할 수 있다. 접근 기질의 사람은 보다 활동적인 BAS를 가지고 있는 반면, 회피 기질의 사람은 보다 활동적인 BIS를 가지고 있는 것으로 보인다(Corr & McNaughton, 2012; Sutton & Davidson, 1997).

이러한 생각을 검증하기 위하여 접근 기질이 높은 사람과 회피 기질이 높은 사람을 선별하고, EEG를 사용하여 두뇌 여러 부위의 전기활동을 측정하였다(Sutton & Davidson, 1997). 그 결과를 보면, 접근 기질의 사람은 두뇌 좌반구 전전두피질(BAS와 연합된 영역)에서 높은 활동을 나타낸 반면, 회피 기질의 사람은 우반구 전전두피질(BIS와 연합된 영역)에서 높은 활동을 나타냈다. 실제로 두뇌 전기활동에서의 이러한 차이는 기질 차이의 25%를 설명해주었다.

글쓰기 과제 13.3

학업과 관련된 여러분의 기질

학업 측면에서 여러분의 전반적인 기질이 어떠하였는지를 생각해보라. 학업에 대해서 보편적으로 접근 기질을 보여왔는가, 아니면 회피 기질을 보여왔는가? 이 물음에 답할 때, 여러분이 어떤 기질을 보여왔는지를 확인하고, 그 기질을 예증하는 적어도 하나의 구체적인 사례를 제시해보라. 마지막으로 어째서 여러분이 그러한 방식으로 학업에 대처해온 것인지를 설명해주는 한 가지 가능한 이유를 제시해보라.

13.5 진단과 실행

학습목표 : 진단과 실행을 대비시킨다.

목표 관련 행위는 어느 것이든 다음과 같은 두 가지 기본적인 자기조절 기능을 수반한다.

1. 행위의 평가
2. 행위를 시작하고 유지하기 위한 자원의 투자

이러한 표현이 진단과 실행은 동일 차원의 양극단이라는 사실을 시사하는 것처럼 보일 수 있지만, 그렇지 않다. 진단과 실행은 두 가지 별개 특질로 간주된다. 어떤 사람이 둘 모두에서 높거나 둘 모두에서 낮거나 아니면 하나는 높고 다른 하나는 낮을 수 있다(Kruglanski et al., 2000; Pierro, Presaghi, Higgins, Klein, & Kruglanski, 2012). 나아가서 이러한 특성을 고정적인 성격 차이로 취급하기 십상이지만, 상황 요인이 어느 하나를 유도할 수도 있다. 예컨대, 사람들에게 '자신을 다른 사람과 비교하였던 때를 생각해보도록' 요구함으로써 진단 마음자세를 유도하고, '무엇인가를 실행하기로 결정하고는 시작할 때까지 기다리기 어려웠던 때를 생각해보도록' 요구함으로써 실행 마음자세를 유도할 수 있다(Avnet & Higgins, 2003).

사람들은 진단 기능과 실행 기능에 대한 관심에서 차이를 보일 수 있다. 한 가지 사례의 도움을 받아 이러한 차이를 이해해보

자. 이번 주말에 극장에 가서 관람할 영화를 결정하고 있는 부부를 생각해보자. 준비 과정에서 부인은 최근 개봉작에 대한 비평가의 평론을 읽고 각 예고편을 시청한다. 그런데 남편은 부인의 지루하기 짝이 없는 과정에 안절부절못하고는, 그냥 하나를 선택해서 관람하자고 주장하고 있다. 부인은 영화 선택 과정의 진단 측면에 초점을 맞추고 있는 반면, 남편은 실행 측면에 초점을 맞추고 있는 것이 확실하다.

그런데 누군가 부인에게 과거에 너무나 다양한 개봉작에 대한 평론을 읽고 예고편을 시청함으로써 시간을 낭비하여 막상 선택한 영화의 상영시간에 맞추지 못한 때를 상기시킨다면, 어떤 일이 벌어지겠는가? 그리고 남편에게 아무 영화나 선택함으로써 형편없는 영화를 관람하였던 때를 상기시킨다면, 또 어떤 일이 일어나겠는가? 아마도 부인은 실행 마음자세로 그리고 남편은 진단 마음자세로 기울어지게 될 것이다.

진단과 실행은 목표 달성에 모두 필요하기 때문에, 하나라도 없으면 문제가 야기될 수 있다. 그렇지만 아리스토텔레스가 자신의 중용 원리에서 주장한 바와 같이, 모든 것은 적당할 때가 최선이다. 만일 이것이 사실이라면, 진단이나 실행 중에서 어느 것 하나가 지나치게 높은 것은 문제를 야기할 수 있다. 예컨대, 진단 특성이 높은 사람은 상당한 불안과 우울을 보이는 반면, 실행 특성이 높은 사람은 상당한 충동성과 공격성을 나타낸다(Kruglanski et al., 2000). 그렇지만 동기에 관한 한, 높은 수준의 진단이 높은 수준의 실행보다 문제점이 더 많은 경향이 있다. 진단 특성이 높은 사람은 질질 끌고 목표를 달성하는 데 외재적으로 동기화될 가능성이 더 높다(Pierro, Giacomantonio, Pica, Kruglanski, & Higgins, 2011; Pierro, Kruglanski, & Higgins, 2006). 반대로 실행 특성이 높은 사람은 질질 끌 가능성이 낮으며, 내재적으로 동기화될 가능성이 높고, 목표 의도를 목표 행위로 전환시킬 가능성이 더 높다. 이것이 다시 목표를 달성할 가능성을 더 높게 만들어준다(Mannetti, Pierro, Higgins, & Kruglanski, 2012).

글쓰기 과제 13.4

여러분 자신의 삶에서 진단과 실행

사람들의 진단과 실행 수준을 안정적인 것이라고 생각하지만, 누구나 과제에 대해서 진단이 높다고 느꼈던 때와 실행이 높다고 느꼈던 때를 경험한다. 여러분의 삶에서 모든 선택지를 평가하기 전에 어느 것 하나에 덥석 빠져들어

가지 않도록 신중하였던 때를 기술해보라. 그런 다음에 생각도 하지 않은 채 뛰어 들어가 과제를 수행하는 데에만 초점을 맞춤으로써 실행 경향성을 보였던 때를 기술해보라. 마지막으로 첫 번째 사례에서처럼 진단 특성이 지나치게 작동하도록 만들고 두 번째 사례에서처럼 실행 특성이 지나치게 작동하도록 만들었던 요인들을 생각해보라.

13.6 충동성

학습목표 : 충동성의 특징을 기술한다.

마음은 노새를 타고 그랜드캐니언을 내려가는 사람에 유추할 수 있다. 이 유추에서 기수는 마음의 의식적이고 통제적인 부분이며 노새는 마음의 자동적이고 습관적인 부분을 나타낸다. 이 유추에 따르면, 사람들이 목표지향적인 경로에서 벗어나는 데에는 다음과 같은 두 가지 이유가 있다.

1. 충동적 욕망을 나타내는 내부의 노새는 매우 강하며, 목표와 일치하지 않는 방향으로 사람들을 이끌어갈 수 있다. 예컨대, 강력한 흡연 욕구를 가지고 있는 사람은 미약한 욕구를 가지고 있는 사람보다 금연한다는 목표에서 실패할 가능성이 더 높다.

2. 충동이 강하더라도, 사람들은 두 번째 보호벽을 가지고 있다. 자기제어를 수행하는 의식적 능력을 나타내는 내부의 기수는 노새의 고삐를 틀어쥐고는 올바른 길로 가도록 강제할 수 있다. 그렇기 때문에 강력한 흡연 욕구를 가지고 있는 사람도 강력한 자기제어감이나 의지력을 가지고 있는 한에 있어서 금연할 수 있다.

따라서 대부분의 목표 상황은 충동과 자기제어 간의 줄다리기를 수반한다(Baumeister & Heatherton, 1996; Carver, 2005; Hofmann, Friese, & Strack, 2009; James, 1890). 모든 사람이 줄다리기의 양쪽 모두를 경험하지만, 어떤 사람은 어느 한쪽이 더 강력하다고 느낀다. 즉, 사람들은 욕구가 만성적으로 높거나 낮으며, 그러한 욕구를 억제하는 능력이 만성적으로 높거나 낮을 수 있다. 심리학자들은 전자의 경향성을 **충동성** 그리고 후자의 경향성을 **자기제어 특질**이라고 부른다. 이 절에서는 우선 충동성에 초점을 맞추고, 다음 절에서 자기제어 특질에 초점을 맞춘다.

어떤 사람은 강한 내적 노새를 가지고 태어난다. **충동성**(impulsivity)이 높은 사람은 일반적으로 생각하지 않은 채 행동하며, 즉각적인 결정을 내리고, 미리 계획을 세우지 않으며, 자신의 욕구나 갈망에 의해서 쉽게 낭패를 당한다(Barratt, 1985; Block, 2002; Carver, 2005; Cyders et al., 2007; Eysenck & Eysenck, 1977; Sharma, Kohl, Morgan, & Clark, 2013; Whiteside & Lynam, 2001). 따라서 충동성의 차이는 나중에 더 큰 보상을 얻기 위하여 즉각적인 보상을 참아야만 하는 만족 지연 상황에서 성과를 손상시킬 가능성이 매우 높다. 물론 모든 사람은 유혹과 만족 지연을 이겨내는 데 어려움을 겪지만, 충동성이 높은 사람에게는 그러한 과제가 특히 어렵다.

대부분의 경우에 높은 충동성은 목표 추구와 수행을 손상시키지만, 그 충동성이 긍정적인 결과를 초래하는 소수의 상황들이 존재한다. 가장 주목할만한 경우는 충동성이 높은 사람이 단순하거나 극도로 신속한 반응을 요구하는 과제에서 더 우수한 수행을 보이는 것이다(Dickman, 1990). 이러한 과제에서의 성공은 무의식적이고 자동적인 심적 과정에 크게 의존한다(Dijksterhuis, Bos, Nordgren, & van Baaren, 2006). 충동성이 높은 사람은 내부의 무의식적 노새에 의존할 가능성이 더 높기 때문에, 충동성이 낮은 사람보다 이러한 과제를 더 잘 수행한다.

글쓰기 과제 13.5

충동성과 사회문제
한 가지 중요한 사회문제(예컨대, 비만, 가난, 인종 차별, 오염 등)를 선택하고 어떻게 충동성이 높은 사람이 그 문제를 주도하는지를 기술해보라. 그런 다음에 충동성 원인에 대처함으로써 그 사회문제를 감소시키도록 제도화할 수 있는 한 가지 해결책을 기술해보라.

13.7 자기제어 특질

학습목표 : 자기제어 특질 그리고 동기에 대한 이 특질의 영향을 기술한다.

사람들이 강하거나 약한 내부 노새를 가지고 있는 것과 마찬가지로, 강하거나 약한 기수도 가지고 있을 수 있다. 이 말은 사람들이 생래적인 자기제어 능력에서 차이를 보인다는 것을 의미한다. **자기제어 특질**(self-control trait)이 높은 사람은 내적 충동을 압도하는 방식으로 자신의 사고와 정서 그리고 행동을 제어할 수 있는 능력을 가지고 있다(Tangney, Baumeister, & Boone, 2004; Maloney, Grawtich, & Barber, 2012). 자기제어 특질이 높을수록, 충동에 잘 휘둘리지 않으며 목표를 더 잘 달성한다. 자기제어 특질은 한 면이 충동성인 동전의 다른 면이라고 생각할 수 있다(예 컨대, Tangney et al., 2004). 충동성은 의지력 결여에 초점을 맞추 는 반면, 자기제어는 의지력 존재에 초점을 맞춘다.

자기제어 특질이 어떻게 충동과 욕구를 압도하도록 도와주는 것인지를 살펴보기 위하여, 감자튀김을 먹으려는 사람들의 충동 을 평가한 다음에, 시식회를 가장하여 감자튀김 봉지를 제시하였 다(Friese & Hofmann, 2009). 자기제어 특질이 낮은 사람의 경우 에는 감자튀김을 먹으려는 충동이 강할수록 실제로 많이 먹었다. 그렇지만 자기제어 특질이 높은 사람의 경우에는 충동의 강도에 관계없이 감자튀김을 먹는 양이 적었다. 동일한 연구자들이 수행 한 후속 연구에서는 음주량에 있어서도 유사한 결과가 나타났다. 따라서 단지 유혹받고 있다고 느낀다고 해서 반드시 그 유혹에 굴복하는 것은 아니다. 그렇지만 만일 여러분이 유혹을 느끼면 서 동시에 자기제어 특질의 수준도 낮다면, 어려움에 처할 수 있 다. 이 사실은 3세 때의 자기제어 특질이 30대가 되었을 때 얼마 나 건강하고 유복할지를 예측하는 이유를 설명하는 데 도움이 되 는 것이다(Moffitt et al., 2010)!

여러분 자신을 동기화시켜라
사용하라. 그렇지 않으면 잃는다!

비록 자기제어 특질이 낮다고 하더라도, 여러분의 의지력을 부양하기 위 하여 수행할 수 있는 전략들이 있다. 다음번에 식사를 할 때에는 보통은 사용하지 않는 손(즉, 주도적이지 않은 손)으로 수저를 사용하도록 시도 해보라. 여러분을 천천히 식사하게 만들어줄 뿐만 아니라, 자기제어를 구 축하는 데에도 도움을 줄 수 있다. 한 연구에서는 이를 닦거나, 문을 열 거나, 컴퓨터 마우스를 움직이는 것 등을 포함하여 일상 과제를 수행하 는 데 주도적이지 않은 손을 사용하면서 2주를 보낸 참가자가 그러한 연 습을 하지 않은 참가자보다 자기제어 과제에서 더 우수한 성과를 보였다 (Muraven et al., 1999). 이렇게 자기제어 근육을 훈련하는 것은 여러분 의 목표를 위협할 수도 있는 유혹에 저항하는 것을 도와준다. 따라서 자 기제어에 관한 한, 사용하지 않으면 상실하게 된다.

자기제어 특질과 관련된 개념이 **작업기억**(working memory)이 다. 작업기억이란 자동적 인지처리를 압도하는 통제적 인지처리 능력을 의미한다(Baddeley, 1986, 2012; Baddeley & Hitch, 1974; Hofmann, Friese, Schmeichel, & Baddeley, 2011).

- **작업기억 용량이 큰 사람** : 자기제어 특질이 높은 사람과 마찬 가지로, 작업기억 용량이 큰 사람도 내적 충동에 더 잘 저항할 수 있다.

- **작업기억 용량이 작은 사람** : 반대로 작업기억 용량이 작은 사 람은 내적 충동의 노예가 되기 십상이며, 내부의 노새를 압도 하는 데 필요한 구속력을 결여하고 있다.

예컨대, 이성애 남자를 대상으로 수행한 연구에서는 매력적인 여성의 성적 이미지를 들여다보려는 충동을 평가하였다(Friese & Hofmann, 2012). 그런 다음에 성적 이미지와 예술 이미지의 슬 라이드를 보여주면서 남자들이 각 이미지를 들여다보는 시간을 측정하였다. 작업기억 용량이 작은 남자의 경우에는 성적 이미 지에 대한 욕구가 강할수록 그 이미지를 들여다보는 시간이 길었 다. 작업기억 용량이 큰 남자의 경우에는 욕구가 성적 이미지를 들여다보는 시간에 거의 영향을 미치지 않았다. 비록 이 연구는 성적 유혹에 초점을 맞추었지만, 후속 연구들은 과자 먹기, 술 마 시기, 분노 제어하기, 물질 남용 등에서 작업기억의 동일한 효과 를 밝혀냈다(Grenard et al., 2008; Hofmann, Gschwendner, Friese, Wiers, & Schmitt, 2008; Thush et al., 2008). 따라서 높은 자기 제어 특질과 마찬가지로, 작업기억도 유혹에 저항하도록 도와 준다.

글쓰기 과제 13.6

아동의 자기제어 특질을 조장하기

여러분이 부모라 상상하고(아니면 이미 부모일지도 모르겠다), 자녀가 자기 제어를 더욱 개발하도록 조장하기 위해 사용할 수 있는 두 기법을 확인해보 라. 각 기법에 대해서, 그 내용을 기술하고 구체적인 사례를 제시한 다음에, 그 기법이 어떻게 아동의 자기제어 발달을 촉진하는 것인지를 설명해보라.

13.8 불굴의 투지

학습목표 : 불굴의 투지 그리고 동기에 대한 이 투지의 영향을 기술한다.

동기에 영향을 미치는 또 다른 개인차는 장기적 목표에 대한 인내와 열정으로 정의하는 **불굴의 투지**(grit)[1]이다(Duckworth, Peterson, Matthews, & Kelly, 2007; Duckworth & Quinn, 2009). 불굴의 투지가 높은 사람은 추구하고 있는 목표가 무엇이든 간에 역경과 지루함에 맞서 끈질기게 매달린다. 그러한 불굴의 투지는 사람들로 하여금 포기하려는 유혹을 압도하고 실패나 지루함이

---

[1] 역주 : 성장(Growth), 회복력(Resilience), 내재적 동기(Intrinsic Motivation), 끈기(Tenacity)의 두문자어

나타나기 시작할 때마다 조금 더 용이하거나 흥미진진한 과제로 전환할 것을 요구한다. 따라서 어떤 면에서는 불굴의 투지를 장기간에 걸쳐 높은 자기제어를 나타내는 것으로 생각할 수 있다.

불굴의 투지가 작동하는 면모를 보기 위하여, 수많은 상을 수상한 음악가이자 배우인 윌 스미스의 다음 인용문을 살펴보자.

> "여러분은 나보다 더 재능이 있고 똑똑할지 모릅니다…. 그렇지만 여러분과 내가 함께 러닝머신에 올라간다면, 두 가지가 가능합니다. 여러분이 먼저 내려오거나 아니면 내가 죽는 것이지요. 정말로 간단합니다."

윌 스미스가 높은 불굴의 투지를 가지고 있는 것은 확실하다. 자신을 성공하게 만들어주는 것은 그저 경쟁자들보다 오래 견딜 의지가 있는 것이라고 말하고 있기 때문이다. 그렇다면 이러한 불굴의 투지라는 자질이 어떻게 동기에 이로운 것인가?

불굴의 투지가 가지고 있는 이점을 입증하는 대다수의 증거는 학업 영역에서 나타난다. 한 연구에서 보면, 불굴의 투지가 높은 사람이 낮은 수학능력시험 점수에도 불구하고 대학에서 높은 학점을 획득하고, 더 높은 수준의 학력을 쌓으며, 일생에 걸쳐 직업 전환을 더 적게 한다(Duckworth et al., 2007). 마찬가지로, 전국 철자 대회(Spelling Bee)에 출전한 학생을 대상으로 수행한 연구는 불굴의 투지가 높은 경쟁자가 훈련도 더 많이 하고 순위도 더 높다는 사실을 찾아냈다(Duckworth et al., 2007; Duckworth, Kirby, Tsukayama, Berbstein, & Ericsson, 2011). 이 연구의 함의는 지능과 능력만이 삶의 성공을 예측하는 자질이 아니라는 것이다. 이러한 자질이 떨어지는 사람도 높은 불굴의 투지를 가지고 있으면 얼마든지 성공할 수 있다. 자신이 원하는 것을 얻기 위하여 기꺼이 자신의 '진로를 다져나가며' 일생의 꿈을 포기하기를 거부하기 때문이다.

불굴의 투지라는 개념이 특히 교육심리학과 임상심리학 문헌에서 널리 알려지게 되었지만, 상당한 비판도 받아왔다(Credé, Tynan, & Harms, 2016; Rimfield, Kovas, Dale, & Plomin, 2016). 한 가지 비판은 불굴의 투지에 대한 초기 연구가 거의 전적으로 뛰어난 성과를 보인 사람들에게만 초점을 맞추었기 때문에 일반

대중에게는 그 영향력이 미약할 수도 있다는 것이다. 두 번째이자 더 강력한 비판은 88개의 상이한 불굴의 투지 연구에 대한 메타분석에서 나온다(Credé et al., 2016). 이 메타분석의 결과는 불굴의 투지가 성과와 미약하게만 관련이 있으며, 이미 잘 확립된 다른 성격 변인(예컨대, 성실성. 이 장의 뒷부분에서 논의한다)과도 상당히 혼입되어 있다는 사실을 지적하였다. 따라서 불굴의 투지가 동기와 성과에 중요하고도 독특한 영향을 미치는 것인지 아니면 단지 과거에 제기된 동기 구성체에 새로운 이름을 붙인 것에 불과한지를 올곧게 이해하려면 더 많은 연구가 필요하다.

글쓰기 과제 13.7

불굴의 투지를 훈련시킬 수 있는가?

혹자는 불굴의 투지를 안정적인 특성으로 받아들이지만, 다른 사람은 이것도 훈련시킬 수 있다고 믿고 있다. 후자가 참이라고 가정하고, 학교나 부모가 아동의 불굴의 투지를 조장하기 위하여 할 수 있는 한 가지 방안을 찾아보라. 답을 할 때에는 여러분이 찾아낸 기법을 기술하고 구체적 사례를 제시한 다음에, 그 기법이 어떻게 불굴의 투지가 발달하는 것을 촉진시킬 수 있는지를 설명해보라.

13.9 성격의 5요인 모형

학습목표 : 성격의 5요인 모형을 기술한다.

많은 이론가는 성격을 개념화하는 최선의 방법이 특질에 근거하는 것이라고 믿고 있다. 그렇다면 사람들 간에 존재하는 모든 개인차를 설명하려면 얼마나 많은 특질이 필요한 것인가? 여러분도 예상할 수 있는 바와 같이, 그 답은 누구에게 묻느냐에 달려 있다.

- 아이젠크(Eysenck, 1947)는 외향성과 신경증이라는 두 가지 특질을 제안하였다.
- 카텔(Cattell, 1946)은 완벽주의, 정서적 안정성, 온화함 등을 포함하여 16개의 특질 목록을 개발하였다.
- 올포트와 오드버트(Allport & Odbert, 1936)는 영어사전에서 성격 특질을 기술하는 단어를 무려 4,500개 이상 찾아냈다!

오늘날 대부분의 성격이론가는 다섯 가지 1차 성격 특질이 존재한다고 믿고 있다(Costa & McCrae, 1987, 2010). 올포트와 오드버트의 사전 분석에 영감을 받은 이러한 5요인은 성격과 관련된 대다수 영어 단어를 다섯 가지 핵심 범주로 압축함으로써 만

표 13.2 다섯 가지 1차 성격 특질

성격 특질	이 특질이 높은 사람의 특성	이 특질이 낮은 사람의 특성
경험에 대한 개방성	호기심, 모험심	조심성, 전통성
성실성	자제력, 성취 지향성	느긋함, 경솔함
외향성	사교성, 활동성	은둔성, 과묵함
우호성	친근성, 동정심	냉정함, 매정함
신경증	민감성, 소심성	안정성, 자신감

들어졌다. 5요인 모형은 사람들이 표 13.2와 같은 특질에서 차이를 보인다고 주장한다.

이러한 5대 특질을 측정하는 가장 보편적인 방법은 NEO-PI-3(NEO Personality Inventory-3)[2]를 사용하는 것이지만(Costa & McCrae, 1985, 2010), 이 특질들을 평가하는 다른 여러 검사들도 존재한다.

이러한 성격 특질들은 다양한 방식으로 동기에 영향을 미칠 수 있다. 특질은 목표의 상이한 측면에 따라서 사람들을 동기화시키고, 목표와 관련된 상이한 정서를 경험하며, 상이한 유형의 목표를 선택하고, 상이한 목표 결과를 경험하도록 이끌어갈 수 있다.

이러한 5대 특질에 대해 상당히 많은 연구를 수행해왔지만, 이 장에서는 동기 문헌에서 가장 많은 관심을 받아온 특질, 즉 성실성과 외향성 그리고 신경증에 초점을 맞춘다.

▽ **이 절이 끝날 무렵에 여러분은 다음에 답할 수 있을 것이다.**

13.9.1 동기 측면에서 성실성 개념을 설명한다.

13.9.2 동기 측면에서 외향성 개념을 설명한다.

13.9.3 동기 측면에서 신경증 개념을 설명한다.

---

[2] 역주 : 성격의 5대 요인을 측정하기 위하여 Paul T. Costa와 Robert R. McCrae가 개발한 성격검사. 1978년 신경증(Neuroticism), 외향성(Extroversion), 개방성(Openness)의 세 요인만을 측정하는 검사로 출발하면서, 'NEO-I'라는 이름을 붙였다. 1985년에 측정 범위를 다섯 요인으로 확장하면서 'NEO-PI'가 되었는데, 'NEO'는 최초 판의 두문자어 의미를 뛰어넘어 검사 이름의 한 부분으로 정착되었다. 1990년에 개정판 'NEO-PI-R'을, 그리고 2010년에 최신판 'NEO-PI-3'를 발표하여 현재에 이르고 있다.

13.9.1 성실성

학습목표 : 동기 측면에서 성실성 개념을 설명한다.

성격의 5대 특질 중에서, 성실성이 동기와 가장 직접적으로 연관된 특질인 까닭은 자제력과 인내심과 같은 자질을 반영하고 있기 때문이다(Little, Lecci, & Watkinson, 1992). 성실성이 동기에 영향을 미치는 한 가지 방식은 사람들이 상이한 목표를 채택하도록 이끌어가는 것이다. 성실성이 높은 사람은 낮은 사람에 비해서 학습 목표(learning goal, 무엇인가를 배우겠다는 목표)와 어려운 목표를 채택할 가능성이 더 높다(Beaubien & Payne, 1999; Gellatly, 1996; Zweig & Webster, 2004). 또한 자율성을 조장하는 목표를 선호하기 때문에 (누군가 목표를 배정해줄 때까지 기다리기보다는) 목표를 스스로 선택할 가능성도 높다(Barrick, Mount, & Strauss, 1993).

성실성은 다양한 장점과 연합되어 있다. 그렇지만 삶의 모든 것이 그러하듯이, 너무나 좋은 것이 때로는 나쁜 것이 될 수도 있다. 따라서 이 특질도 몇 가지 단점을 가지고 있다. 우선 장점을 살펴본 후에 단점을 보도록 하자. 성실성이 높은 사람은 자제력이 있기 때문에, 일단 목표를 설정하면 그 목표를 끈기 있게 추구할 가능성이 높다(Ajzen, Czasch, & Flood, 2009). 예컨대, 성실성이 높은 사람은 그렇지 않은 사람에 비해서 폭음, 마약 사용, 흡연, 무분별한 성관계 등과 같이 건강하지 않은 행동을 나타낼 가능성이 낮다(Conner & Abraham, 2001; Courneya & Hellsten, 1998; Friedman et al., 1993; Siegler, Feaganes, & Rimer, 1995; Trobst, Herbst, Masters, & Costa, 2002). 그렇기 때문에, 성실성이 높은 사람이 그렇지 않은 사람보다 장수한다는 사실이 전혀 놀랍지 않다(Friedman et al., 1993; Kern & Friedman, 2008; Kern, Friedman, Martin, Reynolds, & Luong, 2009).

그렇다면 성실성의 단점은 무엇인가? 모든 것이 그러하듯, 과유불급이다. 성실성은 매우 바람직한 덕목이며 성실한 사람은 어느 집단에서나 환영받지만, 지나치면 문제가 될 수 있다는 말이다. 혼자서 작업할 때에는 성실성이 지나치다고 해서 문제될 것이 없다. 그렇지만 가정이든 직장이든 친구관계이든, 집단으로 작업할 때에는 부정적인 효과를 나타내기도 한다. 첫째, 한 사람의 지나친 성실성은 다른 집단 구성원에게 부당한 스트레스를 가할 수 있다. 성실한 사람은 작업의 세부사항에 대한 안목을 가지고 있을 뿐만 아니라 작업에 필요한 훈련, 절차, 시간 엄수 등에 엄격하다. 다른 구성원이 이러한 기준에 대처하지 못하게 되면, 스트레스 요인으로 작용할 수 있다. 둘째, 집단이 목표를 달성하지 못할 경우, 지나치게 성실한 사람은 자신의 잘못이 아님에도 불구하고 스스로를 지나치게 비난할 수 있다. 셋째, 지나치게 성실한 사람은 작업의 완벽성에 초점을 맞추기 때문에, 생산성에 역효과를 초래할 수도 있다. 넷째, 세부사항, 규칙, 방법 등에 지나치게 주의를 기울이게 되면, 창의적이거나 혁신적인 사람은 숨이 막힌다는 느낌을 갖게 된다. 이것이 불만이나 작업 수준의 저하를 초래하게 만들 수 있다. 다섯째, 일반적으로 성실한 사람은 어려운 목표를 설정하고 그 목표를 달성하려는 동기가 높다. 그렇지만 만일 조직이 위기에 직면하거나 자신이 실직을 당하게 되면 상당한 우울 증상에 빠져들기 십상이며 심한 경우에는 심리장애로 발전할 수도 있다. 여섯째, 성실한 사람은 과제의 세부사항을 살펴서 업무를 분할하는 데 유능성을 발휘하지만, 큰 그림을 보지 못하기 십상이다. 지나치게 일에 몰두함으로써 소진 상태에 빠져들기 쉽다. 지나치게 작은 것에 몰입하게 되면 성실성이 비생산적인 덕목이 될 수도 있다는 말이다. 요컨대, 성실성은 매우 긍정적인 특질이며 적극 권장할 덕목이지만, 이것도 지나치면 단점이 될 수 있음을 명심하는 것이 좋다. 특히 집단에 속해있을 때 그렇다.

글쓰기 과제 13.8

여러분은 성실성이 높은가, 아니면 낮은가?

여러분은 조직적이고 현실적이며 효율적인 경향이 있는가? 아니면 부주의하고 체계적이지 못한가? 첫 번째 물음에 '그렇다'고 답하였다면, 여러분은 성실성이 높을 가능성이 있다. 두 번째 물음에 '그렇다'고 답하였다면, 성실성이 낮을 가능성이 있다. 이제 여러분이 어디에 위치하는지 알았다면, 그러한 특질을 가지고 있는 이유가 무엇이라고 생각하는가? 사회적/환경적이든 아니면 생물적/유전적이든 어떤 요인이 여러분의 성실성 수준에 기여하였다고 생각하는지를 기술해보라.

13.9.2 외향성

학습목표 : 동기 측면에서 외향성 개념을 설명한다.

외향성이 높은 사람은 남과 어울리기를 좋아하기 때문에, 사회자극에 대한 강한 동기를 나타낸다(Lucas & Diener, 2001; McCrae & Costa, 1987). 따라서 외향성은 대인관계 목표에 대한 동기를 매우 잘 예측해주지만, 학업수행과 같은 비사회적 목표는 잘 예측하지 못한다(Little et al., 1992).

그렇다면 외향적인 사람과 내향적인 사람은 행동에서 어떻게 다른가? 사회적 동기에서의 차이를 알아보기 위하여, 외향적인 사람과 내향적인 사람이 학교 도서관에서 나타내는 행동이 어떻게 다른지를 알아보았다(Campbell & Hawley, 1982). 결과를 보면, 외향적인 사람은 커다란 테이블이나 소파 또는 안락의자가 있으며 대화를 방해하는 장해물이 없는 장소를 포함하여 사교활동을 부추기는 영역을 찾았다. 반면에 내향적인 사람은 차단막이 있는 개별 책상이 있는 영역이나 시야와 소리를 막아주는 서가가 있는 영역을 포함하여 사교활동을 억제하는 영역을 찾았다. 또한 외향적인 사람은 내향적인 사람보다 사람 무리와 잡소리를 더 선호한다고 보고하였다. 사교성에서의 이러한 차이는 사이버공간에서도 볼 수 있다. 외향적인 사람은 내향적인 사람보다 페이스북 페이지에 더 많은 친구 목록을 가지고 있으며, 자신의 페이지를 개정하는 데 더 많은 시간을 사용한다(Gosling, Augustine, Vazire, Holtzman, & Gaddis, 2011). 요컨대, 외향적인 사람은 사교활동을 추구한다.

그렇다면 외향적인 사람은 내향적인 사람보다 더 행복하고 낙관적인가? 일반적으로 외향적인 사람이 내향적인 사람보다 행복 척도에서 더 높은 점수를 받는다는 점에서는 그렇다고 말할 수 있다. 그렇지만 이 물음의 답은 일반적으로 생각하는 것과는 달리, 그렇게 명확하지 않다. 대부분의 행복 척도가 사교활동이나 다른 사람과의 상호작용 등을 사용하여 행복 정도를 측정하는 경향이 있으며, 이러한 행동이야말로 외향적인 사람이 선호하는 것이기 때문이다. 내향적인 사람도 다른 사람과 함께 있을 때 행복을 경험하지만, 자신이 적극적으로 참여하지 않을 때 가장 행복하게 느낀다. 대부분의 척도가 이러한 측면을 고려하지 않기 때문에 내향적인 사람은 행복 척도에서 낮은 점수를 받기 십상인 것이다. 문화적인 요인도 내향적/외향적인 사람의 행복 수준과 밀접하게 관련되어 있다. 서양문화는 외향성을 선호하는 경향이 있기 때문에, 내향적인 사람은 외향적이고자 하는 압박감을 경험하며, 이것이 불안이나 낮은 자존감으로 이끌어갈 수 있다. 반면에 동양문화는 사려 깊고 조용하며 차분한 사람이 되기를 부추기는 경향이 있기 때문에, 내향적인 사람이 외향적이고자 애쓸 필요가 없으며, 자신의 생래적 성격을 기꺼이 받아들인다.

외향적/내향적인 사람은 목표 달성에서 차이를 보이는가? 경험 표집 방법론을 사용하여 사람들의 외향성, 목표 추구, 정서 상태를 조사한 결과를 보면(McCabe & Fleeson, 2012), 외향성은 즐거움을 추구하고, 다른 사람과의 연계를 맺으려는 목표를 촉진하는 것으로 나타났다. 외향성은 쾌락적 목표와 사회적 목표의 추구 그리고 긍정 정서의 증가와 밀접하게 관련되어 있다. 그렇지만 어떤 작업을 끝까지 마무리한다는 목표와는 무관한 것으로 보인다.

13.9.3 신경증

학습목표 : 동기 측면에서 신경증 개념을 설명한다.

신경증은 성실성이나 외향성과 달리, 부정적인 방식으로 동기에 영향을 미친다. 신경증이 높은 사람과 관련된 여러 가지 동기적 단점이 존재한다. 첫째, 신경증은 강력한 부정 정서와 관련이 있다. 높은 신경증은 하루 종일 부정 정서의 높은 빈도와 긴 지속시간과 관련이 있다(Schimmack & Diener, 1997; Verduyn & Brans, 2012). 따라서 정상적으로 사람을 화나거나 흥분하게 만드는 상황은 신경증이 높은 사람에게 더 큰 영향을 미치는 경향이 있다(Zautra, Affleck, Tennen, Reich, & Davis, 2005). 따라서 신경증이 낮은 사람의 경우에는 친구와의 논쟁이 일시적으로 낮은 수준의 분노와 슬픔을 초래하는 반면에, 신경증이 높은 사람의 경우에는 동일한 사건이 더 큰 분노와 슬픔을 초래하게 된다. 이에 덧붙여서 신경증이 높은 사람의 경우에는 단일 사건이 둘 이상의 정서(예컨대, 분노, 공포, 수치심 등)를 초래하는 경향이 있다(Hervas & Vazquez, 2011). 그렇기 때문에, 신경증은 범불안장애와 우울증을 포함한 여러 가지 정신건강 문제를 일으키는 취약 요인으로 간주된다(Kendler, Kessler, Neale, Heath, & Eaves, 1993).

신경증이 높은 사람은 불쾌한 정서 경험을 더 많이 보고한다(Costa & McCrae, 1980). 사람들은 환경에 존재하는 보상과 처벌에 대한 민감성에서 차이를 보이는데, 행동 활성 시스템(BAS)은 보상 단서와 처벌 회피 단서에 민감한 반면, 행동 억제 시스템(BIS)은 처벌 단서와 무보상 단서에 민감하다(Gray, 1981; 8.2.6절 참조). 신경증이 높은 사람은 강력한 BIS를 가지고 있는 것으로 보인다. 즉, BIS가 신경증 척도에서 높은 점수를 받는 사람들의 부정적 반응을 강력하게 유발한다는 것이다(Larsen & Ketelaar, 1989; Zelenski & Larsen, 1999).

신경증은 목표 달성에도 부정적인 영향을 미친다. 목표는 유능성 증진에 목표를 맞추는지 아니면 수행성과에 목표를 맞추는지에 따라서 학습 목표와 수행 목표로 구분할 수 있다. 그리고 긍정적인 결과를 달성하는 데 초점을 맞추는지 아니면 부정적인 결과를 회피하는 데 초점을 맞추는지에 따라서 접근 목표와 회피 목표로 구분할 수 있다. 목표의 이러한 두 차원을 조합하면, 목표를 학습-접근, 학습-회피, 수행-접근, 수행-회피라는 네 가지 유형으로 구분할 수 있다(Elliot & McGregor, 2001). 성격의 5요인과 맥락 특정적 성취 목표 간의 관계를 밝히고자 시도한 결과를 보면, 신경증은 학습-회피 목표뿐만 아니라 수행-접근 목표와 수행-회피 목표와도 밀접한 관계가 있는 것으로 나타났다(McCabe, Van Yperen, Elliot, & Verbraak, 2013). 즉, 신경증이 높은 사람은 가장 긍정적인 목표라고 알려져 있는 학습-접근 목표보다는 다른 세 유형의 목표를 선택하는 경향이 높다.

글쓰기 과제 13.9

여러분은 신경증이 높은가, 아니면 낮은가?
여러분은 괴팍하고 불안하며 정서적으로 예민한 경향이 있는가? 아니면 느긋하고 이완되어 있는가? 첫 번째 물음에 '그렇다'고 답하였다면, 여러분은 신경증이 높을 가능성이 있다. 두 번째 물음에 '그렇다'고 답하였다면, 신경증이 낮을 가능성이 있다. 이제 여러분이 어디에 위치하는지 알았다면, 그러한 특질을 가지고 있는 이유가 무엇이라고 생각하는가? 사회적/환경적이든 아니면 생물적/유전적이든 어떤 요인이 여러분의 신경증 수준에 기여하였다고 생각하는지를 기술해보라.

13.10 낙관성 대 비관성

학습목표 : 낙관성과 비관성을 비교한다.

여러분은 '긍정 측면 바라보기' 또는 '구름 뒤편에 있는 밝은 햇살 보기'를 좋아하는가? 만일 그렇다면 여러분은 성향으로서의 **낙관성**(optimism)이 높은 것이다. 낙관성이란 긍정적인 미래 결과를 기대하는 경향성을 의미한다. 반면에 **비관성**(pessimism)이 높은 사람은 부정적인 미래 결과를 기대한다. 누구나 때로는 낙관적으로 느끼고 때로는 비관적으로 느낄 수 있지만, 연구결과는 사람들의 낙관성 수준이 시간에 걸쳐 꽤나 안정적이며, 이것이 성격 특질임을 시사한다(Carver, Scheier, & Segerstrom, 2010).

동기 측면에서, 낙관주의자는 비관주의자보다 목표를 끈질기게 추구하는 경향이 있으며, 이러한 차이는 장해물과 차질이 발생할 때 가장 명확하게 드러난다(Carver, Scheier, & Weintraub, 1989). 낙관주의자는 더 좋은 미래 결과를 기대하기 때문에, 부정적 결과를 회피하는 것보다는 긍정적 결과에 접근하는 것에 초점을 맞추며, 목표를 달성하고자 (피로와 고통에도 불구하고) 더 많은 노력을 경주하고, 목표가 어렵다고 해서 포기할 가능성이 낮다(Affleck, Tennen, & Apter, 2001; Nurmi, Toivonene, Salmela-Aro, & Eronen, 1996; Nes, Segerstrom, & Sephton, 2005).

그렇지만 낙관성과 목표 추구 간의 이러한 연계는 자기제어 자원이 얼마나 가용한지에 달려있다. 한 연구에서는 낙관주의자와 비관주의자가 자기제어 자원이 온전히 남아있거나 고갈된 상태에서 과제를 수행하였다(Nes et al., 2011). 참가자들이 자신의 자기제어 자원을 충분히 사용할 때에는 낙관주의자가 비관주의자보다 애너그램 과제를 더 오랫동안 수행하였다. 그렇지만 자기제어 자원이 고갈되었을 때에는 낙관주의자가 비관주의자보다 더 빨리 포기하였다.

자기제어 자원이 고갈되었을 때 낙관주의자가 비관주의자보다 빨리 포기하는 한 가지 이유는 낙관주의자가 미래지향적이라는 사실과 관련이 있다(Aspinwall, 2005). 따라서 자기제어 자원이 모자랄 때에는 미래의 요구에 대비하여 제한된 자원을 비축하고 있으려는 동기가 더 강하기 때문에 지금 수행하고 있는 과제에 자원을 덜 투자하는 것이다(Muraven et al., 2006). 낙관주의자가 자원 투자에 있어서 더 전략적이라는 결과(Geers et al., 2009)는 이러한 해석과 맥을 같이한다. 구체적으로 낙관주의자가 비관주의자보다 목표에 끈기 있게 매달렸지만, 우선권이 높은 목표에 대해서만 그러하였다. 우선권이 낮은 목표에 있어서는 낙관주의자와 비관주의자 간에 끈기의 차이가 없었다. 이 사실은 낙관주의자가 모든 목표에 끈질기게 매달리는 것이 아님을 알려준다. 단지 매우 중요해 보이는 목표에만 끈기 있게 매달리는 것이다.

낙관주의자는 목표, 특히 중요한 목표에 끈질기게 매달릴 가능성이 더 높기 때문에, 비관주의자보다 전형적으로 더 행복하며 삶의 어려움에 잘 대처한다(Carver et al., 1989). 한 연구에서 보면, 심장 수술을 받은 낙관주의자가 비관주의자보다 더 행복하고 안도하며, 수술과 사회 지원 체계에 대해 더 만족한다고 보고하였다(Scheier et al., 1989). 수술을 받은 지 6개월이 지난 후에, 낙관주의자는 비관주의자보다 활기찬 신체활동으로 되돌아갈 가능성이 더 높았다. 그리고 5년이 지난 후에는 더 높은 삶의 질과 주관적 안녕감을 보고하였다. 암 환자(Carver et al., 1993; Johnson, 1996; Trunzo & Pinto, 2003)와 임산부(Carver & Gaines, 1987; Grote & Bledsoe, 2007)에게서도 유사한 결과가 나타났다. 그리

고 단지 건강 문제를 넘어서서, 한 연구는 낙관적인 대학 신입생이 비관적인 신입생보다 첫 번째 학기 동안 대학생활에 더 잘 대처한다는 결과를 얻었다(Brissette, Sheier, & Carver, 2002).

여러분 자신을 동기화시켜라
삶의 밝은 면을 찾아라

낙관주의자는 긍정적 조망을 통해 다양한 방식으로 이득을 얻지만, 만일 여러분이 낙관주의자로 태어나는 행운을 갖지 못하였다면 어떻게 하겠는가? 좋은 소식은 낙관주의자의 25%만이 유전적으로 결정된다는 사실이며, 여러분의 낙관적 조망을 증대시킬 수 있는 여지가 상당히 많다는 점이다(Segerstrom, 2007). 모든 사람이 낙관적으로 되기 위하여 사용할 수 있는 한 가지 기법을 '이점 발견(benefit-finding)'이라고 부르는데, 이것은 역경의 이점을 찾는 것이다(Tennen & Affleck, 2002). 사태가 원하거나 기대한 대로 진행되지 않을 때, 낙관주의자는 이점 발견에 몰입하고 경험의 밝은 면을 찾을 가능성이 더 높다. 예컨대, 랜스 암스트롱(2001)의 회고록에 들어있는 다음과 같은 진술을 생각해보자. "사실은 암이 나에게 일어났던 것 중에서 최고의 사건이었다. 어째서 내가 병에 걸리게 되었는지 모르지만, 나에게 정말로 큰 도움이 되는 것이었으며, 그 병으로부터 벗어나기를 원하지 않았다. 나의 삶에서 가장 중요하고도 나를 좋은 방향으로 이끌어가는 사건을 단 하루라도 변화시키고자 원할 이유가 있겠는가?" 랜스는 어떻게든 암 진단이라는 충격적인 소식을 받아들이고 이로운 경험으로 전환시킬 수 있었던 것이다. 암이나 다발성 경화증과 같은 충격적인 질병으로 진단받은 사람들이 이점 발견에 몰입할 때 덜 우울하다는 결과는 이 사례와 맥을 같이한다(Dunn, Occhipinti, Campbell, Ferguson, & Chambers, 2011; Hart, Vella, & Mohr, 2008). 그리고 사람들이 이점 발견에 몰입하면 할수록, 더욱 낙관적이 된다(Hart et al., 2008). 따라서 다음에 부정적이거나 실망스러운 사건이 발생하면, 그 역경에 숨어있는 이점을 찾도록 시도해보라.

▽ **이 절이 끝날 무렵에 여러분은 다음에 답할 수 있을 것이다.**

13.10.1 낙관성이 항상 이로운 것인지를 설명한다.

13.10.1 낙관성은 항상 이로운 것인가
학습목표 : 낙관성이 항상 이로운 것인지를 설명한다.

지금까지는 낙관성이 좋은 것이고 비관성은 나쁜 것처럼 보인다. 그렇지만 매사가 그렇듯이, 실제는 훨씬 더 복잡하다.

낙관성은 특정 유형의 상황에서만 더 좋을 가능성이 있다. 낙관주의자는 사태가 나빠지지 않을 것이라고 믿기 때문에, 상황이 실제로 나쁜 쪽으로 전개되면 비관주의자보다 부정적 결과에 더 취약할 수 있다(Tennen & Affleck, 1987). 이 주장을 검증하기 위하여, 낙관주의자와 비관주의자가 지난해에 경험하였던 **누적된**

삶의 스트레스(accumulated life stress)를 평가해보았다(Chang & Sanna, 2003). 누적 스트레스란 삶에서 중요한 나쁜 변화(예컨대, 배우자 사망)나 좋은 변화(예컨대, 결혼)의 수를 의미한다(Sarason, Johnson, & Siegel, 1978). 그 결과를 보면, 누적 스트레스가 낮은 조건에서는 낙관주의자가 비관주의자보다 심리적으로나 정신적으로나 더 건강하였다. 그렇지만 누적 스트레스가 높은 조건에서는 비관주의자가 낙관주의자보다 더 건강한 정반대의 패턴이 나타났다. 이 결과의 함의는 낙관성이 대부분의 상황에서 이롭기는 하지만, 극단적인 스트레스 상황에서는 역효과를 낼 수도 있다는 것이다.

어떤 유형의 비관성은 다른 유형의 비관성보다 나을 수 있다. 비관주의자 중에는 **방어적 비관주의자**(defensive pessimist)라고 알려진 하위집단이 있다. 즉, 성공의 개인사를 가지고 있음에도 불구하고, 최악의 결과를 예상하는 사람들이다(Norem, 2008, 2009; Norem & Cantor, 1986). 방어적 비관주의자는 낮은 기대치를 설정함으로써 실패 가능성으로부터 자신을 더 잘 보호해주는 방식으로 자신의 불안을 활용할 수 있다. 따라서 방어적 비관주의자는 과제에 지나치게 대비하는 경향이 있으며, 일반적으로 자신의 노력이 성공적이게 된다.

따라서 일반적인 비관주의자와 방어적 비관주의자는 모두 나쁜 일이 일어날 것이라고 기대하지만, 오직 방어적 비관주의자만이 나쁜 결과를 미연에 차단하는 계획을 수립하는 데 그러한 불안감을 활용할 수 있다. 따라서 이러한 계획세우기 경향성은 비관성이 일반적으로 동기에 미치는 해로운 효과를 상쇄시킨다. 예컨대, 한 연구에서 보면 이러한 계획세우기 경향성은 목표의 중요성을 증가시키고 목표를 달성하려는 노력을 배가시킴으로써 방어적 비관주의자의 동기에 도움을 준다(Gasper, Lozinski, & LeBeau, 2009). 따라서 비록 방어적 비관주의자가 낮은 기대치를 가지고 있다 하더라도, 자신의 부정 정서를 감소시키는 방식으로 그 기대치를 관리할 수 있으며, 일반적인 비관주의자의 경우와는 달리 과제 수행을 방해받지 않을 수 있다(Norem, & Illingworth, 1993).

글쓰기 과제 13.10

미워하는 사람이 미워하게 된다.

낙관주의자는 행복하고 다양한 대상을 향해 긍정적 태도를 견지하는 경향이 있는 반면(즉, 애호가), 비관주의자는 불행하고 다양한 대상을 향해 부정적 태도를 견지하는 경향이 있다(즉, 혐오자). 이러한 경향성은 안정적인 경향이 있기 때문에, 애호가는 사랑하게 되고, 혐오자는 미워하게 된다. 그렇다면 여러분은 이러한 차이가 어디에서 유래한다고 생각하는가? 다시 말해서 무엇이 한 사람을 낙관주의자나 비관주의자로 만드는 것인가? 답을 작성할 때에는 사회적/환경적인 것이든 아니면 생물적/유전적인 것이든, 여러분이 이러한 특질의 발달에 기여한다고 생각하는 요인을 적어도 두 가지 찾아보라.

나만의 프로젝트 13.1

낙관적인가, 아니면 비관적인가?

1. 나만의 프로젝트에 관하여, 여러분은 성공 가능성에 대해서 낙관적으로 느끼고 있는가, 아니면 비관적으로 느끼고 있는가? 이 과제에서는 여러분이 목표를 향하여 어떤 방향으로 가고 있다고 느끼고 있는지 지적하고, 그렇게 느끼고 있는 이유 한 가지를 제시해보라.

2. 여러분이 낙관적이거나 비관적으로 느끼고 있든지 간에, 그 낙관성이나 비관성이 프로젝트 달성에 도움을 주겠는가, 아니면 방해하겠는가? 그렇게 생각하는 이유는 무엇인가? 만일 방해한다고 생각한다면, 어떻게 장애물을 극복하겠는가?

13.11 인식론적 동기

학습목표 : 인식론적 동기가 인간 행동을 주도하는 방식을 분석한다.

인식론적 동기(epistemic motivation)는 정보를 추구하고 획득하려는 갈망으로 정의한다[Kruglanski, 1989; Kruglanski, Orehek, Dechesne, & Pierro, 2010; 때로는 효능 동기(effectance motivation)라고도 부른다; Harter, 1978; White, 1959]. 지식을 추구하려는 이러한 갈망은 자율성 욕구에서 유래한다. 정보를 더 많이 획득할수록, 환경을 더 잘 예측하고 제어할 수 있기 때문이다(Heider, 1958; Waytz et al., 2010; White, 1959). 간단하게 말해서, 지식이 곧 제어이다.

인식론적 동기는 호기심, 창의성, 탐구성 등을 포함하여 인간의 몇몇 최고 자질을 위한 추진력이다. 사람들이 지식을 갈망하고 항상 과학과 수학 그리고 테크놀로지의 영역을 넓히고자 추구하는 이유가 바로 이것이다. 그렇기 때문에 인식론적 동기가 학습, 지적 발달, 그리고 교육과 학문에 대한 관심의 토대를 이루는 것으로 생각된다(Hofer & Pintrich, 1997). 그렇지만 강의실을 둘러보면, 모든 사람이 정보와 지식을 찾아내려는 강한 동기를 가지고 있지 않은 것이 확실하다. 즉, 어떤 사람은 다른 사람보다 인식론적 동기가 높다.

다음 절에서는 인식론적 동기에서 다음과 같은 두 가지 개인 차를 살펴본다.

- 종결 욕구
- 인지 욕구

연구자들이 이러한 개인차를 '욕구'라고 지칭하고는 있지만, 차별적인 심리적 욕구나 인간의 핵심 동기를 나타내는 것이 아니기 때문에 이러한 표현은 부적절한 것이다. 오히려 성격 특질로 간주해야만 한다.

▼ **이 절이 끝날 무렵에 여러분은 다음에 답할 수 있을 것이다.**

13.11.1 동기 측면에서 종결 욕구를 설명한다.
13.11.2 동기 측면에서 인지 욕구를 설명한다.

13.11.1 종결 욕구

학습목표 : 동기 측면에서 종결 욕구를 설명한다.

종결 욕구(need for closure)는 명확한 답에 대한 갈망으로 정의한다(Kruglanski & Fishman, 2009; Webster & Kruglanski, 1994). 종결 욕구가 높은 사람은 혼란스러움, 불확실성, 모호함을 싫어하는 반면, 이 특질이 낮은 사람은 불확실성과 모호함을 보다 편안하게 대한다. 따라서 종결 욕구가 높은 사람은 이 욕구가 낮은 사람보다 안정성, 동조, 전통 등에 더 많은 가치를 부여하며, 새로움과 탐구성 그리고 독립성 등에 더 낮은 가치를 부여한다(Calogero, Bardi, & Sutton, 2009).

종결 욕구가 높은 사람은 모호함을 싫어하기 때문에, 세상을 흑백논리에 따라서 바라보는 경향이 있다. 문제에 대한 명쾌한 해결책을 찾으며, 일단 결정을 하면 그 결정을 고수한다. 따라서 이러한 사람은 긴급성(urgency, 신속하게 결정을 내린다)과 영속성(permanency, 그 결정을 고수한다)이 모두 높다. 그렇기 때문에 연구자들은 이 특질이 높은 사람의 행동을 '포착과 동결(seize and freeze)' 전략으로 기술해왔다. 어떤 결정을 신속하게 포착하면, 상반된 증거에 직면하는 경우에도 포기를 거부하기 때문이다(Pierro & Kruglanski, 2008).

종결 욕구가 낮은 사람은 세상을 회색으로 간주한다. 확실하게 판단 내리는 것을 회피하고 충분한 증거를 수집할 때까지 결정을 유보하고자 한다.

종결 욕구가 비교적 안정적인 특질이라고 하더라도, 상황에 의해서도 촉발될 수 있다는 사실을 지적하는 것이 중요하겠다. 완벽한 정보처리를 현실적으로 불가능하게 만들거나(예컨대, 시간 압박) 손상시키는(예컨대, 환경 소음, 피로, 음주 등) 상황은 모두 종결 욕구를 증가시키는 것으로 나타났다(Chirumbolo, Livi, Mannetti, Pierro, Kruglanski, 2004; Kruglanski & Fishman, 2009).

그렇다면 종결 욕구는 어떻게 동기에 영향을 미치는가? 종결 욕구가 동기에 영향을 미치는 한 가지 방식은 주관적 자신감을 통하는 것이다. 종결 욕구가 높고 신속하게 결정을 내릴 수밖에 없을 때, 그러한 결정에 대한 자신감이 더 강력해진다(Kruglanski & Webster, 1991). 이 사실은 역설적으로 특정 결정의 모든 장점과 단점의 경중을 평가함으로써 정보를 철저하게 처리할수록, 자신감을 덜 느끼게 됨을 의미한다. 또한 특정 결정에 정말로 자신감을 느끼고 있을 때에는 그 결정에 대해 충분히 오랫동안 생각하지 않았음을 의미한다는 사실도 시사하고 있다.

종결 욕구는 선택하는 목표 유형에도 영향을 미친다. 유능성을 증가시키려는 학습 목표보다는 빨리 과제를 완료하려는 수행 목표를 선택하도록 이끌어가기 십상이다.

높은 종결 욕구는 창의성을 떨어뜨리는 경향이 있다(Chirumbolo, Livi, Manneti, Pierro, & Kruglanski, 2004). 예컨대, 4명으로 구성된 소집단에 과제를 수행하는 시간을 제한함으로써 종결 욕구를 증가시키는 처치를 가하면, 토의 과정에서 창의적인 발언의 비율이 감소하였다. 종결 욕구 높은 사람들로 소집단을 구성하였을 때에도 동일한 결과가 나타났다. 소집단 내에서의 동조 압력이 종결 욕구와 집단 창의성 간의 부적 관계를 매개하는 것으로 보인다.

13.11.2 인지 욕구

학습목표 : 동기 측면에서 인지 욕구를 설명한다.

인지 욕구(need for cognition)는 생각에 몰입하고 그 생각을 즐기는 경향성으로 정의한다(Cacioppo & Petty, 1982; Cacioppo, Petty, Feinstein, Jarvis, & Blair, 1996). 인지 욕구가 높은 사람은 생래적으로 아이디어 평가와 문제 분석과 같이 노력을 기울여야 하는 인지처리를 요구하는 활동을 즐긴다. 따라서 노력이 많이 드는 인지처리에 몰입하고, 더욱 사려 깊은 결정을 하며, 새로운 정보의 추구를 즐긴다(Gollwitzer, Kappes, & Oettingen, 2012).

인지 욕구가 높은 사람이 다른 사람과의 논쟁과 토론을 즐기는 까닭은 그러한 논쟁이나 토론이 빨리 결단을 내리고 자신의 분석 능력을 사용하도록 이끌어가기 때문이다. 만일 여러분이 스도쿠나 크로스워드 퍼즐을 풀거나 친구와 단어 게임을 즐기면서 여유 시간을 보내기 좋아하는 유형의 사람이라면, 인지 욕구가 높은 사람일 가능성이 높다. 반면에 인지 욕구가 낮은 사람은 노력을 기울여야 하는 생각을 놀이가 아니라 일로 간주하기 때문에, 여유시간에 제일 하고 싶지 않은 것이라고 생각하는 것이다.

이러한 선호도는 어디에서 유래하는 것인가? 대부분의 연구자는 인지 욕구가 학습되는 것이며 시간이 경과하면서 발달하는 것이라고 믿고 있다. 예컨대, 문제해결 과제를 반복적으로 시도하도록 격려받는 아동은 그러한 과제에 대한 강력한 자율감과 유능감을 발달시킬 가능성이 있다(Cacioppo et al., 1996). 따라서 그러한 사람은 장차 노력을 경주해야 하는 인지과제를 추구하고 즐길 가능성이 더 높다.

동기 측면에서 인지 욕구가 높은 사람은 단기적 목표이든 장기적 목표이든, 자신의 목표에 인지 자원을 기꺼이 투자하고자 한다. 따라서 인지 욕구가 높은 사람은 인지 욕구가 낮은 사람보다 자기제어, 과제 지속성, 목표 성취가 더 높으며 꾸물거리는 정도가 낮다(Cacioppo et al., 1996; Ferrari, 1992; Fleischhauer et al., 2010; Steinhart & Wyer, 2009). 또한 학습 목표를 선택하고 새로우면서도 복잡한 기술을 발달시킬 가능성도 높다(Day, Espejo, Kowollik, Boatman, & McEntire, 2007). 이 사실은 인지 욕구가 높은 사람이 그렇지 않은 사람보다 교육 연한이 더 긴 이유를 설명하는 데 도움을 준다(Davis, Severy, Kraus, & Whitaker, 1993).

글쓰기 과제 13.11

인식론적 동기는 진화의 측면에서 적응적인가?

인간은 인식론적 동기로 인해서 새로운 정보와 경험을 추구하도록 선천적으로 배선되어 있다. 진화론적 관점에서 볼 때, 이 사실은 인식론적 동기가 인간 생존에 적응적이었음에 틀림없다는 것을 의미한다. 이 물음에 대해서, 인식론적 동기의 두 가지 적응적 이점을 기술해보라. 그런 다음에 만일 우리 조상이 인식론적 동기가 매우 낮았다면 어떤 일이 일어났을 것인지를 생각해보라. 만일 그랬더라면 현재 세상이나 인간 본성이 지금과 어떻게 달랐겠는가?

요약 : 개인차

13.1 동기의 개인차

- 고대 그리스 철학자들은 네 가지 체액으로 성격을 설명할 수 있다고 믿었다. 체액(혈액, 점액질, 흑담즙, 황담즙)의 불균형이 낙관적 기질(충동적이고 사교적인 기질), 침착한 기질(차분하고 나태한 기질), 우울한 기질(수줍어하고 창의적인 기질), 불같은 기질(야망적이고 공격적인 기질)을 포함한 특정 기질을 초래한다고 생각하였다.

13.2 성취동기

- 성취동기는 가장 오랫동안 연구해온 성격 특질이다. 성취동기가 높은 사람은 높은 기준을 설정하고, 장해물을 극복하며 도전거리를 숙달함으로써 중차대한 성취를 달성하고자 동기화되어 있다.
- 헨리 머레이는 성취동기를 평가하기 위하여 주제통각검사(TAT)를 개발하였다. 이 검사는 응답자에게 모호한 장면에 대한 이야기를 만들어보도록 요구하며, 그 이야기를 성취와 관련된 내용에 따라 분석한다.

- 성취동기가 높은 사람은 적당히 어려운 목표를 선택한다.
- 성취동기가 높은 사람은 자이가르니크 효과를 보일 가능성이 높으며, 이 효과는 목표가 방해받을 때 그 목표에 대한 생각에 휩싸이는 경향성을 말한다.
- 성취동기가 높은 사람은 상당한 목표 성취를 표출하며, 특히 단순 과제에서 그렇다.

13.3 행위 지향성 대 상태 지향성

- 행위 지향적인 사람이 목표 달성을 촉진하는 방향으로 자신의 사고와 정서 그리고 행동을 더 잘 조절할 수 있다.
- 상태 지향적인 사람은 새로운 행동을 시작하고 예전 행동을 중지하기 어렵다(즉, 행동 이탈이 어렵다).
- 행위 지향적인 사람은 선택 주의에 몰입한다. 즉, 목표 관련 정보에 주의를 집중하고 목표와 무관한 정보를 무시한다.
- 행위 지향적인 사람은 선택 처리에 몰입한다. 즉, 목표와 무관한 정보를 목표 관련 정보보다 덜 처리한다.
- 행위 지향적인 사람은 정서 이탈에 몰입한다. 즉, 실패 후에

발생하는 부정 정서에서 더 잘 벗어난다.

13.4 접근 기질 대 회피 기질

- 접근 기질의 사람은 긍정적이고 보상적인 자극에 더 민감하다. 회피 기질의 사람은 부정적이고 처벌적인 자극에 더 민감하다.
- 접근 기질은 강력한 행동 활성 시스템(BAS)과 관련이 있으며, 회피 기질은 강력한 행동 억제 시스템(BIS)과 관련이 있다.

13.5 진단과 실행

- 진단 특질은 최선의 선택을 하려는 희망에서 대안적 선택지들을 비판적으로 평가하려는 관심사를 의미한다. 진단 특질이 높은 사람은 '일을 제대로 하는 것'이나 올바른 선택을 하는 것에 상당한 관심을 갖는다.
- 실행 특질은 목표 활동을 향한 움직임과 진보 그리고 자원의 투자에 대한 관심사를 의미한다. 실행 특질이 높은 사람은 특정 목표를 시작하고 유지하는 데 상당한 관심을 갖는다.
- 진단 특질이 높은 사람은 목표에 대해서 심사숙고하는 데 많은 시간을 할애하고, 실행 특질이 높은 사람은 정력적이며, 한 행위에서 다른 행위로 신속하게 이동한다.
- 높은 진단 특질은 꾸물거림과 외재적 동기를 초래한다는 점에서 동기에 문제점을 야기한다.

13.6 충동성

- 충동성이 높은 사람은 자신의 사고와 정서를 제어할 능력이 결여되어 있으며, 생각 없이 행동하고 사전에 계획을 세우는 데 실패하며, 자신의 충동이나 갈망에 의해서 쉽게 좌지우지되기 십상이다.
- 충동성은 단순하고 자동적인 과제를 수행할 때 도움이 될 수 있다.

13.7 자기제어 특질

- 자기제어 특질이 높은 사람은 자신의 사고와 행동을 더 잘 제어할 수 있으며, 충동의 영향을 덜 받고, 목표를 더 잘 성취한다.
- 작업기억 용량이란 자동적 인지처리를 압도하는 통제적 인지처리 능력을 의미한다. 작업기억 용량이 큰 사람은 유혹적인 방해자극을 접어두고 원하는 목표에 주의를 더 잘 집중할 수 있다.

13.8 불굴의 투지

- 불굴의 투지(grit)란 장기적 목표에 대한 집념과 열정을 의미한다. 불굴의 투지가 높은 사람은 실패, 낙담, 역경, 지루함 등에 직면하여도 목표를 고수한다.

13.9 성격의 5요인 모형

- 5요인 모형은 다섯 가지 1차 성격 특질이 존재한다고 주장한다. 즉, 경험에 대한 개방성(호기심과 모험심 대 조심성과 전통성), 성실성(자제력과 성취 지향성 대 느긋함과 경솔함), 외향성(사교성과 활동성 대 은둔성과 과묵함), 우호성(친근성과 동정심 대 냉정함과 매정함), 신경증(민감성과 소심성 대 안정성과 자신감)이 그것이다.
- 높은 성실성은 학습 목표를 선택하고 목표를 달성할 때까지 끈질기게 매달리는 것과 관련이 있다. 그렇지만 엄격한 마감시한이나 시간 압박을 받을 때에는 성실성이 학습과 과제 수행을 손상시킬 정도로 과잉 조절하는 것과 관련이 있다.
- 높은 외향성은 긍정 정서, 보상에 대한 높은 민감성, 내재적 동기, 접근 목표, 사회적 자극의 선호 등과 관련이 있다.
- 높은 신경증은 부정 정서, 처벌에 대한 높은 민감성, 수행 목표와 회피 목표 등과 관련이 있다.

13.10 낙관성 대 비관성

- 낙관주의자는 긍정적 미래 결과를 기대하고, 매우 중요하다고 생각하는 목표에 끈질기게 매달리며, 미래 과제를 위하여 자기제어 자원을 보존할 가능성이 더 높다.
- 낙관주의자는 긍정적이거나 전형적인 조건에서 더 잘 해내는 반면, 비관주의자는 부정적인 조건에서 더 잘 해낸다.
- 방어적 비관주의자는 성공의 개인사를 가지고 있음에도 불구하고 최악의 경우를 예상함으로써 낮은 기대치를 설정한다. 그렇게 하는 과정에서 낮은 기대치는 방어적 비관주의자가 자신의 불안에 대처하고 잠재적 실패로부터 자신을 보호하는 데 도움을 준다.

13.11 인식론적 동기

- 인식론적 동기란 정보를 추구하고 획득하려는 사람들의 갈망을 의미한다. 이 동기는 호기심, 창의성, 탐구성의 토대로 작용하며, 사람들의 자율성 욕구에 바탕을 두고 있다.
- 종결 욕구는 명확한 답에 대한 갈망이다.

- 종결 욕구가 높은 사람은 불확실성과 모호함을 싫어한다. 그렇기 때문에 신속하게 결정하며(포착), 상반된 증거에 직면하는 경우에도 그 결정에 매달린다(동결). 또한 수행 목표를 선택하고 덜 창의적일 가능성이 높다.
- 종결 욕구가 낮은 사람은 자신의 결정을 더 확신하며 더 창의적이다.

- 인지 욕구는 생각에 몰입하고 그 생각을 즐기는 경향성으로 정의한다.
- 인지 욕구가 높은 사람은 보다 철저한 인지처리와 의사결정에 몰입한다. 또한 이 욕구가 낮은 사람보다 자기제어가 높고, 목표에 더 오랫동안 매달리며, 꾸물거릴 가능성이 낮다.

글쓰기 과제 13.12

개인차는 동기에 얼마나 중요한 것인가?

동기에서 개인차는 얼마나 중요한가? 여러분은 대부분의 동기 차이가 이처럼 내적이고 안정적인 특질에 달려있다고 생각하는가? 아니면 대부분의 차이가 외적이거나 상황적이거나 사회적 이유 때문이라고 생각하는가? 답을 작성할 때에는 여러분의 견해를 제시하고, 증거가 되는 사례를 가지고 그 견해를 뒷받침해보라.

상황의 영향

빌 게이츠 이야기

잠시 시간을 내서, 만일 컴퓨터가 없다면 여러분의 삶이 어떨까를 상상해보라. 노트북 컴퓨터, 인터넷, GPS, 휴대전화, 스트리밍(인터넷상에서 음성이나 영상, 애니메이션 등을 실시간으로 재생하는 기법), 온라인 게임, 소셜 네트워킹 웹사이트 등이 없다면 말이다. 실제로 가정용 컴퓨터라는 생각은 말도 안 되는 어리석은 것으로 간주되었다. 그렇지만 1970년 중반에, 빌 게이츠를 비롯한 소수의 사람들이 인간의 경험을 영원히 변화시킨 개인용 컴퓨터 혁명을 시작하였다.

아마도 여러분은 빌 게이츠 이야기를 알고 있다고 생각하는지 모르겠다. 한 젊은 천재가 컴퓨터 프로그래밍의 세계를 발견하고는 자신의 꿈을 추구하기 위하여 대학을 중퇴하고, 자기 집 차고에서 '마이크로소프트'라고 부르는 작은 컴퓨터 회사를 시작하며, 진정한 불굴의 투지와 결단력을 통해서 세상에서 가장 큰 컴퓨터 소프트웨어 회사를 구축하고는 지구상에서 가장 부유한 사람 중의 한 명이 되었다는 이야기 말이다. 그렇지만 맬컴 글래드웰(2008)이 자신의 베스트셀러인 *아웃라이어*에서 멋들어지게 표현한 것처럼, 빌 게이츠 이야기는 동기가 높은 한 인물에 대한 묘사일 뿐만 아니라, 동기 '상황'에 대한 설득력 있는 이야기이기도 하다.

빌 게이츠는 부유한 가정에서 태어났다. 아버지는 성공한 변호사이며, 어머니는 번창한 은행가의 딸이었다. 가정이 부유하였기 때문에, 빌에게는 만일 부유하지 않은 가정에서 태어났더라면 결코 찾아오지 않았을 특별한 기회가 주어졌다. 예컨대, 13세일 때 빌은 레이크사이드라는 이름의 특권층 자녀만을 위한 예비학교에 다니고 있었다. 이 학교에서는 매년 어머니회가 자선 바자회를 개최하고, 학생들을 위한 물품을 구입하기 위해 기금을 마련하였다. 빌이 학생일 때, 어머니회가 3,000달러를 모금하여 시애틀에 있는 일체형 컴퓨터와 연결된 단말기 시스템을 구입하는 일이 벌어졌다. 다시 말해서, 대부분의 대학생들이 컴퓨터에 접속해본 적도 없었던 1968년도에 당시 중학교 2학년이었던 빌은 그렇게 할 수 있었던 것이다.

새로운 테크놀로지에 매료된 빌과 몇몇 친구들은 모든 여가시간을 컴퓨터 프로그래밍을 훈련하는 데 몽땅 바쳤다. 한 번은 운영체제의 버그를 이용하여 몰래 컴퓨터 접속을 시도하다가 붙잡혀 여름방학 동안 컴퓨터 접속이 금지되기도 하였다. 마침내 어머니회 기금이 바닥났으며, 더 이상 값비싼 컴퓨터 사용시간을 계속해서 구입할 자금이 없었다. 행운이 늘 그렇듯이 다행스럽게도, 같은 학교에 다니던 학생 한 명의 아버지가 빌과 친구들이 진작 해킹하는 데 성공하였던 운영체제를 생산하는 회사를 소유하고 있었다. 이 회사가 빌과 친구들의 성과를 알게 되었을 때, 회사의 소프트웨어 프로그램을 테스트해주는 대가로 이들에게 자유롭게 컴퓨터에 접속할 권한을 제공하였다. 단지 14세였던 빌 게이츠는 방과 후에 버스를 타고 회사 본부에 가서는 밤늦도록 프로그램을 작성하는 데 끝없는 시간을 보냈다.

만사가 물 흐르듯 이루어지고 있을 때, 빌은 또 다른 문제에 봉착하였다. 자신에게 컴퓨터 접속 권한을 주었던 회사가 파산하여 그 권한이 사라져버렸던 것이다. 그렇지만 그에게는 또다시 운이 따랐다. 워싱턴대학교에서 지근거리에 살기 때문에 빌과 친구들은 봉급 시스템을 자동화할 수 있는 소프트웨어를 개발해주는 대가로 자유롭게 컴퓨터에 접속할 수 있는 권한을 주도록 대학을 설득하였다. 이제 16세가 된 빌은 모든 저녁시간과 주말을 대학에서 보냈으며, 때로는 집을 몰래 빠져나와 새벽 3시부터 6시까지의 무료 접속시간 동안 대학 컴퓨터센터에 몰래 들어가곤 하였다. 아들의 과외활동을 알지 못하고 있었던 어머니는 어째서 아침에 등교시키기 위하여 아들을 깨우기가 그토록 어려운지를 항상 의아하게 생각하였던 것이다!

빌이 컴퓨터 프로그래밍에 대한 생득적인 재주를 지닌 이례적으로 동기가 높은 아이였다는 사실에는 논란의 여지가 없다. 그렇지만 그 시절에도 뛰어난 또 다른 아이들이 있었을 가능성이 높다. 빌 못지않게 성공할 수 있는 욕구와 능력을 갖추었지만 다만 빌에게 주어졌던 많은 상황적 기회가 결여되었던 아이들 말이다. 빌은 안성맞춤인 시기에 있어야 할 장소에 있기 십상이었기 때문에, 고등학교를 졸업할 시점에는 당대의 대부분 컴퓨터과학자들보다도 더 많은 컴퓨터 경험을 쌓았던 것이다! 빌이 언급한 바와 같이, "나는 그 당시 어느 누구보다도 어린 나이에 소프트웨어 개발에 더 좋은 경험을 하였으며, 모든 것은 믿을 수 없을 만큼 놀라운 행운의 연속 때문이었다"(Gladwell, 2008, 55쪽).

그렇다면 빌 게이츠 이야기는 동기와 성공에 관하여 무엇을 알려주는가? 중요한 사실은 그의 인생 이야기가 성공한 사람과 성공하지 못한 사람을 구분해주는 것이 항상 뛰어난 능력이나 지칠 줄 모르는 동기뿐만은 아니며, 두 집단을 분리시키기 십상인 것은 사람들을 둘러싸고 있는 상황이라는 점이다.

이 장에서는 동기에 영향을 미치는 것으로 알려진 다양한 상황 자질들을 논의한다.

14.1 상황의 위력

학습목표 : 상황이 어떻게 행동에 영향을 미치는 것인지를 설명한다.

빌 게이츠이든 스티븐 호킹이든 테일러 스위프트이든, 성공적인 인물을 볼 때마다 사람들은 성공이 성격과 능력과 같은 내적 요인에 달려있다고 생각하기 십상이다. 이러한 개인차가 성공한 사람에게서 일익을 담당한다고 하더라도, 이러한 생각의 문제점은 역시 일익을 담당하고 있는 상황 차이의 중요성을 무시한다는 점이다. 심리학자들은 타인의 행동을 설명할 때 외적 요인보다는 내적 요인에 초점을 맞추는 경향성을 근본적 귀인 오류라고 부르는데, 이 오류는 지극히 보편적이다. 실제로 사람들에게 상황 요인에 대해서 말해주는 경우조차도(빌 게이츠 이야기에서도 그렇게 하였다), 사람들은 여전히 그 정보를 무시하고 내적 설명에 의존하는 경향이 있다(Jones & Harris, 1967).

그렇지만 이러한 근본적 귀인 오류에 시달리는 것은 단지 보통 사람만이 아니다. 동기심리학자들조차 이 오류를 범한다. 이 사실은 동기에 관한 수백 가지 성격 이론이 있지만, 상황 이론은 손에 꼽을만한 이유를 설명해준다. 내적 원인에 초점을 맞추려는 자연스러운 인간의 경향성을 억제하고 주의를 외적 원인으로 돌리기 위해서는 특별한 마음자세가 필요하다. 그런데 주의를 이러한 방식으로 전환하게 되면, 상황이 목표지향 행동에 강력한 힘을 발휘한다는 사실이 명확해진다. 유명한 심리학자인 스탠리 밀그램(Stanley Milgram, 1974)은 다음과 같이 천명하였다.

"자신이 어떻게 행동할 것인지를 결정하는 것은 자신이 어떤 부류의 사람인지보다는 자신이 처해있는 상황의 유형이기 십상이다"(205쪽).

여러분 자신을 동기화시켜라

새로운 식기를 구입할 시점

사람들은 어떻게 환경이 특정한 섭식행동을 촉발하는지에 대해서 아무것도 모르기 십상이지만, 식품회사 사람들은 잘 알고 있으며 사람들이 아무 생각 없이 자기네 제품을 사 먹도록 조작하는 데 이 지식을 사용하고 있다. 접시 넓이, 유리잔 모양, 용기 크기 등과 같은 요인은 모두 사람들의 섭식행동에 지대한 영향력을 행사한다[이렇게 흥미진진한 연구를 개관하려면, 브라이언 완싱크(Brian Wansink)의 2006년도 저서 *나는 왜 과식하는가?(Mindless Eating)*를 참조하라]. 한 연구에서는 사람들을 초대하여 아이스크림을 스스로 떠먹게 하였다. 어떤 사람에게는 큰 그릇을 주었으며, 다른 사람에게는 작은 그릇을 주었다. 큰 그릇에 담아 먹은 사람들이 작은 그릇에 담아 먹은 사람보다 아이스크림을 1/3가량 더 먹었다(Wansink, van Ittersum, & Painter, 2006). 큰 접시나 그릇 또는 잔을 사용할 때, 사람들은 깨닫지도 못한 채 빈 공간을 채우는 경향이 있으며, 그런 다음에는 빨리 다 먹어야만 한다고 느낀다. 불행하게도 지난 30년에 걸쳐 미국인이 사용하는 접시의 평균 크기는 직경 21cm에서 30cm로 증가하였으며, 음료수 잔의 용량은 249cc에서 1,400cc로 부풀어 올랐다. 이러한 상황적 영향력에 대항하려면, 칼로리가 높은 음료수를 길고 날씬한 유리잔으로 마시며, 저녁식사용 접시를 더 작은 샐러드용 접시로 바꾸라. 한 연구에서 보면, 30cm 접시를 25cm 접시로 바꾸는 것이 칼로리 섭취량을 22%나 낮추었다(Wansink & van Ittersum, 2008). 이 연구를 보면, 환경의 작은 변화가 소비량을 유의하게 낮출 수 있음을 알 수 있다(Wansink, 2004).

상황의 위력을 무시하기

근본적 귀인 오류에 따르면, 사람들은 다른 사람의 행동을 설명할 때 외적 원인(상황)보다는 내적 원인(성격, 기질 등)에 초점을 맞추는 경향이 있다. 예컨대, 만일 낯선 사람에게 충고를 해주었는데 그 사람이 여러분을 비난하였다면, 여러분은 그 사람이 얼간이이거나 무례한 사람이라고 결론 내릴 수 있겠지만, 그 사람의 일진이 나빴다거나 방금 나쁜 소식을 들었을지도 모르겠다고 결론 내릴 가능성은 낮다. 그렇다면 여러분은 사람들이 이렇게 하는 이유가 무엇이라고 생각하는가? 어째서 사람들은 외적 원인보다는 내적 원인에 초점을 맞출 가능성이 높은 것인가? 답을 작성할 때에는 적어도 한 가지 이유를 제시하고, 구체적인 사례를 가지고 그 이유를 뒷받침해보라.

14.2 행동주의

학습목표 : 행동주의 접근을 사용하여 인간 행동을 설명한다.

미국 심리학자들은 1900년대 초반부터 심리학이 추상적인 내적 마음상태(예컨대, 꿈, 무의식, 감정 등)에 의존하는 것에 불만을 품기 시작하였다. 이들은 그러한 주관적 경험에 기초한 연구는 신뢰할 수 없으며, 따라서 과학 연구의 엄격한 기준을 충족시키지 못한다고 느꼈다.

이 문제를 해소하기 위하여 많은 심리학자는 행위이든 사고이든 감정이든 유기체가 행하는 모든 것을 행동으로 간주할 수 있다고 주장함으로써 극단적으로 상이한 접근방식을 추구하기 시작하였다. 누군가 울고 있는 것을 보게 되면 슬픔이 원인이라고 생각할 수 있지만, 실제로 사람들이 알고 있는 것은 단지 그 사람이 울고 있다는 것뿐이다. 그 사람이 슬플 수도 있겠지만, 눈물은 행복이나 고통 또는 눈에 들어간 먼지 때문일 수도 있다. 과학자는 이 사람이 경험하고 있는 내적 상태를 정확하게 기술할 수 없다. 보고할 수 있는 것은 오직 직접적으로 관찰할 수 있는 행동뿐이다. 그렇기 때문에, 이러한 새로운 학파를 **행동주의**(behaviorism)로 간주하게 되었다(Watson, 1913, 1930). 행동주의 조망에 따르면, 내적인 심적 상태를 고려하지 않고도 행동을 객관적이고 체계적인 방식으로 연구할 수 있으며 연구해야만 한다.

▼ **이 절이 끝날 무렵에 여러분은 다음에 답할 수 있을 것이다.**

14.2.1 행동주의 원리를 분석한다.

14.2.2 행동주의 원리를 여러분 자신의 삶에 적용한다.

14.2.1 행동주의 원리

학습목표 : 행동주의 원리를 분석한다.

행동주의 운동은 신속하게 미국에서 자리 잡았으며, 20세기 전반부에 걸쳐 주도적인 심리학 접근방법이 되었다. 이 시기 동안 이반 파블로프, 에드워드 손다이크, 존 B. 왓슨, B. F. 스키너 등을 포함하여 수많은 뛰어난 행동주의자가 자신만의 독특한 이론과 동기에 관한 주장으로 무장한 채 등장하였다. 이러한 선구자들의 연구에서 출현한 것이 인간과 동물의 학습과 동기를 적절하게 설명하기 위하여 사용한 일련의 기본적인 행동주의 원리였다(Mowrer, 1950; Thorndike, 1935; Warden, 1931).

상황의 강조 행동주의자에 따르면, 상황이 변화를 주도하는 힘이다. 행동을 조성하는 데 있어서 상황의 위력에 대한 인식은 대체로 찰스 다윈의 진화론에서 영감을 받은 것이다. 행동주의자는 만일 환경이 오랜 세월에 걸쳐서 동물종의 진화를 조성할 수 있다면, 훨씬 짧은 시간 내에서도 유기체 행동을 조성하는 것인지를 물음하였다.

그러한 물음을 검증한 최초 행동주의자 중 한 사람이 손다이크(Edward Thorndike, 1898)였다. **손다이크 효과의 법칙**(Thorndike's Law of Effect)에 따르면, 유기체가 특정 상황에 처할 때, 처음에는 다양한 행동반응을 내놓게 된다. 그렇지만 시간이 경과하면서, 바람직한 결과(예컨대, 보상)가 바로 뒤따르는 반응은 다른 반응보다 그 상황과 더 많이 연합하게 되고, 그렇게 됨으로써 유기체가 다시 동일한 상황에 처할 때 그 반응이 나타날 가능성이 높아지게 된다.

예컨대, 배고픈 고양이를 다양한 레버를 포함하고 있는 문제상자에 집어넣었다고 상상해보자. 대부분의 레버는 아무 효과가 없지만, 특정 레버를 누르는 것은 문제상자의 문을 열게 만들어 먹이에 접근할 수 있다. 고양이를 처음으로 상자에 집어넣었을 때에는 주변을 돌아다니면서 무작위로 여러 레버를 누른다. 어느 시점에 고양이는 의도하지 않은 채 문을 제어하는 레버를 건드리게 되고 먹이가 제공된다. 이제 다음 날 그 고양이를 문제상자에 다시 집어넣는다고 상상해보라. 이번에는 고양이가 어떤 행동을 하겠는가? 물론 먹이를 제공하는 레버로 정확하게 다가갈 것이다. 고양이는 특정 레버 누르기를 원하는 결과와 연합시키는 것을 학습하였으며, 행동주의자가 S-R 결합(자극-반응 결합)이라고 부르는 것을 형성한 것이다.

조건형성 행동주의자는 개념 간의 특정 연합을 형성하는 조건형성을 통해서 모든 행동을 학습하고 수정하는 것이라고 믿었다.

1. **고전적 조건형성**(classical conditioning, 파블로프식 조건형성이라고도 부른다)이라고 부르는 한 가지 유형의 조건형성은 환경자극이 자연스럽게 발생하는 자극과 연합됨으로써 일어난다. 이 유형의 조건형성에서 가장 유명한 사례는 파블로프(1927/1960) 연구에서 볼 수 있으며, 그는 개가 벨소리를 들을 때 침을 흘리도록 훈련시켰다.

2. **조작적 조건형성**(operant conditioning, 도구적 조건형성 또는 수단적 조건형성이라고도 부른다)이라고 부르는 두 번째 유형의 조건형성은 행동이 환경에 '조작'을 가하여 그 행동에 대한 어떤 결과를 생성할 때 일어난다(Skinner, 1937, 1938). 만일 그 결과가 먹이를 얻기 위하여 레버를 누르는 고양이의 경우처럼 바람직한 것이면, 그 행동은 장차 일어날 가능성이 더 커진다. 만일 결과가 바람직하지 않은 것이면(예컨대, 식탁에 뛰어 올라오는 고양이에게 고함을 치는 것), 그 행동은 장차 일어날 가능성이 낮아진다. 그러한 조작적 조건형성이 손다이크 효과의 법칙의 토대를 이루고 있다.

인간의 학습과 동기를 설명하는 데 있어서는 조작적 조건형성이 고전적 조건형성보다 더 큰 역할을 담당한다. 실제로 행동주의자인 존 왓슨(John B. Watson, 1930)은 조작적 조건형성을 강력하게 신봉하였기 때문에 개인의 환경을 바꾸는 것만으로도 원한다면 어떤 유형의 인물도 만들어낼 수 있다고 생각하였다.

"나에게 건강한 유아 12명을 주시오. 그러면 나는 잘 만들어진 나의 특별한 세계에서 그들을 키울 것이고, 그들 중 1명을 무작위로 선택하여 그 아이의 재능, 기호, 성향, 능력, 적성, 인종 등에 상관없이 내가 선택한 전문가가 되도록 훈련시킬 것을 보장합니다. 의사, 변호사, 예술가, 상인, 아니면 거지나 도둑이라고 할지라도 말입니다"(82쪽).

시도해보라 : 고전적 조건형성

만일 고전적 조건형성이 작동하는 것을 보고 싶다면, 친구나 급우에게 다음 시범을 시도해보라. 이 과제를 수행하려면, 작은 호루라기와 (귀지를 소제할 때 쓰는 도구 키트에 들어있는 것과 같은) 압축식 '공기 분사기'가 필요하다.

우선 친구와 30cm 정도 떨어져 마주 보고 서서 호루라기를 불어라. 여러분이 호루라기를 불 때, 친구가 눈을 깜빡이지 않는다는 사실을 확인하라. 이제 조건형성 단계를 시작한다. 호루라기를 다시 불지만, 동시에 친구의 눈 바로 앞에서 공기 분사기를 눌러라. 호루라기 불기와 공기 분사를 5~6회 반복하라. 이제 친구에게는 말하지 않은 채, 호루라기를 불지만 공기는 분사하지 않는다. 여러분의 친구가 자동적으로 눈을 깜빡일 가능성이 높다. 친구가 호루라기 소리를 눈깜빡임 반응과 짝짓는 것을 학습하였기 때문이다. 이 시범에서 호루라기 소리(중성자극)가 공기 분사(환경자극)와 짝을 지어서 호루라기 소리에 눈을 깜빡이는 조건반응을 생성하였다는 사실에 주목하라.

마찬가지로, 스키너는 지역사회가 사회 정의와 집단 조화를 조장하는 방식으로 인간 행동을 조성하기 위해 그러한 행동수정 기법을 사용하여야만 한다고 확신하였다[스키너의 1948년도 소설 월덴 투(*Walden Two*)를 참고하라]. 흥미로운 사실은 오늘날 많은 행동수정 프로그램이 깨닫지도 못한 채 조작적 조건형성 원리에 크게 의존하고 있다는 점이다. 예컨대, 알코올 중독갱생회(Alcoholics Anonymous, AA)와 웨이트 워처스(Weight Watchers)와 같은 프로그램은 좋은 행동에 대한 보상 결과를 확립하기 위하여 사회적 지원과 칭찬을 사용하고 있다[예컨대, AA의 '온전한 정신 코인(sobriety chips)']. 그러한 조건형성 원리는 스마트폰 앱과 소셜 미디어 웹사이트가 출현함에 따라서 비로소 대중적인 것이 되었다. 예컨대, 친환경기업인 심플 에너지(Simple Energy)는 페이스북을 사용하여 사람들이 자신의 에너지 절약 행동을 추적할 수 있도록 도와주고, 그러한 행동에 사회적 강화를 제공하고 있다(Freeman, 2012).

강화 조작적 조건형성에 있어서 특정 유형의 강화가 다른 유형보다 더 잘 작동한다. **강화**(reinforcement)는 행동에 뒤따르면서 그 행동의 증가를 초래하는 사건으로 정의한다(Skinner, 1933, 1938). (강화에 사용하는 자극인) 강화물은 정적이거나 부적일 수 있다. **정적 강화물**(positive reinforcer)이란 즐거운 결과의 출현이다(예컨대, 시험에서 A학점을 받은 것에 대한 칭찬). **부적 강화물**(negative reinforcer)이란 불쾌한 결과의 제거이다(예컨대, 좋은 행동에 따른 감형). 강화의 시점도 중요하다. **강화계획** (reinforcement schedule)이라고 부르는 그러한 강화 시점은 다음과 같은 두 가지 형태로 나타날 수 있다(Lattal & Neef, 1996; Ferster & Skinner, 1957; Mace, Pratt, Zangrillo, & Steege, 2011).

- **연속 강화**(continuous reinforcement)는 출현할 때마다 행동을 강화하는 것을 의미한다.
- **부분 강화**(partial reinforcement)는 부분적인 시점에서만 행동을 강화하는 것을 의미한다.

부분 강화는 강화가 주어지는 시점이나 횟수가 고정되어 있는지 아니면 변동하는지에 따라 다음과 같이 분할할 수 있다(표 14.1).

- **고정 강화**(fixed reinforcement)는 사전에 결정된 계획에 따라 행동을 강화하는 것을 의미한다.
- **변동 강화**(variable reinforcement)는 예측할 수 없거나 무선적인 계획에 따라 행동을 강화하는 것을 의미한다. 변동 강화를 사용하면, 유기체는 언제 보상을 받을지 결코 알지 못한다.

부분 강화는 강화가 비율에 의존하는지 아니면 간격에 의존하는지에 따라 다음과 같이 분할할 수 있다.

- **비율 강화**(ratio reinforcement)는 반응 횟수에 근거하여 행동을 강화하는 것을 의미한다.
- **간격 강화**(interval reinforcement)는 시간 간격에 근거하여 행동을 강화하는 것을 의미한다.

어느 강화계획이 최선인가?

이 물음의 답은 강화하고자 시도하고 있는 행동 유형, 보상의 대가와 가능성 등을 포함하여 수많은 요인에 달려있다. 그렇지만 일반적으로 연구결과는 장기적인 변화를 위해서는 변동비율 계획이 가장 효과적이라고 제안하고 있다(Ferster & Skinner, 1957). 실제로 중독성이 있는 많은 놀이(예컨대, 로또, 도박, 비디오게임 등)는 변동비율 강화계획에 의존하고 있으며, 이 사실은 어째서 그러한 행위가 안정적인 반응비율을 초래하는지를 설명해준다.

14.2.2 행동주의 원리 적용하기

학습목표 : 행동주의 원리를 여러분 자신의 삶에 적용한다.

여러분의 목표에 도달하기 위하여 이러한 행동주의 원리를 여러분 자신의 삶에 쉽게 적용할 수 있다. 여러분이 해야 하는 일이란 바람직한 행동을 증가시키기 위해서 환경에서 변화시킬 수 있는 것들을 생각해보는 것이다. 설탕 섭취량을 줄이고 싶다면, 책상 위에 사탕 그릇을 올려놓지 말라. 운동을 더 많이 하고 싶다면, 거실에 러닝머신을 가져다놓고, 운동할 때만 텔레비전을 시청할 수 있도록 하라.

그렇지만 목표 추구하기에 행동주의 접근을 채택할 때 수반되는 아이러니가 존재한다. 행동을 제어하려면, 우선 여러분이 결코 행동을 제어하지 않았으며 궁극적으로 여러분을 제어하는 것은 환경이라는 사실을 깨달아야만 한다. 그렇다고 해서 인간이 자신의 상황 제약을 극복하기 위하여 의지력을 구사할 수 없다는 말은 아니다. 다만 여러분의 삶이 의지력과 환경 간의 끊임없는 투쟁으로 구성되어 있다면, 궁극적으로 환경이 승리하게 된다는 말이다. 주변 환경의 영향을 받는다는 측면에서 인간도 동물과 다르지 않다. 그렇지만 동물과 달리, 인간은 자신이 선택한 행동을 나타내도록 그 환경을 의도적으로 변경시킬 능력을 가지고 있

표 14.1 부분 강화계획의 유형
앞에서 언급한 구분을 조합하면 네 가지 유형의 부분 강화계획이 만들어진다.

강화계획 유형	설명
고정비율 계획	특정 반응횟수 후에 강화한다(예컨대, 쥐가 레버를 5번 누른 후에 먹이를 제공한다).
고정간격 계획	특정 시간간격 후에 강화한다(예컨대, 1분이 지난 후 반응할 때, 쥐에게 먹이를 제공한다).
변동비율 계획	무선적인 반응횟수 후에 강화한다(예컨대, 처음에는 레버를 3번 누른 후에, 다음에는 5번 누른 후에 먹이를 제공한다. 그렇지만 평균적으로는 특정 비율이 되도록 한다).
변동간격 계획	무선적인 시간간격 후에 강화한다(예컨대, 처음에는 30초 경과한 후에, 다음에는 2분 경과한 후에 먹이를 제공한다. 그렇지만 평균적으로는 특정 시간간격이 되도록 한다).

다. 만일 여러분이 환경에 처치를 가하여 그 환경이 건강하고 목표에 적합한 결과만을 허용할 뿐이며 다른 대안이 없도록 만들어버린다면, 목표 달성을 거의 보장받는 셈이다.

글쓰기 과제 14.2

강화로서의 도박

카지노에 있는 슬롯머신은 강화원리의 완벽한 사례이다. 코인을 집어넣고 손잡이를 당기면, 3개의 다이얼이 돌아가기 시작한다. 마침내 다이얼이 정지하게 되면, 여러분의 보상이 결정된다. 예컨대, 만일 3개의 다이얼이 동일한 체리 상징을 나타낸다면, 돈을 따게 된다. 그렇지만 만일 다이얼이 모두 동일한 상징을 나타내지 않는다면, 아무것도 얻지 못한다. 이제 여러분이 카지노 소유자이며, 사람들이 자꾸만 코인을 집어넣게 부추기도록 슬롯머신 프로그램을 설정하고 싶다고 상상해보라. 사람들이 얼마나 자주 보상을 받을 것인지를 결정하기 위하여 여러분은 어떤 강화계획을 선택하겠는가? 일단 여러분이 선택할 강화계획을 확인한 후에, 그 계획이 슬롯머신에서 어떻게 작동할 것인지를 기술하고, 다른 계획에 앞서 그 계획을 선택한 이유를 설명해보라.

나만의 프로젝트 14.1

환경 변화

1. 다음 주의 목표를 달성하는 데 도움을 주도록 여러분이 실행할 수 있는 한 가지 환경 변화를 찾아보라. 답을 작성할 때에는 그 변화가 어떤 것인지 그리고 그 변화가 어떻게 목표를 향한 진보를 증진시킬 것이라고 생각하는지를 기술해보라.

2. 일주일 후에, 만일 그 환경 변화가 효과적이지 않다면, 무엇이 문제였는지를 확인하고 어떻게 개선할 것인지를 따져보라.

14.3 추동 이론

학습목표 : 추동 개념을 설명한다.

손다이크(1898)는 연구를 수행하면서 또 다른 중요한 발견을 하게 되었다. 그는 고양이를 문제상자에 집어넣었을 때, 배고픈 고양이가 배가 고프지 않은 고양이보다 먹이를 제공하는 레버를 학습하는 속도가 빠르다는 사실을 발견하였다. 그렇다면 무엇이 이러한 차이를 초래하는 것인가? 만일 행동이 단지 S-R 연합의 함수라면, 먹이 박탈 상태가 S-R 연합을 보다 강력하게 '확립'하는 것처럼 보이는 이유는 무엇인가? 이 물음에 대한 행동주의자의 답은 **추동**(drive)이었다.

추동은 혐오적이거나 불편한 상태로 생각하였기 때문에, 추동이 높을 때에는 유기체가 그 추동을 감소시키는 행동을 나타내려는 동기를 갖게 된다는 것이다. 이러한 방식으로 추동을 학습에

부채질하는 에너지로 생각하였다. 즉, 유기체의 추동이 강력할수록, 행동을 신속하게 학습한다는 것이다.

| 그렇다면 무엇이 추동을 생성하는 것인가? |

행동주의자들은 다시 한 번 진화 이론에 근거하여, 유기체의 생물적 욕구가 충족되지 않을 때마다(즉, 욕구가 박탈될 때마다) 추동이 발생한다고 주장하였다. 생물적 욕구가 박탈되면(예컨대, 배가 고프면), 추동이 증가하고 유기체 행동이 활발해진다. 이러한 방식으로 추동을 욕구 박탈의 외적 원인에 대한 내적 반응으로 간주한다. 그리고 박탈이 오랫동안 지속될수록, 추동도 강력해진다.

▽ 이 절이 끝날 무렵에 여러분은 다음에 답할 수 있을 것이다.

14.3.1 클라크 헐의 추동 이론 원리를 설명한다.

14.3.2 클라크 헐의 추동 이론에 대한 비판을 기술한다.

14.3.1 추동 이론의 원리

학습목표 : 클라크 헐의 추동 이론 원리를 설명한다.

추동 개념이 출현한 것은 오래되었지만(Watson & Morgan, 1917; Woodworth, 1918), 1943년에 클라크 헐(Clark Hull)이 명쾌하고도 응집적인 추동 이론을 제안함으로써 비로소 제자리를 잡게 되었다.

헐의 추동 이론(Hull's drive theory)은 다음과 같은 두 성분에 의존하고 있다.

첫째, 추동 성분이다. 헐은 추동이 생물적 욕구(예컨대, 배고픔, 갈증, 수면부족 등)를 박탈함으로써 초래된 각성이라는 정의에 동의하였다. 그렇지만 선행 행동주의자들과는 달리, 추동이 일종의 비특정 각성이라고 언급함으로써 추동 개념을 확장하였다. 즉, 어떤 생물적 욕구이든 동일한 일반화된 각성을 촉발하며, 이렇게 일반화된 각성은 박탈된 욕구와 관련된 행동에만 국한되는 것이 아니라 모든 행동을 활성화시킨다는 것이다. 따라서 먹이가 박탈된 동물은 보다 활동적으로 먹이를 찾을 뿐만 아니라, 보다 활동적으로 물을 찾거나 고통에도 반응하게 된다는 것이다. 46시간 동안 먹이를 박탈한 쥐(높은 추동 상태)가 1시간만 먹이를 박탈한 쥐(낮은 추동 상태)보다 큰 소리를 들은 후에 더 큰 놀람반응을 보인다는 연구결과(Meryman, 1952; Brown, 1961에서

인용)는 비특정 각성이라는 생각과 맥을 같이한다.

둘째, 습관 성분이다. 습관이란 환경 단서에 대한 학습된 반응을 말한다. 특정 맥락에서 특정 행동의 반복적인 수행은 환경 단서가 촉발하는 행동 습관의 형성으로 이끌어간다. 그러한 환경 단서에는 행동을 수행하는 장소, 특정인의 존재, 내적 상태 등이 포함된다. 동일한 단서 맥락에서 특정 행동을 반복함으로써, 그 단서의 지각이 습관으로 굳어진 행동을 직접 촉발할 수 있게 된다. 그 습관의 강도는 안정적인 맥락에서 행동을 반복한 빈도의 함수라고 할 수 있다. 예컨대, 컴퓨터가 켜져 있는 상황에서 반복적으로 비디오게임을 수행하였다고 해보자. 이제 전원이 연결된 컴퓨터 앞에만 가면 어쩔 수 없이 비디오게임을 하게 된다면, 습관으로 굳어진 것이다.

헐의 추동 이론은 이러한 두 성분이 곱의 방식으로 결합하여 행동을 초래한다고 주장하였다.

$$행동 = 추동 \times 습관$$

이 등식은 행동의 흥분성 수준이 추동에 습관을 곱한 것의 함수임을 나타내고 있다. 따라서 추동은 행동에 강도를 제공하는 동기 성분인 반면, 습관은 행동에 방향을 제공하는 학습 성분이다. 헐은 추동이 비특정 각성이라고 믿었지만, 추동은 비습관적인 반응보다는 습관적이고 잘 학습된 반응을 활성화시킬 가능성이 더 높다고 주장하였다. 이러한 방식으로 높은 수준의 추동은 유기체의 습관반응을 활성화시키거나 '촉발'한다.

헐이 추동과 습관 간의 관계를 곱의 관계로 나타낸 까닭은 만일 추동이 없다면 습관 강도가 아무리 높다 하더라도 행동이 나타나지 않을 것이라고 믿었기 때문이었다. 따라서 헐은 쥐가 선행 시행에서 먹이에 도달하기 위해 미로를 어떻게 돌아다녀야 하는지를 학습하였다 하더라도, 어느 정도 배가 고프지 않은 한 미로를 달려가지 않을 것이라고 주장하였다.

헐이 처음으로 추동 이론을 제안하였을 때, 많은 동기 연구자의 주의를 끌었으며 곧바로 주도적인 접근방식이 되었다. 추동 이론이 명성을 얻게 된 한 가지 이유는 추동 개념이 이전의 동기 이론들보다 더 유용하고 객관적이기 때문이었다. '목적'이나 '본능'과 같은 초기 개념과 달리, 추동은 실험실에서 처치를 가하고 행동에 미치는 효과를 쉽게 관찰할 수 있었다. 연구자들이 해야 할 일은 유기체의 기본적인 생물적 욕구(즉, 먹이와 물 등)를 다양한 시간 동안 박탈하는 행동에 미치는 효과를 관찰하는 것뿐

이었다. 그 당시에 수많은 연구들이 헐의 추동 개념을 지지하였다. 예컨대, 배고픈 쥐는 배고프지 않은 쥐보다 먹이를 얻기 위한 레버 누르기를 더 신속하게 학습하였으며, 특히 레버 누르기 과제를 위한 학습 시행을 이미 많이 경험하여 강력한 습관을 형성하고 있는 쥐의 경우에 그러하였다(Perin, 1942).

추동 이론의 성분 확인하기

여러분이 시험에 대비하여 벼락치기 공부를 하면서 꼬박 밤을 새웠다고 상상해보라. 새벽 3시가 다가오자, 갑자기 강력한 배고픔에 직면하게 되었다. 집을 나서서 여러분이 간식거리를 위해 자주 갔던 편의점으로 달려갔는데, 다행히도 그 편의점은 영업 중이었다. 이 시나리오에서, (1) 그 추동이 어떤 것인지 확인하고, (2) 이 추동이 어떻게 비특정적인지 설명하며, (3) 습관은 어떤 것인지 확인하고, (4) 여러분이 그 편의점을 찾아가는 행동에 추동과 습관이 어떻게 기여하는지를 설명해보라.

쉬운 과제와 어려운 과제에 대한 함의 쉬운 과제란 본질적으로 잘 학습하여 습관이 되어버린 과제이다. 이메일 계정에 로그인하기 위해 타이핑하는 과제를 예로 들어보자. 아마도 여러분은 이 과제를 하루에도 여러 번 수행하고(심지어는 1시간 동안에도 여러 번 할는지 모르겠다), 지난 몇 년 동안 매일같이 이 과제를 수행하였을 것이다. 이 시점에서 로그인을 위한 타이핑은 잘 학습되었기 때문에 생각하지도 않은 채 해낸다. 이것이 습관의 진정한 정의이다. 반면에, 어려운 과제란 새로우며 많은 경험을 해보지 않은 과제이다. 예컨대, 로그인을 역순으로 타이핑하는 것은 여러분이 한 번도 해보지 않은 것이며, 이 과제를 성공적으로 수행하려면 상당한 주의를 기울여야 한다.

만일 이 개념들을 시간과 관련하여 생각해보면, 그 함의는 초보자이고 무엇인가를 처음 시도하고 있을 때에는 그 과제가 어렵고 비습관적인 반면, 전문가이고 여러 해 동안 해온 것이라면 그 과제는 쉽고 습관적이라는 것이다. 이러한 사실을 전제로 헐의 추동 이론을 다시 살펴보는데, 이번에는 습관 개념을 쉬운 과제와 어려운 과제라는 개념으로 대치해보자.

높은 수준의 추동은 유기체의 습관반응을 촉발하기 때문에, 높은 수준의 추동은 쉬운 과제의 수행을 촉진시키지만, 어려운 과제의 수행을 손상시킬 것이라고 생각할 수 있다. 로그인을 정상적으로 타이핑할 것을 요구할 때에는 높은 수준의 추동이 여러분의 습관 경향성을 활성화시키고 그 과제의 수행을 촉진할 것이다. 그렇지만 로그인을 역순으로 타이핑할 것을 요구한다면 어떤

일이 일어나겠는가? 이 경우에는 새롭고 어려운 과제의 수행이 손상될 것이다. 높은 수준의 추동이 정상적으로 로그인을 타이핑하려는 습관반응을 활성화시키는데, 이것은 지금 여러분이 시도하고 있는 것과 정반대의 것이다. 성공적으로 반응하려면, 습관반응을 압도해야만 하는데, 이것은 매우 어렵다. 따라서 추동이 낮고 습관반응이 활동을 중단하고 있을 때 로그인을 역순으로 타이핑하는 것이 더 용이하게 된다.

따라서 높은 추동은 새로운 행동을 학습하기 시작하였는데 그 과제가 어려운 것일 때 수행을 손상시키게 된다. 그렇지만 일단 습관이 될 때까지 반복적으로 수행하고 나면, 과제는 쉬운 것이 되고 높은 추동은 성과를 증진시키게 된다.

14.3.2 클라크 헐의 추동 이론 비판

학습목표 : 클라크 헐의 추동 이론에 대한 비판을 기술한다.

헐의 추동 이론이 유용한 것임에도 불구하고, 연구자들은 곧바로 이 이론의 여러 가지 기본 주장에 도전장을 내밀기 시작하였다. 헐의 추동 이론에 대한 세 가지 주요 비판을 보자.

첫 번째 비판은 추동이 비특정적이라는 주장을 지지하는 충분한 증거가 없다는 것이다. 몇몇 연구가 이 생각을 지지하였지만, 더 많은 연구들은 그렇지 않았다. 만일 추동이 비특정적이라면, 높은 추동 상태에 있을 때 모든 자극에 더 강력한 반응을 보여야 한다. 예컨대, 앞서 인용한 연구(Meryman, 1952, Brown, 1961에서 인용)에서 46시간 동안 먹이를 박탈한 쥐(높은 추동 상태)가 1시간 동안 박탈한 쥐(낮은 추동 상태)보다 예기치 않은 큰 소리에 더 강력한 놀람반응을 보여야 한다. 실제 연구결과도 그렇다는 사실을 보여준다. 그렇지만 그 차이는 공포가 높거나 낮은 쥐에 비하면 아무것도 아니었다. 동일한 연구에서 공포를 조성한 쥐가 그렇지 않은 쥐보다 큰 소리에 더욱 강력한 놀람반응을 보였던 것이다. 따라서 추동이 비특정적이라는 단서가 있기는 하지만, 이 연구는 행동(즉, 놀람반응)이 처음의 욕구 상태(즉, 공포)와 동일한 영역에 들어있을 때 더욱 강력한 행동 효과가 발생한다는 사실을 보여주고 있다.

두 번째 비판은 헐의 이론이 단지 생물적 욕구만을 설명하고 있으며, 다른 욕구에는 적용하기 힘들다는 것이다. 앞서 언급한 바와 같이, 헐은 추동이 생물적 욕구(예컨대, 배고픔, 갈증 등)를 박탈함으로써 초래된 혐오적이거나 불편한 상태이며, 먹이나 물

이 그러한 불편함을 감소시켜 다시 항상성(homeostasis) 상태로 되돌아오게 만들어주기 때문에 강화물로 작용한다고 주장하였다. 그런데 칭찬이나 돈과 같이 생물적 욕구를 직접적으로 감소시키지 않으면서 특정 행동을 증가시키는 강화물로 작용하는 것들이 있다. 헐의 이론은 이러한 2차 강화물(또는 조건강화물)의 효과를 설명하기 어렵다.

마지막 비판은 헐의 이론이 모든 행동을 설명하는 데 실패하였다는 점이다. 유기체는 생물적 욕구를 만족시키기 위한, 다시 말해서 항상성으로 복귀하기 위한 행동만을 수행하지 않는다. 예컨대, 다람쥐는 아무런 강화물이 뒤따르지 않음에도 쳇바퀴를 열심히 돌리며, 원숭이는 닫힌 창문을 열고 밖을 내다보고자 애를 쓰고, 사람은 각성 상태를 높이고자 시간과 돈을 쓰면서 롤러코스터를 타려고 한다. 헐의 이론은 이러한 **감각 추구**(sensation seeking) 행동을 설명하기 어렵다.

이러한 비판이 심리학에서 헐의 이론을 낙마시키게 만들었지만, 이 이론은 여전히 중요한 동기 이론을 대표하며 오늘날 중요하게 생각하는 수많은 후속 동기 이론에 영감을 제공해왔다.

글쓰기 과제 14.4

어느 비판이 가장 혹독한 것인가?

헐의 추동 이론에 대한 세 가지 비판 중에서, 여러분은 어느 것이 가장 혹독하고 이론이 쇠락하는 데 가장 큰 공헌을 하였다고 생각하는가? 답을 작성할 때에는 어느 것이 최악이라고 생각하는지를 명세하고, 그렇게 생각하는 이유를 설명해보라.

나만의 프로젝트 14.2

습관을 형성하라

추동 이론에 따르면, 행동이 습관적일수록 추동에 의해서 더 많이 촉진된다. 우선 여러분이 나만의 프로젝트 목표를 습관으로 전환시키는 데 도움을 줄 두 가지 방법을 생각해보라. 그 과정에서 여러분의 목표지향 행동을 좋은 습관으로 전환시키는 구체적인 단계들을 기술해보라.

14.4 각성 이론

학습목표 : 추동 이론과 각성 이론을 대비시킨다.

1950년대에 추동 이론은 빛을 잃기 시작하였으며, 동기심리학자들은 적절한 대안을 모색하기 시작하였다. 헐 이론의 비판을 바탕으로 연구자들은 각성 이론을 구성하게 되었다.

이 절이 끝날 무렵에 여러분은 다음에 답할 수 있을 것이다.

14.4.1 각성 이론의 원리를 설명한다.
14.4.2 각성 이론의 비판을 기술한다.

14.4.1 각성 이론의 원리

학습목표 : 각성 이론의 원리를 설명한다.

각성 이론은 추동 개념 대신에 각성(arousal) 개념에 의존하며, 각성이란 심리적으로나 신체적으로 경계 상태에 놓여있는 것을 의미한다(Hebb, 1955). 각성은 의식, 주의, 행동의 강도 등을 책임지고 있는 것으로 생각하는 광범위하게 정의된 개념이다(Duffy, 1957; Hebb, 1955; Malmo, 1959). 각성은 추동과 유사한 것으로 생각할 수 있지만, 각성 이론의 세 가지 원리가 추동 이론과 차별화시켜 준다(그림 14.1).

각성 이론의 세 가지 원리를 하나씩 상세하게 살펴보도록 하자.

각성은 생리적 특성에 기초한다 각성 이론은 추동 이론과 달리, 생리학에 기반을 두고 있는 개념에 근거한다. 추동이 측정하기 어렵거나 불가능한 추상적이고 가상적인 구성체인 반면에, 각성은 심장박동률, 땀 분비(GSR), 근육 긴장, 체온, 두뇌 전기활동(EEG) 등을 포함한 다양한 지표를 통해서 직접적으로 측정할 수 있다. 또한 연구자들은 각성을 두뇌 특정 영역과 연합시키

기 십상이며, 가장 잘 알려진 영역이 망상 활성화 체계(reticular activation system)이다(Steriade, 1996). 예컨대, 고양이의 망상 활성화 체계를 전기적으로 자극하면 그 고양이가 잠에서 깨어나며 이 영역을 파괴하면 혼수상태와 같은 깊은 잠에 빠져들게 된다(Magoun, 1952). 각성은 직접적으로 측정할 수 있기 때문에, 추동보다 더 객관적이고 과학적인 개념이라고 생각하였다.

각성과 수행 간의 비선형적 관계 각성 이론이 추동 이론과 차이를 보이는 또 다른 방식은 각성과 수행 간에 예측하는 관계에 따른 것이다. 추동 이론은 선형 관계를 주장하였다. 추동이 강력할수록, 수행은 우수해진다. 그렇지만 각성 이론은 비선형 관계를 주장하였다. 지나치게 높거나 낮은 추동은 수행을 손상시킨다는 것이다. 수많은 선행 이론이 이러한 관계를 지지하였다. 가장 오래되었으며 널리 인정받고 있는 것이 **여키스-닷슨 법칙**(Yerkes-Dodson law, Yerkes & Dodson, 1908)이며, 다음과 같은 두 가지 주장을 내놓았다.

1. 산 모양의 곡선이 각성과 행동수행 간의 관계를 가장 잘 예증한다(그림 14.2). 각성이 증가하기 시작하면, 수행이 촉진되지만 특정 지점까지만 그렇다. 각성이 지나치게 높아지면, 수행은 손상되기 시작한다(Broadhurst, 1959; Duffy, 1962). 한 예로 동기 수업에서 다음 시험을 칠 때 최선일 각성 수준을 생각해보자. 여러분이 졸리거나 그로기 상태(낮은 각성)

그림 14.1 **각성 이론의 원리**

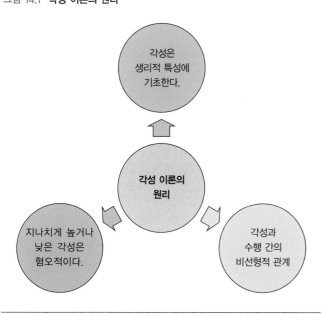

그림 14.2 **여키스-닷슨 법칙**

각 곡선의 정점은 각 과제에 대한 최적 수행을 나타낸다. 어려운 과제에서는 낮은 각성이 최적 수행을 내놓는다. 쉬운 과제에서는 높은 각성이 최적 수행을 내놓는다.

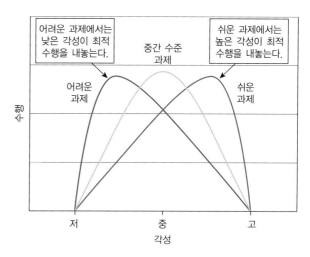

에 있기를 원하지 않을 것은 확실하지만, 지나치게 고양되거나 불안한 상태(높은 각성)에 있기도 원하지 않을 것이다. 적정한 각성 수준이 시험에서 최적 수행을 보이는 데 최선이다 (Hebb, 1955).

2. 각성과 수행 간의 이러한 비선형 관계의 본질은 과제의 난이도 수준에 달려있다(그림 14.2).

쉬운 과제는 많은 생각이나 주의를 요구하지 않으며, 체력과 끈기에 의존한다. 따라서 쉬운 과제를 위한 최적 각성 수준은 높다. 예컨대, 만일 한 자선단체가 여러분에게 100개의 봉투에 전단지를 넣어달라고 요구한다면, 이 과제가 많은 생각을 요구하지는 않지만 지속적인 에너지를 요하게 된다. 반대로 어려운 과제는 상당한 생각과 주의를 요구한다. 따라서 어려운 과제를 위한 최적 각성 수준은 상대적으로 낮다. 만일 한 자선단체가 다가오는 행사에서 연설을 해달라고 요구한다면, 이 과제는 상당한 집중력을 요구하며 낮은 각성 수준이 집중하기 쉽게 만들어준다. 따라서 어떤 과제를 수행하기 위해서는 각성이 필요하다고 하더라도, 높은 것만이 능사는 아니다. 더 일반화하면, 동기에 대해서도 똑같은 진술을 할 수 있다. 이 사실은 동기가 지나치게 높은 것도 지나치게 낮은 것 못지않게 수행에 해로울 수 있으며, 사람들을 압박감에 숨이 막히게 만들 수도 있음을 시사한다(Baumeister, 1984).

여키스-닷슨 법칙의 두 번째 원리를 검증하기 위하여, 한 연구에서는 카페인 수준과 검사 수행의 관계가 검사 난이도에 따라 어떻게 변하는지를 살펴보았다(Anderson, 1994). 이 연구에서는 대학생들이 쉬운 언어과제(한 페이지에서 특정 문자를 지우는 과제)나 어려운 언어과제(GRE 언어검사)를 수행하였다. 과제에 앞서 학생들에게 카페인을 투여하지 않거나, 낮은 수준의 카페인(체중 킬로그램당 2mg)이나 높은 수준의 카페인(체중 킬로그램당 4mg)을 투여하였다. 예컨대, 낮은 수준 조건에서 체중이 68kg인 참가자에게는 카페인 136mg을 투여하였는데, 이것은 커피 한 잔에 해당하는 것이다. 높은 수준 조건에서는 동일한 체중의 참가자에게 카페인 272mg을 투여하였는데, 이것은 커피 두 잔에 해당하는 것이다. 그 결과가 그림 14.3에 나와있다.

이 결과에 근거할 때, 다음번에 여러분이 시험 볼 때에는 소다수를 마시거나 작은 초콜릿바를 먹음으로써 소량의 카페인을 통해 수행을 증진시키고자 원할 수 있겠지만, 에너지 드링크나 에

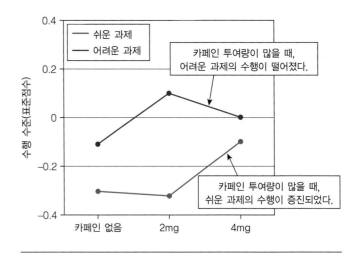

그림 14.3 쉬운 과제와 어려운 과제에서 카페인의 효과
카페인을 투여하지 않거나, 2mg/kg이나 4mg/kg의 카페인을 투여한 후에 쉽거나 어려운 언어과제를 수행하였다(Anderson, 1994).

스프레소 더블샷은 피해야만 할 것이다.

낮은 각성은 혐오적이다 추동 이론은 추동이 혐오적이라고 가정함으로써, 낮은 추동은 항상 유쾌하며 높은 추동은 항상 불쾌한 것이라고 제안한다. 반면에 각성 이론은 적절한 수준의 각성이 최적이며, 가장 유쾌한 것이라고 주장한다(Hebb, 1955; Anderson, 1990). 골디락스와 곰 세 마리 이야기에서 주인공 골디락스가 딱 적당한 온도의 오트밀을 선호하는 것처럼, 각성의 경우에도 마찬가지이다. 지나치게 높은 각성(예컨대, 매우 불안감을 느끼는 것)도 혐오적이지만, 지나치게 낮은 각성(예컨대, 매우 지루하게 느끼는 것)도 혐오적이다. 사람들에게 필요한 것은 딱 적당한 각성 수준인 것이다.

실험심리학의 창시자인 빌헬름 분트(Wilhelm Wundt, 1874)는 각성과 유쾌함 간의 '딱 적당한' 역동적 관계를 직관적으로 느꼈던 최초의 인물이었다. 그는 자극 강도의 증가가 점차적으로 유쾌하게 느껴졌지만, 특정 수준까지만 그렇다는 사실을 발견하였다. 이러한 적정치를 넘어서게 되면, 자극 강도의 증가는 점차적으로 불쾌하게 느껴지기 시작하였다. 예컨대, 과자를 굽는 사람은 누구나 쿠키 판에 약간의 소금을 치는 것이 조리법에 나와있는 풍미를 내게 하며 맛을 좋게 한다는 사실을 알고 있다. 그렇지만 지나치게 많은 소금은 만사를 엉망진창으로 만들어버리게 된다. 조리법의 소금이나 오트밀의 온도와 마찬가지로, 분트는 적절한 수준의 자극에서 최대의 즐거움이 도출된다고 주장하였던

것이다.

추동 이론과 각성 이론은 모두 지나친 자극이 불쾌하다는 데 동의하지만, 지나치게 낮은 각성에 관한 주장에서 차이를 보이고 있다. 지나치게 적은 자극이 지나치게 많은 자극 못지않게 혐오적이고 해로울 수 있다고 생각하는 것이 놀라운 일인 것처럼 보일 수도 있지만, 이러한 주장의 지지증거는 **감각 박탈**(sensory deprivation) 연구에서 찾아볼 수 있다. 감각 박탈이란 하나 이상의 감각에서 자극의 의도적인 감소나 제거를 의미한다.

예컨대, 한 사람의 눈을 가려서 시각자극을 차단하거나 귀를 막아서 청각자극을 차단할 수 있다. 다소 극단적인 경우에는 모든 불빛과 소리를 차단하고 소금물에 떠 있게 함으로써 모든 촉각을 차단하는 감각 차단실을 사용할 수도 있다.

그러한 감각 차단 기법을 사용한 연구는 감각자극 박탈이 환각과 손상된 인지기능을 포함한 수많은 부정적 효과를 초래한다는 사실을 일관성 있게 보여주고 있다(Brown, 2007; Hebb, 1949). 실제로 이러한 연구의 참가자들은 연구에 참가하는 대가로 상당한 보상을 제공함에도 불구하고 단지 24~48시간이 지난 후에 실험 참가를 포기하기 십상이다(Bexton, Heron, & Scott, 1954; Heron, 1957). 감각 박탈은 매우 혐오적이기 때문에, 미국을 비롯한 여러 국가에서 테러리스트들을 심문하는 기법으로(McCoy, 2007), 그리고 테러리스트들이 전쟁포로와 인질을 고문하는 기법으로(Keenan, 1992) 흔히 사용한다.

14.4.2 각성 이론 비판

학습목표 : 각성 이론의 비판을 기술한다.

각성이 추동보다 우월한 동기 개념을 대표하였지만, 각성도 곧바로 동기심리학자들의 관심에서 멀어졌다(Neiss, 1988). 정서, 주의, 사고와 같은 대안 개념들이 인간 행동을 설명하는 데 있어서 더 우수한 역할을 하는 것으로 보였기 때문이다(Geen, 1995). 이에 덧붙여서, 혹자는 각성이 정말로 생리적 특성에 근거한 것인지를 의심하기 시작하였다. 예컨대, 연구들은 심장박동률, 피부전기전도, 두뇌 전기활동 등과 같은 각성 측정치들이 상호 간에 높은 상관을 보이지 않음으로써, 이것들이 기저의 동일한 각성 과정을 측정하고 있지 않다는 사실을 시사하였다(Lacey, 1967).

그렇다고 해서 각성이 유용한 개념으로 남아있지 않다는 말은 아니다. 동기 이론가들은 계속해서 각성을 참조하지만, 이 구

성체를 다른 방식으로 정의하고 있다. 각성을 순수한 생리적 과정으로 보는 대신에, 오늘날에는 생리, 정서, 행동 측면을 포함한 복잡한 과정을 나타내는 가상 구성체로 간주한다(Anderson, 1990).

글쓰기 과제 14.5

추동 이론 대 각성 이론

헐의 추동 이론과 각성 이론의 장단점을 비교하고 대비시켜 보라. 그런 다음에 여러분은 어떤 이론이 행동을 설명하는 데 더 좋다고 생각하는지를 지적하고 그 이유를 설명해보라.

14.5 사회 상황

학습목표 : 사회 상황이 동기에 영향을 미치는 방식을 분석한다.

인간은 생래적으로 사회적 존재이다. 사람들은 하루의 거의 모든 시간을 다른 사람과 상호작용하거나, 텔레비전에서 다른 사람을 시청하거나, 온라인으로 다른 사람과 소통하거나, 잠을 자면서 다른 사람에 대한 꿈을 꾸면서 보낸다. 고대 그리스 철학자 아리스토텔레스에서부터 현대 심리학자인 엘리엇 애런슨(Elliot Aronson, 2007)에 이르기까지 모든 사람이 인간 본성을 기술하는 데 '사회적 동물'이라는 용어를 사용해온 이유가 바로 그것이다. 따라서 사회 상황이 어떻게 동기와 목표지향 행동에 영향을 미치는지를 살펴보지 않고는 상황의 위력을 논의할 수 없다(예컨대, Darley & Latané, 1968; Milgram, 1963; Mischel, 1973; Ross & Nisbett, 1991).

▽ 이 절이 끝날 무렵에 여러분은 다음에 답할 수 있을 것이다.

14.5.1 동기 측면에서 사회 촉진과 억제의 개념을 설명한다.

14.5.2 동기 측면에서 몰개인화 개념을 설명한다.

14.5.3 동기 측면에서 사회 태만 개념을 설명한다.

14.5.4 동기 측면에서 사회 권력 개념을 설명한다.

14.5.1 사회 촉진과 억제

학습목표 : 동기 측면에서 사회 촉진과 억제의 개념을 설명한다.

1897년에 심리학자 노먼 트리플릿(Norman Triplett)은 흥미로운 사실을 발견하였다. 자전거 경주를 관전하는 중에, 그는 선수가 혼자서 경주할 때보다 경쟁자와 함께 경주할 때 기록이 빠르다

는 사실을 알아차렸다(Davis, Huss, & Becker, 2009). 이러한 관찰에 매료된 그는 다음 해에 실험실 실험을 수행하기로 마음먹었다(Triplett, 1898). 대부분의 연구자가 이 실험을 사회심리학 분야에서 최초로 수행한 경험연구로 간주하는 까닭은 이 연구가 사회 상황의 위력에 최초로 처치를 가하였기 때문이었다(Allport, 1954; Ross, Lepper, & Ward, 2010; 그렇지만 Stroebe, 2012도 참조하라).

이 연구에서는 40명의 아동에게 책상 위에 고정되어 있는 낚싯대 릴을 가능한 한 빨리 감도록 요구하였다. 어떤 때는 아동이 혼자였으며, 다른 때는 경쟁자와 누가 릴을 빨리 감는지를 경쟁하였다(Stroebe, 2012; Strube, 2005). 데이터를 살펴본 트리플릿은 아동이 혼자서 릴을 감을 때보다 경쟁자가 존재하는 상황에서 그 과제를 수행하는 속도가 더 빠르다고 결론지었다.

다른 사람이 존재할 때 과제 수행이 증진(또는 촉진)되는 이러한 경향성을 훗날 **사회 촉진**(social facilitation)이라고 부르게 되었다(Allport, 1920; Bond & Titus, 1983; Dashiell, 1930). 트리플릿은 다른 사람의 존재가 경쟁 본능을 활성화시키기 때문에 사회 촉진이 일어난다고 생각하였지만, 후속 연구들은 다른 사람이 단지 방관자일 때조차도 사회 촉진이 일어난다는 사실을 보여주

었다(Cottrell, Wack, Sekerak, & Rittle, 1968; Seta & Seta, 1995). 관찰자가 존재하는 것만으로도 과제 수행을 촉진하기에 충분하다.

그렇지만 다른 사람의 존재가 항상 더 우수한 수행으로 이끌어가는 것은 아니다. 아마도 여러분이 살아오는 동안 연극에서 주연을 맡거나 학급에서 발표를 해야만 하였는데, 방에서 혼자 암송할 때에는 대사를 기억해내는 데 아무런 어려움이 없었지만, 청중 앞에 서자마자 갑자기 모든 것을 몽땅 망각하였던 때가 있었을 것이다. 만일 그렇다면, 여러분만 그런 것은 아니다. 많은 사람들이 청중 앞에 섰을 때 불안감을 느끼고 실수를 저지른다(Wallace & Baumeister, 2002b; Wright, Voyer, Wright, & Roney, 1995). 다른 사람의 존재가 과제 수행을 손상(또는 억제)시키는 이러한 경향성을 **사회 억제**(social inhibition)라고 부른다.

제이온스 이론 다른 사람의 존재가 어떻게 수행을 촉진하기도 하고 억제하기도 하는 것인가? 1965년 로버트 제이온스(Robert Zajonc)가 이토록 갈등을 일으키는 결과를 설명하는 공식 이론을 제안할 때까지 이 물음은 심리학자들을 당황스럽게 만들었다(그림 14.4).

그림 14.4 **사회 촉진과 억제**

제이온스 이론의 첫 번째 부분은 경쟁자이든 관찰자이든 다른 사람의 존재는 각성을 증가시킨다고 주장한다(Zajonc, 1965; Zajonc & Sales, 1966). 다른 사람에 둘러싸여 있을 때, 심장은 더 빠르게 뛰고 호흡이 거칠어지며 두뇌는 더욱 경계상태에 놓인다. 각성은 기본적으로 생리적 과정이기 때문에, 동물조차도 동종의 구성원으로 둘러싸이게 되면 각성을 경험하는 것으로 보인다. 각성/추동이 행동에 미치는 영향에 관하여 이 장의 앞부분에서 공부한 것에 근거할 때, 여러분은 사회 촉진과 억제가 제이온스 이론 어디에 위치하는지를 지적할 수 있겠는가?

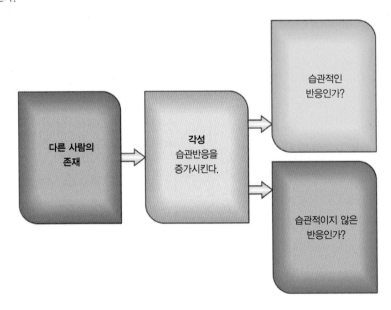

이에 덧붙여서, 제이온스 이론은 과제가 쉬울 때 각성 증가가 행동을 증진시키게 되는 까닭은 습관반응을 요구하기 때문이지만, 과제가 어려울 때 행동을 손상시키는 까닭은 비습관적인 행동을 요구하기 때문이라고 주장한다. 이러한 두 번째 가정이 꽤나 친숙하게 들리는 까닭은 이것이 바로 헐 이론의 핵심이기 때문이다.

제이온스 이론의 두 부분을 함께 묶으면, 다른 사람의 존재가 과제가 쉬울 때에는(즉, 습관반응을 요구할 때에는) 사회 촉진을 초래하고, 과제가 어려울 때에는(즉, 비습관적 반응을 요구할 때에는) 사회 억제를 초래한다는 것을 알 수 있다. 따라서 제이온스는 타인의 존재가 언제 수행을 증진시키고 손상시키는지를 설명하기 위하여 헐 이론에 의존함으로써 갈등적인 결과들을 설명하였던 것이다.

제이온스 이론이 어떻게 작동하는 것인지를 이해하기 위하여, 다음의 사례를 생각해보자.

스케이트보드에 열광하고 있으며 10대부터 스케이트보드를 타왔던 한 사나이를 상상해보라. 스케이트보드를 타는 데 수반된 두 가지 주요 행동, 즉 (1) 상체를 진행방향과 수직이 되도록 틀고 두 발을 보드 위에 나란히 놓는 행동 그리고 (2) 웅크리듯 앉아서 상체를 곧추세움으로써 무게 중심을 낮추는 행동은 습관이 되었으며, 그는 생각하지도 않은 채 그 행동을 한다.

이제 이 사나이가 동계 휴가기간에 산악지대로 여행을 떠나고 있다. 그는 스키나 스노보드를 타본 적이 없기 때문에 이번 여행에서 두 가지를 모두 시도해보겠다고 결정한다. 이 사나이에 대해서 알고 있는 것과 제이온스 이론에 대해서 알고 있는 것에 근거할 때, 어떤 행위를 사람들 앞에서 해야 하고 어떤 행위를 혼자서 해야 하겠는가?

스노보드는 상체를 진행방향과 수직이 되도록 틀고 두 발을 하나의 보드 위에 나란히 놓은 다음에 보드 가장자리를 이용하여 이동할 수 있도록 상체를 곧추세우는 행동을 수반한다. 반면에 스키는 각 발을 별개의 보드 위에 올려놓고 스키가 전면을 향하도록 한 다음에 관성과 제어를 위하여 상체를 앞으로 숙여야 한다. 따라서 스노보드는 스케이트보드와 유사한 행동에 의존하는 반면, 스키는 상반된 행동에 의존한다. 이렇게 놓고 볼 때, 이 사나이에게는 사람들 앞에서 스노보드를 시도하는 것이 최선이겠다. 다른 사람이 그의 습관적인 스케이트보드 타는 행동을 촉발하며 그의 수행이 증진될 것이기 때문이다. 반대로 스키는 혼자서 시도해보아야 한다. 다른 사람의 존재가 그의 실패를 필연적이게 만들어주는 반응을 촉발할 것이기 때문이다.

제이온스 이론에 대한 증거 제이온스와 동료들(1969)은 자신의 이론을 검증하기 위하여 바퀴벌레에게 쉽거나 어려운 미로를 혼자서 또는 다른 바퀴벌레들이 존재하는 상태에서 빠져나오도록 요구하는 연구를 수행하였다(그림 14.5).

이 연구에서는 72마리의 암컷 바퀴벌레를 대상으로, 출발지점에서부터 목표지점에 도달할 때까지의 시간을 측정하였다. 한 마리가 혼자 달려가는 시간과 다른 바퀴벌레와 함께 달려가는 시간 그리고 방관자들이 존재하는 상황에서 달려가는 시간을 비교하였다. 그 결과, 쉬운 미로에서는 공동 작업자나 방관자의 존재가 달리기를 촉진한 반면, 어려운 미로에서는 억제하였다. 즉, 쉬운 미로에서는 혼자 달릴 때보다 함께 달리거나 방관자가 존재하는 상황에서 달릴 때 더 빨랐다. 반면에 어려운 미로에서는 혼자 달릴 때보다 함께 달리거나 방관자가 존재할 때 더 느렸다.

도대체 이러한 바퀴벌레 연구가 인간 행동과 어떤 관계가 있는지 의아해하고 있다면, 걱정하지 말라. 후속 연구자들이 인간 참가자를 사용하여 제이온스 연구를 반복하였으니 말이다. 예컨대, 한 연구에서는 학생회관에서 혼자서 당구를 치고 있는 학생을 관찰하고는 능숙한지 아니면 초보인지를 확인하였다(Micheals, Blommel, Brocato, Linkous, & Rowe, 1982). 그런 다음에 연구자들이 안으로 들어가서 그 학생이 당구 치는 장면을 구경해도 괜찮은지 물어봄으로써 관중을 동원하였다. 예상한 바와 같이, 당구가 능숙한 학생(그의 습관반응은 당구를 잘 치는 것이다)은 관중이 있을 때 더 잘하였던 반면, 초보인 학생은 더 열등한 수행을 보였다. 이러한 연구는 인간의 동기와 행동에 실제로 적용할 수 있는 다양한 함의를 가지고 있다.

제이온스 이론은 뛰어난 운동선수가 코치와 함께 혼자서 연습할 때보다 관중 앞에서 경기를 펼칠 때 우수한 기량을 나타내고 올림픽 기록을 경신할 가능성이 더 높은 이유를 설명해준다. 배우, 음악가, 연사, 그리고 관객 앞에서 기량을 펼치는 것이 요구되는 모든 전문직 종사자에게도 똑같은 말을 할 수 있다. 초보자는 관객의 압력에 숨이 막힐 수 있지만, 노련한 수행자는 조명 아래서 더욱 빛나게 된다.

제이온스 이론은 직장에서도 중요한 함의를 가지고 있다. 기업들은 점차적으로 개인 집무실을 없애고, 대신에 칸막이나 바퀴

그림 14.5 사회 촉진과 억제에 대한 제이온스의 바퀴벌레 연구

제이온스는 사람 참가자를 사용하는 대신에 바퀴벌레를 사용하였다! 사회 행동 연구로서는 이상한 선택인 것처럼 보이겠지만, 제이온스가 인간과 동물(심지어는 곤충에 이르기까지) 모두에게 있어서 다른 사람(또는 동물)의 존재가 각성을 불러일으킨다고 주장하였다는 사실을 기억하기 바란다. 아무튼 만일 바퀴벌레가 실험참가자라면, 문제는 바퀴벌레의 습관반응을 결정하는 것이 된다. 만일 어두운 방으로 들어가서 전등을 켜는 순간 바퀴벌레들이 잽싸게 달아나는 장면을 보았던 당혹스러운 경험을 한 적이 있다면, 여러분은 바퀴벌레가 불빛을 싫어한다는 사실을 알고 있을 것이다. 실제로 불빛을 비추면, 바퀴벌레는 항상 광원으로부터 직선으로 도망간다. 제이온스는 미로 출발점에 항상 투광기를 켜놓음으로써 이러한 습관적 경향성을 활용하였다. 쉬운 미로(직선 주로, 위 그림)에서는 바퀴벌레가 목표지점에 도달하기 위하여 광원으로부터 직선으로 달려가기만 하면 되었다. 반면에 어려운 미로(십자형 주로, 아래 그림)에서는 중간에 방향을 틀어야만 하는데, 이것은 바퀴벌레의 습관반응에 위배되는 것으로 상대적으로 어려운 과제였다.

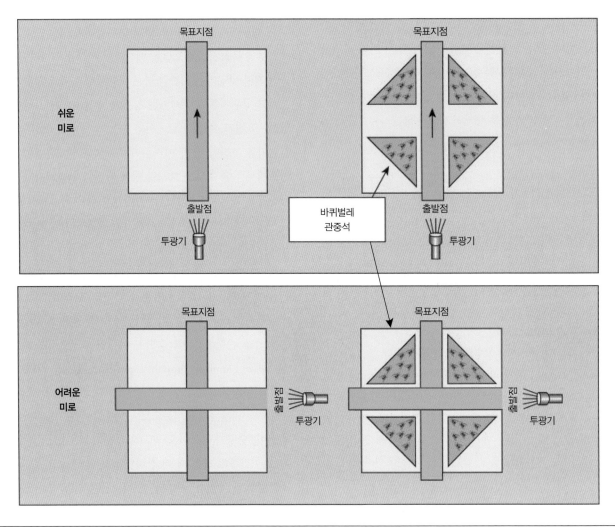

달린 이동 책상만 존재하는 공유 공간을 채택하고 있다. 이 전략이 좋은 것인지는 직원들이 수행하고 있는 작업 유형에 달려있는 것으로 보인다. 만일 과제가 단순하거나 잘 학습된 것이라면, 직원들이 이 환경에서 이득을 볼 가능성이 있다. 그렇지만 과제가 복잡하며 창의적이고 구태에서 벗어난 사고에 의존하는 것이라면, 직원들이 열등한 수행을 보일 가능성이 있다. 마찬가지로 많은 기업이 어떤 형태이든 직원들을 모니터링하는 시스템을 사용하고 있는데, 오늘날과 같은 테크놀로지 시대에는 컴퓨터를 통해서 이루어지기 십상이다.

그러한 모니터링 시스템이 직원 생산성을 촉진하는지 아니면 억제하는지, 그리고 그러한 모니터링을 사람이 수행하는지 아니면 컴퓨터가 수행하는지가 문제가 되는지를 물음하는 것이 중요하다. 이 물음에 답하기 위하여 참가자들에게 다양한 모니터링 조건에서 어려운 애너그램 과제를 풀어보도록 하였다(Aiello & Svec, 1993). 어떤 참가자는 과제를 수행하는 동안 옆에 있는 관찰자가 모니터링한 반면, 다른 참가자는 컴퓨터로 모니터링하였다. 세 번째 집단은 자신들을 모니터링하지 않고 있다고 믿게 만들었지만, 실제로는 컴퓨터가 모니터링하고 있었다. 결과를 보면, 모니터링하고 있지 않다고 생각한 참가자 집단이 모니터링하고 있다고 생각한 집단보다 더 많은 애너그램 문제를 해결하였다. 그렇지만 모니터링의 유형은 문제가 되지 않았다. 관찰자가 실제 사람인지 아니면 컴퓨터 프로그램인지에 관계없이 사회 억제가 일어났다. 그런데 참가자들이 수행한 애너그램 과제는 상당히 어려운 것이었음을 명심하라. 만일 제이온스 이론이 참이라면, 참가자가 쉬운 과제를 수행하고 있을 때에는 모니터링이 상반된 효과를 초래할 것이라고 예상할 수 있다.

후속 연구(Aiello & Kolb, 1995)는 위의 연구를 반복하였는데, 이번에는 참가자들이 6개의 숫자를 타이핑하면 되는 쉬운 과제를 수행하였다. 이 맥락에서는 모니터링이 실제로 참가자 성과의 양(더 많은 숫자를 타이핑하였다)과 질(오류를 더 적게 범하였다) 모두를 증진시켰다. 따라서 기업에서 개별 사무실 공간을 사용할 것인지 아니면 공동 공간을 사용할 것인지 또는 직원들을 모니터링할 것인지 등에 관한 결정을 내릴 때, 직원의 업무가 상대적으로 쉬운 것인지 아니면 어려운 것인지를 고려해보아야만 한다.

14.5.2 몰개인화

학습목표 : 동기 측면에서 몰개인화 개념을 설명한다.

때때로 관중 앞에서 과제를 수행할 때도 있지만, 다른 사람들이 존재할 때에는 그들과 함께 집단으로 과제를 수행하는 경우가 훨씬 더 많다. 때로는 사람들이 집단으로 존재할 때 동기와 수행이 더 좋기도 하지만, 집단이 사태를 악화시키는 경우도 있다.

19세기 프랑스 심리학자이자 사회학자인 귀스타프 르 봉(Gustave Le Bon)은 집단의 파괴적인 힘을 공식적으로 인정한 최초의 연구자 중 한 사람이었다. 프랑스 혁명 100주년 기념에 고무된 르 봉(1895)은 집단이 익명성과 개별성의 상실을 조장한다고 주장하였다. 따라서 개별 구성원들의 마음과 정서가 단일 사고방식으로 함몰된다는 것이다. 불행하게도 르 봉의 많은 통찰은 사람들의 마음을 계몽하기보다는 통제하는 해로운 방식으로 활용되었다. 예컨대, 아돌프 히틀러와 베니토 무솔리니는 모두 '어리석은' 군중을 자신이 원하는 대로 조작하기 위하여 르 봉의 선동선전 기법에 크게 의존하였던 것으로 알려져 있다.

이 현상을 기술하기 위하여, **군중심리(mob mentality)**, **무리심리**(herd mentality), **군중심리학(crowd psychology)** 등을 포함한 다양한 용어를 사용해왔다. 그렇지만 심리학자들이 가장 선호하는 용어는 **몰개인화(deindividuation)**이며, 이 용어는 사람들이 집단에 속해있을 때 발생하는 자기초점과 개인적 책임의 상실을 강조한다(Festinger, Pepitone, & Newcomb, 1952). 사람들이 몰개인화 상태에 있을 때에는 인간 행동에 구속력을 부과하기 십상인 문화 규칙과 규범이 더 이상 힘을 발휘하지 못한다. 따라서 이 상태의 사람은 더 이상 자신의 행위에 책임감을 느끼지 못하기 때문에, 자신의 기준과 가치관에 역행하는 행위를 할 가능성이 더 크다(Festinger et al., 1952; Mullen, Migdal, & Rozel, 2003; Prentice-Dunn & Spivey, 1986; Zimbardo, 1970). 불행하게도 이 사실은 군중 속의 사람들이 이기적이고 폭력적으로 행동함을 의미하기 십상이다. 린치를 가하는 군중, 집단 학살, 인종 폭동, 약탈, 집단 폭행, 집단 강간 등 인간이 저지를 수 있는 최악의 행동은 집단 속에 있을 때 발생하는 몰개인화 탓으로 돌릴 수 있다.

집단 속에 있다는 것이 몰개인화가 일어나는 한 가지 방법이기는 하지만, 이것만이 유일한 방법은 아니다. 개인적 책임감을 감소시키는 상황 자질은 어느 것이든 몰개인화를 초래할 수 있으며, 그렇기 때문에 폭력적이고 비도덕적인 행동을 초래할 수 있다. 약물 사용이나 음주, 마스크나 두건을 착용하는 것 또는 아무도 자신을 알지 못하는 장소로 여행하는 것 등은 모두 몰개인화를 초래할 수 있는 상황이다. 심지어 미국 라스베이거스 관광국은 "라스베이거스에서 일어나는 일은 아무도 모른다(What happens in Vegas, stays in Vegas. 라스베이거스에서 한 일은 너/우리/그들만 아는 것이니, 걱정할 필요 없다)."라고 광고하는 캠페인에서 이러한 몰개인화 아이디어를 활용하기까지 하였다. 여기서의 메시지는 아무도 여러분이 라스베이거스에 있는 것을 모르기 때문에, 원하는 어떤 유형의 방탕한 짓거리를 하더라도 이후 다시 정상적이고 온순한 삶으로 되돌아갈 수 있으며, 아무도 그 사실을 알지 못한다는 것이다. 실제로 사육제나 할로윈과 같이 사람들이 즐기는 많은 여가놀이가 즐거운 까닭은 하루 동안 자신의 가치관과 도덕성에서 벗어나서 매우 기만적인 환상을 행동으로 나타낼 수 있게 해주기 때문이다.

보다 최근에는 사람들이 온라인에 있을 때 더 불법적이거나 비도덕적으로 행동하는 경향성을 설명하는 데 몰개인화를 사용해왔다. 인터넷은 사람을 식별할 수 없게 만들어주기 때문에, 몰개인화를 부추긴다(Abele, 2011). 따라서 사람들은 고정관념, 섹

스팅(성적으로 문란한 내용의 문자메시지나 사진을 전송하는 행위, 2009년 영국 옥스퍼드사전이 선정한 올해의 단어), 사이버불링(사이버공간에서의 집단따돌림), 소프트웨어 무단복제 등과 같이 현실세계라면 저지르지 않을 행동에 자유롭게 빠져든다(Chiou, 2006; Hinduja, 2008; Slonje, Smith, & Frisén, 2013). 그렇지만 온라인에서 실명을 사용하면서 행동할 것을 요구하면, 몰개인화 효과를 나타내며 집단에 동조하면서 다른 사람을 고정관념으로 대할 가능성이 적어지게 된다(Douglas & McGarty, 2001; Postmes, Spears, & Lea, 2002). 따라서 주말에 라스베이거스에 여행을 가든 아니면 온라인에서 1시간을 보내든, 익명성을 느끼게 되면 사람들이 사회적으로 바람직하지 않은 행위에 몰입할 가능성이 더 커지게 된다.

디이너와 동료들(Diener, Fraser, Beaman, & Kelem, 1976)이 수행한 이미 고전이 되어버린 몰개인화 연구는 바로 이러한 이유 때문에 실제로 할로윈에 수행하였다. 이 연구에서는 '트릭 오어 트릿(trick-or-treat)'을 하고 다니는 아동들을 실험자가 맞이하고는 캔디 통을 내밀었다. 실험자는 아동에게 자신이 잠시 다녀올 곳이 있는데, 통에서 캔디 하나를 꺼내 가도 좋다고 말하였다. 늘 그렇듯이, 어떤 아동은 혼자 다녔고 어떤 아동은 집단으로 다녔다. 책임감을 증가시키기 위하여, 절반의 아동(혼자이든 아니면 집단이든)에게는 이름과 사는 곳을 물어봄으로써 누구인지를 알아볼 수 있게 만들었다. 아동이 대답한 후에는 실험자가 그 아동의 이름과 주소를 반복함으로써, 아동을 명확하게 확인할 수 있었다. 그런 다음에 실험자는 그곳을 떠났지만, 아동들이 모르는 사이에 다른 관찰자가 근처에 숨어있었으며 아동들이 규칙을 따르면서 캔디 하나만을 꺼내 가는지 아니면 몰래 여러 개를 가져가는지를 기록하였다. 결과는 예상할 수 있는 바와 같이, 익명성이 보장되었을 때 그리고 집단을 구성하고 있을 때 약속을 어기고 여러 개의 캔디를 가지고 가는 경향이 높았다. 즉, 집단에 속해있으면서 익명성을 보장받은 아동이 약속을 어기는 경향을 가장 많이 나타냈다.

집단은 항상 나쁜 것인가 많은 경우에 몰개인화는 나쁜 것으로 생각하지만, 실제로 도움을 줄 수 있는 경우도 있다. 몇몇 연구자는 몰개인화가 반드시 사람들을 비도덕적으로 만드는 것은 아니라고 주장한다. 단지 집단 바깥에 존재하는 외부 자극에 주의를 덜 기울이게 만들 뿐이라는 것이다(Zimbardo, 1969; Prentice-

Dunn & Rogers, 1989; Postmes & Spears, 1998). 다시 말해서, 집단에 속해있는 사람은 사회 규범이나 법규를 포함하여 집단 바깥에서 영향력을 미치는 조직의 규칙이나 규범에는 덜 순응하지만, 그 집단 자체의 규칙과 규범에는 더 순응적이라는 것이다. 이 사실이 가지고 있는 함의는 집단의 한두 사람이 폭력적으로 행동하기 시작하면(따라서 집단의 폭력 규범을 형성하게 되면), 나머지 사람들도 그 규범을 따를 가능성이 높아진다는 것이다. 그렇지만 만일 집단의 한두 사람이 이타적으로 행동하기 시작하면(따라서 집단의 선행 규범을 형성하게 되면), 나머지 사람들도 이타적으로 행동하도록 부추길 수 있다. 화재가 난 건물이나 물에 빠진 차에서 누군가를 구해내기 위하여 의기투합한 낯선 사람들에 관한 뉴스보도는 집단의 긍정적인 힘을 보여준다.

좋든 나쁘든, 확실한 것은 몰개인화가 집단 응집력을 조장하며, 사람들을 개인 가치관이나 사회 규범보다는 집단 규칙과 일치하는 방식으로 행동하도록 만든다는 사실이다. 그렇기 때문에, 집단은 집단 응집력을 공고하게 만들기 위하여 몰개인화를 요구하기 십상이다. 군대, 경찰, 스포츠 팀은 모두 구성원을 동일하게 보이도록 만들며 동일한 제복을 입게 한다. 마찬가지로 대학교 개별 기숙사, 조직폭력배, 종교 제례의식, 수도원, 사회조직 등은 모두 그리스문자나 십자가상 또는 문신 등과 같이 공유하는 상징을 사용함으로써 어떤 형태의 집단 심리를 조장한다. 개별성을 감소시키고 집단 응집력을 증가시키는 상황 자질은 어느 것이나 이러한 방식으로 집단 구성원 간의 동조를 조장할 가능성이 있는 것이다.

14.5.3 사회 태만

학습목표 : 동기 측면에서 사회 태만 개념을 설명한다.

트리플릿이 다른 사람의 존재가 사람들로 하여금 과제를 더 열심히 수행하게 만든다는 사실을 발견하고 몇 년도 지나지 않아서, 프랑스 과학자 막스 링겔만(Max Ringelmann)은 전혀 다른 결론에 도달한 연구를 수행하고 있었다. 링겔만은 농업공학 교수였으며, 농기구를 개발하고 평가하는 과학적 방법을 모색하고 있었다. 그는 사람(또는 동물)이 기계의 한 부분을 잡아당겨야 하는 경우에, 혼자일 때 더 많은 힘을 쏟는 것처럼 보인다는 사실을 알아차렸다. 흥미를 느낀 링겔만(1913)은 남자들에게 밧줄을 당길 것을 요구하는 실험을 설계하였다. 우선 각 사람이 혼자서 밧줄을 당겼으며, 정의상 그가 100%의 힘을 기울이고 있는 것으로 규정하였다. 그런 다음에 각 사람이 밧줄을 다시 당겼지만, 이번에는 다른 사람들도 밧줄을 당겼다. 다른 한 사람과 함께 밧줄을 당길 때, 그의 노력은 93%로 떨어졌다. 다른 세 사람과 함께 밧줄을 당길 때에는 77%로 떨어졌다. 그리고 일곱 사람과 함께 당길 때에는 혼자일 때보다 절반 이하(49%)의 힘만을 기울였다.

사회 태만(social loafing)이란 혼자 작업할 때보다 집단으로 작업할 때 사람들이 노력을 적게 기울이는 경향성을 말하며, 다양한 행동에서 나타나는 것으로 밝혀졌다(Latané, Williams, & Harkins, 2006). 라타네와 동료들(Latané, Willimas, & Harkins, 1979)은 이미 고전이 되어버린 일련의 연구에서, 참가자에게 눈가리개와 소음차단 헤드폰을 씌우고는 손바닥을 치거나 고함을 질러 가능한 한 큰 소음을 내보도록 지시하였다. 참가자가 혼자일 때 얼마나 큰 소리를 내는지 평가한 후에, 동일한 절차를 반복하였지만 이번에는 다른 1명, 3명, 또는 5명과 함께 손바닥을 치거나 고함을 질렀다. 여섯 사람의 고함소리가 한 사람의 고함소리보다 더 큰 소음을 초래할 것이라고 예상할 수 있다. 실제로도 그러하였지만, 소음이 집단 크기에 비례하여 증가하지 않았다. 2명일 때는 각 사람이 처음 소음 수준의 71%만을 초래하였다. 6명일 때에는 처음 소음 수준의 40%만을 초래하였다. 따라서 6명 집단은 단지 3명이 개별적으로 만들어낸 소음의 양만큼만 초래하였던 것이다.

그렇다면 사회 태만이 일어나는 까닭은 무엇인가?

몰개인화 때문일 가능성이 있다. 사람들이 집단에 속해있을 때에는 자신의 행위에 책임감을 덜 느끼기 때문에, 노력을 적게 들인다. 여러분이 열심히 노력한 것을 인정받지 못한다면, 애를 쓸 이유가 있겠는가? 만일 책임감 결여가 사회 태만을 초래하는 것이라면, 집단 구성원 각자가 자신의 기여도에 책임을 느끼도록 만드는 것이 사회 태만을 감소시켜야만 한다. 연구자들이 찾아낸 것이 바로 그것이다. 집단의 결과에 누가 기여하였는지를 명확하게 만들면, 사회 태만은 급격하게 줄어든다(Kerr & Bruun, 1981; Williams, Harkins, & Latané, 1981). 이러한 책임감 논제는 어째서 트리플릿과 링겔만이 행동 노력에 대한 다른 사람의 영향에 대해 그토록 상이한 결론에 도달하게 되었는지 그 이유를 설명하

는 데에도 도움을 준다. 트리플릿은 다른 사람이 존재할 때 사람들이 더 많은 노력을 경주한다는 결과를 얻은 반면, 링겔만은 노력을 적게 들인다는 결과를 얻었다는 사실을 회상해보라. 트리플릿 연구에서는 각자의 행동을 확인하고 기록한 반면, 링겔만 연구에서는 모든 사람이 함께 작업하였기 때문에 누가 밧줄을 얼마만큼 잡아당겼는지를 알 수 있는 방법이 없었다. 여러분이 장차 집단 프로젝트에서 작업해야 하는 불행한(?) 상황에 처하게 되면, 잠재적인 태만을 제거하기 위해서 그 프로젝트에 대한 각자의 공헌을 확인할 수 있게 만들 필요가 있겠다.

나만의 프로젝트 14.3

사회 영향

1. 지금까지 논의한 사회 영향(사회 촉진, 사회 억제, 몰개인화, 또는 사회 태만) 중에서 어떤 것이 여러분의 나만의 프로젝트에 도움을 주었으며 어떻게 도움을 주었거나 방해를 가하였는지 확인해보라.
2. 만일 방해를 주었다면, 그 장해물을 어떻게 제거할 수 있겠는가?

14.5.4 사회 권력

학습목표 : 동기 측면에서 사회 권력 개념을 설명한다.

많은 사회 상황에서 사람들은 사회 권력에 대처하고 있는 자신을 발견하게 된다. 때로는 영향력 있는 다른 사람에 의해 제어되기도 하고, 때로는 사회 권력을 소유하여 다른 사람을 제어하는 행운을 갖기도 한다. 잘 알려진 심리학자인 헨리 머레이(1938)는 욕구 목록을 작성하였으며, 그중의 하나가 성취 욕구이다. 머레이 목록 중에는 상황의 영향과 관련된 또 다른 중요한 욕구가 있는데, 그것이 바로 권력 욕구(n-Pow)이다.

사회 권력(social power)이란 가치 있는 자원을 제공하거나 억제함으로써 또는 처벌을 가함으로써 다른 사람을 제어하는 능력을 말한다(Anderson & Berdahl, 2002; Guinote & Vescio, 2010). 권력 욕구가 높은 사람은 자신의 목표를 충족시키는 최선의 방법이 자신의 개인적 성취에 초점을 맞추거나 주변 사람들과 어울리고자 시도하는 것보다는 주변 사람들에게 영향력을 가하는 것에 초점을 맞추는 것이라고 생각한다(McClelland, 1975). 권력 욕구는 근본적인 것이어서, 철학자 니체(1910)는 자신의 저서 권력에의 의지(*The Will to Power*)에서 이 욕구는 인간의 모든 행동, 야망, 그리고 성취의 추진력이라고 주장하였다. 니체가 옳았다고 하더

라도, 어떤 사람은 다른 사람보다 권력 욕구가 더 높다는 증거가 있다. 권력 욕구가 높은 사람은 이 욕구가 낮은 사람과 어떻게 다른 것인가?

한 가지 차이점은 외현 행동에서 나타난다. 권력 욕구가 높은 사람은 주변 사람들을 통제하고자 원하기 때문에, 자신이 원하는 대로 다른 사람들이 행동하도록 조정하기 위하여 공격성이나 성적 관용성을 사용할 가능성이 더 높다(McClelland & Pilon, 1983). 또한 이 욕구가 높은 사람은 지나친 위험을 감수할 가능성도 높지만, 다만 다른 사람이 보고 있을 때에만 그렇다(McClelland & Watson, 1973). 그렇기 때문에 권력 욕구가 높은 상사나 지도자는 이 욕구가 낮은 사람보다 더 성공적이다(McClelland & Boyatzis, 1982). 그렇지만 권력 욕구가 높은 사람은 외부 환경과 상호작용하는 방식뿐만 아니라 자신의 내적 환경에서도 차이를 보인다. 높은 권력 욕구는 남자와 여자 모두에게서 성호르몬(각각 테스토스테론과 에스트라디올)의 높은 수준과 관련이 있는 것으로 밝혀져 왔다(Stanton & Edelstein, 2009; Stanton & Schultheiss, 2009).

권력 추구 사람들이 권력을 추구하는 까닭은 무엇인가? 정치 평론가 헨리 모겐소(Henry Morgenthau, 1948)에 따르면, 권력은 인간 핵심 동기 중의 하나인 소속감 욕구를 충족시키는 데 도움을 준다. 모겐소는 권력과 사랑은 외로움이라는 동일한 뿌리에서 유래한 심리적 형제와 같은 것이라고 믿었다. 사랑과 권력은 모두 다른 사람과의 연계를 제공해준다. 사랑은 한 사람과 강력하게 연계되어 있다는 느낌을 갖게 만들어주는 반면, 권력은 전체 집단과 강력하게 연계되어 있다는 느낌을 갖게 만들어준다는 것이다.

모겐소는 이러한 방식으로 권력 추구를 단지 사랑과 인정의 추구가 확장된 것으로 생각하였다. 아마도 강력한 지도자가 신하들에게 노래[예컨대, 영국 국가인 '하나님, 여왕 폐하를 지켜주소서(God Save the Queen)'], 굳은 맹세, 상징적 몸짓(군대의 거수경례), 개인적 희생 등을 통해서 자신을 향한 충성과 애정의 증거를 반복적으로 표출하도록 요구하기 십상인 까닭이 바로 이것이겠다. 그렇지만 사랑을 권력과 구분해주는 한 가지 중요한 차이점이 존재한다.

- 사랑에서는 서로가 상대방에게 동등한 영향력과 제어를 행사함으로써 (적어도 이상적으로는) 균형 잡힌 결합을 이루는 것으로 생각한다.

- 권력에서는 한 사람이 다른 사람이나 집단을 제어함으로써 불균형적인 결합을 이루는 것으로 생각한다.

모겐소는 권력이 사랑과는 달리 소속감 욕구를 충족시키지 못하기 십상인 까닭은 바로 이러한 불균형 때문이라고 주장하였다. 역설적으로 권력이 외로움을 치유해주지 못할 때, 권력자는 더 많은 권력을 추구하는 행동을 나타내기 십상이다. 조금만 더 많은 권력을 갖는다면, 마침내 자신의 삶에서 공허함을 메꿀 수 있을 것이라고 생각하기 때문이다. 모겐소의 이러한 통찰은 사람들이 권력을 얻을수록 더 많은 권력을 원하는 것처럼 보이는 이유를 설명하는 데 도움을 준다. 그렇지만 아무리 노력을 경주한다고 하더라도 권력은 결코 추구하고 있는 인정감과 소속감을 제공해주지 못한다. "정상에 오를수록 외롭다."라는 속담이 틀린 것만은 아니겠다.

권력이 소속감 욕구를 충족시키는 데에는 적절하지 않을 수 있지만, 두 번째 핵심 동기, 즉 자율성 욕구를 충족시키는 데에는 적합하다. 사회 환경을 더 많이 제어할수록, 개인적 제어력을 더 많이 갖게 된다(Smith, Jostmann, Galinsky, & van Dijk, 2008; Willis & Guinote, 2011). 이 사실은 선택이나 제어가 결여된 상황에 처한 사람이 권력을 추구할 가능성이 더 높은 이유를 설명하는 데 도움이 된다(Inesi, Botti, Dubois, Rucker, & Galinsky, 2011).

권력의 긍정성과 부정성 만일 권력이 자율성 욕구를 충족시키고 환경에 대한 제어력을 더 많이 제공한다면, 목표를 달성하기 쉽게 만들어줌으로써 그 목표에 긍정적인 영향을 미칠 것이라고 생각하는 것이 논리적이겠다. 예컨대, 빌 게이츠는 컴퓨터 산업을 개혁할 뿐만 아니라 이 세상을 더 살기 좋은 곳으로 만들고자 원하였다. 따라서 1994년에 자신의 마이크로소프트 주식 일부를 팔아서 빌 앤드 멜린다 게이츠 재단(Bill & Melinda Gates Foundation)을 창설하였는데, 이 재단은 세상에서 가장 크고 가장 투명하게 운영하는 자선단체이다. 빌 게이츠는 빈곤, 미국의 교육제도, 개발도상국가의 건강 문제 등과 같이 중요한 사회 문제를 해소하는 데 자신의 사회경제적 재산을 사용할 수 있었다. 따라서 권력은 빌 게이츠로 하여금 세상의 건강과 교육에 관한 자신의 목표를 향해 한 걸음 더 나아갈 수 있게 해주었다.

연구결과도 권력이 동기에 도움을 준다는 주장을 지지하고 있다. 한 연구에서 보면, 권력을 가지고 있었던 과거 상황을 회상한 사람이 권력을 상실한 상황을 생각한 사람보다 구직원서를 더 잘 작성하고 구직면접에 더 잘 대처하였다(Lammers, Dubois, Rucker, & Galinsky, 2013). 그렇지만 권력도 어두운 면을 가지고 있다. 아돌프 히틀러, 나폴레옹 보나파르트, 이오시프 스탈린과 같은 독재자의 경우에, 권력에 대한 억누를 수 없는 갈증이 결국에는 파멸과 죽음으로 이끌어갔다. 영국의 액튼 경(Lord John Dalberg Acton)이 말한 바와 같이, "권력은 부패하는 경향이 있으며, 절대 권력은 절대적으로 부패한다."

어떻게 권력은 이로운 결과와 해로운 결과를 모두 초래할 수 있는 것인가? 한 가지 이유는 자기제어에 대한 권력의 영향력과 관련이 있다. 우선 권력을 획득하려면, 강력한 자기제어 능력을 보여주어야만 한다(Ent, Baumeister, & Vonasch, 2012). 회사 CEO나 정당 지도자가 되는 것은 쉬운 일이 아니며, 그토록 높은 지위에 오르기 위해서는 상당한 자기제어가 필요하다. 그렇지만 지난 수년간에 걸쳐서 많은 권력자는 단지 자기제어의 결여 때문에 대중매체의 헤드라인을 장식해왔다. 예컨대, 미국의 경우 상원의원 존 에드워즈, 하원의원 앤서니 와이너, 중앙정보부장이자 4성장군인 데이비드 퍼트레이어스, 캘리포니아 주지사 아널드 슈워제네거, 그리고 대통령 빌 클린턴 등은 무분별한 성관계로 인해서 자신의 경력이 위협을 받거나 망가지고 말았던 정치인의 지극히 소수의 사례일 뿐이다. 다음 물음을 생각해보자.

> **어떻게 이러한 권력자들이 자신의 경력에서는 그토록 성공적이었음에도 개인적 삶에서는 비참할 정도로 취약해 보이는가?**

한 가지 답은 자기제어의 제한된 자원 모형에서 나온다. 삶의 한 측면에 지나치게 자기제어를 발휘하여 자원이 고갈됨으로써 다른 영역, 특히 성적 영역에는 자기제어를 발휘할 수 없게 된 것이다(Muraven, 2012). 이 모형을 사용하여 권력의 영향력을 분석해보면, 권력이 사람들로 하여금 한 목표(예컨대, 경력에 대한 포부)에는 자기제어를 많이 행사하도록 부추기지만, 다른 목표(예컨대, 개인적 관계)에 있어서는 자기제어 실수에 취약하게 만든다는 사실을 볼 수 있다.

이러한 주장을 경험적 증거 측면에서 보면, 수많은 실험실 연구는 권력이 핵심 목표에 대한 자기제어를 구사하는 능력을 증가

시킨다는 사실을 밝혀왔다(Ent et al., 2012). 강력한 역할을 부여받은 사람은 수동적으로 행동하기보다는 주도권과 행동을 취하려는 강력한 경향성을 보여준다(Galinsky, Gruenfeld, & Magee, 2003). 마찬가지로 높은 권력 개념으로 점화된 사람은 낮은 권력 개념으로 점화된 사람보다 스트룹 과제(자기 억제의 한 가지 측정치이다)에서 더 우수한 수행을 보인다(Smith et al., 2008).

중요한 사실은 권력을 가진 사람이 자신의 제한된 자기제어 자원을 어디에 투여할 것인지에 있어서 더욱 전략적이라는 사실을 이 연구들이 시사한다는 점이다(DeWall, Baumeister, Mead, & Vohs, 2011). 지도자가 수행하기 십상인 과제(예컨대, 위험도가 높은 상황에서 책임을 져야 하는 과제)일 때에는 권력이 과제 수행을 증진시킨다. 그렇지만 반드시 지도자가 수행해야 할 과제가 아닐 때에는(예컨대, 무의미한 수학 계산) 권력이 과제 수행을 저해한다. 또한 높은 권력 역할을 맡고 있는 사람은 목표와 무관한 단어보다는 목표와 관련된 단어를 신속하게 확인해내는 반면, 낮은 권력 역할을 맡고 있는 사람은 그러한 차이를 보이지 않는다(Guinote, 2007; Slabu & Guinote, 2010). 따라서 권력은 사람들의 자기제어 자원과 주의를 핵심 목표에 집중시키고, 무관한 목표로부터 멀어지게 만드는 것으로 보인다.

여러분 자신을 동기화시켜라

힘 있는 자세를 취하라

동물의 왕국에서, 유기체는 신체언어를 사용하여 무리에게 주도권과 권력을 나타낸다. 고릴라는 가슴을 두드리고, 개는 송곳니를 드러내며, 킹코브라는 고개를 빳빳하게 들고 후두판을 펼친다. 인간의 경우에도 권력 지위에 있는 사람은 주도적인 신체언어(예컨대, 당당하게 서서 가슴을 내민다)를 통해서 자신의 용맹을 소통한다. 그렇지만 최근 연구는 그 역도 참이라는 사실을 보여주고 있다. 주도적인 자세를 취하는 것이 실제로 권력을 더 많이 가지고 있는 것처럼 느끼게 해줄 수 있다는 것이다. 한 연구에서 어떤 참가자에게는 높은 권력 자세(책상 위에 두 다리를 얹고는 두 손을 깍지 끼어 머리 뒤를 받치고 앉아있는 자세)를 취하도록 요구하고, 다른 참가자에게는 낮은 권력 자세(두 팔을 몸에 붙이고 손을 무릎 위에 올려놓고 앉아있는 자세)를 취하도록 요구하였다(Carney, Cuddy, & Yap, 2010). 결과를 보면, 높은 권력 자세를 취한 사람이 더 많은 권력을 느끼며 위험을 감수할 의사도 더 높다고 보고하였다. 이에 덧붙여서 남자와 여자 참가자 모두에게 있어서 높은 권력 자세를 취한 사람이 코르티솔(스트레스 호르몬)의 25% 감소와 테스토스테론(주도성과 관련된 호르몬)의 19% 증가를 나타냈다. 흥미로운 사실은 이러한 호르몬 패턴이 예전부터 리더십 능력과 연계되어 왔다는 점이다. 따라서 장차 여러분이 중요한 회의나 구직 면접과 같이 힘을 느낄 필요가 있는 상황에 처할 때에는 반드시 똑바로 서서 머리를 높이 들고 힘 있는 자세를 취하도록 하라. 그런 자

세를 취하는 것은 다른 사람에게 여러분의 힘을 보여줄 뿐만 아니라, 스스로를 자신 있게 만들어줄 것이다. 그렇지만 이러한 힘 있는 자세를 현명하게 사용하도록 하라. 후속 연구는 힘 있는 자세를 취하는 사람이 절도, 속임수, 위법을 저지를 가능성도 더 크다는 사실을 찾아냈다(Yap, Wazlawek, Lucas, Cuddy, & Carney, 2013). 만화의 슈퍼히어로처럼, 여러분도 새롭게 찾아낸 힘을 악한 것보다는 선한 것에 사용하도록 하라.

권력이 역효과를 낼 수도 있는가 권력이 사람들로 하여금 자신의 목표에 집중하도록 만들어주지만, 충동에 초점을 맞추어서는 궁극적으로 자기제어 실패로 이끌어갈 수도 있는 것으로 보인다. 예컨대, 높은 권력 역할을 부여받은 사람은 낮은 권력 역할을 맡은 사람보다 시식회에서 초콜릿을 더 많이 먹었다(Guinote, 2010). 또한 높은 권력 역할을 부여받은 사람은 낮은 권력 역할을 맡은 사람보다 무분별한 성관계와 연합된 위험을 낮게 지각하기 때문에 이렇게 위험한 행동에 몰입할 가능성이 더 높다(Anderson & Galinsky, 2006). 이에 덧붙여서, 남자이든 여자이든 직장 위계에서 권력을 더 많이 가지고 있는 사람은 자신의 배우자를 속일 가능성도 더 높다(Lammers, Stoker, Jordan, Pollmann, & Stapel, 2011).

이렇게 이례적인 결과에 대한 설명은 권력이 사람들을 행위지향적으로 만들기 때문에 자신이 원하는 것을 추구할 가능성이 더 높아진다는 것이다(Galinsky, Gruenfeld, & Magee, 2003). 강의에서 A학점을 얻고자 하거나 회사에서 CEO가 되기를 원할 때, 권력은 사람을 그 목표를 향해 몰아붙이게 된다. 그런데 초콜릿 한 조각이나 매력적인 이성이 눈에 들어오고 갑자기 그것을 원하게 될 때에도 권력은 그 목표를 향하여 사람을 몰아붙인다(Ent et al., 2012). 권력의 이러한 측면은 힘 있는 정치인이 무분별한 성관계로 인해서 자신의 경력을 무너뜨리기 십상인 까닭을 이해하는 데 도움을 준다.

글쓰기 과제 14.6

권력은 부패하는가?

흔히 권력은 부패한다고 말한다. 여러분이 공부한 것에 근거할 때, 이 진술에 동의하는가, 아니면 동의하지 않는가? 그 이유는 무엇인가? 권력은 부패한다고 가정할 때, 부패를 예방하거나 그 가능성을 감소시키기 위해서 할 수 있는 일은 무엇이라고 생각하는가?

14.6 개인–상황 설명

학습목표 : 변인들이 어떻게 상호작용하여 행동에 영향을 미치는지를 설명한다.

동기에 영향을 미치는 강력한 개인차가 존재한다. 이 장에서는 동기에 영향을 미치는 강력한 상황 차이도 논의하였다. 그렇다면 어느 것이 옳은 것인가?

동기는 개인 요인이 주도하는가, 아니면 상황 요인이 주도하는가?

그 답은 둘 모두 목표지향 행동에 영향을 미친다는 것이다. 개인과 상황 중에서 어느 요인이 더 많은 영향을 미치는지를 놓고 논쟁을 벌이는 대신에, 많은 이론가는 두 요인이 모두 중요하다는 데 동의하고 있다. 그러한 **개인–상황 설명**(person-by-situation explanation)은 개인 변인과 상황 변인이 복잡하게 상호작용하여 개인 반응에 영향을 미친다고 주장한다(Bowers, 1973; Endler, 1975; Sorrentino, 2013). 다시 말해서, 상황의 위력은 개인의 자질에 의존적이며, 그 역도 마찬가지이다.

예컨대, 이 장의 앞부분에서 각성 이론은 사람들이 (너무 높지도 않고 너무 낮지도 않은) 적절한 수준의 각성을 추구한다고 주장한다는 사실을 보았다. 그렇지만 여러분이 적절한 수준으로 느끼는 각성은 친구가 적절한 수준으로 느끼는 각성과 전혀 다를 수도 있다. 예컨대, 내향적인 사람은 자극에 더 민감하기 때문에, 외향적인 사람보다 더 일찍 적정 수준에 도달한다. 한 연구를 보면, 내향적인 사람은 배경소음이 낮은 수준일 때 학습 과제를 더 잘 수행하였지만, 외향적인 사람은 소음이 더 높은 수준일 때 더 잘 수행하였다(Geen, 1984). 따라서 각성을 일으키는 환경자극(예컨대, 소음)이 행동에 미치는 영향은 개인 성격(예컨대, 내향성)에 달려있는 것이다.

개인과 상황 모두의 중요성을 간파한 최초의 심리학자 중의 한 사람이 쿠르트 레빈(Kurt Lewin)이었다(Sorrentino, 2013). 레빈은 사회 환경을 행위 공간으로 간주하고, '생활공간(life space)' 또는 '장(field)'이라는 용어를 사용하였다. 레빈에 따르면, 이러한 장의 힘이 사람들을 목표로 향하거나 목표로부터 멀어지도록 이끌어간다. 보상 구조나 시간 제약과 같은 몇몇 힘은 외부 환경에서 유래한다. 개인의 현재 활성화된 욕구나 '긴장'과 같은 다른 힘은 개인 내부에서 유래한다. 레빈(1936, 1942)은 이러한 견해를 수학적으로 공식화한 **장 이론**(field theory)으로 표현하였는데, 행동(B)은 개인 요인(P)과 환경 요인(E) 모두의 함수(f)라고 다음과 같이 나타내고 있다.

$$B = f(P, E)$$

보다 최근에는 인간 행동이 상이한 상황에 따라 오르내리지만, 그러한 오르내림은 안정된 범위('대역') 내에 머무르는 경향이 있다고 주장하는 유사한 이론이 제기되었다(Fleeson, 2001). 내향적인 사람이 때로는 외향적으로 행동하고, 외향적인 사람도 때로는 내향적으로 행동하지만, 장기적으로 보면 내향적인 사람은 내향적 행동에 더 많이 몰입하고 외향적인 사람은 외향적 행동에 더 많이 몰입하는 패턴이 출현하게 된다. 따라서 다양한 상황에 걸쳐서 다양한 행동을 수집했을 때 비로소 진정한 성격 차이가 출현하는 것을 보기 시작한다.

동기에 대한 개인과 상황 영향력의 조합은 이 장의 서두에서 제시하였던 빌 게이츠 사례에서 쉽게 볼 수 있다. 그의 성공은 개인 요인(예컨대, 지능, 컴퓨터에 대한 관심 등)과 환경 요인(예컨대, 사회경제적 지위, 컴퓨터에의 접속 등) 모두의 함수임이 확실하다. 빌 게이츠와 동일한 수준의 지능을 가지고 있지만, 컴퓨터에 접속할 수 없었던 다른 사람은 그토록 성공적이지 못하였을 것이다. 마찬가지로, 빌 게이츠와 동일하게 컴퓨터에 접속할 수 있었지만 지능이나 관심사가 모자란 또 다른 사람도 그토록 성공적이지 못하였을 것이다. 따라서 빌 게이츠의 혁혁한 성취로 이

끌어간 것은 개인과 상황 요인의 조합이었던 것이다. 심리학자들이 진정으로 동기의 인과적 역동성을 포착하려면 한 개인에게 영향력을 행사하는 모든 개인 요인과 환경의 힘을 고려해야만 한다는 레빈의 주장은 이러한 해석과 맥을 같이한다.

나만의 프로젝트 14.4

되돌아보기

1. 여러분은 목표를 달성하는 데 성공적이었는가? 목표의 몇 퍼센트를 달성하였는가?
2. 그만큼 달성하는 데 개인 요인과 환경 요인이 상대적으로 얼마나 공헌하였는가?
3. 개인 요인 중에서는 구체적으로 어떤 요인이 더 중요한 역할을 담당하였는가?
4. 환경 요인 중에서는 구체적으로 어떤 요인이 더 중요한 역할을 담당하였는가?
5. 그 개인 요인과 환경 요인은 어떻게 상호작용하였다고 생각하는가?
6. 어떻게 하였더라면 여러분의 목표를 더 많이 달성하였겠는가?

글쓰기 과제 14.7

개인–상황 설명 적용하기

어떤 강의의 첫 번째 시험에서 낙제한 학생의 사례를 들어보자. 이러한 실패를 설명할 수 있는 개인 중심의 변인들을 확인해보라. 그런 다음에 그 실패를 설명할 수 있는 상황 중심의 변인들을 확인해보라. 마지막으로 개인 중심의 변인 하나가 어떻게 상황 중심의 변인 하나와 상호작용하여 이 실패를 가장 잘 설명할 수 있는지를 설명해보라.

요약 : 상황의 영향

14.1 상황의 위력

- 많은 동기이론가는 내적 요인(예컨대, 성격)에 초점을 맞춘다. 훨씬 적은 수의 이론가들이 외적 요인(예컨대, 환경)에 초점을 맞추고 있다.

14.2 행동주의

- 행동주의는 사고나 정서와 같은 내적 심리 상태를 고려하지 않은 채 객관적이고 체계적인 방식으로 행동을 연구해야만 한다고 주장한다.
- 학습과 행동 수정에서 상황이 주도적인 힘이라는 행동주의자의 깨달음은 다윈이 제안한 진화론의 영감을 받은 것이다.

- 손다이크의 효과의 법칙은 바람직한 결과가 곧바로 뒤따르는 반응이 그렇지 않은 반응보다 그 상황과 더 많이 연합되기 때문에, 유기체가 동일한 상황에 다시 처하게 되면 그 행동을 다시 나타낼 가능성이 더 커진다고 주장한다.
- 조건형성이란 개념 간 연합의 형성을 말한다. 고전적 조건형성은 환경자극이 중립적으로 발생하는 자극과 연합될 때 이루어진다(예컨대, 파블로프 연구). 조작적 조건형성은 한 행동이 그 행동에 대한 긍정적 결과나 부정적 결과와 연합될 때 이루어진다. 긍정적 결과(예컨대, 보상)는 행동의 학습을 증가시킨다. 부정적 결과(예컨대, 처벌)는 행동의 학습을 감소시킨다.
- 강화는 행동에 뒤따르면서 그 행동을 강력하게 만들거나 증가

시키는 사건으로 정의한다. 정적 강화는 유쾌한 결과의 존재를 수반한다. 부적 강화는 불쾌한 결과의 제거를 수반한다.

- 강화계획이란 강화물의 출현시점을 말한다. 강화는 연속적이거나(행동이 나타날 때마다 강화한다), 부분적일 수 있다(가끔씩만 강화한다). 부분 강화는 고정적이거나 변동적인 것으로 분할할 수 있고, 비율(반응의 횟수)이나 시간간격(경과한 시간)을 수반할 수 있다. 따라서 네 가지 유형의 강화계획을 초래한다.

- 행동주의 원리를 적용하는 것은 원하는 행동을 증가시키기 위한 환경 변화를 수반한다.

14.3 추동 이론

- 클라크 헐의 추동 이론은 행동이 추동에 습관을 곱한 것의 함수라고 주장한다(행동 = 추동 × 습관). 헐이 추동과 습관은 곱의 관계를 갖는다고 주장한 까닭은 만일 추동이 없다면 아무리 습관 강도가 크다고 하더라도 행동이 나타나지 않는다고 믿었기 때문이다.

- 추동은 박탈된 생물적 욕구(예컨대, 배고픔, 갈증, 수면부족 등)가 초래하는 긴장이나 각성 상태로 정의한다. 헐은 추동을 **비특정 각성**으로 간주하였다. 즉, 추동이 활성화되면, 박탈된 욕구와 연관된 행동뿐만 아니라 모든 행동을 활성화시킨다는 것이다.

- 다른 동기 설명보다 추동을 선호하는 까닭은 실험실에서 처치를 가할 수 있으며, 행동에 미치는 효과를 쉽게 관찰할 수 있기 때문이다.

- 높은 추동은 쉬운 과제(즉, 습관반응을 요구하는 과제)의 수행을 촉진하며, 어려운 과제(즉, 비습관적이고 새롭게 학습한 반응을 요구하는 과제)의 수행을 손상시킨다.

- 헐의 추동 이론은 다음과 같은 이유, 즉 비특정 각성에 대한 지지증거 결여, 비생물적 동기에 대한 설명 결여, 추동을 감소시키지 않거나 추동을 증가시키는 행동에 대한 설명 결여 등에서 비판을 받았다.

14.4 각성 이론

- 각성은 의식, 주의, 행동의 강도 등에 책임이 있는 것으로 생각하는 광범위하게 정의된 개념이다. 각성은 특정 두뇌영역(예컨대, 망상 활성화 체계)과 연관되어있다.

- 각성 이론은 (1) 모든 행동을 이완 대 흥분의 연속선에 위치시킬 수 있으며, (2) 적절한 수준의 각성이 수행에 최선이라고 가정한다(너무 낮거나 너무 높은 각성은 수행을 손상시킨다).

- 여키스-닷슨 법칙은 각성과 수행 간의 관계가 과제 난이도에 달려있다고 주장한다. 쉬운 과제에 대한 적정 수준의 각성은 어려운 과제에 대한 적정 수준의 각성보다 높다.

- 감각 박탈이란 하나 이상의 감각에서 자극의 의도적인 감소나 제거를 말한다. 감각 박탈에 관한 연구는 지나치게 낮은 각성이 불쾌한 것이라는 생각을 지지한다.

- 적절한 각성 수준을 가장 유쾌한 것으로 지각한다(지나치게 낮거나 높은 각성은 불쾌한 것이다).

- 각성 이론은 다음과 같은 이유에서 비판을 받았다. 다른 요인(예컨대, 정서, 사고 등)이 인간 행동에 대해서 더 효과적인 설명을 제공한다. 각성은 반드시 생리적 특성에 의존하는 것이 아니다.

14.5 사회 상황

- 사회 촉진이란 다른 사람의 존재가 과제 수행을 증진시키는(촉진하는) 경향을 말한다.

- 사회 억제란 다른 사람의 존재가 과제 수행을 손상시키는(억제하는) 경향성을 말한다.

- 제이온스 이론은 다른 사람의 존재가 각성을 증가시키고, 과제가 쉬울 때에는 이러한 각성이 행동을 촉진하지만 과제가 어려울 때에는 행동을 억제한다고 주장한다.

- 몰개인화란 사람들이 집단 속에 있을 때 발생하는 자기자각과 개인적 책임감의 상실을 말한다. 몰개인화가 일어날 때에는 인간 행동을 검열하는 문화 규칙과 규범이 더 이상 힘을 쓰지 못하고, 사람들이 자신의 이기적이고 폭력적인 충동에 굴복할 가능성이 높아진다.

- 몰개인화는 생래적으로 좋거나 나쁜 것이 아니다. 사람들의 주의를 개인이나 사회의 규칙보다는 집단 규칙에 몰입하게 만든다. 따라서 몰개인화는 집단 응집성을 공고하게 만들어주기 때문에 이점을 가질 수도 있다.

- 사회 태만이란 사람들이 혼자 작업할 때보다 집단으로 작업할 때 노력을 덜 경주하는 경향성을 말한다. 사회 태만이 일어나는 까닭은 사람들이 집단 속에 있을 때에는 자신의 공헌에 책임감을 덜 느끼기 때문이다. 따라서 책임감을 증가시키면 사

회 태만이 줄어든다.

- 사회 권력이란 가치 있는 자원을 제공하거나 제한함으로써 또는 처벌을 가함으로써 다른 사람을 제어하는 능력을 말한다. 이것이 바람직한 까닭은 자율성과 소속감이라는 기본 욕구를 충족시키기 때문이다.

- 권력을 쥐는 것이 목표 달성 가능성을 증가시키는 까닭은 권력이 핵심 목표에 대한 자기제어를 구사하는 능력을 증가시키기 때문이다. 그렇지만 권력은 사람들이 충동을 추구할 가능성도 높이기 때문에, 목표 추구를 손상시킬 수도 있다.

14.6 개인-상황 설명

- 개인-상황 설명은 개인 요인과 상황 요인이 복잡한 방식으로 상호작용하여 행동에 영향을 미친다고 주장한다.

- 그러한 한 가지 설명이 레빈의 장 이론이며, 이 이론은 행동(B)이 개인 요인(P)과 환경 요인(E)의 함수(f)라고 주장한다. 즉 $B = f(P, E)$이다. 레빈에 따르면, 한 개인의 '장'에 존재하는 환경과 개인의 힘이 그 개인으로 하여금 목표를 향하거나 목표로부터 멀어지도록 이끌어간다.

- 플리슨은 사람들의 행동이 다양한 상황에 걸쳐 오르내리지만, 그러한 오르내림은 안정된 범위('대역') 내에서 머무는 경향이 있다고 주장한다.

글쓰기 과제 14.8

동기에 대한 행동주의 접근 분석하기

행동주의자는 오직 직접 관찰할 수 있는 것만을 과학적으로 연구할 수 있다고 주장한다. 다시 말해서 과학자는 환경 자극(예컨대, 강화계획, 먹이 박탈 등)이 어떻게 동기 행동에 영향을 미치는지를 살펴볼 수 있지만, 내적 요인(예컨대, 사고, 정서 등)이 어떻게 그러한 행동에 영향을 미치는지는 살펴볼 수 없다는 것이다. 우선 오직 행동주의 접근만을 사용하여 동기를 연구하는 것의 잠재적 장점 목록을 작성해보라. 그런 다음에 행동주의 접근만을 사용하여 동기를 연구하는 것의 잠재적 단점 목록을 작성해보라. 마지막으로 여러분 개인의 견해를 제시하라. 여러분은 직접적으로 관찰할 수 있는 요인만을 사용하여 동기를 연구해야 한다고 믿는가? 그렇게 믿거나 그렇지 않다고 믿는 이유는 무엇인가?

15

동기과학을 건강 문제에 적용하기

학습목표

15.1 건강한 체중 유지에 수반된 동기 요인을 분석한다.

15.2 음주에 수반된 동기 요인을 설명한다.

15.3 효과적인 건강 개입의 자질을 분석한다.

15.4 스트레스 성분을 분석한다.

15.5 행복의 결정 요인을 분석한다.

모건 스펄록의 맥다이어트 이야기

현대인은 패스트푸드를 사랑한다. 맥도날드 하나만도 전 세계적으로 매일같이 68,000,000명 이상에게 음식을 공급하는데, 이것은 전 세계 인구의 약 1%에 해당하는 숫자이다. 아마도 여러분은 맥도날드와 같은 식당이 건강에 좋은 음식 선택지를 제공하지 않는다고 알고 있겠지만, 그들이 판매하는 음식이 위험한 것이라고 극단적으로 말할 수 있겠는가? 2002년에 뉴욕의 한 소송사건이 주장한 것이 바로 이것이었다. 변호사들은 맥도날드 음식을 지속적으로 먹는 것이 두 10대 소녀의 비만과 형편없는 건강에 책임이 있다고 주장하였다. 맥도날드 측은 맥도날드 음식의 위험성은 잘 알려져 있으며 이 소녀들의 건강 문제가 오직 맥다이어트 때문이라는 증거가 없기 때문에 그 소송은 경솔한 것이라고 주장하였다. 판사는 소송을 기각하였지만, 삼시세끼 맥도날드 음식을 먹는 것이 불합리하게 위험한 것이라는 증거를 제공할 수 있다면 합법적인 소송이 될 수 있겠다고 말하였다. 비록 소송은 기각되었지만, 판사의 언급은 흥미진진한 물음을 던진다. 즉, 만일 건강하고 활동적인 사람이 한 달 동안 맥도날드 음식만 먹으면 실제로 어떤 일이 일어날 것인가? 이 물음에 답하기 위하여 다큐멘터리 영화감독인 모건 스펄록은 바로 이 생각을 검증하고자 자신을 인간 기니피그로 사용하였으며, 2004년도 영화 〈슈퍼사이즈 미(Supersize Me)〉에서 자신의 행각을 다큐멘터리로 보여주었다.

모건은 30일간의 행각에서 준수해야만 하는 다음과 같은 네 가지 규칙을 설정하였다.

1. 하루에 반드시 세끼를 먹어야 한다.
2. 맥도날드에서 파는 음식만을 먹을 수 있다.

3. 메뉴에 들어있는 모든 음식을 적어도 한 번은 먹어보아야만 한다.
4. 주문받는 사람이 물었을 때 오직 슈퍼사이즈 선택지만을 선택한다(즉, 가장 큰 프렌치프라이와 음료수를 선택한다).

여정의 첫날은 대단한 것이었다. 그는 본질적으로 아침, 점심, 저녁식사로 맥도날드 음식을 먹는 모든 10대의 꿈을 살고 있었다. 그렇지만 둘째 날이 되자, 그의 신체가 강력한 반작용을 일으켰다. 고지방, 고탄수화물 음식이 반복적으로 토하게 만들었다. 마침내 그의 신체가 적응하였으며, 일주일이 지난 후에는 그를 괴롭히던 음식이 이제는 더 이상 질리지 않는 음식이 되어버렸다. 식사시간과 식사시간 사이에 음식에 대한 강렬한 갈망과 편두통에 시달렸으며, 주치의는 그가 신체적으로 맥도날드 음식에 중독된 것처럼 보인다는 소견을 내놓게 되었다.

한 달에 걸친 맥다이어트에서 모건은 어떻게 되었겠는가? 그는 USDA(미국 농무부)가 권장하는 하루 칼로리 섭취량보다 2배 이상을 섭취하였으며, 체중이 13kg 늘었고, 콜레스테롤 수치는 65나 치솟았으며, 심장병 위험이 배가되고, 대부분 시간을 우울하고 탈진 상태로 보냈으며, 성적 충동은 사라졌고, 간은 지방덩어리로 변하였다. 실제로 간 손상은 주치의가 심각한 알코올 중독 사례에 비유할 만큼 치명적인 것이었다. 검사 결과는 그가 간부전, 신장결석, 통풍, 조기 사망의 길로 접어들었음을 나타냈으며, 주치의는 한 달이 되기 전에 실험을 중지할 것을 강권하였다. 일단 실험이 막을 내리자, 모건은 자신의 건강한 생활양식으로 되돌아왔으며 늘어난 체중을 감량하기 위하여 엄격한 채식 다이어트를 고수하였다. 그렇지만 단지 30일 만에 늘어난 체중을 다시 감량하는 데에는 1년이 넘게 걸렸다. 모건의 패스트푸드 섭

그림 15.1 미국인의 패스트푸드 섭취

체중 증가와 감소에 관한 모건 스펄록 이야기는 확실히 극단적인 경우이다. 하루 세끼 맥도날드 음식을 먹는 사람은 거의 없지만, 많은 사람들은 꽤나 정기적으로 패스트푸드를 먹는다(Dugan, 2013).

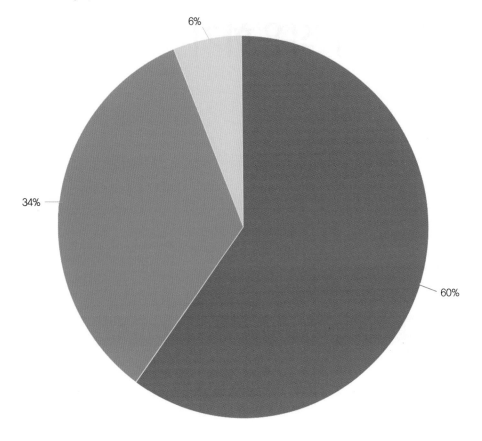

● 일주일에 한 번은 패스트푸드를 먹는다.
● 일주일에 여러 번 패스트푸드를 먹는다.
● 매일 패스트푸드를 먹는다.

취를 많은 미국인의 것과 비교해보려면 그림 15.1을 참조하라.

 젊은 성인의 경우에는 그 수치가 더 높다(예컨대, 매주 57%가 패스트푸드를 먹는다). 비록 대부분의 사람은 모건이 한 달 동안 먹었던 것만큼 많은 양의 패스트푸드를 섭취하지는 않는다고 하더라도, 1년에 걸쳐서는 그만큼

의 패스트푸드를 섭취할 것이다. 이 사실은 흥미로운 역설을 제공한다. 건강에 좋지 않다는 사실을 알고 있음에도 어째서 사람들은 패스트푸드를 먹는 것인가? 동일한 맥락에서, 어째서 사람들은 좋지 않다는 사실을 알고 있음에도 건강하지 않은 행동을 수행하는 것인가?

이 장에서는 이 물음에 대한 답을 탐색한다. 우선 대학생에게 영향을 미칠 가능성이 매우 높은 건강 문제, 즉 건강한 체중을 유지하는 문제와 음주 문제에 초점을 맞추고, 신체 건강에 대한 주요 위협 요인에 수반된 동기 요인에 관하여 언급한다. 또한 그러한 건강 위협 요인에 대처하도록 설계된 개입 프로그램에

필요한 자질도 논의한다. 마지막으로 정신건강과 안녕감에 수반된 요인들에 관한 논의로 확장한다. 이 장에 포함된 정보는 여러분이 건강한 삶을 영위하기 위하여 사용할 수 있는 현실적인 조언을 제공할 것이다.

15.1 건강한 체중 유지하기

학습목표 : 건강한 체중 유지에 수반된 동기 요인을 분석한다.

인류는 지난 수십 년 동안 신체건강을 증진시킨다는 측면에서 놀라운 행보를 보여왔다. 건강 교육, 건강 예방기법, 의공학과 치료의 획기적 발전은 놀랄만한 진보를 초래해왔다. 심혈관 질환과 암에 의한 사망은 급격하게 줄어들었다. 2010년도 인구조사를 보면, 100세 이상의 미국인이 53,364명이었으며 90세까지 생존한 노인의 수는 30%나 증가하였다! 이것은 모두 대단한 일이지만, 모든 소식이 좋은 것만은 아니다. 비만, 당뇨, 고혈압, 높은 콜레스테롤 등 생명을 위협하는 다른 의학 문제들이 증가하고 있다(Mokdad et al., 2003). 사람들이 장수하고 있지만, 병든 채로 장수하고 있는 것이다.

오늘날 사람들을 황폐화시키고 삶을 위협하는 대부분의 건강 문제를 유전 요인이 초래하는 것은 아니다. 형편없는 행동 선택이 초래하고 있는 것이다. 좋지 못한 영양 섭취, 운동 부족, 은둔 생활양식 등이 모두 비만의 주요 요인이지만, 개인이 제어할 수 있는 요인들인 것이다. 그렇다면 역사상 그 어느 때보다도 건강에 관하여 많은 지식을 가지고 있으면서도 어째서 건강에 대한 열악한 결정으로 어려움을 겪을 수 있단 말인가? 동기 연구는 이 물음에 대한 몇 가지 가능한 답을 제공하고 있다.

> **다음 물음을 생각해보자 : 무엇이 사람들로 하여금 먹도록 동기화시키는가?**

얼핏 보기에 이것은 간단한 답을 가지고 있는 단순한 물음인 것처럼 보인다. 먹는 것이 생존에 필요한 것이라면, 어느 기간 동안 먹지 않으면 배가 고프기 때문에 먹는다고 말하는 것이 합리적인 것처럼 보인다. 이러한 **항상성 배고픔**(homeostatic hunger)은 음식 섭취의 장시간 부재가 주도한다(Lowe & Butryn, 2007). 그렇지만 비만 통계치를 잠시 살펴보면, 이것만이 사람들이 먹는 이유가 아님을 알 수 있다(그림 15.2).

그림 15.2 미국에서 과체중과 비만율

그림에서 보는 바와 같이, 오늘날 미국 성인의 75%가 과체중이거나 비만이며, 50년 전에는 46%가 그러하였다(Flegal, Carroll, Kit, & Ogden, 2012; Ogden & Carroll, 2010).

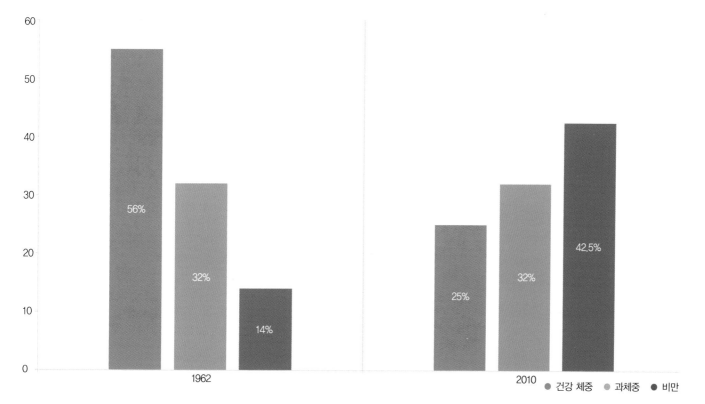

설상가상으로, 비만율은 아동 사이에서 꾸준히 증가하고 있으며, 많은 전문가는 가장 어린 미국인 세대가 부모보다 기대수명이 짧은 최초의 세대가 될 것이라고 믿고 있다(Flegal, Carroll, Kit, & Ogden, 2012). 미국의 전 영부인 미셸 오바마가 아동기 비만과의 싸움을 벌이기 위하여 '렛츠 무브(Let's move!)' 운동을 시작한 이유가 바로 이것이다. 그런데 비만은 미국만의 문제가 아니라 전 지구적 문제이다. 뉴질랜드, 오스트리아, 영국, 캐나다 등과 같은 국가는 모두 국민의 50% 이상이 과체중이다. 이 수치는 사람들이 수많은 상이한 이유 때문에 먹도록 동기화되며, 대부분은 항상성 배고픔과 아무 관계가 없다는 사실을 명백하게 보여주고 있다.

⌄ 이 절이 끝날 무렵에 여러분은 다음에 답할 수 있을 것이다.

15.1.1 환경 요인이 어떻게 체중에 영향을 미치는지를 설명한다.

15.1.2 쾌락성 배고픔과 자기제어 간의 투쟁을 기술한다.

15.1.3 건강한 체중을 유지하는 데 있어서 다이어트의 역할을 설명한다.

15.1.1 환경의 영향

학습목표 : 환경 요인이 어떻게 체중에 영향을 미치는지를 설명한다.

환경 요인은 사람들이 무엇을 얼마나 먹을 것인지에 1차적으로 영향을 미친다. 1인분 용량의 증가, 패스트푸드의 가용성, 앉아서 하는 오락(예컨대, 비디오게임), 광고 등은 모두 지난 50년에 걸쳐서 비만 증가에 기여해왔다. 예컨대, 텔레비전 광고는 칼로리와 지방이 많고 영양가가 낮은 음식(예컨대, 맥도날드, KFC, 오레오 쿠키 등)을 선전한다. 여러분이 신선한 과일이나 잎사귀가 많은 녹색 채소 광고를 마지막으로 본 것은 언제였는가? 여러분이 이렇게 건강하지 않은 음식을 먹도록 만들기 위하여 전문가에게 수백만 달러를 지불하고 있기 때문에, 이러한 제품은 건강한 음식제품보다 광고에서 우위를 점하고 있다. 한 연구에서 보면, 먹거리 광고를 곁들인 만화영화를 시청한 아동이 광고 없이 동일한 만화영화를 시청한 아동보다 제공한 스낵과자를 45%나 더 많이 먹었다(Harris, Bargh, & Brownell, 2009). 그렇기 때문에, 비만을 물리치기 위한 미셸 오바마의 '렛츠 무브' 캠페인은 아동에게 고칼로리 음식을 광고하는 행위를 제한하자는 제안을 포함하고 있다.

물리적 환경이 섭식행동에 영향을 미치는 것과 마찬가지로, 사회 환경도 마찬가지이다. 무엇인가를 먹는 대부분의 경우에 사람들은 다른 사람이 존재하는 상황에서 먹으며, 부지불식간에 다른 사람의 섭식행동을 자신이 먹어야 하는 양에 대한 지침으로 사용하고 있다(Herman, Roth, & Polivy, 2003). 함께 먹고 있는 사람이 많이 먹을 때, 자신도 많이 먹게 된다. 그 사람이 적게 먹으면 자신도 적게 먹는다. 심지어 이러한 사회 영향은 다이어트 시행자에게서도 나타난다. 다이어트 시행자의 섭식 지침은 전문가의 조언이나 칼로리 양과 같이 객관적인 기준에 근거함에도 말이다.

여러분 자신을 동기화시켜라

천천히 먹어라

사람들은 패스트푸드 세계에서 살고 있으며, 그렇기 때문에 빨리 먹는 경향이 있다. 그렇지만 연구결과를 보면, 먹는 속도를 늦춰야만 하는 여러 가지 이유가 있으며(Andrade, Greene, & Melanson, 2008; Martin, 2004; Otsuka et al., 2006), '슬로푸드 운동'을 시작한 이유도 바로 그것이다.

1. 천천히 먹는다는 것은 여러분이 1년에 10kg를 감량하기에 충분할 만큼의 칼로리를 적게 섭취한다는 것을 의미한다! 두뇌에 위가 포만 상태라는 사실을 등록하는 데에는 최소한 20분이 소요되기 때문이다. 급하게 먹으면, 뒤늦게 위가 포만 상태라는 것을 깨닫기도 전에 적정량 이상을 먹게 된다.
2. 천천히 먹는다는 것은 여러분이 한입 먹을 때마다 그 풍미를 보다 잘 음미할 수 있음을 의미한다. 목이 미어지도록 급하게 집어삼킨다면, 무엇인가 나쁜 것을 먹는 취지는 도대체 무엇인가?
3. 천천히 먹는 것은 소화를 증진시키고, 여러분 신체가 음식의 비타민과 영양소를 흡수하는 것을 용이하게 만들어준다.

15.1.2 쾌락성 배고픔과 자기제어 간의 투쟁

학습목표 : 쾌락성 배고픔과 자기제어 간의 투쟁을 기술한다.

사람들은 때때로 항상성 배고픔 때문에 먹지만, 대부분의 경우에는 먹는 것이 즐겁기 때문에 먹는다. 연구자들은 음식을 경험하는(또는 경험할 것이라고 기대하는) 즐거움을 위해 먹는 것을 의미하는 **쾌락성 배고픔**(hedonic hunger)이라는 용어를 사용한다(Lowe & Butryn, 2007). 항상성 배고픔은 음식을 먹지 않은 기간이 결정하는 반면, 쾌락성 배고픔은 다음과 같은 다른 요인들이 결정한다(Nederkoorn, Houben, Hofmann, Roefs, & Jansen, 2010; Stroebe, Papies, & Aarts, 2008).

1. 특정 음식 선호도
2. 환경에서 그 음식의 가용성

따라서 만일 여러분이 초콜릿 컵케이크를 정말로 좋아하는데 앞에 컵케이크가 놓여있다면, 쾌락성 배고픔 수준이 높아지게 된다. 여러분도 예상할 수 있는 바와 같이, 항상성 배고픔보다는 쾌락성 배고픔 때문에 무엇인가를 먹을수록, 건강한 체중을 유지하는 데 어려움을 겪을 가능성이 높아진다(Lowe & Butryn, 2007). 그렇지만 사람들이 매우 유혹적인 것이면 어느 것이든 먹는다는 가정을 연구문헌이 전적으로 지지하는 것은 아니다. 컵케이크를 좋아한다고 해서, 여러분 앞에 그것이 놓여있을 때마다 먹는다는 것을 의미하지는 않는다. 쾌락성 배고픔만이 섭식행동을 주도하지는 않기 때문이다. 자기제어 구사 능력도 섭식행동을 주도한다.

유혹에 저항하거나 충동을 억제하고자 원할 때에는 언제나 자기제어를 구사해야만 한다. 선행 과제에 자기제어 자원을 사용해버렸거나 만성적으로 자기제어 능력이 모자라기 때문에 자기제어가 낮을 때에는 충동을 검열하기가 더 어렵게 된다. 예컨대, 한 연구에서 보면, 체중 감량 목표를 가지고 있지만 선행 과제에 자기제어 자원을 사용해버린 사람은 그렇지 않은 사람보다 시식회에서 아이스크림을 더 많이 먹었다(Vohs & Heatherton, 2000). 여러분도 알고 있는 바와 같이, 건강한 체중의 유지는 쾌락성 배고픔과 자기제어라는 두 가지 동기 사이에서 직접적인 갈등을 불러일으킨다. 따라서 쾌락성 배고픔이 강할수록, 유혹적인 음식에 저항하고 여러분의 목표에 매달리기 위해 더 많은 자기제어 자원을 사용해야만 한다.

이 아이디어를 경험적으로 살펴보기 위해서 한 연구는 1년에 걸쳐 체중 증가에 관한 조사를 수행하였다(Nederkoorn et al., 2010). 연구를 시작할 때, 참가자들은 반응 억제력을 평가하는 표준적인 자기제어 강도 척도(즉, 정지 신호 과제; Logan, Schachar, & Tannock, 1997)에 응답하였다. 쾌락성 배고픔 강도를 평가하기 위해서 참가자들은 프렌치프라이, 피자, 과자, 감자튀김 등과 같은 스낵음식에 대한 무의식적 선호를 측정하는 척도에도 응답하였다. 결과를 보면, 스낵음식에 대한 강력한 무의식적 선호를 가지고 있는 사람의 체중이 증가할 가능성이 높았지만, 단지 자기제어 강도가 낮을 때에만 그러하였다(그림 15.3).

이 연구는 체중 증가가 나쁜 음식의 갈망에 의해서만 주도되

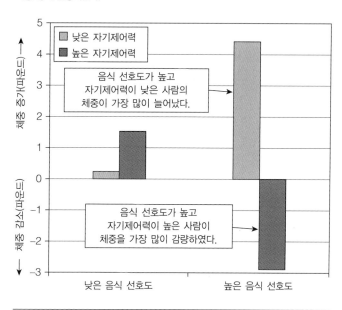

그림 15.3 **체중 감소에 대한 쾌락성 배고픔과 자기제어의 영향**

(1) 스낵음식에 대한 무의식적 선호가 높거나 낮으며, (2) 자기제어 특질이 높거나 낮은 사람들을 대상으로 1년에 걸친 연구를 수행하였다(Nederkoorn et al., 2010). 1년이 지날 무렵에, 스낵음식 선호도가 높고 자기제어 능력이 낮은 사람의 체중이 가장 많이 늘어났다. 스낵음식 선호도가 높고 자기제어 능력도 높은 사람이 체중을 가장 많이 감량하였다.

는 것이 아니라, 의지력 결여에 의해서도 주도된다는 사실을 알려준다. 체중 증가를 초래하는 것은 이러한 두 요인의 상호작용이기 때문에, 강한 갈망과 낮은 자기제어 능력을 가지고 있는 사람이 가장 취약하다. 놀랍게도, 이 연구에서 실제로 체중을 감량한 사람은 높은 자기제어 능력과 스낵음식에 대한 강한 선호를 가지고 있는 사람뿐이었다. 쾌락성 배고픔이 높은 사람이 낮은 사람보다 체중을 더 많이 감량하였다는 것이 이상하게 보일 수도 있다. 아마도 갈망하는 음식을 보는 것이 다이어트 목표를 생각나게 만들며, 다이어트에서 속임수를 쓰고 싶다는 유혹을 느낄 때마다 강력한 자기제어를 구사하도록 만들었기 때문이겠다(Fishbach, Friedman, & Kruglanski, 2003; Myrseth, Ove, Fishbach, & Trope, 2009).

15.1.3 다이어트 실행하기

학습목표 : 건강한 체중을 유지하는 데 있어서 다이어트의 역할을 설명한다.

체중을 유지하거나 감량하고자 할 때, 사람들이 시도하는 가장 보편적인 접근 하나가 다이어트를 실행하는 것이다. 어느 시점에

서든, 미국 여성의 50%와 미국 남성의 25%가 다이어트를 실행하고 있으며, 매년 다이어트 그리고 체중 감량 제품과 서비스에 700억 달러(약 77조 원)를 지출하고 있다(Marketdata Enterprises, 2011). 그리고 다이어트를 실행하고 있는 사람의 35%는 끊임없이 체중 증가와 감소가 순환되는 만성적인 다이어트 실행자가 된다. 그렇다면 다이어트 실행은 얼마나 효과적인 것인가? 체중 감량 목표에 도달하기 위한 좋은 방법인가? 데이터는 그렇지 않다는 사실을 시사한다. 다이어트를 실행하는 동안에는 상당한 양의 체중을 감량하기 십상이지만, 95%의 사람들이 다이어트를 중지한 후 1~5년 사이에 원상복귀한다(Mann et al., 2007; Marketdata Enterprises, 2011).

이러한 패턴이 나타나는 한 가지 이유는 다이어트 실행이 쾌락성 배고픔의 강도를 변화시키고, 시간이 경과하면서 그 강도가 작동하는 방식을 변화시키기 때문인 것으로 보인다. 정상적인 조건에서는 다이어트 실행자의 체중 감량 목표가 가장 현저한 것이 되어 체중 감량을 촉진하는 방식으로 행동을 이끌어간다고 호프만과 동료들(Hofmann, van Koningsbruggen, Stroebe, Ramanathan, Aarts, 2010)은 주장하고 있다. 그렇지만 유혹적인 음식 자극(예컨대, 갓 구워낸 빵의 냄새나 디저트 메뉴의 사진 등)에 노출되면, 다이어트 실행자는 그 음식의 쾌락적 자질에 점차 민감해진다. 따라서 다이어트를 오래 실행하였을수록, 유혹적인 음식에 대한 갈망은 강력해지고 저항하기 어렵게 된다는 것이다.

이 가능성을 검증하기 위하여 호프만과 동료들(2010)은 다이어트 실행자와 비실행자들을 중립적 단어(예컨대, '책')나 유혹적인 음식 단어(예컨대, '피자', '초콜릿' 등)에 노출시켰다. 그런 다음에 참가자들은 **감정 오귀인 절차**(affect misattribution procedure, AMP; Payne, Burkley, & Stokes, 2008; Payne et al., 2013; Payne, Cheng, Govorun, & Stewart, 2005)라고 부르는 과제를 수행하였는데, 이 절차는 여러분이 특정 자극에 즐거움을 얼마나 자동적으로 연합시키는지를 측정하는 것이다. 이 경우에는 참가자가 즐거움을 유혹적인 음식 사진에 얼마나 연합시키는지를 나타냈기 때문에, 쾌락성 배고픔 강도의 측정치로 기능하였다. 참가자가 AMP를 수행할 때에는 다음과 같은 두 가지 버전 중의 하나를 제시하였다.

1. 디저트 메뉴의 사진과 즐거움 평가 사이에 짧은 시간지연을 수반한 버전

2. 긴 시간지연을 수반한 다른 버전

AMP의 이러한 두 버전에서 참가자 반응을 비교함으로써, 연구자들은 시간이 경과함에 따라 참가자의 쾌락성 배고픔이 증가하는지 아니면 감소하는지를 결정할 수 있었다.

결과를 보면, 중립 단어에 노출된 다이어트 실행자는 시간이 경과함에 따라서 유혹적인 음식의 가치를 효과적으로 떨어뜨리고 쾌락성 배고픔을 감소시킬 수 있었다. 그렇지만 음식 단어에 노출된 다이어트 실행자는 자신의 쾌락성 배고픔을 제어할 수 없었다. 쾌락성 배고픔 수준이 증가하였으며, 이러한 배고픔은 시간이 경과하여도 지속되는 경향이 있었다. 반면에 비실행자는 중립 조건과 단어 조건 모두에서 쾌락성 배고픔을 제어할 수 있었다. 따라서 다이어트 실행자의 경우에는 유혹적인 음식이 체중 감량 목표를 와해시키는 '강렬한' 쾌락성 배고픔 상태를 촉발한다. 그렇지만 비실행자의 경우에는 그렇지 않다. 역설적이게도 비실행자는 자신이 체중 감량 목표를 추구하지 않고 있다고 생각하는 경우에도 유혹적인 음식을 회피할 가능성이 더 높다.

글쓰기 과제 15.1

다이어트는 실행할만한 가치가 있는가?

공부한 것에 근거할 때, 여러분은 다이어트 실행이 체중 감량을 위한 건강하거나 효과적인 방법이라고 생각하는가? 답을 작성할 때에는 그렇게 생각하는 이유를 반드시 설명하고, 여러분의 주장을 지지하는 사례나 증거를 제시하라. 그런 다음에 다이어트 실행이 특정 유형의 사람, 특정 유형의 상황 또는 특정 양의 체중 감량(예컨대, 5kg 감량 대 50kg 감량)에서 더 효과적일 수 있는지를 생각해보라. 답을 작성할 때에는 다이어트 실행이 얼마나 효과적일지를 결정할 요인 중에서 적어도 두 가지를 확인해보라.

15.2 음주

학습목표 : 음주에 수반된 동기 요인을 설명한다.

비만 이외에도, 음주와 알코올 중독이 매년 수많은 사람을 위협하고 있다. 미국 국립보건원(NIH)에 따르면, 미국인 30%가 삶의 어느 시점에서 알코올 남용 장애를 경험한다(NIAA, 2009). 대학생들을 살펴보면, 그 수치는 더욱 악화된다. 대학생 3명 중 1명이 알코올 의존성 기준을 충족시키는 것으로 추정된다(Knight et al., 2002). 매년 알코올 남용으로 인해서 대학생 1,400명이 사망하고, 500,000명이 부상을 당하며, 600,000명이 폭행에 휘말리고, 70,000건의 강간이나 성폭행 사건이 일어나며, 400,000건의

무분별한 성행위가 발생하고, 학업부진과 음주운전 그리고 자살 시도를 비롯한 수많은 또 다른 불행한 결과가 초래된다(NIAA, 2009). 이토록 유해한 결과를 놓고 볼 때, 사람들이 음주하는 동기 요인을 연구하는 것은 절대적으로 필요한 것이다.

과식으로 이끌어가는 많은 요인들이 알코올 남용으로도 이끌어간다. 환경 단서의 존재가 술을 갈망하게 만드는 주요 촉발자이다. 음주가 특정 상황이나 자극과 연합된 습관 행동이 되어버리면, 그 상황에 놓이거나 자극을 보는 것만으로도 자동적으로 술에 대한 갈망을 촉발시키기에 충분하다. 예컨대, 친숙한 술 상표(예컨대, 여러분이 좋아하는 맥주 로고)의 존재나 음주가 습관이 되어버린 상황(예컨대, 단골 술집)에의 노출은 애초에 의도한 것이 아닌 경우조차도, 술을 마시도록 이끌어갈 수 있다(Chutuape, Mitchell, & de Wit, 1994). 마찬가지로 술 자체가 촉발자극으로 작동하여, 음주가 더 많은 음주를 부르게 된다. 약간의 술에 사전 노출된 사람이 그렇지 않은 사람보다 술을 마시고 싶은 갈망을 더 많이 보고한다(Kirk & de Wit, 2000).

음주량은 자기제어 실패와도 관련이 있다. 충동적이고 자기제어 능력이 결핍되어 있으며 성실성이 낮고 유혹에 저항하기 어려운 사람이 음주할 가능성이 더 높다(Collins, Koutsky, & Izzo, 2000; Kubicka, Matejcek, Dytrych, & Roth, 2001; Wiers, Ames, Hofmann, Krank, & Stacy, 2010; Wills, DuHamel, & Vaccaro, 1995). 실제로 한 종단연구를 보면, 3세 때의 낮은 자기제어는 32세가 되었을 때 알코올 중독 위험성과 물질 남용 문제의 증가를 예측하고 있다(Moffitt et al., 2010).

이러한 효과가 나타나는 한 가지 이유는 자기제어가 높은 사람은 마시는 술의 양과 음주가 초래하는 부정적 결과를 제한하는 음주 제어 전략을 사용할 가능성이 더 높기 때문이다(Pearson, Kite, & Henson, 2013). 이러한 전략에는 다음과 같은 것들이 있다.

- 시간당 마시는 술잔의 횟수에 제한을 가한다.
- 술과 일반 음료수를 교대로 마신다.
- 술 마시기 게임을 하지 않는다.
- 지정 운전자(대리 운전자)를 사용한다.

이에 덧붙여서, 자기제어 자원의 일시적 고갈도 술에 대한 갈망을 증가시키는 것으로 밝혀졌다(Muraven, Collins, Morsheimer, Shiffman, & Paty, 2005a, 2005b; Muraven &

Shmueli, 2006). 한 일기 연구를 보면, 술 마시기 전에 상당한 자기제어 자원을 사용해야만 하였을 때, 스스로 부과한 음주 제한 전략을 위배할 가능성이 더 높았다(Muraven et al., 2005a, 2005b). 따라서 만일 여러분이 긴 하루를 보냈으며 탈진감을 느끼고 있다면, 술집은 가지 말아야 할 장소가 되겠다.

낮은 자기제어와 높은 쾌락적 갈망의 조합은 건강하지 않은 섭식뿐만 아니라 건강하지 않은 음주도 주도한다.

음주 갈망이 어떻게 자기제어와 상호작용하는지를 알아보기 위하여, 강력한 쾌락적 음주 갈망(즉, 높은 갈망은 일주일에 20잔 이상의 술을 마시거나, 매주 한자리에서 6잔 이상을 마시는 것으로 정의하였다)을 가지고 있거나 그렇지 않은 대학생들을 확인하였다(Teunissen et al., 2012). 절반의 참가자는 자기제어를 요구하는 과제를 수행하였고, 나머지 절반은 중립적 과제를 수행하였다. 그런 다음에, 모든 참가자가 술 마시는 장면에 얼마나 주의를 기울이는지를 평가하는 과제를 수행하였다. 결과를 보면, 술 마시려는 충동이 높은 참가자의 경우 자기제어를 소진한 후에 술 마시는 장면에 대한 주의가 더 높았다(그림 15.4).

술 마시려는 충동이 높은 사람의 경우에는 사전에 자기제어 자원을 사용하는 것이 술의 유혹에 저항할 수 없게 만들었다. 반면에 술 마시려는 충동이 높지만 사전에 자기제어 자원을 사용하지 않은 사람은 주의를 술의 유혹으로부터 다른 곳으로 성공적으로 돌릴 수 있었다. 이러한 결과 패턴은 앞서 논의하였던 유혹적

그림 15.4 술을 향한 주의 편향에 대한 술 마시려는 충동과 자기제어의 효과 술 마시려는 충동이 높거나 낮은 대학생들이 자기제어를 요구하거나 그렇지 않은 과제를 수행하였다(Teunissen et al., 2012).

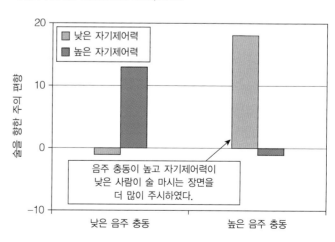

인 음식 연구(Nederkoorn et al., 2010)의 결과(그림 15.2 참조)와 거의 동일하다는 사실에 주목하기 바란다. 음식의 경우와 마찬가지로, 술을 마시려는 갈망이 강력하고 자기제어 능력이 낮은 사람이 술의 유혹에 가장 취약하다.

▽ 이 절이 끝날 무렵에 여러분은 다음에 답할 수 있을 것이다.

15.2.1 다른 목표를 달성하기 위한 수단으로 어떻게 음주를 사용하는 것인지를 설명한다.

15.2.2 음주가 동기에 미치는 효과를 설명한다.

15.2.1 다른 목표를 달성하기 위한 수단으로서의 음주

학습목표 : 다른 목표를 달성하기 위한 수단으로 어떻게 음주를 사용하는 것인지를 설명한다.

지금까지의 논의는 사람들이 자신의 충동을 제어하고 목표에 매달리는 데 실패하기 때문에 술을 마신다는 사실을 시사하고 있다. 그렇지만 음주는 다른 목표를 달성하기 위한 수단으로 작동하는 경우도 많다. 예컨대, 사람들이 술을 마시는 한 가지 주요 이유는 정서적 목표를 달성하려는 것이다. 사람들은 자신의 정서를 조절하고, 긴장, 스트레스, 우울, 외로움 등에 대처하는 데 도움을 얻기 위하여 술을 마시기 십상이다(Bonin, McCreary, & Sadava, 2000; Conger, 1956). 만성적으로 부정 정서가 높은(예컨대, 신경증이 높은) 사람이 특히 술을 마실 가능성이 높은 이유가 바로 이것이다(Martin & Sher, 1994). 또한 자신의 정서를 조절하는 데 미숙한 사람이 알코올 남용 치료를 받는 동안 재발할 가능성이 더 높은 이유이기도 하다(Berking et al., 2011).

그렇지만 단지 부정 정서를 감소시키기 위해서만 술을 마시는 것은 아니다. 긍정 정서를 부양하기 위해서 술을 마시기도 한다. 사람들은 기분을 개선하거나, 자신감을 증가시키거나, 적극성이나 힘을 느끼기 위하여, 아니면 술 취한 신체감각을 즐기기 때문에 술을 마신다(Hull & Slone, 2004). 음주가 반드시 이 모든 긍정적인 결과를 초래하는 것은 아니며, 긍정 정서를 증진시키는 더 건강하고 효과적인 방법들이 존재한다. 그렇지만 연구결과는 결과 자체보다는 결과에 대한 기대가 더 중요하다는 사실을 시사한다. 술이 자신을 더 기분 좋게 만들어주고 긍정적 결과를 초래할 것이라고 기대할수록, 술을 마시고 남용할 가능성이 더 커진다(Aas, Leigh, Anderssen, & Jakobsen, 1998; Hull & Slone, 2004).

사람들은 정서 목표를 충족시키는 것에 덧붙여서, 사회 목표를 달성하기 위해서도 술을 마신다. 많은 사람은 자신이 '사교적 음주자'라고 주장하는데, 술을 마시는 것은 취하기 위해서가 아니라 사회 상호작용의 정상적인 일부분이기 때문이라는 것이다. 마찬가지로 많은 사람은 주변 사람들에게 동조하거나 동료들에게 좋은 인상을 주어야 한다고 느끼기 때문에 술을 마신다고 보고한다(Comeau, Stewart, & Loba, 2001; MacLean & Lecci, 2000; Sharp & Getz, 1996). 이 사실은 어떤 사람에게 있어서 술을 마시는 1차 동기가 기본적인 소속감 욕구를 충족시키기 위한 것임을 시사한다.

다른 한편으로는 소속감의 결여, 즉 동료들의 거부가 알코올 남용의 1차 동기이기도 하다. 몹시 외롭거나 사회 기술이 모자라서 다른 사람으로부터 배척될 가능성이 높은 사람이 음주 문제에 더 취약하다(Sadava & Thompson, 1986). 마찬가지로, 한 일기 연구에서는 배척이나 수치심과 같은 부정적인 대인관계 경험이 있었던 날에 사람들이 혼자서 술을 마실 가능성이 더 높다는 사실을 밝혔다(Mohr et al., 2001).

믿거나 말거나, 인간만이 대인관계 슬픔에서 벗어나기 위하여 술을 마시는 유일한 유기체는 아니다. 초파리 연구에서 보면, 암컷으로부터 반복적으로 짝짓기를 거부당한 수컷 초파리가 알코올을 섞지 않은 먹이보다 알코올을 섞은 먹이를 압도적으로 선호하였다(Shohat-Ophir, Kaun, Azanchi, Mohammed, & Heberlein, 2012). 실제로 거부당한 수컷 초파리는 거부당하지 않은 수컷보다 알코올을 4배나 더 많이 마셨던 것이다! 따라서 인간이든 초파리든, 상대에게 바람 맞으면 폭음할 가능성이 높아진다.

15.2.2 음주는 동기를 변화시킨다

학습목표 : 음주가 동기에 미치는 효과를 설명한다.

앞 절에서는 사람들이 술을 마시게 만드는 여러 가지 동기 요인을 살펴보았지만, 그 역도 참이다. 즉, 음주가 동기 변화를 초래한다. 만취 상태는 자기조절 과정을 크게 와해시키기 때문에 정체감, 가치감, 목표감 등을 상실할 수 있다(Hull & Slone, 2004; Marinkovic, Rickenbacher, Azma, & Artsy, 2012). 스콧 피츠제럴드(미국의 소설가로, 위대한 개츠비의 저자)가 설파한 바와 같이, "처음에는 사람이 술을 마시고, 다음에는 술이 술을 마시며, 그다음에는 술이 사람을 마신다."

술을 마시면, 일시적으로 충동을 억제하는 능력을 상실함으로써 많은 문제를 초래하게 된다. 우선 술은 사람들이 건강하지 않은 행동을 나타낼 가능성을 증가시킨다. 습관적으로 술을 마시는 사람이 흡연, 도박, 건강하지 않은 스낵음식을 먹을 가능성이 더 높다(Griffiths, Wardle, Orford, Sproston, & Erens, 2011; Hofmann & Friese, 2008). 한 연구에서는 여대생들이 오렌지 주스를 마시거나 보드카를 섞은 오렌지 주스를 마신 다음에 초콜릿 시식회에 참석하였다(Hofmann & Friese, 2008). 각 여학생 앞에는 개봉한 초콜릿 용기가 놓여있고, 초콜릿을 맛본 후에 그 질을 평가하도록 요구하였다. 참가자들은 알지 못하였지만, 시식회가 끝난 후에 연구자들은 남아있는 초콜릿의 무게를 재고는 각 참가자가 얼마나 많이 먹었는지 기록하였다. 결과를 보면, 알코올음료를 마신 여학생이 순수한 주스만을 마신 여학생보다 더 많은 초콜릿을 먹었으며, 특히 초콜릿을 무의식적으로 선호하는 여학생의 경우에 더욱 그러하였다.

술은 폭력과 공격행동도 증가시킨다. 예컨대, 경찰에 신고한 폭력범죄의 40% 이상이 술과 관련이 있으며, 희생자의 50% 이상은 폭력 행사자가 술을 마시고 있었다고 보고한다(Pernanen, 1991). 술은 정상적인 두뇌 기능을 와해시킴으로써 공격성을 부추기게 된다. 부적절한 공격행동을 포함한 충동행동을 억제하는 두뇌 기제를 약화시키며(Gustafson, 1994), 사회적 단서를 잘못 판단하게 만들어 지각한 위협에 과잉 대응하게 만들고, 주의능력이 감소함으로써 공격충동에 따라 행동하는 것의 위험성을 제대로 평가하지 못하게 만든다. 실험실 연구에서 보면, 참가자가 술을 많이 마셨을수록, 상대방에게 강력한 쇼크를 가하는 방식으로 공격성의 증가를 나타내기 십상이다(Bushman, 1997; Giancola, 2002).

술은 위험한 성행동 또한 증가시킨다. 술은 억제력을 떨어뜨리고 잠재적 위험성을 평가하는 능력을 약화시키기 때문에, 성폭력을 증가시키고 사회적으로 바람직하지 않은 성관계에 기꺼이 응하며 콘돔을 사용하지 않게 만들 수 있다(Rees, Argys, & Averett, 2001).

글쓰기 과제 15.2

음주가 자기조절을 손상시키는 까닭은 무엇인가?

술은 섭식행동, 공격행동, 성행동 등을 조절하는 능력을 손상시키는 것이 확실하다. 그렇다면 그 이유는 무엇인가? 답을 작성할 때에는 생물적/화학적 이유

와 인지적/사회적 이유 모두를 포함하여, 음주와 손상된 자기조절 간의 관계에 대한 가능한 이유를 고려해보라.

음주가 동기에 영향을 미치는 까닭은 무엇인가 음주가 충동을 억제하는 능력을 감소시키는 것은 명확하다. 명확하지 않은 것은 이러한 사건이 일어나는 이유이다.

한 가지 설명은 술이 자신의 목표와 부합하는 행동을 모니터링하는 능력을 손상시킨다는 것이다. 성공적인 목표 추구는 어떤 장기적 기준과 비교하면서 자신의 행동을 끊임없이 모니터링할 것을 요구하는데, 그러기 위해서는 상당한 주의력과 자기자각이 필요하다. 그런데 **알코올성 근시**(alcohol myopia)에 따르면, 음주가 주의의 초점을 가장 현저한 상황 단서에만 집중하도록 만든다(Steele & Joseph, 1990; Taylor & Leonard, 1983). 따라서 술에 취한 사람은 자기를 자각하지 못하고, 자신의 장기적 목표에 초점을 맞추지 못하며, 그 목표와 부합하는 행동을 모니터링할 능력을 상실하게 된다(MacDonald, Fong, Zanna, & Martineau, 2000). 이 사실은 음주 후에 숙취를 경험할 때 최악의 상황 중의 하나가 자기자각의 회복인 이유를 설명하는 데 도움을 준다. 술에서 깨어날 때, 사람들은 어쩔 수 없이 술 취한 상태에서의 행동을 자신의 가치관이나 기준과 비교할 수밖에 없는데, 이 과정에서 수치심과 죄책감을 경험하게 되는 것이다(Muraven et al., 2005a, 2005b).

이러한 알코올성 근시는 '비어 고글'(beer goggle, 술을 마시면 이성이 더 예쁘게 보이는 현상)이라는 일반 대중의 생각을 설명해준다. 비어 고글 이면의 가정은 술에 취하였을 때 잠재적인 성적 파트너가 더 매력적으로 보인다는 것이다. 비어 고글 개념이 실재하는 현상인지를 검증하기 위하여 한 연구에서는 술에 취하였거나 멀쩡한 사람들에게 이성 사진을 제시하고 매력도를 평정하도록 요구하였다(Lyvers et al., 2011). 결과를 보면, 술 취한 남자와 여자 모두 정신이 멀쩡한 사람들보다 사진 속의 이성을 더 매력적이라고 평가하였다. 비어 고글의 한 가지 이유는 술이 사람들로 하여금 정상적일 때 잠재적 배우자의 매력도를 판단하는 데 사용하는 비교기준을 망각하게 만들기 때문이다. 술 취한 사람의 주의가 앞에 있는 사람에게만 집중하기 때문에, 멀쩡한 상태의 눈으로 볼 때보다 더 매력적으로 보이는 것이다.

또 다른 설명은 술이 불안을 감소시킨다는 것이다. 정상적인 조건에서는 다른 사람들이 자신을 어떻게 생각할지를 염려하거

나 좋지 않은 결과의 가능성을 우려하기 때문에, 충동에 빠지는 것을 억제하기 십상이다. 예컨대, 사람들은 자신을 화나게 만든 모든 사람에게 주먹을 날리지는 않는다. 다른 사람들이 자신을 깡패로 생각하거나 폭행죄로 체포되기를 원치 않기 때문이다. 불안은 자신의 행동을 검열하도록 만들어주기 때문에 이점을 갖기도 한다. 그렇지만 술을 마시게 되면, 불안을 포함한 부정 정서가 감소하게 된다(Curtin, Patrick, Lang, Cacioppo, & Birbaumer, 2001). 술에 취한 사람은 불안이 감소하기 때문에, 결과를 두려워하지 않은 채 해롭거나 위험한 행동을 나타낼 가능성이 더 크다(Corte & Sommers, 2005; Jakubczyk et al., 2013). 이러한 효과는 신경 수준에서도 찾아볼 수 있다. fMRI 기법을 사용한 연구에서는 술이 두뇌의 보상영역을 활성화시키는 동시에 부적 피드백의 처리를 담당하는 두뇌영역을 억제하기 때문에, 술 취한 사람이 멀쩡한 사람보다 더 위험하게 된다는 사실을 보여주었다(Gilman, Smith, Ramchandani, Momenan, & Hommer, 2012).

글쓰기 과제 15.3

비어 고글 효과에 대한 또 다른 이유

여러분은 술이 매력도 지각을 증가시키는 이유를 설명할 수 있는 대안적 설명을 생각해볼 수 있는가? 이 물음에 대한 답을 작성할 때에는 사람들의 행동이 무의식적 충동과 그 충동을 제어할 수 있는 능력 모두에 의해 주도된다는 사실을 시사하는 그랜드캐니언 노새 유추를 고려해보라. 이 유추에 따르면, 자기조절 실패는 충동이 너무 강력하기 때문이거나 자기조절 능력이 너무 약하기 때문에 일어날 수 있다. 이러한 사실을 놓고 볼 때, 어느 측면(노새에 비유되는 무의식적 충동 또는 노새를 타고 있는 기수에 비유되는 자기조절 능력)이 이 비어 고글 효과에 더 큰 영향을 미치겠는가? 그렇게 생각하는 이유는 무엇인가?

15.3 효과적인 건강 개입

학습목표 : 효과적인 건강 개입의 자질을 분석한다.

더 오래 살고 더 건강하고 싶다면, 개인이든 사회이든 건강에 해를 끼치는 충동을 더 잘 제어할 필요가 있다. 그렇다면 구체적으로 어떻게 해야 하는 것인가? 이 물음에 답하기 위해서, 다시 한번 노새를 타고 그랜드캐니언을 내려가는 사람을 생각해보자. 이 유추에서 기수는 마음의 의식적이고 제어하는 부분을 나타내며, 노새는 마음의 충동적이고 자동적이며 습관적인 부분을 나타낸다. 이 유추가 시사하는 바는 만일 기수가 더 건강한 통로를 따라가게 만들고 싶다면, 다음과 같은 두 가지 가능한 전략 중에

서 하나를 채택하는 건강 개입 프로그램을 개발할 수 있다는 것이다.

1. 노새에 초점을 맞추고, 충동적 욕구를 감소시키도록 길들이고자 시도할 수 있다.
2. 노새를 타고 있는 기수에 초점을 맞추고, 그 노새를 제어하는 능력을 강화시키고자 시도할 수 있다.

▽ **이 절이 끝날 무렵에 여러분은 다음에 답할 수 있을 것이다.**

15.3.1 충동적 욕구를 어떻게 감소시킬 수 있는지를 기술한다.
15.3.2 자기제어 능력을 어떻게 강화할 수 있는지를 기술한다.

15.3.1 충동적 욕구 감소시키기

학습목표 : 충동적 욕구를 어떻게 감소시킬 수 있는지를 기술한다.

나쁜 습관은 삶의 골칫거리이기 십상이다. 만일 내부 노새가 컵케이크를 갈망하고 있다면, 그 욕구를 거부하기는 거의 불가능하다. 자기제어에 관하여 우리가 알고 있는 사실에 따르면, 일시적으로 내부 충동을 거부한다고 하더라도, 결국에는 충동이 압도적 우위를 점하고 굴복할 수밖에 없다. 그런데 노새로 하여금 컵케이크를 싫어하고 대신에 당근을 갈망하도록 설득시킬 수 있다면 어떻겠는가? 연구자들은 바로 그러한 일을 해내는 수많은 개입 프로그램을 개발해왔다.

사람들의 자동적 연합을 재프로그래밍한다 노새를 길들이는 한 가지 방법은 단순하게 자동적 연합을 재프로그래밍하는 것이다. 사람들이 초콜릿을 먹거나 술을 마시려는 충동을 느끼는 이유는 이러한 자극과 강력한 정적 연합을 발전시켰기 때문이다(Hofmann, De Houwer, Perugini, Baeyens, & Crombez, 2010). 사람들이 유혹적인 자극(예컨대, 술이나 스낵음식)을 유쾌한 자극(예컨대, 긍정 단어)과 얼마나 강력하게 연합시키는지를 판단함으로써, 연구자들이 욕구의 강도를 평가하기 십상인 이유가 바로 이것이다(Nederkoorn et al., 2010).

만일 스위치를 반대로 돌려서 술꾼으로 하여금 술을 긍정 자극 대신에 부정 자극과 연합하도록 만들면 어떻겠는가? 아니면 다이어트 시행자로 하여금 컵케이크를 부정 단어와 연합시키고 당근을 긍정 단어와 연합시키면 어떻겠는가? 후벤과 동료들이 실험실에서 수행해온 것이 바로 이것이다(Houben, Havermans, &

Wiers, 2010; Houben, Nederkoorn, Wiers, & Jansen, 2011).

한 연구에서는 대학생들이 일련의 장면을 포함하고 있는 비디오 영상을 시청하였다(Houben, Schoenmakers, & Wiers, 2010). 참가자에게는 특정 대상(예컨대, 물고기)을 찾아보라는 지시를 주었다. 장면 중에는 사람들이 맥주나 물을 마시고 있는 몇몇 장면이 포함되어 있었다. 자극쌍 조건 참가자의 경우에 맥주 마시는 장면을 부정적인 대상(예컨대, 으르렁거리고 있는 개)과 반복적으로 짝지었으며 물 마시는 장면을 긍정적인 대상(예컨대, 미소 짓고 있는 유아)과 짝지었다. 단독 조건 참가자에게도 동일한 장면을 제시하였지만, 이렇게 연합시키지 않았다. 그런 다음에 참가자들은 광고에 대한 별도의 연구라고 생각하는 다른 과제에 참가하였다. 참가자에게 맥주 한 잔이나 광천수 한 잔을 제공하고는, 각 음료수를 원하는 만큼 마셔보고 그 품질을 평가하도록 요구하였다.

결과를 보면, 시음하는 동안 맥주를 부정적인 자극과 짝지은 장면을 보았던 참가자가 단독으로 장면을 보았던 참가자보다 맥주를 덜 마셨다. 이렇게 연구자들은 실험실에서 참가자의 음료수 선택에 영향을 미칠 수 있었다. 그렇다고 해서 그 효과가 실제 삶의 변화로 이어지기야 하겠는가? 흥미롭게도, 연구자들이 실험 후 일주일 동안 참가자들의 음주 행동을 추적하였을 때, 자극쌍 조건의 참가자가 단독 조건의 참가자보다 맥주를 덜 마셨다는 사실을 찾아냈다. 이 연구가 영화 〈시계태엽 오렌지(A Clockwork Orange, 1971, 1962년도에 출판된 앤서니 버제스의 동명 소설을 바탕으로 스탠리 큐브릭이 제작, 감독, 대본을 맡은 영화. 외설 시비로 상당한 논란을 일으켰던 영화로도 유명하다)〉에서 그대로 따온 것 같은 조건형성 기법을 채택하였음에도 불구하고, 이 기법이 사람들의 무의식적 충동을 재프로그래밍시키는 효과적인 방법으로 나타난 것이다.

사람들의 접근 경향성을 재프로그래밍한다 갓 구워낸 과자나 차가운 맥주 한 잔과 같이 유혹적인 자극이 주어지면, 사람들은 자동적으로 그 대상에 끌리고 있다는 느낌을 갖기 십상이다. 동기 연구자들은 이러한 '끌림'을 접근 경향성이라고 부른다(Strack & Deutsch, 2004). 사람들은 무의식 수준에서 자동적으로 유쾌한 자극에 끌리며 불쾌한 자극으로부터 멀어진다. 그렇기 때문에 연구자들은 오락실에서 사용하는 것과 같은 조이스틱을 사용하여 이러한 접근 경향성이나 회피 경향성을 측정하기 십상이다.

사람들에게 자극을 제시하면서 조이스틱을 밀거나 잡아당기도록 지시하면, 유쾌한 자극에 대해서는 조이스틱을 자동적으로 신속하게 잡아당기며 불쾌한 자극에 대해서는 재빠르게 밀어낸다(Chen & Bargh, 1999). 이러한 사실에 근거하여, 연구자들은 사람들로 하여금 유혹이 나타날 때 잡아당기기보다 밀어내도록 재훈련시킬 수 있을지 궁금해하였다.

이 가능성을 검증하기 위하여 한 연구에서는 참가자에게 건강하지 않은 음식(예컨대, 과자, 케이크, 프렌치프라이 등) 사진과 건강한 음식(예컨대, 사과, 브로콜리, 요구르트 등) 사진을 제시하였다(Fishbach & Shah, 2006). 절반의 참가자에게는 불량음식 사진일 때 조이스틱을 잡아당기고, 건강음식 사진일 때 밀어내라고 지시하였다. 다른 절반에게는 반대로 지시하였다. 조이스틱 과제를 120회 시행한 후에, 참가자에게 실험에 참가한 보상으로 음식을 선택할 수 있다고 알려주었다. 선택지 중의 하나는 건강음식이었고 다른 하나는 불량음식이었다. 결과를 보면, 건강음식에 대해서는 잡아당기고 불량음식에 대해서는 밀어내도록 훈련시킨 참가자가 건강음식을 선택할 가능성이 더 높았다. 따라서 다음에 여러분이 불량음식을 먹으려는 유혹에 빠지게 되면, 문자 그대로 그 음식을 밀어내고 대신에 과일이나 요구르트에 손을 뻗도록 하라. 믿기 어려울 수도 있겠지만, 단순히 이러한 신체동작을 하는 것만으로도 여러분의 갈망을 일시적으로 감소시키기에 충분하다.

여러분 자신을 동기화시켜라

껌 한 통을 소지하라

껌을 씹는 것은 음식 갈망, 스트레스, 심적 피로감, 우울 등을 감소시키는 것을 포함하여 건강과 관련된 수많은 이점을 가지고 있다(Kamiya et al., 2010). 또한 껌은 입속의 산도(酸度)를 감소시키고 치아 건강을 증진시킬 수도 있기 때문에, 식사 후에는 껌을 씹는 것이 좋은 생각이기도 하다. 나아가서 중요한 시험이나 구직 면접을 보기 직전에 껌 씹는 것을 고려해보라. 껌이 두뇌 혈액순환을 증가시켜서 더 우수한 과제 수행과 기억을 초래한다는 사실이 밝혀져 왔기 때문이다(Smith, 2009).

15.3.2 자기제어 강화하기

학습목표 : 자기제어 능력을 어떻게 강화할 수 있는지를 기술한다.

내부 노새를 길들이고자 시도하는 대신에, 그 노새를 제어하는 능력을 강화시킴으로써 더 건강해질 수 있다. 건강하지 않은 충동이 작동할 때, 그 유혹을 억제하고 건강한 목표에 매달리기 위해서는 상당한 자기제어가 필요하다. 다행스럽게도 동기 연구자들은 자기제어 능력을 강화하는 데 사용할 수 있는 수많은 전략을 개발하였다.

유혹에 대처하는 계획을 세우라 목표에 관한 한, 공격보다는 방어가 최선이다. 여러분은 자기제어 특질이 높은 사람이 내적 욕구에 저항하는 데 끊임없이 시간을 할애하고 있다고 생각할는지 모르겠지만, 실제에 있어서는 연구자들도 정반대 결과를 발견하고는 아연실색하고 말았다(Moffitt et al., 2010). 자기제어 특질이 높은 사람이 낮은 사람보다 자신의 욕구를 제어하는 데 더 적은 시간을 할애하고 있는 것이다!

그 이유는 자기제어 특질이 높은 사람이 사전에 유혹에 대처하는 계획을 세우고 그 유혹이 결코 일어나지 않도록 자신의 삶을 구조화하기 때문이다. 따라서 의지력을 위기에서 벗어나는 데 사용하는 대신에 그 위기를 회피하는 데 사용한다. 심각한 건강 위기가 응급실을 찾게 만들기 전에 정기적으로 병원을 찾는다. 술을 마시기 전에 누가 나중에 운전대를 잡을 것인지를 결정한다. 출근할 때 당근을 챙겨 감으로써 오후의 기아감을 이겨낸다. 미리 계획을 세움으로써 노새가 유혹을 경험하는 것을 예방할 수 있는 것이다. 자기제어 특질이 높은 사람이 낮은 사람보다 스트레스를 덜 겪는 이유가 바로 이것이겠다(Crescioni et al., 2011).

자기제어가 높은 사람이 사용하기 십상인 한 가지 계획세우기 기법이 구현 의도이다. 예컨대, 칼로리 섭취량을 낮추고자 시도하고 있는 사람은 "만일 파티에 초대를 받으면, 그렇다면 (파티에 가기 전에) 기아감을 달래기 위해서 미리 소량의 건강식을 먹는다."라고 천명할 수 있다. 구현 의도는 사람들로 하여금 특정 상황(예컨대, 파티)과 행동반응(예컨대, 미리 먹어둔다) 간의 자동적인 습관적 연합을 형성하도록 이끌어간다(Adriaanse, Gollwitzer, De Ridder, de Wit, & Kroese, 2011). 구현 의도는 이러한 방식으로 사람들이 자기제어를 구사할 때 일반적으로 발생하는 자원 고갈 효과를 상쇄시키는 데 도움을 준다(Webb & Sheeran, 2003).

자기제어 자원을 보존하라 자기제어를 강화하는 또 다른 방법은 정말로 필요할 때를 위하여 자기제어 자원을 보존해두는 것이다. 성공적인 사람은 의지력이 신속하게 고갈된다는 사실을 알고 있

기 때문에, 언제 귀중한 자원을 사용할 것인지에 대해서 전략적이다. 호화 여행을 위하여 저축을 하는 것과 마찬가지로, 여러분이 정말로 사용할 필요가 있다고 생각하는 때를 대비하여 자기제어 자원을 비축할 수 있으며, 연구자들은 이러한 기법을 **자기제어 보존**(self-control conservation)이라고 부른다.

이러한 보존 효과를 검증하기 위하여 한 연구에서는 참가자에게 세 가지 과제를 연속적으로 수행하도록 요구하였다(Muraven, Shmueli, & Burkley, 2006). 참가자는 첫 번째 과제에서 자기제어를 구사해야만 하였다. 그런 다음에 자원이 고갈된 참가자에게 두 가지 또 다른 과제, 즉 단어 확인 과제와 애너그램 과제가 남아있다고 알려주었다. 연구자들은 사전에 경고를 하면 사람들이 애너그램 과제를 위하여 자신의 자기제어 자원을 효과적으로 보존할 수 있는지를 알고자 하였기에, 이 과제에 대한 설명에 처치를 가하였다. 절반의 참가자는 애너그램 과제를 수행하는 동안 "골똘히 생각해야만 한다."라는 지시문을 읽은 반면, 나머지 절반은 "충동을 무시하도록 열심히 노력해야 한다."라는 지시문을 읽었다. 따라서 두 집단은 모두 마지막 과제가 어려울 것이라고 예상하였지만, 두 번째 집단만이 그 과제가 자기제어를 요구할 것이라고 예상하였다. 그림 15.5의 왼쪽 그래프에서 볼 수 있는 바와 같이, 첫 번째 과제에서 자기제어를 구사하였으며 세 번째 과제가 자기제어를 요구한다고 예상하였던 참가자가 두 번째 과제에서 수행성과가 떨어졌다(즉, 정확한 단어를 확인해내는 반응시간이 길었다). 첫 번째 과제로 인해서 이미 적은 양의 자기제어 자원만 남았으며 다가오는 세 번째 과제를 위해서 그 자원을 보존하고자 하였기 때문에, 두 번째 과제에 자원을 사용하는 것을 억제함으로써 열등한 수행성과를 초래한 것이다.

그렇지만 그림 15.5의 오른쪽 그래프에서 볼 수 있는 바와 같이, 바로 그 참가자들이 자기제어를 요구할 것이라고 예상하지 않았던 참가자보다 세 번째 과제에서 더 좋은 수행성과를 나타냈다(즉, 애너그램 과제에 더 오래 매달렸다). 이 참가자들은 두 번째 과제에 자원을 사용하는 것을 억제함으로써, 세 번째 과제를 위한 자원을 보존할 수 있었던 것이다. 반대로 세 번째 과제가 자기제어를 요구할 것이라고 예상하지 않았던 참가자는 마지막 과제를 위하여 자원을 보존하는 데 실패하였다. 따라서 세 번째 과제를 수행할 시점에는 의지력이 남아있지 않았던 것이다.

이 연구는 사람들이 자기제어 능력을 스스로 제어할 수 있음

그림 15.5 자기제어 자원의 보존

참가자들이 첫 번째 과제에서 자기제어를 구사한 다음에, 두 가지 과제를 더 수행해야 한다고 알려주었다(Muraven, Shmueli, & Burkley, 2006). 두 번째 과제를 수행하기에 앞서, 절반의 참가자에게는 세 번째 과제가 상당한 자기제어를 요구할 것이라고 알려주었으며, 나머지 절반에게는 그 과제가 어려울 것이라고 알려주었다(그렇지만 자기제어를 필요로 한다고 알려준 것은 아니다).

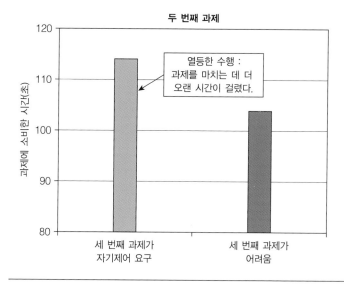

두 번째 과제

열등한 수행 : 과제를 마치는 데 더 오랜 시간이 걸렸다.

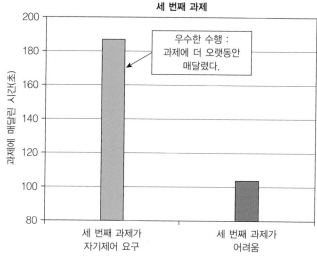

세 번째 과제

우수한 수행 : 과제에 더 오랫동안 매달렸다.

을 보여준다. 그렇게 하고자 결정하면, 주어진 과제에 따라서 전략적으로 의지력을 보존하거나 사용할 수 있는 것이다. 따라서 만일 여러분이 새로운 목표를 추구하고 있을 때에는 소소한 일에 땀을 빼지 않도록 하라. 더 중요한 것, 즉 여러분의 목표에 매달리기 위하여 에너지를 보존하라.

자기제어 자원을 재충전하라 만일 여러분이 자기제어 자원이 저하되고 있음을 알고 있다면, 휴식, 이완, 수면 등을 사용하여 여러분 내부의 자원을 재충전할 수 있다(Tyler & Burns, 2008). 긍정적 기분도 자기제어를 고양시킬 수 있기 때문에, 어려운 목표에 도전하기 전에 재미있는 비디오 클립을 시청하거나 친구에게 전화를 걸어보는 것을 고려해보라(Tice et al., 2007). 이에 덧붙여서 포도당도 자기제어 자원을 일시적으로 증가시키는 것으로 밝혀져 왔다(Gailliot et al., 2007). 따라서 만일 운동을 하거나 시험을 치르기 전에 자원의 신속한 부양이 필요하다면, 소량의 설탕을 섭취하거나 당분이 들어있는 음료수로 입을 헹구고는 뱉어내라(Molden et al., 2012; Sanders, Shirk, Burgin, & Martin, 2012). 여러분 입속의 수용기가 포도당을 탐지하여 자기제어를 부양하도록 두뇌에 신호를 보내게 된다.

여러분 자신을 동기화시켜라

작은 발걸음으로 조금씩 움직여라.

여러분 삶에서 소소하고 용이한 변화를 추구하는 것이 건강해지는 최선의 길이다. 한 연구에서는 수백 명의 사람들에게 더 잘 먹고 체중을 감량할 수 있는 방법에 대한 세 가지 간단한 조언을 보냈다(Kaipainen, Payne, & Wansink, 2012). 참가자들에게 3개월 동안 그 조언을 따르도록 요구하였다. 결과를 보면, 상당히 규칙적으로 조언을 따랐던(매달 적어도 25일) 사람들이 평균적으로 매달 1kg을 줄임으로써 가장 높은 체중 감량률을 나타냈다. 따라서 건강해지기 위해서 극단적인 삶의 변화를 추구할 필요는 없다. 단지 작은 변화를 시도하고 그것이 습관이 될 때까지 일관성 있게 매달리기만 하면 된다. 그런데 문제는 보다 효과적인 변화가 있다는 점이다. 성공의 열쇠는 어떤 변화가 자신에게 적합한 것인지를 알아내는 데 있다. 이 연구에서 대부분의 사람에게 효과적이었던 조언은 다음과 같은 것이었다.

- 식탁에 건강음식 이외의 모든 음식을 치워버려라.
- 음식이 포장상자에 들어있는 상태에서 절대 먹지 말라. 항상 접시에 옮겨 담은 후에 먹어라.
- 아침에 기상하고 1시간 내에 뜨거운 음식으로 아침식사를 하라.
- 약간의 간식거리도 먹지 않은 채 서너 시간을 보내지 말라.
- 음식이 입속에 있을 때에는 수저를 식탁에 놓아서 먹는 속도를 늦추어라.

여러분 스스로 몇 가지 조언을 시도해보고 어느 것이 가장 효과적인지를 확인해보면 어떻겠는가?

자기제어를 훈련하라 여러분이 진정으로 내부의 기수를 강화시키고 싶다면, 그 기수를 체육관으로 보내라(비유적으로 표현해서 말이다). 우세하지 않은 손으로 음식을 먹는 것, 자세를 곧게 유지하는 것, 예산을 고수하는 것, 미국 50개 주의 주도((州都)를 모두 암기하는 것 등 자기제어를 요구하는 행위 하나를 선택하고, 몇 주에 걸쳐서 반복적으로 시행하라. 윗몸 일으키기가 여러분의 복근을 강화시키는 것과 마찬가지로 여러분의 자기제어 근육을 훈련하여 강화시킬 수 있다.

예컨대, 2주에 걸쳐 우세하지 않은 손을 사용하여 이를 닦거나, 문을 열거나, 컴퓨터 마우스를 움직이는 등의 과제를 수행한 대학생이 우세한 손을 사용한 학생보다 자기제어 과제에서 더 우수한 성과를 나타냈다(Muraven, Baumeister, & Tice, 1999). 이에 덧붙여서, 술버릇이 나쁜 사람이 25일에 걸쳐 매일같이 기억 과제를 수행하는 훈련을 받지 않았을 때보다 그러한 훈련을 받았을 때 술을 적게 마셨다(Houben, Wiers, & Jansen, 2011). 실제로 기억 훈련을 받은 사람은 훈련을 받지 않은 사람보다 주당 평균 10잔 정도를 적게 마셨으며, 마지막 훈련 회기가 끝난 후 한 달이 지난 후에도 그러하였다.

자기제어 근육을 훈련시키는 또 다른 훌륭한 방법은 문자 그대로 운동 식이요법을 채택하는 것이다. 2개월에 걸쳐 규칙적인 신체운동에 참여한 학생들은 운동 영역을 벗어나서도 자기조절에서 유의한 개선을 나타냈다(Oaten & Cheng, 2006b). 이 학생들은 운동을 더 많이 하였기 때문에 건강해졌을 뿐만 아니라, 술도 적게 마시고, 담배도 적게 피며, 불량식품도 적게 먹고, 분노를 잘 다스리며, 충동구매를 적게 하고, 공부를 더 많이 하며, 치실질도 더 많이 하고, 텔레비전을 덜 시청하며, 심지어는 더러워진 접시들을 싱크대에 내버려둘 가능성도 낮았다(그림 15.6).

규칙적인 훈련은 실제 근육을 강화시키는 것에 덧붙여, 자기제어 근육도 강화하는 데 도움을 줌으로써 광범위한 행동 영역에 걸쳐 더 높은 동기와 목표 달성을 초래하였다. 만일 이 모든 것이 여러분에게 운동을 시작할 이유를 제공하지 않는다면, 도대체 무엇이 여러분을 움직이게 만들겠는가!

덜 명확하기는 하지만 자기제어를 훈련하는 또 다른 방법은 종교를 찾는 것이다. 수많은 연구에서는 신앙인이 그렇지 않은

그림 15.6 **운동 프로그램에 참여하는 것이 삶의 다른 영역에 미치는 효과**
대학생들이 2개월에 걸쳐 규칙적인 운동 프로그램에 참여한 후 삶의 여러 영역에서의 수행을 평가하였다(Oaten & Cheng, 2006a).

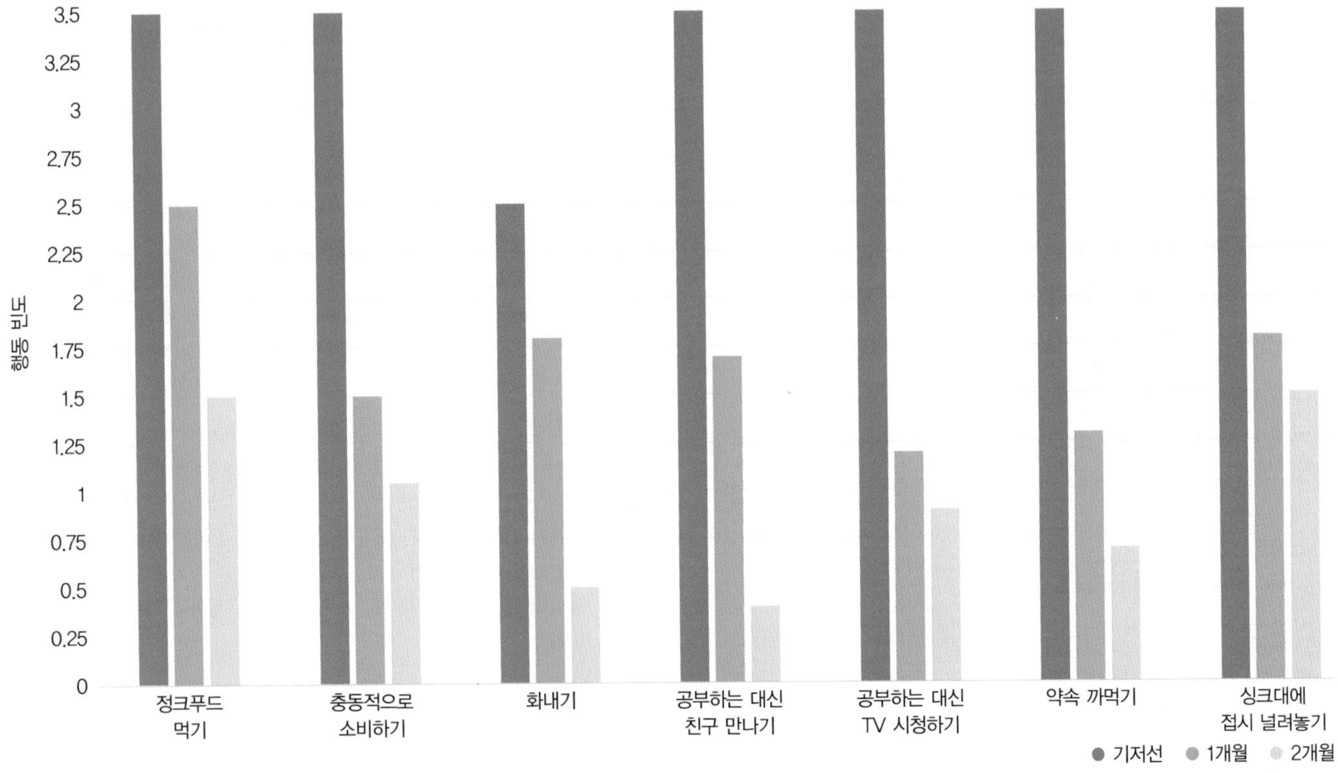

사람보다 더 장수하고 건강하며 자기조절이 우수하다는 사실을 보여주어 왔다(McCullough & Carter, 2013; McCullough & Willoughby, 2009). 종교가 사람들의 삶에 그토록 강력한 효과를 미치는 까닭은 독실한 신앙인에게 기나긴 설교를 경청하고, 오랜 시간 동안 앉아있거나 무릎을 꿇고 있으며, 종교 의식을 행하고, 명상하며, 단식하고, 기도하는 등 자기제어 근육을 훈련시키는 활동에 참여할 것을 요구하기 십상이기 때문이다.

신앙인은 그렇지 않은 사람보다 더 우수한 자기제어를 나타낸다(McCullough & Willoughby, 2009). 마찬가지로, 종교 단어(예컨대, 하나님, 성령 등)로 점화한 사람이 중립 단어로 점화한 사람보다 신체적 불편함을 더 잘 견뎌내고, 기꺼이 만족을 지연시키며, 자아 고갈로 인해 고통을 받을 가능성이 더 적었다(Rounding, Lee, Jacobson, & Ji, 2012).

그렇지만 신앙심이 없는 사람들도 이러한 원리를 통해 도움을 받을 수 있다. 불가지론자나 무신론자들도 가난을 종식시키거나, 학대받은 동물을 재활시키거나, 지구를 보존하는 것과 같은 높은 수준의 대의명분에 헌신할 수 있다.

이러한 사람들은 스티븐 코베이(Steven Covey)의 성공하는 사람들의 7가지 습관(*The 7 Habits of Highly Effective People*)이나 알코올중독갱생회(Alcoholics Anonymous)의 '12단계 프로그램'에서 개관한 것과 같은 세속 행동강령에 충실할 수 있다. 요점은 종교적이든 비종교적이든, 여러분 자신이 그 행위에 몰입하는 것이 자기제어를 강화하고 삶의 질을 개선하는 틀림없는 방법이라는 것이다.

글쓰기 과제 15.4

자기제어 강화 기법들을 비교하고 대비시켜보라.

다음 기법들을 비교하고 대비시켜보라. 유혹에 대비한 계획세우기, 자기제어 보존하기, 자기제어 재충전하기, 자기제어 훈련하기. 각 기법의 장점과 단점을 반드시 확인해보라. 그런 다음에 여러분이 생각하기에 제도화하기 가장 용이한 기법을 선택하고 그 이유를 설명해보라. 어느 기법이 가장 어렵다고 생각하는가, 그리고 그 이유는 무엇인가?

15.4 스트레스와 대처법

학습목표 : 스트레스 성분을 분석한다.

스트레스라는 단어는 원래 물리학 분야에서 유래한 것이며, 외부 힘이 어떤 물질(예컨대, 쇠막대)에 가해질 때 그 물질을 부서뜨리게 만드는 힘의 양을 의미한다. 마찬가지로 **심리적 스트레스**(psychological stress)는 도전거리와 요구사항이 현재의 능력, 자원 또는 에너지를 뛰어넘었다는 느낌을 의미한다(Lazarus, 1996; Sapolsky, 1994). 따라서 스트레스를 경험할 때, 사람들은 자신의 한계점을 넘어섰다고 느끼게 된다.

여러분도 삶의 어느 시점에 스트레스를 느꼈을 가능성이 높다. 스트레스의 편재성(遍在性)을 놓고 볼 때, 동기 연구자들은 다음과 같은 세 가지 핵심 물음에 답하고자 시도해왔다.

- 스트레스의 원인은 무엇인가?
- 스트레스의 결과는 무엇인가?
- 스트레스에 대처하는 최선의 방법은 무엇인가?

▽ **이 절이 끝날 무렵에 여러분은 다음에 답할 수 있을 것이다.**

15.4.1 스트레스의 원인을 기술한다.

15.4.2 스트레스의 결과를 설명한다.

15.4.3 사람들이 어떻게 스트레스에 대처하는지를 설명한다.

15.4.1 스트레스의 원인

학습목표 : 스트레스의 원인을 기술한다.

스트레스는 여러 가지 요인이 초래한다. 이러한 요인에는 중차대한 삶의 사건뿐만 아니라 소소한 삶의 사건들도 포함될 수 있다. 아마도 가장 명백한 스트레스 요인은 중대한 삶의 재앙이겠다. 여러분이 살아오는 동안에 몇 가지만 예로 들면, 9 · 11 테러 사건, 학교 총기사건(예컨대, 버지니아테크와 샌디후크의 총기사건), 자연재해(예컨대, 허리케인 카트리나와 샌디) 등 수많은 중대한 재앙 사건들이 신문지면의 헤드라인을 장식해왔다. 이러한 사건이 발생할 때마다 사람들은 스트레스가 증가한다고 보고한다(Weisoeth, 2006). 여러분은 미심쩍게 생각하는지도 모르지만, 어떤 사건의 영향을 개인적으로 더 많이 받을수록, 스트레스를 더 많이 느끼게 된다. 그렇지만 개인적으로 사건에 연루되지 않은 사람조차도 재앙 사건 후에 스트레스 증가를 나타낸다(Laugharne, Janca, & Widiger, 2007).

부정적인 사건만이 스트레스를 유발하는 것은 아니다. 긍정적이든 아니면 부정적이든, 중차대한 삶의 변화는 중대한 삶의 재앙 못지않게 스트레스를 유발하는 요인이다. 대학 입학으로 집을 떠나는 것, 결혼, 자녀 출생, 이혼, 실직, 배우자 사망 등과 같은 중차대한 삶의 변화는 심각하고도 예리하게 느껴지기 십상이다. 일상에서 접하는 소소한 삶의 변화도 중요한 스트레스 요인이다. 자꾸 끊어지는 전화, 상점에서 긴 줄 서기, 출퇴근시간의 복잡함과 교통체증, 스팸문자 등 일상에서 헤아릴 수 없이 접하는 짜증 나는 일에서도 스트레스가 발생한다. 물론 소소한 삶의 변화에 대처하는 데에는 개인차가 존재한다. 어떤 사람은 그저 어깨를 으쓱거리고 말지만, 다른 사람은 이렇게 소소한 삶의 변화에 대처하지 못하여 신체적으로나 정신적으로나 건강을 해칠 수도 있다.

15.4.2 스트레스의 결과

학습목표 : 스트레스의 결과를 설명한다.

무엇이 스트레스를 야기하든지 간에, 스트레스를 더 많이 느낄수록 온갖 신체 문제로 고통받을 가능성이 높다(Contrada & Baum, 2011; Holmes & Rahe, 1967; Smyth, Zawadzki, & Gerin, 2013). 예컨대, 홈즈-라헤 척도(Holmes & Rahe Scale, 1967)에서 삶의 변화 점수가 높은 사람은 스트레스 관련 질병을 일으킬 가능성이 80%인 반면, 이 점수가 낮은 사람은 그 가능성이 단지 30%에 불과하다. 이에 덧붙여서, 한 종단연구는 일상적 스트레스원에 대한 반응이 10년 후의 심리적 고통을 예측한다는 사실을 찾아냈다(Charles, Piazza, Mogle, Sliwinski, & Almeida, 2013).

지속적인 스트레스가 건강을 해치는 까닭은 신체 면역체계를 와해시키기 때문이다. 만성적인 스트레스 노출은 낮은 수준의 림프구와 높은 수준의 코르티솔과 관련이 있다(Kemeny, 2003). 림프구는 신체가 질병이나 감염과 맞싸우기 위해서 사용하는 백혈구 세포이며, 코르티솔은 혈압을 높이고 면역체계를 억제하는 것으로 알려진 스트레스 호르몬이다. 단기적으로는 이러한 신체반응이 적응적이다. 스트레스원과 맞서 싸우거나 도망갈 수 있도록(예컨대, 으르렁거리는 곰으로부터 도망간다) 도와주기 때문이다. 그렇지만 현대 삶에서는 사람들이 장기적이고 만성적인 스트레스를 경험할 가능성이 더 높으며, 그렇기 때문에 신체는 참패를 면치 못하게 된다. 시간이 경과하면서, 높은 수준의 코르티솔은 장기와 세포에 심각한 손상을 유발하여, 위궤양, 염증, 뇌세포 소멸, 기억상실, 조로(早老) 등을 초래할 수 있다(Sapolsky, 1992). 그러한 이유로, 많은 의사들은 만성 스트레스가 건강과 사망의 가장 큰 위협 요인이라고 믿게 되었다.

그렇지만 스트레스를 경험하는 모든 사람이 이러한 생리적 증상으로 고통받는 것은 아니다. 연구결과를 보면, 스트레스 효과가 자신을 쇠약하게 만드는 것이라고 생각하는 사람이 그 효과를 고무적인 것이라고 생각하는 사람보다 스트레스를 받은 후에 더 강력한 코르티솔 반응을 보인다는 사실을 알 수 있다(Crum, Salovey, & Achor, 2013). 이 사실은 스트레스가 자신을 쇠약하게 만드는 것이 아니라 고무적인 것이라고 지각하도록 사람들을 훈련시키는 것이 전형적으로 스트레스에서 유래하는 많은 질병을 완화시킬 수 있음을 시사한다.

스트레스는 신체적으로 나쁜 결과에 덧붙여서 심리적으로도 해로운 결과를 초래한다. 한 가지 그러한 해로운 결과가 **반추**(rumination)이며, 이는 스트레스 사건에 대해서 반복적으로 생각하는 경향성을 의미한다(Nolen-Hoeksema, 1991). 예컨대, 여러분은 친구와 다툰 후에 몇 시간 동안 아니면 며칠 동안 마음속에서 친구가 말한 것, 자신이 말한 것, 여러분이 말했어야만 했다고 생각하는 것 등을 비롯하여 그 다툼의 내용을 되새김질하고 있는 자신을 발견하였을 수 있다. 그러한 반추가 해로운 까닭은 단 하나의 단기적 사건을 장기적인 스트레스 경험으로 확장시키기 때문이다. 이 사실은 반추 경향성이 높은 사람이 낮은 사람보다 부정적 사건 후에 더 오랫동안 스트레스를 경험하는 이유를 설명해준다(Lyubomirsky & Nolen-Hoeksema, 1995). 또한 반추 경향성이 높은 사람은 부정적 사건 후에 지속적인 스트레스에 대처하는 방법으로 폭음, 자해, 불규칙한 식사 등과 같이 건강하지 않은 행동에 빠질 가능성도 더 높다(Nolen-Hoeksema, Wisco, Lyubomirsky, 2008). 따라서 반추 경향성이 높은 사람은 형편없는 스트레스 대처 전략에 의존함으로써 스스로 더 많은 스트레스를 생성하게 된다(Nolen-Hoeksema, Larson, & Grayson, 1999).

그러나 모든 사람이 똑같이 스트레스에 시달리는 것은 아니다. **심리적 탄력성**(psychological resilience)이 높은 사람은 부정적인 삶의 경험에 굴복할 가능성이 낮으며, 어떤 경우에는 실제로 그러한 역경 속에서 번성하기도 한다(Russo, Murrough, Han, Charney, & Neslter, 2012; Shahar, 2012). 이러한 탄력성은 거의 60%의 사람이 삶에서 심각한 심리적 외상을 경험하지만 단지 8%만이 그 외상의 결과로 심리장애를 나타내는 이유를 설명해준다(Bonanno, 2004). 심리적 탄력성 연구가 아직 유아 수준에 머물러있기는 하지만, 중요한 것으로 보이는 몇 가지 요인이 존재한다. 남성이며, 나이가 들었고, 높은 수준의 교육을 받았으며, 과거에 역경을 경험한 적이 있는 것 등이 모두 스트레스에 대한 탄력성을 증가시키는 것으로 밝혀져 왔다(Bonanno, Galea, Bucciarelli, & Vlahov, 2007; Seery, Holman, & Silver, 2010).

15.4.3 스트레스에 대처하기

학습목표 : 사람들이 어떻게 스트레스에 대처하는지를 설명한다.

스트레스는 삶에 편재하는 현상이기 때문에, 문제는 여러분이 미래에 스트레스를 경험할 것인지가 아니라 언제 경험할 것인지에 관한 것이다. 따라서 스트레스에 효과적으로 대처하는 건강한 방법을 개발하는 것이 절대적으로 중요하다. 좋은 소식은 신체 건강을 증진시키는 많은 방법들이 스트레스를 감소시킴으로써 심리 건강도 증진시킨다는 점이다. 안정된 체중을 유지하는 것, 규칙적인 운동, 건강한 섭식 등이 모두 스트레스에 대처하는 능력을 증진시키는 것으로 밝혀져 왔다(Brown, 1991).

스트레스를 감소시키는 또 다른 중요한 원천은 사회 연계와 관련이 있다. 친구나 가족을 통해서 강력한 사회 지원체계를 가지고 있는 사람은 그러한 사회 지원을 가지고 있지 않은 사람보다 우울이나 불안이 낮으며, 장기적인 스트레스에 대처하는 데에도 더 효율적이다(Taylor, 2007; Taylor, Welch, Kim, & Sherman, 2007). 예컨대, 허리케인 카트리나에서 살아남은 사람들을 대상으로 수행한 연구를 보면, 강력한 사회 지원을 받고 있다고 느끼는 생존자가 그러한 지원이 거의 없다고 느끼는 생존자보다 적은 스트레스 징후를 나타냈다(Weems et al., 2007). 흥미로운 사실은 원숭이조차도 스트레스를 겪을 때 동료 원숭이들과의 접촉을 추구한다는 점이다(Cohen, Kaplan, Cunnick, Manuck, & Rabin, 1992).

사회 지원체계가 반드시 사람이어야만 도움이 되는 것은 아니다. 반려동물도 수많은 건강상의 이점을 제공하는 것으로 밝혀져 왔다. 부분적으로 반려동물이 혈압을 낮추고 스트레스를 감소시키는 데 도움을 준다(Allen, 2003; Allen, Blascovich, Tomaka, & Kelsey, 1991). 때로는 반려동물이 친구보다 더 좋은 동료일 수도 있다. 반려동물은 절대적이고 무조건적인 지지를 제공해주기 때문이다. 예컨대, 한 연구에서는 어려운 과제를 수행하고 있는 사람이 친구나 배우자와 함께 있는 것보다 반려동물과 함께 있을 때 스트레스를 덜 겪는다는 결과를 얻었다(Allen, Blascovich, & Mendes, 2002). 따라서 스트레스를 느낄 때에는 털북숭이 친구

를 찾도록 하라.

흥미로운 사실은 사회 지원과 스트레스 간의 이러한 연계가 양방향적이라는 점이다. 사회 지원을 받는 사람이 그러한 지원을 제공하는 바로 그 사람이기 십상이다.

그렇다면 이러한 연계는 지원받기의 함수인가, 아니면 제공하기의 함수인가?

이 물음에 답하기 위하여, 한 연구는 65세 이상 노인 846명을 조사하였다(Brown, Nesse, Vinokur, & Smith, 2003). 연구를 시작하면서, 참가자들이 얼마나 많은 사회 지원을 받고 있으며 친구와 이웃 그리고 배우자 이외의 친척들에게 얼마나 많은 사회 지원을 제공하고 있는지를 측정하였다. 그런 다음에 5년에 걸쳐 이 노인 표본에서 누가 사망하였는지를 모니터링하였다. 결과를 보면, 다른 사람에게 높은 수준의 사회 지원을 제공하는 사람이 그렇지 않은 사람보다 5년 내에 사망할 가능성이 훨씬 낮았다. 흥미로운 사실은 이 연구에서 사회 지원을 받는 것이 사망에 아무런 효과도 없었다는 점이다.

따라서 사회 지원에 관한 한, 받는 것보다는 제공하는 것이 더 좋을는지 모르겠다. 여러분의 건강을 개선하고 삶을 연장하고 싶다면, 친구와 가족을 더 지원할 수 있는 방법을 모색하거나, 시간을 내어 지역사회에서 다른 사람을 도와주는 자원봉사를 하는 것을 생각해보기 바란다. 그리고 반드시 어려움을 겪는 사람뿐만 아니라 좋은 시절을 보내고 있는 사람에게도 지원을 제공하도록 하라. 상대방의 좋은 소식에 어떻게 반응하는지가 관계의 질을 결정하며, 상대방의 나쁜 소식에 어떻게 반응하는지는 그 관계의 질에 영향을 미치지 않는다는 연구결과는 이러한 주장을 지지하고 있다(Gable, Gonzaga, & Strachman, 2006). 따라서 친구나 가족이 기댈 누군가가 필요할 때뿐만 아니라 함께 축하해줄 누군가가 필요할 때에도 함께하도록 하라!

그렇지만 사회 지원이 항상 스트레스 감소를 보장해주는 것은 아니다. **공동반추**(co-rumination)에 몰입하는 친구는 사태를 악화시킬 수 있다. 공통반추란 친구들끼리 문제를 지나치게 이야기하거나 부정적 정서 경험에 몰두하는 것을 의미한다. 반추가 건강에 해로운 것처럼, 공통반추도 마찬가지로 해롭다.

예컨대, 한 연구는 여성 친구들이 자신의 문제를 지나치게 이야기할 때, 스트레스 호르몬(즉, 코르티솔)이 증가한다는 결과를

얻었다(Byrd-Craven et al., 2011). 따라서 스트레스를 받을 때 친구들과 어울리고자 한다면, 그들과 스트레스 사건을 재탕하는 것을 피하고 여러분을 걱정거리로부터 멀어지게 만드는 즐거운 활동에 몰입하도록 시도하라.

사회 지원이 스트레스를 완화시키는 까닭은 무엇인가?

수많은 연구는 강력한 사회 지원을 받는 것이 스트레스를 완화시킨다는 사실을 보여주었다. 여러분은 그러한 까닭이 구체적으로 무엇이라고 생각하는가? 답을 작성할 때에는 사회 지원이 스트레스를 완화시키는 이유에 관하여 적어도 한 가지 이상의 인과적 설명을 제시하라. 그 설명은 본질적으로 생물적이거나 사회적이거나 아니면 인지적인 것일 수 있겠다.

15.5 행복 찾기

학습목표 : 행복의 결정 요인을 분석한다.

대부분의 사람에게 있어서 삶의 궁극적인 목표는 그저 행복해지는 것이다. 특정 직업을 추구하거나, 분가를 하여 스스로 일가를 이루겠다고 결정하거나, 다가오는 휴가를 계획하는 것은 모두 그러한 목표를 달성하는 것이 자신을 행복하게 만들어준다고 생각하기 때문이다. 미국의 헌법 제정자들은 행복의 목표가 중요하며 인간 본성의 근본이라고 생각하였기 때문에, 결코 팔아 치우거나 양도할 수 없는 소수 핵심 권리 중의 하나(양도 불가 권리)로 상정하였다. 이 사실은 인간이 '생명, 자유, 행복 추구'의 권리를 부여받았다는 미국 독립선언서의 유명한 진술에서 자명하다.

> 그렇다면 삶에서 행복을 정말로 제어할 수 있는 것인가? 아니면 어떤 사람은 그저 행복하게 태어나는 것인가? 답은 모두 '그렇다'와 '그렇다'인 것으로 보인다.

행복은 부분적으로 유전 성분을 상당히 가지고 있는 특정 성격 특질이 결정하는 것으로 보인다. 한 연구에서는 973쌍의 쌍둥이를 대상으로 행복 수준을 조사하였다(Weiss, Bates, & Luciano, 2008). 그 결과, 사람들이 행복하게 태어나는 것은 아닐지라도 어느 정도 행복 성향을 제공하는 특정 성격 특질을 가지고 태어난다는 결과를 얻었다. 연구자들은 성격의 5요인 모형을 사용하여 신경증이 낮고 외향성이 높으며 성실성이 높은 사람이 행복할

가능성이 가장 높다는 사실을 발견하였다. 이러한 성향은 강력한 유전 결정인자를 가지고 있는 것으로 밝혀졌다.

유전이 결정하는 성격 특질이 어떻게 행복에 영향을 미치는 것인지가 완벽하게 밝혀진 것은 아니지만, 연구자들은 높은 '행복 설정치'를 가지고 태어나는 사람이 스트레스를 받을 때 의존하는 정서 비축량이 더 클 것이라고 추측하고 있다.

> 운이 좋게도 부모로부터 이러한 성격 특질을 물려받은 사람에게는 이것이 좋은 소식이지만, 나머지 사람은 어찌해야 하는가? 불행할 운명에 처해있다는 말인가?

반드시 그렇지는 않다. 비록 이 연구가 행복은 부분적으로 유전 요인이 결정한다는 사실을 밝혀냈다고 하더라도, 행복의 대략 50%는 유전이 결정하지 않는다는 사실도 밝혀진 것이다. 다시 말해서, 행복할 능력의 절반을 제어할 수 있는 것이다. 유명한 작가인 헤르만 헤세[독일계 스위스인으로, 시인이자 소설가이자 화가이기도 하며, 1946년에는 유리알 유희(Das Glasperlenspiel)로 노벨문학상을 수상하였다]가 언급한 바와 같이, "행복은 '어떻게'의 문제이지 '무엇'의 문제가 아니다. (즉, 행복은) 재능이지 대상이 아니다." 다시 말해서 사람들은 행복해지는 방법을 배울 수 있다(Abbe, Tkach, & Lyubomirsky, 2003). 이 사실을 전제로 이 절에서는 행복을 증가시키는 것으로 알려진 몇몇 요인을 논의한다. 몇몇 요인은 아마도 명백하겠지만, 다른 몇몇은 여러분을 놀라게 만들지도 모르겠다.

▽ 이 절이 끝날 무렵에 여러분은 다음에 답할 수 있을 것이다.

15.5.1 긍정 정서를 어떻게 함양할 수 있는지를 설명한다.

15.5.2 출퇴근 시간이 어떻게 행복에 영향을 미칠 수 있는지를 설명한다.

15.5.3 행복이 사람들의 목표여야만 하는 것인지를 결정한다.

15.5.1 긍정 정서를 함양하라

학습목표 : 긍정 정서를 어떻게 함양할 수 있는지를 설명한다.

긍정 정서의 존재는 행복에 상당한 영향을 미친다. 일반적으로 행복한 사람은 행복하지 않은 사람과 비교할 때, 높은 수준의 긍정 정서와 낮은 수준의 부정 정서를 경험한다(Lyubomirsky,

그림 15.7 긍정 정서를 함양하는 전략

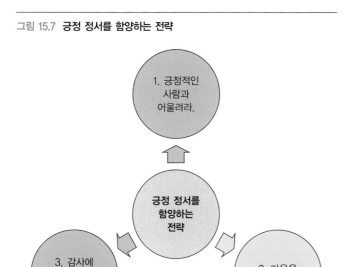

하도록 이끌어갔다. 두 연구자에 따르면, 행복의 분기점은 3:1 비율에서 나타난다. 심리적으로 건강하고 삶이 풍요로운 사람은 부정 정서 경험을 한 번 할 때마다 적어도 세 번의 긍정 정서 경험을 하는 경향이 있다. 이러한 비율이 3:1 이하로 떨어지게 되면, 온갖 종류의 정신건강 문제가 스며들기 시작한다. 따라서 가능한 한 긍정적인 코멘트를 하거나 여러분이 긍정 정서를 경험하게 만들어주는 사람들과 어울리도록 하라. 그리고 부정적 코멘트를 하거나 여러분이 부정 정서를 경험하게 만드는 사람들을 멀리하라.

마음을 챙겨라 사람들은 너무나도 자주 과거를 곱씹고 있거나 미래를 걱정함으로써 바로 눈앞에 있는 긍정 정서를 경험할 기회를 놓치고 만다. **마음챙김**(mindfulness) 상태에 있을 때, 사람들은 현재의 생각과 경험을 자각하게 된다(Papies, Pronk, Keesman, & Barsalou, 2015). 마음챙김 개념이 고대 불교 의식에 뿌리를 두고 있기는 하지만, 최근에 과학자들의 관심을 끌어왔다. 연구결과는 마음을 챙기도록 스스로 훈련할수록, 더 건강하고 행복해진다고 제안하고 있다(Brown & Ryan, 2003; Shapiro, Schwartz, & Bonner, 1998). 산보를 하거나 사랑하는 사람이나 반려동물과 침상에 누워있거나 초콜릿 한 조각의 맛을 음미하는 것 등과 같이 소소한 일상의 즐거움을 음미하는 것은 긍정 정서의 순간을 제공해줄 수 있다(Harrison, Smith, & Bryant, 2013; Keller et al., 2005). 따라서 여러분이 할 수 있는 한 지금 이 순간에 초점을 맞춤으로써 마음챙김을 함양하도록 하라.

King, & Diener, 2005). 따라서 긍정 정서를 더 많이 함양할수록, 더 행복해진다. 여기서는 이러한 목표를 달성하기 위하여 사용할 수 있는 세 가지 전략을 논의한다(그림 15.7).

긍정적인 사람들과 어울려라 여러분은 긍정적인 사람들과 어울림으로써 긍정 정서의 함양을 시작할 수 있다. 한 연구에서는 기업의 실제 팀이 회의 중에 내놓은 코멘트를 분석하여 그 코멘트의 긍정성과 부정성을 평가하였다(Fredrickson & Losada, 2005). 그 결과를 보면, 매우 성공적인 팀의 코멘트는 긍정적인 것이 부정적인 것보다 6:1의 비율로 높았다. 따라서 팀 구성원 한 사람이 부정적인 코멘트를 할 때마다, 6개의 긍정적인 코멘트가 뒤따른 셈이다. 성공적이지 못한 팀에서는 그 비율이 3:1보다도 낮았다.

마찬가지로 안정적인 부부는 코멘트의 긍정성이나 경험하는 긍정 정서 수준의 측면에서 그 비율이 5:1 정도가 되는 경향이 있다. 반면에 이혼을 생각하고 있는 부부는 그 비율이 1:1에 가깝다. 다시 말해서 모든 긍정적 코멘트나 정서에 대해서 그에 못지 않은 부정적 코멘트와 정서가 존재한다. 실제로 결혼 연구 전문가이자 심리학자인 존 고트먼(John M. Gottman, 1994)은 수십 년에 걸친 연구에 근거하여 긍정성 비율이 5:1 이하로 떨어지는 부부는 이혼의 길로 나아가고 있다고 결론짓고 있다.

긍정성 비율에 관한 이러한 통찰은 프레드릭슨과 로사다(Fredrickson & Losada, 2005)로 하여금 궁극적 행복 등식을 구성

글쓰기 과제 15.6

마음챙김이 작동하는 까닭은 무엇인가?
여러분은 마음챙김이 작동하는 이유가 무엇이라고 생각하는가? 마음챙김이 긍정 정서를 함양시키는 두세 가지 가능한 이유를 제시해보라. 답을 작성할 때에는 가능한 생물적, 사회적 또는 인지적 이유를 생각해보라.

감사에 초점을 맞추어라 감사(gratitude)란 고마움과 소중한 마음의 느낌을 말한다(Emmons & McCullough, 2004; Peterson & Seligman, 2004). 대부분의 미국인에게 있어서 정말로 감사에 대해 생각하는 유일한 날은 추수감사절이며, 그것마저도 일반적으로 감사를 드리는 것보다는 칠면조에 더 관심을 기울이기 마련이다. 그렇지만 감사를 자주 경험하는 사람이 신체적으로나 심리적으로나 더 행복하고 건강한 경향이 있다(Hill, Allemand, & Roberts, 2013; Wood, Froh, Geraghty, 2010). 감사의 느낌을 발

견하려면, 매일같이 1~2분의 짧은 시간이나마 여러분 삶 전반에 걸쳐 다른 사람들이 여러분에게 해주었던 것에 초점을 맞추어보고자 노력해보라(Emmons & McCullough, 2003). 아니면 감사 편지를 써보라(Peterson & Seligman, 2004).

한 연구에서는 참가자에게 누군가 자신에게 해주었던 것에 감사를 표시하는 편지를 작성해보도록(그렇지만 물질적 선물에 대해 고맙다는 글을 작성하는 것은 아니다) 요구하였다(Toepfer, Cichy, & Peters, 2012). 한 달에 걸쳐서 그러한 편지를 세 통 작성한 사람이 감사 편지를 작성하지 않은 사람보다 행복과 삶의 만족도가 높았으며 우울 정도가 낮았다. 따라서 가족, 친구, 선생님 또는 여러분 삶에서 중요한 역할을 하였던 스승에게 그러한 편지를 써서 보내는 것을 고려해보라. 좋았던 일들을 회상하는 것이 여러분의 행복을 증진시키는 지름길이다. 편지 쓰기에 덧붙여서, 명상을 시도해볼 수도 있다. 자신의 건강 그리고 다른 사람들이 자신의 삶에서 축복인 이유를 찬찬히 살펴보는 것을 수반하는 사랑-친절 명상(loving-kindness meditation)을 사용한 연구들은 이러한 유형의 명상이 긍정 정서를 증가시키고 다양한 이로운 결과를 초래한다는 사실을 밝혀왔다(Fredrickson, Cohn, Coffey, Pek, & Finkel, 2008).

감사의 이면도 작동한다는 사실을 명심하라. 다른 사람이 여러분을 위해서 해준 것보다는 여러분이 다른 사람을 위해서 해줄 수 있는 것에 초점을 맞추는 것도 감사의 마음을 배양하는 또 다른 방법이다. 도움을 얻기 위해서 반드시 여러분의 친절성을 증가시킬 필요는 없으며, 단지 여러분이 과거에 다른 사람을 도와주었던 때를 마음에서 챙겨보기만 하면 된다(Emmons, 2008). 그러한 마음챙김을 증가시키는 한 가지 방법은 여러분이 나타낸 친절의 수혜자였던 사람이 보인 감사의 표시를 시각적으로 떠올려보는 것이다. 예컨대, 여러분이 다른 사람으로부터 받았던 감사의 글을 매일같이 볼 수 있도록 벽에 붙여놓을 수 있다.

15.5.2 출퇴근 시간을 줄여라

학습목표 : 출퇴근 시간이 어떻게 행복에 영향을 미칠 수 있는지를 설명한다.

여러분이 정말로 행복을 부양하고자 원한다면, 직장이나 학교와 가까운 곳으로 이사할 필요가 있다. 연구결과를 보면, 매일같이 출퇴근(통학)하는 거리가 삶의 거의 모든 요인들보다도 전반

적인 행복과 더 큰 관계가 있음을 알 수 있다. 출퇴근 거리가 먼 사람은 짧은 사람보다 음식을 더 빨리 먹고, 비만일 가능성이 높으며, 스트레스를 더 받고, 더 외로우며, 덜 행복하다(Kahneman, Krueger, Schkade, Schwarz, & Stone, 2004; Stutzer & Frey, 2008). 출퇴근하는 데 편도로 45분 이상 더 걸리는 부부는 출퇴근 거리가 짧은 부부보다 이혼할 가능성이 40%나 더 높다는 사실을 찾아낸 연구가 보여주는 바와 같이(Sandow, 2007), 출퇴근 시간은 가까운 사람과의 관계도 황폐하게 만들 수 있다.

장시간 출퇴근의 이러한 효과는 오늘날 아메리칸 드림이라는 생각과 직접적으로 상충한다. 즉, 교외로 이사하여 도심에서 구할 수 있는 것보다 더 큰 뒷마당이 딸린 큰 집을 장만하는 꿈 말이다. 미국인들이 출퇴근에 평균적으로 매일 49분을 사용함으로써 세상에서 가장 긴 출퇴근 시간을 갖는 이유가 바로 그러한 아메리칸 드림 때문이다(Stutzer & Frey, 2008).

그런데 지금 무슨 일이 일어나고 있는 것인가? 어째서 긴 출퇴근 시간이 행복감을 훼손시키는 것인가?

한 가지 설명은 교통상황이 항상 변화무쌍하다는 사실과 관련이 있다. 교통 흐름은 예측 불가능하며, 매일같이 달라진다. 따라서 크고 멋진 집도 결국에는 익숙해지고 그 크기도 정상적인 것으로 간주하게 되는 반면에, 교통 스트레스에는 결코 충분하게 적응하거나 둔감해지지 못한다. 심리학자이자 행복 전문가인 대니얼 길버트(Daniel Gilbert)가 천명한 바와 같이, "차가 많은 곳에서 운전하는 것은 매일같이 겪는 또 다른 유형의 지옥이다"(Dirksen, 2011).

이에 덧붙여서, 출퇴근에 시간을 소비하게 되면, 매일같이 중요한 일에 사용할 수 있는 시간이 줄어든다. 직장까지 출퇴근하는 데 편도 1시간을 소비한다면, 체육관을 찾거나 자녀들과 시간을 보내거나, 개와 산보를 하거나, 배우자와 애정을 나누는 시간이 매주 10시간 줄어들게 된다. 실제로 이러한 계산에 따르면, 출퇴근에 1분을 소비할 때마다, 0.03분의 운동시간, 0.04분의 식사 마련 시간, 0.22분의 수면 시간을 상실하게 된다(Christian, 2009). 대단한 것처럼 들리지 않을 수도 있겠지만, 전 생애에 걸쳐 이렇게 상실하는 짧은 시간을 누적하면 몇 날을 넘어서 몇 달에 해당하게 된다. 단 1년만을 생각하더라도, 편도 1시간의 출퇴

근은 14시간의 운동시간, 19시간의 음식 장만시간, 105시간의 수면시간의 상실을 초래하게 된다. 이제 그 시간에 30년 내지 40년을 곱하게 되면, 이 효과가 여러분 삶을 얼마나 악화시키는지를 알 수 있을 것이다. 시간과 에너지는 귀중한 제한적 자원이며, 출퇴근 시간과 같은 무의미한 것에 낭비해서는 안 된다.

그렇지만 사람들은 더 많은 돈을 벌기 위하여 장시간 출퇴근을 기꺼이 참아내고 있다. 보수가 좋기 때문에 출퇴근 시간이 긴 직업을 택하려는 유혹에 직면할 수 있으며, 높은 수입이 더 높은 행복을 초래할 것이라고 생각한다. 연구결과가 알려주어야만 하는 것에 여러분이 놀라지 않을까 걱정스럽다. 아마도 여러분은 장시간의 출퇴근과 연합된 대가를 압도할 수 있을 만큼 많은 수입을 올려야 한다고 생각할 것이다. 그렇다면 얼마나 많은 수입이어야 하겠는가? 경제학자인 스투처와 프레이(Stutzer & Frey, 2008)는 행복의 측면에서 출퇴근 시간이 1시간 늘어날 때마다 수입은 40%나 늘어나야 한다고 계산하고 있다! 따라서 직장을 구할 시점이 되면, 봉급뿐만 아니라 출퇴근 시간도 고려하기 바란다.

15.5.3 행복이 목표여야만 하는가

학습목표 : 행복이 사람들의 목표여야만 하는 것인지를 결정한다.

행복에 관한 논의를 마무리하기 전에, 행복이 사람들의 궁극적 목표여야만 하는 것인지를 생각해보고자 한다. 대부분의 사람이 생각하는 것과는 반대로, 여기에는 어두운 측면이 있다.

행복이 추구할만한 좋은 목표가 아닐 수도 있는 까닭은 행복이 본질적으로 일시적인 것이기 때문이다. **쾌락의 쳇바퀴**(hedonic treadmill) 개념에 따르면, 긍정 정서는 그렇게 오래 지속되지 않기 때문에, 사람들은 좋은 기분을 느끼고자 새로운 방법을 끊임없이 찾는다(Diener et al., 2006). 봉급 인상, 휴가, 신차 구입, 명절 등이 사람들을 행복하게 만들어주는 것은 단지 일시적으로만 그러할 뿐이다. 설상가상으로 사람들은 무엇이 자신을 행복하게 만들어줄 것인지를 예측하는 능력이 정말로 형편없다(Gilbert, Pinel, Wilson, Blumberg, & Wheatley, 1998). 즉, 감정 예측(affective forecasting)에 취약하다. 사람들은 로또에 당첨되는 것이 자신을 행복하게 만들어줄 것이라고 생각하지만, 로또에 당첨된 대부분의 사람은 짧은 시간 내에 그 사건이 일어나기 전의 행복 상태로 되돌아오는 경향이 있다는 것이 참이다. 수평선에 보이는 신기루와 마찬가지로, 사람들은 행복을 향해서 뜀박질을 하고 있지만, 결코 그것에 도달할 수는 없는 것이다.

행복도 지나치면 문제를 초래할 수 있다. 믿기 어렵게 들리겠지만, 삶의 다른 모든 것과 마찬가지로, 행복도 적당한 것이 최선이다(예컨대, 아리스토텔레스의 중용). 지나치게 낮은 행복은 정신건강에 해로울 수 있는 것이 명백하지만, 새로운 연구는 지나치게 높은 행복도 해로울 수 있다는 사실을 시사한다. 지나치게 행복하면, 이기적으로 행동하고, 다른 사람을 고정관념에 따라 매도하며, 인지 오류를 범하고, 다른 사람에게 속아 넘어갈 가능성이 높아진다(Forgas & East, 2008; Tan & Forgas, 2010).

예컨대, 한 연구에서는 참가자들이 절도 혐의자를 심문하는 장면을 시청하였다. 몇몇 경우에는 그 혐의자가 결백하였으며 다른 경우에는 범인이었지만, 참가자들은 누가 범인인지를 알지 못하였다. 혐의자가 실제로 범인일 때, 행복감을 느끼게 만들었던 참가자가 슬픔을 느끼게 만들었던 참가자보다 범인의 거짓말을 탐지하는 능력이 떨어졌다(Forgas & East, 2008). 따라서 행복할수록 속아 넘어가기 쉽기 때문에, 다른 사람이 그 사람을 이용해 먹을 가능성이 높아진다.

나아가서 부정성을 수용하는 사람은 그렇지 않은 사람보다 정신건강 문제에 더 잘 대처하는 것으로 보인다. 방금 스트레스 사건을 경험하였던 사람들을 대상으로 수행한 연구에서 보면, 그 사건이 초래한 부정 정서를 받아들인 사람은 그러한 부정 정서를 회피하고자 시도한 사람보다 스트레스를 덜 받고 우울한 정도도 낮았다(Shallcross, Troy, Boland, & Mauss, 2010). 이렇게 반직관적인 결과는 부정 정서에도 이점이 있다는 사실을 지적하고 있다. 보다 건강한 목표는 항상 행복하고자 애쓰는 것보다 정서적 균형을 추구하는 것이겠다.

정서적 균형이라는 생각은 아리스토텔레스의 가르침과 명백한 일관성을 유지하고 있다. 아리스토텔레스는 행복에 관하여 많은 글을 남겼으며, 어느 근대 철학자보다도 행복이라는 주제에 더 많은 지면을 할애하였다. 그렇지만 아리스토텔레스의 행복 정의는 오늘날의 정의와 다소 차이를 보인다. 오늘날 행복에 관하여 언급할 때에는 일반적으로 **쾌락적 행복**(hedonic happiness)을 이야기하는 것이며, 쾌락적 행복이란 긍정 정서의 획득과 부정 정서의 부재를 의미한다. 이와는 달리 아리스토텔레스의 정의는 자기실현적 행복(eudaimonic happiness)이라고 표현하는 것이 더 적절한데, 이것은 의미 있으며 자신이 발현할 수 있는 최선의 모습으로 발전할 수 있게 해주는 삶을 영위하는 것을 의미한다. 자기실현적 행복에 관한 한, 삶의 목표는 기분이 좋은 것이 아니라 자신의 모든 수월성을 추구하는 것이다.

쾌락적 행복의 경우에는 결과에 초점을 맞춘다. 그렇지만 자기실현적 행복의 경우에는 삶의 내용과 의미충만한 삶을 영위하는 과정에 초점을 맞춘다(Ryan, Huta, & Deci, 2008). 자기실현적 행복이 결과보다는 과정을 지칭하는 것이기 때문에, 쾌락적 행복보다 덜 일시적인 것이다. 단지 승진하였다고 해서 증가하지 않으며, 친구와 다투었다고 해서 감소하지도 않는다. 이 시점까지 여러분 삶에서 얻은 모든 결실로 구성되는 것이다. 따라서 핵심적 물음은 "지금 이 순간까지 나의 모든 잠재력을 발휘하면서 살아왔는가?"가 된다.

이러한 과정 중심적 접근은 어느 누구도 삶이 끝날 때까지 결코 행복한 삶을 영위해왔다고 말할 수 없다는 사실도 의미한다. 마치 축구시합에서 전반전이 끝난 하프타임에 "정말로 대단한 경기였다."라고 말하는 것과 같다. 여러분이 정말로 충만한 삶을 살았는지 알고 싶다면 삶이라는 게임이 끝날 때까지 기다려야만 한다. 이 사실은 일시적인 행복이 자기실현 행위(예컨대, 재능을 개발하고, 어떤 것에서 최고가 되고자 추구하는 행위)보다 쾌락적 행위(예컨대, 재미, 휴식, 즐거움을 추구하는 행위)의 영향을 더 많이 받는 이유를 설명해준다. 그렇지만 장기적 행복과 전반적인 삶의 만족도에 있어서는 쾌락적 행위보다 자기실현 행위가 더 결정적이다(Huta & Ryan, 2010).

쾌락적 행복은 단기적이고 자기실현적 행복은 장기적이기 때문에, 최선의 접근은 동시에 둘을 모두 추구하는 것일 수 있다. 쾌락적 행위와 자기실현 행위 모두를 동시에 추구하는 사람이 한 가지 유형의 행위만을 추구하는 사람보다 더 높고 더 다양한 안녕감을 나타낸다는 연구결과는 이러한 주장을 지지하고 있다(Huta & Ryan, 2010). 따라서 만일 여러분이 진정으로 행복하고 만족스러운 삶을 영위하고 싶다면, 여러분을 행복하게 만들어주며 동시에 삶에 더 큰 의미를 부여하는 행위를 추구하라.

글쓰기 과제 15.7

쾌락적 행복과 자기실현적 행복을 비교하고 대비시켜 보라.

쾌락적 행복과 자기실현적 행복을 비교하고 대비시켜 보라. 이 분석에서는 각 유형의 장점과 단점을 반드시 확인해보라. 그런 다음에 어느 유형의 행복이 추구하기에 용이한지를 확인하고 그 이유를 적어보라.

요약 : 동기과학을 건강 문제에 적용하기

15.1 건강한 체중 유지하기

- 항상성 배고픔은 장시간 음식 섭취의 부재가 주도한다.
- 용기 크기, 광고, 주변 사람의 행동 등과 같은 환경 요인은 모두 섭식행동에 영향을 미친다.
- 쾌락성 배고픔은 음식으로 인해서 경험하거나 경험할 것이라고 기대하는 즐거움을 위해 먹는 것을 의미한다. 쾌락성 배고픔은 특정 음식에 대한 선호도와 그 음식의 가용성이 결정한다.
- 건강한 체중을 유지하는 것은 쾌락성 배고픔의 강도와 자기제어 강도가 직접적으로 경쟁을 벌인 결과이다. 쾌락성 배고픔이 높고 자기제어가 낮을 때, 체중이 증가할 가능성이 가장 높다.
- 다이어트는 음식의 쾌락적 자질에 대한 사람들의 민감도를 증가시켜, 그 음식에 저항하기 어렵게 만든다.
- 감정 오귀인 절차(AMP)는 사람들이 즐거움이나 불쾌함을 특정 자극과 자동적으로 연합하는 정도를 측정한다. 연구자들은 AMP를 사용하여 사람들의 쾌락성 배고픔 강도를 측정한다.

15.2 음주

- 환경 단서가 술에 대한 갈망을 촉발시킬 수 있다.
- 음주는 자기제어 실패와 관련이 있다. 자기제어가 만성적으로 낮은 사람이 술을 마실 가능성이 더 높다.
- 자기제어의 일시적 손상도 사람들이 술을 마실 가능성을 높인다. 술을 마시려는 강한 충동을 가지고 있는 사람에게서 특히 그렇다.
- 사람들은 부정 정서를 조절하려는 목표, 긍정 정서를 부양하려는 목표, 다른 사람과의 연대감을 느끼려는 목표 등을 포함

하여, 다양한 목표를 달성하기 위한 수단으로 술을 마시기 십상이다.

- 배척은 인간과 곤충 모두에게서 음주를 증가시킨다.

- 음주는 사람들이 충동을 제어하는 능력을 감소시킨다. 따라서 술에 취했을 때, 건강하지 않고 폭력적이며 성적으로 위험한 행동을 나타낼 가능성이 더 높다.

- 알코올성 근시란 알코올이 사람들로 하여금 가장 현저한 환경 단서에만 주의를 집중시키게 만드는 경향성을 말한다. 따라서 술 취한 사람은 자기자각이 떨어지고, 장기적인 계획에 초점을 맞추기 어려우며, 자신의 목표에 부합하는 행동을 모니터링하는 능력이 감소한다.

- 남녀에 관계없이 술 취한 사람은 술 취하지 않은 사람보다 이성의 상대방을 신체적으로 더 매력적인 인물로 평가한다(즉, 비어 고글 현상).

- 음주는 불안을 감소시킴으로써, 사람들이 결과를 두려워하지 않은 채 해롭거나 위험한 행동을 나타낼 가능성을 높인다.

15.3 효과적인 건강 개입

- 건강 개입은 두 가지 형태 중에서 하나를 택할 수 있다. 첫째, 충동을 감소시키고자 시도할 수 있다. 둘째, 자기제어를 강화시키고자 시도할 수 있다.

- 유혹자극(예컨대, 술과 초콜릿 등)을 부정성과 연합하도록 사람들을 재프로그래밍하는 것은 그 유혹자극을 소비하는 경향성을 감소시킨다.

- 사람들을 건강한 자극을 향해 다가서게 하고 건강하지 않은 자극으로부터 멀어지도록 훈련시키는 것은 건강한 행동을 증가시킨다.

- 자기제어가 높은 사람은 일상적 유혹에 굴복하는 것을 피하기 위하여 구현 의도와 같은 목표 계획세우기 전략을 사용할 가능성이 더 높다.

- 사람들은 자기제어가 성공에 필수적인 순간을 위하여 자기제어 자원을 보존할 수 있다.

- 자기제어를 재충전하는 데 휴식, 긍정적 기분, 포도당 등을 사용할 수 있다.

- 사람들은 자기제어 근육을 강화하기 위하여 그 근육을 훈련할 수 있다.

15.4 스트레스와 대처법

- 심리적 스트레스는 도전거리와 요구사항이 현재 자신의 능력, 자원 또는 에너지를 넘어선다는 느낌을 말한다.

- 스트레스 원천에는 중차대한 삶의 재앙, 중요한 삶의 사건, 소소한 삶의 변화 등이 포함된다. 스트레스는 면역체계 저하 그리고 질병 가능성 증가와 연관되어 있다.

- 반추는 스트레스 사건에 대하여 반복적으로 생각하는 경향성을 말한다. 그러한 반추가 해로운 까닭은 스트레스 사건의 부정적 결과를 지속시키기 때문이다.

- 심리적 탄력성이 높은 사람은 삶의 부정적 경험에 굴복할 가능성이 더 낮으며, 어떤 경우에는 그러한 역경 속에서 실제로 번성하기도 한다. 가장 높은 탄력성은 남성, 나이 든 어른, 과거에 역경을 경험하였던 사람, 그리고 교육 수준이 높은 사람에게서 나타난다.

- 스트레스에 대처하는 방안에 관한 조언에는 안정된 체중 유지, 규칙적 운동, 건강한 섭식, 강력한 사회 연계의 유지, 어려운 사람에 대한 사회 지원 제공 등이 포함된다.

- 공동반추는 문제점에 관하여 다른 사람과 과도하게 이야기하는 것을 수반한다. 사람들은 공동반추가 스트레스를 감소시킬 것이라고 생각하지만, 실제로는 스트레스를 증가시킨다.

15.5 행복 찾기

- 사람들의 행복 수준 중에서 절반은 유전에 따른 기질이 결정한다. 신경증이 낮고, 외향성이 높으며, 성실성이 높은 사람들이 가장 행복한 경향이 있다.

- 긍정 정서의 함양이 행복을 증가시키는 한 가지 효과적인 방법이다.

- 행복은 3:1 비율과 연합되어 있다(예컨대, 한 번의 부정적 경험마다 세 번의 긍정적 경험).

- 긍정 정서는 마음을 더욱 챙기고 일상의 소소한 즐거움에 초점을 맞춤으로써 함양할 수 있다.

- 긍정 정서는 또한 감사하는 마음에 초점을 맞추고 다른 사람을 도와주었던 것에 초점을 맞춤으로써 함양할 수 있다.

- 교통체증과 장거리 출퇴근이 불행의 핵심 기여 요인 중의 하나이다.

- 쾌락의 쳇바퀴 개념은 긍정 정서가 오랫동안 지속되지 않기 때문에 사람들이 기분을 좋게 만들어주는 새로운 방법을 찾고

자 끊임없이 시도한다고 주장한다.

- 지나치게 높은 행복은 속아 넘어가는 경향성과 이기성의 증가와 같은 부정적 결과를 초래할 수 있다.

- 쾌락적 행복은 긍정 정서의 획득과 부정 정서의 부재를 말한다.

- 자기실현적 행복은 의미 있으며 자신이 발현할 수 있는 최선의 모습으로 발전할 수 있게 해주는 삶을 영위하는 것을 의미한다.

- 장기적 행복은 쾌락 추구 행위보다는 자기실현 행위가 결정한다.

글쓰기 과제 15.8

미래 건강

이 장에서 배운 모든 것에 근거할 때, 여러분의 삶을 더 건강하게 만들기 위해서 변화시키고 싶은 것 한 가지는 무엇인가? 이 물음에 답할 때, 여러분이 이루고자 하는 변화가 무엇인지, 그 변화가 이 장에서 논의한 개념 중의 하나와 어떻게 관련되는지, 그리고 다른 것에 앞서서 그 접근방식을 선택한 이유가 무엇인지를 기술하라.

16

동기과학을 경제적 부에 적용하기

시걸 부부 이야기

데이비드 시걸과 재키 시걸은 아메리칸 드림을 실현하고자 애쓰고 있는 미국의 대부분 부부와 별반 다르지 않은 부부였다. 1970년대에 데이비드는 자기 집 차고에서 부동산 개발회사를 시작하였으며, 마침내 선도적인 공동사용주택 회사로 발전시켰다. 공동사용주택(timeshare)이란 여러 사람이 공동으로 소유하는 단일 주택으로, 각 사람에게 일정 기간(예컨대, 1년에 1~2주) 그 주택을 사용할 수 있는 권한이 부여된다. 공동사용주택이 출현하기 이전에는 부유한 사람만이 호화로운 별장을 구입할 수 있었다. 그렇지만 이제 공동사용주택의 출현은 중산층 가정에도 1년에 적어도 1~2주 동안은 아메리칸 드림을 맛볼 수 있는 기회를 제공하였다. 데이비드가 성공한 비결은 이 사실을 깨닫고는 더 좋은 삶, 즉 자신들의 재정 능력을 넘어서는 삶을 영위하고자 간절히 원하던 중산층에게 그들이 열망하는 상품으로 공동사용주택을 판매한 것이었다. 2000년대 초반에 데이비드는 자신의 신생회사를 이 세상에서 가장 큰 공동사용주택 개인회사로 발전시켰으며, 자신은 억만장자가 되었다.

그때 데이비드는 미시즈플로리다선발대회에서 미시즈플로리다로 선발된 적이 있는 재키를 만났으며, 자신들만의 드림하우스를 짓기로 결정하였다. 그렇지만 시걸 부부는 어떤 집도 지을 수가 없었다. 자신들의 과도한 라이프 스타일을 반영하는 기념물이 되도록, 미국에서 가장 큰 개인 주택을 짓기로 결정하고는 프랑스의 베르사이유 궁전을 모델로 삼았다. 이들의 사치스럽기 그지없는 설계도에는 9개의 주방, 3개의 수영장, 아이스링크, 볼링장, 2개의 테니스코트, 미용실, 체육관, 야구장 등이 포함되었다. 그 집은 2개의 축구장이 들어갈 만큼 거대한 것이었다. 이에 덧붙여서, 수백만 달러에 해당하는 장식용 금박과 수입 대리석으로 마감질을 할 예정이었다. 심지어 데이비드

가 앉기 위하여 금박을 입힌 왕좌도 구입하였다.

그렇지만 5년에 걸친 건축기간이 지난 후에, 시걸 부부의 드림하우스는 일장춘몽이 되고 말았다. 많은 중산층 미국인과 마찬가지로, 시걸 부부의 라이프 스타일도 빚더미에 토대를 두고 형성된 것이었다. 데이비드 고객의 대부분은 공동사용주택을 구입할 목돈을 가지고 있지 못하였기 때문에, 데이비드는 자신의 회사에서 그들에게 융자를 내주었다. 물론 데이비드 회사가 돈을 고객에게 몽땅 융자해주어서는 이윤을 낼 수 없었기 때문에, 고객 융자금을 지불하기 위한 돈을 은행에서 차입하였다. 그런데 바로 그때, 2008년 금융위기가 들이닥쳤다. 2008년의 가장 큰 경기 후퇴는 건축 붐과 함께 시작되었다. 순수 자산가치가 매년 1%씩 증가하던 주택이 이제 25%씩 증가하고 있었는데, 이것은 20만 달러짜리 주택을 한 채 구입하면 다음 해에 25만 달러가 되어 손가락 하나 까딱하지 않은 채 손쉽게 5만 달러를 벌게 된다는 것을 의미하였다. 이것이 주택시장을 부자가 되는 손쉬운 방법인 것처럼 보이게 만들어서, 수백만 명의 미국인들이 주택거래에 참여하고자 하였다. 불행하게도 많은 사람들은 실제로 주택을 구입할 충분한 자금이 없었기 때문에, 은행에서 돈을 빌렸다. 전 세계 은행들이 미국 주택시장을 부자가 될 수 있는 손쉬운 방법으로 간주하였기에, 신용이 떨어지거나 융자금을 갚을만한 수입이 없는 위험한 고객들에게 바람직하지 않은 융자(소위 '서브프라임 론')를 내주기 시작하였다. 은행이 잠재적 주택 소유자에게 더 많은 돈을 융자해줄수록, 더 많은 사람들이 주택을 구입하였으며, 집값은 천정부지로 솟아올랐다. 그렇지만 주택과 같은 상품의 가격이 급격하게 치솟을 때에는 언제나 거품경제를 초래할 위험을 감수할 수밖에 없다. 간단하게 말해서 어떤 상품이 실제 가치보다 높은 가격으로 판매될 때에는 거품경제가 발생하게 된다.

주택 가격 상승으로 인해서, 사람들은 주택에 실제 가치보다 높은 가격을 지불하고 있었다. 사람들이 그러한 짓거리를 한 까닭은 무엇인가? 주택 가격이 계속해서 끝도 없이 상승할 것이라고 생각하였기 때문이다. 그렇지만 거품은 그렇게 작동하지 않는다. 어느 시점이 되면 거품은 항상 꺼지고 만다. 그리고 2008년에 발생한 사건이 바로 이것이었다.

2008년 위기가 몰아쳤을 때, 시걸 부부는 자신들의 드림하우스를 절반밖에 짓지 못한 상태였으며, 많은 사람과 마찬가지로 그러한 긴급 상황에 대비한 재정적 안전장치를 마련해놓지 못하였다. 은행이 고객 융자를 마련해줄 돈을 빌려주는 것을 중단하고 고객들이 더 이상 융자금을 갚지 못하게 되자, 시걸 부부도 덫에 걸리고 말았다. 주택 건설은 단박에 중단되고 말았다. 자신의 드림하우스를 마무리 짓지 못하게 된 시걸 부부는 그 집을 7,500만 달러에 내놓았지만, 아직도 여전히 그대로 남아있다. 지금의 경제상황에서 반쯤 짓다 중지한 저택을 조만간에 구입할 사람이 나타날 가능성은 거의 없다.

다큐멘터리 영화 〈베르사이유의 여왕(The Queen of Versailles)〉(Greenfield, 2012)이 담아낸 시걸 부부의 교훈적인 이야기는 사람이 자신

의 재력을 넘어서는 삶을 시작할 때 어떤 일이 일어나는지를 보여주고 있다. 이들의 추락은 모든 수준에서 자기조절 결핍이 초래한 것이다.

- 시걸 부부의 고객들은 감당할 수 없는 별장의 일부분을 구입함으로써 자신의 재력을 뛰어넘는 삶을 영위하고 있었다.
- 은행은 융자금을 되갚을 수 없는 사람들에게 융자를 해줌으로써 자신의 재력을 뛰어넘는 삶을 영위하고 있었다.
- 시걸 부부는 감당할 수 없는 집을 짓고 재정 위기가 닥쳤을 때 자신을 보호해줄 수 있는 충분한 자금을 확보하지 못함으로써 자신의 재력을 뛰어넘는 삶을 영위하고 있었다.

시걸 부부 이야기가 극단적인 것이기는 하지만, 그들의 이야기를 살펴봄으로써 우리 자신의 재정적 무책임성에 대한 일말의 조언을 찾을 수 있다. 이들의 이야기는 재력이 허용하는 범위 내에서 살아가려는 사람들의 노력을 반영하고 있는 거울과 같은 것이다.

이 장에서는 사람들이 이러한 재정 문제와 싸움을 벌이고 있는 까닭을 탐구한다. 우선 구매행동에 수반된 동기 요인에 대해서 논의한다. 또한 비합리적인 사고 과정이 사람들의 재정 결정을 주도하는 많은 방식도 논의한다. 마지막으로 돈이 정말로 더 높은 동기와 행복으로 이끌어가는지를 논의한다. 이 장에 포함된 정보는 여러분 자신의 삶에서 더 우수한 재정 결정을 내리는 데 사용할 수 있는 현실적인 조언을 제공해줄 것이다.

16.1 구매행동

학습목표 : 구매행동에 영향을 미치는 요인을 분석한다.

재정 유혹에 관한 한, 사람들은 정말로 황금기를 살아가고 있다. 역사적으로 과거 어느 시대에도 사람들은 돈 쓰기에 이토록 다양하고 손쉬운 방법을 가졌던 적은 없었다. 단지 몇 가지 예만 들자면, 해설식 광고, 온라인 쇼핑, 아마존 등 말이다. 사람들은 모든 구매가 실질적인 이유를 가지고 있다고 생각하지만, 실제에 있어서는 상품이 어떤 동기적 목표를 달성해주기 때문에 구매하기 십상이다. 길기만 하였던 일주일 업무를 끝마치고는 기분을 전환하기 위하여 새 옷을 구입한다. 주변 사람들에게 자랑하기 위하여 값비싼 시계나 보석을 구입한다. 이러한 상황에서 사람들은 상품 구입을 통해 달성하는 목표가 돈을 지출하기보다 저축하겠다는 목표와 직접적으로 갈등을 벌이기 때문에 목표 갈등을 경험하기 십상이다.

충동구매(impulse shopping)의 경우처럼 이러한 목표 갈등이 명백하게 드러나는 상황은 없다. 충동구매란 그 상품이 필요한 이유를 사려 깊게 생각하지 않은 채 구입하려는 자발적이고도 무분별한 갈망을 의미한다(Rook, 1987). 만일 여러분이 어떤 물건을 구입할 의도를 가지고 상점에 갔다가 더 많은 것을 구입한 채로 귀가한 적이 있다면, 충동구매를 행한 것이다.

▽ **이 절이 끝날 무렵에 여러분은 다음에 답할 수 있을 것이다.**

16.1.1 지출 충동에 영향을 미치는 요인을 확인한다.
16.1.2 지출 충동의 제어능력을 강화하는 요인을 확인한다.

16.1.1 지출 충동에 영향을 미치는 요인

학습목표 : 지출 충동에 영향을 미치는 요인을 확인한다.

충동구매는 매년 42억 달러(대략 4조 6,200억 원)에 해당하는 것으로 추정하는 상품 판매액을 설명해주며, 미국 가정의 수입 대비 빚의 비율이 언제나 높고 계속해서 증가하는 1차 원인이다(Bellenger, Robertson, & Hirschman, 1978; Mogelonsky, 1998). 다른 충동과 마찬가지로, 상품을 구입하려는 충동이 강할수록, 저항하기 어렵다. 연구결과에 따르면, 지출 충동을 배가시키는 것으로 알려진 여러 가지 요인들이 존재한다(그림 16.1).

이 요인들을 상세하게 살펴보도록 하자.

환경 요인 사람들은 누구나 구입하고 싶은 압도적인 충동에 휩싸

그림 16.1 지출 충동을 배가시키는 요인

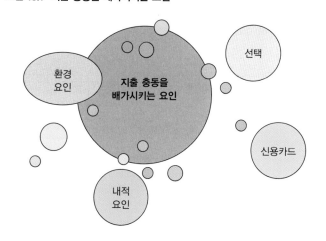

를 배가시킨다는 결과를 얻었다(Areni & Kim, 1993). 사람들은 고전음악을 값싼 캔맥주나 데킬라보다는 값비싼 와인을 마시는 것과 자동적으로 연합시킬 가능성이 더 크다. 상점 주인은 고전음악을 틀어놓음으로써, 고객들이 자동적으로 값비싼 구매에 대해서 생각하기 시작하도록 점화시킬 수 있다.

향기도 마케팅 담당자나 상점 주인이 매출을 늘리기 위하여 환경에 가하는 대표적인 마케팅 기법이다. 후각은 모든 감각 중에서 가장 강력하게 정서를 유발한다. 후각은 사람들이 일상적으로 경험하는 정서의 75% 이상에 영향을 미치는 것으로 알려져 있다. 사람들은 대략 10,000가지 냄새를 구분하는 능력을 가지고 있는데, 1년이 지난 후에도 65% 이상 냄새를 재인할 수 있다. 시각 경험의 경우에 3개월만 지나도 재인율이 50% 이하로 떨어지는 것과 비교하면 대단한 능력이다. 향기는 행동에 영향을 미치며, 과거의 기억을 거의 즉각적으로 촉발한다. 마르셀 프루스트(Marcel Proust)의 잃어버린 시간을 찾아서(*À la recherche du temps perdu*)에서 주인공이 홍차에 적신 마들렌의 냄새를 통해 과거를 회상하는 장면은 후각의 효과를 가장 극적으로 보여주는 사례라고 할 수 있겠다.

여던 순간들을 경험해왔다(Beatty & Ferrell, 1998). 여러분이 그 순간에는 깨닫지 못할 수 있지만, 이렇게 강력한 충동은 수많은 동기 요인의 영향을 받을 가능성이 있다. 사람들의 지출 충동을 배가시키는 것으로 알려진 한 가지 원천이 바로 환경이다.

마케팅 담당자와 상점 주인은 이 사실을 잘 알고 있으며, 구매 충동을 배가하기 위하여 구매 환경의 여러 자질에 처치를 가하기 십상이다. 대표적인 것이 음악과 향기를 이용하는 마케팅 기법이다.

아마도 여러분은 대부분의 상점이 고객들을 위하여 은은한 음악을 틀어놓는다는 사실을 알아차렸을 것이다. 그 음악이 전형적으로 빠른 것인지, 아니면 느린 것인지를 말할 수 있겠는가? 그 답은 느린 음악이며, 여기에는 충분한 이유가 존재한다. 느린 음악을 들을 때, 사람들은 자동적으로 천천히 움직인다. 따라서 상점에서 더 많은 시간을 보냄으로써 무엇인가를 구입할 가능성이 높아진다. 실제로 슈퍼마켓 주인이 매장에 느린 음악을 흘려보냈을 때 매상이 38%나 치솟았다(Milliman, 1982). 고급식당에서도 느린 음악을 활용하는 까닭은 사람들의 먹는 속도를 늦추어 그 식당에 머물면서 더 많은 음식과 술을 소비하게 만들 가능성을 높여주기 때문이다(Chandon & Wansink, 2012). 물론 특정 상품만을 팔고 있기 때문에 고객의 순환을 빠르게 만들 필요가 있을 때에는 빠른 음악을 틀어놓을 수도 있다.

음악은 속도에 덧붙여서 사람들이 특정 상품과 형성하고 있는 자동적 연합도 점화함으로써 구매행동에 영향을 미칠 수 있다. 예컨대, 한 연구는 고전음악이 와인과 같은 값비싼 상품의 판매

글쓰기 과제 16.1

환경의 다른 요인들
음악과 향기에 덧붙여서, 지출 충동을 증가시키기 위하여 기업들이 사용한다는 사실을 여러분이 알아차렸던 다른 환경 요인에는 어떤 것이 있는가? 두세 가지 요인을 확인하고 각 요인에 대한 구체적 사례나 기술을 제시해보라.

선택 사람들은 선택지가 많을수록, 더 행복하다고 생각하는 경향이 있다. 그리고 이러한 생각은 지난 수십 년에 걸쳐 상품 다양성이 폭발적으로 증가하도록 이끌어왔다. 1980년대 이전만 해도 단지 두 가지 브랜드의 머스터드, 두 가지 유형의 스파게티 소스, 그리고 단 한 가지 스타일의 청바지만이 존재하였다. 오늘날에는 선택해야만 하는 수백 가지 머스터드, 스파게티 소스, 청바지들이 존재한다.

사람들은 이러한 선택이 자신을 행복하게 만들어준다고 생각하지만, 실제로는 덜 행복하게 만들며, 혹자는 선택의 역설(paradox of choice)이라고 부르는 난제에 직면하고 있다(Schwartz, 2004). 이러한 역설에 대한 한 가지 설명은 선택이 귀중한 자기 제어 자원을 갉아먹는다는 것이다. 선택지가 많을수록, **결정 피로**(decision fatigue)를 경험할 가능성이 높아진다. 결정 피로란 일

련의 사전 의사결정 후에 형편없는 결정을 하게 되는 경향성을 말한다(Baumeister & Tierney, 2012). 매일같이 대략 70가지 결정을 한다는 사실을 전제할 때(Iyengar, 2012), 사람들은 정기적으로 결정 피로를 경험하고 있는 것이다.

선택은 몹시 진을 빼는 작업이기 때문에, 사람들은 가능하다면 선택을 회피하기 십상이다. 많은 선택지가 존재할 때 결정을 내리지 않으려는 이러한 경향성을 **결정 마비**(decision paralysis)라고 부른다. 결정 마비 개념을 검증하기 위하여, 고급 슈퍼마켓에 다양한 잼을 홍보하기 위한 탁자를 설치하였다(Iyengar & Lepper, 2000). 때로는 탁자에 구매자가 시식해보고 구매할 잼을 단지 6가지만 올려놓았으며, 다른 경우에는 24가지 잼을 올려놓았다. 결과를 보면, 24가지 잼을 전시하였을 때 더 많은 사람들이 탁자를 찾았지만, 실제로 구매할 가능성은 더 낮았다. 6가지 선택지만 주어진 사람들이 24가지가 주어진 사람들보다 잼을 구매할 가능성이 6배나 높았다. 따라서 많은 선택지가 구매자를 끌어모으기는 하지만, 실제로 구입할 가능성은 낮아진다. 만일 기업이 판매량을 배가시키고자 한다면, 적은 가짓수가 더 많은 판매를 초래할 가능성을 고려해야 한다. 예컨대, 헤드앤숄더사가 샴푸 유형의 가짓수를 26개에서 15개로 낮추었을 때, 판매량이 10%나 증가하였다(Iyengar, 2012).

잼 한 통을 구입할 것인지를 선택하는 것은 심각한 문제가 아닐는지 모르겠으나, 결정 마비는 은퇴에 대비한 저축과 같이 중차대한 재정 결정을 내리는 것에도 영향을 미친다. 피고용자가 회사의 은퇴 프로그램에 가입할 때, 자신의 돈을 어디에 어떻게 투자해야 할 것인지에 관한 장황한 선택에 직면하게 된다. 그토록 많은 선택지가 미치는 영향을 알아보기 위하여, 연구자들은 미국에서 가장 큰 뮤추얼 펀드 회사 중 하나의 투자 기록을 분석함으로써 백만 명에 달하는 미국인의 은퇴 대비 결정을 추적해보았다(Seth-Iyengar, Huberman, & Jiang, 2004). 이들이 찾아낸 사실은 프로그램이 제안하는 뮤추얼 펀드가 10개씩 늘어날 때마다, 그 프로그램에 참여하는 비율이 2%씩 떨어졌다는 것이다. 따라서 피고용자에게 50가지 펀드 중에서 선택하도록 제안한 기업은 단지 5가지 펀드만을 제안한 기업보다 피고용자의 프로그램 참여율이 10%나 낮았다(그림 16.2).

이러한 결정 마비가 발생하는 까닭은 50가지 상이한 펀드 중에서 선택하는 것은 너무나 어려운 일이기에, 피고용자들이 가입을 뒤로 미루거나 결코 가입하지 않기 때문이다. 대부분의 회사

그림 16.2 펀드의 선택 가짓수와 은퇴 프로그램 참여도

연구자들은 얼마나 많은 수의 펀드 중에서 선택해야 하는 것인지에 따라 피고용자들이 회사의 은퇴 프로그램에 참여하는 정도를 분석하였다(Seth-Iyengar et al., 2004).

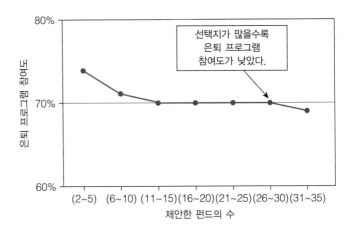

은퇴 프로그램은 대응규칙, 즉 피고용자가 자신의 은퇴를 위하여 1달러를 투자할 때마다 고용주도 1달러를 비축해야 한다는 규칙을 수반하기 때문에, 은퇴 프로그램에 참여하지 않는다는 선택은 피고용자들이 매년 수천 달러를 포기하는 셈이 된다.

여러분 자신을 동기화시켜라

일찍부터 저축을 시작하라

은퇴를 위한 저축을 시작하기에는 너무 젊다고 생각하는가? 다시 생각해보라. 대부분의 사람들이 늙을 때까지 은퇴를 위한 저축을 미루지만, 일찍부터 저축할수록 복리 이자라고 부르는 경제학의 불가사의로부터 이득을 얻을 수 있다. 벨스키와 길로비치(Belsky & Gilovich, 1999, 121쪽)의 다음 사례를 생각해보자.

> 질과 존은 고등학교를 졸업하자마자 직장을 구한 21세의 쌍둥이이다. 질은 즉시 뮤추얼 펀드에 매달 50달러를 투자하기 시작하였으며, 결혼하여 자신의 돈을 사용해야 할 압박을 받을 때까지 8년 동안 계속하였다. 존은 29세가 될 때까지 투자를 시작하지 않았다. 이제 존도 동일한 뮤추얼 펀드에 매달 50달러를 투자하였지만, 65세에 은퇴할 때까지 37년을 계속하였다. 질이 단지 4,800달러를 투자한 반면, 존은 22,200달러를 투자하였다. 65세가 되었을 때, 둘 중에 누가 더 많은 돈을 가지고 있겠는가? (둘 모두 연간 보상률이 10%라고 가정하라.)

당연한 답은 존인 것처럼 보인다. 질보다 4배나 많이 저축하였기 때문이다. 그런데 놀랍게도, 질은 256,650달러의 은퇴자금을 받는 반면에 존은 217,830달러를 받고 은퇴하게 된다. 질의 성공 비결은 바로 시간이다. 지금 조금씩 저축하는 것은 나중에 엄청난 액수를 저축할 필요가 없음을

의미한다. 미국은퇴자협회(AARP)에 따르면, 다음과 같은 결과가 나타난다(http://www.aarp.org/work/retirement-planning).

- 만일 20대에 저축을 시작하면, 은퇴에 대비하여 수입의 3~6%만을 떼어놓으면 된다.
- 만일 30대가 될 때까지 기다린다면, 10%를 떼어놓을 필요가 있다.
- 만일 40대가 될 때까지 기다린다면, 수입의 25%를 떼어놓아야만 할 것이다.

이 규칙은 단지 은퇴에만 적용되는 것이 아니다. 주택을 구입하거나, 여행을 떠나거나, 장차 자녀 교육비를 지출하는 등 여러분이 원하는 것이 무엇이든지 간에, 저축을 일찍 시작할수록 더 부유한 삶을 살게 된다.

신용카드 사람들의 구매 충동은 현금으로 구입하는지, 아니면 신용카드로 구입하는지 여부에도 영향을 받는다. 오늘날에는 신용카드가 현금을 빠르게 대신하고 있다. 만일 모든 사람이 매달 신용카드 청구액을 제대로 지불한다면 반드시 문제가 되지는 않겠지만, 불행하게도 미국인의 71%가 그렇지 못하다(Kurtzleben, 2013). 연방준비위원회의 2012년도 보고서에 따르면, 신용카드 청구액을 제대로 갚지 못하는 미국인들이 평균 15,418달러의 신용카드 빚을 지고 있다. 그리고 과거 어느 때보다도 더 어린 나이에 이러한 신용카드 빚에 직면하고 있다. 대학생들은 평균적으로 3,173달러의 신용카드 빚을 지고 있는데, 이것은 5년 전에 비해서 41%나 증가한 것이다(Sallie Mae, 2009).

모든 사람은 만일 매달 신용카드 빚을 갚지 못하면 이자와 수수료 때문에 현금으로 지출할 때보다 더 많은 액수를 지불하게 된다는 사실을 알고 있다. 그렇지만 덜 명확해 보이는 것은 아무리 청구액을 지불한다고 하더라도, 신용카드 사용은 여전히 대가를 초래할 수 있다는 사실이다. 한 가지 문제는 여러분이 현금을 손에 쥐고 있을 때에는 지출을 모니터링하기가 더 용이하다는 점이다. 모니터링은 목표를 달성하는 데 극도로 중요하기 때문에, 신용카드와 같이 모니터링을 어렵게 만드는 것이면 어느 것이나 수행을 저하시킨다.

신용카드의 또 다른 문제점은 과소비를 부추긴다는 점이다. 예컨대, 맥도날드는 고객이 현금을 사용할 때에는 평균 4.50달러어치를 구입하지만, 신용카드를 사용할 때에는 7달러어치를 구입한다는 사실을 발견하였다(Investopedia, 2012).

이 생각을 실험을 통해 검증하기 위하여, 보스턴 셀틱스 농구경기 입장권을 경매에 내놓고 어떤 입찰자에게는 현금으로만 결제해야 하고, 다른 입찰자에게는 신용카드로만 결제해야 한다는 제약을 내걸었다(Prelec & Simester, 2001). 결과를 보면, 신용카

드로 결제해야 하는 입찰자가 현금으로만 결제해야 하는 입찰자보다 거의 2배나 높은 가격으로 입장권에 응찰하였다. 신용카드로 과소비하기가 훨씬 용이하기 때문이다. 만일 여러분이 현찰로 결제하고 있는데 가지고 있는 돈이 모자라면, 은행에 가서 자동현금인출기에서 돈을 찾고는 구입을 마무리하기 위해 가게로 되돌아와야만 한다. 신용카드의 경우에는 과소비가 그러한 부가적인 노력을 수반하지 않는다.

여러분 자신을 동기화시켜라
빚을 갚아라

여러분이 다음 중에서 선택해야만 한다면, 어느 것이 더 좋을 것이라고 생각하는가? 즉, 돈을 저축예금에 넣어두는 것과 여러분의 신용카드 빚을 갚는 데 그 돈을 사용하는 것 말이다. 궂은 날을 위하여 돈을 안전하게 비축하는 것이 합리적일 것으로 들릴 수 있겠지만, 저축예금에서 얻게 되는 이자는 매우 낮은 반면(1~2%), 신용카드 이자율은 매우 높다(15% 이상이다). 따라서 신용카드 빚을 갚지 않는 것은 저축예금에서 얻을 수 있는 이자보다 훨씬 더 많은 대가를 치르는 것이다.

그렇다고 해서 저축예금에 돈을 넣어두어서는 안 된다는 말은 아니다. 그렇게 해야만 한다. 그렇지만 신용카드 빚을 모두 갚은 후에만 그렇게 하라는 것이다. 더 좋은 것은 매달 신용카드 빚을 갚아서, 발생하는 이자에 전혀 걱정하지 않는 것이다. 동일 선상에서 필요한 액수 이상으로 빚지는 것을 피하라. 만일 여러분이 항상 자동차 할부금을 내야 한다면, 결코 부유해질 수 없다. 따라서 자동차 빚을 청산하고, 그것이 마지막이 되도록 하라. 빚을 청산한다고 해서 여러분이 나이 들고 은퇴할 때 돈을 가지고 있을 것을 확실하게 보장해주는 것은 아니다. 지금 기분 좋게 느끼도록 만들어주는 것이다. AP 통신이 수행한 조사에 따르면, 빚이 있는 사람은 불안, 우울, 위궤양, 편두통, 심지어는 심장마비로 고통받을 가능성이 더 높다(http://hosted.ap.org/specials/interactives/wdc/debt-stress). 따라서 가능한 한 빚을 지지 않음으로써 여러분의 삶을 더 좋게 만들도록 노력하라.

내적 요인 소비행동에 상당한 영향을 미치는 한 가지 내적 요인이 기분이다. 충동 지출에 몰입할 때 경험하는 전형적인 정서를 보고하도록 요구하면, 대부분의 사람은 '즐거움'이라고 반응한다(Gardner & Rook, 1993). 이에 덧붙여서, 긍정적 기분을 느끼도록 유도한 사람이 중립적이거나 부정적 기분을 느끼도록 유도한 사람보다 충동적으로 물건을 구입할 가능성이 더 크다(Beatty & Ferrell, 1998). 긍정적 기분이 충동 지출을 증가시키는 까닭은 아마도 평가와 판단을 긍정적인 방향으로 편향시켜서 '장밋빛 안경'을 통해 상품을 보게 만들기 때문일 것이다(Gardner, 1985). 돈을 지출하는 사람에게는 나쁜 소식이지만, 팁을 수반한 직업을

가지고 있는 사람에게는 좋은 소식이다. 고객이 청구액을 지불하기에 앞서 긍정적 기분을 갖도록 만들어줌으로써, 더 후한 팁을 남겨놓을 가능성을 증가시킬 수 있다. 예컨대, 한 연구에서는 청구서를 가져다줄 때 유머를 한 마디 던진 바텐더가 그렇지 않은 바텐더보다 더 많은 팁을 받았다(Guéguen, 2002). 또 다른 연구에서는 청구서와 함께 박하사탕을 제공하는 것이 팁을 14% 증가시키며, 고객에게 여분의 박하사탕을 또다시 제공하는 것은 팁을 23%나 증가시킨다는 결과를 얻었다(Strohmetz et al., 2002). 23%라니 대단하지 않은가! 이러한 방식으로 사용할 수 있는 또 다른 유사한 기법으로는 청구서에 친근한 메시지를 적거나 웃는 얼굴을 그려 넣는 것, 좋은 날씨를 예측하는 것 또는 테이블 끝에 쪼그리고 앉아서 주문을 받는 것 등이 있다(Lynn, 2004).

몇몇 연구는 긍정적 기분이 지출을 증가시킨다는 주장을 지지하고 있지만, 다른 연구는 부정적 기분이 지출을 증가시킨다는 상반된 효과를 보여주고 있다(Lerner, Small, & Lowenstein, 2004; Gardner & Rook, 1993).

> 그렇다면 어느 것이 맞는 것인가? 더 많이 지출하도록 만드는 것이 긍정적 기분인가, 아니면 부정적 기분인가?

긍정적 기분 대 부정적 기분의 효과 둘 모두인 것처럼 보이는데, 다만 지극히 상이한 방식으로 영향을 미치는 것으로 보인다. 긍정적 기분의 경험은 자동적이고 무의식적인 방식으로 물건을 구입할 가능성을 높인다. 그렇지만 부정적 기분에 빠져있을 때에는 자신을 기분 좋게 만들어줄 것이라는 희망에서 물건 구입을 의식적으로 결정하게 된다.

교도소의 사형수 수감동이라는 엉뚱한 출처에서 나온 데이터가 이러한 가정과 일치하고 있다. 상당한 흥미를 유발하는 이 연구(Wansink et al., 2012)에서는 247명의 사형수 수감자들이 어떤 유형의 음식을 원하는지를 알아보기 위하여 요청한 마지막 식사를 분석하였다. 가장 많이 요청한 음식은 닭튀김(68%), 디저트(66%), 소다수(60%) 등이었다. 또한 많은 수감자가 친숙한 브랜드 음식을 요청하였다(40%). 이 수감자들이 실제로 돈을 지불한 것은 아니지만, 이들의 음식 선택은 사람들이 슬프거나 두려움을 느끼고 있을 때, 기분을 좋게 만들어주거나 친숙한 제품을 찾는다는 사실을 알려준다.

지출에 영향을 미치는 또 다른 내적 자질은 사회적 배척감이다. 배척으로 인해서 기본적인 소속욕구가 위축될 때, 사람들은 소속감을 증진시키는 행동에 몰입함으로써 배척에 반응하기 십상이다. 만일 특정 제품이 소속감을 제공해줄 수 있다면, 배척은 사람들이 그 제품을 구입할 가능성을 증가시켜야 한다. 미드와 동료들(Mead, Baumeister, Stillman, Rawn, & Vohs, 2010)이 일련의 실험을 통해서 검증한 것이 바로 이것이었다. 한 연구에서는 배척당한 대학생이 그렇지 않은 대학생보다 자신의 대학 이름이 적힌 손목밴드를 구입할 의도가 더 높았다. 또 다른 연구에서 배척당한 사람은 제품이 지위의 분위기나 다른 사람으로부터의 인정을 표현하고 있는 한에 있어서(예컨대, 롤렉스시계나 다이아몬드 귀걸이 등) 그 제품에 더 많은 금액, 심지어는 제조사의 권장소비자가격보다도 더 높은 금액을 지불할 의사가 있었다. 그렇지만 지위와 무관한 제품(예컨대, 냉장고와 책상 등)에는 더 많은 금액을 지불할 의사가 없었다. 이 사실은 배척당한 사람이 구매에서 전략적이며 자신의 소속욕구를 촉진하는 제품에만 더 많은 금액을 지불할 의사가 있음을 알려준다.

16.1.2 지출 충동의 제어능력을 강화하는 요인

학습목표 : 지출 충동의 제어능력을 강화하는 요인을 확인한다.

마음은 노새를 타고 그랜드캐니언을 내려가고 있는 사람과 같다. 여기서 노새를 타고 있는 사람은 마음의 의식적인 통제 부분이며, 노새는 무의식적인 충동 부분이다. 이 유추에 따라 다음과 같이 진술할 수 있다.

1. 사람들이 재정 목표를 고수하는 데 실패하는 까닭은 노새가 강력한 지출 충동을 가지고 있기 때문이다. 선행 절에서 이 아이디어를 다루었다.

2. 사람들이 재정 목표를 고수하는 데 실패하는 또 다른 까닭은 노새를 타고 있는 사람이 충동적인 노새를 제어하기에 너무 허약하기 때문이다. 지출하려는 충동이 강할수록, 그 충동을 길들여 제어하기가 어렵다.

앞으로 보겠지만, 노새를 타고 있는 사람이 지출 충동에 저항하는 능력에 영향을 미치는 여러 가지 개인 요인과 상황 요인들이 존재한다.

자기제어 특질과 지출 어떤 사람은 강하거나 약한 자기제어 능력을 가지고 태어난다. 다시 말해서 어떤 사람은 다른 사람보다 자기제어 특질이 높다. 자기제어 특질이 높을수록, 지출하려는 충동에 의해서 덜 좌지우지되며, 자신의 재정 목표를 더 잘 달성한다.

모펏과 동료들(Moffitt, Arseneault, Belsky, Dickson, Hancox, Harrington, & Caspia, 2011)은 출생부터 성인기에 이르기까지 32년에 걸쳐 사람들을 추적 조사한 종단연구를 수행하였다. 이 연구에서, 3세에 자기제어가 결여된 아동은 성장하여 수입이 적고, 저축예금 잔고가 적으며, 재정 토대(예컨대, 주택 소유와 은퇴계획 등)가 허약하고, 재정관리 문제가 더 많으며, 신용카드 빚이 더 많은 성인이 되었다. 놀랍게도, 아동기 자기제어 능력은 그 아이가 가난한 집에서 태어났는지 아니면 부잣집에서 태어났는지 여부보다 재정 문제의 더 강력한 예측 요인이었다!

강박적 구매장애 모든 사람이 어느 시점에서는 구매행동을 제어하는 데 어려움을 겪지만, 어떤 사람에게 있어서는 그 충동을 제어할 수 없어서 **강박적 구매장애**(compulsive buying disorder, CBD, 쇼핑중독)라고 부르는 심리장애를 겪는다. 이 장애는 건강한 삶을 영위할 능력을 방해할 정도로 강박적인 구매행동을 보이는 특성을 갖는다(Black, 2007). 거의 6%의 미국인이 CBD로 고통을 겪고 있으며, 장애자의 80%가 여성이다. CBD 환자가 단지 재력을 넘어서는 구매만을 하는 것은 아니라는 사실을 지적할 필요가 있다. 강박적 구매자는 구매 자체나 구매에 대한 생각에 상당한 시간을 낭비하며, 심지어는 실제로 구입이 불가능한 제품에 대해서 생각하느라 몇 시간을 낭비하기도 한다. 또한 강박적 구매자는 한 번 쇼핑을 하러 나서게 되면, 여러 벌의 겨울 코트나 다섯 벌의 똑같은 티셔츠와 같이 동일한 제품을 여러 개 구입하는 경향도 있다(Christensen et al., 1994). 충동성이 CBD를 주도하기 때문에, CBD 환자가 알코올 중독, 물질 남용, 섭식장애 등을 포함하여 여러 가지 다른 충동성 문제점으로 고통을 겪는다는 사실은 놀라울 것도 없다(Faber & Vohs, 2004).

대부분의 사람이 생각하는 것과는 정반대로, 구매 욕구가 CBD를 주도하는 것이 아니다. 오히려 자신의 기분을 개선하려는 욕구가 주도하는 것으로 보인다. 강박적 구매자가 독특한 까닭은 상품 구입이 이러한 기분 목표를 달성하는 최선의 방법이라고 믿는 반면에, 비강박적인 구매자는 다른 접근(예컨대, 사교와 음식 등)이 더 좋은 방법이라고 믿기 때문이다(Faber &

Christensen, 1996). 설상가상으로 CBD 환자는 자신의 정서를 제대로 이해하는 데 필요한 재능을 결여하고 있으며, 부정적 기분을 참아내는 능력이 이례적으로 낮다(Faber & Christensen, 1996). 이 사실은 어째서 이들이 자신을 기분 좋게 만들어줄 수 있는 완벽한 구매상품을 끊임없이 찾아 헤매는지를 설명해준다. 그렇지만 그러한 행동은 눈덩이처럼 급속하게 늘어날 수 있다. 값비싼 물건의 구입이 사람을 어느 정도 기분 좋게 만들어줄 수 있지만, 일단 돈의 낭비나 재정 목표를 달성하는 데 실패한 사실을 깨닫게 되면 곧바로 죄책감이 뒤따르게 된다. 이러한 부정 정서 상태가 다시 상품 구입으로 이끌어가서 결코 끝나지 않는 쳇바퀴를 계속해서 돌게 만든다. 그렇기 때문에, CBD의 쳇바퀴를 멈추게 하려면 일반적으로 전문적인 도움이 필요한 것이다.

자아 고갈과 지출 높은 자기제어 능력을 가지고 있는 사람조차도 지출 충동을 제어하는 능력이 손상되는 때가 있다. 자기제어는 제한된 자원이며, 빈번히 자아 고갈을 초래하기 때문이다. 따라서 여러분의 충동이 강할수록, 고갈은 여러분의 지출행동을 제어하는 능력을 손상시키게 된다.

이 가능성을 검증하기 위하여 충동구매를 많이 하는 참가자와 그렇지 않은 참가자에게 자기제어가 필요하거나 필요하지 않는 과제를 수행하도록 요구하였다(Vohs & Faber, 2007). 그런 다음에 모든 참가자에게 대학 구내서점의 새로운 제품을 학생들에게 소개하도록 설계된 두 번째 연구에 참여하게 된다고 알려주었다. 참가의 대가로 각 참가자는 10달러를 받았는데, 그냥 갖거나 구내서점 제품 중 어느 것이나 구입하는 데 사용할 수 있었다. 참가자에게 껌과 과자와 같이 값싼 제품과 커피 머그나 트럼프용 카드와 같이 값비싼 제품을 포함하여 22가지 제품을 제시하였다(제품의 가격은 0.33달러에서 4.57달러에 이르렀다). 결과를 보면, 연구의 첫 번째 단계에서 자기제어를 구사한 참가자(낮은 자기제어)가 그렇지 않은 참가자(높은 자기제어)보다 구내서점 제품에 더 많은 돈을 지출하였으며, 충동구매를 많이 하는 사람의 경우에 특히 그러하였다(그림 16.3).

만일 자기제어 약화가 사람들로 하여금 돈을 지출할 가능성을 더 높이는 것이라면, 자기제어 강화는 지출하려는 유혹에 더 잘 저항할 수 있게 만들어야만 한다(Oaten & Cheng, 2006a; Sultan, Joireman, & Sprott, 2012). 그리고 자기제어는 근육과 같기 때문에, 사람들이 자기제어를 강화할 수 있는 한 가지 방법은 매일같

그림 16.3 **자기제어 고갈과 충동적 지출**
참가자들이 자기제어의 구사를 요구하는 과제(낮은 자기제어)나 그렇지 않은 과제(높은 자기제어)를 수행한 다음에, 구입할 물건을 제시하였다(Vohs & Faber, 2007).

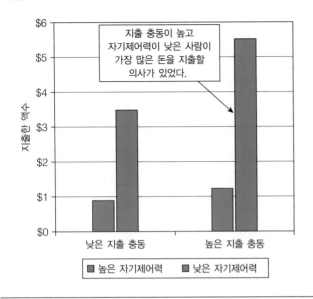

이 조금씩 재정 충동의 제어를 시도하는 것이다.

이러한 생각을 검증하기 위하여 한 연구에서는 4개월에 걸친 재정 모니터링 프로그램에 참여할 대학생들을 모집하였다(Oaten & Cheng, 2006a). 참가자들은 매일같이 구매한 모든 물건을 포함한 가계부를 작성하였다. 그런 다음에 한 달이 끝나는 시점에서 모든 수입과 지출을 합산하여, 월간 총 저축액을 계산하기 위해 수입액에서 지출액을 뺐다. 그 결과 다음과 같은 두 가지 흥미로운 결과가 나타났다.

- 4개월에 걸쳐 월간 수입은 변하지 않았지만, 월간 저축액은 변하였다. 자신의 구매행동을 오랫동안 모니터링할수록, 지출은 줄고 저축은 늘어났다.
- 이 재정 프로그램 참가자들을 참가하지 않은 학생들과 비교해보았을 때, 재정과 무관한 과제에서도 높은 자기제어를 나타냈다.

이 결과를 놓고 볼 때, 여러분도 매주(아니면 매일) 스스로 예산을 짜고, 이 연구에서 사용한 유형의 가계부를 작성할 것을 고려해보아야 하겠다. 이 기법은 여러분의 자기제어를 부양시킬 뿐만 아니라 재정 목표를 구체적으로 정의하도록 도와줌으로써 언제 과소비를 하였는지 쉽게 알아볼 수 있게 해준다. 여러 가지 소프트웨어 프로그램(예컨대, Quicken)과 스마트폰 앱(예컨대,

Digit and Level Money)은 이러한 재정 모니터링을 엄청 쉽게 만들어주도록 설계되어 있다.

글쓰기 과제 16.2

과거의 충동구매를 분석해보라.
여러분이 충동구매를 하였던 때(즉, 처음에는 의도하지 않았던 물건을 구입하였던 때)를 되살려보라. 사례를 기술한 다음에 지금까지 논의하였던 요인들에 근거하여 분석해보라. 분석할 때에는 지출 충동의 증가를 초래하였던 요인과 그 충동을 제어하는 능력의 감소를 초래하였던 요인 모두를 고려하라.

16.2 재정 결정의 비합리성

학습목표 : 비합리적 재정 결정을 야기하는 요인을 평가한다.

다음 시나리오를 상상해보라.

여러분이 북적거리는 강의실에 앉아있는데 교수가 20달러 지폐 한 장을 꺼내들고는 최고액을 부르는 입찰자에게 그 지폐를 넘겨주는 경매를 하겠다고 공표한다. 입찰가는 단 1달러부터 시작한다. 해볼만한 거래처럼 들리지 않는가? 도대체 누가 20달러보다 낮은 가격으로 20달러 지폐를 얻고자 원하지 않겠는가? 그렇지만 여기에 함정이 있다. 최고액 응찰자가 20달러 지폐를 갖게 되지만, 두 번째로 높은 가격의 응찰자는 아무것도 얻지 못하며 자신의 최고 입찰가를 교수에게 주어야 한다는 것이다. 경매가 시작되고 많은 학생이 참여하였지만, 입찰가가 20달러 지폐의 액면가에 가까워지자, 소수의 학생만이 남는다. 지금부터가 놀라운 장면이다. 두 학생이 20달러를 넘어서서 계속 입찰가를 높인다. 결국, 최고액 응찰자는 그 지폐에 40달러를 지불하고(2배에 해당하는 가격이다), 두 번째로 높은 가격을 제시한 응찰자는 속수무책으로 39달러를 잃는다.

만일 여러분이 이러한 일은 실제로 일어나지 않는다고 생각한다면, 잘못 생각한 것이다. 심리학자 맥스 베이저먼(Max Bazerman)은 지난 10년에 걸쳐 자신의 MBA 학생들에게 이 기법을 시도해보고는 17,000달러 이상의 이득을 볼 수도 있었다고 주장하였다(Frank & Cook, 1995). 그는 두 최고 입찰가의 합이 39달러보다 결코 적을 수 없으며, 한 번은 그 총액이 무려 407달러에 이르렀다고 주장하였던 것이다!

사람들이 20달러 지폐에 수백 달러를 지불한다는 사실이 놀라운 까닭은 사람들이 재정 결정을 내리는 방식이 많은 경제학자들이 생각하는 것과 직접적으로 상충하기 때문이다. 경제학 분야에서는 일반적으로 사람들이 재정 결정을 내릴 때 합리적이고 이기

적이라고 가정해왔다. 따라서 어떤 사람이 특정 주식에 투자할지를 결정하고 있다면, 경제학자들은 그 사람이 주식 구매의 잠재 이득을 잠재 손실에 비추어 평가하고(합리적인 측면), 이득이 손실을 넘어설 때에만 투자한다고 생각한다(이기적인 측면). 경제학의 이러한 합리성 원리는 수십 년 동안 기업과 정부를 운영하는 방식을 주도해왔다. 정부는 인간의 합리성 가정에 근거한 등식을 사용하여 거두어들일 세금 액수, 저축예금 금리, 은행에서 대출받을 수 있는 액수 등을 결정한다. 그렇지만 경매 시나리오가 시사하는 바와 같이, 사람들은 돈에 관한 한 비합리적으로 행동하기 십상이며, 이것이 이 장의 서두에서 기술한 2008년 경제 위기에 크게 영향을 미친 사실이기도 하다.

> 돈에 관한 한, 사람들이 비합리적인 까닭은 무엇인가? 이렇게 곤혹스러운 물음에 대한 몇 가지 답을 모색해보자.

▽ **이 절이 끝날 무렵에 여러분은 다음에 답할 수 있을 것이다.**

16.2.1 무의식적 사고와 재정 결정의 관계를 분석한다.

16.2.2 손실 혐오가 어떻게 재정 결정에 영향을 미치는지를 분석한다.

16.2.3 보유 효과가 어떻게 재정 결정에 영향을 미치는지를 설명한다.

16.2.4 어떻게 동물조차도 비합리적 재정 결정으로 고통받는지를 요약한다.

16.2.1 무의식적 사고와 재정 결정

학습목표 : 무의식적 사고와 재정 결정의 관계를 분석한다.

재정 결정에 관한 한, 사람들은 단지 추정하는 이득과 손실 이외의 요인들에 의존하기 십상이다. 한 가지 요인이 무의식적 사고이다. 이 사실을 이해하기 위해서는 우선 여러분이 무엇인가를 해보아야 하겠다.

가까이 있는 종이 한 장에다 여러분 주민등록번호의 마지막 두 숫자를 적어라. 그렇게 하였는가? 이제 여러분 앞에 두 병의 와인이 있으며, 다음과 같은 이야기를 듣는다고 상상해보라.

"이 와인은 1996년산 에르미타주 자불레 라 샤펠(Hermitage Jaboulet La Chapelle)이며, 와인어드버킷 잡지에서 92점의 평점을 받았습니다. 다시 말해서 1990년 이래로 가장 좋은 라 샤펠이지요. 이 해에는 단지 8,100병만 만들었습니다."

이제 그 종이 위에 이렇게 특별한 와인 한 병은 얼마의 가치가 있을 것이라고 생각하는지를 적어보라. 계속하라. 여러분이 가격을 적을 때까지 기다리겠다. 다 적었는가?

만일 여러분의 주민등록번호 마지막 두 숫자가 와인에 가격을 매기는 데 있어서 중요한 역할을 담당하였을 수 있다고 말한다면 어떻겠는가?

이 시나리오를 시행해보았을 때, 마지막 두 숫자가 높은 주민등록번호를 가지고 있는 사람이 두 숫자가 낮은 사람보다 제품 가격을 높게 매겼다(Ariely, Loewenstein, & Prelec, 2003). 한 경우에는 높은 숫자(80~99)의 학생이 무선 키보드에 56달러의 가치를 부여한 반면, 낮은 숫자(01~20)의 학생은 동일한 제품에 16달러의 가치를 부여하였다. 주택 가격을 평가하기에 앞서 휴대전화의 마지막 세 숫자를 적어보게 하였을 때도 동일한 효과가 나타났다(Scott & Lizieri, 2011).

단지 어떤 무관련 숫자를 생각하였기 때문에 제품 가격을 매우 상이하게 평가한다는 사실이 놀랍게 보일 수도 있지만, 그 이유는 점화와 관련이 있다. 사람들이 자신의 주민등록번호나 휴대전화번호를 적을 때, 부지불식간에 자신을 특정 번호로 점화하며, 마음이 제품 가격을 평가하는 기준점으로 그 번호를 사용하게 되는 것이다. 경제학자들은 임의의 숫자를 자동적으로 기준점으로 삼는 것을 임의적 일관성[arbitrary coherence, 인지심리학에서는 기점화와 조정 발견법(anchoring and adjustment heuristic)이라고 부르는 현상이다]이라고 부른다(Ariely et al., 2003). 사람들은 항상 의식적이고 합리적인 사고에 근거하여 자신의 재정 결정을 수행한다고 생각하고 싶어 하지만, 연구들은 무의식적 점화도 강력한 영향을 미칠 수 있음을 입증하고 있다.

16.2.2 손실 혐오

학습목표 : 손실 혐오가 어떻게 재정 결정에 영향을 미치는지를 분석한다.

돈에 관한 한, 사람들을 비합리적이게 만드는 또 다른 요인이 손실 혐오이다. 혹자는 2:1 비율을 제안하고 있다. 즉, 100달러 손실의 고통이 200달러 획득의 환희와 맞먹는다는 것이다(Kahneman, Knetsch, & Thaler, 1991). 기필코 손실을 회피하려는 이러한 경향성은 사람들이 손실을 피하기 위하여 무엇이든지 하려는 까닭을 설명해준다. 비록 그렇게 하는 것이 스스로 함정에 빠지는 경우라도 말이다. 앞에서 언급하였던 경매 사례를 보자.

손실 혐오는 사람들이 20달러 지폐에 계속해서 그 가치를 훨씬 넘어서는 입찰가를 제시하는 이유를 설명하는 데 도움을 준다. 2명의 최고가격 입찰자는 어느 누구도 2등이 되기를 원치 않는다. 돈을 낭비하고 그 대가로 아무것도 얻지 못하게 되는 것을 원치 않기 때문이다. 입찰가격이 20달러를 넘어선 시점이 되면 두 사람은 이미 너무나 많은 돈과 시간을 투자하였으며 돌이킬 수 없다고 느끼게 된다. 심리학자들이 이러한 반응을 매몰비용 효과라고 불렀던 사실을 회상해보라. 이 효과는 수많은 실세계 사례에서 볼 수 있다. 이 효과는 사람들이 형편없다는 사실을 알고 있는 주식을 계속해서 보유하게 만든다. 결코 성공할 수 없다고 입증된 사업 아이디어나 개발에 계속해서 투자하게 만든다. 카지노에서 도박하는 사람이 돈을 잃고 있음에도 불구하고 그 카지노 판에서 벗어나는 것을 머뭇거리게 만든다.

매몰비용 효과를 검증하기 위하여, 한 연구는 지역 대학극장의 정기 입장권을 구입하는 데 관심이 있는 사람들의 구매 결정을 살펴보았다(Arkes & Blumer, 1985). 한 집단은 입장권을 15달러의 정가로 구입하는 조건에 무선 할당되었다. 두 번째 집단은 2달러의 할인을 받았다. 세 번째 집단은 7달러의 할인을 받았다. 연구자들은 각 집단의 사람들이 실제로 연극을 보러 극장에 가는지를 추적해보았다. 결과를 보면, 입장권에 더 많은 돈을 지불하였을수록, 극장에 갈 가능성이 높았다. 아마도 사람들이 더 많은 매몰비용을 지불하였기 때문일 것이다.

틀만들기와 손실 혐오 거의 모든 목표는 손실(회피)이나 이득(접근) 측면에서 틀을 만들 수 있다. 일반적으로 사람들은 선택할 대안을 이득의 틀로 만들면 위험을 기피하고, 손실의 틀로 만들면 위험을 추구하는 경향성을 나타낸다. 이러한 경향성을 **준거점 의존성**(reference dependence)이라고 부르며, 이 원리도 재정 목표에 적용할 수 있다(그림 16.4).

그 위력이 강력하기 때문에, **틀만들기**(framing)는 정치인과 정부가 빈번하게 사용하는 기법 중 하나이다. 때로는 틀만들기의 선택이 의도하지 않은 결과를 초래하는 경우도 있지만 말이다. 예컨대, 미국 정부는 2001년과 2008년에 납세자들에게 세금 리베이트(환급금)의 명목으로 수십억 달러를 환급해줌으로써 둔화

그림 16.4 준거점 의존성의 예시

경제적 교환을 이득과 손실 중 어느 것에 따라 틀만들기를 하는지는 사람들이 경험하는 손실 혐오의 정도에 극적인 영향을 미칠 수 있다.

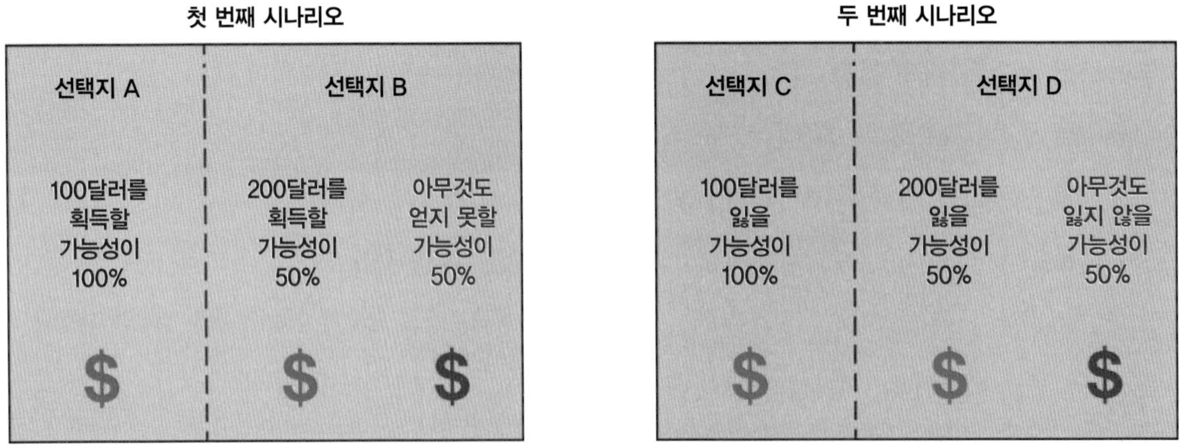

첫 번째 시나리오

선택지 A	선택지 B	
100달러를 획득할 가능성이 100%	200달러를 획득할 가능성이 50%	아무것도 얻지 못할 가능성이 50%
$	$	$

여러분에게 이러한 두 가지 선택지 중에서 하나를 선택할 기회가 주어졌다고 상상해보라.

· 선택지 A를 선택하면, 100달러를 획득할 가능성이 100%이다.
· 선택지 B를 선택하면, 200달러를 획득할 가능성이 50%이고, 아무것도 얻지 못할 가능성이 50%이다.

여러분이라면 어느 것을 선택하겠는가?

두 번째 시나리오

선택지 C	선택지 D	
100달러를 잃을 가능성이 100%	200달러를 잃을 가능성이 50%	아무것도 잃지 않을 가능성이 50%
$	$	$

이제 위와 같은 두 가지 선택지 중에서 하나를 선택할 기회가 주어졌다고 상상해보라.

· 선택지 C를 선택하면, 100달러를 잃을 가능성이 100%이다.
· 선택지 D를 선택하면, 200달러를 잃을 가능성이 50%이고, 아무것도 잃지 않을 가능성이 50%이다.

이제 어느 것을 선택하겠는가?

된 경제를 촉진시키고자 시도하였다. 국민들이 환급금을 받아 소비함으로써 허우적거리고 있는 경제에 활력을 불어넣겠다는 희망에 근거한 것이었다. 이러한 리베이트 프로그램은 모두 실패하고 말았으며, 실패는 그 프로그램의 틀을 만드는 방식에 따른 것일 가능성이 높다.

이 주제를 살펴본 한 연구(Epley et al., 2006)를 살펴보자. 참가자가 실험실에 도착하였을 때, 예기치 않게 50달러 수표를 받게 된다는 사실을 알게 함으로써 기분을 좋게 만들었다. 참가자에게는 그 돈이 연구자의 연구예산에서 남은 잉여금에 따른 것이라고 알려주었다. 이 연구에 참가한 모든 사람이 수표를 받았지만, 어떤 사람에게는 그 돈을 '리베이트'(환급금)라고 알려주었고, 다른 사람에게는 '보너스'(상여금)라고 알려주었다. 일주일 후에 그 참가자들을 다시 접촉하여, 그 돈으로 무엇을 하였는지를 물었다. 보너스를 받은 것이라고 알려주었던 참가자(평균 22.04달러)가 리베이트를 받은 것이라고 알려주었던 참가자(평균 9.55달러)보다 2배 이상 많이 지출하였다. 보너스라는 용어는 그것이 다른 누군가의 돈임을 함축하기 때문에 사람들은 자유롭게 지출할 수 있다고 느낀다. 리베이트라는 용어는 애초에 자신의 돈이었음을 함축하기 때문에, 사람들이 그 돈을 쥐고 있게 된다. 이러한 결과에 근거할 때, 정부는 프로그램을 세금 리베이트가 아니라 '세금 보너스'라고 이름 붙였더라면 효과가 있었을지도 모르겠다.

손실 혐오가 때로는 사람들로 하여금 비합리적인 재정 결정을 내리도록 이끌어간다. 그렇지만 한 가지 좋은 소식도 있다. 손실 혐오 지식이 그 경향성에 맞서 싸울 수 있는 최선의 방법 중 하나일 수도 있다. 한 연구에서는 학생들에게 여러분이 방금 읽었던 것과 유사한 자료를 제시함으로써 매몰비용 효과에 관하여 교육을 시켰다(Larrick, Morgan, & Nisbett, 1990). 2주가 지난 후에, 그 학생들이 매몰비용 효과에 무릎을 꿇을 것인지를 검증하기 위하여 일련의 새로운 딜레마 상황을 제시하였다. 이 딜레마가 훈련 회기에 사용하였던 것과는 매우 다른 것이었음에도 불구하고, 훈련을 받았던 학생은 그렇지 않은 학생보다 매몰비용 효과를 나타낼 가능성이 낮았다. 따라서 여러분이 힘들게 번 돈이나 시간을 특정 목표에 쏟아부어야 하는 상황에 처할 때마다, 이 자료를 떠올리고는 혹시나 여러분이 매몰비용 효과로 어려움을 겪고 있지는 않은지 자문해보기 바란다.

실세계에서 준거점 의존성 사용하기
준거점 의존성 연구는 어떻게 말표현과 틀만들기의 조그만 변화가 사람들의 재정 결정에 극적인 영향을 미칠 수 있는지를 보여준다. 이 사실에 근거하여, 기업이나 자선단체나 정치인이 사람들로 하여금 자신의 돈을 건네주도록 만들기 위하여 어떻게 이 기법을 사용할 수 있는지를(아니면 이미 이 기법을 사용하고 있을 것이다) 생각해보라. 답을 작성할 때에는 적어도 한 가지 사례를 제시해보라.

16.2.3 보유 효과

학습목표 : 보유 효과가 어떻게 재정 결정에 영향을 미치는지를 설명한다.

사람들은 어떤 물건이 다른 사람 소유라고 지각할 때보다 자신의 것이라고 지각할 때 그 물건에 더 많은 가치를 부여하며, 이러한 경향성을 **보유 효과**(endowment effect)라고 부른다(Dommer & Swaminathan, 2012; Kahneman & Tversky, 1979; Thaler, 1980). 어떤 경우에는 보유 효과가 완벽하게 이해할 수 있는 것이다. 여러분이 타인의 반려동물보다 자신의 반려동물을 더 가치 있게 생각하는 까닭은 가족의 일원이기 때문이다. 타인의 집보다 여러분의 집을 더 가치 있게 생각하는 까닭은 여러분의 입맛에 맞게 꾸며놓았기 때문이다. 그렇지만 보유 효과가 호기심을 불러일으키는 까닭은 어떤 물건을 단지 잠시만 소유하는 경우에도 일어나기 때문이다.

한 연구에서 참가자에게 커피 머그를 보여주고는 그것을 소유하기 위하여 얼마를 지불할 것인지를 물었다(Thaler, 1980). 대부분은 그 머그에 3달러 이하를 지불하고자 하였다. 다른 참가자 집단에는 그 머그를 공짜로 주고는 그 머그를 얼마에 팔 것인지를 물었다. 단지 몇 분 동안 소유하고 있었음에도 불구하고, 대부분은 7달러 이하로는 넘겨줄 의향이 없었다. 따라서 단지 그 머그를 소유함으로써, 가치가 2배 이상 뛰어올랐던 것이다!

몇 분 사이에 머그의 객관적 가치가 증가하지 않았음에도 불구하고, 심리적 가치가 증가한 까닭은 바로 보유 효과 때문이다. 어떤 물건에 '내 것'이라는 표지를 붙일 때마다 이러한 보유감이 그 물건의 포기를 머뭇거리게 만드는 까닭은 포기가 자신의 일부분을 상실하는 것을 의미할 수 있기 때문이다(Reb & Connolly, 2007). 판매원이 잠재적 구매자에게 청바지를 입어보게 하거나 스포츠카 운전석에 앉아보게 하려고 그토록 열심인 것은 놀라운 일이 아니다. 일단 그렇게 하고 나면, 사람들은 그 물건을 '나의 청바지'나 '나의 자동차'로 상상하기 시작함으로써 구매할 의사가 있도록 만들게 되는 것이다.

여러분 자신을 동기화시켜라

균형을 유지하라

전문가들은 다음과 같은 다섯 가지 범주에 따라 지출비용을 할당할 것을 권장한다.

1. 주거비(관리비 포함) : (세금을 공제한) 수입의 35%
2. 생활비(청구서, 자동차 할부금, 식료품, 현금) : 수입의 40%
3. 비상금/보험 : 수입의 2%
4. 여가비용 : 수입의 15%
5. 저축 : 수입의 8%

한 달 동안 여러분의 지출을 추적하고 위의 명세서와 비교해보라. 여러분이 새로운 물건을 구입할 여력이 있는지를 결정하는 데에도 이 명세서를 사용할 수 있다. 예컨대, 새로운 집을 마련하고자 한다면, 매달 지불해야 하는 융자금이나 월세가 전체 수입의 35%를 넘어설 수 없도록 해야 한다.

16.2.4 인간만이 비합리적 재정 결정을 내리는 유일한 종인가

학습목표 : 어떻게 동물조차도 비합리적 재정 결정으로 고통받는지를 요약한다.

흥미롭게도 인간만이 돈에 관해서 비합리적인 존재가 아니다. 믿기 어려울지 모르겠지만, 준거점 의존성과 보유 효과를 포함한 다양한 반응이 원숭이에게서도 일어난다는 사실이 밝혀져 왔다. 일련의 독창적인 연구에서는 꼬리감기원숭이에게 동전같이 생긴 작은 코인이 들어있는 지갑을 주었다(Chen, Lakshminarayanan, & Santos, 2006; Lakshminarayanan, Chen, & Santos, 2008). 연구자들은 원숭이 우리에 생활공간과는 칸막이로 분리된 장터를 설치하였는데, 원숭이는 여기에서 코인을 먹이와 교환할 수 있었다. 이렇게 기본적인 경제 교환 규칙을 학습한 후에, 원숭이는 충동구매, 저축에 대한 저항, 이웃의 코인 훔치기, 심지어는 성관계를 위한 지출 등을 포함하여 인간이 나타내는 것과 동일한 비합리적 경제행동을 나타내기 시작하였다.

일단 기본적인 경제 교환 행동이 확립된 후에, 연구자들은 보다 복잡한 재정 결정의 문제로 넘어갔다. 예컨대, 한 연구에서는 원숭이가 인간과 마찬가지로 손실 혐오로 어려움을 겪는지 살펴보았다.

이것을 검증하기 위하여 원숭이에게 장터에서 두 가지 유형의 거래자와 거래하는 선택지를 제시하였다. 한 거래자는 장터 칸막이 뒤에 서서 두 조각의 사과를 원숭이에게 제시하였다. 일단 원숭이가 코인을 집어넣으면, 이 거래자는 사과 두 조각을 모두 제공하거나 한 조각만을 제공하였다. 간단하게 첫 번째 거래자를 '손실박사'라고 부르기로 하자.

두 번째 거래자도 칸막이 뒤에 서있지만, 단 한 조각의 사과만을 제시하였다. 일단 원숭이가 코인을 집어넣으면, 이 거래자는 그 사과 조각만을 제공하거나 또 다른 조각을 덤으로 제공하였다. 두 번째 거래자를 '이득박사'라고 부르기로 하자.

이러한 배치가 앞서 논의한 인간의 손실 혐오 사례와 얼마나 유사한 것인지에 주목하기 바란다. 인간과 마찬가지로, 원숭이는 대부분 이득박사와 거래하기를 선호하였으며(71%), 손실박사와의 거래를 회피하였다. 또 다른 연구에서는 두 번째 거래자, 즉 이득박사를 항상 한 조각의 사과만 보여주고 그 조각만을 제공하는 거래자('진실박사')로 대치하였더니, 원숭이가 손실박사보다 진실박사와 거래하기를 선호하였다(79%). 이렇게 원숭이조차도 자기 재산의 손실을 혐오한다!

또 다른 흥미진진한 일련의 연구에서는 원숭이가 보유 효과로 애를 먹는지 검증하였다. 사전검증을 통해서 원숭이가 똑같이 선호함을 확인한 두 가지 음식 종류 중 하나를 제공하였다(과일 대 시리얼). 그런 다음에 원숭이에게 자신의 음식을 다른 종류의 음식과 교환할 수 있는 기회를 제공하였다. 과일을 가지고 있는 원숭이는 시행의 2%에서만 시리얼과 교환하였으며, 시리얼을 가지고 있는 원숭이는 시행의 15%에서만 과일과 교환하였다(두 경우 모두 똑같이 선호하는 상품에서 기대할 수 있는 50%의 교환을 훨씬 밑돌았다). 연구자들이 교환에 대해서 가외로 유인자극(귀리)을 덤으로 제공하는 경우조차도, 원숭이는 대부분의 시행에서 자신이 원래 가지고 있는 것을 움켜쥐고 있었다. 원숭이가 인간과 동일한 방식으로 다른 원숭이의 소유물보다 자신의 소유물에 더 많은 가치를 부여하고 있는 것이 확실하다. 원숭이가 인간과 동일하게 비합리적인 재정 행동을 보인다는 사실은 인간의 경제 동기와 편향이 과거에 생각했던 것보다 진화적으로 뿌리가 깊음을 시사한다.

비합리적 재정 결정의 원인

인간과 동물이 모두 비합리적 재정 결정의 기미를 보인다는 사실은 그러한 효과가 발생하는 원인에 대한 단서를 제공해준다. 여러분은 보유 효과와 같은 현상이 일어나는 까닭이 무엇이라고 생각하는가? 여러분의 생각은 인간과 동물 모두에서 볼 수 있는 효과를 어떻게 설명하고 있는가?

16.3 동기 요인으로서의 돈

학습목표 : 돈이 실제로 동기 유발 요인인지를 결정한다.

2008년 재정위기가 조종(弔鐘)을 울리고 있을 때, 주택시장에 지나치게 투자해온 많은 은행과 금융회사는 파산이라는 벼랑 끝에 매달려있었다. 미국 연방준비위원회는 경제 파국을 막기 위하여 위험한 결정을 내리고는 수백 개에 달하는 금융회사를 구제하기 위해 2,000억 달러(대략 220조 원) 이상을 지원하였다. 그렇지만 어느 누구도 그 다음에 일어날 일에 대비하지 못하였다. 바로 그 해에, 정부로부터 구제 금융을 받은 회사들이 직원 보너스로 수백만 달러를 사용하였다. 골드만삭스와 모건스탠리 같은 회사는 수백 명의 직원들에게 무려 천만 달러 단위의 보너스를 보상으로 제공하였던 것이다! 경제가 휘청거리고 있으며 정부는 금융회사들이 파산하는 것을 막기 위하여 엄청난 돈을 지출하고 있는 시점에, 바로 그 금융회사들은 200억 달러를 자신들의 보너스로 사용하였던 것이다. 대부분의 사람은 버락 오바마 대통령이 이러한 행위를 '가당찮고' '염치없는' 짓이라고 꾸짖은 것에 동의하였다. 그렇다면 이 회사들은 어떻게 생각하고 있었는가?

이 행위를 지지하는 사람은 회사 생산성을 높게 유지하고 최고의 직원들이 이직하는 것을 예방하기 위해서는 이렇게 엄청난 보너스가 필요하다고 주장하였다. 여기서 밑바탕에 깔려있는 가정은 돈이 강력한 동기 요인, 더 나아가서 최고의 동기 요인이며, 만일 이러한 보너스가 없다면 직원 생산성이 떨어지고 회사는 비틀거리게 된다는 것이다. 대부분의 사람이 이러한 보너스의 윤리성에 동의하지는 않겠지만, 아마도 돈이 사람들로 하여금 열심히 일하게 만드는 동기 요인이라는 가정에는 동의할 것이다. 그런데 정말로 그런가?

대부분의 사람이 그렇게 생각함에도 불구하고, 돈은 실제로 나쁜 동기 요인이다. 때로는 돈을 받는 것이 사람들을 일시적으로 열심히 일하게 만드는 것은 사실이다. 예컨대, 학생들에게 검사를 실시하기에 앞서 성과가 좋으면 20달러를 주겠다고 제안하면, 그러한 제안이 없는 학생들보다 검사 수행이 우수하였다(Levitt, List, Neckerman, & Sadoff, 2011). 그렇지만 이러한 동기적 이득은 일시적인 경향이 있다. 돈이 사라지면, 동기도 사라지고 만다. 그리고 돈이 동기를 일시적으로 증가시킨다 하더라도, 연구결과는 돈이 장기적으로 동기를 떨어뜨린다는 사실을 보여주고 있다. 예컨대, 과잉 정당화 효과에 관한 연구는 돈을 받고 퍼즐을 푸는 학생이 돈을 받은 후에 퍼즐 풀기를 계속할 가능성이 떨어진다는 결과를 얻었다(Deci, 1971). 이에 덧붙여서, 돈은 작업의 질도 떨어뜨린다. 보상을 받을 것이라고 기대하는 사람은 아무 보상도 기대하지 않거나 예상치 않게 보상을 받는 사람보다 덜 창의적이기 십상이다(Amabile, Hennessey, & Grossman, 1986).

그렇다면 어째서 돈이 '나쁜 동기 요인'인가? 그 이유를 찾아보자. 첫째, 돈이 동기에 미치는 부정적 영향에 대한 한 가지 설명은 돈이 적어도 일시적이나마 지나치게 동기를 유발한다는 것이다. 이 아이디어를 검증하기 위하여 한 연구에서는 사람들에게 컴퓨터를 상대로 시간 경쟁을 벌이는 게임을 하도록 요구하였는데, 연구자들은 사람들이 게임을 하는 동안 fMRI 기계를 사용하여 두뇌영상을 촬영하였다(Mobbs et al., 2009). 어떤 사람에게는 게임에서 이기면 작은 금전적 보상(0.8달러)을 주겠다고 약속하였으며, 다른 사람에게는 큰 금전적 보상(8달러)을 약속하였다. 결과를 보면, 큰 보상을 기대한 참가자의 과제 수행이 열등하였다. 그렇지만 두뇌 영상은 역설적인 결과를 나타냈다. 큰 보상을 약속한 사람이 동기와 관련된 두뇌영역(복측 중뇌)에서 더 높은 활동을 나타냈던 것이다. 많은 액수의 돈이 동기를 지나치게 높게 만들어서, 시간 압력을 받는 상황에서 질식하게 만들었을 가능성이 있다. 다시 말해서, 과제가 집중과 창의성을 더 많이 요구할수록, 금전적 보상의 결과로 과제 수행이 저하된다.

둘째, 돈은 사람들을 이기적이게 만들 수 있다. 가난한 사람의 삶은 도전거리로 가득 차 있다. 그렇기에 가난한 사람은 부유한 사람에 비해서 자신의 이해관계에 몰두하고 다른 사람의 요구를 무시할 것이라고 생각하기 십상이다. 그렇지만 실상은 정반대이다. 가난한 사람이 다른 사람의 요구에 더 많은 관심을 기울이며, 부유한 사람은 문제가 발생할 때 돈으로 해결하려는 경향성을 보인다. 돈은 자신의 목표를 달성하려는 동기를 고양시키지만, 타인을 위한 행동을 약화시킨다. 심지어 단지 돈을 생각하는 것이나 돈이 있는 장면을 보는 것조차도 사람들을 더 이기적으로 만들 수 있다.

글쓰기 과제 16.5

돈을 동기 유발 요인으로 그토록 자주 사용하는 까닭은 무엇인가?

방금 여러분은 돈이 나쁜 동기 유발 요인이기 십상인 몇몇 이유를 공부하였다. 그렇지만 돈은 여전히 사람들을 동기화시키려는 주요 방법 중의 하나로 남아있다. 여러분은 그 까닭이 무엇이라고 생각하는가? 여러 가지 부정적인 결과를 초래함에도 불구하고 돈이 계속해서 주도적인 동기 기법인 까닭은 무엇이겠는가?

16.4 돈과 행복

학습목표 : 돈이 행복으로 이끌어가는지를 결정한다.

전 세계적으로 사람들은 1등에 당첨될 확률이 지극히 낮음에도 불구하고 2013년에만 로또를 구입하는 데 2,750억 달러를 지출하였다(Markley, La Fleur, & La Fleur, 2013). 로또를 구입하는 핵심 이유는 만일 당첨되어 많은 돈과 많은 것을 얻게 된다면 행복해질 것이라고 생각하기 때문이다. 그렇다면 과학 연구는 이러한 생각을 지지하고 있는가?

돈이 여러분에게 행복을 가져다줄 수 있는지에 대한 답은 복합적이며, 부분적으로는 돈이 필요한 것과 돈을 갖는 것 간의 구분에 근거한다. 돈이 부족한 것은 나쁜 일임이 확실하다. **물질주의**(materialism)란 물질적 부와 소유에 대한 갈망을 의미하며, 시걸 부부에 관한 이야기가 전형적으로 보여주는 자질이다. 물질주의 특성이 높은 사람은 이 특성이 낮은 사람보다 삶의 만족도가 낮고 관계의 질이 떨어지며, 열등한 정신건강을 나타내는 경향이 있다(Burroughs & Rindfleishch, 2002; Kasser & Ryan, 1993; Nickerson, Schwarz, Diener, & Kahneman, 2003). 물질주의가 행

복을 떨어뜨리는 한 가지 이유는 결코 완벽하게 만족시킬 수 없는 욕구를 끊임없이 만들어내기 때문이다. 벤저민 프랭클린이 갈파한 바와 같이, "돈은 사람을 결코 행복하게 만들어준 적도 없고 앞으로도 결코 없을 것이다. 돈의 본질에는 행복을 초래하는 것이 아무것도 없다. 더 많이 가질수록 더 많이 원하게 된다."

돈을 원하는 것이 행복에 나쁘다면, 돈을 가지고 있는 것은 어떻겠는가?

과학자들은 수십 년을 돈과 행복 간의 관계를 밝히는 데 투자해왔으며, 합의점은 다음과 같은 것으로 보인다. 즉, 돈을 가지고 있는 것은 좋은 일이지만, 생각하는 것만큼 좋은 것은 아니라는 것이다. 132개 국가의 137,000명을 조사한 연구에서 보면, 가계소득이 긍정 정서와 정적 상관을 보였지만, 그 상관의 크기($r = 0.17$)는 지극히 미미하였다(Diener, Ng, Harter, & Arora, 2010). 마찬가지로 호화로운 편의시설을 갖추는 것도 긍정 정서와 오직 미약한 상관($r = 0.11$)만을 나타냈다. 삶의 만족도와는 약간 강한 상관($r = 0.39$)을 나타냈지만, 이 경우에도 삶의 만족도의 16% 미만을 설명할 뿐이었다. 이 사실은 36개 국가를 분석한 결과에서(www.oecdbetterlifeindex.org), 미국이 가계소득에서는 1등이지만 삶의 만족도에서는 12등에 불과한 이유를 설명하는 데 도움을 준다. 역으로 덴마크가 가계소득에서는 16등이지만 행복에서는 1등의 영예를 차지하고 있다.

돈으로 행복을 살 수 있는 것처럼 보인다. 다만 대부분의 사람들이 생각하는 것보다 훨씬 적은 것만을 살 수 있을 뿐이다. 어떻게 돈과 행복에 대한 사람들의 직관이 이토록 잘못될 수 있단 말인가?

한 가지 설명은 돈을 가지고 있는 것이 사람들을 행복하게 만들어주기보다는 돈을 가지고 있지 못한 것이 사람들을 슬프게 만든다는 것이다. 수입 증가가 어느 정도까지는 행복을 증가시키는 경향이 있다는 사실은 이 설명과 맥을 같이한다. 그렇지만 수입이 일정 수준을 넘어서게 되면, 행복에 대한 효과가 안정 상태에 이른다. 여러분은 마법의 수입 수준이 얼마일 것이라고 생각하는가? 연구결과는 미국의 경우 연간 수입 75,000달러(대략 8,300만 원)가 마법의 수입 수준임을 시사한다(Kahneman & Deaton, 2010). 75,000달러 이하를 벌어들이는 가정의 경우에는 더 많은 돈이 더 행복하게 만들어준다. 그렇지만 75,000달러 이상을 벌어

들이는 가정의 경우에는 수입 증가가 더 이상 행복에 강력한 효과를 발휘하지 못한다.

이에 덧붙여서, 경제적 부는 삶의 소소한 즐거운 느낌을 상실하게 만든다. 길버트(D. Gilbert, 2006)의 **경험 확장 원리**(principle of experience-stretching)에 따르면, 어떤 것에서 즐거움을 많이 경험할수록, 그것을 덜 즐거워하게 된다. 여러분이 어렸으며 행하는 모든 것이 새로운 것이었던 시절을 떠올려보라. 초콜릿을 처음 맛보았을 때, 별이 쏟아지는 밤하늘 아래 설치한 텐트에서 처음으로 잠을 잤을 때, 최초로 키스하였을 때를 생각해보라. 이러한 경험이 처음에는 여러분을 즐거움으로 충만하게 해주었지만, 이제 초콜릿을 먹거나 텐트에서 잠을 청한다고 해도 그렇게 신이 나서 들뜨지는 않을 것이다. 어떤 것을 반복적으로 경험할수록, 습관이 되어서 한때 경험하였던 즐거움을 더 이상 느끼지 못하게 된다. 많은 돈을 가지고 있는 것은 파리의 가장 비싼 비누나 도쿄의 가장 신선한 초밥 등과 같이 삶에서 가장 멋진 것들을 경험하게 해주기 때문에, 별이 쏟아지는 밤하늘이나 애틋한 키스와 같이 삶의 소소한 즐거움을 음미하는 능력을 감소시키게 된다.

실험실에서 이 아이디어를 검증하기 위하여, 연구자들은 우선 돈뭉치 사진이나 중립적 사진을 보여줌으로써 참가자들을 점화시켰다(Quoidbach, Dunn, Petrides, & Mikolajczak, 2010). 그런 다음에 참가자에게 초콜릿 한 조각을 먹고는 그 맛을 평가해보도록 요구하였다. 참가자들은 알지 못하였지만, 연구자들은 참가자들이 초콜릿 한 조각을 얼마나 오랫동안 먹는지 그리고 그 초콜릿을 얼마나 즐기고 있는 것처럼 보이는지를 측정하였다. 그 결과를 보면, 돈뭉치 사진으로 점화한 사람은 중립적 사진으로 점화한 사람보다 초콜릿을 음미하는 데 시간을 덜 사용하였으며, 즐거움도 덜 나타냈다. 따라서 돈이 한편으로는 사치스러운 즐거움을 제공하는 반면, 다른 한편으로는 삶의 소소한 즐거움에 마음을 챙기고 즐기는 능력을 빼앗아 간다.

▽ ▶ 이 절이 끝날 무렵에 여러분은 다음에 답할 수 있을 것이다.

16.4.1 체험 소비와 행복의 관계를 설명한다.

16.4.2 즐거움을 작은 단위로 분할하는 것이 어떻게 행복에 영향을 미칠 수 있는지를 설명한다.

16.4.3 기다림이 어떻게 행복을 확장시키는지를 설명한다.

16.4.4 미래의 후회에 대한 걱정이 어떻게 행복에 영향을 미치는지를 설명한다.

16.4.1 물건이 아니라 기억을 구매하라

학습목표 : 체험 소비와 행복의 관계를 설명한다.

아마도 돈이 행복으로 이끌어가지 않는 이유는 사람들이 돈을 잘못 사용하기 때문이겠다. 작가이자 시인인 거트루드 스타인(Gertrude Stein)이 설파한 바와 같이, "돈으로 행복을 살 수 없다고 말한 사람이라면 누구나 어디에서 쇼핑할지를 몰랐던 것이다." 부자들이 돈을 적절하게 사용하는 방법을 모른다고 생각하는 것이 이상해 보일 수도 있지만, 감정 예측 개념을 회상해보면 그 사실이 훨씬 더 가슴에 와 닿는다. 수많은 연구들을 보면, 사람들은 물건이 자신의 감정에 어떤 영향을 미칠 것인지를 예측하는 데 끔찍할 정도로 무지하다(Gilbert, Pinel, Wilson, Blumberg, & Wheatley, 1998). 사람들은 새로운 포르쉐나 자가용 비행기 또는 명품 시계가 자신을 행복하게 만들어줄 것이라고 생각하지만, 이 역시도 잘못이다.

| **행복해지려면 어떻게 돈을 사용해야 하는가?**

대부분의 사람은 물건, 예컨대 집안을 장식할 물건, 차고에 넣어둘 물건, 목에 두르거나 손가락에서 반짝거리는 물건 등을 구입하는 데 돈을 사용한다. 그렇지만 그러한 물질 소유에 돈을 지출하는 사람은 **체험 소비**(experiential purchase)에 돈을 지출하는 사람보다 훨씬 덜 행복하다. 체험 소비란 물질보다는 삶의 경험을 획득하려는 의도를 가지고 행하는 구매를 말한다(Van Boven, 2005).

체험 소비를 소유할 수는 없다. 그것을 경험하면서 살아가는 것이다. 예컨대, 여행을 하거나, 산악지대로 스키를 타러 가거나, 브로드웨이 연극을 관람하거나, 야구경기를 보러가거나, 비디오 게임을 즐기는 것 등이다. 사람들에게 물질 소비와 체험 소비에 대해서 회상해보도록 요구하면, 57%가 체험 소비에서 더 큰 행복을 경험하였다고 말하는 반면, 34%만이 물질 소비에서 더 큰 행복을 경험하였다고 보고한다(Van Boven & Gilovich, 2003). 마찬가지로 크리스마스 휴가 때 가족과의 경험이나 종교 경험을 강조하는 사람이 물질 선물을 주고받는 것을 강조하는 사람보다 더 행복하다(Kasser & Sheldon, 2002). 미국의 전직 대통령이었던 로널드 레이건이 직감하였던 바와 같이, "돈으로 행복을 살 수는 없지만, (돈은) 더 좋은 기억을 가질 수 있게 해준다." 그리고 궁극적으로 여러분을 행복하게 만들어주는 것은 바로 이렇게 좋은 기억인 것이다.

이러한 경험이 소유보다 더 많은 즐거움을 가져다주는 까닭은 경험 확장이 일어날 가능성이 더 크기 때문이다(Dunn, Gilbert, & Wilson, 2011). 한때 호화로운 저택이었던 것이 이제는 단지 집이 되어버린다. 한때는 이태리에서 수입한 명품 대리석 타일이었던 것이 이제는 단지 무심코 걸어 다니는 바닥이 되어버린다. 그렇지만 이태리 베니스에서 처음으로 탔던 곤돌라나 대극장에서 베토벤의 월광 소나타를 경청하였던 기억은 여러분에게 계속해서 즐거움을 제공한다. 이러한 가정을 검증하기 위해 참가자들을 '실험실에서 통용되는 돈'을 세 가지 물질 소비(예컨대, 카드 묶음, 사진틀, 열쇠고리) 중 하나에 사용하는 조건과 체험 소비(예컨대, 음악 듣기, 비디오게임 하기, 동영상 시청하기) 중 하나에 사용하는 조건에 무선 할당하였다(Dunn et al., 2011). 2주에 걸쳐서 체험에 돈을 지출한 참가자가 물질에 지출한 참가자보다 소비에 적응하는 속도가 느렸으며 궁극적으로 더 행복하였다. 따라서 돈을 현명하게 사용하고자 원한다면, 여러분이 소유할 수 있는 것보다 체험할 수 있는 것에 지출하라.

소유보다 경험을 더 즐길 수 있는 또 다른 이유는 그 경험을 다른 사람들과 공유할 가능성이 더 높기 때문이다(Caprariello & Reis, 2012). 다시 말해서 경험에 돈을 지출하는 것이 여러분에게 행복을 가져다주지만, 오직 그 경험을 다른 사람과 공유할 수 있을 때에만 그렇다. 그렇기 때문에 공유하는 경험은 완벽한 선물이 된다. 사랑하는 사람의 생일에 옷을 선물하거나 카드를 건네주는 대신에, 발레 관람이나 승마와 같은 특별 행사로 한턱 쏘도록 하라. 여러분은 물론이고 여러분이 사랑하는 사람에게 많은 행복한 기억을 제공해줄 뿐만 아니라, 평생의 행복을 보장하는 방식으로 돈을 지출하는 방법을 가르쳐주게 될 것이다.

16.4.2 소소한 즐거움을 향유하라

학습목표 : 즐거움을 작은 단위로 분할하는 것이 어떻게 행복에 영향을 미칠 수 있는지를 설명한다.

사람들이 행복한지 여부는 대체로 긍정 정서의 강도보다는 빈도에 달려있다(Diener, Sandvik, & Pavot, 1991). 돈을 몇 가지 값비

싼 물건을 구입하는 데 날려버리는 대신에, 소소한 즐거움을 구입하고 그것들을 시간에 걸쳐 분산시키는 것이 더 좋다(Dunn et al., 2011). 두 조각의 케이크를 지금 모두 먹어 치우기보다는 한 조각은 지금 먹고 다른 조각은 내일 먹는 것이 더 큰 즐거움을 가져다준다. 직관적으로는 이해할만한 것이지만, 무엇이 자신을 행복하게 만들어줄지를 예측할 때에는 사람들이 이 원리를 까먹기 십상이다.

예컨대, 한 연구에서는 참가자에게 연속해서 3분 동안 마사지를 받는 것과 중간에 20초의 휴식시간이 있는 두 차례의 80초 마사지 중에서 어느 것을 선호하는지를 물었다(Nelson & Meyvis, 2008). 대부분의 참가자(73%)가 연속 마사지를 선호한다고 응답하였다. 그런 다음에 참가자들을 연속 마사지 조건과 두 차례의 분산 마사지 조건에 무선 할당하였다. 그 결과를 보면, 연속 마사지를 받았던 참가자와 비교할 때, 분산 마사지를 받았던 참가자들이 마사지 경험을 더 즐겼다고 보고하였으며, 다시 마사지를 받는 데 거의 2배에 가까운 돈을 지불할 의사가 있다고 응답하였다(각각 14달러와 27달러). 마찬가지로 도중에 광고가 삽입된 텔레비전 프로그램을 시청한 사람들이 광고 없이 시청한 사람들보다 그 프로그램을 더 즐겼다(Nelson, Meyvis, & Galak, 2009).

즐거운 경험을 작은 단위로 분할함으로써, 사람들은 경험에 덜 적응하게 되기 때문에 그 경험을 더 즐기게 된다. 따라서 여러분 자신의 삶에서 일상적으로 경험하는 소소한 즐거움을 찾고, 가능하다면 언제나 그것을 더 작은 단위로 분할하도록 하라.

즐거운 경험을 분할하는 것이 사람들을 더 기분 좋게 만드는 까닭이 그 경험에 적응하는 것을 차단시키기 때문이라면, 불쾌한 경험을 분할하는 것은 사람들을 더 기분 나쁘게 만들어야 한다. 참가자들을 강제로 짜증 나는 진공소제기 소음에 노출시켰을 때 얻은 결과가 바로 이것이다(Nelson & Meyvis, 2008). 소음을 계속해서 들었던 참가자가 중간에 5초간 휴지기가 있는 소음을 들었던 참가자들보다 그 경험을 덜 짜증 나는 것으로 평가하였다. 실험에 앞서 두 집단은 그 소음이 동일한 수준으로 짜증을 일으킬 것이라고 예측하였음에도 불구하고 그렇다. 따라서 부정적 경험의 경우에는 그 경험에 뛰어 들어가서 끝장을 보는 것이 최선이다.

16.4.3 지금 당장 지불하고, 나중에 즐겨라

학습목표 : 기다림이 어떻게 행복을 확장시키는지를 설명한다.

신용이 주도하는 오늘날 사회에서는 사람들이 지금 이 순간을 즐기고 나중에 대가를 치르는 경향성을 가지고 있다. 이러한 접근방식에는 신용카드 빚을 포함한 많은 문제점이 있지만, 한 가지 명확하지 않은 걱정거리는 이 접근방식이 예측의 중요한 역할을 무시하고 있다는 점이다. 사람들이 로또에 3달러를 속절없이 날릴 때, 단순히 1등에 당첨될 가능성만을 사는 것이 아니라 당첨되었을 때 할 일을 상상하면서 며칠을 보낼 수 있는 기회도 사는 것이다. 로또 구입은 더 좋은 삶의 가능성에 대한 백일몽을 꿀 기회를 제공하며, 연구는 즐거운 경험에 대한 이러한 유형의 백일몽이 행복의 경험 자체보다 더 큰 영향을 미칠 수도 있음을 보여주고 있다. 다가오는 휴가여행 계획을 세우고 있는 사람들을 조사하였을 때, 사람들이 여행을 하고 있을 때보다 여행을 떠나기 전에 휴가를 더 긍정적으로 바라본다는 결과가 나타났다 (Mitchell, Thompson, Peterson, & Cronk, 1997).

즐거운 경험을 예측하는 것은 사람들을 행복하게 만들며, 즐거운 경험을 예측하는 데 더 많은 시간을 보낼수록, 더 행복하다 (Bryant, 2003). 이것의 함의는 기다림이 즐거운 경험을 예측하는 데 더 많은 시간을 제공해주기 때문에, 여러분이 그 경험을 더 오래 기다릴수록 더 행복하게 된다는 것이다. 그렇지만 여기서도 사람들의 직관은 잘못된 것이다. 사람들에게 지금 당장 선물을 받는 것과 3개월 후에 선물을 받는 것 중에서 어느 것을 선호하는지 물어보면, 당장 선물 받을 때 더 즐거울 것이라 생각한다고 답한다(Kassam, Gilbert, Boston, & Wilson, 2008). 따라서 즐거운 경험은 가능한 한 일찍 계획을 세움으로써 두 차례에 걸쳐 그 경험을 즐길 수 있다. 즉, 한 번은 경험이 발생할 때까지 기다리는 동안이고, 다른 한 번은 그것을 실제로 경험하면서 즐기는 것이다.

16.4.4 보증기간을 무시하라

학습목표 : 미래의 후회에 대한 걱정이 어떻게 행복에 영향을 미치는지를 설명한다.

감정 예측은 즐거운 경험이 얼마나 행복할 것인지를 사람들이 과대 예측하는 것을 의미하지만, 불쾌한 경험이 얼마나 불행할 것인지도 과대 예측한다는 것을 의미한다. 사람들은 직장을 잃거나, 배우자와 헤어지거나, 수업에서 A학점을 얻는 데 실패하면,

엄청나게 충격적일 것이라고 생각한다. 그렇지만 사람들은 부정적 경험에 꽤나 신속하게 적응한다는 것이 참이다. 그 부정적 경험이 단절적으로 반복되지 않는 한에 있어서 말이다. 미래의 부정성에 대한 이러한 공포가 금전적으로나 심리적으로나 여러 가지 방식으로 사람들에게 대가를 치르게 만든다.

예컨대, 자동차나 컴퓨터와 같이 값비싼 제품을 구매할 때마다 판매자는 보증기간 연장을 제안한다. 대부분의 재정 전문가는 이것이 돈을 날려버리는 것이나 마찬가지라고 조언한다. 대부분의 제품은 어찌 되었든 보증기간보다 더 오래 가기 때문이다(Chen, Kalra, & Sun, 2009). 그럼에도 불구하고 사람들은 여전히 계속해서 연장된 보증기간을 구매한다. 2013년에 미국인들은 전자제품, 가정용품, 자동차, 휴대전화 등의 보증기간 연장에 370억 달러(대략 40조 원) 이상을 지출하였다(www.warrantyweek.com). 사람들이 보증기간을 구매하는 이유는 미래의 후회를 염두에 두기 때문이다. 사람들은 제품이 망가져서 후회할 것을 염려하기 때문에, 제품이 망가질 가능성이 지극히 낮음에도 불구하고 그러한 가능성을 미연에 방지하기 위하여 더 많은 돈을 지불하는 것이다. 따라서 장차 여러분이 보증기간 연장을 구매하거나 변상 보험에 가입할 기회가 있을 때에는 그냥 건너뛰어라.

미래의 후회에 대한 이러한 걱정은 사람들이 환불 가능한 상점을 선호하는 이유이기도 하다. 믿기 어렵겠지만, 이러한 환불 정책은 실제로 구입을 통해서 사람들이 경험하는 행복을 갉아먹을 수 있다. 상당히 강력한 효과를 보여준 한 연구에서는 참가자에게 다양한 포스터 중에서 하나를 선택할 수 있게 허용하였다 (Gilbert & Ebert, 2002). 절반의 참가자에게는 1개월 내에 언제든지 포스터에 대한 생각이 바뀌어 다시 가져오면 교환할 수 있다고 알려줌으로써 환불 정책에 준하는 정보를 제공하였다. 나머지 절반의 참가자에게는 나중에 그 포스터를 교환할 수 없다고 알려주었다. 1개월이 지난 후에, 자신의 선택이 최종적인 것이라고 알고 있었던 참가자는 포스터를 선택하기 전보다도 그 포스터를 더 좋아하였다. 이것은 본질적으로 앞에서 논의하였던 보유 효과이다. 그렇지만 포스터를 교환할 수 있다고 알고 있었던 참가자는 선택하기 전보다 그 포스터를 더 호의적으로 평가하지 않았다. 환불 정책이 보유 효과를 빼앗아감으로써, 자신의 선택을 덜 만족스럽게 만든 것이다.

행복에 대한 돈의 영향을 증가시키는 기법들을 비교하고 대비시켜라.

다음의 기법들을 비교하고 대비시켜보라 : 체험 소비에 초점 맞추기, 즐거움 분할하기, 기대기간 증가시키기, 미래의 후회에 대한 염려를 최소화하기. 이 분석에서는 반드시 각 기법의 장점과 단점을 확인하라. 그런 다음에 여러분이 생각하기에 제도화하기 가장 용이한 기법을 확인하고 그 이유를 설명하라. 어느 기법이 제도화하기 가장 어렵다고 생각하는가? 그 이유를 설명해보라.

요약 : 동기과학을 경제적 부에 적용하기

16.1 구매행동

- 충동구매는 어떤 제품의 필요성을 충분히 심사숙고하지 않은 채 그 제품을 구매하려는 즉흥적이고 무분별한 갈망으로 정의한다. 돈을 절약하려는 목표와 구매하려는 충동 간의 갈등을 수반한다.
- 느린 음악이나 향기 등을 포함하여 쇼핑의 환경 요인은 의식하지 않는 방식으로 소비를 부추긴다. 향기 마케팅은 소비자가 제품을 구입하도록 유혹하기 위하여 향기를 사용한다.
- 결정 피로는 일련의 사전 의사결정 후에 형편없는 결정을 내리는 경향성을 말한다.
- 결정 마비에 따르면, 선택지가 많을수록 사람들이 실제로 결정을 내릴 가능성이 줄어든다. 또한 많은 선택지는 사람들을 최종 결정에 덜 만족하게 만든다.
- 사람들은 현금으로 지불할 때보다 신용카드로 지불할 때 더 많이 지출한다. 신용카드는 소비를 모니터링하기 어렵게 만들기 때문이며, 신용카드를 가지고 과소비하기가 더 쉽다.
- 사람들은 기분이 매우 좋을 때나 나쁠 때 충동적으로 지출할 가능성이 더 높다. 또한 배척당하였을 때도 지출 가능성이 높아지는데, 특히 상품 구입이 소속감이나 지위를 회복시켜 줄 수 있을 때 그렇다.
- 강력한 소비충동을 가지고 있거나 이러한 충동에 대한 약한 제어 능력이 충동구매를 야기한다.
- 자기제어 특질이 높은 사람은 낮은 사람보다 적은 재정 문제를 가지고 있다.
- 강박적 구매장애(CBD, 쇼핑중독)는 건강한 삶을 영위할 수 있는 능력을 방해할 정도로 강박적인 구매행동을 나타내는 심리장애이다.
- 자아 고갈을 통한 일시적인 자기제어 능력의 손상은 충동구매의 증가를 초래한다.
- 규칙적인 자기제어 훈련을 통한 자기제어 강화는 재정 문제를 개선시킨다.

16.2 재정 결정의 비합리성

- 경제학자는 사람들이 합리적인 재정 결정을 내린다고 가정한다. 그러나 심리학자들은 사람들의 많은 재정 결정이 비합리적임을 찾아내고 있다. 재정 결정이 정서, 무의식적 사고, 발견법적 편향 등의 영향을 받기 때문이다.
- 임의적 일관성 개념에 따르면, 무관한 숫자(예컨대, 주민등록번호)로 점화한 사람은 제품 가격을 평가하는 데 그 숫자를 기준점으로 사용하게 된다.
- 손실 혐오와 매몰비용 효과는 재정 결정을 내릴 때 사람들을 비합리적이게 만든다.
- 위험 기피는 불확실한 선택지의 보상가가 확실한 선택지의 보상가를 뛰어넘을 때조차도 불확실한 선택지보다 확실한 선택지를 추구하는 사람들의 경향성을 말한다.
- 위험 추구는 불확실한 선택지가 더 큰 대가를 치를 가능성이 있는 경우조차도 확실한 선택지보다 불확실한 선택지를 추구하는 사람들의 경향성을 말한다.
- 준거점 의존성에 따르면, 어떤 것을 두 가지 이득 대신에 두 가지 손실로 틀을 만들면, 사람들은 위험을 추구하게 된다.
- 광고주와 정치인은 자신들에게 이득이 되도록 틀만들기를 하는 방식으로 준거점 의존성을 이용한다.
- 어떤 것이 자기 소유일 때 높은 값을 매기는 경향성을 보유 효과라고 부른다.
- 꼬리감기원숭이 연구를 보면, 먹이를 얻기 위하여 돈을 사용하도록 훈련시킨 원숭이는 준거점 의존성과 보유 효과를 포함하여 인간과 동일한 비합리적 경향성을 나타낸다.

16.3 동기 요인으로서의 돈

- 돈은 동기를 증폭시킬 수 있지만, 단기적으로만 그렇다. 장기적으로는 돈이 실제로 동기를 저하시킨다. 이것은 과잉 정당화 효과에 의한 것일 가능성이 있는데, 이 효과는 사람들에게 이미 내재적 동기를 가지고 즐기고 있는 것에 대해서 외재적 보상을 제공하면, 내재적 동기가 감소한다는 것이다.
- 돈은 지나치게 동기를 증폭시켜서 압력을 받는 상황에서 사람들을 질식하게 만들 수 있다.
- 돈 생각으로 점화하면, 사람들을 더 자율적이게 만들 뿐만 아니라 더 이기적이고 다른 사람을 덜 도와주게도 만든다.

16.4 돈과 행복

- 물질주의는 물질적 부와 소유에 대한 갈망을 말한다. 물질주의 성향이 높은 사람은 그렇지 않은 사람보다 자신의 삶에 덜 만족하고 관계의 질이 낮으며 열등한 정신건강 상태를 나타낸다.
- 돈을 가지고 있는 것이 행복과 관련이 있지만, 그렇게 강력한 것은 아니다. 이것에 대한 한 가지 설명은 돈이 반드시 행복을 신장시키지는 않지만, 불행을 예방해준다는 것이다. 돈은 연수입이 75,000달러에 미치지 못하는 가정에서 행복에 가장 강력한 효과를 갖는다.
- 돈은 사람들로 하여금 삶의 소소한 즐거운 느낌을 상실하게 만든다. 이것은 경험 확장 원리에 근거한 것인데, 이 원리는 즐거운 어떤 것을 더 많이 경험할수록 덜 즐기게 된다는 것이다. 돈 생각으로 점화된 사람은 일상의 즐거움을 즐기는 데 시간을 덜 할애한다.
- 체험 소비는 삶의 경험(예컨대, 휴가여행과 발레 관람)을 획득하려는 의도에서 이루어진다. 체험 소비는 물질 소비보다 사람들을 더 행복하게 만들어준다. 경험 확장 그리고 경험을 다른 사람들과 공유하기 십상이기 때문일 가능성이 높다.
- 사람들은 한 가지 비싼 것을 구매할 때보다 시간에 걸쳐 분산시킨 여러 가지 소소한 것을 구매할 때 더 행복하다.
- 구매 예측이 구매 자체 못지않게 즐겁고 때로는 구매 자체보다도 더 즐거울 수 있다.
- 보증기간이나 환불 정책이 있다는 사실을 알고 있는 것이 사람들을 구매에 덜 만족하게 만든다.

글쓰기 과제 16.7

장차 더 부자가 되는 길

이 장에서 배운 모든 것에 근거할 때, 여러분의 경제적 부를 증가시키기 위해서 지금까지와는 다르게 행동할 한 가지는 무엇인가? 이 물음에 답할 때에는 여러분이 취한 변화를 기술하고, 그것이 어떻게 이 장에서 논의한 개념 중 하나와 관련되는 것인지 그리고 어째서 다른 것을 제쳐두고 그 접근을 선택한 것인지를 기술해보라.

용어해설

가능한 자기(possible self) 자기에 대해 상상한 미래 버전

각성(arousal) 심리적으로나 신체적으로 경계 상태에 놓여있는 것

간격 강화(interval reinforcement) 시간 간격에 근거하여 행동을 강화하는 것

간접적 정념(indirect passion) 쾌나 고통을 초래하는 대상과 연합된 신념이 간접적으로 야기하는 정서

감각 박탈(sensory deprivation) 하나 이상의 감각에서 자극의 의도적인 감소나 제거

감사(gratitude) 고마움과 소중한 마음의 느낌

감정(affect) 특정 대상이나 사건을 향한 무의식적인 평가 행위

감정 예측(affective forecasting) 미래에 어떻게 느낄 것인지를 예측하는 사람들의 능력

감정 오귀인 절차(affect misattribution procedure) 사람들이 특정 자극에 즐거움을 얼마나 자동적으로 연합시키는지를 측정하는 검사

감정 이탈(affective disengagement) 실패, 위협, 스트레스 등으로 인해서 유발된 부정 정서를 효과적으로 감소시키는 능력

강도(intensity) 목표지향 행동을 수행하기 위하여 투여하는 자원의 양

강박 열정(obsessive passion) 한 가지 목표를 추구하려는 제어하기 어려운 충동을 느끼고 그 목표에서 벗어나기 어려운 동기적 경향성

강박적 구매장애(compulsive buying disorder, CBD, 쇼핑중독) 건강한 삶을 영위할 능력을 방해할 정도로 강박적인 쇼핑행동을 보이는 심리장애

강화(reinforcement) 행동에 뒤따르면서 그 행동의 강화나 증가를 초래하는 사건

강화계획(reinforcement schedule) 강화를 반응횟수나 시간경과에 따라서 제공하는 계획

개시(initiation) 목표지향 행동의 시작

개인-상황 설명(person-by-situation explanation) 개인 변인과 상황 변인이 복잡하게 상호작용하여 개인의 반응에 영향을 미친다는 주장

객관적 자기 인식(objective self-awareness) 주의와 의식을 내부로 돌림으로써 자신에게 초점을 맞추게 되는 것

객관적 정지 규칙(objective stop rule) 사람들이 한 과제를 마칠 때까지 그 과제를 계속하게 된다는 정지 규칙

거울뉴런(mirror neuron) 유기체가 어떤 행동을 수행할 때뿐만 아니라 누군가 동일한 행동을 수행하는 것을 관찰할 때에도 활동하는 두뇌 뉴런

결과 시뮬레이션(outcome simulation) 자신이 원하는 목표 결과를 달성하였을 때의 모습을 상상해보는 심적 시뮬레이션

결심 단계(decisive step) 특정 행동 선택지를 위하여 의지력을 발휘하는 의지적 행위의 두 번째 단계

결정론(determinism) 인간 행동을 포함한 모든 사건을 기존에 존재하는 원인이 결정한다는 믿음

결정 마비(decision paralysis) 많은 선택지가 존재할 때 결정을 내리지 않으려는 경향성

결정 이전 국면(predecision phase) 사람들이 추구할 목표를 선택하는 동기 과정 국면

결정 이후 국면(postdecision phase) 사람들이 목표를 추구할 계획을 수립하는 동기 과정 국면

결정 피로(decision fatigue) 일련의 사전 의사결정 후에 형편없는 결정을 하게 되는 경향성

경계 전략(vigilant strategy) 실수를 피하고자 조심함으로써 부정적 결과가 나타나지 않도록 애를 쓰는 전략

경험에 대한 개방성(openness to experience) 호기심이 많고 모험적인 성격 특질

경험주의(empiricism) 경험이 지식을 획득하는 유일한 방법이라는 아이디어

경험 확장 원리(principle of experience-stretching) 어떤 것에서 즐거움을 많이 경험할수록, 그것을 덜 즐거워하게 된다는 아이디어

계획세우기 오류(planning fallacy) 사람들이 과제를 완성하는 데 필요한 경비와 시간 그리고 노력의 양을 과소 추정함으로써 지극히 낙관적인 계획을 세우는 경향성

계획행동 이론(theory of planned behavior) 의도가 실제 행동의 1차 결정인이라는 아이디어

고전적 조건형성(classical conditioning, 파블로프식 조건형성) 환경 자극이 자연스럽게 발생하는 자극과 연합되는 조건형성

고정 강화(fixed reinforcement) 사전에 결정된 계획에 따라 행동을 강화하는 것

공동반추(co-rumination) 다른 사람과 문제를 지나치게 이야기하거나 부정적 정서 경험에 몰두하는 것

공리주의(utilitarianism) 특정 행위의 효용성은 그 행위가 얼마나 행복(즐거움)을 극대화시키고 괴로움(고통)을 감소시키는지에 의해 결정된다는 생각

공상하기(indulging) 긍정적인 미래에 초점을 맞추는 경향성

공포관리 이론(terror management theory) 사람들은 자신이 속한 집단과 조직을 고취하고 방어함으로써 자신의 죽음이라는 생래적 공포(또는 '테러')에 대처한다는 아이디어

과잉정당화 효과(overjustification effect) 사람들에게 이미 내재적 동기를 가지고 있는 어떤 일을 하는 데 외재적 보상을 주었을 때 발생하는 동기의 감소 효과

과정 시뮬레이션(process simulation) 목표를 달성하기 위하여 요구되는 과정에 초점을 맞추는 심적 시뮬레이션

관계 가치(relational value) 다른 사람이 특정 개인과 상호작용하고 관계를 맺는 것에 가치를 부여하는 정도

교감신경계(sympathetic nervous system, SNS) 투쟁-도피 상황에서 신체가 행동을 나타낼 수 있도록 준비시키는 자율신경계의 부분

구현 마음자세(implemental mindset) 목표에 대한 폐쇄적(닫힌 마음) 접근

구현 의도(implementation intention) 특정 상황에서 수행할 정확한 행동을 규정한 '만일-그렇다면' 계획

규범적 조절(introjected regulation) 죄책감이나 불안을 회피하거나 자아 고양을 경험하기 위하여 어떤 행동을 수행하는 것

귀인(attribution) 어떤 행동이나 결과의 원인에 관한 신념

균형잡기(balancing) 다중 목표 사이를 왔다 갔다 하면서 교대로 추구하는 경향성

근본적 귀인 오류(fundamental attribution error) 다른 사람의 행동을 설명할 때 성격과 같은 내적 영향력의 힘을 과대 추정하고 외적 영향력의 힘을 과소 추정하는 경향성

근접 목표(proximal goal) 가까운 미래에 달성하는 단기 목표

긍정 착각(positive illusion) 과장된 자기지각

기능적 자기공명 영상(functional magnetic resonance imaging, fMRI) 두뇌에서 혈류의 변화를 탐지함으로써 두뇌 활동을 측정하는 과정

기대성(expectancy) 행동이 성공적일 것이라고 지각하는 가능성

기대성 가치 이론(expectancy-value theory) 행동이 성공적일 가능성의 지각(기대성)과 그 결과의 바람직한 정도의 지각(가치)의 결합함수가 행동을 초래한다는 이론

기분(mood) 특정 사물이나 사건과 명백하게 연계되지 않은 일반적인 감정 상태

기피의지(nolition) 특정 결과의 억제나 중지를 향한 의지의 수행

나몰라 효과(what-the-hell effect) 사람들이 한 번의 실수를 목표 자체를 완전히 포기하게 만드는 보증서로 간주하는 경향

낙관성(optimism) 긍정적인 미래 결과를 기대하는 성격 특질

낙담 정서(dejection emotion) 실제 자기와 이상적 자기 간에 불일치가 클 때 발생하는 수치심, 실망, 우울 등의 정서

내면화(internalization) 사람들이 외적인 사회규칙과 요구사항을 내적이고 개인적으로 부여한 가치로 변환시키는 과정

내재적 동기(intrinsic motivation) 생래적으로 흥미롭거나 즐겁기 때문에 어떤 행동을 수행하는 동기

내적 귀인(internal attribution) 행동의 원인이 그 사람 내부에 존재한다는 신념

내적 제어 소재(internal locus of control) 한 개인 삶에서의 결과는 그 자신의 행위와 선택이 초래하는 것이라는 신념

내집단 편애(in-group favoritism) 내집단을 향한 선호 그리고 외집단을 향한 적대적이거나 편견적인 태도

누적된 삶의 스트레스(accumulated life stress) 지난해에 발생한 중차대한 나쁜 변화(예컨대, 배우자의 사망)나 좋은 변화(예컨대, 결혼)의 수

다중종국성(multifinality) 하나의 수단이 적용할 수 있는 목표의 수에서 차이를 보이는 정도

단순노출 효과(mere-exposure effect) 사람들이 과거에 경험하였던

대상을 자동적으로 선호하는 경향성. 심지어는 이러한 사전 노출이 무의식적으로 일어나는 경우에도 그렇다.

당위적 자기(ought self)　책무와 당위성을 수반하는 가능한 자기

대안 목표(goal alternative)　현재 목표와 갈등을 일으키는 다른 목표의 존재

대응가설(matching hypothesi)　사람들은 관계를 형성할 파트너를 찾을 때 유사성을 살핀다는 아이디어

동기(motivation)　행동에 에너지와 방향을 제공해주는 기저 과정

동기의 기능적 자율성(functional autonomy of motive)　행동의 최초 동기가 시간이 경과하면서 실제 행동과 분리될 수 있다는 생각

동기의 난이도 법칙(difficulty law of motivation)　과제의 난도를 증가시키면 사람들이 그 과제에 투입하는 노력의 양이 자동적으로 증가한다는 안드레아스 힐그루버(Andreas Hillgruber, 1912)의 법칙

동요 정서(agitation emotion)　실제 자기와 당위 자기 간에 불일치가 클 때 발생하는 불안과 죄책감 등의 정서

동화(assimilation)　다른 사람과 유사하다고 느끼려는 갈망

등종국성(equifinality)　목표들이 그 목표를 달성할 수 있는 방법의 수(즉, 수단의 수)에서 차이를 보이는 정도

라자루스의 평가 이론(Lazarus's appraisal theory)　사람들이 어떤 자극에 직면하면, 1차 평가와 2차 평가를 수행하게 된다는 아이디어

마술적 사고(magical thinking)　미신행위, 내세, 초심리 현상 등에 대한 믿음

마음챙김(mindfulness)　사람들이 현재의 생각과 경험을 자각하게 되는 상태

마인드 컨트롤(mind control)　단지 생각하는 것만으로 다른 사람이 특정 방식으로 행동하도록 만드는 능력

만족 지연(delay of gratification)　장기적인 보상을 얻기 위하여 단기적 보상을 희생하는 것

매개변인(mediator, mediating variable)　관심을 갖는 다른 두 변인을 연결시키는 과정을 반영하는 변인

매몰비용 효과(sunk cost effect)　돈과 시간 그리고 노력을 이미 투자하였기에 목표에 계속해서 매달리려는 경향성

메타모니터링 고리(meta-monitoring loop)　TOTE 모형에서 목표를 향한 진보의 속도를 평가하는 피드백 고리

메타분석(meta-analysis)　연구자로 하여금 하나의 연구 가설을 검증하기 위하여 여러 연구의 결과를 결합할 수 있게 해주는 통계 기법

면역 무시(immune neglect)　신체적 면역체계에 유추할 수 있는 심리적 면역체계가 부정 정서를 제거하거나 완화하도록 작동하는 것을 무시하는 현상

모니터링(monitoring)　조절하고자 원하는 행동을 추적하는 것

목적인(final cause)　초점 표적이 수행하는 목적이나 목표

목표(goal)　각자가 접근하거나 회피하고자 몰두하는 미래 결과에 대한 인지적 표상

목표 갈등(goal conflict)　상호 간에 경쟁을 벌이는 둘 이상의 목표를 갖는 경험

목표 근접성(goal proximity)　목표를 가까운 미래에 또는 머나먼 미래에나 달성할 수 있다는 아이디어

목표 기울기 가설(goal-gradient hypothesis)　유기체는 목표가 가까워질수록 노력을 증가시키는 경향성이 있다는 아이디어

목표 난이도(goal difficulty)　목표를 달성하는 데 요구되는 지식과 재능의 수준

목표 만족도(goal satisfaction)　목표 추구와 관련된 긍정 정서

목표 명세성(goal specificity)　목표를 명확하게 정의하는 정도

목표 몰입(goal commitment)　목표를 추구하려는 의도를 형성하는 과정

목표 보호하기(goal shielding)　핵심 목표와 갈등을 벌이거나 경쟁하는 다른 목표를 억제함으로써 그 핵심 목표를 보호하려는 시도

목표 수단(goal means)　중간 수준 목표를 달성하기 위해서 반드시 수행해야만 하는 특정 행위

목표 위계(goal hierarchy)　목표가 광의적이고 추상적인 목표로부터 구체적인 목표 행위에 이르기까지 체제화되어 있는 방식

목표 융합(goal fusion)　사람들이 어떤 목표를 자기 개념 속에 통합되어 있는 것으로 지각하는 정도

목표 의도(goal intention)　특정인이 어떤 목표를 달성하고자 원하는지를 상세화시킨 것

목표 이탈(goal disengagement)　목표의 포기

목표 전염성(goal contagion)　한 사람의 목표지향 행동이 다른 사람에게서 동일한 목표를 활성화시켜 행동을 주도할 수 있다는 아이디어

목표 체계 이론(goal systems theory)　목표들이 다른 여러 목표와 그 목표를 달성하는 수단을 포함하고 있는 하나의 거대 체계 내에서 상호 연계되어 있다는 아이디어

목표 투자량(goal investment)　사람들이 이미 자신의 목표에 투자한

자원(예컨대, 시간, 에너지, 노력, 돈 등)의 양

몰개인화(deindividuation) 사람들이 집단에 들어있을 때 발생하는 자기초점의 상실과 개인적 책임의 상실

몰입감(flow) 사람들이 어떤 활동에 철저하게 몰두하고 집중하고 있다는 느낌의 주관적 상태

물질주의(materialism) 물질적 부와 소유에 대한 갈망

미세표정(microexpression) 단지 1/25초에서 1/15초 동안 지속하면서 정서를 나타내는 짧고도 불수의적인 얼굴표정

바라지 않는 자기(undesired self) 최악의 자기상으로, 그렇게 될까 봐 두려워하는 자기

반사(reflex) 특정 자극에 대한 반응으로 나타나는 비자발적이고 거의 즉각적인 움직임

반사실적 사고(counterfactual thinking) 어떤 것이 발생하였을 수도 있는 대안적 방법들을 상상하는 것

반응 조정(response modulation) 정서의 영향을 감소시키기 위하여 행동이나 생리적 반응을 직접적으로 변화시키는 것을 수반하는 정서 조절 전략

반작용 제어 이론(counteractive control theory) 유혹을 자동적이고 무의식적인 방식으로 억제할 수 있다는 아이디어

반추(rumination) 스트레스 사건에 대해서 반복적으로 생각하는 경향성

방어적 비관주의자(defensive pessimist) 성공의 개인사를 가지고 있음에도 불구하고, 최악의 결과를 예상하는 사람

변동 강화(variable reinforcement) 예측할 수 없거나 무선적인 계획에 따라 행동을 강화하는 것

변명하기(excuse making) 부정적 결과에 대한 귀인을 내적 원인으로부터 외적 원인으로 변경하려는 시도

변연계(limbic system) 뇌간 상층부에 위치하며, 대뇌피질 속 깊은 곳에 묻혀있고, 정서에 관여하는 두뇌 구조들의 집합

보유 효과(endowment effect) 어떤 것이 다른 사람의 것이라고 지각할 때보다 자신의 것이라고 지각할 때, 사람들이 그것에 더 많은 가치를 부여하는 경향성

본능(instinct) 특정 결과에 접근하거나 회피하려는 생득적 소인

부교감신경계(parasympathetic nervous system, PNS) 신체가 안정 상태에 있을 때 에너지를 공급해주는 역할을 하는 자율신경계의 부분

부분 강화(partial reinforcement) 부분적인 시점이나 시행에서만 행동을 강화하는 것

부적 강화물(negative reinforcer) 행동에 뒤따른 불쾌한 결과의 제거

분노적 정념(irascible passion) 획득이 차단되어 있는 것을 추구하는 갈망

분화(differentiation) 특별하다고 느끼기를 원하는 갈망

불가사의 기분(mystery mood) 알 수 없는 이유로 출현하기에 엉뚱한 출처에 귀인할 가능성이 높은 기분

불굴의 투지(grit) 장기적 목표에 대한 끈기와 열정이 반영하는 성격 특질

불안정 귀인(unstable attribution) 행동의 원인이 산발적으로 일어난다는 신념

불쾌한 각성(unpleasant arousal) 즐겁지 않은 경험에서 유래하며 분노와 공포와 같은 정서를 초래하는 각성

불특정 각성(nonspecific arousal) 추동은 박탈된 욕구와 관련된 행동뿐만 아니라 모든 행동에 에너지를 공급한다는 생각

비관성(pessimism) 부정적인 미래 결과를 기대하는 성격 특질

비상버튼 효과(panic button effect) 쇼크를 제어하고 있다고 생각하는 사람은 실제로는 전혀 제어하지 못하고 있는 경우조차도 스트레스를 덜 받는 경향성

비율 강화(ratio reinforcement) 반응 횟수에 근거하여 행동을 강화하는 것

비특정 각성(nonspecific arousal) 각성이 박탈된 욕구와 관련된 행동뿐만 아니라 모든 행동을 주도한다는 아이디어

빈 서판(blank slate, tabula rasa) 모든 인간은 생득적 아이디어나 충동 또는 지식 없이 태어난다는 철학적 주장

사고 억제 반동(thought suppression rebound) 억제되었던 사고가 그렇지 않았던 사고보다 나중에 더 강력해지는 경향성

사회관계 측정이론(sociometer theory) 자존감은 사람들의 관계가치와 그 관계의 질을 모니터링하는 심리적 계측기와 같이 작동한다는 아이디어

사회비교 이론(social comparison theory) 사람들은 오직 자신을 다른 사람과 비교함으로써만 자신이 누구이며 어떤 능력을 가지고 있는지를 알기 십상이라는 아이디어

사회 권력(social power) 가치 있는 자원을 제공하거나 억제함으로써 또는 처벌을 가함으로써 다른 사람을 제어하는 능력

사회 억제(social inhibition) 다른 사람의 존재가 과제 수행을 손상(또는 억제)시키는 경향성

사회적 간식(social snacking) 현재 또는 과거의 사회적 유대를 생각나게 하는 상징물을 찾아보려는 경향성

사회정체성 이론(social identity theory, SIT) 집단이 자존감의 주요 원천을 대표하기 때문에 사람들이 집단을 신속하게 형성하고 내집단 편애를 나타낸다는 아이디어

사회 촉진(social facilitation) 다른 사람이 존재할 때 과제 수행이 증진(또는 촉진)되는 경향성

사회 태만(social loafing) 혼자 작업할 때보다 집단으로 작업할 때 사람들이 노력을 적게 기울이는 경향성

삶 추동(life drive, 성 추동) 음식, 물, 성 등과 같은 쾌락적 즐거움에 대한 갈망

상위목표(higher-order goal) 장기적인 원격 목표

상징적 자기완성 이론(symbolic self completion theory) 사람들은 주변의 다른 사람들에게 자신이 누구인지를 나타내는 옷을 선택하거나 상징물을 부착하기 십상이라는 아이디어

상처받은 느낌(hurt feeling) 사람들이 관계 가치가 낮다고 느낄 때 발생하는 감정

상태 지향적(state-oriented) 목표 달성을 향해 나아갈 수 있도록 자신의 사고와 정서 그리고 행동을 조절할 수 있는 능력이 결여되어있는 성격 특질

상향 반사실적 사고(upward counterfactual) 사건이 더 좋은 방향으로 나타났을 수도 있었던 방법에 대한 생각

상향 사회비교(upward social comparison) 자신보다 우월한 사람과 비교하는 것

상황 선택(situation selection) 바람직한 정서를 초래할 가능성이 있는 상황을 추구하고 바람직하지 않은 정서를 초래할 가능성이 있는 상황을 회피하는 것을 수반하는 정서 조절 전략

상황 수정(situation modification) 상황이 상이한 정서적 결과를 지향하도록 그 상황을 변화시키는 것을 수반하는 정서 조절 전략

생리적 욕구(physiological need) 생존에 필요한 생리적 요구사항에 근거한 욕구

샥터-싱어의 인지 표지 이론(Schachter-Singer's cognitive labeling theory) 생리적 각성과 인지적 표지라는 두 성분의 조합이 정서를 야기한다는 아이디어

선택 주의(selective attention) 목표와 관련된 정보에 주의를 집중하고 목표와 무관한 정보를 무시하는 것

선택 처리(selective processing) 목표와 무관한 정보의 처리를 무시하고 목표와 관련된 정보만을 처리하는 것

성실성(conscientiousness) 자기훈련이 되어있으며 성취지향적인 성격 특질

성취동기(achievement motivation) 스스로 높은 기준을 설정하고, 장해물을 극복하며, 도전적인 것을 숙달함으로써 의미심장한 성취를 달성하려는 갈망을 나타내는 성격 특질

소속감 욕구(need to belong) 지속적이고 긍정적인 대인관계를 형성하고 유지하려는 강력한 갈망

손실 혐오(loss aversion) 사람들이 가능한 이득을 획득하는 것보다 가능한 손실을 회피하는 데 더 많은 관심을 표명하는 현상

수행 목표(performance goal) 과제를 자신의 유능성을 발휘할 수 있는 기회로 간주하는 경향성

수행의지(volition) 특정 결과의 성취를 지향하는 의지의 수행

시뮬레이션 발견법(simulation heuristic) 어떤 사건을 마음속에서 얼마나 쉽게 상상하거나 시뮬레이션할 수 있는지에 근거하여 그 사건의 가능성을 판단하는 경향성

시험하는 운명(tempting fate) 어떤 행동을 수행하는 것이 불운이나 부정적 결과를 초래할 수 있다는 신념

식욕적 갈망(appetitive desire) 플라톤이 주장하는 것으로, 갈증, 배고픔, 성 등을 포함하는 원초적이고 낮은 수준의 갈망

신경증(neuroticism) 민감하고 불안한 성격 특질

실제 자기(actual self) 여러분이 현재의 모습이라고 믿고 있는 인물

실체 이론가(entity theorist) 특질과 능력은 고정되어 있으며 일생에 걸쳐 극적으로 변화하지 않는다는 신념

심리적 스트레스(psychological stress) 도전거리와 요구사항이 자신의 현재 능력을 압도하고 있다는 느낌

심리적 욕구(psychological need) 정신건강, 개인적 성숙, 전반적 웰빙 등에 필요한 심리적 필요사항에 근거한 욕구

심리적 저항(psychological reactance) 자유를 느끼고 있는 사람이 자신에게 요구하는 것과는 정반대되는 행위를 함으로써 자율성을 재확신하려는 경향성

심리적 탄력성(psychological resilience) 역경과 삶의 스트레스에 적응하는 능력

심사숙고 마음자세(deliberative mindset) 목표에 대한 개방적(열린 마음) 접근

심신이원론(mind-body dualism) 마음이 신체와는 차별되는 비물리적 실체라는 아이디어

심적 대비하기(mental contrasting) 우선 상상한 긍정적 미래에 초점을 맞춘 다음에 현재의 부정적 실제에 초점을 맞추는 경향성

심적 시뮬레이션(mental simulation) 마음에 목표의 한 측면을 시뮬레이션하는 시각화 기법

아부(ingratiation) 아첨이나 칭찬을 통해 상대방을 좋아한다는 사실을 보여주려는 시도

안정 귀인(stable attribution) 행동의 원인이 규칙적으로 발생한다는 신념

알코올성 근시(alcohol myopia) 음주가 주의의 초점을 가장 현저한 상황 단서에만 집중하도록 만든다는 아이디어

암묵적 이기주의(implicit egotism) 사람들이 자신을 생각하게 하는 사람, 장소, 대상 등을 무의식적으로 좋아하게 되는 경향성

얼굴 움직임 부호화 시스템(Facial Action Coding System, FACS) 여섯 가지 핵심 정서 각각을 정의하는 인간의 얼굴표정 종합사전

얼굴 피드백 가설(facial feedback hypothesis) 상이한 얼굴 움직임이 상이한 정서 경험을 초래한다는 아이디어

여키스–닷슨 법칙(Yerkes-Dodson law) 산 모양의 곡선이 각성과 행동수행 간의 관계를 가장 잘 예증하며, 이러한 비선형적 관계의 본질은 과제의 난이도 수준에 달려있다는 아이디어

역치상 점화(supraliminal priming) 사람들이 점화자극을 의식적으로 자각하지만 그 자극이 어떻게 자신의 반응에 영향을 미치는지는 깨닫지 못하는 점화 현상

역치하 점화(subliminal priming) 의식적 자각을 넘어서서 발생하는 점화 현상

연속 강화(continuous reinforcement) 행동이 출현할 때마다 강화하는 것

연합적 등가물(associative equivalent) 습관을 성공적으로 뛰어넘기 위해서는 의지의 강도가 습관의 강도보다 강력해야만 한다는 아이디어

열망 전략(eager strategy) 진보의 수단을 모색하며 성공을 위한 기회를 무산시키지 않고자 조심하는 전략

예방 지향적(prevention-oriented) 당위적 자기에 초점을 맞추고, 안전과 책임감을 포함한 안전 욕구에 관심을 기울이는 경향성

오귀인(misattribution) 특정 경험의 원인을 엉뚱하게 다른 출처 탓으로 돌리는 경향성

옥시토신(oxytocin) 동물과 인간 모두에게서 사회적 친애와 암수결합에서 작동하는 신경화학물질

외재적 동기(extrinsic motivation) 어떤 외부적 이유나 보상을 얻기 위하여 행동을 나타내는 동기

외적 귀인(external attribution) 행동의 원인이 상황에 존재한다는 신념

외적 제어 소재(external locus of control) 한 개인 삶의 결과는 그(그녀)의 제어를 넘어선 요인들이 초래한다는 신념

외향성(extraversion) 사교적이고 정력적인 성격 특질

요구사항(demand) 특정인으로 하여금 어떤 목표를 채택하도록 밀어붙이는 압력의 외적 출처

욕구(needs) 개인으로 하여금 특정 목표를 채택하도록 밀어붙이는 압력의 내적 출처

욕망적 정념(concupiscible passion) 좋은 것을 추구하고 나쁜 것을 회피하려는 기본 소망

우선순위 매기기(prioritization) 둘 이상의 목표에 추구할 순서를 부여하는 것

우울 현실주의(depressive realism) 우울한 사람이 긍정 착각을 결여하며 더욱 정확한 자기지각을 하는 경향성

우호성(agreeableness) 친근하고 동정심이 많은 성격 특질

원격 목표(distal goal) 먼 미래에나 달성하는 장기 목표

위험 기피(risk aversion) 불확실한 선택지의 가치가 확실한 선택지의 가치보다 높을 때조차도 전자보다는 후자를 추구하려는 경향성

위험 추구(risk seeking) 불확실한 선택지의 대가가 더 클 때조차도 확실한 선택지보다는 불확실한 선택지를 추구하려는 경향성

유능성 욕구(need for competence) 효율성, 능력, 성공을 향한 기본 갈망

유연성(flexibility) 좋은 계획이 변화에 개방적이거나 폐쇄적인 정도

유인자극(incentive) 유기체로 하여금 특정 행동을 수행하도록 동기화시키는 외부 자극

유쾌한 각성(pleasant arousal) 즐거운 경험에서 유래하며 행복감과 같은 정서를 초래하는 각성

의미망 모형(semantic network model) 의미적으로 관련된 개념들을 기억에서 함께 묶는다는 아이디어

의인화(anthropomorphism) 인간이 아닌 대상에 인간과 같은 특성을 부여하려는 경향성

의지(will) 선택을 제약으로부터 자유롭게 만들어주는 행위자의 능력

이상적 자기(ideal self) 사람들이 개인적으로 장차 되고 싶은 자기

이중과정 마음(dual-process mind) 사람들이 자동(무의식적) 체계와 제어(의식적) 체계를 모두 가지고 있다는 아이디어

이중 접근–회피 갈등(double approach-avoidance conflict) 각각 좋은 자질과 나쁜 자질을 모두 가지고 있는 두 목표가 초래하는 갈등

인식론적 동기(epistemic motivation) 정보를 추구하고 획득하려는 갈망

인지도(cognitive map) 유기체 마음에 형성된 특정 공간에 대한 심적 표상

인지 욕구(need for cognition) 생각에 몰입하고 그 생각을 즐기는 경향성

인지적 변화(cognitive change) 상황의 의미를 변화시키거나 정서반응을 변화시키도록 그 상황을 재평가하는 것을 수반하는 정서조절 전략

임의적 일관성(arbitrary coherence) 제품의 가격을 평가할 때, 임의의 숫자를 자동적으로 기준점으로 삼는 것

입력으로서의 기분 이론(mood-as-input theory) 사람들이 자신의 정서를 해석할 때, 주관적 정지 규칙과 객관적 정지 규칙이라는 두가지 규칙에 따른다는 아이디어

자기가치 유관성(contingencies of self-worth) 어떤 사건이 개인의 자존감과 연관된 정도

자기 개념(self-concept) 자신에 관한 지식의 집합체

자기개선(self-improvement) 자신의 특질, 능력, 웰빙을 개선하려는 시도

자기검증(self-verification) 자기 개념과 새로운 정보 간의 일관성을 유지하려는 시도

자기결정 이론(self-determination theory) 인간의 세 가지 핵심 동기가 자율성 욕구, 유능성 욕구, 그리고 소속감 욕구라는 주장

자기고양(self-enhancement) 자기 개념의 긍정적 측면을 증진시키고 부정적 측면을 감소시키려는 시도

자기보존 추동(self-preservation drive) 신체적 위협과 심리적 위협에서 자신을 보고하고 높은 수준의 자존감을 유지하려는 갈망

자기부합성(self-concordance) 목표가 자기감에 들어맞는 정도

자기불구화(self-handicapping) 자신의 수행을 방해하는 외적 장애물을 만들어내는 경향성

자기 불일치 이론(self-discrepancy theory) 실제 자기가 가능한 자기에 얼마나 가깝게 살아가고 있다고 느끼는지가 상이한 정서를 초래할 수 있다는 아이디어

자기설정 목표(self-set goal) 사람들이 스스로 선택한 목표

자기실현적 행복(eudaimonic happiness) 의미가 충만하며 최선의 자기로 발전할 수 있게 해주는 삶을 살아가는 것을 의미하는 행복

자기위주 귀인편향(self-serving attributional bias) 사람들이 자신의 성공에 대한 공적은 받아들이지만 실패에 대한 비난은 부정하는 경향성

자기제시(self-presentation) 다른 사람에게 긍정적이고 바람직한 사회적 인상을 남기려는 시도

자기제어(self-control) 자신의 사고, 정서, 행동을 조절하고 변화시키는 능력

자기제어 보존(self-control conservation) 정말로 사용할 필요가 있다고 생각하는 때를 대비하여 자기제어 자원을 비축하는 경향성

자기제어 특질(self-control trait) 내적 충동을 압도하는 방식으로 자신의 사고와 정서 그리고 행동을 제어할 수 있는 능력이 반영하고 있는 성격 특질

자기조절(self-regulation) 생각, 정서, 충동, 행동을 제어하고자 시도할 때처럼 자신의 반응을 변경시킬 수 있는 능력

자기진단(self-assessment) 자신의 능력과 유능성에 대한 정확한 평가를 얻으려는 동기

자기평가(self-evaluation) 자신의 유능성과 능력을 포함하여 자기 개념의 측면들을 판단하려는 시도

자기확증 이론(self-affirmation theory) 자기 개념의 한 부분이 위협을 받을 때, 사람들은 자기 개념의 다른 가치 있는 부분을 생각함으로써 자기감을 회복할 수 있다는 아이디어

자기효능감(self-efficacy) 특정 과제를 수행하는 능력에 대한 지각이나 신념

자동─동기 모형(auto-motive model) 사람들의 사고, 감정, 행위가 무의식적(또는 자동적) 목표 추구의 영향을 받는다는 아이디어

자동체계(automatic system) 의식적 자각을 넘어서서 작동하는 심적 체계

자아 고갈(ego depletion) 자기제어를 실행하는 것이 뒤따르는 자기제어 실행을 손상시키는 경향성

자연선택(natural selection) 한 종의 유지나 멸종을 그 종이 가지고 있는 자질이 생존을 촉진하는지 여부가 결정하는 과정

자율성 욕구(need for autonomy) 자유, 개인적 제어, 자유로운 선택에 대한 갈망

자율신경계(autonomic nervous system, ANS) 심장 박동과 안구 확장과 같은 내장반응을 의식적 자각 없이 제어함으로써 항상성을 유지시키는 말초신경계의 한 부분

자이가르니크 효과(Zeigarnik effect) 사람들이 이미 완료한 행위보다는 방해받은 행위를 기억해낼 가능성이 높은 경향성

자존감(self-esteem) 사람들이 자신을 호의적이거나 호의적이지 않게 평가하는 정도

작업기억(working memory) 자동적 인지처리를 압도하는 통제적 인지처리 능력

작용인(efficient cause) 핵심 표적이 변하거나 움직이도록 만드는 표적 이외의 어떤 것

잠재학습(latent learning) 명백한 유인자극 없이 일어나기 때문에 즉각적으로 표현되지 않는 학습

장 이론(field theory) 행동은 개인 요인과 환경 요인 모두의 함수라는 아이디어

적정 독특성 이론(optimal distinctiveness theory, ODT) 사람들은 동화와 분화라는 두 가지 대립적인 갈망 간의 긴장을 끊임없이 경험한다는 아이디어

전두엽 절제술(lobotomy) 전전두피질로 이어지는 신경회로를 절단하는 신경외과 시술

전전두피질(prefrontal cortex, PFC) 다섯 감각기관으로부터 모두 입력을 받아들이는 두뇌영역으로 전두엽의 가장 앞쪽 부분

전측대상피질(anterior cingulate cortex, ACC) 전두엽의 내측 영역에 위치하고, 인지처리, 정서처리, 운동제어와 연합된 다른 두뇌 영역들과 상호 연결되어 있으며, 반응 간의 갈등을 탐지하는 두뇌영역

점증 이론가(incremental theorist) 특질과 능력이 가변적이며 시간이 경과하면서 변할 수 있고 실제로도 변한다는 신념

점화(priming) 환경 자극에 의해서 심적 표상이 수동적으로 활성화되는 현상

접근 기질(approach temperament) 긍정적이고 보상적인 자극에 대한 보편적 민감성

접근 목표(approach goal) 긍정적 결과를 달성하는 데 초점을 맞춘 목표

접근-접근 갈등(approach-approach conflict) 두 가지 매력적인 목표가 초래하는 갈등

접근-회피 갈등(approach-avoidance conflict) 매력적인 자질과 매력적이지 않은 자질을 모두 가지고 있는 단일 목표가 초래하는 갈등

정념(passion) 정서를 지칭하는 데 사용하였던 용어

정보로서의 감정 이론(feelings-as-information theory) 사람들은 "이것에 대해서 어떻게 느끼는가?"라고 암묵적으로 자문함으로써 어떤 것에 대한 판단을 내린다는 아이디어

정서(emotion) 특정 대상이나 사건에 대한 의식적이고 평가적인 반응

정서 전염(emotional contagion) 한 사람에게서 다른 사람으로 정서가 전이되는 것

정서 조절(emotion regulation) 어느 정서를 경험하고, 언제 그 정서를 경험하며, 어떻게 그 정서를 표출할 것인지에 영향을 미치려는 사람들의 시도

정서 조절의 형식 모형(modal model of emotion regulation) 사람들이 자신의 정서를 확인하고 유지하는 데 사용할 수 있는 다섯 가지 유형의 정서 조절 전략이 있다는 아이디어

정신적 갈망(spirited desire) 플라톤이 주장하는 것으로, 명예, 승리, 시기심 등을 포함하여 사회에 근거한 갈망

정적 강화물(positive reinforcer) 행동에 뒤따르는 즐거운 결과

정지 규칙(stop rule) 사람들이 어떤 과제나 목표에 대한 작업을 정지할 시점을 결정하는 데 사용하는 인지적 규칙

제어 착각(illusion of control) 사람들이 자신의 삶에서 가지고 있는 자율성의 양을 과대 추정하는 경향성

제임스-랑게 이론(James-Lange theory) 정서는 자극에 대한 반응으로 자동적으로 일어나는 생리적 변화의 직접적인 결과라는 아이디어

제한된 자원 모형(limited resource model) 사람들의 자기제어 능력은 제한적인 범용 자원에 근거한다는 아이디어

조작적 조건형성(operant conditioning) 행동이 환경에 조작을 가하여 그 행동에 대한 어떤 결과를 생성하는 조건형성

조절변인(moderating variable, 조정자) 다른 두 변인 간의 관계에 영향을 미치는 변인

조절 적합성(regulatory fit) 목표 추구 방식이 조절 초점과 대응하는 정도

조절 초점(regulatory focus) 사람들이 목표를 이상적인 형태로 틀을 만들거나 당위적인 형태로 틀을 만드는 경향성

조화 열정(harmonious passion) 하나의 목표나 행위로부터 다른 목표나 행위로 쉽게 전환하는 동기적 경향성

종결 욕구(need for closure) 명확한 답에 대한 갈망

주관적 정지 규칙(subjective stop rule) 사람들이 어떤 과제를 더 이상 즐기지 않을 때까지 계속한다는 정지 규칙

주의 병목 모형(bottleneck model of attention) 의식적 주의가 제한적이기 때문에 한 번에 제한적 정보만을 처리할 수 있다는 아이디어

주의 재배치(attentional deployment) 상황의 정서적 측면 또는 그 상황 전체로부터 주의를 다른 곳으로 돌리는 것을 수반하는 정

서 조절 전략

주제통각검사(Thematic Apperception Test, TAT) 사람들에게 모호한 그림에 대한 짧은 이야기를 자발적으로 작성하도록 요구함으로써 동기를 평가하는 성격검사

죽음 추동(death drive) 자기파괴와 죽음에 대한 갈망

준거점 의존성(reference dependence) 사람들이 선택할 대안을 이득의 틀로 만들면 위험을 기피하고, 손실의 틀로 만들면 위험을 추구하는 경향성

중범위 이론(mid-range theory) 모든 행동이 아니라 특정 행동을 설명하고자 설계된 이론

중용(golden mean) 모든 것은 중도를 지킬 때 최선이라는 아리스토텔레스의 원리

지속성(persistence) 목표지향 행동을 완료할 때까지 에너지를 지속적으로 투자하는 것

직접적 정념(direct passion) 쾌와 고통의 감정이 직접 유발하는 정서

진단(assessment) 최선의 선택을 한다는 희망에서 대안 선택지를 비판적으로 평가하는 만성적 관심

진단 과제(diagnostic task) 개인의 능력 수준에 관한 정확한 정보를 제공하고 불확실성을 감소시키는 과제

질료인(material cause) 초점 표적을 구성하는 물질

집중조명하기(highlighting) 우선순위가 가장 높은 목표를 일관성 있게 선택하는 경향성

책무성(accountability) 목표 계획이 사람들을 자신의 계획에 책임을 지도록 만드는 정도

철학적 유물론(philosophical materialism) 인간의 모든 행동은 쾌를 추구하고 고통을 회피하기 위하여 환경자극에 대한 맹목적이고 자동적인 반작용으로 구성되어 있다는 아이디어

체험 소비(experiential purchase) 물질보다는 삶의 경험을 획득하려는 의도를 가지고 행하는 구매

체화 인지(embodied cognition) 운동체계의 변화가 인지체계의 변화를 초래할 수 있다는 아이디어

초점주의(focalism) 초점을 맞추고 있는 사건에 지나치게 주의를 집중하여 그 밖의 사건을 무시하는 현상

촉진 지향적(promotion-oriented) 이상적 자기에 초점을 맞추고 포부와 성취를 포함한 배양 욕구에 관심을 기울이는 경향성

최소 집단 패러다임(minimal group paradigm) 집단은 최소한의 연계를 통해서도 만들어진다는 사실을 입증하는 실험설계 방법

추동(drive) 생물학적 욕구가 박탈되었을 때마다 발생하는 각성이나 에너지의 한 형태

추방(ostracism) 다른 사람에게 배척당하는 경험

충동구매(impulse shopping) 그 상품이 필요한 이유를 사려 깊게 생각하지 않은 채 구입하려는 자발적이고도 무분별한 갈망

충동성(impulsivity) 일반적으로 생각하지 않은 채 행동하며, 즉각적인 결정을 내리고, 미리 계획을 세우지 않으며, 자신의 욕구나 갈망에 의해서 쉽게 낭패를 당하는 행위가 반영하고 있는 성격 특질

카멜레온 효과(chameleon effect) 자세, 태도, 얼굴 표정 등을 포함하여 상호작용하고 있는 상대방의 행동을 은연중에 흉내 내는 경향성

칵테일파티 효과(cocktail party effect) 주의를 한 가지 대화에 기울이는 동시에 주변 대화를 걸러내고 처리하는 경향성

캐넌-바드 이론(Cannon-Bard theory) 신체 변화는 정서를 수반하는 것이지 초래하는 것이 아니라는 아이디어

쾌락성 배고픔(hedonic hunger) 음식의 즐거움이 주도하는 배고픔

쾌락의 쳇바퀴(hedonic treadmill) 긍정 정서는 그렇게 오래 지속하지 않는다는 아이디어

쾌락적 행복(hedonic happiness) 긍정 정서의 획득과 부정 정서의 부재를 의미하는 행복

쾌락주의(hedonism) 인간이 쾌를 추구하고 고통을 회피하려는 동기를 가지고 있다는 아이디어

통제체계(controlled system) 사람들이 의식적으로 자각하고 제어하는 심적 체계

통합적 조절(integrated regulation) 어떤 행동이 자기 개념과 통합되어 있으며 정체성의 한 측면을 반영하고 있기 때문에 그 행동을 수행하는 것

틀만들기(framing) 문제를 제기하는 방법으로, 문제를 어떤 틀에 맞추느냐가 의사결정과 판단에 심각한 영향을 미칠 수 있다.

편도체(amygdala) 두뇌 두정엽 아래 깊은 곳에 위치하는 아몬드 모양의 구조이며, 변연계에 포함되어 있는 두뇌 구조

평균 이상 효과(better-than-average effect) 사람들이 자신의 유능성을 또래의 평균보다 높게 평가하는 경향성

포부 수준(level of aspiration) 사람들이 특정 과제에 대해서 스스로 설정한 난이도 수준

표준(standard) 판단을 내릴 때 사용하는 대상들이 어찌해야 할 것인지에 관한 아이디어

플라톤의 동기 삼원이론(Plato's Tripartite Theory of Motivation) 갈

망의 세 가지 출처(욕구적, 정신적, 합리적 출처)가 상호 간에 끊임없이 갈등을 일으킨다는 아이디어

피드백 고리(feedback loop) 불일치를 증가시키거나 감소시키기 위해서 출력을 다시 입력으로 집어넣는 시스템

하전두회(inferior frontal gyrus, IFG) 억제와 자기제어와 연합된 두 뇌영역

하향 반사실적 사고(downward counterfactual) 사건이 더 나쁜 방향으로 나타났을 수도 있었던 방법에 대한 생각

하향 사회비교(downward social comparison) 자신을 더 열악한 사람과 비교하는 것

학습된 무기력(learned helplessness) 자신이 제어할 수 없는 부정적 상황을 경험한 사람이 그러한 무력감을 새로운 상황에 일반화하는 경향성

학습 목표(learning goal) 과제를 학습하고 자신의 유능성을 증진시킬 수 있는 기회로 바라보는 경향성

할당된 목표(assigned goal) 다른 사람들이 특정인에게 부과한 목표

합리적 갈망(rational desire) 플라톤이 주장하는 것으로, 진리, 지혜, 논리 등을 포함한 상위수준의 갈망

항상성(homeostasis) 안정적인 내적 환경을 조절하고 유지하려는 신체 시스템

항상성 배고픔(homeostatic hunger) 음식 섭취의 지속적인 부재가 초래하는 배고픔

해석 수준 이론(construal level theory) 원격 목표는 추상적이고 형체가 없는 용어로 생각하는 반면, 근접 목표는 구체적이고 관찰 가능한 용어로 생각한다는 아이디어

핵심 인간 동기(core human motive) 사람들의 행동을 주도하는 1차적 동기

핵심 정서(core emotion) 후천적이기보다는 생득적인 것이며, 독특한 방식으로 표현하고(예컨대, 특정한 얼굴표정), 모든 사람에게 보편적인 정서

행동 억제 시스템(behavioral inhibition system, BIS) 처벌에 대한 유기체의 민감도를 조절하는 시스템

행동 이탈(behavioral disengagement) 적절한 시점에 예전 행동을 중지하고 새로운 행위로 전환하는 것

행동주의(behaviorism) 과학자는 직접 관찰할 수 있는 것만을 정확하게 연구할 수 있다고 주장하는 학파

행동 활성 시스템(behavioral activation system, BAS) 보상에 대한 유기체의 민감도를 조절하는 시스템

행복계산법(felicific calculus) 특정 행위의 효용성을 계산하는 수학적 알고리즘

행위 국면(actional phase) 사람들이 목표지향 행동에 몰입함으로써 그 목표를 추구하는 동기 과정 국면

행위 이후 국면(postactional phase) 사람들이 자신의 목표 추구 결과를 평가하는 동기 과정 국면

행위 지향적(action-oriented) 목표 달성을 향해 나아갈 수 있도록 자신의 사고와 정서 그리고 행동을 조절할 수 있는 능력에 반영되어 있는 성격 특질

향기 마케팅(scent marketing) 사람들로 하여금 제품을 구입하게 만들기 위하여 미묘하고 때로는 지각할 수도 없는 향기를 사용하는 기법

헐의 추동이론(Hull's drive theory) 유기체 행동의 강도를 추동과 습관의 곱(행동 = 추동 × 습관)이 결정한다는 이론

현실 따져보기(dwelling) 부정적 현재에 초점을 맞추는 경향성

형상인(formal cause) 초점 표적의 배열이나 모양

확장–구축 이론(broaden-and-build theory) 긍정 정서는 사람들의 주의와 사고를 확장시키고 자원을 구축하도록 돕는다는 아이디어

회피 기질(avoidance temperament) 부정적이고 처벌적인 자극에 대한 보편적 민감성

회피 목표(avoidance goal) 부정적 결과를 회피하는 데 초점을 맞춘 목표

회피–회피 갈등(avoidance-avoidance conflict) 두 가지 매력적이지 않은 목표가 초래하는 갈등

효과의 법칙(law of effect) 특정 상황에서 나타낸 여러 반응 중에서, 유인자극이 즉각 뒤따르는 반응이 다른 반응들보다 그 상황과 연합될 가능성이 크다는 손다이크의 원리

1차 강화물(primary reinforcer) 먹이, 물, 성적 행위, 고통 회피 등을 포함하여 추동을 감소시키는 대상이나 사건

1차 평가(primary appraisal) 사람들은 어떤 자극이 좋은 것인지 아니면 나쁜 것인지를 결정함으로써 그 자극의 의미를 평가한다는 아이디어

2차 평가(secondary appraisal) 사람들은 어떤 자극이 초래할 잠재적 이득이나 해로움에 대처하는 데 필요한 자원과 재능을 가지고 있는지를 평가한다는 아이디어

4대 원인론(theory of four causes) 원인이나 운동의 설명을 작용인 (efficient cause), 질료인(material cause), 형상인(formal cause), 그

리고 목적인(final cause) 등의 네 가지 유형으로 범주화할 수 있다는 아리스토텔레스의 이론

2 × 2 목표 유목(2 × 2 goal taxonomy) 목표가 수행 목표인지 아니면 학습 목표인지, 그리고 접근 목표인지 아니면 회피 목표인지에 따라서 구분된다는 생각

PLOC 내면화 연속선(PLOC internalization continuum) 동기는 '동기 없음'과 '철저하게 외재적'인 것에서부터 '거의 내재적이지만 완벽하지는 않은' 것에 이르는 네 가지 상이한 유형을 포함한 연속선상에 존재한다는 생각

TOTE 모형(TOTE model) 인공두뇌학 기제를 흉내 내는 조절 과정에는 네 가지 단계(검증, 작동, 검증, 종료)가 존재한다는 아이디어

참고문헌

Aarts, H., Custers, R., & Marien, H. (2008). Preparing and motivating behavior outside of awareness. *Science, 319*(5870), 1639.

Aarts, H., & Dijksterhuis, A. (2000). Habits as knowledge structures: Automaticity in goal–directed behavior. *Journal of Personality and Social Psychology, 78*, 53–63.

Aarts, H., & Dijksterhuis, A. (2003). The silence of the library: Environment, situational norm, and social behavior. *Journal of Personality and Social Psychology, 84*, 18–28.

Aarts, H., Dijksterhuis, A., & Dik, G. (2008). Goal contagion: Inferring goals from others' actions'And what it leads to. In J.Y. Shah & W. L. Gardner (Eds.), *Handbook of motivation science* (pp. 265–280). New York: Guilford Press.

Aarts, H., & Elliot, A. J. (2012). *Goal–directed behavior*. New York: Psychology Press.

Aarts, H., Gollwitzer, P. M., & Hassin, R. R. (2004). Goal contagion: Perceiving is for pursuing. *Journal of Personality and Social Psychology, 87*, 23–37.

Aas, H. N., Leigh, B. C., Anderssen, N., & Jakobsen, R. (1998). Two-year longitudinal study of alcohol expectancies and drinking among Norwegian adolescents. *Addiction, 93*, 373–384.

Abbe, A., Tkach, C., & Lyubomirsky, S. (2003). The art of living by dispositionally happy people. *Journal of Happiness Studies, 4*, 385–404.

Abbey, A. (2002). Alcohol-related sexual assault: A common problem among college students. *Journal of Studies on Alcohol, 14*, 118–128.

Abbey, A., Zawacki, T., & McAuslan, P. (2000). Alcohol's effects on sexual perception. *Journal of Studies on Alcohol, 61*, 688–697.

Abel, E. L. & Kruger, M. L. (2010). Athletes, doctors, and lawyers with first names beginning with "D" die sooner. *Death Studies, 34*, 71–81.

Abele, S. (2011). Social interaction in cyberspace: Social construction with few constraints. In Z. Birchmeier, B. Dietz-Uhler, & G. Stasser (Eds.), *Strategic uses of social technology: An interactive perspective of social psychology* (pp. 84–107). New York, NY: Cambridge University Press.

Abrams, D., & Hogg, M. A. (1988). Comments on the motivational status of self-esteem in social identity and intergroup discrimination. *European Journal of Social Psychology, 18*, 317–334.

Abramson, E. E., & Valene, P. (1991). Media use, dietary restraint, bulimia and attitudes towards obesity: A preliminary study. *British Review of Bulimia & Anorexia Nervosa, 5*, 73–76.

Abramson, L.Y., Seligman, M. E., & Teasdale, J. D. (1978). Learned helplessness in humans: Critique and reformulation. *Journal of Abnormal Psychology, 87*, 49–74.

Ach, N. (1905). Über die Willenstätigkeit und das Denken. Eine experimentelle Untersuchung mit einem Anhange. Über das Hippsche Chronoskop. Göttingen, Germany: Vandenhoeck & Ruprecht.

Ach, N. (1910). *Über den Willensakt und das Temperament*. Leipzig, Germany: Quelle und Meyer.

Achtziger, A., Fehr, T., Oettingen, G., Gollwitzer, P. M., & Rockstroh, B. (2009). Strategies of intention formation are reflected in continuous MEG activity. *Social Neuroscience, 4*, 11–27.

Achtziger, A., Gollwitzer, P. M., Sheeran, P. (2008). Implementation intentions and shielding goal striving from unwanted thoughts and feelings. *Personality and Social Psychology Bulletin, 34*, 381–393.

Ackerman, J. M., Goldstein, N. J., Shapiro, J. R., & Bargh, J. A. (2009). You wear me out: The vicarious depletion of self-control. *Psychological Science, 20*, 326–332.

Adams, S. (January, 2013). The least stressful jobs of 2013. *Forbes*. http://www.forbes.com/sites/susanadams/2013/01/03/the–least–stressful–jobs–of–2013/#31a2778a51ff

Adler, N. E., & Snibbe, A. C. (2003). The role of psychosocial processes in explaining the gradient between socioeconomic status and health. *Current Directions in Psychological Science, 12*, 119–123.

Adriaanse, M. A., Gollwitzer, P. M., De Ridder, D. T. D., de Wit, J. B. F., & Kroese, F. M. (2011). Breaking habits with implementation intentions: A test of underlying processes. *Personality and Social Psychology Bulletin, 37*, 502–513.

Affleck, G., Tennen, H., & Apter, A. (2001). Optimism, pessimism, and daily life with chronic illness. In E. C. Chang (Ed.), *Optimism & pessimism: Implications for theory, research, and practice* (pp. 147–168). Washington, DC: American Psychological Association.

Affleck, G., Tennen, H., Pfeiffer, C., Fifield, J., & Rowe, J. (1987). Downward comparison and coping with serious medical problems. *American Journal of Onhopsychiatry, 57*, 570–578.

Aharoni, E., Vincent, G. M., Harenksi, C. L., Calhoun, V. D., Sinnott–Armstrong, W., Gazzaniga, M. S., & Kiehl, K. A. (2013). Neuroprediction of future rearrest. *Proceedings of the National Academy of Sciences, 110*, 6223–6228.

AhYun, K. (2002). Similarity and attraction. In M. Allen, R. W. Preiss, B. M. Gayle, & N. A. Burrell, (Eds.), *Interpersonal communication research: Advances through meta-analysis* (pp. 145–167). Mahwah, NJ: Lawrence Erlbaum Associates Publishers.

Aiello, J. R., & Kolb, K. J. (1995). Electronic performance monitoring and social context: Impact on productivity and stress. *Journal of Applied Psychology, 80*, 339–353.

Aiello, J. R., & Svec, C. M. (1993). Computer monitoring of work performance: Extending the social facilitation framework to electronic presence. *Journal of Applied Social Psychology, 23*, 537–548.

Ainsworth, M. D. S. (1989). Attachments beyond infancy. *American Psychologist, 44*, 709–716.

Ajzen, I. (1985). From intentions to actions: A theory of planned behavior. In J. Kuhl & J. Beckman (Eds.), *Action–control: From cognition to behavior* (pp. 11–39). Heidelberg, Germany: Springer.

Ajzen, I. (1991). The theory of planned behavior. *Organizational Behavior and Human Decision Processes, 50*, 179–211.

Ajzen, I. (2012). The theory of planned behavior. In P. A. M. Lange, A. W. Kruglanski, & E. T. Higgins (Eds.), *Handbook of theories of social psychology* (Vol. 1, pp. 438–459). London, UK: Sage.

Ajzen, I., Czasch, C., & Flood, M. G. (2009). From intentions to behavior: Implementation intention, commitment, and conscientiousness. *Journal of Applied Social Psychology, 39,* 1356–1372.

Alicke, M. D., & Govorun, O. (2005). The Better-Than-Average Effect. In M. D. Alicke, D. A. Dunning, & J. I. Krueger (Eds.), *The self in social judgment* (pp. 85–106). New York, NY: Psychology Press.

Alicke, M. D., Klotz, M. L., Breitenbecher, D. L., Yurak, T. J., & Vredenburg, D. S. (1995). Personal contact, individuation, and the Better-Than-Average Effect. *Journal of Personality and Social Psychology, 68,* 804–825.

Alicke, M. D., & Sedikides, C. (2011). *Handbook of self-enhancement and self-protection.* New York, NY: Guilford Press.

Alicke, M. D., Vredenburg, D. S., Hiatt, M., & Govorun, O. (2001). The 'Better Than Myself Effect' *Motivation and Emotion, 25,* 7–22.

Allen, K. (2003). Are pets a healthy pleasure? The influence of pets on blood pressure. *Current Directions in Psychological Science, 12,* 236–239.

Allen, K., Blascovich, J., & Mendes, W. B. (2002). Cardiovascular reactivity in the presence of pets, friends, and spouses: The truth about cats and dogs. *Psychosomatic Medicine, 64,* 727–739.

Allen, K. M., Blascovich, J., Tomaka, J., & Kelsey, R. M. (1991). Presence of human friends and pet dogs as moderators of autonomic responses to stress in women. *Journal of Personality and Social Psychology, 61,* 582–589.

Allman, J., Hakeem, A., Nimchinsky, E., & Hof, P. (2006). The anterior cingulate cortex. *Annals of the New York Academy of Sciences, 935,* 107–117.

Allport, F. H. (1920). The influence of the group upon association and thought. *Journal of Experimental Psychology, 3,* 159–182.

Allport, G. W. (1937). The functional autonomy of motives. *The American Journal of Psychology, 50,* 141–156.

Allport, G. W. (1954). The historical background of social psychology. In G. Lindzey (Ed.), *Handbook of social psychology* (Vol. 1, pp. 3–56). Reading, MA: Addison–Wesley.

Allport, G. W., & Odbert, H. S. (1936). Trait names: A psycho-lexical study. *Psychological Monographs, 47,* i–171.

Amabile, T. M., Conti, R., Coon, H., Lazenby, J., & Herron, M. (1996). Assessing the work environment for creativity. *The Academy of Management Journal, 39,* 1154–1184.

Amabile, T. M., Hennessey, B. A., & Grossman, B. S. (1986). Social influences on creativity: The effects of contracted-for reward. *Journal of Personality and Social Psychology, 50,* 14–23.

Amabile, T. M., Hill, K. G., Hennessey, B. A., & Tighe, E. M. (1994). The Work Preference Inventory: Assessing intrinsic and extrinsic motivational orientations. *Journal of Personality and Social Psychology, 66,* 950–967.

Ames, C. (1984). Achievement attributions and self-instructions under competitive and individualistic goal structures. *Journal of Educational Psychology, 76,* 478–487.

Ames, C. (1992). Classrooms: Goals, structures, and student motivation. *Journal of Educational Psychology, 84,* 261–271.

Ames, C., & Archer, J. (1988). Achievement goals in the classroom: Students' learning strategies and motivation processes. *Journal of Educational Psychology, 80,* 260–267.

Amichai-Hamburger, Y., McKenna, K. Y. A., & Tal, S. A. (2008). E-empowerment: Empowerment by the internet. *Computers in Human Behavior, 24,* 1776–1789.

Amodio, D. M., Shah, J. Y., Sigelman, J., Brazy, P. C., & Harmon-Jones, E. (2004). Implicit regulatory focus associated with asymmetrical frontal cortical activity. *Journal of Experimental Social Psychology, 40,* 225–232.

Andersen, S. M., Chen, S., & Carter, C. (2000). Fundamental human needs: Making social cognition relevant. *Psychological Inquiry, 11,* 269–275.

Anderson, C., & Berdahl, J. L. (2002). The experience of power: Examining the effects of power on approach and inhibition tendencies. *Journal of Personality and Social Psychology, 83,* 1362–1377.

Anderson, C., & Galinsky, A. D. (2006). Power, optimism, and risk-taking. *European Journal of Social Psychology, 36,* 511–536.

Anderson, C. A., & Carnagey, N. L. (2009). Causal effects of violent sports video games on aggression: Is it competitiveness or violent content? *Journal of Experimental Social Psychology, 45,* 731–739.

Anderson, J. R. (1983). A spreading activation theory of memory. *Journal of Verbal Learning & Verbal Behavior, 22,* 261–295.

Anderson, K. J. (1990). Arousal and the inverted-U hypothesis: A critique of Neiss's 'Reconceptualizing arousal.' *Psychological Bulletin, 107,* 96–100.

Anderson, K. J. (1994). Impulsivity, caffeine, and task difficulty: A within-subjects test of the Yerkes-Dodson law. *Personality and Individual Differences, 16,* 813–829.

Anderson, M. L. (2010). Neural reuse: A fundamental organizational principle of the brain. *Behavioral and Brain Sciences, 33,* 245–266.

Andrade, A. M., Greene, G. W., & Melanson, K. J. (2008). Eating slowly led to decreases in energy intake within meals in healthy women. *Journal of the American Diet Association, 108,* 1186–1191.

Andrews, F. M., & Farris, G. F. (1972). Time pressure and performance of scientists and engineers: A five-year panel study. *Organizational Behavior & Human Performance, 8,* 185–200.

Aquinas, T. (1981). *Summa theologicae.* Fathers of the English Dominican Province (Tr.). Westminster, MD: Christian Classics.

Archer, J. (2000). Sex differences in aggression between heterosexual partners: A meta-analytic review. *Psychological Bulletin, 126,* 651–680.

Areni, C. S., & Kim, D. (1993). The influence of background music on shopping behavior: Classical versus top-forty music in a wine store. In L. McAlister & M. L. Rothschild (Eds.), *Advances in consumer research* (Vol. 20, pp. 336–340). Provo, UT: Association for Consumer Research.

Ariely, D., Loewenstein, G., & Prelec, D. (2003). Coherent arbitrariness: Stable demand curves without stable preferences. *Quarterly Journal of Economics, 118,* 73–105.

Aristotle (1966). Metaphysics. (H. G. Apostle, Trans.). Bloomington, IN: Indiana University Press.

Aristotle (1984a). Nichomachean Ethics, Poetics and Rhetoric. In J. Barnes (Ed.), *The Complete Works of Aristotle* (Vol. 2). Princeton, NJ: Princeton University Press.

Aristotle (1984b). De Anima ("On the Soul"). In J. Barnes (Ed.), *The complete works of Aristotle* (Vol. 1). Princeton, NJ: Princeton University Press.

Arkes, H. R., & Blumer, C. (1985). The psychology of sunk cost. *Organizational Behavior and Human Decision Processes, 35,* 124–140.

Armitage, C. J. (2004). Evidence that implementation intentions reduce dietary fat intake: A randomized trial. *Health Psychology, 23,* 319–323.

Armstrong, L. (2001). *It's not about the bike: My journey back to life.* New York, NY: Berkley Trade.

Arndt, J., Greenberg, J., Schimel, J., Pyszczynski, T., & Solomon, S. (2002). To belong or not to belong, that is the question: Terror management and identification with gender and ethnicity. *Journal of Personality and Social Psychology, 83,* 26–43.

Aronson, E. (1968). Dissonance theory: Progress and problems. In R. P. Ableson, E. Aronson, W. J. McGuire, T. M. Newcomb, M. J. Rosenberg, & P. H. Tannenbaum (Eds.), *Theories of cognitive consistency: A sourcebook* (pp. 5–27). Chicago, IL: Rand McNally.

Aronson, E. (2007). *The social animal.* New York, NY: Worth.

Aronson, J., Fried, C. B., & Good, C. (2002). Reducing the effects of stereotype threat on African American college students by shaping theories of intelligence. *Journal of Experimental Social Psychology, 38,* 113–125.

Asch, S. E. (1955). Opinions and social pressure. *Scientific American, 193,* 31–35.

Asher, S. R., Rose, A. J., & Gabriel, S. W. (2001). Peer rejection in everyday life. In M. R. Leary (Ed.), *Interpersonal rejection* (pp. 105–142). New York, NY: Oxford University Press.

Ashton-James, C. E., van Baaren, R. B., Chartrand, T. L., & Decety, J. (2007). Mimicry and me: The impact of mimicry on self-construal. *Social Cognition, 25,* 518–535.

Aspinwall, L. G. (2005). The psychology of future-oriented thinking: From achievement to proactive coping, adaptation, and aging. *Motivation and Emotion, 29,* 203–235.

Aspinwall, L. G., Sechrist, G. B., & Jones, P. R. (2005). Expect the best and prepare for the worst: Anticipatory coping and preparations for Y2K. *Motivation and Emotion, 29,* 357–388.

Assor, A., Kaplan, H., & Roth, G. (2002). Choice is good, but relevance is excellent: Autonomy-enhancing and suppressing teacher behaviours predicting students' engagement in schoolwork. *British Journal of Educational Psychology, 72,* 261–278.

Atkinson, J. W. (1953). The achievement motive and recall of interrupted and completed tasks. *Journal of Experimental Psychology, 46,* 381–390.

Atkinson, J. W. (1957). Motivational determinants of risk-taking behavior. *Psychological Review, 64,* 359–372.

Atkinson, J. W., Bastian, J. R., Earl, R. W., & Litwin, G. H. (1960). The achievement motive, goal setting, and probability preferences. *The Journal of Abnormal and Social Psychology, 60,* 27–36.

Atkinson, J. W. & Feather, N. T. (1966). *A theory of achievement motivation.* New York, NY: Wiley.

Atlas, G., & Morier, D. (1994). The sorority rush process: Self-selection, acceptance criteria, and the effect of rejection. *Journal of College Student Development, 35*(5), 346–353.

Augustine, A. (1972). *City of God.* D. Knowles (Ed.). Harmondsworth, UK: Penguin.

Austin, J. T., & Vancouver, J. B. (1996). Goal constructs in psychology: Structure, process, and content. *Psychological Bulletin, 120,* 338–375.

Avnet, T., & Higgins, E. T. (2003). Locomotion, assessment, and regulatory fit: Value transfer from 'how' to 'what'. *Journal of Experimental Social Psychology, 39,* 525–530.

Aydin, N., Krueger, J. I., Fischer, J., Hahn, D., Kastenmüller, A., Frey, D., & Fischer, P. (2012). Man's best friend: How the presence of a dog reduces mental distress after social exclusion. *Journal of Experimental Social Psychology, 48,* 446–449.

Ayduk, O., Downey, G., Testa, A., Yen, Y., & Shoda, Y. (1999). Does rejection elicit hostility in rejection sensitive women? *Social Cognition, 17,* 245–271.

Ayduk, O., Rodriguez, M. L., Mischel, W., Shoda, Y., & Wright, J. (2007). Verbal intelligence and self-regulatory competencies: Joint predictors of boys' aggression. *Journal of Research in Personality, 41,* 374–388.

Ayduk, Ö., Zayas, V., Downey, G., Cole, A. B., Shoda, Y., & Mischel, W. (2008). Rejection sensitivity and executive control: Joint predictors of borderline personality features. *Journal of Research in Personality, 42,* 151–168.

Ayres, C. E. (1921). Instinct and Capacity, I: The Instinct of Belief-in-Instincts. *Journal of Philosophy, 18,* 561–566.

Baard, P. P., Deci, E. L., & Ryan, R. M. (2004). Intrinsic need satisfaction: A motivational basis of performance and well-being in two work settings. *Journal of Applied Social Psychology, 34,* 2045–2068.

Babiak, P. (1995). When psychopaths go to work: A case study of an industrial psychopath. *Applied Psychology: An International Review, 44,* 171–188.

Babiak, P., & Hare, R. D. (2007). *Snakes in suits: When psychopaths go to work.* New York, NY: Harper.

Bach, D. (2006). *The automatic millionaire: A powerful one-step plan to live and finish rich.* New York, NY: Broadway Books.

Back, M. D., Schmukle, S. C., & Egloff, B. (2008). Becoming friends by chance. *Psychological Science, 19,* 439–440.

Baddeley, A. (2012). Working memory: Theories, models, and controversies. *Annual Review of Psychology, 63,* 1–29.

Baddeley, A. D. (1986). *Working memory.* New York, NY: Oxford University Press.

Baddeley, A. D., & Hitch, G. J. (1974). Working memory. In G. H. Bower (Ed.), *The psychology of learning and motivation: Advances in research and theory* (Vol. 8, pp. 47–89). New York, NY: Academic Press.

Bailenson, J. N., Garland, P., Iyengar, S., & Yee, N. (2006). Transformed facial similarity as a political cue: A preliminary investigation. *Political Psychology, 27,* 373–385.

Bailey, D. S., & Taylor, S. P. (1991). Effects of alcohol and aggressive disposition on human physical aggression. *Journal of Research in Personality, 25,* 334–342.

Bailey, S. E., Perlmuter, L. C., Karsh, R., & Monty, R. A. (1978). Choice for others and the perception of control. *Motivation and Emotion, 2,* 191–200.

Baillargeon, R., & Graber, M. (1988). Evidence of location memory in 8-month-old infants in a nonsearch AB task. *Developmental Psychology, 24,* 502–511.

Bain, A. (1859). *The emotions and the will.* London, UK: J. W. Parker & Son.

Baker, A. G., Msetfi, R. M., Hanley, N., & Murphy, R. A. (2012). Depressive realism? Sadly not wiser. In M. Haselgrove & L. Hogarth (Eds.), *Clinical applications of learning theory* (pp. 153–177). New York, NY: Psychology Press.

Balcetis, E., & Cole, S. (2009). Body in mind: The role of embodied cognition in self-regulation. *Social and Personality Psychology Compass, 3,* 759–774.

Bandura, A. (1977). Self-efficacy: Toward a unifying theory of behavioral change. *Psychological Review, 84*(2), 191–215.

Bandura, A. (1986). *Social foundations of thought and action: A social cognitive theory.* Englewood Cliffs, NJ: Prentice-Hall, Inc.

Bandura, A. (1997). *Self-efficacy: The exercise of control.* New York, NY: Freeman.

Bandura, A., & Schunk, D. H. (1981). Cultivating competence, self-efficacy, and intrinsic interest through proximal self-motivation. *Journal of Personality and Social Psychology, 41,* 586–598.

Banfield, J. F., Wyland, C. L., Macrae, C. N., Münte, T. F., & Heatherton, T. F. (2004). The cognitive neuroscience of self-regulation. In R. F. Baumeister & K. D. Vohs (Eds.), *Handbook of self-regulation: Research, theory, and applications* (pp. 62–83). New York, NY: Guilford Press.

Bard, P. (1928). A diencephalic mechanism for the expression of rage with special reference to the sympathetic nervous system. *American Journal of Physiology, 84,* 490–515.

Bard, P. (1934). Emotion: I. The neuro-humoral basis of emotional reactions. In C. Murchison (Ed.), *A handbook of general experimental psychology* (pp. 264–311). Worcester, MA: Clark University Press.

Barella, L. A., Etnier, J. L., & Chang, Y. K. (2010). The immediate and delayed effects of an acute bout of exercise on cognitive performance of healthy older adults. *Journal of Aging and Physical Activity, 18,* 87–98.

Bargh, J. A. (1990). Goal ≠ intent: Goal-directed thought and behavior are often unintentional. *Psychological Inquiry, 1,* 248–251.

Bargh, J. A. (1994). The four horsemen of automaticity: Awareness, intention, efficiency, and control in social cognition. In R. S. Wyer, Jr. & T. K. Srull, (Eds.), *Handbook of social cognition* (Vol. 1: Basic processes, pp. 1–40). Mahwah, NJ: Lawrence Erlbaum Associates.

Bargh, J. A., & Chartrand, T. L. (1999). The unbearable automaticity of being. *American Psychologist, 54,* 462–479.

Bargh, J. A., Chen, M., & Burrows, L. (1996). Automaticity of social behavior: Direct effects of trait construct and stereotype activation on action. *Journal of Personality and Social Psychology, 71,* 230–244.

Bargh, J. A., & Huang, J. Y. (2009). The selfish goal. In G. B. Moskowitz, H. Grant (Eds.), *The psychology of goals* (pp. 127–150). New York: Guilford Press.

Bargh, J. A., Gollwitzer, P. M., Lee-Chai, A., Barndollar, K., & Trötschel, R. (2001). The automated will: Nonconscious activation and pursuit of behavioral goals. *Journal of Personality and Social Psychology, 81,* 1014–1027.

Bargh, J. A., Gollwitzer, P. M., & Oettingen, G. (2010). Motivation. In S. T. Fiske, D. T. Gilbert, & G. Lindzey (Eds.), *Handbook of social psychology,* (Vol 1, 5th ed., pp. 268–316). Hoboken, NJ: John Wiley & Sons.

Bargh, J. A., & McKenna, K. Y. A. (2004). The Internet and social life. *Annual Review of Psychology, 55,* 573–590.

Bargh, J. A., McKenna, K. Y. A., & Fitzsimons, G. M. (2002). Can you see the real me? Activation and expression of the 'true self' on the Internet. *Journal of Social Issues, 58,* 33–48.

Barlett, C. P., Harris, R. J., & Bruey, C. (2008). The effect of the amount of blood in a violent video game on aggression, hostility, and arousal. *Journal of Experimental Social Psychology, 44,* 539–546.

Baron, R. S. (2000). Arousal, capacity, and intense indoctrination. *Personality and Social Psychology Review, 4,* 238–254.

Baron, R. S., Vandello, J. A., & Brunsman, B. (1996). The forgotten variable in conformity research: Impact of task importance on social influence. *Journal of Personality and Social Psychology, 71,* 915–927.

Barratt, E. S. (1985). Impulsiveness subtraits: Arousal and information processing. In J. T. Spence & C. E. Itard (Eds.), *Motivation, emotion and personality* (pp. 137–146). Amsterdam, The Netherlands: Elsevier.

Barratt, E. S. (1994). Impulsiveness and aggression. In J. Monahan & H. J. Steadman (Eds.), *Violence and mental disorder: Developments in risk assessment* (pp. 61–79). Chicago, IL: University of Chicago Press.

Barrett, E. B. (1911). *Motive force and motivation-tracks: A research in will psychology.* New York, NY: Longmans, Green & Co.

Barrett, L. F. (2006). Solving the emotion paradox: Categorization and the experience of emotion. *Personality and Social Psychology Review, 10,* 20–46.

Barrick, M. R., & Mount, M. K. (1991). The Big Five personality dimensions and job performance: A meta-analysis. *Personnel Psychology, 44,* 1–26.

Barrick, M. R., Mount, M. K., & Strauss, J. P. (1993). Conscientiousness and performance of sales representatives: Test of the mediating effects of goal setting. *Journal of Applied Psychology, 78,* 715–722.

Barron, K. E., & Harackiewicz, J. M. (2001). Achievement goals and optimal motivation: Testing multiple goal models. *Journal of Personality and Social Psychology, 80,* 706–722.

Barsade, S. G. (2002). The ripple effect: Emotional contagion and its influence on group behavior. *Administrative Science Quarterly, 47,* 644–675.

Bar-Tal, D., & Bar-Zohar, Y. (1977). The relationship between perception of locus of control and academic achievement: Review and some educational implications. *Contemporary Educational Psychology, 2,* 181–199.

Bartholow, B. D., & Anderson, C. A. (2002). Effects of violent video games on aggressive behavior: Potential sex differences. *Journal of Experimental Social Psychology, 38,* 283–290.

Bassen, C. R., & Lamb, M. E. (2006). Gender differences in adolescents' self-concepts of assertion and affiliation. *European Journal of Developmental Psychology, 3,* 71–94.

Bassett, G. A. (1979). A study of the effects of task goal and schedule choice on work performance. *Organizational Behavior & Human Performance, 24,* 202–227.

Bauman, C. W., & Skitka, L. J. (2010). Making attributions for behaviors: The prevalence of correspondence bias in the general population. *Basic and Applied Social Psychology, 32*, 269–277.

Baumann, N., & Kuhl, J. (2002). Intuition, affect, and personality: Unconscious coherence judgments and self-regulation of negative affect. *Journal of Personality and Social Psychology, 83*, 1213–1223.

Baumeister, R., & Tierney, J. (2012). *Willpower: Rediscovering the greatest human strength*. London, UK: Penguin Books.

Baumeister, R. F. (1982). A self-presentational view of social phenomena. *Psychological Bulletin, 91*, 3–26.

Baumeister, R. F. (1984). Choking under pressure: Self-consciousness and paradoxical effects of incentives on skillful performance. *Journal of Personality and Social Psychology, 46*, 610–620.

Baumeister, R. F. (1990). Suicide as escape from self. *Psychological Review, 97*, 90–113.

Baumeister, R. F. (2008). Free will in scientific psychology. *Perspectives on Psychological Science, 3*, 14–19.

Baumeister, R. F. (2012). Need-to-belong theory. In P. A. M. Van Lange, A. W. Kruglanski, & E. T. Higgins, (Eds.), *Handbook of theories of social psychology* (Vol. 2, pp. 121–140). Thousand Oaks, CA: Sage Publications Ltd.

Baumeister, R. F., Bratslavsky, E., Finkenauer, C., & Vohs, K. D. (2001). Bad is stronger than good. *Review of General Psychology, 5*, 323–370.

Baumeister, R. F., Bratslavsky, E., Muraven, M., & Tice, D. M. (1998). Ego depletion: Is the active self a limited resource? *Journal of Personality and Social Psychology, 74*, 1252–1265.

Baumeister, R. F., & Bushman, B. J. (2013). *Social psychology and human nature*. Belmont, CA: Wadsworth.

Baumeister, R. F., Campbell, J. D., Krueger, J. I., & Vohs, K. D. (2003). Does high self-esteem cause better performance, interpersonal success, happiness, or healthier lifestyles? *Psychological Science in the Public Interest, 4*, 1–44.

Baumeister, R. F., & DeWall, C. N. (2005). The inner dimension of social exclusion: Intelligent thought and self-regulation among rejected persons. In K. D. Williams, J. P. Forgas, & W. Von Hippel (Eds.), *The social outcast: Ostracism, social exclusion, rejection, and bullying* (pp. 53–73). New York, NY: Psychology Press.

Baumeister, R. F., DeWall, C. N., Ciarocco, N. J., & Twenge, J. M. (2005). Social exclusion impairs self-regulation. *Journal of Personality and Social Psychology, 88*, 589–604.

Baumeister, R. F., & Heatherton, T. F. (1996). Self-regulation failure: An overview. *Psychological Inquiry, 7*, 1–15.

Baumeister, R. F., Heatherton, T. F., & Tice, D. M. (1993). When ego threats lead to self-regulation failure: Negative consequences of high self-esteem. *Journal of Personality and Social Psychology, 64*, 141–156.

Baumeister, R. F., Heatherton, T. F., & Tice, D. M. (1994). *Losing control: How and why people fail at self-regulation*. San Diego: Academic Press.

Baumeister, R. F., & Leary, M. R. (1995). The need to belong: Desire for interpersonal attachments as a fundamental human motivation. *Psychological Bulletin, 117*, 497–529.

Baumeister, R. F., & Leary, M. R. (2000). The need to belong: Desire for interpersonal attachments as a fundamental human motivation. In E. T. Higgins & A. W. Kruglanski (Eds.), *Motivational science: Social and personality perspectives* (pp. 24–49). New York, NY: Psychology Press.

Baumeister, R. F., & Scher, S. J. (1988). Self-defeating behavior patterns among normal individuals: Review and analysis of common self-destructive tendencies. *Psychological Bulletin, 104*, 3–22.

Baumeister, R. F., & Sommer, K. L. (1997). What do men want? Gender differences and two spheres of belongingness: Comment on Cross and Madson (1997). *Psychological Bulletin, 122*, 38–44.

Baumeister, R. F., Twenge, J. M., & Nuss, C. K. (2002). Effects of social exclusion on cognitive processes: Anticipated aloneness reduces intelligent thought. *Journal of Personality and Social Psychology, 83*, 817–827.

Baumeister, R. F. & Vohs, K. D. (2004). Handbook of self-regulation: Research, theory, and applications. New York, NY: Guilford Press.

Baumeister, R. F., & Vohs, K. D. (2007). Self-regulation, ego depletion, and motivation. *Social and Personality Psychology Compass, 1*, 1–14.

Baumeister, R. F., Vohs, K. D., DeWall, C. N., & Zhang, L. (2007). How emotion shapes behavior: Feedback, anticipation, and reflection, rather than direct causation. *Personality and Social Psychology Review, 11*, 167–203.

Baumeister, R. F., & Wotman, S. R. (1992). *Breaking hearts: The two sides of unrequited love*. New York, NY: Guilford Press.

Baumeister, R. F., Wotman, S. R., & Stillwell, A. M. (1993). Unrequited love: On heartbreak, anger, guilt, scriptlessness, and humiliation. *Journal of Personality and Social Psychology, 64*, 377–394.

Baurmeister, J. A., Hickok, A. M., Meadowbrooke, C., Veinot, T., & Loveluck, J. (2013). Self-efficacy among young men who have sex with men: An exploratory analysis of HIV/AIDS risk behaviors across partner types. *AIDS and Behavior, 18*, 69–77. doi: 10.1007/s10461-013-0481-5

Bayer, U. C., Gollwitzer, P. M., & Achtziger, A. (2010). Staying on track: Planned goal striving is protected from disruptive internal states. *Journal of Experimental Social Psychology, 46*, 505–514.

Beard, K. S., & Hoy, W. K. (2010). The nature, meaning, and measure of teacher flow in elementary schools: A test of rival hypotheses. *Educational Administration Quarterly, 46*, 426–458.

Beatty, S. E., & Ferrell, M. E. (1998). Impulse buying: Modeling its precursors. *Journal of Retailing, 74*, 169–191.

Beaubien, J. M., & Payne, S. C. (1999). *Individual goal orientation as a predictor of job and academic performance: A meta-analytic review and integration*. Paper presented at the 14th annual meeting of the Society of Industrial/Organizational Psychology, Atlanta, GA.

Beauregard, K. S., & Dunning, D. (1998). Turning up the contrast: Self-enhancement motives prompt egocentric contrast effects in social judgments. *Journal of Personality and Social Psychology, 74*, 606–621.

Bechtel, W. (1985). Contemporary connectionism: Are the new parallel distributed processing models cognitive or associationist? *Behaviorism, 13*, 53–61.

Becker, E. (1971). The birth and death of meaning: An interdisciplinary perspective on the problem of man. (2nd ed.). New York, NY: Free Press.

Becker, M., Vignoles, V. L., Owe, E., Brown, R., Smith, P. B., Easterbrook, M., . . . Yamakoğlu, N. (2012). Culture and the distinctiveness motive: Constructing identity in individualistic and collectivistic contexts. *Journal of Personality and Social Psychology, 102*, 833–855.

Beckmann, J., & Kuhl, J. (1984). Altering information to gain action control: Functional aspects of human information processing in decision making. *Journal of Research in Personality, 18*, 224–237.

Beedie, C. J., & Lane, A. M. (2012). The role of glucose in self-control: Another look at the evidence and an alternative conceptualization. *Personality and Social Psychology Review, 16*, 143–153.

Beer, J. S. (2002). Implicit self-theories of shyness. *Journal of Personality and Social Psychology, 83*, 1009–1024.

Beer, J. S., & Hughes, B. L. (2010). Neural systems of social comparison and the 'above- average' effect. *NeuroImage, 49*, 2671–2679.

Beer, J. S., Lombardo, M. V., & Bhanji, J. P. (2010). Roles of medial prefrontal cortex and orbitofrontal cortex in self-evaluation. *Journal of Cognitive Neuroscience, 22*, 2108–2119.

Bekkers, R. (2010). George gives to geology Jane: The name letter effect and incidental similarity cues in fundraising. *International Journal of Nonprofit and Voluntary Sector Marketing, 15*, 172–180.

Bélanger, J. J., Lafrenière, M. K., Vallerand, R. J., & Kruglanski, A. W. (2013). When passion makes the heart grow colder: The role of passion in alternative goal suppression. *Journal of Personality and Social Psychology, 104*, 126–147.

Bellani, M., Baiano, M., & Brambilla, P. (2011). Brain anatomy of major depression II. Focus on amygdala. *Epidemiology and Psychiatric Sciences, 20*, 33–36.

Bellenger, D. N., Robertson, D. H., & Hirschman, E. C. (1978). Impulse buying varies by product. *Journal of Advertising Research, 18*, 15–18.

Belsky, G., & Gilovich, T. (1999). *Why smart people make big money mistakes, and how to correct them*. New York, NY: Simon & Schuster.

Bem, D. J., & Allen, A. (1974). On predicting some of the people some of the time: The search for cross-situational consistencies in behavior. *Psychological Review, 81*, 506–520.

Benassi, V. A., Roher, C., Reynolds, C., & Sweeney, P. D. (1981). Perceived control over a chance event. *Replications in Social Psychology, 1*, 24–26.

Bentham, J. (1789). *Introduction to the principles of morals and legislation*. London, UK: W. Pickering.

Bentham, J. (1815/1817). *A table of the springs of action*. London, UK: Hunter.

Berfield, S. (2012, March). Versailles, the would-be biggest house in America. *Bloomberg Businessweek*. Retrieved from: http://www.businessweek.com/

Berglas, S., & Jones, E. E. (1978). Drug choice as a self-handicapping strategy in response to noncontingent success. *Journal of Personality and Social Psychology, 36*, 405–417.

Berking, M., Margraf, M., Ebert, D., Wupperman, P., Hofmann, S. G., & Junghanns, K. (2011). Deficits in emotion-regulation skills predict alcohol use during and after cognitive–behavioral therapy for alcohol dependence. *Journal of Consulting and Clinical Psychology, 79*, 307–318.

Berkman, E. T., Burklund, L., & Lieberman, M. D. (2009). Inhibitory spillover: Intentional motor inhibition produces incidental limbic inhibition via right inferior frontal cortex. *NeuroImage, 47*, 705–712.

Berkman, E. T., Graham, A. M., & Fisher, P. A. (2012). Training self–control: A domain–general translational neuroscience approach. *Child Development Perspectives, 6*, 374–384.

Berkman, E. T., & Lieberman, M. D. (2009). The neuroscience of goal pursuit: Bridging gaps between theory and data. In G. B. Moskowitz & H. Grant (Eds.), *The psychology of goals* (pp. 98–126). New York: Guilford Press.

Berkowitz, L. (1969). Social Motivation. In G. Lindzey & E. Aronson (Eds.), *Handbook of social psychology* (Vol. 3, 2nd ed.). Reading, MA: Addison–Wesley.

Berlyne, D. E. (1966). Exploration and curiosity, *Science, 153*, 25–33.

Bernard, L. L. (1924). *Instinct: A study in social psychology*. New York, NY: Henry Holt.

Berndt, N. C., Hayes, A. F., Verboon, P., Lechner, L., Bolman, C., & De Vries, H. (2013). Self-efficacy mediates the impact of craving on smoking abstinence in low to moderately anxious patients: Results of a moderated mediation approach. *Psychology of Addictive Behaviors, 27*, 113–124.

Bernstein, M. J., & Claypool, H. M. (2012). Social exclusion and pain sensitivity: Why exclusion sometimes hurts and sometimes numbs. *Personality and Social Psychology Bulletin, 38*, 185–196.

Berscheid, E., Dion, K., Walster, E., & Walster, G. W. (1971). Physical attractiveness and dating choice: A test of the matching hypothesis. *Journal of Experimental Social Psychology, 7*, 173–189.

Beswick, G., & Mann, L. (1994). State orientation and procrastination. In J. Kuhl & J. Beckmann (Eds.), *Volition and personality: Action versus state orientation* (pp. 391–396). Gottingen, Germany: Hogrefe.

Bexton, W. H., Heron, W., & Scott, T. H. (1954). Effects of decreased variation in the sensory environment. *Canadian Journal of Psychology/Revue canadienne de psychologie, 8*, 70–76.

Biderman, A. (1959). Communist attempts to elicit false confessions from Air Force prisoners of war. *Bulletin of the New York Academy of Medicine, 33*, 616–625.

Biernat, M. (1989). Motives and values to achieve: Different constructs with different effects. *Journal of Personality, 57*, 69–95.

Billedo, C. J., Kerkhof, P., & Finkenauer, C. (2015). The use of social networking sites for relationship maintenance in long-distance and geographically close romantic relationships. *Cyberpsychology, Behavior, and Social Networking, 18*(3), 152–157.

Biller, O. A. (1977). Suicide related to the assassination of President John F. Kennedy. *Suicide and Life-Threatening Behavior, 7*, 40–44.

Billig, M., & Tajfel, H. (1973). Social categorization and similarity in intergroup behaviour. *European Journal of Social Psychology, 3*, 27–52.

Black, A. E., & Deci, E. L. (2000). The effects of instructors' autonomy support and students' autonomous motivation on learning organic chemistry: A self-determination theory perspective. *Science Education, 84,* 740–756.

Black, D. W. (2007). A review of compulsive buying disorder. *World Psychiatry, 6,* 14–18.

Blackhart, G. C., Nelson, B. C., Knowles, M. L., & Baumeister, R. F. (2009). Rejection elicits emotional reactions but neither causes immediate distress nor lowers self-esteem: A meta-analytic review of 192 studies on social exclusion. *Personality and Social Psychology Review, 13,* 269–309.

Blackwell, L. S., Trzesniewski, K. H., & Dweck, C. S. (2007). Implicit theories of intelligence predict achievement across an adolescent transition: A longitudinal study and an intervention. *Child Development, 78,* 246–263.

Blackwood, N. J., Bentall, R. P., Simmons, A., Murray, R. M., & Howard, R. J. (2003). Self- responsibility and the self-serving bias: An fMRI investigation of causal attributions. *NeuroImage, 20,* 1076–1085.

Blagrove, M. (1996). Effects of length of sleep deprivation on interrogative suggestibility. *Journal of Experimental Psychology: Applied, 2,* 48–59.

Blanck, P. D., Reis, H. T., & Jackson, L. (1984). The effects of verbal reinforcement of intrinsic motivation for sex-linked tasks. *Sex Roles, 10,* 369–386.

Blanton, H., Burkley, M., & Burkley, E. (2013). Bonding, hiding and promoting: Three in-group reactions to threat. In K. Zlatan & F. X. Gibbons (Eds.), *Communal functions of social comparison.* New York, NY: Cambridge University Press.

Blanton, H., Buunk, B. P., Gibbons, F. X., & Kuyper, H. (1999). When better-than-others compare upward: Choice of comparison and comparative evaluation as independent predictors of academic performance. *Journal of Personality and Social Psychology, 76,* 420–430.

Bless, H., Bohner, G., Schwarz, N., & Strack, F. (1990). Mood and persuasion: A cognitive response analysis. *Personality and Social Psychology Bulletin, 16,* 331–345.

Bless, H., Clore, G. L., Schwarz, N., Golisano, V., Rabe, C., & Wolk, M. (1996). Mood and the use of scripts: Does a happy mood really lead to mindlessness? *Journal of Personality and Social Psychology, 71,* 665–679.

Bless, H., Schwarz, N., & Wieland, R. (1996). Mood and the impact of category membership and individuating information. *European Journal of Social Psychology, 26,* 935–959.

Block, J. (2002). *Personality as an affect-processing system.* Mahwah, NJ: Lawrence Erlbaum Associates, Inc.

Bluma Z. (1927). Über das Behalten von erledigten und unerledigten Handlungen. *Psychologische Forschung, 9,* 1–85.

Bodenhausen, G. V., Kramer, G. P., & Süsser, K. (1994). Happiness and stereotypic thinking in social judgment. *Journal of Personality and Social Psychology, 66,* 621–632.

Boekaerts, M., Pintrich, P. R., & Zeidner, M. (2000). *Handbook of self-regulation.* San Diego, CA: Academic Press.

Boice, R. (1990). *Professors as writers: A self-help guide to productive writing.* Stillwater, OK: New Forums Press.

Bolles, R. C. (1967). *Theory of motivation.* New York, NY: Harper & Row.

Bonanno, G. A. (2004). Loss, trauma, and human resilience: Have we underestimated the human capacity to thrive after extremely aversive events? *American Psychologist, 59,* 20–28.

Bonanno, G. A., Field, N. P., Kovacevic, A., & Kaltman, S. (2002). Self-enhancement as a buffer against extreme adversity: Civil war in Bosnia and traumatic loss in the United States. *Personality and Social Psychology Bulletin, 28,* 184–196.

Bonanno, G. A., Galea, S., Bucciarelli, A., & Vlahov, D. (2007). What predicts psychological resilience after disaster? The role of demographics, resources, and life stress. *Journal of Consulting and Clinical Psychology, 75,* 671–682.

Bonanno, G. A., Rennicke, C., & Dekel, S. (2005). Self-enhancement among high-exposure survivors of the September 11th terrorist attack: Resilience or social maladjustment? *Journal of Personality and Social Psychology, 88,* 984–998.

Bond, C. F., & Titus, L. J. (1983). Social facilitation: A meta-analysis of 241 studies. *Psychological Bulletin, 94,* 265–292.

Bonin, M. F., McCreary, D. R., & Sadava, S. W. (2000). Problem drinking behavior in two community-based samples of adults: Influence of gender, coping, loneliness, and depression. *Psychology of Addictive Behaviors, 14,* 151–161.

Bonner, R. L., & Rich, A. R. (1987). Toward a predictive model of suicidal ideation and behavior: Some preliminary data in college students. *Suicide and Life-Threatening Behavior, 17,* 50–63.

Boring, E. G. (1950). *A history of experimental psychology* (2nd ed.). East Norwalk, CT: Appleton-Century-Crofts.

Botvinick, M. M., Braver, T. S., Barch, D. M., Carter, C. S., & Cohen, J. D. (2001). Conflict monitoring and cognitive control. *Psychological Review, 108,* 624–652.

Boudreaux, M. J., & Ozer, D. J. (2012). Goal conflict, goal striving, and psychological well-being. *Motivation and Emotion, 37,* 433–443. doi: 10.1007/s11031-012-9333-2

Bouffard, T., Boisvet, J., Vezeau, C., & Larouche, C. (1995). The impact of goal orientation of self-regulation and performance among college students. *British Journal of Educational Psychology, 65,* 317–329.

Bowers, K. S. (1973), Situationism in psychology: An analysis and critique. *Psychological Review, 80,* 307–336.

Bowlby, J. (1969). *Attachment and loss: Volume 1: Attachment.* New York, NY: Basic Books.

Brackett, M. A., Rivers, S. E., Shiffman, S., Lerner, N., & Salovey, P. (2006). Relating emotional abilities to social functioning: A comparison of self-report and performance measures of emotional intelligence. *Journal of Personality and Social Psychology, 91,* 780–795.

Bradley, Susan J. (1990). Affect regulation and psychopathology: Bridging the mind-body gap. *The Canadian Journal of Psychiatry / La Revue canadienne de psychiatrie, 35, Special issue: Child psychiatry,* 540–547.

Brandstätter, V., Lengfelder, A., & Gollwitzer, P. M. (2001). Implementation intentions and efficient action initiation. *Journal of Personality and Social Psychology, 81,* 946–960.

Brandstätter, V., & Schüler, J. (2012). Action crisis and cost–benefit thinking: A cognitive analysis of a goal-disengagement phase. *Journal of Experimental Social Psychology.* Advance online publication. doi: 10.1016/j.jesp.2012.10.004

Bredekamp, S., & Copple, C. (1996). *Developmentally appropriate practice in early childhood programs.* Washington, DC: NAEYC.

Brehm, J. (1956). Postdecision changes in the desirability of alternatives. *Journal of Abnormal and Social Psychology, 52,* 384–389.

Brehm, J. W. (1966). *A theory of psychological reactance.* Oxford, UK: Academic Press.

Brehm, J. W., & Self, E. A. (1989). The intensity of motivation. *Annual Review of Psychology, 40,* 109–131.

Brehm, J. W., Wright, R. A., Solomon, S., Silka, K., & Greenberg, J. (1983). Perceived difficulty, energization and the magnitude of good valence. *Journal of Experimental Social Psychology, 19,* 21–48.

Brehm, S. S., & Brehm, J. W. (1981). *Psychological Reactance: A theory of freedom and control.* New York, NY: Academic Press.

Brendl, C. M., Chattopadhyay, A., Pelham, B. W., & Carvallo, M. (2005). Name letter branding: Valence transfers when product specific needs are active. *Journal of Consumer Research, 32,* 405–415.

Breslin, F. C., Riggs, D. S., O'Leary, K. D., & Arias, I. (1990). Family precursors: Expected and actual consequences of dating aggression. *Journal of Interpersonal Violence, 5,* 247–258.

Brewer, M. B. (1991). The social self: On being the same and different at the same time. *Personality and Social Psychology Bulletin, 17,* 475–482.

Brewer, M. B. (2012). Optimal distinctiveness theory: Its history and development. In P. A. M. Van Lange, A. W. Kruglanski, & E. T. Higgins, (Eds.), *Handbook of theories of social psychology* (Vol. 2, pp. 81–98). Thousand Oaks, CA: Sage Publications Ltd.

Brickman, P., Coates, D., & Janoff-Bulman, R. (1978). Lottery winners and accident victims: Is happiness relative? *Journal of Personality and Social Psychology, 36,* 917–927.

Briñol, P., Gascó, M., Petty, R. E., & Horcajo, J. (2013). Treating thoughts as material objects can increase or decrease their impact on evaluation. *Psychological Science, 24,* 41–47.

Briñol, P., Petty, R. E., & Wagner, B. (2009). Body posture effects on self-evaluation: A self-validation approach. *European Journal of Social Psychology, 39,* 1053–1064.

Brissette, I., Scheier, M. F., & Carver, C. S. (2002). The role of optimism in social network development, coping, and psychological adjustment during a life transition. *Journal of Personality and Social Psychology, 82,* 102–111.

Broadbent, D. (1958). *Perception and Communication.* London, UK: Pengamon Press.

Broadbent, D. E. (1957). A mechanical model for human attention and immediate memory. *Psychological Review, 64,* 205–215.

Broadhurst, P. L. (1959). The interaction of task difficulty and motivation: The Yerkes Dodson law revived. *Acta Psychologica, Amsterdam, 16,* 321–338.

Brockner, J. (1992). The escalation of commitment to a failing course of action: Toward theoretical progress. *The Academy of Management Review, 17,* 39–61.

Brodal, P. (2004). *The central nervous system: Structure and Function* (3rd ed.). New York, NY: Oxford University Press.

Brody, N. (1980). Social motivation. *Annual Review of Psychology, 31,* 143–168.

Brown, A. C., & Orthner, D. K. (1990). Relocation and personal well-being among early adolescents. *The Journal of Early Adolescence, 10,* 366–381.

Brown, J. D. (1991). Staying fit and staying well: Physical fitness as a moderator of life stress. *Journal of Personality and Social Psychology, 60,* 555–561.

Brown, J. D., & Kobayashi, C. (2002). Self-enhancement in Japan and America. *Asian Journal of Social Psychology, 5,* 145–168.

Brown, J. D., & Kobayashi, C. (2003). Culture and the self-enhancement bias. *Journal of Cross-Cultural Psychology, 34,* 492–495.

Brown, J. S. (1961). *The motivation of behavior.* New York, NY: McGraw-Hill Book Company.

Brown, K. W., & Ryan, R. M. (2003). The benefits of being present: Mindfulness and its role in psychological well-being. *Journal of Personality and Social Psychology, 84,* 822–848.

Brown, R. E. (2007). Alfred McCoy, Hebb, the CIA and torture. *Journal of the History of the Behavioral Sciences, 43,* 205–213.

Brown, S. L., Nesse, R. M., Vinokur, A. D., & Smith, D. M. (2003). Providing social support may be more beneficial than receiving it: Results from a prospective study of mortality. *Psychological Science, 14,* 320–327.

Brown, S. M., Manuck, S. B., Flory, J. D., & Hariri, A. R. (2006). Neural basis of individual differences in impulsivity: Contributions of corticolimbic circuits for behavioral arousal and control. *Emotion, 6,* 239–245.

Brown, S. R., & Westman, A. S. (2008). Relationships between religious orientations and flow experiences: An exploratory study. *Archiv für Religionspsychologie /Archive for the Psychology of Religions, 30,* 235–240.

Brownell, K. D., & Gold, M. S. (2012). *Food and addiction: A comprehensive handbook.* New York, NY: Oxford University Press.

Brunstein, J. C., & Heckhausen, H. (Eds.). (2008). Achievement motivation. In J. Heckhausen & H. Heckhausen (Eds.), *Motivation and action* (2nd ed., pp. 137–183). New York, NY: Cambridge University Press.

Brunstein, J. C., & Hoyer, S. (2002). Implizites versus explizites Leistungsstreben: Befunde zur Unabhängigkeit zweier Motivationssysteme (Implicit versus explicit achievement strivings: Empirical evidence of the independence of two motivation systems). *Zeitschrift für Pädagogische Psychologie / German Journal of Educational Psychology, 16,* 51–62.

Bryant, F. B. (2003). Savoring Beliefs Inventory (SBI): A scale for measuring beliefs about savouring. *Journal of Mental Health, 12,* 175–196.

Buboltz, W., Soper, B., Brown, F., & Jenkins, S. (2002). Treatment approaches for sleep difficulties in college students. *Counseling Psychology Quarterly, 15,* 229–237.

Buckley, K. E., Winkel, R. E., & Leary, M. R. (2004). Reactions to acceptance and rejection: Effects of level and sequence of relational evaluation. *Journal of Experimental Social Psychology, 40,* 14–28.

Buehler, R., Griffin, D., & Peetz, J. (2010). The planning fallacy: Cognitive, motivational, and social origins. In M. P. Zanna & J. M. Olson (Eds.), *Advances in experimental social psychology,* (Vol. 43, pp. 1–62). San Diego, CA: Academic Press.

Buehler, R., Griffin, D., & Ross, M. (1994). Exploring the 'planning fallacy': Why people underestimate their task completion times. *Journal of Personality and Social Psychology, 67,* 366–381.

Burger, J. M., McWard, J., & LaTorre, D. (1989). Boundaries of self-control: Relinquishing control over aversive events. *Journal of Social and Clinical Psychology, 8,* 209–221.

Burke, B. L., Martens, A., & Faucher, E. H. (2010). Two decades of terror management theory: A meta-analysis of mortality salience research. *Personality and Social Psychology Review, 14,* 155–195.

Burkley, E. (2008). The role of self-control in resistance to persuasion. *Personality and Social Psychology Bulletin, 34,* 419–431.

Burkley, E., Anderson, D., & Curtis, J. (2011). You wore me down: Self–control strength and social influence. *Social and Personality Psychology Compass, 5,* 487–499.

Burkley, E., Anderson, D., Curtis, J., & Burkley, M. (2013). Vicissitudes of goal commitment: Satisfaction, investments, and alternatives. *Personality and Individual Differences, 54,* 663–668.

Burkley, M., Andrade, A., Stermer, S. P., & Bell, A. C. (2013). The double-edged sword of negative in-group stereotyping. *Social Cognition, 31*(1), 15–30.

Burkley, M., & Blanton, H. (2008). Endorsing a negative in-group stereotype as a self-protective strategy: Sacrificing the group to save the self. *Journal of Experimental Social Psychology, 44,* 37–49.

Burkley, M., & Blanton, H. (2009). The positive (and negative) consequences of endorsing negative self-stereotypes. *Self and Identity, 8,* 286–299.

Burkley, E., Curtis, J., Burkley, M., & Hatvany, T. (2015) Goal Fusion: The integration of goals within the self-concept. *Self & Identity, 14*(3), 348–368.

Burkley, M., Parker, J., Stermer, P. S., & Burkley, E. (2010). Trait beliefs that make women vulnerable to math disengagement. *Personality and Individual Differences, 48,* 234–238.

Burnette, J. L., O'Boyle, E. H., VanEpps, E. M., Pollack, J. M., & Finkel, E. J. (2013). Mind-sets matter: A meta-analytic review of implicit theories and self-regulation. *Psychological Bulletin, 139,* 655–701.

Burroughs, J. E., & Rindfleishch, A. (2002). Materialism and well-being: A conflicting values perspective. *Journal of Consumer Research, 29,* 348–370.

Burson, A., Crocker, J., & Mischkowski, D. (2012). Two types of value affirmation: Implications for self-control following social exclusion. *Social Psychological and Personality Science, 3,* 510–516.

Burton, D., & Naylor, S. (2002). *Advances in sport psychology* (2nd ed.). Champaign, IL: Human Kinetics.

Bush, G., Frazier, J. A., Rauch, S. L., Seidman, L. J., Whalen, P. J., Jenike, M. A., . . . Biederman, J. (1999). Anterior cingulate cortex dysfunction in attention-deficit/hyperactivity disorder revealed by fMRI and the Counting Stroop. *Biological Psychiatry, 45,* 1542–1552.

Bush, G., Luu, P., & Posner, M. I. (2000). Cognitive and emotional influences in anterior cingulate cortex. *Trends in Cognitive Science, 4,* 215–222.

Bushman, B. J. (2002). Does venting anger feed or extinguish the flame? Catharsis, rumination, distraction, anger and aggressive responding. *Personality and Social Psychology Bulletin, 28,* 724–731.

Bushman, B. J. (2006). Effects of warning and information labels on attraction to television violence in viewers of different ages. *Journal of Applied Social Psychology, 36,* 2073–2078.

Bushnell, I. W., Sai, F., & Mullin, J. T. (1989). Neonatal recognition of the mother's face. *British Journal of Developmental Psychology, 7,* 3–15.

Buss, D. M. (1997). Human social motivation in evolutionary perspective: Grounding terror management theory. *Psychological Inquiry, 8,* 22–26.

Butler, R. (2000). Making judgments about ability: The role of implicit theories of ability in moderating inferences from temporal and social comparison information. *Journal of Personality and Social Psychology, 78,* 965–978.

Button, S. B., Mathieu, J. E., & Zajac, D. M. (1996). Goal orientation in organizational research: A conceptual and empirical foundation. *Organizational Behavior and Human Decision Processes, 67,* 26–48.

Buunk, B. P., Collins, R. L., Taylor, S. E., VanYperen, N. W., & Dakof, G. A. (1990). The affective consequences of social comparison: Either direction has its ups and downs. *Journal of Personality and Social Psychology, 59,* 1238–1249.

Byrd-Craven, J., Granger, D. A., & Auer, B. J. (2011). Stress reactivity to co-rumination in young women's friendships: Cortisol, alpha-amylase, and negative affect focus. *Journal of Social and Personal Relationships, 28,* 469–487.

Byrne, D., London, O., & Reeves, K. (1968). The effects of physical attractiveness, sex, and attitude similarity on interpersonal attraction. *Journal of Personality, 36,* 259–271.

Byrne, S., Barry, D., & Petry, N. M. (2012). Predictors of weight loss success. Exercise vs. dietary self-efficacy and treatment attendance. *Appetite, 58,* 695–698.

Cacioppo, J. T., & Hawkley, L. C. (2009). Perceived social isolation and cognition. *Trends in Cognitive Sciences, 13,* 447–454.

Cacioppo, J. T., & Patrick, W. (2008). *Loneliness: Human nature and the need for social connection.* New York: W. W. Norton & Co.

Cacioppo, J. T., & Petty, R. E. (1982). The need for cognition. *Journal of Personality and Social Psychology, 42,* 116–131.

Cacioppo, J. T., Petty, R. E., Feinstein, J. A., Jarvis, W., & Blair G. (1996). Dispositional differences in cognitive motivation: The life and times of individuals varying in need for cognition. *Psychological Bulletin, 119*(2), 197–253.

Cacioppo, J. T., Petty, R. E., Losch, M. E., & Kim, H. S. (1986). Electromyographic activity over facial muscle regions can differentiate the valence and intensity of affective reactions. *Journal of Personality and Social Psychology, 50,* 260–268.

Cain, C. K., & LeDoux, J. E. (2008). Emotional processing and motivation: In search of brain mechanisms. In A. J. Elliot (Ed.), *Handbook of approach and avoidance motivation* (pp. 17–34). New York, NY: Psychology Press.

Caldwell, M. A., & Peplau, L. A. (1982). Sex differences in same-sex friendship. *Sex Roles, 8,* 721–732.

Calkins, S. D., & Johnson, M. C. (1998). Toddler regulation of distress to frustrating events: Temperamental and maternal correlates. *Infant Behavior & Development, 21,* 379–395.

Calogero, R. M., Bardi, A., & Sutton, R. M. (2009). A need basis for values: Associations between the need for cognitive closure and value priorities. *Personality and Individual Differences, 46*(2), 154–159.

Cameron, J., Banko, K. M., & Pierce, W. D. (2001). Pervasive negative effects of rewards on intrinsic motivation: The myth continues. *The Behavior Analyst, 24,* 1–44.

Cameron, J., & Pierce, W. D. (1994). Reinforcement, reward, and intrinsic motivation: A meta-analysis. *Review of Educational Research, 64,* 363–423.

Cameron, L. D., & Nicholls, G. (1998). Expression of stressful experiences through writing: Effects of a self-regulation manipulation for pessimists and optimists. *Health Psychology, 17,* 84–92.

Campbell, J. B., & Hawley, C. W. (1982). Study habits and Eysenck's theory of extraversion–introversion. *Journal of Research in Personality, 16,* 139–146.

Campbell, W. K., Krusemark, E. A., Dyckman, K. A., Brunell, A. B., McDowell, J. E., Twenge, J. M., & Clementz, B. A. (2006). A magnetoencephalography investigation of neural correlates for social exclusion and self-control. *Social Neuroscience, 1,* 124–134.

Campbell, W. K., & Sedikides, C. (1999). Self-threat magnifies the self-serving bias: A meta-analytic integration. *Review of General Psychology, 3,* 23–43.

Cannon, W. B. (1927). The James-Lange theory of emotions: A critical examination and an alternative theory. *The American Journal of Psychology, 39,* 106–124.

Cannon, W. B. (1929). Organization for physiological homeostasis. *Physiological Reviews, 9,* 399–431.

Cannon, W. B. (1931). Again the James-Lange and thalamic theories of emotion. *Psychological Review, 38,* 281–295.

Cantor, N., & Kihlstrom, J. F. (1987). *Personality and social intelligence.* Englewood Cliffs, NJ: Prentice-Hall.

Capa, R. L., Cleeremans, A., Bustin, G. M., Bouquet, C. A., & Hansenne, M. (2011). Effects of subliminal priming on nonconscious goal pursuit and effort-related cardiovascular response. *Social Cognition, 29,* 430–444.

Caprariello, P. A., & Reis, H. T. (2012). To do, to have, or to share? Valuing experiences over material possessions depends on the involvement of others. *Journal of Personality and Social Psychology, 104,* 199–215.

Carbonneau, N., Vallerand, R. J., & Lafrenière, M. A. K. (2012). Toward a tripartite model of intrinsic motivation. *Journal of Personality, 80,* 1147–1178.

Carnagey, N. L., Anderson, C. A., & Bushman, B. J. (2007). The effect of video game violence on physiological desensitization to real-life violence. *Journal of Experimental Social Psychology, 43,* 489–496.

Carney, D. R., Cuddy, A. J. C., & Yap, A. J. (2010). Power posing: Brief nonverbal displays affect neuroendocrine levels and risk tolerance. *Psychological Science, 21,* 1363–1368.

Carter, C. S. (1998). Neuroendocrine perspectives on social attachment and love. *Psychoneuroendocrinology, 23,* 779–818.

Carter, C. S., Braver, T. S., Barch, D. M., Botvinick, M. M., Noll, D., & Cohen, J. D. (1998). Anterior cingulate cortex, error detection, and the online monitoring of performance. *Science, 280,* 747–749.

Carter, E. C., McCullough, M. E., & Carver, C. S. (2012). The mediating role of monitoring in the association of religion with self-control. *Social Psychological and Personality Science, 3,* 691–697.

Carver, C. S. (2003). Pleasure as a sign you can attend to something else: Placing positive feelings within a general model of affect. *Cognition and Emotion, 17,* 241–261.

Carver, C. S. (2005). Impulse and constraint: Perspectives from personality psychology, convergence with theory in other areas, and potential for integration. *Personality and Social Psychology Review, 9,* 312–333.

Carver, C. S., & Gaines, J. G. (1987). Optimism, pessimism, and postpartum depression. *Cognitive Therapy and Research, 11,* 449–462.

Carver, C. S., Lawrence, J. W., & Scheier, M. F. (1996). A control-process perspective on the origins of affect. In L. L. Martin & A. Tesser (Eds.), *Striving and feeling: Interactions among goals, affect, and self-regulation* (pp. 11–52). Hillsdale, NJ: Lawrence Erlbaum Associates, Inc.

Carver, C. S., Lawrence, J. W., & Scheier, M. F. (1999). Self-discrepancies and affect: Incorporating the role of feared selves. *Personality and Social Psychology Bulletin, 25,* 783–792.

Carver, C. S., Pozo, C., Harris, S. D., Noriega, V., Scheier, M. F., Robinson, D. S., . . . Clark, K. C. (1993). How coping mediates the effect of optimism on distress: A study of women with early stage breast cancer. *Journal of Personality and Social Psychology, 65,* 375–390.

Carver, C. S., & Scheier, M. F. (1981). *Attention and self-regulation: A control theory approach to human behavior.* New York, NY: Springer.

Carver, C. S., & Scheier, M. F. (1981). The self-attention-induced feedback loop and social facilitation. *Journal of Experimental Social Psychology, 17,* 545–568.

Carver, C. S., & Scheier, M. F. (1982). Control theory: A useful conceptual framework for personality–social, clinical, and health psychology. *Psychological Bulletin, 92,* 111–135.

Carver, C. S., & Scheier, M. F. (2008). Feedback processes in the simultaneous regulation of action and affect. In J. Y. Shah & W. L. Gardner (Eds.), *Handbook of motivation science* (pp. 308–324). New York, NY: Guilford Press.

Carver, C. S., & Scheier, M. F. (2012a). A model of behavioral self-regulation. In P. A. M. Van Lange, A. W. Kruglanski, & E. T. Higgins (Eds.), *Handbook of theories of social psychology* (pp. 505–525). Thousand Oaks, CA: Sage.

Carver, C. S., & Scheier, M. F. (2012b). Cybernetic control processes and the self-regulation of behavior. In R. M. Ryan (Ed.), *The Oxford handbook of human motivation* (pp. 28–42). New York, NY: Oxford University Press.

Carver, C. S., Scheier, M. F., & Segerstrom, S. C. (2010). Optimism. *Clinical Psychology Review, 30,* 879–889.

Carver, C. S., Scheier, M. F., & Weintraub, J. K. (1989). Assessing coping strategies: A theoretically based approach. *Journal of Personality and Social Psychology, 56,* 267–283.

Carver, C. S., & White, T. L. (1994). Behavioral inhibition, behavioral activation, and affective responses to impending reward and punishment: The BIS/BAS Scales. *Journal of Personality and Social Psychology, 67,* 319–333.

Casey, B. J., Somerville, L. H., Gotlib, I. H., Ayduk, O., Franklin, N. T., Askren, M. K., . . . Shoda, Y. (2011). Behavioral and neural correlates of delay of gratification 40 years later. *PNAS Proceedings of the National Academy of Sciences of the United States of America, 108,* 14998–15003.

Caspi, A., Harrington, H., Moffitt, T. E., Milne, B. J., & Poulton, R. (2006). Socially isolated children 20 years later. *Archives of Pediatric Adolescent Medicine, 160,* 805–811.

Cassidy, T., & Lynn, R. (1989). A multifactorial approach to achievement motivation: The development of a comprehensive measure. *Journal of Occupational Psychology, 62,* 301–312.

Cassidy, T., & Lynn, R. (1991). Achievement motivation, educational attainment, cycles of disadvantage and social competence: Some longitudinal data. *British Journal of Educational Psychology, 61,* 1–12.

Cast, A. D., & Burke, P. J. (2002). A theory of self-esteem. *Social Forces, 80,* 1041–1068.

Cattell, R.B. (1946). *The description and measurement of personality.* New York, NY: World Book.

Cavallo, J. V., & Fitzsimons, G. M. (2012). Goal competition, conflict, coordination, and completion: How intergoal dynamics affect self-regulation. In H. Aarts & A. J. Elliot (Eds.), *Goal-directed behavior* (pp. 267–299). New York, NY: Psychology Press.

CDC (2013). Youth risk behavior surveillance system, Atlanta, GA: Centers for Disease Control and Prevention. Retrieved from: http://www.cdc.gov/HealthyYouth/yrbs/index.htm.

çelik, P., Lammers, J., van Beest, I., Bekker, M. H. J., & Vonk, R. (2013). Not all rejections are alike: Competence and warmth as a fundamental distinction in social rejection. *Journal of Experimental Social Psychology, 49,* 635–642.

Celik, V., & Yesilyurt, E. (2013). Attitudes to technology, perceived computer self-efficacy and computer anxiety as predictors of computer supported education. *Computers & Education, 60,* 148–158.

Cesario, J., Grant, H., & Higgins, E. T. (2004). Regulatory fit and persuasion: Transfer from 'Feeling Right.' *Journal of Personality and Social Psychology, 86*(3), 388–404.

Cesario, J., Higgins, E. T., & Scholer, A. A. (2008). Regulatory fit and persuasion: Basic principles and remaining questions. *Social and Personality Psychology Compass, 2,* 444–463.

Chadee, D. (2011). Toward freedom: Reactance theory revisited. In D. Chadee (Ed.), *Theories in social psychology* (pp. 13–43). New York, NY: Wiley-Blackwell.

Chaiken, S., & Trope, Y. (1999). *Dual-process theories in social psychology.* New York, NY: Guilford Press.

Chan, F., Karbowski, J., Monty, R. A., & Perlmuter, L. C. (1986). Performance as a source of perceived control. *Motivation and Emotion, 10,* 59–70.

Chandler, C. L., & Connell, J. P. (1987). Children's intrinsic, extrinsic and internalized motivation: A developmental study of children's reasons for liked and disliked behaviours. *British Journal of Developmental Psychology, 5,* 357–365.

Chandler, J., Griffin, T. M., & Sorensen, N. (2008). In the 'I' of the storm: Shared initials increase disaster donations. *Judgment and Decision Making, 3,* 404–410.

Chandon, P., & Wansink, B. (2012). Does food marketing need to make us fat? A review and solutions. *Nutrition Reviews, 70,* 571–593.

Chang, E. C., & Sanna, L. J. (2003). Optimism, accumulated life stress, and psychological and physical adjustment: Is it always adaptive to expect the best? *Journal of Social and Clinical Psychology, 22,* 97–115.

Chang, W., Wong, W., & Teo, G. (2000). The socially oriented and individually oriented achievement motivation of Singaporean Chinese students. *Journal of Psychology in Chinese Societies, 1,* 39–63.

Chang, Y., Tsai, C., Hung, T., So, E. C., Chen, F., & Etnier, J. L. (2011). Effects of acute exercise on executive function: A study with a Tower of London Task. *Journal of Sport & Exercise Psychology, 33,* 847–865.

Charles, S. T., Piazza, J. R., Mogle, J., Sliwinski, M. J., & Almeida, D. M. (2013). The wear and tear of daily stressors on mental health. *Psychological Science, 24,* 733–741.

Charlton, J. P. (2006). How human is your computer? Measuring ethopoeic perceptions of computers. In K. Morgan, C.A. Brebbia, & J. M. Spector (Eds.), *The Internet Society II: Advances in Education, Commerce & Governance* (pp. 167–176). Southampton, UK: WIT Press.

Charlton, J. P. (2009). The determinants and expression of computer-related anger. *Computers in Human Behavior, 25,* 1213–1221.

Chartrand, T. L., & Bargh, J. A. (1999). The chameleon effect: The perception–behavior link and social interaction. *Journal of Personality and Social Psychology, 76,* 893–910.

Chartrand, T. L., & Bargh, J. A. (2002). Nonconscious motivations: Their activation, operation, and consequences. In A. Tesser, D. A. Stapel, & J. V. Wood, (Eds.), *Self and motivation: Emerging psychological perspectives* (pp. 13–41). Washington, DC: American Psychological Association.

Chartrand, T. L., Cheng, C. M., Dalton, A. N., & Tesser, A. (2010). Nonconscious goal pursuit: Isolated incidents or adaptive self-regulatory tool? *Social Cognition, 28,* 569–588.

Chartrand, T. L., Dalton, A. N., & Cheng, C. M. (2008). The antecedents and consequences of nonconscious goal pursuit. In J.Y. Shah & W. L. Gardner (Eds.), *Handbook of motivation science* (pp. 342–355). New York, NY: Guilford Press.

Chartrand, T. L., Dalton, A. N., & Fitzsimons, G. J. (2007). Nonconscious relationship reactance: When significant others prime opposing goals. *Journal of Experimental Social Psychology, 43,* 719–726.

Chartrand, T. L., Fitzsimons, G. M., & Fitzsimons, G. J. (2008). Automatic effects of anthropomorphized objects on behavior. *Social Cognition, 26,* 198–209.

Chen, G., Casper, W. J., & Cortina, J. M. (2001). The roles of self-efficacy and task complexity in the relationships among cognitive ability, conscientiousness, and work-related performance: A meta-analytic examination. *Human Performance, 14,* 209–230.

Chen, L. H., Chen, M. Y., Lin, M. S., Kee, Y. H., Kuo, C. F., & Shui, S. H. (2008). Implicit theory of athletic ability and self-handicapping in college students. *Psychological Reports, 103,* 476–484.

Chen, M., & Bargh, J. A. (1999). Consequences of automatic evaluation: Immediate behavioral predispositions to approach or avoid the stimulus. *Personality and Social Psychology Bulletin, 25,* 215–224.

Chen, M. K., Lakshminarayanan, V., & Santos, L. R. (2006). How basic are behavioral biases? Evidence from capuchin monkey trading behavior. *Journal of Political Economy, 114*, 517–537.

Chen, S., Lee-Chai, A. Y., & Bargh, J. A. (2001). Relationship orientation as a moderator of the effects of social power. *Journal of Personality and Social Psychology, 80*, 173–187.

Chen, T., Kalra, A., & Sun, B. (2009). Why do consumers buy extended service contracts? *Journal of Consumer Research, 36*, 611–623.

Cherry, E. C. (1953). Some experiments on the recognition of speech, with one and with two ears. *Journal of the Acoustical Society of America, 25*, 975–979.

Cherulnik, P. D., & Citrin, M. M. (1974). Individual difference in psychological reactance: The interaction between locus of control and mode of elimination of freedom. *Journal of Personality and Social Psychology, 29*, 398–404.

Chiou, W. B. (2006). Adolescents' sexual self-disclosure on the Internet: Deindividuation and impression management. *Adolescence, 41*, 547–561.

Chirkov, V., Ryan, R. M., Kim, Y., & Kaplan, U. (2003). Differentiating autonomy from individualism and independence: A self–determination theory perspective on internalization of cultural orientations and well-being. *Journal of Personality and Social Psychology, 84*, 97–110.

Chirkov, V. I., Ryan, R. M., & Willness, C. (2005). Cultural context and psychological needs in Canada and Brazil: Testing a self–determination approach to the internalization of cultural practices, identity, and well-being. *Journal of Cross-Cultural Psychology, 36*, 423–443.

Chirumbolo, A., Livi, S., Mannetti, L., Pierro, A., & Kruglanski, A. W. (2004). Effects of need for closure on creativity in small group interactions. *European Journal of Personality, 18*, 265–278.

Christenson, G. A., Faber, R. J., de Zwaan, M., Raymond, N. C., Specker, S. M., Ekern, M. D., . . .Eckert, E. D. (1994). Compulsive buying: Descriptive characteristics and psychiatric comorbidity. *Journal of Clinical Psychiatry, 55*, 5–11.

Christian, T. J. (2009, October 21). Opportunity costs surrounding exercise and dietary behaviors: Quantifying trade-offs between commuting time and health-related activities. *Unpublished manuscript*, Brown University. Retrieved from: http://dx.doi.org/10.2139/ssrn.1490117

Chutuape, M. A. D., Mitchell, S. H., & de Wit, H. (1994). Ethanol preloads increase ethanol preference under concurrent random-ratio schedules in social drinkers. *Experimental and Clinical Psychopharmacology, 2*, 310–318.

Cialdini, R. B., & Griskevicius, V. (2010). Social influence. In R. F. Baumeister & E. J. Finkel (Eds.), *Advanced social psychology: The state of the science* (pp. 385–417). New York, NY: Oxford University Press.

Ciani, K. D., & Sheldon, K. M. (2010). A versus F: The effects of implicit letter priming on cognitive performance. *British Journal of Educational Psychology, 80*, 99–119.

Cicero, M. T. (1927) *Tusculan Disputations*. (J. E. King, Trans.) Cambridge, MA: Harvard University Press.

Clark, J. C. (2013). A qualitative exploration of higher self-efficacy string students preparing for a competition. *International Journal of Music Education, 31*, 4–14.

Clark, L. A., & Watson, D. (1991). General affective dispositions in physical and psychological health. In C. R. Snyder & D. R. Forsyth (Eds.), *Handbook of social and clinical psychology* (pp. 241–245). New York, NY: Pergamon.

Clarkson, J. J., Hirt, E. R., Chapman, D. A., & Jia, L. (2011). The impact of illusory fatigue on executive control: Do perceptions of depletion impair working memory capacity? *Social Psychological and Personality Science, 2*, 231–238.

Clore, G. L., Gasper, K., & Garvin, E. (2001). Affect as information. In J. P. Forgas (Ed.), *Handbook of affect and social cognition* (pp. 121–144). Mahwah, NJ: Lawrence Erlbaum Associates Publishers.

Clore, G. L., Schwarz, N. & Conway, M. (2014). Affective causes and consequences of social information processing. In R. S. Wyer Jr. & T. K. Srull (Eds.), *Handbook of social cognition* (2nd ed., pp. 323–417). New York, NY: Psychology Press Cochran, W., & Tesser, A. (1996). The 'what the hell' effect: Some effects of goal proximity and goal framing on performance. In L. L. Martin & A. Tesser (Eds.), *Striving and feeling: Interactions among goals, affect, and self-regulation* (pp. 99–120). Hillsdale, NJ: Lawrence Erlbaum Associates, Inc.

Coeffeteau, N. (1621). *A table of humane passions*. E. Grimeston (Trans.). London, UK.

Cofer, C. H., & Appley, M. H. (1964). *Motivation: Theory and research.* New York, NY: John Wiley & Sons.

Cofer, C. N. (1959). Motivation. *Annual Review of Psychology, 10*, 173–202.

Cohen, J. R., Berkman, E. T., & Lieberman, M. D. (2013). Intentional and incidental self-control in ventrolateral prefrontal cortex. In D. T. Stuss & R. T. Knight (Eds.), *Principles of Frontal Lobe Functions* (2nd ed., pp. 417–440). Oxford, UK: Oxford University Press.

Cohen, M. J., & Major, J. (2004). *History in quotations*. London, UK: Cassell.

Cohen, S., Kaplan, J. R., Cunnick, J. E., Manuck, S. B., & Rabin, B. S. (1992). Chronic social stress, affiliation, and cellular immune response in nonhuman primates. *Psychological Science, 3*, 301–304.

Collins, J. L. (1982). *Self-efficacy and ability in achievement behavior*. Paper presented at the Annual Meeting of the American Educational Research Association, New York.

Collins, R. L., Koutsky, J. R., & Izzo, C. V. (2000). Temptation, restriction, and the regulation of alcohol intake: Validity and utility of the Temptation and Restraint Inventory. *Journal of Studies on Alcohol, 61*, 766–773.

Colquitt, J. A., LePine, J. A., & Noe, R. A. (2000). Toward an integrative theory of training motivation: A meta-analytic path analysis of 20 years research. *Journal of Applied Psychology, 85*, 678–707.

Colquitt, J. A., & Simmering, M. J. (1998). Conscientiousness, goal orientation and motivation to learn during the learning process: A longitudinal study. *Journal of Applied Psychology, 83*, 654–665.

Comeau, N., Stewart, S. H., & Loba, P. (2001). The relations of trait anxiety, anxiety sensitivity and sensation seeking to adolescents' motivations for alcohol, cigarette and marijuana use. *Addictive Behaviors, 26*, 803–825.

Conger, J. J. (1956). Reinforcement theory and the dynamics of alcoholism. *Quarterly Journal of Studies on Alcohol, 17*, 296–305.

Connell, J. P., & Wellborn, J. G. (1991). Competence, autonomy, and relatedness: A motivational analysis of self-system processes. In M. R. Gunnar & L. A. Sroufe (Eds.), *Self processes and development* (pp. 43–77). Hillsdale, NJ: Lawrence Erlbaum Associates, Inc.

Conner, K. R., Britton, P. C., Sworts, L. M., & Joiner, T. E. Jr. (2007). Suicide attempts among individuals with opiate dependence: The critical role of belonging. *Addictive Behaviors, 32*, 1395–1404.

Conner, M., & Abraham, C. (2001). Conscientiousness and the theory of planned behavior: Toward a more complete model of the antecedents of intentious behavior. *Personality and Social Psychology Bulletin, 27*, 1547–1561.

Conroy, D. E., Elliot, A. J., & Thrash, T. M. (2009). Achievement motivation. In M. R. Leary & R. H. Hoyle (Eds.), *Handbook of individual difference in social behavior* (pp. 382–399). New York, NY: Guilford Press.

Contrada, R. J., & Baum, A. (2011). *The handbook of stress science: Biology, psychology and health.* New York, NY: Springer.

Cooper, J. (2007). *Cognitive dissonance: Fifty years of a classic theory.* Thousand Oaks, CA: Sage Publications Ltd.

Cooper, J. B., & McGaugh, J. L. (1963). Social motivation. In J. B. Cooper, & J. L. McGaugh (Eds.), *Integrating principles of social psychology* (pp. 92–117). Cambridge, MA: Schenkman Publishing.

Cooper, J. M. (1984). Plato's theory of human motivation. *History of Philosophy Quarterly, 1*(1), 3–21.

Cooper, W. H. (1983). An achievement motivation nomological network. *Journal of Personality and Social Psychology, 44*, 841–861.

Corr, P. J., DeYoung, C. G., & McNaughton, N. (2013). Motivation and personality: A neuropsychological perspective. *Social and Personality Psychology Compass, 7*, 158–175.

Corr, P. J., & McNaughton, N. (2012). Neuroscience and approach/avoidance personality traits: A two stage (valuation-motivation) approach. *Neuroscience and Biobehavioral Reviews, 36*, 2339–2354.

Correll, J., Park, B., Judd, C. M., Wittenbrink, B., Sadler, M. S., & Keesee, T. (2007). Across the thin blue line: Police officers and racial bias in decisions to shoot. *Journal of Personality and Social Psychology, 92*, 1006–1023.

Corte C. M., & Sommers M. S. (2005). Alcohol and risky behaviors. *Annual Review of Nursing Research, 23*, 327–360.

Costa, Jr., P. T., & McCrae, R. R. (1985). *The NEO personality inventory manual.* Odessa, FL: Psychological Assessment Resources.

Costa, Jr., P. T., & McCrae, R. R. (2010). *The NEO personality inventory 3.* Retrieved from http://www.rpp.on.ca/assessments/neopi3.asp

Cottrell, N. B., Wack, D. L., Sekerak, G. J., & Rittle, R. H. (1968). Social facilitation of dominant responses by the presence of an audience and the mere presence of other. *Journal of Personality and Social Psychology, 16*, 95–108.

Courneya, K. S., & Hellsten, L. M. (1998). Personality correlates of exercise behavior, motives, barriers and preferences: An application of the five-factor model. *Personality and Individual Differences, 24*, 625–633.

Coutureau, E., & Killcross, S. (2003). Inactivation of the infralimbic prefrontal cortex reinstates goal-directed responding in overtrained rats. *Behavioural Brain Research, 146*(1–2), 167–174.

Cox, C. R., & Arndt, J. (2012). How sweet it is to be loved by you: The role of perceived regard in the terror management of close relationships. *Journal of Personality and Social Psychology, 102*, 616–632.

Cox, C. R., Arndt, J., Pyszczynski, T., Greenberg, J., Abdollahi, A., & Solomon, S. (2008). Terror management and adults' attachment to their parents: The safe haven remains. *Journal of Personality and Social Psychology, 94*, 696–717.

Craik, K. J. W. (1947). Theory of the human operator in control systems; I. The operator as an engineering system. *British Journal of Psychology, 38*, 56–61.

Crant, J. M., & Bateman, T. S. (1993). Assignment of credit and blame for performance outcomes. *Academy of Management Journal, 36*, 7–27.

Credé, M., Tynan, M. C., & Harms, P. D. (2016). Much ado about grit: A meta–analytic synthesis of the grit literature. *Journal of Personality and Social Psychology.*

Crescioni, A. W., Ehrlinger, J., Alquist, J. L., Conlon, K. E., Baumeister, R. F., Schatschneider, C., & Dutton, G. R. (2011). High trait self-control predicts positive health behaviors and success in weight loss. *Journal of Health Psychology, 16*, 750–759.

Creswell, J. D., Welch, W. T., Taylor, S. E., Sherman, D. K., Gruenewald, T. L., & Mann, T. (2005). Affirmation of personal values buffers neuroendocrine and psychological stress responses. *Psychological Science, 16*, 846–851.

Crocker, J., Karpinski, A., Quinn, D. M., & Chase, S. K. (2003). When grades determine self-worth: Consequences of contingent self-worth for male and female engineering and psychology majors. *Journal of Personality and Social Psychology, 85*, 507–516.

Crocker, J., & Knight, K. M. (2005). Contingencies of self-worth. *Current Directions in Psychological Science, 14*, 200–203.

Crocker, J., & Luhtanen, R. K. (2003). Level of self-esteem and contingencies of self-worth: Unique effects on academic, social and financial problems in college students. *Personality and Social Psychology Bulletin, 29*, 701–712.

Crocker, J., Luhtanen, R. K., Cooper, M. L., & Bouvrette, A. (2003). Contingencies of self-worth in college students: Theory and measurement. *Journal of Personality and Social Psychology, 85*, 894–908.

Crocker, J., & Park, L. E. (2004). The Costly Pursuit of Self-Esteem. *Psychological Bulletin, 130*, 392–414.

Crocker, J., & Park, L. E. (2012). Contingencies of self-worth. In M. R. Leary & J. P. Tangney (Eds.), *Handbook of self and identity* (2nd ed., pp. 309–326). New York: Guilford Press.

Crocker, J., Sommers, S. R., & Luhtanen, R. K. (2002). Hopes dashed and dreams fulfilled: Contingencies of self-worth and graduate school admissions. *Personality and Social Psychology Bulletin, 28*, 1275–1286.

Crocker, J., & Wolfe, C. T. (2001). Contingencies of self-worth. *Psychological Review, 108*, 593–623.

Cross, P. (1977). Not can but will college teachers be improved? *New Directions for Higher Education, 17*, 1–15.

Cross, S. E., & Madson, L. (1997). Models of the self: Self-construals and gender. *Psychological Bulletin, 122*, 5–37.

Crowe, E., & Higgins, E. T. (1997). Regulatory focus and strategic inclinations: Promotion and prevention in decision-making.

Organizational Behavior and Human Decision Processes, 69, 117–132.

Crum, A. J., Salovey, P., & Achor, S. (2013). Rethinking stress: The role of mindsets in determining the stress response. *Journal of Personality and Social Psychology, 104,* 716–733.

Csikszentmihalyi, M. (1975). *Beyond boredom and anxiety: The experience of flow in work and play.* San Francisco, CA: Jossey-Bass.

Csikszentmihalyi, M. (1982). Towards a psychology of optimal experience. In L. Wheeler (Ed.), *Annual review of personality and social psychology* (Vol. 3, pp. 13–36). Beverly Hills, CA: Sage.

Csikszentmihalyi, M. (1990a). *Flow: The psychology of optimal experience.* New York, NY: Harper Collins.

Csikszentmihalyi, M. (1990b). The domain of creativity. In M. A. Runco & R. S. Albert (Eds.), *Theories of creativity* (pp. 190–212). Thousand Oaks, CA: Sage Publications, Inc.

Csikszentmihalyi, M. (1997). *Finding flow: The psychology of engagement with everyday life.* New York, NY: Basic Books.

Csikszentmihalyi, M., Abuhamdeh, S., & Nakamura, J. (2005). Flow. In A. J. Elliot & C. S. Dweck (Eds.), *Handbook of competence and motivation* (pp. 598–608). New York, NY: Guilford Publications.

Csikszentmihalyi, M., & LeFevre, J. (1989). Optimal experience in work and leisure. *Journal of Personality and Social Psychology, 56,* 815–822.

Csikszentmihalyi, M., & Rathunde, K. (1993). The measurement of flow in everyday life: Toward a theory of emergent motivation. In J. E. Jacobs (Ed.), *Nebraska Symposium on Motivation: Developmental perspectives on motivation* (Vol. 40, pp. 57–97). Lincoln, NE: University of Nebraska Press.

Csikszentmihalyi, M., Rathunde, K., & Whalen, S. (1993). *Talented teenagers.* Cambridge, UK: Cambridge University Press.

Culos-Reed, S. N., Brawley, L. R., Martin, K. A., & Leary, M. R. (2002). Self-presentation concerns and health behaviors among cosmetic surgery patients. *Journal of Applied Social Psychology, 32,* 560–569.

Curtin, J. J., Patrick, C. J., Lang, A. R., Cacioppo, J. T., & Birbaumer, N. (2001). Alcohol affects emotion through cognition. *Psychological Science, 12,* 527–531.

Curtis, J., Burkley, E., & Burkley, M. (2014). The rhythm is gonna get you: The influence of circadian rhythm synchrony on self-control outcomes. *Social and Personality Psychology Compass, 8,* 609–625.

Curtis, T. J., & Wang, Z. (2003). The neurochemistry of pair bonding. *Current Directions in Psychological Science, 12,* 49–53.

Cury, F., Elliot, A. J., Da Fonseca, D., & Moller, A. C. (2006). The social-cognitive model of achievement motivation and the 2 × 2 achievement goal framework. *Journal of Personality and Social Psychology, 90,* 666–679.

Custers, R., & Aarts, H. (2005). Positive Affect as Implicit Motivator: On the Nonconscious Operation of Behavioral Goals. *Journal of Personality and Social Psychology, 89,* 129–142.

Cuthbert, B. N., Bradley, M. M., & Lang, P. J. (1996). Probing picture perception: Activation and emotion. *Psychophysiology, 33,* 103–111.

Cyders, M. A., Smith, G. T., Spillane, N. S., Fischer, S., Annus, A. M., & Peterson, C. (2007). Integration of impulsivity and positive mood to predict risky behavior: Development and validation of a measure of positive urgency. *Psychological Assessment, 19,* 107–118.

Dalton, A. N., Chartrand, T. L., & Finkel, E. J. (2010). The schema-driven chameleon: How mimicry affects executive and self-regulatory resources. *Journal of Personality and Social Psychology, 98,* 605–617.

Damasio, A. R. (1994). *Descartes' error: Emotion, reason, and the human brain.* New York, NY: Grosset/Putnam.

D'Amato, M. R. (1974). Derived motives. *Annual Review of Psychology, 25,* 83–106.

Danziger, K. (2001). The unknown Wundt: Drive, apperception, and volition. In R. W. Rieber & D. K. Robinson (Eds.) *Wilhelm Wundt in history: The making of a scientific psychology* (pp. 95–120). New York, NY: Kluwer Academic/Plenum Publishers.

Danziger, S., Levav, J., & Avnaim-Pessoa, L. (2011). Extraneous factors in judicial decisions. *PNAS Proceedings of the National Academy of Sciences of the United States of America, 108,* 6889–6892.

Darley, J. M., & Latane, B. (1968). Bystander intervention in emergencies: Diffusion of responsibility. *Journal of Personality and Social Psychology, 8,* 377–383.

Darwin, C. (1859). *On the origin of the species.* London, UK: John Murray.

Darwin, C. (1872). *The expression of the emotions in man and animals.* London, UK: John Murray.

Dashiell, J. F. (1928). *Fundamentals of general psychology.* New York: Houghton Mifflin.

Dashiell, J. F. (1930). An experimental analysis of some group effects. *The Journal of Abnormal and Social Psychology, 25,* 190–199.

Davey, G., & Cullen, C. (Eds.). (1988). *Human operant conditioning and behavior modification.* Oxford, England: John Wiley & Sons.

Davidson, K., & Prkachin, K. (1997). Optimism and unrealistic optimism have an interacting impact on health-promoting behavior and knowledge changes. *Personality and Social Psychology Bulletin, 23,* 617–625.

Davidson, R. F., Pizzagalli, D., Nitscke, J. B., & Kalin, N. H. (2003). Parsing the subcomponents of emotion and disorders of emotions: Perspectives from affective neuroscience. In R. J. Davidson, K. R. Scherer, & H. H. Goldsmith (Eds.), *Handbook of affective sciences* (pp. 8–24). New York, NY: Oxford University Press.

Davidson, R. F., Scherer, K. R., & Goldsmith, H. H. (2003). Introduction: Neuroscience. In R. J. Davidson, K. R. Scherer, & H. H. Goldsmith (Eds.), *Handbook of affective sciences* (pp. 3–7). New York, NY: Oxford University Press.

Davidson, R. J. (1992). Brain asymmetry, the emotions, and mood disorders. *The Harvard Mental Health Letter, 9,* 4–5.

Davis, C., Fox, J., Brewer, H., & Ratusny, D. (1995). Motivations to exercise as a function of personality characteristics, age, and gender. *Personality and Individual Differences, 19,* 165–174.

Davis, J. I., & Markman, A. B. (2012). Embodied cognition as a practical paradigm: Introduction to the topic, the future of embodied cognition. *Topics in Cognitive Science, 4,* 685–691.

Davis, S. F., Huss, M. T., & Becker, A. H. (2009). Norman Triplett: Recognizing the importance of competition. In C. D. Green & L. T. Benjamin, Jr. (Eds.), *Psychology gets in the game: Sport, mind, and behavior* (pp. 98–115). Lincoln, NE: University of Nebraska Press.

Davis, T. L., Severy, L. J., Kraus, S. J., & Whitaker, J. M. (1993). Predictors of sentencing decisions: The beliefs, personality variables, and demographic factors of juvenile justice personnel. *Journal of Applied Social Psychology, 23*(6), 451–477.

Davis, W. D., Mero, N., & Goodman, J. M. (2007). The interactive effects of goal orientation and accountability on task performance. *Human Performance, 20,* 1–21.

Day, E. A., Espejo, J., Kowollik, V., Boatman, P. R., & McEntire, L. E. (2007). Modeling the links between need for cognition and the acquisition of a complex skill. *Personality and Individual Differences, 42*(2), 201–212.

Day, J. (1838). *An inquiry respecting the self-determining power of the will or contingent volition.* New Haven, CT: Herrick & Noyes.

De Dreu, C. K. W. (2012). Oxytocin modulates cooperation within and competition between groups: An integrative review and research agenda. *Hormones and Behavior, 61,* 419–428.

De Dreu, C. K. W., Greer, L. L., Van Kleef, G. A., Shalvi, S., & Handgraaf, M. J. J. (2011). Oxytocin promotes human ethnocentrism. *PNAS Proceedings of the National Academy of Sciences of the United States of America, 108,* 1262–1266.

de Lange, M., Debets, L., Ruitenburg, K., & Holland, R. (2012). Making less of a mess: Scent exposure as a tool for behavioral change. *Social Influence, 7,* 90–97.

De Martino, B., Camerer, C. F., & Adolphs, R. (2010). Amygdala damage eliminates monetary loss aversion. *PNAS Proceedings of the National Academy of Sciences of the United States of America, 107,* 3788–3792.

DeBacker, T. K., & Crowson, H. M. (2006). Influences on cognitive engagement: Epistemological beliefs and need for closure. *British Journal of Educational Psychology, 76*(3), 535–551.

DeBacker, T. K., & Crowson, H. M. (2009). The influence of need for closure on learning and teaching. *Educational Psychology Review, 21*(4), 303–323.

DeBono, A., Shmueli, D., & Muraven, M. (2011). Rude and inappropriate: The role of self-control in following social norms. *Personality and Social Psychology Bulletin, 37,* 136–146.

DeCharms, R. (1968). *Personal causation: The internal affective determinants of behavior.* New York, NY: Academic Press.

DeCharms, R., & Muir, M. S. (1978). Motivation: Social approaches. *Annual Review of Psychology, 29,* 91–113.

Deci, E. L. (1971). Effects of externally mediated rewards on intrinsic motivation. *Journal of Personality and Social Psychology, 18,* 105–115.

Deci, E. L. (1975). *Intrinsic motivation.* New York, NY: Plenum Press.

Deci, E. L., & Cascio, W. F. (1972). *Changes in intrinsic motivation as a function of negative feedback and threats.* Paper presented at the meeting of the Eastern Psychological Association, Boston.

Deci, E. L., Connell, J. P., & Ryan, R. M. (1989). Self-determination in a work organization. *Journal of Applied Psychology, 74,* 580–590.

Deci, E. L., Koestner, R., & Ryan, R. M. (1999). A meta-analytic review of experiments examining the effects of extrinsic rewards on intrinsic motivation. *Psychological Bulletin, 125,* 627–668.

Deci, E. L., Nezlek, J., & Sheinman, L. (1981). Characteristics of the rewarder and intrinsic motivation of the rewardee. *Journal of Personality and Social Psychology, 40,* 1–10.

Deci, E. L., & Ryan, R. M. (1990). A motivational approach to self: Integration in personality. In R. Dienstbier (Ed.), *Nebraska symposium on motivation: Perspectives on motivation* (Vol. 38, pp. 237–288). Lincoln, NE: University of Nebraska Press.

Deci, E. L., & Ryan, R. M. (2000). The 'what' and 'why' of goal pursuits: Human needs and the self-determination of behavior. *Psychological Inquiry, 11,* 227–268.

Deci, E. L., & Ryan, R. M. (2012). Self-determination theory. In P. A. M. Van Lange, A. W. Kruglanski, & E. T. Higgins (Eds.), *Handbook of theories of social psychology* (Vol 1, pp. 416–436). Thousand Oaks, CA: Sage Publications.

Deci, E. L., Ryan, R. M., Gagne?, M., Leone, D. R., Usunov, J., & Kornazheva, B. P. (2001). Need satisfaction, motivation, and well-being in the work organizations of a former Eastern Bloc country. *Personality and Social Psychology Bulletin, 27,* 930–942.

Deckers, L. (2005). Homeostasis: temperature, thirst, hunger, and eating. In L. Deckers (Ed.), *Motivation: biological, psychological, and environmental* (2nd ed., pp. 106–162). Boston, MA: Pearson.

Deluga, R. J., & Masson, S. (2000). Relationship of resident assistant conscientiousness, extraversion, and positive affect with rated performance. *Journal of Research in Personality, 34,* 225–235.

Deluga, R. J., & Perry, J. T. (1991). The relationship of subordinate upward influencing behaviour, satisfaction and perceived superior effectiveness with leader-member exchanges. *Journal of Occupational Psychology, 64,* 239–252.

Dember, W. N. (1965). The new look in motivation. *American Scientist, 53,* 409–427.

Dember, W. N. (1974). Motivation and the cognitive revolution. *American Psychologist, 29*(3), 161–168.

Dember, W. N. (1991). Cognition, motivation, and emotion: Ideology revisited. In R. R. Hoffman & D. S. Palermo (Eds.), *Cognition and the symbolic processes: Applied and ecological perspectives* (pp. 153–162). Hillsdale, NJ: Lawrence Erlbaum.

Dembo, T. (1931). Der Ärger als dynamisches problem. *Psychologische Forschung, 15,* 1–44.

Dennis, E. A., Dengo, A. L., Comber, D. L., Flack, K. D., Savla, J., Davy, K. P., & Davy, B. M. (2010). Water consumption increases weight loss during a hypocaloric diet intervention in middle-aged and older adults. *Obesity, 18,* 300–307.

DeRose, S. (2012). An organized list of over 800 English emotion words, maintained by Steven DeRose. Retrieved from: http://www.derose.net/steve/resources/emotionwords/ewords.html

Descartes, R. (1649/1824). *The passions of the soul.* Paris, France: Chez F. G. Levrault.

DeSteno, D., Dasgupta, N., Bartlett, M. Y., & Cajdric, A. (2004). Prejudice from thin air: The effect of emotion on automatic intergroup attitudes. *Psychological Science, 15,* 319–324.

Deutsch, J. A., & Deutsch, D. (1963). Attention: Some theoretical considerations. *Psychological Review, 70,* 80–90.

Deutsch, M., & Gerard, H. B. (1955). A study of normative and informational social influences upon individual judgment. *The Journal of Abnormal and Social Psychology, 51,* 629–636.

Devine, P. G. (1989). Stereotypes and prejudice: Their automatic and controlled components. *Journal of Personality and Social Psychology, 56,* 5–18.

DeWall, C., MacDonald, G., Webster, G. D., Masten, C. L., Baumeister, R. F., Powell, C., . . . Eisenberger, N. I. (2010). Acetaminophen reduces social pain: Behavioral and neural evidence. *Psychological Science, 21,* 931–937.

DeWall, C. N., & Baumeister, R. F. (2006). Alone but feeling no pain: Effects of social exclusion on physical pain tolerance and pain threshold, affective forecasting, and interpersonal empathy. *Journal of Personality and Social Psychology, 91,* 1–15.

DeWall, C. N., Baumeister, R. F., & Vohs, K. D. (2008). Satiated with belongingness? Effects of acceptance, rejection, and task framing on self-regulatory performance. *Journal of Personality and Social Psychology, 95,* 1367–1382.

DeWall, C. N., Baumeister, R. F., Mead, N. L., & Vohs, K. D. (2011). How leaders self-regulate their task performance: Evidence that power promotes diligence, depletion, and disdain. *Journal of Personality and Social Psychology, 100,* 47–65.

DeWall, C. N., Baumeister, R. F., Stillman, T. F., & Gailliot, M. T. (2007). Violence restrained: Effects of self-regulation and its depletion on aggression. *Journal of Experimental Social Psychology, 43,* 62–76.

DeWall, C. N., Twenge, J. M., Gitter, S. A., & Baumeister, R. F. (2009). It's the thought that counts: The role of hostile cognition in shaping aggressive responses to social exclusion. *Journal of Personality and Social Psychology, 96,* 45–59.

Diamond, A. (1990). Developmental time course in human infants and infant monkeys, and the neural bases of inhibitory control in reaching. *Annals of the New York Academy of Sciences, 608,* 637–676.

Diamond, A., & Taylor, C. (1996). Development of an aspect of executive control: Development of the abilities to remember what I said and to 'Do as I say, not as I do'. *Developmental Psychobiology, 29,* 315–334.

Dicintio, M. J., & Gee, S. (1999). Control is the key: Unlocking the motivation of at-risk students. *Psychology in the Schools, 36,* 231–237.

Dickerson, C. A., Thibodeau, R., Aronson, E., & Miller, D. (1992). Using cognitive dissonance to encourage water conservation. *Journal of Applied Social Psychology, 22,* 841–854.

Dickman, S. J. (1990). Functional and dysfunctional impulsivity: Personality and cognitive correlates. *Journal of Personality and Social Psychology, 58,* 95–102.

Diefendorff, J. M., Hall, R. J., Lord, R. G., & Strean, M. L. (2000). Action–state orientation: Construct validity of a revised measure and its relationship to work-related variables. *Journal of Applied Psychology, 85,* 250–263.

Diener, C. I., & Dweck, C. S. (1978). An analysis of learned helplessness: Continuous changes in performance, strategy, and achievement cognitions following failure. *Journal of Personality and Social Psychology, 36,* 451–462.

Diener, E. (1984). Subjective well-being. *Psychological Bulletin, 95,* 542–575.

Diener, E., Fraser, S. C., Beaman, A. L., & Kelem, R. T. (1976). Effects of deindividuation variables on stealing among Halloween trick-or-treaters. *Journal of Personality and Social Psychology, 33,* 178–183.

Diener, E., Lucas, R. E., & Scollon, C. N. (2006). Beyond the hedonic treadmill: Revising the adaptation theory of well-being. *American Psychologist, 61,* 305–314.

Diener, E., Ng, W., Harter, J., & Arora, R. (2010). Wealth and happiness across the world: Material prosperity predicts life evaluation, whereas psychosocial prosperity predicts positive feeling. *Journal of Personality and Social Psychology, 99,* 52–61.

Diener, E., Sandvik, E., & Pavot, W. (1991). Happiness is the frequency, not the intensity, of positive versus negative affect. In F. Strack, M. Argyle, & N. Schwarz (Eds.), *Subjective well-being: An interdisciplinary perspective* (pp. 119–139). Elmsford, NY: Pergamon Press.

Diener, E., Suh, E. M., Lucas, R. E., & Smith, H. L. (1999). Subjective well-being: Three decades of progress. *Psychological Bulletin, 125,* 276–302.

Diener, E., & Wallbom, M. (1976). Effects of self-awareness on antinormative behavior. *Journal of Research in Personality, 10,* 107–111.

Dijksterhuis, A. (2004). Think different: The merits of unconscious thought in preference development and decision making. *Journal of Personality and Social Psychology, 87,* 586–598.

Dijksterhuis, A., & Bargh, J. A. (2001). The perception–behavior expressway: Automatic effects of social perception on social behavior. In M. P. Zanna (Ed.), *Advances in experimental social psychology* (Vol. 33, pp. 1–40). San Diego, CA: Academic Press.

Dijksterhuis, A., Bos, M. A., Nordgren, L. F., & van Baaren, R. B. (2006). On making the right choice: the deliberation-without-attention effect. *Science, 311,* 1005–1007.

Dik, G., & Aarts, H. (2007). Behavioral cues to others' motivation and goal pursuits: The perception of effort facilitates goal inference and contagion. *Journal of Experimental Social Psychology, 43,* 727–737.

Dimmock, J. A. (2009). The influence of assimilation and differentiation needs on sport team preferences: The quest for optimal distinctiveness. *International Journal of Sport Psychology, 40,* 392–402.

Dirksen, K. (2011, March 8). Happiness research ranks commuting low: One-hour commute cuts your social life by 10 percent. *Huffpost.* Retrieved from: http://www.huffingtonpost.com/

Diserens, C. M., & Vaughn, J. (1931). The experimental psychology of motivation. *Psychological Bulletin, 28*(1), 15–65.

Dishman, R. K., Thom, N. J., & Smith, J. C. (2008). Effects of acute exercise on Hoffman reflex during affective picture viewing. (Unpublished manuscript). University of Georgia, Georgia.

Dobson, K. & Franche, R. (1989). A conceptual and empirical review of the depressive realism hypothesis. *Canadian Journal of Behavioural Science, 21,* 419–433.

Dolcos, F., & McCarthy, G. (2006). Brain systems mediating cognitive interference by emotional distraction. *The Journal of Neuroscience, 26,* 2072–2079.

Dolinski, D., & Drogosz, M. (2011). Regulatory fit and voting. *Journal of Applied Social Psychology, 41,* 2673–2688.

Domes, G., Heinrichs, M., Kumbier, E., Grossmann, A., Hauenstein, K., & Herpertz, S. C. (2013). Effects of intranasal oxytocin on the neural basis of face processing in autism spectrum disorder. *Biological Psychiatry*. Advance online publication. doi: 10.1016/j.biopsych.2013.02.007

Dommer, S. L., & Swaminathan, V. (2012). Explaining the Endowment Effect through ownership: The role of identity, gender, and self-threat. *Journal of Consumer Research, 39*, 1034–1050.

Douglas, K. M., & McGarty, C. (2001). Identifiability and self-presentation: Computer-mediated communication and intergroup interaction. *British Journal of Social Psychology, 40*, 399–416.

Dowdey, S. (2008). Does what you smell determine what you buy? *HowStuffWorks*. Retrieved from: http://money.howstuffworks.com/scent–marketing.htm, accessed January 27, 2009.

Downey, G., Freitas, A. L., Michaelis, B., & Khouri, H. (1998). The self-fulfilling prophecy in close relationships: Rejection sensitivity and rejection by romantic partners. *Journal of Personality and Social Psychology, 75*, 545–560.

Duckworth, A. L., Kirby, T. A., Tsukayama, E., Berstein, H., & Ericsson, K. A. (2011). Deliberate practice spells success: Why grittier competitors triumph at the National Spelling Bee. *Social Psychological and Personality Science, 2*, 174–181.

Duckworth, A. L., Peterson, C., Matthews, M. D., & Kelly, D. R. (2007). Grit: Perseverance and passion for long-term goals. *Journal of Personality and Social Psychology, 92*, 1087–1101.

Duckworth, A. L., & Quinn, P. D. (2009). Development and validation of the Short Grit Scale (Grit–S). *Journal of Personality Assessment, 91*, 166–174.

Duckworth, A. L., & Seligman, M. E. P. (2006). Self-discipline gives girls the edge: Gender in self-discipline, grades, and achievement test scores. *Journal of Educational Psychology, 98*, 198–208.

Duffy, E. (1957). The psychological significance of the concept of 'arousal' or 'activation.' *Psychological Review, 64*, 265–275.

Duffy, E. (1962). *Activation and behavior*. Oxford, England: Wiley.

Dugan, A. (2013). Fast food still major part of U.S. diet. Gallup Poll. http://www.gallup.com/poll/163868/fast-food-major-part-diet.aspx

Duhigg, C. (2012). *The power of habit: why we do what we do in life and business*. New York, NY: Random House.

Düker, H. (1931). *Psychologische Untersuchungen über freie und zwangsläufige Arbeitsweise: Experimentelle Beiträge zur Willens- und Arbeitspsychologie* (Psychological studies of free and inevitable work: Experimental contributions on the psychology of volition and work). Leipzig, Germany: Barth.

Dumontheil, I., Gilbert, S. J., Frith, C. D., & Burgess, P. W. (2010). Recruitment of lateral rostral prefrontal cortex in spontaneous and task-related thoughts. *The Quarterly Journal of Experimental Psychology, 63*, 1740–1756.

Dunlap, K. (1919). Are there any instincts? *The Journal of Abnormal Psychology, 14*(5), 307–311.

Dunlap, K. (1925). Instinct and desire. *The Journal of Abnormal and Social Psychology, 20*(2), 170–173.

Dunn, D. S., & Wilson, T. D. (1990). When the stakes are high: A limit to the illusion-of-control effect. *Social Cognition, 8*, 305–323.

Dunn, E. W., Gilbert, D. T., & Wilson, T. D. (2011). If money doesn't make you happy, then you probably aren't spending it right. *Journal of Consumer Psychology, 21*, 115–125.

Dunn, E. W., Wilson, T. D., & Gilbert, D. T. (2003). Location, location, location: The misprediction of satisfaction in housing lotteries. *Personality and Social Psychology Bulletin, 29*, 1421–1432.

Dunn, J., Occhipinti, S., Campbell, A., Ferguson, M., & Chambers, S. K. (2011). Benefit finding after cancer: The role of optimism, intrusive thinking, and social environment. *Journal of Health Psychology, 16*, 169–177.

Dunning, D., Johnson, K., Ehrlinger, J., & Kruger, J. (2003). Why people fail to recognize their own incompetence. *Current Directions in Psychological Science, 12*, 83–87.

Dutton, D. G., & Aron, A. P. (1974). Some evidence for heightened sexual attraction under conditions of high anxiety. *Journal of Personality and Social Psychology, 30*, 510–517.

Duval, S., & Wicklund, R. A. (1972). *A theory of objective self awareness*. Oxford, England: Academic Press.

Dweck, C. S. (1999). *Self-theories: Their role in motivation, personality, and development*. Philadelphia, PA: Taylor & Francis.

Dweck, C. S., Chiu, C. Y., & Hong, Y. Y. (1995). Implicit theories and their role in judgments and reactions: A world from two perspectives. *Psychological Inquiry, 6*, 267–285.

Dweck, C. S., & Elliott, E. S. (1983). Achievement motivation. In P. Mussen and E. M. Hetherington (Eds.), *Handbook of child psychology* (pp. 643–691). New York, NY: Wiley.

Dweck, C. S., & Gilliard, D. (1975). Expectancy statements as determinants of reactions to failure: Sex differences in persistence and expectancy change. *Journal of Personality and Social Psychology, 32*, 1077–1084.

Dweck, C. S., & Grant, H. (2008). Self-theories, goals, and meaning. In J. Y. Shah & W. L. Gardner (Eds.), *Handbook of motivation science* (pp. 405–416). New York, NY: Guilford Press.

Dweck, C. S., & Leggett, E. L. (1988). A social-cognitive approach to motivation and personality. *Psychological Review, 95*, 256–273.

Dweck, C. S., Mangels, J. A., & Good, C. (2004). Motivational effects on attention, cognition, and performance. In D. Y. Dai & R. J. Sternberg (Eds.), *Motivation, emotion, and cognition: Integrative perspectives on intellectual functioning and development* (pp. 41–55). Mahwah, NJ: Lawrence Erlbaum Associates Publishers.

Dweck, C. S., & Molden, D. C. (2005). Self-theories: Their impact on competence motivation and acquisition. In A. J. Elliot & C. S. Dweck (Eds.), *Handbook of competence and motivation* (pp. 122–140). New York, NY: The Guilford Press.

Eagleman, D. M. (2011, July). The brain on trial. *The Atlantic*. Retrieved from http://www.theatlantic.com/magazine/archive/2011/07/the-brain-on-trial/308520

Eagly, A. H., & Steffen, V. J. (1986). Gender and aggressive behavior: A meta-analytic review of the social psychological literature. *Psychological Bulletin, 100*, 309–330.

Earley, P. C., & Kanfer, R. (1985). The influence of component participation and role models on goal acceptance, goal satisfaction, and performance. *Organizational Behavior and Human Decision Processes, 36*, 378–390.

Earley, P. C., Wojnaroski, P., & Prest, W. (1987). Task planning and energy expended: Exploration of how goals influence performance. *Journal of Applied Psychology, 72,* 107–114.

Ebbinghaus, H. (1908). *Psychology: An elementary text-book.* Meyer, Max (Trans). Boston, MA: D C Heath & Co Publishers.

Eckblad, M., & Chapman, L. J. (1983). Magical ideation as an indicator of schizotypy. *Journal of Consulting and Clinical Psychology, 51,* 215–225.

Eckhardt, C. I., & Crane, C. (2008). Effects of alcohol intoxication and aggressivity on aggressive verbalizations during anger arousal. *Aggressive Behavior, 34,* 428–436.

Edelman, G. M. (1989). *The remembered present: A biological theory of consciousness.* New York, NY: Basic Books.

Edmans, A., Garcia, D., & Norli, O. (2007). Sports sentiment and stock returns. *Journal of Finance, 62,* 1967–1998.

Edmunds, J., Ntoumanis, N., & Duda, J. L. (2007). Adherence and well-being in overweight and obese patients referred to an exercise on prescription scheme: A self-determination theory perspective. *Psychology of Sport and Exercise, 8,* 722–740.

Edwards, W. (1954). Probability preference among bets with differing expected values. *The American Journal of Psychology, 67,* 56–67.

Ehrlich, K. B., Dykas, M. J., & Cassidy, J. (2012). Tipping points in adolescent adjustment: Predicting social functioning from adolescents' conflict with parents and friends. *Journal of Family Psychology, 26,* 776–783.

Ehrlinger, J., & Dunning, D. (2003). How chronic self-views influence (and potentially mislead) estimates of performance. *Journal of Personality and Social Psychology, 84,* 5–17.

Eisenberger, N. I., Lieberman, M. D., & Williams, K. D. (2003). Does rejection hurt? An fMRI study of social exclusion. *Science, 302*(5643), 290–292.

Eisenberger, R., & Cameron, J. (1996). Detrimental effects of reward: Reality or myth? *American Psychologist, 51,* 1153–1166.

Ekman, P. (1992). Are there basic emotions? *Psychological Review, 99,* 550–553.

Ekman, P., & Davidson, R. J. (Eds.). (1994). *The nature of emotion: Fundamental questions.* New York, NY: Oxford University Press.

Ekman, P., & Freisen, W. V. (1971). Constants across cultures in the face and emotion. *Journal of Personality and Social Psychology, 17,* 124–129.

Ekman, P., Freisen, W. V., & Ancoli, S. (1980). Facial signs of emotional experience. *Journal of Personality and Social Psychology, 39,* 1125–1134.

Ekman, P., Levenson, R. W., & Friesen, W. V. (1983). Autonomic nervous system activity distinguishes among emotions. *Science, 221,* 1208–1210.

Ekman, P., & Rosenberg, E. L. (Eds.). (2005). *What the face reveals: Basic and applied studies of spontaneous expression using the facial action coding system* (FACS, 2nd ed.). New York, NY: Oxford University Press.

Ekman, P., Sorenson, E. R., & Friesen, W. V. (1969). Pan-cultural elements in facial displays of emotion. *Science, 164,* 86–88.

Ellemers, N., & Haslam, S. A. (2012). Social identity theory. In P. A. M. Van Lange, A. W. Kruglanski, & E. T. Higgins (Eds.), *Handbook of theories of social psychology* (Vol. 2, pp. 379–398). Thousand Oaks, CA: Sage Publications Ltd.

Elliot, A. J. (1999). Approach and avoidance motivation and achievement goals. *Educational Psychologist, 34,* 169–189.

Elliot, A. J. (2006). The hierarchical model of approach-avoidance motivation. *Motivation and Emotion, 30,* 111–116.

Elliot, A. J. (2008). *Handbook of approach and avoidance motivation.* New York, NY: Psychology Press.

Elliot, A. J. (2014). *Advances in motivation science.* New York, NY: Academic Press.

Elliot, A. J., Chirkov, V. I., Kim, Y., & Sheldon, K. M. (2001). A cross-cultural analysis of avoidance (relative to approach) personal goals. *Psychological Science, 12,* 505–510.

Elliot, A. J., & Dweck, C. S. (2005). Competence and motivation: Competence as the core of achievement motivation. In A. J. Elliot & C. S. Dweck (Eds.), *Handbook of competence and motivation* (pp. 3–12). New York, NY: Guilford Publications.

Elliot, A. J., & Fryer, J. W. (2008). The goal construct in psychology. In J. Y. Shah & W. L. Gardner (Eds.), *Handbook of motivation science* (pp. 235–250). New York, NY: Guilford Press.

Elliot, A. J., Greitemeyer, T., & Pazda, A. D. (2012). Women's use of red clothing as a sexual signal in intersexual interaction. *Journal of Experimental Social Psychology, 49*(3), 599–602.

Elliot, A. J., & Harackiewicz, J. M. (1996). Approach and avoidance achievement goals and intrinsic motivation: A mediational analysis. *Journal of Personality and Social Psychology, 70,* 461–475.

Elliot, A. J., Kayser, D. N., Greitemeyer, T., Lichtenfeld, S., Gramzow, R. H., Maier, M. A., & Liu, H. (2010). Red, rank, and romance in women viewing men. *Journal of Experimental Psychology: General, 139,* 399–417.

Elliot, A. J., & McGregor, H. A. (2001). A 2 × 2 achievement goal framework. *Journal of Personality and Social Psychology, 80,* 501–519.

Elliot, A. J., McGregor, H. A., & Gable, S. (1999). Achievement goals, study strategies, and exam performance: A mediational analysis. *Journal of Educational Psychology, 91,* 549–563.

Elliot, A. J., & Niesta, D. (2008). Romantic red: Red enhances men's attraction to women. *Journal of Personality and Social Psychology, 95,* 1150–1164.

Elliot, A. J., & Niesta, D. (2009). Goal in the hierarchical model of approach-avoidance motivation. In G. B. Moskowitz & H. Grant (Eds.), *The psychology of goals* (pp. 56–76). New York: Guilford Press.

Elliot, A. J., & Sheldon, K. M. (1997). Avoidance achievement motivation: A personal goals analysis. *Journal of Personality and Social Psychology, 73,* 171–185.

Elliot, A. J., & Thrash, T. M. (2002). Approach-avoidance motivation in personality: Approach and avoidance temperaments and goals. *Journal of Personality and Social Psychology, 82,* 804–818.

Elliot, A. J., & Thrash, T. M. (2010). Approach and avoidance temperament as basic dimensions of personality. *Journal of Personality, 78,* 865–906.

Elliot, A. J., Tracy, J. L., Pazda, A. D., & Beall, A. T. (2013). Red enhances women's attractiveness to men: First evidence suggesting universality. *Journal of Experimental Social Psychology, 49,* 165–168.

Elliott, E. S., & Dweck, C. S. (1988). Goals: An approach to motivation and achievement. *Journal of Personality and Social Psychology, 54,* 5–12.

Emmons, R. (2008). *Thanks!: How practicing gratitude can make you happier.* New York, NY: Houghton Mifflin.

Emmons, R. A. (1986). Personal strivings: An approach to personality and subjective well-being. *Journal of Personality and Social Psychology, 51,* 1058–1068.

Emmons, R. A., & King, L. A. (1988). Conflict among personal strivings: Immediate and long-term implications for psychological and physical well-being. *Journal of Personality and Social Psychology, 54,* 1040–1048.

Emmons, R. A., King, L. A., & Sheldon, K. (1993). Goal conflict and the self-regulation of action. In D. M. Wegner & J. W. Pennebaker (Eds.), *Handbook of mental control* (pp. 528–551). Englewood Cliffs, NJ: Prentice-Hall, Inc.

Emmons, R. A., & McCullough, M. E. (2003). Counting blessings versus burdens: An experimental investigation of gratitude and subjective well-being in daily life. *Journal of Personality and Social Psychology, 84,* 377–389.

Emmons, R. A., & McCullough, M. E. (Eds.). (2004). *The psychology of gratitude.* New York, NY: Oxford University Press.

Endler, Norman (1975). The Case for Person Situation Interactions. *Canadian Psychological Review, 16,* 12–21.

English, H. B. (1921). Dynamic Psychology and the Problem of Motivation. *Psychological Review, 28*(4), 239–248.

English, T., John, O. P., Srivastava, S., & Gross, J. J. (2012). Emotion regulation and peer-rated social functioning: A 4-year longitudinal study. *Journal of Research in Personality, 46,* 780–784.

Ent, M. R., Baumeister, R. F., & Vonasch, A. J. (2012). Power, leadership, and self–regulation. *Social and Personality Psychology Compass, 6,* 619–630.

Epley, N. (2008, January 31). Rebate psychology. *New York Times,* p. A27.

Epley, N., Mak, D., & Idson, L. C. (2006). Bonus of rebate? The impact of income framing on spending and saving. *Journal of Behavioral Decision Making, 19,* 213–227.

Epstein, S. (2003). Cognitive-experiential self-theory of personality. In T. Millom & M. J. Lerner (Eds.), *Handbook of psychology: Personality and social psychology* (Vol. 5, pp. 159–184). Hoboken, NJ: John Wiley & Sons Inc.

Epstude, K., & Roese, N. J. (2008). The functional theory of counterfactual thinking. *Personality and Social Psychology Review, 12,* 168–192.

Epstude, K., & Roese, N. J. (2011). When goal pursuit fails: The functions of counterfactual thought in intention formation. *Social Psychology, 42,* 19–27.

Erdley, C. A., & Dweck, C. S. (1993). Children's implicit personality theories as predictors of their social judgments. *Child Development, 64,* 863–878.

Erez, M., & Zidon, I. (1984). Effect of goal acceptance on the relationship of goal difficulty to performance. *Journal of Applied Psychology, 69,* 69–78.

Erikson, E. H. (1959). Identity and the life cycle: Selected papers. *Psychological Issues, 1,* 1–171.

Erskine, J. A. (2008). Resistance can be futile: Investigating behavioural rebound. *Appetite, 5,* 415–421.

Erskine, J. A. K., Georgiou, G. J. & Kvavilashvili, L. (2010). I suppress, therefore I smoke: Effects of thought suppression on smoking behavior. *Psychological Science, 21,* 1225–1230.

Evans, J. & Frankish, K. (2009) *In two minds: Dual processes and beyond.* New York, NY: Oxford University Press.

Evans, J. St B. T. (2003). In two minds: Dual-process accounts of reasoning. *Trends in Cognitive Sciences, 7,* 454–459.

Exline, J. J., Zell, A. L., Bratslavsky, E., Hamilton, M., & Swenson, A. (2012). People-pleasing through eating: Sociotropy predicts greater eating in response to perceived social pressure. *Journal of Social and Clinical Psychology, 31,* 169–193.

Eysenck, H. J. (1947). *Dimensions of personality.* Oxford, England: Kegan Paul.

Eysenck, H. J. (1981). Learning, memory, and personality. In H. J. Eysenck (Ed.), *A model for personality* (pp. 169–209). New York, NY: Springer-Verlag.

Eysenck, H. J., & Eysenck, S. B. (1967). On the unitary nature of extraversion. *Acta Psychologica, Amsterdam, 26,* 383–390.

Eysenck, S. B., & Eysenck, H. J. (1977). The place of impulsiveness in a dimensional system of personality description. *British Journal of Social & Clinical Psychology, 16,* 57–68.

Faber, R. J., & Christensen, G. A. (1996). In the mood to buy: Differences in the mood states experienced by compulsive buyers and other consumers. *Psychology and Marketing, 13,* 803–820.

Faber, R. J., & Vohs, K. D. (2004). To buy or not to buy?: Self-control and self-regulatory failure in purchase behavior. In R. F. Baumeister & K. D. Vohs, (Eds.), *Handbook of self-regulation: Research, theory, and applications* (pp. 509–524). New York, NY: Guilford Press.

Fabes, R. A., Eisenberg, N., Jones, S., Smith, M., Guthrie, I., Poulin, R., . . . Friedman, J. (1999). Regulation, emotionality, and preschoolers' socially competent peer interactions. *Child Development, 70,* 432–442.

Faiola, A., Newlon, C., Pfaff, M., & Smyslova, O. (2012). Correlating the effects of flow and telepresence in virtual worlds: Enhancing our understanding of user behavior in game-based learning. *Computers in Human Behavior, 29,* 1113–1121.

Falchikov, N., & Boud, D. (1989). Student self-assessment in higher education: A meta-analysis. *Review of Educational Research, 59,* 395–430.

Feather, N. T. (1959). Subjective probability and decision under uncertainty. *Psychological Review, 66,* 150– 164.

Feeney, J. A. (2005). Hurt feelings in couple relationships: Exploring the role of attachment and perceptions of personal injury. *Personal Relationships, 12,* 253–271.

Fehr, B., & Russel, J. A. (1984). Concept of emotion viewed from a prototype perspective. *Journal of Experimental Psychology: General, 113,* 464–486.

Feick, D. L., & Rhodewalt, F. (1997). The double-edged sword of self-handicapping: discounting, augmentation, and the protection and enhancement of self-esteem. *Motivation and Emotion, 21,* 147–163.

Felicio, D. M., & Miller, C. T. (1994). Social comparison in medical school: What students say about gender and similarity. *Basic and Applied Social Psychology, 15,* 277–296.

Feltz, D. L., Kerr, N. L., & Irwin, B. C. (2011). Buddy up: The Köhler effect applied to health games. *Journal of Sport & Exercise Psychology, 33,* 506–526.

Fennis, B. M., Janssen, L., & Vohs, K. D. (2009). Acts of benevolence: A limited-resource account of compliance with charitable requests. *Journal of Consumer Research, 35,* 906–924.

Ferguson, J. (August, 2009). Berks County native Taylor Swift reaches stardom on her own terms. *Lancaster Online.* http://lancasteronline.com/features/berks-county-native-taylor-swift-reaches-stardom-on-her-own/article_31342629-e268-5d1a-9f2c-7cb66243c207.html

Ferm, V. T. A. (1989). *Lightning never strikes twice (if you own a feather bed) and 1,904 other American superstitions from the ordinary to the eccentric.* New York, NY: Gramercy.

Fernández-Dols, J. M., & Ruiz-Belda, M. A. (1995). Are smiles a sign of happiness? Gold medal winners at the Olympic Games. *Journal of Personality and Social Psychology, 69,* 1113–1119.

Ferrari, J. R. (1992). Procrastinators and perfect behavior: An exploratory factor analysis of self-presentation, self-awareness, and self-handicapping components. *Journal of Research in Personality, 26*(1), 75–84.

Ferrari, J. R., & Pychyl, T. A. (2000). The scientific study of procstination: Where have we been and where are we going? *A Journal of Social Behavior & Personality, 15, Special Issue,* vii–viii.

Ferster, C. B., & Skinner, B. F. (1957). *Schedules of reinforcement.* East Norwalk, CT: Appleton-Century-Crofts.

Festinger, L. (1954). A theory of social comparison processes. *Human Relations, 7,* 117–140.

Festinger, L. (1957). *A theory of cognitive dissonance.* Stanford, CA: Stanford Univ. Press.

Festinger, L., Pepitone, A., & Newcomb, T. (1952). Some consequences of de-individuation in a group. *The Journal of Abnormal and Social Psychology, 47*(2, Suppl), 382–389.

Festinger, L., Schachter, S., & Back, K. (1950). *Social pressures in informal groups; a study of human factors in housing.* Oxford, England: Harper.

Fife-Schaw, C., Sheeran, P., & Norman, P. (2007). Simulating behaviour change interventions based on the theory of planned behaviour: Impacts on intention and action. *British Journal of Social Psychology, 46,* 43–68.

Filak, V., & Sheldon, K. M. (2003). Student psychological need-satisfaction and college teacher-course evaluations. *Educational Psychology, 23,* 235–247.

Fillmore, M. T., & Vogel-Sprott, M. (1998). Behavioral impairment under alcohol: Cognitive and pharmacokinetic factors. *Alcoholism: Clinical and Experimental Research, 22,* 1476–1482.

Finkel, E. J. & Eastwick, P. W. (2008). Speed-dating. *Current Directions in Psychological Science, 17,* 193–197.

Finkel, E. J., DeWall, C. N., Slotter, E. B., Oaten, M., & Foshee, V. A. (2009). Self-regulatory failure and intimate partner violence perpetration. *Journal of Personality and Social Psychology, 97,* 483–499.

Finkel, E. J., Eastwick, P. W., Karney, B. R., Reis, H. T., & Sprecher, S. (2012). Online dating: A critical analysis from the perspective of psychological science. *Psychological Science in the Public Interest, 13,* 3–66.

Fischer, R., & Boer, D. (2011). What is more important for national well-being: Money or autonomy? A meta-analysis of well-being, burnout, and anxiety across 63 societies. *Journal of Personality and Social Psychology, 101,* 164–184.

Fishbach, A., & Dhar, R. (2005). Goals as excuses or guides: The liberating effect of perceived goal progress on choice. *Journal of Consumer Research, 32,* 370–377.

Fishbach, A., Dhar, R., & Zhang, Y. (2006). Subgoals as substitutes or complements: The role of goal accessibility. *Journal of Personality and Social Psychology, 91,* 232–242.

Fishbach, A., & Finkelstein, S. R. (2012). How feedback influences persistence, disengagement, and change in goal pursuit. In H. Aarts & A. J. Elliot (Eds.), *Goal-directed behavior* (pp. 203–230). New York, NY: Psychology Press.

Fishbach, A., Friedman, R. S., & Kruglanski, A. W. (2003). Leading us not into temptation: Momentary allurements elicit overriding goal activation. *Journal of Personality and Social Psychology, 84,* 296–309.

Fishbach, A., & Shah, J. Y. (2006). Self-control in action: Implicit dispositions toward goals and away from temptations. *Journal of Personality and Social Psychology, 90,* 820–832.

Fishbach, A., & Trope, Y. (2008). Implicit and explicit counteractive self-control. In J. Y. Shah & W. L. Gardner (Eds.), *Handbook of motivation science* (pp. 281–294). New York, NY: Guilford Press.

Fishbach, A., & Zhang, Y. (2008). Together or apart: When goals and temptations complement versus compete. *Journal of Personality and Social Psychology, 94,* 547–559.

Fishbein, M., & Ajzen, I. (2010). *Predicting and changing behavior: The reasoned action approach.* New York, NY: Psychology Press (Taylor & Francis).

Fisher, C. D. (1978). The effects of personal control, competence, and extrinsic reward systems on intrinsic motivation. *Organizational Behavior & Human Performance, 21,* 273–288.

Fisher, T. D., & McNulty, J. K. (2008). Neuroticism and marital satisfaction: The mediating role played by the sexual relationship. *Journal of Family Psychology, 22,* 112–122.

Fiske, S. T. (2009). *Social beings: Core motives in social psychology.* Hoboken, NJ: Wiley & Sons.

Fiske, S. T., & Yamamoto, M. (2005). Coping with rejection: Core social motives across cultures. In K. D. Williams, J. P. Forgas, & W. Von Hippel, (Eds.), *The social outcast: Ostracism, social exclusion, rejection, and bullying* (pp. 185–198). New York, NY: Psychology Press.

Fitzsimons, G. M., & Bargh, J. A. (2003). Thinking of you: Nonconscious pursuit of interpersonal goals associated with relationship partners. *Journal of Personality and Social Psychology, 84,* 148–164.

Fitzsimons, G. M., Chartrand, T. L., & Fitzsimons, G. J. (2008). Automatic effects of brand exposure on motivated behavior: How apple makes you think different. *Journal of Consumer Research, 35,* 21–35.

Fitzsimons, G. M., & Finkel, E. J. (2010). Interpersonal influences on self-regulation. *Current Directions in Psychological Science, 19,* 101–105.

Fjell, A. M., Walhovd, K. B., Brown, T. T., Kuperman, J. M., Chung, Y., Hagler, D. J. Jr., . . . Dale, A. M. (2012). Multimodal imaging of the self-regulating developing brain. *The Pediatric Imaging, Neurocognition, and Genetics Study; PNAS Proceedings of the National Academy of Sciences of the United States of America, 109,* 19620–19625.

Fleeson, W. (2001). Toward a structure- and process-integrated view of personality: Traits as density distributions of states. *Journal of Personality and Social Psychology, 80,* 1011–1027.

Flegal, K. M., Carroll, M. D., Kit, B. K., & Ogden, C. L. (2012). Prevalence of obesity and trends in the distribution of body mass index among U.S. adults, 1999–2010. *Journal of the American Medical Association, 307*(5), 491–97.

Fleischhauer, M., Enge, S., Brocke, B., Ullrich, J., Strobel, A., & Strobel, A. (2010). Same or different? Clarifying the relationship of need for cognition to personality and intelligence. *Personality and Social Psychology Bulletin, 36*(1), 82–96.

Fletcher, R. (1966). *Instinct in man: In the light of recent work in comparative psychology.* Oxford, UK: Schocken Books.

Flood, J. E., & Rolls B. J. (2007). Soup preloads in a variety of forms reduce meal energy intake. *Appetite, 49,* 626–634.

Florian, V., Mikulincer, M., & Hirschberger, G. (2002). The anxiety-buffering function of close relationships: Evidence that relationship commitment acts as a terror management mechanism. *Journal of Personality and Social Psychology, 82,* 527–542.

Flynn, F. J., & Brockner, J. (2003). It's different to give than to receive: Predictors of givers' and receivers' reactions to favor exchange. *Journal of Applied Psychology, 88,* 1034–1045.

Folkes, V. S., & Sears, D. O. (1977). Does everybody like a liker? *Journal of Experimental Social Psychology, 13,* 505–519.

Folkman, S., & Lazarus, R. S. (1985). If it changes it must be a process: Study of emotion and coping during three stages of a college examination. *Journal of Personality and Social Psychology, 48,* 150–170.

Forgas, J. P. (1994). The role of emotion in social judgments: An introductory review and an Affect Infusion Model (AIM). *European Journal of Social Psychology, 24,* 1–24.

Forgas, J. P., & East, R. (2008). On being happy and gullible: Mood effects on skepticism and the detection of deception. *Journal of Experimental Social Psychology, 44,* 1362–1367.

Förster, J. (2004). How body feedback influences consumers' evaluation of products. *Journal of Consumer Psychology, 14,* 416–426.

Förster, J., Higgins, E. T. & Bianco, A. T. (2003). Speed/accuracy decisions in task performance: Built-in trade-off or separate strategic concerns? *Organizational Behavior and Human Decision Processes, 90,* 148–164.

Förster, J., Liberman, N., & Higgins, E. T. (2005). Accessibility from active and fulfilled goals. *Journal of Experimental Social Psychology, 41,* 220–239.

Försterling, F. (1985). Attributional retraining: A review. *Psychological Bulletin, 98,* 495–512.

Forsyth, D. K., & Burt, C. D. B. (2008). Allocating time to future tasks: The effect of task segmentation on planning fallacy bias. *Memory & Cognition, 36,* 791–798.

Forsyth, D. R. (2010). *Group dynamics* (5th ed.). Belmont, CA: Wadsworth Cengage.

Frank, G. (2003). Triebe and Their Vicissitudes: Freud's Theory of Motivation Reconsidered. *Psychoanalytic Psychology, 20*(4), 691–697.

Frank, R. H., & Cook, P. J. (1995). *The winner-take-all-society: Why the few at the top get so much more than the rest of us.* New York, NY: The Free Press.

Fredrickson, B. L. (2002). Positive emotions. In C. R. Snyder, & S. J. Lopez (Eds.), *Handbook of positive psychology* (pp. 120–134). New York, NY: Oxford University Press.

Fredrickson, B. L., & Losada, M. F. (2005). Positive affect and the complex dynamics of human flourishing. *American Psychologist, 60,* 678–686.

Fredrickson, B. L., Cohn, M. A., Coffey, K. A., Pek, J., & Finkel, S. M. (2008). Open hearts build lives: Positive emotions, induced through loving-kindness meditation, build consequential personal resources. *Journal of Personality and Social Psychology, 95,* 1045–1062.

Freeman, D. H. (2012, June 21). The perfected self, *The Atlantic,* p. 42–52.

French, D. C., & Conrad, J. (2001). School dropout as predicted by peer rejection and antisocial behavior. *Journal of Research on Adolescence, 11,* 225–244.

Freud, S. (1900/1913). *The interpretation of dreams.* (A. A. Brill, Trans.). New York, NY: MacMillan Co.

Freud, S. (1901/1914). *Psychopathology of everyday life.* (A. A. Brill, Trans.). New York, NY: Macmillan Publishing.

Freud, S. (1915). Triebe und Triebschicksale (Instincts and their vissicitudes). *International Journal of Psychoanalysis, 3*(2), 84–100.

Freud, S. (1920). *A general introduction to psychoanalysis.* New York, NY: Horace Liveright.

Friedman, H. S., Tucker, J. S., Schwartz, J. E., Martin, L. R., Tomlinson-Keasay, C., Wingard, D. L., & Criqui, M. H. (1995). Childhood conscientiousness and longevity: Health behaviors and cause of death. *Journal of Personality and Social Psychology, 68,* 696–703.

Friedman, H. S., Tucker, J. S., Tomlinson-Keasey, C., Schwartz, J. E., Wingard, D. L., & Criqui, M. H. (1993). Does childhood personality predict longevity? *Journal of Personality and Social Psychology, 65,* 176–185.

Friese, M., & Hofmann, W. (2009). Control me or I will control you: Impulses, trait self-control, and the guidance of behavior. *Journal of Research in Personality, 43*(5), 795–805.

Friese, M., & Hofmann, W. (2012). Just a little bit longer: Viewing time of erotic material from a self-control perspective. *Applied Cognitive Psychology, 26,* 489–496.

Frijda, N. H. (1986). *The emotions.* New York, NY: Cambridge University Press.

Frijda, N. H. (1988). The laws of emotion. *American Psychologist, 43,* 349–358.

Frisby, C. M. (2004). Does race matter? Effects of idealized images on African American women's perceptions of body esteem. *Journal of Black Studies, 34,* 323–347.

Froming, W. J., Nasby, W., & McManus, J. (1998). Prosocial self-schemas, self-awareness, and children's prosocial behavior. *Journal of Personality and Social Psychology, 75,* 766–777.

Fromme, K., D'Amico, E. J., & Katz, E. C. (1999). Intoxicated sexual risk taking: An expectancy or cognitive impairment explanation? *Journal of Studies on Alcohol, 60,* 54–63.

Fujita, K., & MacGregor, K. E. (2012). Basic goal distinctions. In H. Aarts & A. J. Elliot, (Eds.), *Goal-directed behavior* (pp. 85–114). New York, NY: Psychology Press.

Fulford, D., Johnson, S. L., Llabre, M. M., & Carver, C. S. (2010). Pushing and coasting in dynamic goal pursuit: Coasting is attenuated in bipolar disorder. *Psychological Science, 21,* 1021–1027.

Fuligni, A. J., Tseng, V., & Lam, M. (1999). Attitudes toward family obligations among American adolescents with Asian, Latin American, and European backgrounds. *Child Development, 70*, 1030–1044.

Funahashi, S., Bruce, C. J., & Goldman-Rakic, P. S. (1989). Mnemonic coding of visual space in the monkey's dorsolateral prefrontal cortex. *Journal of Neurophysiology, 61*, 331–349.

Funahashi, S., Bruce, C. J., & Goldman-Rakic, P. S. (1993). Dorsolateral prefrontal lesions and oculomotor delayed-response performance: Evidence for mnemonic 'scotomas.' *The Journal of Neuroscience, 13*, 1479–1497.

Fuster, J. M. (1973). Unit activity in prefrontal cortex during delayed-response performance: Neuronal correlates of transient memory. *Journal of Neurophysiology, 36*, 61–78.

Fuster, J. M. (1997). Network memory. *Trends in Neurosciences, 20*(10), 451–459.

Gable, S. L., Gonzaga, G. C., & Strachman, A. (2006). Will you be there for me when things go right? Supportive responses to positive event disclosures. *Journal of Personality and Social Psychology, 91*, 904–917.

Gable, S. L., Reis, H. T., & Elliot, A. J. (2003). Evidence for bivariate systems: An empirical test of appetition and aversion across domains. *Journal of Research in Personality, 37*, 349–372.

Gaertner, L., & Iuzzini, J. (2005). Rejection and entitativity: A synergistic model of mass violence. In K. D. Williams, J. P. Forgas, & W. Von Hippel (Eds.), *The social outcast: Ostracism, social exclusion, rejection, and bullying* (pp. 307–320). New York, NY: Psychology Press.

Gaertner, L., Sedikides, C., & Cai, H. (2012). Wanting to be great and better but not average: On the pancultural desire for self-enhancing and self-improving feedback. *Journal of Cross-Cultural Psychology, 43*, 521–526.

Gaertner, L., Sedikides, C., & Chang, K. (2008). On pancultural self-enhancement: Well-adjusted Taiwanese self-enhance on personally valued traits. *Journal of Cross-Cultural Psychology, 39*, 463–477.

Gailliot, M. T. (2012). Improved self-control associated with using relatively large amounts of glucose: Learning self-control is metabolically expensive. *Psychology, 3*, 987–990.

Gailliot, M. T., & Baumeister, R. F. (2007). The physiology of willpower: Linking blood glucose to self-control. *Personality and Social Psychology Review, 11*, 303–327.

Gailliot, M. T., Baumeister, R. F., DeWall, C. N., Maner, J. K., Plant, E. A., Tice, D. M., . . . Schmeichel, B. J. (2007). Self-control relies on glucose as a limited energy source: Willpower is more than a metaphor. *Journal of Personality and Social Psychology, 92*, 325–336.

Gailliot, M. T., Plant, E. A., Butz, D. A., & Baumeister, R. F. (2007). Increasing self-regulatory strength can reduce the depleting effect of suppressing stereotypes. *Personality and Social Psychology Bulletin, 33*, 281–294.

Gailliot, M. T., Stillman, T. F., Schmeichel, B. J., Maner, J. K., & Plant, E. A. (2008). Mortality salience increases adherence to salient norms and values. *Personality and Social Psychology Bulletin, 34*, 993–1003.

Galatzer-Levy, I. R., Burton, C. L., & Bonanno, G. A. (2012). Coping flexibility, potentially traumatic life events, and resilience: A prospective study of college student adjustment. *Journal of Social and Clinical Psychology, 31*, Special Issue: Resilience: Social-clinical perspectives, 542–567.

Galinsky, A. D., Gruenfeld, D. H., & Magee, J. C. (2003). From Power to Action. *Journal of Personality and Social Psychology, 85*, 453–466.

Gallagher, K. M., & Updegraff, J. A. (2012). Health message framing effects on attitudes, intentions, and behavior: A meta-analytic review. *Annals of Behavioral Medicine, 43*, 101–116.

Gallo, I. S., Keil, A., McCulloch, K. C., Rockstroh, B., & Gollwitzer, P. M. (2009). Strategic automation of emotion regulation. *Journal of Personality and Social Psychology, 96*, 11–31.

Gao, Y., Raine, A., & Phil, D. (2010). Successful and unsuccessful psychopaths: A neurobiological model. *Behavioral Sciences & the Law, 28*, 194–210.

Gardner, H. (1985). *The mind's new science: A history of the cognitive revolution.* New York, NY: Basic Books.

Gardner, M. P. (1985). Mood states and consumer behavior: A critical review. *Journal of Consumer Research, 12*, 281–300.

Gardner, M. P. & Rook, D. (1993). In the mood: Impulse buying's affective antecedents. *Research in Consumer Behavior, 6*, 1–28.

Gardner, W. L., Pickett, C. L., & Brewer, M. B. (2000). Social exclusion and selective memory: How the need to belong influences memory for social events. *Personality and Social Psychology Bulletin, 26*, 486–496.

Gardner, W. L., Pickett, C. L., & Knowles, M. (2005). Social snacking and shielding: using social symbols, selves, and surrogates in the service of belonging needs. In K. D. Williams, J. P. Forgas, & W. Von Hippel (Eds.), *The social outcast: Ostracism, social exclusion, rejection, and bullying* (pp. 227–241). New York, NY: Psychology Press.

Gasper, K., Lozinski, R. H., & LeBeau, L. S. (2009). If you plan, then you can: How reflection helps defensive pessimists pursue their goals. *Motivation and Emotion, 33*, 203–216.

Gaudreau, P. (2012). Goal self-concordance moderates the relationship between achievement goals and indicators of academic adjustment. *Learning and Individual Differences, 22*, 827–832.

Gawrilow, C., & Gollwitzer, P. M. (2008). Implementation intentions facilitate response inhibition in children with ADHD. *Cognitive Therapy and Research, 32*, 261–280.

Gawrilow, C., Gollwitzer, P. M., & Oettingen, G. (2011). If-then plans benefit executive functions in children with ADHD. *Journal of Social and Clinical Psychology, 30*, 616–646.

Gearhardt, A. N., Corbin, W. R., & Brownell, K. D. (2009). Preliminary validation of the Yale Food Addiction Scale. *Appetite, 52*, 430–436.

Geen, R. G. (1984). Preferred stimulation levels in introverts and extroverts: Effects on arousal and performance. *Journal of Personality and Social Psychology, 46*, 1303–1312.

Geen, R. G. (1991). Social motivation. *Annual Review of Psychology, 42*, 377–399.

Geen, R. G. (1995). *Human motivation: A social psychological approach.* Pacific Grove, CA: Brooks/Cole.

Geen, R. G., & Gange, J. J. (1977). Drive theory of social facilitation: Twelve years of theory and research. *Psychological Bulletin, 84*, 1267–1288.

Geers, A. L., Wellman, J. A., & Lassiter, G. D. (2009). Dispositional optimism and engagement: The moderating influence of goal prioritization. *Journal of Personality and Social Psychology, 96,* 913–932.

Gehring, W. J., & Fencsik, D. E. (2001). Functions of the medial frontal cortex in the processing of conflict and errors. *The Journal of Neuroscience, 21,* 9430–9437.

Geier, A., Wansink, B., & Rozin, P. (2012). Red potato chips: Segmentation cues can substantially decrease food intake. *Health Psychology, 31,* 398–401.

Gellatly, I. R. (1996). Conscientiousness and task performance: Test of cognitive process model. *Journal of Applied Psychology, 81,* 474–482.

Gelles, R. J., & Straus, M. A. (1988). *Intimate violence: The causes and consequences of abuse in the American family.* New York, NY: Simon 51.

Giancola, P. R., & Zeichner, A. (1997). The biphasic effects of alcohol on human physical aggression. *Journal of Abnormal Psychology, 106,* 598–607.

Giancola, P. R., Helton, E. L., Osborne, A. B., Terry, M. K., Fuss, A. M., & Westerfield, J. A. (2002). The effects of alcohol and provocation on aggressive behavior in men and women. *Journal of Studies on Alcohol, 63,* 64–73.

Gibbons, F. X., Blanton, H., Gerrard, M., Buunk, B. P., & Eggleston, T. (2000). Does social comparison make a difference? Optimism as a moderator of the relation between comparison level and academic performance. *Personality and Social Psychology Bulletin, 26,* 637–648.

Gibbons, F. X., & Gerrard, M. (1989). Effects of upward and downward social comparison on mood states. *Journal of Social and Clinical Psychology, 8,* 14–31.

Giesler, R. B., Josephs, R. A., & Swann, W. B. Jr. (1996). Self-verification in clinical depression: The desire for negative evaluation. *Journal of Abnormal Psychology, 105,* 358–368.

Gilbert, D. (2005, July) Dan Gilbert on our mistaken expectations [Video File]. Retrieved from http://www.ted.com/talks/dan_gilbert_researches_happiness.html

Gilbert, D. (2006). *Stumbling on happiness.* New York, NY: Alfred A. Knopf.

Gilbert, D. T., & Ebert, J. E. J. (2002). Decisions and revisions: The affective forecasting of changeable outcomes. *Journal of Personality and Social Psychology, 82,* 503–514.

Gilbert, D. T., & Malone, P.S. (1995). The correspondence bias. *Psychological Bulletin, 117,* 21–38.

Gilbert, D. T., Pinel, E. C., Wilson, T. D., Blumberg, S. J., & Wheatley, T. P. (1998). Immune neglect: A source of durability bias in affective forecasting. *Journal of Personality and Social Psychology, 75,* 617–638.

Gilbert, S. J., Gollwitzer, P. M., Cohen, A., Oettingen, G., & Burgess, P. W. (2009). Separable brain systems supporting cued versus self-initiated realization of delayed intentions. *Journal of Experimental Psychology: Learning, Memory, and Cognition, 35,* 905–915.

Gill, C. (2010). Stoicism and epicureanism. In P. Goldie (Ed.), *The Oxford handbook of philosophy of emotion* (pp. 143–165). Oxford, UK: Oxford University Press.

Gilman, J. M., Smith, A. R., Ramchandani, V. A., Momenan, R., & Hommer, D. W. (2012). The effect of intravenous alcohol on the neural correlates of risky decision making in healthy social drinkers. *Addiction Biology, 17,* 465–478.

Gilovich, T. (1983). Biased evaluation and persistence in gambling. *Journal of Personality and Social Psychology, 44,* 1110–1126.

Gilovich, T., Griffin, D. W., & Kahneman, D. (2002). *Heuristics and biases: the psychology of intuitive judgment.* New York, NY: Cambridge University Press.

Gilovich, T., Vallone, R., & Tversky, A. (1985). The hot hand in basketball: On the misperception of random sequences. *Cognitive Psychology, 17,* 295–314.

Gingrich, B., Liu, Y., Cascio, C., Wang, Z., & Insel, T. R. (2000). Dopamine D2 receptors in the nucleus accumbens are important for social attachment in female prairie voles (Microtus ochrogaster). *Behavioral Neuroscience, 114,* 173–183.

Ginis, K. A. M., & Leary, M. R. (2004). Self-presentational processes in health-damaging behavior. *Journal of Applied Sport Psychology, 16,* 59–74.

Gladwell, M. (2008). *Outliers: The story of success.* New York, NY: Back Bay Books.

Glass, D. C., Singer, J. E., & Friedman, L. N. (1969). Psychic cost of adaptation to an environmental stressor. *Journal of Personality and Social Psychology, 12,* 200–210.

Goffman, E. (1963). *Stigma: Notes on the management of spoiled identity.* Englewood Cliffs, NJ: Prentice-Hall.

Goldberg, E. (2001). *The executive brain: Frontal lobes and the civilized mind.* New York, NY: Oxford University Press.

Goleman, D. (1995). *Emotional intelligence.* New York, NY: Bantam Books, Inc.

Gollwitzer, A., Oettingen, G., Kirby, T., & Duckworth, A. L. (2011). Mental contrasting facilitates academic performance in school children. *Motivation and Emotion, 35,* 403–412.

Gollwitzer, P. M. (1990). Action phases and mindsets. In E. T. Higgins & R. M. Sorrentino (Eds.), *Handbook of motivation and cognition: Foundations of social behavior* (pp. 53–92). New York, NY: Guilford Press.

Gollwitzer, P. M. (1996). The volitional benefits of planning. In P. M. Gollwitzer & J. A. Bargh (Eds.), *The psychology of action: Linking cognition and motivation to behavior* (pp. 278–312). New York, NY: Guilford Press.

Gollwitzer, P. M. (2012). Mindset theory of action phases. In P. A. M. Van Lange, A. W. Kruglanski, & E. T. Higgins (Eds.), *Handbook of theories of social psychology Vol. 1* (pp. 526–545). Thousand Oaks, CA: Sage Publications Ltd.

Gollwitzer, P. M., & Brandstätter, V. (1997). Implementation intentions and effective goal pursuit. *Journal of Personality and Social Psychology, 73,* 186–199.

Gollwitzer, P. M., Kappes, H. B., & Oettingen, G. (2012). Needs and incentives as sources of goals. In H. Aarts & A. J. Elliot (Eds.), *Goal-directed behavior* (pp. 115–150). New York, NY: Psychology Press.

Gollwitzer, P. M., & Oettingen, G. (2002). Motivation: History of the concept. In J. Smelser & P. B. Baltes (Eds.), *International Encyclopedia of the Social & Behavioral Sciences* (pp. 10109–10112). Oxford, U.K.: Elsevier.

Gollwitzer, P. M., Parks-Stamm, E. J., & Oettingen, G. (2009). Living on the edge: Shifting between nonconscious and conscious goal pursuit. In E. Morsella, J. A. Bargh, & P. M. Gollwitzer (Eds.), *Oxford handbook of human action* (pp. 603–623). New York, NY: Oxford University Press.

Gollwitzer, P. M., & Schaal, B. (1998). Metacognition in action: The importance of implementation intentions. *Personality and Social Psychology Review, 2,* 124–136.

Gollwitzer, P. M., & Sheeran, P. (2006). Implementation intentions and goal achievement: A meta-analysis of effects and processes. In M. P. Zanna (Ed.), *Advances in experimental social psychology,* (Vol. 38, pp. 69–119). San Diego, CA: Elsevier Academic Press.

Gonsalkorale, K., & Williams, K. D. (2007). The KKK won't let me play: Ostracism even by a despised outgroup hurts. *European Journal of Social Psychology, 37,* 1176–1186.

Gonzalez, M. T., Hartig, T., Patil, G. G., Martinsen, E. W., & Kirkevold, M. (2009). Therapeutic horticulture in clinical depression: A prospective study. *Research and Theory for Nursing Practice: An International Journal, 23,* 312–328.

Good, C., Aronson, J., & Inzlicht, M. (2003). Improving adolescents' standardized test performance: An intervention to reduce the effects of stereotype threat. *Journal of Applied Developmental Psychology, 24,* 645–662.

Gordijn, E. H., Hindriks, I., Koomen, W., Dijksterhuis, A., & Van Knippenberg, A. (2004). Consequences of stereotype suppression and internal suppression motivation: A self-regulation approach. *Personality and Social Psychology Bulletin, 30,* 212–224.

Gordon, R. (2013, April 8). Freshly baked ads are toast: City orders that cookie-scented strips in bus shelters be removed. *San Francisco Chronicle.* Retrieved from: http://www.sfgate.com/

Gordon, R. A. (1996). Impact of ingratiation on judgments and evaluations: A meta-analytic investigation. *Journal of Personality and Social Psychology, 71,* 54–70.

Gosling, S. D., Augustine, A. A., Vazire, S., Holtzman, N., & Gaddis, S. (2011). Manifestations of personality in online social networks: Self-reported Facebook-related behaviors and observable profile information. Cyberpsychology, *Behavior, and Social Networking, 14,* 483–488.

Gottman, J. M. (1994). *What predicts divorce? The relationship between marital processes and marital outcomes.* Hillsdale, NJ: Lawrence Erlbaum Associates, Inc.

Govorun, O., & Payne, B. K. (2006). Ego-depletion and prejudice: Separating automatic and controlled components. *Social Cognition, 24,* 111–136.

Graves, K. L. (1995). Risky sexual behavior and alcohol use among young adults: Results from a national survey. *American Journal of Health Promotion, 10,* 27–36.

Gray, J. A. (1970). The psychophysiological basis of introversion-extraversion. *Behaviour Research and Therapy, 8,* 249–266.

Gray, J. A. (1982). *The neuropsychology of anxiety.* New York, NY: Oxford University Press.

Gray, J. A. (1994). Three fundamental emotion systems. In P. Ekman & R. J. Davidson (Eds.), *The nature of emotion: Fundamental questions* (pp. 243–247). New York, NY: Oxford University Press.

Gray, J. A., & McNaughton, N. (1996). The neuropsychology of anxiety: reprise. In D. A. Hope (Ed.), *Perspectives on anxiety, panic and ear* (Vol. 43, pp. 61–134). Lincoln, NE: University of Nebraska Press.

Gray, J. A., & McNaughton, N. (2003). *The neuropsychology of anxiety* (2nd ed.). New York, NY: Oxford University Press.

Graybiel, A. M., Aosaki, T., Flaherty, A. W., & Kimura, M. (1994). The basal ganglia and adaptive motor control. *Science, 265,* 1826–1831.

Greenberg, J., & Arndt, J. (2012). Terror management theory. In P. A. M. Van Lange, A. W. Kruglanski, & E. T. Higgins (Eds.), *Handbook of theories of social psychology* (Vol. 1, pp. 398–415). Thousand Oaks, CA: Sage Publications Ltd.

Greenberg, J., & Kosloff, S. (2008). Terror management theory: Implications for understanding prejudice, stereotyping, intergroup conflict, and political attitudes. *Social and Personality Psychology Compass, 2,* 1881–1894.

Greenberg, J., Kosloff, S., Solomon, S., Cohen, F., & Landau, M. (2010). Toward understanding the fame game: The effect of mortality salience on the appeal of fame. *Self and Identity, 9,* 1–18.

Greenberg, J., & Musham, C. (1981). Avoiding and seeking self-focused attention. *Journal of Research in Personality, 15,* 191–200.

Greenberg, J., Pyszczynski, T., Solomon, S., Rosenblatt, A., Veeder, M., Kirkland, S., & Lyon, D. (1990). Evidence for terror management theory II: The effects of mortality salience on reactions to those who threaten or bolster the cultural worldview. *Journal of Personality and Social Psychology, 58,* 308–318.

Greenberg, J., Solomon, S., & Arndt, J. (2008). A basic but uniquely human motivation: Terror management. In J. Y. Shah & W. L. Gardner (Eds.), *Handbook of motivation science* (pp. 114–134). New York, NY: Guilford Press.

Greenberg, J., Solomon, S., & Pyszczynski, T. (1997). Terror management theory of self-esteem and cultural worldviews: Empirical assessments and conceptual refinements. In M. P. Zanna (Ed.), *Advances in experimental social psychology* (Vol. 29, pp. 61–139). San Diego, CA: Academic Press.

Greene, D., & Lepper, M. R. (1974). Effects of extrinsic rewards on children's subsequent intrinsic interest. *Child Development, 45,* 1141–1145.

Greenfield, L. (Director). (2012). The queen of Versailles [Video File]. Magnolia Home Entertainment.

Greenspan, S. I., & Porges, S. W. (1984). Psychopathology in infancy and early childhood: Clinical perspectives on the organization of sensory and affective-thematic experience. *Child Development, 55,* 49–70.

Gregg, A. P., Hepper, E. G., & Sedikides, C. (2011). Quantifying self–motives: Functional links between dispositional desires. *European Journal of Social Psychology, 41,* 840–852.

Grenard, J. L., Ames, S. L., Wiers, R. W., Thush, C., Sussman, S., & Stacy, A. W. (2008). Working memory capacity moderates the predictive effects of drug-related associations on substance use. *Psychology of Addictive Behaviors, 22,* 426–432.

Griffiths, M., Wardle, H., Orford, J., Sproston, K., & Erens, B (2011). Internet gambling, health, smoking and alcohol use: Findings from the 2007 British Gambling Prevalence Survey. *International Journal of Mental Health and Addiction, 9,* 1–11.

Grimm, L. R., Markman, A. B., & Maddox, W. T. (2012). End-of-semester syndrome: How situational regulatory fit affects test performance over an academic semester. *Basic and Applied Social Psychology, 34,* 376–385.

Grolnick, W. S., & Ryan, R. M. (1987). Autonomy in children's learning: An experimental and individual difference investigation. *Journal of Personality and Social Psychology, 52,* 890–898.

Gross, A. M., Bennett, T., Sloan, L., Marx, B. P., & Juergens, J. (2001). The impact of alcohol and alcohol expectancies on male perception of female sexual arousal in a date rape analog. *Experimental and Clinical Psychopharmacology, 9,* 380–388.

Gross, J. J. (1998a). The emerging field of emotion regulation: An integrative review. *Review of General Psychology, 2,* 271–299.

Gross, J. J. (1998b). Antecedent- and response-focused emotion regulation: Divergent consequences for experience, expression, and physiology. *Journal of Personality and Social Psychology, 74,* 224–237.

Gross, J. J. (2008). Emotion regulation. In M. Lewis, J. M. Haviland-Jones, & L. F. Barrett (Eds.), *Handbook of emotions* (3rd ed., pp. 497–512). New York, NY: Guilford Press.

Gross, J. J., & Thompson, R. A. (2007). Emotion Regulation: Conceptual Foundations. In J. J. Gross (Ed.), *Handbook of emotion regulation* (pp. 3–24). New York, NY: Guilford Press.

Grote, N. K., & Bledsoe, S. E. (2007). Predicting postpartum depressive symptoms in new mothers: The role of optimism and stress frequency during pregnancy. *Health & Social Work, 32,* 107–118.

Grouzet, F. M. E., Kasser, T., Ahuvia, A., Dols, J. M. F., Kim, Y., Lau, S., . . . Sheldon, K. M. (2005). The structure of goal contents across 15 cultures. *Journal of Personality and Social Psychology, 89,* 800–816.

Grouzet, F. M. E., Vallerand, R. J., Thill, E. E., & Provencher, P. J. (2004). From environmental factors to outcomes: A test of an integrated motivational sequence. *Motivation and Emotion, 28,* 331–346.

Guéguen, N. (2002). The effects of a joke on tipping when it is delivered at the same time as the bill. *Journal of Applied Social Psychology, 32,* 1955–1963.

Guenther, C. L., & Alicke, M. D. (2010). Deconstructing the better-than-average effect. *Journal of Personality and Social Psychology, 99,* 755–770.

Guinote, A., & Vescio, T. K. (2010). *The social psychology of power.* New York, NY: Guilford Press.

Guinote, A. (2007). Power affects basic cognition: Increased attentional inhibition and flexibility. *Journal of Experimental Social Psychology, 43,* 685–697.

Guinote, A. (2010). In touch with your feelings: Power increases reliance on bodily information. *Social Cognition, 28,* 110–121.

Gupta, S., & Bonanno, G. A. (2010). Trait self-enhancement as a buffer against potentially traumatic events: A prospective study. *Psychological Trauma: Theory, Research, Practice, and Policy, 2,* 83–92.

Guthrie, E. R. (1938). *The psychology of human conflict: the clash of motives within the individual.* Oxford, England: Harper.

Guthrie, H. (1936). *Elements of social psychology.* New York, NY: Farrar & Rinehart.

Haddock, F. C. (1907). *The power of will.* Meriden, CT: Pelton.

Hagger, M. S., & Chatzisarantis, N. L. D. (2013). The sweet taste of success: The presence of glucose in the oral cavity moderates the depletion of self-control resources. *Personality and Social Psychology Bulletin, 39,* 28–42.

Hagger, M. S., Wood, C., Stiff, C., & Chatzisarantis, N. L. D. (2010). Ego depletion and the strength model of self-control: A meta-analysis. *Psychological Bulletin, 136,* 495–525.

Haisley, E., Mostafa, R., & Loewenstein, G. (2008). Subjective relative income and lottery ticket purchases. *Journal of Behavioral Decision Making, 21,* 283–295.

Hakmiller, K. L. (1966). Threat as a determinant of downward comparison. *Journal of Experimental Social Psychology, 1,* 32–39.

Hall, D. L., & Blanton, H. (2009). Knowing when to assume: Normative expertise as a moderator of social influence. *Social Influence, 4,* 81–95.

Hall, J. R., & Benning, S. D. (2006). The 'Successful' psychopath: Adaptive and subclinical manifestations of psychopathy in the general population. In C. J. Patrick (Ed.), *Handbook of psychopathy* (pp. 459–478). New York, NY: Guilford Press.

Halvari, A. E. M., Halvari, H., Bjørnebekk, G., & Deci, E. L. (2010). Motivation and anxiety for dental treatment: Testing a self-determination theory model of oral self-care behaviour and dental clinic attendance. *Motivation and Emotion, 34,* 15–33.

Hamamura, T., & Heine, S. J. (2008a). Approach and avoidance motivation across cultures. In A. J. Elliot (Ed.), *Handbook of approach and avoidance motivation* (pp. 557–570). New York, NY: Psychology Press.

Hamamura, T., & Heine, S. J. (2008b). The role of self-criticism in self-improvement and face maintenance among Japanese. In E. C. Chang (Ed.), *Self-criticism and self-enhancement: Theory, research, and clinical implications* (pp. 105–122). Washington, DC: American Psychological Association.

Hamilton, L. T. (2013). More is more or more is less? Parental financial investments during college. *American Sociological Review, 78,* 70–95.

Harackiewicz, J. M., Barron, K. E., Carter, S. M., Lehto, A. T., & Elliot, A. J. (1997). Predictors and consequences of achievement goals in the college classroom: Maintaining interest and making the grade. *Journal of Personality and Social Psychology, 73,* 1284–1295.

Harber, R. N. (1966). *Current research in motivation.* New York, NY: Holt, Rinehart, & Winston.

Hare, R. D. (2003). *Without conscience: the disturbing world of psychopaths among us.* New York: Guilford Press.

Harlow, H. F. (1953). Motivation as a factor in the acquisition of new responses. In J. S. Brown, H. F. Harlow, L. J. Postman, V. Nowlis, T. M. Newcomb, O. Mowrer, & H. Brown (Eds.), *Current theory and research in motivation: A symposium* (pp. 24–49). Lincoln, NE: University of Nebraska Press.

Harlow, L., DeBacker, T., & Crowson, H. (2011). Need for closure, achievement goals, and cognitive engagement in high school students. *The Journal of Educational Research, 104*(2), 110–119.

Harmon-Jones, E. (2003). Clarifying the emotive functions of asymmetrical frontal cortical activity. *Psychophysiology, 40,* 838–848.

Harmon-Jones, E., & Allen, J. J. B. (1998). Anger and frontal brain asymmetry: EEG asymmetry consistent with approach motivation despite negative affective valence. *Journal of Personality and Social Psychology 74,* 1310–1316.

Harmon-Jones, E., & Harmon-Jones, C. (2008). Cognitive dissonance theory: An update with a focus on the action-based model. In J. Y. Shah & W. L. Gardner (Eds.), *Handbook of motivation science* (pp. 71–83). New York, NY: Guilford Press.

Harmon-Jones, E., Harmon-Jones, C., Fearn, M., Sigelman, J. D., & Johnson, P. (2008). Left frontal cortical activation and spreading of alternatives: Tests of the action-based model of dissonance. *Journal of Personality and Social Psychology, 94,* 1–15.

Harris, J. L., Bargh, J. A., & Brownell, K. D. (2009). Priming effects of television food advertising on eating behavior. *Health Psychology, 28,* 404–413.

Harris, L. T., McClure, S. M., van den Bos, W., Cohen, J. D., & Fiske, S. T. (2007). Regions of the MPFC differentially tuned to social and nonsocial affective evaluation. *Cognitive, Affective & Behavioral Neuroscience, 7,* 309–316.

Harris, P. R., & Epton, T. (2009). The impact of self-affirmation on health cognition, health behaviour and other health related responses: A narrative review. *Social and Personality Psychology Compass, 3,* 962–978.

Harrison, D. A., & Liska, L. Z. (1994). Promoting regular exercise in organizational fitness programs: Health-related differences in motivational building blocks. *Personnel Psychology, 47,* 47–71.

Harrison, K. (2000). The body electric: Thin-ideal media and eating disorders in adolescents. *Journal of Communication, 50,* 119–143.

Harrison, P. R., Smith, J. L., & Bryant, F. B. (2013). Savoring: The savoring expedition: An exercise to cultivate savoring. In J. J. Froh & A. C. Parks (Eds.), *Activities for teaching positive psychology: A guide for instructors* (pp. 149–153). Washington, DC: American Psychological Association.

Hart, S. L., Vella, L., & Mohr, D. C. (2008). Relationships among depressive symptoms, benefit-finding, optimism, and positive affect in multiple sclerosis patients after psychotherapy for depression. *Health Psychology, 27,* 230–238.

Harter, S. (1978). Effectance motivation reconsidered: Toward a developmental model. *Human Development, 21,* 34–64

Hartwig, M., & Bond, C. F., Jr. (2011). Why do lie-catchers fail? A lens model meta-analysis of human lie judgments. *Psychological Bulletin, 137,* 643–659.

Haselhuhn, M. P., Schweitzer, M. E., & Wood, A. M. (2010). How implicit beliefs influence trust recovery. *Psychological Science, 21,* 645–648.

Hasher, L., & Zacks, R. T. (1988). Working memory, comprehension, and aging: A review and a new view. In G. H. Bower (Ed.), *The psychology of learning and motivation: Advances in research and theory* (Vol. 22, pp. 193–225). San Diego, CA: Academic Press.

Hassin, R. R. (2008). Cognitive motivation and motivated cognition. *Social Cognition, 26*(3), 495.

Hatfield, E., Cacioppo, J. T., & Rapson, R. L. (1993). Emotional contagion. *Current Directions in Psychological Science, 2,* 96–99.

Havas, D. A., Glenberg, A. M., Gutowski, K. A., Lucarelli, M. J., & Davidson, R. J. (2010). Cosmetic use of botulinum toxin-A affects processing of emotional language. *Psychological Science, 21,* 895–900.

Hawkley L. C., & Cacioppo J. T. (2007). Aging and loneliness: Downhill quickly? *Current Directions in Psychological Science, 16,* 187–191.

Hawkley, L. C., & Cacioppo, J. T. (2010). Loneliness matters: A theoretical and empirical review of consequences and mechanisms. *Annals of Behavioral Medicine, 40,* 218–227.

Hawkley, L. C., Thisted, R. A., Cacioppo, J. T. (2009). Loneliness predicts reduced physical activity: Cross-sectional & longitudinal analyses. *Health Psychology, 28,* 354–363.

Hazan, C., & Shaver, P. R. (1994). Attachment as an organizational framework for research on close relationships. *Psychological Inquiry, 5,* 1–22.

Heatherton, T. F., & Polivy, J. (1991). Development and validation of a scale for measuring state self-esteem. *Journal of Personality and Social Psychology, 60,* 895–910.

Heatherton, T. F., Polivy, J., Herman, C. P., & Baumeister, R. F. (1993). Self-awareness, task failure, and disinhibition: How attentional focus affects eating. *Journal of Personality, 61,* 49–61.

Hebb, D. O. (1949). The organization of behavior: A neuropsychological theory. Oxford, England: Wiley.

Hebb, D. O. (1955). Drives and the C. N. S. (conceptual nervous system). *Psychological Review, 62,* 243–254.

Hebb, D. O., & Heron, W. (1955). Effects of radical isolation upon intellectual function and the manipulation of attitudes. In *Terminal report on conditions of attitude change in individuals.* Ottawa, Canada: Defense Research Board.

Hebb, D. O., Heron, W., & Bexton, W. H. (1952). The effect of isolation upon attitude, motivation, and thought. In *Fourth Symposium, Military Medicine I, in cooperation with McGill University.* Ottawa, Canada: Defense Research Board.

Hechenbleikner, N. R., & Leary, M. R. (1999). *Hurt feelings and relational devaluation.* Paper presented at the meeting of the Southeastern Psychological Association, Savannah, GA.

Heckhausen, H. (1960). Die Problematik des Projectionsbegriffs und die Grundlagen und Grundannahmer des thematischen Auffassungstests (The problem of the concept of projection and the basic hypotheses of the TAT). *Psychologische Beitrage, 5,* 53–80.

Heckhausen, H. (1968). Achievement motive research: Current problems and some contributions towards a general theory of motivation. *Nebraska Symposium on Motivation, 16,* 103–174.

Heckhausen, H. (1973). Intervening cognitions in motivation. In D. E. Berlyne & K. B. Madsen (Eds.), *Pleasure, reward, preference.* New York, NY: Academic Press.

Heckhausen, H. (1977). Achievement motivation and its constructs: A cognitive model. *Motivation and Emotion, 1,* 283– 329.

Heckhausen, H., & Gollwitzer, P. M. (1987). Thought contents and cognitive functioning in motivational versus volitional states of mind. *Motivation and Emotion, 11,* 101–120.

Heckhausen, H., & Strang, H. (1988). Efficiency under record performance demands: Exertion control—an individual difference variable? *Journal of Personality and Social Psychology, 55,* 489–498.

Heckhausen, H., & Weiner, B. (1972). The emergence of a cognitive psychology of motivation. In P. C. Dodwell (Ed.), *New horizons in psychology,* (Vol. 2, pp. 126–147). Oxford, England: Penguin.

Heider, F. (1946). Attitudes and cognitive organization. *Journal of Psychology: Interdisciplinary and Applied, 21,* 107–112.

Heider, F. (1958). *The psychology of interpersonal relations.* Hillsdale, NJ: Lawrence Erlbaum.

Heider, F. (1976). A conversation with Fritz Heider. In J. H. Harvey, W. J. Ickes, & R. F. Kidd (Eds.), *New directions in attribution research* (Vol. 1, pp. 47–61). Hillsdale, NJ: Erlbaum.

Heine, S. J. (2003). Self-enhancement in Japan? A reply to Brown & Kobayashi. *Asian Journal of Social Psychology, 6,* 75–84.

Heine, S. J. (2005). Where Is the Evidence for Pancultural Self-Enhancement? A reply to Sedikides, Gaertner, and Toguchi (2003). *Journal of Personality and Social Psychology, 89,* 531–538.

Heine, S. J., & Hamamura, T. (2007). In search of East Asian self-enhancement. *Personality and Social Psychology Review, 11,* 1–24.

Heine, S. J., Kitayama, S., Lehman, D. R., Takata, T., Ide, E., Leung, C., & Matsumoto, H. (2001). Divergent consequences of success and failure in Japan and North America: An investigation of self-improving motivations and malleable selves. *Journal of Personality and Social Psychology, 81,* 599–615.

Heine, S. J., & Lehman, D. R. (1999). Culture, self-discrepancies, and self-satisfaction. *Personality and Social Psychology Bulletin, 25,* 915–925.

Heine, S. J., Lehman, D. R., Markus, H. R., & Kitayama, S. (1999). Is there a universal need for positive self-regard? *Psychological Review, 106,* 766–794.

Heine, S. J., Proulx, T., & Vohs, K. D. (2006). The meaning maintenance model: On the coherence of human motivations. *Personality and Social Psychology Review, 10,* 88–110.

Henderson, M. D., Gollwitzer, P. M., & Oettingen, G. (2007). Implementation intentions and disengagement from a failing course of action. *Journal of Behavioral Decision Making, 20,* 81–102.

Hennenlotter, A., Dresel, C., Castrop, F., Ceballos-Baumann, A., Wohlschlager, A., & Haslinger, B. (2008). The link between facial feedback and neural activity within central circuitries of emotion'new insights from botulinum toxin-induced denervation of frown muscles. *Cerebral Cortex, 19,* 537–542.

Heo, J., Chun, S., Lee, S., Lee, K. H., & Kim, J. (2015) Internet use and well-being in older adults. *Cyberpsychology, Behavior, and Social Networking, 18*(5), 268–272.

Hepper, E. G., Gramzow, R., & Sedikides, C. (2010). Individual differences in self–enhancement and self–protection strategies: An integrative analysis. *Journal of Personality, 78,* 781–814.

Heppner, W. L., Kernis, M. H., Nezlek, J. B., Foster, J., Lakey, C. E., & Goldman, B. M. (2008). Within-person relationships among daily self-esteem, need satisfaction, and authenticity. *Psychological Science, 19,* 1140–1145.

Herman, C. P., Roth, D. A., & Polivy, J. (2003). Effects of the presence of others on food intake: A normative interpretation. *Psychological Bulletin, 129*(6), 873–886.

Heron, W. (1957, January 5). The pathology of boredom. *Scientific American,* 52–56.

Heron, W., Bexton, W. H., & Hebb, D. O. (1953). Cognitive effects of a decreased variation in the sensory environment. *American Psychologist, 8,* 366.

Herrnstein, R. J. (1977). The evolution of behaviorism. *American Psychologist, 32,* 593–603.

Hervas, G., & Vazquez, C. (2011). What else do you feel when you feel sad? Emotional overproduction, neuroticism and rumination. *Emotion, 11,* 881–895.

Hickok, G. (2009). Eight problems for the mirror neuron theory of action understanding in monkeys and humans. *Journal of Cognitive Neuroscience, 21,* 1229–1243.

Higgins, E. T. (1987). Self-discrepancy: A theory relating self and affect. *Psychological Review, 94,* 319–340.

Higgins, E. T. (1989). Self-discrepancy theory: What patterns of self-beliefs cause people to suffer? In L. Berkowitz (Ed.), *Advances in experimental social psychology* (Vol. 22, pp. 93–136). San Diego, CA: Academic Press.

Higgins, E. T. (1997). Beyond pleasure and pain. *American Psychologist, 52,* 1280–1300.

Higgins, E. T. (2000). Making a good decision: Value from fit. *American Psychologist, 55,* 1217–1230.

Higgins, E. T. (2005). Value from Regulatory Fit. *Current Directions in Psychological Science, 14,* 209–213.

Higgins, E. T. (2009). Regulatory fit in the goal-pursuit process. In G. B. Moskowitz & H. Grant (Eds.), *The psychology of goals* (pp. 505–533). New York, NY: Guilford Press.

Higgins, E. T. (2012). Regulatory focus theory. In P. A. M. Van Lange, A. W. Kruglanski, & E. T. Higgins (Eds.), *Handbook of theories of social psychology* (Vol. 1, pp. 483–504). Thousand Oaks, CA: Sage Publications Ltd.

Higgins, E. T., Bond, R. N., Klein, R., & Strauman, T. (1986). Self-discrepancies and emotional vulnerability: How magnitude, accessibility, and type of discrepancy influence affect. *Journal of Personality and Social Psychology, 51,* 5–15.

Higgins, E. T., Cesario, J., Hagiwara, N., Spiegel, S., & Pittman, T. (2010). Increasing or decreasing interest in activities: The role of regulatory fit. *Journal of Personality and Social Psychology, 98,* 559–572.

Higgins, E. T., & Chaires, W. M. (1980). Accessibility of interrelational constructs: Implications for stimulus encoding and creativity. *Journal of Experimental Social Psychology, 16,* 348–361.

Higgins, E. T., Friedman, R. S., Harlow, R. E., Idson, L. C., Ayduk, O. N., & Taylor, A. (2001). Achievement orientations from subjective histories of success: Promotion pride versus prevention pride. *European Journal of Social Psychology, 31,* 3–23.

Higgins, E. T., Kruglanski, A. W., & Pierro, A. (2003). Regulatory mode: Locomotion and assessment as distinct orientations. In M. P. Zanna (Ed.), *Advances in experimental social psychology* (Vol. 35, pp. 293–344). New York, NY: Academic Press.

Higgins, E. T., & Pittman, T. S. (2008). Motives of the human animal: Comprehending, managing, and sharing inner states. *Annual Review of Psychology, 59,* 361–385.

Higgins, E. T., Shah, J., & Friedman, R. (1997). Emotional responses to goal attainment: Strength of regulatory focus as moderator. *Journal of Personality and Social Psychology, 72,* 515–525.

Higgins, E. T., & Sorrentino, R. M. (1990). *Handbook of motivation and cognition: Foundations of social behavior* (Vol. 2). New York, NY: Guilford Press.

Higgins, R. L., & Snyder, C. R. (1991). Reality negotiation and excuse-making. In C. R. Snyder & D. R. Forsyth (Eds.), *Handbook of social and clinical psychology: The health perspective* (pp. 79–93). Elmsford, NY: Pergamon Press.

Hill, P. L., Allemand, M., & Roberts, B. W. (2013). Examining the pathways between gratitude and self-rated physical health across adulthood. *Personality and Individual Differences, 54,* 92–96.

Hillgruber, A. (1912). Fortlaufende Arbeit und Willensbetätigung (Continuous work and use of violition). *Untersuchungen zur Psychologie und Philosophie, 1,* 6.

Hilmantel R. (2014). Heather Abbot Lost Part of Her Leg in the Boston Marathon Bombings. This Year, She'll be Back—And Running the Last Half Mile of the Race. Women's Health, April, 18. http://www.womenshealthmag.com/life/heather-abbott

Hinduja, S. (2008). Deindividuation and internet software piracy. *CyberPsychology & Behavior, 11,* 391–398.

Hingson, R., & Howland, J. (1993). Promoting safety in adolescence. In S. G. Millstein, A. C. Petersen, & E. O. Nightingale, (Eds.), *Promoting the health of adolescents: New directions for the twenty-first century* (pp. 305–327). New York, NY: Oxford University Press.

Hinkle, S., & Brown, R. J. (1990). Intergroup differentiation and social identity: Some links and lacunae. In D. Abrams & M. A. Hogg (Eds.), *Social identity theory: Constructive and critical advances* (pp. 48–70). New York, NY: Springer-Verlag.

Hiroto, D. S. (1974). Locus of control and learned helplessness. *Journal of Experimental Psychology, 102,* 187–193.

Hirsh, A. R. (1995). Effects of ambient odors on slot-machine usage in a Las Vegas casino. *Psychology & Marketing, 12,* 585–594.

Hirshleifer, D., & Shumway, T. (2003). Good day sunshine: Stock returns and the weather. *Journal of Finance, 58,* 1009–1032.

Hirt, E. R., Deppe, R. K., & Gordon, L. J. (1991). Self-reported versus behavioral self-handicapping: Empirical evidence for a theoretical distinction. *Journal of Personality and Social Psychology, 61,* 981–991.

Hirt, E. R., & McCrea, S. M. (2009). Man smart, woman smarter? Getting to the root of gender differences in self-handicapping. *Social and Personality Psychology Compass, 3,* 260–274.

Hobbes, T. (1651/1994). *Leviathan.* E. Curley (Trans.). Indianapolis, IN: Hackett Publishing.

Hoerger, M. (2012). Coping strategies and immune neglect in affective forecasting: Direct evidence and key moderators. *Judgment and Decision Making, 7,* 86–96.

Hofer, B. K., & Pintrich, P. R. (1997). The development of epistemological theories: Beliefs about knowledge and knowing and their relation to learning. *Review of Educational Research, 67,* 88–140

Hofmann, W., Baumeister, R. F., Förster, G., & Vohs, K. D. (2012). Everyday temptations: An experience sampling study of desire, conflict, and self-control. *Journal of Personality and Social Psychology, 102*(6), 1318–1335.

Hofmann, W., De Houwer, J., Perugini, M., Baeyens, F., & Crombez, G. (2010). Evaluative conditioning in humans: A meta-analysis. *Psychological Bulletin, 136,* 390–421.

Hofmann, W., & Friese, M. (2008). Impulses got the better of me: Alcohol moderates the influence of implicit attitudes toward food cues on eating behavior. *Journal of Abnormal Psychology, 117,* 420–427.

Hofmann, W., Friese, M., & Strack, F. (2009). Impulse and self-control from a dual-systems perspective. *Perspectives on Psychological Science, 4,* 162–176.

Hofmann, W., Friese, M., Schmeichel, B. J., & Baddeley, A. D. (2011). Working memory and self-regulation. In K. D. Vohs & R. F. Baumeister (Eds.), *Handbook of self-regulation: Research, theory, and applications* (pp. 204–225). New York, NY: Guilford Press.

Hofmann, W., Gschwendner, T., Friese, M., Wiers, R. W., & Schmitt, M. (2008). Working memory capacity and self-regulatory behavior: Toward an individual differences perspective on behavior determination by automatic versus controlled processes. *Journal of Personality and Social Psychology, 95,* 962–977.

Hofmann, W., van Koningsbruggen, G. M., Stroebe, W., Ramanathan, S., & Aarts, H. (2010). As pleasure unfolds: Hedonic responses to tempting food. *Psychological Science, 21,* 1863–1870.

Hofschire, L. J., & Greenberg, B. S. (2002). Media's impact on adolescents' body dissatisfaction. In J. D. Brown, J. R. Steele, & K. Walsh-Childers, (Eds.), *Sexual teens, sexual media: Investigating media's influence on adolescent sexuality* (pp. 125–149). Mahwah, NJ: Lawrence Erlbaum Associates Publishers.

Hofstede, G. (2001). *Culture's consequences: Comparing values, behaviors, institutions, and organizations across nations* (2nd ed.). Thousand Oaks, CA: Sage.

Hogan, R. (2009). Much ado about nothing: The person-situation debate. *Journal of Research in Personality, 43,* 249.

Hogan, R., Hogan, J., & Roberts, B. W. (1996). Personality measurement and employment decisions: Questions and answers. *American Psychologist, 51,* 469–477.

Holland, R. W., Aarts, H., & Langendam, D. (2006). Breaking and creating habits on the working floor: A field-experiment on the power of implementation intentions. *Journal of Experimental Social Psychology, 42,* 776–783.

Holland, R. W., Hendriks, M., & Aarts, H. (2005). Smells like clean spirit: Nonconscious effects of scent on cognition and behavior. *Psychological Science, 16,* 689–693.

Hollenbeck, J. & Brief, A. P. (1987). The effects of individual differences and goal origin on goal-setting and performance. *Organizational Behavior and Human Decision Processes, 40,* 392–414.

Hollenbeck, J. R., Williams, C. R., & Klein, H. J. (1989). An empirical examination of the antecedents of commitment to difficult goals. *Journal of Applied Psychology, 74,* 18–23.

Hollis, J. F., Gullion, C. M., Stevens, V. J., Brantley, P. J., Appel, L. J., Ard, J. D., . . . Svetkey, L. P. (2008). Weight loss during the intensive intervention phase of the weight-loss maintenance trial. *American Journal of Preventive Medicine, 35,* 118–126.

Holmes, T. H., & Rahe, R. H. (1967). The Social Readjustment Scale. *Journal of Psychosomatic Research, 11,* 201–208.

Holt, E. B. (1931). *Animal drive and the learning process: An essay toward radical empiricism.* Oxford, UK: Holt.

Hom, H. L. (1994). Can you predict the overjustification effect? *Teaching of Psychology, 21,* 36–37.

Hong, Y. Y., Chiu, C. Y., Dweck, C. S., Lin, D. M. S., & Wan, W. (1999). Implicit theories, attributions, and coping: A meaning system approach. *Journal of Personality and Social Psychology, 77,* 588–599.

Honts, C. R., Hartwig, M., Kleinman, S. M., & Meissner, C. A. (2009). *Credibility assessment at portals: Portals committee report. Final report of the Portals Committee to the Defense Academy for Credibility Assessment.* Washington, DC: U. S. Defense Intelligence Agency.

Hoorens, V., Nuttin, J. M., Herman, I. E., & Pavakanun, U. (1990). Mastery pleasure versus mere ownership: A quasi-experimental cross-cultural and cross-alphabetical test of the name letter effect. *European Journal of Social Psychology, 20,* 181–205.

Hornsey, M. J., & Hogg, M. A. (1999). Subgroup differentiation as a response to an overly-inclusive group: A test of optimal distinctiveness theory. *European Journal of Social Psychology, 29*, 543–550.

Hornsey, M. J., & Jetten, J. (2004). The individual within the group: Balancing the need to belong with the need to be different. *Personality and Social Psychology Review, 8*, 248–264.

Hothersall, D. (1995). *History of Psychology*. Boston, MA: McGraw Hill.

Houben, K., Havermans, R. C., & Wiers, R. W. (2010). Learning to dislike alcohol: Conditioning negative implicit attitudes toward alcohol and its effect on drinking behavior. *Psychopharmacology, 211*, 79–86.

Houben, K., Nederkoorn, C., Wiers, R. W., & Jansen, A. (2011). Resisting temptation: Decreasing alcohol-related affect and drinking behavior by training response inhibition. *Drug and Alcohol Dependence, 116*, 132–136.

Houben, K., Schoenmakers, T. M., & Wiers, R. W. (2010). I didn't feel like drinking but I don't know why: The effects of evaluative conditioning on alcohol-related attitudes, craving and behavior. *Addictive Behaviors, 35*, 1161–1163.

Houben, K., Wiers, R.W., & Jansen, A. (2011). Getting a grip on drinking behavior: Training working memory to reduce alcohol abuse. *Psychological Science, 22*, 968–975.

Howard, P. E. N., Rainie, L., & Jones, S. (2001). Days and nights on the Internet: The impact of a diffusing technology. *American Behavioral Scientist, 45*, 383–404.

Howell, A. J., Watson, D. C., Powell, R. A., & Buro, K. (2006). Academic procrastination: The pattern and correlates of behavioural postponement. *Personality and Individual Differences, 40*, 1519–1530.

Hoyle, R. H. (2010). *Handbook of personality and self-regulation* (2nd ed.). New York, NY: Wiley-Blackwell.

Huang, J. Y., Ackerman, J. M., & Bargh, J. A. (2013). Superman to the rescue: Simulating physical invulnerability attenuates exclusion-related interpersonal biases. *Journal of Experimental Social Psychology, 49*, 349–354.

Huang, S., & Zhang, Y. (2013). All roads lead to Rome: The impact of multiple attainment means on motivation. *Journal of Personality and Social Psychology, 104*, 236–248.

Hui, S. A., Wright, R. A., Stewart, C. C., Simmons, A., Eaton, B., & Nolte, R. N. (2009). Performance, cardiovascular, and health behavior effects of an inhibitory strength training intervention. *Motivation and Emotion, 33*, 419–434.

Hull, C. L. (1932). The goal-gradient hypothesis and maze learning. *Psychological Review, 39*, 25–43.

Hull, C. L. (1943). *Principles of behavior: An introduction to behavior theory*. Oxford, England: Appleton-Century.

Hull, J. G., Levenson, R. W., Young, R. D., & Sher, K. J. (1983). Self-awareness-reducing effects of alcohol consumption. *Journal of Personality and Social Psychology, 44*, 461–473.

Hull, J. G., & Slone, L. B. (2004). Alcohol and self-regulation. In R. F. Baumeister & K. D. Vohs (Eds.), *Handbook of self-regulation: Research, theory, and applications* (pp. 466–491). New York, NY: Guilford Press.

Hume, D. (1739/1874). *A treatise of human nature*, London, UK: Longmans, Green & Co.

Hume, D. (1748/1894). *An enquiry concerning human understanding*. New York, NY: Macmillian.

Hung, I. W., & Labroo, A. A. (2011). From firm muscles to firm willpower: Understanding the role of embodied cognition in self-regulation. *Journal of Consumer Research, 37*, 1046–1064.

Hunter, E. (1960). *Brainwashing: From Pavlov to Powers*. New York, NY: The Bookmailer.

Hupka, R. B., Otto, J., Tarabrina, N.V., & Reidl, L. (1993). Cross-cultural comparisons of nouns associated with jealousy and the related emotions of envy, anger, and fear. *Cross-Cultural Research: The Journal of Comparative Social Science, 27*, 181–211.

Huta, V., & Ryan, R. M. (2010). Pursuing pleasure or virtue: The differential and overlapping well-being benefits of hedonic and eudaimonic motives. *Journal of Happiness Studies, 11*(6), 735–762.

Hutcheson, F. (1725). *An inquiry into the original of our ideas of beauty and virtue; In two treatises*. London, UK: Darby.

Hutt, C. (1970). Specific and diversive exploration. *Advances in Child Development and Behavior, 5*, 119–180.

Hyde, J. S. (1984). How large are gender differences in aggression? A developmental meta-analysis. *Developmental Psychology, 20*, 722–736.

Idson, L. C., Liberman, N., & Higgins, E. T. (2000). Distinguishing gains from nonlosses and losses from nongains: A regulatory focus perspective on hedonic intensity. *Journal of Experimental Social Psychology, 36*, 252–274.

Inesi, M. E., Botti, S., Dubois, D., Rucker, D. D., & Galinsky, A. D. (2011). Power and choice: Their dynamic interplay in quenching the thirst for personal control. *Psychological Science, 22*, 1042–1048.

Insel, T. R. (1997). A neurobiological basis of social attachment. *The American Journal of Psychiatry, 154*, 726–735.

Insel, T. R. (2000). Toward a neurobiology of attachment. *Review of General Psychology, 4*, 176–185.

Insel, T. R. (2009). The neurobiology of affiliation: Implications for autism. In R. J. Davidson, K. R. Scherer, & H. H. Goldsmith (Eds.), *Handbook of affective sciences* (pp. 1010–1020). New York, NY: Oxford University Press.

Insko, C. A. (2012). Balance-logic theory. In P. A. M. Van Lange, A. W. Kruglanski, & E. T. Higgins (Eds.), *Handbook of theories of social psychology* (Vol. 1, pp. 178–200). Thousand Oaks, CA: Sage Publications Ltd.

Investopedia (2012). Should you pay in cash? Retrieved from: http://www.investopedia.com

Inzlicht, M., & Gutsell, J. N. (2007). Running on empty: Neural signals for self-control failure. *Psychological Science, 18*, 933–937.

Inzlicht, M., & Schmeichel, B. J. (2012). What is ego depletion? Toward a mechanistic revision of the resource model of self-control. *Perspectives on Psychological Science, 7*, 450–463.

Isen, A. M., Johnson, M. M., Mertz, E., & Robinson, G. F. (1985). The influence of positive affect on the unusualness of word associations. *Journal of Personality and Social Psychology, 48*, 1413–1426.

Itzkoff, D. (2005, November 27). Dave Chappelle is alive and well (and playing Las Vegas). *The New York Times*. Retrieved from: http://www.nytimes.com

Iyengar, S. (2012). Sheena Iyengar: How to make choosing easier. [Video File]. Retrieved from: http://www.ted.com/talks/sheena_iyengar_choosing_what_to_choose.html.

Iyengar, S. S., & Lepper, M. R. (2000). When choice is demotivating: Can one desire too much of a good thing? *Journal of Personality and Social Psychology, 79,* 995–1006.

Iyengar, S. S., & Lepper, M. R. (2002). Choice and its consequences: On the costs and benefits of self-determination. In A. Tesser, D. A. Stapel, & J. V. Wood (Eds.), *Self and motivation: Emerging psychological perspectives* (pp. 71–96). Washington, DC: American Psychological Association.

Izard, C. E. (1971). *The face of emotion.* New York, NY: Appleton-Century-Crofts.

Izard, C. E. (1978). Emotions as motivations: An evolutionary-developmental perspective. *Nebraska Symposium on Motivation, 26,* 163–200.

Izard, C. E. (1991). *The psychology of emotions.* New York, NY: Plenum Press.

Izard, C. E. (1994). Innate and universal facial expressions: Evidence from developmental and cross-cultural research. *Psychological Bulletin, 115,* 288–299.

Izard, C. E., Huebner, R. R., Risser, D., & Dougherty, L. (1980). The young infant's ability to produce discrete emotion expressions. *Developmental Psychology, 16,* 132–140.

Izard, C. E., & Read, P. B. (Eds.). (1986). *Measuring emotions in infants and children* (Vol. 2). New York, NY: Cambridge University Press.

Jackson, S. A., & Eklund, R. C. (2012). Flow. In G. Tenenbaum, R. C. Eklund, & A. Kamata (Eds.), *Measurement in sport and exercise psychology* (pp. 349–357). Champaign, IL: Human Kinetics.

Jacobson, R. P., Mortensen, C. R., & Cialdini, R. B. (2011). Bodies obliged and unbound: Differentiated response tendencies for injunctive and descriptive social norms. *Journal of Personality and Social Psychology, 100,* 433–448.

Jakubczyk, A., Klimkiewicz, A., Wnorowska, A., Mika, K., Bugaj, M., Podgórska, A., . . . Wojnar, M. (2013). Impulsivity, risky behaviors and accidents in alcohol-dependent patients. *Accident Analysis and Prevention, 51,* 150–155.

Jakubowicz D., Froy O., Wainstein J., & Boaz M. (2012). Meal timing and composition influence ghrelin levels, appetite scores and weight loss maintenance in overweight and obese adults. *Steroids, 77*(4), 323–31.

James, W. (1884). What is an emotion? *Mind, 9,* 188–205.

James, W. (1888). *What the will effects.* Scribner's Magazine, Feb.

James, W. (1890). *The principles of psychology* (Vol. 1 & 2). New York, NY: Henry Holt.

James, W. (1902). *The varieties of religious experience: A study in human nature.* New York, NY: Longmans, Green and Co.

James, W. (1907). The energies of men. *The Philosophical Review, 16,* 1–20.

Janssen, L., Fennis, B. M., Pruyn, A. T. H., Vohs, K. D. (2009). The path of least resistance: regulatory resource depletion and the effectiveness of social influence techniques. *Journal of Business Research, 61,* 1041–1045.

Jaudas, A., Achtziger, A., & Gollwitzer, P. M. (2006). Determinants of the effective use of implementation intentions. Paper presented at the 48th Meeting of Experimental Psychologists, Mainz, Germany.

Jin, S. A. (2012). Self-discrepancy and regulatory fit in avatar-based exergames. *Psychological Reports, 111,* 697–710.

Job, V., Dweck, C. S., & Walton, G. M. (2010). Ego depletion—Iis it all in your head? Implicit theories about willpower affect self-regulation. *Psychological Science, 21,* 1686–1693.

Johnson, D. J., & Rusbult, C. E. (1989). Resisting temptation: Devaluation of alternative partners as a means of maintaining commitment in close relationships. *Journal of Personality and Social Psychology, 57,* 967–980.

Johnson, J. E. (1996). Coping with radiation therapy: Optimism and the effect of preparatory interventions. *Research in Nursing & Health, 19,* 3–12.

Johnson, K. J., Waugh, C. E., & Fredrickson, B. L. (2010). Smile to see the forest: Facially expressed positive emotions broaden cognition. *Cognition and Emotion, 24,* 299–321.

Johnson, M. K., Raye, C. L., Mitchell, K. J., Touryan, S. R., Greene, E. J., & Nolen-Hoeksema, S. (2006). Dissociating medial frontal and posterior cingulate activity during self-reflection. *Social Cognitive and Affective Neuroscience, 1,* 56–64.

Johnson-Laird, P. N., & Oatley, K. (1989). The language of emotions: An analysis of a semantic field. *Cognition and Emotion, 3,* 81–123.

Joiner, T. E. Jr., Hollar, D., & Van Orden, K. (2006). On Buckeyes, Gators, Super Bowl Sunday, and the Miracle on Ice: 'Pulling together' is associated with lower suicide rates. *Journal of Social and Clinical Psychology, 25,* 179–195.

Joiner, T. E. Jr., Van Orden, K. A., Witte, T. K., Selby, E. A., Ribeiro, J. D., Lewis, R., & Rudd, M. D. (2009). Main predictions of the interpersonal–psychological theory of suicidal behavior: Empirical tests in two samples of young adults. *Journal of Abnormal Psychology, 118,* 634–646.

Jonas, E., Fritsche, I., & Greenberg, J. (2005). Currencies as cultural symbols—An existential psychological perspective on reactions of Germans toward the Euro. *Journal of Economic Psychology, 26,* 129–146.

Jonas, E., Martens, A., Johns, M., Greenberg, J., & Reiss, L. (2007). *Focus theory of normative conduct and terror management theory: The interactive impact of mortality salience and salient norms on social judgment and behavior.* (Unpublished manuscript). University of Salzburg, Salzburg, Austria.

Jonas, E., Schimel, J., Greenberg, J., & Pyszczynski, T. (2002). The Scrooge effect: Evidence that mortality salience increases prosocial attitudes and behavior. *Personality and Social Psychology Bulletin, 28,* 1342–1353.

Jonason, P. K., & Norman, P. L. (2013). Playing hard-to-get: Manipulating one's perceived availability as a mate. *European Journal of Personality, 27,* 458–469.

Jones, E. E., & Berglas, S. (1978). Control of attributions about the self through self-handicapping strategies: The appeal of alcohol and the role of underachievement. *Personality and Social Psychology Bulletin, 4,* 200–206.

Jones, E. E., & Harris, V. A. (1967). The attribution of attitudes. *Journal of Experimental Social Psychology, 3,* 1–24.

Jones, J. L., & Leary, M. R. (1994). Effects of appearance-based admonitions against sun exposure on tanning intentions in young adults. *Health Psychology, 13,* 86–90.

Jones, J. T., Pelham, B. W., Carvallo, M., & Mirenberg, M. C. (2004). How do i love thee? let me count the Js: Implicit egotism and interpersonal attraction. *Journal of Personality and Social Psychology, 87,* 665–683.

Jostmann, N. B., & Koole, S. L. (2006). On the waxing and waning of working memory: Action orientation moderates the impact of demanding relationship primes on working memory capacity. *Personality and Social Psychology Bulletin, 32,* 1716–1728.

Jostmann, N. B., & Koole, S. L. (2007a). On the regulation of cognitive control: Action orientation moderates the impact of high demands in Stroop interference tasks. *Journal of Experimental Psychology: General, 136,* 593–609.

Jostmann, N. B., & Koole, S. L. (2009). When persistence is futile: A functional analysis of action orientation and goal disengagement. In G. B. Moskowitz & H. Grant (Eds.), *The psychology of goals* (pp. 337–361). New York, NY: The Guilford Press.

Jostmann, N. B., & Koole, S. L. (2010). Dealing with high demands: The role of action versus state orientation. In R. H. Hoyle (Ed.), *Handbook of personality and self-regulation* (pp. 332–352). Oxford, UK: Wiley-Blackwell.

Jostmann, N. B., Koole, S. L., van der Wulp, N. Y., & Fockenberg, D. A. (2005). Subliminal affect regulation: The moderating role of action vs. state orientation. *European Psychologist, 10,* 209–217.

Jostmann, N. B., Lakens, D., & Schubert, T. W. (2009). Weight as an embodiment of importance. *Psychological Science, 20,* 1169–1174.

Jussim, L., Yen, H. J., & Aiello, J. R. (1995). Self-consistency, self-enhancement, and accuracy in reactions to feedback. *Journal of Experimental Social Psychology, 31,* 322–356.

Just, D. R., & Wansink, B. (2009). Better school meals on a budget: Using behavioral economics and food psychology to improve meal selection. *Choices, 24,* 19–24.

Kacmar, K. M., Carlson, D. S., & Bratton, V. K. (2004). Situational and dispositional factors as antecedents of ingratiatory behaviors in organizational settings. *Journal of Vocational Behavior, 65,* 309–331.

Kahan, D., Polivy, J., & Herman, C. P. (2003). Conformity and dietary disinhibition: A test of the ego-strength model of self-regulation. *International Journal of Eating Disorders, 33,* 165–171.

Kahn, C. H. (1987). Plato's theory of desire. *Review of Metaphysics, 41,* 77–103.

Kahneman, D. (2011). *Thinking, fast and slow.* New York, NY: Farrar, Straus and Giroux.

Kahneman, D., & Deaton, A. (2010). High income improves evaluation of life but not emotional well-being. *National Academy of Sciences, 107,* 16489–16493.

Kahneman, D., Krueger, A. B., Schkade, D. A., Schwarz, N., & Stone, A. A. (2004). A survey method for characterizing daily life experience: The day reconstruction method. *Science, 306,* 1776–1780.

Kahneman, D., & Tversky, A. (1979). Prospect theory: An analysis of decision under risk. *Econometrica, 47,* 263–291.

Kahneman, D., & Tversky, A. (Eds.). (2000). *Choices, values, and frames.* New York, NY: Cambridge University Press.

Kahneman, K., Knetsch, J. L., & Thaler, R. H. (2001). Anomalies: The endowment effect, loss aversion, and status quo bias. *The Journal of Economic Perspectives, 5,* 193–206.

Kaipainen K., Payne C. R., & Wansink B. (2012). Mindless eating challenge: Retention, weight outcomes, and barriers for changes in a public web-based healthy eating and weight loss program. *Journal of Medical Internet Research, 14,* e168. Retrieved from: http://www.jmir.org/2012/6/e168

Kalick, S. M., & Hamilton, T. E. (1986). The matching hypothesis reexamined. *Journal of Personality and Social Psychology, 51,* 673–682.

Kameda, T., & Tindale, R. S. (2006). Groups as adaptive devices: Human docility and group aggregation mechanisms in evolutionary context. In M. Schaller, J. A. Simpson, & D. T. Kenrick, (Eds.), *Evolution and social psychology* (pp. 317–341). Madison, CT: Psychosocial Press.

Kamiya, K., Fumoto, M., Kikuchi, H., Sekiyama, T., Mohri-Lkuzawa, Y., Umino, M., & Arita, H. (2010). Prolonged gum chewing evokes activation of the ventral part of prefrontal cortex and suppression of nociceptive responses: Involvement of the serotonergic system. *Journal of Medical and Dental Science, 57,* 35–43.

Kammrath, L. K., & Peetz, J. (2012). You promised you'd change: How incremental and entity theorists react to a romantic partner's promised change attempts. *Journal of Experimental Social Psychology, 48,* 570–574.

Kamstra, M. J., Kramer, L. A., & Levi, M. D. (2003). Winter blues: Seasonal affective disorder (SAD) and stock market returns. *American Economic Review, 93,* 324–343.

Kandel, E. R., Schwartz, J. H., & Jessell, T. M. (1995). *Essentials of neuroscience and behavior.* Stamford, CT: Appleton & Lange.

Kane, M. J., & Engle, R. W. (2003). Working-memory capacity and the control of attention: The contributions of goal neglect, response competition, and task set to Stroop interference. *Journal of Experimental Psychology: General, 132,* 47–70.

Kang, J. (2000). Cyber-race. *Harvard Law Review, 113,* 1130–208.

Kant, I. (1789/2007). Anthropology from a pragmatic point of view. In P. Guyer & A. W. Wood (Eds.), *Anthropology, history and education: The Cambridge edition of the works of Immanuel Kant* (pp. 227–429). New York, NY: Cambridge University Press.

Kantor, J. R. (1923). The problem of instincts and its relation to social psychology. *The Journal of Abnormal Psychology and Social Psychology, 18*(1), 50–77.

Kantor, J. R. (1942). Toward a scientific analysis of motivation. *The Psychological Record, 5,* 225–275.

Kaplan, A., & Midgley, C. (1997). The effect of achievement goals: Does level of perceived academic-competence make a difference? *Contemporary Educational Psychology, 22,* 415–435.

Kaplan, M. F., & Miller, C. E. (1987). Group decision making and normative versus informational influence: Effects of type of issue and assigned decision rule. *Journal of Personality and Social Psychology, 53,* 306–313.

Karpinski, A., & Steinman, R. B. (2006). The Single Category Implicit Association Test as a measure of implicit social cognition. *Journal of Personality and Social Psychology, 91,* 16–32.

Karremans, J. C., & Verwijmeren, T. (2008). Mimicking attractive opposite-sex others: The role of romantic relationship status. *Personality and Social Psychology Bulletin, 34,* 939–950.

Kassam, K. S., Gilbert, D. T., Boston, A., & Wilson, T. D. (2008). Future anhedonia and time discounting. *Journal of Experimental Social Psychology, 44,* 1533–1537.

Kasser, T., & Ryan, R. M. (1993). A dark side of the American dream: Correlates of financial success as a central life aspiration. *Journal of Personality and Social Psychology, 65,* 410–422.

Kasser, T., & Ryan, R. M. (1996). Further examining the American dream: Differential correlates of intrinsic and extrinsic goals. *Personality and Social Psychology Bulletin, 22,* 280–287.

Kasser, T., & Ryan, R. M. (2001). Be careful what you wish for: Optimal functioning and the relative attainment of intrinsic and extrinsic goals. In P. Schmuck & K. M. Sheldon (Eds.), *Life goals and well-being: Towards a positive psychology of human striving* (pp. 116–131). Ashland, OH: Hogrefe & Huber Publishers.

Kasser, T., & Sheldon, K. M. (2002). What Makes for a Merry Christmas? *Journal of Happiness Studies, 3,* 313–329.

Kasser, V. G., & Ryan, R. M. (1999). The relation of psychological needs for autonomy and relatedness to vitality, well-being, and mortality in a nursing home. *Journal of Applied Social Psychology, 29,* 935–954.

Kassin, S. M. (2008). False confessions: Causes, consequences, and implications for reform. *Current Directions in Psychological Science, 17,* 249–253.

Katula, J. A., & McAuley, E. (2001). The mirror does not lie: Acute exercise and self-efficacy. *International Journal of Behavioral Medicine, 8,* 319–326.

Kavoussi, B. (2012, May 10). Half of Americans are not saving for retirement: Report. *The Huffington Post,* Retrieved from: http://www.huffingtonpost.com/2012/05/10/half-of-americans-are-not-saving-for-retirement_n_1507015.html

Kawabata, M., & Mallett, C. J. (2011). Flow experience in physical activity: Examination of the internal structure of flow from a process-related perspective. *Motivation and Emotion, 35,* 393–402.

Kawakami, K., Phills, C. E., Steele, J. R., & Dovidio, J. F. (2007). (Close) distance makes the heart grow fonder: Improving implicit racial attitudes and interracial interactions through approach behaviors. *Journal of Personality and Social Psychology, 92,* 957–971.

Kay, A. C., Wheeler, S. C., Bargh, J. A., & Ross, L. (2004). Material priming: The influence of mundane physical objects on situational construal and competitive behavioral choice. *Organizational Behavior and Human Decision Processes, 95,* 83–96.

Kayser, D. N., Elliot, A. J., & Feltman, R. (2010). Red and romantic behavior in men viewing women. *European Journal of Social Psychology, 40,* 901–908.

Kazén, M., Kaschel, R., & Kuhl, J. (2008). Individual differences in intention initiation under demanding conditions: Interactive effects of state vs. action orientation and enactment difficulty. *Journal of Research in Personality, 42,* 693–715.

Keenan, B. (1992). *An evil cradling.* London, UK: Hutchinson.

Keinan, G. (2002). The effects of stress and desire for control on superstitious behavior. *Personality and Social Psychology Bulletin, 28,* 102–108.

Keller, H. (2012). Autonomy and relatedness revisited: Cultural manifestations of universal human needs. *Child Development Perspectives, 6,* 12–18.

Keller, J., & Bless, H. (2008). Flow and regulatory compatibility: An experimental approach to the flow model of intrinsic motivation. *Personality and Social Psychology Bulletin, 34,* 196–209.

Keller, J., Bless, H., Blomann, F., & Kleinböhl, D. (2011). Physiological aspects of flow experiences: Skills-demand-compatibility effects on heart rate variability and salivary cortisol. *Journal of Experimental Social Psychology, 47,* 849–852.

Keller, M. C., Fredrickson, B. L., Ybarra, O., Côté, S., Johnson, K., Mikels, J., . . . & Wager, T. (2005). A warm heart and a clear head: The contingent effects of weather on mood and cognition. *Psychological Science, 16,* 724–731.

Kelley, M. P. (2010). The evolution of beliefs in God, spirit, and the paranormal. I: Terror management and ritual healing theories. *Journal of Parapsychology, 74,* 336–357.

Kemeny, M. E. (2003). The psychobiology of stress. *Current Directions in Psychological Science, 12,* 124–129.

Kendler, K. S., Kessler, R. C., Neale, M. C., Heath, A. C., & Eaves, L. J. (1993). The prediction of major depression in women: Toward an integrated etiologic model. *American Journal of Psychiatry, 150,* 1139–1148.

Kenrick, D. T. & Funder, D. C. (1988). Profiting from controversy: Lessons from the person-situation debate. *American Psychologist, 43,* 23–34

Kenrick, D. T., Griskevicius, V., Neuberg, S. L., & Schaller, M. (2010). Renovating the pyramid of needs: Contemporary extensions built upon ancient foundations. *Perspectives on Psychological Science, 5,* 292–314.

Kern, M. L., & Friedman, H. S. (2008). Do conscientious individuals live longer? A quantitative review. *Health Psychology, 27,* 505–512.

Kern, M. L., Friedman, H. S., Martin, L. R., Reynolds, C. A., & Luong, G. (2009). Conscientiousness, career success, and longevity: A lifespan analysis. *Annals of Behavioral Medicine, 37,* 154–163.

Kernis, M. H. (2000). Substitute needs and the distinction between fragile and secure high self-esteem. *Psychological Inquiry, 11,* 298–300.

Kerr, N. L., & Bruun, S. E. (1981). Ringelmann revisited: Alternative explanations for the social loafing effect. *Personality and Social Psychology Bulletin, 7,* 224–231.

Kesebir, S., Graham, J., & Oishi, S. (2010). A theory of human needs should be human-centered, not animal-centered: Commentary on Kenrick et al. (2010). *Perspectives on Psychological Science, 5,* 315–319.

Keski-Rahkonen, A., Kaprio, J., Rissanen, A., Virkkunen, M., & Rose, R. J. (2003). Breakfast skipping and health-compromising behaviors in adolescents and adults. *European Journal of Clinical Nutrition, 57,* 842–853.

Keysers, C. (2010). Mirror Neurons. *Current Biology, 19,* 971–973.

Keysers, C., & Fadiga, L. (2008). The mirror neuron system: New frontiers. *Social Neuroscience, 3*(3–4), 193–198.

Kim, J., LaRose, R., & Peng, W. (2009). Loneliness as the cause and the effect of problematic Internet use: The relationships between Internet use and psychological well being. *CyberPsychology & Behavior, 12,* 451–455.

Kim, S. H., & Hamann, S. (2007). Neural correlates of positive and negative emotion regulation. *Journal of Cognitive Neuroscience, 19,* 776–798.

Kim, Y., Sohn, D., & Choi, S. M. (2011). Cultural difference in motivations for using social network sites: A comparative study of American and Korean college students. *Computers in Human Behavior, 27,* 365–372.

Kim, Y., & Sundar, S. S. (2012). Anthropomorphism of computers: Is it mindful or mindless? *Computers in Human Behavior, 28,* 241–250.

Kimble, C. E., & Hirt, E. R. (2005). Self-focus, gender, and habitual self-handicapping: Do they make a difference in behavioral self-handicapping? *Social Behavior and Personality, 33,* 43–56.

King, L. A. (2001). The health benefits of writing about life goals. *Personality and Social Psychology Bulletin, 27,* 798–807.

King, P. (2010). Emotions in medieval thought. In P. Goldie (Ed.), *The Oxford handbook of philosophy of emotion* (pp. 167–1787). Oxford, UK: Oxford University Press.

King, S. (2000). *On writing: A memoir of the craft.* New York, NY: Scribner.

Kirk, J. M., & de Wit, H. (2000). Individual differences in the priming effect of ethanol in social drinkers. *Journal of Studies on Alcohol, 61,* 64–71.

Kirschenbaum, D. S., Tomarken, A. J., & Ordman, A. M. (1982). Specificity of planning and choice applied to adult self-control. *Journal of Personality and Social Psychology, 42,* 576–585.

Kivetz, R., Urminsky, O., & Zheng, Y. (2006). The goal-gradient hypothesis resurrected: Purchase acceleration, illusionary goal progress, and customer retention. *Journal of Marketing Research, 43,* 39–58.

Klein, G. S. (1954). Need and regulation. In M. R. Jones (Ed.), *Nebraska symposium on motivation* (pp. 224–274). Lincoln, NE: University of Nebraska Press.

Klein, H. J. (1989). An integrated control theory model of work motivation. *The Academy of Management Review, 14,* 150–172.

Klein, H. J., Wesson, M. J., Hollenbeck, J. R., & Alge, B. J. (1999). Goal commitment and the goal-setting process: Conceptual clarification and empirical synthesis. *Journal of Applied Psychology, 84,* 885–896.

Kleinginna, P. R., & Kleinginna, A. M. (1981). A categorized list of motivation definitions, with a suggestion for a consensual definition. *Motivation and Emotion, 5*(3), 263–291.

Klinger, E. (1967). Modeling effects on achievement imagery. *Journal of Personality and Social Psychology, 7,* 49–62.

Klinger, E. (1975). Consequences of commitment to and disengagement from incentives. *Psychological Review, 82,* 1–25.

Klüver, H., & Bucy, P. C. (1937). 'Psychic blindness' and other symptoms following bilateral temporal lobectomy in Rhesus monkeys. *American Journal of Physiology, 119,* 352–353.

Knight, J. R., Wechsler, H., Kuo, M., Seibring, M., Weitzman, E. R., & Schuckit, M. A. (2002). Alcohol abuse and dependence among U.S. college students. *Journal of Studies on Alcohol, 63,* 263–270.

Kobayashi, C., & Brown, J. D. (2003) Self-esteem and self-enhancement in Japan and America. *Journal of Cross-Cultural Psychology, 34,* 567–580.

Koch, S. (1951). The current status of motivational psychology. *Psychological Review, 58*(3), 147–154.

Kochanska, G. (1997). Multiple pathways to conscience for children with different temperaments: From toddlerhood to age 5. *Developmental Psychology, 33,* 228–240.

Kochanska, G., & Knaack, A. (2003). Effortful control as a personality characteristic of young children: Antecedents, correlates, and consequences. *Journal of Personality, 71,* 1087–1112.

Kochanska, G., Murray, K., & Coy, K. C. (1997). Inhibitory control as a contributor to conscience in childhood: From toddler to early school age. *Child Development, 68,* 263–277.

Kochanska, G., Murray, K. T., & Harlan, E. T. (2000). Effortful control in early childhood: Continuity and change, antecedents, and implications for social development. *Developmental Psychology, 36,* 220–232.

Koestner, R., Horberg, E. J., Gaudreau, P., Powers, T., Di Dio, P., Bryan, C., Jochum, R., & Salter, N. (2006). Bolstering implementation plans for the long haul: The benefits of simultaneously boosting self-concordance or self-efficacy. *Personality and Social Psychology Bulletin, 32,* 1547–1558.

Koestner, R., & McClelland, D. C. (1992). The affiliation motive. In C. P. Smith, J. W. Atkinson, D. C. McClelland, & J. Veroff, (Eds.), *Motivation and personality: Handbook of thematic content analysis* (pp. 205–210). New York, NY: Cambridge University Press.

Koestner, R., Ryan, R. M., Bernieri, F., & Holt, K. (1984). Setting limits on children's behavior: The differential effects of controlling vs. informational styles on intrinsic motivation and creativity. *Journal of Personality, 52,* 233–248.

Koestner, R., Zuckerman, M., & Koestner, J. (1987). Praise, involvement, and intrinsic motivation. *Journal of Personality and Social Psychology, 53,* 383–390.

Kok, B. E., & Fredrickson, B. L. (2010). Upward spirals of the heart: Autonomic flexibility, as indexed by vagal tone, reciprocally and prospectively predicts positive emotions and social connectedness. *Biological Psychology, 85,* 432–436.

Kok, B. E., & Fredrickson, B. L. (2013). Positive emotion: How positive emotions broaden and build. In J. J. Froh & A. C. Parks (Eds.), *Activities for teaching positive psychology: A guide for instructors* (pp. 61–63). Washington, DC: American Psychological Association.

Komarraju, M., & Nadler, D. (2013). Self-efficacy and academic achievement: Why do implicit beliefs, goals, and effort regulation matter? *Learning and Individual Differences, 25,* 67–72.

Koo, M., & Fishbach, A. (2010). Climbing the goal ladder: How upcoming actions increase level of aspiration. *Journal of Personality and Social Psychology, 99,* 1–13.

Koole, S., & Spijker, M. (2000). Overcoming the planning fallacy through willpower: Effects of implementation intentions on actual and predicted task-completion times. *European Journal of Social Psychology, 30,* 873–888.

Koole, S. L., & Jostmann, N. B. (2004). Getting a grip on your feelings: Effects of action orientation and external demands on intuitive affect regulation. *Journal of Personality and Social Psychology, 87,* 974–990.

Köpetz, C., Faber, T., Fishbach, A., & Kruglanski, A. W. (2011). The multifinality constraints effect: How goal multiplicity narrows the means set to a focal end. *Journal of Personality and Social Psychology, 100,* 810–826.

Kosfeld, M., Heinrichs, M., Zak, P. J., Fischbacher, U., & Fehr, E. (2005). Oxytocin increases trust in humans. *Nature, 435,* 673–676.

Kouzakova, M., van Baaren, R., & van Knippenberg, A. (2010). Lack of behavioral imitation in human interactions enhances salivary cortisol levels. *Hormones and Behavior, 57*(4–5), 421–426.

Kowalski, R. M. (2004). Proneness to, perceptions of, and responses to teasing: The influence of both intrapersonal and interpersonal factors. *European Journal of Personality, 18,* 331–349.

Kozlowski, S. W. J., Gully, S. M., Brown, K. G., Salas, E., Smith, E. M., & Nason, E. R. (2001). Effects of training goals and goal orientation traits on multidimensional training outcomes and performance adaptability. *Organizational Behavior and Human Decision Processes, 85,* 1–31.

Kraus, M. W., & Chen, S. (2009). Striving to be known by significant others: Automatic activation of self-verification goals in relationship contexts. *Journal of Personality and Social Psychology, 97,* 58–73.

Kraut, R., Kiesler, S., Boneva B., Cummings, J. N., Helgeson, V., Crawford, A. M. (2002). Internet paradox revisited. *Journal of Social Issues, 58,* 49–74.

Kraut, R., Patterson, M., Lundmark, V., Kiesler, S., Mukophadhyay, T., & Scherlis, W. (1998). Internet paradox: A social technology that reduces social involvement and psychological well-being? *American Psychologist, 53,* 1017–1031.

Kross, E., Berman, M. G., Mischel, W., Smith, E. E., & Wager, T. D. (2011). Social rejection shares somatosensory representations with physical pain. *Proceedings of the National Academy of Sciences of the United States of America, 108,* 6270–6275.

Kruger, J., Wirtz, D., & Miller, D. T. (2005). Counterfactual thinking and the first instinct fallacy. *Journal of Personality and Social Psychology, 88,* 725–735.

Kruglanski, A., Higgins, T., Sorrentino, R., Wright, R., Baumeister, R., & Elliot, A. (2012). *It's motivation time: An invitation to partner with us!* www.thessm.org/MotivationalManifesto.pdf

Kruglanski, A. W. (1989). *Lay epistemics and human knowledge: Cognitive and motivational bases.* New York, NY: Plenum Press.

Kruglanski, A. W. (1996). Goals as knowledge structures. In P. M. Gollwitzer & J. A. Bargh (Eds.), *The psychology of action: Linking cognition and motivation to behavior* (pp. 599–618). New York, NY: Guilford Press.

Kruglanski, A. W., Bélanger, J. J., Chen, X., Köpetz, C., Pierro, A., & Mannetti, L. (2012). The energetics of motivated cognition: A force-field analysis. *Psychological Review, 119,* 1–20.

Kruglanski, A. W., & Fishman, S. (2009). The need for cognitive closure. In M. R. Leary & R. H. Hoyle (Eds.). *Handbook of individual differences in social behavior* (pp. 343–353). New York, NY: Guilford Press.

Kruglanski, A. W., Friedman, I., & Zeevi, G. (1971). The effects of extrinsic incentive on some qualitative aspects of task performance. *Journal of Personality, 39,* 606–617.

Kruglanski, A. W., & Köpetz, C. (2009). What is so special (and non-special) about goals? A view from the cognitive perspective. In G. B. Moskowitz & H. Grant (Eds.), *The psychology of goals* (pp. 27–55). New York: Guilford Press.

Kruglanski, A. W., Köpetz, C., Bélanger, J. J., Chun, W. Y., Orehek, E., & Fishback, A. (2013). Features of multifinality. *Personality and Social Psychology Review, 17,* 22–39.

Kruglanski, A. W., Orehek, E., Dechesne, M., Pierro, A. (2010). Lay epistemic theory: The motivational, cognitive, and social aspects of knowledge formation. *Social and Personality Psychology Compass, 4,* 939–950.

Kruglanski, A. W., Pierro, A., & Higgins, E. T. (2007). Regulatory mode and preferred leadership styles: How fit increases job satisfaction. *Basic and Applied Social Psychology, 29,* 137–149.

Kruglanski, A. W., Pierro, A., & Sheveland, A. (2011). How many roads lead to Rome? Equifinality set-size and commitment to goals and means. *European Journal of Social Psychology, 41,* 344–352.

Kruglanski, A. W., Shah, J. Y., Fishbach, A., Friedman, R., Young Chun, W., Sleeth-Keppler, D. (2002). A theory of goal systems. In M. P. Zanna (Ed.), *Advances in experimental social psychology,* (Vol. 34, pp. 331–378). San Diego, CA: Academic Press.

Kruglanski, A. W., Thompson, E. P., Higgins, E. T., Atash, M. N., Pierro, A., Shah, J. Y., & Spiegel, S. (2000). To 'do the right thing' or to 'just do it': Locomotion and assessment as distinct self-regulatory imperatives. *Journal of Personality and Social Psychology, 79,* 793–815.

Kruglanski, A. W., & Webster, D. M. (1991). Group members' reactions to opinion deviates and conformists at varying degrees of proximity to decision deadline and of environmental noise. *Journal of Personality and Social Psychology, 61,* 212–225.

Krusemark, E. A., Campbell, W. K., McDowell, J. E., & Clementz, B. A. (2011). Social exclusion and executive control: Evaluating self-regulatory impairments with classic cognitive tasks. (Unpublished manuscript). University of Wisconsin, Wisconsin.

Kubička, L., Matějček, Z., Dytrych, Z., & Roth, Z. (2001). IQ and personality traits assessed in childhood as predictors of drinking and smoking behaviour in middle-aged adults: A 24-year follow-up study. *Addiction, 96,* 1615–1628.

Kuhl, J. (1981). Motivational and functional helplessness: The moderating effect of state versus action orientation. *Journal of Personality and Social Psychology, 40,* 155–170.

Kuhl, J. (1987). Action control: The maintenance of motivational states. In F. Halisch & J. Kuhl (Eds.), *Motivation, intention, and volition* (pp. 279–419). Berlin, Germany: Spinger-Verlag.

Kuhl, J. (1992). A theory of self-regulation: Action versus state orientation, self-discrimination, and some applications. *Applied Psychology: An International Review, 41,* 97–129.

Kuhl, J. (1994). Motivation and volition. In G. d'Ydewalle, P. Eelen, & P. Bertelson (Eds.), *International perspectives on psychological science: The state of the art* (Vol. 2, pp. 311–340). Hillsdale, NJ: Lawrence Erlbaum Associates, Inc.

Kuhl, J. (2000). A functional-design approach to motivation and self-regulation: The dynamics of personality systems and interactions. In M. Boekaerts, P. R. Pintrich, & M. Zeidner (Eds.), *Handbook of self-regulation* (pp. 111–169). San Diego, CA: Academic Press.

Kuhl, J., & Fuhrmann, A. (1998). Decomposing self-regulation and self-control: The volitional components checklist, In J. Heckhausen & C. Dweck (Eds.), *Life span perspectives on motivation and control* (pp. 15–39). Mahwah, NJ: Erlbaum.

Kuhl, J., & Goschke, T. (1994). State orientation and the activation and retrieval of intentions from memory. In J. Kuhl & J. Beckmann (Eds.), *Volition and personality: Action versus state orientation* (pp. 127–152). Toronto, Canada: Hogrefe.

Kulik, J. A., & Kulik, C. C. (1988). Timing of feedback and verbal learning. *Review of Educational Research, 58,* 79–97.

Külpe, O. (1893). *Grundriß der Psychologie.* Leipzig, Germany: Engelmann.

Kumanyika, S. K., Wadden, T. A., Shults, J., Fassbender, J. E., Brown, S. D., Bowman, M. A., . . . Wu, X. (2009). Trial of family and friend support for weight loss in African American adults. *Archives of Internal Medicine, 169,* 1795–1804.

Kunz, P. R., & Woolcott, M. (1976). Season's greetings: From my status to yours. *Social Science Research, 5,* 269–278.

Kuo, Z.Y (1921). Giving Up Instincts in Psychology. *Journal of Philosophy, 18,* 645–664.

Kupersmidt, J. B., Burchinal, M., & Patterson, C. J. (1995). Developmental patterns of childhood peer relations as predictors of externalizing behavior problems. *Development and Psychopathology, 7,* 825–843.

Kurman, J. (2003). Why is self-enhancement low in certain collectivist cultures? An investigation of two competing explanations. *Journal of Cross-Cultural Psychology, 34,* 496–510.

Kurtzleben, D. (2013). CHARTS: Americans increasingly paying off their credit cards. U.S. News. http://www.usnews.com/news/articles/2013/12/17/charts-americans-increasingly-paying-off-their-credit-cards

Kurzban, R. (2010). Does the brain consume additional glucose during self-control tasks? *Evolutionary Psychology, 8,* 244–259.

Kutzner, F. L. W., Förderer, S., & Plessner, H. (2012). Regulatory fit improves putting in top golfers. *Sport, Exercise, and Performance Psychology, 2,* 130–137.

Lacey, J. I. (1967). Somatic response patterning in stress: Some revisions of activation theory. In M. H. Appley & R. Trumbull (Eds.), *Psychological stress: Issues in research* (pp. 14–42). New York, NY: Appleton-Century-Crofts.

Laird, J. D. (1974). Self-attribution of emotion: The effects of expressive behavior on the quality of emotional experience. *Journal of Personality and Social Psychology, 29,* 475–486.

Lakin, J. L., Chartrand, T. L., & Arkin, R. M. (2008). I am too just like you: Nonconscious mimicry as an automatic behavioral response to social exclusion. *Psychological Science, 19,* 816–822.

Lakin, J. L., Jefferis, V. E., Cheng, C. M., & Chartrand, T. L. (2003). The chameleon effect as social glue: Evidence for the evolutionary significance of nonconscious mimicry. *Journal of Nonverbal Behavior, 27,* 145–162.

Lakshminaryanan, V., Chen, M., & Santos, L. R. (2008). Endowment effect in capuchin monkeys. *Philosophical Transactions of The Royal Society of London B Biological Sciences, 363,* 3837–3844.

Lally, P., van Jaarsveld, C. H. M., Potts, H. W. W., & Wardle, J. (2009). How are habits formed: Modeling habit formation in the real world. *European Journal of Social Psychology, 40,* 998–1009.

Lammers, J., Dubois, D., Rucker, D. D., & Galinsky, A. D. (2013). Power gets the job: Priming power improves interview outcomes. *Journal of Experimental Social Psychology, 49,* 776–779.

Lammers, J., Stoker, J. I., Jordan, J., Pollmann, M., & Stapel, D. A. (2011). Power increases infidelity among men and women. *Psychological Science, 22,* 1191–1197.

Landau, M. J., Solomon, S., Greenberg, J., Cohen, F., Pyszczynski, T., Arndt, J., . . . Cook, A. (2004). Deliver us from evil: The effects of mortality salience and reminders of 9/11 on support for President George W. Bush. *Personality and Social Psychology Bulletin, 30,* 1136–1150.

Lang, P. J., Greenwald, M. K., Bradley, M. M., & Hamm, A. O. (1993). Looking at pictures: Affective, facial, visceral, and behavioral reactions. *Psychophysiology, 30,* 261–273.

Lange, C. (1887). *Ueber Gemütsbewegungen, 3,* 8.

Lange, L. (1888/2009). New experiments on the process of the simple reaction to sensory impressions. (Trans. by David D. Lee of Neue Experimente über den Vorgang der einfachen Reaction auf Sinneseindrücke.) *Philosophische Studien, 4,* 479–510.

Langer, E. J. (1975). The illusion of control. *Journal of Personality and Social Psychology, 32,* 311–328.

Langer, E. J., & Roth, J. (1975). Heads I win, tails it's chance: The illusion of control as a function of the sequence of outcomes in a purely chance task. *Journal of Personality and Social Psychology, 32,* 951–955.

Laplace, A. C., Chermack, S. T., & Taylor, S. P. (1994). Effects of alcohol and drinking experience on human physical aggression. *Personality and Social Psychology Bulletin, 20,* 439–444.

Larrick, R. P., Morgan, J. N., & Nisbett, R. E. (1990). Teaching the use of cost-benefit reasoning in everyday life. *Psychological Science, 1,* 362–370.

Larsen, J. T., Berntson, G. G., Poehlmann, K. M., Ito, T. A., & Cacioppo, J. T. (2008). The psychophysiology of emotion. In M. Lewis, J. M. Haviland-Jones, & L. F. Barett (Eds.), *Handbook of emotions* (3rd ed., pp. 180–195). New York, NY: Guilford Press.

Larsen, R. J., & Augustine, A. A. (2008). Basic personality dispositions related to approach and avoidance: Extraversion/neuroticism, BAS/BIS, and positive/negative affectivity. In A. J. Elliot (Ed.), *Handbook of approach and avoidance motivation* (pp. 151–164). New York, NY: Psychology Press.

Larsen, R. J., & Ketelaar, T. (1991). Personality and susceptibility to positive and negative emotional states. *Journal of Personality and Social Psychology, 61,* 132–140.

Larson, J. H., & Nelson, J. (1984). Women, friendship, and adaptation to prison. *Journal of Criminal Justice, 12,* 601–615.

Latané, B., Williams, K., & Harkins, S. (1979). Many hands make light the work: The causes and consequences of social loafing. *Journal of Personality and Social Psychology, 37,* 822–832.

Latané, B., Williams, K., & Harkins, S. (2006). Many hands make light the work: The causes and consequences of social loafing. In J. M. Levine & R. L. Moreland (Eds.), *Small groups* (pp. 297–308). New York, NY: Psychology Press.

Latham, G. P., & Lee, T. W. (1986). Goal setting. In E. Locke (Ed.), *Generalizing from laboratory to field settings.* Lexington, MA: Lexington Books.

Latham, G. P., & Marshall, H. A. (1982). The effects of self-set, participatively set and assigned goals on the performance of government employees. *Personnel Psychology, 35,* 399–404.

Latham, G. P., & Saari, L. M. (1982). The importance of union acceptance for productivity improvement through goal setting. *Personnel Psychology, 35,* 781–787.

Latham, G. P., & Seijts, G. H. (1999). The effects of proximal and distal goals on performance on a moderately complex task. *Journal of Organizational Behavior, 20,* 421–429

Lattal, K. A., & Neef, N. A. (1996). Recent reinforcement-schedule research and applied behavior analysis. *Journal of Applied Behavior Analysis, 29,* 213–230.

Lattal, K. A., Reilly, M. P., & Kohn, J. P. (1998). Response persistence under ratio and interval reinforcement schedules. *Journal of the Experimental Analysis of Behavior, 70,* 165–183.

Lauder, W., Mummery, K., Jones, M., & Caperchione, C. (2006). A comparison of health behaviours in lonely and non-lonely populations. *Psychology, Health, & Medicine, 11,* 233–245.

Laugharne, J., Janca, A., & Widiger, T. (2007). Posttraumatic stress disorder and terrorism: 5 years after 9/11. *Current Opinion in Psychiatry, 20,* 36–41.

Lawrence, J. S., & Crocker, J. (2009). Academic contingencies of self-worth impair positively- and negatively-stereotyped students' performance in performance-goal settings. *Journal of Research in Personality, 43,* 868–874.

Lay, C. H. (1986). At last, my research article on procrastination. *Journal of Research in Personality, 20,* 474–495.

Lazarus, R. S. (1982). Thoughts on the relations between emotion and cognition. *American Psychologist, 37,* 1019–1024.

Lazarus, R. S. (1991). Progress on a cognitive-motivational-relational theory of emotion. *American Psychologist, 46,* 819–834.

Lazarus, R. S. (1996). The role of coping in the emotions and how coping changes over the life course. In C. Malastesta-Magai and S. McFadden (Eds.), *Handbook of emotion, adult development, and aging* (pp. 289–306). Orlando, FL: Academic Press.

Lazarus, R. S. (2001). Relational meaning and discrete emotions. In K. R. Scherer, A. Schorr, & T. Johnstone (Eds.), *Appraisal processes in emotion: Theory, methods, research* (pp. 37–67). New York, NY: Oxford University Press.

Le Bon, G. (1895). *La psychologie des foules (The Crowd: A Study of the Popular Mind* 1896). Paris: Felix Alcan.

Leander, N. P., Chartrand, T. L., & Bargh, J. A. (2012). You give me the chills: Embodied reactions to inappropriate amounts of behavioral mimicry. *Psychological Science, 23,* 772–779.

Leander, N. P., Chartrand, T. L., & Wood, W. (2011). Mind your mannerisms: Behavioral mimicry elicits stereotype conformity. *Journal of Experimental Social Psychology, 47,* 195–201.

Leander, N. P., Moore, S. G., & Chartrand, T. L. (2009). Mystery moods: Their origins and consequences. In G. B. Moskowitz & H. Grant (Eds.), *The psychology of goals* (pp. 480–504). New York, NY: Guilford Press.

Leary, M. R. (2001). Toward a conceptualization of interpersonal rejection. In M. R. Leary (Ed.), *Interpersonal rejection* (pp. 3–20). New York, NY: Oxford University Press.

Leary, M. R. (2010). Affiliation, acceptance, and belonging: The pursuit of interpersonal connection. In S. T. Fiske, D. T. Gilbert, & L. Gardner (Eds.), *Handbook of social psychology* (5th ed., pp. 864–897). Hoboken, NJ: John Wiley & Sons Inc.

Leary, M. R., & Baumeister, R. F. (2000). The nature and function of self-esteem: Sociometer theory. In M. P. Zanna (Ed.), *Advances in experimental social psychology* (Vol. 32, pp. 1–62). San Diego, CA: Academic Press.

Leary, M. R., Cottrell, C. A., & Phillips, M. (2001). Deconfounding the effects of dominance and social acceptance on self-esteem. *Journal of Personality and Social Psychology, 81,* 898–909.

Leary, M. R., & Cox, C. B. (2008). Belongingness motivation: A mainspring of social action. In J. Y. Shah & W. L. Gardner (Eds.), *Handbook of motivation science* (pp. 27–40). New York, NY: Guilford Press.

Leary, M. R., Koch, E. J., & Hechenbleikner, N. R. (2001). Emotional responses to interpersonal rejection. In M. R. Leary (Ed.), *Interpersonal rejection* (pp. 145–166). New York, NY: Oxford University Press.

Leary, M. R., Kowalski, R. M., Smith, L., & Phillips, S. (2003). Teasing, rejection, and violence: Case studies of the school shootings. *Aggressive Behavior, 29,* 202–214.

Leary, M. R., & Leder, S. (2009). The nature of hurt feelings: Emotional experience and cognitive appraisals. In A. L. Vangelisti (Ed.), *Feeling hurt in close relationships* (pp. 15–33). New York, NY: Cambridge University Press.

Leary, M. R., Schreindorfer, L. S. (1997). Unresolved issues with terror management theory. *Psychological Inquiry, 8,* 26–29.

Leary, M. R., Springer, C., Negel, L., Ansell, E., & Evans, K. (1998). The causes, phenomenology, and consequences of hurt feelings. *Journal of Personality and Social Psychology, 74,* 1225–1237.

Leary, M. R., Tambor, E. S., Terdal, S. K., & Downs, D. L. (1995). Self-esteem as an interpersonal monitor: The sociometer hypothesis. *Journal of Personality and Social Psychology, 68,* 518–530.

Leary, M. R., Tchividijian, L. R., & Kraxberger, B. E. (1994). Self-presentation can be hazardous to your health: Impression management and health risk. *Health Psychology, 13,* 461–470.

Leary, M. R., Twenge, J. M., & Quinlivan, E. (2006). Interpersonal rejection as a determinant of anger and aggression. *Personality and Social Psychology Review, 10,* 111–132.

LeDoux, J. E. & Phelps, E. A. (2008). Emotional networks in the brain. In M. Lewis, J. M. Haviland-Jones, & L. F. Barrett (Eds.), *Handbook of emotions* (3rd ed., pp. 159–179). New York, NY: Guilford Press.

LeDoux, J. E. (1996). *The emotional brain: The mysterious underpinnings of emotional life.* New York, NY: Simon & Schuster.

Lee, I. M., & Buchner, D. M. (2008). The importance of walking to public health. *Medicine and Science in Sports and Exercise, 40,* S512–S518.

Legault, L. Al-Khindi, T., & Inzlicht, M. (2012). Preserving integrity in the face of performance threat: Self-affirmation enhances neurophysiological responsiveness to errors. *Psychological Science, 23,* 1455–1460.

Legault, L., & Inzlicht, M. (2012). Self-determination, self-regulation, and the brain: Autonomy improves performance by enhancing neuroaffective responsiveness to self-regulation failure. *Journal of Personality and Social Psychology, 105,* 123–138.

Leippe, M. R., & Eisenstadt, D. (1994). Generalization of dissonance reduction: Decreasing prejudice through induced compliance. *Journal of Personality and Social Psychology, 67,* 395–413.

Lengfelder, A., & Gollwitzer, P. M. (2001). Reflective and reflexive action control in patients with frontal lobe lesions. *Neuropsychology, 15,* 80–100.

Lenton, A. P. & Francesconi, M. (2011). Too much of a good thing? Variety is confusing in mate choice. *Biology Letters, 7,* 1–4.

Leon, G. R., & Chamberlain, K. (1973). Comparison of daily eating habits and emotional states of overweight persons successful or unsuccessful in maintaining a weight loss. *Journal of Consulting and Clinical Psychology, 41,* 108–115.

Leonard, K. E., & Taylor, S. P. (1983). Exposure to pornography, permissive and nonpermissive cues, and male aggression toward females. *Motivation and Emotion, 7,* 291–299.

Leonardelli, G. J., Lakin, J. L., & Arkin, R. M. (2007). A regulatory focus model of self-evaluation. *Journal of Experimental Social Psychology, 43,* 1002–1009.

Leotti, L. A., Iyengar, S. S., & Ochsner, K. N. (2010). Born to choose: The origins and value of the need for control. *Trends in Cognitive Sciences, 14,* 457–463.

Lepore, S. J., Allen, K. M., & Evans, G. W. (1993). Social support lowers cardiovascular reactivity to an acute stressor. *Psychosomatic Medicine, 55,* 518–524.

Lepper, M. R., & Greene, D. (1975). Turning play into work: Effects of adult surveillance and extrinsic rewards on children's intrinsic motivation. *Journal of Personality and Social Psychology, 31,* 479–486.

Lepper, M. R., Greene, D., & Nisbett, R. E. (1973). Undermining children's intrinsic interest with extrinsic reward: A test of the 'overjustification' hypothesis. *Journal of Personality and Social Psychology, 28,* 129–137.

Lerner, J. S., Small, D. A., & Loewenstein, G. (2004). Heart Strings and Purse Strings: Carryover effects of emotions on economic decisions. *Psychological Science, 15,* 337–341.

Lester, D., & Gunn, J. F. III (2012). Perceived burdensomeness and thwarted belonging: An investigation of the interpersonal theory of suicide. *Clinical Neuropsychiatry: Journal of Treatment Evaluation, 9,* 221–224.

Leung, H., & Cai, W. (2007). Common and differential ventrolateral prefrontal activity during inhibition of hand and eye movements. *The Journal of Neuroscience, 27,* 9893–9900.

Levesque, M. J., Lowe, C. A., & Mendenhall, C. (2001). Self-handicapping as a method of self-presentation: An analysis of costs and benefits. *Current Research in Social Psychology, 6*(15), 221–237.

Levitt, S. D., List, J. A., Neckerman, S., & Sadoff, S. (2011). The impact of short-term incentives on student performance. (Unpublished manuscript). Retrieved from: http://bfi.uchicago.edu/events/20111028_experiments/papers/Levitt_List_Neckermann_Sadoff_Short-Term_Incentives_September2011.pdf

Lewin, K. (1935). *A dynamic theory of personality.* New York, NY: McGraw-Hill.

Lewin, K. (1936). *Principles of Topological Psychology* [Trans. by Fritz Heider and Grace M. Heider]. New York, NY: McGraw Hill.

Lewin, K. (1942). Field theory of learning. *Yearbook of the National Society for the Study of Education, 41,* 215–242.

Lewin, K., Dembo, T., Festinger, L., & Sears, P. S. (1944). Level of aspiration. In J. M. Hunt (Ed.), *Personality and the behavior disorders* (pp. 333–378). Oxford, England: Ronald Press.

Lewin, K., Heider, F., & Heider, G. M. (1936). *Principles of topological psychology.* New York, NY: McGraw-Hill.

Lewis, B. P., & Linder, D. E. (1997). Thinking about choking? Attentional processes and paradoxical performance. *Personality and Social Psychology Bulletin, 23,* 937–944.

Lewis, M. B., & Bowler, P. J. (2009). Botulinum toxin cosmetic therapy correlates with a more positive mood. *Journal of Cosmetic Dermatology, 8,* 24–26.

Li, J. (2003). U.S. and Chinese cultural beliefs about learning. *Journal of Educational. Psychology, 95,* 258–267.

Liberman, N., & Förster, J. (2012). Goal gradients, expectancy, and value. In H. Aarts & A. J. Elliot (Eds.), *Goal-directed behavior* (pp. 175–202). New York, NY: Taylor and Francis.

Liberman, N., & Trope, Y. (1998). The role of feasibility and desirability considerations in near and distant future decisions: A test of temporal construal theory. *Journal of Personality and Social Psychology, 75,* 5–18.

Libet, B. (1985). Unconscious cerebral initiative and the role of conscious will in voluntary action. *Behavioral and Brain Sciences, 8*(4), 529–566.

Licht, B. G., & Dweck, C. S. (1984). Determinants of academic achievement: The interaction of children's achievement orientations with skill area. *Developmental Psychology, 20,* 628–636.

Lieberman, M. D., & Eisenberger, N. I. (2009). Pains and pleasures of social life. *Science, 323*(5916), 890–891.

Lieberman, M. D., Eisenberger, N. I., Crockett, M. J., Tom, S. M., Pfeifer, J. H., & Way, B. M. (2007). Putting feelings into words: Affect labeling disrupts amygdala activity in response to affective stimuli. *Psychological Science, 18,* 421–428.

Lieberman, M. D., Jarcho, J. M., & Satpute, A. B. (2004). Evidence-based and intuition-based self-knowledge: An fMRI study. *Journal of Personality and Social Psychology, 87,* 421–435.

Lifton, R. J. (1961). *Thought reform and the psychology of totalism.* New York, NY: Norton.

Linde, J. A., Jeffery, R. W., French, S. A., Pronk, N. P., & Boyle, R. G. (2005). Self-weighing in weight gain prevention and weight loss trials. *Annals of Behavioral Medicine, 30,* 210–216.

Lindquist, K. A., Wager, T. D., Kober, H., Bliss-Moreau, E., Barrett, L. F. (2012). The brain basis of emotion: A meta-analytic review. *Behavioral and Brain Sciences, 35,* 121–143.

Lindstrom, M. & Kotler, P. (2005). *Brand sense: Build powerful brands through touch, taste, smell, sight, and sound.* New York: Simon & Schuster.

Link, H. (1921). Emotions and instincts. *The American Journal of Psychology, 32,* 134–145.

Little, B. R. (1989). Personal Projects: A rationale and method of investigation. *Environment and Behavior, 15,* 273–309.

Little, B. R., Lecci, L., & Watkinson, B. (1992). Personality and personal projects: Linking Big Five and PAC units of analysis. *Journal of Personality, 60,* 501–525.

Liu, Y., Wang, Z., & Li, Z. (2012). Affective mediators of the influence of neuroticism and resilience on life satisfaction. *Personality and Individual Differences, 52,* 833–838.

Locke, E. A., Chah, D., Harrison, S., & Lustgarten, N. (1989). Separating the effects of goal specificity from goal level. *Organizational Behavior and Human Decision Processes, 43,* 270–287.

Locke, E. A., & Latham, G. P. (1984). *Goal setting: A motivational technique that works.* Englewood Cliffs, NJ: Prentice Hall.

Locke, E. A., & Latham, G. P. (1990). *A theory of goal setting and task performance.* Englewood Cliffs, NJ: Prentice-Hall.

Locke, E. A., & Latham, G. P. (2002). Building a practically useful theory of goal setting and task motivation: A 35-year odyssey. *American Psychologist, 57,* 705–717.

Locke, E. A., Shaw, K. N., Saari, L. M., & Latham, G. P. (1981). Goal setting and task performance: 1969–1980. *Psychological Bulletin, 90,* 125–152.

Locke, J. (1690/1975). *Essay concerning human understanding* P. Nidditch (Ed.). Oxford, England: Clarendon Press.

Locksley, A., Ortiz, V., & Hepburn, C. (1980). Social categorization and discriminatory behavior: Extinguishing the minimal intergroup discrimination effect. *Journal of Personality and Social Psychology, 39,* 773–783.

Lockwood, P., Jordan, C. H., & Kunda, Z. (2002). Motivation by positive or negative role models: Regulatory focus determines who will best inspire us. *Journal of Personality and Social Psychology, 83,* 854–864.

Lockwood, P., & Kunda, Z. (1997). Superstars and me: Predicting the impact of role models on the self. *Journal of Personality and Social Psychology, 73,* 91–103.

Loersch, C., Aarts, H., Payne, B. K., & Jefferis, V. E. (2008). The influence of social groups on goal contagion. *Journal of Experimental Social Psychology, 44,* 1555–1558.

Logan, G. D., Schachar, R. J., & Tannock, R. (1997). Impulsivity and inhibitory control. *Psychological Science, 8,* 60–64.

Logue, A. W. (1991). *The psychology of eating and drinking: An introduction* (2nd ed.). New York, NY: W. H. Freeman/Times Books/ Henry Holt & Co.

Long, A., & Platt, M. (2005). Decision making: the virtue of patience in primates. *Current Biology, 15,* R874–R876.

Lord, R. G., & Hanges, P. J. (1987). A control system model of organizational motivation: Theoretical development and applied implications. *Behavioral Science, 32,* 161–178.

Lorenz, K. (1937). Über den Begriff der Instinkthandlung. The concept of instinctive action. *Folia Biotheoretica, 2,* 17–50.

Lorenz, K. (1966). *On aggression.* New York, NY: Harcourt Brace.

Lowe, M. R., & Butryn, M. L. (2007). Hedonic hunger: A new dimension of appetite? *Physiology & Behavior, 91,* 432–439.

Lowell, E. L. (1952). The effect of need for achievement on learning and speed of performance. *Journal of Psychology: Interdisciplinary and Applied, 33,* 31–40.

Lucas, R. E., & Baird, B. M. (2004). Extraversion and Emotional Reactivity. *Journal of Personality and Social Psychology, 86,* 473–485.

Lucas, R. E., & Diener, E. (2001). Understanding extraverts' enjoyment of social situations: The importance of pleasantness. *Journal of Personality and Social Psychology, 81,* 343–356.

Lucas, R. E., Diener, E., Grob, A., Suh, E. M., & Shao, L. (2000). Cross-cultural evidence for the fundamental features of extraversion. *Journal of Personality and Social Psychology, 79,* 452–468.

Lucas, R. E., Le, K., & Dyrenforth, P. S. (2008). Explaining the extraversion/positive affect relation: Sociability cannot account for extraverts' greater happiness. *Journal of Personality, 76,* 385–414.

Luginbuhl, J., & Palmer, R. (1991). Impression management aspects of self-handicapping: Positive and negative effects. *Personality and Social Psychology Bulletin, 17,* 655–662.

Lukaszewski, W., & Jarczewska-Gerc, E. (2012). Mental simulation and persistence in action. *Journal of Russian & East European Psychology, 50,* 26–46.

Luo, Y., Hawkley, L. C., Waite, L. J., & Cacioppo, J. T. (2012). Loneliness, health, and mortality in old age: A national longitudinal study. *Social Science & Medicine, 74,* 907–914.

Lutz-Zois, C. J., Bradley, A. C., Mihalik, J. L., & Moorman-Eavers, E. R. (2006). Perceived similarity and relationship success among dating couples: An idiographic approach. *Journal of Social and Personal Relationships, 23,* 865–880.

Luxen, M. F. (2005). Gender differences in dominance and affiliation during a demanding interaction. *Journal of Psychology: Interdisciplinary and Applied, 139,* 331–347.

Lydon, J. E., Fitzsimons, G. M., & Naidoo, L. (2003). Devaluation versus enhancement of attractive alternatives: A critical test using the calibration paradigm. *Personality and Social Psychology Bulletin, 29,* 349–359.

Lydon, J. E., Menzies-Toman, D., Burton, K., & Bell, C. (2008). If-then contingencies and the differential effects of the availability of an attractive alternative on relationship maintenance for men and women. *Journal of Personality and Social Psychology, 95,* 50–65.

Lydon, J. E., & Zanna, M. P. (1990). Commitment in the face of adversity: A value-affirmation approach. *Journal of Personality and Social Psychology, 58,* 1040–1047.

Lynch, J. J. (1979). *The broken heart: The medical consequences of loneliness.* New York, NY: Basic Books, Inc.

Lynn, M. (2004). Mega tips: Scientifically tested ways to increase your tips. *Center for Hospitality Research Tool,* Ithaca, NY: Cornell University. Retrieved from: http://www.tipping.org/tips/megatips.pdf

Lyubomirsky, S., King, L., & Diener, E. (2005). The benefits of frequent positive affect: Does happiness lead to success? *Psychological Bulletin, 131,* 803–855.

Lyubomirsky, S., & Nolen-Hoeksema, S. (1995). Effects of self-focused rumination on negative thinking and interpersonal problem solving. *Journal of Personality and Social Psychology, 69,* 176–190.

Lyvers, M., Cholakians, E., Puorro, M., & Sundram, S. (2011). Beer goggles: Blood alcohol concentration in relation to attractiveness ratings for unfamiliar opposite sex faces in naturalistic settings. *The Journal of Social Psychology, 151,* 105–112.

MacDonald, A. W. III, Cohen, J. D., Stenger, V. A., & Carter, C. S. (2000). Dissociating the role of the dorsolateral prefrontal and anterior singulate cortex in cognitive control. *Science, 288,* 1835–1838.

MacDonald, G., & Jensen-Campbell, L. A. (Eds.). (2011). *Social pain: Neuropsychological and health implications of loss and exclusion.* Washington, DC: American Psychological Association.

MacDonald, G., & Leary, M. R. (2005). Why does social exclusion hurt? The relationship between social and physical pain. *Psychological Bulletin, 131,* 202–223.

MacDonald, T. K., Fong, G. T., Zanna, M. P., & Martineau, A. M. (2000). Alcohol myopia and condom use: Can alcohol intoxication be associated with more prudent behavior? *Journal of Personality and Social Psychology, 78,* 605–619.

Mace, F. C., Pratt, J. L., Zangrillo, A. N., & Steege, M. W. (2011). Schedules of reinforcement. In W. W. Fisher, C. C. Piazza, & H. S. Roane (Eds.), *Handbook of applied behavior analysis* (pp. 55–75). New York, NY: Guilford Press.

MacLean, M. G., & Lecci, L. (2000). A comparison of models of drinking motives in a university sample. *Psychology of Addictive Behaviors, 14,* 83–87.

Maclean, P. D. (1949). Psychosomatic disease and the 'visceral brain'; recent developments bearing on the Papez theory of emotion. *Psychosomatic Medicine, 11,* 338–353.

Madden, M., & Lenhart, A. (2006). Online dating. *Pew Internet & American Life Project.* Retrieved from: http://www.pewinternet.org/Reports/2006/Online-Dating.aspx

Maddux, J. E., & Gosselin, J. T. (2012). Self-efficacy. In M. R. Leary & J. P. Tangney (Eds.), *Handbook of self and identity* (2nd ed., pp. 198–224). New York, NY: Guilford Press.

Maddux, W. W., Mullen, E., & Galinsky, A. D. (2008). Chameleons bake bigger pies and take bigger pieces: Strategic behavioral mimicry facilitates negotiation outcomes. *Journal of Experimental Social Psychology, 44,* 461–468.

Magoun, H. W. (1952). An ascending reticular activating system in the brain stem. *A.M.A. Archives of Neurology and Psychiatry, 67,* 145–154.

Mahler, V. (1933). Ersatzhandlungen verschiedenen Realitäts-grades. *Psychologische Forschung, 18,* 27–89.

Major, B. (1994). From social inequality to personal entitlement: The role of social comparisons, legitimacy appraisals, and group membership. In M. P. Zanna (Ed.), *Advances in experimental social psychology* (Vol. 26, pp. 293–355). San Diego, CA: Academic Press.

Major, B., Richards, C., Cooper, M. L., Cozzarelli, C., & Zubek, J. (1998). Personal resilience, cognitive appraisals, and coping: An integrative model of adjustment to abortion. *Journal of Personality and Social Psychology, 74,* 735–752.

Major, B., Testa, M., & Blysma, W. H. (1991). Responses to upward and downward social comparisons: The impact of esteem-relevance and perceived control. In J. Suls & T. A. Wills (Eds.), *Social comparison: Contemporary theory and research* (pp. 237–260). Hillsdale, NJ: Lawrence Erlbaum Associates, Inc.

Malmo, R. B. (1959). Activation: A neuropsychological dimension. *Psychological Review, 66,* 367–386.

Maloney, P. W., Grawitch, M. J., & Barber, L. K. (2012). The multi-factor structure of the Brief Self-Control Scale: Discriminant validity of restraint and impulsivity. *Journal of Research in Personality, 46*(1), 111–115.

Manago, A. M., Taylor T., & Greenfield, P. M. (2012). Me and my 400 friends: The anatomy of college students' Facebook networks, their communication patterns, and well-being. *Developmental Psychology, 48*(2), 369–80

Mandrik, C. A., & Bao, Y. (2005). Exploring the concept and measurement of general risk aversion. *Advances in Consumer Research, 32,* 531–539.

Maner, J. K., DeWall, C. N., Baumeister, R. F., & Schaller, M. (2007). Does social exclusion motivate interpersonal reconnection? Resolving the 'porcupine problem'. *Journal of Personality and Social Psychology, 92,* 42–55.

Mann, L. (1980). Cross-cultural studies of small groups. In H. Triandis & R. W. Brislin (Eds.), *Handbook of cross-cultural psychology: Vol. 5: Social psychology* (pp. 155–209). Boston, MA: Allyn & Bacon.

Mann, T., Tomiyama, A. J., Westling, E., Lew, A.-M., Samuels, B., & Chatman, J. (2007). Medicare's search for effective obesity treatments: Diets are not the answer. *American Psychologist, 62,* 220–233.

Mannetti, L., Giacomantonio, M., Higgins, E. T., Pierro, A., & Kruglanski, A. W. (2010). Tailoring visual images to fit: Value creation in persuasive messages. *European Journal of Social Psychology, 40,* 206–215.

Mannetti, L., Pierro, A., Higgins, E. T., & Kruglanski, A. W. (2012). Maintaining physical exercise: How locomotion mode moderates the full attitude–intention–behavior relation. *Basic and Applied Social Psychology, 34,* 295–303.

Marano, H. E. (1998). Why doesn't anybody like me? New York, NY: Morrow.

Marek, P., Griggs, R. A., and Christopher, A.N. (1999)."Pedagogical Aids in Textbooks: Do College Students' Perceptions Justify Their Prevalence?" *Teaching of Psychology, 26,* 11–19.

Marien, H., Custers, R., Hassin, R. R., & Aarts, H. (2012). Unconscious goal activation and the hijacking of the executive function. *Journal of Personality and Social Psychology, 103,* 399–415.

Marinkovic, K, Rickenbacher, E., Azma, S., & Artsy, E. (2012). Acute alcohol intoxication impairs top–down regulation of Stroop incongruity as revealed by blood oxygen level–dependent functional magnetic resonance imaging. *Human Brain Mapping, 33,* 319–333.

Marion, J. (2008). *The cheat to lose diet: Cheat BIG with the foods you love, lose fat faster than ever before, and enjoy keeping it off!* New York, NY: Reed

Marketdata Enterprises (2011). The U.S. Weight Loss & Diet Control Market (11th edition). Retrieved from: http://www.marketresearch.com/Marketdata-Enterprises-Inc-v416/Weight-Loss-Diet-Control-11th-6314539/

Markley, T., La Fleur, B., & La Fleur, B. (2013). La Fleur's 2013 World Lottery Almanac. Rockville, MD: TLF Publications.

Markus, H. (1977). Self-schemata and processing information about the self. *Journal of Personality and Social Psychology, 35*(2), 63–78.

Markus, H., & Nurius, P. (1986). Possible selves. *American Psychologist, 41,* 954–969.

Markus, H. R., & Kitayama, S. (1991). Culture and the self: Implications for cognition, emotion, and motivation. *Psychological Review, 98,* 224–253.

Markus, H. R., & Kitayama, S. (2003a). Culture, self, and the reality of the social. *Psychological Inquiry, 14,* 277–283.

Markus, H. R., & Kitayama, S. (2003b). Models of agency: Sociocultural diversity in the construction of action. In V. Murphy-Berman & J. J. Berman (Eds.), *Nebraska Symposium on Motivation: Cross-cultural differences in perspectives on self* (Vol. 49, pp. 1–57). Lincoln, NE: University of Nebraska Press.

Markus, H. R., Uchida, Y., Omoregie, H., Townsend, S. S. M., & Kitayama, S. (2006). Going for the gold: Models of agency in Japanese and American contexts. *Psychological Science, 17,* 103–112.

Marlatt, G. A., Demming, B., & Reid, J. B. (1973). Loss of control drinking in alcoholics: An experimental analogue. *Journal of Abnormal Psychology, 81,* 233–241.

Marsh, H. W., & Hau, K. T. (2003). Big-Fish'Little-Pond effect on academic self-concept: A cross-cultural (26-country) test of the negative effects of academically selective schools. *American Psychologist, 58,* 364–376.

Marshall, G. D., & Zimbardo, P. G. (1979). Affective consequences of inadequately explained physiological arousal. *Journal of Personality and Social Psychology, 37,* 970–988.

Martijn, C., Alberts, H., Sheeran, P., Peters, G.Y., Mikolajczak, J., & de Vries, N. K. (2008). Blocked goals, persistent action: Implementation intentions engender tenacious goal striving. *Journal of Experimental Social Psychology, 44,* 1137–1143.

Martin, C. (2004, November). Does slower eating rate reduce food intake? Results of an empirical test. Presented at the North American Association for the Study of Obesity 2004 Annual Scientific Meeting, Las Vegas, Nevada.

Martin, E. D., & Sher, K. J. (1994). Family history of alcoholism, alcohol use disorders and the five-factor model of personality. *Journal of Studies on Alcohol, 55,* 81–90.

Martin, J., Sheeran, P., Slade, P., Wright, A., & Dibble, T. (2011). Durable effects of implementation intentions: Reduced rates of confirmed pregnancy at 2 years. *Health Psychology, 30,* 368–373.

Martin, K. A., & Leary, M. R. (1999). Would you drink after a stranger? The influence of self presentational motives on willingness to take a health risk. *Personality and Social Psychology Bulletin, 25,* 1092–1100.

Martin, K. A., & Leary, M. R. (2001). Self-presentational determinants of health risk behavior among college freshmen. *Psychology & Health, 16,* 17–27.

Martin, L. L. (1999). I-D compensation theory: Some implications of trying to satisfy immediate-return needs in a delayed-return culture. *Psychological Inquiry, 10,* 195–208.

Martin, L. L. (2001). Mood as input: A configural view of mood effects. In L. L. Martin & G. L. Clore (Eds.), *Theories of mood and cognition: A user's guidebook* (pp. 135–157). Mahwah, NJ: Lawrence Erlbaum Associates.

Martin, L. L., Abend, T., Sedikides, C., & Green, J. D. (1997). How would it feel if . . . ? Mood as input to a role fulfillment evaluation process. *Journal of Personality and Social Psychology, 73,* 242–253.

Martin, L. L., Ward, D. W., Achee, J. W., & Wyer, R. S. (1993). Mood as input: People have to interpret the motivational implications of their moods. *Journal of Personality and Social Psychology, 64,* 317–326.

Martineau, J. (1885). *Types of ethical theory* (Vol 2). Oxford, UK: Clarendon Press.

Martocchio, J. J. (1994). Effects of conceptions of ability on anxiety, self-efficacy, and learning in training. *Journal of Applied Psychology, 79,* 819–825.

Masicampo, E. J., & Baumeister, R. F. (2012). Committed but closed-minded: When making a specific plan for a goal minders success. *Social Cognition, 30,* 37–55.

Maslach, C. (1979). Negative emotional biasing of unexplained arousal. *Journal of Personality and Social Psychology, 37,* 953–969.

Maslow, A. (1970). *Motivation and personality* (2nd ed.). New York, NY: Harper & Row.

Maslow, A. H. (1943). A theory of human motivation. *Psychological Review, 50*(4), 370–396.

Matsui, T., Okada, A., & Inoshita, O. (1983). Mechanism of feedback affecting task performance. *Organizational Behavior and Human Performance, 31,* 114–122.

Mauss, I. B., Cook, C. L., & Gross, J. J. (2007). Automatic emotion regulation during an anger provocation. *Journal of Experimental Social Psychology, 43,* 698–711.

Mazur, J. E. (2007). Rats' choices between one and two delayed reinforcers. *Learning Behavioral, 35,* 169–176.

McAdams, D. P., & Constantian, C. A. (1983). Intimacy and affiliation motives in daily living: An experience sampling analysis. *Journal of Personality and Social Psychology, 45,* 851–861.

McCabe, K. O., & Fleeson, W. (2012). What is extraversion for? Integrating trait and motivational perspectives and identifying the purpose of extraversion. *Psychological Science, 23,* 1498–1505.

McCabe, L. A., & Brooks-Gunn, J. (2007). With a little help from my friends?: Self-regulation in groups of young children. *Infant Mental Health Journal, 28,* 584–605.

McCabe, L. A., Cunnington, M., & Brooks-Gunn, J. (2004). The development of self-regulation in young children: Individual characteristics and environmental contexts. In R. F. Baumeister & K. D. Vohs (Eds.), *Handbook of self-regulation: Research, theory, and applications* (pp. 340–356). New York, NY: Guilford Press.

McCaul, K. D., Hinsz, V. B., & McCaul, H. S. (1987). The effects of commitment to performance goals on effort. *Journal of Applied Social Psychology, 17,* 437–452.

McClelland, D. C. (1955). *Studies in motivation.* New York, NY: Appleton-Century-Crofts.

McClelland, D. C. (1975). *Power: The inner experience.* New York, NY: Irvington.

McClelland, D. C. (1987). *Human motivation.* New York, NY: Cambridge University Press.

McClelland, D. C., & Atkinson, J. W. (1948). The projective expression of needs: I. The effect of different intensities of the hunger drive on perception. *Journal of Psychology: Interdisciplinary and Applied, 25,* 205–222.

McClelland, D. C., Atkinson, J. W., Clark, R. A., & Lowell, E. L. (1953). *The achievement motive.* East Norwalk, CT: Appleton-Century-Crofts.

McClelland, D. C., & Boyatzis, R. E. (1982). Leadership motive pattern and long-term success in management. *Journal of Applied Psychology, 67,* 737–743.

McClelland, D. C., Clark, R. A., Roby, T. B., & Atkinson, J. W. (1949). The projective expression of needs. IV. The effect of the need for achievement on thematic apperception. *Journal of Experimental Psychology, 39,* 242–255.

McClelland, D. C., & Franz, C. E. (1992). Motivational and other sources of work accomplishments in mid-life: A longitudinal study. *Journal of Personality, 60,* 679–707.

McClelland, D. C., & Pilon, D. A. (1983). Sources of adult motives in patterns of parent behavior in early childhood. *Journal of Personality and Social Psychology, 44,* 564–574.

McClelland, D. C., & Watson, R. I. (1973). Power motivation and risk-taking behavior. *Journal of Personality, 41,* 121–139.

McClelland, J. L., & Rumelhart, D. E. (1981). An interactive activation model of context effects in letter perception: An account of basic findings. *Psychological Review, 88,* 375–407.

McConnell, A. R., Brown, C. M., Shoda, T. M., Stayton, L. E., & Martin, C. E. (2011). Friends with benefits: On the positive consequences of pet ownership. *Journal of Personality and Social Psychology, 101,* 1239–1252.

McCosh, J. (1880). *The emotions.* New York, NY: Charles Scribner's Sons.

McCosh, J. (1887). *Psychology: The motive powers: Emotions, conscience, will.* New York, NY: Scribner's Sons.

McCoy, A. W. (2007). Science in Dachau's Shadow: Hebb, Beecher, and the development of CIA psychological torture and modern medical ethics. *Journal of the History of the Behavioral Sciences , 43,* 401–417.

McCrae, R. R., & Costa, P. T, Jr. (1987). Validation of the five-factor model of personality across instruments and observers. *Journal of Personality and Social Psychology, 52,* 81–90.

McCrea, S. M., & Flamm, A. (2012). Dysfunctional anticipatory thoughts and the self–handicapping strategy. *European Journal of Social Psychology, 42,* 72–81.

McCrea, S. M., & Hirt, E. R. (2001). The role of ability judgments in self-handicapping. *Personality and Social Psychology Bulletin, 27,* 1378–1389.

McCullough, B. D., & McWilliams, T. P. (2011). Students with the initial "A" don't get better grades. *Journal of Research in Personality, 45,* 340–343.

McCullough, M. E., & Carter, E. C. (2013). Religion, self-control, and self-regulation: How and why are they related? In K. I. Pargament, J. J. Exline, & J. W. Jones (Eds.), *APA handbook of psychology, religion, and spirituality* (Vol. 1, pp. 123–138). Washington, DC: American Psychological Association.

McCullough, M. E., Hoyt, W. T., Larson, D. B., Koenig, H. G., & Thoresen, C. (2000). Religious involvement and mortality: A meta-analytic review. *Health Psychology, 19,* 211–222.

McCullough, M. E., & Willoughby, B. L. B. (2009). Religion, self-regulation, and self-control: Associations, explanations, and implications. *Psychological Bulletin, 135,* 69–93.

McDougall, P., Hymel, S., Vaillancourt, T., & Mercer, L. (2001). The consequences of childhood peer rejection. In M. R. Leary (Ed.), *Interpersonal rejection* (pp. 213–247). New York, NY: Oxford University Press.

McDougall, W. (1908). *An introduction to social psychology.* London, UK: Methuen.

McDougall, W. (1924). Purposive striving as a fundamental category of psychology. *The Scientific Monthly, 19*(3), 305–312.

McDougall, W. (1932). *The energies of man. A study of the fundamentals of dynamic psychology.* New York, NY: Methuen.

McGee, J. P., & DeBernardo, C. R. (1999). The classroom avenger: A behavioral profile of school based shootings. *The Forensic Examiner, 8*(5–6), 16–18.

McGregor, I., Zanna, M. P., Holmes, J. G., & Spencer, S. J. (2001). Compensatory conviction in the face of personal uncertainty: Going to extremes and being oneself. *Journal of Personality and Social Psychology, 80,* 472–488.

McIntyre, S. H., & Munson, J. M. (2008). Exploring cramming: Student behaviors, beliefs, and learning retention in the Principles of Marketing course. *Journal of Marketing Education, 30,* 226–243.

McKenna, K. Y. A., & Bargh, J. A. (2000). Plan 9 from cyberspace: The implications of the Internet for personality and social psychology. *Personality and Social Psychology Review, 4,* 57–75.

McKenna, K. Y. A., Green, A. S., & Gleason, M. E. J. (2002). Relationship formation on the Internet: What's the big attraction? *Journal of Social Issues, 58,* 9–31.

McPherson, A., & Martin, C. R. (2010). A contemporary review of the alcohol/aggression relationship and the Buss-Perry Aggression Questionnaire for use in an alcohol dependent population. *Journal of Aggression, Conflict and Peace Research, 2,* 45–56.

McReynolds, (1980). The clock metaphor in the history of psychology. In T. Nickles (Ed.), *The scientific discovery: Case studies* (pp. 97–112). Boston, MA: Reidel Publishing.

Mead, N. L., Baumeister, R. F., Stillman, T. F., Rawn, C. D., & Vohs, K. D. (2011). Social exclusion causes people to spend and consume strategically in the service of affiliation. *Journal of Consumer Research, 37,* 902–919.

Mednick, S. & Ehrman, M. (2006). *Take a nap! Change your life.* New York, NY: Workman Publishing.

Meece, J. L., Blumenfeld, P. C., & Hoyle, R. H. (1988). Students' goal orientations and cognitive engagement in classroom activities. *Journal of Educational Psychology, 80,* 514–523.

Meier, B. P., Robinson, M. D., Carter, M. S., & Hinsz, V. B. (2010). Are sociable people more beautiful? A zero-acquaintance analysis of agreeableness, extraversion, and attractiveness. *Journal of Research in Personality, 44,* 293–296.

Meier, B. P., Schnall, S., Schwarz, N., & Bargh, J. A. (2012). Embodiment in social psychology. *Topics in Cognitive Science, 4,* 705–716.

Mendoza, S. A., Gollwitzer, P. M., & Amodio, D. M. (2010). Reducing the expression of implicit stereotypes: Reflexive control through implementation intentions. *Personality and Social Psychology Bulletin, 36,* 512–523.

Mento, A. J., Locke, E. A., & Klein, H. J. (1992). Relationship of goal level to valence and instrumentality. *Journal of Applied Psychology, 77,* 395–405.

Mervaala, E., Föhr, J., Könönen, M., Valkonen-Korhonen, M., Vainio, P., Partanen, K., . . . Lehtonen, J. (2000). Quantitative MRI of the hippocampus and amygdala in severe depression. *Psychological Medicine, 30,* 117–125.

Meryman, J. J. (1952). Magnitude of startle response as a function of hunger and fear. (Unpublished master's thesis). University of Iowa, Iowa City, IA.

Mesagno, C., Marchant, D., & Morris, T. (2009). Alleviating choking: The sounds of distraction. *Journal of Applied Sport Psychology, 21,* 131–147.

Metcalfe, J., & Mischel, W. (1999). A hot/cool-system analysis of delay of gratification: Dynamics of willpower. *Psychological Review, 106,* 3–19.

Meumann, E. (1908/1913). *Intelligenz und Will* (Intelligence and the will). Leipzig, Germany: Quelle & Meyer.

Meyer, M. L., Berkman, E. T., Karremans, J. C., & Lieberman, M. D. (2011). Incidental regulation of attraction: The neural basis of the derogation of attractive alternatives in romantic relationships. *Cognition and Emotion, 25,* 490–505.

Meyers-Levy, J., & Zhu, R. (2007). The influence of ceiling height: The effect of priming on the type of processing that people use. *Journal of Consumer Research, 34,* 174–186.

Mezulis, A. H., Abramson, L. Y., Hyde, J. S., & Hankin, B. L. (2004). Is there a universal positivity bias in attributions? A meta-analytic review of individual, developmental, and cultural differences in the self-serving attributional bias. *Psychological Bulletin, 130,* 711–747.

Micheals, J. W., Blommel, J. M., Brocato, R. M., Linkous, R. A., & Rowe, J. S. (1982). Social facilitation and inhibition in a natural setting. *Replications in Social Psychology, 2,* 21–24.

Mikulincer, M., Florian, V., & Hirschberger, G. (2003). The existential function of close relationships: Introducing death into the science of love. *Personality and Social Psychology Review, 7,* 20–40.

Milgram, S. (1963). Behavioral study of obedience. *Journal of Abnormal and Social Psychology, 67,* 371–378.

Milgram, S. (1974). *Obedience to authority: An experimental view.* New York, NY: Harper & Row.

Miller, D. T., & Ross, M. (1975). Self-serving biases in the attribution of causality: Fact or fiction? *Psychological Bulletin, 82,* 213–225.

Miller, G. A., Galanter, E., & Pribram, K. H. (1960). *Plans and the structure of behavior.* New York, NY: Henry Holt.

Miller, G. E., & Wrosch, C. (2007). You've gotta know when to fold 'em: Goal disengagement and systemic inflammation in adolescence. *Psychological Science, 18,* 773–777.

Miller, H. C., DeWall, C. N., Pattison, K., Molet, M., & Zentall, T. R. (2012). Too dog tired to avoid danger: Self-control depletion in canines increases behavioral approach toward an aggressive threat. *Psychonomic Bulletin & Review, 19,* 535–540.

Miller, H. C., Pattison, K. F., DeWall, C. N., Rayburn-Reeves, R., & Zentall, T. R. (2010). Self-control without a "self"? Common self-control processes in humans and dogs. *Psychological Science, 21,* 534–538.

Miller, J. R. (1911/2011). *The beauty of self control.* Bottom of the Hill Publishing.

Miller, N. (1944). Experimental studies of conflict. In J. Hunt (Ed.), *Personality and the behavioral disorders* (Vol. 1, pp. 431–465). New York, NY: Ronald Press.

Miller, R. B., Greene, B. A., Montalvo, G. P., Ravindran, B., & Nichols, J. D. (1996). Engagement in academic work: The role of learning goals, future consequences, pleasing others, and perceived ability. *Contemporary Educational Psychology, 21,* 388–422.

Miller, R. S. (1997). Inattentive and contented: Relationship commitment and attention to alternatives. *Journal of Personality and Social Psychology, 73,* 758–766.

Miller, S. L., Zielaskowski, K., & Plant, E. A. (2012). The basis of shooter biases: Beyond cultural stereotypes. *Personality and Social Psychology Bulletin, 38,* 1358–1366.

Milliman, R. E. (1982). Using background music to affect the behavior of supermarket shoppers. *Journal of Marketing, 46,* 86–91.

Mills, J. (2004). Clarifications on Trieb: Freud's Theory of Motivation reinstated. *Psychoanalytic Psychology, 21*(4), 673–677.

Mills, R. S. L., Nazar, J., & Farrell, H. M. (2002). Child and parent perceptions of hurtful messages. *Journal of Social and Personal Relationships, 19,* 731–754.

Milne, S., Orbell, S., & Sheeran, P. (2002). Combining motivational and volitional interventions to promote exercise participation: Protection motivation theory and implementation intentions. *British Journal of Health Psychology, 7,* 163–184.

Mindell, J. A., Telofski, L. S., Wiegand, B., & Kurtz, E. S. (2009). A nightly bedtime routine: Impact on sleep in young children and maternal mood. *Sleep: Journal of Sleep and Sleep Disorders Research, 32,* 599–606.

Mischel, H. N., & Mischel, W. (1983). The development of children's knowledge of self-control strategies. *Child Development, 54,* 603–619.

Mischel, W. (1968). *Personality and assessment.* Hoboken, NJ: John Wiley & Sons Inc.

Mischel, W. (1973). Toward a cognitive social learning reconceptualization of personality. *Psychological Review, 80,* 252–283.

Mischel, W., & Ayduk, O. (2011). Willpower in a cognitive affect processing system: The dynamics of delay of gratification. In K. D. Vohs & R. F. Baumeister (Eds.), *Handbook of self-regulation: Research, theory, and applications* (2nd ed., pp. 83–105). New York, NY: Guilford Press.

Mischel, W., Ayduk, O., Berman, M. G., Casey, B. J., Gotlib, I. G., Jonides, J., . . . Shoda, Y. (2011). Willpower over the lifespan: decomposing self-regulation. *Social Cognitive and Affective Neuroscience, 6,* 252–256.

Mischel, W., & Ebbesen, E. B. (1970). Attention in delay of gratification. *Journal of Personality and Social Psychology, 16,* 329–337.

Mischel, W., Ebbesen, E. B., & Zeiss, A. R. (1972). Cognitive and attentional mechanisms in delay of gratification. *Journal of Personality and Social Psychology, 21,* 204–218.

Mischel, W., & Peake, P. K., (1982). Beyond déjà vu in the search for cross-situational consistency. *Psychological Review, 89,* 730–755.

Mischel, W. & Shoda, Y. (1995). A cognitive-affective system theory of personality: Reconceptualizing situations, dispositions, dynamics, and invariances in personality structure. *Psychological Review, 102,* 246–268.

Mischel, W., Shoda, Y., & Peake, P. K. (1988). The nature of adolescent competencies predicted by preschool delay of gratification. *Journal of Personality and Social Psychology, 54,* 687–696.

Mischel, W., Shoda, Y., & Rodriguez, M. L. (1989). Delay of gratification in children. *Science, 244,* 933–938.

Miserandino, M. (1996). Children who do well in school: Individual differences in perceived competence and autonomy in above-average children. *Journal of Educational Psychology, 88,* 203–214.

Mitchell, J. P., Heatherton, T. F., Kelley, W. M., Wyland, C. L., Wegner, D. M., & Macrae, C. N. (2007). Separating sustained from transient aspects of cognitive control during thought suppression. *Psychological Science, 18,* 292–297.

Mitchell, T. R., Thompson, L., Peterson, E., & Cronk, R. (1997). Temporal adjustments in the evaluation of events: The 'rosy view'. *Journal of Experimental Social Psychology, 33,* 421–448.

Mizruchi, M. S. (1991). Urgency, motivation, and group performance: The effect of prior success on current success among professional basketball teams. *Social Psychology Quarterly, 54,* 181–189.

Mobbs, D., Hassabis, D., Seymour, B., Marchant, J. L., Weiskopf, N., Dolan, R. J., & Frith, C. D. (2009). Choking on the money: Reward-based performance decrements are associated with midbrain activity. *Psychological Science, 20,* 955–962.

Moffitt, T. E., Arseneault, L., Belsky, D., Dickson, N., Hancox, R. J., Harrington, H., . . . Caspia, A. (2011). A gradient of childhood self-control predicts health, wealth, and public safety. *Proceedings of the National Academy of Sciences of the United States of America, 108*(7), 2693—2698.

Mogelonsky, M. (1998). Keep candy in the aisles. *American Demographics, 20,* 32.

Mohr, C. D., Armeli, S., Tennen, H., Carney, M. A., Affleck, G., & Hromi, A. (2001). Daily interpersonal experiences, context, and alcohol consumption: Crying in your beer and toasting good times. *Journal of Personality and Social Psychology, 80,* 489–500.

Mokdad, A. H., Ford, E. S., Bowman, B. A., Dietz, W. H., Vinicor, F., Bales, V. S., & Marks, J. S. (2003). Prevalence of obesity, diabetes, and obesity-related health risk factors. *The Journal of the American Medical Association, 289,* 76–79.

Molden, D. C., & Dweck, C. S. (2006). Finding 'meaning' in psychology: A lay theories approach to self-regulation, social perception, and social development. *American Psychologist, 61,* 192–203.

Molden, D. C., & Hui, C. M. (2011). Promoting de-escalation of commitment: A regulatory-focus perspective on sunk costs. *Psychological Science, 22,* 8–12.

Molden, D. C., Hui, C. M., Scholer, A. A., Meier, B. P., Noreen, E. E., D'Agostino, P. R., & Martin, V. (2012). Motivational versus metabolic effects of carbohydrates on self-control. *Psychological Science, 23,* 1137–1144.

Molden, D. C., Lee, A. Y., & Higgins, E. T. (2008). Motivations for promotion and prevention. In J. Y. Shah & W. L. Gardner (Eds.), *Handbook of motivation science* (pp. 169–187). New York, NY: Guilford Press.

de Montaigne, M. (1580/1943). *The Complete Essays of Montaigne.* (D. M. Frame, Trans.). Stanford, CA: Stanford University Press.

Montoya, R. M., Horton, R. S., & Kirchner, J. (2008). Is actual similarity necessary for attraction? A meta-analysis of actual and perceived similarity. *Journal of Social and Personal Relationships, 25,* 889–922.

Moore, M. T., & Fresco, D. M. (2012). Depressive realism: A meta-analytic review. *Clinical Psychology Review, 32,* 496–509.

Mor, N., & Winquist, J. (2002). Self-focused attention and negative affect: A meta-analysis. *Psychological Bulletin, 128,* 638–662.

Mora, P. A., Musumeci–Szabo, T., Popan, J., Beamon, T., & Leventhal, H. (2012). Exploring the relationship among the undesired self, health, and mood in older adults. *Journal of Applied Social Psychology, 42,* 2041–2063.

Moray, N. (1959). Attention in dichotic listening: Affective cues and the influence of instructions. *The Quarterly Journal of Experimental Psychology, 11,* 56–60.

Moretti, M. M., & Higgins, E. T. (1990). Relating self-discrepancy to self-esteem: The contribution of discrepancy beyond acutal-self ratings. *Journal of Experimental Social Psychology, 26,* 108–123.

Morewedge, C. K., Gilbert, D. T., Myrseth, K. O. R., Kassam, K. S., & Wilson, T. D. (2010). Consuming experience: Why affective forecasters overestimate comparative value. *Journal of Experimental Social Psychology, 46,* 986–992.

Morgan, C. D., & Murray, H. H. (1935). A method for investigating fantasies: The thematic apperception test. *Archives of Neurology & Psychiatry, 34,* 289–306.

Morgan, M. (1985). Self-monitoring of attained subgoals in private study. *Journal of Educational Psychology, 77,* 623–630.

Morgenthau, H. J. (1948). *Politics among nations: The struggle for power and peace.* New York, NY: Alfred A. Knopf.

Morling, B., & Kitayama, S. (2008). Culture and motivation. In J. Y. Shah & W. L. Gardner (Eds.), *Handbook of motivation science* (pp. 417–433). New York, NY: Guilford Press.

Moskowitz, G. B. (2012). The representation and regulation of goals. In H. Aarts & A. J. Elliot (Eds.), *Goal-directed behavior* (1–47). New York, NY: Psychology Press.

Moskowitz, G. B., Gollwitzer, P. M., Wasel, W., & Schaal, B. (1999). Preconscious control of stereotype activation through chronic egalitarian goals. *Journal of Personality and Social Psychology, 77,* 167–184.

Moskowitz, G. B., & Grant, H. (2009). *The psychology of goals.* New York, NY: Guilford Press.

Moulton, P., Moulton, M., & Roach, S. (1998). Eating disorders: A means for seeking approval? *Eating Disorders: The Journal of Treatment & Prevention, 6,* 319–327.

Mowrer, O. H. (1950). *Learning theory and personality dynamics.* New York, NY: Ronald Press.

Mowrer, O. H. (1952) Motivation. *Annual Review of Psychology, 3,* 419–438.

Mueller, C. M., & Dweck, C. S. (1998). Praise for intelligence can undermine children's motivation and performance. *Journal of Personality and Social Psychology, 75,* 33–52.

Mullen, B., Migdal, M. J., & Rozell, D. (2003). Self-awareness, deindividuation, and social identity: Unraveling theoretical paradoxes by filling empirical lacunae. *Personality and Social Psychology Bulletin, 29,* 1071–1081.

Mullins-Sweatt, S. N., Glover, N. G., Derefinko, K. J., Miller, J. D., & Widiger, T. A. (2010). The search for the successful psychopath. *Journal of Research in Personality, 44,* 554–558.

Münsterberg, H. (1888). *Die Willenshandlung.* Freiburg, Germany.

Muraven, M. (2008). Autonomous self-control is less depleting. *Journal of Research in Personality, 42,* 763–770.

Muraven, M. (2010). Building self-control strength: Practicing self-control leads to improved self-control performance. *Journal of Experimental Social Psychology, 46*(2), 465–468.

Muraven, M. (2012). Ego depletion: Theory and evidence. In R. M. Ryan (Ed.), *The Oxford handbook of human motivation* (pp. 111–126). New York, NY: Oxford University Press.

Muraven, M., & Baumeister, R. F. (1997). Suicide, sex, terror, paralysis, and other pitfalls of reductionist self-preservation theory. *Psychological Inquiry, 8,* 36–40.

Muraven, M., Baumeister, R. F., & Tice, D. M. (1999). Longitudinal improvement of self-regulation through practice: Building self-control strength through repeated exercise. *The Journal of Social Psychology, 139*(4), 446–457.

Muraven, M., Collins, R. L., & Neinhaus, K. (2002). Self-control and alcohol restraint: An initial application of the Self-Control Strength Model. *Psychology of Addictive Behaviors, 16,* 113–120.

Muraven, M., Collins, R. L., Morsheimer, E. T., Shiffman, S., & Paty, J. A. (2005a). One too many: Predicting future alcohol consumption following heavy drinking. *Experimental and Clinical Psychopharmacology, 13,* 127–136.

Muraven, M., Collins, R. L., Morsheimer, E. T., Shiffman, S., & Paty, J. A. (2005b). The morning after: Limit violations and the self-regulation of alcohol consumption. *Psychology of Addictive Behaviors, 19,* 253–262.

Muraven, M., Collins, R. L., Shiffman, S., & Paty, J. A. (2005). Daily fluctuations in self-control demands and alcohol intake. *Psychology of Addictive Behaviors, 19,* 140–147.

Muraven, M., Rosman, H., & Gagné, M. (2007). Lack of autonomy and self-control: Performance contingent rewards lead to greater depletion. *Motivation and Emotion, 31,* 322–330.

Muraven, M., & Shmueli, D. (2006). The self-control costs of fighting the temptation to drink. *Psychology of Addictive Behaviors, 20,* 154–160.

Muraven, M., Shmueli, D., & Burkley, E. (2006). Conserving self-control strength. *Journal of Personality and Social Psychology, 91,* 524–537.

Murayama, K., Elliot, A. J., & Friedman, R. (2012). Achievement goals. In R. M. Ryan (Ed.), *The Oxford handbook of human motivation* (pp. 191–207). New York, NY: Oxford University Press.

Murphy, F. C., Nimmo-Smith, I., & Lawrence, A. D. (2003). Functional neuroanatomy of emotion: A meta-analysis. *Cognitive, Affective, & Behavioral Neuroscience, 3,* 207–233.

Murphy, G. (1954). Social motivation. In G. Lindzey (Ed.), *Handbook of social psychology* (Vol. 2, pp. 601–633). Cambridge, MA: Addison-Wesley.

Murray, H. A. (1938). *Explorations in personality.* Oxford, England: Oxford Univ. Press.

Murray, S. L., & Holmes, J. G. (1993). Seeing virtues in faults: Negativity and the transformation of interpersonal narratives in close relationships. *Journal of Personality and Social Psychology, 65,* 707–722.

Murru, E. C., & Martin Ginis, K. A. (2010). Imagining the possibilities: The effects of a possible selves intervention on self-regulatory efficacy and exercise behavior. *Journal of Sport & Exercise Psychology, 32,* 537–554.

Myrseth, R., Ove, K., Fishbach, A., & Trope, Y. (2009). Counteractive self-control: When making temptation available makes temptation less tempting. *Psychological Science, 20,* 159–163.

Nadler, R. T., Rabi, R., & Minda, J. P. (2010). Better mood and better performance: Learning rule-described categories is enhanced by positive mood. *Psychological Science, 21,* 1770–1776.

Nagy, E. (2008). Innate intersubjectivity: Newborns' sensitivity to communication disturbance. *Developmental Psychology, 44,* 1779–1784.

Naqvi, N., Shiv, B., & Bechara, A. (2006). The role of emotion in decision making: A cognitive neuroscience perspective. *Current Directions in Psychological Science, 15,* 260–264.

Navarrete, D. C., & Fessler, D. M. T. (2005). Normative bias and adaptive challenges: A relational approach to coalitional psychology and a critique of terror management theory. *Evolutionary Psychology, 3,* 297–325.

Navarrete, C. D., McDonald, M. M., Asher, B. D., Kerr, N. L., Yokota, K., Olsson, A., & Sidanius, J. (2012). Fear is readily associated with an out-group face in a minimal group context. *Evolution and Human Behavior, 33,* 590–593.

Neal, D. T., Wood, W., & Drolet, A. (2013). How do people adhere to goals when willpower is low? The profits (and pitfalls) of strong habits. *Journal of Personality and Social Psychology, 104,* 959–975.

Neal, D. T., Wood, W., & Quinn, J. M. (2006). Habits—A repeat performance. *Current Directions in Psychological Science, 15,* 198–202.

Neal, D. T., Wood, W., Wu, M., & Kurlander, D. (2011). The pull of the past: When do habits persist despite conflict with motives? *Personality and Social Psychology Bulletin, 37,* 1428–1437.

Nederkoorn, C., Houben, K., Hofmann, W., Roefs, A., & Jansen, A. (2010). Control yourself or just eat what you like? Weight gain over a year is predicted by an interactive effect of response inhibition and implicit preference for snack foods. *Health Psychology, 29*(4), 389–393.

Neiss, R. (1988). Reconceptualizing arousal: Psychobiological states in motor performance. *Psychological Bulletin, 103,* 345–366.

Neisser, U. (1963). The imitation of man by machine. *Science, 139*(3551), 193–197.

Nelson, E. E., & Panksepp, J. (1998). Brain substrates of infant–mother attachment: Contributions of opioids, oxytocin, and norepinephrine. *Neuroscience and Biobehavioral Reviews, 22,* 437–452.

Nelson, E., & Panksepp, J. (1996). Oxytocin mediates acquisition of maternally associated odor preferences in preweanling rat pups. *Behavioral Neuroscience, 110,* 583–592.

Nelson, L. D., & Meyvis, T. (2008). Interrupted consumption: Disrupting adaptation to hedonic experiences. *Journal of Marketing Research, 45,* 654–664.

Nelson, L. D., Meyvis, T., & Galak, J. (2009). Enhancing the television-viewing experience through commercial interruptions. *Journal of Consumer Research, 36,* 160–172.

Nelson, L. D., & Simmons, J. P. (2007). Moniker maladies: When names sabotage success. *Psychological Science, 18,* 1106–1112.

Nelson, L. J., Moore, D. L., Olivetti, J., & Scott, T. (1997). General and personal mortality salience and nationalistic bias. *Personality and Social Psychology Bulletin, 23,* 884–892.

Nemeroff, C., & Rozin, P. (2000). The makings of the magical mind: The nature and function of sympathetic magical thinking. In K. S. Rosengren, C. N. Johnson, & P. L. Harris (Eds.), *Imagining the impossible: Magical, scientific, and religious thinking in children* (pp. 1–34). New York, NY: Cambridge University Press.

Nenkov, G. Y., & Gollwitzer, P. M. (2012) Pre- versus post-decisional deliberation and goal commitment: The positive effects of defensiveness. *Journal of Experimental Social Psychology, 48,* 106–121.

Nes, L. S., Carlson, C. R., Crofford, L. J., de Leeuw, R., & Segerstrom, S. C. (2011). Individual differences and self-regulatory fatigue: Optimism, conscientiousness, and self-consciousness. *Personality and Individual Differences, 50,* 475–480.

Nes, L. S., & Segerstrom, S. C. (2006). Dispositional optimism and coping: A meta-analytic review. *Personality and Social Psychology Review, 10,* 235–251.

Nes, L. S., Segerstrom, S. C., & Sephton, S. E. (2005). Engagement and arousal: Optimism's effects during a brief stressor. *Personality and Social Psychology Bulletin, 31,* 111–120.

Nesse, R. M., & Ellsworth, P. C. (2009). Evolution, emotions, and emotional disorders. *American Psychologist, 64,* 129–139.

Neubaum, G., & Krämer, N. C. (2015). My friends right next to me: a laboratory investigation on predictors and consequences of experiencing social closeness on social networking sites. *Cyberpsychology, Behavior, and Social Networking, 18,* 443–449.

Newby-Clark, I. R., Ross, M., Buehler, R., Koehler, D. J., & Griffin, D. (2000). People focus on optimistic and disregard pessimistic scenarios while predicting their task completion times. *Journal of Experimental Psychology: Applied, 6,* 171–182.

Nezlek, J. B., Kowalski, R. M., Leary, M. R., Blevins, T., & Holgate, S. (1997). Personality moderators of reactions to interpersonal rejection: Depression and trait self-esteem. *Personality and Social Psychology Bulletin, 23,* 1235–1244.

Nezlek, J. B., Wesselmann, E. D., Wheeler, L., & Williams, K. D. (2012). Ostracism in everyday life. *Group Dynamics: Theory, Research, and Practice, 16,* 91–104.

Ng, J. Y. Y., Ntoumanis, N., Thøgersen-Ntoumani, C., Deci, E. L., Ryan, R. M., Duda, J. L., & Williams, G. C. (2012). Self-determination theory applied to health contexts: A meta-analysis. *Perspectives on Psychological Science, 7,* 325–340.

NIAAA (2009). *Snapshot of annual high-risk college drinking consequences.* Washington, DC: National Advisory Council of the National Institute on Alcohol Abuse and Alcoholism.

Nicholls, J. G. (1984). Achievement motivation: Conceptions of ability, subjective experience, task choice, and performance. *Psychological Review, 91,* 328–346.

Nicholls, J. G., Patashnick, M., & Nolen, S. B. (1985). Adolescents' theories of education. *Journal of Educational Psychology, 77,* 683–692.

Nickerson, C., Schwarz, N., Diener E., & Kahneman, D. (2003). Zeroing in on the dark side of the American dream: A closer look at the negative consequences of the goal for financial success. *Psychological Science 14,* 531– 536.

Nie, N. H. (2001). Sociability, interpersonal relations, and the Internet: Reconciling conflicting findings. *American Behavioral Scientist, 45,* 420–435.

Niesta, D., Fritsche, I., & Jonas, E. (2008). Mortality salience and its effects on peace processes: A review. *Social Psychology, 39,* 48–58.

Nietzsche, F. (1910). The *will to power: An attempted transvaluation of all values.* (A. M. Ludovici, Trans.). London, UK: George Allen & Unwin.

Niiya, Y., Crocker, J., & Bartmess, E. N. (2004). From vulnerability to resilience: Learning orientations buffer contingent self-esteem from failure. *Psychological Science, 15,* 801–805.

Niven, K., Totterdell, P., Miles, E., Webb, T. L., & Sheeran, P. (2013). Achieving the same for less: Improving mood depletes blood glucose for people with poor (but not good) emotion control. *Cognition and Emotion, 27,* 133–140.

Nolan, J. M., Schultz, P. W., Cialdini, R. B., Goldstein, N. J., & Griskevicius, V. (2008). Normative social influence is underdetected. *Personality and Social Psychology Bulletin, 34,* 913–923.

Nolen-Hoeksema, S. (1991). Responses to depression and their effects on the duration of depressive episodes. *Journal of Abnormal Psychology, 100,* 569–582.

Nolen-Hoeksema, S. & Aldao, A. (2011). Gender and age differences in emotion regulation strategies and their relationship to depressive symptoms. *Personality and Individual Differences, 51,* 704–708.

Nolen-Hoeksema, S., & Corte, C. (2004). Gender and self-regulation. In R. F. Baumeister & K. D. Vohs (Eds.), *Handbook of self-regulation: Research, theory, and applications* (pp. 411–421). New York, NY: Guilford Press.

Nolen-Hoeksema, S., & Davis, C. G. (1999). 'Thanks for sharing that': Ruminators and their social support networks. *Journal of Personality and Social Psychology, 77,* 801–814.

Nolen-Hoeksema, S., & Harrell, Z. A. (2002). Rumination, depression, and alcohol use: Tests of gender differences. *Journal of Cognitive Psychotherapy, 16,* 391–403.

Nolen-Hoeksema, S., & Jackson, B. (2001). Mediators of the gender difference in rumination. *Psychology of Women Quarterly, 25,* 37–47.

Nolen-Hoeksema, S., Larson, J., & Grayson, C. (1999). Explaining the gender difference in depressive symptoms. *Journal of Personality and Social Psychology, 77,* 1061–1072.

Nolen-Hoeksema, S., Wisco, B. E., & Lyubomirsky, S. (2008). Rethinking rumination. *Perspectives on Psychological Science, 3,* 400–424.

Norcross, J. C., Mrykalo, M. S., & Blagys, M. D. (2002). Auld Lang Syne: Success predictors, change processes, and self-reported outcomes of New Year's resolvers and nonresolvers. *Journal of Clinical Psychology, 58,* 397–405.

Norcross, J. C., Ratzin, A. C., & Payne, D. (1989). Ringing in the New Year: The change processes and reported outcomes of resolutions. *Addictive Behaviors, 14,* 205–212.

Nordgren, L. F., van Harreveld, F., & van der Pligt, J. (2009). The restraint bias: How the illusion of self-restraint promotes impulsive behavior. *Psychological Science, 20,* 1523–1528.

Norem, J. K. (2008). Defensive pessimism, anxiety, and the complexity of evaluating self-regulation. *Social and Personality Psychology Compass, 2,* 121–134.

Norem, J. K. (2009). Psychological defensiveness: Repression, blunting, and defensive pessimism. In M. R. Leary & R. H. Hoyle (Eds.), *Handbook of individual differences in social behavior* (pp. 480–492). New York, NY: Guilford Press.

Norem, J. K. (2012). Motivation and goal pursuit: Integration across the social/personality divide. In K. Deaux & M. Snyder (Eds.), *The Oxford handbook of personality and social psychology* (pp. 287–314). New York, NY: Oxford University Press.

Norem, J. K., & Cantor, N. (1986a). Anticipatory and post hoc cushioning strategies: Optimism and defensive pessimism in "risky" situations. *Cognitive Therapy and Research, 10,* 347–362.

Norem, J. K., & Cantor, N. (1986b). Defensive pessimism: Harnessing anxiety as motivation. *Journal of Personality and Social Psychology, 51,* 1208–1217.

Norem, J. K., & Illingworth, K. S. S. (1993). Strategy-dependent effects of reflecting on self and tasks: Some implications of optimism and defensive pessimism. *Journal of Personality and Social Psychology, 65,* 822–835.

Norman, D. A. (1968). Toward a theory of memory and attention. *Psychological Review, 75,* 522–536.

Norman, G. J., Hawkley, L., Ball, A., Berntson, G. G., & Cacioppo, J. T. (2013). Perceived social isolation moderates the relationship between early childhood trauma and pulse pressure in older adults. *International Journal of Psychophysiology, 88,* 334–338.

Novacek, J., & Lazarus, R. S. (1990). The structure of personal commitments. *Journal of Personality, 58,* 693–715.

Nurmi, J. E., Toivonen, S., Salmela-Aro, K., & Eronen, S. (1996). Optimistic, approach-oriented, and avoidance strategies in social situations: Three studies on loneliness and peer relationships. *European Journal of Personality, 10,* 201–219.

O'Connor, S. C., & Rosenblood, L. K. (1996). Affiliation motivation in everyday experience: A theoretical comparison. *Journal of Personality and Social Psychology, 70,* 513–522.

Oaten, M., & Cheng, K. (2006a). Improved self-control: The benefits of a regular program of academic study. *Basic and Applied Social Psychology, 28,* 1–16.

Oaten, M., & Cheng, K. (2006b). Longitudinal gains in self-regulation from regular physical exercise. *British Journal of Health Psychology, 11,* 717–733.

Oaten, M., & Cheng, K. (2007). Improvements in self-control from financial monitoring. *Journal of Economic Psychology, 28,* 487–501.

Ochsner, K. N., & Gross, J. J. (2005). The cognitive control of emotion. *Trends in Cognitive Sciences, 9,* 242–249.

Ochsner, K. N., Knierim, K., Ludlow, D. H., Hanelin, J., Ramachandran, T., Glover, G., & Mackey, S. C. (2004). Reflecting upon feelings: An fMRI study of neural systems supporting the attribution of emotion to self and other. *Journal of Cognitive Neuroscience, 16,* 1746–1772.

Oettingen, G. (2000). Expectancy effects on behavior depend on self-regulatory thought. *Social Cognition: The interplay of motivation and social cognition, 18,* 101–129.

Oettingen, G., & Gollwitzer, P. M. (2001). Goal setting and goal striving. In A. Tesser & N. Schwarz (Eds.) & M. Hewstone & M. Brewer (Series Eds.), *Blackwell handbook in social psychology: Vol. 1. Intrindividual processes* (pp. 329–347). Oxford, UK: Basil Blackwell.

Oettingen, G., Hönig, G., & Gollwitzer, P. M. (2000). Effective self-regulation of goal attainment. *International Journal of Educational Research, 33,* 705–732.

Oettingen, G., Mayer, D., Sevincer, A. T., Stephens, E. J., Pak, H., & Hagenah, M. (2009). Mental contrasting and goal commitment: The mediating role of energization. *Personality and Social Psychology Bulletin, 35,* 608–622.

Oettingen, G., Mayer, D., Thorpe, J. S., Janetzke, H., & Lorenz, S. (2005). Turning fantasies about positive and negative futures into self-improvement goals. *Motivation and Emotion, 29,* 237–267.

Ogden, C. L., & Carroll, M. D. (2010). Prevalence of overweight, obesity, and extreme obesity among adults: United States, trends 1960–1962 through 2007–2008. NCHS Health E-Stat. Hyattsville, MD: National Center for Health Statistics.

Ogilvie, D. M. (1987). The undesired self: A neglected variable in personality research. *Journal of Personality and Social Psychology, 52,* 379–385.

Ommundsen, Y. (2003). Implicit theories of ability and self-regulation strategies in physical education classes. *Educational Psychology, 23,* 141–157.

Omodei, M. M., & Wearing, A. J. (1990). Need satisfaction and involvement in personal projects: Toward an integrative model of subjective well-being. *Journal of Personality and Social Psychology, 59,* 762–769.

Orbell, S., Hodgkins, S., & Sheeran, P. (1997). Implementation intentions and the theory of planned behavior. *Personality and Social Psychology Bulletin, 23,* 945–954.

Orbell, S., & Sheeran, P. (2000). Motivational and volitional processes in action initiation: A field study of the role of implementation intentions. *Journal of Applied Social Psychology, 30,* 780–797.

Orlick, T. D., & Mosher, R. (1978). Extrinsic awards and participant motivation in a sport related task. *International Journal of Sport Psychology, 9,* 27–39.

Orr-Andrawes, A. (1987). The case of Anna O.: a neuropsychiatric perspective. *Journal of American Psychoanalytic Association, 35,* 387–419.

Osgood, N. J., & Brant, B. A. (1990). Suicidal behavior in long-term care facilities. *Suicide and Life-Threatening Behavior, 20,* 113–122.

Otsuka, R., Tamakoshi, K., Yatsuya, H., Murata, C., Sekiya, A., Wada, K., . . . Toyoshima, H. (2006). Eating fast leads to obesity: findings based on self-administered questionnaires among middle-aged Japanese men and women. *Journal of Epidemiology, 16,* 117–24.

Ozer, E. M., & Bandura, A. (1990). Mechanisms governing empowerment effects: A self-efficacy analysis. *Journal of Personality and Social Psychology, 58,* 472–486.

Packard, V. (1961). *The Hidden Persuaders.* Harmondsworth: Penguin.

Pajares, F., & Kranzler, J. (1995). Self-efficacy beliefs and general mental ability in mathematical problem-solving. *Contemporary Educational Psychology, 20,* 426–443.

Palfai, T. P. (2002). Action'state orientation and the self-regulation of eating behavior. *Eating Behaviors, 3,* 249–259.

Palfai, T. P., McNally, A. M., & Roy, M. (2002). Volition and alcohol-risk reduction: The role of action orientation in the reduction of alcohol-related harm among college student drinkers. *Addictive Behaviors, 27,* 309–317.

Pallak, M. S., & Cummings, W. (1976). Commitment and voluntary energy conservation. *Personality and Social Psychology Bulletin, 2,* 27–30.

Panksepp, J. (1993). Commentary on the possible role of oxytocin in autism. *Journal of Autism and Developmental Disorders, 23,* 567–569.

Panksepp, J. (1998). *Affective neuroscience: The foundations of human and animal emotions.* New York, NY: Oxford University Press.

Panksepp, J. (2005). Why does separation distress hurt? Comment on MacDonald and Leary. *Psychological Bulletin, 131,* 224–230.

Papez, J. W. (1937). A proposed mechanism of emotion. *Archives of Neurology & Psychiatry, 38,* 725–743.

Papies, E. K., Pronk, T. M., Keesman, M., & Barsalou, L. W. (2015). The benefits of simply observing: Mindful attention modulates the link between motivation and behavior. *Journal of Personality and Social Psychology, 108,* 148–170.

Parker, J. G., & Asher, S. R. (1987). Peer relations and later personal adjustment: Are low-accepted children at risk? *Psychological Bulletin, 102,* 357–389.

Parks, M. R., & Floyd, K. (1996). Making friends in cyberspace. *Journal of Communication, 46,* 80–97.

Parks-Stamm, E. J., & Gollwitzer, P. M. (2009). Goal implementation: The benefits and costs of it—Then planning. In G. B. Moskowitz & H. Grant (Eds.), *The psychology of goals* (pp. 362–391). New York, NY: Guilford Press.

Parks-Stamm, E. J., Gollwitzer, P. M., & Oettingen, G. (2007). Action control by implementation intentions: Effective cue detection and efficient response initiation. *Social Cognition, 25,* 248–266.

Parks-Stamm, E. J., Gollwitzer, P. M., & Oettingen, G. (2010). Implementation intentions and test anxiety: Shielding academic performance from distraction. *Learning and Individual Differences, 20,* 30–33.

Patall, E. A., Dent, A. L., Oyer, M., & Wynn, S. R. (2013). Student autonomy and course values: The unique and cumulative roles of various teacher practices. *Motivation and Emotion, 37,* 14–32.

Paton, E. (2012). 'When the book takes over': Creativity, the writing process and flow in Australian fiction writing. *The International Journal of Creativity & Problem Solving, 22,* 61–76.

Patterson, C. J., & Mischel, W. (1976). Effects of temptation-inhibiting and task-facilitating plans of self-control. *Journal of Personality and Social Psychology, 33,* 209–217.

Paukner, A., Suomi, S. J., Visalberghi, E., & Ferrari, P. F. (2009). Capuchin monkeys display affiliation toward humans who imitate them. *Science, 325,* 880–883.

Paul, I., Gawrilow, C., Zech, F., Gollwitzer, P., Rockstroh, B., Odenthal, . . . & Wienbruch, C. (2007). If—then planning modulates the P300 in children with attention deficit hyperactivity disorder. *NeuroReport: For Rapid Communication of Neuroscience Research, 18,* 653–657.

Pavlov, I. P. (1927/1960). *Conditional Reflexes.* New York, NY: Dover Publications (The 1960 edition is not an unaltered republication of the 1927 translation by Oxford University Press.).

Payne, B. K, Brown-Iannuzzi, J., Burkley, M., Arbuckle, N., Cooley, E., Cameron, C. D., & Lundberg, K. B. (2013). Intention invention and the Affect Misattribution Procedure: Reply to Bar-Anan and Nosek (2012). *Personality and Social Psychology Bulletin, 39,* 375–386.

Payne, B. K., Burkley, M. A., & Stokes, M. B. (2008). Why do implicit and explicit attitude tests diverge? The role of structural fit. *Journal of Personality and Social Psychology, 94,* 16–31.

Payne, B. K., Cheng, C. M., Govorun, O., & Stewart, B. D. (2005). An inkblot for attitudes: Affect misattribution as implicit measurement. *Journal of Personality and Social Psychology, 89,* 277–293.

Pazda, A. D., Elliot, A. J., & Greitemeyer, T. (2012). Sexy red: Perceived sexual receptivity mediates the red-attraction relation in men viewing woman. *Journal of Experimental Social Psychology, 48,* 787–790.

Pearson, M. R., Kite, B. A., & Henson, J. M. (2013). Predictive effects of good self-control and poor regulation on alcohol-related outcomes: Do protective behavioral strategies mediate? *Psychology of Addictive Behaviors, 27,* 81–89.

Pelham, B. W. (1997). Human motivation has multiple roots. *Psychological Inquiry, 8,* 44–47.

Pelham, B. W., Carvallo, M., & Jones, J. T. (2005). Implicit Egotism. *Current Directions in Psychological Science, 14,* 106–110.

Pelham, B. W., Mirenberg, M. C., & Jones, J. T. (2002). Why Susie sells seashells by the seashore: Implicit egotism and major life decisions. *Journal of Personality and Social Psychology, 82,* 469–487.

Pemberton, D. A., & Benady, D. R. (1973). Consciously rejected children. *British Journal of Psychiatry, 123,* 578–578.

Pempek, T. A., Yermolayeva, Y. A., & Calvert, S. L. (2009). College students' social networking experiences on Facebook. *Journal of Applied Developmental Psychology, 30,* 227–238.

Penninx, B. W., van Tilburg, T. G., Kriegsman, D. M., Deeg, D. J., Boeke, A. J., & van Eijk, J. T. (1997). Effects of social support and personal coping resources on mortality in older age: The Longitudinal aging study Amsterdam. *American Journal of Epidemiology, 146,* 510–519.

Perin, C. T. (1942). Behavior potentiality as a joint function of the amount of training and the degree of hunger at the time of extinction. *Journal of Experimental Psychology, 30,* 93–113.

Perls, F. S. (1973). *The Gestalst approach and eyewitness to thereapy.* Ben Lomond, CA: Science and Behavior Books.

Perrin, F. A. C. (1923). The psychology of motivation. *Psychological Review, 30*(3), 176–191

Pervin, L. A. (1982). The stasis and flow of behavior: Toward a theory of goals. *Nebraska Symposium on Motivation,* 1–53.

Pervin, L. A. (1989). Goal concepts in personality and social psychology: A historical introduction. In L. A. Pervin (Ed.), *Goal concepts in personality and social psychology* (pp. 1–17). Hillsdale, NJ: Lawrence Erlbaum.

Peterson, C., & Park, N. (2010). What happened to self-actualization? Commentary on Kenrick et al. (2010). *Perspectives on Psychological Science, 5,* 320–322.

Peterson, C., & Seligman, M. E. (1984). Causal explanations as a risk factor for depression: Theory and evidence. *Psychological Review, 91,* 347–374.

Peterson, C., & Seligman, M. E. P. (2004). Gratitude. In C. Peterson & M. E. P. Seligman (Eds.), *Character strengths and virtues: A handbook and classification* (pp. 553–568). Washington, DC: American Psychological Association.

Pham, L. B., & Taylor, S. E. (1999). From thought to action: Effects of process-versus outcome-based mental simulations on performance. *Personality and Social Psychology Bulletin, 25,* 250–260.

Pham, L. B., Taylor, S. E., & Seeman, T. E. (2001). Effects of environmental predictability and personal mastery on self-regulatory and physiological processes. *Personality and Social Psychology Bulletin, 27,* 611–620.

Phan, K. L., Wager, T. D., Taylor, S. F. & Liberzon, I. (2002). Functional neuroanatomy of emotion: A meta-analysis of emotion activation studies in PET and fMRI. *Neuroimage, 16,* 331–348.

Phillips, A. G., & Silvia, P. J. (2005). Self-awareness and the emotional consequences of self-discrepancies. *Personality and Social Psychology Bulletin, 31,* 703–713.

Phillips, A. G., & Silvia, P. J. (2010). Individual differences in self-discrepancies and emotional experience: Do distinct discrepancies predict distinct emotions? *Personality and Individual Differences, 49,* 148–151.

Piaget, J. (1952). *The origins of intelligence in children.* New York, NY: International University Press.

Pickett, C. L., Gardner, W. L., & Knowles, M. (2004). Getting a cue: The need to belong and enhanced sensitivity to social cues. *Personality and Social Psychology Bulletin, 30,* 1095–1107.

Pickett, C. L., Silver, M. D., & Brewer, M. B. (2002). The impact of assimilation and differentiation needs on perceived group importance and judgments of ingroup size. *Personality and Social Psychology Bulletin, 28,* 546–558.

Pierro, A., Giacomantonio, M., Pica, G., Kruglanski, A. W., & Higgins, E. T. (2011). On the psychology of time in action: Regulatory mode orientations and procrastination. *Journal of Personality and Social Psychology, 101,* 1317–1331.

Pierro, A., & Kruglanski, A. W. (2008). 'Seizing and freezing' on a significant-person schema: Need for closure and the transference effect in social judgment. *Personality and Social Psychology Bulletin, 34*(11), 1492–1503.

Pierro, A., Kruglanski, A. W., & Higgins, E. T. (2006). Regulatory mode and the joys of doing: Effects of 'locomotion' and 'assessment' on intrinsic and extrinsic task-motivation. *European Journal of Personality, 20,* 355–375.

Pierro, A., Pica, G., Klein, K., Kruglanski, A. W., & Higgins, E. T. (2013). Looking back or moving on: How regulatory modes affect nostalgia. *Motivation and Emotion, 37,* 653–660.

Pierro, A., Presaghi, F., Higgins, E. T., Klein, K. M., & Kruglanski, A. W. (2012). Frogs and ponds: A multilevel analysis of the regulatory mode complementarity hypothesis. *Personality and Social Psychology Bulletin, 38,* 269–279.

Pillow, D. R., Zautra, A. J., & Sandler, I. (1996). Major life events and minor stressors: Identifying mediational links in the stress process. *Journal of Personality and Social Psychology, 70,* 381–394.

Pinker, S. (1997). *How the mind works.* New York, NY: Norton.

Pinter, B., & Greenwald, A. G. (2011). A comparison of minimal group induction procedures. *Group Processes & Intergroup Relations, 14,* 81–98.

Pintrich, P. R., & de Groot, E. V. (1990). Motivational and self-regulated learning components of classroom academic performance. *Journal of Educational Psychology, 82,* 33–40.

Pintrich, P. R., & Garcia, T. (1991). Student goal orientation and self-regulation in the college classroom. In M. Maehr & P. R. Pintrich (Eds.), *Advances in motivation and achievement: Goals and self-regulatory processes* (Vol. 7, pp. 371–402). Greenwich, CT: JAI Press.

Pintrich, P. R., & Schunk, D. H. (2002). *Motivation in education* (2nd ed). Upper Saddle River, NJ: Merrill/Prentice-Hall.

Pittman, T. S. (1998). Motivation. In D. T. Gilbert, S. T. Fiske, & G. Lindzey (Eds.), *The handbook of social psychology* (Vols. 1 and 2, 4th ed., pp. 549–590). New York, NY: McGraw-Hill.

Pittman, T. S., & Heller, J. F. (1987). Social motivation. *Annual Review of Psychology, 38,* 461–489.

Pizzagalli, D., Pascual-Marqui, R. D., Nitschke, J. B., Oakes, T. R., Larson, C. L., Abercrombie, H. C., . . . Davidson, R. J. (2001). Anterior cingulate activity as a predictor of degree of treatment response in major depression: Evidence from brain electrical tomography analysis. *The American Journal of Psychiatry, 158,* 405–415.

Plant, E. A., & Devine, P. G. (1998). Internal and external motivation to respond without prejudice. *Journal of Personality and Social Psychology, Vol 75*(3), 811–832.

Plutchik, R. (1998). Emotions, diagnoses and ego defenses: A psychoevolutionary perspective. In W. F. Flack Jr. & J. D. Laird (Eds.), *Emotions in psychopathology: Theory and research* (pp. 367–379). New York, NY: Oxford University Press.

Plutchik, R. (2003). *Emotions and life: Perspectives from psychology, biology, and evolution.* Washington, DC: American Psychological Association.

Polivy, J., & Herman, C. P. (1985). Dieting and binging: A causal analysis. *American Psychologist, 40*(2), 193–201.

Polman, E., & Emich, K. J. (2011). Decisions for others are more creative than decisions for the self. *Personality and Social Psychology Bulletin, 37,* 492–501.

Pontius, A. A., & LeMay, M. J. (2003). Aggression in temporal lobe epilepsy and limbic psychotic trigger reaction implicating vagus kindling of hippocampus/amygdala (in sinus abnormalities on MRIs). *Aggression and Violent Behavior, 8,* 245–258.

Posner, M. I. (1993). Interaction of arousal and selection in the posterior attention network. In A. D. Baddeley & L. Weiskrantz (Eds.), *Attentionl selection, awareness, and control: A tribute to Donald Broadbent* (pp. 390–405). New York, NY: Clarendon Press/Oxford University Press.

Posner, M. I., & Snyder, C. R. (1975). Attention and cognitive control. In R. L. Solso (Ed.), *Information processing in cognition: The Loyola Symposium* (pp. 55–85). Hillsdale, NJ: Erlbaum.

Postmes, T., & Spears, R. (1998). Deindividuation and antinormative behavior: A meta-analysis. *Psychological Bulletin, 123,* 238–259.

Postmes, T., Spears, R., & Lea, M. (2002). Intergroup differentiation in computer-mediated communication: Effects of depersonalization. *Group Dynamics: Theory, Research, and Practice, 6, Special issue: Groups and the Internet,* 3–16.

Prelec, D., & Simester, D. (2001). Always leave home without it. *Marketing Letters, 12,* 5–12.

Prentice, M., Halusic, M., & Sheldon, K. M. (2014). Integrating theories of psychological needs-as-requirements and psychological needs-as-motives: A two process model. *Social and Personality Psychology Compass, 8*(2), 73–85.

Prentice-Dunn, S., & Rogers, R. W. (1989). Deindividuation and the self-regulation of behavior. In P. B. Paulus (Ed.), *Psychology of group influence* (2nd ed., pp. 87–109). Hillsdale, NJ: Lawrence Erlbaum.

Prentice-Dunn, S., & Spivey, C. B. (1986). Extreme deindividuation in the laboratory: Its magnitude and subjective components. *Personality and Social Psychology Bulletin, 12,* 206–215.

Preston, C. E., & Harris, S. (1965). Psychology of drivers in traffic accidents. *Journal of Applied Psychology, 49,* 284–288.

Pribram, K. H. (1967). Emotions: Steps toward a neuropsychological theory. In D. C. Class (Ed.), *Neurophysiology and emotion* (pp. 3–40). New York, NY: Russell Sage Foundation.

Price, R. H., Choi, J. N., & Vinokur, A. D. (2002). Links in the chain of adversity following job loss: How financial strain and loss of personal control lead to depression, impaired functioning, and poor health. *Journal of Occupational Health Psychology, 7,* 302–312.

Prinstein, M. J., Boergers, J., Spirito, A., Little, T. D., & Grapentine, W. L. (2000). Peer functioning, family dysfunction, and psychological symptoms in a risk factor model for adolescent inpatients' suicidal ideation severity. *Journal of Clinical Child Psychology, 29,* 392–405.

Pronin, E., Wegner, D. M., McCarthy, K., & Rodriguez, S. (2006). Everyday magical powers: The role of apparent mental causation in the overestimation of personal influence. *Journal of Personality and Social Psychology, 91,* 218–231.

Provine, R. R. (1992). Contagious laughter: Laughter is a sufficient stimulus for laughs and smiles. *Bulletin of the Psychonomic Society, 30,* 1–4.

Provine, R. R. (1993). Laughter punctuates speech: Linguistic, social and gender contexts of laughter. *Ethology, 95,* 291–298.

Provine, R. R. (2001). Laughter: A scientific investigation. New York, NY: Penguin Press.

Pyszczynski, T., Greenberg, J., & Solomon, S. (2000). Toward a dialectical analysis of growth and defensive motives. *Psychological Inquiry, 11*(4), 301–305.

Pyszczynski, T., Solomon, S., & Greenberg, J. (2003). *In the wake of 9/11: The psychology of terror.* Washington, DC: American Psychological Association.

Pyszczynski, T., Wicklund, R. A., Floresky, S., Gauch, G., Koch, S., Solomon, S., & Greenberg, J. (1996). Whistling in the dark: Exaggerated estimates of social consensus in response to incidental reminders of mortality. *Psychological Science, 7,* 332–336.

Qi, Q., Li, Y., Chomistek, A. K., Kang, J. H., Curhan, G., Pasquale, L. R., . . . Qi, L. (2012, March). Walking may lessen the influence of genes on obesity by half. Presented at American Heart Association Meeting, Washington, DC.

Quinn, J. M., Pascoe, A., Wood, W., & Neal, D. T. (2010). Can't control yourself? Monitor those bad habits. *Personality and Social Psychology Bulletin, 36,* 499–511.

Quirk, G. J., & Beer, J. S. (2006). Prefrontal involvement in the regulation of emotion: Convergence of rat and human studies. *Current Opinion in Neurobiology, 16,* 723–727.

Quoidbach, J., Dunn, E. W., Petrides, K. V., & Mikolajczak, M. (2010). Money giveth, money taketh away: The dual effect of wealth on happiness. *Psychological Science, 21,* 759–763.

Rachlin, H. (1995). Self-control: Beyond commitment. *Behavioral and Brain Sciences, 18,* 109–159.

Radecki, C. M., & Jaccard, J. (1995). Perceptions of knowledge, actual knowledge, and information search behavior. *Journal of Experimental Social Psychology, 31,* 107–138.

Rains, S. A. (2013). The nature of psychological reactance revisited: A meta–analytic review. *Human Communication Research, 39,* 47–73.

Ramsey, D. (2005). *The money answer book: Quick answers to everyday financial questions.* New York, NY: Thomas Nelson.

Rasmussen, H. N., Wrosch, C., Scheier, M. F., & Carver, C. S. (2006). Self-Regulation Processes and Health: The Importance of Optimism and Goal Adjustment. *Journal of Personality, 74,* 1721–1747.

Rassin, E., Merckelbach, H., & Muris, P. (2000). Paradoxical and less paradoxical effects of thought suppression: A critical review. *Clinical Psychology Review, 20,* 973–995.

Rauch, F. A. (1840). *Psychology: Or, a view of the human soul; including Anthropology.* New York, NY: M. W. Dodd.

Rauch, S. L., van der Kolk, B. A., Fisler, R. E., Alpert, N. M., Orr, S. P., Savage, C. R., . . . Pitman, R. K. (1996). A symptom provocation study of posttraumatic stress disorder using positron emission tomography and script-driven imagery. *Archives of General Psychiatry, 53,* 380–387.

Raudenbush, B., Reed, A., Almeida, J., & Wershing, B. (2008, March). Effects of peppermint scent on appetite control and caloric intake. Presented at the Eastern Psychological Association Conference, Boston, MA.

Raver, C. C., Blackburn, E. K., Bancroft, M., & Torp, N. (1999). Relations between effective emotional self-regulation, attentional control, and low-income preschoolers' social competence with peers. *Early Education and Development, 10,* 333–350.

Ravn, K. (2007, August 20). Smells like sales. *Los Angeles Times,* p. F–1.

Reb, J., & Connolly, T. (2007). Possession, feelings of ownership and the endowment effect. *Judgment and Decision Making, 2,* 107–114.

Reeve, J. (2009). Physiological needs. In J. Reeve (Ed.), *Understanding motivation and emotion* (5th ed., pp. 75–107). Hoboken, NJ: Wiley & Sons.

Reeve, J., & Jang, H. (2006). What teachers say and do to support students' autonomy during a learning activity. *Journal of Educational Psychology, 98,* 209–218.

Reeve, J., & Lee, W. (2012). Neuroscience and human motivation. In R. M. Ryan (Ed.), *The Oxford handbook of human motivation* (pp. 365–380). New York, NY: Oxford University Press.

Reeve, J., & Tseng, C. M. (2011). Cortisol reactivity to a teacher's motivating style: The biology of being controlled versus supporting autonomy. *Motivation and Emotion, 35,* 63–74.

Reeves, M. J., Rafferty, A. P., Miller, C. E., & Lyon-Callo, S. K. (2011). The impact of dog walking on leisure-time physical activity: Results from a population-based survey of Michigan adults. *Journal of Physical Activity & Health, 8,* 436–444.

Reik, T. (1948). *Listening with the third ear: The inner experience of a psychoanalyst.* New York, NY: Grove Press.

Reimann, M., Feye, W., Malter, A. J., Ackerman, J. M., Castaño, R., Garg, N., . . . Zhong, C. (2012). Embodiment in judgment and choice. *Journal of Neuroscience, Psychology, and Economics, 5,* 104–123.

Reis, H. T. (1994). Domains of experience: Investigating relationship processes from three perspectives. In R. Erber & R. Gilmour (Eds.), *Theoretical frameworks for personal relationships* (pp. 87–110). Hillsdale, NJ: Lawrence Erlbaum Associates, Inc.

Reis, H. T., Sheldon, K. M., Gable, S. L., Roscoe, J., & Ryan, R. M. (2000). Daily well-being: The role of autonomy, competence, and relatedness. *Personality and Social Psychology Bulletin, 26,* 419–435.

Reis, H. T., Smith, S. M., Carmichael, C. L., Caprariello, P. A., Tsai, F. F., Rodrigues, A., & Maniaci, M. R. (2010). Are you happy for me? How sharing positive events with others provides personal and interpersonal benefits. *Journal of Personality and Social Psychology, 99,* 311–329.

Rey, M., & Rey, H. A. (1966). *Curious George goes to the hospital.* New York, NY: Houghton Mifflin.

Reykowski, J. (1982). Social motivation. *Annual Review of Psychology, 33,* 123–154.

Rey-López J. P., Vicente-Rodriguez G., Ortega F. B., Ruiz J. R., Martinez-Gómez D., De Henauw, S., . . . HELENA Study Group. (2010). Sedentary patterns and media availability in European adolescents: The HELENA study. *Preventative Medicine, 51,* 50–55.

Reynolds, E., (1640). *A treatise of the passions and faculties of the soul of man.* London, UK.

Rheinberg, F. (1975). Zeitstabilitat und Steuerbarkeit von Ursachen schulischer Leistung in der Sicht des Lehrers (Temporal stability and controllability of the causes of scholastic achievement as perceived by teachers). *Zeitschrift für Entwicklungspsychologie und Pädagogische Psychologie, 7*(3), 180–194.

Rhodewalt, F., & Hill, S. K. (1995). Self-handicapping in the classroom: The effects of claimed self-handicaps on responses to academic failure. *Basic and Applied Social Psychology, 16,* 397–416.

Rhodewalt, F., Morf, C., Hazlett, S., & Fairfield, M. (1991). Self-handicapping: The role of discounting and augmentation in the preservation of self-esteem. *Journal of Personality and Social Psychology, 61,* 122–131.

Rhodewalt, F., Saltzman, A. T., & Wittmer, J. (1984). Self-handicapping among competitive athletes: The role of practice in self-esteem protection. *Basic and Applied Social Psychology, 5,* 197–209.

Rhodewalt, F., Sanbonmatsu, D. M., Tschanz, B., Feick, D. L., & Waller, A. (1995). Self-handicapping and interpersonal trade-offs: The effects of claimed self-handicaps on observers' performance evaluations and feedback. *Personality and Social Psychology Bulletin, 21,* 1042–1050.

Rhodewalt, F., & Tragakis, M. W. (2002). Self-handicapping and school: Academic self-concept and self-protective behavior. In J. Aronson (Ed.), *Improving academic achievement: Impact of psychological factors on education* (pp. 109–134). San Diego, CA: Academic Press.

Rhodewalt, F., & Vohs, K. D. (2005). Defensive strategies, motivation, and the self: A self-regulatory process view. In A. J. Elliot & C. S. Dweck (Eds.), *Handbook of competence and motivation* (pp. 548–565). New York, NY: Guilford Publications.

Rholes, W. S., Michas, L., & Shroff, J. (1989). Action control as a vulnerability factor in dysphoria. *Cognitive Therapy and Research, 13,* 263–274.

Richeson, J. A., & Trawalter, S. (2005). Why Do Interracial Interactions Impair Executive Function? A Resource Depletion Account. *Journal of Personality and Social Psychology, 88,* 934–947.

Rigby, K. (1996). *Bullying in schools: And what to do about it.* Bristol, PA: Jessica Kingsley Publishers.

Riley, A. J. (1988). Oxytocin and coitus. *Sexual & Marital Therapy, 3,* 29–36.

Rimfeld, K., Kovas, Y., Dale, P. S., & Plomin R. (2016). True Grit and Genetics: Predicting Academic Achievement from Personality. *Journal of Personality and Social Psychology, 111,* 780–789.

Ringelmann, M. (1913). Recherches sur les moteurs animés: Travail de l'homme (Research on animate sources of power: The work of man). *Annales de l'Institut National Agronomique, 2nd series, 12,* 1–40.

Rini, C. K., Dunkel-Schetter, C., Wadhwa, P. D., & Sandman, C. A. (1999). Psychological adaptation and birth outcomes: The role of personal resources, stress, and sociocultural context in pregnancy. *Health Psychology, 18,* 333–345.

Risen, J. L., & Gilovich, T. (2008). Why people are reluctant to tempt fate. *Journal of Personality and Social Psychology, 95,* 293–307.

Ritter, S. M., Karremans, J. C., & van Schie, H. T. (2010). The role of self-regulation in derogating attractive alternatives. *Journal of Experimental Social Psychology, 46,* 631–637.

Rizzolatti, G., & Craighero, L. (2004). The mirror-neuron system. *Annual Review of Neuroscience, 27,* 169–192.

Rizzolatti, G., & FabbriDestro, M. (2009). *The mirror neuron system.* In G. G. Bernston & J. T. Cacioppo (Eds.), *Handbook of neuroscience for the behavioral sciences* (Vol. 1, pp. 337–360). Hoboken, NJ: John Wiley & Sons.

Roberts, R. E., Roberts, C. R., & Chen, R.Y. (1998). Suicidal thinking among adolescents with a history of attempted suicide. *Journal of the American Academy of Child & Adolescent Psychiatry, 37,* 1294–1300.

Rodriguez, M. L., & Logue, A. W. (1988). Adjusting delay to reinforcement: Comparing choice in pigeons and humans. *Journal of Experimental Psychology: Animal Behavior Processes, 14,* 105–117.

Rodriguez, M. L., Mischel, W., & Shoda, Y. (1989). Cognitive person variables in the delay of gratification of older children at risk. *Journal of Personality and Social Psychology, 57,* 358–367.

Roese, N. J. (1994). The functional basis of counterfactual thinking. *Journal of Personality and Social Psychology, 66,* 805–818.

Rogers, C. R. (1951). *Client-centered therapy; its current practice, implications, and theory.* Oxford, England: Houghton Mifflin.

Rogers, E. M., & Svenning, L. (1969). *Modernization among peasants: The impact of communication.* New York, NY: Holt, Rinehart and Winston.

Rogers, T. B., Kuiper, N. A., & Kirker, W. S. (1977). Self-reference and the encoding of personal information. *Journal of Personality and Social Psychology, 35,* 677–688.

Roland, T. (December, 2011). Taylor Swift: Billboard's woman of the year. *Billboard.* http://www.billboard.com/articles/news/464865/taylor-swift-billboards-woman-of-the-year

Romero-Canyas, R., Anderson, V. T., Reddy, K. S., & Downey, G. (2009). Rejection sensitivity. In M. R. Leary & R. H. Hoyle (Eds.), *Handbook of individual differences in social behavior* (pp. 466–479). New York, NY: Guilford Press.

Roney, C. J. R., & Sorrentino, R. M. (1995). Self-evaluation motives and uncertainty orientation: Asking the "who" question. *Personality and Social Psychology Bulletin, 21,* 1319–1329.

Rook, D. W. (1987). The buying impulse. *Journal of Consumer Research, 14,* 189–199.

Rook, D. W., & Hoch, S. J. (1985). Consuming impulses. In E. C. Hirschman & M. B. Holbrook (Eds.), *Advances in consumer research* (Vol. 12, pp. 23–27). Provo, UT: Association for Consumer Research.

Rorschach, H. (1921). *Psychodiagnostik.* Bern: HG.

Rorschach, H. (1942). *Psychodiagnostics: A diagnostic test based on perception.* Oxford, England: Grune & Stratton.

Rosenblatt, A., Greenberg, J., Solomon, S., Pyszczynski, T., & Lyon, D. (1989). Evidence for terror management theory: I. The effects of mortality salience on reactions to those who violate or uphold cultural values. *Journal of Personality and Social Psychology, 57,* 681–690.

Ross, L. (1977). The intuitive psychologist and his shortcomings: Distortions in the attribution process. In L. Berkowitz (Ed.), *Advances in experimental social psychology* (Vol. 10, pp. 173–220). New York, NY: Academic Press.

Ross, L., Lepper, M., & Ward, A. (2010). History of social psychology: Insights, challenges, and contributions to theory and application. In S. T. Fiske, D. T. Gilbert, & G. Lindzey (Eds.), *Handbook of social psychology* (5th ed., Vol. 1, pp. 3–50). Hoboken, NJ: Wiley.

Ross, L., & Nisbett, R. E. (1991). *The person and the situation: Perspectives of social psychology.* New York, NY: McGraw–Hill.

Rothbaum, F., Weisz, J. R., & Snyder, S. S. (1982). Changing the world and changing the self: A two-process model of perceived control. *Journal of Personality and Social Psychology, 42,* 5–37.

Rothkopf, E. Z., & Billington, M. J. (1979). Goal-guided learning from text: Inferring a descriptive processing model from inspection times and eye movements. *Journal of Educational Psychology, 71,* 310–327.

Rothman, A. J., Martino, S. C., Bedell, B. T., Detweiler, J. B., & Salovey, P. (1999). The systematic influence of gain- and loss-framed messages on interest in and use of different types of health behavior. *Personality and Social Psychology Bulletin, 25,* 1355–1369.

Rothman A. J., & Salovey P. (1997). Shaping perceptions to motivate healthy behavior: The role of message framing. *Psychological Bulletin, 121,* 3–19.

Rothman, A. J., & Salovey, P. (2007). The reciprocal relation between principles and practice: Social psychology and health behavior. In A. W. Kruglanski & E. T. Higgins (Eds.), *Social psychology: Handbook of basic principles* (2nd ed., pp. 826–849). New York, NY: Guilford Press.

Rotter, J. B. (1954). *Social learning and clinical psychology.* Englewood Cliffs, NJ: Prentice-Hall, Inc.

Rounding, K., Lee, A., Jacobson, J. A., & Ji, L. (2012). Religion replenishes self-control. *Psychological Science, 23,* 635–642.

Routtenberg, A. (1968). The two-arousal hypothesis: Reticular formation and limbic system. *Psychological Review, 75,* 51–80.

Rubin, M., & Hewstone, M. (1998). Social identity theory's self-esteem hypothesis: A review and some suggestions for clarification. *Personality and Social Psychology Review, 2,* 40–62.

Ruby, M. B., Dunn, E. W., Perrion, A., Gillis, R., & Viel, S. (2011). The invisible benefits of exercise. *Health Psychology, 30,* 67–74.

Rudski, J. (2004). The illusion of control, superstitious belief, and optimism. *Current Psychology: A Journal for Diverse Perspectives on Diverse Psychological Issues, 22,* 306–315.

Ruffin, C. L. (1993). Stress and health: Little hasslers vs. major life events. *Australian Psychologist, 28,* 201–208.

Rusbult, C. E., Finkel, E. J., & Kumashiro, M. (2009). The Michelangelo phenomenon. *Current Directions in Psychological Science, 18,* 305–309.

Russell, J. A., & Carroll, J. M. (1999). On the bipolarity of positive and negative affect. *Psychological Bulletin, 125,* 3–30.

Russo, S. J., Murrough, J. W., Han, M. H., Charney, D. S., & Nestler, E. J. (2012). Neurobiology of resilience. *Nature Neuroscience, 15,* 1475–1484.

Rusting, C. L., & Nolen-Hoeksema, S. (1998). Regulating responses to anger: Effects of rumination and distraction on angry mood. *Journal of Personality and Social Psychology, 74,* 790–803.

Ryan, R. M. (1982). Control and information in the intrapersonal sphere: An extension of cognitive evaluation theory. *Journal of Personality and Social Psychology, 43,* 450–461.

Ryan, R. M. (2007). Motivation and emotion: A new look and approach for two reemerging fields. *Motivation and Emotion, 31*(1), 1–3.

Ryan, R. M. (2012). Motivation and the organization of human behavior: Three reasons for the reemergence of a field. In R. M. Ryan (Ed.), *The Oxford handbook of human motivation* (pp. 3–10). New York, NY: Oxford University Press.

Ryan, R. M., Chirkov, V. I., Little, T. D., Sheldon, K. M., Timoshina, E., & Deci, E. L. (1999). The American dream in Russia: Extrinsic aspirations and well-being in two cultures. *Personality and Social Psychology Bulletin, 25,* 1509–1524.

Ryan, R. M., & Connell, J. P. (1989). Perceived locus of causality and internalization: Examining reasons for acting in two domains. *Journal of Personality and Social Psychology, 57,* 749–761.

Ryan, R. M., & Deci, E. L. (2000a) Self-determination theory and the facilitation of intrinsic motivation, social development, and well-being. *American Psychologist, 55,* 68–78.

Ryan, R. M., & Deci, E. L. (2000b). The darker and brighter sides of human existence: Basic psychological needs as a unifying concept. *Psychological Inquiry, 11,* 319–338.

Ryan, R. M., & Deci, E. L. (2000c). Intrinsic and extrinsic motivations: Classic definitions and new directions. *Contemporary Educational Psychology, 25,* 54–67.

Ryan, R. M., & Deci, E. L. (2006). Self-regulation and the problem of human autonomy: Does psychology need choice, self-determination, and will? *Journal of Personality, 74,* 1557–1585.

Ryan, R. M., Huta, V., & Deci, E. L. (2008). Living well: A self-determination theory perspective on eudaimonia. *Journal of Happiness Studies, 9*(1), 139–170.

Ryan, R. M., Patrick, H., Deci, E. L., & Williams, G. C. (2008). Facilitating health behaviour change and its maintenance: Interventions based on self-determination theory. *European Health Psychologist, 10,* 2–5.

Ryan, R. M., Sheldon, K. M., Kasser, T., & Deci, E. L. (1996). All goals are not created equal: An organismic perspective on the nature of goals and their regulation. In P. M. Gollwitzer & J. A. Bargh (Eds.), *The psychology of action: Linking cognition and motivation to behavior* (pp. 7–26). New York, NY: Guilford Press.

Ryff, C. D. (1995). Psychological well-being in adult life. *Current Directions in Psychological Science, 4,* 99–104.

Sadava, S. W., & Thompson, M. M. (1986). Loneliness, social drinking, and vulnerability to alcohol problems. *Canadian Journal of Behavioural Science/Revue canadienne des sciences du comportement, 18,* 133–139.

Sallie Mae (2009). How undergraduate students use credit cards: Sallie Mae's national study of usage rates and trends 2009. Retrieved from: http://inpathways.net/SLMCreditCardUsageStudy41309FINAL2.pdf

Sampasa-Kanyinga, H., & Lewis, R. F. (2015). Frequent use of social networking sites is associated with poor psychological functioning among children and adolescents. *Cyberpsychology, Behavior, and Social Networking, 18*(7), 380–385.

Samson, A. C., & Gross, J. J. (2012). Humour as emotion regulation: The differential consequences of negative versus positive humour. *Cognition and Emotion, 26,* 375–384.

Sanders, M. A., Shirk, S. D., Burgin, C. J., & Martin, L. L. (2012). The gargle effect: Rinsing the mouth with glucose enhances self-control. *Psychological Science, 23,* 1470–1472.

Sanderson, C. A., & Cantor, N. (1999). A life task perspective on personality coherence: Stability versus change in tasks, goals, strategies, and outcomes. In D. Cervone & Y. Shoda (Eds.), *The coherence of personality: Social-cognitive bases of consistency, variability, and organization* (pp. 372–392). New York, NY: Guilford Press.

Sandow, E. (2007). Commuting behavior in sparsely populated areas: Evidence from northern Sweden. *Journal of Transport Geography, 16,* 14–27.

Sandstrom, G. M., & Dunn, E. W. (2011). The virtue blind spot: Do affective forecasting errors undermine virtuous behavior? *Social and Personality Psychology Compass, 5,* 720–733.

Sanna, L. J. (1996). Defensive pessimism, optimism, and stimulating alternatives: Some ups and downs of prefactual and counterfactual thinking. *Journal of Personality and Social Psychology, 71,* 1020–1036.

Sansone, C., Sachau, D. A., & Weir, C. (1989). Effects of instruction on intrinsic interest: The importance of context. *Journal of Personality and Social Psychology, 57,* 819–829.

Sapolsky, R. M. (1992). *Stress, the aging brain, and the mechanisms of neuron death.* Cambridge, MA: The MIT Press.

Sapolsky, R. M. (1994). *Why zebras don't get ulcers: A guide to stress, stress-related diseases, and coping.* New York, NY: W. H. Freeman.

Sarason, I. G., Johnson, J. H., & Siegel, J. M. (1978). Assessing the impact of life changes: Development of the Life Experiences Survey. *Journal of Consulting and Clinical Psychology, 46,* 932–946.

Satici, S. A., & Uysal, R. (2015). Well-being and problematic Facebook use. *Computers in Human Behavior, 49,* 185–190.

Satpute, A. B., Ochsner, K. N., & Badre, D. (2012). The neuroscience of goal-directed behavior. In H. Aarts & A. J. Elliot (Eds.), *Goal-directed behavior* (pp. 49–84). New York, NY: Psychology Press.

Saucier, G. (1994). Mini-Markers: A brief version of Goldberg's unipolar Big-Five markers. *Journal of Personality Assessment, 63,* 506–516.

Savani, K., Markus, H. R., & Conner, A. L. (2008). Let your preference be your guide? Preferences and choices are more tightly linked for North Americans than for Indians. *Journal of Personality and Social Psychology, 95,* 861–876.

Sawyer, K. (1992). Improvisational creativity: An analysis of jazz performance. *Creativity Research Journal, 5,* 253–263.

Schachter, S. (1959). *The psychology of affiliation: Experimental studies of the sources of gregariousness.* Palo Alto, CA: Stanford University Press.

Schachter, S., & Singer, J. (1962). Cognitive, social, and physiological determinants of emotional state. *Psychological Review, 69,* 379–399.

Schaufeli, W. B. (1988). Perceiving the causes of unemployment: An evaluation of the Causal Dimensions Scale in a real-life situation. *Journal of Personality and Social Psychology, 54,* 347–356.

Scheepers, D., de Wit, F., Ellemers, N., & Sassenberg, K. (2012). Social power makes the heart work more efficiently: Evidence from cardiovascular markers of challenge and threat. *Journal of Experimental Social Psychology, 48,* 371–374.

Scheier, M. F., & Carver, C. S. (1985). Optimism, coping, and health: Assessment and implications of generalized outcome expectancies. *Health Psychology, 4,* 219–247.

Scheier, M. F., & Carver, C. S. (1988). A model of behavioral self-regulation: Translating intention into action. In L. Berkowitz (Ed.), *Advances in experimental social psychology, Vol. 21: Social psychological studies of the self: Perspectives and programs* (pp. 303–346). San Diego, CA: Academic Press.

Scheier, M. F., Carver, C. S., & Bridges, M. W. (1994). Distinguishing optimism from neuroticism (and trait anxiety, self-mastery, and self-esteem): A reevaluation of the Life Orientation Test. *Journal of Personality and Social Psychology, 67,* 1063–1078.

Scheier, M. F., Fenigstein, A., & Buss, A. H. (1974). Self-awareness and physical aggression. *Journal of Experimental Social Psychology, 10,* 264–273.

Scheier, M. F., Matthews, K. A., Owens, J. F., Magovern, G. J., Lefebvre, R. C., Abbott, R. A., & Carver, C. S. (1989). Dispositional optimism and recovery from coronary artery bypass surgery: The beneficial effects on physical and psychological well-being. *Journal of Personality and Social Psychology, 57,* 1024–1040.

Scherer, K. R. (1984). On the nature and function of emotion: A component process approach. In K. R. Scherer & P. Ekman (Eds.), *Approaches to emotion* (pp. 293–317). Hillsdale, NJ: Erlbaum.

Scherer, K. R. (2001). Appraisal considered as a process of multilevel sequential checking. In K. R. Scherer, A. Schorr, & T. Johnstone (Eds.), *Appraisal processes in emotion: Theory, methods, research* (pp. 92–120). New York, NY: Oxford University Press.

Schimel, J., Simon, L., Greenberg, J., Pyszczynski, T., Solomon, S., Waxmonsky, J., & Arndt, J. (1999). Stereotypes and terror management: Evidence that mortality salience enhances stereotypic thinking and preferences. *Journal of Personality and Social Psychology, 77,* 905–926.

Schimmack, U., & Diener, E. (1997). Affect intensity: Separating intensity and frequency in repeatedly measured affect. *Journal of Personality and Social Psychology, 73,* 1313–1329.

Schimmack, U., Oishi, S., Diener, E., & Suh, E. (2000). Facets of affective experiences: A framework for investigations of trait affect. *Personality and Social Psychology Bulletin, 26,* 655–668.

Schlam, T. R., Wilson, N. L., Shoda Y., Mischel, W., & Ayduk, O. (2012). Preschoolers' delay of gratification predicts their body mass 30 years later. *Journal of Pediatrics, 6,* 1–4.

Schlenker, B. R. (2012). Self-presentation. In M. R. Leary & J. P. Tangney (Eds.), *Handbook of self and identity* (2nd ed., pp. 542–570). New York, NY: Guilford Press.

Schlenker, B. R., Britt, T. W., Pennington, J., Murphy, R., & Doherty, K. (1994). The triangle model of responsibility. *Psychological Review, 101,* 632–652.

Schlenker, B. R., Pontari, B. A., & Christopher, A. N. (2001). Excuses and character: Personal and social implications of excuses. *Personality and Social Psychology Review, 5,* 15–32.

Schmahmann, J. D., & Pandya, D. N. (1997). The cerebrocerebellar system. *International review of neurobiology, 41,* 31–60.

Schmeichel, B. J., & Vohs, K. D. (2009). Self-affirmation and self-control: Affirming core values counteracts ego depletion. *Journal of Personality and Social Psychology, 96,* 770–782.

Schneider, I. K., Rutjens, B. T., Jostmann, N. B., & Lakens, D. (2011). Weighty matters: Importance literally feels heavy. *Social Psychological and Personality Science, 2,* 474–478.

Schönbrodt, F. D., & Gerstenberg, F. X. R. (2012). An IRT analysis of motive questionnaires: The Unified Motive Scales. *Journal of Research in Personality, 46,* 725–742.

Schopenhauer, A. (1818/1819). *Die welt als willie und vorstellung (The world as will and representation).* Leipzig, Germany: F. A. Brodhaus.

Schopenhauer, A. (1903). *On the fourfold toot of the Principle of Sufficient Reason.* (Mme. Karl Hillebrand, Trans.). London, UK: G. Bell.

Schuman, H., Walsh, E., Olson, C., & Etheridge, B. (2001). Effort and reward: The assumption that college grades are affected by quantity of study. *Sociology of Education, 74,* 945–966.

Schunk, D. H. (1983). Ability versus effort attributional feedback: Differential effects on self-efficacy and achievement. *Journal of Educational Psychology, 75,* 848–856.

Schunk, D. H. (1984). Enhancing self-efficacy and achievement through rewards and goals: Motivational and informational effects. *The Journal of Educational Research, 78,* 29–34.

Schunk, D. H., & Ertmer, P. A. (2000). Self-regulation and academic learning: Self-efficacy enhancing interventions. In M. Boekaerts, P. R. Pintrich, M. Zeidner (Ed.), *Handbook of self-regulation* (pp. 631–649). San Diego, CA: Academic Press.

Schunk, D. H., & Gunn, T. P. (1986). Self-efficacy and skill development: Influence of task strategies and attributions. *The Journal of Educational Research, 79,* 238–244.

Schunk, D. H., & Pajares, F. (2005). Competence Perceptions and Academic Functioning. In A. J. Elliot & C. S. Dweck (Eds.), *Handbook of competence and motivation* (pp. 85–104). New York, NY: Guilford Publications.

Schwartz, B. (2000). Self-determination: The tyranny of freedom. *American Psychologist, 55,* 79–88.

Schwartz, B. (2004). *The paradox of choice: Why more is less.* New York, NY: Harper Collins.

Schwarz, N. (2012). Feelings-as-information theory. In P. A. M. Van Lange, A. W. Kruglanski, & E. T. Higgins (Eds.), *Handbook of theories of social psychology* (Vol. 1, pp. 289–308). Thousand Oaks, CA: Sage Publications Ltd.

Schwarz, N., & Bless, B. (1991). Happy and mindless, but sad and smart? The impact of affective states on analytic reasoning. In J. P. Forgas (Ed.), *Emotion and social judgments* (pp. 55–71). London, UK: Pergamon Press.

Schwarz, N., & Clore, G. L. (1983). Mood, misattribution, and judgments of well-being: Informative and directive functions of affective states. *Journal of Personality and Social Psychology, 45,* 513–523.

Schwarz, U. v. T., & Hasson, H. (2011). Employee self-rated productivity and objective organizational production levels. Effects of worksite health interventions involving reduced work hours and physical exercise. *Journal of Occupational and Environmental Medicine, 53,* 838–844.

Schwarzer, R., & Jerusalem, M. (1995). Generalized Self-Efficacy scale. In J. Weinman, S. Wright, & M. Johnston (Eds.), *Measures in health psychology: A user's portfolio. Causal and control beliefs* (pp. 35–37). Windsor, England: NFER-NELSON.

Schweiger Gallo, I., Keil, A., McCullock, K. C., Rockstroh, B., & Gollwitzer, P. M. (2007). Strategic automation of emotion regulation. *Journal of Personality and Social Psychology, 96*(1), 11–31.

Scott, P. J., & Lizieri, C. (2011). Consumer house price judgments: New evidence of anchoring and arbitrary coherence. *Social Science Research Network.* Available at SSRN: http://ssrn.com/abstract=1765974 or http://dx.doi.org/10.2139/ssrn.1765974

Sears, D. O. (1983). The person-positivity bias. *Journal of Personality and Social Psychology, 44,* 233–250.

Sears, P. S. (1940). Levels of aspiration in academically successful and unsuccessful children. *Journal of Abnormal and Social Psychology, 35,* 498–536.

Sedikides, C. (1993). Assessment, enhancement, and verification determinants of the self-evaluation process. *Journal of Personality and Social Psychology, 65,* 317–338.

Sedikides, C. (2012). Self-protection. In M. R. Leary & J. P. Tangney (Eds.), *Handbook of self and identity* (2nd ed., pp. 327–353). New York, NY: Guilford Press.

Sedikides, C., & Alicke, M. D. (2012). Self-enhancement and self-protection motives. In R. M. Ryan (Ed.), *Oxford handbook of motivation* (pp. 303–322). New York, NY: Oxford University Press.

Sedikides, C., Gaertner, L., & Toguchi, Y. (2003). Pancultural self-enhancement. *Journal of Personality and Social Psychology, 84,* 60–79.

Sedikides, C., & Gregg, A. P. (2008). Self-enhancement: Food for thought. *Perspectives on Psychological Science, 3,* 102–116.

Sedikides, C., & Hepper, E. G. D. (2009). Self–improvement. *Social and Personality Psychology Compass, 3,* 899–917.

Sedikides, C., & Strube, M. J. (1995). The multiply motivated self. *Personality and Social Psychology Bulletin, 21,* 1330–1335.

Sedikides, C., & Strube, M. J. (1997). Self evaluation: To thine own self be good, to thine own self be sure, to thine own self be true, and to thine own self be better. In M. P. Zanna (Ed.), *Advances in experimental social psychology* (Vol. 29, pp. 209–269). San Diego, CA: Academic Press.

Seery, M. D., Holman, E. A., & Silver, R. C. (2010). Whatever does not kill us: Cumulative lifetime adversity, vulnerability, and resilience. *Journal of Personality and Social Psychology, 99,* 1025–1041.

Segerstrom, S. C. (2007). *Breaking Murphy's Law: How optimists get what they want from life—and pessimists can too.* New York, NY: Guilford Press.

Seibert, S. E., & Kraimer, M. L. (2001). The five-factor model of personality and career success. *Journal of Vocational Behavior, 58,* 1–21.

Seiter, J. S. (2007). Ingratiation and gratuity: The effect of complimenting customers on tipping behavior in restaurants. *Journal of Applied Social Psychology, 37,* 478–485.

Seligman, M. E., & Maier, S. F. (1967). Failure to escape traumatic shock. *Journal of Experimental Psychology, 74,* 1–9.

Seltzer L. J., Ziegler T. E., & Pollak S. D. (2010). Social vocalizations can release oxytocin in humans. *Proceedings of the Royal Society B: Biological Sciences, 277,* 2661–2666.

Senko, C., Durik, A. M., & Harackiewicz, J. M. (2008). Historical perspectives and new directions in achievement goal theory: Understanding the effects of mastery and performance-approach goals. In J. Y. Shah & W. L. Gardner (Eds.), *Handbook of motivation science* (pp. 100–113). New York, NY: Guilford Press.

Sentyrz, S. M., & Bushman, B. J. (1998). Mirror, mirror on the wall, who's the thinnest one of all? Effects of self-awareness on consumption of full-fat, reduced-fat, and no-fat products. *Journal of Applied Psychology, 83,* 944–949.

Seta, C. E., & Seta, J. J. (1995). When audience presence is enjoyable: The influences of audience awareness of prior success on performance and task interest. *Basic and Applied Social Psychology, 16,* 95–108.

Sethi-Iyengar, S., Huberman, G., & Jiang, W. (2004). How much choice is too much? Contributions to 401(k) retirement plans. In O. S. Mitchell & S. Utkus (Eds.), *Pension design and structure:*

New lessons from behavioral finance (pp. 83–95). Oxford, England: Oxford University Press.

Seward, G. H. (1939). Dialectic in the psychology of motivation. *Psychological Review, 46*(1), 46–61.

Seymour, E. (1992). Undergraduate problems with teaching and advising in SME majors: Explaining gender differences in attrition rates. *Journal of College Science Teaching, 21,* 284–292.

Shah, J. (2003a). Automatic for the people: How representations of significant others implicitly affect goal pursuit. *Journal of Personality and Social Psychology, 84,* 661–681.

Shah, J. (2003b). The motivational looking glass: How significant others implicitly affect goal appraisals. *Journal of Personality and Social Psychology, 85,* 424–439.

Shah, J. Y., Friedman, R., & Kruglanski, A. W. (2002). Forgetting all else: On the antecedents and consequences of goal shielding. *Journal of Personality and Social Psychology, 83,* 1261–1280.

Shah, J., & Higgins, E. T. (1997). Expectancy × value effect: Regulatory focus as determinant of magnitude and direction. *Journal of Personality and Social Psychology, 73,* 447–458.

Shah, J. Y., & Kruglanski, A. W. (2000). Aspects of goal networks: Implications for self-regulation. In M. Boekaerts, P. R. Pintrich, M. Zeidner (Eds.), *Handbook of self-regulation* (pp. 85–110). San Diego, CA: Academic Press.

Shahar, G. (2012). A social-clinical psychological statement on resilience: Introduction to the special issue. *Journal of Social and Clinical Psychology, 31,* 535–541.

Shallcross, A. J., Troy, A. S., Boland, M., & Mauss, I. B. (2010). Let it be: Accepting negative emotional experiences predicts decreased negative affect and depressive symptoms. *Behaviour Research and Therapy, 48,* 921–929.

Shallice, T. (1988). *From neuropsychology to mental structure.* Cambridge, UK: Cambridge University Press.

Shand, A. F. (1907). M. Ribot's theory of passions. *Mind, 64,* 477–505.

Shankar, A., Hamer, M., McMunn, A., & Steptoe, A. (2013). Social isolation and loneliness: Relationships with cognitive function during 4 years of follow-up in the English Longitudinal Study of Aging. *Psychosomatic Medicine, 75,* 161–170.

Shapiro, S. L., Schwartz, G. E., & Bonner, G. (1998). Effects of mindfulness-based stress reduction on medical and premedical students. *Journal of Behavioral Medicine, 21,* 581–599.

Sharma, L., Kohl, K., Morgan, T. A., & Clark, L. A. (2013). "Impulsivity": Relations between self-report and behavior. *Journal of Personality and Social Psychology, 104,* 559–575.

Sharp, M. J., & Getz, J. G. (1996). Substance use as impression management. *Personality and Social Psychology Bulletin, 22,* 60–67.

Shaver, P., Schwartz, J., Kirson, D., & O'Connor, C. (1987). Emotion knowledge: Further exploration of a prototype approach. *Journal of Personality and Social Psychology, 52,* 1061–1086.

Shaver, P. R. & Mikulincer, M. (2012). *Meaning, mortality, and choice: The social psychology of existential concerns.* Washington, DC: American Psychological Association.

Shaver, P. R., Wu, S., & Schwartz, J. C. (1992). Cross-cultural similarities and differences in emotion and its representation. In M. S. Clark (Ed.), *Emotion* (pp. 175–212). Thousand Oaks, CA: Sage Publications, Inc.

Sheeran, P. (2002). Intention-behavior relations: A conceptual and empirical review. In W. Stroebe & M. Hewstone (Eds.), *European Review of Social Psychology* (Vol. 12, pp. 1–30). Chichester, NY: Wiley.

Sheeran, P., Aarts, H., Custers, R., Rivis, A., Webb, T. L., & Cooke, R. (2005). The goal-dependent automaticity of drinking habits. *British Journal of Social Psychology, 44,* 47–63.

Sheeran, P., Aubrey, R., & Kellett, S. (2007). Increasing attendance for psychotherapy: Implementation intentions and the self-regulation of attendance-related negative affect. *Journal of Consulting and Clinical Psychology, 75,* 853–863.

Sheeran, P., & Orbell, S. (1999). Implementation intentions and repeated behaviour: Augmenting the predictive validity of the theory of planned behaviour. *European Journal of Social Psychology, 29,* 349–369.

Sheeran, P., & Orbell, S. (2000). Using implementation intentions to increase attendance for cervical cancer screening. *Health Psychology, 19,* 283–289.

Sheeran, P., Webb, T. L., & Gollwitzer, P. M. (2005). The interplay between goal intentions and implementation intentions. *Personality and Social Psychology Bulletin, 31,* 87–98.

Sheeran, P., & Webb, T. L. (2012). From goals to action. In H. Aarts & A. J. Elliot (Eds.), *Goal-directed behavior.* New York, NY: Psychology Press.

Sheffield, F. D., & Roby, T. B. (1950). Reward value of a non-nutritive sweet taste. *Journal of Comparative and Physiological Psychology, 43*(6), 471–481.

Sheldon, K. M. (2008). The interface of motivation science and personology: Self-concordance, quality motivation, and multi-level personality integration. In J. Y. Shah & W. L. Gardner (Eds.), *Handbook of motivation science* (pp. 465–476). New York, NY: Guilford Press.

Sheldon, K. M. (2011). Integrating behavioral-motive and experiential-requirement perspectives on psychological needs: A two process model. *Psychological Review, 118,* 552–569.

Sheldon, K. M., Abad, N., & Hinsch, C. (2011). A two-process view of Facebook use and relatedness need-satisfaction: Disconnection drives use, and connection rewards it. *Journal of Personality and Social Psychology, 100,* 766–775.

Sheldon, K. M., Abad, N., Ferguson, Y., Gunz, A., Houser-Marko, L., Nichols, C. P., & Lyubomirsky, S. (2010). Persistent pursuit of need-satisfying goals leads to increased happiness: A 6-month experimental longitudinal study. *Motivation and Emotion, 34,* 39–48.

Sheldon, K. M., Cheng, C., & Hilpert, J. (2011). Understanding well-being and optimal functioning: Applying the Multilevel Personality in Context (MPIC) model. *Psychological Inquiry, 22,* 1–16.

Sheldon, K. M., & Elliot, A. J. (1999). Goal striving, need satisfaction, and longitudinal well-being: The self-concordance model. *Journal of Personality and Social Psychology, 76,* 482–497.

Sheldon, K. M., & Elliot, A. J. (2000). Personal goals in social roles: Divergences and convergences across roles and levels of analysis. *Journal of Personality, 68,* 51–84.

Sheldon, K. M., Elliot, A. J., Kim, Y., & Kasser, T. (2001). What is satisfying about satisfying events? Testing 10 candidate psychological needs. *Journal of Personality and Social Psychology, 80,* 325–339.

Sheldon, K. M., & Gunz, A. (2009). Psychological needs as basic motives, not just experiential requirements. *Journal of Personality, 77,* 1467–1492.

Sheldon, K. M., & Houser-Marko, L. (2001). Self-concordance, goal attainment, and the pursuit of happiness: Can there be an upward spiral? *Journal of Personality and Social Psychology, 80,* 152–165.

Sheldon, K. M., Houser-Marko, L., & Kasser, T. (2006). Does autonomy increase with age? Comparing the goal motivations of college students and their parents. *Journal of Research in Personality, 40,* 168–178.

Sheldon, K. M., & Kasser, T. (1995). Coherence and congruence: Two aspects of personality integration. *Journal of Personality and Social Psychology, 68,* 531–543.

Sheldon, K. M., & Kasser, T. (1998). Pursuing personal goals: Skills enable progress, but not all progress is beneficial. *Personality and Social Psychology Bulletin, 24,* 1319–1331.

Sheldon, K. M., & Kasser, T. (2001). Getting older, getting better? Personal strivings and psychological maturity across the life span. *Developmental Psychology, 37,* 491–501.

Sheldon, K. M., & Krieger, L. S. (2007). Understanding the negative effects of legal education on law students: A longitudinal test of self-determination theory. *Personality and Social Psychology Bulletin, 33,* 883–897.

Sheldon, K. M., & Niemiec, C. P. (2006). It's not just the amount that counts: Balanced need satisfaction also affects well-being. *Journal of Personality and Social Psychology, 91,* 331–341.

Sheldon, K. M., & Schüler, J. (2011). Wanting, having, and needing: Integrating motive disposition theory and self-determination theory. *Journal of Personality and Social Psychology, 101,* 1106–1123.

Shepperd, J. A., & Kwavnick, K. D. (1999). Maladaptive image maintenance. In R. M. Kowalski & M. R. Leary (Eds.), *The social psychology of emotional and behavioral problems: Interfaces of social and clinical psychology* (pp. 249–277). Washington, DC: American Psychological Association.

Sheppes, G., & Gross, J. J. (2013). Emotion regulation effectiveness: What works when. In H. Tennen, J. Suls, & I. B. Weiner (Eds.), *Handbook of psychology* (2nd ed., Vol. 5, pp. 391–405). Hoboken, NJ: John Wiley & Sons Inc.

Sherman, D. K., Bunyan, D. P., Creswell, J. D., & Jaremka, L. M. (2009). Psychological vulnerability and stress: The effects of self-affirmation on sympathetic nervous system responses to naturalistic stressors. *Health Psychology, 28,* 554–562.

Sherman, D. K., & Cohen, G. L. (2006). The psychology of self-defense: Self-affirmation theory. In M. P. Zanna (Ed.), *Advances in experimental social psychology* (Vol. 38, pp. 183–242). San Diego, CA: Elsevier Academic Press.

Sherman, D. K., Gangi, C., & White, M. L. (2010). Embodied cognition and health persuasion: Facilitating intention–behavior consistency via motor manipulations. *Journal of Experimental Social Psychology, 46,* 461–464.

Shiffrin, R. M., & Schneider, W. (1977). Controlled and automatic human information processing: Perceptual learning, automatic attending, and a general theory. *Psychological Review, 84,* 127–190.

Shmueli, D., & Prochaska, J. J. (2009). Resisting tempting foods and smoking behavior: Implications from a self-control theory perspective. *Health Psychology, 28,* 300–306.

Shoda, Y., Mischel, W., & Peake, P. K. (1990). Predicting adolescent cognitive and self-regulatory competencies from preschool delay of gratification: Identifying diagnostic conditions. *Developmental Psychology, 26,* 978–986.

Shoham, V., Trost, S. E., & Rohrbaugh, M. J. (2004). From state to trait and back again: reactance theory goes clinical. In R. A. Wright, J. Greenberg, & S.S. Brehm (Eds.), *Motivational analyses of social behavior: Building on Jack Brehm's contributions to psychology* (pp. 167–185). Mahwah, NJ: Lawrence Erlbaum Associates.

Shohat-Ophir, G., Kaun, K. R., Azanchi, R., Mohammed, H., & Herberlein, U. (2012). Sexual deprivation increases ethanol intake in drosophila. *Science, 335,* 1351–1355.

Siddique, A. (2013, March 28). Brain scans predict crime before it happens; Can neuroimaging prevent repeat offenders? *Medical Daily.* Retrieved from: http://www.medicaldaily.com/

Siegel, S. J., & Alloy, L. B. (1990). Interpersonal perceptions and consequences of depressive-significant other relationships: A naturalistic study of college roommates. *Journal of Abnormal Psychology, 99,* 361–373.

Siegler, I. C., Feaganes, J. R., & Rimer, B. K. (1995). Predictors of adoption of mammography in women under age 50. *Health Psychology, 14,* 274–278.

Sigall, H., Kruglanski, A., & Fyock, J. (2000). Wishful thinking and procrastination. *Journal of Social Behavior & Personality, 15, Special issue: Procrastination: Current issues and new directions,* 283–296.

Silverman, I. W. (2003). Gender differences in delay of gratification: A meta-analysis. *Sex Roles, 49,* 451–463.

Silvia, P. J. (2007). *How to write a lot: A practical guide to productive academic writing.* Washington, DC: American Psychological Association.

Silvia, P. J., & Duval, T. S. (2001). Objective self-awareness theory: Recent progress and enduring problems. *Personality and Social Psychology Review, 5,* 230–241.

Simon, H. A. (1967). Motivational and emotional controls of cognition. *Psychological Review, 74*(1), 29–39.

Simons, D. J., & Chabris, C. F. (1999). Gorillas in our midst: Sustained inattentional blindness for dynamic events. *Perception, 28,* 1059–1074.

Simonsohn, U. (2011). Spurious? Name similarity effects (implicit egotism) in marriage, job, and moving decisions. *Journal of Personality and Social Psychology, 101,* 1–24.

Simpson, J. A., Gangestad, S. W., & Lerma, M. (1990). Perception of physical attractiveness: Mechanisms involved in the maintenance of romantic relationships. *Journal of Personality and Social Psychology, 59,* 1192–1201.

Singh, S., & Gupta, B. S. (1977). Motives and agricultural growth. *British Journal of Social & Clinical Psychology, 16,* 189–190.

Singpurwalla, R. (2010). The tripartite theory of motivation in Plato's *Republic. Blackwell Philosophy Compass, 5*(11), 880–892.

Sirriyeh, R., Lawton, R., & Ward, J. (2010). Physical activity and adolescents: An exploratory randomized controlled trial investigating the influence of affective and instrumental text messages. *British Journal of Health Psychology, 15,* 825–840.

Skinner, B. F. (1933). The rate of establishment of a discrimination. *Journal of General Psychology, 9,* 302–350.

Skinner, B. F. (1937). Two types of conditioned reflex: A reply to Miller and Konorski. *Journal of General Psychology, 16,* 272–279.

Skinner, B. F. (1938). *The behavior of organisms: an experimental analysis.* Oxford, England: Appleton-Century.

Skinner, B. F. (1948). *Walden Two.* Oxford, England: Macmillan.

Slabu, L., & Guinote, A. (2010). Getting what you want: Power increases the accessibility of active goals. *Journal of Experimental Social Psychology, 46,* 344–349.

Slonje, R., Smith, P. K., & Frisén, A. (2013). The nature of cyberbullying, and strategies for prevention. *Computers in Human Behavior, 29,* 26–32.

Smiles, S. (1859). *Self-help; with illustrations of character, conduct and perseverance.* London, UK: John Murray.

Smith A. (2009). Effects of chewing gum on mood, learning, memory and performance of an intelligence test. *Nutritional Neuroscience, 12,* 81–8.

Smith, C. A., & Kirby, L. D. (2009). Putting appraisal in context: Toward a relational model of appraisal and emotion. *Cognition and Emotion, 23,* 1352–1372.

Smith, C. V. (2007). In pursuit of 'good' sex: Self-determination and the sexual experience. *Journal of Social and Personal Relationships, 24,* 69–85.

Smith, D. S., & Strube, M. J. (1991). Self-protective tendencies as moderators of self-handicapping impressions. *Basic and Applied Social Psychology, 12,* 63–80.

Smith, G. (2012). Do people whose names begin with 'D' really die young? *Death Studies, 36,* 182–189.

Smith, P. K., Jostmann, N. B., Galinsky, A. D., & van Dijk, W. W. (2008). Lacking power impairs executive functions. *Psychological Science, 19,* 441–447.

Smith, R. H. (2000). Assimilative and contrastive emotional reactions to upward and downward social comparisons. In J. Suls & L. Wheeler (Eds.), *Handbook of social comparison: Theory and research* (pp. 173–200). Dordrecht, Netherlands: Kluwer Academic Publishers.

Smits, D. J. M., & Boeck, P. D. (2006). From BIS/BAS to the Big Five. *European Journal of Personality, 20,* 255–270.

Smoth, A., & Anderson, M. (2015, April 20). 5 facts about online dating. Pew Research. http://www.pewresearch.org/fact-tank/2015/04/20/5-facts-about-online-dating/

Smyth, J., Zawadzki, M., & Gerin, W. (2013). Stress and disease: a structural and functional analysis. *Social and Personality Psychology Compass, 7,* 217–227.

Snyder, C. R. (1997). Control and the application of Occam's razor to terror management theory. *Psychological Inquiry, 8,* 48–49.

Snyder, C. R., & Higgins, R. L. (1988). Excuses: Their effective role in the negotiation of reality. *Psychological Bulletin, 104,* 23–35.

Sobotka, S. S., Davidson, R. J., & Senulis, J. A. (1992). Anterior brain electrical asymmetries in response to reward and punishment. *Electroencephalography & Clinical Neurophysiology, 83,* 236–247.

Soenke, M., Landau, M. J., & Greenberg, J. (2013). Sacred armor: Religion's role as a buffer against the anxieties of life and the fear of death. In K. I. Pargament, J. J. Exline, & J. W. Jones, (Eds.) *APA handbook of psychology, religion, and spirituality: Context, theory, and research* (Vol. 1, pp. 105–122). Washington, DC: American Psychological Association.

Sokolowski, K. (1994). The role of action and state orientation in affiliative situations. In J. Kuhl & J. Beckmann (Eds.), *Volition and personality: Action vs state orientation* (pp. 417–425). Seattle, WA: Hogrefe & Huber.

Sokolowski, K., Schmalt, H. D., Langens, T. A., & Puca, R. M. (2000). Assessing achievement, affiliation, and power motives all at once: The Multi-Motive Grid. *Journal of Personality Assessment, 74,* 126–145.

Solomon, L. J., & Rothblum, E. D. (1984). Academic procrastination: Frequency and cognitive-behavioral correlates. *Journal of Counseling Psychology, 31,* 503–509.

Solomon, R. C. (2008). The philosophy of emotions. In M. Lewis, J. M. Haviland-Jones, & L. F. Barrett (Eds.), *Handbooks of emotions* (pp. 3–16). New York, NY: Guilford Press.

Solomon, S., Greenberg, J., & Pyszczynski, T. (2004). The cultural animal: Twenty years of terror management. In J. Greenberg, S. L. Koole, & T. Pyszczynski (Eds.), *Handbook of experimental existential psychology* (pp. 13–34). New York, NY: Guilford Press.

Somerville, L. H., Kelley, W. M., & Heatherton, T. F. (2010). Self-esteem modulates medial prefrontal cortical responses to evaluative social feedback. *Cerebral Cortex, 20,* 3005–3013.

Sorrentino, R. M. (2013). Looking for B= f (P, E): The exception still forms the rule. *Motivation and Emotion, 37,* 4–13.

Sorrentino, R. M., & Higgins, E. T. (1986). *Handbook of motivation and cognition: Foundations of social behavior.* New York, NY: Guilford Press.

Spangler, W. D. (1992). Validity of questionnaire and TAT measures of need for achievement: Two meta-analyses. *Psychological Bulletin, 112,* 140–154.

Specht, J., Egloff, B., & Schmukle, S. C. (2011). The benefits of believing in chance or fate: External locus of control as a protective factor for coping with the death of a spouse. *Social Psychological and Personality Science, 2,* 132–137.

Spence, H. (1855). *Principles of psychology.* London, UK: Longman, Brown, Green, & Longmans.

Spence, K. (1956). *Behavior theory and conditioning.* New Haven, CT: Yale University Press.

Spence, K. W. (1951). Theoretical interpretations of learning. In S. S. Stevens (Ed.), *Handbook of experimental psychology* (pp. 690–729). Oxford, England: Wiley.

Spence, K. W. (1956). *Behavior theory and conditioning.* New Haven, CT: Yale University Press.

Spencer, H. (1855). *The Principles of Psychology.* London: Longman, Brown, Green & Longmans.

Spolsky, J. (2004). *Joel on software: And on diverse and occasionally related matters that will prove of interest to software developers, designers, and managers, and to those who, whether by good fortune or ill luck, work with them in some capacity.* New York, NY: Springer.

Spunt, R. P., Falk, E. B., & Lieberman, M. D. (2010). Dissociable neural systems support retrieval of how and why action knowledge. *Psychological Science, 21,* 1593–1598.

Spunt, R. P., Satpute, A. B., & Lieberman, M. D. (2011). Identifying the what, why, and how of an observed action: An fMRI study of mentalizing and mechanizing during action observation. *Journal of Cognitive Neuroscience, 23,* 63–74.

Srull, T. K., & Wyer, R. S. Jr. (1986). The role of chronic and temporary goals in social information processing. In R. M. Sorrentino & E. T. Higgins (Eds.), *Handbook of motivation and cognition: Foundations of social behavior* (pp. 503–549). New York, NY: Guilford Press.

St. Lawrence, J. S., Eldridge, G. D., Reitman, D., Little, C. E., Shelby, M. C., & Brasfield, T. L. (1998). Factors influencing condom use among African American women: Implications for risk reduction interventions. *American Journal of Community Psychology, 26*, 7–28.

Staddon, J. E. R., & Cerutti, D. T. (2003). Operant Conditioning. *Annual Review of Psychology, 54*, 115. Retrieved 23 March 2013.

Stajkovic, A. D., & Luthans, F. (1998). Self-efficacy and work-related performance: A meta-analysis. *Psychological Bulletin, 124*, 240–261.

Stanton, S. J., & Edelstein, R. S. (2009). The physiology of women's power motive: Implicit power motivation is positively associated with estradiol levels in women. *Journal of Research in Personality, 43*, 1109–1113.

Stanton, S. J., & Schultheiss, O. C. (2009). The hormonal correlates of implicit power motivation. *Journal of Research in Personality, 43*, 942–949.

Staub, E., Tursky, B., & Schwartz, G. E. (1971). Self-control and predictability: Their effects on reactions to aversive stimulation. *Journal of Personality and Social Psychology, 18*, 157–162.

Staw, B. M. (1976). Knee-deep in the Big Muddy: A study of escalating commitment to a chosen course of action. *Organizational Behavior & Human Performance, 16*, 27–44.

Staw, B. M. (1981). The escalation of commitment to a course of action. *Academy of Management Review, 6*, 577–587.

Staw, B. M. (1997). The escalation of commitment: An update and appraisal. In Z. Shapira (Ed.), *Organizational decision making* (pp. 191–215). New York, NY: Cambridge University Press.

Steele, C. M. (1988). The psychology of self-affirmation: Sustaining the integrity of the self. In L. Berkowitz (Ed.), *Advances in experimental social psychology: Vol. 21. Social psychological studies of the self: Perspectives and programs* (pp. 261–302). San Diego, CA: Academic Press.

Steele, C. M. (1999). The psychology of self-affirmation: Sustaining the integrity of the self. In R. F. Baumeister (Ed.), *The self in social psychology* (pp. 372–390). New York, NY: Psychology Press.

Steele, C. M., & Josephs, R. A. (1990). Alcohol myopia: Its prized and dangerous effects. *American Psychologist, 45*, 921–933.

Steele, C. M., & Southwick, L. (1985). Alcohol and social behavior: I. The psychology of drunken excess. *Journal of Personality and Social Psychology, 48*, 18–34.

Steele, C. M., Spencer, S. J., & Lynch, M. (1993). Self-image resilience and dissonance: The role of affirmational resources. *Journal of Personality and Social Psychology, 64*, 885–896.

Steers, M. N. (2016) "It's complicated": Facebook's relationship with the need to belong and depression. *Current Opinion in Psychology, 9*, 22–26.

Steers, M. N., Wickham, R. E., & Acitelli, L. K. (2014). Seeing everyone else's highlight reels: How Facebook usage is linked to depressive symptoms. *Journal of Social and Clinical Psychology, 33*(8), 701–731.

Steers, R. M., & Braunstein, D. N. (1976). A behaviorally-based measure of manifest needs in work settings. *Journal of Vocational Behavior, 9*, 251–266.

Stefan, S., & David, D. (2013). Recent developments in the experimental investigation of the illusion of control. A meta–analytic review. *Journal of Applied Social Psychology, 43*, 377–386.

Stein, J. A., Newcomb, M. D., & Bentler, P. M. (1987). An 8-year study of multiple influences on drug use and drug use consequences. *Journal of Personality and Social Psychology, 53*, 1094–1105.

Steinhart, Y., & Wyer, R. S. Jr. (2009). Motivational correlates of need for cognition. *European Journal of Social Psychology, 39*(4), 608–621.

Stellrecht, N. E., Gordon, K. H., Van Orden, K., Witte, T. K., Wingate, L. R., Cukrowicz, K. C., . . . Joiner, T. E. Jr. (2006). Clinical applications of the interpersonal-psychological theory of attempted and completed suicide. *Journal of Clinical Psychology, 62*, 211–222.

Stepanikova, I., Nie, N. H., & He, X. (2010). Time on the Internet at home, loneliness, and life satisfaction: Evidence from panel time-diary data. *Computers in Human Behavior, 26*, 329–338.

Stephens, D. W., & Anderson, D. (2001). The adaptive value of preference for immediacy: when shortsighted rules have far-sighted consequences. *Behavioral Ecology, 12*, 330–339.

Stephens, N. M., Fryberg, S. A., & Markus, H. R. (2012). It's your choice: How the middle-class model of independence disadvantages working-class Americans. In S. T. Fiske & H. R. Markus (Eds.), *Facing social class: How societal rank influences interaction* (pp. 87–106). New York, NY: Russell Sage Foundation.

Stephens, N. M., Hamedani, M.Y. G., Markus, H. R., Bergsieker, H. B., & Eloul, L. (2009). Why did they 'choose' to stay? Perspectives of Hurricane Katrina observers and survivors. *Psychological Science, 20*, 878–886.

Steriade M. (1996). Arousal: Revisiting the reticular activating system. *Science, 272*, 225–226.

Stevens, J. R., Hallinan, E. V., & Hauser, M. D. (2005). The ecology and evolution of patience in two New World primates. *Biology Letters, 1*, 223–226.

Stevens, S. S. (1951). *Handbook of experimental psychology*. New York, NY: Wiley.

Stevens, S. S. (1988). *Steven's handbook of experimental psychology* (Vol. 1, 2nd ed.). New York, NY: Wiley.

Stice, E., Schupak-Neuberg, E., Shaw, H. E., & Stein, R. I. (1994). Relation of media exposure to eating disorder symptomatology: An examination of mediating mechanisms. *Journal of Abnormal Psychology, 103*, 836–840.

Stiensmeier-Pelster, J., & Schürmann, M. (1994). Antecedents and consequences of action versus state orientation: Theoretical and empirical remarks. In J. Kuhl & J. Beckmann (Eds.), *Volition and personality: Action versus state orientation* (pp. 329–340). Göttingen, The Netherlands: Hogrefe & Huber.

Stone, J., Aronson, E., Crain, A. L., Winslow, M. P., & Fried, C. B. (1994). Inducing hypocrisy as a means of encouraging young adults to use condoms. *Personality and Social Psychology Bulletin, 20*(1), 116–128.

Strack, F., & Deutsch, R. (2004). Reflective and impulsive determinants of social behavior. *Personality and Social Psychology Review, 8*, 220–247.

Strack, F., Martin, L. L., & Stepper, S. (1988). Inhibiting and facilitating condition of the human smile: A nonobtrusive test of the facial feedback hypothesis. *Journal of Personality and Social Psychology, 54,* 768–777.

Strahan, E. J., Spencer, S. J., & Zanna, M. P. (2002). Subliminal priming and persuasion: Striking while the iron is hot. *Journal of Experimental Social Psychology, 38,* 556–568

Strauman, T. J., & Higgins, E. T. (1987). Automatic activation of self-discrepancies and emotional syndromes: When cognitive structures influence affect. *Journal of Personality and Social Psychology, 53,* 1004–1014.

Strauman, T. J., & Wilson, W. A. (2010). Individual differences in approach and avoidance: Behavioral activation/inhibition and regulatory focus as distinct levels of analysis. In R. H. Hoyle (Ed.), Handbook of personality and self-regulation (pp. 447–473). Oxford, UK: Wiley-Blackwell.

Stravynski, A., & Boyer, R. (2001). Loneliness in relation to suicide ideation and parasuicide: A population-wide study. *Suicide and Life-Threatening Behavior, 31,* 32–40.

Stroebe, W. (2012). The truth about Triplett (1898), but nobody seems to care. *Perspectives on Psychological Science, 7,* 54–57.

Stroebe, W., Papies, E. K., & Aarts, H. (2008). From homeostatic to hedonic theories of eating: Self-regulatory failure in food-rich environments. *Applied Psychology: An International Review, 57,* 172–193.

Stroebe, W., Papies, E. K., & Aarts, H. (2010). The psychology of dieting and overweight: Testing a goal conflict model of the self-regulation of eating. In R. Schwarzer & P. A. Frensch (Eds.), *Personality, human development, and culture: International perspectives on psychological science* (Vol. 2, pp. 17–27). New York, NY: Psychology Press.

Strohmetz, D. B., Rind, B., Fisher, R., & Lynn, M. (2002). Sweetening the till: The use of candy to increase restaurant tipping. *Journal of Applied Social Psychology, 32,* 300–309.

Stroop, J. R. (1935). Studies of interference in serial verbal reactions. *Journal of Experimental Psychology, 18,* 643–662.

Strube, M. J. (1986). An analysis of the self-handicapping scale. *Basic and Applied Social Psychology, 7,* 211–224.

Strube, M. J. (1988). The decision to leave an abusive relationship: Empirical evidence and theoretical issues. *Psychological Bulletin, 104,* 236–250.

Strube, M. J. (2005). What did Triplett really find? A contemporary analysis of the first experiment in social psychology. *The American Journal of Psychology, 118,* 271–286.

Stuart, H. C., Moon, S., & Casciaro, T. (2011). The Oscar curse: Career discontinuity, power imbalance and relational survival. *Social Science Research Network*. Retrieved from: http://ssrn.com/abstract=1749612

Stuss, D. T., Gow, C. A., & Hetherington, C. R. (1992). 'No longer Gage': Frontal lobe dysfunction and emotional changes. *Journal of Consulting and Clinical Psychology, 60,* 349–359.

Stutzer, A. & Frey, B. S. (2008). Stress that doesn't pay: The commuting paradox. *The Scandinavian Journal of Economics, 110,* 339–366.

Sugisawa, H., Liang, J., & Liu, X. (1994). Social networks, social support, and mortality among older people in Japan. *Journal of Gerontology, 49,* S3–13.

Suls, J., & Wheeler, L. (2012). Social comparison theory. In P. A. M. Van Lange, A. W. Kruglanski, & E. T. Higgins (Eds.), *Handbook of theories of social psychology* (Vol. 1, pp. 460–482). Thousand Oaks, CA: Sage Publications Ltd.

Sultan, A. J., Joireman, J., & Sprott, D. E. (2012). Building consumer self-control: The effect of self-control exercises on impulse buying urges. *Marketing Letters, 23,* 61–72.

Sum, S., Mathews, R. M., Pourghasem, M., & Hughes, I. (2009). Internet use as a predictor of sense of community in older people. *CyberPsychology & Behavior, 12,* 235–239.

Sutton, S. K., Davidson, R. J., 1997. Prefrontal brain asymmetry: a biological substrate of the behavioral approach and inhibition systems. *Psychological Science 8,* 204–210.

Swann, W. B. Jr. (1983). Self-verification: Bringing social reality into harmony with the self. In J. Suls & A. G. Greenwald (Eds.), *Psychological perspectives on the self* (Vol. 2, pp. 33–66). Hillsdale, NJ: Lawrence Erlbaum Associates, Inc.

Swann, W. B. Jr. (2012). Self-verification theory. In P. A. M. Van Lange, A. W. Kruglanski, & E. T. Higgins (Eds.), *Handbook of theories of social psychology* (Vol. 2, pp. 23–42). Thousand Oaks, CA: Sage Publications Ltd.

Swann, W. B. Jr., De La Ronde, C., & Hixon, J. G. (1994). Authenticity and positivity strivings in marriage and courtship. *Journal of Personality and Social Psychology, 66,* 857–869.

Swann, W. B. Jr., Hixon, J. G., Stein-Seroussi, A., & Gilbert, D. T. (1990). The fleeting gleam of praise: Cognitive processes underlying behavioral reactions to self-relevant feedback. *Journal of Personality and Social Psychology, 59,* 17–26.

Swann, W. B. Jr., & Pelham, B. (2002). Who wants out when the going gets good? Psychological investment and preference for self-verifying college roommates. *Self and Identity, 1,* 219–233.

Swann, W. B. Jr., & Predmore, S. C. (1985). Intimates as agents of social support: Sources of consolation or despair? *Journal of Personality and Social Psychology, 49,* 1609–1617.

Swann, W. B. Jr., & Read, S. J. (1981a). Acquiring self-knowledge: The search for feedback that fits. *Journal of Personality and Social Psychology, 41,* 1119–1128.

Swann, W. B. Jr., & Read, S. J. (1981b). Self-verification processes: How we sustain our self-conceptions. *Journal of Experimental Social Psychology, 17,* 351–372.

Swann, W. B. Jr., Rentfrow, P. J., & Guinn, J. (2003). Self–verification: The search for coherence. In M. Leary & J. Tangney (Eds.), *Handbook of self and identity* (pp. 367–383). New York, NY: Guilford.

Swann, W. B. Jr., & Schroeder, D. G. (1995). The search for beauty and truth: A framework for understanding reactions to evaluations. *Personality and Social Psychology Bulletin, 21,* 1307–1318.

Swann, W. B. Jr., Stein-Seroussi, A., & Giesler, R. B. (1992). Why people self-verify. *Journal of Personality and Social Psychology, 62,* 392–401.

Swann, W. B. Jr., Wenzlaff, R. M., & Tafarodi, R. W. (1992). Depression and the search for negative evaluations: More evidence of the role of self-verification strivings. *Journal of Abnormal Psychology, 101,* 314–317.

Sweet, S. N., Fortier, M. S., Strachan, S. M., & Blanchard, C. M. (2012). Testing and integrating self-determination theory and self-efficacy theory in a physical activity context. *Canadian Psychology/Psychologie canadienne, 53,* 319–327.

Swirsky, C. L., Fernbach, P. M., & Sloman, S. A. (2011). An illusion of control modulates the reluctance to tempt fate. *Judgment and Decision Making, 6*, 688–696.

Tajfel, H. (1969). Cognitive aspects of prejudice. *Journal of Social Issues, 25*, 79–97.

Tajfel, H. (2010). The achievement of group differentiation. In T. Postmes & N. R. Branscombe (Eds.), *Rediscovering social identity* (pp. 129–142). New York, NY: Psychology Press.

Tajfel, H., & Turner, J. C. (1979). An integrative theory of inter-group conflict. In W. G. Austin & S. Worchel (Eds.), *The social psychology of intergroup relations* (pp. 33–47). Monterey, CA: Brooks/Cole.

Tajfel, H., & Turner, J. C. (1986). The social identity theory of inter-group behavior. In W. G. Austin & S. Worchel (Eds.), *The social psychology of intergroup relations* (pp. 7–24). Chicago: Nelson–Hall.

Tam, K., Lee, S., & Chao, M. M. (2013). Saving Mr. Nature: anthro-pomorphism enhances connectedness to and protectiveness toward nature. *Journal of Experimental Social Psychology, 49*, 514–521.

Tamako, B. (1983). Mourning the dissolution of the dream. *Social Work, 28*, 391–392.

Tan, H. B., & Forgas, J. P. (2010). When happiness makes us self-ish, but sadness makes us fair: Affective influences on interper-sonal strategies in the dictator game. *Journal of Experimental Social Psychology, 46*, 571–576.

Tangney, J. P., Baumeister, R. F., & Boone, A. L. (2004). High self-control predicts good adjustment, less pathology, better grades, and Interpersonal Success. *Journal of Personality, 72*(2), 271–322.

Tangney, J. P., & Salovey, P. (1999). Problematic social emotions: Shame, guilt, jealousy, and envy. In R. M. Kowalski & M. R. Leary (Eds.), *The social psychology of emotional and behavioral problems: Interfaces of social and clinical psychology* (pp. 167–195). Washington, DC: American Psychological Association.

Tappan, H. P. (1840). *The doctrine of the will determined by an appeal to consciousness*. New York, NY: Wiley & Putnam.

Taylor, D. M. & Doria, J. R. (1981). Self-serving bias and group-serving bias in attribution. *Journal of Social Psychology, 113*, 201–211.

Taylor, D. W. (1960). Toward an information process theory of motivation. In M. R. Jones (Ed.), *Nebraska Symposium on Motiva-tion* (pp. 59–79). Lincoln, NE: University of Nebraska Press.

Taylor, K. (2004). *Brainwashing: The science of thought control*. Oxford: Oxford University Press.

Taylor, S., & Leonard, K. (1983). Alcohol and human physical aggression. In R. Geen & E. Donnerstein Eds.), *Aggression: Theo-retical and empirical reviews* (Vol. 2, pp. 77–101). New York, NY: Academic Press.

Taylor, S. E. (1991). Asymmetrical effects of positive and negative events: The mobilization-minimization hypothesis. *Psychologi-cal Bulletin, 110*, 67–85.

Taylor, S. E. (2007). Social Support. In H. S. Friedman & R. C. Silver (Eds.), *Foundations of health psychology* (pp. 145–171). New York, NY: Oxford University Press.

Taylor, S. E. (2011). Positive illusions: How ordinary people become extraordinary. In M. A. Gernsbacher, R. W. Pew, L. M. Hough, & J. R. Pomerantz (Eds.), *Psychology and the real world: Essays illustrating fundamental contributions to society* (pp. 224–228). New York, NY: Worth Publishers.

Taylor, S. E., & Brown, J. D. (1988). Illusion and well-being: A social psychological perspective on mental health. *Psychological Bulletin, 103*, 193–210.

Taylor, S. E., Lerner, J. S., Sherman, D. K., Sage, R. M., & McDowell, N. K. (2003). Are self-enhancing cognitions associated with healthy or unhealthy biological profiles? *Journal of Personality and Social Psychology, 85*, 605–615.

Taylor, S. E., Lichtman, R. R., & Wood, J. V. (1984). Attributions, beliefs about control, and adjustment to breast cancer. *Journal of Personality and Social Psychology, 46*, 489–502.

Taylor, S. E., & Lobel, M. (1989). Social comparison activity under threat: Downward evaluation and upward contacts. *Psychologi-cal Review, 96*, 569–575.

Taylor, S. E., Neter, E., & Wayment, H. A. (1995). Self-evaluation processes. *Personality and Social Psychology Bulletin, 21*, 1278–1287.

Taylor, S. E., Pham, L. B., Rivkin, I. D., & Armor, D. A. (1998). Har-nessing the imagination: Mental simulation, self-regulation, and coping. *American Psychologist, 53*, 429–439.

Taylor, S. E., & Sherman, D. K. (2008). Self-enhancement and self-affirmation: The consequences of positive self-thoughts for motivation and health. In J.Y. Shah & W. L. Gardner (Eds.), *Handbook of motivation science* (pp. 57–70). New York, NY: Guilford Press.

Taylor, S. E., Welch, W. T., Kim, H. S, &. Sherman, D. K. (2007). Cultural differences in the impact of social support on psycho-logical and biological stress responses. *Psychological Science, 18*, 831–837.

Taylor, S. E., Wood, J. V., & Lichtman, R. R. (1983). It could be worse: Selective evaluation response to victimization. *Journal of Social Issues, 39*, 19–40.

Taylor, S. P., Gammon, C. B., & Capasso, D. R. (1976). Aggression as a function of the interaction of alcohol and threat. *Journal of Personality and Social Psychology, 34*, 938–941.

Tebartz V., Elst, L., Ebert, D., & Trimble, M. (2001). Hippocampus and amygdala pathology in depression. *The American Journal of Psychiatry, 158*, 652–653.

Tennen, H., & Affleck, G. (1987). The costs and benefits of opti-mistic explanations and dispositional optimism. *Journal of Per-sonality, 55*, 377–393.

Tennen, H., & Affleck, G. (2002). Benefit-finding and benefit-reminding. In C. R. Snyder & S. J. Lopez (Eds.), *The handbook of positive psychology* (pp. 584–594). New York, NY: Oxford University Press.

Tesser, A. (1988). Toward a self-evaluation maintenance model of social behavior. In L. Berkowitz (Ed.), *Advances in experimental social psychology. Social psychological studies of the self: Per-spectives and programs* (Vol. 21, pp. 181–227). San Diego, CA: Academic Press.

Tesser, A. (1999). Toward a self-evaluation maintenance model of social behavior. In R. F. Baumeister (Ed.), *The self in social psy-chology* (pp. 446–460). New York, NY: Psychology Press.

Tesser, A. (2000). On the confluence of self-esteem maintenance mechanisms. *Personality and Social Psychology Review, 4*, 290–299.

Tesser, A., & Smith, J. (1980). Some effects of task relevance and friendship on helping: You don't always help the one you like. *Journal of Experimental Social Psychology, 16,* 582–590.

Testa, M., & Collins, R. L. (1997). Alcohol and risky sexual behavior: Event-based analyses among a sample of high-risk women. *Psychology of Addictive Behaviors, 11,* 190–201.

Tett, R. P. (1998). Is conscientiousness always positively related to job performance? *Industrial–Organizational Psychologist, 36,* 24–29.

Teunissen, H. A., Spijkerman, R., Schoenmakers, T. M., Vohs, K. D., & Engels, R. C. M. E. (2012). The effect of self–control on attentional bias for alcohol cues in male heavy drinkers. *Journal of Applied Social Psychology, 42,* 776–792.

Thaler, R. H. (1980). Toward a positive theory of consumer choice. *Journal of Economic Behavior and Organization, 1,* 39–60.

Thayer, J. F., & Lane, R. D. (2000). A model of neurovisceral integration in emotion regulation and dysregulation. *Journal of Affective Disorders, 61,* 201–216.

Thayer, R. E., Newman, J. R., & McClain, T. M. (1994). Self-regulation of mood: Strategies for changing a bad mood, raising energy, and reducing tension. *Journal of Personality and Social Psychology, 67,* 910–925.

Thiessen, D. D., & McGaugh, J. L. (1958). *Conflict and curiosity in the rat.* Monterey, CA: Western Psychological Association.

Thomas, M., Desai, K., & Seenivasan, S. (2011). How credit card payments increase unhealthy food purchases: Visceral regulation of vices. *Journal of Consumer Research, 38,* 126–39.

Thomas, W. I., & Znaniecki, F. (1918). *The Polish peasant in Europe and America: Monograph of an immigrant group* (Vol. 1). Boston, MA: Richard G. Badger Gorham Press.

Thompson Coon, J., Boddy, K., Stein, K., Whear, R., Barton, J., & Depledge, M. H. (2011). Does participating in physical activity in outdoor natural environments have a greater effect on physical and mental wellbeing than physical activity indoors? A systematic review. *Environmental Science & Technology, 45,* 1761–1772.

Thompson, S. C., & Schlehofer, M. M. (2008). The many sides of control motivation: Motives for high, low, and illusory control. In J. Y. Shah & W. L. Gardner (Eds.), *Handbook of motivation science* (pp. 41–56). New York, NY: Guilford Press.

Thomsen, S. R., Weber, M. M., & Brown, L. B. (2002). The relationship between reading beauty and fashion magazines and the use of pathogenic dieting methods among adolescent females. *Adolescence, 37,* 1–18.

Thomson, M. K. (1927). *The springs of human action.* Oxford, England: Appleton.

Thorndike, E. L. (1898). *Animal intelligence: An experimental study of the associative processes in animals.* York, NY: Columbia University Press.

Thorndike, E. L. (1905). *The elements of psychology.* New York, NY: A G Seiler.

Thorndike, E. L. (1911). *Animal intelligence. Experimental studies.* Oxford, England: Macmillan.

Thorndike, E. L. (1935). *The psychology of wants, interests and attitudes.* New York, NY: Appleton-Century.

Thornton, J. W., & Jacobs, P. D. (1971). Learned helplessness in human subjects. *Journal of Experimental Psychology, 87,* 367–372.

Thrash, T. M., Elliot, A. J., & Schultheiss, O. C. (2007). Methodological and dispositional predictors of congruence between implicit and explicit need for achievement. *Personality and Social Psychology Bulletin, 33,* 961–974.

Thush, C., Wiers, R., W., Ames, S. L., Grenard, J. L., Sussman, S., & Stacy, A. W. (2008). Interactions between implicit and explicit cognition and working memory capacity in the prediction of alcohol use in at-risk adolescents. *Drug and Alcohol Dependence, 94,* 116–124.

Tice, D. M., Baumeister, R. F., Shmueli, D., & Muraven, M. (2007). Restoring the self: Positive affect helps improve self-regulation following ego depletion. *Journal of Experimental Social Psychology, 43,* 379–384.

Tice, D. M., Bratslavsky, E., & Baumeister, R. F. (2001). Emotional distress regulation takes precedence over impulse control: If you feel bad, do it! *Journal of Personality and Social Psychology, 80,* 53–67.

Tinbergen, N. (1951). *The study of instinct.* New York, NY: Clarendon Press/Oxford University Press.

Toates, F. (2005). A model of the hierarchy of behaviour, cognition, and consciousness. *Consciousness and Cognition: An International Journal, 15*(1), 75–118.

Toch, H. (1977). *Living in prison: The ecology of survival.* New York, NY: Free Press.

Toepfer, S. M., Cichy, K., & Peters, P. (2012). Letters of gratitude: Further evidence for author benefits. *Journal of Happiness Studies, 13,* 187–201.

Tolman, E. C. (1920). Instinct and purpose. *Psychological Review, 27*(3), 217–233.

Tolman, E. C. (1923). The nature of instinct. *Psychological Bulletin, 20*(4), 200–218.

Tolman, E. C. (1928). Purposive behavior. *Psychological Review, 35*(6), 524–530.

Tolman, E. C. (1932). *Purposive behavior in animals and men.* London, England: Century/Random House.

Tolman, E. C. (1948). Cognitive maps in rats and men. *Psychological Review, 55*(4), 189–208.

Tolman, E. C. (1952). A cognition motivation model. *Psychological Review, 59*(5), 389–400.

Tolman, E. C. (1955). Principles of performance. *Psychological Review, 62*(5), 315–326.

Tolman, E. C., & Honzik, C. H. (1930). Introduction and removal of reward, and maze performance in rats. *University of California Publications in Psychology, 4,* 257–275.

Tolman, E. C., Ritchie, B. F., & Kalish, D. (1946a). Studies in spatial learning. I. Orientation and the short-cut. *Journal of Experimental Psychology, 36*(1), 13–24.

Tolman, E. C., Ritchie, B. F., & Kalish, D. (1946b). Studies in spatial learning. II. Place learning versus response learning. *Journal of Experimental Psychology, 36*(3), 221–229.

Toma, C. L., & Hancock, J. T. (2013). Self-affirmation underlies Facebook use. *Personality and Social Psychology Bulletin, 39,* 321–331.

Tomkins, S. S. (1962). *Affect, imagery, and consciousness: The positive affects* (Vol. 1). New York, NY: Springer.

Tomkins, S. S. (1970). Affect as the primary motivational system. In M. B. Arnold (Ed.), *Feelings and emotions* (pp. 101–110). New York, NY: Academic Press.

Tomohiro, K., & Ken-Ichi, O. (2003). The effect of mortality salience and collaborative experience on aggression of "third-party victims." *Tohoku Psychologica Folia, 62,* 109–119.

Tooby, J., & Cosmides, L. (1990). On the universality of human nature and the uniqueness of the individual: The role of genetics and adaptation. *Journal of Personality, 58,* 17–67.

Topolinski, S., & Sparenberg, P. (2012). Turning the hands of time: Clockwise movements increase preference for novelty. *Social Psychological and Personality Science, 3,* 308–314.

Treisman, A. M. (1960). Contextual cues in selective listening. *The Quarterly Journal of Experimental Psychology, 12,* 242–248.

Treisman, A. M. (1964). Selective attention in man. *British Medical Bulletin, 20,* 12–16.

Trentacosta, C. J., & Shaw, D. S. (2009). Emotional self-regulation, peer rejection, and antisocial behavior: Developmental associations from early childhood to early adolescence. *Journal of Applied Developmental Psychology, 30,* 356–365.

Triandis, H. C. (2001). Individualism and collectivism: Past, present, and future. In D. Matsumoto (Ed.), *The handbook of culture and psychology* (pp. 35–50). New York, NY: Oxford University Press.

Triplett, N. (1898). The dynamogenic factors in pacemaking and competition. *The American Journal of Psychology, 9,* 507–533.

Trobst, K. K., Herbst, J. H., Masters, H. L. III, & Costa, P. T. Jr. (2002). Personality pathways to unsafe sex: Personality, condom use and HIV risk behaviors. *Journal of Research in Personality, 36,* 117–133.

Troland, L. T. (1928). *The fundamentals of human motivation.* Oxford, England: Van Nostrand.

Troland, L. T. (1930). Motivation. In C. Murchison (Ed.), *Psychologies of 1930* (pp. 460–480). Worcester, MA: Clark University Press.

Trope, Y. (1980). Self-assessment, self-enhancement, and task preference. *Journal of Experimental Social Psychology, 16,* 116–129.

Trope, Y. (1982). Self-assessment and task performance. *Journal of Experimental Social Psychology, 18,* 201–215.

Trope, Y. (1986). Self-enhancement and self-assessment in achievement behavior. In R. M. Sorrentino & E. T. Higgins (Eds.), *Handbook of motivation and cognition: Foundations of social behavior* (pp. 350–378). New York, NY: Guilford Press.

Trope, Y., & Fishbach, A. (2000). Counteractive self-control in overcoming temptation. *Journal of Personality and Social Psychology, 79,* 493–506.

Trope, Y., & Liberman, N. (2003). Temporal construal. *Psychological Review, 110,* 403–421.

Trunzo, J. J., & Pinto, B. M. (2003). Social support as a mediator of optimism and distress in breast cancer survivors. *Journal of Consulting and Clinical Psychology, 71,* 805–811.

Tsai, M. C. (2006). Sociable resources and close relationships: Intimate relatives and friends in Taiwan. *Journal of Social and Personal Relationships, 23,* 151–169.

Tsuda, A., Tanaka, M., Wishikawa, T., & Hirai, H. (1983). Effects of coping behavior on gastric lesions in rats as a function of the complexity of coping tasks. *Physiology and Behavior, 30,* 805–808.

Tuckman, B. W. (1991). The development and concurrent validity of the Procrastination Scale. *Educational and Psychological Measurement, 51,* 473–480.

Tudor, T. G., & Holmes, D. S. (1973). Differential recall of successes and failures: Its relationship to defensiveness, achievement

motivation, and anxiety. *Journal of Research in Personality, 7,* 208–224.

Tulving, E. (2005). Episodic memory and autonoesis: uniquely human? In H. S. Terrace & J. Metcalfe (Eds.), *The missing link in cognition: Origins of self-reflective consciousness.* New York, NY: Oxford University Press.

Turner, S. L., Hamilton, H., Jacobs, M., Angood, L. M., & Dwyer, D. H. (1997). The influence of fashion magazines on the body image satisfaction of college women: An exploratory analysis. *Adolescence, 32,* 603–614.

Turner-McGrievy, G. M., & Tate, D. F. (2013). Weight loss social support in 140 characters or less: Use of an online social network in a remotely delivered weight loss intervention. *Translational Behavioral Medicine, January,* 2–8.

Tversky A., & Kahneman, D. (1981). The framing of decisions and the psychology of choice. *Science, 211,* 453–458.

Tversky, A., & Kahnenman, D. (1986). Rational choice and the framing of decisions. *Journal of Business, 59,* 5251–5278.

Twenge, J. M., Baumeister, R. F., DeWall, C. N., Ciarocco, N. J., & Bartels, J. M. (2007). Social exclusion decreases prosocial behavior. *Journal of Personality and Social Psychology, 92,* 56–66.

Twenge, J. M., Baumeister, R. F., Tice, D. M., & Stucke, T. S. (2001). If you can't join them, beat them: Effects of social exclusion on aggressive behavior. *Journal of Personality and Social Psychology, 81,* 1058–1069.

Twenge, J. M., Campbell, W. K., & Foster, C. A. (2003). Parenthood and marital satisfaction: A meta-analytic review. *Journal of Marriage and Family, 65,* 574–583.

Twenge, J. M., Catanese, K. R., & Baumeister, R. F. (2002). Social exclusion causes self-defeating behavior. *Journal of Personality and Social Psychology, 83,* 606–615.

Twenge, J. M., Catanese, K. R., & Baumeister, R. F. (2003). Social exclusion and the deconstructed state: Time perception, meaninglessness, lethargy, lack of emotion, and self-awareness. *Journal of Personality and Social Psychology, 85,* 409–423.

Twenge, J. M., Zhang, L., Catanese, K. R., Dolan-Pascoe, B., Lyche, L. R., & Baumeister, R. F. (2007). Replenishing connectedness: Reminders of social activity reduce aggression after social exclusion. *British Journal of Social Psychology, 46,* 205–224.

Tyler, J. M., & Burns, K. C. (2008). After depletion: The replenishment of the self's regulatory resources. *Self and Identity, 7,* 305–321.

Tyler, J. M., & Feldman, R. S. (2007). The double-edged sword of excuses: When do they help, when do they hurt. *Journal of Social and Clinical Psychology, 26,* 659–688.

Updegraff, J. A., & Taylor, S. E. (2000). From vulnerability to growth: Positive and negative effects of stressful life events. In J. H. Harvey & E. D. Miller (Eds.), *Loss and trauma: General and close relationship perspectives* (pp. 3–28). New York, NY: Brunner-Routledge.

Upham, T. C. (1827). *Elements of intellectual philosophy.* Portland, OR: William Hyde.

Upham, T. C. (1834). *A philosophical and practical treatise on the will.* Portland, OR: William Hyde.

Urdan, T. C. (1997). Examining the relations among early adolescent students' goals and friends' orientation toward effort and achievement in school. *Contemporary Educational Psychology, 22,* 165–191.

Urdan, T., & Mestas, M. (2006). The goals behind performance goals. *Journal of Educational Psychology, 98,* 354–365.

Utman, C. H. (1997). Performance effects of motivational state: A meta-analysis. *Personality and Social Psychology Review, 1,* 170–182.

Vallacher, R. R. (1997). Grave matters. *Psychological Inquiry, 8,* 50–54.

Vallacher, R. R., & Wegner, D. M. (2012). Action identification theory. In P. A. M. Van Lange, A. W. Kruglanski, & E. T. Higgins (Eds.), *Handbook of theories of social psychology* (Vol. 1, pp. 327–348). Thousand Oaks, CA: Sage Publications Ltd.

Vallerand, R. J. (1997). Toward a hierarchical model of intrinsic and extrinsic motivation. In M. P. Zanna (Ed.), *Advances in experimental social psychology* (Vol. 29, pp. 271–360). San Diego, CA: Academic Press.

Vallerand, R. J. (2010). On passion for life activities: The dualistic model of passion. In M. P. Zanna (Ed.), *Advances in experimental social psychology,* (Vol. 42, pp. 97–193). San Diego, CA: Academic Press.

Vallerand, R. J., & Bissonnette, R. (1992). Intrinsic, extrinsic, and amotivational styles as predictors of behavior: A prospective study. *Journal of Personality, 60,* 599–620.

Vallerand, R. J., Blanchard, C., Mageau, G. A., Koestner, R., Ratelle, C., Léonard, M., & Marsolais, J. (2003). Les passions de l'âme: On obsessive and harmonious passion. *Journal of Personality and Social Psychology, 85,* 756–767.

van Baaren, R. B., Holland, R. W., Kawakami, K., & van Knippenberg, A. (2004). Mimicry and prosocial behavior. *Psychological Science, 15,* 71–74.

Van Bavel, J. J., Packer, D. J., & Cunningham, W. A. (2008). The neural substrates of in-group bias: A functional magnetic resonance imaging investigation. *Psychological Science, 19,* 1131–1139.

Van Boven, L. (2005). Experientialism, materialism, and the pursuit of happiness. *Review of General Psychology, 9, Special Issue: Positive Psychology,* 132–142.

Van Boven, L., & Gilovich, T. (2003). To do or to have? That is the question. *Journal of Personality and Social Psychology, 85,* 1193–1202.

Van de Vliert, E., & Janssen, O. (2002). 'Better than' performance motives as roots of satisfaction across more and less developed countries. *Journal of Cross-Cultural Psychology, 33,* 380–397.

Van Dellen, M., Knowles, M. L., Krusemark, E., Sabet, R. F., Campbell, W. K., McDowell, J. E., & Clementz, B. A. (2012). Trait self–esteem moderates decreases in self–control following rejection: An information–processing account. *European Journal of Personality, 26,* 123–132.

Van Den Berg, A. E., & Custers, M. H. G. (2011). Gardening promotes neuroendocrine and affective restoration from stress. *Journal of Health Psychology, 16,* 3–11.

Van den Bos, W., McClure, S. M., Harris, L. T., Fiske, S. T., & Cohen, J. D. (2007). Dissociating affective evaluation and social cognitive processes in the ventral medial prefrontal cortex. *Cognitive, Affective & Behavioral Neuroscience, 7,* 337–346.

Van Gucht, D., Baeyens, F., Vansteenwegen, D., Hermans, D., & Beckers, T. (2010). Counterconditioning reduces cue-induced craving and actual cue-elicited consumption. *Emotion, 10,* 688–695.

van Hooft, E. A. J., Born, M. P., Taris, T. W., van der Flier, H., & Blonk, R. W. B. (2005). Bridging the gap between intentions and behavior: Implementation intentions, action control, and procrastination. *Journal of Vocational Behavior, 66,* 238–256.

Van IJzendoorn, M. H., & Bakermans-Kranenburg, M. J. (2012). A sniff of trust: Meta-analysis of the effects of intranasal oxytocin administration on face recognition, trust to in-group, and trust to out-group. *Psychoneuroendocrinology, 37,* 438–443.

Van Ittersum, K., & Wansink, B. (2012). Plate size and color suggestibility: The Delboeuf illusion's bias on serving and eating behavior. *Journal of Consumer Research, 39,* 215–228.

Van Lange, P. A. M., Taris, T. W., & Vonk, R. (1997). Dilemmas of academic practice: Perceptions of superiority among social psychologists. *European Journal of Social Psychology, 27,* 675–685.

Van Orden, K. A., Witte, T. K., Cukrowicz, K. C., Braithwaite, S. R., Selby, E. A., & Joiner, T. E. Jr. (2010). The interpersonal theory of suicide. *Psychological Review, 117*(2), 575–600.

Van Putten, M., Zeelenberg, M., & Van Dijk, E. (2009). Dealing with missed opportunities: Action vs. state orientation moderates inaction inertia. *Journal of Experimental Social Psychology, 45,* 808–815.

Vancouver, J. B., & Kendall, L. N. (2006). When self-efficacy negatively relates to motivation and performance in a learning context. *Journal of Applied Psychology, 91,* 1146–1153.

vanDellen, M. R., & Hoyle, R. H. (2008). Possible selves as behavioral standards in self-regulation. *Self and Identity, 7,* 295–304.

vanDellen, M. R., & Hoyle, R. H. (2010). Regulatory accessibility and social influences on state self-control. *Personality and Social Psychology Bulletin, 36,* 251–263.

vanDellen, M. R., Hoyle, R. H., & Miller, R. (2012). The regulatory easy street: Self-regulation below the self-control threshold does not consume regulatory resources. *Personality and Individual Differences, 52,* 898–902.

Vander Weele, T. J., Hawkley, L. C., Thisted, R. A., & Cacioppo, J. T. (2011). A marginal structural model analysis for loneliness: Implications for intervention trials and clinical practice. *Journal of Consulting and Clinical Psychology, 79,* 225–235.

Vangelisti, A. L., Young, S. L., Carpenter-Theune, K. E., & Alexander, A. L. (2005). Why does it hurt?: The perceived causes of hurt feelings. *Communication Research, 32,* 443–477.

Varady, K. A. (2011). Intermittent versus daily calorie restriction: which diet regimen is more effective for weight loss? *Obesity Reviews, 12,* 593–601.

Varley, R., Webb, T. L., & Sheeran, P. (2011). Making self-help more helpful: A randomized controlled trial of the impact of augmenting self-help materials with implementation intentions on promoting the effective self-management of anxiety symptoms. *Journal of Consulting and Clinical Psychology, 79,* 123–128.

Vartanian, L. R., Schwartz, M. B., Brownell, K. D. (2007). Effects of soft drink consumption on nutrition and health: A systematic review and meta-analysis. *American Journal of Public Health, 97,* 667–75.

Veltkamp, M., Aarts, H., & Custers, R. (2008). On the emergence of deprivation-reducing behaviors: Subliminal priming of behavior representations turns deprivation into motivation. *Journal of Experimental Social Psychology, 44,* 866–873.

Verduyn, P., & Brans, K. (2012). The relationship between extraversion, neuroticism and aspects of trait affect. *Personality and Individual Differences, 52,* 664–669.

Vergara-Lopez, C., & Roberts, J. E. (2012). Self-discrepancies among individuals with a history of depression: The role of feared self-guides. *Cognitive Therapy and Research, 36,* 847–853.

Veroff, J., Atkinson, J. W., Feld, S. C., & Gurin, G. (1960). The use of thematic apperception to assess motivation in a nationwide interview study. *Psychological Monographs: General and Applied, 74,* 1–32.

Vess, M., & Arndt, J. (2008). The nature of death and the death of nature: The impact of mortality salience on environmental concern. *Journal of Research in Personality, 42,* 1376–1380.

Vogt, J., De Houwer, J., & Crombez, G. (2011). Multiple goal management starts with attention: Goal prioritizing affects the allocation of spatial attention to goal-relevant events. *Experimental Psychology, 58,* 55–61.

Vohs, K. D., Baumeister, R. F., & Ciarocco, N. J. (2005). Self-regulation and self-presentation: Regulatory resource depletion impairs impression management and effortful self-presentation depletes regulatory resources. *Journal of Personality and Social Psychology, 88,* 632–657.

Vohs, K. D., Baumeister, R. F., & Schmeichel, B. J. (2012). Motivation, personal beliefs, and limited resources all contribute to self-control. *Journal of Experimental Social Psychology, 48,* 943–947.

Vohs, K. D., Baumeister, R. F., Schmeichel, B. J., Twenge, J. M., Nelson, N. M., & Tice, D. M. (2008). Making choices impairs subsequent self-control: A limited-resource account of decision making, self-regulation, and active initiative. *Journal of Personality and Social Psychology, 94,* 883–898.

Vohs, K. D., & Faber, R. J. (2007). Spent resources: Self-regulatory resource availability affects impulse buying. *Journal of Consumer Research, 33,* 537–547.

Vohs, K. D., Finkenauer, C., & Baumeister, R. F. (2011). The sum of friends' and lovers' self-control scores predicts relationship quality. *Social Psychological and Personality Science, 2,* 138–145.

Vohs, K. D., & Heatherton, T. F. (2000). Self-regulatory failure: A resource-depletion approach. *Psychological Science, 11,* 249–254.

Vohs, K. D., Mead, N. L., & Goode, M. R. (2006). The psychological consequences of money. *Science, 314,* 1154–1156.

Vohs, K. D., Park, J. K., & Schmeichel, B. J. (2013). Self-affirmation can enable goal disengagement. *Journal of Personality and Social Psychology, 104,* 14–27.

Volpp, K. G., John, L., Troxel, A. B., Norton, L., Fassbender, J., & Loewenstein, G. (2008). Financial Incentive-based Approaches for Weight Loss: A Randomized Trial. *Journal of the American Medical Association, 300,* 2631–2637.

Von Hippel, W., & Henry, J. D. (2013). Aging and self-regulation. In R. F. Baumeister & K. D. Vohs (Eds.), *Handbook of self-regulation: Research, theory and applications* (2nd ed., pp. 321–338). New York, NY: Guilford Press.

von Hippel, W., Silver, L. A., & Lynch, M. E. (2000). Stereotyping against your will: The role of inhibitory ability in stereotyping and prejudice among the elderly. *Personality and Social Psychology Bulletin, 26,* 523–532.

Vonk, R. (2002). Self-serving interpretations of flattery: Why ingratiation works. *Journal of Personality and Social Psychology, 82,* 515–526.

Vossekuil, B., Reddy, M., Fein, R., Borum, R., & Modzeleski, W. (2000). *U.S.S.S. safe school initiative: An interim report on the prevention of targeted violence in schools.* Washington, DC: U.S. Secret Service, National Threat Assessment Center.

Vroom, V. H. (1964). *Work and motivation.* Oxford, England: Wiley.

Wainer, H. A., & Rubin, I. M. (1969). Motivation of research and development entrepreneurs: Determinants of company success. *Journal of Applied Psychology, 53,* 178–184.

Wallace, H. M., & Baumeister, R. F. (2002a). The effects of success versus failure feedback on further self-control. *Self and Identity, 1,* 35–41.

Wallace, H. M., & Baumeister, R. F. (2002b). The performance of narcissists rises and falls with perceived opportunity for glory. *Journal of Personality and Social Psychology, 82,* 819–834.

Wang, C. K. J., Liu, W. C., Biddle, S. J. H., & Spray, C. M. (2005). Cross-cultural validation of the conceptions of the nature of Athletic Ability Questionnaire Version 2. *Personality and Individual Differences, 38,* 1245–1256.

Wansink, B. (2004). Environmental factors that increase the food intake and consumption volume of unknowing consumers. *Annual Review of Nutrition, 24,* 455–479.

Wansink, B. (2006). *Mindless eating: Why we eat more than we think.* New York, NY: Bantam Dell.

Wansink, B., & Chandon, P. (2006). Can 'low-fat' nutrition labels lead to obesity? *Journal of Marketing Research, 43,* 605–617.

Wansink, B., Kniffin, K. M., & Shimizu, M. (2012). Death row nutrition: Curious observations from last meals. *Appetite, 59,* 837–843.

Wansink, B., Shimizu1, M., & Camps, G. (2012). What would Batman eat? Priming children to make healthier fast food choices. *Pediatric Obesity, 7,* 121–123.

Wansink, B., & van Ittersum, K. (2006). The Visual Illusions of Food: Why Plates, Bowls, and Spoons Can Bias Consumption Volume. *Federation of American Societies for Experimental Biology Journal, 20,* A618.

Wansink, B., van Ittersum, K., & Painter, J. E. (2006). Ice cream illusions bowls, spoons, and self–served portion sizes. *American Journal of Preventive Medicine, 31,* 240–243.

Warden, C. J. (1931). *Animal motivation: Experimental studies on the albino rat.* New York, NY: Columbia University Press.

Warneken, F., & Tomasello, M. (2008). Extrinsic rewards undermine altruistic tendencies in 20-month-olds. *Developmental Psychology, 44,* 1785–1788.

Watson, D., Hubbard, B., & Wiese, D. (2000). General traits of personality and affectivity as predictors of satisfaction in intimate relationships: evidence from self- and partner-ratings. *Journal of Personality, 68,* 413–49.

Watson, J. (1913). Psychology as a Behaviorist views it. *Psychological Review, 20,* 158–77.

Watson, J. (1930). *Behaviorism.* New York, NY: Norton.

Watson, J. B., & Morgan, J. J. B. (1917). Emotional reactions and psychological experimentation. *American Journal of Psychology, 28,* 163–174.

Wayne, S. J., & Kacmar, K. M. (1991). The effects of impression management on the performance appraisal process. *Organizational Behavior and Human Decision Processes, 48,* 70–88.

Waytz, A. (2013). Making meaning by seeing human. In K. D. Markman, T. Proulx, & M. J. Lindberg (Eds.), *The psychology of meaning* (pp. 135–146). Washington, DC: American Psychological Association.

Waytz, A., Morewedge, C. K., Epley, N., Monteleone, G., Gao, J., & Cacioppo, J. T. (2010). Making sense by making sentient: Effectance motivation increases anthropomorphism. *Journal of Personality and Social Psychology, 99,* 410–435.

Webb, T. L., & Sheeran, P. (2003). Can implementation intentions help to overcome ego-depletion? *Journal of Experimental Social Psychology, 39,* 279–286.

Webb, T. L., & Sheeran, P. (2006). Does changing behavioral intentions engender behavior change? A meta-analysis of the experimental evidence. *Psychological Bulletin, 132,* 249–268.

Webb, T. L., Sheeran, P., & Luszczynska, A. (2009). Planning to break unwanted habits: Habit strength moderates implementation intention effects on behaviour change. *British Journal of Social Psychology, 48,* 507–523.

Webb, T. L., Sheeran, P., & Pepper, J. (2012). Gaining control over responses to implicit attitude tests: Implementation intentions engender fast responses on attitude–incongruent trials. *British Journal of Social Psychology, 51,* 13–32.

Webb, T. L., Sheeran, P., Totterdell, P., Miles, E., Mansell, W., & Baker, S. (2012). Using implementation intentions to overcome the effect of mood on risky behaviour. *British Journal of Social Psychology, 51,* 330–345.

Webster, D. M., & Kruglanski, A. W. (1994). Individual differences in need for cognitive closure. *Journal of Personality and Social Psychology, 67,* 1049–1062.

Webster, D. M., & Kruglanski, A. W. (1998). Cognitive and social consequences of the need for cognitive closure. In W. Stroebe & M. Hewstone (Eds.), *European Review of Social Psychology* (Vol. 8, pp. 133–173). Hoboken, NJ: John Wiley & Sons.

Weems, C. F., Watts, S. E., Marsee, M. A., Taylor, L. K., Costa, N. M., Cannon, M. F., . . . Pina, A. A. (2007). The psychosocial impact of Hurricane Katrina: Contextual differences in psychological symptoms, social support, and discrimination. *Behaviour Research and Therapy, 45,* 2295–2306.

Wegner, D. M. (1989). *White bears and other unwanted thoughts: Suppression, obsession, and the psychology of mental control.* New York, NY: Penguin Press.

Wegner, D. M. (1992). You can't always think what you want: Problems in the suppression of unwanted thoughts. *Advances in Experimental Social Psychology, 25,* 193–225.

Wegner, D. M. (1994). Ironic processes of mental control. *Psychological Review, 101,* 34–52.

Wegner, D. M., Ansfield, M., & Pilloff, D. (1998). The putt and the pendulum: Ironic effects of the mental control of action. *Psychological Science, 9,* 196–199.

Wegner, D. M., Schneider, D. J., Carter, S. R., & White, T. L. (1987). Paradoxical effects of thought suppression. *Journal of Personality and Social Psychology, 53,* 5–13.

Wegner, D. M., & Wheatley, T. (1999). Apparent mental causation: Sources of the experience of will. *American Psychologist, 54*(7), 480–492.

Weiner, B. (1972a). Attribution theory, achievement motivation, and the educational process. *Review of Educational Research, 42*(2), 203–215.

Weiner, B. (1972b). *Theories of motivation: From mechanism to cognition.* Oxford, England: Markham.

Weiner, B. (1975). *Success and failure in education: Motivators of performance.* Stuttgart, Germany: Klett Verlag.

Weiner, B. (1985). An attributional theory of achievement motivation and emotion. *Psychological Review, 92,* 548–573.

Weiner, B. (1990). History of motivational research in education. *Journal of Educational Psychology, 82*(4), 616–622.

Weiner, B. (2006). *Social motivation, justice, and the moral emotions: An attributional approach.* Mahwah, NJ: Lawrence Erlbaum Associates Publishers.

Weiner, B. (2012). An attribution theory of motivation. In P. A. M. Van Lange, A. W. Kruglanksi, & E. T. Higgins (Eds.), *Handbook of theories of social psychology* (Vol. 1, pp. 135–155). Thousand Oaks, CA: Sage Publications Ltd.

Weiner, B., Johnson, P. B., & Mehrabian, A. (1968). Achievement motivation and the recall of incomplete and completed exam questions. *Journal of Educational Psychology, 59,* 181–185.

Weiner, B., & Kukla, A. (1970). An attributional analysis of achievement motivation. *Journal of Personality and Social Psychology, 15,* 1–20.

Weinstein, N., Przybylski, A. K., & Ryan, R. M. (2012). The index of autonomous functioning: Development of a scale of human autonomy. *Journal of Research in Personality, 46,* 397–413.

Weisœth, L. (2006). Collective traumatic stress: Crisis and catastrophes. In B. B. Arnetz & R. Ekman (Eds.), *Stress in health and disease* (pp. 71–91). Weinheim, Germany: Wiley.

Weiskrantz, L. (1956). Behavioral changes associated with ablation of the amygdaloid complex in monkeys. *Journal of Comparative and Physiological Psychology, 49,* 381–391.

Weiss, A., Bates, T. C., & Luciano, M. (2008). Happiness is a personal(ity) thing: The genetics of personality and well-being in a representative sample. *Psychological Science, 19,* 205–210.

Wellman, B., Haase, A. Q., Witte, J., & Hampton, K. (2001). Does the Internet increase, decrease, or supplement social capital? Social networks, participation, and community commitment. *American Behavioral Scientist, 45,* 436–455.

Wells, B. M., & Skowronski, J. J. (2012). Evidence of choking under pressure on the PGA Tour. *Basic and Applied Social Psychology, 34,* 175–182.

Wells, F. L. (1913). Dynamic psychology. *Psychological Bulletin, 10*(11), 434–440.

Wells, F. L. (1916). Dynamic psychology. *Psychological Bulletin, 13*(11), 409–412.

Wen, C. P., Wai, J. P. M., Tsai, M. K., Yang, Y. C., Cheng, T. Y. D., Lee, M., . . . Wu, X. (2011). Minimum amount of physical activity for reduced mortality and extended life expectancy: A prospective cohort study. *The Lancet, 378,* 1244–1253.

Weun, S., Jones, M. A., & Beatty, S. E. (1998). Development and validation of the impulse buying tendency scale. *Psychological Reports, 82,* 1123–1133.

White, G. L. (1980). Physical attractiveness and courtship progress. *Journal of Personality and Social Psychology, 39,* 660–668.

White, R. W. (1959). Motivation reconsidered: The concept of competence. *Psychological Review, 66,* 297–331.

White, R. W. (1963). Ego and reality in psychoanalytic theory. *Psychological Issues, 3*(3), 1–210.

Whiteside, S. P., & Lynam, D. R. (2001). The five factor model and impulsivity: Using a structural model of personality to understand impulsivity. *Personality and Individual Differences, 30,* 669–689.

Whitty, M. T., & Carr, A. (2006). *Cyberspace romance: The psychology of online relationships.* New York, NY: Palgrave Macmillan.

Wicklund, R. A., & Brehm, J. W. (1976). *Perspectives on cognitive dissonance.* Hillsdale, NJ: Erlbaum.

Wicklund, R. A., & Gollwitzer, P. M. (1981). Symbolic self-completion, attempted influence, and self-deprecation. *Basic and Applied Social Psychology, 2,* 89–114.

Wicklund, R. A., & Gollwitzer, P. M. (1982). *Symbolic self-completion.* Hillsdale, NJ: Erlbaum.

Wieber, F., & Sassenberg, K. (2006). I can't take my eyes off of it - Attention attraction effects of implementation intentions. *Social Cognition, 24,* 723–752.

Wiers, R. W., Ames, S. L., Hofmann, W., Krank, M., & Stacy, A. W. (2010). Impulsivity, impulsive and reflective processes and the development of alcohol use and misuse in adolescents and young adults. *Frontiers in Psychophathology, 1,* 1–12.

Williams, G. C., Cox, E. M., Hedberg, V. A., & Deci, E. L. (2000). Extrinsic life goals and health-risk behaviors in adolescents. *Journal of Applied Social Psychology, 30,* 1756–1771.

Williams, G. C., Saizow, R., Ross, L., & Deci, E. L. (1997). Motivation underlying career choice for internal medicine and surgery. *Social Science & Medicine, 45,* 1705–1713.

Williams, K., Harkins, S. G., & Latané, B. (1981). Identifiability as a deterrant to social loafing: Two cheering experiments. *Journal of Personality and Social Psychology, 40,* 303–311.

Williams, K. D. (2001). *Ostracism: The power of silence.* New York, NY: The Guilford Press.

Williams, K. D., Govan, C. L., Croker, V., Tynan, D., Cruickshank, M., & Lam, A. (2002). Investigations into differences between social- and cyberostracism. *Group Dynamics: Theory, Research, and Practice, 6,* 65–77.

Williams, K. D., & Jarvis, B. (2006). Cyberball: A program for use in research on interpersonal ostracism and acceptance. *Behavior Research Methods, 38,* 174–180.

Williams, K. D., & Nida, S. A. (2011). Ostracism: Consequences and coping. *Current Directions in Psychological Science, 20,* 71–75.

Williams, K. D., & Zadro, L. (2001). Ostracism: On being ignored, excluded, and rejected. In M. R. Leary (Ed.), *Interpersonal rejection* (pp. 21–53). New York, NY: Oxford University Press.

Williams, L. E., & Bargh, J. A. (2008). Experiencing physical warmth promotes interpersonal warmth. *Science, 322,* 606–607.

Willis, G. B., & Guinote, A. (2011). The effects of social power on goal content and goal striving: A situated perspective. *Social and Personality Psychology Compass, 5,* 706–719.

Willman, C. (2008, February 4). Taylor Swift's Road to Fame. *Entertainment Weekly.* Retrieved from: http://www.ew.com/

Wills, T. A. (1981). Downward comparison principles in social psychology. *Psychological Bulletin, 90,* 245–271.

Wills, T. A., DuHamel, K., & Vaccaro, D. (1995). Activity and mood temperament as predictors of adolescent substance use: Test of a self-regulation mediational model. *Journal of Personality and Social Psychology, 68,* 901–916.

Wilson, G. T. (1983). Self-awareness, self-regulation, and alcohol consumption: An analysis of J. Hull's model. *Journal of Abnormal Psychology, 92,* 505–513.

Wilson, H. B., & Wilson, G. M. (1916). *The motivation of school work.* Boston, MA: Houghton-Mifflin.

Wilson, R. S., Krueger, K. R., Arnold, S. E., Schneider, J. A., Kelly, J. F., Barnes, L. L., . . . & Bennett, D. A. (2007). Loneliness and risk of Alzheimer disease. *Archives of General Psychiatry, 64,* 234–240.

Wilson, T. D., & Gilbert, D. T. (2005). Affective forecasting: Knowing what to want. *Current Directions in Psychological Science, 14,* 131–134.

Wilson, T. D., & Schooler, J. W. (1991). Thinking too much: Introspection can reduce the quality of preferences and decisions. *Journal of Personality and Social Psychology, 60,* 181–192.

Wilson, T. D., Wheatley, T., Meyers, J. M., Gilbert, D. T., & Axsom, D. (2000). Focalism: A source of durability bias in affective forecasting. *Journal of Personality and Social Psychology, 78,* 821–836.

Winter, A. (2009, September-October). Finding happiness by cultivating positive emotions: Are you happy now? *Sun.* Retrieved from: http://thesunmagazine.org/issues/401/the_science_of_happiness

Wiseman, A., & Koole, S. L. (2003). Hiding in the crowd: Can mortality salience promote affiliation with others who oppose one's worldview? *Journal of Personality and Social Psychology, 84,* 511–526.

Wofford, J. C., Goodwin, V. L., & Premack, S. (1992). Meta-analysis of the antecedents of personal goal level and of the antecedents and consequences of goal commitment. *Journal of Management, 18,* 595–615.

Wohl, M. J. A., & Enzle, M. E. (2009). Illusion of control by proxy: Placing one's fate in the hands of another. *British Journal of Social Psychology, 48,* 183–200.

Wolfe, W. L., & Maisto, S. A. (2007). The effect of alcohol on body size discrepancy and self-awareness in young women. *Addictive Behaviors, 32,* 2340–2344.

Wolters, C. A. (1998). Self-regulated learning and college students' regulation of motivation. *Journal of Educational Psychology, 90,* 224–235.

Wood, A. M., Froh, J. J., & Geraghty, A. W. A. (2010). Gratitude and well-being: A review and theoretical integration. *Clinical Psychology Review, 30,* 890–905.

Wood, J. V., Taylor, S. E., & Lichtman, R. R. (1985). Social comparison in adjustment to breast cancer. *Journal of Personality and Social Psychology, 49,* 1169–1183.

Wood, N. L., & Cowan, N. (1995). The cocktail party phenomenon revisited: Attention and memory in the classic selective listening procedure of Cherry (1953). *Journal of Experimental Psychology: General, 124,* 243–262.

Wood, R., & Bandura, A. (1989). Impact of conceptions of ability on self-regulatory mechanisms and complex decision making. *Journal of Personality and Social Psychology, 56,* 407–415.

Wood, R. E., & Mitchell, T. R. (1981). Manager behavior in a social context: The impact of impression management on attributions and disciplinary actions. *Organizational Behavior & Human Performance, 28,* 356–378.

Wood, W., & Neal, D. T. (2007). A new look at habits and the habit-goal interface. *Psychological Review, 114,* 843–863.

Woodworth, R. S. (1918). *Dynamic psychology: Columbia University lectures*. New York, NY: Columbia University Press.

Woodworth, R. S. (1926). Dynamic psychology. In C. Murchison (Ed.), *Psychologies of 1925* (pp. 111–126). Worcester, MA: Clark University Press.

Woodworth, R. S. (1930). Dynamic psychology. In C. Murchison (Ed.), *Psychologies of 1930* (pp. 327–336). Worcester, MA: Clark University Press.

Woolley, J. D. (1997). Thinking about fantasy: Are children fundamentally different thinkers and believers from adults? *Child Development, 68,* 991–1011.

Worchel, S., Lee, J., & Adewole, A. (1975). Effects of supply and demand on ratings of object value. *Journal of Personality and Social Psychology, 32,* 906–914.

Wright, E. F., Voyer, D., Wright, R. D., & Roney, C. (1995). Supporting audiences and performance under pressure: The home-ice disadvantage in hockey championships. *Journal of Sport Behavior, 18,* 21–28.

Wright, T. (1601). *The passions of the minde in general,* London, UK.

Wright, T. (1601/1973). *The passions of the minde.* Reprint of the London edition: Georg Olms Verlag.

Wrosch, C., & Heckhausen, J. (1999). Control processes before and after passing a developmental deadline: Activation and deactivation of intimate relationship goals. *Journal of Personality and Social Psychology, 77,* 415–427.

Wrosch, C., & Miller, G. E. (2009). Depressive symptoms can be useful: Self-regulatory and emotional benefits of dysphoric mood in adolescence. *Journal of Personality and Social Psychology, 96,* 1181–1190.

Wrosch, C., Miller, G. E., Scheier, M. F., & de Pontet, S. B. (2007). Giving up on unattainable goals: Benefits for health? *Personality and Social Psychology Bulletin, 33,* 251–265.

Wrosch, C., Scheier, M. F., Miller, G. E., Schulz, R., & Carver, C. S. (2003). Adaptive self-regulation of unattainable goals: Goal disengagement, goal reengagement, and subjective well-being. *Personality and Social Psychology Bulletin, 29,* 1494–1508.

Wundt, W. M. (1874). *Grundzuge der phvsiologischen psychologie [The main features of physiological psychology].* Leipzig, Germany: Engelmann.

Wundt, W. (1883). Die Entwicklung vom Willen. *Philosophische Studien, 1,* 337–378.

Yap, A. J., Wazlawek, A. S., Lucas, B. J., Cuddy, A. J. C., & Carney, D. R. (2013). The ergonomics of dishonesty: The effect of incidental posture on stealing, cheating, and traffic violations. *Psychological Science, 24,* 2281–2289.

Yeo, G. B., & Neal, A. (2004). A multilevel analysis of effort, practice, and performance: Effects of ability, conscientiousness, and goal orientation. *Journal of Applied Psychology, 89,* 231–247.

Yerkes, R. M., & Dodson, J. D. (1908). The relation of strength of stimulus to rapidity of habit formation. *Journal of Comparative Neurology & Psychology, 18,* 459–482.

Yin, H. H., Knowlton, B. J., & Balleine, B. W. (2004). Lesions of dorsolateral striatum preserve outcome expectancy but disrupt habit formation in instrumental learning. *European Journal of Neuroscience, 19,* 181–189.

Yin, H. H., Knowlton, B. J., & Balleine, B. W. (2005). Blockade of NMDA receptors in the dorsomedial striatum prevents action-outcome learning in instrumental conditioning. *European Journal of Neuroscience, 22,* 505–512.

Young, A. F., Gabriel, S., & Hollar, J. L. (2013). Batman to the rescue! The protective effects of parasocial relationships with muscular superheroes on men's body image. *Journal of Experimental Social Psychology, 49,* 173–177.

Young, M. E., Mizzau, M., Mai, N. T., Sirisegaram, A., & Wilson, M. (2009). Food for thought: What you eat depends on your sex and eating companions. *Appetite, 53,* 268–271.

Young, P. T. (1936). *Motivation of behavior.* Oxford, England: Wiley.

Zacks, R. T., Radvansky, G., & Hasher, L. (1996). Studies of directed forgetting in older adults. *Journal of Experimental Psychology: Learning Memory and Cognition, 22,* 143–156.

Zadro, L., & Williams, K. D. (2006). How do you teach the power of ostracism? Evaluating the train ride demonstration. *Social Influence, 1,* 81–104.

Zadro, L., Williams, K. D., & Richardson, R. (2005). Riding the 'O' train: Comparing the effects of ostracism and verbal dispute on targets and sources. *Group Processes & Intergroup Relations, 8,* 125–143.

Zahn-Waxler, C., Schmitz, S., Fulker, D., Robinson, J., & Emde, R. (1996). Behavior problems in 5-year-old monozygotic and dizygotic twins: Genetic and environmental influences, patterns of regulation, and internalization of control. *Development and Psychopathology, 8,* 103–122.

Zajonc, R. B. (1965). Social Facilitation, *Science, 149,* 269–274.

Zajonc, R. B. (1968). Attitudinal effects of mere exposure. *Journal of Personality and Social Psychology, 9,* 1–27.

Zajonc, R. B. (1980). Feeling and thinking: Preferences need no inferences. *American Psychologist, 35,* 151–175.

Zajonc, R. B., Heingartner, A., & Herman, E. M. (1969). Social enhancement and impairment of performance in the cockroach. *Journal of Personality and Social Psychology, 13,* 83–92.

Zajonc, R. B. & Sales, S. M. (1966). Social facilitation of dominant and subordinate responses. *Journal of Experimental Psychology, 2,* 160–168.

Zanna, M. P., Goethals, G. P., & Hill, J. F. (1975). Evaluating a sex-related ability: Social comparison with similar others and standard setters. *Journal of Experimental Social Psychology, 11,* 86–93.

Zanna, M. P., Higgins, E. T., & Taves, P. A. (1976). Is dissonance phenomenologically aversive? *Journal of Experimental Social Psychology, 12,* 530–538.

Zautra, A. J., Affleck, G. G., Tennen, H., Reich, J. W., & Davis, M. C. (2005). Dynamic approaches to emotions and stress in everyday life: Bolger and Zuckerman reloaded with positive as well as negative affects. *Journal of Personality, 73,* 1511–1538.

Zeigarnik, B. (1938). On finished and unfinished tasks. In W. D. Ellis (Ed.), *A source book of Gestalt psychology* (pp. 300–314). London, UK: Kegan Paul, Trench, Trubner & Company.

Zhang, L., & Baumeister, R. F. (2006). Your money or your self-esteem: Threatened egotism promotes costly entrapment in losing endeavors. *Personality and Social Psychology Bulletin, 32,* 881–893.

Zhong, C. B., & Liljenquist, K. (2006). Washing away your sins: Threatened morality and physical cleansing. *Science, 313,* 1451–1452.

Zhong, C., & DeVoe, S. E. (2010). You are how you eat: Fast food and impatience. *Psychological Science, 21,* 619–622.

Zhong, C., & Leonardelli, G. J. (2008). Cold and lonely: Does social exclusion literally feel cold? *Psychological Science, 19,* 838–842.

Zhong, C., Bohns, V. K., & Gino, F. (2010). Good lamps are the best police: Darkness increases dishonesty and self-interested behavior. *Psychological Science, 21,* 311–314.

Ziegler, M., Schmukle, S., Egloff, B., & Bühner, M. (2010). Investigating measures of achievement motivation(s). *Journal of Individual Differences, 31,* 15–21.

Zimbardo, P. G. (1969). The human choice: Individuation, reason, and order versus deindividuation, impulse, and chaos. *Nebraska Symposium on Motivation, 17,* 237–307.

Zimbardo, P. G. (1970). The human choice: Individuation, reason, and order versus deindividuation, impulse, and chaos. In W. J. Arnold & D. Levine (Eds.), *1969 Nebraska Symposium on Motivation* (Vol. 27, pp. 237–307). Lincoln, NE: University of Nebraska Press.

Zimbardo, P. G., & Boyd, J. N. (1999). Putting time in perspective: A valid, reliable individual-differences metric. *Journal of Personality and Social Psychology, 77,* 1271–1288.

Zuckerman, M. (2009). Sensation seeking. In M. R. Leary & R. H. Hoyle (Eds.), *Handbook of individual differences in social behavior* (pp. 455–465). New York, NY: Guilford Press.

Zuckerman, M., Kieffer, S. C., & Knee, C. R. (1998). Consequences of self-handicapping: Effects on coping, academic performance, and adjustment. *Journal of Personality and Social Psychology, 74,* 1619–1628.

Zuckerman, M., & Tsai, F. F. (2005). Costs of self-handicapping. *Journal of Personality, 73,* 411–442.

Zusne, L., & Jones, W. H. (1989). Anomalistic psychology: A study of magical thinking. Hillsdale, NJ,: Lawrence Erlbaum.

Zweig, D., & Webster, J. (2004). What are we measuring? An examination of the relationships between the big-five personality traits, goal orientation, and performance intentions. *Personality and Individual Differences, 36,* 1693–1708.

더 읽을거리

제1장 동기과학

Bargh, J. A., Gollwitzer, P. M., & Oettingen, G. (2010). Motivation. In S. T. Fiske, D. T. Gilbert, & G. Lindzey (Eds.), *Handbook of Social Psychology* (Vol. 1, 5th ed.). Hoboken, NJ: Wiley.

제2장 동기의 철학적 기원

Bolles, R. C. (1975). Historical origins of motivational concepts. In R. C. Bolles, *Theory of motivation* (2nd ed., pp. 21–50). New York, NY: Harper & Row.

Cofer, C. H., & Appley, M. H. (1964). Motivation in historical perspective. In C. H. Cofer & M. H. Appley (Eds.), *Motivation: Theory and research* (pp. 19–55). New York, NY: John Wiley & Sons.

제3장 동기의 심리학적 기원

Bolles, R. C. (1975). Historical origins of motivational concepts. In R. C. Bolles (Ed.), *Theory of motivation* (2nd ed., pp. 21–50). New York, NY: Harper & Row.

Cofer, C. H., & Appley, M. H. (1964). Motivation in historical perspective. In C. H. Cofer & M. H. Appley (Eds.), *Motivation: Theory and research* (pp. 19–55). New York, NY: John Wiley & Sons.

Ryan, R. M. (2012). Motivation and the organization of human behavior: Three reasons for the reemergence of a field. In R. M. Ryan (Ed.), *The Oxford handbook of human motivation* (pp. 3–10). New York, NY: Oxford University Press.

제4장 핵심 인간 동기

Cameron, J. B., Pierce, K. M., & Pierce, W. D. (2001). Pervasive negative effects of rewards on intrinsic motivation: The myth continues. *The Behavior Analyst, 24*(1), 1–44.

Deci, E. L., & Ryan, R. M. (2000). The "what" and "why" of goal pursuits: Human needs and the self-determination of behavior. *Psychological Inquiry, 11*(4), 227–268.

Sheldon, K. M., Ryan, R. M., Deci, E. L., & Kasser, T. (2004). The independent effects of goal contents and motives on well-being: It's both what you pursue and why you pursue it. *Personality and Social Psychology Bulletin, 30*(4), 475–486.

제5장 자율성

Matute, H., Vadillo, M. A., Vegas, S., & Blanco, F. (2007). Illusion of control in Internet users and college students. *CyberPsychology & Behavior, 10*(2), 176–181.

Reeve, J. (2006). Thematic issue: Autonomy, volitional motivation, and wellness. *Motivation and Emotion, 30*(4), 257–258.

Schwartz, B. (2000). Self-determination: The tyranny of freedom. *American Psychologist, 55*(1), 79–88.

제6장 유능성

Blackwell, L. S., Trzesniewski, K. H., & Dweck, C. S. (2007). Implicit theories of intelligence predict achievement across an adolescent transition: A longitudinal study and an intervention. *Child Development, 78*(1), 246–263.

Keller, J., & Bless, H. (2008). Flow and regulatory compatibility: An experimental approach to the flow model of intrinsic motivation. *Personality and Social Psychology Bulletin, 34*(2), 196–209.

Rhodewalt, F., & Hill, S. K. (1995). Self-handicapping in the classroom: The effects of claimed self-handicaps on responses to academic failure. *Basic and Applied Social Psychology, 16*(4), 397–416.

Taylor, S. E., Neter, E., & Wayment, H. (1995). Self-evaluation processes. *Personality and Social Psychology Bulletin, 21*(12), 1278–1287.

제7장 소속감

Baumeister, R. F., & Leary, M. R. (1995). The need to belong: Desire for interpersonal attachments as a fundamental human motivation. *Psychological Bulletin, 117*(3), 497–529.

DeWall, C. N., & Baumeister, R. F. (2006). Alone but feeling no pain: Effects of social exclusion on physical pain tolerance and pain threshold, affective forecasting, and interpersonal empathy. *Journal of Personality and Social Psychology, 91*(1), 1–15.

Hornsey, M. J., & Jetten, J. (2004). The individual within the group: Balancing the need to belong with the need to be different. *Personality and Social Psychology Review, 8*(3), 248–264.

Greenberg, J., & Kosloff, S. (2008). Terror management theory: Implications for understanding prejudice, stereotyping, intergroup conflict, and political attitudes. *Social and Personality Psychology Compass, 2*(5), 1881–1894.

McKenna, K. Y. A., & Bargh, J. A. (1999). Causes and consequences of social interaction on the Internet: A conceptual framework. *Media Psychology, 1*(3), 249–269.

Williams, K. D., & Nida, S. A. (2011). Ostracism: Consequences and coping. *Current Directions in Psychological Science, 20*(2), 71–75.

제8장 목표 설정하기

Austin, J. T., & Vancouver, J. B. (1996). Goal constructs in psychology: Structure, process, and content. *Psychological Bulletin, 120*(3), 338–375.

Burkley, E., Anderson, D., Curtis, J., & Burkley, M. (2013). Vicissitudes of goal commitment: Satisfaction, investments, and alternatives. *Personality and Individual Differences, 54*(5), 663–668.

Fujita, K., & Carnevale, J. J. (2012). Transcending temptation through abstraction: The role of construal level in self-control. *Current Directions in Psychological Science, 21*(4), 248–252.

Gollwitzer, P. M. (2012). Mindset theory of action phases. In P. A. M. Van Lange, A. W. Kruglanski, & E. T. Higgins (Eds.), *Handbook of theories of social psychology* (pp. 526–545). Thousand Oaks, CA: Sage Publications.

Kőpetz, C. E., Kruglanski, A. W., Chen, X., & Orehek, E. (2008). Goal systemic effects in the context of choice and social judgment. *Social and Personality Psychology Compass, 2*(6), 2071–2089.

제9장 목표 계획세우기

Buehler, R., Griffin, D., & Ross, M. (1994). Exploring the "planning fallacy": Why people underestimate their task completion times. *Journal of Personality and Social Psychology, 67*(3), 366–381.

Cochran, W., & Tesser, A. (1996). The "what the hell" effect: Some effects of goal proximity and goal framing on performance. In L. L. Martin & A. Tesser (Eds.), *Striving and feeling: Interactions among goals, affect, and self-regulation* (pp. 99–120). Hillsdale, NJ: Lawrence Erlbaum.

Epstude, K., & Roese, N. J. (2008). The functional theory of counterfactual thinking. *Personality and Social Psychology Review, 12*(2), 168–192.

Gollwitzer, P. M., & Brandstätter, V. (1997). Implementation intentions and effective goal pursuit. *Journal of Personality and Social Psychology, 73*(1), 186–199.

Taylor, S. E., Pham, L. B., Rivkin, I. D., & Armor, D. A. (1998). Harnessing the imagination: Mental simulation, self-regulation, and coping. *American Psychologist, 53*(4), 429–439.

제10장 목표 추구하기

Baumeister, R. F., Bratslavsky, E., Muraven, M., & Tice, D. M. (1998). Ego depletion: Is the active self a limited resource? *Journal of Personality and Social Psychology, 74*(5), 1252–1265.

Berkman, E. T., & Lieberman, M. D. (2009). The neuroscience of goal pursuit: Bridging gaps between theory and data. In G. B. Moskowitz & H. Grant (Eds.), *The psychology of goals* (pp. 98–126). New York, NY: Guilford Press.

Carver, C. S., & Scheier, M. F. (2012). A model of behavioral self-regulation. In P. A. M. Van Lange, A. W. Kruglanski, & E. T. Higgins (Eds.), *Handbook of theories of social psychology* (pp. 505–525). Thousand Oaks, CA: Sage.

Higgins, E. T., Bond, R. N., Klein, R., & Strauman, T. (1986). Self-discrepancies and emotional vulnerability: How magnitude, accessibility, and type of discrepancy influence affect. *Journal of Personality and Social Psychology, 51*(1), 5–15.

제11장 자동적 동기

Aarts, H., Dijksterhuis, A., & Dik, G. (2008). Goal contagion: Inferring goals from others' actions—and what it leads to. In J. Y. Shah & W. L. Gardner (Eds.), *Handbook of motivation science* (pp. 265–280). New York, NY: Guilford Press.

Bargh, J. A., Gollwitzer, P. M., Lee-Chai, A., Barndollar, K., & Trötschel, R. (2001). The automated will: Nonconscious activation and pursuit of behavioral goals. *Journal of Personality and Social Psychology, 81*(6), 1014–1027.

Custers, R., & Aarts, H. (2010). The unconscious will: How the pursuit of goals operates outside of conscious awareness. *Science, 329*, 47–50.

Pelham, B. W., Carvallo, M., & Jones, J. T. (2005). Implicit egotism. *Current Directions in Psychological Science, 14*(2), 106–110.

Shah, J. Y., Friedman, R., & Kruglanski, A. W. (2002). Forgetting all else: On the antecedents and consequences of goal shielding. *Journal of Personality and Social Psychology, 83*(6), 1261–1280.

제12장 정서

Barrett, L. F., & Wager, T. D. (2006). The structure of emotion: Evidence from neuroimaging studies. *Current Directions in Psychological Science, 15*(2), 79–83.

Baumeister, R. F., Vohs, K. D., DeWall, C. N., & Zhang, L. (2007). How emotion shapes behavior: Feedback, anticipation, and reflection, rather than direct causation. *Personality and Social Psychology Review, 11*(2), 167–203.

Ekman, P. (1992). Are there basic emotions? *Psychological Review, 99*(3), 550–553.

Gross, J. J. (2001). Emotion regulation in adulthood: Timing is everything. *Current Directions in Psychological Science, 10*(6), 214–219.

Schachter, S. (1978). The interaction of cognitive and physiological determinants of emotional states. In L. Berkowitz (Ed.), *Advances in experimental social psychology* (Vol. 1, pp. 49–80). New York, NY: Academic Press.

Wilson, T. D., & Gilbert, D. T. (2005). Affective forecasting: Knowing what to want. *Current Directions in Psychological Science, 14*(3), 131–134.

제13장 개인차

Hoyle, R. H. (2010). Personality and self-regulation. In R. H. Hoyle (Ed.), *Handbook of personality and self-regulation* (2nd ed.). New York, NY: Wiley-Blackwell.

Kruglanski, A. W., Pierro, A., Mannetti, L., & Higgins, T. E. (2013). The distinct psychologies of "looking" and "leaping": Assessment and locomotion as the springs of action. *Social and Personality Psychology Compass, 7*(2), 79–92.

Trommsdorff, G. (2009). Culture and development of self-regulation. *Social and Personality Psychology Compass, 3*(5), 687–701.

Ziegler, M., Schmukle, S., Egloff, B., & Bühner, M. (2010). Investigating measures of achievement motivation(s). *Journal of Individual Differences, 31*(1), 15–21.

제14장 상황의 영향

Burkley, E., Anderson, D., & Curtis, J. (2011). You wore me down: Self-control strength and social influence. *Social and Personality Psychology Compass, 5*(7), 487–499.

Ent, M. R., Baumeister, R. F., & Vonasch, A. J. (2012). Power, leadership, and self-regulation. *Social and Personality Psychology Compass, 6*(8), 619–630.

Geen, R. G., & Gange, J. J. (1977). Drive theory of social facilitation: Twelve years of theory and research. *Psychological Bulletin, 84*(6), 1267–1288.

Herrnstein, R. J. (1977). The evolution of behaviorism. *American Psychologist, 32*(8), 593–603.

Mischel, W., & Peake, P. K. (1982). Beyond déjà vu in the search for cross-situational consistency. *Psychological Review, 89*(6), 730–755.

Prentice-Dunn, S., & Rogers, R. W. (1989). Deindividuation and the self-regulation of behavior. In P. B. Paulus (Ed.), *Psychology of group influence* (2nd ed., pp. 87–109). Hillsdale, NJ: Lawrence Erlbaum.

제15장 동기과학을 건강 문제에 적용하기

Crescioni, A. W., Ehrlinger, J., Alquist, J. L., Conlon, K. E., Baumeister, R. F., Schatschneider, C., & Dutton, G. R. (2011). High trait self-control predicts positive health behaviors and success in weight loss. *Journal of Health Psychology, 16*(5), 750–759.

Hull, J. G., & Slone, L. B. (2004). Alcohol and self-regulation. In R. F. Baumeister & K. D. Vohs (Eds.), *Handbook of self-regulation: Research, theory, and applications* (pp. 466–491). New York, NY: Guilford Press.

Stroebe, W., Papies, E. K., & Aarts, H. (2008). From homeostatic to hedonic theories of eating: Self-regulatory failure in food-rich environments. *Applied Psychology: An International Review, 57*(s1), 172–193.

제16장　동기과학을 경제적 부에 적용하기

Beatty, S. E., & Ferrell, M. E. (1998). Impulse buying: Modeling its precursors. *Journal of Retailing, 74*(2), 169–191.

Diener, E., Ng, W., Harter, J., & Arora, R. (2010). Wealth and happiness across the world: Material prosperity predicts life evaluation, whereas psychosocial prosperity predicts positive feeling. *Journal of Personality and Social Psychology, 99*(1), 52–61.

Dunn, E. W., Gilbert, D. T., & Wilson, T. D. (2011). If money doesn't make you happy, then you probably aren't spending it right. *Journal of Consumer Psychology, 21*(2), 115–125.

찾아보기

지은이

에드워드 버클리(Edward Burkley)

현재 오클라호마주립대학교 심리학과 부교수로 재직 중이다. 채플힐 소재 노스캐롤라이나대학교에서 2006년에 사회심리학으로 Ph.D.를 취득하였다. 그의 연구 관심은 동기와 자기조절에 관한 것이다. 가장 최근의 연구는 동기에서 자기의 역할과 새로운 동기 측정법의 개발에 관한 것이다. 그는 *Journal of Personality and Social Psychology, Personality and Social Psychology Bulletin, Self and Identity*에 논문을 발표해왔으며, 그의 연구는 *New Scientist*와 *APA Monitor*에서 특별판으로 다루어 왔다.

멜리사 버클리(Melissa Burkley)

현재 오클라호마주립대학교 심리학과 부교수로 재직 중이다. 채플힐 소재 노스캐롤라이나대학교에서 2006년에 사회심리학으로 Ph.D.를 취득하였다. 그녀의 연구 관심은 암묵적 편견, 낙인, 인종차별, 성차별에 관한 것이다. 그녀는 *Journal of Personality and Social Psychology, Journal of Experimental Social Psychology, Social Cognition*에 논문을 발표해왔으며, 그녀의 연구는 여러 미국 대중매체(예컨대, 뉴욕타임스, 오프라 윈프리 라디오 등)에서 특별히 다루어왔다. 또한 *Huffington Post*와 *Psychology Today*를 위한 블로그도 운영하고 있다.

옮긴이

신현정

서울대학교 심리학과 학사
서울대학교 대학원 심리학과 석사
미국 인디애나대학교 대학원 심리학과 박사(철학박사)
현재 부산대학교 심리학과 명예교수